August Becker
Die Pfalz und die Pfälzer

August Becker

Die Pfalz
und die Pfälzer

Pfälzische
Verlagsanstalt

1992
Bearbeitung: Oskar Bischoff †

Umschlaggestaltung: Werner Korb, Neustadt an der Weinstraße
Gesamtherstellung: Pfälzische Verlagsanstalt GmbH,
Landau in der Pfalz
ISBN 3-87629-066-X

Zu den Ausgaben 1966 bis 1986

„Es muß auf dieses eigenwillige und trotz seines Alters stets neue, stets junge Buch ständig hingewiesen werden." Das war der Schlußsatz einer Sendung des Süddeutschen Rundfunks über das Volksbuch „Die Pfalz und die Pfälzer", das die Pfälzische Verlagsanstalt zum siebzigsten Todestag August Beckers in einer repräsentativen Aufmachung als Gedächtnisausgabe auflegte.
Die Auflage war rasch vergriffen. Ein Beweis, wie groß das Interesse an der „einzigen und immer noch gültigen pfälzischen Landes- und Volkskunde" (Saarländischer Rundfunk) war – und ist. Aus diesem Grunde hat der Verlag sich zu weiteren Neuauflagen entschlossen, in einer bewußt für den täglichen Gebrauch gewählten Aufmachung; nicht so aufwendig also wie die ihr vorangegangene Gedächtnisausgabe.
Möge das „stets neue, stets junge" Buch weiterhin seinen Dienst tun: zum Segen der Pfalz und zum Lobe der Pfälzer.

Pfälzische Verlagsanstalt Landau

Worte auf den Weg der Gedächtnisausgabe 1961

Als am 16. Juni 1907 das August-Becker-Denkmal in Klingenmünster enthüllt wurde, werden wohl viele Teilnehmer der vom Literarischen Verein der Pfalz und Landeck-Verein veranstalteten Feier den auf diese Weise geehrten pfälzischen Volksmann und Heimatschriftsteller in Atemnähe neben sich gespürt haben. Und zwar aus dem Gefühl heraus, daß August Becker mittelbar dazu beigetragen hatte, das Brunnendenkmal mit seiner Bronzebüste zu finanzieren.
Das war so gekommen: Nachdem ein Neustadter Verlagsbuchhändler die Restauflage von tausend Exemplaren der ersten Ausgabe des Buches „Die Pfalz und die Pfälzer" zum Verkauf in der Pfalz übernommen, aber nach vierzigjährigem Bemühen immer noch sechshundertfünfzig Stück am Lager hatte, „entschloß er sich, die Bücher abzustoßen", berichtet Dr. Karl August Becker (ein Sohn des Autors). „Er trat mit dem Denkmal-Komitee in Verbindung, und einem jeden, der fünf Mark gab, wurde ein Exemplar zugesichert. So kam die Sammlung in Gang, das Geld für das Denkmal zusammen ... Der Dichter hatte gewissermaßen selbst mitgeholfen, das Geld zu seinem Denkmal zu sammeln ..."

Über diese Notbrücke war das Buch unter die Pfälzer gekommen und in der Heimat seines Verfassers heimisch geworden.
Der Zweite Weltkrieg und die Nachkriegszeit haben auch viele Bücherborde in den Privat-, Schul- und Gemeindehäusern geleert, so daß von den letzten drei Auflagen des Buches „Die Pfalz und die Pfälzer", die der Pfälzerwald-Verein intensiv gefördert hatte, nur noch wenige Exemplare greifbar waren. Der Verlust wurde schmerzlich empfunden, die Nachfrage immer stärker. Eine Neuauflage war nicht zu umgehen. Schon seit Jahren geplant, kann sie jetzt, im siebzigsten Todesjahr August Beckers, erscheinen.
Zwischen der ersten und dieser Ausgabe liegen mehr als hundert Jahre – doch hat das Buch kein Jota an Wert verloren. In ihm lernen wir die frühere Pfalz von innen und außen kennen, ihre Geschichte, Landes- und Volkskunde, ihre Sitten und Bräuche, und im Abglanz der Legende, Sage und mündlicher Überlieferung dringen wir tief in pfälzische Art und pfälzisches Wesen ein. Das Urteil der angesehenen „Leipziger Illustrierten Zeitung" vom Jahr 1858 bleibt auch heute noch ungeschmälert:
„Die Charakterbilder, die August Becker vom Pfälzer im allgemeinen und dann von den Bewohnern der einzelnen Landesteile gibt, sind teilweise meisterhaft. Sie verraten durchweg den gebildeten Mann und andererseits seinen gesunden Lokalpatriotismus ... Ein anderer Vorzug ist der Sinn des Verfassers für das Detail in Sagen, Sitten und Gebräuchen und das Geschick, dasselbe so zu verteilen, daß es den Überblick über das Ganze nicht stört. Sehr wohltuend ist sein fröhliches Rhein- und Weinländergemüt, das vielen Stellen den heitersten Schwung, die behaglichste Stimmung verleiht. Recht gelungen sind die landschaftlichen Schilderungen, die den Hauptteil des Buches ausmachen ... So darf man wohl sagen, der Verfasser hat seinen Gegenstand erschöpft, nicht bloß für den flüchtigen Touristen, sondern auch für den, der an das Werk die Anforderungen eines Handbuches stellt. Mit diesen Eigenschaften gehört das Buch zu den besten seiner Gattung!"
Dieser Charakterisierung des Buches braucht man keine weiteren Worte hinzuzufügen. Es sei nur noch erwähnt, daß wir es mit einer lebendig gebliebenen Darstellung der Pfalz zu tun haben, die den Leser mit den unvergänglichen Werten des Landes bekannt macht.
Aus dieser Einsicht heraus haben wir unsere Ausgabe sowohl vom Typographischen als auch von der äußeren Aufmachung her mehr dem Geschmack unserer Zeit angenähert. Es erschien uns zweckmäßiger und sinnvoller, insbesondere mit Rücksicht auf die jungen (und junggebliebenen) Leser, dem Buch ein neues Gesicht zu geben, anstatt seine alte bzw. ursprüngliche Form und Satzgestaltung noch einmal zu wiederholen.
Am Inhalt selbst hat sich nichts geändert. Nur eine sprachliche Bearbeitung hat das Buch erfahren. Damit der Stil August Beckers aber gewahrt blieb, wurde dabei sehr behutsam vorgegangen.

Neustadt, am Johannistag 1961 — *Oskar Bischoff*

Vorwort zur ersten Auflage

Was der edle Melanchthon in einem seiner Briefe über seine Heimat sagt: „Est regionis magna amoenitas, et genus hominum placidum, amans justitiae et beneficentiae!" – es gilt noch heute, und diesen Satz zu bekräftigen gehört mit zum Zweck des Buches. Aus einem bloßen Reisehandbuch, was es anfangs werden sollte, erwuchs mir unter der Hand ein Werk, das sich über alles Wissenswürdige hinsichtlich der Pfalz verbreitet, und das nicht nur der bloß Unterhaltung suchende Leser oder der Tourist, der eines Wegweisers bedarf, zur Hand nehmen wird, sondern wohl auch der nach einer „Pfälzer Landeskunde" suchende Einheimische, da es über das selten richtig beurteilte überrheinische Volk und Land auf des Verfassers eigene Anschauung gestützte und auf langjähriges Quellenstudium gegründete Aufschlüsse zu geben wohl imstande ist. Den Fremden wie meinen pfälzischen Landsleuten wird neben Bekanntem gar vieles völlig Neue, seither Ungeahnte oder Unbeachtete begegnen. Vieles wird, von einem neuen Gesichtspunkt aus beleuchtet, anders und wichtiger erscheinen als seither; manchem wird ein bis jetzt mangelndes Interesse abgewonnen und vieles völlig Unbekannte zutage gefördert werden. Das Werk umfaßt alle Teile der heutigen Rheinpfalz und wirft auch Seitenblicke auf die Nachbargebiete, die einst das schönste und vornehmste Kurfürstentum des Reiches, die Pfalzgrafschaft am Rhein, ausmachten.

Als Pfälzer kam mir die Aufgabe, die ich übernahm, wohl zu, und wenn Riehl im Auftrag des Königs Max die Pfälzer in jüngster Zeit zum Gegenstand seiner kulturhistorischen Forschungen nahm, um an ihnen seine volkswirtschaftlichen Ideen kristallisieren zu lassen, so ist unser Buch daneben wohl nicht überflüssig geworden, da es, nur das Tatsächliche im Auge, die Pfalz und die Pfälzer einfach darstellen und sie nicht zu Objekten einer systematischen kulturgeschichtlichen Doktrin machen will. Leider konnte ich die Arbeit Riehls fast gar nicht mehr für mein Werk benutzen.

Um den strengen Gelehrten zu genügen, sollte ich eigentlich eine Quellenangabe beifügen. Doch der schon zu sehr in Anspruch genommene Raum wird es entschuldigen, wenn ich bloß sage, daß mir kaum ein auf die Geschichte meines engeren Vaterlandes bezügliches älteres oder neueres Werk entgangen ist. Man wird die Glaubwürdigkeit meiner Angaben schon aus dem Buch selbst erkennen, und wo es not tat, habe ich denn auch nicht unterlassen, die Quellen anzugeben.

Was nun den Touristen betrifft, der beim Reisen nicht bloß den nur sinnlichen Genuß des Sehens und Beschauens schöner Landschaften sucht, sondern einen von anderen kaum geahnten Reisegenuß im Achten auf das sittliche Element, auf Charakter und Physiognomie von Land und Leuten findet, so getrauen wir uns zu sagen, daß ein solcher Reisender an unserem Buch einen Führer finden wird, der ihn treu durch das herrliche Land geleitet, das den schönen Namen „Pfalz" trägt. Er wird in einem Lande, wo das Merkwürdige und Schöne so nahe und oft in schärfstem Kontrast einander gegenübergestellt sind, sich bald an Holland, bald an Italien erinnert fühlen, wird bald in einem frischen, grünen Waldland und bald wieder im seltsamsten, aben-

teuerlichsten Felsengewirr wandern, um dann im friedlich idyllischen, herdenreichen Tal- und Hügelland zu verweilen. Die untergegangene Kultur einer grauen Heidenzeit, die Romantik des Mittelalters, die Kraft und Macht der Bürgerfreiheit und des noch ungeschwächten Reiches wird ihm in ebenso hehren Denkmalen entgegentreten wie ihn das fröhliche Leben und Gedeihen eines frischen, an Seele und Körper gesunden und hochbegabten Volkes der Gegenwart anmuten wird. Ist doch die vom Schicksal oft so verderblich heimgesuchte Pfalz in den letzten Jahren von der Natur wieder so recht mütterlich gesegnet worden: der Weinbauer an der Haardt jubelt dem 1857er zu, der Bettel im Westrich hat aufgehört, das Land befindet sich wohl.

Die Pfalz verdient vollauf, eines der besuchtesten Länder Deutschlands zu sein, was nun auch seit kurzem der Fall ist. Die natürliche Intelligenz und allgemeine Bildung des Volkes macht dem Fremden den Aufenthalt angenehm und: er wird sich ebenso angemutet fühlen von der Freundlichkeit und Reinlichkeit der Dörfer, deren Stolz ihre schönen Schulhäuser sind, wie von den trefflich chaussierten Straßen, die diese Dörfer miteinander verbinden und in die einsamsten Gebirgstäler, ja über die waldige Vogesenfirne führen. Sind dies doch die besten Zeugen für den Wohlstand und den Gemeinsinn der Pfälzer, die aus den Mitteln der Gemeinden für Volksunterricht und den inneren Verkehr mehr getan haben als sonst ein deutscher Stamm, mehr als die vier größten Provinzen Bayerns zusammen genommen. Auch um gute Gasthöfe braucht man in der Vorderpfalz nicht verlegen zu sein; jedes Dorf bietet sie, während man im Westrich freilich oft nur auf die Städtchen angewiesen ist. – Dem Freund alten Volkstums braucht noch immer nicht zu bangen, in der Pfalz leer ausgehen zu müssen; denn neben dem für das Land charakteristischen „Manschettenbauerntum“ wird er noch gar manchen Schatz an alten Sitten, Gebräuchen und Sagen heben können.

Ein Besuch der Pfalz hat noch den besonderen Reiz, daß sich noch vieles entdecken läßt; sie birgt noch gar manche jungfräuliche Naturschönheiten. Der uralte Völkerwall der Vogesen, bedeckt mit zahllosen Kulturresten der Urzeit und reich an herrlichsten Partien, ist eines der interessantesten und dennoch wenigst bekannten Gebirge Europas, vom Belchen bis zum Donnersberg, wenn man das Weinland der Haardt und deren vordere Täler ausnimmt. Wie wenig genannt, was den pfälzischen Teil des alten „Wasichen“ betrifft, ist noch das reizende „Berggelände von Klingenmünster“, wie unbeachtet das pittoreske „Burgenland von Schönau“ an der französischen Grenze; wie jung ist noch der Ruf der „Pfälzischen Schweiz“, deren Felsentäler von Dahn und Gossersweiler zu den außerordentlichsten Deutschlands, ja Europas zählen. Ihre Felsenwunder haben teilweise erst im letzten Sommer Beachtung und Namen erhalten. Und wenn auch jetzt alle Welt vom Kaiserdom zu Speyer und der schönen Haardt spricht, so kennt man gar manche herrliche Landschaft des Westrichs, das Falkensteiner Tal am Donnersberg, das arkadische Glantal und den grünen Bliesgrund vielleicht nicht einmal dem Namen nach.

Überall in der Pfalz macht man aber jetzt Anstrengungen, um dem Fremden den Genuß der Natur zu erleichtern; die heitere Pfalz am Rhein richtet sich darauf ein, das große Stelldichein der Touristenwelt zu werden. Auch ich möchte etwas Wesentliches dazu beitragen, indem ich sowohl meinen speziellen Landsleuten als dem größeren Publikum ein Buch biete, das auf den Namen einer „Pfälzer Landeskunde“ wohl Anspruch machen darf. Möge sich die aufgewendete Mühe dadurch lohnen, daß es sich bald den Besuchern der Pfalz unentbehrlich erweist und auch den Pfälzern willkommen erscheint: als ein treuer Spiegel ihrer selbst und ihres Landes, auf das sie mit Recht stolz sind.

München, in der Weihnachtswoche 1857 *Der Verfasser*

„Man darf diesem Panegyriker gratulieren"

Bemerkungen über die Entstehung und Aufnahme des Buches

Es darf angenommen werden, daß das Buch „Die Pfalz und die Pfälzer" auf eine Anregung des Leipziger Verlagsbuchhändlers J. J. Weber hin entstanden ist, der neben einer „Illustrierten Zeitung" auch eine illustrierte „Reisebibliothek" herausgab. In dieser Buchreihe sollte das Werk August Beckers im Oktober 1856 erscheinen. Aber nicht in dem uns bekannten Umfang, sondern als Bändchen mit zehn bis zwölf Bogen. Die Fülle des vom Verfasser durch Studien und auf Wanderungen zusammengetragenen Stoffes und die Art seiner Darstellung bedingten jedoch sowohl eine Erweiterung des Umfanges als auch einen späteren Erscheinungstermin. Darum konnte der Verlag erst im Mai 1857 mit dem Druck beginnen und zehn Monate später die ersten Exemplare ausliefern.
Unglücklicherweise war nun kurz vorher das Buch „Die Pfälzer" des Sozialphilosophen und Kulturhistorikers Wilhelm Heinrich Riehl erschienen; dieses zeitliche Zusammentreffen der zwar nicht gleichartigen, aber doch fernverwandten Novitäten auf dem Büchermarkt war dem Absatz der ersten Auflage (2 000 Exemplare) des Beckerschen Werkes alles andere als zuträglich. Denn acht Jahre nach Erscheinen (1862) verfügte der Leipziger Verleger noch über die Hälfte der Auflage, die er der Gottschick-Witterschen Buchhandlung in Neustadt zum Weitervertrieb übergab. Insbesondere sollten die Pfälzer mit dem Buch ihres Landsmannes bekannt gemacht werden, zumal in einem Brief vom 20. April 1858 der Verleger bedauerte, daß von den Buchhandlungen in der Pfalz „sich erst drei auf eine besondere Anregung hin", die er an alle gerichtet hatte, bereit gefunden hätten, mit Nachdruck für das Buch zu werben. In diesem Zusammenhang ist auch ein Brief eines Neustadter Buchhändlers an August Becker erwähnenswert, in dem er versprach, für „diese in jeder Beziehung gelungene meisterhafte Arbeit" nachdrücklich in der Pfalz zu wirken, aber leider seien „die guten Pfälzer schlechte Bücherkäufer, denn es ‚rentiert' und ‚verinteressiert' sich nicht!"

Daß August Beckers „Die Pfalz und die Pfälzer" und Wilhelm Heinrich Riehls „Die Pfälzer" vom Thema her irgendwie miteinander verwandt sind, bedeutet aber nicht, daß wir es mit „Zwillingsbüchern" zu tun haben. Im Gegenteil: sie sind in ihren meisten Passagen grundsätzlich voneinander verschieden. Dr. Karl August Becker, der jüngste (vor einigen Jahren in Heidelberg verstorbene) Sohn des Autors, hatte für eine geplante Becker-Biographie auch jene Kritiken gesammelt, die sich mit den beiden Büchern von ihrem Inhalt und ihrer Darstellungsart her auseinandersetzten und somit auf die wesentlichsten Unterscheidungsmerkmale hinwiesen. Wir folgen den Aufzeichnungen des Biographen und zitieren zuerst den weitgereisten Historiker J. Ph. Fallmerayer, der die Pfalz aus eigener Anschauung kannte, war er doch als Leutnant in einigen pfälzischen Orten in Quartier gelegen.
In der „Allgemeinen Zeitung" vom 25. August 1858 stellte Fallmerayer zunächst die Frage, „ob dieses bevorzugte Land schon irgendwo so gut, so vollständig, so treffend

und plastisch abgerundet" beschrieben wurde wie von Riehl und Becker. „Riehl braucht über diese Frage nicht eifersüchtig zu sein", betonte er, denn „sein Lob und sein Ruhm bleiben ungeschmälert. Becker, ob er sich gleich über dasselbe Thema wie Riehl ergeht, ist doch nicht ein Rivale, weil der Stand und Ausgangspunkt beider ein wesentlich verschiedener ist. Riehl setzt bei seinem Leser beinahe alle Kenntnis des historisch-geographischen Materials voraus und macht über die Pfälzer kulturgeschichtliche Philosophie und Sozialbetrachtung. Becker dagegen setzt nichts voraus, nimmt bei seinem Leser tabula rasa an und konstruiert mit kundiger Hand ein pfälzisches Mosaikbild, über das der Blick des Beschauers mit ebensoviel Belehrung wie ästhetischem Wohlgefallen schweift. Beide miteinander rüsten sich erst das volle kunstgerechte Mahl. Riehl, wenn man so will, steht höher, er braucht aber Beckers solide Unterlage, und als Mann von Geist wird Riehl selbst einen Einheimischen gern und mit Vergnügen über dasselbe Thema hören."

Fallmerayer ging auch näher auf die Einteilung bzw. den symmetrischen Aufbau des Beckerschen Buches ein: „Einer der beredtesten Staatsmänner der alten Welt, von dem noch eine Menge Bücher übrig sind, wollte bekanntlich seinen schriftstellerischen Cyclus mit einer Beschreibung des Orbis Romanus schließen, gesteht aber selbst, daß er aus Scheu vor den Schwierigkeiten der Arbeit auf das Vorhaben wieder verzichtet habe. Becker wagt sich zwar nur an einen winzigen Fleck der Erde, aber die Nöten und die Kunst, den Stoff in seiner Fülle zu bewältigen und das Wirrsal der sich überstürzenden Bilder übersichtlich und lichtvoll zu ordnen, sind verhältnismäßig dieselben wie beim Orbis der alten Welt.

Gleich der erste Zug des Verfassers, das zu behandelnde Terrain, d. h. die von der Natur selbst durch die südnördlich streichende Vogesenkette in zwei Teile voll landschaftlicher, topographischer und ethnographischer Gegensätze geschiedene, vom Rhein, von der Lauter, dem Glan und der Nahe umschlossene und nur südwestlich mit Lothringen und nordöstlich mit Rheinhessen ohne natürliche Grenze zusammenfließende Bayern-Pfalz in fünf natürliche Landesgruppen zu zerfällen, zeigt uns, daß der Verfasser seine Aufgabe zu fassen weiß. Diese fünf natürlichen Landesgruppen sind: die Rheinebene, die Haardt, der Wasgau, das Westrich und der Nahegau mit dem Donnersberg. Hiermit sind zugleich die fünf Hauptabschnitte des Textes gegeben, die ihrerseits durch ein eigentümliches Zergliederungstalent des Verfassers wieder in seine gleichmäßige Unterabteilungen symmetrisch auseinanderfallen, dem Gedächtnis des Lesers in wohltätiger Weise zu Hilfe kommen und im Gemüt den Eindruck einer natürlich-einfachen und doch eleganten Architektur erzeugen."

Der „Grenzbote", eine von Gustav Freytag und Julian Schmidt in Leipzig herausgegebene Zeitschrift für Politik und Literatur, stellte das Riehlsche und das Beckersche Buch einander gegenüber; er kommt dabei zu folgendem Ergebnis: „Riehls Buch ging von bestimmten volkswirtschaftlichen Ideen aus und betrachtete die Pfalz und ihre Bewohner als Stoff, mit dem das Gerippe eines fertigen Systems auszufüllen war. Das vorliegende (Beckersche) Werk will den Gegenstand ohne vorgefaßte Meinung einfach wie er ist darstellen und wir meinen, daß sich derselbe auch so gut ausnimmt."

Den Zweck seines Buches hat August Becker in einem Vorwort zur ersten Auflage ausführlich dargelegt: er begann es ursprünglich als „Reisebuch". Wir haben, um den Leser mit den Absichten des Verfassers vertraut zu machen, das in der Weihnachtswoche 1857 geschriebene Geleitwort unserer Ausgabe vorangestellt. August Beckers Bestimmung wurde aber schon frühzeitig von Rezensenten wesentlich erweitert und auf eine breitere Plattform gehoben. Daran hat sich bis heute nichts geändert, und die Meinung der „Neuen Münchner Zeitung" vom 10. Mai 1858 hat erfreulicherweise immer noch Gültigkeit: „... so weiß August Becker überall durch geschichtliche und

sagenhafte Bezüge das geschilderte Lokal zu beleben und die Vergangenheit mit der Gegenwart sinnig zu verknüpfen. Man fühlt das warme Dichtergemüt heraus, sei es, daß die Natur und das Volk oder die Geschichte auf ihn wirken. Nirgends begnügt er sich mit einer dürren und trockenen Aufzählung, mit bloßer Nomenklatur ... Gefühl und Phantasie erblühen in Anschaulichkeit, die das Buch auch für solche zu einer unterhaltenden Lektüre macht, die es nicht unmittelbar zu Reisezwecken benützen. Der sachliche Gehalt ist übrigens hinter der formellen Behandlung nicht zurückgeblieben."
An rühmenden Stimmen hat es also nicht gefehlt, als das Buch vor hundert Jahren erschien; kenntnisreiche Kritiker hatten es nicht versäumt, es „als eines der gelungensten und brauchbarsten Erzeugnisse dieser an sich trockensten aller Büchergattungen" anzupreisen. Dies sagte Fallmerayer, der sonst sein Lob nur sehr sparsam verteilte, und an die Adresse der Pfälzer richteten sich seine beglückwünschenden Worte: „Man darf dem Verfasser nicht weniger zu einer so allgemeinen und wohlverdienten Anerkennung von seiten spruchberechtigter Zeitgenossen, als dem lustigen Völklein jenseits des großen Stromes zu einem solchen Panegyriker seines Landes und seiner Nationalität gratulieren!"

Der Pfalz und den Pfälzern wurden also im Buch und durch das Buch hohes Lob gesungen. Die Heimat August Beckers hat sich aber ihrem „großen Sohn" gegenüber lange Zeit hindurch wenig dankbar gezeigt. Mehr als fünfzig Jahre mußten vergehen, bis eine zweite Auflage (1913) gewagt werden konnte. Als das Grenzland Pfalz nach dem Ersten Weltkrieg sich gewissenhafter auf seine „inneren Werte" besann und auch dem Buch größeres Interesse entgegenbrachte, konnten in kurzen Abständen zwei weitere Neudrucke aufgelegt werden: 1924 und 1928. Anfangs der zwanziger Jahre wurden „Die Pfalz und die Pfälzer" und sein Verfasser auch in die politischen Wirren hineingezogen. „Daß aber August Becker wegen seines Buches als Kronzeuge für die Freie-Pfalz-Bewegung herhalten mußte, hätte sich der Dichter, der immer für ein großes Deutschland schwärmte und schrieb, wohl nie träumen lassen, ebensowenig daß er und sein Werk das Thema zu einem Kapitel einer hochpolitischen Denkschrift abgeben mußte." (Dr. Karl August Becker)

Heute ist das Werk aus dem literarischen Bestand der Pfalz nicht mehr wegzudenken, als „eine Quelle für jeden, der sich mit diesem Land beschäftigen will."

Neustadt an der Weinstraße — *Oskar Bischoff*

Zeugnisse bildlicher Schilderungen

Zu den Illustrationen Otto Körners

Auch diese Neuauflage von August Beckers „Die Pfalz und die Pfälzer" hat die Abbildungen übernommen, die bereits in der ersten Ausgabe von 1858 in der Leipziger Verlagsbuchhandlung J. J. Weber erschienen sind und in der zweiten Auflage von 1913 (Verlagsabteilung des Pfälzerwald-Vereins, Kommissionsverlag von Wilhelm Marnet, Neustadt) sowie in der dritten Auflage von 1924 (ebenfalls Neustadt) nachgedruckt wurden. Ein wesentlicher Unterschied zwischen den bisherigen Bildwiedergaben und dem jetzigen Nachdruck der Abbildungen besteht jedoch darin, daß in den ersten drei Auflagen die Illustrationen von den Originalholzstöcken gedruckt werden konnten, und dementsprechend dieselbe Bildgröße beibehalten wurde. Die jetzige Neuauflage bringt eine Bildvergrößerung, die etwa ein Viertel der früheren Bildbreite ausmacht. Es wurde also nicht mehr nach den alten Holzstöcken, sondern mit Klischees gedruckt.

Schon in der zweiten Auflage von 1913 waren die Satzbreite des Textes und die Breite der Abbildungen nicht mehr exakt – wie in der ersten Auflage – aufeinander bezogen. Auch die Seitenstellung der einzelnen Illustrationen hatte sich erheblich verschoben. So darf eine nachträgliche Korrektur der Differenzen zwischen Satz- und Bildausmaßen durchaus begrüßt werden. Es ergibt sich aber sicherlich die Frage, ob es berechtigt war, die alten Abbildungen durch Klischee-Wiedergabe beizubehalten, wenn die Originalholzstöcke zum Druck nicht mehr zur Verfügung standen.

In der zweiten Auflage gestand schon Dr. Karl August Becker: „Die Illustrationsfrage verursachte einiges Kopfzerbrechen; man war sich zwar der Mängel der bisherigen Abbildungen wohl bewußt. Es bestand deswegen auch vorübergehend die Absicht, vollständig neue Bilder zu bringen, nicht etwa moderne Klischee nach Photographien. Seltene und zum Teil noch gar nicht veröffentlichte Bilder aus der ersten Hälfte des vorigen Jahrhunderts, zu deren Reproduktion die Vorstände einzelner Sammlungen schon in freundlichster Weise ihre Zustimmung erteilt hatten, sollten den Wert des Buches erhöhen. Allein außer an den Kostenfragen scheiterte diese Absicht vor allem daran, daß eben die alten Bilder, so mangelhaft sie auch auf den ersten Anblick erscheinen mögen, doch, von den Landschaftsbildern abgesehen, eigentlich unersetzlich sind; so insbesondere die Trachtenbilder, die nach direkter Angabe August Beckers selbst gezeichnet sind, also sicherlich Naturwahrheiten für sich beanspruchen können. Und so erscheint das Buch auch bezüglich der Illustrationen, die nach den Originalholzstöcken wiedergegeben sind, unverändert."

Die Gründe, die vor einem halben Jahrhundert beigezogen wurden, um die Übernahme der Originalillustrationen von 1858 zu rechtfertigen, haben heute immer noch – oder, besser gesagt, erst recht – Gültigkeit. Denn das Buch „Die Pfalz und die Pfälzer", ehemals eine aktuelle landschaftliche, volkskundige und auf die Geschichte verweisende Berichterstattung über die Pfalz, wurde zu einem historischen Dokument, das man in seiner Eigenheit unangetastet lassen muß. Dazu gehören selbstverständlich auch die Abbildungen, die teilweise einzelne Gebäude und Städteansichten zeigen, die inzwischen verschwunden sind oder sich erheblich verändert haben. Von historischem Wert sind vor allem auch die Genre- und Trachtenbilder wie beispielsweise die Trachten der Gaubewohner oder der Lothringer, auch die Darstellung „Leute aus der Glangegend", „Bergleute aus St. Ingbert", „Leute aus dem Gossersweiler Tal" usw. Ein ausgesprochenes Zeitdokument ist ein Bild wie der „Schmugglerkampf", das sich auf eine ausführliche Schilderung von Schmugglerabenteuern im Bienwald bezieht. Auch untergegangene Bräuche werden in verschiedenen Abbildungen festgehalten. Wir hörten von Dr. Karl August Becker, dem Sohn des Verfassers von „Die Pfalz und die Pfälzer", daß in den Illustrationen Vorzeichnungen von dem Autor selbst stecken. In einem Nachwort zur dritten Auflage (1924) präzisiert Dr. Karl August Becker die Angaben über die Mitbeteiligung seines Vaters an den Illustrationen: „Die darzustellenden Gegenstände wurden vom Dichter selbst ausgewählt. Wo es dem Verfasser am Herzen lag, lieferte er auch bei den Landschaftsbildern dem Maler selbstgefertigte kleine Skizzen, die dann von jenem umgezeichnet wurden. Einzelne solcher Entwürfe sind noch erhalten, so die zu Neustadt, Gleisweiler, dem landschaftlichen Hintergrund des Purzelmarktbildes und andere. Ganz allein aber verdanken wir August Becker die Auswahl und den Entwurf des wichtigsten Teiles der Illustrationen, der Figurenstücke ... Aus einem hinterlassenen Verzeichnis der in Aussicht genommenen Bilder geht hervor, daß diese alle nach genauesten Angaben des Verfassers ... umgezeichnet worden sind."

Aus Unterlagen ermittelte Dr. Karl August Becker die Skizzen, die vom Verfasser selbst stammten, ebenfalls genauere Beschreibungen, wonach der Illustrator seine Bilder gestaltete. Mit anderen Worten: Die Illustrationen sind auch ein Teil der Arbeitsleistung des Autors. Sie spiegeln die Fähigkeit des Schriftstellers August Becker wider, sich bildlich nicht nur mit der Schreibfeder, sondern auch mit dem Zeichenstift ausdrücken zu können. Dem Autor fehlte indessen die technische Ausbildung und Gewandtheit, um seine Zeichnungen für den Buchdruck herrichten zu können. Deshalb suchte er sich einen Illustrator, der die Ausführung der Zeichnungen im Holzschnitt besorgte.

August Becker wandte sich an einen Mann, von dem wir – wenigstens bis auf den heutigen Tag – nicht mehr als den Namen wissen. Merkwürdig genug, daß schon in der ersten Ausgabe des Buches (1858) auf der Titelseite wie im gesamten Band der Name des von Becker ausgewählten Zeichners fehlt. Es heißt hier lediglich: „Mit 80 in den Text gedruckten Abbildungen und einer Karte der Pfalz." Dieser Satz wurde stereotyp in den nachfolgenden Ausgaben wiederholt und nur in der dritten Auflage um einen zweiten Satz vermehrt: „Einbandzeichnung von Max Slevogt." (Dieser Hinweis bezieht sich auf die zeichnerische Zutat Slevogts auf Bitte des um die Geschichte des Pfälzerwald-Vereins so verdienten Slevogt-Freundes Kommerzienrat Heinrich Kohl.) So kurios es erscheinen will, daß nirgends der Name des Illustrators angegeben wurde, so korrekturbedürftig ist andererseits die in allen früheren Auflagen angegebene Zahl der Abbildungen. Es sind nämlich nicht 80, sondern immer schon 82 Illustrationen in den Text eingefügt.

Von diesen 82 Abbildungen sind 62 nicht signiert. 19 Abbildungen sind mit den Buchstaben „OK" signiert. Und nur eine einzige Zeichnung („Neustadt an der Haardt") im ersten Drittel des Buches trägt sehr klein die volle Signatur des Zeichners: Otto Körner. In der Ausgabe von 1858 ist das die einzige (versteckte) Angabe des Namens. In seiner Einführung zur dritten Auflage nennt dann Dr. Karl August Becker flüchtig den Namen Otto Körner ohne jede nähere Angabe: „In Otto Körner, der auch verschiedene der Bildchen mit seinem Namenszug versehen hat, hatte sich ein

Illustrator gefunden. Man einigte sich auf 50 Holzschnitte, diese Zahl wurde später auf 80 erhöht."

Der Name von Otto Körner erscheint nirgends in den Künstler-Lexika. Die Vermutung, es könne sich um einen Angehörigen der weit verbreiteten Künstler-Familie Körner aus Sachsen handeln, scheint mir erlaubt zu sein, obgleich daran zu denken ist, daß August Becker in Bayern, d. h. in dem Gebiet, in dem sich der Schriftsteller zur Zeit der Entstehung seines Buches „Die Pfalz und die Pfälzer" aufhielt, Umgang mit Otto Körner gehabt haben muß. Genaue Angaben über Herkunft und Wirken dieses Otto Körner sind noch zu beschaffen. Keine Bibliothek und kein anderes Institut konnte mir Auskunft über die Lebensdaten dieses Zeichners und Holzschneiders geben.

Das ist angesichts der sehr mäßigen Qualität der Holzschnitte Körners nicht weiter verwunderlich. Dr. Karl August Becker hat schon in der Ausgabe von 1924 darauf hingewiesen, daß „es denn auch in den letzten Jahrzehnten nicht an solchen gefehlt, die glaubten, die einfachen Holzschnitte bespötteln zu müssen ... Vor 70 Jahren dachte die Kritik anders über die kleinen Bildchen, und wenn auch eine Besprechung betont, daß sie nicht mit denen zu vergleichen seien, mit welchen der Verlag vorher bei ihm erschienene Werke dieser Gattung geschmückt habe, so meinen doch andere, daß sie den Wert des Buches erhöhen."

Die Frage nach der Qualität dieser Illustrationen von Otto Körner läßt keine Meinungsverschiedenheiten zu. Es sind typische Illustrationsprodukte, wie sie schon das beginnende 19. Jahrhundert hervorbrachte. Bemerkenswert bleibt allenfalls die Tatsache, daß sich August Becker und der Verlag Weber in Leipzig der alten Technik des Holzschnittes für die Illustration von „Die Pfalz und die Pfälzer" bedienten. Die Domäne solcher illustrierten Bilderzyklen war inzwischen ja längst die Litographie geworden, seitdem in München Dominicus Quaglio schon 1816 seine lithographierten „Denkmale der Baukunst des Mittelalters im Königreiche Bayern" und 1819 die lithographierte „Sammlung denkwürdiger Gebäude des Mittelalters in Teutschland" hat erscheinen lassen, und auch sonstwo zahlreiche lithographierte Zyklen von Städteansichten und Landschaftsdarstellungen in der ersten Hälfte des 19. Jahrhunderts entstanden.

Aus der unmittelbaren Nachbarschaft der Pfalz ist an ähnlichen Darstellungen Peter Beckers (geboren 1828 in Frankfurt, gestorben 1904 in Soest) „Malerisches Rhein-Album" aus dem Jahre 1859/60 zu nennen, das ebenso wie Beckers im Jahre 1861 erschienenes „Saar-Album" Lithographien enthielt. Otto Körner kann allerdings mit der Zeichenkunst Peter Beckers nicht konkurrieren. Wenn Körner sich einerseits an die Skizzen von August Becker hielt, so benutzte er andererseits Vorlagen, die sich beispielsweise an der Darstellung des Klosters Wörschweiler und auch des Speyerer Domes genau nachweisen lassen. Für den Holzschnitt „Abtei Wörschweiler" figurierte zweifelsohne die Abbildung als Vorlage, die sich heute in der Stadtbibliothek Trier (Handschrift Nr. 1831/964) befindet. Für den Holzschnitt „Der Kaiserdom zu Speyer" wäre als Vorlage die Lithographie von Bicheois und Fichot (1840) heranzuziehen. Die Beispiele ließen sich weiterführen, um den nachbildenden Charakter vieler Holzschnitte Otto Körners zu August Beckers Buch darzustellen.

Es wäre jedoch ungerecht, die vorzügliche Technik des Holzschneiders Otto Körner zu verkennen. Um diese Vollkommenheit im Technischen zu beurteilen, muß die erste Auflage des Buches herangezogen werden. Die Striche sind hier äußerst fein wie bei der Xylographie. Die Grauwerte der Bilder sind ebenfalls sehr fein abgestuft. Aber schon in der zweiten Auflage wird die Binnenzeichnung stellenweise fast schwarz. Das Atmosphärische der Wolkenlinien verschwindet. Schwarz-Weiß steht hart neben den grauen Zwischentönen. Gerade bei einem, in der ersten Auflage so vorzüglichen

Bild wie „Seebach", wird der fein schraffierte Schatten des Kirchturmes zu einer Silhouette. Die dritte Auflage korrigierte beim Druck der Bilder wenigstens die Überbetonung der Strichlage in den Zonen der Wolkendarstellung. So kamen in der Ausgabe von 1924, nach der die Klischees des jetzigen Neudruckes gefertigt wurden, die alten Holzstöcke einigermaßen wieder zur Wirkung.

So bescheiden diese Holzschnitte Otto Körners – gemessen an den künstlerisch wertvollen Illustrationen jener Zeit – auch sind, so schätzen wir sie doch als Zeugnisse bildlicher Schilderungen der Pfalz, wenn sie auch verschiedene Einzeldarstellungen anderer Zeichner wiederholen. Wir sagten jedoch schon, daß in diesem Zyklus auch persönliche Beobachtungen von August Becker ihren Niederschlag fanden. In diesen Zeichnungen setzte sich letzten Endes fort, was mit der Arbeit des Queichheimer Malers und Graphikers Johann Heinrich Fried begann („Herbstlesefest" von 1811, als Lithographie 1832 erschienen). Dr. Karl August Becker erwähnte schon als Vorläufer der Illustrationen zu „Die Pfalz und die Pfälzer" die lithographierten Trachtendarstellungen von Georg Emanuel Opitz „Volkstrachten der Deutschen" (um 1820). Hinzuzufügen ist aber noch, daß es vor allem Johann Jakob Serr aus Rhodt bei Edenkoben war, der in seinem Ölgemälde „Weinlese in Rhodt" um das Jahr 1860 auf absolut künstlerischer Basis weiterführte, was so zaghaft mit den Holzschnitten Otto Körners begann.

Kaiserlautern — *Wilhelm Weber*

August Beckers Leben und Schaffen

Die Bilderwelt der Heimat bestimmte den Menschen und Schriftsteller

Am 23. März 1891 hat der Tod dem Volksmann und Schriftsteller August Becker das Herz angehalten. Fern seiner pfälzischen Heimat, von wenigen betrauert, wurde er in der Wartburgstadt Eisenach, wo er zweieinhalb Jahrzehnte lang gelebt und gearbeitet hatte, beigesetzt. Zwei Drittel seines unruhigen Lebens hatte er in der Fremde zubringen müssen, „im Elend", wie er das Leben in der Fremde genannt hat. Der Tod hatte ihn also „draußen" angetroffen, nicht daheim. Der Bericht seines Sohnes Dr. Karl August Becker über die Beisetzung muß die Pfälzer auch heute noch, nach siebzig Jahren, nachdenklich stimmen:

„Es war am 25. März nachmittags. Heulend trieb der Frühlingssturm Schnee- und Regenschauer um den niederen Dachturm der Kreuzkirche auf dem alten Friedhof in Eisenach. In ihr war eine kleine, eine sehr kleine Gemeinde versammelt, um August Becker die letzte Ehre zu erweisen. Nachdem die Worte des Geistlichen verhallt waren und die Sängerknaben, die ‚Curretschüler', den Abschiedschoral gesungen hatten, kehrten die meisten der wenigen Teilnehmer, mit ihrem Schirm gegen Wind und Schnee ankämpfend, in ihr behagliches Heim zurück. In Erwartung einer großen Teilnahme hatte die Familie eine Reihe von Wagen bereitstellen lassen, um die Trauerversammlung zur Beisetzung auf den neuen Friedhof zu bringen, wo August Becker seine Ruhestätte finden sollte. Nur wenige Wagen wurden besetzt, und so winkten wir unseren Freunden und Mitschülern, die den weiten Weg zu Fuß machen wollten, sich der Wagen zu bedienen. Außer uns vier Söhnen und unseren Freunden umstanden kaum soviel Trauergäste das Grab, als ich Finger an einer Hand habe. Still und einsam, wie er in den letzten Jahren gelebt hatte, schied August Becker von dieser Welt."

Heimat und Herkunft

Aus der Schlafstube des protestantischen Lehrerhauses in Klingenmünster schrie am 28. April 1828 ein eben zum Leben erwachtes Knäblein durch den halboffenen Fensterflügel in die stille Dorfstraße. Das südpfälzische Dorf zwischen Annweiler und Bergzabern, wächterlich umstellt von tiefen Wäldern, seine von wunderlichen Sagen- und Spukgestalten, von abgeschiedenen Rittern und bösen und guten Umgängern bevölkerte Umgebung belebten die Phantasie des Jungen ungemein. Lehrer sollte er werden wie sein Vater, und darum schickte man ihn in die Lateinschule nach Bergzabern. Tagtäglich ging er die Straße, eine Stunde hin, eine Stunde zurück, Jahr um Jahr. Stark waren die Eindrücke, die der Schulweg vermittelte:

„Bei schlechtestem Wetter, im Winter im tiefsten Schnee und noch im Dunkel des frühen Morgens, trat ich den Weg an; meine Fußstapfen waren die ersten im frischgefallenen Schnee oder nur Marder- und Fuchsspuren kreuzten meine Bahn ... Es wurde immer wieder Nacht, bis ich nach Hause durfte. Und da umtanzten mich oft die blauen Nachtwische mit feurigem Glanz, und ich wurde vertraut mit den heim-

lichen und schauerlichen Naturstimmungen ... Viel tausendmal bin ich diese Straße hin und her gewandert; täglich zweimal mit dem Schulränzel auf dem Rücken, um in der Heimat des kräuterkundigen Tabernae montanus, wo schon die Römer ihre Bergschenken hatten, in das Idiom Cäsars und Xenophons eingeweiht zu werden. Von jeder Höhe, über welche die Straße führt, hatte ich den Anblick des blauen Schwarzwaldes, der – aus dem dunklen Grenzforst der Rheinebene aufsteigend – den Horizont als hohe Gebirgsmauer abschließt. Auf dem Rückweg durfte ich länger verweilen und glaubte schon daheim zu sein, wenn der mächtige Schloßturm von Landeck über den Weinhügeln meiner Heimat auftauchte. Die Goldammern auf den Schlehdornzweigen, der schnarrende Wachtelkönig am Wiesengraben, der schmetternde Buchfink auf dem Mandelbaum waren mir vertraute Erscheinungen."

Der junge August Becker ist nicht Lehrer geworden, sondern ging nach München und studierte dort von 1847 bis 1850 Geschichte, Philosophie und Ethnographie. Die vielfachen literarischen Bäche und Rinnsale waren in der bayerischen Hauptstadt zu einem breiten und tiefen Weiher angestaut, und darin konnte der junge Becker seine ersten schriftstellerischen Schwimmversuche machen. Er verstand es, gute Freunde zu gewinnen; doch neben ihnen pflanzten sich breitbeinig und großbrüstig offene und geheime Gegner auf. Es war für den angehenden Literaten nicht leicht, sich durchzusetzen.

In München begann der steinige Weg, den August Becker zeit seines Lebens gehen mußte, und an dem es viele entscheidende Stationen gab: Beendigung der Studien und das Werfen der Kugel im Roulette der Berufsschriftsteller; am 31. März 1859 Vermählung mit Frida, einer Tochter des Lyrikers G. Scheurlins; bald danach Leiter der „großdeutschen" Isarzeitung, deren Redaktion er bis 1. Juli 1864 innehatte. Diese zwei Jahre brachten ihm wenig Beglückung; Ärger, Verdruß und Mißhelligkeiten überschatteten literarische Pläne und Absichten. (In seinem Roman „Verfemt", der bei seinem Erscheinen 1868 mächtig Staub aufwirbelte, spiegelt sich seine Münchener Zeit haarscharf wider).

Im Erscheinungsjahr des Romans übersiedelte August Becker nach Eisenach, eigentlich ohne zwingenden Grund; doch der Roman „Verfemt" mag dabei eine bestimmte Rolle gespielt haben. In dem thüringischen Beamtenstädtchen fand er in Karl Alexander, dem Großherzog von Sachsen-Weimar, und Fritz Reuter, dem Dichter der „Festungstid", hochgemute Gönner und Freunde. Aber die Sorge um das tägliche Brot blieb in ständiger Tuchfühlung mit ihm.

„Doch er verzagte nicht", berichtet sein Sohn Dr. Karl August Becker über die Eisenacher Zeit. „Er arbeitete ununterbrochen. Für ihn gab es keinen Sonn- und Feiertag, den der einfachste Arbeiter beanspruchen durfte. In den späteren Jahren verzichtete er auf jeden Urlaub, selbst auf die Reisen zu den Verbandstagungen, die ihm sonst so viel geistige Anregung gebracht hatten. Hatte er nach dem Hinscheiden so mancher Freunde, vor allem Fritz Reuters, seinen geselligen Verkehr eingeschränkt, so gab er ihn nun ganz auf und besuchte kein Wirtshaus mehr. Selbst den Einladungen an den großherzoglichen Hof, wo ihm die Unterhaltung mit Karl Augusts Urenkelin, der geistvollen Prinzessin Elisabeth, hohen Genuß gewährte, wich er aus. Vierteljahrelang verließ er das Haus nicht mehr. Nur in der Herbstzeit, wenn das Laub der herrlichen Wälder um Eisenach sich bunt färbte, wanderte er noch auf die ‚Hohe Sonne' auf dem Rennsteig, was er jahrzehntelang jeden Mittwoch getan hatte, und saß dort am liebsten allein oder den Gesprächen über Wild und Wald der Forstleute lauschend, um dann in später Nacht einsam nach Hause zu wandern. Besonderen Genuß gewährte ihm diese Wanderung, wenn an den Adventtagen der Himmel unter dem Schein der herabgesunkenen Sonne rot aufleuchtete und der Schnee den Boden deckte."

Heimatschriftsteller und Begründer der pfälzischen Volkskunde

Unter dem Pseudonym Gottlieb Gutfreund ist August Becker vor mehr als hundert Jahren in die deutsche Literatur eingetreten. Dann erschien unter seinem eigentlichen Namen das lyrisch-epische Gedicht „Jungfriedel der Spielmann" bei Cotta, der dem Buch die Worte mit auf den Weg gab: „Es liegt eine Innigkeit, eine Unmittelbarkeit und eine volkstümliche Wahrheit in diesen reinen, gläubigen, keuschen und frischen Klängen." Das Buch hatte bei seinem Erscheinen aufmunternden Zuspruch buchen können. (Als ich nach dem letzten Krieg eine „Auswahl der Lieder" herausgab, erbrachte die Verkaufsauflage den erfreulichen Beweis, daß auch unsere, angeblich dem „Volksgeist und Volksglauben" abgewandte Zeit den Versen August Beckers immer noch zugetan ist).

Hört man in der Pfalz den Namen August Becker, so verbindet sich damit zunächst die Vorstellung eines Volksschriftstellers bester Art, eines Heimatdichters, der Wesentliches dazu beigetragen hat, durch die Wahl seiner Stoffe die Pfalz „literaturfähig" zu machen. Sein Arbeitsprogramm war ein weitgespanntes: von der landes- und volkskundlichen Schilderung auf der einen und dem breitflächigen Roman auf der anderen Seite, wölbt sich der Bogen über Ballade, Volkslied, Novelle und Volkserzählung. Mehr als zwei Dutzend Buchveröffentlichungen tragen den Verfassernamen August Becker. „Wandern und arbeiten, das wäre mein Leben in der Pfalz. Ansprüche an Geselligkeit mache ich wenig, gehe oft monatelang nicht unter die Menschen und habe wenig Bedürfnisse ... Um so häufiger wandert meine Phantasie aus und baut Märchen auf in den Oberstuben des barocken ‚Engel' in Bergzabern oder in den Spukhäusern der Haardtstädtchen." Das hat August Becker 1878 an einen Freund geschrieben.

Er konnte aber nicht in seine pfälzische Heimat kommen, nur die Gestalten vieler seiner Werke leben und lieben, werkeln, streiten und singen in seinen heimatlichen Landschaften: In Klingenmünster „Das Schreinerbäbele", „Der Hannewackel und seine Schwester", „Der Schloßmichel", „Des Schulzen Fritz" und „Der Weinmucker"; im Gossersweiler Tal „Der Zigeunerstoffele" und „Die Sternbuben"; bei Worms begegnet uns „Der Held von Guntersblum" und am äußersten südwestlichen Zipfel der Pfalz der alte „Reichsgraf Jockel". In Oberhofen stehen Tor und Tür offen an einem stattlichen Haus, in dem uns „Die Nonnensusel" erwartet, und das Lieblingskind des Dichters, die „Hedwig", finden wir in Erlenbach, in Landau und Umgebung.

Viele Pfälzer sind der Meinung, daß „ihr" August Becker alle seine Werke in der Pfalz spielen läßt. Dem ist nicht so: das Schicksal der „Grauen Jette" vollzieht sich im Odenwald und an der Bergstraße und das des Schultheißen „Hans Rösselmann" erlebt man im elsässischen Kolmar, wo auch „Das Turmkätherlein" beheimatet ist. „Der Karfunkel" glüht indessen am Oberrhein auf und „Der Nixenfischer" ist am Starnberger See zu Hause; „Des Rabbi Vermächtnis" vollzieht sich an der Ostsee und im nördlichen Franken und der „Küster von Horst" lebt in der Lüneburger Heide.

Da wo der Dichter eine pfälzische Landschaft und ihre Menschen in den Mittelpunkt rückt, wird er ganz von der eigenen Musik und eigenen Bilderwelt seiner Heimat her bestimmt. Seine Erzählweise ist eine episch-ruhige; Situationen und Verflechtungen entwickeln sich in seinen Prosastücken organisch. Bei ihm hat der Romancier „den geheimen Seelenvorgängen nachzuwandeln, Äußerung und Wirkung der Leidenschaft im inneren Konflikt zu erlauschen". In seiner „Nonnensusel" stehen dem 27. Kapitel einige Sätze voran, die es meines Erachtens wert sind, von jedem angehenden Heimatdichter gelesen und beherzigt zu werden:

„Auch in der Dichtung will man die Dinge heute aus dem Bereich des ‚Übernatürlichen' entrückt und auf das ‚Reinmenschliche' beschränkt wissen. Gibt es aber etwas ‚Reinmenschliches', so ist es die Abhängigkeit vom Ungewissen, das Tasten der zagenden

Seele am Rande des Dunkeln und Unbekannten, das bange Pochen an den Pforten der Zukunft, die schauernde Umschau nach Erkenntnis und Erleuchtung, die bebende Frage nach dem Bevorstehenden, das furchtsame Lüften des Schleiers über dem Verborgenen, die Angst um Gewißheit. Diese Angst in der Not des Daseins, die zum Forschen nach dem Unerforschlichen, zum Ergründenwollen des Unergründlichen treibt, ist der ureigentliche Grund, die Mutter allen Glaubens und Aberglaubens. Jeder weist in den Rätseln des Lebens zum Vertrauen auf göttliches Walten, auf eine Vorsehung hin. Wenn aber alles Hoffen fehlschlägt und versagt und alle Ergebung nicht mehr vorhalten will, die Seele auf das Marterbrett vergeblichen Harrens gespannt wird, in Not und Angst, wo jede Aussicht auf Hilfe trügt, die Menschen kalt und verständnislos für unser Leid, unseren Gram, unseren Kummer vorübergehen: da faßt die arme Menschenseele auch nach dem Strohhalm, den der Aberglaube über den Abgrund legt, und ist der Halt noch so trüglich, so war doch wieder eine Hoffnung erregt und hat einige Schritte weitergeholfen auf dem Weg zum dunklen Ende ...“

Tragische Lebensfahrt

August Beckers Lebensfahrt war eine tragisch bestimmte. Vor seinem Tode ist kaum eines seiner Bücher in der Pfalz erschienen; seine Verleger saßen in Ungarn und Preußen, in Schwaben und Hessen, in Thüringen und Sachsen – und seine Sehnsucht, in der Heimat leben und schaffen zu können, ist nie erfüllt worden.

„Sein Leben lang hat August Becker die Bitternis des Schriftwortes erfahren müssen, daß der Prophet nichts gilt in seinem Vaterland. Der Mann, der seine Pfalz mit liebender Treue abgeschildert und seine Pfälzer gelobt und gepriesen hat, mußte es erleben, daß seinem Werk gerade in der Pfalz kalte Gleichgültigkeit entgegenstand ... Künder des Vaterlands, Opfer des Unverstands!“

Unüberhörbar sprach Dr. Albert Pfeiffer diese bitteren Worte am Allerseelentag 1930, als die Pfalz und die Pfälzer ihren Dichter heimgeholt haben, um ihm auf dem Bergfriedhof von Klingenmünster die letzte Ruhestätte zu geben. „Blaß standen die Blüten der Astern“, schildert ein Bericht die Stimmung, „das Weinlaub schnitt rote Streifen in die Landschaft. Der himmlische Beleuchter warf manchmal einen Fetzen Sonne auf die Wälder, Laub schimmerte in allen Schattierungen. Der zertrümmerte Leib der Landeck lag über der Höhe und die Madenburg sah die Wolken und einen Schwarm Raben über sich hinziehen, während ein Geschwader Tauben über den Bergfriedhof flügelte. Und der Wind sang seine Symphonie ...“

An diesem Allerseelentag 1930 haben die Pfalz und die Pfälzer eine Ehrenschuld abgetragen und nach Jahrzehnten der Versäumnisse August Becker in ihre Mitte geholt. Es hat sich inzwischen nun auch erwiesen, daß von „kalter Gleichgültigkeit“ seinem Werk gegenüber nicht mehr gesprochen werden kann.

Klingenmünster und Neustadt an der Weinstraße *Oskar Bischoff*

DIE PFALZ UND DIE PFÄLZER

Land und Leute der Pfalz

Die bayerische Rheinpfalz hat schon oft genug die Aufmerksamkeit der Zeitgenossen auf sich gezogen und blieb wunderlicherweise für die große Reisewelt dennoch ein unbekanntes Land, das man vom Hörensagen kannte und nach den Zeitungen beurteilte. Der große Strom der Touristen zog auf dem Rhein, dessen Ufer hier reizlos genug sind, vorüber oder durchflog im geschlossenen Postwagen das Land auf der Kaiserstraße von Mainz nach Paris, die auch nicht durch die schönsten Partien dieses an Naturschönheiten so reichen Landes führt. Und wer von Straßburg nach Mannheim oder Mainz eilte, nahm auch kaum mehr als eine flüchtige Ahnung von den Reizen dieses Landes mit.
In neuester Zeit ist nun vieles anders geworden, wenn auch noch immer eine größere Stadt als Konzentrationspunkt des geistigen, kommerziellen und politischen Lebens fehlt, die auf den Fremdenzug ihre Anziehungskraft ausüben könnte. Aber die Eisenbahnen, die durch die gartenähnliche Ebene, dann an der herrlichen Haardt hinauf und die Felsen des Vogesus durchbrechend die großen Städte Mitteldeutschlands auf dem kürzesten Weg mit der Weltstadt an der Seine verbinden, haben einen guten Teil der landschaftlichen Reize unserer Pfalz erschlossen, und diese Ecke des großen deutschen Landes, das dem mächtigen Nachbarstaat an die Seite geschoben ist, bleibt nicht länger von dem großen Touristenstrom unbeachtet, seit Ludwig von Bayern über den Gräbern der deutschen Kaiser den alten Dom in neuer Pracht erstehen ließ und selbst gern als Pfalzgraf auf seiner schönsten Villa inmitten der Pfälzer weilt.
Es sind sichere Anzeichen dafür vorhanden, daß die Pfalz in nächster Zeit eines der besuchtesten Länder Deutschlands sein wird, wie sich denn auch die Touristen, seitdem sich die reizend gelegenen Bäder an der Haardt bekannter gemacht, bereits schon sehr gemehrt haben.
Wir sind darum überzeugt, mit unserm Büchlein einem Bedürfnis entgegenzukommen. Der Verfasser ist ein Pfälzer; er kennt seine Heimat und Landsleute und hat darum vielleicht das Recht, zu verlangen, daß man seinem Buche vertraue. Von den mancherlei Versuchen, eine Beschreibung der Pfalz zu liefern, ist kaum ein derartiges Werkchen je über die Grenzen der Pfalz hinausgekommen, wenn es auch z. B. die trefflichen „Träume und Schäume“ eines Anonymen verdient hätten, allgemein bekannt zu werden. Baedekers Reisebuch selbst bringt nur eine flüchtige Route durch die Pfalz. Auch das vorliegende Handbuch wird auf so eng zugemessenem Raum kaum über die Skizze hinauskommen, aber es wird sich nicht leicht etwas entgehen lassen, das irgendwie Interesse in historischer, landschaftlicher und kunst- und sittengeschichtlicher Beziehung bietet. Denn was eigene Anschauung, eigenes Nachdenken und Forschen und das fleißige Studium der Quellen beitragen können zur würdigen Fassung des Buches, ist erfüllt, und dabei schmeichelt sich der Verfasser, daß es nicht nur dem Touristen ein Wegweiser, sondern dem Kulturhistoriker auch eine wilkommene Quelle sein wird. Selbst auf die nur Unterhaltung suchenden Leser ist Rücksicht genommen, und dem Freunde von Reisebeschreibungen und ethnographischen Bildern soll es Belehrung zu geben versuchen.

Allen aber sind die beigegebenen landschaftlichen und sittengeschichtlichen Illustrationen sicherlich eine angenehme Beigabe; dies um so mehr, als dem Verfasser daran gelegen war, besonders die unbekannten Reize seiner Heimat, die seither noch keine bildliche Darstellung fanden, und noch mehr die Trachten und Volksbräuche der Pfalz, die hiermit zum erstenmal bekannt werden, in den Zyklus der Illustrationen mit aufzunehmen.
Um jedoch den Leser nicht länger mit solchen vorwortlichen Bemerkungen hinzuhalten, soll nun versucht werden, ihm einen Totaleindruck von Land und Leuten zu geben, um ihn zur Reise vorzubereiten.

Die einzelnen Landschaften

Die heute wieder den alten Namen führende bayerische Provinz Pfalz liegt auf dem linken Rheinufer, vom Mutterland getrennt; sie breitet sich über einen großen Teil der oberrheinischen Ebene, der Vogesen und über das ganze Haardtgebirge aus, bis südwestlich zur Saar ins Moselgebiet und nordwestlich bis zur Nahe und zu den Hunsrückhöhen. Der Rhein trennt das Land östlich von Baden, die Lauter südöstlich vom Elsaß, nordwestlich der Glan und die Nahe von Rheinpreußen und dem Meisenheimer Ländchen, während südwestlich Lothringen und nordöstlich Rheinhessen ohne natürliche Grenzen anstoßen.
Die Pfalz bietet weder ein politisches Ganzes, noch ein natürliches. Aber eine gewisse Gliederung in den Terrainverhältnissen läßt sich nicht verkennen. Auf der Grenzscheide vom Elsaß und von Lothringen treten die Vogesen in ihrem Hauptzug von Süden her in das Land, durchziehen es so ziemlich in der Mitte nach Norden hin und geben ihm eine östliche und westliche Abdachung, so daß das Land in zwei Teile geschieden wird – voll landschaftlicher, topographischer und ethnographischer Gegensätze. Die sanftere, in hochwellenförmiges Land übergehende westliche Hauptabdachung – „das Westrich" – setzt Lothringen fort; die östliche, jäh in die Rheinebene abfallende Abdachung bildet mit dieser die „Vorderpfalz", die ebenso gewissermaßen eine Fortsetzung vom Elsaß ist. Jedoch dürfen wir auch einen Zentral- und Schlüsselpunkt des Terrains suchen, und zwar dort, wo einsichtsvolle Feldherren ihn gefunden und allda ihre Entscheidungsschlachten geschlagen haben; da, wo sich die Wasgaufirne oder die Wasserscheide in dem 2 100 bayerische Fuß hohen Eschkopf zu einem Hauptknoten abstockt, bei dem das einsame Forsthaus Johanniskreuz mitten in großen Wäldern steht, völlig im Herzen des Landes, in der Mitte der Pfalz. Dort ist der pfälzische Gotthard (wenn wir so sagen dürfen), wo die Gebirgsäste, welche die natürliche Gliederung des Landes bestimmen, zusammenlaufen und sich kreuzen, wo die Haupttäler ihren Ausgangspunkt finden und von dem fast alle größeren Bäche der Pfalz strahlenförmig nach allen Richtungen hin abfließen. Natürlich rechnet man alles, diesen Konzentrationspunkt umlagernde Hochland noch hinzu, und hier bei Kaiserslautern kreuzen sich fast alle Straßen der Pfalz.
Von Süden her läuft über die Schlachtfelder von Pirmasens die waldige Vogesenfirne oder „Wasigenfirst" und setzt sich nördlich fort, indem sie sich in dem schluchtenreichen Plateau von Kaiserslautern und weiterhin etwas abflacht, um dann als mächtiger Bergstock nochmals emporzusteigen und mit dem majestätischen Donnersberg die ganze 30 Meilen lange Vogesenkette würdig abzuschließen. Westlich von dem Knotenpunkt aus laufen die Sickinger Höhen, die den Kessel der Blies vom Glan-Nahegebiet scheiden und so das Westrich doppelt gliedern, so daß sich eine südwest- und eine nordwestliche Nebenabdachung bildet. Nach Osten dagegen zieht von dem Knotenpunkt am Johanniskreuz um die Quellen des Speyerbachs herum und zwischen den Tälern desselben hin

das Waldgebirge der Haardt. Das Queichtal scheidet es von dem kühner geformten und zerrissenen Felsgebirge des Wasgaues, des eigentlichen Vogesus, der, aus dem Elsaß kommend, das Terrain zwischen Queich und Lauter ausfüllt.

So ziemlich in der Mitte, zwischen dem Lauf des Rheins und jenem des Hauptgebirgkamms, läuft nun mit beiden parallel die vorderste, der Rheinebene zugekehrte Bergreihe der Vogesen und der Haardt, indem sie sich in ihrer ganzen Linie zu ihrer höchsten Höhe erhebt und jäh abstürzend den hinteren Hauptkamm, was charakteristisch für die Vogesen ist, völlig überragt. Sie stellt sich als eine stattliche Gebirgswand dar, die besonders in ihrer Mitte, von der Queich bis zur Isenach, als ein festgeschlossener Bergwall erscheint, der nur von einem engen Haupttal, dem des Speyerbachs, durchbrochen ist. Dies ist eben die waldige Haardt, die sich, in ihrem Innern äußerst schwach bevölkert, als eine dicke Scheidemauer zwischen das Westrich und die Vorderpfalz legt. Dagegen zeigt sowohl der linke als auch der rechte Flügel dieser Gebirgslinie mehr durchbrochene Glieder: das hochwellenförmige, gut angebaute und stark bevölkerte Hügelland vor dem Donnersberg im Norden, und das schluchten- und dörferreiche Felsgebirge des Wasgaues im Süden vermitteln den Übergang der Vorderpfalz zum Westrich, indem sie überall offene Pässe zeigen. Überblicken wir nun das Land im allgemeinen, so zeigt sich die Pfalz in der Mitte am höchsten und an den äußersten Grenzen im Osten, Südwesten und Nordwesten am niedrigsten.

Die Rheinebene liegt nicht sehr erhaben über dem Niveau des Rheins und wird an den Ufern oft genug überschwemmt; auch in anderer Hindsicht sind die Ufer benachteiligt, wohin besonders die Fieber entwickelnden Sümpfe und die dicken Rheinnebel gehören. Weiter ins Land hinein, im ebenen Gau, ist dafür die Luft desto gesünder und reiner, da die Winde frei die Ebene durchstreifen können. Diluvialboden, an wenigen Strecken Sand, bildet den Hauptbestandteil der Rheinebene und macht sie zu einem äußerst fruchtbaren Land, wo die weiten Fruchtfelder und Wiesen nur hie und da von fetten Rheinwäldern unterbrochen sind. Hier ist der getreide- und tabakreiche „Gau" mit großen reichen Dörfern. Westlich gegen die hochherabschauende Bergkette hin hebt sich allmählich das Land etwas; von den Bergen laufen mit den Bächen lange, bebaute Hügelrücken, welche flache Täler und am Fuße der Berge das herrliche Weinland der Pfalz an den Vogesen und der Haardt bilden. Hier vereinigen Ebene und Gebirge ihre Schönheiten; die der Ebene zugewendeten Abhänge der langen Bergkette saugen alle Strahlen der Sonne gieriger ein, das mildeste Klima beglückt diesen Strich, und weithin am Fuße der Berge reiht sich ein stadtähnliches Dorf an das andere; weite Rebenfelder geben herrlichen Wein, Kastanienwälder rauschen um die ruinengekrönten Bergspitzen, Mandeln und Pfirsiche schmücken die Weinberge und Alleen von Nußbäumen reichen weit hinab ins ebene Land. So ist dieser östliche Abhang der Berge von der südlichen bis zur nördlichen Grenze der Pfalz, besonders aber von der Queich bis zum Leiningertal, „an der Haardt" das mildeste, bevölkertste und wohl auch nahezu das schönste Land Deutschlands. Hier läßt die enggeschlossene Bergkette nicht die kalten Hunsrücker Winde zu, die im Westrich und in der Ebene freien Spielraum finden. Selbst die Gewitter, die aus dem „Weißenburger Loch" oder aus dem Blieskessel aufsteigen, brechen sich am vordersten Bergkamm; sie sind weniger furchtbar als jene seltenen Wetter, die von Osten über den Rhein herkommen und sich an der Gebirgskette stoßen und aufhalten. Die Rheinnebel, die aus dem mächtigen Strom aufsteigen und im Herbst die Ebene und Haardthänge oft überlagern, sind mehr lästig als schädlich. Die Seehöhe der Rheinebene beträgt zwischen 300 und 370 Fuß. Sie steigt gegen die vier Stunden westlich liegende Bergkette hin um 200 bis 300 Fuß – die tiefliegenden Talsohlen des Speyerbachs, der Queich und anderer Bäche ausgenommen –, und erhebt sich dann steil bis zur vorderen Kammhöhe des Gebirges wieder um 1 000 bis 1 500 Fuß, so daß die mittlere Höhe der vorderen Bergreihe 1 800 Fuß hoch ist, die sich jedoch im Norden der Pfalz, wo die Berge sich als Hügelland am Donnersberg und nach Rheinhessen hinein fortsetzen, abflacht. Dem Fremden, der von Osten über den Rhein kommt, bietet sich somit die Vorderpfalz im weiten Gau der Rheinebene und im hügeligen Weinland offen dar; westlich von einer blauen Bergkette geschlossen, die er, um ins „Westrich“ zu gelangen, mit der Eisenbahn gerade in ihrer Mitte durchschneidet.

Das ganze Innere der Pfalz, das Herz des Landes, ist Hochland, das sich zu beiden Seiten über die Wasserscheide verbreitet und rechts und links vielfach durchschnittenes Tafelland ablagert. Südlich bis Pirmasens noch ziemlich schmal, wird das Hochland in der Mitte der Pfalz sehr breit; es stößt mit seinen Rändern östlich an das Weinland der Haardt und stuft sich westlich in das Hügelland des Westrichs ab. Die Höhenlage mag zwischen 1 000 und 1 500 Fuß stehen, in der merkwürdigen wassergleichen Hochebene mit dem Landstuhler Bruch, die über Homburg an der Nordseite der Sickinger Berge nach Kaiserslautern und weiter zieht, etwas niedriger. Fast alle Dörfer liegen hier auf den Höhen, nur wenige in den Tälern. Dieses Hochland ist größtenteils von dichten Wäldern bedeckt, welche die Vogesenfirne und das Haardtgebirge überlagern; hier ist es auch beinah menschenleer, kalt, rauh und nur wenig kulturfähig. Nur seine westliche Seite, die „Sickinger Höhe“ in ihrer ganzen Ausdehnung, ist musterhaft angebaut und gibt den tüchtigen landwirtschaftlichen Sickinger Bauern Getreide im Überfluß, obgleich die Höhen rauh und dürr sind. Sonst ist das Hochland die pfälzische Holzkammer; die geringe Bevölkerung nährt sich vom Walde und vom Verdienst in den Eisenwerken von Trippstadt. Floßbare Bäche führen das Holz von hier nach allen Seiten. Die von hier ausgehenden Täler der Pfalz sind Quertäler in ihrer Richtung nach Osten, Längstäler in ihrer Richtung nach Süden und Norden.

Auf der südöstlichen Seite dieses Hochlandes, gegen die Rheinebene hin, zwischen der Queich und Lauter, ist eigentliches Gebirgsland im Wasgau, indem hier Berg und Tal stets wechseln. Nach allen Seiten ziehen offene Täler zwischen den grotesken Felsbergen hin, und die verschiedenen Talwege vereinigen sich bei Hinterweidenthal mit dem Vogesenpaß der Queich, um über die Vogesenfirst und das Hochland von Pirmasens in den Blieskessel nach Zweibrücken zu führen. Ebenso lagert sich nördlich an das Hochland das Gebirgsland des Donnersbergs, indem auch hier weder Tal noch Berg gegenseitig überwiegen. Um den Donnersberg lagert sich das fruchtbare Hügelland des Alzeyer Gaues bis zum Rheine. Von Mainz her, am Donnersberg vorüber, kommt durch diesen Strich der bedeutendste Vogesenpaß: die Kaiserstraße, die im Herzen der Pfalz bei Kaiserslautern die Straßen des Neustadter und Dürkheimer Tales aufnimmt und neben der Eisenbahn her, die nach vielen Tunnels endlich die Vogesenfirst in einem Haupttunnel durchbrochen hat, über das Landstuhler Bruch der Grenze zueilt.

Hochwellenförmiges Hügelland bildet nun das hintere Westrich; südwestlich umschließen die Nebenzweige der Vogesen das Becken von Zweibrücken, den „Blieskessel“, mit seinen üppigen Wiesen und Herden und seinem oft sehr fruchtbaren, kalkhaltigen Weizenboden, der besonders gegen Lothringen hin fleißig angebaut ist. Nordwestlich breitet sich zum Glan und der Nahe das Hügelland, das nur von diesen Flüssen vom Hunsrück getrennt ist. Das Klima ist hier wohl milder als im Hochland, aber die kalten Winde vom Hochwald und Hunsrück her machen es immer noch viel rauher als in der Vorderpfalz. Schöne Wiesen und schöne Herden trifft man in den Tälern, die Anhöhen tragen Kartoffeln und zur Not Getreide; an den Talhängen pflanzt man hie und da sogar Reben. Das Westrich charakterisiert jedoch besonders sein Reichtum an nützlichen Mineralien; der Gebirgszug, der an der westlichen Grenze der Pfalz hinzieht und im Höcherberg, Potzberg und Königsberg zu bedeutenden Kuppen emporsteigt, enthält in seinen Sandsteinlagern Kohle, Quecksilber und andere Metalle bis zum Lemberg an der nördlichsten Grenze der Pfalz. Hier hat sich denn auch das Bergmannsleben entwickelt, und in vielen der stillen, heimlichen Tälern stehen Fabriken und Eisenwerke.

Wenn die Quertäler der östlichen Abdachung, indem sie in die Rheinebene treten, ganz ihren Talcharakter verlieren und sich verflachen, behalten die südwestlichen und nördlichen Längstäler diesen Charakter bis zu ihrer Mündung bei, obgleich sie freilich keine so engen, wilden und grotesken Einschnitte in das Gebirge machen wie die östlichen in ihrem oberen Lauf.

Was nun die geologischen Verhältnisse betrifft, so besteht der Hauptbestandteil des Gebirges aus dem Vogesensandstein, am vorderen Saum gegen die Ebene hin hie und da vom bunten Sandstein unterbrochen, bei Lindenberg im Neustadter Tal sogar von Porphyr, und im Gebirgsland des Wasgaues, wo der Sandstein ganz gegen seine sonstige Natur in den kühnsten und sonderbarsten Formen zutage tritt, bei Weißenburg im Lautertal von Basalt, bei der Madenburg und hinter Klingenmünster von Diorit und im Queichtal bei Albersweiler sogar von Granit unterbrochen. Auch bei Forst an der unteren Haardt tritt der Basalt zutage, und längs des vorderen Gebirgssaums lagert zumeist Kalk auf, der den Weinbau trefflich fördert. Der Vogesensandstein der Sickinger Höhe läuft mit dem Torfgebrüche westlich aus, während im Bliesgebiet bei Zweibrücken der bunte Sandstein von Tertiär- und Muschelkalk überlagert wird. Der erzreiche Kohlensandstein des Glangebirges ist bei Wolfstein; er wird in seiner Fortsetzung am Donnersberg und bei Kreuznach von Porphyr, noch öfter aber von Dioritmassen unterbrochen. Er enthält besonders bei Wolfstein viel Interessantes für den Geologen und Mineralogen. Die Ebene, ein Teil des „Mainzer Beckens", zeigt an ihrem westlichen Saum den Tertiär- und Muschelkalk mit interessanten Petrefakten.

Gewöhnlich wird das Land hinter dem vorderen Bergkamm zum Westrich gerechnet, obgleich dieses im eigentlichen Sinne nur das Land hinter der Wasserscheide einnimmt und das Gebirgsland zwischen dieser und der Rheinebene teils die Vorderpfalz vom Westrich scheidet, teils den Übergang zwischen beiden bildet. Von den 107 Quadratmeilen der Pfalz nimmt die Rheinebene mit dem Weinland am Gebirgssaum etwa 27 Quadratmeilen ein, während das Gebirgsland, das Hoch- und Hügelland des Westrichs, 80 Quadratmeilen mißt. Freilich stellt sich die Zahl der Bevölkerung für die Vorderpfalz viel günstiger heraus, indem sie von den 580 000 Einwohnern der Pfalz – noch vor wenigen Jahren hatte die Pfalz 615 000; die Auswanderung verminderte die Bevölkerung nach 1849 rasch – über die Hälfte für sich in Anspruch nimmt, so daß durchschnittlich über 10 000 Menschen hier auf die Quadratmeile kommen, während auch keine einzige große Stadt einen bedeutenden Zuschuß gewährt. Am dichtesten ist die Bevölkerung längs der Haardt im Weinland und auf den Vorhöhen der Vogesen, da sie hier zwischen 12 000 und 16 000 auf die Quadratmeile schwankt, ja in der Umgebung von Edenkoben diese Zahl noch übersteigt, somit den bevölkertsten Strich Deutschlands bildet, wenn man das Fabriktal von Barmen ausnimmt. Hinter diesem so außerordentlich bevölkerten Strich liegt aber auch, das Hochland umfassend, einer der unbevölkertsten, der – die Sickinger Höhen ausgenommen – kaum den zwanzigsten Teil dieses Verhältnisses aufweist. Über diesen menschenleeren Strich hinaus, im eigentlichen Westrich, gestaltet sich das Verhältnis wieder viel günstiger, indem im Hügelland am Donnersberg, in den Tälern des Glans, das Verhältnis von 5 000 Einwohnern auf die Quadratmeile fast überall überstiegen wird und im Blieskessel sogar 6 000 bis 8 000 Einwohner erreicht.

In der Vorderpfalz überwiegt die Zahl jener Ortschaften, die 1 000 und mehr Einwohner haben – in den meisten Gegenden jedoch wird diese Zahl nicht erreicht – da an 120 solcher großer Orte hier gefunden werden. Ja, es gibt Gegenden, wo Dörfer mit 2 000 oder 3 000 Einwohnern nicht so selten sind als solche unter 500, die, beiläufig gesagt, an der Haardt und in der reichen Rheinebene beinah gar nicht zu finden sind, während sie im Westrich in größerer Anzahl vorkommen. Und wie sehen jene vorderpfälzischen Dörfer aus! Lauter geschlossene Häuserreihen, gutgepflasterte Straßen:

freundliche Landstädtchen. Obgleich man auch im Westrich noch manche freundliche städtische Dörfer findet, sind sie doch meistens viel unregelmäßiger und ärmlicher gebaut. Das sind eben Bedingungen des natürlichen Landcharakters und der Produktionsfähigkeit des Bodens. In dem sumpfigen Strich längs des Rheines, der mit seinen stehenden Altgewässern, welche die Fieberluft entwickeln, dem Anbau häufig nicht günstiger als der Gesundheit ist, wo dem gewaltigen Strom das Land abgerungen werden muß und nur Fischfang und die natürlichen Rheinwiesen eine hinreichende Ernte liefern, kann natürlicherweise die Bevölkerung nicht so stark sein wie im reichen üppigen Gau der Ebene oder gar oben auf den sonnigen Hügeln des Weinlandes an der Haardt. Auf den dürren Höhen des Westrichs gedeiht auch der Mensch nicht so gut wie unter den Weinlauben der Pfalz, – jedoch nähren jene heimeligen Täler noch immer mehr Leute als das waldige rauhe Hochland, das sich neben die übervölkerte Haardt legt. Im ganzen gehört die Pfalz noch immer zu den menschen- und produktereichsten Ländern, und was der eine Strich nicht hat, besitzt der andere im Überfluß.

Im ganzen Land kommen etwa 40 Quadratmeilen auf Wälder, 24 Quadratmeilen auf Ackerfeld, 11 Quadratmeilen auf geregelten Wiesenbau, etwas über 2 Quadratmeilen auf Wein, und das übrige auf Gartenland, Häuser, Straßen, Flüsse, Moore usw. An jährlichem Ertrag liefern die Waldungen 300 000 Klafter Holz jeder Gattung. Die Getreidefelder liefern einen jährlichen Überschuß der Produktion über die Konsumtion von mehr als 200 000 Scheffeln; Kartoffeln werden in großer Menge ausgeführt und besonders im Westrich und am Donnersberg angebaut. Ebenso wird an Raps (Kohl), Flachs, Hanf, an Gewürz- und Färbekräutern, vor allem an dem der Pfalz eigentümlichen Krapp, an Obst, Walnüssen und den verschiedensten Küchenkräutern der große Überfluß ins Ausland gebracht. Die bedeutendste Handelspflanze ist aber der Tabak geworden, dessen Anbau immer größere Ausbreitung und wahrhaft reißenden Absatz findet; schon vor 1850, wo er auf den Gau um Germersheim und Speyer beschränkt war, lieferte die Pfalz 100 000 Zentner, – seitdem hat sich aber der Anbau vielleicht mehr als um das Doppelte verstärkt, und bereits dringt er in die verborgensten Täler des Wasgaues und des Westrichs. Reiches Geld fließt durch den Handel dann besonders in die großen Gaudörfer der Vorderpfalz.

An Wein produziert das Land durchschnittlich im Jahre gegen 108 000 Fuder; rechnet man nur den allergeringsten Preis von 100 Gulden das Fuder, so sind das 10 800 000 Gulden. Aber man darf keck das Dreifache rechnen, denn an der unteren Haardt wird das Fuder Wein nicht selten für 2 000, für 3 000, ja für 4 000 Gulden verkauft, und bei einer diesjährigen Weinversteigerung in Deidesheim löste ein einziger Gutsbesitzer aus 120 Fuder Wein 120 000 Gulden, und zwar 1855er Gewächs, das keineswegs zu den vorzüglicheren gehört. Der jährliche Durchschnittspreis, den ganz schlechten Wein in den besten gerechnet, dürfte sich leicht auf 300 Gulden für das Fuder berechnen. Freilich ist der Weinbau durch eine Reihe aufeinanderfolgender schlechter Jahrgänge in Mißkredit gekommen und die Gaubauern fangen klugerweise an, die „Wingerte" in der Ebene abzureißen und Tabak anzupflanzen. Aber dem echten Weinbauer an der Haardt und längs der Vogesenkette soll man nicht mit solchen Zumutungen kommen; er würde sie mit vollem Recht abweisen, da sein schönes, sonniges Land und die steilen Abhänge der Berge, trotz allen schlechten Weinjahren, doch eben nur für den Weinbau, und für diesen am besten geeignet ist. Wo die Kastanie wild wächst und alljährlich zur rechten Zeit reift, wo die Mandel schon im Februar blüht und im Herbst reichlich Früchte trägt, da kann auch wieder das rechte Weinjahr eintreffen, und dann lacht der Weinbauer alle schlechten Propheten aus; darum läßt er sich keine Mühe verdrießen, und mit eiserner Ausdauer und bewundernswertem Fleiß baut er seine Weinberge.

Fleiß, Ausdauer und Geschick zur Landwirtschaft zeichnen überhaupt den Pfälzer aus, und die musterhafte Bebauung des Bodens hat schon längst der Pfalz einen berühmten

Namen gemacht. Das ist nun im reichen, üppigen Gau, wo man vom Brachliegen des Bodens längst nichts mehr weiß und jährlich sogar zwei Ernten auf ein und demselben Feld zu ziehen weiß, wie im fruchtbaren Hügelland am Donnersberg oder auf der Sickinger Höhe oder in dem Gebiet der Blies, wo noch die Dreifelderwirtschaft fortbesteht. Die Zerteilung der Güter hat in der Pfalz der Landwirtschaft in keiner Weise Nachteile gebracht, und es ist überhaupt lächerlich, Zustände, wie sie für das menschenleere Altbayern passen mögen, auf die Pfalz anwenden zu wollen; ebenso lächerlich wäre es, die Pfalz für ein armes Land zu erklären, gegenüber solchen Ziffern, Zahlen und Tatsachen. Fleiß, Ausdauer und Geschick zeichnen den Pfälzer auch in jeder andern Beziehung aus, mag er nun den Rhein seines Fischüberflusses entheben oder die Schätze der Erde aus den Tiefen der Berge holen. Freilich findet man im Rheinstrom das Gold nicht klumpenweise wie in Kalifornien; aber ein schwarzes Kalifornien besitzt die Pfalz doch in ihrem Kohlengebiet des Westrichs. Was sie mit der Gegend von Idria vor allen andern deutschen Bundesländern auszeichnet, das sind ihre vielen Quecksilberbergwerke, gleichfalls im Westrich, das auch besonders reich an sonstigen Mineralien ist und das Bergmannsleben in schönster Blüte steht.
Was die Viehzucht betrifft, so überragt auch hierin das Westrich die schöne Vorderpfalz; sie wird dort durch die trefflichen Wiesengründe des Glantals und der Blies begünstigt. Schöne Pferde zieht besonders die Umgegend von Zweibrücken und der ebene Gau am Rhein. An diesem Strom blüht auch die Geflügeljagd; im Bienwald und auf den Höhen der inneren Haardt, in den großen Wäldern am Johanniskreuz gibt es noch viele Rehe, wenn auch nur ganz selten Hirsche, während in den Wald- und Felsschluchten des Wasgaues bei Dahn und im Bienwald sich noch Wildschweine rühren. In den großen Wäldern der Wasserscheide horsten noch Auerhähne und Uhus. Sonst läßt sich in der Vorderpfalz noch hie und da ein Häschen oder ein Fuchs blicken. Der „Jäger aus Kurpfalz“ würde staunen, wenn er heutzutage wieder durch unsere Felder und Wälder striche, welche Leere an Wild die Französische Revolution hier zur Folge hatte, und er würde kaum mehr so lustig sein Lied singen wie vordem. Die Zeiten des fröhlichen Jagdlebens sind mit wenigen Ausnahmen in der Pfalz vorbei.

Pfälzer Art und Lebensstil

Und nun zu den Bewohnern des schönen Landes selbst, das in seiner Milde den Übergang zu den südlicheren Gegenden bildet. Wie das Land, so sein Bewohner, der ja, wenn man will, nur der vergeistigte Ausdruck des Landescharakters ist. In der lustigen, heiteren, reichen Pfalz können auch nur heitere, fröhliche, reichbegabte Menschen wohnen. Schon was den Körperbau betrifft, kann der rheinfränkische Schlag der Pfälzer als einer der bevorzugtesten gelten: schlanke, gerade und doch noch kräftige Figuren herrschen durchgängig vor. Die Pfälzer sind wohl im Durchschnitt die an Gestalt größten Süddeutschen: sie liefern das ansehnlichste Kontingent zu den bayerischen Kürassieren. Schon das flotte Äußere zeugt von Kraft, aber noch mehr von Gewandtheit und natürlichem Anstand und spricht Erregbarkeit, Rührigkeit und Geweckheit des Geistes aus, die diesen Stamm auszeichnen. Die Tätigkeit des Volkes, der ausdauernde Fleiß, das Geschick und die Gewandtheit, gepaart mit natürlicher Intelligenz und Geistesfrische, sind längst anerkannt. Und jener preußische Offizier, der während der Kriegsjahre von 1793 und 94 die Briefe über die rheinische Pfalz geschrieben hat, hat sicherlich recht, wenn er, erstaunt über die „Sintflut von Bemerkungen des kultivierten Verstandes“ bei einem pfälzischen Bauer, meint, in einem ganzen Jahr bringe ein norddeutscher Bauer nicht so viel Gedanken und Worte zutage, wie jener Bauer in einer halben Stunde.
Bei dem Pfälzer gesellt sich der Liebe zum Besitz Unternehmungsgeist bei, der besonders

großen Reinlichkeits- und Ordnungsliebe auch der Sinn für heiteres gesellschaftliches Zusammenleben und für die Freuden der Zeit. Pfälzische Gastfreundschaft ist fast sprichwörtlich geworden und die rührendsten Beispiele könnten ihre Ausdehnung beweisen. Bei aller Freiheitsliebe und aller aufbrausenden Hitze hat der Pfälzer auch in den kritischen Momenten die Achtung vor dem Gesetz, die dem pfälzischen Volke eigen ist, nicht außer acht gelassen; bei aller Toleranz in religiösen Dingen denkt er streng in moralischen und hat sich durch alle Stürme der Vergangenheit und Gegenwart noch immer eine gewisse Tüchtigkeit der Gesinnung, eine feste Selbständigkeit bewahrt, die von der gerühmten Naturkraft anderer Stämme gar merklich absticht. Zu allen diesen guten Eigenschaften gesellen sich freilich auch eine Reihe weniger lobenswerte. Die Liebe zum Besitz wirkt manchmal allzu mächtig, – das Selbstgefühl ist oft stärker ausgebildet als gerade zur Bescheidenheit notwendig ist, – die Gescheitheit legt sich oft zu breit „an den Laden“, und daraus folgt dann, daß die an und für sich nicht tadelnswerte Mundfertigkeit in „Krischerei“ übergeht, die mit dem „großen Maul“ über alles herfällt, alles besser weiß, alles besser macht und alles zu Boden „kreischt“, was nicht im Kopfe dieses kleinen Herrgotts von einem Krischer entstanden ist. Der leicht erregbare Charakter des Volkes überstürzt sich dann nur zu leicht und kennt das rechte Maß nicht mehr, bis er vor den Konsequenzen seines Tuns endlich selbst zurückbebt und nicht selten wieder in die entgegengesetzte Bahn einlenkt, ehe er zur Besinnung kommt.

Dies sind allgemeine Züge, von denen es natürlich eine Masse Ausnahmen bei den einzelnen gibt. Aber auch bei den Bewohnern der einzelnen Landesteile modifiziert sich dieses Urteil.

Die herrlich prangende, wein- und fruchtreiche Vorderpfalz in ihrer glanzvollen landschaftlichen Schönheit, – das hügelige rauhere Westrich mit seinen stillen Tälern und waldigen Bergen, deren Tiefen erzene Schätze bergen, – beide bilden entsprechende Gegensätze auch im Charakter der Bewohner.

Wie man unter dem Begriff der Pfalz gewöhnlich nur den vorderen Teil im Auge hat, so findet man den pfälzischen Volkscharakter in der Vorderpfalz, und hier wieder vor allem bei dem Bewohner des herrlichen Weinlandes von der Haardt und den Vogesen, am reinsten und ausgeprägtesten. Dort findet man sowohl die Licht- als auch die Schattenseiten potenziert. Es gibt kein gastfreieres, edelsinnigeres, großherzigeres Völkchen als die Weinpfälzer, aber auch keines, wo so viel Übergescheitheit bei wirklichem Verstande, so viel „Krischerei“ bei Wohlberedtheit und gesundem Urteil herrschte wie hier. Die Heiterkeit und Zutraulichkeit, das offene, biedere Wesen des Weinländers und seine Umgänglichkeit machen ihn jedoch noch immer zu einem liebenswürdigen Menschen, während die Einbildung und das Selbstgefühl des Gaubauern, der die reiche Ebene bewohnt, dieses Pochen auf den Geldsack einen Bauernhochmut entwickelt, der recht unliebenswürdig sein kann. Während oben am Gebirge noch jedermann den Fremden auf der Straße grüßt, tut das der Gaubauer schon nicht mehr oder sehr selten. Der Gaubauer ist eigensinniger, hartköpfiger und geiziger als jeder andere Pfälzer. Daß in den einzelnen Strichen dies alles verschieden nuanciert, ist natürlich, und die Bewohner des niederen Wasgaues jenseits der Queich und des Oberlandes gegen das Elsaß hin sind merklich verschieden von den Bauern in der Ebene von Frankenthal oder in der idyllischen Landschaft von Grünstadt. Jenseits der Queich tritt elsässisches, d. h. alemannisches Element hinzu; dort ist noch mehr altes Volkstum als in der übrigen Vorderpfalz, und die alten Trachten haben sich dort noch zum Teil erhalten. In den reichen, stadtähnlichen Dörfern der Haardt und auch im Gau herrschen längst schon städtische Sitten, städtische Kleidung und städtische Art vor; das „Manschettenbauerntum“, der Übergang zum völligen Städter ist dort vorzüglich ausgebildet. Und solche pfälzische Manschettenbauern können heute als der Typus des pfälzischen Volkstums gelten – sie sind die eigentlichen Pfälzer. Ihre Häuser bekommen städtischen Anstrich, ihre

Stuben werden ausgemalt und mit Kupferstichen behängt; der weiße Kalkanstrich und die braunen Balken dazwischen an den Straßengiebeln verschwinden nach und nach. Was aber für die ganze Vorderpfalz gilt, das ist das flotte Aussehen aller Dörfer: schön und bequem wollen die Pfälzer wohnen. Jeder Familienvater hat sein eigenes Haus mit Hof und Nebengebäuden, und wenn das Haus auch noch so geräumig und in seinen zwei Stockwerken Platz genug böte, so wird sich doch kein Vorderpfälzer leicht dazu entschließen, selbst mit seinem verheirateten Sohne in demselben Haus zu wohnen. Was die Stellung des Weibes betrifft, so verrät auch sie eine höhere Kultur in diesen Weingegenden, und man darf wohl sagen: in der Pfalz überhaupt, wenn auch im Westrich die Frauen häufiger Männerarbeit verrichten. Es wird nicht leicht eine Frau die Peitsche in die Hand nehmen oder gar den Dreschflegel, wie besonders in Altbayern. Man wird auch nie eine mit Schubkarren sehen, dafür aber auch keine im Wirtshaus, wie man das besonders wieder in Bayern trifft. Überhaupt überlassen die pfälzischen Frauen des Mannes Obliegenheiten dem Mann, indem sie desto eifriger den ihrigen nachhängen, und als tüchtige Hausfrauen schon lange bekannt sind; so überlassen sie auch das Trinken den Männern, was diese freilich dafür manchmal doppelt tun. Der Wein mag denn auch vom größten Einfluß auf den Charakter des Volkes sein. Auf seine Rechnung kommt das hitzige, aufbrausende Blut des Weinpfälzers, dessen Stolz und Ehrgefühl sich schnell verletzt fühlt und der – wir sagen dies als Berichtigung vieler gegenteiliger Behauptungen – ebenso rasch mit der Faust dreinzufahren geneigt ist wie mit dem Mund. Nur kommt eben das angeborene Gefühl für Anstand und gute Sitte hinzu, die dann auch weit seltener übersprungen werden also anderswo. An dem ganzen Gebirgssaume bis weit in die Ebene hinab trinkt der pfälzische Landmann das ganze Jahr hindurch bei seiner Arbeit, bei Tisch und in der Zwischenzeit Wein. Kein Taglöhner würde in den Taglohn gehen, wenn er nicht bei jedem Imbiß, und dann noch an heißen Sommertagen zwischendrein, jedesmal seinen Schoppen (große Pfälzerschoppen) oder doch halben Schoppen Wein bekäme. Besonders die Arbeiter in den Weinbergen leeren alljährlich viele Fuder Pfälzer Wein. Dafür ißt der Mann auch weniger, und dem oft gehörten Satz, daß das Bier nähre und der Wein zehre, wird von den Weinpfälzern tatsächlich widersprochen. Sie bemitleiden auch niemand mehr als die Bauern drunten am Rhein, wo der Wein gekauft werden muß, oder gar die Westricher Kartoffelbauern. Branntwein trinkt der Weinbauer nur in äußerst seltenen Fällen, ihm aber mit Bier aufzuwarten wäre wirklich beleidigend. Er mag das Bier nicht; das sollen die Altbayern trinken, meint er, oder die Herrenleute, die nichts arbeiten und der Biermode huldigen. In der Tat müßten denn auch die ganz wenigen Bierschenken im Weinland ihre Schilder einstecken, wenn nicht die Stadt- und Landhonoratioren und die Juden Bier tränken. In der Ebene und in den Städten wird mehr Bier getrunken, – die Gaubauern sollen aber auch andere Mägen haben als die Weinpfälzer und tüchtige Esser sein, was sie in ihrem Lande wohl sein dürfen und können.

Gar vieles ist nun anders im Westrich, wo das Land nicht so reizend, nicht so fruchtbar, das Klima nicht so mild ist. Der Vorderpfälzer kriegt immer Gänsehaut, wenn er ans Westrich denkt; wenigstens tut er so. Aber er soll nicht vergessen, daß hinter den Bergen auch Leute wohnen, und Leute, die sich sehen lassen dürfen. Das dicke waldige Hochland der Haardt wird jetzt mit der Eisenbahn rasch durchflogen; man hätte nun Gelegenheit genug, um Land und Leute dahinten besser kennenzulernen als vom bloßen Hörensagen. Aber noch immer denkt man sich in der Vorderpfalz das Westrich als ein Urland voll Urmenschen, ein trauriger Wechsel von Wald, Heide und Felsen; man beurteilt es eben nach den der Vorderpfalz zunächst liegenden Strichen, nach den Waldtälern am Speyerbach, wo in den Einzelhöfen bei Elmstein die Leute sogar dem Hungertyphus verfallen, oder nach dem Felsenland des Gosserweiler und Dahner Tales im Wasgau und dessen düsteren armen Bewohnern. Fleiß und Ausdauer charakterisieren auch den Westricher, Geschick und Talent zur Landwirtschaft ist ihm so eigen wie dem Vorderpfälzer; einzelne Striche seines Hügellandes hat er sogar zu Musterländern der Landwirtschaft und Viehzucht umgeschaffen. Im ganzen fehlt ihm freilich die Elastizität des Geistes und des Körpers, wie sie dem Vorderpfälzer eigen ist; er ist weder so mundfertig noch so witzig, weder so laut lärmend in seiner Lustigkeit noch so feurig. Selbst seine Figur steht der des Vorderpfälzers nach, und gar häufig findet man dieses mehr gedrückte Wesen auch in seiner Haltung ausgesprochen. Es ist mehr Innerlichkeit, mehr Sinnigkeit in dem stillen Westricher, er läßt nicht so gern seinen Witz glänzen, und selbst seine Schalkhaftigkeit hat den gutmütigen Anstrich liebenswürdiger Naivität, wo der Vorderpfälzer satirisch, ja sarkastisch werden kann. Ihm ist das „Utzen", das Sticheln und Foppen bei weitem weniger geläufig als dem Vorderpfälzer, dem das „Utzen" angeboren ist, der sich gar nicht wohlfühlen würde, wenn er nicht jemand hätte, an dem er seinen „Utz" und Witz auslassen könnte. Da wird denn in Ermangelung eines Schwaben oder Altbayern draußen am ehesten der Westricher geutzt, der sich's zumeist auch in gutmütiger Weise gefallen läßt. Aber er denkt dafür auch seinen Teil über die groben Bauern und die „Krischer" im Weinland.

Das Westrich kann man im allgemeinen freilich als das Kartoffelland, im Gegensatz zu dem Fruchtland und dem Weinland der Vorderpfalz bezeichnen. Es ist ärmer; seine Bewohner können sich zumeist nicht am Wein laben, sie greifen zum Branntwein oft im Übermaß, und schon das stellt sie in den Augen des Vorderpfälzers tiefer, obgleich der seinen Wein auch häufiger trinkt, als gerade zum Durstlöschen notwendig wäre und dem alten Spruch „nach Pfälzer Art trinken" noch immer eine gewisse Bedeutung gibt. Oft findet man im Westrich noch auf den Häusern die alten Strohdächer, die schon seit Jahrhunderten aus der Vorderpfalz verschwunden sind. Unter diesen Strohdächern wohnt nun zwar manchmal viel Armut und Elend, aber noch öfter der stille, genügsame Sinn, die Ehrlichkeit und jene Tiefe des Gemüts, die uns mehr anmutet als der glänzende äußere Schein, – so wie uns oft die stillen Täler in ihrer anspruchslosen Idylle, wie man sie im Westrich trifft, leicht mehr anheimeln als die reiche Flur im Gau der Ebene oder im Weinland. Draußen in der Pfalz bei glänzendem äußerem Anschein häufig etwas Oberflächlichkeit, hier innen im Westrich unter rauherer Schale ein guter Kern, so Land wie Volk. Daß auch das Westrich innerhalb seiner Grenzen wieder verschiedene Nuancen des Volkscharakters aufweist, ist leicht begreiflich. Der Bewohner des Blieskessels unterscheidet sich wesentlich von dem des Glantales und Nahegaues, und beide wieder von dem des Hochlandes. Aber selbst hier finden sich wieder merkliche Unterschiede: zwischen dem Pirmasenser- und Lautringer- und dem Sickinger-Bauern, zwischen dem Zweibrücker, Deutschlothringer und dem aus dem „Leyenschen" – oder zwischen dem Donnersberger, den Remigsleuten und den Leuten in jenen Strichen, wo der nahe Hunsrück mit seinen rauhen Winden auch rauhere Sitten und Denkungsart in die benachbarten Täler bringt.

Über die Mundart

Zu den Gegensätzen des Westrichs und der Vorderpfalz gesellt sich noch in besonderer Ausprägung die dialektische Verschiedenheit. Dem Fremden nicht so sehr bemerklich, ist sie doch auffallend genug, und in den Ohren des Volkes ist sie besonders stark und oft bis zur gegenseitigen Unverständlichkeit gedeihend. Der Grundcharakter ist freilich ein und derselbe, es ist das rheinfränkische Idiom, dem sich besonders im Wasgau jenseits der Queich und auch im Westrich viele alemannische Elemente beigemischt haben. So interessant es wäre und so viele Belege uns geläufig wären über das Wesen des pfälzischen und Westricher Dialektes, ihre Gemeinsamheiten und Verschiedenheiten, ihre

Übergänge und Eigenheiten manchen Aufschluß zu geben, so kann dies doch nicht in dem Plan dieses Buches liegen. Wir beschränken uns auch hierin nur auf Andeutungen. Die Verschluckungen des n am Ende der Wörter, die mannigfachen Nasenlaute, die Aussprache des ei und ai wie ä, die weiche Betonung des b in der Mitte der Wörter (wie w), die rasche, sprudelnde, zungenfertige Sprechweise und die vielen beigemischten, wenn auch verdorbenen französischen Worte, deren Begriff im Deutschen auszudrücken dem Pfälzer gar nicht mehr geläufig ist, erinnern an die Nähe der Franzosen, zu denen ja die Pfälzer den Übergang bilden sollen. Dem Pfälzer sind ü, ö unbekannte Laute, er kennt nur die reinen Vokale i und e, ebensowenig kennt er den Doppelkonsonant pf oder das harte t, wofür ihm p und d genügen. Überhaupt hat die pfälzische Sprache ebensoviel Anklänge aus dem Plattdeutschen wie aus dem eigentlichen Süddeutschen; sie bildet den Übergang. Am leichtesten wird sich der Pfälzer mit dem Franken, dann mit dem Thüringer und Meißner verständigen. Wenn das d am Ende der Worte nicht selten ganz wegfällt, so tritt an seine Stelle in der Mitte der Worte, nicht nur im Westrich, sondern auch in der südlichen Vorderpfalz, ein leises r, und das r selbst am Ende der Wörter wird oft gar nicht oder nur halb gehört. Charakteristisch ist auch die Aussprache des st und sp: wie schb. Ferner hat außer ihren besonderen Eigentümlichkeiten, ihrem Bilderreichtum, ihren drastischen Wendungen und ihren handgreiflichen Vergleichen und Sprichwörtern, ihren originellen Ausrufungen und Flüchen, wovon wir nur das allbekannte „die Krenk“ nennen, kein anderer Dialekt so viel Beimischungen aus dem Jänischen oder Rotwelsch der Juden und Gauner. Jeder Handelsmann in der Pfalz versteht es, und er muß es geläufig sprechen können; so haben sich eine ganze Masse von Wörtern, zum Teil hebräischen Ursprungs, in die Volkssprache eingeschmuggelt, so daß der wackere Seume nicht mit Unrecht vom Judenjargon der Pfälzer spricht. Sonderbarerweise finden aber nun gerade die Pfälzer, daß die übrigen Deutschen einen dem Jüdischen ähnlichen Dialekt sprechen, wie denn Seume bei seiner Rückkehr von Syrakus von jenem Pfälzer Bauern auch für einen Juden gehalten wurde.

Eine strenge Sprachscheide in der Pfalz bildet die First der Wasserscheide, – zwischen dem Westrich und der eigentlichen Pfalz. Das Vorderpfälzische hat jene oben berührten Eigenschaften in höherem Grade; rasch sprudelt es vom Mund, beinah „hurtig mit Donnergepolter“, frisch und frei liegt das Herz auf der Zunge. Die freundlichsten, herzlichsten Verfluchungen, die liebenswürdigsten Grobheiten, die gröbsten Liebenswürdigkeiten – ein Schwall von derben Wortbildern stürzt einem entgegen. Hart, lebhaft und auch in seinem Ernst noch jovial und komisch hört sich der vorderpfälzische Dialekt an. Oft schneidend scharf in seinen Klängen ergötzt dennoch der Humor, der schon im Akzent liegt. Über Landau hinaus wird der Dialekt im Wasgau breiter; dort wird nicht bloß das a in o und das au in a, sondern auch das e in i und i in e, das au in ä und das o gar in ou in einer Anzahl von Wörtern verwandelt. Und außer hot statt hat, ben statt bin, Läb statt Laub, Broud statt Brot, sagt man als Anklang an das Alemannische dort auch „eeni, guti, böisi“ statt „eine, gute, böse“, und „Entlich, Mädlich, Vögelich“ statt Entlein, Mägdlein, Vögelein in der Mehrzahl. Von Grünstadt über das Donnersberger Hügelland hinüber ist der Übergang in den Westricher Dialekt, und so entspricht hier wie überall das Sprachliche dem Geographischen und Landschaftlichen. An der Haardt reicht das Pfälzische bis unmittelbar an die Wasserscheide in die Täler der Haardt, über derselben wird schon völlig ausgeprägt die Westricher Mundart gesprochen. Wie die Menschen dort, so auch ihre Sprache; sie ist milder, inniger, weicher, raschelt nicht so gewaltig einher, im Gegenteil: sie ergeht sich in langsamer Weise, ruhiger auf- und abwogend, in gezogenen Tönen, so daß man oft den Gesang eines Kindes zu vernehmen glaubt. Der sanfte rhythmische Gesang derselben, die besonders im Mund von Mädchen liebliche Melodie und die ungeschminkte Naivität machen dieselbe zu einer der für das Ohr angenehmsten, das Herz und Gemüt ansprechendsten Mundarten. Selbst die Einzelsilbe hat zwei deutlich vernehmbare Töne, und das Singende der Mundart tritt in manchen Gegenden so stark hervor, daß man bei einzelnen Sätzen einen angeschlagenen Akkord zu vernehmen glaubt. Auffallend in dieser Mundart ist besonders die Beugungsform des Hilfszeitwortes sein: „eich sin, du bischt, er is; mer bin, ehr bin, sie bin."

Bemerkungen zur Landesgeschichte

Wollen wir ein nur einigermaßen abgerundetes und genügendes Bild der Pfalz und der Pfälzer geben, so müssen wir einen Blick auf die Landesgeschichte werfen. Sie allein wird uns manches Rätsel lösen helfen, das uns der Landes- und Volkscharakter aufgibt. Es ist eine reiche Geschichte, und doch keine erfreuliche. Denn sie hat meistens nur negative Resultate erzielt. Von dem Augenblick an, wo die deutschen Völkerschaften den Rhein überschritten und die kelto-belgischen Mediomatriker aus den Sitzen am Rhein in das Gebirge zurückdrängten, war das Land der Schauplatz der Eroberungs- und Zerstörungslust der Völker und der Herrscher – wenige kurze glücklichere Zeiten ausgenommen – bis heute. Und nach aller menschlichen Berechnung hat die schöne Pfalz diese traurige Rolle noch nicht ausgespielt. Das Land, das heute im schönsten Segen des Friedens blüht, von Jahrhundert zu Jahrhundert sank es in Schutt und Asche seiner eigenen, stets sich wieder erneuernden Kultur; von Jahrhundert zu Jahrhundert wurde es mit dem Blute der Völker gedüngt, und in Europa hat kein Volk seinen Tribut an Menschenleben verweigert, ja selbst die fernsten Völker Asiens haben hier ihre Gräber gefunden. Schichtweise liegen die Weltepochen unter diesem Boden begraben, und aus diesen Gräbern ersteht uns die Geschichte des Landes. Vor den Nemetern und Vangionen bewohnten die Mediomatriker das Land; ihr Name und Stamm verschwanden, aber von ihnen erzählen heute noch auf den Kuppen der Berge gewaltige Mauern und erzene Waffen, mit denen sie einst ein noch älteres Volk hier bezwungen haben, dessen steinerne Schlachtbeile der erstaunte Landmann manchmal aus dem Boden pflügt. Dunkel liegt jene graue Zeit hinter uns und kein Lichtstrahl erhellt sie.

Auf den Trümmerstätten keltischer Kultur saßen nun die kräftigen deutschen Stämme im eroberten Land als die Vorläufer der germanischen Welteroberer. Aber ihre Zeit war noch nicht gekommen; von Süden her drangen römische Macht und Kultur, Julius Cäsar und Drusus waren die vordersten in der Reihe der Imperatoren, die dieses Land für das gewaltige Rom in Besitz nahmen; Ariovists und Chnodomars Heldenkraft richteten noch nichts aus gegen die römische Kriegskunst. Während man stets die Angriffe der Barbaren, die drohend über den Rheinstrom blickten, abwehrte, erstand unter fremder Herrschaft ein blühendes Land; Städte und Kastelle wurden erbaut, Tempel und Altäre den fremden Göttern errichtet, und Kaiser Probus pflanzte die Rebe an den Berghängen als erste Anfänge der rheinischen Weinkultur. Gar oft wurde damals in diesen Provinzen das Schicksal des Weltreichs entschieden, Kaiser gewählt und wieder ermordet, und die Barbaren lernten die Schwächen der römischen Weltherren kennen. Alemannen und Franken warfen den eroberungssüchtigen Blick über den Rhein, blutige Kämpfe umtobten die oft schon überfallenen und zerstörten Städte; und endlich aufgetrieben von den Hunnenschwärmen des fernen hochasiatischen Steppenlandes stürzte Volk auf Volk über den Rhein in die römische Welt hinein, daß die Adler unter den germanischen Keulen sanken und die Säulen des riesigen Weltreichs selbst aus ihren Fugen wichen. Und endlich kam er selbst, die asiatische „Godesgisel", Attila, der sich des „Rheinstroms Feind" nannte; seine Horden traten das Land und alle Kultur nieder, und der Rheinstrom floß gerötet vom Völkerblut durch die Wüste. Niedergeworfen und vernichtet mit allem Volk wurde das Heldenreich der Burgunder, und ihr Königssitz, Worms, die herrliche Nibelungenstadt, lag, wie Speyer, Straßburg, Mainz und alles Land, in Schutt und Trümmern. Und in dem verwüsteten Land setzten sich die Alemannen fest und verehrten Loke und Wuodan in den dunklen Hainen. Die Römerwelt schlummert jetzt mit Schild und Speer auf Hügeln und Tälern den ewigen Traum, den nur der Pflug des Ackermannes und der Karst des Weinbauern noch stört, indem er in das Grab einer untergegangenen Welt dringt.

Die Alemannen erlagen den Franken und das Christentum baute jetzt seine Kirchen und Kapellen in den heiligen Hainen der Germanen und auf den Trümmerstätten der römischen Tempel auf, während in den Königssitzen am Rhein das austrasische Königsgeschlecht entsetzlich im eigenen Blut wütete. Das Land war in Gaue geteilt; der Wormsgau, der Speyergau, der Nahegau und Bliesgau nahmen das heutige pfälzische Land ein, jene die Vorderpfalz, diese das Westrich. Auf öffentlichen Thingstühlen sprachen die Gaugrafen Recht, auf berghohen Königsstühlen die Könige vor dem versammelten Volk, – die Stätten uralter germanischer Rechtspflege reden noch heute zu uns von dem Geist der Freiheit und des Rechtes unserer Altvordern, und schöne Volks- und Chroniksagen reden von dem alten „guten König Dagobert“, der seine Bauern liebte und sie mit den Wäldern des königlichen Vogesus beschenkte, die sich noch heute behaupten. Damals finden wir schon in den übriggebliebenen Urkunden jener grauen Zeit beinahe alle heutigen pfälzischen Ortsnamen; das Land war reich und bevölkert und – frei. Es bildete die arx et vis regni, die Burg und die Kraft des Austrasischen Frankenreichs und seine Bewohner galten als das vorzüglichste Volk der Franken. Hier standen die königlichen Pfalzen, die der große Karl bezog; hier kämpften seine Enkel seinem frommen Sohne Ludwig, ihrem eignen Vater, die drei Kronen des gewaltigen Frankenreiches ab. Im Vertrag von Verdun (843) blieb die Vorderpfalz ihres Weines wegen deutsch, das heutige Westrich fiel Lothringen zu, kam aber bald wieder zum deutschen Reich. Noch immer waren diese Gauen das Hauptland; schon ihre Städte gaben ihnen ein Gewicht über das übrige Deutschland, das noch keine hatte. Die Normannen kamen damals plündernd den Rhein herauf aus dem heidnischen Norden, bis ihnen durch deutsche Schwerter die verheerenden Züge verleidet wurden. Die fränkischen Herzöge, die in diesem ihrem Stammland saßen, gelangten mit Konrad dem Salier oder dem Speyerer auf den deutschen Kaiserthron; die glänzendste Zeit für die spätere Pfalz begann, da die heimischen Fürsten als Deutschlands gewaltigste Kaiser das Reich in seiner größten Macht und Ausbreitung beherrschten. Allein Heinrich III., Konrads Sohn, hätte bei längerem Leben den Gedanken, Deutschland zu einer Erbmonarchie zu machen, zur Ausführung gebracht. Von jener Glanzperiode reden noch heute die herrlichen Trümmer der Abtei Limburg, und vor allem der Kaiserdom zu Speyer. Doch die Salier gingen unter wie die Karolinger, aber auch die Hohenstaufen sahen Rheinfranken als des Reiches Hauptland an. Friedrich Barbarossas und Friedrichs II. Heldengestalten umschweben die noch in ihrem Verfalle mächtigen Trümmer des Trifels, wo des Reiches Krone und Szepter aufbewahrt wurden. Und auch das hohenstaufische Geschlecht ging unter, blutig, in fremdem Lande.

Aber ein Hohenstaufe, Barbarossas Bruder Konrad, wurde der erste Pfalzgraf bei Rhein; die Pfalzgrafschaft, das erste weltliche Fürstentum des Reiches, ging später an die Wittelsbacher über. Und von nun an führt das Land den Namen „Pfalz“, den schönsten Namen, als sei es ein einziger großer kaiserlicher Palast in seiner Herrlichkeit vor allen Ländern der deutschen Erde. Als Bayern und Pfalz getrennt wurden, erhielt die Pfalz die Kurwürde, das Erztruchsessenamt des Reiches unter den deutschen Fürsten. War kein Kaiser da, abwesend oder gestorben, war der Pfalzgraf Reichsverweser. Er hatte die oberste Richterstelle im Reich, selbst über der Fürsten Person, er stand gar über dem König als Richter, und wenn die Fürsten diesen verklagen wollten, sollten sie es, nach dem Schwabenspiegel, vor dem Pfalzgrafen tun, „diz ere hat der hohe phalzgrave von rine". Und so wurde es auch gehalten. Auf dem Schloß zu Heidelberg saßen die rheinischen Pfalzgrafen im Angesichte des herrlichen Landes, und Deutschlands Augen waren von nun an stets nach jenem Schlosse gerichtet. Leider zersplitterten die Pfalzgrafen ihre Hausmacht in verschiedene Teile und Linien. Kurpfalz blieb dabei stets die bedeutendste, aber diese Zersplitterung verhinderte ein starkes Herauswachsen der Landesmacht.

Im 15. Jahrhundert behaupteten die Pfalzgrafen in glänzender Weise ihre hohe Würde; Ruprecht wurde deutscher Kaiser, Ludwig III. leitet das Konzil zu Konstanz und Friedrich, von seinen Feinden der „böse Fritz", von der Geschichte der „Siegreiche" genannt, forderte, als man seine Kur nicht anerkennen wollte, Kaiser und Reich in die Schranken und schlug trotz Acht und Bann in herrlichen Schlachten alle seine zahlreichen Feinde. Kein Fürst des späteren Mittelalters stand in solch kriegerischem Glanz, in so glorreichem Licht da wie der siegreiche Fritz, dessen ganzes Wesen den pfälzischen Volkscharakter zum schönsten Ausdruck brachte. Es war der Anfang gemacht zu einem pfälzischen Staat, der bei einiger Gunst des Schicksals, statt des untergegangenen Burgund gegen Frankreich, zu einem rheinischen Großstaat hätte werden und als des Reiches Vormauer nach Westen Deutschland hätte beschützen können. Jedoch gingen diese Aussichten unter Friedrichs Nachfolgern wieder größtenteils verloren, wenn auch der Name Pfalzgraf bei Rhein noch lange allen Fürstennamen Deutschlands voranleuchtete.

„Ich will bleiben Pfalzgraf am Rhein
Und widerstehen allen Feinden mein!"

ließ der junge Ruprecht auf jene „Trutzmünze" setzen, als er mit seinem Vater, dem Kurfürsten Philipp, allein gegen den Kaiser und das ganze Reich kämpfen mußte.

„Der ganze Bund steht wider mich!
Darwider streit ich ritterlich."

Das war wieder das echtpfälzische Pochen auf eigene Kraft wie bei seinem Großonkel, jenes kühne Selbstvertrauen, von dem noch heute dem pfälzischen Charakter nach den entsetzlichen Drangsalen der Zeiten ein Teil geblieben ist. Freilich krönt das Glück nicht immer den Mut. Der junge Pfalzgraf starb früh, sein armer Vater, in Acht und Bann, sah wieder von den entsetzlichen Vollstreckern der Reichsacht, von den „Pfalzvergiftern", sein schönes Land in eine Brandstätte verwandelt. Aus jener Zeit, wo der Landgraf von Hessen, der Herzog von Veldenz, der Graf von Württemberg und viele andere in die Pfalz fielen, um sie zu verheeren und zu „vergiften", schreibt sich jene Redensart von den Pfalzvergiftern.

Schon vor Friedrich dem Siegreichen war die schöne rheinische Pfalz einige Male in Städtekriegen und Kämpfen der Kaiser um die Krone verwüstet worden. Das Landvolk, einst frank und frei, war in Leibeigenschaft unter die Herren und Fürsten gekommen, man behandelte es wie eine Ware, und seine Versuche, in der Pfalz sich hie und da den Schimmer der einstigen Reichsfreiheit zu bewahren, fielen unglücklich aus. Auch unter Friedrich dem Siegreichen führte man zumeist nur Krieg durch Zerstören und Verbrennen der Dörfer und Verderben der Saaten; man dachte dabei nur an den Schaden des Landesherrn, nicht an den des Landvolks. Überall brannten und rauchten damals die Dörfer und Höfe, nur hinter den festen Kirchhöfen war Schutz: jeder Friedhof war ein Bollwerk, in dem sich die verwilderten Bauern sammelten, die Waffen ergriffen, um sich zuerst des Kriegsvolks zu erwehren und dann selbst verheerende Raubzüge zu unternehmen. Oder sie schlossen sich den Kriegsheeren an als „Blutharste", auch „Landsknechte" genannt, und hier finden wir den Ursprung der nachher so berühmt gewordenen Landsknechte von der Pfalz in den Kriegen des siegreichen Fritz, der aus solchen „verzweifelten Leutlein" neben seinen Schweizern den besten Teil seines Fußvolks bildete. Die entsetzlichen Kriege brachten nach und nach die Bauern ebenso zum Bewußtsein ihres Elendes wie ihrer Kraft. Es gärte überall, die Freiheit der Gemeinden war das ersehnte Ziel. Der bäuerische „Bundschuh" wollte sich von dem gespornten Stiefel nicht mehr länger treten lassen, – „Wir können vor Pfaffen und Adel nicht genesen!" hieß es, – „wir wollen freie Schweizer sein!" klang dazwischen; aber all diese Bewegungen waren zu geteilt und vereinzelt. Zündstoff zu einer deutschen Revolution war genug da, besonders am Rhein. Da trat Luther auf mit der Lehre von der Freiheit des Geistes, der intelligente Adel des Vaterlandes rief ihm begeistert zu, Sikkingen und Hutten waren die Vorkämpfer, und hier in unserer Pfalz versuchte der „letzte Ritter" den Bund der Edeln gegen die Macht der Fürsten und für die Ehre des Reiches. Sickingen war ein pfälzischer Ritter, in Landau sammelte er den pfälzischen Adel um sich, mit Tausenden von Landsknechten wartete er auf den Aufstand des Landvolkes, – vergebens. Da schlug er los, allein – das Volk sah es und blieb ruhig. Und Kurfürst Ludwig von der Pfalz, der da gesagt hatte: „Sickingen! Ich hab' dich zum Franz gemacht, ich kann dich auch wieder zum Fränzchen machen!" sah den verwundeten Helden von der Übermacht besiegt sterben; mit ihm starb die Hoffnung auf ein glückliches Gelingen einer deutschen Revolution. Denn jetzt, nachdem der Held tot war, fiel es auf einmal den pfälzischen Bauern ein, sich zu erheben; bei Landau auf der Kirchweih zu Nußdorf brach der Bauernkrieg auf Ostern 1525 aus, drei Sommermonate tollen Freiheitslebens – und aus war es mit allen Hoffnungen, die überall im Blut des unglücklichen Volkes erstickt wurden.

Sickingens Burgen liegen in Ruinen auf den pfälzischen Bergen, sie reden zu uns vom letzten deutschen Ritter und von den verfehlten Gelegenheiten in der deutschen Geschichte.

Die Pfalz war protestantisch geworden, lutherisch, reformiert, – je nach dem Bekenntnisse des Fürsten, bis endlich das freiere reformierte Bekenntnis siegte und die Pfalzgrafen an die Spitze des protestantischen Deutschlands traten. In Frankreich und in den Niederlanden verfochten pfälzische Krieger die Sache der bedrängten Hugenotten und Flamländer; auf der Mockerheide verblutete ein pfälzischer Prinz sein tapferes Leben für die Freiheit und Religion der Niederländer; ein anderer Prinz, Johann Casimir, drang mehrmals in Frankreich ein und leitete von Neustadt an der Haardt aus die Angelegenheiten des protestantischen Europas. Die heutige Rheinpfalz, damals das glücklichste Land, wurde unter ihm das Asyl der wegen ihrer Religion vertriebenen Wallonen und Hugenotten, – noch heute wohnen sie in der Pfalz. Reich wie nie vorher oder nachher war jetzt das Land unter trefflichen Fürsten aufgeblüht, – jener Wohlstand der Pfalz ist auch heute noch nicht erreicht. Da trat das Verhängnis dazwischen und knüpfte das Geschick der Pfalzgrafen und ihres Landes an das des Hauses Stuart; der junge Friedrich V. heiratete die schöne Elisabeth von England und ihr Stolz bestimmte ihn, die dargebotene Krone von Böhmen anzunehmen. „Ach, da zieht die Pfalz nach Böhmen!" rief ihm seine arme Mutter nach. Und von Böhmen zog der Dreißigjährige Krieg mit allen seinen Schrecken in die Pfalz, – verwüstet lag das Land ohne Dörfer und Städte, die nur noch Höhlen für Wölfe und Kroaten, für hungernde Hunde und Schweden, für Füchse und Spanier geworden waren. Die Pest wütete, der Hunger würgte, die bayerische und kaiserliche Politik tat das ihrige und das Schwert der Krieger, – die Pfalz war eine Wüste, unbebaut und unbewohnt. Die beiden wittelsbachischen Linien lieferten der Welt ein Beispiel, zu welchen schrecklichen Tragödien Verwandtenhaß und Fanatismus führen können. Das Unglück hatte den frommen Friedrich nicht eher verlassen, als bis er es verließ, und noch seiner Leiche heftete es sich an die Ferse;

seine Söhne hatte das Unglück härter als den Vater gemacht, aber unglücksschwanger hing das Schicksal des Hauses Stuart über ihren Häuptern. Während Deutschland einen ebenso unglücklichen Frieden schloß, wie es einen Krieg geführt hatte, kämpften die pfälzischen Prinzen für ihren Oheim in England gegen die Independenten und Cromwell. Wieder kleidete sich der Name „Pfalzgraf" in kriegerische Glorie. Pfalzgraf Ruprecht, „der Kavalier", war der einzige in England, der durch seine kühnen Reiterschlachten die Sache der Royalisten aufrechterhielt. Die englischen Frauen sprachen so begeistert von ihm, wie die deutschen Ritter von seiner Mutter gesprochen hatten, und noch lange sang man von ihm jene royalistischen Parteiliedlein, die uns aufbewahrt sind. Aber des Oheims Haupt fiel, Ruprecht und sein Bruder Moritz führten auf der See ein wildes Seeräuberleben, von allen verlassen, fanden sie nicht einmal in der heimischen Pfalz eine Zuflucht. Pfalzgraf Moritz verschwand ganz; er endete entweder als Seeräuber oder als Sklave in Algier! Ruprecht war glücklicher, nochmals schlug er, wie früher zu Land, jetzt die kühnsten Schlachten zur See für ein fremdes Reich, für England. Im Schicksal der pfälzischen Prinzen spiegelte sich das Schicksal eines großen Teils des pfälzischen Volks, das, in allen Ländern und Weltteilen zerstreut, kein Vaterland mehr hatte, dem es seine Kraft widmen durfte.

Der Kurprinz Karl Ludwig sollte der Wiederhersteller der Pfalz werden. „Sedendo non cedo" schrieb er unter den pfälzischen Löwen. Aber das Land hatte durch Deutschlands Schuld einen furchtbaren Nachbarn bekommen, Frankreich nahm das Elsaß weg, wo einst die Pfalzgrafen als Landvögte geboten. In Karl Ludwig sehen wir wieder einen echten Pfälzer; kühn, verständig, praktisch und doch so hitzig, daß er dem bayerischen Gesandten in öffentlicher Reichsversammlung das Tintenglas an den Kopf warf; dabei hell im Kopfe, weit über seine Zeit erhaben und von Herzen tolerant, – so mußte ihm vor allem gelingen, die Pfalz wieder aufzubringen. Nach zwanzig Jahren stand das Land wieder in herrlicher Blüte. Eine seiner besten Blüten aber war jene trefflichste Frau ihres Jahrhunderts, Prinzessin Elisabeth Charlotte, ihres Vaters Liebling, die spätere Herzogin von Orleans. Sie war das Opfer der Politik, und als ihr Vater nun dennoch seine Pfalz wieder durch die Franzosen in Rauch aufgehen und verwüstet sah, so daß er selbst den französischen Heerführer zum Zweikampf forderte, da mochte der Kurfürst einsehen, wie wenig ihm alle Opfer bei der gefährlichen Nachbarschaft helfen konnten. Und Deutschland konnte seine Pfalz, die für es blutete, nicht schützen. Die schmählichste Zeit für unsere Geschichte war gekommen und jenes geisterhafte: „Wehe dir, Pfalz!", das aus dem Ottheinrichsbau des Heidelberger Schlosses erscholl, fand bei des Reiches Schwäche nur zu bald seine Bestätigung. Frankreich riß ein Stück um das andere vom deutschen Reich; das Elsaß und die Pfalz flehten am Reichstag bei Kaiser und Fürsten, man stieß sie zurück, dem Feind in die Hand. Deutschland, das große, herrliche, war alt und schwächlich geworden durch die Schuld seiner Fürsten, und das nämliche Frankreich, das noch vor einem Jahrhundert um die Gunst eines deutschen Kurfürsten buhlte, behandelte jetzt den Kaiser selbst wie seinen Vasallen. Was sollte erst die Pfalz von ihm erleiden! Mit Karl Ludwigs Sohn war das pfälzisch-stuartische Blut ausgestorben, die katholische Neuburger Linie erbte die Pfalzgrafschaft. Da brachen die Hunnen und Vandalen des siebzehnten Jahrhunderts, die Henkersknechte und Mordbrenner des „großen Ludwig", wiederholt herein, – „der König will, daß die Pfalz zur Wüste werde!" – und das unglückliche herrliche Land am Rhein und Neckarufer wurde eine einzige Brandstätte, die Einwohner wurden gemordet und vertrieben – und Deutschland sah ruhig zu. „Rex dixit et factum est" schrieb der vierzehnte Ludwig triumphierend auf seine Münze, als die entsetzlichste Schandtat der Geschichte zu Deutschlands Hohn und Schmach geschehen war. Und als wieder Friede war, wurde es doch wieder gut?! O nein, es war kein Karl Ludwig mehr da, die Kurfürsten der fremden Linie saßen in Saus und Braus in Heidelberg und dann in Mannheim auf ihren Schlössern, vergeudeten des Landes Gut. Die Amtsleute schindeten die Bauern, die Jesuiten und Kapuziner ängstigten das Volk und versuchten, was noch nicht durch französische Dragonersäbel katholisch geworden, jetzt durch List und Gewalt zurückzuführen. Und so war das ganze Jahrhundert hindurch auch noch zu Karl Theodors Zeiten: das pfälzische Volk weinte im stillen, während in Mannheim Beamte, Maitressen und Künstler lachten, die Kunst war ja Modesache geworden, auch die Kunst, das Volk unglücklich zu machen. Wer Näheres über dieses unerquickliche Thema vernehmen will, höre heute noch den pfälzischen Bauern, dessen Erinnerungen noch gar wohl in „Karl Theodors Zeiten" zurückreichen. Wen will es noch wundern, daß der Pfälzer seine eigene Heimat nicht mehr für sein Vaterland ansehen konnte, weil er es überall besser fand, als daheim! Der Pfälzer Bauer hat nie das Selbständigkeitsgefühl und die Urteilsfähigkeit über die Lage der Dinge verloren; er sah keine Rettung im eigenen Land, und auch vom Reich keine, vor neuen Zerstörungskriegen. Da wanderte er so massenhaft aus, daß im vorigen Jahrhundert der Name „Pfälzer" gleichbedeutend mit Auswanderer war. Brandenburg, Holland, Siebenbürgen und Rußland nahmen pfälzische Emigranten auf, und eines Tages brachen auf einmal 50 000 Pfälzer auf, um nach Amerika zu gehen, wohin schon viele vorausgeeilt waren. Die entsetzlichen Leiden dieses Zuges sind kaum nachzuerzählen. Nach Irland, den Scillyinseln und sonsthin wurden die armen Verhungerten von den Engländern gebracht, – nur ein Teil sah Amerika, und dort begann neues Elend. Aber pfälzische Ausdauer und pfälzischer Fleiß rangen sich durch, und Pennsylvanien, Amerikas schönster Staat, erblühte durch pfälzische Arbeit. Wir werden später im Buch selbst Gelegenheit haben, mehr über die Auswanderung zu sagen.

Die Zurückgebliebenen schmachteten weiter. Da brach die Französische Revolution alle religiösen und politischen Fesseln. War es ein Wunder, daß die Pfälzer Bauern ihr entgegenjauchzten!? Freilich wurde ihr Land wieder der Schauplatz des Krieges, aber während die Jakobiner und Republikaner dem heruntergekommenen Landmann ihre Pferde liehen, wurden die Saaten von den Deutschen wenig geschont. Überhaupt blutet einem in der Geschichte der Pfalz das Herz, wenn man sieht, wie in den letzten Jahrhunderten Deutschland alles tat, um die Sympathien für das Reich im Herzen des Volkes zu ersticken. Freilich, die „Commission de grippes" der Franzosen tat auch ihr möglichstes, aber gegen das Wüten der Reichstruppen 1814 und 1815 im Verein mit den Kosaken und Kalmücken steht sie doch zurück. Damals war es auch nicht mehr schade um die einst so herrliche Pfalzgrafschaft, daß sie ausgestrichen wurde aus der Reihe der Staaten; es war nur schade, daß ihr Untergang nicht der Aufgang der Einheit Deutschlands war; es war nur schade, daß die Pfalz zerrissen und zerstückelt wurde und auch später zerrissen und zerstückelt blieb. Baden, Hessen, Preußen und Bayern bekamen je einen Teil, das übrige Nassau, Oldenburg, Württemberg, Hessen-Homburg und Frankreich. Nur ein Teil des linken Rheinufers kam an die Wittelsbacher zurück; abgetrennt vom Mutterlande liegt die heutige Pfalz in die Ecke gegen Frankreich hingeschoben, dem mächtigen Nachbarn vor der Nase. Und doch ist sie glücklicher, als sie war. Neben der alten Kurpfalz regierten noch über vierzig andere kleinere Herren im Lande. Da war vor allem die wittelsbachisch-zweibrückische Linie, deren Stamm einst Schweden seine größten Könige, Karl Gustav und Karl XII. gab, die den Norden mit ihrem Kriegsruhm erfüllten. Im Westrich, im Blies- und Glantal, dann im Wasgau bei Bergzabern und Annweiler lagen ihre Hauptbesitzungen. Hinter ihnen in der südwestlichen Ecke der heutigen Pfalz lagen die Länder der Grafen von der Leyen, an der unteren Haardt und im Wasgau die der Fürsten und Grafen von Leiningen, auf der Wasigenfirst lagen Gebiete der Landgrafen von Hessen und der Markgrafen von Baden, am Donnersberg die österreichische Grafschaft Falkenstein und jene von Nassau-Weilburg, auf der Sickinger Höhe die sickingischen Besitzungen und an der oberen und unteren Haardt und in der Rheinebene breitete sich das Bistum Speyer aus. Die anderen aufzuzählen, wird man uns erlassen. Die Revolution machte allen Herrschaften und Gerichtsbarkeiten in der heutigen Pfalz ein Ende, sie kam an Frankreich. Der nördliche Teil zählte jetzt zum Departement des Donnersbergs, der südöstliche zu jenem des Niederrheins und ein kleiner Teil im Westrich zum Saardepartement. Die nunmehr bayerische Pfalz hat mit den französischen Gesetzen, dem Code Napoleon, auch die französische Einteilung des Landes beibehalten. Der Sitz der Regierung ist Speyer, der des Appellationsgerichtes Zweibrücken.

Das Land ist in vier Bezirksgerichte – Frankenthal, Landau, Kaiserslautern und Zweibrücken – eingeteilt, unter denen 31 Kantone, Friedens- oder Landgerichte stehen, die in administrativer Hinsicht 12 Landkommissariate zusammen bilden. An Flächeninhalt das größte, an Einwohnerzahl das geringste, ist das Landkommissariat Pirmasens, das sich mit seinen Kantonen Pirmasens, Waldfischbach und Dahn über das Hochland der Wasserscheide ausbreitet und auf 13²/₃ Quadratmeilen 43 000 Menschen zählt. An Flächeninhalt dagegen eines der kleinsten und an Bevölkerung nahezu das größte, ist das Landeskommissariat Landau mit Edenkoben an der oberen Haardt, wo auf 6²/₃ Quadratmeilen 62 700 Menschen wohnen; das um drei Quadratmeilen größere Landkommissariat Neustadt hat 66 700 Menschen.

Die Pfalz hatte allen deutschen Ländern das öffentliche Gerichtsverfahren und die Schwurgerichte voraus. Wenn auch nun nicht gerade jeder Pfälzer Bauer seinen Code Napoleon in der Tasche nachführt, so ist doch jeder so ziemlich mit dessen Bestimmungen vertraut, und hält ihn hoch und wert als sein kostbarstes Gut. Man darf die freien Institutionen wohl als Lohn für so viel ausgestandene Drangsale, als Ersatz für so große Unbilden betrachten, welche die Pfalz von Frankreich erfuhr. Das Reich hat ihr nie etwas dagegen bieten können, und in den Jahren 1814 und 1815 benahmen sich die Reichstruppen gegen die Pfälzer noch etwas schlimmer als die Kosaken und Kalmücken, eben wie gegen Erzfeinde. Dazu kamen noch die Erinnerungen der napoleonischen Veteranen an die „Kaiserzeit", ja Napoleon nahm in den poetischen Illusionen und Fiktionen des pfälzischen Volksgeistes geradezu die mythische Gestalt des alten Barbarossa ein, der nicht sterben könne und einmal wiederkomme. Da hatte man wohl vollkommen recht, wenn man draußen von den pfälzischen „Franzosenköpfen" sprach, die alle Erinnerungen und Sympathien für Deutschland verloren hätten, – nur vergaß man, daß Deutschland daran selbst schuld war, und daß es überhaupt noch verwunderlich ist, wie sich das Deutschtum in der Pfalz nur erhielt und jetzt schon so völlig erkräftigt ist, nachdem mit den Zollschranken wenigstens eine Scheidelinie gefallen war, die das Land vom übrigen Deutschland trennte. Die Ereignisse von 1832 und 1849 gingen ja ohnedies ganz von der Idee des Deutschtums aus. Daß in jenen Jahren, was Deutschland bewegte, in dem Lande, wo von jeher die Bebungen in der politischen Welt Europas am stärksten nachempfunden wurden, wieder den lautesten Nachhall gefunden hat, ist schon wegen des leicht erregbaren Charakters des Volkes erklärlich. Man gibt sich hier um so lieber und schneller politischen Erregungen hin, weil die rein geistigen bei dem Mangel einer größeren Stadt ganz wegfallen und der lebhafte Sinn des Volkes doch eine Nahrung haben muß. Daß auch Bewegungen im royalistischen Sinne hervorgerufen werden können, hat die Pfalz gezeigt, als sie von Bayern ihren alten Namen empfing, und als der „junge Pfalzgraf" die Enkelin der Hohenzollern heimführte.

Es ist wahr: der Pfälzer hat jetzt noch mehr spezifisch pfälzischen als deutschen Stolz. Aber leider ist das ja in Deutschland überall so, und ist immer so gewesen. Sicherlich würde heute jeder Pfälzer seinen Lokalpatriotismus dem allgemeinen Patriotismus opfern, wenn es zu einem einigen Deutschland käme. Solange er aber sieht, daß der Österreicher sich als Österreicher, der Brandenburger als Brandenburger fühlt, kann er den Gedanken nicht loswerden, ob denn auch die alte rheinische Pfalz nicht in politischer Ebenbürtigkeit den andern gegenüberstehen könne, warum denn gerade sie zerstückelt und getrennt sein müsse! Er ist jedoch politisch reif genug, daß er dabei nicht an einen neuen Duodezstaat denkt, – vielmehr sind manche der Meinung, daß überhaupt die Rheinlande insgesamt einen Staat bilden könnten, wozu Elsaß und Lothringen fallen müßten. Die Idee von der Errichtung eines „burgundischen Reiches" hatte denn auch 1832 eine große Partei am Rhein, und sie ist bekanntlich keineswegs eine neue. In den Köpfen mehrerer Pfalzgrafen faßte sie Raum, die ja ohnedies eine gewisse Lehnsherrlichkeit über die meisten Nachbarstaaten ausübten und unter anderen alle „Wildfänge" der benachbarten Länder in Anspruch nahmen. Sie waren zugleich Kreisoberste und Landvögte im Elsaß, Kastenvögte der oberrheinischen Bischöfe und gewissermaßen Schirmherren der Städte. In Karl Ludwigs genialem Kopf keimte auch schon die Idee von der Errichtung eines austrasischen Königsreiches am Rhein. Mit eifersüchtiger Strenge übte er die Rechte der Pfalzgrafen aus, so daß es darüber zum Kriege kam. Was bei Karl Ludwig Sache politischer Überlegung war, wollte aus Eitelkeit einer seiner Nachfolger aus der Neuburger Linie dem ersten König von Preußen nachmachen, ließ sich schon König bei Rhein nennen, gab aber noch bei guter Gelegenheit den Gedanken wieder auf.

Das Verhältnis zu Bayern

Wir wollen uns nicht länger bei dergleichen politischen Intentionen und Illusionen aufhalten, indem wir nur noch einige Worte über das Verhältnis der Pfalz zu Bayern hinzufügen. Die gegenseitige Stammeseifersucht ist noch nicht erloschen. Seit Jahrhunderten genährt, gründet sie ohnedies zu sehr auf der Verschiedenheit des Volksstammes. Die Bayern meinen, sie hätten einen schlechten Fang an der Pfalz gemacht, wo lauter Franzosenköpfe und Bettelleute wohnten, – denn in der Tat spricht man in Altbayern noch immer von der „armen Pfalz" und von den Kosten, die sie dem Lande mache, was freilich eine arge Unkenntnis der Sachlage verrät. „Die Pfälzer haben nichts als ihr großes Maul!" heißt es dann, und dagegen sagen die Pfälzer: „Die Bayern haben nichts als ihren Bauch; solange man ihnen auf den nicht tritt, rühren sie sich nicht!" Soldat werden heißt noch heute in der Pfalz: „Zu den Bayern müssen", und hierzu kommt noch die Abneigung des Pfälzers gegen das Kasernenleben. Er geht lieber nach Frankreich oder Amerika, wo in Algier und im mexikanischen Feldzug Tausende von Pfälzern gegen die Kabylen und Spaniolen fochten, was die Reden von Mangel an kriegerischem Geist hinlänglich beleuchten mag. Als im Jahre 1849 altbayerische Truppen die Pfalz besetzten, fragten die Soldaten beim Marsch durch die großen reichen Orte in der Ebene der Pfalz, wann man denn einmal in ein Dorf komme. Da man ihnen sagte, daß dies lauter Dörfer seien, meinten sie: „Malefiz Demokrat'n! Müssen allweil was bessers hab'n!" Das charakterisiert zur Genüge die gegenseitige Stimmung; Pfälzer und Altbayern vertragen sich so selten wie Wein und Bier. Der altbayerische Beamte findet in der Pfalz vieles anders als daheim. Der Pfälzer Bauer läßt sich nicht duzen, sogar nicht einmal Prügel aufzählen; er weiß genau, wie weit des Beamten Vollmacht und Befugnis reichen, – läßt sich vielleicht auch von dem einheimischen Beamten lieber ein hartes Wort sagen als von dem „Altbayer"! Der Pfälzer will aber vor allem eine freundliche respektierliche Behandlung; Beamtengrobheit imponiert ihm nicht. Was dem bayerischen, in die Pfalz kommenden Beamten noch auffallen wird, ist der Mangel an Standesunterschieden und Titeln, die völlige Gleichheit im Ansehen der Person. Hier gibt es längst keinen Adel mehr, und was noch von dem früheren Landadel übrig ist, macht keinen Gebrauch davon. In den Städten spricht man eine Person nicht mit dem Amtstitel, sondern einfach mit ihrem bürgerlichen Namen an, und von der Titelsucht und dem Titelstolz des übrigen Deutschlands wußte man in der Pfalz bis in die neuere Zeit nichts. (Nach und nach scheint sich das zu ändern.) Selbst der Unterschied zwischen Bürger und Bauer besteht nicht in einem Lande, in dem sich jeder Bauer als Bürger fühlt und als solcher angesehen wird. Es existieren keine städtischen Vorrechte mehr, in der Pfalz gibt es eben nur „Gemeinden", und ohnedies können sich ja die meisten Dörfer der Einwohnerzahl, dem Reichtum und dem äußeren Ansehen nach neben die pfälzischen Städtchen stellen. Wenn man schließen wollte, der Beamtenstand sei hier nicht geachtet, so würde man weit fehlschießen; im Gegenteil gibt der Pfälzer gern Ehre, dem Ehre gebührt, aber nie in grober Unterwürfigkeit. Im ganzen wäre zu wünschen, daß Bayern und Pfalz einmal einsehen, daß keines durch das andere etwas verliere und hüben wie drüben tüchtige, der Achtung werte Menschen wohnen.

Vom Geistigen und Künstlerischen

Auffallend ist bei aller Intelligenz des pfälzischen Volkes das geringe Interesse am geistigen Bestreben auf dem Gebiete der Kunst. Hier wird der Mangel einer größeren Stadt ganz besonders fühlbar, wo sich die Kräfte des Landes konzentrieren könnten. Ein Pfälzer, der sich der Kunst widmet, hat von vornherein die schwierigste Stellung. Er muß mit der geringen Achtung seiner eigenen Landsleute für solche „unrentable" Dinge, ja wohl auch mit Spott und Hohn kämpfen, auch mit dem Vorurteil der Welt draußen, die noch nicht viel von dem künstlerischen Vermögen der Rheinpfälzer vernommen hat und ihnen überhaupt keines zuzutrauen geneigt ist. Der Rheinpfälzer, der es gewagt, den Weg der Kunst einzuschlagen, wird bei seiner Selbständigkeitsliebe, seiner angeborenen Geradheit und Offenheit ohnedies den härtesten Kampf gegen Clique und Coterie kämpfen müssen, die seiner in der Welt draußen warten. Man sorgt schon dafür, draußen und daheim, daß ihm der eingeschlagene Weg nicht zu leicht wird. Aber so sehr zu wünschen wäre, daß die warme, milde Sonne der Pfalz endlich auch für die Kunst scheine, bewahre doch Gott das schöne Land vor Treibhäusern der Kunst!

Bei dem geringen Interesse für das Geistige, ist natürlich jenes für das Materielle desto überwiegender bei dem Pfälzer. Weiteres darüber enthält unser Buch in einer Anzahl ergänzender und erläuternder Bemerkungen an verschiedenen Stellen, wie wir uns auch noch besonders über pfälzische Sagen, über Volksleben, Sitten, Gebräuche und Lieder aussprechen werden. Zur Einleitung glauben wir aber, vom Charakter der Pfalz und der Pfälzer soviel gesagt zu haben, daß Land und Volk Interesse zu erwecken imstande sind. Von der landschaftlichen Schönheit der Pfalz handelt unser Buch ohnehin. Wer Gletscher, Wasserfälle und die sonstigen Wunder der Alpennatur sucht, darf sie natürlich nicht in der Pfalz suchen. Wer aber ein reiches, schönes, geschichtlich und sittlich interessantes Land und Volk kennenlernen will, der komme doch in unsere Pfalz. Der herrliche Kaiserdom zu Speyer, Deutschlands größte, prächtigste und historisch wichtigste Kirche, – dann die prachtvolle Haardt, Deutschlands größtes Weinland, mit ihren kastanienumrauschten Ruinen, – die phantastische Felsenwelt des Wasgaues und die heimlichen Täler des Westrichs sind wohl des Besuches wert vor allen Landschaften des großen Vaterlandes. Die schönen Trümmer der Limburg und die Ruinen von zwanzig anderen Klöstern trauern auf den Bergen und in den Tälern, und hundert Ritterburgen blicken gebrochen von den waldigen Höhen ins schöne Land, darunter der hohe Trifels, der uns vom alten Barbarossa erzählt, – die Burgen des edlen Sickingen, wo er lebte und starb, – das Hambacher Schloß politischen Angedenkens, die Madenburg mit ihrer unvergleichlichen Fernsicht und die stolzen Leininger Burgen. Auf den hohen Bergkuppen erzählen uns aber gewaltige Mauern von grauen Zeiten und untergegangenen Völkern aus der Römerwelt; in Tälern und auf Hügeln von untergegangenen Dörfern des Mittelalters. Jedes Dorf hat seine Geschichte, jedes Dorf seine Epochen, zwischen denen Brand und Verheerung die Abschnitte bilden, – und das Schicksal jeder Familie ist heute noch mit dem der Völker und in die Weltgeschichte verwoben. So bieten Land und Volk Interessantes genug für den Freund der Natur und der Geschichte.

I. Die Rheinebene

Der Rhein durchströmt von Basel bis Mainz eine weite Ebene, die sich zwischen den blauen Bergzügen des Schwarz- und Odenwaldes und der Vogesen mit der Haardt in einer Breite von drei bis fünf Meilen ausdehnt. Es ist das von den Geologen benannte *Mainzer Becken,* das in der Urzeit einen dreißig Meilen langen See zwischen den Abhängen der Bergkämme gebildet haben mag, von dem aus der Rhein sich über das Schiefergebirge von Bingen bis Koblenz wälzte und hier einen Wasserfall bildete, bis er in einer Reihe von Jahrtausenden sich den tiefen Talweg durch die Felsen gefressen hatte. Von alledem hat das Volk in der Ebene und in den Gebirgen noch in seinen Sagen eine dunkle Ahnung; es erzählt von der Schiffahrt auf diesem See und weiß von eisernen Ringen an den Felswänden des Wasgaues und des Schwarzwaldes zu sagen, wo die Schiffer ihre Taue angebunden hätten. Heute ist dieser frühere Seeboden einer der fruchtbarsten Landstriche Europas, von Städten und stadtähnlichen Dörfern wahrhaft übersät wie kein anderer, und da, wo er sich an die Berge lehnt, ist der mildeste und bevölkertste und wohl auch einer der schönsten Teile deutschen Bodens. Freilich, die pittoresken Felsenpartien des engeren Rheintals bei St. Goar treffen wir nicht mehr oder sie verstecken sich doch abseits hinter die vorderen Bergkämme, welche die herrliche Ebene eindämmen gleich ungeheuren Riesenwällen. Aber die Gaue des Elsasses und der vorderen Pfalz längs der Wasgau- und Haardthänge, der Breisgau am Schwarzwald und die Bergstraße am Odenwald, die sich der Ebene anschließen, dürfen sich mit den schönsten Gauen Mitteleuropas messen; und wenn auch die unmittelbaren Ufer des Rheines hier weniger reizend sind, bilden doch überall die blauen Berge über der grünen Ebene den schönsten Schluß einer fruchtbaren, blühenden Landschaft. Das Hügelland der Haardt erhebt sich nochmals im Donnersberg zu bedeutender Höhe, bis es dann bei Oppenheim in die Nähe des Rheinstromes tritt und bei Mainz und Ingelheim sanft gegen den Rhein abfällt. Die Höhen an der Vorderseite dieser Bergzüge gewähren alle entzückende Fernsichten über die weite Ebene und die gegenüberliegenden blauen Gebirgsketten.

Was aber der Rheinebene hohes Interesse verleiht, das sind vor allem die großen *historischen Erinnerungen,* die Jahrtausende umfassen, da gerade hier von jeher der Tummelplatz der Eroberer und der Völker war, von den Zeiten Ariovists und Cäsars bis zu dem Cäsar der Neufranken und seinen Gegnern. Kelten und Germanen, Römer und Hunnen, Schweden und Spanier, Russen und Franzosen versuchten sich hier und düngten mit ihrem Blute das herrliche, so oft verwüstete Land, das sich stets wieder zu neuer Blüte erhob. Hier gingen alle die großen weltgeschichtlichen Völkerzüge über den Rhein und ließen ihre Spuren zurück, wie denn das schöne Land selbst stets der *Zankapfel der Völker* war. An diesen Ufern blühten die Reiche der Burgunder und Nibelungen auf und später Deutschlands schönste Pfalzgrafschaft mitten in der *„Pfaffengasse des Reiches“*, wie das Rheinland wegen seiner vielen Erz- und Bistümer hieß. An diesen Ufern erwuchsen jene freien Städte des Reiches, die Blüte deutschen

Lebens, in deren Mauern für die Geschichte der Völker ebenso entscheidende Reichsversammlungen gehalten wie draußen Schlachten geschlagen wurden. Die ehrwürdigen Zeugen einer großen Vergangenheit, die hohen Dome, stehen noch und blicken übers weite Land hin; von den Berghöhen schauen hohe Ruinen zur Ebene herab, und Werke der Kelten und Germanen auf den wilden Bergkuppen reden von alten, dunklen Sagen einer unergründeten Urzeit zu dem gegenwärtigen Geschlecht. Eine große, schöne Zeit ist über das Land gegangen, – die Zeit, wo die Gaue des Oberrheins noch der Mittelpunkt des deutschen Reiches waren, wo sich alle Macht und Kraft, aller Reichtum, alle Kunst des germanischen Volkes hier konzentriert hatten. Damals liefen die Marken des Reiches unfern der Weltstadt an der Seine hin; heute ist das Land am Oberrhein selbst Grenzmark geworden, einer der schönsten Teile in fremden Händen, und deutsche Kunst, deutsche Macht und deutscher Geist hat sich andere Sitze gesucht. Aber die Erinnerungen an jene goldenen Tage umschweben noch heute das schöne Land und laden zum Besuch ein.

1. *Nibelungenland*

Das „Goldene Mainz" mit seiner herrlichen, Deutschland beherrschenden Lage am Vereinigungspunkt der Weltstraßen, böte wohl des Sehenswürdigen genug, – aber es liegt nicht in unserem Reiseplan – wir haben der handel- und wandelreichen Stadt nur einige Worte des Abschieds zu widmen. Man hat die fröhlichen, heiteren Mainzer bald liebgewonnen mit der Stadt, wo der große *Arnold Walpod* im Rate saß, Frauenlob sang und Gutenberg über seiner Erfindung brütete; wo Mauern und Steine reden von den römischen Legionen und den heranstürmenden germanischen Horden, von den kaisermachenden Kurfürsten und dem Auf- und Abkommen deutscher Bürgerfreiheit, von den republikanischen Ohnehosen und den bundesstaatlichen Weißröcken und Pickelhauben. Die Lieblingsstadt des großen Drusus sah die römischen Adler blinken und sinken unter den Keulen der anstürmenden Barbaren. Seit die Soldaten des *Aurelian* hier im Siegesjubel sangen:

> „Tausend Franken, tausend Goten sind's, die wir erschlugen,
> Viele viele tausend Perser müssen's auch versuchen!"
> (Vospiscus Aureliano. Mille Francos, mille Sarmatos semel et semel occidimus.)
> Mille, mille, mille, mille Persas quaerimus.

Welche Zeiten sind verflossen bis zu der Marseillaise und dem ça ira der Freiheitskrieger *Custines* oder bis zum Rhein- und Heckerlied verklungener Begeisterung unserer Zeit!

Die vieltürmige Stadt, vor allem der hohe Dom, schaut uns nach, wie wir mit dem Zuge dahineilen. Drüben von der herrlich gelegenen *Zitadelle* mit ihrer unvergleichlichen Aussicht blickt der zweitausendjährige Eichelstein verwundert nach dem schnaubenden Dampfroß, das ihm die Drachen aus den Märchen seiner Jugend vergegenwärtigen mag, – der Zug selbst aber eilt unter der neuen Anlage hin, in der einst das kurfürstliche Lustschloß *Favorite* stand, der Stolz und die Freude der Mainzer des vorigen Jahrhunderts. Auf Favorite wurde von einer großen Fürstenversammlung jenes bekannte Manifest des Herzogs von Braunschweig an die Franzosen entworfen, das aber nicht verhindern konnte, daß Custine mit seinen Jakobinern ohne Schwertstreich wenige Monate später in Mainz einrückte.

Man berührt jetzt das große Dorf *Weißenau* vor Mainz, auf dessen Hügeln ein Teil der Mainzer Befestigungen, das Weißenauer Lager, liegt. Hier sind auch die Ruinen eines ehemaligen Kartäuserklosters. Fortwährend läuft die Bahn längs des umbuschten Rheinstromes an niedrigen rebenumwachsenen Hügeln hin und berührt nacheinander die Weinorte *Laubenheim, Bodenheim* und *Nackenheim.* Hie und da schimmert ein Teil des breiten Stromes gleich einem wallenden See durch das Ufergebüsch, und über dem Strom liegt in der Nähe auf der sandigen Ebene zwischen Darmstadt und Mainz die ehemalige Kaiserpfalz Trebur, wo Karl der Dicke von den Großen des Reiches abgesetzt wurde und wo später die Versammlung der Fürsten war, der zufolge Kaiser Heinrich IV. nach Canossa ging um sich vor dem Papst zu demütigen.

In kurzer Zeit liegt nun an amphitheatralisch vom Rhein zurückweichenden Weinhügeln, auf deren rotem Grund sich die grünen Reben gar malerisch machen, ein Dorf – ein klassischer Ort. Wer kennt dich nicht und deinen goldschäumenden Feuerwein, und wäre es auch nur aus den mächtigen Humpen der alten ritterlichen Kumpane, die von den Herren Spieß, Cramer, Hildebrandt und Kompagnie so reichlich mit Niersteiner traktiert wurden! Ja, altes, weinreiches *Nierstein,* keiner deiner Wirte oder Weinhandlungen hat je so viel von deinem edlen Naß durstigen Kehlen gespendet als jene ehrliche Kompagnie fruchtbarer Romanschreiber ihren edeln Helden. Die alte Warte der *Schwabsburg* über dem Ort scheint auch nur da droben zu stehen, um uns so recht in die Welt jener Ritterromane zurückzuversetzen, wo die Hallen von klirrenden Sporen dröhnten und die Tische sich unter den Humpen mit Niersteiner bogen; wo das Femgericht auf roter Erde nächtlicherweile saß, und Kunigunde, das Burgfräulein, vom Söller herab ihr seidenes Tuch zum Rhein hinüber wehen ließ. Sonst hält uns nichts in den alten Aquae Neri, darum weiter, entweder auf der Höhe der Hügelreihe zu Fuß nach Burg Landskron oder mit der Eisenbahn nach

Oppenheim

das mit seiner prachtvollen Katharinenkirche und der Burg Landskron überraschend schön vom Rhein aufwärts an den Rebenhügeln liegt. Wir sind bereits im Gebiet der ehemaligen Kurpfalz, und der hiesige Wein wird schon zu den Pfälzer Weinen gerechnet. Der Niersteiner gehört noch zu den schweren Rheinweinen. Vor dem Tor, das nach Nierstein führt, noch in dessen Gemarkung, liegt das schon den Römern bekannte *Sironabad,* an dessen heilsamer Schwefelquelle ein Altar bemerkt wird, der dem Apoll und der keltischen Lokalgottheit Sirona geweiht war.

Von welcher Seite man sich Oppenheim nähern mag, stets bietet die kleine Hügelstadt die reizendste Ansicht, und als Perle in dem schönen Bild die rote, halb ruinöse Katharinenkirche, während als echte Landeskron' über beiden die Burg sich auch noch in ihren Trümmern behauptet, obgleich jetzt der blaue Himmel durch die öden Fenstermauern blickt. Es war einst noch schöner und herrlicher da, als Oppenheim im Bunde der freien Städte des Reiches saß. Damals wollte man die Pracht und Lage der Stadt mit nichts geringerem vergleichen als mit dem heiligen Jerusalem selbst. Die Katharinenkirche wurde Salomons Tempel, die Burg Landskron die hohe Zion, und so gab es noch eine Golgatha, einen Ölberg und wie die heiligen Orte alle heißen. Jene Blütezeit ging schnell vorüber, die freie Reichsstadt wurde eine kurpfälzische Amtsstadt und ist nun eine hessische Landstadt von 3 000 Einwohnern. Nur Ruinen der ehemaligen Größe sind geblieben.

Es geht eine tiefe Klage durch die Trümmer, die uns von der Herrlichkeit der alten Zeit und der schönen Kurpfalz Zeugnis geben, eine Klage auf und ab am Oberrhein gegen die große Nation und den „großen" Ludwig, der dies Land zur menschenleeren, unwirtlichen Wüste machen wollte. Wie hundert andere Städte und Dörfer der Pfalz, sank auch Oppenheim in Asche (1689); ein einziges Haus blieb verschont. Auch der westliche Teil der wunderschönen *Katharinenkirche*, die von dem höchsten Hügel der Stadt jetzt als Halbruine herabschaut, brach in den Flammen zusammen und mit ihm einer der schönsten Kirchenbauten der Welt. Nur der östliche Teil blieb stehen in vollendeter Reinheit und Schönheit. Noch in seinem heutigen Zustande ist der Bau einer der herrlichsten Zeugen für die Erhabenheit und Lieblichkeit des deutschen Geistes, aber auch ein ebenso beredter für die Schmach eines Königs, den seine Schmeichler den Großen nannten. Heute liegt die Katharinenkirche in einem umfriedigten Hof; still und wie träumend über die Vergangenheit, auf ihrer Höhe, während die Häuser der Stadt an den Hügeln hinauf zu ihr hinanstreben wie die Kinder zu ihrer Mutter, die in Trauer versunken steht über ihre schönen verlorenen Jugendtage. Dort unten zieht noch immer der Rhein in voller Pracht vorüber, und die Berge ringsum blauen und grünen wie vordem; drüben breitet sich die Ebene bis Darmstadt, und der hohe *Melibokus*, der den sagenreichen Odenwald überragt, blickt noch in voller Majestät herüber wie vordem. Aber die Kirche selbst hat nur noch Reste der früheren Pracht zu zeigen, wie die nahe Landskron hinter ihr, und selbst diese fallen immer mehr der Zeit und dem Wettersturm zum Opfer; dieser herrlichen gotischen Kirche steht eine gänzliche Zerstörung bevor. Man fühlt sich wehmütig ergriffen bei dem Gedanken an den unvermeidlichen Untergang eines der schönsten Überreste des altdeutschen Kirchenstils.

Die Katharinenkirche ist wahrscheinlich von dem Baumeister des Kölner Domes erbaut, ja dies wird zur Gewißheit, wenn man die Reste mit dem noch vorhandenen Riß des unvollendeten Domes vergleicht. Wie *Erwin von Steinbach* in dem Münster von Thann ein kleineres Abbild des Straßburger Münsters gab, schuf der Baumeister der Katharinenkirche eines vom Kölner Dom. Der Hauptbau wurde bereits Ende des 13. Jahrhunderts und Anfang des 14. vollendet. Die verfallene, mit Strauchwerk überwachsene Halle zeigt noch die schlanken Säulenbündel mit dem zierlichen Laubwerk der Knäufe, die steinernen Rittergestalten, die milden, nonnenartig verhüllten Jungfrauen und Matronen und die wundersame Pracht der Glasfenster, besonders der Rose. Im Mittelpunkt der Rose sieht man den kaiserlichen Reichsadler im goldnen Feld, das Wappen der Stadt; zwanzig Wappen adliger Geschlechter, jedes auf weißer Scheibe, bilden einen glänzenden Kreis am Schluß der Radien. Die Farben sind dunkel gewählt, sie glühen heute noch, nach fünfhundert Jahren, in einer wunderbaren Frische. Die Sage erzählt, daß diese Rose von einem Gesellen gemacht worden sei, der durch sein Werk so sehr den Neid seines Meisters erregte, daß er ihn über das Gerüst hinabwarf, wo der Gehilfe den Tod fand.

Unter den vielen Grabdenkmalen der obenerwähnten Halle (besonders von Gliedern des berühmten Dalbergischen Geschlechts), zeichnet sich eines durch seine edle, ungesuchte Einfachheit, durch seine ergreifende Wahrheit und Natürlichkeit aus. Es ist die Porträtfigur eines jungen Mädchens, das in langfaltigem Gewand zart und züchtig vor uns steht, von wahrhaft ergreifender Innigkeit des Ausdrucks. Eine andere bildliche Darstellung, die der unbefleckten Empfängnis Mariä, über der Haupttür, wo Maria den Odem Gottes in einem dicken Strahl mit dem Ohr auffängt, erwähnen wir bloß der kuriosen Intention des Künstlers wegen. Ein Stein, der in der Kirche eingemauert ist, enthält die Mitteilung: „Do daz Brot ein Haller gult, do wart diese Kappl gest. –“ Nachweisbar wurde die Kirche von 1262 bis 1317 erbaut.

Schauerliches Interesse gewähren die *Beinhäuser* des Kirchhofs, die eine außerordentliche Anzahl von Menschenschädeln und Knochen in drei geräumigen Gewölben enthalten, die der Sage nach von gefallenen Schweden des Dreißigjährigen Krieges herrühren. Im vorigen Jahrhundert machten einmal die Heidelberger Studenten eine Fahrt zu diesen Beinhäusern, sammelten eine ganze Fuhre voll Kuriositäten und Abnormitäten und kehrten mit ihrer seltsamen Beute nach der lustigen Universitätsstadt zurück, um den reichlichen Stoff in der dortigen Anatomie dem Gebrauch zu überlassen.

Wenn die Aussicht von der hochgelegenen Katharinenkirche auf Stadt, Strom und die jenseitige Ebene schon reizend ist, so wird sie es noch mehr von der hochgelegenen Burg *Landskron*, der alten Reichsfeste, die früher mit der Stadt durch Mauern verbunden war und nun ebenfalls in Trümmern liegt. Denn in den Vordergrund tritt hier die Kirche selbst. Über sie hinaus und über den unten rauschenden Strom fliegt der Blick auf die Kette des Odenwaldes; das Darmstädter Exerzierhaus erscheint an dessen Fuß, rechts und links aber ziehen sich die schönsten Rebhügel nach Dienheim und Nierstein. Von den Trümmern, die in ihrer späteren Wiederherstellung durch Kaiser Ruprecht von der Pfalz an die Heidelberger Residenz erinnern, ziehen sich unterirdische Gänge nach der Stadt. Am 18. Mai 1410 starb hier Kaiser Ruprecht. Zwischen diesen alten Bauresten der Stadt Oppenheim nehmen sich zwei Türme etwas seltsam aus, wovon der eine als Uhrturm dient, der andere von einer Dame aus Elberfeld erbaut wurde.

Wunderbar bleibt immer der Blick auf den herrlichen *Rhein*, und seine Flut zieht uns jetzt selbst zu ihm an die grünen Ufer. Welche Erinnerungen ruft der Strom in uns wach, von den Zeiten Ariovists und Cäsars bis zum Cäsar der Neufranken und unserer jüngsten Vergangenheit. Welche Reihe von Helden und Völkern überschritt seine Flut, und welche Entscheidungen im Schicksale der Welt brachten diese Überschreitungen hervor! Sage und Geschichte verherrlichen den Strom in tausend Formen, und die alte Heldenzeit scheint uns aus seiner Flut entgegenzuschauen, als läge sie darinnen begraben! Ein Schiff kommt den Rhein herauf, die Helden der Burgunder stehen darauf, – sie kehren aus dem Nibelungenland zurück. Noch nie fuhr ein reicher beladenes Schiff auf dem Rhein, denn es trägt den *Nibelungenhort*, die Morgengabe der Witwe des erschlagenen Siegfried, die im nahen Königssitz zu Worms um den Gatten trauerte. Die finstere Gestalt des grimmen Hagen wallt einsam von der alten Nibelungenstadt her; hier hat er nach der Sage den reichen Schatz versenkt in die Tiefe des Rheines, – hier liegt der Nibelungenhort begraben, und die Wellen flüstern vom Reichtum auf des Stromes Grund, den sie einst wiedergeben, wenn die Zeit erfüllt ist.

Noch stehen die hohen Dome am Ufer, Zuschauer der glänzendsten und trübsten Zeiten Deutschlands, – und die Wellen des Rheines flüstern die Klage um Erwins hohes Münster, das verlassen zum Mutterlande blickt und den Fremden vom deutschen Geiste erzählt.

Die großen Erinnerungen der alten Herrlichkeit Deutschlands überkommen einen unwillkürlich im Anblick des schönen Stromes, und jeder Schritt in diesem Lande läßt uns auf Denkmäler stoßen, die uns Bilder der Weltgeschichte zurückrufen. Am rechten Ufer, etwas oberhalb Oppenheim, steht die sogenannte *Schwedensäule*, eine von rotem Sandstein erbaute, auf vier Kugeln ruhende, vierseitige Spitzsäule mit ziemlich hohem Fußgestell; auf derselben liegt ein Löwe mit Reichsapfel und Schwert.

Nach der Schlacht von Breitenfeld durchschritt die schwedische Armee im Sturm Thüringen und Franken; kurz vor Weihnachten des Jahres 1631 stand sie Oppenheim gegenüber und bei *Germersheim* am Rhein. Diesseits standen die Spanier mit starker Macht und hielten Stadt und Schloß sowie die Sternschanze am rechten Ufer besetzt. Es mußte sich jetzt erweisen, ob der „Schneekönig" vor dem spanischen Feuer wirklich zerschmelze, ob die harten Männer des Nordens vor den feurigen Südländern weichen würden, und so standen sich die Völker der pyrenäischen Halbinsel im tiefen Süden und jene der skandinavischen im hohen Norden hier an dem schönen Strom im Herzen Europas gegenüber, um das Schicksal Deutschlands zu entscheiden. Der Rheinübergang, seit Julius Cäsar stets entscheidend im Schicksal der Völker, war von dem großen

König beschlossen. Die Abkömmlinge der alten Goten sollten zum erstenmal ihre gegenseitige Kraft erproben und zeigen, ob die Sonne Spaniens oder der Winter Skandinaviens die beiden, weit voneinander getrennten, verwandten Stämme härter gemacht hätte. *Gustav Adolf* nahm das rechte Ufer bis zur Sternschanze in Augenschein, indem er längs des Stromes hinritt, und fuhr auf einem in *Stockstadt* aufgetriebenen Nachen an das linke Ufer, nur von Graf Brahe, dem Obersten seines Leibregiments, begleitet. Zwei Ruderer saßen mit im Nachen. Kaum an Land gestiegen, fiel Schuß auf Schuß, – eine spanische Strandwache hatte ihn bemerkt; aber unbeschädigt bestieg der große König wieder den Nachen und fuhr zurück, nachdem er ein Gebüsch entdeckt hatte, das den Übergang begünstigen mußte. Dem Fischer *Johann Warter* aus Gernsheim war es mit Hilfe eines Niersteiners Schiffers indes gelungen, zwei bei Stockstadt versenkte Schiffe aus dem Rhein zu ziehen und auszubessern. Auf die nun wurden Scheuertore gelegt, und unter dem Donner einer schwedischen Batterie, die Oppenheim beschoß, setzte der *Graf Brahe* mit 300 Mann der Garde auf den Scheuertoren bei grimmiger Kälte morgens früh 6 Uhr am 17. Dezember über den Strom. Die auserlesenen kernhaften Männer fanden ein steiles Ufer vor, das sie zu besserer Landung ausgruben und notdürftig verschanzten. Aber schon wurden sie von mehr als 1 000 spanischen Kürassieren wütend angefallen, – und das Getöse des Kampfes drang an die Ohren des Königs über den Rhein. Die kleine Schar hielt jedoch hinter dem Gehölz tapfer aus, bis Gustav Adolf weitere Hilfe zuführte und die Spanier von den ergrimmten Schweden in die Pfanne gehauen wurden. Das Lied:

„Aus meines Herzens Grunde
Sag' ich dir Lob und Dank
In dieser Morgenstunde", –

klang aus den schwedischen Kehlen und Herzen zu der herrlichen Katharinenkirche empor. Dann ließ der König die Feinde verfolgen und kehrte allein wieder an das rechte Ufer zurück, wo die Spanier in der Sternschanze kapitulierten, während die schwedischen Sieger auf dem linken Ufer stehenblieben. In der Nacht schlief Gustav Adolf noch auf dem rechten Ufer im Dorfe *Erfelden,* in der niederen Stube des oberen Stocks im Haus des Wirtes Glock, wo noch heute das Bild des großen Königs mit einer diese Tatsache berichtenden Inschrift vorgezeigt wird. Des andern Morgens führte er neue Scharen mit Geschütz über den Rhein und rückte gegen Oppenheim, wo die Bürger freudig erregt seiner harrten und viele Spanier erschlugen, so daß der spanische Kommandant den Feuerbrand in die Häuser warf und nach Mainz hin abzog. Mit Jubel empfangen zog der nordische Held in die Stadt, löschte das Feuer und berannte sogleich die Landskron. Viele Schweden fielen hier im Sturm gegen die tapfer verteidigte Burg, die Spanier wehrten sich bis zum Tode, und unaufhaltsam drang dann Gustav Adolf gegen Süden vor, wo der arme *„Winterkönig"* Friedrich von der Pfalz durch seinen Retter wieder zum erstenmal seine Stammlande sah. An der Stelle, wo der große Schwedenkönig den Übergang versuchte, ließ er jenes Denkmal errichten mit den gekrönten, schwertgerüsteten Löwen, das den Namen Schwedensäule noch heute führt. Es ist verstümmelt durch den unzeitigen Eifer eines kaiserlichen Offiziers, der in späteren Kriegsjahren in diese Gegend kam.

Das Städtchen Gernsheim an dem rechten Ufer des Rheines oberhalb Oppenheim besitzt auf seinem Markt die Bildsäule *Peter Schöffers*, des Miterfinders und Verbesserers der Buchdruckerkunst, welcher hier geboren wurde.

Nach Oppenheim zurückgeführt, fahren wir mit dem Dampfschiff oder mit der Eisenbahn weiter der Pfalz zu, neben dem Weinort *Dienheim* hin auf die Fläche, die nach

Guntersblum hinaus liegt. Dies ist das große *Wahlfeld*, wo sich im Jahre 1024 die Völker Deutschlands versammelten, um den neuen Kaiser zu wählen. Die rheinischen Franken, die Nieder- und Oberlothringer, samt all den übrigen Stämmen im Westen des Rheines lagerten sich auf dem linken Rheinufer, die Ostfranken, Bayern, Schwaben, die Slaven und alle aus den Sachsenlanden auf dem rechten, – jeder Völkerstamm unter der Anführung seines Herzogs. Zwei Frankenführer hatten Aussicht auf die Wahl, beide hießen Konrad und waren Vettern. Es konnte eine zwieträchtige Wahl werden und dem Reiche Schaden daraus erwachsen. Da erklärte Konrad der Salier (oder auch der Speyerer genannt) seinem jüngeren Vetter die Sachlage. Konrad der Speyerer hatte die meisten Stimmen, laut wurde er als deutscher König unter dem Jubel und dem Zujauchzen des Volkes von dem Erzbischof von Mainz proklamiert, und der jüngere Konrad war der erste, der seinem glücklichen Vetter freudigen Herzens huldigte. Kaiser Konrad ist der Erbauer der Abtei Limburg und des Speyerer Domes.
Das wohlhabende Städtchen *Guntersblum* treibt starken Weinbau. Es gehörte früher den Grafen von Leiningen, die hier noch ein schönes Schloß haben. In der Nähe befindet sich der St. Juliansbrunnen mit gutem Quellwasser und die 8 Fuß dicke und 150 Fuß hohe Riesenulme. Östlich von dem Städtchen ist ein Rheindurchstich, der den Weg von zwei Stunden für die Schiffe in zehn Minuten abkürzt, da die Rheinkrümmung sich hier bis nach dem obengenannten Erfelden bog.
Auf ebenem Lande geht nun die Bahn über die Stationen Alsheim, Mettenheim und Osthofen und schon treten aus der Ferne hohe Kirchenbauten hervor, auf denen der Blick haftet; denn vor uns liegt

Worms am Rhein

die alte herrliche Nibelungenstadt, die Hauptstadt der Vangionen und Burgunder, die freie Stadt des Reiches, wo die Dalberge Bürger waren und Luther vor dem Reichstag stand.
Bevor man jedoch nach Worms gelangt, zeigt sich westlich das nahe freundliche *Hernsheim* mit dem weißen Schloß der Dalberge und dem schönen englischen Garten. „Ist kein Dalberg da?“ hieß jedesmal der erste Ruf der Kaiser nach der Krönung, denn der erste Ritterschlag galt den Dalbergen, den hochgerühmten *„Kämmerern von Worms“*, wie sie sich nannten. Und als das Deutsche Reich zertrümmert war, nahm auch Napoleon den Ruf: „Ist kein Dalberg da?“ als Attribut seiner Krone in Anspruch.
Von Worms aus geht ein angenehmer, höchst frequenter Weg nach Hernsheim, der Wiege- und Ruhestätte des ältesten und berühmtesten deutschen Rittergeschlechtes, wo auch die letzten ihres Geschlechtes ihre Schlummerstätte fanden: der edle Fürst Primas Karl von Dalberg, Großherzog von Frankfurt, und Emmerich Josef von Dalberg, früherer badischer Gesandter bei Napoleon, der ihn zum Herzog ernannte als Dank für die durch ihn eingeleitete Heirat mit der kaiserlichen Marie Louise. Er war Mitglied der französischen provisorischen Regierung, die der Senat nach dem Einrücken der Verbündeten in Paris eingesetzt hatte, und er starb daselbst in den dreißiger Jahren. Die Dalberge führten ihren Stammbaum bis in die ersten Zeiten des Christentums zurück, und darum befahl bekannterweise jene Frau von Dalberg ihrem Kutscher, sie zu ihrer „Cousine nach Liebfrauen“ zu führen, denn die stolzen Freiherren leiteten ihren Ursprung geradezu aus dem Hause Davids ab.
Treten wir ein in die ehrwürdigen Mauern der Stadt, die nur noch Erinnerungen der ehemaligen Größe und Macht bietet, und wo nur noch die Schatten der alten Helden durch die hohen Tore des Domes schreiten. Die Stadt ist neben Trier die älteste in Deutschland, wenn auch die Sage, daß sie der Sohn des Mannus noch vor Abrahams

Zeiten gebaut habe, eben eine bloße Sage ist. *Borbetomagus* ist ihr ältester keltischer Name; die Römer saßen hier fest im Vangionenland, bis Attila und die germanischen Eroberer Stadt und Land zertraten. Die Burgunder wohnten schon vor „Etzels Zug" im Land, und Worms war ihre Hauptstadt und der Schauplatz des Nibelungenliedes. Dann blieb Worms der Sitz der fränkischen Könige und die Szene der entsetzlichen Greueltaten jenes Geschlechts. Anno 772 beschloß hier Karl der Große den Krieg gegen die Sachsen, hier hielt er öfters die *„Maiversammlungen"* ab, und hier wurde auch der große Kampf über die Belehnung der Bischöfe mit Stab und Ring 1122 geschlichtet. Herrlich glänzt nun der Name der freien Stadt des Reiches durch das ganze Mittelalter, und noch vor dem Dreißigjährigen Krieg, als die Zeit der Blüte längst vorüber war, hatte Worms 40 000 Einwohner, – jetzt kaum mehr 8 000. Der Dreißigjährige Krieg und der bald darauf folgende entsetzliche Franzosenkrieg brachten die Stadt von ihrer Größe herab, – das einstige Haupt des großen Städtebundes wurde nach und nach die Provinzstadt eines kleinen deutschen Herzogtums. Melac, der schreckliche Pfalzverwüster, und der *Herzog von Crequi* hausten hier wie in Speyer und überall; die Stadt wurde mit kaltem Mut niedergebrannt, am 31. Mai 1689.
Welche Fülle historischer Erinnerungen, welcher Reichtum der Sage und der Poesie umschwebt diese arme, heruntergekommene Stadt! Die Stadt des Nibelungenliedes und des „Rosengartens":

> „Ein stat lit an drm Rine, diu ist so wünnesam,
> Unt is geheizen Wormeze; sie weiz noch maneg man."

Wir treten vor den herrlichen Dom; an seiner nördlichen Seite lag der burgundische *Königspalast,* wo König Gunther mit seiner Schwester wohnte und „Sifrit Chriemhilt erste gesach", ein Garten hat die Stelle eingenommen. Vor dem Südportal soll die Stelle sein, wo „diu chuniginnen Chriemhilt und Brunhilt an-ander schulten" und um den Vorgang ins Münster stritten.

> „Da hup sich grozer haz
> Des wurden liethtiu ougen vil starche trüb unee naz."

Da traten die Könige herbei, Siegfried, der „Chriemhilte man", und Brunhildens Gemahl, König Gunther, um den Streit zu schlichten. Aber im Herzen Brunhildens kocht die Racheglut, der „grimme Hagen" muß auf der Jagd im Odenwald Siegfried töten und wie sie ihn vor Kriemhildens Gemach tragen und die Leiche von ihr erkannt wird, wie sie verzweifelt ruft: „es ist Sifrit min vil lieber man", daß des Königsschlosses Gemache von ihrem Jammer erschallen; wie sie „huop sin choenes houbt mit ir vil wizen hant, so rot ez was von bluote" – und wie sie den Schild nicht zerhauen findet und nun weiß, daß er meuchlings ermordet worden ist: das alles blüht hier vor uns auf in furchtbar schöner Wahrheit. Und wenn wir dann zum Dom gehen, in die weite Halle treten, da dünkt es uns, als läge des Helden von Niederland Leiche noch dort ausgestreckt, der finstere Hagen träte hinzu und neu blute die Wunde und Kriemhilde, die Hand gegen die Mörder ausreckend, rufe:

> „Mir sint die schachäre viel wol bechant:
> Nu laz ez got errechen noch siner vriunde hant!
> Gunther unde Hagene, ja habt ir ez getan!" –

Und bald freit *Etzel* (Attila der Hunnenkönig) um die Witwe des toten Helden, und Kriemhilde kann Rache üben, schreckliche Rache; die Brüder und alle Helden der Burgunder müssen sterben: „von zweier frouwen bâgen wart vil manic helt verlorn!"

Das herrliche Heldenlied hat den geschichtlichen Untergang des Burgunderreiches durch den Hunnenkönig zu einem gewaltigen, ebenso poetisch schönen wie ethisch wahren Gemälde benützt. Der alte Dom steht natürlich nicht mehr, auf seiner Stelle erstand im 10. Jahrhundert der heutige, aber dieser spricht ganz die erhabene Stimmung des Liedes von den Nibelungen aus.

Der *Dom zu Worms* mit seinen vier schlanken Türmen und den beiden Chören gehört zu den schönsten Denkmalen des am Rhein so ganz besonders ausgebildeten romanischen Stils. Wie am Speyerer Dom sind seltsame Tiergestalten, groteske Gruppen und ähnliche Anklänge an das Heidentum unserer Väter oben an den Türmen sichtbar. Der nordwestliche Turm und das südliche Portal sind später angebaut, und zwar im Spitzbogenstil, dessen reine Gotik anmutet. Reiche Bildergruppen schmücken dies Portal, in dessen Giebelfeld eine mit der Mauerkrone geschmückte Frau auf einem abenteuerlichen Tier zu sehen ist, was wohl den Sieg der Kirche vorstellen soll. Andere behaupten, es beziehe sich diese Darstellung auf die entsetzliche Hinrichtung der 80jährigen fränkischen Königin *Brunhilde,* die hier auf ein Kamel gesetzt, dem Hohn des Heeres preisgegeben und dann an eines Pferdes Schweif gebunden wurde. So starb eines der schrecklichsten Weiber, mit Fredegunde die Würgerin im eigenen Geschlecht, an deren Händen das Blut von zehn Königen klebte. Die Kirchenhalle ist schmucklos, der rote Sandstein tritt überall in natürlicher Farbe zutage. Das Steinbildwerk *„Daniel in der Löwengrube“* in der südlichen Kapelle ist uralt; hier befinden sich auch die Grabsteine mehrere austrasischer Königstöchter. In der *Taufkapelle* finden wir ausgezeichnete alte Steinbildwerke, die schönsten, die man sehen kann: eine Verkündigung, Grablegung Auferstehung, Christi Geburt und den merkwürdigen *Stammbaum Christi,* von den Dalbergischen gestiftet.

Die edle Rittergestalt eines Herrn von Heppenheim, der Taufstein, die gemalten Flügelbilder im ältesten byzantinischen Stil, – alles dies macht die Taufkapelle besonders interessant. Der Dom trägt alle Spuren des großen Alters, ehrwürdig und ehrfurchterweckend steht er da, leider auch dem allmählichen Verfall anheimgegeben. In jüngster Zeit, wo das Interesse für die alte deutsche Kunst wieder erwacht ist und sich in mannigfachster Weise kundgibt, hat sich auch ein Verein für die Erhaltung des Wormser Domes gebildet. Eine besondere Zierde dieses Kunstdenkmals, das, was seinen Gesamteindruck betrifft, keinem anderen nachsteht, ist auch das schöne harmonische Glockengeläute.

Auf die Stelle des alten burgundischen Königspalastes kam später der *Bischofshof,* der noch in seinem stattlichen, von dem Heylschen Garten umgebenen Unterbau vorhanden ist. Hier stand ein späterer „Nibelungenheld des Geistes“ – *Dr. Martin Luther* sprach vor Kaiser und Reich jene mutigen Worte: „Gott helfe mir, ich kann nicht anders!“ Kaiser Karl V., der Beherrscher dreier Weltteile, und mit ihm sechs deutsche Kurfürsten und Hunderte von deutschen Grafen und Herren erwarteten hier das Mönchlein von Wittenberg, dem sich der edle Sickingen und Hutten ermunternd nahten, dem der ernste Frundsberg freundlich mahnend auf die Schulter klopft, bis es mutig vor die glänzende Versammlung tritt, den Papst verwirft und sich allein auf die Schrift beruft. Es ist dies einer der größten Momente in der Geschichte der Welt. Luther soll damals im Johanniterhof neben dem früheren Gasthof zum Schwanen gewohnt haben. An seinen Aufenthalt in Worms erinnern noch manche Sagen in der Stadt und Umgegend. Wir wollen nur der *Lutherulme von Pfiffligheim* gedenken, wohin wir von Worms aus in einer halben Stunde nach der Westseite gelangen können.

Bei dem Dorf steht der ungeheure, vom Blitz entwipfelte Baum, der jedenfalls schon Jahrhunderte alt ist. Da sagen nun einige, Luther habe unter diesem Baume ausgeruht und eine Predigt an das Volk gehalten, – andere erzählen aber: Zur Zeit, als Luther in Worms gewesen war, gingen zwei Weiber von der Stadt her diesen Weg und stritten über das, was nun aller Menschen Gemüt in Erregung brachte. Die eine sprach für den Dr. Martinus und die andere gegen ihn, hob auch ihren dürren Stab in die Höhe, stieß ihn in die Erde und rief: „So wenig dieser Stock zum Baum wird, hat Luther recht!" Aber der Stock schlug aus, wuchs zum Baum – und heißt der Lutherbaum noch diesen Tag.

Wenden wir uns von dieser protestantischen Legende wieder zur Stadt, und zwar zu der zum Magazin herabgewürdigten *Paulskirche*, ein prachtvolles Stück altdeutscher Baukunst und für die Geschichte derselben vom höchsten Interesse. Das schöne Portal mit seiner zierlichen Arbeit, die große Fensterrose darüber und hoch oben die leichte, schlanke Kuppel mit ihren Seitentürmen mag uns erraten lassen, welche herrlichen alten Kirchen allein hier in den entsetzlichen Franzosenkriegen zugrunde gegangen sein mögen. Auch die *Andreas*- und *Martinskirche* sind schöne Bauten.

Die *Synagoge* ist sehenswert, wenn es auch nicht mehr die des Mittelalters, die prächtigste in Deutschland, ist. Die hiesigen Juden wollen schon zur Zeit der babylonischen Gefangenschaft nach Worms geflohen sein. Der *Raschastuhl* ist interessant, ebenso der Judenkirchhof westlich von der Stadt hinterm Dom, mit zahlreichen Leichensteinen aus den ältesten Zeiten. Von der Synagoge führt ein dunkles, schmales Gäßchen weg, an dessen Mauer man eine Blende, wie von einem Menschen eingedrückt, bemerkt. Hier soll einst ein armes Judenweib in der Schwangerschaft einem ins Gäßchen hereinjagenden Trosse begegnet sein; totenblaß drängte sich das Weib an die Mauer, die Unmenschen sprengten lachend auf sie zu, da gab die steinerne Mauer nach und gewährte ihr Schutz. Ihr Kind aber wurde ein großer Mann: *Rabbi Juda Chasid* der Fromme, der 1217 in Regensburg starb. So hätten wir also auch hier eine jüdische Legende.

Ein seltener architektonischer Schatz ist die *Liebfrauenkirche* in der Mainzer Vorstadt, die von der Zerstörung allein übrigblieb. Am uralten Gottesacker mit seinen Kirchentrümmern vorüber gelangt man zu ihr. Im gotischen Stil aufgeführt, ist sie innen und außen gleich prächtig. Besonders das Portal zieren die schönen Bildwerke, die zehn törichten und zehn klugen Jungfrauen (wie am Straßburger Münster), dann Mariae Tod und ihre Krönung. Zwei Türme geben ihr ein imponierendes Aussehen. Im Innern ist besonders ein uraltes Steinwerk mit der Grablegung und den Wächtern bemerkenswert. Um die Liebfrauenkirche breitet sich ein Weingarten aus, der die treffliche Liebfrauenmilch schenkt. Die echte *„Liebfrauenmilch"* verdient diesen lieblichen Namen, – Gott weiß aber, was das für Milch sein mag, die man draußen als solche auf den Weinkarten findet! Auf der anderen Seite der Stadt bei dem ehemaligen Wartturm „Lug ins Land", wo Kaiser Friedrichs II. Sohn, Heinrich, zur Empörung verleitet, durch den eigenen Vater gefangengehalten wurde, wächst der ebenso gute *Luginsland*, und jener am Katerloch schmeckt auch vortrefflich, wenngleich sein Name nicht so empfehlend ist.

Nun kehren wir wieder zu den gewaltigen Bildern der *Nibelungenzeit* zurück.

Worms vor allem und die ganze Gegend umschwebt der wundersame Bilderkreis jener Nationaldichtungen. Nach Westen hin vor dem hoch emporragenden Donnersberg im Hügellande des Gaues liegt *Alzey*, die alte Heimat so vieler Nibelungenhelden, des grimmen Hagen von Tronje und des tapferen *Spielmanns Volker* „von Alzey", der dem finsteren Freund noch Treue in der Todesstunde zuschwor. Wenn der „küne videläre" vom Tisch sprang, „sin videlbogen im lute an siner Hand erklang, do videlte ungefuoge Gunthers spielman". Östlich aber überm Rhein im Odenwald war jene Jagd, und wo später der geblendete Bayernherzog Tassilo des großen Karl Strenge und das Licht seiner Augen beweinte, im uralten *Kloster Lorsch* mit seinen schönen Trümmern, da weilten die Helden; hinten im Odenwald selbst aber will man den *Siegfriedsbrunnen* zeigen, wo der Held getötet wurde, während andere diesen Brunnen nach dem Dorfe Edigheim bei Frankenthal verlegen. In Worms selbst, bei dem „Nonnenmünsterkloster" in der Speyerer Vorstadt, lag der Sage nach zwischen der Meinhards- und Cäcilienkapelle der Körper des Drachentöters beerdigt; man nannte die Stelle lange Zeit *Siegfrieds Grab*. Kaiser Friedrich III. ließ jenes „Riesengrab" während seines Aufenthaltes in Worms öffnen, fand aber nichts in dem sumpfigen Boden. Das Grab war 44 Fuß lang. Ebenso wurde früher der 66 Fuß lange Speer des niederländischen Helden gezeigt. Auf den Felsblock an der Südwestseite des Domes muß man noch aufmerksam machen, da er eine altheidnische Bestimmung gehabt zu haben scheint und mit der Siegfriedssage in Verbindung gebracht wird.

Keineswegs aber dürfen wir den *Rosengarten* vergessen, der zwei altdeutschen Gedichten den Namen gegeben. Einst war er eine Rheininsel, jetzt liegt er noch mit dem alten Namen auf dem rechten Ufer des Rheins, zu dem wir durch die Schiffbrücke gelangen. Wir betreten die Stelle, wo die Helden des Burgunderlandes die Rosen ihrer Königstochter, der „viel edeln magedin Chriemhilt", hüteten, als diese noch in des alten Königs, ihres Vaters Gibech, Hut stand. Da kam der alte Hildebrand mit seinem Bruder, dem tollen *Mönch Ilsan*, nach Worms, der den Recken allen trotzte, indem er der Königin Rosen zertrat und sich im Garten wälzte. Weinend ruft Kriemhilde ihren Vater, er möge einen Recken stellen, der den übermütigen Mönch bestehe, und der König ruft Volker von Alzey, den Held „gar unverzaget" auf.

„Volker der spielman war ze strite bereit;
Do fuorte er an sim shilte ein fidelen gemeit;
Do spranc in die Rosen Volker der spielman,
Also tiuvelliche grifen sie einander an. – –
Si striten mit einander gar unlange zit,
Si begunden einander triber uff der heide wit."

Volker wird überwunden und der Mönch ruft höhnend:

„Wo ist diu Königin her?
Hat si der hübschen videler bi dem Rine iht mehr?
Swie suoze ir Seiten hellent, ir videlbogen ist krank!
Do truog er einen bredigerstab, was uzer mazen lang.
Do hate münich Ilsan übermuetes begangen vil
In dem rosegarten als ich in sagen wil;
Er hatte zertretten die bluomen und den cle:
Daz tet künic Gibeken und siner tohter we."

Es scheint, der tolle Mönch habe den alten Rosengarten für immer zertreten. Der Rosengarten ist jetzt ein mit allerhand Gestrüpp, Weidengebüsch und Gras bewachsener Platz, darauf ein kleines einsames Wirtshaus mit den Rosen im Schild.

„Zu Worms im Rosengarten wächst längst kein Röslein mehr.
Wer sollt' die Rosen schirmen? Ein Held mit Schild und Speer?
Held Siegfried liegt begraben in seinem tiefen Grab,
Es stiegen nacheinander die Recken all hinab."

(Träume und Schäume vom Rhein. Speyer, Neidhardt.)

2. *Das Hauptland der alten Pfalz*

Karl Ludwig, der Wiederhersteller der alten Pfalz nach dem Dreißigjährigen Krieg, hatte dem Wormser Magistrat zugemutet, die alte Nibelungenstadt an Kurpfalz zu übergeben, worauf er sie zur Hauptstadt derselben machen und seinen Sitz dahin verlegen wolle. Die Wormser schlugen das Anerbieten aus, trotz des sichtlichen Verfalls der Stadt; sie zogen die Freiheit des Reichs dem Glanz einer Residenz des Pfalzgrafen vor. Über Alzey hinaus bis nach Kreuznach und auf den Hunsrück hin war alles Land pfälzisch und weit hinaus zu beiden Seiten des Rheines südlich von Worms breitete sich das herrliche Hauptland der alten Pfalz über den reichen Gau aus. Über diesen Strich mit den drei pfälzischen Hauptstädten Heidelberg, Mannheim, Frankenthal hat sich denn auch der Glanz der pfälzischen Geschichte vorzugsweise gebreitet; mag nun der Boden heute hessisch, badisch oder bayerisch sein – wohin wir uns wenden, sehen wir die alte Kurpfalz am Rhein in hellem Glanz vor uns aufsteigen.

So wenn wir von Worms aus westlich auf der Alzeyer Straße einen Ausflug über Pfiffligheim, mit seiner Lutherulme nach den Schlachtfeldern von *Pfeddersheim* machen. Wir brauchen nicht viel über eine Stunde dahin. Das Städtchen liegt im schönen fruchtbaren Hügelland an der Pfrimm, die durch das reizende Zeller Tal über Monsheim vom majestätischen Donnersberg herkommt. Was es auch an landschaftlichem und malerischem Interesse bieten mag, das Städtchen hat für uns nur das seiner Schlachten.

Friedrich der Siegreiche, der heldenmütige Kurfürst, hat hier eine seiner schönsten Schlachten geschlagen. Südwestlich von hier an den Weinhügeln, die sich, vor dem Hügelland des Donnersberg, vom Haardtgebirge bis zur Pfrimm fortsetzen, liegen schon auf dem Gebiet der bayerischen Pfalz die Dörfer *Groß-* und *Kleinbockenheim*, die den Leiningern gehörten. Diese waren Erbfeinde von Kurpfalz und besetzten den festen Ort Kleinbockenheim durch eine zahlreiche Besatzung, der der Kurfürst Friedrich im Sommer 1460 hart zusetzte. Der Kurfürst-Erzbischof Dietrich von Mainz und Herzog Ludwig der Schwarze von Veldenz-Zweibrücken suchten der Feste mit einem starken Heer zu Hilfe zu kommen, das heimlich vor Bockenheim aufgestellt wurde; der Pfälzer sollte aufgerieben werden. Doch der pfälzische Löwe durchschaute den Plan und eilig zog er mit geringer Mannschaft dem Feinde entgegen. Beide Heere standen eine Weile einander im Angesicht. Der *Rheingraf Johann* trug das pfälzische Banner. Jetzt eilten die Mainzer die Anhöhe hinab den Pfälzern entgegen, während ihre Wagenburg, aus mehr als 1 000 Wagen bestehend, oben hielt. Da überschaute der pfälzische Kurfürst seine Truppen, unter denen sich viele reichsstädtische Freunde, besonders die Speyerer, befanden. Er stellte sich an die Spitze und rief:

„Wohlher, wohlher, lieben Freund' und Bundsgenossen, wer heut zu Tag mit mir sterben und genesen will, der haue drein im Namen der heiligen Jungfrau, des heiligen Kreuzes und des Rittes Sankt Georgen! Heut zu Tag Pfalzgraf oder nie mehr!"

Und damit den Hügel hinab mit dem Degen in der Faust, unaufhaltsam in die Feinde stürmend, stürzten die Pfälzer alles vor sich nieder, trieben die Feinde in die tiefe Pfrimm und erfochten einen glänzenden Sieg. Die Speyerer waren die ersten in der feindlichen Wagenburg und pflanzten das Banner der Stadt auf. Der *Erzbischof Diether* aber bat um Frieden, und da ihm dieser abgeschlagen wurde, um persönliche Unterredung mit Friedrich, die dann in einer Zimmermannshütte bei Worms stattfand. Diether gelobte in Friedrichs Hand Freundschaft, und als er später in Acht und Bann getan und von seinen früheren Bundesgenossen bekriegt wurde, da stand ihm der Pfälzer Löwe schützend zur Seite, gegen Kaiser, Papst und Reich.

Eine andere, noch blutigere, wenn auch weniger ritterliche Schlacht wurde 65 Jahre später geschlagen.

„Du weißt wohl, wo Pfeddersheim leit,
Dahin die Pfalz mit dem gezeug reith,
Wider die Bauern fürth ein streith,
Da gar mancher erstochen leit.“

Es war im *Bauernkrieg* 1525. Die diesseitige Pfalz stand in vollem Aufruhr; die Nußdorfer Haufen der oberen Haardt waren, am Haardtgebirge alle Burgen erstürmend, herabgekommen, zu ihnen hatten sich die Bockenheimer Rotten und andere gesellt. Da zog der Kurfürst *Ludwig der Friedfertige,* nachdem alle Mahnungen vergeblich waren, gegen Pfeddersheim. Die Bauern jedoch kamen ihm zuvor, besetzten die Stadt und ließen auf die Aufforderung zur Übergabe hin trotzig sagen: „Daran ist nicht zu denken! Wir wollen vielmehr den Kurfürsten samt seinem Heer in die Pfanne hauen.“ Jetzt rückte der Kurfürst vor die Stadt, mit ihm mehrere andere Fürsten, darunter der Erzbischof *Richard von Trier.* Die grimmigen Landsknechte waren guten Muts, die nämlichen, die den tapferen Sickingen zwei Jahre zuvor überwunden hatten, riefen jetzt den Bauern ihre drohenden Trommelreime entgegen. Auf dem nordwestlich von der Stadt liegenden Georgenberg mit seiner Kapelle wurden die Falkonettlein vorgefahren und in die Stadt gefeuert. Die Bauern antworteten mit gleich heftigem Geschützfeuer. Da setzte der pfälzische Marschall mit den Landsknechten über die Pfrimm, um die ganze Stadt zu umschließen. Mit einmal brachen die Stadttore auf, heraus ergossen sich 8 000 Bauern in Schlachtordnung gegen die Cölner Reiter und stürmten die schwer zu ersteigenden Rebhügel; ihr Stückhauptmann aber richtete sein Geschütz auf den Georgenberg, es blitzte, und die erste Kugel riß auf der höchsten Spitze des Kurfürsten Geheimschreiber an dessen Seite nieder. Die Bauern wußten von dem großen Heer hinter dem Berg nichts, sie sahen sich auf einmal umzingelt. Die auf dem Berg schossen mit großen mörderischen Geschützkugeln in die Bauernrotten, daß sie wankten; an allen Seiten stürzten die Reiter des Kurfürsten auf die *Bauernsame* zu, die Landsknechte liefen ihr den Rückzug ab, Spieß und Reiterschwert drangen in die Bauernleiber – und 4 000 lagen blutig am Ufer der Pfrimm vor den Toren der Stadt. Die Nacht kam, rings um die Stadt brannten Wachtfeuer, am Morgen aber leuchtete die weiße Fahne vom Wall. Die Fürsten und Reiter bildeten einen Ring, die Landsknechte eine Gasse von den Toren der Stadt an – und die noch übrigen 4 000 Bauern stiegen bange durch den Hohlweg zum Ring der Fürsten hinauf. Die letzten wollten entfliehen, – da stürzten mit einmal die Reiter auf die Bauern ein, hieben und stachen alles zusammen wie Schlachtvieh; selbst der Erzbischof Richard tauchte in die wehrlose Bauernschaft sprengend seine Hand in Blut. Aber Kurfürst Ludwig drang in das Getümmel, drohte, wehrte: „Es sei genug des vergossenen Bluts! Es seyen seine Bauern!“

Da trieb man die Bauern zusammen, die Rädelsführer starben durch Henkershand, die übrigen wurden begnadigt, aufs neue vereidigt schlichen sie demütig heim. Dann zog der Kurfürst an der Haardt hinauf durchs ganze pfälzische Land bis nach Weißenburg im Elsaß, strafend und mahnend. So endete der pfälzische Bauernkrieg, der zu Nußdorf bei Landau begonnen hatte.

Hinter Pfeddersheim gegen das Zeller Tal hin liegt *Monsheim* mit einem Gut und Schloß der berühmten und edlen Familie Gagern. Auch befindet sich hier die längst bekannte ausgedehnte und höchst sehenswerte Landwirtschaft der Familie *Möllinger,* eine der sehenswertesten in Deutschland. Von da aus nordwestlich dehnt sich das fruchtbare Hügelland um den gewaltigen Donnersberg aus, der Alzeyer Gau, den man die *„Getreidekammer der Pfalz“* nannte. Von Pfeddersheim führt eine Heerstraße durch reiche Dörfer nach Alzey und weiter, stets durch früher kurpfälzisches, jetzt hessisches Gebiet nach Kreuznach. Für jetzt jedoch kehren wir nach Worms zurück, um von da südlich ins „Gartenland der Pfalz" zu kommen, und zwar mit der Eisenbahn nach

Frankenthal und Umgegend

Das Land ist eben; rechts von der Bahn sieht man nach den ganz niedrigen Weinhügeln und Fruchtfeldern, die von der Haardt her sich tief in die Rheinebene erstrecken und in der Ferne vom majestätischen Donnersberg überragt werden; links liegt die *Rheinniederung* mit ihren Rheindämmen, natürlichen Wiesen, trägen Bächen und Altgewässern, kurz, ein Strich Landes, der in allem, auch durch die Menge Wiedertäufer, an Friesland und Holland erinnert, – so auch durch seine Dörfer, wie denn Frankenthal selbst den Charakter einer niederländischen Stadt hat. Das *„Gartenland der Pfalz"* trägt in der musterhaften Landwirtschaft selbst noch über Belgien den Sieg davon. Die Eisenbahn führt uns rasch hindurch.

Wenige Minuten von Worms südlich überschreitet der Zug die Grenze der heutigen Rheinpfalz und tritt in dies schöne Land ein. Wo wir hinsehen ist reicher Segen und üppige Fruchtbarkeit. Worms schaut uns mit seinem hohen Dom noch lange nach, durch das flache, von Obst- und Krautfeldern, prachtvollen Wiesen und Äckern übergrünte Land. Die Pfalz empfängt den Reisenden hier in ihrem Wirtschaftsgewande. Da wo der Zug zum ersten Male auf rheinbayerischem Boden hält, liegt das Dorf *Bobenheim* links in den Reben und Wiesen; rechts drüben, gegen den gewaltig im fernen Westen emporsteigenden Donnersberg hin, an den nahen niedrigen Weinhügeln liegen nebeneinander die Dörfer Groß- und Klein-Niedesheim am „Pfälzer Weg", der von Frankenthal nach Alzey zieht. In *Niedesheim* ist ein ansehnliches Landhaus, ein Schlößchen der Freiherrn von Gagern mit hübschen englischen Anlagen. Eine merkwürdige Nachricht haben die Zeitungen in jüngster Zeit über Groß-Niedesheim gebracht, von einem ungeheuer reichen Schatze aus alter Zeit, den ein dortiger Bauer auf seinem Feld ausgegraben hatte. Es wird von einem goldenen Schild, goldenem Schwert und einem Diamanten in der Größe eines Taubeneies und im Werte von vielen Millionen gesprochen, sonstiger Gegenstände von Wert gar nicht zu gedenken. Es soll hier ein altfränkischer, vielleicht auch burgundischer Begräbnisort gewesen sein, und sicher konnte nur ein König eines reichen mächtigen Volkes solche Schätze besitzen. Man möchte fast an Siegfrieds Grab oder gar an den verborgenen Nibelungenhort selbst denken. (Der Wert des Schatzes, den die Zeitungen so hoch angeben, beschränkt sich bei genauer Nachfrage auf ein Minimum.) Groß-Niedesheim, das hiermit so glänzend beweist, auch welche historischen Schätze der rheinpfälzische Boden in sich schließt, liegt nur eine Stunde südwestlich von Worms, der Nibelungenstadt.

Links in der Rheinniederung sehen wir jetzt *Roxheim*, ein ziemlich großes Fischerdorf an einem stillen und tiefen Wasser, dem „Altrhein", der die große Insel *Scharrau* mit ihren Höfen umschließt. Die Fischerei auf dem Altrhein ist in Roxheim sehr bedeutend; fast alle Einwohner haben sich auf dieselbe verlegt. Sie trägt dem Staat nicht weniger als jährlich 8 000 Gulden ein. Die Einwohner feiern sogar eine eigene „Fischerkirchweih". Die Landschaft hat ohnedies einen ganz friesländischen oder holländischen Anstrich; der Altrhein liegt da zwischen den Rheindämmen gleich einem Arm des Meeres oder wie eine tiefe Seebucht, seine Krümmen sind mit ungewöhnlich hohem und dickem Schilfrohr überwachsen, das von wilden Enten, Schnepfen, Kiebitzen und Wasserhühnern wimmelt, weswegen hier die Geflügeljagd vortrefflich ist.

Die fetten Wiesen, von Weidenbäumen, Rüstern und Erlen umkränzt, und der nahe Wald mit üppigem Laubholz geben der Umgebung dieses echten und auch etwas schmutzigen Fischerdorfs ein eigentümliches, originelles Aussehen.

Südlich von Roxheim liegt das uralte Dorf *Mörsch* mit der Mörscher Aue, voll herrlichen Wiesenlandes gegen den Rhein, – und zur Rechten *Beindersheim* und *Heuchelheim*, und da, wo wir Frankenthal erreichen, rechts drüben das Dorf *Heßheim* in fruchtbarem Getreide- und Obstland. Hier grub man in einem nahen Sandbruche die Knochen eines unbekannten antediluvianischen Tieres aus. Weiter gegen Westen in der Richtung nach Grünstadt hinter weiten Rebenfeldern, die sich bis in die Ebene herabziehen, wohnen in *Gerolsheim* Protestanten, Katholiken, Mennoniten und Juden friedlich beisammen. Gerolsheim führt den Namen „am Palmberg"; das ist eine westlich hinziehende Hügelreihe, auf deren Spitze eine Wallfahrtskapelle steht.

Frankenthal, die dritte Hauptstadt der alten Kurpfalz, die „hübsche Stadt", wie sie auch genannt wird, liegt nun vor uns, und sie verdient allerdings diesen Namen. Die Gegend ist zwar eine wenig abwechselnde, eintönige Ebene, aber so fruchtbar und üppig grün, so überaus angebaut und kultiviert, daß sie nur ein einziger großer Garten dünkt, der dem „Gaubauer" so wohlgefällt, daß er diese Landschaft für die schönste der Pfalz erklärt. Das ist nun freilich ländlicher Geschmack, aber doch wird auch der reisende Städter Gefallen an diesem Überfluß des strotzenden Bodens finden. Er kann ohnedies hier einen Begriff von der gerühmten pfälzischen Landwirtschaft bekommen. Die früheren *Festungswälle* der Stadt sind mit langen Reihen von Maulbeerbäumen besetzt, sie gewähren die angenehmsten Spaziergänge und die Aussicht in das lachende Frucht- und Obstland über die Gärten der Stadt hinaus. Bis zum westlichen blauen Haardtgebirge dringt der Blick. Drei Tore führen in die regelmäßigen, schönen, geraden Straßen und auf die hübschen, freundlichen Plätze. Die großen Gärten um die Stadt sehen sich so lustig an, die Häuser sind alle so sauber und nett, die Gassen so frei und luftig und die Einwohner so froh, frisch und freundlich, daß man sich hier bald wohlfühlt. Viele Fremde beleben die Wirtshäuser. Frankenthal ist eine der bedeutendsten Fabrikstädte der Pfalz, da Tuch, Leinwand und Baumwollwaren, Goldsachen, Silberdraht, Nadeln, Feilen, Tabak, Siegellack und musikalische Instrumente in einer Reihe von Fabriken verfertigt werden. Die Kranken-, Taubstummen- und Armenanstalten der Pfalz befinden sich hier, die Irrenanstalt wird jetzt nach Klingenmünster verlegt. Ein den Wohlstand der Stadt besonders hebender Transportweg ist der *Kanal*, der von hier nach dem Rhein in gerader östlicher Richtung führt. Nahe der Stadt ist sein Becken, zu dem steinerne Treppen hinabführen. Der Kranen, das Lagerhaus, das Rheintor, die Waren, Fässer, Ballen, die Schiffe, Nachen und geschäftigen Leute führen uns die Szene eines besuchten Stapelplatzes vor Augen. Hohe Dämme mit Pappelalleen schließen den Kanal mit seinen Schleusen ein. Fünfzig Fuß breit, ist er auch tief genug, um Schiffe von 2 000 Zentner Ladung zu tragen. *Karl Theodor*, der letzte Kurfürst der Pfalz, liebte das freundliche Frankenthal besonders; er schuf ihm diesen Kanal, der durch die Entwässerung der sumfigen Gegend noch von ganz außerordentlichen Vorteilen begleitet war, so daß 4 000 Morgen des fruchtbarsten Landes gewonnen wurden.

Frankenthal hat noch lange nicht den einstigen Glanz erreicht, als noch der pfälzische Löwe im Wappenschild überm Chor stand und die berühmte *Porzellanfabrik* mit jener zu Meißen rivalisierte. Tausende jener niedlichen Hauskobolde aus Porzellan, die feinen Dämchen und Männchen der Zopf- und Perückenzeit, die auf dem Ofen stehen, gingen aus ihr hervor, und selbst der Sultan bestellte sich sein prächtiges Tafelservice zu Frankenthal. Viele andere Fabriken standen neben dieser Kunstanstalt.

Den Grund zu Frankenthals Wohlstand legte im 16. Jahrhundert eine *niederländische Kolonie*, die, von den Spaniern ihres Glaubens wegen vertrieben, sich mit ihrem

Prediger Peter Dathan hierher in die Pfalz wendete und vom Kurfürsten das Kloster Großfrankenthal zur Wohnung angewiesen erhielt, aus dem jedoch die Mönche zuerst vertrieben werden mußten. Früher lagen hier nebeneinander das Nonnenkloster Kleinfrankenthal und das *Mönchskloster Großfrankenthal*, auf dem Platz, wo schon Pharamund und sein Bruder, die Könige der Franken, geweilt und Wohnungen gegründet haben sollen. Die später hier hausenden Nonnen und Mönche waren so erzliederliche Leute, daß man das Nonnenkloster aufhob und auch streng mit den Mönchen verfuhr, bis ihnen die Reformation und jene Ansiedlung die alte Heimat nahm. Die bis auf 30 Fuß abgebrochene Klosterkirche mit drei noch wohlerhaltenen Toren im schönsten romanischen Stil wird jeder Kunstfreund aufsuchen. Dieses Portal zeigt eine Reinheit der Verhältnisse und eine Schönheit der Ornamentik, wie sie eben nur jene kunstsinnige Zeit hervorzubringen wußte. Wie unvorteilhaft sticht daneben die neue Kirche mit ihrem griechischen Giebelfeld, den kolossalen Säulen und dem grünen Anstrich ab!

Einen Besuch verdient das einfache große Denkmal, das der Veteranenverein seinen Waffenbrüdern auf dem Kirchhof gesetzt hat.

Frankenthal wurde Anno 1600 befestigt. Damals, vor dem Dreißigjährigen Krieg, war es die reichste Stadt des Landes. *Don Corduba* belagerte sie vergebens, viele seiner Leute wurden von den tapferen Bürgern erschlagen und er selbst zuletzt von Mansfeld verscheucht, bis die Politik die Stadt den Spaniern gab. Nach dem Frieden hob sich die Stadt, bis sie 1688 durch den Dauphin von Frankreich selbst beschossen und gänzlich zerstört wurde. Später wurde sie, um sie zu heben, zur dritten Landeshauptstadt erklärt. Bemerkenswert ist das Religionsgespräch, das Kurfürst Friedrich III. durch seine Hofprediger hier (1571) mit den *Wiedertäufern* halten ließ, das jedoch zu keinem Resultat führte. Die Gegend von Frankenthal ist ganz besonders reich an Mitgliedern dieser Sekte.

Südwestlich von hier liegt das Städtchen *Lambsheim*. In einer starken Stunde ist es zu Fuß zu erreichen. Der Weg dahin führt durch üppiges Land unter Nußbäumen neben den Pappeln des Fuchsbaches hin, – zur Rechten erblickt man die „Sieben Bauernhöfe", den Rest des Dorfes *Ormsheim*, das im Dreißigjährigen Krieg unterging. Bald steht man vor Lambsheim mit seinen dunklen Toren, seinen alten Ringmauern, den grün überwölbten Gräben und dem Wall, auf dem die hellen Weinberge sich zum Städtchen mit seinen drei Kirchen und breiten Straßen hinaufziehen. Die stattlichen Häuser lassen uns die Wohlhabenheit der Bewohner ahnen, die sich von dem reichen Ertrag ihrer Felder ernähren und besonders auch die Pferdezucht mit Schwung betreiben. Das alte Städtchen liegt in einem der schönsten Teile des reichen pfälzischen Gartens, gerade in der Mitte zwischen Rhein und Haardtgebirge, zu dem sich von hier aus anmutige sanfte Hügel hinanziehen. Die blauen und rötlichen Bergmassen blicken besonders im Morgenschimmer freundlich herab zur Ebene; Neuleiningen und Battenberg, die Trümmer der Abtei Limburg und die Wachenheimer Burg krönen die Berge. So ist diese malerische, idyllische Landschaft ganz zu dem Aufenthalt eines die Natur liebenden Poeten geschaffen, wie *Karl Geib* einer war, der in Lambsheim seine Tage verlebte. Allgemein geachtet wohnte er da in glücklicher Unabhängigkeit und ländlicher Ruhe, nachdem er als Kapitän unter Napoleons Fahne gedient hatte. Er redigierte die *„Palatina"*, eine belletristische Zeitschrift für die Pfalz, die leider bald wieder einging. Es wäre für die geistige Entwicklung des Landes ihre Erhaltung sehr zu wünschen gewesen.

Im 15. Jahrhundert gehörte Lambsheim dem Herzog von Veldenz-Zweibrücken, *Ludwig dem Schwarzen*, dem grimmigen Gegner seines Vetters von der Pfalz. Der siegreiche Friedrich rückte im Jahre 1471 vor das feste Lambsheim, das sich hartnäckig verteidigte. Da warfen die Pfälzer Feuer hinein, und als die Belagerten zur Löschung ein kleines Pförtchen an den Wassergräben öffneten, drangen plötzlich die Pfälzer mit dem Degen in der Faust hinein und eroberten im Sturm die noch brennende Stadt. Die Besatzung wurde gefangen und begnadigt, nur zwei Adlige, Mitschuldige an der Fehde und schlimme Landesverderber, wurden im Stadtgraben ersäuft:

„Vincere vis potuit Friderici magna Leonis
Munitum Lambsheim, cui laus immensa debetur."

Lambsheim blieb kurpfälzisch seitdem. Im Dreißigjährigen Krieg hatte hier *Don Corduba* sein Hauptquartier. Am 14. November 1795 verteidigten die Truppen Pichegrus die Mauern und Tore gegen die Österreicher, – vor dem Städtchen wurde hitzig gekämpft; die Franzosen standen vom Frankenthaler Kanal über die Heide hin bis nach Bad Dürkheim und eine Abteilung hatte sich hier in Lambsheim verschanzt. Endlich eroberten die Österreicher den Platz mit stürmender Gewalt. Noch muß erwähnt werden, daß in den Feldern von Lambsheim schon viele Waffen aus hartem, gut poliertem schwarzem Stein gefunden wurden, die einem Volk, das noch vor den Kelten und Germanen diese Gegend bewohnte, also einem Volke aus dem Steinzeitalter, gehört haben müssen. Sie befinden sich jetzt in der gräflich Erbachschen Sammlung. –

Lambsheim ist die Heimat des Stifters einer religiösen Sekte, und zwar der *„Neugeborenen"*, die in Amerika viel Aufsehen machten. Ein armer Taglöhner namens Baumann, der nach Amerika auswanderte, erließ einen „Ruf an die Welt" und verkündigte: „Mit dem Leibe kann man nicht vor Gott, sondern nur vor den Menschen und Kreaturen Sünden begehen, und die kann der Richter schlichten." Zwischen 1725 und 1734 stand er in Pennsylvanien dieser Sekte vor, die sich später allerhand Verirrungen überließ. Er selbst war ein redlicher Mann.

Südwestlich von Lambsheim liegt *Weisenheim am Sand* zwischen Weinbergen und weiten Kirschenwäldern an den Vorhügeln der Haardt, südlich die große *Lambsheimer Heide*, über die sich die Heerstraße von Mannheim und Oggersheim nach Dürkheim zieht und die herrliche Aussicht auf das westlich sich ausbreitende Gebirge und Weinland der Haardt, östlich, südlich und nördlich aber zum herrlichen pfälzischen Gau gewährt. Ihr Sandboden ist jetzt so ziemlich bebaut, vorzüglich gedeihen Kartoffeln und Tabak. In ihrer Mitte, eine Stunde südlich von Lambsheim, liegt das ganze junge Dorf *Maxdorf* auf der Heerstraße, anderthalb Stunden westlich von Oggersheim, zwei starke Stunden östlich von Dürkheim, am Floßkanal. Es steht erst seit 1817. Der Reisende trifft jetzt auf der weiten Strecke zwischen Dürkheim und Oggersheim mitten in der Heide diesen hübschen Ort mit 700 Einwohnern an, mit gutem Wirtshaus und hübschen Feldern, die auf dem Sandboden besonders Tabak und Welschkorn (Mais) hervorbringen und recht freundlich mit den düsteren Forlenwäldern abwechseln. Der Spaziergang durch die Heide selbst heimelt uns an in seinem Kontrast zu dem Gang durch die üppigen Auen von Lambsheim. Dort schaut uns ein Fuchs am Sandweg entgegen, dort hüpft ein Hase auf dem Heidekraut und ein Rebhuhn rennt über die Heide oder die wilde Taube umfliegt die dunklen Föhren. Da möchten wir fast mit dem „Jäger aus Kurpfalz" singen:

„Ju! jaju! ja lustig ist die Jägerei
wol hier auf grüner Heid'!"

So sehr werden wir an das fröhliche Jägerleben der alten Kurpfalz erinnert, das gerade auf dieser Heide von dem Jagdschloß zu Friesenheim und Oggersheim aus vormals besonders gepflogen wurde. – Kurfürst Karl Ludwig hatte hier sein Lager auf der Heide aufgeschlagen, als er 1665 gegen die Lothringer zu Felde zog. Damals hatte er auch Zigeunerkompanien in seinem Heer. Auf dem sogenannten Buckel gegen Dürkheim hin fand man eine Menge Urnen, römische Münzen und Kochherde mit Kasserollen unter dem Boden

Wenn man westlich gegen Dürkheim die Heerstraße verfolgt, gelangt man bald zu den ungeheueren Rebenfeldern, die von der Haardt her längs der Chaussee am südlichen Hang der Heide bis zu dem Dorf *Ellerstadt* hinablagern, das in idyllischer Schönheit zwischen seinen reichen Feldern, Wiesen und Obsthainen im Angesicht der blauen Haardt da drüben liegt, südwestlich von uns. In seinen Feldern auf der Südseite des Dorfes wurden drei steinerne Särge mit gläsernen Gefäßen verschiedener Art gefunden. Östlich von Ellerstadt, gerade südlich von Maxdorf, liegt das Gaudorf *Fußgönheim,* an dem Wege, der durch das fruchtbarste Land über *Ruchheim* nach Oggersheim führt. In Fußgönheim ist ein hübsches Schlößchen in Privatbesitz. Die Kirche enthält ein altes Kunstwerk von hohem Wert: ein Altarbild aus der altitalienischen Schule, voll südlicher Kraft und italienischem Feuer. Wer des Weges kommt, sollte den Abstecher nach Fußgönheim nicht scheuen, denn solche Kunstschätze gibt es nur wenige in diesem oft verwüsteten Lande. Wahrscheinlich kam dieses Bild aus irgendeinem Kloster der Umgegend in diese einfache, abgeschiedene Dorfkirche.

Haben wir so die westliche Strecke der Umgebung von Frankenthal kennengelernt, bleibt uns noch der eigentliche Rheinstrich übrig. Da liegt gleich eine halbe Stunde östlich, unfern des Kanals, das Dorf *Edigheim,* das unsere Aufmerksamkeit verdient. Es ist kein Zweifel, daß dieses Dorf, wie viele andere der Gegend, einst auf dem rechten Rheinufer lag, da noch heute der Altrhein westlich vorüberfließt. In den Lorscher Urkunden vom 8. Jahrhundert heißt das Dorf „Odtincheim“ und lag im Lobdengau, der sich über den Odenwald hin ausbreitet; hierher verlegen viele Erklärer des Nibelungenliedes den Ort, wo Siegfried erschlagen wurde.

„Von demselben brunnen, da sivrit wart erslagen,
Sult ir diu rehten märe von mir hören sagen,
Vor dem Otenwalde ein Dorf lit – Otenheim,
Da vliuzet noch der brunnen: das it zwievel dehein.“

Nordwärts gegen den Rhein hin, im Hansenbusch, ist ein solcher Brunnen, aus dem jetzt das Vieh auf der Weide getränkt wird, und den man als den *Siegfriedsbrunnen* bezeichnen will. Etwas südlicher von Edigheim liegt das große, 1 600 Einwohner zählende Rheindorf *Oppau,* das alte Obhowa oder Hoffowa, das mit Edigheim im Jahre 808 noch zu dem Lobdengau gerechnet wird, der auf dem rechten Rheinufer liegt, 888 aber schon zum Wormsgau auf dem linken Rheinufer, – somit wäre die Veränderung des Rheinlaufes innerhalb jener Zeit geschehen. Werden doch heutzutage noch oft genug die reichen Triften dieser Orte vom furchtbar angeschwollenen Rhein in grauenhafter Weise überschwemmt, so daß die Orte wie Inseln aus weitwogender See schauen. Der ganze Flurbann liegt innerhalb der Gewalt des Stromes, besteht aber auch aus dem fetten, treibkräftigen Alluvialland, und die vielen natürlichen Wiesen längs des Stromes und auf dessen Inseln, hier „Aue“ genannt, gehören zu den ergiebigsten des Landes.

Mit der Eisenbahn von Frankenthal aus haben wir in einigen Minuten das Städtchen Oggersheim erreicht.

Die kurze Strecke gibt uns schon einen hohen Begriff von der Fruchtbarkeit dieses Landes. Zuerst durch nichts als Gartenland (selbst die Hänge des Bahndammes sind bebaut), dann da, wo die Bahn die „Isenach“ und ihren Wiesengrund durchschreitet, rechts gegen Lambsheim hin zwei reiche Dörfer zu beiden Seiten des Baches: *Flomersheim,* wo das „Mallum publicum“, der Stahlbohl des Wormsgaues gestanden haben soll, und *Eppstein,* in dem, wie in dem Nachbardorf, neben Juden, Katholiken und Protestanten besonders viele Mennoniten oder *Wiedertäufer* wohnen. Die Flur trägt ausgezeichneten Weizen; der Anbau des Bodens ist musterhaft, wie überall, wo die Wiedertäufer sind. Nirgends mögen denn auch so viele Mitglieder dieser Sekte wohnen als in dieser Gegend, wo sie unter den toleranten Reformierten Schutz gefunden haben und längst, die Schwärmereien des Münsterschen Genossen Johann von Leydens vergessend, die ordentlichsten, sittlichsten und ruhigsten Bürger des Landes geworden sind. In Eppstein regten sich anfangs des vorigen Jahrhunderts wieder starke Symptome beginnender Schwärmerei, die jedoch nach Amerika hinübergezogen wurden. – Links von der Bahn sehen wir jetzt das Dorf *Studernheim,* in der Rheinniederung am versumpften Altrhein. Die gegen den Rhein hin sich erstreckenden Moorgründe, die von weidenumpflanzten Gräben eingeschlossenen blumigen Wiesen, die Gruppen der nah und fern grasenden Viehherden und das offenliegende Dorf dazu, geben der Gegend ein originelles Aussehen, das lebhaft an Holland erinnert.

Wir halten jetzt vor *Oggersheim.* Das Städtchen liegt eine Stunde westlich von Mannheim, eine Stunde südlich von Frankenthal; nach allen Seiten führen große Heerstraßen. Freilich werden viele durch die Eisenbahn zum Teil überflüssig gemacht, aber besonders die Straße über die Lambsheimer Heide nach Dürkheim an der reichen Haardt ist außerordentlich frequentiert, da sonntags der sogenannte „Gebirgsadel“, die reichen Weinlandbesitzer von der unteren Haardt nach Mannheim fährt. Unmittelbar neben dem Bahnhof erheben sich die Gebäude der größten Baumwollenzeug- und Sammetfabrik Deutschlands.

Oggersheim ist uralt, wie die meisten pfälzischen Orte, und noch heute mit Mauern und Gräben umgeben. Die Volkssage erzählt, der Ort habe seinen Namen von einem *Oger,* aus dem riesigen Grendelgeschlecht, der in der Urzeit, als hier nur Sumpf, See und Wald war, in der Gegend hauste. Solche Ungeheuer kommen bekanntlich in den altdeutschen Heldenliedern, „Beowulf“ und anderen vor, und ihre Bekämpfung gilt für eine Hauptaufgabe der nordischen Helden. Die Sage von den Schneidern, die, als Geißböcke verkleidet, während einer Belagerung auf den Wällen umhergesprungen und so den Feind getäuscht haben, wird auch auf Oggersheim bezogen, aber sicherlich nur in Erinnerung an eine wahre Anekdote aus dem Dreißigjährigen Krieg.

Die Geschichte von dem Kuhhirten von Oggersheim ist eine historische Tatsache. Damals berannten die Spanier Frankenthal und ein Heerhaufe unter dem Feldherrn Don Corduba zog von der Lambsheimer Heide herab gegen das Städtchen Oggersheim. Die Bürger hatten schnell ihr Pulver und ihren Mut verschossen und entflohen, nur *Hanns Warsch,* der Kuhhirt, war geblieben, da seine Frau ihre Niederkunft erwartete. Ein spanischer Trompeter sprengte an die Wälle der Stadt heran und forderte die Besatzung zur Übergabe auf. Hanns Warsch trat auf die Mauer, mutterseelenallein, und schloß mit den herbeigekommenen Offizieren eine vorteilhafte Kapitulation. Die Spanier zogen ein und fanden die Straßen leer. Da lag wohl mancher dem Feldherrn in den Ohren, den Hirten seine Verwegenheit fühlen zu lassen, aber Corduba hielt auf Manneswort und hob dem mutigen Pfälzer das Kind selbst aus der Taufe, als dessen Frau jetzt niederkam. Im Orleansschen Krieg war kein Hanns Warsch mehr da, und die Franzosen waren keine Spanier. Oggersheim versank, gleich der ganzen Pfalz, unter der Brandfackel. Nachher ließen die Pfalzgrafen hier ein Lustschloß mit schönen Gärten erbauen und Karl Theodors Gemahlin, die Kurfürstin *Elisabeth Augusta,* wählte es zu ihrer Sommerresidenz, bis sie vor den republikanischen

Franzosen fliehen mußte. Interessant ist das alte Rathaus im Stil des 14. Jahrhunderts, mit dem pfalz-bayerischen Wappen. Das Gasthaus zur Krone zeigt einen Stein mit dem Bilde des Merkur und der jüngeren Inschrift:

„Religionis Veterum Germ. Indigetum Indicio
felix antiquitas Anno MDXXVIII eruta, restituta.“

Oggersheim ruft sowohl zum *Kultus der Heiligen* als zum *Kultus des Geistes* auf. Es ist ein großer Wallfahrtsort für die katholische Bevölkerung des Landes. In der ersten Hälfte des vorigen Jahrhunderts wurde hier nach dem Muster der berühmten Kapelle zu Loretto, die als ursprüngliche Wohnung der Maria von den Engeln aus dem gelobten Land über das Meer nach Italien getragen wurde, eine *Marianische Kapelle* erbaut; über ihr ließ jene Kurfürstin die große neue Kirche herstellen, die durch ihre edlen, einfachen, antiken Formen, zu denen nur die Türme am Tor nicht recht passen wollen, einen guten Eindruck macht. Die Kapelle in ihrem Innern ist ein kleines düsteres Gemach, das nur wenig Licht von oben erhält, so daß man die Fresken kaum gut betrachten kann. Die Frömmigkeit hat hier eine ganze Masse von Weihegeschenken aufgehängt, und die Muttergottes von Oggersheim soll schon viele Wunder verübt haben. Die Halle der Kirche selbst macht mit ihren Marmorsäulen und Altären, ihren Altarblättern und anderen Ölgemälden einen sehr vorteilhaften Eindruck. Oggersheim hat ein *Minoritenkloster*, eine Seltenheit in der Pfalz, die bis zu der jüngsten Einrichtung dieses Klosters keine Mönche hatte. Übrigens haben die Oggersheimer, besonders die Wirte aller Bekenntnisse, sich sehr um die heiligen Männer beworben. Noch eine „santa casa“, eine geweihte Stätte, besitzt Oggersheim, sie führt den unpoetischen Namen *Viehhof* und ist, oder war, ein Gasthaus! Es ist ein Schillerhaus. Ein Eckhaus in der Speyerer Straße, ordinär und unansehnlich, zweistöckig, rechts der Toreinfahrt drei, links zwei und im oberen Geschoß acht Fenster: so steht die einstige Wohnung des Lieblingsdichters der Nation vor uns.

Josef Rank hat in seinen „Schillerhäusern“ ein falsches Haus als das *Schillerhaus* zu Oggersheim bezeichnet. Früher glaubte man, Schiller hätte das Haus des verstorbenen Herrn Derhein in der Vorstadt gegen Frankenthal bewohnt, jedoch stand er bloß mit diesem Herrn in lebhaftem und freundschaftlichem Verkehr, schenkte ihm auch bei seiner Abreise einige Diplome, die er als Prämien auf der Karlsschule erhalten und die später in die Hände des oben besprochenen Dichters Karl Geib von Lambsheim gelangten. Die Stube nun, die Schiller bewohnte, war die obere Eckstube, in der erst seit kurzem des großen Dichters Bildnis hängt, seit nämlich auf König Ludwigs Anregung eine Gedenktafel an dem Haus angebracht ist. Hier nun hat Schiller die betrübteste Zeit seines Lebens verbracht, als er aus der Karlsschule entflohen und unter dem Namen Schmidt mit einem treuen Freund in der Fremde irrend nach Mannheim kam, ohne sich dort sicher zu fühlen. Der Asperg stand ihm bevor, wenn er entdeckt würde. In den drückendsten Sorgen des Tages beendigte er hier seinen *Fiesko*. Als er später, hochgeehrt und weit gepriesen, in Mannheim weilte, kam er noch oft über die Rheinbrücke herüber; und noch vor zwanzig Jahren lebten viele Leute, die ihn gesehen haben, wie er bisweilen gesenkten Hauptes, tiefnachdenklich den Alleeweg nach Mannheim hinabging, beide Hände in den Taschen seiner weit herabreichenden Weste, deren Flügel er in regelmäßigen Taktschlägen hob und niederschlug.

Die Stunde Weges nach Ludwigshafen und Mannheim werden wir kaum mit der Eisenbahn zurücklegen wollen; wir wandern eher auf der Chaussee, dem schönen „Alleeweg nach Mannheim“ weiter. Die herrlichen Pappelreihen dieser Straße sind im Jahre 1794 durch den Krieg zerstört worden. Das Treiben und Leben, die ab und

zu eilenden Bahnzüge, die fruchtbare Landschaft und die lange Straßenlinie, auf der man stundenweit Reiter und Wagen verfolgen kann, unterhalten uns.
Zur Linken über der Eisenbahn liegt das große Rheindorf *Friesenheim* mit seinen 2 000 Einwohnern und drei Kirchen. Mehr als 150 Mennoniten leben hier. Hier stand auf dem Hirschbühl das Jagdschloß der pfälzischen Kurfürsten mit einem Tier- und Fasanengarten; noch heute sollen sich in dem Rheinwald wilde Fasanen finden. Hier wurde in der Neujahrsnacht 1813/1814 der Rheinübergang durch das russische Heer erzwungen.
Wir stehen nun vor Ludwigshafen und Mannheim. Bevor wir zu ihrer Beschreibung übergehen, sehen wir uns noch in dem Strich südlich von Ludwigshafen um. Mit der Ludwigshafen-Bexbacher Eisenbahn fahren wir an dem hart an der Bahn liegenden *Mundenheim* hin, das ausgezeichnete Landwirtschaft treibt und durch einen starken Damm vor den Verheerungen des Rheins geschützt ist. Seine Kirchweih ist eine besondere Belustigungsangelegenheit für die Mannheimer. Rechts gegen Westen sehen wir die freundliche Haardtkette, hinter ihr den Donnersberg, ganz nahe das Dorf *Maudach* im fetten Gau, *Rheingönheim* links von der Bahn: alle große, reiche Orte. Der Zug hält beim Limburger Hof am Bahnhof von *Mutterstadt,* das rechts drüben im üppigen Fruchtboden liegt, während die Speyerer Straße links hinüber zur „Rehhütte" führt, wo einst am „Rechholz" der Adel von Speyer mit den vertriebenen Patriziern sich sammelte, um die eigene Vaterstadt zu überfallen, als die Speyerer Zünfte das Stadtregiment an sich gerissen hatten. Mutterstadt, eine halbe Stunde von der Bahn und eine der reichsten Landgemeinden der Pfalz mit 4 000 Einwohnern, liegt offen im weiten, flachen Land, ringsum sein großer Flurbann, der, trefflich bebaut, Getreide, Flachs, besonders aber Tabak im Überfluß liefert. Hier ist man bereits im Pfälzer Tabakland, dessen Erzeugnisse durch die Nähe von Ludwigshafen den besten Absatz finden. Gegen Neustadt und Dürkheim vor der Haardt hin liegen im reichen Gau, nördlich der Eisenbahn, die getreide- und tabakreichen Dörfer Schauernheim, Dannstadt, Alsheim, Hochdorf, Assenheim, Gönnheim und Rödersheim. Die Bahn selbst führt uns durch den Wald nach *Schifferstadt,* dem großen Tabakort. Von dort zweigt die Speyerer Bahn links ab, und der mächtige Kaiserdom ragt bald am Horizont empor, während die Hauptbahn durch den pfälzischen Gau weiter nach Neustadt zu der herrlichen Haardt führt. Doch wir bleiben für jetzt in Ludwigshafen.

Ludwigshafen-Mannheim

Die alte und die junge Pfalz liegen sich am Rhein, an der Mündung des Neckars, gegenüber; hier ist die jüngste deutsche Stadt, drüben die Residenz des letzten Kurfürsten. Ludwigshafen ist das *pfälzische Altona*, das „Allzunah" für die Mannheimer Kaufleute. Vor sechzig Jahren noch stand hier der Brückenkopf der Stadt Mannheim, und weiter nichts. In den Revolutionskriegen oft der Gegenstand heftiger Kämpfe, wurde er endlich zerstört, und als die Pfalz auf dem linken Rheinufer an Bayern kam, siedelten sich einige Speyerer Kaufleute hier an, die Herren Lichtenberger, Scharpff und Komp. führten einige Gebäude und beträchtliche Magazine für Spedition auf, wozu noch einige Wirtshäuser kamen, so daß die sogenannte „*Rheinschanze*" bald ein lebhafter Platz wurde. Jedoch flößte diese Kolonie den Mannheimer Handlungshäusern noch keinerlei Furcht ein, – die frühere kurpfälzische Residenz blieb die alleinige Inhaberin des Speditions- und Produktenhandels am Oberrhein. Als aber die große pfälzische Eisenbahn das südwestliche Deutschland mit Paris, der Weltstadt an der Seine, und mit Havre de Grace, dem großen Sammelplatz der Auswanderer und des Handels nach Amerika verbinden sollte, da erkannte man die Wichtigkeit dieses Ausgangspunktes jener großen Bahn immer mehr und der Plan, hier eine Stadt auf den Namen König Ludwigs zu gründen, fand seine Ausführung. Im Jahre 1843 begann der Bau der Stadt nach großstädtischem Plan, – doch sind erst nur einige Straßen fertig. Aber der Handel und die Bedeutung der jungen Stadt stieg mit der Vollendung jener Bahn außerordentlich rasch. Führt sie doch mitten durch die Pfalz, durch eines der reichsten Länder Deutschlands, indem sie in den Kohlenbezirken des Westrichs beginnt, die fabrikreichen Täler von St. Ingbert und Zweibrücken berührt, an dem Getreideland der Sickinger Höhe vorüberstreift, das gewerkreiche Kaiserslautern durchzieht, mit seiner an Eisenwerken reichen Waldgegend, dann, die Felsen der Vogesen und der Haardt durchbrechend, die waldreiche Gegend der Pfalz durchläuft, in das reiche Weinland der Haardt tritt und endlich den an Getreide, besonders aber Tabak und Krapp sowie mit anderen Handelsgewächsen gesegneten Gau der pfälzischen Ebene der ganzen Breite nach durchzieht. Der große Reichtum des Landes an so mannigfachen Gütern strömt somit auf die leichteste und natürlichste Weise hier vor seiner Wanderung in die Welt zusammen.

Der jungen Stadt waren somit alle Mittel gegeben, vor allen ihren älteren Schwestern in der Pfalz aufzublühen im Segen des Friedens, da die Jugend jener in stürmischere Zeiten fiel. Aber merkwürdig genug, als könnte auch kein einziger Ort dieses Landes ohne die Feuerprobe bestehen, mußte die jüngste Stadt Deutschlands, weil sie in der Pfalz liegt, eben auch die Schrecken des Krieges noch in unserer Zeit fühlen.

Ludwigshafen mußte im Jahre 1849 die *Feuerprobe* durchmachen. In jener bewegten Zeit war besonders die umliegende Landschaft Zeuge kriegerischer Szenen. In der Nacht des 9. Mai wurde durch die Volkswehr der benachbarten Orte unter Blenkers Kommando die Brückenwacht in Ludwigshafen überrumpelt, in Eppstein zwei Tage darauf ein bayerisches Piket überrascht; Blenker hielt den Brückenkopf besetzt, während in Mannheim die badischen Soldaten zu den *Freischaren* übergingen. Die Revolution war in vollem Gang, aber auch die Kopflosigkeit der Führer.

Einen Monat später standen die Preußen in Ludwigshafen und die Stadt wurde nun von Mannheim aus durch revolutionäre Truppen heftig beschossen. Es kam zum hitzigen Kanonenkampf; die 12 Geschütze der Badenser trafen gut, und die Preußen standen zum erstenmal im Feuer. Bald brannte die Stadt, mehrere der schönsten Gebäude gingen in Flammen auf, und die Beschießung dauerte vom 15. bis zum 23. Juni. Es gibt Leute, die behaupten, daß die Mannheimer den Brand von Ludwigshafen nicht ungern gesehen hätten, ja daß einzelne Kaufleute mit Geld und Wein den Artilleristen aufmunternd zugerufen hätten: „Schießt das Nest dadrüben zusammen!“ Aber das sind wohl nur leere Vermutungen, die sich auf die Eifersucht des Mannheimer Handelsstandes gegen die aufblühende rheinpfälzische Nachbarstadt gründen. Viele diesseitige Handelshäuser hatten durch die Beschießung bedeutend gelitten und wurden von der bayerischen Regierung mit 286000 Gulden einigermaßen entschädigt. Bald war die Scharte wieder ausgewetzt, Ludwigshafen hob sich nun rascher, so daß schon 1851 im *Freihafen* und im *Inlandhafen* mehr als eine Million Zentner an Stückgütern auf den Weg kamen. Seitdem hat sich der Verkehr noch viel bedeutender gehoben; der Speditionshandel kommt immer mehr in die Hände der Ludwigshafener und die meisten Mannheimer Handlungshäuser haben jetzt hier ihre Nebenkontos. Die Steinkohlen und Erzschätze des Westrichs, der Wein und das Holz der Haardt, das Getreide des Gaues, der Krapp, Hanf und Flachs der Rheinebene, besonders aber der Tabak, dessen Anbau nun die ganze Landschaft zu beiden Seiten der Eisenbahn immer stärker betreibt, finden jetzt von Ludwigshafen aus ihre Versendung, so daß die junge Handelsstadt bereits den Anblick eines der besuchtesten und lebhaftesten Häfen am Rhein bietet. Ohnedies gehört die 1850 aufgeführte Werft zu den schönsten in Deutschland.

Lange Warenschuppen und ein stattliches *Lagerhaus*, das 1852 vollendet wurde und mit dem Bahnhof in Verbindung durch eine Schienenlage steht, erheben sich auf der Werft.

Ludwigshafen am Rhein, das „pfälzische Altona", dessen Silhouette am Strom von Warenschuppen und Lagerhäusern geprägt wird

Besonders groß und schön ist der *Bahnhof:* Ausgangspunkt der wichtigen Pfälzer Eisenbahnen, in dem die Züge von Paris, Metz, Straßburg und Mainz zusammentreffen, – ein massiger, aus rotem und weißem Sandstein aufgeführter, ebenso imposanter wie zweckmäßiger Bau, der ganz dem hohen Kredit entspricht, den die Pfälzer Bahn in der Finanz- und Geschäftswelt gewonnen hat.

Die Aussicht von diesem Bahnhof auf den majestätischen Strom, die Maste und Dampfschiffe des Hafens, die belebte Schiffbrücke und die einstige Residenzstadt der alten Kurfürsten am jenseitigen Ufer ist fesselnd.

Die Mannheimer Jesuitenkirche mit ihrer Kuppel und ihren Türmen, die langen Gebäude des jenseitigen Freihafens und das Schloß mit seinen hohen Altanen blicken aus dem Grün des jenseitigen Ufers und spiegeln sich im Rhein.

Ludwigshafen ist noch lange nicht ausgebaut. Was fertig ist, erinnert lebhaft an *„Neu-Athen"* an der Isar, an neuere Münchener Stadtteile.

Freilich fehlen jene prachtvollen Tempel der Kunst; die Bauten hier sind alle nur dem Merkur geweiht, dem praktischen Leben, Handel und Gewerbe gewidmet. Die Direktion der Dampfschiffahrtsgesellschaft und der pfälzischen Eisenbahnen befindet sich hier. Das Deutsche Haus und Hotel Wolf sind die besseren Gasthöfe. Die „Pfälzer Zeitung" wird hier herausgegeben. Im Sommer ist hier ein kleines, sich auf Vaudevilles und Bluetten beschränkendes Theater. Nach Dürkheim an der Haardt gehen täglich mehrmals Personenwagen.

Und nun nach Mannheim. Das Leben auf der *Rheinbrücke* fesselt uns. Es könnte nicht geschäftiger sein. Noch vor nicht langer Zeit war es hier stiller und Mannheim bot von der Rheinseite aus eher das Bild einer allen Handels und Wandels entbehrenden Musenstadt, im Gegensatz zu der von jeher äußerst belebten Neckarseite. Erst seitdem sich

Ludwigshafen aufgeschwungen hat, gewann diese Seite Mannheims das rege Leben, und erst seit der Aufhebung des Kölner Stapels wurde Mannheim der bedeutendste Platz am Oberrhein. Wir dürfen nicht unterlassen, unsere Aufmerksamkeit auf den mächtigen Strom zu richten. 1 200 Fuß breit strömt er unter der Schiffbrücke hin, mitten durch die alte Kurpfalz, und empfängt gleich unterhalb der vor uns liegenden *Insel Mühlau* den raschen Neckar. Seine Ufer sind hier flach, aber nicht reizlos; das verhindern schon das grüne Gebüsch der Gärten und Felder, die Städte zu seinen Seiten und die Schiffe in seinen Häfen. Und hüben und drüben blicken die blauen Berghöhen aus der Ferne: rechts der hohe Kaiserstuhl von Heidelberg, die Höhen des Odenwaldes und der sagenhafte Melibokus; links die herrliche, weinreiche Haardt und hoch über ihr der gewaltige Rücken des majestätischen Donnersberges. Die schöne hellgrüne Flut des Rheinwassers ist dem freien Alpensohn auch hier noch in seiner Manneskraft geblieben. Gewaltig strömt er dahin, und vor unseren Augen spiegelt sich das reiche Land seiner Ufer, die noch reichere Welt seiner Geschichte. Viele sehen hier bei Mannheim, aus dem inneren Süddeutschland kommend, den *alten Rhein* zum erstenmal; der Strom, von dem jeder deutsche Dichter singt und auf den jeder deutsche Sinn stolz ist, erfüllt die Sehnsucht aller wanderlustigen Herzen.

Und was flüstern uns diese grünen Wogen alles zu! Alte Märchen und Sagen der Urzeit und die Weltgeschichte selber, die unaufhaltbar über seine Wogen geschritten ist. Als ein mächtiges Binnenmeer füllte er alles Land zwischen den Bergreihen, und die Sage phantasiert von kühnen Seefahrern, die dieses Meer befahren haben sollen, von den phönizischen Schiffern. Und *mythische Gestalten* erscheinen am Rhein: Mannus, der fabelhafte Urvater der Deutschen, und dessen Sohn erbauen nach der Sage Worms und Mannheim; der assyrische Prinz Trebeta, Sohn des Ninus und Stiefsohn der Semiramis, gründet Trier und Straßburg; – die Trojaner siedeln sich hier an als die Stammväter der Franken, und viele ähnliche Überlieferungen suchen die Ahnung einer Wanderung der Germanen aus Asiens Hochländern nach dem Rhein in bestimmte Gestalten zu bringen –, sie knüpfen den Namen des Stromes an die Geschichte der alten Welt. Und heller und heller taucht der Name des alten Rhenus aus dem Dunkel der Geschichte; die Heldengeister der cimbrischen und teutonischen Heerführer, dann der gewaltige Ariovist und der große Cäsar, Drusus und Armin, der kühne Chnodomar im glänzenden Brustharnisch und roten Helmstrauß, und Konstantin der Große, der Apostat Fulian und Attila, – „Gottesgeißel und des Rheinstroms Feind“, – mit den Königen von hundert Völkerschaften und einer ganzen Reihe germanischer Eroberer und römischer Imperatoren wallen über die grüne Flut des alten Rhenus, und mit ihnen Millionen aus allen Gebieten des römischen Weltreichs, aus den Wäldern Germaniens und von den Steppen Hochasiens. Persische und ägyptische Legionen bauten an seinen Ufern der Isis und dem *Mythras* Altäre; Kelten und Germanen hatten hier ihre heiligen Haine, und die Hunnen führten ihre Götzen mit über den von ihnen durchschwommenen Strom. Von allen sind Spuren zurückgeblieben.

Und eine andere Heldenreihe – aus ihr ragen der große Karl und Friedrich Barbarossa hervor – sehen wir an den Ufern des Stroms, wo sie die Kaiserpfalzen bezogen; eine lange Reihe der deutschen Kaiser, und hintendrein der kleine Mann im grauen Rock und dreieckigen Hut, der kleine Mann mit dem gewaltigen Geist, der das morsche deutsche Reich übern Haufen warf und der ungebeugt und ungewarnt den Rhein überflog, indes seine Krieger in Rußlands Steppen erfroren lagen. Die Zeiten der *Völkerwanderung*, wo Volk auf Volk über den Rhein gestürmt ist, scheinen sich zu wiederholen; deutsche Fürsten und Helden schreiten über den Rhein, und mit ihnen die Bewohner der sarmatischen Ebenen und der asiatischen Steppen, der ungarischen Pußten und der slavonischen Sümpfe; und wo einst der Hunne und Alane das Land zertraten und zerstampften, da tummelt wieder der Baschkire und Kalmuck sein Steppenroß. Im Rheinstrom tränken die Völker Asiens ihre Rosse und die herrliche Ebene durchschweifen fliegende Kosakenhorden, wilde Panduren und Kroaten sehen das Land wieder, das sie zweihundert Jahre vorher verwüstet und ihrer Steppenheimat gleichgemacht hatten. Von all dem wissen uns die Wellen des Stromes zu erzählen; aber sie erzählen auch von der Herrlichkeit der alten Kurpfalz, die nun zerstückelt und zerrissen an des Stromes Ufern liegt.

„Kurpfalz, Gott erhalt's!" Wie oft mochte der Jubelruf zum inbrünstigen Gebet geworden sein in den Stürmen der Zeit! Alle hundert Jahre einmal verderbt und zur Wüste gemacht, wurde die schöne Pfalzgrafschaft am Rhein zuletzt aus der Reihe der deutschen Fürstentümer gestrichen, zerstückelt und zerfetzt, jedem der Nachbarn ein Stück hingeworfen. Wären doch nur Mannheim, Heidelberg und Umgebung unter dem Wittelsbachischen Stammhaus geblieben, – die abgetrennte Rheinpfalz hinge dann zusammen mit dem Königreich Bayern und hätte in ihren alten Hauptstädten Mittelpunkte des Handels und geistigen Lebens, und Mannheim sehe keine Rivalin neben sich aufsteigen. Aber die Mannheimer haben es selbst so gewollt, sie sprachen sich sogar mit den Waffen in der Hand für die badische Landeshoheit aus. Vielleicht würden sie es jetzt nicht mehr tun.

Und doch, trotz der politischen Scheidelinie, ist *Mannheim* heute noch in vieler Hinsicht die Hauptstadt der Pfalz, auch jener am linken Rheinufer. Die Bewohner der rheinpfälzischen Dörfer und Städte betrachten sie als solche, bringen über die Brücke ihre Früchte und machen hier ihre Einkäufe. Vor allem aber sieht jener reiche „Gebirgsadel" von der Haardt, die moderne Aristokratie der ganz bürgerlichen Rheinpfalz, aus den reichen Gutsbesitzern bestehend, Mannheim als die rechte Hauptstadt ihres Landes an. Hierher kommen sie besonders an den Sonn- und Festtagen mit der Eisenbahn oder mit eigenen Kabrioletts über die Lambsheimer Heide herüber, um der Vergnügungen und Zerstreuungen der einstigen Residenz teilhaftig zu werden, um hier ins Theater zu gehen, die Wirte reich zu machen, die Kaufläden zu besuchen und des Geldüberflusses loszuwerden. Darum halten aber auch die Mannheimer auf die Überrheiner gar viel, die der Stadt erst das rechte Leben geben. In dieser Beziehung hat Ludwigshafen dem älteren Mannheim noch keinen Schaden gebracht, und wird es ihm wohl nie bringen. Im Grunde betrachtet, verliert Mannheim auch nichts durch das Aufblühen der jüngeren Schwesterstadt, im Gegenteil: es gewinnt eine durch die andere, so daß sie sich ihren gegenseitigen Aufschwung wohl gönnen dürfen. Es wäre schön, wenn sie dereinst eigentlich nur eine einzige große deutsche Handelsstadt am Rhein, am Ausfluß des wandel- und handelreichen Neckar bildeten!

Man mag Mannheim sich nähern, von welcher Seite man will, so macht es den Eindruck einer niederländischen Stadt: Fruchtbarkeit des völlig ebenen Landes, grüne, buschige Gärten, breite Ströme, Sauberkeit und Nettigkeit in den Straßen und auch nicht selten viereckige holländische Langweiligkeit. Mannheim selbst ist eine der neuesten Städte und die regelmäßigste Stadt Deutschlands, ein großes *Schachbrett;* charakteristisch genug, haben die sich bis aufs Haar gleichen Straßen auch keinen Namen, – nur die Quadrate werden mit Buchstaben gekennzeichnet. Das überrascht nun den Fremden, der aus den charaktervollen, alten Städten kommt; manche halten sogar Mannheim für eine schöne, aber im Grunde genommen ist es eine langweilige Stadt, der nur die ebenso quadratmäßig angelegten amerikanischen Städte den Vorrang streitig machen könnten. Sie ist eben ein Produkt der neueren Zeit, die in geradlinigen Straßen ihre krummen Gänge maskieren möchte. Der berühmte Niederländer *Coehorn* legte sie am Anfang des vorigen Jahrhunderts auf dem Platze an, wo das alte Mannheim durch die Franzosen verschwunden war, auf jenem Dreieck, das der Zusammenfluß des Rheins und Neckars bildet.

In der Geschichte wird Mannheim erst spät genannt. Die Pfalzgrafen hatten hier zwei

Schlösser stehen, Kurfürst Ludwig III. hielt in einem *Papst Johann XXIII.*, der ihm vom Konstanzer Konzil übergeben war, gefangen, und der siegreiche Friedrich setzte später den Bischof Georg von Metz in das nämliche Zimmer. Endlich legte Kurfürst Friedrich IV., der sich an die Spitze der protestantischen Union gestellt hatte, hier die Festung Friedrichsburg an. Bald darauf entlud der Dreißigjährige Krieg seine Schrecken vornehmlich über der alten Pfalzgrafschaft am Rhein; *Horatius Veer*, ein Engländer, und der päpstliche Obrist Waldmannshausen verteidigten die Festung mit eisernem Mute gegen Tilly, bis sie dieselbe dennoch übergeben mußten. Herzog Bernhard von Weimar gab sich später, vor die Tore der Stadt reitend, für einen von den Schweden verfolgten kaiserlichen Offizier aus; die Tore wurden geöffnet und die Besatzung durch die listigen Weimaraner niedergehauen. Später stürmten die Bayern wieder die Stadt und verwandelten sie in einen Schutthaufen. Karl Ludwig hob auch Mannheim wieder aus dem Schutt, und die Pfalz blühte von neuem auf. Aber nicht lange danach stand hier der edle Kurfürst auf den Zinnen seiner Friedrichsburg und sah durch die Franzosen *Turennes* das ganze Land in Rauch aufsteigen, um ihn dem Reich abwendig zu machen. „So lange ich nur ein Stück schwarzes Brot habe, soll mich keine Gewalt schrekken!" sagte er und schickte von hier aus jenen Brief vom 11. Juli 1674 durch seinen Trompeter an Turenne, in dem es unter anderem heißt: „Was Sie an meinem Lande verüben, kann unmöglich Befehl des allerchristlichsten Königs sein; ich muß es vielmehr als die Wirkung eines persönlichen Grolls gegen mich betrachten. Es ist aber unbillig, daß meine armen Untertanen büßen, was Sie vielleicht gegen mich im Herzen haben können: darum mögen Sie Zeit, Ort und Waffen bestimmen, unseren Zwist abzutun. Nicht aus romanhafter Laune oder eitlem Stolz eine abschlägige Antwort zu erhalten, fordere ich Euch, sondern weil ich jetzt nicht an der Spitze einer Armee, die Euch gewachsen, erscheinen kann und darum nur die Genugtuung durch meine eigne Hand vor Augen sehe." Der gerühmte, französische Marschall schlug submissester Weise die edle Herausforderung des Kurfürsten aus und zog bald beschämt ab. Über dem Grab seiner geliebten *Luise von Degenfeld*, jener schönen Raugräfin, die ihm an die linke Hand getraut wurde, ließ der Kurfürst in Mannheim, die Konkordienkirche erbauen, den *Tempel der Vereinigung aller Konfessionen*, die er anstrebte.

Die Franzosen kamen im Orleansschen Krieg in entsetzlicher Weise wieder. Mannheim verteidigte der pfälzische Kommandant Seligenkron mit dem Mut der Verzweiflung gegen den Dauphin, aber die Stadt und Festung erlag und verschwand von der Erde; die schöne Pfalz wurde zum drittenmal in jenem Jahrhundert zur Wüste gemacht. Nun erbaute Coehorn das neue viereckige Mannheim auf den Trümmern des alten; die katholische Neuburger Linie erbte die Pfalzgrafschaft, und mit ihr blühte Mannheim zum höchsten Glanze auf. Kurfürst Karl Philipp verließ das reformierte Heidelberg, das sich seinen Launen nicht fügen wollte, und Mannheim wurde 1720 Residenz und Hauptstadt. Schloß und Jesuitenkirche wurden erbaut, die Stadt an allen Ecken und Enden verschönert, und als Karl Theodor die Pfalzgrafschaft erhielt, schwang sich Mannheim bald zum *süddeutschen Athen* auf. Das waren die glorreichsten Zeiten für Mannheim, als hier ein Dalberg und Iffland wirkten, Schiller verweilte und die Gemäldegalerien und das Theater zu einem noch nie in Deutschland erreichten Glanzpunkt gelangten. Damals schauten alle, denen die deutsche Geistesentwicklung am Herzen lag, nach Mannheim. Damals konnte *Lessing* noch sagen, daß hier und in Dresden der Vorhof sei, wo sich der Kunstjünger auf Italien vorbereiten müsse. „Mannheim, Wien und Venedig hat er besucht", heißt es in der „Louise" von Voß, und in „Hermann und Dorothea" singt Goethe:

> „Es soll sich Hermann auf Reisen bald begeben und sehen zum wenigsten Straßburg und Frankfurt und das freundliche Mannheim, das gleich und heiter gebaut ist."

Die Blütezeit schwand dahin mit der Französischen Revolution. Auf Weihnachten 1794 beschossen die Franzosen die Rheinschanze, wo heute Ludwigshafen steht, und die Kugeln flogen über den Rhein bis nach Mannheim, das gleich darauf bombardiert wurde. In der Rheinschanze setzten sich die Franzosen fest, durch Verrat der kurpfälzischen Minister erhielten sie auch Mannheim, und vor den Sansculotten und Jakobinern flohen die Musen aus der Stadt. *Merlin*, der Volksrepräsentant, ritt mit General *Pichegru* ein, General Desaix kämpfte blutig vor den Toren der Stadt gegen die Österreicher, die, von Preußen verlassen, nun allein den Franzosen gegenüberstanden und rasch heranrückten. Jetzt ließ Feldmarschall Wurmser das *Bombardement von Mannheim* beginnen, dessen Schrecken noch heute in der Pfalz nicht vergessen sind. Die Kaiserlichen setzten der Stadt mit stürmischer Gewalt zu; die nur an die Sonne des Friedens gewöhnten Residenzler standen in ihren Verstecken, in Kellern und Gewölben, alle Schrecken des Todes aus, als am Himmel feurige Kugeln leuchteten und in die Stadt platzten.
Noch vor wenigen Jahren wanderte ein *geigender Minstrel* auf allen Kirchweihen der bayerischen Pfalz umher und unterhielt die Bauern durch die Darstellung der „Belagering vun Männem“ auf seiner Geige. Da hörte man die Kanonen brummen, die Bomben platzen, dazwischen das „Au waih“ der entsetzten Bürger; – da blitzt's da kracht's, und das alles wußte der überall wohlbekannte fahrende Musikant mit solcher Lebhaftigkeit und drastischen Komik darzustellen, daß es ein prächtiges karikiertes Bild jener schrecklichen Tage gab und ein Lieblingsstück der lachenden Pfälzer war.

Wurmser hatte seinen Zweck erreicht und zog in die verwüstete Stadt ein; kaum 14 Häuser waren verschont geblieben. Mannheims Glanzzeit war dahin, die alte Kurpfalz ging unter, ihre Residenz wurde eine Provinzialstadt Badens, und als die Befreiungskriege den Bundesstaat herstellten, fehlte in dessen Reihen die alte Pfalzgrafschaft des Reiches. Noch einmal war Mannheim der Schauplatz kriegerischer Ereignisse geworden. In der Neujahrsnacht 1813/14 führte hier der General Sacken den *Rheinübergang* durch. Gegenüber der Neckarmündung waren von den Franzosen bei dem Dorf Friesenheim Schanzen aufgeworfen, die von etwa 300 jungen Rheinpfälzern unter einigen älteren Offizieren verteidigt wurden. In Nachen wurden die Russen hinübergeführt. Die jungen Pfälzer wehrten sich mit Löwenmut, als könnten sie allein die Wucht der nach Westen schreitenden Weltgeschichte aufhalten. Erst als die Russen über ihre eigenen Toten stürmten, konnten sie sich mit beträchtlichen Verlusten festsetzen. In derselben Nacht war Blücher bei Caub über den Rhein gegangen.
Seitdem hat sich Mannheim zum ersten Handelsplatz am Oberrhein erhoben und nicht unbedeutend verschönert. Die langen Gebäude des Freihafens am Rhein, die großen Gasthöfe, der belebte Landeplatz der Dampfboote, alles dies sind Errungenschaften der letzten Zeit und des Verkehrs mit der bayerischen Pfalz, deren Eisenbahn für Mannheim die größten Vorteile bietet. Handel und Gewerbe blühen hier, besonders die letzteren, deren elegante, moderne Erzeugnisse sich neben die der ersten deutschen Städte stellen können. Mannheim ist die große *Luxusniederlage* für das ganze südwestliche Deutschland und die reinlichste, sauberste Stadt, die man sehen kann. Sogar die Höfe sind bemalt und ihr geplatteter Boden spiegelblank, so daß selbst im Haag oder sonst einer holländischen Stadt hierin nicht mehr geleistet werden kann. Überall die höchste Eleganz in den Wohnungen, Gasthöfen oder auch in der Kleidung der Bewohner, die noch eine gewisse Hofturnüre aus der alten Zeit ererbt haben. Die Straßen sind alle schnurgerade, die Plätze nehmen stets ein ganzes Quadrat ein; mitten durch die Stadt zieht die einzige namhafte Straße, „die *Planken*“, die mit Bäumen bepflanzt ist. Das Kaufhaus, wegen der Luxusausstellungen sehenswert, ist samt seinen Arkaden bei seiner Niedrigkeit kein imposanter Bau; so auch das Rathaus am Markte. Das *Zeughaus* imponiert mehr durch seine Einfachheit und Größe. Die Sternwarte am Schloß, besonders aber die neue Kettenbrücke über den Neckar, eine der großartigsten und geschmack-

vollsten, sowie das Denkmal Karl Theodors auf dem Marktplatz, von den Bürgern gesetzt, sind sehenswert. Noch mehr Interesse weckt das restaurierte *Theater,* das immer noch zu den besseren Süddeutschlands gehört, da nirgends so viel Interesse für das Theater herrscht wie hier. Jedoch: „Ist kein Dalberg da?" Das war eine schöne Zeit, als Iffland, Schröder, Beck und Beil, Eßlair und andere hier noch wirkten, als Schillers Räuber, Fiesko, Kabale und Liebe hier zum erstenmal gegeben wurden. Wenigstens eine schöne Zeit für die Kunst!

Das *Schloß* ist eines der größten in Deutschland, seine Vorderseite in gerader Linie 1 700 Fuß lang. Es nimmt die ganze Südwestseite der Stadt gegen den Rhein hin ein und ist die Residenz der verwitweten Großherzogin Stephanie, des großen Napoleons Stieftochter, wie denn Mannheim überhaupt Sitz des noch übrigen pfälzischen Adels ist. Es ist hier still und öde, etwas Geheimnisvolles, Geisterhaftes schwebt um diese ruhigen Räume, durch die langen Korridore und hohen Säle. Daß ein Teil nie ausgebaut wurde, ein anderer ausgebrannt steht, vermehrt noch diese Empfindung. Es ist so recht ein geeigneter Aufenthalt für die „Ahn- und Schloßfrau". Man will ja auch den geheimnisvollen Kaspar Hauser in Beziehungen zum Mannheimer Schloß stellen.

Links im Torweg, in einem umgitterten, offenen Gang ist das *Antiquitäten-Kabinett.* Der ganze Korridor zu ebener Erde ist mit merkwürdigen römischen Inschriften und Bildwerken, etrurischen Sarkophagen, Statuetten, Friesen und anderem mehr angefüllt, wovon die meisten in der heutigen bayerischen Pfalz aufgefunden wurden. Diese Sammlung wird von einem toten Hund bewacht. Es ist der große, rothaarige Hund des berüchtigten Räubers *Damian Hessel* (nicht des bayerischen Hiesel), der ein Zeitgenosse des Schinderhannes war und mit diesem Anfang des Jahrhunderts die Rheingegenden unsicher machte – und hingerichtet wurde. Im ersten Stock des gleichen Flügels, Aufgang rechts, befindet sich die *Bildergalerie,* einst eine der größten Deutschlands und noch jetzt, nach der Übersiedelung der besten Stücke nach München, sehenswert, da sich hier viele Niederländer von Wert – Teniers, Rubens, Ryckaert, Rembrandt, Ruysdael, dann Holbein und Lukas Cranach – befinden. Wer besonderen Geschmack am Genre hat, der versäume nicht die Sammlung zu besuchen. Die *Kupferstichsammlung* ist bedeutend, die Abgüsse berühmter Antiken, darunter die Niobe, Ariadne, die Roma, die Gruppe des Laokoon, die medicäische Venus, der Gladiator und Apollo vom Vatikan sind nicht zu übersehen. Auch das *Naturalienkabinett* nicht. Die Spaziergänge hinterm Schloß, auf dem Rheindamm zum Schlößchen auf der Insel Mühlau dürfen nur erwähnt werden. Die von Marmor und Gold strotzende *Jesuitenkirche* mit ihren Fresken hat mit ihrer leichten Kuppel und den zwei Türmen wohl ein stattliches, aber keineswegs dem reinen Kunstsinn genügendes Aussehen. Ihre antiken Formen widersprechen dem Charakter einer deutschen Kirche. Sie ist die Hauptkirche der Katholiken, welche hier die Hälfte der Einwohner bilden.

Vielleicht wird nun noch mancher eine stille, grüne Wiese vor der Heidelberger Barriere besuchen wollen: die *„Kuhwiese"*; es knüpft sich eine trübe Erinnerung an sie. Das Volk stand damals in banger Erwartung herum – es war am 20. Mai 1820 –, da kam ein schwarzbehangener Wagen zwischen den Soldaten daher, darauf der alte Wittmann, der Scharfrichter von Heidelberg, der einen schönen Jüngling im Arm hielt.

In der ersten Frühe des Morgens wurde er zum Tode geführt, weil er in Mannheim den *Kotzebue* ermordet hatte. Das Volk erwartete den Gnadenruf, oder daß noch zuletzt die Heidelberger Studenten kämen und die Soldaten auseinander sprengten. Aber der alte Wittmann bat Gott, ihm diesmal eine sichere Hand zu verleihen, erhob das Schwert – das weinende Volk erstarrte, – der Streich hatte falsch getroffen. *Sand's* Haupt sank auf die Brust. Nochmals flog das Schwert durch die Luft und dann das Haupt vom Rumpfe. Der alte Wittmann hatte zum erstenmal in seinem Leben gezittert, und seitdem sah es ihm in Hirn und Busen trüb aus; das Volk aber stob in ohnmächtigem Racheschmerz auseinander. Sand's Tat ist heute in der politischen Welt fast vergessen, im pfälzischen Volk lebt sie noch fort; wenn auch durch neuere Vorfälle in den Hintergrund gestellt, ist heute noch „Sand's Abschied" ein vielgesungenes und in den Spinnstuben beliebtes Volkslied in der Pfalz. Auf dem evangelisch-lutherischen Kirchhof in Mannheim ist Sand's Grab nicht weit von dem Kotzebues, dessen Grabstein die Worte enthält: „Die Welt verfolgt ihn ohn' Erbarmen, Verleumdung war sein trübes Los. Glück fand er nur in seines Weibes Armen und Ruhe in der Erde Schoß. Der Neid war immer wach, ihm Dornen hinzustreuen, die Liebe ließ ihm Rosen blühen. Ihm wolle Gott und Welt verzeihen. Er hat der Welt verziehen."

Heidelberg und Umgebung

So lohnend, so angenehm auch die Aufgabe wäre, eine Beschreibung der alten, glorreichen Musenstadt und des herrlichen Schlosses der Pfalzgrafen zu liefern, können wir in unserem Bändchen diese berühmte und vielbesuchte Gegend doch nur ganz flüchtig berühren. Es hieße ja nur „Wasser in den Rhein" tragen, nach dem pfälzischen Sprichwort, da alle Reisebücher der Welt von Heidelberg sprechen, und eine ausreichende Darstellung seiner Schönheit würde ohnedies ein ganzes Buch füllen. Darum hier eben nur Andeutungen. Der Bahnhof von Mannheim liegt östlich vor dem *Heidelberger Tor*. Die Bahn führt südöstlich am Neckar hinauf dem Kaiserstuhl entgegen, wo der Fluß aus dem Gebirge in die pfälzische Ebene tritt, die wir durchschreiten. Fruchtbares Land begleitet uns rechts und links, und zur Linken breitet sich das große stattliche Dorf *Seckenheim* aus, das seit langem schon seinen Wohlstand dem Tabakbau verdankt. Nach dem Dorf benennt sich eine entscheidende Schlacht; auf der Stelle, wo sie geschlagen wurde, steht das Dorf *Friedrichsfeld*, eine Kolonie französischer Protestanten, die von Ludwig XIV. vertrieben wurden, heute Stationsort der Eisenbahn, von der sich hier die nach Frankfurt längs der Bergstraße ziehende Bahn abzweigt.

Jene Schlacht ist eine der glorreichsten in der pfälzischen Geschichte, und im Mittelalter überhaupt, und wieder ist's Friedrich der Siegreiche, der sie schlug. Erzbischof Diether von Mainz war vom Papst und Kaiser abgesetzt und der Mainzer Kurhut dem Grafen Adolf von Nassau gegeben worden. Diether wandte sich in seiner Not an den „siegreichen Pfalzgrafen", und dieser stand ihm trefflich bei, kümmerte sich nicht um des Papstes Bann, in den er dadurch kam, auch nicht um des Kaisers Acht, und baute den *„Trutzkaiser"* auf dem Heidelberger Geißberg. Da brachen die Vollstrecker der kaiserlichen Acht raubend, sengend und brennend in die Pfalz ein: Bischof Georg von Metz, der Bischof von Speyer, der Markgraf von Baden und der Graf von Württemberg. Alle Dörfer brannten, alles Getreide wurde auf den Feldern verdorben, und um den Schaden noch größer zu machen, banden sie sogar Äste an die Schwänze der Pferde und schleiften sie durch die Fruchtfelder. So drangen sie gegen Heidelberg vor und dachten die Weinberge zu zertreten, denn sie wähnten Friedrich außer Landes. Friedrich aber war ihnen schon auf den Fersen, drang durch den Schwetzinger Wald und trieb sie zur Schlacht, der sie, in die Ecke zwischen Rhein und Neckar gedrängt, nicht ausweichen konnten. Friedrich hatte die pfälzischen Bürger und Bauern zusammengerafft, die nun racheglühend, wenn auch zum erstenmal die Waffen tragend, als Fußvolk dem Feind gegenüberstanden. „Wehrt euch als fromme Leute!" rief ihnen der Pfalzgraf zu, und: „Lieber Herr, wir wollen allesamt Leib und Leben mit Euch wagen und mit Euch sterben und genesen!" war ihre Antwort. Mit Nußlaub schmückten sie ihre Sturmhauben, dann ging's an den Feind. Anfangs wichen die pfälzischen Reiter und Ritter, – Bürger und Bauern standen fest. Unaufhaltsam drangen sie und das ganze pfälzische Fußvolk mit seinen langen Spießen in den Feind, stachen die Rosse nieder, alles stürzte zusammen, und wilde Flucht begann, – es war zu spät. Sterben oder ergeben mußten sich die

Feinde, und selbst die Anführer Ulrich von Württemberg, Karl von Baden und Bischof Georg von Metz wurden gefangen, – der Speyerer Bischof war, klug genug, vom Schlachtfeld weggeblieben. Auf der Mitte des Schlachtfeldes wurde ein hohes *steinernes Kruzifix* errichtet, das in einer Inschrift die Geschichte der Schlacht erzählte. Die Wohldienerei badischer Beamten hat in unserer Zeit das Kreuz entfernt. Bekanntlich lud der Pfalzgraf seine gefangenen Feinde zu einem Gastmahl, wo alles in Überfluß da war; nur das Brot fehlte. Als sie sich deshalb beklagten, wies er sie auf die zerstörten Felder seiner Untertanen.

Die nach der Bergstraße nördlich hinführende Eisenbahn streift das stattliche *Ladenburg*, das recht malerisch mit seinen gotischen Türmen am Neckar liegt. Die Bahnbrücke war am 15. Juni 1849 Gegenstand heftiger Kämpfe zwischen einem Korps mecklenburgischer und hessischer Reichstruppen und den Freischaren. Die Spuren von Geschützkugeln sieht man noch am Bahnhof. Der Stadt gegenüber am diesseitigen Neckarufer liegt das hübsch gelegene Neckarhausen und östlich davon an der Landstraße *Edingen*, wo der Kurfürst Karl Ludwig, der „deutsche Salomo", der edle Wiederhersteller der Pfalz, unter dem Schatten eines Nußbaumes und einer Rebenlaube im Garten eines Bauern starb. Wir eilen mit dem geraden Zug jetzt Heidelberg schnell entgegen, die Weinberge der Bergstraße treten rechts und links hervor, der Kaiserstuhl stellt sich dar, und nun halten wir im Heidelberger Bahnhof.

Alles vereinigt sich, um *Heidelberg* zu einer der merkwürdigsten und angenehmsten Städte zu machen: die herrliche Gegend, die prachtvollen Trümmer des Schlosses, die Poesie des Studentenlebens (die freilich mehr und mehr entweicht), und das milde Klima. Alle Schönheiten der pfälzischen Landschaften finden sich hier zusammengedrängt. Welchen reizenden Überblick über das herrliche Neckartal, auf die lang zwischen den Bergen sich hindehnende Stadt, das Schloß und die ganze Gegend gewährt die *Neckarbrücke*, welche großartige Aufsicht auf die ganze Ebene der *Kaiserstuhl*, der, 1750 Pariser Fuß hoch, die Landschaft beherrschend, emporragt! Von seinem Turm überschaut man die Höhen des Schwarzwaldes, des Odenwaldes, das Neckartal und Rheintal, das so herrlich im Westen von den Vogesen, der Haardt und dem Donnersberg geschlossen ist. Dann die *Molkenkur* im alten Schloß auf dem Jettenbühl, der Riesenstein, der aussichtsreiche Vorbau der Kanzel und das Rondell, ein kleiner offener Holzbau: welche prachtvollen Blicke über die ganze reiche Pfalz gewähren sie, und welche Erwartungen ruft der Anblick der blauen Vogesenkette und der Haardt in der Ferne wach! Wie lieblich, wie schattig und kühl ist es am *Wolfsbrunnen*, wo die schöne Zauberin Jetta von einem Wolf zerrissen worden sein soll, wo der pfälzische König von Böhmen mit der englischen Königstochter so gern weilte, und wo Opitz, schon den Brunnen besingend, dichtete. Wer Geld übrig hat, kann sich hier für 28 Gulden eine Forelle aus einem der fünf kleinen Teiche zurichten lassen, und zwar eine 16 Pfund schwere, und wer Freude an närrischen Originalkerlen hat, findet hier den Tänzer auf einem Fuß mit der Botanisiertrommel voll Buketts. Wenn wir uns auf die rechte Neckarseite wenden, so haben wir hier vor allem den merkwürdigen *Heiligenberg* mit seinen Reben und uralten römischen und deutschen Trümmern, zu dem der Schlangen- und Philosophenweg führt, dann die stromaufwärts gelegene *Hirschgasse*, die im ganzen deutschen Studentenreich berühmte Mensurstätte, wo viele hundert Korpsburschen ihre Lorbeeren ernteten oder sich ihre Narben holten, wo schon mancher junge Musensohn sein Leben aushauchte. Hier sind auch die Engelswiese und der „Haarlaß" beliebte Spaziergänge.

Aber nichts nimmt unser Interesse so sehr in Anspruch als das *Heidelberger Schloß*, die deutsche Alhambra, der stolze Sitz der Pfalzgrafen und Kurfürsten bei Rhein. Hier saßen sie im Anblick ihrer reichen, prachtvollen Pfalz, im schönsten Fürstenschloß Deutschlands, das noch heute an Reichtum der Architektur von keinem andern erreicht wird, – das noch in seiner Ruine, der schönsten und umfangreichsten, der herrlichst gelegenen unter allen Burgtrümmern, – der Stolz Deutschlands ist.

Kaiser Ruprecht wohnte hier auf der Burg seiner Väter und schuf den *Ruprechtsbau*, den ältesten Teil der noch stehenden Gebäude; der Reichsadler über dem pfälzischen Wappen kennzeichnet ihn. Friedrich der Siegreiche vergrößerte den Bau und nach ihm die Kurfürsten des 16. und 17. Jahrhunderts. Besonders glänzende Prachtbauten führten Otto Heinrich, Friedrich IV. und der unglückliche Friedrich V. auf, der als Gemahl der schönen Elisabeth von England in das Unglück des Hauses Stuart mit hineingezogen wurde. Als er vom Schloß wegritt nach Prag, um die angebotene Krone zu übernehmen, da schaute ihm seine treffliche Mutter vom Fenster aus nach und rief: „Ach! da zieht die Pfalz nach Böhmen!" Sie ahnte den entsetzlichen Krieg, der 30 Jahre lang die Pfalz verwüstete. Karl Ludwig, der Wiederhersteller der Pfalz, stellte auch das Schloß seiner Väter in neuen Stand. Als er aber in Frankfurt weilte und dort zur Ehre seines geschmähten toten Vaters dem bayerischen Gesandten das Tintenfaß in der Reichsversammlung an den Kopf warf, da hörte der als Statthalter hier weilende Pfalzgraf Friedrich Ludwig aus dem *Ottheinrichsbau* eine klägliche, geisterhafte Stimme: „Wehe dir, Pfalz! Wehe dir, Pfalz!" Das Schicksal schien anzukündigen, daß der Stuart unseliges Geschick sich auf ihre pfälzischen Sprossen vererben würde. Jene Stimme hat nicht gelogen. Die Franzosen kamen noch zu Lebzeiten des Kurfürsten, der in edler Wut dem Verderber seines Landes den Zweikampf anbot. Die Linie starb nach ihm aus. Die Franzosen kamen wieder 1689 und der entsetzliche Pfalzverwüster Melac ließ das Schloß in die Luft sprengen, als ringsum das herrliche Land zu einer Brandwüste verwandelt wurde. Und von neuem kamen die Hunnen des 17. Jahrhunderts, der verräterische *Heydersdorf* übergab ihnen (1693) die Stadt und das Schloß, die Einwohner wurden niedergehauen, alles verwüstet und der „allerchristlichste König" Ludwig XIV. ließ durch eine Münze seine Großtaten verherrlichen mit der Unterschrift „Heidelberga deleta". Seitdem war das Schloß Ruine, und die alte Kurpfalz ging 100 Jahre später im Völkersturm der Revolution unter, um nicht mehr aufzustehen. Prächtig aber ragt die Sage und Geschichte mit dem herrlichen Efeu um die gewaltigen Bauten, Natur und Poesie verherrlichen die hohen Zinnen und Türme, die Erker und Altane, die offenen Tore und Statuen, die Höfe und Säle des alten Pfalzgrafenschlosses.

Durch den Garten und das *Elisabeth-Tor*, das der pfälzische Böhmenkönig seiner Gemahlin zu Ehren baute, kommt man zum Stückgarten mit der wundervollen Aussicht auf das Haardtgebirge. Dort steht der runde Turm, auch der dicke Turm genannt, hinter den Baumgruppen, den „englischen Bau" abschließend. Efeuumwachsene Standbilder blicken aus den Prachtsälen des Turms. Über Brücken und Gräben zum Hauptburgtor, zwischen steinernen Knappen und Löwen hindurch, durch den gesprengten Bogen gelangt man zum *Schloßhof*, und Ehrfurcht durchschauert die Glieder. Ringsum stehen die Bauten aus allen Jahrhunderten, der Ruprechtsbau mit seinen Engeln und Rossen, der *Schloßbrunnen* mit den Granitsäulen aus Karls des Großen Palast zu Ingelheim, den er von Rom gebracht, dann der vor allen herrliche Ottheinrichsbau mit seinem Rittersaal und seinen Bildern. Michelangelo selbst, der gewaltige, soll den Entwurf zu diesem Prachtbau gemacht haben. Die schönsten architektonischen Verhältnisse und Formen rechtfertigen es beinahe. Der Friedrichsbau folgt mit den Standbildern der pfälzischen Ahnen von Karl dem Großen bis zu Friedrich IV., darunter ein deutscher, ein ungarischer und ein dänischer König aus dem wittelsbach-pfälzischen Hause. Links ist der Eingang in den Keller, wo das *große Faß*, auf dessen Spundloch mehrere Paare tanzen können, liegt. Es hält 250 Fuder. Ergötzlich klingen die Inschriften auf einem zweiten Faß, neben dem der Hofnarr Karl Philipps in Holz geschnitzt steht. In diesem Bau befindet sich auch die *Schloßkapelle*, und außerhalb eines gewölbten Ganges der große Balkon, der eine wundervolle Aussicht auf den Neckar bis zum Rhein und bis zur blauen Haardt zuläßt. Die *Graimberg'sche Galerie* im ersten Stock mit ihren Fürstenbildern und Urkunden, den Bildnissen von Kotzebue und Sand, alten Waffen und Abbildungen des Schlosses übergehe man nicht. Auf der Südseite des Schlosses sehen wir den gesprengten Turm, der dem Pulver der Franzosen zwar nicht widerstand, aber wie ein Felsblock in den Graben sank und schauerlich klaffend den hohlen Teil zeigt. Hier hat Mathisson seine „Elegie in den Ruinen eines alten Bergschlosses" geschrieben. Der *Bibliothekturm* steht daneben, an der östlichen Spitze des Schlosses der schöne achteckige Hauptturm, der malerisch diese Seite ziert. Vor diesen Türmen liegt der *Schloßgarten* mit den reizendsten Spaziergängen, die stets neue Ansichten öffnen. Die nordöstliche *Terrasse* gewährt eine der prachtvollsten Aussichten auf das Tal und das Schloß selbst. Jedoch genug vom Schlosse, – um den ganzen Zauber seiner verschiedenen Schönheiten zu empfinden, muß man es selbst gesehen haben. Tausende strömen auch herbei und der Fremdenzufluß gibt der Stadt ein großstädtisches Ansehen.

Die *Universität*, die älteste und heute noch die berühmteste in Deutschland, weist Namen auf wie Dalberg, den Abt Trithem von Sponheim, Agricola, Celtes, Wimpheling, Oecolampadius und Reuchlin, und heute noch einen Gervinus, Schlosser, Heusser, Mohl, Mittermaier, Vangerow und andere. Unter den Kirchen bemerken wir die *Peterskirche*, wo Hieronymus von Prag seine Thesen anschlug, die Jesuitenkirche und die schöne gotische Heilig-Geistkirche mit den Gräbern der Kurfürsten. Ihr gegenüber steht der Gasthof zum Ritter, ein malerischer alter Bau, der einen anheimelt. Man verläßt Heidelberg nur mit dem Vorsatze, bald wieder zu kommen.

Die Ausflüge an die Bergstraße nach Weinheim und in den Odenwald, die ins romantische Neckartal nach *Dilsberg*, wo die Studenten ihr lustiges Staatsgefängnis hatten, oder nach *Neckarsteinach* mit den vier Burgen der „Landschade", gewähren herrliche Partien. Ebenso eine Fahrt nach *Sinsheim* im Gebirge, wo im Jahre 1849 der tapfere Sigel mit dem revolutionären Heere ein blutige Schlacht gegen die Preußen schlug, während Mieroslowski beim Weine saß. Von hier aus erfolgte jener Rückzug der Freischaren mitten durch das peußische Heer zur Murg. Die Eisenbahn nach Karlsruhe führt an dem niedrigen Hügelzug des Kraichgaues und Brurheins hinauf am Schlachtfeld von *Wiesloch* vorüber, wo der kühne Mansfeld den finsteren Tilly schlug; dann nach *Malsch*, wo die Bauern des Speyerer Bistums im 16. Jahrhundert mit den Landsknechten fochten, und an *Ubstadt* vorüber, wo die pfälzischen Volkswehren 1849 sich tapfer gegen die Preußen wehrten und auf dem Friedhof ein greuliches Gemetzel stattfand, bis nach *Bruchsal*, der alten Residenz der Bischöfe von Speyer. Das Schloß steht noch und wird von Beamten bewohnt. Schauererregend ist der Anblick des pennsylvanischen Zuchthauses, worin bis zur kürzlich erfolgten Amnestie viele politische Sträflinge aus dem Jahre 1849 saßen. Von hier zweigt sich die Bahn nach Stuttgart und München ab, während die gerade Bahn an der Michaelskapelle vorüber nach Durlach und Karlsruhe führt.

Ein anderer Ausflug von Heidelberg aus ist durch die Ebene gegen den Rhein nach dem berühmten *Schwetzinger Garten*, mit dem Apollotempel, dem Tempel der Minerva und des Merkur, mit der Moschee und all den hundert Sehenswürdigkeiten solcher fürstlichen Gärten aus dem vorigen Jahrhundert. Wer in der Nähe ist, sollte ihn nicht übergehen, da er in der Tat einer der prächtigsten und größten seiner Art ist. Im Schloß wohnte des Kurfürsten geliebte Luise von Degenfeld. Vom großen See aus hat man durch den Wald eine herrliche Perspektive nach den Vogesen, welche dem Kurfürsten Karl Theodor zu Gefallen einst ein kaiserlicher Offizier durch das Eigentum des Speyerer Domstifts hauen ließ ohne lange zu fragen. Auf dem Kirchhof des viel Hopfen bauenden Ortes liegt der alemannische Dichter Hebel begraben.

Von Schwetzingen führt ein kurzer Weg nach dem Rheindorf *Ketsch*, von wo aus man sich am besten einen Nachen mietet und den Rhein hinauffährt. Von fern schon schaut uns ein gewaltiger Bau entgegen, – heilige Empfindungen weckt schon sein Anblick über der grünen Rheinflut, – wir nähern uns Speyer und seinem Kaiserdom.

3. Speyer – Kaiserdom – Speyergau

Von welcher Seite wir uns auch der Stadt nähern mögen, von der Rheinseite oder mit der Eisenbahn von Ludwigshafen über Schifferstadt her: ihr Anblick ist imposant durch den hochemporragenden Dom, der die weite Ebene rheinauf und -ab und bis zu den blauen Bergreihen der Haardt und des Odenwaldes überschaut. Ein ehrfurchtsvolles Gefühl überkommt uns, indem wir ihm entgegeneilen; die „*Totenstadt des Reiches*" liegt in ihrer herabgekommenen Größe um ihn her. Speyer ist eine stille Stadt geworden im Verlauf der Jahre, die Zeit und das Schicksal haben ihr arg mitgespielt. Nur ganz langsam erholt sie sich und wird schwerlich mehr zu den Zeiten des Reichtums, der Macht und Freiheit erwachen, die einst hier geblüht haben. Zwar liegt die Stadt offen und hübsch am Rhein in der fruchtbaren Ebene des Speyergaues, aber die Vorteile dieser Lage genießt sie nur zum kleineren Teil; ihr Handel will sich nicht so recht mehr heben – Speyer steht eben im Greisenalter. Noch mit Mauern umgeben, jedoch ohne Tore, liegt Speyer im ebenen Gau und hat im ganzen ein heiteres Aussehen von außen. Die inneren Gassen sind zwar meistens eng und winklig, aber mitten durch die Stadt läuft eine stolze, breite Straße, die *Maximilianstraße*, die vom „Altpörtel" ausgehend gerade vor den herrlichen Kaiserdom zieht, der in seiner ganzen Majestät hereinblickt. Sein Besuch gibt heute der Stadt das meiste Leben, wie er ihr in geschichtlicher und künstlerischer Beziehung die größte Bedeutung gibt, denn er ist durch seine Fresken die *prächtigste Kirche Deutschlands*, wie er die größte und historisch wichtigste ist. Der Dom und die große, glorreiche Geschichte der Stadt mit ihren Resten der alten Zeit machen uns Speyer wichtiger als das moderne viereckige Mannheim; der Kontrast mit jener Stadt könnte in der Tat nicht größer sein.

Das Land, dem Speyer seinen Namen gegeben hat, der alte *Speyergau*, wo die Nemeter in der Urzeit hausten, breitet sich in fruchtbarer Weite um seine Hauptstadt, – nur die nächste nordwestliche Nähe ist eine Sandfläche. Bis tief in die Täler der Haardt und des Wasgaues ragend, umfaßt er alles Land von der Isenach bei Dürkheim bis tief ins Elsaß hinein zur Sur, zwischen dem Rhein und der Wasserscheide des pfälzischen Gebirges. Das war sein ursprünglicher Umfang; später erhielt der Teil jenseits der Queich gegen das Elsaß hin im Volksmund den Namen „Wasgau".

Die Geschichte der Stadt

Die Geschichte der Stadt reicht über die christliche Zeitrechnung hinaus, da Speyer eine der ältesten deutschen Städte ist. „Augusta Nemetum" nannten die Römer die Hauptstadt der Nemeter. Aber schon vorher hatte sie den keltischen Namen noviomagus, bis die deutschen Völkerschaften über den Rhein kamen und die gälischen Mediomatriker aus der Ebene in die Berge drängten. Später hieß der Ort auch *Spira*, von dem Flüßchen Speyer. Eine feste Munizipalstadt des Reiches in Germania prima, hielt sich Cäsar oft in ihr auf, und Tacitus nannte sie eine der stärksten und mächtigsten am Rhein. Standquartier der 4. Legion, hatte sie Paläste und Landhäuser; man entdeckte die Spuren von drei großen Tempeln, auf deren Rudera sich jetzt der Dom und die andern Kirchen erheben. Wo man in Speyer und der Umgegend etwas tiefer gräbt, stößt man auf Bauten aus jener Zeit; die Stadt war reich und ein heiteres Leben herrschte hier. Speyer ging durch die Deutschen mehrmals unter mit den Schwesterstädten. *Konstantin Chlorus* baute die Stadt wieder auf und begrub hier seine Mutter und seinen Bruder – wie ein Römerstein ausweist.

Jetzt brachen, von den Hunnen aufgetrieben, in der Völkerwanderung die Vandalen und Alanen unter dem entsetzlichen Chrock oder Gerich über den Rhein und zerstörten, von dessen Mutter eigens in der Zerstörungskunst unterrichtet, Speyer und die rheinischen Städte, so daß selbst der heilige Hieronymus von Bethlehem aus in einem Briefe darüber jammert. Dann kam der wilde Attila selbst, und seine Hunnen traten schonungslos Stadt und Land nieder, und die in den damaligen Dom geflüchteten Christen wurden rings um den Hochaltar ermordet, so daß das Blut in Strömen herabfloß, wie die Legende berichtet. Ihnen folgten die Alemannen und setzten sich im wüsten Land fest. Als aber die Franken Herren des Landes geworden waren, blühte Speyer bald wieder auf, und der „gute König Dagobert“ gilt als der Wiederhersteller des Bistums und der Stadt. Gern weilten er und seine Nachfolger hier in der königlichen Pfalz, selbst der große Karl verweilte hier oft und *Ludwig der Fromme* hielt hier seinen Reichstag. Im Vertrag von Verdun 843 blieb Speyer mit seinem Gau bei dem deutschen Reich des „Weines wegen“. Wie die fränkischen Kaiser, so weilten hier auch die sächsischen, am liebsten die aus dem rheinfränkischen Stamme. Konrad der Speyerer sah seine Lieblingsstadt als den *Hauptsitz des Reiches* an; er baute den herrlichen Dom, ein großartiges Mausoleum der deutschen Herrscher. Immer reicher blühte die Stadt auf unter den fränkischen Heinrichen, und treu bis in den Tod hingen die Bürger dem unglücklichen Heinrich IV. an. Dessen Sohn, in Reue über sein Benehmen gegen den toten Vater, belohnte diese Anhänglichkeit durch die *Freibriefe*, die, in Erz mit goldener Schrift gegraben und mit seinem und seines Vaters Bild geziert, an der großen Pforte des Domes angeschlagen wurden, wo sie durch alle Jahrhunderte die Reichsfreiheit der Stadt verkündeten. Schon im 12. Jahrhundert verjagten die Bürger den Bischof Ulrich, der ihre Freiheiten angriff, so daß er in Rheinzabern und dann in Bruchsal wohnte, das seitdem die bischöfliche Residenz blieb. Auch die großen Hohenstaufen Friedrich Barbarossa und Friedrich II. gaben der Stadt ausgedehnte Privilegien, denn die Speyerer Bürger waren stets ghibellinisch gesinnt und hielten ihre Bischöfe, die mit Rom verbunden waren, im Zaum. Wollte ein Bischof nach seiner Wahl zum Dom kommen, so mußte er durch feierlichen Eintritt die Rechte der Stadt beschwören, ihr huldigen, sich verschiedene Zeremonien gefallen lassen, und dann huldigten auch die in Waffen getretenen Bürger, ihm treu und hold zu sein, „wie freie Bürger des Reiches es sollen und mögen“.

So hatte sich Speyer zu einer der mächtigsten, reichsten und glanzvollsten jener freien Reichsstädte erhoben, die damals den deutschen Ruhm aufrechterhielten, und auf denen das Schwergewicht der Bedeutung Deutschlands ruhte. Besonders stark aber gingen die Städte aus der wilden, kaiserlosen Zeit des *Interregnums* hervor, wo sie die Bündnisse gegen den zügellosen Adel und die Fürstenmacht errichteten. Wenn es seither nicht an Kämpfen mit den Bischöfen gefehlt hatte, so fehlte es auch hier nicht an innerem Aufruhr. Drei Brüder aus den „adeligen Hausgenossen“ oder „Münzherren“ zogen im 13. Jahrhundert, als gerade Bischof und Stadt in harter Entzweiung lagen, die Zünfte an sich und übten gegen den Bischof, den Adel und den Rat gewaltige Tyrannei, verjagten die Domherren, raubten in den Häusern und selbst im alten Kaiserdom, was sie fanden, und die Zünfte machten sich zum erstenmal furchtbar, bis der Aufruhr gestillt wurde. Einige Jahre später erschlugen Speyerer Bürger den *Domherrn Albrecht* von Nußbach, und die Stadt wurde mit dem Interdikte belegt. Die Geistlichen flohen; nur ein Mönch hielt treu bei der Stadt, begrub, kopulierte, taufte und sang die heilige Messe für die Bürger, bis der Streit vertragen wurde. Bald aber schlugen die Speyerer wieder „in die Pfaffen“, so daß sie sich stets nur mit Nachgeben halfen.

Indessen versäumte die Stadt nicht, alle Raubnester der Umgegend an der Haardt und im Wasgau, die ihrem Handel schädlich waren, zu zerstören. Immer treu dem durch die Kurfürsten gewählten Kaiser, hatte die Stadt manche *Belagerung* auszustehen, so in dem Streit Adolfs von Nassau mit Albrecht von Österreich, besonders aber in jenem zwischen Ludwig dem Bayer und Friedrich von Österreich, wo sie für den Wittelsbacher vieles erduldete. Denn der Bruder des Gegenkaisers, Herzog Leopold, ein rauher, wilder Krieger, zog vor die Stadt mit einer großen Übermacht. *Kaiser Ludwig* selbst zog ihm mit den Speyerern entgegen, denen auch *Bischof Emich*, aus dem Geschlechte Leiningen, ein tapferer Kriegsmann, sich beigesellte, nachdem er im Kampf mit den Domherrn durch seine Söldner sich mit Gewalt den Eingang in den Dom verschafft und eigenhändig mit einem Schlachtbeil die Münstertore eingehauen hatte. Zum zweiten und dritten Male kam der Herzog, und wieder wurde er von den tapferen Speyerern zurückgeschlagen, so daß er bald darauf in Straßburg „unsinnig ward, den Teufel selber berief und sich zu Tode tobete!"

Die große *Bürger-Revolution*, die gleichzeitig in fast allen rheinischen Städten losbrach und das Stadtregiment in die Hände der Zünfte brachte, die von nun an die Oberhand behielten, ging in Speyer 1330 vor sich. Bisher war der Magistrat nur mit Patriziern besetzt; dann setzten es die Zünfte durch, daß sie Anteil an der Regierung hatten. Die reichen Hausgenossen, Münzherren und Ritter traten jetzt heimlich in Bund mit den vertriebenen Edelleuten, um durch einen Anschlag der Herrschaft der Bürger ein Ende zu machen. Man versammelte 1500 Pferde am sogenannten *Rechholz* und wagte nachts, im Einverständnis mit den in der Stadt Gebliebenen, den Überfall. Aber von Straßburg her wurde ein Bote nach der Stadt geschickt, der ihr den gefährlichen Plan verriet. In Eile waffneten sich die Bürger und schlugen tapfer den feindlichen Sturm ab, während man in der ersten Wut die Häuser der „Münzherren" plünderte, die Verdächtigen einzog und dann die Anführer verbannte. Jener Tag der Rettung wurde jährlich in feierlicher Weise begangen, bis in die spätesten Zeiten.

Mit den Bischöfen kam es wieder zum Kampf, als Bischof Adolf, ein Graf von Nassau, in die Stadt einreiten wollte ohne ihr zu schwören. Während er zur Fehde rüstete, brach in der Stadt eine *Meuterei* los. Heinrich von Landau, der reichste Mann in Speyer, fiel mit den gewonnenen Bürgern über den Stadtrat her, bemächtigte sich aller Papiere und der Tore und warf die Ratsherren ins Gefängnis, während man einen verbannten Altbürgermeister zurückrief. Man setzte einen Wahltag an. Am anderen Morgen liefen die ratstreuen Bürger ins Münster, besetzten das Gotteshaus und trotzten von hier aus den Aufrührern, die gegen den Domplatz anrückten. Da sprach ein Domherr, ein geachteter Mann, Worte des Friedens; die Aufrührer legten die Waffen nieder, und Heinrich von Landau floh zu Bischof Adolf. Auf der Wormser Seite lagerte sich das gewaltige bischöfliche Heer vor die Stadt und verbrannte die Vorstadt Altspeyer. Dann wurden die Tore gestürmt; aber mit gut bürgerlichen Streichen und bitteren Spottreden wurden die Feinde empfangen, in den Stadtgraben gestürzt und der Tod unter sie geschleudert. Heinrich von Landau sandte nun etliche seines Anhangs in die Stadt, die aber angehalten und hingerichtet wurden. Dreimal noch wurde vergebens gestürmt; als aber des Bischofs Wurfgeschütz verbrannte, so daß das Feuer Roß und Reiter verdarb, da sah er ein, daß er der Stadt nichts anhaben konnte, zog unmutig ab und bat den Pfalzgrafen bei Rhein, ihn mit der Stadt zu versöhnen.

Dem folgenden Bischof verwehrten die Bürger den Eintritt in die Stadt, und mit dem *Bischof Raban* aus dem Geschlecht derer von Helmstädt kam es bald darauf zum blutigen Kampf. Es war zur Zeit des Konzils von Konstanz; Raban, als Reichs- und Kirchenfürst, stand hier vor Kaiser und Reich den Städteboten von Speyer Rede. Heftig sprach er aus, daß er der Speyerer rechtmäßiger Herr sei, und sie seien ihm untertan. Da fuhr der Speyerer Ratsherr und Altbürgermeister *Konrad Rößler* ihm trotzig ins Wort: „Der König ist unser Herr, Ihr nicht! Habt auch kein Gebot über uns; wir sind Euch nicht Gehorsam schuldig!" Aber *Kaiser Sigismund*, der schönste Mann seines Jahrhunderts, war nicht auch der zuverlässigste; der Bischof fuhr fort mit seinen Ansprüchen, die Stadt erwiderte mit harter Zurückweisung. Da ging in Speyer das Gerede von dem unzüchtigen Wandel der Chorherren des St. Germanstiftes; der Bürger Zorn entbrannte, sie stürmten hinaus, trieben die Pfaffen aus und brannten das Stift nieder. Dann ging es an die Domherren und die übrigen Stifte und Klöster; Mönche und Pfaffen wurden verjagt. Jetzt zog der Bischof mit gewaltigem Heer, im Bund mit dem Erzbischof von Mainz, dem Kurfürsten von der Pfalz und allen Grafen, Herren und Rittern der umliegenden Gaue, vor die Stadt: 20000 Mann zu Roß und Fuß freuten sich den Stolz der Bürger zu beugen. Der Speyerer Freunde blieben aus, nur der Graf *von Honstein* brach, viele erschlagend, durch die Belagerer zur befreundeten Stadt. Die großen Büchsen schleuderten Tod und Verderben unter die Belagerer, das schwere Geschütz räumte gewaltig in ihren Reihen auf. Der Feind rüstete zum Sturm, um die „Speyerer Ketzer", wie sie im Reich bereits ausgeschrien wurden, zu züchtigen. Da gebot des Kaisers Machtbrief Friede. Raban wurde Erzbischof von Trier, die folgenden Bischöfe wagten sich nicht mehr an die Stadt, und Speyer hatte jetzt nur noch seinen Freunden zu helfen, besonders dem siegreichen Friedrich von der Pfalz.

Während dieser Zeit hielten die Kaiser hier wieder öfters Reichsversammlungen, auch jene von 1529, die den Namen „Protestanten" aufbrachte. Von nun an blieb das *Reichskammergericht* in Speyer, bis es nach der Zerstörung der Stadt nach Wetzlar verlegt wurde. Das Stadtregiment war nun ganz protestantisch; nur das Domkapitel stand unter dem Bischof, darum galt der verheerende Raubzug des wilden Brandenburger Markgrafen Albrecht Alcibiades in die „Pfaffengasse des römischen Reichs" nicht den Bürgern, sondern den Geistlichen und dem reichen Bistum. Der abenteuerliche Fürst hauste hier so lange, bis ihn Kaiser Karl V. vertrieb, und er nach Lothringen fliehen mußte. Während des Dreißigjährigen Krieges erlitt Speyer, abwechselnd durch die Spanier, Franzosen, Kaiserlichen und Schweden große Drangsale, hob sich aber nach dem Frieden wieder zu neuer Blüte, so daß es eine der ersten Städte des Reiches blieb. Jedoch die herrliche „Totenstadt des Reichs", die mächtige Freistadt, von der die alten Chronisten mit Ehrfurcht sprechen, die selbst den heiligen Bernhard, den edlen Wimpheling, Reuchlin, Luther und Melanchthon zu Ausdrücken der Bewunderung hinriß, sollte untergehen und ihre Macht für immer gebrochen werden.

Eine *Zerstörung*, wie sie die Geschichte nicht leicht wieder aufweist, ärger als die des Hunnenkönigs Attila, blieb dem 17. Jahrhundert, der zivilisierten Nation und dem „allerchristlichsten" König vorbehalten. Sie erscheint um so entsetzlicher, als sie mit der kältesten Überlegung und dem ausgesuchtesten Raffinement ausgeführt wurde. Louvois, Melac und Monclar wirkten zusammen, und Ludwig XIV., der „Große", wie ihn die Franzosen, „der Ungeratene", wie ihn die pfälzischen Geschichtsschreiber nennen, wurde für dieses Land ein anderer Attila, eine Gottesgeißel und des Rheinstroms Feind. Vom September 1688 an, wo sich die Stadt, verlassen vom deutschen Reich, dem gewaltigen Frankreich ergeben mußte, erlitt sie schon Entsetzliches durch die französischen Heerführer, die mit ungeheurer Macht über die arme Pfalz hereingebrochen waren. Die Marquis de Bouffleurs und d'Huxelles, der Marschall Duras, die Herzöge von Orleans und Bourbon, Prinz Conti und der Dauphin selbst, dann der Verwüster *Monclar* – alle taten ihr möglichstes, um die Bürger durch Gewöhnung an das Schreckliche des Krieges auf die Katastrophe vorzubereiten. Endlich verkündete der General-Intendant dem Magistrat, der König wolle, daß die Pfalz und die Stadt Speyer zur Wüste gemacht werden, innerhalb von acht Tagen müsse der Auszug vollendet sein.

Es war in der schönen Frühlingszeit, am dritten *Pfingsttag 1689.* Ringsum rauchten Dörfer und Städte und die Einwohner irrten, des Himmels Erbarmen und Fluch über den entsetzlichen Franzosenkrieg herabrufend, umher. Jammergeschrei hatte auch schon seit einer Woche die Straßen Speyers erfüllt. Die Bürger zogen aus, sie sollten sich ins Innere von Frankreich wenden; die meisten aber flohen über den Rhein, und hier durchbohrten die Kugeln der das Ufergebüsch bewachenden Musketiere die Flüchtigen. Nebeneinander sanken Gatte und Gattin in den Ufersand, Greise und Kinder wurden gemordet oder fortgeschleppt in das Land ihrer Henker. Der Kaiser und die hundert Fürsten Deutschlands halfen nicht; die „Totenstadt des Reichs" war eine Totengruft geworden. Leer standen die Gassen, nur mit Stroh und Reisig angefüllt. Monclar erteilte 24 Mordbrennern seine Befehle, und eilte seinen Soldaten nach ins Lager auf dem Germansberg vor der Stadt. Von hier sahen sie nun bald das uralte herrliche Speyer gleich Troja und Jerusalem in Brand aufgehen und in Schutt und Asche sinken. Räuberisch drangen sie in die brennende Stadt, plünderten, was noch zu plündern war, schürten die Glut und leiteten sie zum gewaltigen Kaiserdom, wohin die geflüchteten Einwohner auf die Versicherung hin, daß der Dom geschont würde, all ihre Habe gebracht hatten. Alles sollte verderben, denn so wollte es der König! Weithin wogte ein Flammenmeer, hoch darüber hob sich die gewaltige Feuerpyramide des Domes zum Himmel, der in erbarmungsloser Klarheit über dem verwüsteten Land stand und dieses Brandopfer, das die „große Nation" dem Stolz und der Tyrannei ihres Königs brachte, in blauer Heiterkeit aufnahm und so ruhig blieb wie Deutschland, das heilige römische Reich selber.

Unter den rauchenden Trümmern lagen greise Frauen und Wöchnerinnen – tot. Die Pfälzer und Speyerer, die so hart fühlen mußten, daß der „ungeratene König, den seine Schmeichler den Großen nennen, der neue Antichrist" mit Zähnen schon aus dem Mutterleibe kam. Die armen Bewohner des reichsten Landes trugen in schmerzlichen Klagen die Kunde von den französischen Generälen, den „Mordbrennern, Bestien, Türken, Tartaren, verfluchten Räubern und Teufelsbraten" in das deutsche Volk, dessen Fürsten Deutschland schwach und zum Hohn der Völker gemacht hatten. Speyer aber war nach 72stündigem Brand eine weite *Trümmerstätte.*

Es wurde Friede. Wehklagend sammelten sich die Vertriebenen auf dem Schutt der geliebten Vaterstadt und schufen sich hier eine neue Ansiedlung. Kümmerlich gedieh die nach und nach aus den Trümmern entstehende Stadt unter den Schrecken des neu ausgebrochenen Krieges, in dem 1703 gleich vor den Toren die blutige Hauptschlacht am Speyerbach geschlagen wurde. Magistrat und Bürger hofften auf die wiederkehrenden alten, glorreichen Tage. Aber wie hatte sich die Zeit geändert! Was die kriegerischen Fürsten und die tapferen Bischöfe des Mittelalters in der Blüte ihrer Manneskraft nicht vermochten, das gelang jetzt einem eigensinnigen 80jährigen Greis und der von ihm aufgehetzten Bauernrotte des Bistums: Die *Eroberung* der Stadt. Die Zeit des Konvertitenmachens war, wie in der Pfalz, auch in Speyer gekommen: Stadt und Bischof *Hartard von Rollingen* ärgerten und reizten sich gegenseitig durch kleinliche Ränke – und plötzlich, im Jahre 1716, nahmen ungeordnete Bauernhorden aus der Umgegend für den Bischof die Stadt weg, legten sich in der Bürger Häuser, drangsalierten die Speyerer und hausten in der Stadt samt ihren Weibern in Saus und Braus. Es waren Bauern von Dudenhofen und der nächsten Umgegend, dann aus den Ämtern Deidesheim, Kirrweiler und den Weindörfern an der Haardt und aus dem Lauterburgeramt am Bienwald. Die protestantischen Bürger hatten viel unter ihrem Fanatismus zu leiden. Wie schwach und lächerlich benahmen sich aber auch die Reichsbürger! Aus den tapferen Männern, die der heilige Bernhard zum Kreuzzug in einem eignen Brief aufgerufen hatten, waren echte reichsstädtische Haarbeutel und Federfuchser geworden, und Speyer gab damals ein nur zu treues Abbild des Zustandes der herabgekommenen Städte. Auf die trotzigen Reden der bischöflichen Kavaliere hatten selbst die Stadthauptleute nur ausweichende, feige Antworten, die Bürger ließen sich von den Bauern die Degenscheide von der Seite nehmen und waren froh, daß sie die Degen zu Hause gelassen hatten, weil sie sonst auch noch geraubt worden wären. Nur die Frauen bezeugten in dieser Überrumpelung noch einigen Mut. So war das alte Speyer zum ersten Male in bischöflicher Gewalt und der Hohn und das Gespött der Bauernschaft, bis das Reichsgericht dem Bischof befahl, seine Leute aus der Stadt ziehen zu lassen, worauf die Bauern heimgingen und aus den Häusern scheidend meinten: „Hab ich euch was Liebs getan, ist mir's leid; hab ich euch was Leids getan, ist mir's lieb."

Im Jahre 1734 beschoß *Marschall Berwick* die Domstadt und nahm sie ein. Dann war Ruhe bis zur Französischen Revolution, wo Custine von Landau aus über Speyer hereinbrach (1792) und ein Häuflein Reichstruppen überwältigte. Von den Deutschen vertrieben, kamen die Franzosen bald wieder, die *Klubbisten* herrschten; beim Domnapf wurden Freiheitsbäume errichtet, und die Ausleerungskommission trieb ihr schlimmes Wesen in der entvölkerten und verarmten Stadt.

Jetzt, als die Hauptstadt der bayerischen Pfalz, mit erneuertem Bischofssitz und vielen hohen Behörden, blüht die Stadt langsam wieder auf, aber kaum mehr zu der einstigen Blüte. Die vielen Zentralbehörden, besonders aber der starke Feldbau, einige Fabriken in Tabak und Krapp, ein Goldwäscherei im Rhein und der Handel auf dem Strom geben der Stadt ihre Nahrung. Sie hat jetzt wieder 12 000 Einwohner, vor fünfzig Jahren waren es kaum 3 500, während im 15. Jahrhundert bei feierlichen Gelegenheiten allein 6 000 bis 8 000 bewaffnete Bürger ausrückten.

Bevor wir uns in den übrigen Resten der alten Zeit und den Sehenswürdigkeiten Speyers umschauen, richten wir vor allem unser Auge auf die hohe Kathedrale, die der Stadt heute noch die größte Bedeutung gibt.

Der Kaiserdom

Unter allen großen Kirchenbauten ist keiner, der den Speyerer Dom an Pracht, an Größe, historischer Wichtigkeit und an *vorteilhafter Lage* überträfe. Frei steht er, von einer schönen Anlage umgeben, auf dem Hochufer des Rheinstromes in der Mitte der weiten Ebene zwischen dem Schwarzwald und den Vogesen, auf weitem, offenem Platz vor der alten Stadt. Eine große breite Straße führt zu ihm hin, so daß er sich nach allen Seiten ungehemmt in seiner ganzen Majestät darstellt. Vier hohe Türme und zwei mächtige Kuppeln überragen das grandiose Schiff, und gleich einem Berg steigt der im romanischen Stil erbaute Dom über den Rheinstrom, die umliegende Gegend und die Stadt. Riesengroß steht er da, schon aus der Ferne Staunen und Bewunderung erregend. Edle Einfachheit, Großartigkeit und bei aller Größe doch innige Harmonie der Formen kennzeichnen ihn. Hoch oben um das gewaltige Kirchenschiff laufen *prachtvolle Arkaden*, auf freistehenden Säulen ruhend; als eine offene Galerie tragen sie das reichverzierte Dachgesims. Einfach sind die Rundbogenfenster am Langhaus, am Querschiff jedoch reich gegliedert, auf der Südseite mit Ornamenten von unübertrefflicher Schönheit geschmückt. Unter allen deutschen Kirchenbauten ist der Kaiserdom von Speyer der größte; er umfaßt 20 000 Quadratschuh mehr als das Straßburger Münster, im ganzen 69 350 Quadratschuh, und nur der Kölner Dom wird nach seiner Vollendung 50 Quadratschuh größer sein. Von rotem Sandstein erbaut, ist er so einer der herrlichsten Dome der Christenheit. Ehrfurcht erweckt bereits sein Äußeres.

Überstrahlt er schon durch seine Größe die herrliche Reihe deutscher Dome, so tut er es noch mehr durch seine Geschichte und seine Bestimmung zum würdigen Mausoleum

Kaiserdom in Speyer, in dem am Weihnachtstag 1146 Bernhard von Clairvaux zum Kreuzzug aufrief und wo in der Krypta vier deutsche Kaiser, vier Könige und vier Kaiserinnen begraben liegen

der Herrscher des heiligen römischen Reiches, zum *Grabmal der deutschen Kaiser.* Konrad II., der Speyerer genannt, faßte mit seiner Gemahlin Gisela den Entschluß, sich und seinen Nachfolgern eine Grabstätte durch einen erhabenen Dom hier im Hauptsitz des Reiches zu bauen, „Gott und der hochgebenedeiten Jungfrau zu Lob“, die er fortan zur obersten Patronin des Domes und ganzen Bistums haben und halten wollte. Nachdem am 12. Juli 1030 in aller Frühe schon der Grundstein zu einem Kloster auf seiner Stammburg Limburg, auf den westlichen Höhen der Haardt gelegen, gesetzt worden war, kam der Kaiser in einem Ritt über die pfälzische Ebene herüber nach Speyer und legte noch vor Mittag den Grundstein zum Kaiserdom, und zwar am östlichen Ende der Stadt auf einem Hügel am Rhein, auf den Grundmauern eines Tempels der Venus oder Freija. Wo der *Hain der Nemeter* stand, erhob sich jetzt Mariens heiliges Münster. Heinrich III. und Heinrich IV. führten des Vaters und Großvaters Werk aus; sie fanden mit dem letzten der rheinfränkischen Könige der Deutschen, Heinrich V., hier ihre Ruhestätte. Reichlich beschenkten sie das hohe Gotteshaus, selbst der griechische Kaiser *Alexis Comnenus* sandte eine goldene Altartafel in feierlicher Gesandtschaft, als durch alle Welt der Ruf von der Bestimmung des Kaiserdomes drang.

Schon 1137 durch Brand beschädigt, erscholl der Ruf des Kaiserdomes wieder durch alle Lande, als am Vorabend des Weihnachtsfestes 1146 der heilige *Bernhard von Clairvaux* vor Speyer landete. In feierlichem Zuge empfingen ihn Bischof und Bürger, alle Glocken läuteten von den sechs Türmen und Kuppeln des Domes, wohin sie den gottgeweihten Mann führten, damit er dort von Kaiser Konrad III. und den versammelten Fürsten des Reiches empfangen werde. Unter dem Lobgesang der Himmelskönigin: „Salve Regina“ bewegte sich der Zug zum hohen Chor hinauf, und dort setzte der Heilige der Hymne begeistert die Worte hinzu: „O clemens! o pia! o dulcis virgo Maria!“ die bald darauf in allen Kirchen zu jener Antiphonie gesungen wurden bis auf den heutigen Tag.

Am dritten Weihnachtstag, beim feierlichen Hochamt, unterbrach Bernhard plötzlich, wie auf höhere Eingebung, die heilige Handlung, ermahnte in flammender Rede das Volk des heiligen Grabes zu gedenken, und wendet sich dann an den Kaiser selbst. Der *Doctor mellifluus*, der honigtriefende, wie ihn die begeisterte Welt nannte, schüttete nun die ganze überwältigende Flut seiner Beredsamkeit auf des Kaisers frommes Herz. „Gott will es! Gott will es!“ rief der König der Deutschen und mit ihm die Fürsten und Herren des Reiches; alle baten um das Kreuz, und unter dem Jubel des hochbegeisterten Volkes heftete der Heilige dem Kaiser und den Fürsten das Kreuz an und reichte vom Altar herab das Kreuzesbanner selbst in die Hand Konrads.

Der *zweite Kreuzzug* war entschieden. Stürmisch drängte das Volk zu dem heiligen Mann; der Kaiser trug ihn auf seinen eigenen Armen aus dem Dom. Bernhard verließ Speyer, aber nachher noch schrieb er an die Speyerer Bürger: „Was tut ihr, tapfere Männer, Knechte des Kreuzes? Eure Erde ist reich an Helden und eine kräftige Jugend blüht in eurem Lande! Euer Lob ertönt in der ganzen Welt und der Ruhm eurer Tapferkeit hat den Erdkreis erfüllt! Auf also!“ Und der Brief ward zum ewigen Gedächtnis im Dom aufbewahrt. Der heilige Bernhard aber wurde dritter Schutzpatron des Kaiserdomes.

In den Jahren 1159, 1289 und besonders im Jubeljahr 1450 wurde der Dom durch *Brand* heimgesucht. Letzterer, durch Nachlässigkeit eines Orgelmeisters an der Orgel entstanden, legte den Bau bis auf die östlichen Türme und Grundmauern nieder. Herrlich erstand der Dom wieder. Seiner Glocken und Bleidächer wurde er durch den wilden Albrecht Alcibiades von Brandenburg-Kulmbach 1552 beraubt, als Bischof und Geistlichkeit geflohen waren; nur des Stadtrats Bitten retteten das hehre Gotteshaus vor weiterer Verwüstung.

Der Bauernkrieg und der Dreißigjährige Krieg waren vorüber, Spanier, Schweden, Italiener und Deutsche waren abwechselnd durch Speyer gezogen, – der Kaiserdom blühte unversehrt und in stiller Majestät: ein heiliges Denkmal einer großen Zeit allen, wes Glaubens und Landes sie waren. Da sandte der „allerchristlichste König der großen Nation" seine Mordbrenner an den Rhein; Speyer und mit ihm der Kaiserdom sanken unter ihren Brandfackeln zur ewigen Schmach Frankreichs; die gallischen Räuber erbrachen die Gräber der deutschen Kaiser im Königschor, zerschlugen die Sarkophage und suchten in den stillen Grüften nach Schätzen. Als die Speyerer wieder zu der Brandstätte der Heimat zurückkehrten, weinten Protestanten und Katholiken um den hohen Kaiserdom, die herrliche Zierde ihrer Stadt. Der Dom blieb Ruine, bis der *Bischof August Philipp*, Reichsgraf von Limburg-Styrum, ihn aus dem Schutt erhoben hat, gegen Ende des vorigen Jahrhunderts. Allein dieser Bischof erlebte selbst noch die abermalige Verwüstung des Domes durch die republikanischen Franzosen. Das Innere des Domes wurde jetzt als Magazin benutzt.

Unter Kaiser Napoleon hatte man eigentümliche Pläne mit dem hehren Kaiserdom. Französische Beamte beantragten, daß der ganze Bau niedergeworfen werden müsse. Nur das Portal mit den drei Toren, den Seitenpyramiden und der westlichen Glockenkuppel sollten als Triumphbogen der französischen Nation stehen bleiben und das übrige Gelände um 8 000 Franks angeboten werden. Ein Steinbruch sollte der Dom werden. Alle Baumeister, Künstler, Gemeinden im Umkreis von sechs Stunden sollten sich keiner anderen Steine bedienen dürfen für ihre Bauten als jener vom Dom! Der Baumeister – *Henrion* hieß dieser Mensch – betrieb die Niederwerfung um so rascher, als sich der protestantische Stadtrat gegen das Ansinnen höchlichst verwahrte, „da es ihm schlecht anstünde, den herrlichsten Zeugen des alten Glanzes der Stadt und die Grabstätte acht deutscher Kaiser zu zerstören". Jetzt sollte ein Viehmarkt nach des entsetzlichen Baumeisters Plan auf die Stelle des Domes kommen! Da kam Rettung: ihn erhielt nach des Kaisers Verfügung die katholische Pfarrei zu Speyer. Aber noch im Jahre 1813 und 1814 diente der alte Kaiserdom den aus Rußland heimkehrenden Franzosen und den bald den Rhein überschreitenden Deutschen und Russen als Lazarett, wie denn schon acht Jahre vorher 6 000 bei Austerlitz gefangene Russen und Österreicher hier eingesperrt im schrecklichsten Elend lagen. Erst unter Bayerns Szepter erhob sich auch der alte Bischofsstuhl zu Speyer, und mit ihm der Dom wieder. Seitdem saß auf dem Bischofsstuhl der Geschichtsschreiber des Domes, der edle *Johannes von Geissel*, ein geborener Pfälzer, heute Kardinal-Erzbischof von Köln.

Die neueste Zeit nun brachte dem herrlichen Münster neuen Glanz; König Ludwig von Bayern widmete ihm seine Aufmerksamkeit; er schmückte die hohe Kathedrale prachtvoll aus, und der Enkel der Habsburger ehrte die Grabstätte seiner Ahnen mit reichen Gaben. Zu den beiden Kuppeln und Türmen gesellen sich nun zwei andere Türme, die seither fehlten; alle störende Zutat wurde entfernt, so die Pyramiden und die kleinen zwerghaften Kuppeltürme, während die Vorhalle und das Portal in entsprechender Weise hergestellt werden soll, um als *Kaiserhalle* die Standbilder der acht deutschen Kaiser, die im Dom begraben liegen, aufzunehmen.

Treten wir nun in das Innere des gewaltigen Domes. Man möchte niedersinken, so überwältigend ist der Eindruck dieser ungeheuren Halle in ihrer erhabenen Einfachheit und Größe. Früher, ohne die Bilder im Schiff, war diese Empfindung, da die grandiosen Verhältnisse des Ganzen ungeschwächt hervortraten, womöglich noch eine höhere; heute kommt die Bewunderung der neueren kirchlichen Kunst hinzu. Zwölf kolossale viereckige Pfeiler auf jeder Seite tragen die obere Mauer mit den Bogenfenstern und die hohen Kreuzgewölbe des Schiffes, indem sie zwei Seitenhallen von ihm scheiden. Das Verhältnis der Breite des Mittelschiffes zu seiner Höhe gibt dem Ganzen eine

Leichtigkeit und ein so kräftiges Emporstreben, wie man es nicht leicht im romanischen Stil wieder findet.

Aus dem Mittelschiff blickt man über zwei hintereinander liegende Stufenreihen hinauf zu den Chören, durch den Königschor zum *Hauptchor*, wohin vom Königschor eine Treppe von neun Stufen hinaufführt. Er liegt unter der östlichen Kuppel auf erhabener Stelle unter einem ungeheuren Bogengewölbe von 160 Fuß Höhe, und mitten in ihm der *Hochaltar*, majestätisch über den Königschor hinabblickend in das kolossale Gewölbe des Langhauses. Er ist neu errichtet und mit vielen Skulpturarbeiten geschmückt. Rechts und links von der Kuppel sind *Seitenchöre* mit prachtvollen neuen Altären; auf der Ostseite der *Stiftschor*, wo unter dem Baldachin sich der bischöfliche Stuhl erhebt. Er hat schöne Glasfenster aus der Münchener Glasmalereianstalt. Auf der Südseite des hohen Chors gelangt man durch einen gewundenen Gang in die im Spitzbogenstil erbaute Sakristei, wo die *Reliquien* aufbewahrt werden: das Haupt des heiligen Anastasius und des Papstes Stephan, des Schutzpatrons, das Kaiser Heinrich III. aus Rom mitgebracht hat und das nach langem Verschwinden durch den jetzigen Bischof im Kloster Lichtenthal bei Baden wieder entdeckt wurde.

Bevor wir nun den Königschor beschreiben, verweilen wir bei den neuen *Freskogemälden*, die jetzt Tausende nach Speyer wallfahren lassen. König Ludwig von Bayern, der alte Pfalzgraf bei Rhein, entschloß sich noch am Abend seines tatenreichen Lebens, den altehrwürdigen Kaiserdom, die herrlichste Reliquie deutscher Geschichte und Kunst, zu neuem Glanz zu erheben. Der Maler *Schraudolph* von München, Schüler von Heß, erhielt den Auftrag, dieses große Werk auszuführen, das, im Jahre 1845 begonnen, selbst durch die politischen Stürme von 1848 und 1849 hindurch weitergeführt und 1853 mit dem großen Votivbild der Vorhalle vollendet wurde. Die Ornamentik lag in den Händen von *Josef Schwarzmann*. Ein großes Kirchenfest im November 1854 weihte den Dom und seinen neuen Schmuck ein, wobei Kardinal Erzbischof Geissel, der edle Geschichtsschreiber des Kaiserdoms, eine begeisterte Festrede von der Würde des Münsters hielt.

Sehen wir uns die Bilder an. Die Offenbarung der Gnade Gottes zur Erlösung, Heiligung und Beseligung des Menschen, dargestellt in der Geschichte Mariae und der anderen Schutzheiligen des Domes – das bildet die Grundidee des ganzen Zyklus. Er besteht aus 40 großen Kompositionen, ohne die zahlreichen einzelnen Figuren. Die Bilder im Schiff, von unten mit dem Auge schwer zu erreichen, werden am besten von außen, oben durch die Fenster der auf Säulen ruhenden Arkaden betrachtet. Das *Votivbild* in der Vor- oder Kaiserhalle enthält die Schutzheiligen des Domes und Meister Schraudolph, der für die Vollendung des Werkes seinen Dank abstattete; es bereitet auf die *Bilder des Langhauses* vor. Dies sind 24, aus dem Leben Mariae, davon, wenn man in den Dom tritt, zur Linken auf der nördlichen Wand: 1. Erste Verheißung des Erlösers. Adam und Eva. 2. Abrahams Vision. 3. Die Vision Davids. 4. Geburt Mariae. 5. Vermählung Mariae mit Josef. 6. Besuch Mariae bei ihrer Verwandten, der heiligen Elisabeth. 7. Die Anbetung des Kindleins durch die Weisen aus dem Morgenland. 8. Die Beschneidung Jesu. 9. Mariae findet den zwölfjährigen Jesu im Tempel. 10. Der Tod Josefs. 11. Jesus als Lehrer. 12. Der auferstandene Heiland erscheint seiner Mutter. – Zur Rechten an der südlichen Wand: 1. Noae Dankopfer, der Regenbogen und die Friedensstiftung. 2. Der brennende Dornbusch und Moses. 3. Die Weissagung des Propheten Jesaias. 4. Mariae Opferung. 5. Der englische Gruß. 6. Die Geburt Christi. 7. Simeons Weissagung. 8. Die Flucht nach Ägypten. 9. Jesus zu Nazareth. 10. Die Hochzeit zu Canaa. 11. Die Kreuzigung. 12. Die Sendung des heiligen Geistes.

So enthalten diese Bilder die Erlösungsgeschichte und führen nun zum Mittelpunkt des Gebäudes, zu den herrlichen *Fresken des hohen Kuppelgewölbes*. Da sehen wir hoch oben auf dem Schlußstein über dem Hochaltar „Das Lamm Gottes“, auf das die Heiligen des alten Bundes hofften, als Mittelpunkt; rings herum vier Vorbilder des neutestamentlichen Opfers auf Goldgrund: Abel, Abraham, Melchisedech, das Manna, – herrlich am Gewölbe über dem Hauptchor schwebend. Unter ihnen an den senkrechten Wänden, auf blauem Goldgrund, die vier großen Propheten: Jesaias (unmittelbar unter dem Manna); Jeremias (unter dem Opfer Abels); Ezechiel (unter dem Opfer Melchisedechs); Daniel (unter dem Opfer Abrahams), eine jugendlich kräftige, schlanke Gestalt in medischer Tracht. Alle vier 16 Fuß hoch, während die Figuren am Gewölbe nur 14 Fuß Höhe haben. Auf die großen Propheten folgen passend die vier Evangelisten, sitzend dargestellt von 16 Fuß Höhe, in den vier großen Halbnischen über den Hauptpfeilern, die die Kuppel tragen: Matthäus mit dem geflügelten Menschen, Marcus mit dem Löwen, Lucas mit dem Opfertier, und Johannes mit dem Adler.

Die *Fresken der Seitenchöre* sind ihren Patronen gewidmet und den christlichen Märtyrern. So enthält der südliche Seitenchor in den vier Feldern des Kreuzgewölbes auf Goldgrund die vier Heiligen: Katharina von Siena; die Landgräfin Elisabeth von Thüringen; Johann von Gott, den Stifter des Ordens der barmherzigen Brüder; und Paul den Einsiedler. Dieser Seitenchor ist jedoch besonders in seinen Darstellungen dem heiligen Erzvater Stephan gewidmet in drei großen Gemälden: die „Diakonenweihe“ und „Vor dem hohen Rate“ oben auf der östlichen Wand dieses Seitenchores, und die „Steinigung“ unter dem letzteren in der Altarnische. Auf der Rückwand des Chores befindet sich „Das Gebet des heiligen Papstes und Märtyrers Stephan“, und unter der „Diakonenweihe“ dessen „Märtyrertod“. Ferner sind in den zwei Wandkapellen dieses Chores vier einzelne Heiligenbilder gemalt: die heilige Helena und St. Cyriakus in der Kapelle nahe des Stephanaltars, in der anderen: St. Martin und St. Anna mit ihrem Kinde Maria.

Der *nördliche Seitenchor* enthält Szenen aus dem Leben St. Bernhards von Clairvaux zu Speyer, so seine „Ankunft und die Begrüßung durch Kaiser Konrad III.“; dann „Bernhard kniend vor dem Altar der heiligen Mutter Gottes“, unter diesem die „Überreichung des Kreuzbanners“ und das vierte auf Goldgrund in der Altarnische: die „Vision des heiligen Bernhard“. Ein Doppelbild auf der Rückwand des Chores stellt die „Wunderbare Heilung eines kranken Knaben und die Abreise des Heiligen“ dar. An den Deckengewölben sehen wir: St. Klothilde, den heiligen Kaiser Heinrich II., St. Hildegard und St. Chrysostomus, den Kirchenlehrer und Bischof von Konstantinopel, welcher der größte christliche Redner war. In den kleinen Wandkapellen finden sich in der Nähe des Bernhardsaltars: St. Nikolaus und Johannes der Täufer, in der anderen St. Barbara und St. Sebastian.

Die *Fresken des Stiftschores* enthalten wieder marianische Gemälde in fünf großen Bildern, um die noch Heiligenbilder geordnet sind. Links: Maria und Johannes; oben: St. Antonius und Franz von Sales; unten: die heilige Monika und Theresia; dann „Mariä Tod“; darüber: Vincenz von Paula und die heilige Agnes; darunter: die heilige Elisabeth, Königin von Portugal und St. Athanasius, der Kirchenvater. Rechts: „Begräbnis Mariä“; oben: St. Magdalena und der Erzengel Gabriel; unten: der Patriarch Jakob und der Prophet Elias; dann „Mariens Himmelfahrt“; oben: St. Paulus und Mauritius; unten: St. Dominik und St. Ursula. Den Abschluß bildet das herrliche Gemälde: „Die *Krönung Marias im Himmel*“, an dem der Meister seinen poetischen Sinn betätigte. Es war eines der ersten vollendeten Gemälde und hätte dem Künstler bald das Leben gekostet. Ein Brett des hohen Gerüstes brach und Schraudolph stürzte, hielt sich aber noch im Fallen an einem Balken über der schwindelnden Tiefe, und arbeitete sich dann wieder empor. Am nämlichen Tag vollendete er noch das Haupt des Heilandes auf dem Bilde. Nach unten setzt sich das Gemälde fort in den zwölf Aposteln, dann in den vier großen Kirchenvätern: St. Augustin, Gregor der Große, St. Hieronymus und St. Ambrosius – und in den vier großen Ordensstiftern: Franziskus, Ignatius von Loyola, Benediktus und Basilius der Große. Nach oben setzt sich das Krönungsbild fort in der *„Glorie Gottes, des Vaters"*, dessen Bild hoch oben vom Gewölbe schaut; um ihn ordnen sich auf dem Gewölbefeld, von einem Gesims zum andern, die neun Chöre der Engel; zunächst in Halbkreisen die „Seraphim" und „Cherubim", unten die „Throne"; dann die „Herrschaften" mit Szeptern, die „Fürstentümer" (Engel, welche die geistliche und weltliche Krone Gott Vater zu Füßen legen) und die „Gewalten", zwei Engel mit Szeptern, Gott Vater zur Linken. Die drei letzten Chöre sind: die „Kräfte", vier untenstehende Engel mit den Himmelskörpern; die Erzengel Gabriel mit der Lilie, Raphael mit dem Wanderstab und Michael mit dem Schwert; und zuletzt die übrigen Engel mit dem Rauchwerk. Eine lateinische Inschrift aus der Präfation der Messe schließt zu Gottes Lob den Zyklus ab.

Auch in die *Ornamente* hat man Figuren mit aufgenommen. So über den kleinen Kapellen der Seitenchöre die vier Haupttugenden: Stärke, Mäßigkeit, Klugheit und Gerechtigkeit; die vier musizierenden Engel auf den Bögen, welche die hohe Kuppel tragen. Und so steht der Dom im reichsten Glanz der Kunst. Die *Kartons und Farbenskizzen* der Schraudolph'schen Gemälde sind in der Webergasse im Heppenheimer'schen Hause aufgestellt.

Und so ist das uralte Speyer wohl wert, der gesuchte und ersehnte Wallfahrtsort aller Freunde der Kunst zu sein und zu bleiben, und sein Kaiserdom wird keinen Waller in religiöser und künstlerischer Hinsicht unbefriedigt lassen. Aber auch in politischer Hinsicht ist der Kaiserdom ein heiliger Ort allen Deutschen; denn hier ist die Ruhestätte ihrer toten Kaiser.

Der *Königschor* zieht uns unwiderstehlich an. Aus dem Langhaus besteigen wir ihn auf zehn Stufen. Heilige Schauer umfangen uns: Deutschlands Herrlichkeit liegt mit seinen acht Kaisern hier unten begraben.

Acht Herrscher, die die erste Krone der Welt getragen haben, dazu drei Kaiserinnen und eine Königstochter schlafen hier unter unseren Füßen in stiller Totengruft den ewigen Schlaf. Zwei Bischöfe von Speyer, kaiserliche Kanzler, schlummern mit in den Kaisergräbern. Und welche Kaiser sind es, die hier unten ruhen? Die kräftigsten und die –unglücklichsten; drei von ihnen starben eines gewaltsamen blutigen Todes, ein vierter, vom eigenen Sohn verfolgt, im Bann. Die volle Tragödie der deutschen Geschichte steigt hier vor unserem träumenden Sinn auf. Wir steigen vom Langhaus auf der Mitte der Stufen hinan, dann noch vier Schritte, und hart zu unserer Rechten in der jüngeren Grabreihe unterm Boden ruht *Rudolph von Habsburg*; von der Burg zu Germersheim eilte der kranke greise König längs des Rheins herüber nach Speyer; er fühlte den Tod in sich. Zwischen zwei Priestern ritt er den Kaisergräbern zu, das Volk weinte am Wege um die Kraft Deutschlands, die in ihm lebte und mit ihm starb. „Auf nach Speyer! Zu den Kaisergräbern!" hatte er gerufen; jetzt war die Klage groß in der Stadt und am ganzen Rheinstrom. Alles strömte nach Speyer, um weinend den König einsenken zu sehen in die stille Gruft. Am 15. Juli 1291 war der Wiederhersteller Deutschlands gestorben.

Wo wir stehen, zu unserer Linken neben Rudolph, ruht der ritterliche *Adolf von Nassau,* das Opfer der Priesterintrige. Zu Göllheim auf dem Hasenbühl rief er im Schlachtgewühl dem Gegenkaiser *Albrecht von Österreich* entgegen: „Heut' sollst du mir Kron' und Leben lassen!" – und fiel, von Albrechts Schwert getroffen, unter die Rosse, die ihn zertraten. Aber auch sein Gegner Albrecht, der finstere Sohn des edlen Rudolph, starb unter der Mörderhand seines Verwandten im Angesicht der Habsburger Stammburg; er ruht nun friedlich, nur eine Handbreit von seinem Gegner getrennt. Der Tod vereinte sie, die einander im Leben tödlich haßten. – Adolfs von Nassau Leiche lag noch, als Albrecht ermordert wurde, im Kloster Rosenthal bei Göllheim. Der neue Kaiser, Heinrich von Luxemburg (1309), ließ sie holen samt jener Albrechts;

durch ihn empfingen Adolfs und Albrechts Witwen die Leichname, auf des Kaisers und der Fürsten Schultern trug man sie zum Königschor und senkte sie nebeneinander in die Grüfte, wo aller Haß schweigt.

Weiter links an der Wand liegt der Bischof *Sigbod von Speyer*, ihr Zeitgenosse. In den Gräbern der beiden Kaiser ruhten aber schon vorher des alten Friedrich Barbarossas hehre Gemahlin Beatrix und deren Töchterlein Agnes. Rechts von Rudolph von Habsburgs Grab an der Chorwand ruht *Philipp von Schwaben* und ruft uns das glorreiche und unglückliche Geschlecht der Hohenstaufen ins Gedächtnis. Er starb durch Mörderhand des Pfalzgrafen von Wittelsbach zu Bamberg im Schloß (1208) einen blutigen Tod, und sein Kanzler, der speyerische Bischof Konrad von Scharfenberg, der bei der entsetzlichen Tat zugegen war, wurde ihm zur Seite eingesenkt, zwischen dem eigenen und Rudolphs Grab.

Durchschneiden wir nun den Königschor, indem wir in der Mitte einige Schritte gegen die Stufen, die zum Hauptchor und Hochaltar führen, vortreten, so stehen wir in der älteren Grabreihe. In ihr ruhen die Begründer des Domes, die kräftigen Kaiser aus dem rheinfränkischen Hause und ihr ganzes Geschlecht. Unmittelbar zu unserer Rechten schläft *Konrad II.*, der Speyerer genannt, der edle Erbauer des Kaiserdomes, als der erste deutsche Kaiser, der sein Grab in diesem hohen Mausoleum fand. An seiner rechten Seite ruht seine fromme Gemahlin Gisela, und hinter ihr, an der Chorwand, ihres unglücklichen Enkels hochsinnige und treue Gattin Berta. Nach der linken Seite hin folgt die Reihe der kaiserlichen Nachkommen Konrads, Sohn, Enkel und Urenkel nacheinander. Unmittelbar neben ihm und uns zur linken Hand schläft der kräftigste und mächtigste der deutschen Herrscher, *Heinrich III.*, der große Sohn des großen Vaters, dessen Szepter die Völker gehorchten von den Dünen Jütlands bis zu den Pyrenäen, von der Weichsel bis zur Normandie, und dem Italien, ja Europa zu Füßen lag. Er starb nur zu früh für Deutschlands Zukunft; der 5. Oktober 1056, an dem er den gewaltigen Geist aushauchte, war der verhängnisvollste Tag in Deutschlands Geschichte. Denn er hinterließ als Nachfolger ein Kind, das nun absichtlich von den Priestern des Reiches schlecht erzogen wurde, und nach ihm vermochte es keiner mehr, den Gedanken, Deutschland zu einer Erbmonarchie zu machen, auszuführen. *Heinrich IV.*, als Kind schon seiner Mutter geraubt, die ihn im stillen Kloster beweinte, als Mann büßend und frierend vor des Papstes Fenstern zu Canossa, dann im Bann von allen verlassen, als Greis von dem eigenen Sohn beschimpft und verfolgt – und doch auch ein Held, der in mehr als sechzig Schlachten siegte, großherzig und kühn, der unglücklichste aller unglücklichen deutschen Kaiser, – da ruht er zwischen Vater und Sohn aus und hat Frieden gefunden, den man ihm lange nicht einmal im Tode gönnte. Die Reue erfüllte seinen Sohn *Heinrich V.* zu spät. Das prächtige Begräbnis, das er dem toten Vater nach Jahren veranstaltete, half diesem nichts mehr, und er selbst fand bald nachher hier neben seinem Vater an der nördlichen Chorwand sein ruhmloses Grab, als er die Tücke des römischen Bischofs selber sattsam empfunden hatte.

Kaiser Konrad war der erste, Adolf von Nassau und Albrecht von Österreich waren die letzten deutschen Herrscher, die hier eingesenkt wurden. Die Gräber bildeten kein Gewölbe, sondern senkrechte Grüfte von großer Tiefe, acht Schuh lang, vier Schuh breit, durch große Steinplatten in zwölf doppelreihige Einzelgemächer geschieden. Oben schloß sie eine einzige Deckplatte, und in solcher Einfachheit breitete sich die *Kaisergruft* unter dem Königschor, zwischen dem Langhaus und dem hohen Hauptchor vor dem Hochaltar.

Die Franzosen des 17. und 18. Jahrhunderts ließen auch diese letzte Wohnung der großen Herrscher Deutschlands nicht ungestört, zerschlugen die marmornen Sarkophage und wühlten in den Gräbern, warfen die Gebeine heraus und gruben nach Schätzen, als hätten die alten Kaiser auch allen Glanz und Schmuck des Reiches mit in ihre stille Gruft genommen.

Die Zerstörung der Kaisergräber wiederholte sich nochmals am 12. Oktober 1693 unter dem Befehl des französischen *Intendanten Henz*; in wunderbarer Fügung hatte auf den Tag 100 Jahre später unter einem Volksrepräsentanten gleichen Namens die Verwüstung der Gräber der französischen Könige zu St. Denis stattgefunden. Ein später Nachkomme, der letzte Habsburger, Kaiser Karl IV., ließ die Kaisergruft durchsuchen, um seiner Ahnen Gebeine zu sammeln und zu weihen. Kaiser Franz, Alexander von Rußland, der König von Preußen und Erzherzog Johann besuchten 1814 die stille Gruft der toten Herrscher.

Auf den Gräbern standen vor Zeiten prachtvolle *Denkmäler*, die in den Stürmen späterer Kriege untergingen; bis auf eine alte Statue Kaiser Rudolphs, die in der unterirdischen Krypta verwahrt wird. An den Seitenwänden des Königschors bemerkt man noch zwei eingemauerte Steine mit halberhabenen, 1853 hergestellten und vergoldeten *Kaiserbildern* in ganzer Figur aus alter Zeit. Links die Kaiser Konrad II., Heinrich III., Heinrich IV. und Heinrich V. – rechts Kaiser Philipp, Rudolph, Adolf und Albrecht.

Ehe wir die neuen Denkmäler erwähnen, müssen wir noch der *Stuhlbrüder* gedenken, einer Bruderschaft, die außer Speyer sonst nirgends mehr vorkam. Sie war von Konrad, dem Erbauer des Domes, gestiftet, und die Stuhlbrüder, 12 an der Zahl, Speyerer Bürgerskinder, waren verpflichtet, täglich siebenmal Gebete für die Seelenruhe der Kaiser über deren Gräbern zu verrichten. In den Gängen zwischen den einzelnen Gräbern standen die Stuhlbrüderstühle neben den prächtigen Denkmälern. Immerwährenden Kerzenschein, ein „ewiges Licht“, unterhielten sie über den Gräbern. So betete die Stuhlbrüderschaft viele Jahrhunderte über den Gräbern der deutschen Kaiser in der hohen, dämmernden Halle, bis auch sie dahinschwand, als der alte Dom der Wut des Reichsfeindes erlag.

Zwei Denkmale von großer Schönheit, die beiden *Kaiserstatuen* – Rudolph von Habsburg und Adolf von Nassau – schmücken in neuerer Zeit den Königschor. Das eine, auf der „Evangelienseite“, ist von Herzog Wilhelm von Nassau im Jahre 1824 seinem bei Göllheim gefallenen Ahnherrn, Kaiser Adolf von Nassau, gesetzt worden. Auf dem Knie liegt der Held, Antlitz und gefaltete Hände dem Hochaltar zugewendet, in voller Rüstung, mit übergeworfenem Königsmantel und entblößtem Haupt. Das Fußgestell von schwarzem Marmor wird von vier geflügelten Löwen getragen. *Bildhauer Ohnmacht* in Straßburg führte das Werk nach dem Plan des Oberbaurats Klenze in München aus. Ihm gegenüber steht, auf der „Epistelseite“, das Denkmal Rudolphs von Habsburg, von dem berühmten *Schwanthaler* auf König Ludwigs von Bayern Kosten ausgeführt. Auf einem Steinblock aus Tyroler Marmor thront der Kaiser sitzend, geschmückt mit der Reichskrone, dem Reichsapfel und das Schwert Karls des Großen haltend. Hinter dem Stuhl steht der Helm. Es hat der Wiederhersteller Deutschlands nach der Verwirrung des Interregnums auch treue Bildnisfähigkeit gewonnen, durch Benutzung des echten älteren Grabsteins in der Krypta.

Wenden wir uns nun von der heiligen Stelle weg, die uns so lange fesselte. In die unterirdische Gruftkirche – die *Krypta* – führt uns eine neue Treppe durch den Fußboden des Langhauses und der Seitenschiffe tief hinab unter den Dom. Dort dehnt sich in Kreuzesform diese unterirdische Kirche unter den Chören aus; ihr Gewölbe wird getragen von vierundzwanzig massiven Pfeilern. Dämmerung umgibt uns. Früher wurde hier der Karfreitag gefeiert. Fälschlich hielt man die Krypta sonst für die Kaisergruft. Zwischen den kurzen, stämmigen Pilastern standen acht Altäre.

Heute dient die Krypta zur Aufbewahrung alter, größtenteil beschädigter, aus dem ehemaligen *Kreuzgang* herrührender Monumente. Sie und die höchst eigentümliche Architektonik dieses unterirdischen Domes bietet manches Interessante.

Das Merkwürdigste ist aber der *„rauschende Kelch"*. Es ist ein steinerner Sarg von dritthalb Schuhlänge; er hat die Form eines Achteckes und ist eine Nachbildung des „heiligen Grals", der im romantischen Mittelalter so viel von sich reden machte. Seine Wunderkraft war auch auf den „rauschenden Kelch" übergegangen. Gehörlose, die zum Dom wallfahrten, schickte man hier herab in die schauerliche Dämmerung, wo sie das Ohr über den „rauschenden Kelch" hielten und tief unten alsbald ein dumpfes Geräusch im unermeßlichen Abgrund vernahmen.

In der Krypta steht nun der alte *Grabstein Rudolphs von Habsburg*, der einzige übriggebliebene von den Denkmalen der Kaiser. Er ist ein kostbarer Überrest altdeutscher Kunst: ein großer Stein mit der gekrönten Gestalt des Kaisers im langen Talar, so erhaben gearbeitet, daß sie aus dem Stein herauszutreten scheint. Der Kaiser liegt auf dem Rücken, die Hände über der Brust gefaltet. Im mageren, greisen Antlitz sind die Runzeln scharf ausgegraben, die Füße ruhen auf einem liegenden Löwen. Auf der Brust ein Wappenschild mit dem Adler, und auf den Schultern zwei andere mit springenden Löwen. Unter Schutt und Getrümmer fand man 1811 diesen Stein wieder, der unbezweifelt der alte echte ist, von dem *Ottokar von Horneck* in seiner Reimchronik singt:

„Ein kluger Steinmetz
Ein Bild sauber und rein
Aus einem Merbelstein
Schön het gehauen;
Wer das wollt schauen
Der müßt ihm desjehen,
Daß er nie Bild het gesehen
Einem Manne so geleich usw."

Die weiteren Verse berichten, wie der Meister selbst die Runzeln auf des Königs Antlitz gezählt, und oft von Speyer ins Elsaß zum König gelaufen sei, um ja keine mit dem zunehmenden Alter zu vergessen! Das heißt nun einmal Realismus in der Kunst!

Nun wenden wir uns zur *St. Afrakapelle* auf der Nordseite des Domes, dem Antiquitätenkabinett gerade gegenüber. Interessant sind ihre alten Säulen; die Wände sind von Schraudolph ausgemalt. Aber was soll uns hier die religiöse Kunst, wo die Geschichte selbst eine gewaltige, erschütternde Tragödie vor uns aufbaut! Hier lag die Leiche eines großen deutschen Kaisers vier Jahre unbeerdigt über der Erde, denn er war im Bann gestorben und der eigene Sohn sein Feind. Heinrich IV. baute diese Kapelle, und sie wurde sein Zufluchtsort im Tode.

Nach der Sage soll jener historische Raub des jungen Kaiserkindes in Speyer vorgefallen sein. Der Prinz sprang in den Rhein, wurde aber aufgefischt und mit dem Schiff seiner trauernden Mutter entführt, die im Kloster ihr Leben beweinte. Das taten deutsche Bischöfe; es war Heinrichs erstes Leid, das ihn nun nicht mehr verließ. Was er durch seine Erzieher verleitet als Jüngling versündigte, mußte er als Greis jammervoll büßen. Treu aber hielt seine Gattin bei ihm aus, als die Großen des Reiches von ihm abfielen; sie wanderte mit ihm von hier aus in die schützenden Mauern der „Kästenburg" an der Haardt und des hohen Trifels im Wasgau, von dort aus, mitten im Winter, nach Canossa, zur qualvollen Demütigung vor dem römischen Hohen-Priester. Zurückgekehrt, schlug er wieder seine treulosen Feinde, und der Sachsenherzog verlor Hand und Leben im Kampf gegen den rechtmäßigen Kaiser. Da hielten die Speyerer treu zu ihm mit dem edlen Bischof *Rüdiger Hutzmann*, einem Speyerer Bürgersohn;

sie scheuten nicht Bann noch Interdikt. Der getreue Hutzmann focht seines Kaisers Sache durch, bis er nur zu früh starb – im Kirchenbann. Die bitterste Zeit des alten Kaisers kam; sein eigener Sohn kämpfte im Solde des Papstes als Gegenkaiser, nahm ihn gefangen und stellte ihn vor den Reichstag zu Ingelheim. Weinend bat der Greis die Fürsten, die Würde der ersten Krone der Erde nicht zu sehr zu erniedrigen. Zu den Füßen seines Sohnes warf er sich, umsonst; er wurde der Krone verlustig erklärt, die er ein volles halbes Jahrhundert getragen hatte. Da wandte er sich, arm und verlassen, an den Bischof *Gerhard von Speyer*, dem er einst wohlgewogen war: „Ich bin von der Höhe heruntergestürzt und elend geworden. Siehe, so gib du mir eine Pfründe in dem Dome zu Speyer, den ich gebaut, damit ich nicht Hungers sterbe. Ich kann ja lesen und schreiben und noch zu Chore dienen!“ Der Bischof rief: „Bei der Mutter Gottes, das werde ich nicht!“ Und die deutschen Bischöfe und Fürsten, die getreuen Diener des römischen Papstes, rissen dem alten Kaiser die Krone vom Haupt, die Kleinodien vom Leibe, ihn selbst vom Stuhl empor, daß er seufzte: „Gott wolle die Ungerechtigkeit rächen! Ich erleide heute eine Schmach, die nie erhört worden!“ Darauf floh der Greis zum *Bischof von Lüttich*, wo sich seine Getreuen um den alten Kaiser, der sie in 60 Schlachten zum Siege geführt hatte, sammelten. Aber Heinrich starb im Bann. Er war so arm geworden, daß er seine Stiefel für Brot versetzte. Seinem Sohn aber ließ er mit Übersendung des Schwertes und Ringes sagen: „Das ist deine ganze Erbschaft; ich hätte dir mehr geschickt, wenn du mir mehr gelassen hättest!“ Das Volk in Lüttich weinte um den toten Kaiser, den der Bischof mit kaiserlichen Ehren begraben ließ; aber der ruchlose Sohn ließ auch der Leiche seines Vaters keine Ruhe, – ausgegraben stand sie auf einer einsamen Insel der Maas, nur ein Mönch, auf seiner Wallfahrt nach Jerusalem vorbeikommend, betete bei dem toten Kaiser. Als er nach Speyer gebracht wurde, ging das ganze Volk ihm entgegen und trug ihn unter Gebet, Gesang und Glockengeläut zum Münster. Dort aber befahl der Bischof, die Leiche uneingesegnet in die St. Afrakapelle zu stellen, da der Kaiser im Bann gestorben war. Es erhob sich großer Tumult und heftiges Weinen im Volk, weil der Kaiser das Münster zu Speyer im Leben so reich begabt und geschmückt und die Stadt so sehr geliebt hatte.

Nun lag Heinrich vier Jahre lang hier unbegraben in einem steinernen Sarg, und kein Pfaffe sprach hier sein Gebet. Nur die Speyerer kamen täglich zur Afrakapelle und beteten für des Toten Seelenruhe, bis der von Gewissensbissen verfolgte Sohn (1111) den Bann löste und in feierlichster Weise den Vater zu den Ahnen bestattete.

Alle diese Erinnerungen stürmen auf uns ein in der niedrigen Kapelle. Schmerzbewegt wendet man sich zu den übrigen Merkwürdigkeiten des Domes, und zwar zu einigen *Steinskulpturen.*

Eine Merkwürdigkeit des Domes ist der *„Sigurd“* oder das *„Mithrasbild“*, das sich im nördlichen Kreuzchor, in einem Winkel der Altarnische, im sogenannten Muttergotteschor, links vom Hochaltar befindet. Ein rohes Bild im Haut-relief zeigt auf einer Steinplatte einen kleinen Mann, mit struppichtem Bart und kurzem Schwert, der auf einem Untier sitzt und ihm den Rachen aufreißt. Das Werk ist nicht römisch, eher deutsch, aus den frühesten Jahrhunderten. Es hat schon den Altertumsforschern viel Kopfzerbrechen gekostet, indem es die einen für den persischen Mithras, andere für den nordischen Sigurd (Siegfried, der den Lindwurm erlegt) halten. Die Tarnkappe des Männchens ließ eher auf letzteren schließen. Auch St. Georg, den Drachentöter, könnte es vorstellen, oder alle zugleich, da sie in der Mythe ineinander übergegangen sind und der alte Steinmetz wahrscheinlich nur in solcher bildnerischen Spielerei seiner mit alten Überlieferungen getränkten Phantasie freien Spielraum ließ.

Auch an einer äußeren Halbsäule des Stiftschores, gerade dem Heidentürmchen gegenüber, erblickt man in einer Höhe von 18 Fuß ein sehr sonderbares Bild in Bas-relief, das für eine *Göttergruppe* gehalten worden ist. Es sind fünf Menschen und zwei Tierfiguren in bizarrer Gruppierung unter einer Art von Baldachin. Wohl auch nur eine Spielerei des Steinmetzen. – In den Wänden der Seitenschiffe sind zwei Grabsteine eingemauert, die der Beschauung wert sind. Das eine – das Denkmal eines Assessors am Reichskammergericht, aus dem 16. Jahrhundert –, ist eine Auferstehung in Bas-relief, auf der linken Seite des Domes, von ausgezeichnet schöner Haltung, in äußerst zartem Stil. Besonders der Christus mit der Siegesfahne ist ungemein edel. Nicht weit von ihm, neben der nördlichen Tür, sieht man eine Kreuztragung in alter Manier. Dem Rührendsten gesellt sich hier das Drollige bei. Voraus die Schächer, dann ein Prälat, dem ein Mönch die Hand auf die Schulter legt, Christus mit Kreuz, während ein anderer Mönch es ihm tragen helfen will, weinende Frauen, gepanzerte Kriegsknechte, – alle Figuren kohlschwarz vom Rauch des Dombrandes oder der Küchenfeuer, da die Franzosen 1814 die Altäre als Herde benutzten.

Nun aber besteigen wir, um die *Aussicht* zu genießen, die Treppen zur Höhe des Kaiserdomes, und zwar durch eine Tür im Marienchor auf 103 Stufen zur *Chorgalerie,* bis man plötzlich im freien Säulengang steht und in eine prachtvolle Landschaft hinaus über die Domanlagen unten und den Rheinstrom hinüber ins badische Land bis nach Heidelberg, von Bruchsal die Bergstraße entlang bis zum Melibokus schaut.

Die Jesuitenkirche von Mannheim ragt im Norden empor, gegen Südosten bildet der Rhein einen prachtvollen, hellumbuschten See, mit grünen Eilanden, von Fischerhütten umkränzt, während das Dorf Altlußheim am jenseitigen Gestade freundlich herüberschaut. Die badischen Berge liegen im hellen Sonnenlicht und begrenzen mit ihrem duftigen Blau das grüne Land nach Osten hin. Die *Galerie des Schiffes* ist um 45 Stufen höher als die des Chores, und der Blick durch die kleinen Bogenfenster in das Innere des Domes ist schwindelerregend, und zwar weit mehr als der Blick ins Freie. Tief unten dämmert die großartige Halle; an ihren Wänden aber leuchten uns die Gestalten der Heiligen entgegen, die Fresken, die von hier aus am besten betrachtet werden können. Die herrliche Säulenarkade läuft um den ganzen Dom herum und läßt uns nach allen Seiten den Blick in das herrliche Land: in den reichen Speyergau und weit hinein in die beata rura Palatini. Wir haben einen prachtvollen Blick ringsumher; blinken von Osten die Höhen der Bergstraße, so schauen von Westen die herrlichen Bergkuppen der Vogesen und der Haardt mit ihren grauen Ruinen, und ihnen zu Füßen breitet sich der „Wonnegau“ des Reiches, die reiche Ebene und das Weinland der Pfalz aus. Vom hohen Donnersberg bis tief ins Elsaß hinein liegt die blaue Bergkette vor uns, und wir bekommen eine Ahnung von ihren Reizen, die wir bald genießen sollen. Gerade nach Westen thront die als „Hambacher Schloß“ so bekannte jetzige Maxburg, die als einstige Residenz der Bischöfe „Kästenburg“ hieß. Der reiche Gau der Rheinebene breitet sich bis zu diesen Höhen aus, und unmittelbar uns zu Füßen liegt die alte Stadt selbst in ihrer Stille. Diesen herrlichen Blick gewährt besonders das Fenster der westlichen Kuppel in der heimlichen runden Glockenstube, wo unter anderen eine 107 Zentner schwere Glocke hängt. Sie erinnert uns an eine frühere Glocke, die die republikanischen Franzosen als Eroberer dieses reichen Landes in den neunziger Jahren mit ihren Schwestern von der Kuppel hinabwarfen; sie schlug ein Gewölbe ein, wohin die Einwohner ihre beste Habe geflüchtet hatten, der sich nun die Freiheitsmänner bemächtigten, und die diese Glocke „le bon patriot“ nannten. Der „gute Patriot“ stand später als gewaltige Kanone auf den Festungswällen von Germersheim, drei Stunden von hier südlich am Rhein. Damals raubten die Franzosen in Speyer allein 48 Glocken.

Hinuntersteigend treten wir nun vorerst hinaus auf den freien offenen Platz vor dem Dom und in den *Domgarten,* der sich in schönen englischen Anlagen um das hehre

Ruinen des Ölbergs an der Südwand des Speyerer Domes: ein bezeichnendes Dokument der erzählenden Darstellungsweise des beginnenden 16. Jahrhunderts

Münster zieht. Da stehen hohe, ernste Platanen und Ahornbäume, prächtige wilde Kastanien und üppiges Gesträuch; schattige Laubgänge ziehen durch den Garten und lassen hie und da in schönster Weise die Aussicht frei auf den unten wogenden Rhein. Dieser Domgarten umschließt einige Überreste alter Zeit, die unsere volle Beachtung verdienen, und die, von schönem Grün umrankt, in lieblicher Weise uns anmuten. Da sind die herrlichen Arkaden der Domfenster an der Südseite mit den drei wundervollen Rundbogen und dem ausgemeißelten Dachgesimse. Sie blieben vom alten Bau übrig, der überhaupt ein Wunderwerk in der Bildnerei gewesen ist. Dort, dem sonderbaren „Heidentürmchen“ gegenüber, die noch seltsamere „Göttergruppe“, und hier, auf der Südseite, die herrliche *Taufkapelle* in ihrer seltenen Bauart und mit den wunderzierlichen Säulen. Die Sage sagt, sie sei älter als der Dom selbst. In ihr steht jetzt wieder der neue Taufstein. – Dort zwischen dem Heidentürmchen und dem Dom steht noch ein großer Torbogen von der alten Domdechanei und Reste alter Mauern treten ringsum zutage.

Die bemerkenswertesten und schönsten Überreste sind jedoch die *Ruinen des Ölberges.* Hell umgrünt stehen sie auf der Südseite des Domes; sie bildeten früher den Mittelpunkt im Viereck des Kreuzganges, der den Kinderfriedhof umschloß. Der Ölberg ist eines der originellsten Bildwerke altdeutscher Kunst, aus dem Anfang des 16. Jahrhunderts. Das Ganze soll den Garten Gethsemane vorstellen und besteht in aufgetürmten Felsblöcken, an denen sich künstlich ausgehauener Efeu emporrankt, während ebenso zierlich gearbeitete morgenländische Vegetation überall hervorsprießt und Schlangen und Eidechsen dazwischen kriechen. Im Innern des Felsens war früher eine Kapelle, in der einst am Gründonnerstag Messe gelesen wurde. Auf ihrer Fensterbank liegt ein steinerner Hund. Die hier noch stehenden sechs Pfeiler trugen einst ein kunstvoll durchbrochenes Dach. Auf der Höhe der oberen freistehenden Felsenpartie kniet der *leidende Erlöser,* eine edle, ideal gehaltene Gestalt mit schönem Faltenwurf und emporgehaltenen Händen. Aber die Franzosen haben ihm das Haupt abgeschlagen. Der Engel Gabriel mit dem Leidenskelch, der darüber schwebte, ist ganz verschwunden. Rings an den Felsen ruhen in schöner Gruppierung die Jünger; noch in ihrer heutigen Verstümmelung lassen sie die schöne Charakteristik und edle Haltung erkennen. Von Judas und den Kriegsknechten, die auf dem Fußpfad zum Felsen hinanschlichen, ist keine Spur mehr vorhanden. Sie waren materialistisch gehalten im Gegensatz zu den idealistischen Figuren des Erlösers und seiner Jünger: plumpe, gemeine Figuren im Kostüm deutscher Reisige des Zeitalters der Erbauung des Ölberges, mit Laternen, Streitäxten und selbst mit Hakenbüchsen. Juden und Leute aus dem Pöbel liefen mit. Das Pflästerchen auf dem Schenkel eines dieser dargestellten häßlichen Männer war das Wahrzeichen vom Ölberg und von Speyer, sowie auch die Zwiebelbündel des Malchus und die Brille, die eine Figur auf der Nase hatte. Drei Jahre arbeitete der Meister, und nach seinem Tode sein Bruder an dem Kunstwerk, das bald als ein Weltwunder durch ganz Deutschland als einzig in seiner Art gepriesen wurde. Dieses *Speyerer Weltwunder* war denn auch der Stolz der Domherren und der Bürger und wurde in eigenen Hymnen besungen, so von dem Jesuiten Armbruster. Auch Luther erwähnt seiner in seinen Tischreden, und der alte Merian meint, daß der Ölberg so viel zu bauen gekostet habe, als etwa vor Zeiten ein kleines Städtlein. Aber seine Pracht ging auch unter durch unsere liebenswürdigen Nachbarn, und jetzt rankt der wilde Rosenstrauch an ihm empor, die Tränenweide senkt ihre Zweige auf die schöne Ruine und der spanische Flieder deckt die schlafenden Jünger mit seinen Blüten.

Auf dem Platz vor dem Münster, der zwischen diesem und der Stadt liegt, vor der Mündung der großen Maximilianstraße, steht der *Domnapf:* ein großes, steinernes Gefäß, das auf einem Postament ruht. Drei Treppen führten früher zu ihm hinauf.

Er bezeichnete die Grenze des städtischen Gebietes und jene des Domes; beim feierlichen Eintritt eines Bischofs geleiteten ihn die Bürger bis hierher, und der Bürgermeister sagte: „Allhie geht unser Geleit aus!“ Er hieß auch die *Schwabenschüssel,* und bei jedem Eintritt mußte der Bischof ein Fuder Wein aus seinem Keller in den Napf laufen lassen, wo dann jeder auf des neuen Bischofs Gesundheit trinken konnte.

Am Domnapf auf dem Domplatz in Speyer schieden sich einst die Rechtsgebiete der Stadt und der bischöflichen Immunität

Bei dem Domfest 1854 erneuerte man die alte Sitte, und das Volk trank Wein aus diesem Napfe. Ferner war er ein *Verbrecherasyl.* Wer sich in seine Tiefe geflüchtet hatte, nach irgendwelchem Verbrechen, war vor Verfolgung sicher. Verse auf einem messingnen Ring in lateinischer Sprache erklärten diese dreifache Bestimmung. Im Jahre 1794 pflanzten hier die Jakobiner einen *Freiheitsbaum* – eine Steineiche – auf, schmückten ihn mit der Jakobinermütze, zündeten darunter ein großes Feuer an, holten das Madonnenbild, die Kruzifixe, Chorbücher und anderes aus dem Dom herbei, verbrannten es und sangen, um die Flammen tanzend, in rasendem Enthusiasmus das: „Allons, enfants de la patrie!“ Seitdem ist die Jakobinermütze verfault und der Baum wurde umgehauen.

Wir wenden uns nochmals dem Münster und zum Schluß noch den *Domsagen* zu.

Gleich an die Bestimmung des Domes zur Grabstätte der Kaiser, knüpft sich die Sage einer alten Chronik, daß einst vor des Kaisers Zorn ein Graf von Calw sich mit seiner Gemahlin in den Schwarzwald geflüchtet hätte.

Der Kaiser kam später dort in eine Hütte, als eben die Gräfin, die hier wohnte, gebar. Dem Kaiser wurde prophezeit, der Knabe werde einmal sein Tochtermann werden. Er befahl, ihn zu ermorden, wurde aber durch ein ihm vorgezeigtes Hasenherz getäuscht; er fand den Knaben später erwachsen als ritterlichen Jüngling am Hofe des Herzogs von Schwaben.

Da schickt er ihn zu der Kaiserin nach Speyer mit einem Brief: „So lieb dir dein Leben ist, lasse den Überbringer heimlich töten!“ In Speyer angekommen, öffnet ein Domdechant voll Neugierde den Brief und schreibt hinein: „So lieb dir dein Leben ist, gebe dem Überbringer unsere Tochter zur Ehe!“ – was auch die Kaiserin gleich tut. Der Kaiser tobte; als er aber hörte, daß sein Tochtermann ein Graf von Calw sei, ging er in sich, lobte den Domdechanten und bestimmte aus Dank, daß hier alle Kaiser begraben würden.

Viel größere historische Wahrscheinlichkeit hat die *Sage vom bösen Bischof*. Das war Heinrich von Scharfenberg, den Kaiser Heinrich IV. auf den Stuhl von Speyer gesetzt hatte. Er war ein Sabbatschänder und vergeudete des Domes Güter, versündigte sich auch auf mannigfache Art. Es erzählte ihm eines Tages ein Priester: er habe eine Vision im Dome gehabt, wo er im Stiftschor gewesen sei und gesungen habe. Da seien plötzlich ein alter Mann mit grauen Haaren und zwei Jünglinge im Chor vor den Bischof getreten, und als sie ihn eine Zeitlang schweigend angeschaut hatten, habe der Alte gesagt: „Du mußt sterben, Bischof, weil du diesen Ort und dessen Patronin, die Gottesmutter, so oft beschimpft hast.“ Hierauf enthaupteten die Jünglinge den Bischof und hefteten seinen Rumpf an das große Kreuz, das vom hohen Chor herab in die Tiefe der Halle hing. Das hörte der Bischof lachend an und schalt es Wahnsinn; als er aber zum erstenmal in den Chor zum Vesper ging und hier mit den Priestern stand, da fühlte er plötzlich am Hals eine kleine Pustel, die sich reißend schnell um den ganzen Hals verbreitete und so entsetzlich wuchs, daß er noch in selbiger Stunde starb, ohne Beichte und Abendmahl, durch Gottes Gericht. Jener Priester aber, der im Dom das Traumgesicht hatte, wurde Bischof, es war Rüdiger, *der getreue Hutzmann.*

Für Kaiser Heinrich stand er ein, zusammen mit den Speyerern mit Gut und Blut, und solange er lebte, hielt er eine große Partei unter den deutschen Bischöfen beisammen für den Kaiser. Aber er starb im Bann und wurde begraben. Da nun Kaiser Heinrich auch gestorben war und seine Leiche ungeweiht in der St. Afrakapelle lag, hatte der getreue Hutzmann keine Ruhe im Grab, und die Stuhlbrüder, die noch in der Nacht über den Kaisergräbern beteten, sahen oft die Gestalt des toten Bischofs zur St. Afrakapelle wallen, wo der tote Kaiser lag. Dort hielt der Tote über dem Toten die Gebete, die den Entschlummerten die verdiente Ruhe geben.

Die *Glocken von Speyer* sollen in alter Zeit jedesmal den Tod eines Kaisers in dessen Todesstunde angekündigt haben, mochte er noch so fern gestorben sein. Nun kam nach der Sage Kaiser Heinrich IV., von allen verlassen, als bettelnder Greis in Speyer an und starb im letzten Häuschen der Vorstadt in selbiger Nacht noch. Da hub die große „Kaiserglocke“ im Dom dumpf und hehr durch die Nacht zu klingen an, kein Mensch läutete sie, und alle fünfzig Glocken der Stadt antworteten ihr und klangen in feierlich klagendem Ton zusammen. In der Stadt aber und weit im Lande lief das Volk zusammen und fragte: „Der Kaiser ist gestorben! Weiß niemand, wo er starb!" – Nach Jahren lag sein Sohn, Kaiser Heinrich V., in seiner Pfalz zu Speyer im Todeskampf, von allem Glanz des Reiches umgeben. Da wimmerte es durch die Luft, die „Armesünderglocke" läutete ganz allein mit seltsamem Klang, nachdem sie lange verstummt gewesen war. Alle anderen Glocken schwiegen. Und wieder lief das Volk in den Straßen zusammen und fragte sich: „Wer wird denn heute gerichtet?" – Jener Pilger von Jerusalem, der in Lüttich allein auf des Kaisers Sarg betete und die Leiche hütete, soll ihr auch nach Speyer zur St. Afrakapelle gefolgt und hier fünf Jahre lang ihr Wächter gewesen sein.

Eine alte Sage, die noch heute im Volke geht, ist die von der *Rhein-Überfahrt der Kaiser.* In gewissen Nächten, nachts um zwölf, tönt die alte Kaiserglocke dumpf von der Kuppel, die Gräber der Kaiser öffnen sich und die alten Herrscher treten heraus, wallen durch den Dom und hinab zum Rheinstrom, wo der Schiffer in der Hütte jenseits des Ufers schläft. „Hol über! Hol über!" hört er rufen, und wenn er über den Strom eilt, treten acht verhüllte Gestalten in den Nachen. Schweigend fährt er sie von dannen, sie steigen ans Ufer und verschwinden. Aber in der nächsten Nacht kommen sie wieder und lassen sich überfahren; aber er weiß nicht, wer die schwarzen Mönche sind, die in stiller Nacht zum Dom zurückwallen. Im Reich aber geht bald darauf was vor, das daran erinnert, daß die alten, großen Kaiser schon lange gestorben sind und im Dom zu Speyer begraben liegen. Andere wollen die schwarzen Mönche für böse Geister ausgeben; viele aber haben schon davon geredet und geschrieben, so der edle Melanchthon.

Viele Sagen von dem wundertätigen *Marienbild zu Speyer* im Dom enthalten die Chroniken und leben in der Erinnerung des Volkes. Es war berühmt durch ganz Deutschland und stand am linken Eckpfeiler des Königschores. Im langen Kleid mit herrlichem Faltenwurf stand die Madonna auf einem Halbmond, in der Rechten das Szepter, auf dem linken Arme das Jesuskind. Da kam einmal eine Mutter mit ihrem Kindlein in den Dom und betete, denn sie war arm und hatte nichts zu essen; das Stücklein Brot, das ihr Kind in der Hand hielt, war der letzte Bissen im Hause. Während sie nun in Andacht versunken vor dem Bilde stand, sah ihr Kind zum Jesusknaben empor und sagte: „Da, Büblein, beiß einmal!" Da neigte sich der Jesusknabe herab, umfing das arme Kind und sagte: „Mußt nicht mehr weinen, in drei Tagen sollst du mit mir speisen!" Was auch geschah, denn das Kind starb und kam in den Himmel.

Als der *heilige Bernhard* im Dome einzog, da sang er in freudiger Erregung der gnadenreichen Madonna entgegen das „Salve Regina!" samt dem ganzen Volk. Kaum waren die letzten Worte verklungen, als er begeistert die Worte hinzusetzte: „O clemens! o pia! o dulcis virgo Maria!" Bei jedem Satz soll er aber einen mächtigen Sprung gemacht haben, so daß er in drei Sprüngen vor dem Bilde stand. Diese Sprünge aber sind durch *drei große Rosen* bezeichnet, die noch heute, in den Boden des Doms eingelegt, zu sehen sind. – Nun aber soll das Bild plötzlich zu sprechen angefangen haben, indem es ihm entgegenrief: „Sancte Bernarde! Unde tam tarde?" („Heiliger Bernhard, warum so spät?") Darauf der heilige Gottesmann mahnend sprach: „Mulier taceat in ecclesia!" („Das Weib soll schweigen in der Kirche!"), worauf das Bild verstummte und bis zum heutigen Tag kein Wort mehr geredet hat. – Aus allen Ländern wallfahrte man zu dem Madonnenbild und fand Heil des Körpers und der Seele, bis die Franzosen im Jahre 1689 das Münster verbrannten. Da wich das Feuer zu beiden Seiten vor dem Bilde und beschädigte es nicht im geringsten, während der ganze Dom abbrannte. So stand es noch 100 Jahre, bis wieder die Franzosen kamen als rasende Jakobiner und Söhne der Freiheit. Da rissen sie das Marienbild aus dem

Dom, und schleppten es zu ihrem Freudenfeuer und wollten es verbrennen; aber es verbrannte nicht, und sie mußten es mit Säbelhieben zerhacken, ehe es von den Flammen verzehrt werden konnte. – So die gläubige Sage, und damit treten wir wieder hinaus in den Domgarten und beschauen uns, was das altehrwürdige Speyer noch sonst bietet.

Gang durch Speyer und Umgebung

Speyer ist freilich besonders nur seines herrlichen Domes wegen besucht, aber es enthält auch noch anderes Interessante und historisch Wichtige. Seine mächtigen Ringmauern, die im Doppelkreis die reiche Stadt umschlossen, sind leider bis auf geringe Reste verschwunden; von seinen *sechzehn Toren* mit ihrer reichen Geschichte stehen nur noch einige wenige. Alle diese Tore waren mit hohen, festen Türmen versehen, und außerdem standen an den Mauern noch sechzig andere Türme, die alle ihren eigenen Namen und ihre eigene Geschichte hatten. Das Geschütz, das dieses Werk verteidigte, bestand aus zwölf Falkonettstücken, mehr als zweihundert großen Doppelhaken und vielen anderen Mauerbüchsen. Außerdem waren noch alle Zunftstuben damit versehen, so daß die Franzosen (1689) allein 70 Wagen brauchten, um das Speyerer Geschütz nach Landau abzuführen.

Unseren Gang durch die Stadt beginnen wir mit der Betrachtung des *Heidentürmchens*, das hinter dem Dom gegen den Rhein hin auf den Resten der alten Stadtmauer steht. Eine lange Reihe von Treppen führt zwischen zwei Brustmauern zum Altan, auf dem ein hoher Turm mit zwei Rondellen in die Lüfte strebt. Die Aussicht von oben herab auf den gegenüber in riesiger Größe emporragenden Dom mit seinen Kuppeln und Türmen und auf den unten strömenden Rhein, ist ungemein einladend. Diese Warte mit den beiden spitzen Türmchen wird für das älteste Gebäude der Stadt gehalten. Die Sage erzählt von einem *Riesen und seiner Riesin*, die zuerst in der Gegend gewohnt und sich dieses enge Haus gebaut hätten, so daß sie in den Türmchen gesteckt haben mögen wie in zwei Nadelbüchsen. Andere schreiben das Heidentürmchen den Römern zu. Es ist möglich, daß es auf den Rudera eines römischen Kastells und des *Tempels der Diana* erbaut wurde, auf denen ja auch der frühere Dom von König Dagobert erbaut worden sein soll. Seine Bauart weist wenigstens auf spätere Jahrhunderte hin.

Zwischen dem Heidentürmchen und dem Dom hindurch, wo der kühle Schwibbogen von der früheren Bischofspfalz sich über uns erhebt, kommt man in der Domanlage auf die nördliche Seite des gewaltigen Münsters; dort, der St. Afrakapelle gegenüber, steht ein modernes Gebäude im schwersten dorischen Stil: es ist die *Antikenhalle*. Sie enthält eine große Anzahl der in der Pfalz vorgefundenen Reste der vorchristlichen Zeit, wie ja das Land ungemein reich daran ist. Schon das Kabinett in Mannheim ist damit angefüllt. Durch die Eisengitter sieht man römische Altäre, Votiv- und Meilensteine, Säulenknäufe, Tränenkrüge und eine Statue der Maja. Die rechts und links liegenden Kabinette enthalten Gefäße, Bronzegegenstände und Münzen, antediluvianische Versteinerungen, Ringe Waffen, Götterbilder, Vasen und dergleichen. Auch mittelalterliche Reste sind hier aufbewahrt. Merkwürdig ist der große *Deckelsarg*, der vor dem „Weidentor" ausgegraben wurde, in dem eine Römerin lag. Bei der Öffnung soll noch in ihm eine Lampe gebrannt haben. Das wäre dann ein wirkliches „ewiges Licht".

Wir gehen nun bis zum Domnapf auf dem Vorplatz des Domes, wo man in die große Maximilianstraße hineinsieht. An der Ecke stand früher der *„Trutzpfaff"*, den die Speyerer vor's Münster und den Domherren vor die Nase bauten. Wie wohl tut einem der Anblick dieser alten, charaktervollen Straßen, wenn man aus dem viereckigen Mannheim kommt! Noch heute stehen stattliche Gebäude in der Maximilian-

Das Heidentürmchen auf den Resten der Speyerer Stadtmauer wird für das älteste Bauwerk der Domstadt gehalten

straße. An der Stelle des jetzigen Rathauses am Marktplatz stand früher die „Münze“, die Zunftstube der adeligen Hausgenossen oder Münzherren, die mit den anderen 14 Zunftstuben der Handwerker im großen Brand zugrunde ging. Im jetzigen Regierungesgebäude stehen die Trümmer des alten Kaufhauses.

Jedoch nimmt vor allem das *Altpörtel* unser Interesse in Anspruch, das die Aussicht vom Dom aus durch die Straße abschließt. Der Turm trennt die Stadt von der Landauer Vorstadt. Der Name soll von Alta porta kommen, und die Römer sollen ihn gebaut haben; er mag allerdings in seinen Grundmauern römischen Ursprungs sein. Im Mittelalter hieß er das „Altenburger Tor“, der „gemalte Turm“ oder auch der „schöne Turm“, und war mit ein Hauptstolz der Speyerer. Er bildet heute noch eine überraschende Einfahrt. Es befinden sich Spuren von Freskobildern an seinen Wänden, und von seiner ansehnlichen Höhe herab genießt man die schönste Aussicht über die Stadt und das Land. Auf die Erhaltung dieses Turmes verwendeten die Bürger von jeher die größte Sorgfalt.

Das Altpörtel in Speyer ist einer der „schönsten Tortürme Deutschlands“

Nun aber wenden wir uns zu dem bedeutendsten historischen Schatz der Stadt nach dem Dom: zu dem alten *Retscher*, der uralten *Kaiserpfalz* zu Speyer. Er war seinerzeit ein prachtvolles, großartiges Gebäude; es steht heute als Ruine hinter der protestantischen Kirche, ein trauriger Zeuge für den Verfall des Reiches. Nichts steht mehr von den prächtigen Hallen, wo die hohen Herrscher wohnten und wohin die Fürsten des Reiches wallten; wo das Schicksal der Welt so oft entschieden wurde in den Versammlungen des Reiches. Nichts steht mehr als ein Viereck wettergrauer, verfallener Mauern mit einigen zerbrochenen Fensterbogen. Die Franzosen haben auch den alten Retscher, die Residenz der deutschen Kaiser, nicht geschont, und unsere Zeit hat in ihrem pietätlosen Sinn das ihrige getan, um der Ruine ihren schönsten Schmuck zu nehmen. Welche großen Erinnerungen steigen in uns auf!

Allein neunundzwanzig *Reichstage* sind hier abgehalten worden! Hier stand das „Prätorium" der Römer, auf dessen Grundmauern Karl der Große seine hehre Kaiserpfalz baute. Hier auch verweilte er am liebsten mit seiner ersten Gemahlin und seinen Söhnen, und sein frommer Nachfolger Ludwig schlichtete hier den Streit mit seinen Söhnen, die später, wieder von hier aus, die Fahne der Empörung gegen den schwachen Vater aufsteckten. König Arnulf feierte hier in Gegenwart des Frankenkönigs seinen großen Sieg über die Normannen, und der große Otto I. hielt jenes glänzende Turnier im Retscher, wo Herzog Ernst, der Held des alten Volksbuches, den Pfalzgrafen Heinrich vor des Kaisers Augen erstach, und wo der Graf von Eberstein mit des Kaisers Töchterlein tanzte, das ihm von des Vaters Anschlag auf die alte Ebersteinburg zuflüsterte. Zehn Jahre später bewog hier Otto die versammelten Fürsten zu dem großen Römerzug und ließ seinen zweijährigen Sohn zum römischen Kaiser wählen. Von hier aus beherrschten die kräftigen Salier das deutsche Reich, das von der Weichsel bis zu den Pyrenäen reichte, und die großen Hohenstaufen Conrad III., Friedrich Barbarossa und Friedrich II. hielten hier die glänzenden Reichsversammlungen gegen die äußeren und inneren Feinde. Rudolph von Habsburg starb hier oder kam als Leiche hier an und Heinrich der Luxemburger feierte hier die Hochzeit seines Sohnes mit der Königstochter von Böhmen. Ludwig von Bayern weilte lange hier, und Karl von Böhmen gab bei seinem mehrjährigen Aufenthalt der Pfalz jenen Namen Retschin oder *Hradschin*, in Erinnerung an die Prager Residenz. Kaiser Sigismund, Friedrich III., Maximilian I. und Karl V., überhaupt alle Kaiser – die mächtigsten Herrscher der Welt –, von Karl dem Großen bis zu Karl V. weilten in den Mauern der herrlichen Kaiserpfalz.

Unter den vielen Reichstagen war jener von 1529 dadurch der wichtigste von allen, weil sich von ihm der Name Protestanten schreibt. Wie der Kaiserdom jedem Deutschen, wes Glaubens er sei, eine hehre Stätte, besonders aber dem Katholiken ein Verherrlichungsort seiner Konfession ist, so wird jedem Protestanten auch der Retscher eine erinnerungsreiche Stätte sein.

Schon auf dem Reichstag von 1526 hatten der Kurfürst von Sachsen und der Landgraf von Hessen ihre Hofprediger mit nach Speyer genommen; Melanchthon, Dr. Justus Jonas und Bugenhagen, die tüchtigen Gehilfen Luthers, predigten in der Fürsten Quartier, und das Speyerer Volk lief ihnen zu. Am 19. April 1529 unterzeichneten hier die Fürsten und Stände des Reiches die *„Protestation"* gegen das kaiserliche Dekret, das der Reformation Einhalt gebieten wollte. Die freien Reichsstädte standen mutig zu den protestierenden Fürsten; und der Fortgang des Protestantismus war entschieden. Der Plan, auf dieser ewig denkwürdigen Stelle einen großartigen *protestantischen Dom* zu erbauen, ist in der neueren Zeit viel besprochen worden. Es wäre freilich eine herrliche, große Aufgabe für die protestantische Welt, hiermit ein Zeugnis abzulegen, wie der alte Geist der Glaubensfreiheit noch nicht erloschen ist in der für

Im Retscher, der einstigen Kaiserpfalz zu Speyer, wurden 29 Reichstage abgehalten

so schwach erklärten protestantischen Kirche; wie man sich noch der deutschen Reformation freut und Protest einlegt gegen alle Versuche, ihren Fortgang zu stören oder durch inneren Widerspruch ihr eigentlichstes Wesen zu untergraben.

Teilweise auf den Trümmern des Retschers steht die protestantische *Dreieinigkeitskirche*, in der 1817, dreihundert Jahre nach der Reformation, das Vereinigungsfest der beiden protestantischen Konfessionen gefeiert und die *„Unierte pfälzische Kirche"* gegründet wurden. Damals sprach sich der Geist des Protestantismus in der Herausgabe des neuen Gesangbuches aus und der Katechismus für die Schulen der Pfalz, der nun wieder abgeschafft ist.

Wir jüngeren Pfälzer wurden alle im Sinne dieses *Katechismus* erzogen und unterrichtet, und wir lernten auch verstehen, warum wir Protestanten heißen. Dort ist nämlich gesagt, unsere Kirche heiße protestantisch, „weil sie das edelste Recht des vernünftigen Menschen frei und redlich in der wohlgeprüften Wahrheit fortzuschreiten mit christlichem Mute in Anspruch nimmt, gegen alle Geistesknechtschaft wie gegen allen Gewissenszwang ewigen Widerspruch einlegt und dabei ungestörte innere Glaubensfreiheit behauptet. Prüfet alles und das Gute behaltet."

Bei der Erbauung der Dreieinigkeitskirche nach dem großen Brande stieß man in den Trümmern des Retschers auf mehrere altrömische Reste, unter anderem grub man den Denkstein heraus, den Konstantin Chlorus seiner Mutter setzen ließ. Das Innere der Kirche ist durch eine Reihe von biblischen Gemälden und Schnitzereien verziert – oder auch verunziert. Wir halten uns nicht länger bei ihr auf und erinnern nur noch daran, daß hier auch der alte *Ratshof*, wo das Reichskammergericht von 1529 bis 1689 ungeheuere Berge von Akten und Protokollen anhäufte, gestanden hat.

Unweit der Kirche steht ein großes, altes Gebäude, das, einer Felsenburg nicht unähnlich, finster über einen kleinen, mit Vogelbeergesträuch besetzten Platz schaut. Es ist die alte *Domprobstei*. Eine freundliche Erinnerung knüpft sich an diesen finsteren Bau; hier wohnte Wielands Freundin, *Sophie de la Roche*, im Jahre 1783 mit ihrem Gatten in trauter Zurückgezogenheit. Jenes einzige Fenster an der Giebelseite ließ ihr der Magistrat zur Aussicht auf die Linden des Platzes durchbrechen, und sie weidete sich an dem Rauschen und Flüstern der Linden, die nun schon lange Kastanienbäumen Platz gemacht haben.

Besuchen wir nun auch die *Synagoge* und das *Judenbad*. Jene eine neueres, nicht unschönes Gebäude; dieses ein viereckiger Brunnen, zu dem man durch Gewölbe hinabsteigt. Man versäume nicht, sich diese Merkwürdigkeit Speyers aus uralter Zeit anzuschauen. Es soll eben auch wieder von den Römern herstammen, mit denen bereits Juden nach Speyer gekommen sind. Entsetzliche Verfolgung erlitten sie besonders in den Kreuzzügen in der Gegend und innerhalb der Stadt, fanden aber Rettung beim Bischof Johannes, der sich ihrer mit Energie annahm, und beim heiligen Bernhard selbst. Später, zur Zeit der großen Pest, ermordeten und verbrannten sie sich untereinander, um der Verfolgung zu entgehen.

Der *„Judenkirchhof"* lag außerhalb der Stadt an der Wormser Straße. Er war fest und durch zwei Türme verteidigt; im Jahre 1315 fiel von hier aus der Hauptkampf der Speyerer gegen Leopold von Österreich vor. Jetzt befindet sich auf seiner Stelle die städtische Baumschule, die ganz besonders sehenswert ist. In der Nähe liegt der *Friedhof* mit einer Kapelle, die, im gotischen Stil gehalten, recht anmutig nach der Stadt hin schaut. In ihr hielten die nach dem großen Brand zurückgekehrten Protestanten ihren Gottesdienst, während der Revolution aber wurde sie als Pulvermagazin benutzt, wie die reformierte Kirche als Sitzungslokal der Klubbisten. Ein Ölberg steht zwischen ihren Pfeilern. Als zwei Franzosen das Eisen an dem großen Kreuze rauben wollten, bewegte es sich und schwankte, so daß beide in plötzlichem Schrecken davonliefen. Im Chor dieser Kapelle, in der die Leichenreden gehalten werden, liegt unter anderem ein verstümmelter Grabstein, dessen *Leichenschrift* durch ihre ungeschminkte Wahrheit und Innigkeit anspricht. Ein deutscher Obrist, Peter von Wallbergen, Kommandant eines Regiments des schwäbischen Kreises, ließ den Stein seiner 1771 hier gestorbenen Gemahlin setzen. In der Nähe am Speyerbach findet man auch Spuren des *Tempels*, eine Rotunde, die vor dreißig Jahren abgebrochen wurde.

In der Heerd- oder Rheinstraße, wo zur Zeit des Reichstages der Kurfürst von Sachsen sein Quartier hatte, stand neben der Tabakfabrik vor Zeiten der adlige Hof derer von Bowingshausen. Eine Sage knüpft sich an ihn. Ein junger Handwerksgenosse liebte des reichen Münzherrn Töchterlein und wurde von einem gedungenen Mörder getötet. – An die Heerdgasse stoßen die große und kleine Engelsgasse. An sie knüpft sich die Geschichte vom *„Speyerischen Engel"*, die Melanchthon aus seinem eigenen Leben erzählt. Sie betrifft die rechtzeitige Warnung eines Unbekannten vor den Nachstellungen, die König Ferdinand auf den Professor Grynäus von Heidelberg machen ließ.

Gleich beim Eingang aus der großen in die kleine Engelsgasse liest man in schöner deutscher Frakturschrift auf einer eingemauerten Steinplatte von der wunderbaren Rettung eines kleinen Mädchens, das hier 1559 zwei Tage lang unter einer umgestürzten Mauer lag.

Eine Pappelallee nach der sehr belebten *Schiffswerft*, wo selbst englische und amerikanische Schiffe gezimmert werden, führt den Namen *Eselsdamm*. Es ist ein stiller, einsamer Weg hinter der Stadtmauer und dem neuen Nonnenkloster. Trotz seines unpoetischen Namens will man doch wissen, daß *Kleist* hier einen Teil seines „Frühlings" gedichtet habe, als er als preußischer Werbeoffizier sich in Speyer aufhielt. – Die Schiffswerft am Rhein, über die auch eine fliegende Brücke führt, ist des Besuches wert, ebenso der Belustigungsort „Zum Schießhaus". Speyer hat ein Lyceum und ein Gymnasium, an dem der berühmte Zeuß und der treffliche Ästhetiker Anselm Feuerbach als Lehrer standen; der hiesigen Sternwarte steht der ausgezeichnete Schwerd vor. – Treffliche Gasthöfe sind der Wittelsbacher Hof und der Adler.

Einen weiteren Spaziergang macht man zu der Anlage „Zum Freischütz" südlich am waldigen Rheinufer. Es ist dort ein einsamer, heimelig trauter Ort; ein hoher Eichwald umfängt uns; schattige Gänge und Lauben, prächtige Wiesengründe, wie zum nächtlichen Elfenreigen geschaffen, wechseln miteinander ab, und im Nebelschleier des Abends glaubt man die Nixen des Rheins hier heraufschweben zu sehen am Waldrand, um einfältige Menschenkinder in den Schoß ihrer kristallenen Wohnungen unter der Flut zu locken. Von der Rheinanlage eine Nachenfahrt auf den grünen Wogen, dem rot heraufleuchtenden Dom entgegen, zu machen, wird die Partie besonders lohnen. Eine *Rheinfahrt* bei Speyer hat überhaupt des Angenehmen genug, da man stets im Angesichts des Domes bleibt, der hoch oben auf dem Ufer in riesiger Höhe über dem grünen Rheingebüsch emporstrebt und sich besonders im Abendrot glimmend wie ein ungeheuerer Berg darstellt, auf dem das „Alpenglühen" spielt.

Wir müssen nun noch etwas über die *Hasenpfühler* sagen, die Sachsenhäuser Speyers. Sie bewohnen die ärmliche Vorstadt am Rhein und am Speyerbach als Fischer, Sackträger, Eckensteher, Lohnbediente und so weiter. Man sagt ihnen viel Roheit und Verschmitztheit nach. Viele sind auch ebenso körperlich wie geistig verkrüppelt. Im Mittelalter bildeten die Hasenpfühler eine eigene Zunft. Exemplare dieser alten reichsbürgerlichen Zunftgenossen begegnen einem in Speyer überall, indem sie sich als Führer aufzudrängen suchen. Mit Hilfe unseres Buches kann der Fremde wohl auch der *Domschweizer* entbehren.

Der Speyergau

Wir haben oft schon die Grenzen dieses uralten Gaues der Nemeter angegeben. Heute versteht man darunter im engeren Sinne nur das ebene Land der Pfalz gegen den Rhein hin zu beiden Seiten des Speyerbachs, der bei der Stadt in den Rhein hin fällt, von der Isenach bis zur Queich hinauf. Dieser Strich wird auch, wie das ebene Land überhaupt in der Pfalz, schlechtweg der „Gau“ genannt und die Bewohner „Gaubauern“, pfälzisch „Gä'bauern“. Im ganzen ist das Land ungemein fruchtbar, nur nordwestlich von Speyer ist eine große Sandfläche, aber auch diese vortrefflich angebaut. Gärten und Getreidefelder, dann prächtige Kiefernwälder und braune Heiden wechseln ab mit fetten Wiesengründen, dunklen Obsthainen, hinter denen die Dörfer sich verstecken, mit grünen Waldstrecken und besonders weiten Tabakpflanzungen, auf die sich heute besonders der Reichtum des flachen Landes stützt.
Wir sind hier im pfälzischen *Tabakland*; der Anbau dieser narkotischen Pflanze nimmt immer mehr überhand. Der pfälzische Tabak steigt aber auch stets höher im Preis; Österreich kauft für große Summen hier auf, ebenso England und besonders – merkwürdig genug – Amerika, das eine Unmasse pfälzischen Tabaks und pfälzischer Zigarren konsumiert und im lebhaftesten Menschen- und Handelsverkehr mit der Pfalz steht. Wo man nun hierherum hinkommt, hängt Tabak vor den Häusern, um zu trocknen; große Etablissements sind zu diesem Behufe errichtet, und die Tabakfabriken schießen wie die Pilze aus der Erde. Da der Tabak sandigen Boden verlangt, tut er dem Getreidebau weniger Eintrag als man denken sollte. Der Gau wird nun stets wohlhabender und reicher, und die pfälzischen Gaubauern stets stolzer auf ihr Land. Sehr wohl tun aber diese Bewohner der Ebene daran, daß sie nach und nach ihre Weinberge, die nur noch saueren, schlechten Wein geben, ausrotten und den Boden zu etwas Erträglicherem benutzen.
In den wirklich prachtvollen Gärten, die Speyer von allen Seiten, besonders aber an der Landauer und Wormser Straße im Westen der Stadt umgeben, möge man den trefflichen Wein fortpflanzen, der dieser Stadt einen – wenn auch nicht großen – Namen auf der Weinkarte gegeben hat. Seit den Tagen der Römer wurde hierherum Wein gepflanzt; wenn auch der Speyergau weniger wegen seines und mehr des Haardtweines willen, im Vertrag von Verdun 843 von den Deutschen nicht aus der Hand gelassen wurde. *„Speyerer Gift“* mundet nicht schlecht, und der „Ruländer“, der nur so ganz langsam den Kopf beschleicht, hat sogar seinen Namen von einem Speyerer Bürger bekommen, der ihn zuerst anpflanzte. Es war ein Handelsmann namens Ruland, der einen Garten in der Streicher Vorstadt kaufte, wo er nach der Zerstörung der Stadt, im Jahre 1709, zwei Rebstöcke fand, die Trauben unbekannter Art trugen, von brauner Farbe und dünnhäutig. Der Mann las die Trauben ab und tat sie in ein Fäßchen, das er wenig beachtete, bis einst an einem heißen Sommertag im Garten eine lustige Gesellschaft beisammen saß, der das Bier ausging. Ruland holte jetzt das Fäßchen, der Wein mundete ganz außerordentlich, und ehe man sich's versah, hatten alle ein Räuschlein. Von da an wurden viele solcher Stöcke gepflanzt, und der Wein wurde ein gesuchter Handelsartikel. Überall in der Pfalz heißt er jetzt Ruländer. Früher hatte unter den speyerischen Weinen besonders der *„Gänsefüßer“* großen Ruf, und der Kanonikus Eisengrein weiß in einer lateinischen Hymne nicht Rühmens genug davon zu sagen. Heute überstrahlt aber alle der „Narrenberger“.

Die Dörfer am Rhein

Bei einem Ausflug in die Dörfer am Rhein führt uns der Weg südwestlich auf der Landauer Straße und dann links etwas abseits nach dem Dorf *Berghausen*, dem beliebtesten Belustigungsort der Speyerer, da sich hier eine Gartenanlage im englischen Geschmack befindet, die in der Tat des Besuches in ihrer reizenden, idyllischen Lage wert ist, wie denn auch das Wirtshaus dabei nichts zu wünschen übrig läßt. Auf dem Hang, der sich hier vom Wege aus zu unserer Linken in die Gründe der Rheinwiesen absenkt und sich als Hochufer des Stromes darstellt, wächst jener treffliche „Narrenberger", und zwar an der Ostseite des Hanges, der sich von Speyer über Berghausen hinaus südlich bis nach Mechtersheim erstreckt. Wenn wir die lieblichen Rebenpflanzungen auf dem alten Hochufer verfolgen, lassen wir rechts Heiligenstein liegen und gelangen nach *Mechtersheim* über die Ziegelhütte. Es ist jetzt ein großes Dorf von 1 000 Einwohnern, vor sechzig Jahren noch ein Meierhof. Der Rhein fließt an der Ostseite vorüber, an seinem Ufer und auf seinen Inseln, Aue genannt, sind schöne Wälder. Im Dorf wohnen viele Fischer. Hier ist auch ein großer Rheindurchstich vorgenommen worden, der einen beträchtlichen Teil der Gemarkung samt dem Rheinschanz- und Karlshof zur Insel gemacht hat.

Nach der alten, oft belagerten, berühmten, nun aber geschleiften Festung des Speyerer Hochstifts *Philippsburg* führt von hier eine Nachenfahrt, und wer die Stelle sehen will, wo sich im Dreißigjährigen Krieg und in den Reunionskriegen Spanier und Schweden, besonders aber Franzosen und Deutsche in entsetzlichen Belagerungen zu Tausenden erschossen, mag überfahren. Über Philippsburg hinaus, am *Waghäusel* jenseits des Rheins, kam es bekanntlich am 21. Juni 1849 zur Schlacht zwischen dem badischen und pfälzischen Freiheitsheer und den Preußen. Die preußische Vorhut, aus der *Division Hannecken* bestehend, war in der Frühe von Germersheim her über den Rhein gegangen und bis Waghäusel vorgerückt, wurde aber bei Liedolsheim von den Pfälzern unter Willich überfallen und dann von den Freischaren mit großem Verlust, so daß selbst ein preußischer Prinz sich unter den Verwundeten befand, nach Philippsburg zurückgeschlagen und in die ehemalige Festung getrieben. Wenige Stunden nachher jedoch, warf die Division Brun bei Wiesental die Freischaren, besonders durch die badischen Dragoner unterstützt, die Verwirrung in das eigene Fußvolk brachten. Auf dem Kirchhof zu Wiesental haben die Preußen ihren gefallenen Kameraden ein Denkmal errichtet.

Der Strich am Rhein ist hier ziemlich menschenleer. Der Strom fließt durch niederes Land, von Waldung und Gebüsch umgeben. Nur hie und da sieht man eine Fischerhütte am flachen Ufer oder ein schmutziges Fischerdorf zwischen den Weiden und Erlen. Man glaubt sich völlig in die Ebenen Norddeutschlands oder in Ungarns Steppen an der Theiß und Donau versetzt; so still, so flach und so wild ist es ringsumher. Nur hie und da steigt ein Reiher oder eine Schnepfe auf, wie denn diese *„Rheinauen"* und Ufer außerordentlich reich an Geflügelwild sind. Reizlos ist eine Nachenfahrt auf dem Rhein hier keineswegs und es weckt der breite, mächtige Strom der poetischen Stimmungen gerade genug. Oft scheint er nur ein wallender See zwischen dem buschigen Ufer zu sein. Hie und da trifft man auf einige Fischer. Die mächtigen Rheinarme, Altrheine genannt, sind belebt von einer Menge Fische aller Art, und die Auen zwischen ihnen bergen die Nester brütender Wasservögel.

Wenn wir nicht zu Wasser an dem badischen Dorf Rheinhausen vorüber nach Speyer fahren, gehen wir von Mechtersheim zurück nach *Heiligenstein*, wo man am Fuß der Anhöhe gegen den Rhein, auf unserem Weg nach dem Dorf, ein ganzes Lager von Urnen fand, unter ihnen eine von der Größe eines halbböhmigen Fasses.

Nach Speyer zurückgekehrt, verfolgen wir den Rheinstrom nördlich, d. h. wenn wir Zeit haben; denn für den Touristen wird es kaum Muße geben, um den Charakter der Umgebung Speyers ins Detail zu verfolgen. Wir wollen auch nur eine Übersicht geben. Die Rheinlandschaft behält ihren Charakter auch nördlich von Speyer bei, nur daß hier Wald und Heide vorherrschen und der Sandboden beinahe bis zum Rhein reicht. Unser Weg geht in der nämlichen Richtung mit der Eisenbahn nördlich durch den

Wald. Auf der Wormser Straße steht eine alte Warte, das „Chausseehaus“, uns zur Rechten in der wiesenreichen Rheinniederung eine Menge Meierhöfe, „Wihle“ genannt, und weiterhin links am Wald der *Rinkenberger Hof*, an den sich eine Sage knüpft.

Die Altrheinlandschaft bei Speyer wird von Fischern und Anglern oft und gern besucht

Fritz von Rinkenberg und Hanns von Otterstadt, zwei speyerische Edelleute, die außerhalb der Stadt wohnten, ritten einst von der Stadt heim, die Köpfe von Wein erhitzt, und wetteten auf die Ausdauer und Rennkraft ihrer Pferde. Wie der Wind stürmten sie dahin, da machte noch des Rinkenbergers Roß einen mächtigen Sprung und stürzte tot zusammen, neben ihm sein Reiter, der alsbald verschied. Die Stelle heißt der *„Roßsprung“*.

Das große Dorf *Otterstadt* liegt rechts drüben am Rhein, dem Dorfe Ketsch und dem Angelhof gegenüber. Weiterhin auf den fetten Rheinniederungen im flachen Feld liegen *Waldsee* und *Neuhofen* am Rehbach gegen Ludwigshafen zu. Bei letzterem stand im 14. Jahrhundert die der Straßensicherheit besonders gefährliche pfalzgräfliche Burg Neuhofen und eine andere, „Affalterloch“, die beide durch Kaiser Karl IV. und die Speyerer Bürger zerstört wurden. In dieser Richtung liegt auch Altrip auf einer Halbinsel des Rheins gegen Mannheim zu.

Die Gegend trägt ganz niederländischen Charakter: stille schleichende Bäche, weite Lachen, hohe Pappeln an den Straßen, hie und da ein Einzelhof, um den sich fette Wiesengründe ziehen; dann heideartige oder sumpfige Strecken und hinter ihnen Ackerfeld, das ein Dorf umgibt; Rinderherden weiden auf den Rheinmauern, und auf den tiefen, stillen Altwässern sieht man den Fischer sich seine Nahrung und seinen Verdienst aus dem Wasser ziehen.

Ziemlich weit voneinander liegen die Dörfer des engeren Rheinstrichs, der den mächtigen, grauenhaften *Überschwemmungen* des Stromes ausgesetzt ist, so daß dann das ganze Land einem strömenden Meer gleichsieht, aus dem nur die „Wihle“ und Dörfer als Inseln blicken. Das gibt dann grausige Nächte für die Leute – und dem einsamen Wanderer könnte es hier dann leicht in der von vielen Lachen durchschnittenen Gegend ergehen wie jenem Edinburger Studenten in den „Seen der Solwaybai" im Roman „Redgauntlet" von *Walter Scott.* Es ist auch in der Tat eine solche Walter Scottsche Gegend, wie sie der große Dichter so unübertrefflich malt. Längs des Rheins führen sich ziemlich hohe Dämme, mit allerhand Wassergesträuch besetzt, hin, und auch sonst noch nach dem inneren Lande hin ist das Feld eingedämmt, so wie sich denn auch die Straßen auf solchen Dämmen hinziehen. Nur werden sie leider oft genug durchbrochen, und die Flut dringt in grausiger Verheerung über die Felder, die dann freilich nur um so fetter und fruchtbarer werden. Die Gegend mit ihren vielen Bächen und Lachen erzeugt eine ungemeine Masse Schnaken, *„Rheinschnaken"* genannt, von denen die Pfälzer draußen ihren Spitznamen führen. Auch die *Rheinnebel,* die im Herbst bis zur Haardt hinaufsteigen und alles Land mit dicker Finsternis bedecken, sind bekannt.

Altrip ist ein rechtes Fischerdorf; auf drei Seiten vom Rhein umflossen, legt sich um die westliche Seite noch ein mächtiges Altwasser im Bogen, so daß die ganze Gemarkung von Wasser umschlosen ist. Die *Riedhöfe* und der Wärsthorst liegen dort. Hier stand das „alta ripa" der Römer, eines der ehemaligen 50 Kastelle am Rhein auf dem rechten Ufer. Es stand auf dem Sandberg und liegt jetzt in der Tiefe des Rheins, der schon manchen Ort verschlungen hat. Im Jahre 1380 war das Mauerwerk noch völlig sichtbar und 1750 erschienen die Baureste bei dem niederen Wasserstand so deutlich, daß der speyerische Rektor Litzel sie genau beobachten und beschreiben konnte. König Dagobert gründete später hier ein Klösterlein, das auch untergegangen ist. In den romantischen Dichtungen von Karl dem Großen und seinen Paladinen kommt Alta Ripa vor, und alte Sagen melden von kristallenen Schlössern und feenhaften Gärten auf dem Grunde des Rheines. Altrip soll unser nördlichster Ausflug von Speyer aus sein.

Wenden wir uns westlich von Speyer in gerader Richtung gegen die obere Haardt zu, so kommen wir durch das sandige, aber wohlangebaute Land am Speyerbach nach *Dudenhofen,* das sich an den nordwestlichen Wald lehnt. Es hat 1 400 Einwohner, die sich von Feld- und Weinbau, besonders aber vom Tabakbau nähren, der hier weite Striche einnimmt; merkwürdig ist es wegen seiner „Heidengräber", noch mehr aber durch die *Schlacht am Speyerbach* vom 15. November 1703.

Der Erbprinz von Hessen-Kassel sollte das von den Franzosen belagerte Landau entsetzen; er hatte mit seinen Deutschen vor Speyer ein Lager bezogen und feierte in der Stadt den Namenstag des Kaisers. Als die Offiziere noch an der Tafel saßen, begann draußen bei Dudenhofen die Schlacht, denn *Tallard* hatte sich mit seinen Franzosen von Neustadt her durch den Haßlocher Wald geschlichen und warf sich nun mit Ungestüm über die Deutschen, die sich zwar fürchterlich wehrten, ja sogar die Franzosen zurücktrieben; aber ohne Offiziere und Feldherrn deckten bald ihre tapferen Leiber das Feld zwischen Schwegenheim und Speyer, bei Harthausen und der Landauer Straße, „als ob es geschneit hätte". Sechstausend Tote, dreitausend Gefangene und alle Kanonen gingen durch die Sorglosigkeit des Prinzen verloren; ein ganzes pfälzisches Grenadierregiment wurde niedergehauen und der Prinz von Homburg gefangen. Marschall Tallard prahlte viel ob des Sieges, und noch Voltaire wußte Anekdoten zum Ruhm seiner Landsleute über diese Schlacht zu erzählen. So habe ein deutscher Offizier um das Leben gebeten, worauf der Franzose antwortete: „Fordern Sie alles andere, nur für das Leben gibt es kein Mittel!" Nicht 50, sondern 3 000 Mann, 360 Offiziere und 20 Standarten verloren die Franzosen in dieser blutigen Schlacht.

Von Dudenhofen westlich, hinter dem Walde liegt *Hanhofen,* wo die gewaltige Zwingburg der Bischöfe, die sie gegen die Speyerer Bürger errichteten, stand. Sie hieß *„Marien-*

traut", wurde von den Bürgern erstürmt und dem Erdboden gleichgemacht; von den Bischöfen aber stets wieder erbaut, ging sie im Laufe der Zeit unter. Nach ihr hieß ein bischöflich speyerisches Unteramt „Marientraut", dessen Bauern im Bauernkrieg treu und später noch bei der Besetzung der Stadt (1716) immer die eifrigsten Untertanen des Bischofs waren. Es sind auch heute noch eifrige Katholiken. Südlich liegt *Harthausen*, gleich Dudenhofen ein großes Dorf mit 1 300 Einwohnern und großen Tabak- und Getreidefeldern.

Von Hanhofen stets westlich, auf der Straße nach Lachen und Neustadt – zwischen den großen Wäldern des Speyerbach – liegt das Dorf *Geinsheim*, auch ein großes Gaudorf von mehr als anderthalbtausend Bewohnern mit reichen Feldern. Auf halbem Weg dahin, im Ganerbenwald „am roten Kreuz" steht das Wirtshaus „Zum Prinz Karl", am Ufer des Speyerbach im tiefgrünen Wiesenland. Es ist ein stiller, einsamer Platz. Von Geinsheim zieht eine Straße über Gommersheim, Altdorf und Venningen nach Edenkoben durch reiche fruchtbare Gefilde und wohlhabende *Gaudörfer.*

Überhaupt liegen von Speyer westlich gegen Edenkoben hin, im fetten Fruchtland des Gaues, das sich, matte Wellen schlagend, gegen den Rhein von der oberen Haardt her an den Bächen zieht, viele echte Gaudörfer, von der Welt so ziemlich abgeschieden. Die Bewohner machen wenig von sich reden; sie leben ein stilles Bauernleben in ihren sauberen, schönen Häusern und den meist idyllisch gelegenen, hinter Obsthainen versteckten Dörfern. Der Getreide- und Wiesenbau ist überwiegend, hie und da hat man auch einige flache Rebenfelder. Die blaue Bergkette der Haardt mit ihren hohen Ruinen, die Bischofspfalzen und Rittersitze der alten Zeit und die Villen der heutigen Könige schauen lockend auf die stillen Dörfer herab in der grünen Au der Rheinebene. Solche Dörfer sind die schon genannten, dann die beiden *Fischlingen, Freisbach, Böbingen* und *Freimersheim*. Von der Heerstraße liegen diese heimeligen Gaudörfer alle abseits in der Flur, aus der ihre Kirchtürme ragen. Wir könnten dies fruchtreiche, in sanften Anschwellungen sich ausdehnende Land in anderthalb Stunden von Geinsheim südlich durchschneiden, wo wir auf die Landauer Straße bei *Hochstadt* oder *Weingarten* treffen. In anderthalb Stunden wäre man von dem großen Doppeldorf Hochstadt aus in Landau, wir nehmen jedoch die Richtung nach Speyer zurück durch den außerordentlich fruchtreichen und angebauten Gau. Diese Dörfer an der Landauer Straße geben uns einen Begriff von der Wohlhabenheit der Gegend. Sie sind vorzugsweise wieder protestantisch und gehörten früher zu den pfälzischen Ämtern Germersheim und Landeck bei Klingenmünster. Südlich gegen die waldigen Niederungen der Queich hin liegt das ungemein fruchtbare *„Kraut- und Gartenland"* von Zeiskam, Lustadt und Westheim, an dem die Straße vorüberführt. Da sehen wir südöstlich von Hochstadt das Dorf *Zeiskam* mit 1 900 Einwohnern, die sich sämtlich von dem Ertrag ihrer Gartenfelder ernähren.

Noch vor kurzer Zeit stand hier am Dorf die Ruine einer Ritterburg, von Graben und Wall umgeben, mit einem Hauptturm und vier schönen Ecktürmchen. Jetzt ist sie abgebrochen. Einer der Herren von Zeiskam bot im Mittelalter sogar der Stadt Straßburg Fehde. Ein anderer legte den Grund zu des Ortes Wohlhabenheit. Damals hatte Zeiskam kein Wasser, obgleich die Queich durch ihren Bann floß. Da bat einst eine Frau, die dem Ritter ein Körbchen gelber Rüben zum Geschenk brachte und von diesem in Gnaden aufgenommen wurde, nur um so viel Wasser als durch ein Fuchsloch gehe. Der Ritter ließ auch durch einen in die Queich eingesetzten Stein ein Loch hauen, durch das den Feldern nunmehr Wasser zufloß, und seitdem heißt dieses Loch: das *Fuchsloch*. Die Zeiskamer schufen nun den größten Teil ihrer Äcker in fettes Gartenland um und zogen in großem Überfluß alle Arten von Küchenkräutern und Gewürzpflanzen.

Wohin man sieht, bemerkt man nichts als Gärten voll Zwiebeln, Knoblauch, Majoran und anderen Gewächsen. Die Weiber und Mädchen samt den jungen Burschen des Ortes ziehen, nachdem die Feldarbeiten getan sind, mit Körben und Zwerchsäcken voll solcher Gewächse und allerhand Samens durchs Land; sie sind in der ganzen Vorderpfalz bekannt unter dem Namen der *Zeiskamer Samenhändler.* Ihr Ruf: „Käft Same! Zwiewle, Knowloch, Marau'n!" wird im Frühjahr und Herbst in allen Gassen der pfälzischen Dörfer gehört. Unsere bildliche Darstellung gibt eine Gruppe solcher Samenhändler auf der Wanderung oder „uff'm Hannel!" wie die Pfälzer sagen. Eines

Zeiskamer Samenhändler sind mit ihren Sämereien unterwegs „uff'm Hannel"

der Mädchen hat die „Kattunbätze" auf, die besonders in der Gegend von Germersheim, Landau und im Land gegen das Elsaß hin die Werktagshaube der Weiber ist. Das lose um den Hals geknüpfte Tuch kennzeichnet die Mädchen und Weiber der Gegend.

Es sind oft sehr wohlhabende Leute, die „auf den Handel" gehen, und das wird ihnen von den Leuten im Weinland droben sehr übelgenommen, die nicht ohne Grund behaupten: Solchen Verdienst sollte man den Ärmeren zugute kommen lassen! Man hält im Weinland überhaupt die Gaubauern für rechte Schollenfresser, Knicker und Geizhälse, die auch in den besten Jahrgängen nicht mehr ausgeben als sonst, sondern gern alles Geld zusammenscharren und dabei filzig umhergehen. In Zeiskam ist man so recht im *Mittelpunkt des Gaues* und der Vorwurf trifft; denn wie ein Zeiskamer oft daheim und auf dem Handel lebt, so möchte droben an der Haardt kein Tagelöhner leben. Wein gibt's auch nicht in Zeiskam; wie ihren Kräutern und ihrem Vieh schmeckt ihnen das Wasser am besten. Und die „Zäskämer Samehännler" gedeihen dabei zu „dicken Bauern"!

Die Zeiskamer sollen fromme Protestanten sein – wie die von *Ober- und Niederlustadt* (oder, wie es pfälzisch heißt: „Loscht"), auf die so ziemlich alles paßt, was wir von den Zeiskamern sagten. Das Doppeldorf mit 2 500 Einwohnern liegt ostwärts in der Niederung, südlich von der Landauer Straße. Hier stand die *Johanniterkomturei Heimbach:* ein reiches Schloß des berühmten Ordens, das die Bauern zerstörten (1525). Im Jahre 1849 hausten hier die Freischaren, welche die „Muckernester uff'm Strich" hatten; sie zogen aber bald wieder ab, da die Bauern dieser Landschaft keinen Wein hatten, und wandten sich nach den weinreichen Orten hinauf, wo die Gastfreundschaft der Pfälzer so recht zu Hause ist und wo die Freischaren mit Wein fast zu Tode getränkt wurden.

Von Ober- und Niederlustadt aus zieht die Landauer Heerstraße durch den reichen Gau über die schwachen Erhöhungen des Bodens, durch ungeheuere Fruchtfelder nach *Weingarten,* einem großen Gaudorf. Die an die Straße stoßenden Häuser sind hier meistens nur einen Stock hoch, niedrig und klein, wenn auch freundlich; dafür aber sind die Scheuern und Ställe, der Hofraum und die Felder desto größer, so daß man oft mit dem Wohnhaus durch ein solches Scheuertor fahren könnte. Man bedarf solcher Scheuern wegen des Reichtums an Getreide; die Bauern beschränken sich dafür lieber in ihren Wohnhäusern.

Dies ist aber noch mehr in Schwegenheim der Fall, wohin wir auf der Straße von Speyer gelangen. Diese Gemeinde hat eine der größten und fruchtbarsten Gemarkungen im Lande und die Bewohner sind besonders stolze und wohl auch etwas eigensinnige Gaubauern, die nichts Höheres kennen als ihre Scheunen, angefüllt mit den Früchten des reichen Landes. Der Morgen Ackerland kostet hier 1 400 bis 1 600 Gulden. In Weingarten hat im 17. Jahrhundert der kurpfälzische Amtsschreiber Beuerlin gelebt, der jene Chronik vom König Dagobert von Kleinfrankreich geschrieben hat, die zu ihrer Zeit die politische Bibel der Pfälzer Bauern war.

In *Schwegenheim* zweigt sich von der Straße, die von Speyer nach Landau östlich von hier über das blutige Schlachtfeld von 1703 führt, die Straße nach Germersheim südlich ab. Sie würde uns schnell nach dem großen Rheindorf *Lingenfeld* führen, das hoch am früheren Ufer des Rheines auf dem „roten Hamm" liegt. Der „rote Hamm", wo man in jüngster Zeit Goldadern entdeckt hat, ist ein Hochufer des Altrheins, das sich steil in die Tiefe senkt und einen schauerlichen Anblick gewährt. Denn ohne den Durchstich hätte der Rhein hier sicherlich, wo er beständig die Erde wegfraß, das große 1 600 Einwohner zählende Dorf in kürzester Zeit verschlungen. Man sieht nicht ohne Schwindel in die Tiefe und auf die jetzt so stille und gefahrlose Flut des Altrheins, die besonders fischreich ist. Wollen wir nicht schon jetzt von hier nach dem nahen Germersheim, so kehren wir entweder über Schwegenheim und das Schlachtfeld „am Speyerbach", das die Straße durchzieht, oder längs des Rheinufers auf der „Hochstraße" an Mechtersheim vorüber durch Heiligenstein nach Speyer zurück.

Nun fahren wir direkt mit der Eisenbahn nach *Schifferstadt,* wo die Speyerer Zweigbahn sich der von Ludwigshafen nach Neustadt anschließt. Diese Zweigbahn führt ständig durch den Wald am Rehbach. Wieder ins offene Ackerland kommend, erreichen wir Schifferstadt, ein reiches Dorf von 3 570 Einwohnern. Die überaus flache, sandige Landschaft bietet keine besonderen Reize; desto besser ist sie bebaut, und der Blick nach der westlich sich hebenden Haardt ist sogar schön.

Die Gemarkung von Schifferstadt ist ungemein reich an Altertümern. Graburnen, römische Gefäße und Ringe werden stets beim Bebauen des Landes gefunden. Der bedeutendste Fund ist jedoch der des *goldenen Hutes* im Jahre 1835, mit einem Gewichtswert von 499 Gulden, den die königliche Akademie in München von dem glücklichen Landmann um 650 Gulden erstand, so daß er nun die Zierde der dortigen vereinigten Sammlungen ausmacht. Einige Gegenstände von Bronze wurden auch gefunden.

Schifferstadt lag früher am Rhein, der jetzt anderthalb Stunden weiter östlich vorüberrauscht. Der Rehbach fließt hier durch zur *Rehhütte,* einem Belustigungsort an der Wormser Straße. Bei Schifferstadt treten wir erst in das eigentlich pfälzische Tabakland ein, das all diesen Orten den größten Wohlstand verschafft hat. Weit überwiegend ist hier der Anbau dieser Handelspflanze auf der sandigen Fläche, welche die Strecke zu beiden Seiten des Rehbaches überdeckt. Außerdem wird noch besonders die der Pfalz eigentümliche *Färbepflanze Krapp* gebaut, und so birgt dieser sandige Boden, dem man am allerwenigsten irgendeinen Reichtum zutrauen sollte, Schätze in seiner Tiefe und auf seiner Oberfläche. Große Summen gehen jetzt für den Tabak ein, da sich das Gewächs und seine Behandlung von Jahr zu Jahr vervollkommnet.

Mit dem von Ludwigshafen kommenden Zug fahren wir nun weiter durch die weite Ebene westlich der freundlich herunterblickenden Haardt zu. Überall weite Getreide- und Tabakfelder, wohin wir sehen. Zwischen zwei großen Dörfern erreichen wir jetzt eine Station: rechts liegt das viereckige *Böhl,* völlig im Quadrat gebaut, in dessen Mitte eine seiner Kirchen steht, mit 1 800 Einwohnern; links *Iggelheim* mit 2 200 Einwohnern. Die meist protestantischen Bewohner betreiben mit Schwung den Landbau, besonders den Tabakbau; auch herrscht in diesem Strich starke Pferdezucht, gleich wie in Mutterstadt und seiner reichen Umgebung.

Über Böhl hinaus dehnen sich die weitläufigen Felder dieser reichen Orte bis nach *Meckenheim,* dessen 1 900 Einwohner eine der größten und reichsten Gemarkungen der Pfalz haben. Dieser Ort liegt vor der Haardt bei Deidesheim im Angesicht des reichsten Weinlandes. Dadurch, daß *Kunz Pfeil von Ulnbach,* ein veldenz-zweibrückischer Vasall, 1459 hier pfälzische Untertanen aufgriff und nach der Bergfeste Wartenberg bei Kaiserslautern schleppte, ist der Ort in der mittelalterlichen Kriegsgeschichte bekannt; denn damit begann jener entsetzliche Krieg, in dem Friedrich der Siegreiche von der Pfalz seine Feinde niederwarf. Meckenheim ist reich an römischen Altertümern, die in seiner Gemarkung gefunden wurden, besonders in der Richtung gegen Deidesheim und Ruppertsberg.

Was alle diese reichen Orte, gleich denen an der Landauer Straße, auszeichnet, das sind die großen, schönen Schulhäuser, oft wahre Paläste, weil ja die Pfalz in der Sorgfalt für ihre Schulen allen anderen Ländern vorangeht.

Der Eisenbahnzug, durch die sandige Ebene dem Gebirge zusausend, erreicht jetzt *Haßloch* mit seinen drei Kirchen und 5 000 Einwohnern, das größte Dorf der Pfalz. Die Einwohner sind Protestanten und haben eine außerordentlich weit gedehnte Gemarkung, auf der sich große Tabakfelder befinden, wie denn Haßloch von jeher zu den bedeutendsten Tabakdörfern gehörte.

Eine leiningische Burg, die hier stand, ist so ziemlich verschwunden, wenn auch die Stelle durch den „Burgplatz“ noch kenntlich ist. Friedrich der Siegreiche ließ diesen Ort durch pfälzische Bauern und den *Vizedom* von Neustadt 1460 abbrennen, worauf sich die armen Haßlocher ins Schloß setzten und von da aus als verzweifelte Leute, „Blutzapfen“ genannt, verheerende Streifzüge durch das Land unternahmen, Kirchen und Klöster verbrannten und die Leute darin erstachen. Im Dreißigjährigen Krieg stürmten am 22. November 1621 die Spanier das Dorf, verbrannten es und hieben alle Einwohner nieder. Heute steht Haßloch als reicher, großer Ort mit breiten Straßen, weiten Plätzen und drei im Mittelpunkt des Dorfes auf freiem Raume liegenden Kirchen schöner da als je. Jedes Haus ist von einem Hof umgeben und mit einem Rebenspalier, einem großen Rebengang oder einer Weinlaube an der Sonnenseite geschmückt. Wollen doch die Haßlocher Gaubauern der Weinbauern an der Haardt spotten und sagen: „Wir ziehen mehr Wein an unseren Häusern hier unten im Sandlande als ganze Gemeinden droben an der Haardt in ihrer Gemarkung." Und die „kleinen Städter" werden von den „großen Bauern" ohnedies nur mit spöttischen Blicken angesehen. In Haßloch kann man aber auch das Gaubauerntum in allen seinen Nuancen und Schattierungen studieren: den *„Manschettenbauer"* mit seiner städtischen Kleidung, Weisheit und Sitte, samt dem alten, einfachen Ackersmann, die guten und die schlimmen Seiten des pfälzischen Landmannes. Freilich, die Manschettenbauern sind jetzt bald überall in der großen Mehrzahl, wenn auch im Weinland der Haardt noch stärker als hier unten im Gau. – Fleiß und Reinlichkeit ist hier, wie überhaupt bei dem pfälzischen Bauer, stets zu Hause und gar freundlich und sauber lachen einen diese hellen, heiteren Häuser an. Ihrem Äußeren entspricht das Innere, die freundlichen, äußerst reinlichen Stuben und der heitere Anstrich oder die Betäfelung. In Haßloch wird man ebensooft Gelegenheit haben, die Lächerlichkeit des Bauernstolzes als die Berechtigung dazu zu erkennen. Die Haßlocher Bauern stehen übrigens nicht gerade in dem Ruf der Liebenswürdigkeit und sollen sogar noch viel mehr von all den Bauerntugenden, die man nicht recht anerkennen will, besitzen, als gerade not täte.

Bemerkenswert ist, daß *William Penn*, der Gründer Pennsylvaniens, im Jahre 1680 hier in einer öffentlichen Versammlung gepredigt hat und so jene großartigen Auswanderungen der Pfälzer, die später erfolgten, vorbereitete. Pennsylvanien, jenes schönste und geordnetste Land Amerikas, ist besonders von Pfälzern kolonisiert.

II. Die Haardt

Konnten wir schon auf der ganzen Fahrt von Worms und Speyer durch die Rheinebene die blaue Haardt mit ihren Bergen, Ruinen und sonnigen Weinhügeln aus der Ferne bewundern, so haben wir in der Ebene von Haßloch nichts, was uns abhält, unser Auge ihr ganz zuzuwenden. Der Name Haardt ist die falsche Schreibart von Hart, das im Altdeutschen überhaupt *Wald* bedeutet und großen Wäldern, wie z. B. bei Mülhausen, bei Karlsruhe beigelegt wird. Davon abgeleitet auch „Harz", „Spessart" und andere Namen von Waldgebirgen. Auch unsere pfälzische Haardt hat große Waldungen, darunter die tiefen, einsamen Geraidewälder, die Ganerbenforste und die Frankenweiden. Freilich kehrt sie uns diese Seite ihres Charakters nicht zu, indem sie in die Ebene hereinschaut. Denn da liegt sie vor uns in ihrer ganzen klassischen Schönheit wie eine jungfräulich geschmückte, glückliche Braut. Wir können sie links hinauf verfolgen bis an die Queich, und rechts hinab bis Dürkheim und Grünstadt. Nach Süden erheben die Berghäupter der oberen Haardt ihre geschlossenen Glieder, von ihren Gipfeln schauen die Maxburg und Rietburg und von ihrem weinumlaubten Gürtel blicken die Kropsburg, die Villa des königlichen Pfalzgrafen und die Kapelle von Burrweiler, hinter der sich das Bad Gleisweiler versteckt, alle überragend die hohe, ernste Kalmit. Nördlich zu unserer Rechten schauen die fröhlichen, hellglänzenden *Weinorte der unteren Haardt:* Mußbach, Ruppertsberg, Wachenheim, Forst und andere herüber, über ihnen die alte Wachtenburg und Limburg, bis die Battenburg und Neuleiningen in der Ferne verschweben. Über diesem goldenen Weinland streben die schönen Kuppen des Weinbrietes, des mächtigen Königsberges und des Peterskopfes empor. Wir selbst aber fahren gerade vor uns in den tiefen Talkessel, gleichsam ins Innere der Bergriesen, die Neustadt und sein Tal umlagern; rechts über ihm das Dorf Haardt und die alte Winzingerburg, links die schöne „Kästenburg" von Hambach.

Das Tal des Speyerbachs, das bei Neustadt aus dem Gebirge tritt, scheidet die *obere* von der *unteren Haardt* so ziemlich in zwei gleiche Hälften, wovon die südliche – „die obere Haardt" – sich als eine geschlossene, ernste Gebirgsmauer darstellt, ohne die bedeutenden Täler der „unteren Haardt". Denn die Bäche bilden nur enge, abschüssige Schluchten ohne Bevölkerung, bis sie in das Vorland an den Abhängen der Berge treten. Die untere Haardt wird dagegen von drei schönen und bewohnten Tälern durchbrochen, die sich, in die Ebene kommend, bald verflachen, während sie sich westlich bis zur Wasserscheide des Hauptzugs der Vogesen ziehen.

Das vor uns liegende Haardtgebirge macht sich, von der Ebene aus gesehen, ganz stattlich, da es vor seinem jähen Abfall sich erst zu seiner vollen Höhe erhebt ohne von davor liegenden Hügeln teilweise verdeckt zu werden. Gegen Norden hin bei Grünstadt werden die Berge zu Hügeln; und senken sich in das fruchtbare Hügelland am Donnersberg und nach Rheinhessen ab. – Haben uns die alten Städte und Dome an den Ufern des Rheines besonders in die Vergangenheit, in die alten glanz- und leidvollen Tage versetzt, so lacht uns aus dem Lande, dem wir rasch entgegeneilen, so recht eine freundliche Gegenwart an, denn das vor uns liegende Land am Abhang der Haardt ist das freundlichste und mildeste, das bevölkertste und heiterste Deutschlands; es ist der rechte *„Wonnegau des Reiches"*, die eigentliche Pfalz. Ununterbrochen ziehen sich die weiten, grünen Weingärten von der Queich herab, über den Speyerbach an der reizenden unteren Haardt, bis an die nördlichen Grenzen der Pfalz, auf einer Strecke von zwölf Stunden; nicht etwa auf Felsen, wie sonst am Rhein, sondern auf den sanften und sonnigen Vorhöhen des Haardtgebirges bis weit herein in die Ebene. So ist die Haardt das *größte Weinland Deutschlands* und ihr Gewächs, selbst in den schlechtesten Jahrgängen, noch äußerst angenehm und genießbar. Wie schöne Eilande liegen in diesem grünen Rebenmeer Ort an Ort in Obsthainen oder Kastanienwäldern versteckt, während liebliche Mandel- und Pfirsichpflanzungen die Wege bekränzen, die zu den alten Ruinen führen, die gleichsam das Ufer dieses grünen Meeres von Reben bewachen. Nirgends in Europa trifft man wieder eine so große schöne Reihe der schönsten Orte, von denen jeder eine heitere freundliche Stadt zu sein scheint, so stolz und so anmutig schauen sie von den Höhen in die weite Ebene, die selbst an Reichtum des Bodens und an Zahl der großen Ortschaften ihresgleichen sucht.

Das mildeste Klima Deutschlands beglückt dieses Land „an der Haardt", und das heiterste Völkchen bewohnt es. Die Lebendigkeit, Beweglichkeit und Erregsamkeit des Haardtbewohners läßt die aller anderen Pfälzer und der übrigen Stämme Deutschlands hinter sich zurück. Wie sollte es auch zugehen, wenn die Bewohner der reizendsten Natur, mit dem lieblichsten und feurigsten Wein und all den anderen Vorteilen natürlicher Anlage nicht das lustige und aufgeweckte Volk wären, das sie sind! Diesen schönen Dörfern mit ihren oft schloßähnlichen Bürgerwohnungen sieht man den Wohlstand, ja den Reichtum sogleich an, und wirklich wohnen an der Haardt hinauf und hinab die reichsten Leute, der in der Ebene sogenannte *„Gebirgsadel"*, die neue Aristokratie dieses ganz bürgerlichen Landes, das keinen Geburtsadel kennt. Schon die alten Schriftsteller sind voll Bewunderung dieses Landes, und der Chronist *Eisengrein* erzählt unter anderem, daß an der Haardt ganze Wälder von Mandelbäumen seien, mit deren Früchten Deutschland versorgt werde.

Die Pfälzer Weine, d. h. die Haardtweine, sind als die beliebtesten bereits bekannt. Jährlich werden über 100 000 Fuder erzielt, somit mehr als in allen anderen Provinzen Deutschlands. Die feinsten Weine wachsen an der unteren Haardt, nördlich von Neustadt. Dort herrscht der Pfahlbau, an der mittleren Haardt der Balken- oder Zeilenbau und an der oberen der Kammertbau, der mehr die Menge als die Güte des Weines bezweckt. Vielleicht gibt der Wert des Weines, der jährlich – den Mittelpreis angenommen – die Summe von 30 Millionen erreichen soll, einen Begriff vom Reichtum des Landes.

Die Stärke der Bevölkerung von der Haardt kann man als die höchste in Deutschland und als eine der höchsten in Europa annehmen, da sie zwischen 13 und 14 000 auf die Quadratmeile schwankt und in der Umgegend von Edenkoben sogar über 16 000 steigt.

Unmittelbar hinter diesen Vorbergen der Haardt liegt aber auch, im grellsten Kontrast in jeder Beziehung, eine der schwächst bevölkerten, einsamsten und wildesten Gebirgsgegenden, voller düsterer Wälder und stiller Täler, und zwar bis zur Hauptwasserscheide hin, die *hintere* oder *innere Haardt.* Für den Fußwanderer bietet sie jedoch die herrlichsten und genußreichsten Partien mit ihren tiefen Tälern, ihren burggekrönten Felsen und schönen Bergkuppen. Haupttäler sind: das jenes wilde Gebirgsland durchziehende Neustadter Tal, das zahlreiche Verzweigungen hat, in denen nur arme Holzhauer wohnen, während das Haupttal mit seiner Eisenbahn ein höchst belebtes Fabriktal ist, vor dem Neustadt als schöner Schlußpunkt liegt; ferner das Dürkheimer und Leininger Tal.

1. Die mittlere und innere Haardt

Rasch eilen wir von Haßloch aus durch die Ebene und die Niederung des Speyerbachs, der sich bald zum Talgrund verengt, in den der Zug hineinbraust. Die Weinberge begrenzen schon hüben und drüben die Bahn, die Berge liegen in allen ihren Formen uns deutlich vor Augen und sind hier zusammengetreten, während die entfernteren verschwinden. Ein tiefer Talkessel tut sich vor uns auf, von hohen, schöngeformten Bergen umschlossen, und in seinem Grunde mit dem schönsten Grün; links tritt auf dem Vorberg das Hambacher Schloß scharf und den Horizont schließend hervor; rechts droben am Haardtabhang auf den Weinbergen das weiß blinkende Dorf Haardt und neben ihm die Burg Winzingen.

Endlich mitten drinnen im Talgrund, als Zentralpunkt dieses ganzen Striches, tief zwischen dem hohen Nollen und dem Weinbriet:

Neustadt an der Haardt

mit seiner doppeltürmigen Stiftskirche und seinen waldigen Bergen im Hintergrund, die den Talkessel zu schließen scheinen, durch den sich die Eisenbahn nach Kaiserslautern drängt.

Wir steigen in dem hübschen Bahnhof aus, lassen unsere Reisegefährten weiter mit der Eisenbahn an die obere Haardt hinauf nach Landau und ins Elsaß oder durch das Gebirge ins Westrich nach Kaiserslautern und wandern durch die Stadt, dem *„Löwen"* oder dem *„Schiff"* zu, wo wir gegen gutes Geld gut aufgehoben sind. Beides sind treffliche Gasthöfe mit allen komfortablen Einrichtungen großer städtischer Hotels.

Neustadt mit Haardter Schlößchen (rechts), der Kästenburg (links), dem „Nollen" und „Weinbriet"

Es gibt nicht leicht eine Stadt, die für Freunde und Besucher von Naturschönheiten günstiger gelegen wäre als Neustadt, mitten drinnen in der herrlichen Haardt, am Ende und Rand der fruchtbaren Rheinebene, am Eingang in das Haardtgebirge mit seinen wildromantischen Tälern, die sich von hier aus am leichtesten besuchen lassen.

Dazu bildet es den *Knotenpunkt* der pfälzischen *Eisenbahnen:* das altehrwürdige Speyer in der Ebene mit seinem Kaiserdom, Mannheim, Heidelberg, Mainz, Landau, Weißenburg und Straßburg, Kaiserslautern, Zweibrücken und Saarbrücken sind Nachbarstädte geworden. Von hier aus soll an der unteren Haardt hinab bis Grünstadt bald auch ein Schienenweg führen, und in der nächsten Nähe bieten sich nach allen Richtungen die schönsten Wagen- und Fußpartien, bis zu den Bädern Gleisweiler und Dürkheim.

Neustadts Lage ist vorzüglich schön; die grünen Weinberge, das tiefe Tal, die nahen Burgen, die waldigen Berge und die schönen Landsitze geben der Gegend eine reizende Mannigfaltigkeit, in der Romantik und Idylle, Geschichte und Gegenwart in uns einen angenehmen Wechsel der Stimmungen erwecken. Das Innere der Stadt dagegen ist freilich minder schön, die engen unebenen Straßen bieten auch nicht einmal viel architektonisches Interesse und der merkwürdigen Gebäude sind ziemlich wenige; aber die Straßen sind belebt, und man bemerkt bald eine ungemeine Rührigkeit in der winkligen, ja finsteren Stadt, die ihrem Namen „Neustadt" nicht entspricht. Es ist viel Handel und Wandel und große *Gewerbetätigkeit* hier; der Weinbau wird außerordentlich schwungreich betrieben, der Getreidehandel ist durch die Nähe der Ebene bedeutend und der Holzreichtum des Hinterlandes der Haardt wird auf den floßbaren Bächen hierhergebracht und von hier aus weiter, in den Rhein geflößt, was für die Stadt einen Hauptnahrungszweig abgibt. Ohnedies ist ja das Tal hinter Neustadt von Fabriken angefüllt. Wenn so alles zusammenhilft: herrliche Lage im Mittelpunkt der Landesschönheiten und an den frequentesten Eisenbahnen, am Hauptpaß nach der Weltstadt an der Seine und an der reizenden Haardtstraße mit dem Reichtum des Gebirges, der Ebene und des Hügellandes – ist es dann ein Wunder, wenn die Neustadter stolz sind auf ihre Stadt, sich frei und ungeniert wie kleine Könige gebärden, nach der Welt nichts fragen und ihr Neustadt, trotz Speyer und Zweibrücken, für die wahre Hauptstadt der Pfalz, und ihre Pfalz für das schönste Land der Welt halten! Hat denn diese Annahme nicht ihre volle Berechtigung durch die natürliche Lage der Stadt am Ausgang des Westrichs in die Vorderpfalz und im Mittelpunkt der reichsten Gegend, wo sich das obere und untere Weinland, die fruchtreiche Ebene und das holz- und erzreiche Westrich die Hand reichen?! Und war nicht Neustadt der *Sitz* und die Hauptstadt der reichsten *Statthalterschaft* der alten Kurpfalz von jeher, und ein Vicedom von Neustadt der stolzeste unter den pfälzischen Großen und Landvögten?! Hat nicht der treffliche Johann Casimir, Pfalzgraf und späterer Kurfürst, hier residiert und Neustadt zu dem Heidelberg der diesseitigen Pfalz gemacht, zum *Mittelpunkt des reformierten Europas!?*

Ja, wenn irgendwo, so konzentriert sich in Neustadt an der Haardt pfälzisches Wesen. Wenn nun der Pfälzer den Prototyp für die westdeutsche und rheinische Bevölkerung, der Haardtbewohner wieder für die Pfälzer selbst und der Neustadter für die Leute an der Haardt liefert, so potenziert und konzentriert sich im Neustadter eine Lebhaftigkeit des Charakters, der dem übrigen Deutschland völlig fremd ist. Das drückt sich schon in seiner Redeweise aus, und nirgends sind so viele *drastische Redefiguren* im Schwung als in der Pfalz und vor allem in Neustadt. Dabei nimmt er es mit Flüchen und Beteuerungen nicht so genau; „krieg' die Krenk!" und „der Teufel soll mich holen!" fährt bei jedem Satz ohne Anlaß heraus. Gar häufig ist ein freudiges: „Jetzt soll dich das Dunnerwetter – bist du do!" der freundlichste Gruß beim Zusammentreffen von Bekannten, die sich jahrelang nicht gesehen haben. Eine derbe, aber immerhin noch gutmütige Ungeniertheit, ein Hang zur Satire und zum „Utz" ist ziemlich allgemein. Besonders aber wird den Fremden die Masse von ironisch gemeinten Sätzen und Ausdrücken im ganz gewöhnlichen Leben überraschen, wo der Pfälzer stets das Gegenteil von dem sagen will, was er dem Wortlaut nach sagt und das in der Betonung der

Wörter liegt. Das „Ei jo!“ will dann „Ei nein!“ heißen. Solche ironisch gemeinten Sätze mischt der Pfälzer so viele in seine ohnehin drastische Wendungen und Kürzen liebende, an Wort- und Satzbildern, an Sprichwörtern und Redefiguren reiche Sprache, daß es Fremden gegenüber nicht selten zu Mißverständnissen kommt.
Der Pfälzer, und als Repräsentant der Neustadter, hat immer eine große Meinung von seiner eigenen Person und eigenen Weisheit, und so wie er's tut und denkt, ist's sicherlich am besten getan und gedacht. Die Schwaben und Bayern hält er für gleich gescheit, d. h. er hält wenig auf den Verstand der Überrheiner und lacht sie gern aus; aber er „utzt“ auch den gutmütigen, stilleren Westricher und singt ihm spöttisch seinen Dialekt nach; auch der Oberländer erreicht nach seiner Meinung noch lange nicht die Bildungshöhe, auf der er selbst steht. Es wohnt wirklich viel *praktische Weisheit* in der Pfalz, vor allem an der Haardt und sicherlich in Neustadt ein ganz besonderer Teil; aber die Neustadter glauben doch alle Weisheit allein gepachtet zu haben, und jeder für sich meint, er hätte den besten Teil davon. „Es gibt viele gescheite Pfälzer, in Neustadt sind sie alle gescheit und ich (der Jean, George oder Jacque), bin doch eigentlich der gescheiteste!“
Diese Gescheitheit richtet sich jedoch nicht etwa auf Historie, Philologie, Poesie und so weiter, sondern auf viel praktischere Dinge. Das „rentiert“ und „verinteressiert sich nicht“, und wer etwas treibt, das sich nicht rentiert, ja, das ist beinahe ein „Lump“. Wenn sich's aber rentiert, nun, dann ist's ein sehr tüchtiger und hochgeachteter Mann. Und haben die Pfälzer und Neustadter nicht in vieler Hinsicht recht? Die Zeit will, daß wir praktische Leute werden, und die Pfälzer sind es in vollem Maße. Hängt ihr Sinn auch zu sehr am Materiellen, so sind daran manche Verhältnisse schuld, die teilweise politischer Natur sind. Ohnedies hat ja die Pfalz tüchtige, berühmte Männer hervorgebracht, auch in neuester Zeit, es waren Juristen und Mediziner, freilich Jünger der Wissenschaften fürs praktische Leben, und wenn es einmal ein Künstler oder etwa ein Historiker „zu etwas gebracht hat“, d. h., daß ihm seine Bücher und Bilder in der Welt draußen abgekauft werden, dann sind die Pfälzer sogar stolz auf ihren Landsmann; mag er darum draußen zusehen, daß er's zu etwas bringt.
Der Pfälzer glaubt steif und fest, daß er das reinste Deutsch spreche, und der Pfälzer Bauer sagt, um dies zu beweisen, daß er die Schwaben nicht verstehe, aber von ihnen verstanden werde; die Schwaben sollen nämlich sagen: „So (pfälzisch) red't der Pfarrer uff de Kanzel!“ Freilich macht der Pfälzer auf seinen Stolz selbst Satiren, indem er erzählt, daß die „pfälzisch Sprooch“ die „Ursprooch“ sei; denn als der Walfisch den Propheten ans Land spie, gingen zwei pfälzische Matrosen vorbei, wovon der eine sagte: „Der isch awer naß!“ – „Der isch jo naß!“ versetzte der andere, und davon erhielt der Prophet den Namen Jonas. Daß die Pfalz das ursprüngliche Paradies war, geht schon aus diesem Beispiel hervor, noch mehr aber daraus, daß der Teufel den Herrn Christus auf's Hambacher Schloß führte und ihm die Herrlichkeit des Landes zeigte; als er es ihm anbot, wenn er ihn anbetete, sagte der Herr: „B'halts!“ d. i. Behalt es! – und seitdem heißt's Pfalz, oder wie die Pfälzer sagen: „Palz“!
Die Verstandeskräfte und Intelligenz der Bewohner an der Haardt sind aber auch vom Westrich und von der Ebene anerkannt; man könnte lauter „Notare“ aus den Bauern an der Haardt machen, sagte mir einmal ein Jude aus dem Gau. Jedoch spöttelt man auch über die *„Krischer“*, über die auf ihre Gescheitheit stolzen Haardtbewohner mit ihrem „großen Maul“ und ihren „Einbildungen“. Da wird erzählt, bei einer großen Volksversammlung sei einmal gesagt worden, daß der Gescheiteste seinen Kopf verlieren müsse; da liefen alle Neustadter eilends davon, denn jeder hielt sich für diesen Unglücklichen.
Was aber am Pfälzer und am Neustadter nicht genug gelobt werden kann, das ist sein edles, biederes Wesen bei entscheidenden Gelegenheiten; seine gastfreie, heitere,

gesellige Art nebst seinem freundlichen Entgegenkommen dem unbekannten Fremden gegenüber. Man macht hierzulande schnell Bekanntschaften, und bei dem herrlichen Haardtweine läßt sich's mit den Neustadtern äußerst angenehm leben. Einen Tag mit ihnen auf einer Landpartie zu verbringen oder auf einer Kirchweih, die in der Pfalz noch in voller Fröhlichkeit blüht, ist jedenfalls stets genußreich und der liebliche *Lafayette,* ein delikater Wein, Neustadter Gewächs, macht einen solchen Tag noch genußreicher.

Wirklich hohen Genuß bietet die paradiesische Landschaft, in der die Neustadter wohnen, man mag sich wenden, wohin man will.

Eines der beliebtesten Ausflugsziele ist die Kästenburg, die heute, seit sie die Pfalz ihrem König zum Angebinde gab, Maxburg genannt wird, jedoch unter dem Namen *Hambacher Schloß* allgemeiner bekannt ist. Neustadts neuere Geschichte knüpft sich an sie, und sie winkt von ihrem Kegel recht verführerisch von Süden herüber. Aber verschieben wir unseren Besuch und wenden uns den Weinberg nördlich hinan nach dem hochgelegenen Dorf, das den Namen des Gebirges trägt, und nach seiner Burg.

Das Dorf *Haardt* hat eine unvergleichliche Lage, da es seine einzige lange Straße auf den Rebenhöhen des Bergabhanges hinstreckt und aus jedem seiner hellen, freundlichen Häuser eine prachtvolle Aussicht auf die weite Rheinebene und die überrheinischen Gebirge gewährt. Das Dorf beherrscht so recht das ganze reichgesegnete Land von seiner Höhe; wir erhalten erst hier einen vollen Begriff von der Schönheit der Pfalz. Und wenn der Winzer in der Frühe erwacht, an das rebenumlaubte Fenster tritt und über den blauen Höhen des Odenwaldes die Sonne aufgeht in ihrer Pracht, während auf der weiten Fläche des Rheines gleich einem mächtigen See noch der Nebel liegt und nur die nächstliegenden Rebhügel in goldenem Schimmer glühen; oder wenn der Weinbauer müde, aus den „Wingerten" heimgekehrt, vor dem Haus sitzt und die letzten Sonnenstrahlen über das weite Land zucken, am Speyerer Dom noch haften, dann an den fernen violetten Bergen verschwinden und der Mond in seiner milden Pracht aufsteigt und über der Ebene schwebt; wenn der Abendnebel die zahllosen Dörfer einhüllt und nur noch die Turmspitzen hervorragen und im Mondlicht schimmern: dann brauchen diese Weinbauern und Wingertsleute nicht mit Königen zu tauschen, falls sie es zu ihrem Tagelohn zu schlagen wissen, so herrlich im Paradies zu wohnen. Wie blitzt der Rhein auf in der Ebene beim hellen Sonnenlicht, wie wandeln die Schatten und Lichter über die Fluren und Wälder der Ebene! Und dort quillt mächtiger Rauch empor, kommt näher und näher. Wie ein Drache mit qualmendem Rachen saust es heran in weiten Schlangenwindungen: der Eisenbahnzug bringt neue Gäste an die schöne Haardt, die ihre unvergleichlichen Reize genießen wollen!

Am unteren Eingang des Dorfes liegt die ehemalige *Burgvogtei:* ein großes Haus mit einem reizenden Garten, der die Aussicht auf die Weinhügel ringsumher, nach Mußbach und an der Haardt hinunter und über die Ebene bis zum Überrheiner Gebirge gewährt. Er liegt unterhalb der *Burg Winzingen,* des sogenannten „Haardter Schlößchens", das droben über dem weiten Rebengefilde am Waldrand des Weinbriet in seinen efeuumrankten schönen Trümmern liegt. Dasselbe gehört der Familie Schuster, nach der es auch „Schusters Schlößchen" genannt wird, da sie sich hier einen reizenden, romantischen Sommeraufenthalt geschaffen und auf die Ostseite ein neues Wohnhaus gestellt hat, dessen Fenster gegen die Ebene und die unten liegende Stadt gerichtet sind. Die Trümmer sind von heiteren Anlagen umgeben ohne Künstelei und mit Geschmack, so daß sie nicht unangenehm berühren, wie sonst so oft. Man hat eine noch weitere Aussicht als von der Haardt selbst und unterscheidet die einzelnen Höhen des Odenwaldes, die Dome zu Worms und Speyer und sogar die große Terrasse vom Schloß zu Heidelberg. In den Ruinen sind noch alte Fresken zu sehen, und ein verdeckter Weg führt von Neustadt durch den Ziegelberg auf die Burg. Ihre Geschichte knüpft sich an die des Dörfchens Winzingen, das unten im Tal vor Neustadt liegt; sie war immer ein pfälzisches Besitztum und zum Schutze von Neustadt erbaut worden. Erwähnt muß werden, daß nicht Friedrich der Siegreiche, sondern Friedrich II., der Weise genannt, hier geboren wurde, der als Freund des Kaisers Karl V., die mannigfaltigsten Schicksale erlebte, bis er den Kurhut und die Pfalzgrafschaft erhielt. Seine Mutter Margarete von Bayern, Philipp des Großmütigen Gemahlin, hatte sich vor seiner Geburt wegen der Pest aus Heidelberg hierher geflüchtet. Leider ist das Schlößchen dem Publikum verschlossen.

Die *Wolf'sche Anlagen* sind dagegen jederzeit zugänglich und gewähren von der Eremitage aus die nämliche Aussicht wie das Haardter Schlößchen. Man versäume nicht, sie zu besuchen. – Im Walde weiter oben steht noch ein graues Gemäuer, die alte Burg oder das Heidenschloß genannt, wo man römische Überbleibsel gefunden hat. Wir hätten von hier nicht weit nach dem stattlichen Ort Mußbach hinunter, der vor uns im Rebengelände liegt. Ein anderer schöner Weg führt abwärts durch die Weinhügel über Gimmeldingen die untere Haardt hinab nach Deidesheim, Wachenheim in das eigentliche Weinland, wo die herrlichsten Sorten wachsen. Auch der Gimmeldinger und Mußbacher, der Königsbacher und Neustadter sind treffliche Gewächse. Wir machen diese Tour später, und so schlagen wir den Weg nach dem Dorf *Winzingen* ein, das ein besonderer Lieblingsplatz der Neustadter ist und mehrere Lustgärten hat. Seine Kirchweih ist eine der berühmtesten und besuchtesten der Gegend; man muß eine solche einmal miterlebt haben, um einen Begriff vom Pfälzer Feiertagsleben zu erhalten. Das Dorf ist älter als die nahe Stadt und seine Kirche war ihrer Zeit die Hauptkirche der Gegend. Hier teilt sich auch der Speyerbach, indem er den Rehbach nordwärts sendet, und der *Eckstein*, bei dem dies geschieht, enthält zum Andenken an die Schlichtung der Wasserstreitigkeiten zwischen Kurpfalz und Bistum Speyer die Inschrift:

„Hier stehen wir beide,
Chur und Fürsten,
Thun nach Wasser dürsten;
Nicht für unsern Mund,
Sondern daß beiderseits
Unsre Müller malen kunnt."

Und nun wandern wir zur Stadt zurück; in zehn Minuten ist sie erreicht. Von ihren wenigen hervorragenden Gebäuden ist die *Stiftskirche* das sehenswerteste. Sie soll schon im 10. Jahrhundert begonnen, aber erst viele Jahrhunderte nachher vollendet worden sein. Die beiden ungleichen Türme wurden vom Pfalzgrafen Johann Casimir Ende des 16. Jahrhunderts erbaut. Der in seiner Zusammensetzung noch immerhin hübsche gotische Bau ist durch eine steinerne Wand im Innern für Katholiken und Protestanten geschieden. Die Vorhalle oder das Paradies zeigt noch kenntliche Fresken. Die *Grabmäler* einiger Pfalzgrafen und Pfalzgräfinnen und das des in Oppenheim gestorbenen Kaisers Ruprecht befinden sich hier. Letzteres wurde im französischen Revolutionskrieg beschädigt, wie denn auch damals die 99 Zentner schwere Glocke der Kirche geraubt wurde. Das *Rathaus* am Marktplatz bietet heute nur wenig Interessantes. Früher enthielt es in seinem großen Saal die Porträts der Kurfürsten von der Pfalz und das der schönen *Kunigunde Kirchner*, der holdseligen und edlen Tochter des kurpfälzischen Kanzlers in Neustadt.

Als nämlich in dem entsetzlichen Mordbrennerkrieg der Franzosen in der Pfalz der *Marschall d'Huxelles* nach tapferer Gegenwehr der Bürger die Stadt erobert hatte, die Mauern niederreißen ließ und den Befehl gegeben hatte, die Stadt gleich allen anderen in der Pfalz niederzubrennen, da wurde Neustadt durch den Patriotismus jenes Mädchens gerettet. Der französische *Kriegskommissär de Werth* liebte sie, aber sie machte die

Erhaltung ihrer Vaterstadt zur Bedingung ihrer Hand, worauf de Werth die Schonung Neustadts bei den französischen Generalen bewirkte und in beglückter Ehe Kinder zeugte, deren letzte Nachkommen noch kurz vor der Revolution lebten. De Werth war Prätor von Landau.

Das *Casimirianum,* ein altfränkischer Bau aus der Renaissancezeit, in dem heute die lateinische Schule ist, ruft uns auch eine Geschichte aus der alten Zeit ins Gedächtnis zurück.

Der Pfalzgraf Johann Casimir, der Verbündete der Hugenotten, für die er schon mehrmals das Schwert gezogen und siegreich in Frankreich gekämpft hatte, erhielt von seinem Vater als jüngerer Sohn im Jahre 1576 die Oberämter Neustadt und Kaiserslautern. Hier hielt sich der geniale Fürst auf und an seinem Hofe verweilten öfters die Herzöge von Bourbon, von Chatillon, Gesandte aus England und Agenten aus Polen, um Europas Angelegenheiten zu besprechen. Der Pfalzgraf errichtete hier auch eine reformierte Lehranstalt, das Casimirianum, zu der er viele Professoren von dem wieder lutherisch gewordenen Heidelberg herüberzog, so daß sie mit vier Fakultäten sechzehn Lehrer besaß und bald einen europäischen Ruf gewann; indem selbst Engländer, Franzosen, Niederländer, Polen, unter anderen die Herzöge von Bouillon, die Grafen von der Mark die Anstalt besuchten. Damals veranstalteten diese Professoren auch die Herausgabe der vielbestrittenen reformierten „Heiligen Schrift", die unter dem Namen der *„Neustadter Bibel"* bekannt ist. Neustadt konnte eine Universitätsstadt und Heidelbergs gefährliche Rivalin werden. Da starb der streng lutherische Kurfürst Ludwig VI. in Heidelberg, Pfalzgraf Johann Casimir erhielt die Vormundschaft über dessen Sohn Friedrich IV. und führte wieder das reformierte Glaubensbekenntnis in der Pfalz ein, worauf alle Professoren nach Heidelberg zurückkehrten und das Casimirianum ein bloßes Gymnasium wurde. Neustadt sollte jetzt eine kurpfälzische Besatzung aufnehmen; es weigerte sich, unzufrieden mit den Neuerungen. Dann lud sich eines Tages der Pfalzgraf beim Rat zu Gast, kam und zechte mit den Herren bis in die Nacht in lustiger Weise; da fiel ihm ein, daß er draußen einen Hirsch zu jagen wisse, sie mögen doch die Tore offen lassen, er werde bald wieder bei ihnen sein. Die Herren waren zufrieden und zechten fort, bis plötzlich der Pfalzgraf wieder mit Bewaffneten in den Saal trat. „Der Hirsch ist gefangen!" sagte er; die Herren machten große Augen, denn der Pfalzgraf war mit einem hinter den Anhöhen versteckten Trupp Soldaten durch das offene Tor gebrochen und hatte die Stadt besetzt. Das war des Pfalzgrafen *Hirschjagd.*

Ein schlimmeres Unglück ruft uns der *Marktplatz* ins Gedächtnis. Es war Anno 1525 im Sommer, als die aufgestandenen Bauern der oberen Haardt, alle Schlösser in Asche legend, auch das Hambacher Schloß oder die Kästenburg erstiegen und dann sich auf den Viehberg vor Neustadt legten, sowie nach Winzingen und in die Haardt. Die alte Wolfsburg hinter Neustadt im Tal und Burg Winzingen wurden gestürmt, und nun erschraken die Neustadter, öffneten die Tore und schwuren samt dem pfälzischen Vogt dem Kurfürsten den Eid ab und den Bauern zu, deren Hauptleute in der Stadt ihr Feldlager aufschlugen. Darum zog auch der Kurfürst *Ludwig der Friedfertige* nach der schrecklichen Niederlage der Bauern bei Pfeddersheim zürnend vor Neustadt und lag hier zwei Tage still. Alle Freiheiten der Stadt wurden ihr genommen, ihre Waffen geraubt und sie selbst mit 4 000 Gulden gebüßt. Auf dem offenen Markt aber stand des Kurfürsten Scharfrichter und schlug acht Bürgern die Köpfe ab, sowie mehreren Rädelsführern aus den umliegenden Dörfern.

Auch im Dreißigjährigen Krieg litt die Stadt entsetzlich; die Hungersnot in dieser herrlichen Gegend war so groß, daß Wachen auf dem Kirchhof aufgestellt werden mußten, damit die Leichen nicht ausgegraben würden. Man denke sich die entsetzlichen Verwüstungen, die über dies heute so blühende Land im Verlauf der Zeiten ergangen sind.

Auch in den Kriegen Friedrichs des Siegreichen und Philipps des Großmütigen wurde die Pfalz ringsumher verwüstet, nur Neustadt blieb verschont. Im französischen Revolutionskrieg wütete hier der kleine *Robespierre Rougemaitre,* der die Einwohner zwang, ihr Vieh selbst nach Landau zu treiben und auf ihr Flehen antwortete: „Wenn eure Weiber und Töchter einmal mit unseren Nationalgarden bekannt sein werden, werden sie euch schon Milch geben!"

In neuester Zeit rumorte es in Neustadt, besonders in den dreißiger und vierziger Jahren. Im Jahre 32 war hier ein gar bewegtes Leben, als besonders von Neustadt aus das große *Hambacher Fest* geleitet wurde. *Wirth, Siebenpfeiffer,* die Helden jener Tage, Lohbauer und Hochdörfer, ja sogar *Börne* und der Friese *Harro Harring,* der die Freiheitsliedlein ins Land hinausfliegen ließ, die noch lange nachher in der Pfalz gesungen wurden, weilten damals hier und mit ihnen eine ungeheure Menschenzahl, die zum erstenmal wieder die deutschen Farben trug. Wir werden beim Hambacher Schloß mehr darüber sprechen. Ein ebenso bewegtes Leben brachte das Jahr 1848 und 1849, wo ja Neustadt das Hauptquartier des pfälzischen Revolutionsheeres war. Seitdem ist Ruhe im Land, und leider büßen viele Pfälzer noch heute in der Verbannung und im Kerker.

Doch wenden wir uns von dem unerquicklichen Thema weg zu den Ausflügen der Neustadter. Da drüben auf dem Viehberg das *Schießhaus* ist einer jener Lieblingspunkte der Einheimischen und Fremden und war auch schon 1832 der Sammelort der Führer jener Bewegung. Es schaut freundlich auf *„Ägypten"* herab, an dessen Grenzen es liegt. Eine Vorstadt trägt nämlich den an Pyramiden und Pharaonen erinnernden Namen, wo allerdings eine ägyptische Dämmerung geherrscht haben mag, als die Spanier im Dreißigjährigen Krieg Kapuziner hierher brachten, die, von den Schweden vertrieben, fünfzig Jahre später von den Franzosen wiedergebracht wurden, aber zuletzt doch wieder abziehen mußten. Auf dem Winterberg mit seinen Steinbrüchen ist die Ruhestätte des *Generals Pfau,* der auf dem hohen Schänzel im Gebirge, 1749, gegen die Franzosen fiel. Auf dem „Hohen Nollen", der sein dunkles Haupt majestätisch schön hinter Neustadt erhebt, sind Spuren einer Römerstraße über das Gebirge, und gegen die Maxburg hin liegt die *Waldmannsburg* im hohen Bergwald. Sie hat schöne Anlagen und gewährt eine ausgedehnte Aussicht, die noch umfassender auf dem *Weinbriet,* auf der nördlichen Seite des Tales ist. Besonders der Blick von diesem 1 900 Fuß hohen Berg in das zwischen dem Dürkheimer und Neustadter Tal liegende gebirgige Dreieck und auf den noch um 300 Fuß höheren, prachtvollen Kegel des „Königsberges", der hart gegenüber in voller Majestät sich über die Rheinebene und die übrigen Kuppen erhebt, ist imposant. Die hohen Bergkegel des Bechertskopfes, des Eck- und Spechtkopfes, vor allem aber der gewaltige Drachenfels schauen, tief überwaldet, aus dem dunklen Waldgebirge.

Nördlich am Abhang des Berges zieht sich das einsame *Silbertal* bis zum Forsthaus „Rotsteig" und zum „Lambertskreuz" am Bechertskopf im Deidesheimer Wald hinauf; oft von den Bewohnern Neustadts und der Haardt besucht, hat es stille, heimelige Gründe, durch die der Mußbach des *Benjentales* fließt. Noch ausgedehnter ist die Rundsicht auf der Ostseite: vom Taunus bis an die Murg und über die ganze Ebene des Rheins, deren Reiz wir hier noch einmal recht genießen. Der Weinbriet scheint seinen Namen von seiner Lage zu haben, da seine Abhänge der Sonne so köstliche Schrägflächen bieten, um die Weintrauben der Neustadter an der Haardt zu braten. Außerdem gibt es noch eine ganze Menge der schönsten Ausflüge in nächster Nähe und oft vereinigen sie auf das Angenehmste die helle, freundliche Pracht des Weinlandes der vorderen Haardt mit dem düsteren Ernst der dahinterliegenden waldigen Berge. So der *Kapellenberg,* die Anlagen des Herrn Frey, und andere mehr.

Wir erwähnen nun zuletzt noch einen Neustadter, der mit einem berühmten Namen auf dem Feld der Ehre nur zu frühzeitig starb. Es ist der *Divisionsgeneral Stengel,* eines

kurpfälzischen Oberamtmannes Sohn, der 1796 den Heldentod am Tanaro starb, wo ihn Napoleon Bonaparte mit der ganzen französischen Armee schmerzlich betrauerte. Er war einer der tapfersten Führer der Franzosen in Oberitalien.
Jetzt aber hält uns nichts mehr in Neustadt zurück, wir wenden uns dem Innern der Haardt zu und wandern westlich in das

Neustadter Tal

Wir sind mit wenigen Schritten in einer anderen Welt, rings von hohen Bergen umschlossen, deren Wälder und Felsen uns nicht mehr die Reize der vorderen Haardt vorführen. Das Tal ist eng und tief, aus dem der Speyerbach uns entgegenströmt, und es wird immer enger, so daß wir oft nicht begreifen, wie die Landstraße noch Raum neben dem Fluß hat, und höchstlich erstaunen über die Kühnheit, durch dieses Felsental voller Windungen und plötzlicher Engen eine Eisenbahn gelegt zu sehen. Aber wir vergessen die Eisenbahn und wandern fort auf der großen Landstraße, mitten zwischen Fabriken und Mühlen hin, die Neustadt durch das Tal beinahe bis St. Lambrecht fortsetzen und dieses bald mit der Stadt verbinden werden. Der *Speyerbach*, der hinten im Gebirge auf seinen vielen Forellenwässern den Reichtum der Berge ins Land herabführt, wird hier nicht allein mehr als Floßbach benutzt, sondern muß sich an Rädern und Maschinen müde drehen, und bei jeder Windung des Tales sehen wir andere Häusergruppen und Fabrikgebäude, aus jedem Seitentälchen schaut manchmal schloßähnlich und in wildester Umgebung ein modernes Gebäude, das den Gewerbefleiß und die Betriebsamkeit des Tales bezeugt. So kontrastiert das rege Leben auf seltsame Weise mit dem natürlichen Charakter der Gegend, den wilden Bergen und Schluchten.
Beim Eingang in das Tal sehen wir nach rechts am Abhang des *Bergsteins* Rebengelände auf hohen Terrassen und links die Halden des *Nollen* angebaut, bis es sich mit einemmal zu einem freilich noch immerhin beschränkten Kessel erweitert, auf dessen Wiesengrün sich große Fabrikgebäude erheben. Ein wildes Seitentälchen bricht aus der südlichen Bergseite hier herein, das *Kaltenbrunnertal*, das sich bis zur südlichen Kalmit hinaufzieht und in seiner Einsamkeit und abgeschlossenen Schönheit einen Lieblingsausflug der Neustadter bildet. Seine ganze Breite füllt eine Papierfabrik aus. Weiter eröffnet sich das ebenso wilde „Heidenbrunnertal“, und ihm gegenüber, auf einem Bergvorsprung, liegt die Wolfsburg gleich einem lauernden Wolf auf zerrissenen Felsen der hohen Talwände.
Ein schöner, zickzackförmiger Weg führt den Berg hinan zur *Wolfsburg*. Ihre Trümmer sind ohne architektonischen Wert und die Aussicht auf das tiefe, belebte Tal und die Stadt ist beschränkt, aber lohnend genug. Die Landstraße führt unten in einem weiten Bogen um den Burgberg, der Speyerbach schimmert herauf und das Geräusch der untenliegenden Mühlen und Fabriken kontrastiert angenehm mit der Stille der Seitentäler. Wenn aber nun die Lokomotive des Eisenbahnzuges heranschnaubt und plötzlich im Bauche des Schloßberges verschwindet, zu unseren Füßen unter der Burg hinrollt und auf der anderen Seite mit ihren dicken Rauchwolken wieder erscheint, so ergibt das ein Bild, das einzig in seiner Art und vollständig neu ist. Schon aus der Tiefe des Tales macht es einen eigentümlichen Eindruck, den Zug plötzlich herankommen zu sehen, wie er am Bergabhang hineilt und dicke Wolken an den hohen Wald- und Felsenhängen emporqualmen, bis plötzlich Lokomotive und Zug unter der Erde verschwinden und auf der anderen Seite wieder ebenso plötzlich erscheinen. Denn durch den *Burgberg* geht einer der zwölf Tunnel, die dieses Felsental durchbrechen, und seine beiden Portale sind recht hübsch und dem Zweck entsprechend aus rotem Sandstein gearbeitet. Die Burg oben wurde zum Schutz von Neustadt erbaut und im Dreißigjährigen Krieg zerstört. Nur düstere Sagen knüpfen sich noch an ihre Trümmer. Auf einem das Tal beherrschen-

den Felsen sieht man noch eine fußartige, große Vertiefung, von der die Sage erzählt, daß hier der Raubritter auf der Wolfsburg Wache gestanden und Spähe gehalten hätte.

Er war der Schrecken der ganzen Gegend und plackte besonders die Neustadter, deren Verfolgung er dadurch entging, daß er zuweilen die Hufeisen seines Rosses verkehrt aufschlug. Da schlug die heilige Feme ihren Sitz in diesen Tälern auf und rief ihn durch den Schlag an sein Burgtor und den ausgeschnittenen Span vor ihren Freistuhl. Er erschien, hatte aber einen Sack mit Erbsen mitgenommen, damit den Weg bestreut, so daß seine Freunde folgen konnten und die Femrichter in demselben Augenblick niederschlugen, wo der Geladene am Baum hängen sollte. Jetzt aber spukt der Räuber auf dem Schloß; er mag grimmige Gesichter schneiden, wenn er da droben von seiner zertrümmerten Burg ins Tal und Waren und Leute mitten durch die Felsen seines Schlosses sicher weiterfahren sieht, ohne daß er ihnen was anhaben kann.

Wir trennen uns von den verschiedenen Gefühlen, die der Kontrast der mittelalterlichen Feste auf der wildesten Höhe zu dem Zeugen von der Titanenkraft unserer Zeit im tiefen Tal hervorruft, und erwähnen nur noch die unterirdischen Gänge, die von hier nach dem gegenüberliegenden *Königsberg* unter dem Tal und dem Speyerbach hinwegführen sollen. Auf dem Berg nimmt man einige Reste von Bauten wahr, welche die Pfälzer natürlich den Römern zuschreiben, obgleich sie viel eher altkeltischen oder germanischen Ursprungs sind.

Hinter der Burg zieht rechts ein Seitentälchen hinein, das *Nonnental*. Es ist still und traulich da; es soll einmal ein Nonnenkloster hier gestanden haben, in dem besonders die Oberin schlimm und böse war, so daß sie nach dem Tode ruhelos umgeht, bis sie erlöst wird.

Alle sieben Jahre steht das Kloster wieder ganz da, aber nur ein Sonntagskind sieht es. Ein solches war auch der Schäfer, der es Tag und Nacht ganz erleuchtet sah; viele Ampeln brannten in der Kirche und die Nonnen darin haben gesungen. Er ging hinein, redete kein Wort und war auch unbeschrien hergekommen. Wie er aber die vielen Totengesichter und die bleiche Oberin oben am Altar stehen sieht, da gruselt's ihn doch und er ruft: „Gelobt sei Jesus Christus!" Und alles war weg und nichts da, wie jetzt auch. Nur eine Stimme hat er noch rufen hören: „Ach, jetzt muß ich wieder sieben Jahre warten!" Wann aber das ist, weiß kein Mensch.

Die Maschinen in den großen Fabriken an unserem Weg haben auch keine Ruhe Tag und Nacht. Aber still ist's oben an den Bergen, die immer enger zusammentreten, und wir vergessen ganz, daß wir so nahe der Rheinebene sind; so wild und eng wird unser Weg. Wir wandern weiter durch dieses romantische *Fabriktal*, indem wir bald die Eisenbahn überschreiten, bald sie auf hohem Damm neben uns herlaufen sehen, bald unter ihr durchwandeln und sie wieder ganz aus dem Gesicht verlieren. Da kreuzen sich gar oft das Floß auf dem Speyerbach, der Wagen auf der Landstraße und der Eisenbahnzug hoch oben übereinander; das alles macht eine Fußwanderung durch dieses Tal zwischen den hohen Talwänden mit ihren mannigfachen Formen, ihren Wäldern, Bergkuppen und Felsen höchst anziehend.

Rechts führt nun ein Weg in ein Seitentälchen ab, in dessen Stille das Holzhauerdörfchen *Lindenberg* liegt. Über ihm auf der Höhe stand einmal eine Burg, und heute steht noch dort die Wallfahrtskapelle zu *St. Cyriak*, die freundlich in das einsame Tälchen blickt. Es ist hier eine ganz andere Welt. Eine Legende knüpft sich an den Ort. Als man im Jahre 1550 die Kapelle ins Tal bauen wollte, fand man jedesmal Steine und Balken in der Frühe nicht mehr vor und sah sie erst wieder auf der Höhe, wo das Kirchlein jetzt steht. Weil sich das wiederholte, baute man auch sie hinauf, und der Heilige ließ es gern geschehen.

Auf der großen Landstraße wandern wir stets weiter, fortwährend an Fabrikgebäuden vorüber, bis sich plötzlich das Tal zu einem Kessel weitet und darinnen das große und gewerbetätige *Lambrecht-Graevenhausen* erscheint. Die Lage dieser ersten Eisenbahnstation von Neustadt aus im tiefen Talgrund mit ihren üppigen Wiesen und grünen Obsthainen, ist eine gar anmutende. Das große vereinte Dorf mit beinahe 3 000 Einwohnern und schönen Häusern liegt zu beiden Seiten des Speyerbaches und füllt den ganzen Talkessel aus. Seine Fabriktätigkeit, besonders in Tuch, ist bekannt genug und mehr als 150 Webstühle arbeiten heute an dem nach allen Gegenden gesandten Fabrikat. Seine Gewerbetätigkeit verdankt St. Lambrecht dem Pfalzgrafen Johann Casimir, der die Hugenotten und Wallonen hier aufnahm, als sie aus Frankreich flüchten mußten, und die meistens geschickte Tuchmacher waren. Von den Kriegen des 17. Jahrhunderts im Emporkommen gehindert, nahm die Fabrikation in neuester Zeit einen desto höheren Aufschwung. Dadurch sind die Bewohner sehr wohlhabend geworden, fühlen sich so und drücken dies in einer gewissen behäbigen, bedachten und – etwas eckig – noblen Art aus, weswegen sie auch von den Neustadtern „Landkommissäre“ genannt werden. Mitten im Ort steht die schöne gotische Kirche, die sich, leider ohne Turm, hoch über die Hausdächer erhebt. Sie ist das letzte Überbleibsel des einstigen Benediktiner-, späteren *Dominikanerklosters St. Lambrecht.* In seinen schönen symmetrischen Verhältnissen erkennen wir den Kunstsinn der alten Zeit. Die Wirtshäuser an der Straße bieten ein sehr gutes Glas Wein und treffliches Essen.

Sobald man zu diesem Fabrikort hinauskommt, gelangt man zur *Kreuzbrücke,* wo die Hochspeyer und der niedere Speyerbach zusammenfließen, so daß sich das Tal aufwärts in zwei Haupttäler gabelförmig spaltet, die sich beide bis zur Quelle der Bäche auf die Wasserscheide ziehen. Rechts durch das Tal der Hochspeyer führt die Eisenbahn weiter nach Frankenstein und Kaiserslautern durch die Berge und Felsen der Haardt und die Wasserscheide der Vogesen. Es ist das belebtere. Links das stillere, und zu einer Fußpartie einladendere, heißt das

Elmsteiner Tal

Wir lassen die Eisenbahn einstweilen rechts und wenden uns links dem Dörfchen *Frankeneck* zu, das vor dem Ausgang des Tales liegt. Die zwei Goßlerschen Papierfabriken sind sehenswert und haben einen großen Namen. Hinter dem Dörfchen wird das Tal still und völlig einsam. Sechs Stunden weit zieht es sich zwischen den großen Wäldern der Haardt hin bis auf die Wasigenfirst bei Johanniskreuz; in viele Nebentäler sich wieder spaltend, sammelt es die klaren Bergbäche der Haingeraidewaldungen und der großen Frankenweide. Es zieht durch eine beinahe menschenleere Gegend, denn in diesem ganzen weiten Gelände zwischen der vorderen Haardt und der Wasserscheide trifft man nur hie und da ein Forsthaus, eine Harzhütte, einen Holzhauerhof oder an den raschen Bächen eine Sägemühle. Einige *Holzhauerdörfer* verstecken sich tief in die Ausläufer des Tales, fern von aller Nachbarschaft in die Waldeinsamkeit der inneren Haardt. Jedoch führt durch das Tal eine schöne Straße bis zur Wasserscheide auf das Johanniskreuz, wo sie sich mit den übrigen Gebirgsstraßen kreuzt. Nur an Holztagen, wenn die Bauern der Ebene in diese Wälder mit ihren Fuhren kommen, ist das Tal einigermaßen belebt. Sonst wird das ganze waldige Bergland, das die vordere Haardt und Ebene vom eigentlichen Westrich trennt, von den Vorderpfälzern schon gewohnheitshalber dem Westrich beigezählt, obgleich die Sprache noch die der Vorderpfalz ist.

Das Elmsteiner Tal ist schon bei seinem Eingang schön, und der Rückblick auf Lambrecht-Graevenhausen äußerst lohnend. Hinter Frankeneck wird das Tal immer stiller, nur die Vögel auf den waldigen Bergen rechts und links jubeln in die Einsamkeit hinein und einige Sägemühlen an dem hellen Speyerbach schnarren eintönig fort. Ein Felsenweg leitet an einem rechts hervorrauschenden Bach hinauf nach dem einsamen Weiler *Morschbach.* Doch wir wallen im Haupttal auf der schönen Straße fort, ergötzen uns an dem saftigen Wiesengrunde und den grünen Berghalden der linken Seite, wo die Berge der Haingeraiden in dunklen steilen Halden und Wänden in das Tal abfallen. Dem Gemurmel des Speyerbaches lauschend, überrascht in diesem einsamen Tal plötzlich bei einer Biegung des Weges eine kühn von einer Felsensäule herabblickende Burg, und ihr gegenüber auf buschiger Höhe eine andere: *Spangenberg* und *Erfenstein,* zwei rechte Raub- und Felsennester, die, nur durch den Weg und Fluß geschieden, so nahe beisammenliegen, daß die Bewohner aus den Fenstern miteinander reden konnten. Das einsame Haus im Vordergrund und die Ruinen, die noch am Fuße von Spangenberg im Tal liegen, im Verein mit den beiden Burgen auf ihrer Felsenhöhe, bilden ein äußerst wirksames Gemälde, voll düsterer Romantik und Wildheit.

Die ehemaligen Raub- und Felsennester Spangenberg und Erfenstein, deren Insassen sich durch ihre Nähe einander sowohl Schelt- als auch Minneworte zurufen konnten

Zu dem Spangenberg führt über den Fluß ein tiefschattiger Waldweg bis zum Eingang mit dem Burgwappen. Der ganze Hofraum ist mit bemoosten Steinen bedeckt, denn gar selten verirrt sich ein Wanderer hierher. Auf einer Felsensäule von mehr als hundert Fuß, in die ein Keller gearbeitet ist, ruht das Hauptgebäude der Burg, gleich einem zum Sprung gerüsteten Raubtier. Da ist nicht hinaufzukommen; wir müssen uns mit der Aussicht und den Sagen begnügen, welche die Burg bietet. Die Aussicht ist ganz beschränkt, aber eigentümlich wild und schön: rings bewaldete Berge, gegenüber der Erfenstein, zu dessen Füßen der *Meierhof,* das Wiesental, dann noch eine Mühle.

Die Burg Erfenstein drüben mit ihrem hohen Turm und den Mauern auf der vorspringenden Felsplatte liegt weniger wild als ihre Nachbarburg. Ihr Turm hatte keinen Eingang, bis ein Trupp *Zigeuner* die Steine unten herausbrach und in dem Grunde desselben wohnte, um die düstere Romantik der Gegend noch zu erhöhen. Die Geschichte hat wenig von diesen weitabgelegenen Burgen zu sagen; sie weiß nur, daß im pfälzischen Krieg die Neustadter den Erfenstein für den Kurfürsten Friedrich den Siegreichen eroberten und daß er später als Lehen an die Dalberge kam, während Spangenberg speyerisch war. Dagegen rankt sich die Sage desto blühender an dem düsteren Gemäuer hinauf.

Es soll eine *lederne Brücke* quer über das tiefe Tal die beiden Burgen in Freundschaft verbunden haben. Als aber wieder Feindschaft ausgebrochen war und der Erfensteiner über die Brücke an seinen Nachbarn wollte, schnitt dieser ihm die Brücke ab und der Arme stürzte zerschmettert in die Tiefe. – Ein andermal liebte des Spangenbergers Sohn des Erfensteiners Tochter; weil das der Vater nicht zugeben wollte, floh der Sohn in die nahe *Sattelmühle* und trat in des Müllers Dienst als Mühlknecht. Da machte er nun mit der Geliebten heimliche Spaziergänge ins Tal, bis es der alte Spangenberger erfuhr, seinen Sohn aushob und ins tiefe Burgverließ warf.

Schon der erste Spangenberger, der *wilde Kaspar*, war ein Teufelskerl; raubte des Kaisers Tochter, die ihn gern sah, als ihr Vater gerade in Worms Hof hielt. Um vor des Kaisers Nachforschung sicher zu sein, lockte er heimlich Handwerker aus der Ferne hierher und ließ sie auf dem gewaltigen Felsen das Schloß für sich und seine Prinzeß herrichten. Als es fertig war, gab er den Arbeitern einen Schmaus in einer Holzhütte im Tal und viel Wein zu trinken; als sie vollgetrunken einschliefen, zündete er die Hütte an, daß sie alle verbrannten. Da konnten sie weiter nichts ausplaudern. Später aber kam der Kaiser, als gemeiner Ritter seine Tochter suchend, in das wilde Tal und sprach am Tor der Burg um Herberg an, die ihm auch gewährt wurde. Er hatte seine Tochter gleich erkannt, sagte aber nichts, auch dann nicht, als der wilde Kaspar bei Tisch weidlich über den Kaiser schimpfte. Als es Morgen wurde, mußte sich der Kaiser die Augen verbinden lassen (denn es war damals Sitte, daß man dem Gast das Geleit gab, weswegen noch heute die Straße im Tal die *Geleitstraße* heißt), und so wurde er fortgeleitet kreuz und quer, bis sie ihn in der Ebene hatten. Dort ließ man ihn gehen, nachdem man ihm die Binde weggenommen hatte. Aber der Kaiser hatte den Weg wohl in acht genommen, sammelte Kriegsvolk, und als der Kaspar in der Frühe eines Tages zum Fenster hinaussah, stand der Kaiser wieder vor dem Tor und befahl aufzumachen. Jetzt erkannte er mit seiner Frau, wie es stund, und als der Kaiser das Tor erbrochen hatte, da nahmen die Eheleute einander an der Hand und sprangen mir nichts dir nichts aus dem Fenster hinaus über den ungeheuren Felsen hinunter ins Tal, um zu sterben. Die Frau hatte einen großen, steifen Rock an, der faßte Luft, und wohlbehalten kamen beide auf dem Boden an. Dort wurden sie gefaßt, – der wilde Kaspar in Worms gehängt, und des Kaisers Tochter hat wohl noch einen vornehmen Herrn zum Mann gekriegt statt des Schnapphahns.

Wir gehen weiter im wilden Tal, nachdem wir noch das *Höllischtal* links hinaufblickten. Flußwehre und Ablässe wechseln mit grünen Wiesen und hereinmündenden Seitentälern, durch deren Felsenpforten wir hier und da in den Waldschluchten den Rauch einsamer Hütten, Köhler- oder Waldfeuer aufsteigen sehen, bis auf einmal sich ein kleiner Talkessel öffnet, in dem links der Argenbach, rechts der Breitenbach, aus den Waldtälern kommend, in den Speyerbach münden. Auf der waldigen Anhöhe, von höheren Bergen überragt, blickt die Burg *Breitenstein* herunter auf den Breitensteiner Hof zu ihren Füßen und das Kirrweiler Forsthaus über dem Fluß, am Fuße der großen Geraidewaldungen. Ein dürrer, mächtiger Baum hängt quer über das Tal, und ein mächtiger Felsberg bildet den Eingang in das Breitensteiner Seitentälchen, das sich tief in die untere *Frankenweide* bis nach dem Dörfchen *Esthal* zieht. Von der Burg Breitenstein ist noch ein mächtiger Turm und ein Torbogen auf breiten Felsenlagern erhalten, deren Ersteigung ziemlich mühsam ist. Ohnedies sieht sich das hier zusammengedrängte Landschaftsbild von unten besser an.

Weiter in das Tal dringend, wird es stets wilder, und plötzlich teilt es sich, indem von links herein ein starker Bach stürzt: der brausende *Helmbach*, an dem sich das Seitental hinaufzieht in die großen Wälder, die gegen das Queichtal und die obere Haardt liegen. Dieser Helmbach scheidet auch die Haingeraidewaldungen vom Elmsteiner Staatswald. Seine Zuflüsse sammeln sich aus dem Teufelstal ober der Geißwiese und dem Geißkopfhof und aus den Tälern am Kanzelfelsen. In jenen Waldeinöden liegen einzelne Hütten, die Hornissenwiese, Forsthäuser und das Dorf *Iggelbach*, völlig abgeschieden von aller Welt. Die Einwohner nähren sich von Flößerei und Holzhauen. Da, wo sich der Helmbach mit dem Speyerbach vereinigt, stehen einige Sägemühlen und die Kobelshütten.

Burg Breitenstein im Elmsteiner Tal wurde von den Leiningern im 13. Jahrhundert erbaut und 1470 zerstört

Wir halten uns stets rechts auf der Straße und am Speyerbach hinauf, neben dem wir viel Holz aufgelagert sehen; plötzlich biegt der Weg um, ein kleines Gebirgsdörfchen steht vor uns im Tal. Über den Häusern ein schöner, hoher Kirchturm, aber ohne Dach, verfallen und verödet; durch die Fenster blickt der Himmel, ihre schönen, romanischen Pfeiler sind zum Teil gebrochen; auf der Höhe des Turmes wächst eine junge Kiefer. Von der Kirche selbst ist gar nichts mehr zu sehen. Das Dörfchen heißt *Appenthal.* Die Leute hier sind sichtlich arm, und in teueren Jahren ziehen des Elends bleiche Gespenster durch diese Täler und das Gebirgsland mit ihren weit auseinanderliegenden, abgeschiedenen Walddörfern und einzelnen Hütten. Der Winter macht sie dann öfter ganz unzugänglich, und im Frühjahr tritt dann noch der Hungertyphus auf, um zu würgen unter der ohnehin so äußerst schwachen Bevölkerung. Draußen in der Pfalz an der Haardt und in der Ebene Reichtum und Überfluß, hier bei allen Mühen Armut und Elend. Der einzige Reichtum der Berggegend, das Holz, gehört dem Staat oder den reichen Bauern der Haardt; es wirft für die Bewohner dieser Täler nur kargen Verdienst ab. Die wenigen Felder hängen an den Abhängen der steilen Berge; hier im Appental sind sie mit steinernen Mauern an den Bergen gehalten, damit sie nicht vor die Häuser rutschen. Das Dörfchen mit der Ruine des alten Kirchturms und den kahlen Berghöhen macht einen wehmütigen Eindruck. Doch scheinen auch wohlhabende Leute hier zu wohnen, etwa dort in der malerisch unregelmäßig gebauten *Mühle.*

Wir durchschreiten das Dörfchen, beschauen den alten Turm in seinen schönen Verhältnissen und wandern weiter das Tal hinauf, das wieder den Charakter tiefer Einsamkeit annimmt. Endlich breitet es sich, wenn man hinter den Grüneberg gekommen, wieder aus; frische, grüne Wiesen liegen im Grunde, links ein seltsamer, steiniger Berg, der Rehfels, und mitten im Tal das Dorf *Elmstein*, das dem Tal den Namen gibt, auf wilden Felsenreihen, dem Anschein nach den Talkessel völlig schließend, der hohe Turm der Burg *Elbstein* oder Elmstein, nach der hinauf sich die Hütten des Dorfes malerisch gruppieren. Drüben ziehen die schönen Wohnungen des Revierförsters und Forstmeisters den Blick auf sich; am Fuße des Burgberges steht das ärmliche katholische Kirchlein, näher die neue protestantische Kirche. Es ist das ein schöner, freundlicher Bau aus rotem Sandstein im neubyzantinischen Stil, den man jetzt in Bayern besonders kultiviert. Ein alter Kirchturm, ähnlich dem in Appenthal, sollte stehen bleiben, weswegen man die neue Kirche ohne Turm baute. Als man sich dann noch entschloß, den alten Turm abzureißen, setzte man das niedrige, unpassende Türmchen auf das Dach der schönen Kirche, und nun sitzt es da oben, nicht wie ein Helm, sondern wie eine Schlafkappe. Lieber hätte man den alten Turm stehenlassen sollen, der auch in seinem Kontrast zu dem neuen Bau noch schöner und zweckmäßiger Kirche und Tal gekleidet hätte. In Elmstein ist ein gutes Wirtshaus; wenn man übernachten will, hat man abends an den Forstleuten beim Bier angenehme, gebildete Gesellschafter, die einem gern die besten und interessantesten Aufschlüsse über die Gegend geben. Auch eine Jagd in diesen an Wild so reichen Waldungen wäre bei längerem Aufenthalt ein für Liebhaber großer Genuß, und das lustige Nationallied der Pfälzer: „Der Jäger aus Kurpfalz" fällt einem so recht hier ein, in den frischen, grünen Wäldern.

Elmstein ist der Hauptort des ganzen Tales mit seinen Zweigtälern; es bildet mit all den weit auseinanderliegenden Weilern, Höfen, Hütten und Dörfern dieses Gebirgslandes eine Gemeinde von 1 800 Seelen. Sein Forstamtsbezirk ist der waldreichste der Pfalz, und die Waldungen der über dem Dorf thronenden Burg umfaßten 54 Berge und 74 Täler, die ihre eigenen Namen trugen. Da wir jedoch in der Folge auf diese wald- und jagdreiche Gegend an den Abhängen der Wasigenfirst zurückkommen werden und bei Johanniskreuz zur Rede bringen, widmen wir noch der Burg einige Aufmerksamkeit. Ihre Abgelegenheit schützte sie nicht vor öfterer Zerstörung; im Bauernkrieg brach der *Wasgauer Kolbenhaufe* mit den Rundköpfen in das Tal, stürmte die Burg und äscherte sie ein. Wieder aufgebaut, zerfiel sie nach und nach in den darauffolgenden

Appenthal mit seinem dachlosen Kirchturm, dessen Fensteröffnungen spätgotische Formen aufweisen

Kriegen und steht nun als interessante Ruine über Dorf und Tal. Einzelne Hütten stehen mit ihr auf derselben Felsenhöhe. Neben ihr bricht sich der Speyerbach ein enges Bett durch den Felsen; wenige Schritte talaufwärts verdeckt die Burg wieder das ganze Dorf und zeigt sich erst recht in ihrer wildschönen Lage auf den roten Felsenlagern.
Einsamer noch als seither, wird das Tal hinter Elmstein am Speyerbach hinauf nach dem Hof Mückenwies unterhalb des hohen *Bloskülb;* die neue Waldstraße zieht über Speyerbrunn steil auf die Wasigenfirst der Wasserscheide hinauf nach dem einsamen Forsthaus Johanniskreuz. Tiefe, stille Waldeinsamkeit überall, für einen Liebhaber solcher Ge-

Dorf Elmstein im gleichnamigen Tal, an dem im Mittelalter eine Hauptverkehrsstraße vorbei auf die Höhen von Johanniskreuz führte

birgspartien ein höchst genußreicher Gang. Von Johanniskreuz kann er über Trippstadt nach Kaiserslautern, und von dort zurück mit der Eisenbahn nach Frankenstein und Neustadt. Wir wollen jedoch von hier aus nicht weiter, wandern entweder über das Gebirge der unteren *Frankenweide* nach Esthal, und von da in das Nachbartal der Hochspeyer oder versetzen uns wieder zurück nach Frankeneck und St. Lambrecht-Graevenhausen an die Eisenbahn und fahren in das

Frankensteiner Tal

Bald haben wir, einen Tunnel passierend, das Dörfchen *Neidenfels* erreicht, das rechts liegen bleibt. Wenn es noch Zeit bis zur Abfahrt von St. Lambrecht aus wäre, hätten wir das nahe liegende Dörfchen noch zu Fuß besucht und wären dann zum Bahnhof zurückgekehrt. Bis hierher, und in Neidenfels selbst, immer noch Fabriken, die sich unter den übrigen ärmlichen Häusern recht stattlich ausnehmen. Dieses Dorf zeigt eben, daß wir uns dem Westrich nähern, und wird von den Neustadtern selbst schon zum Westrich gerechnet. Amphitheatralisch liegen die Häuschen an dem terrassenartig angelegten Schloßberg hinauf, den die Burg Neidenfels krönt, die nun in das schöne Tal und das liebliche Dörfchen als Ruine blickt. Ihre Geschichte bietet nichts Merkwürdiges, mehr die der gegenüber auf waldigem Berg und furchtbaren Felsen thronenden, aber von den hohen Föhren völlig verdeckten Burg *Lichtenstein.* Beide Schlösser waren, wie die im Elmsteiner Tal, zum Schutz der Pässe ins Westrich angelegt, arteten aber bald in Raubnester aus. Da erbot sich ein Lichtensteiner, als der Stadt Speyer Hauptmann, die entehrte Stammburg selbst zu erstürmen, zog vor Lichtenstein, wo seine Vettern hausten, nahm die Burg und zerstörte sie mit seinen Speyerer Söldnern von Grund auf. Nur wenige furchtbar starke Mauern trotzten seitdem (1280) der Zeit und dem Wetter. Dieser Tatsache hat sich die Volkssage bemächtigt; erzählt in ihrer Weise, daß die beiden benachbarten Burgen von Brüdern bewohnt worden seien, die nicht gut Freund wegen eines Fräuleins waren. Als nun der auf dem Lichtenstein einstmals des Abends die Geliebte besuchte, schoß ihn der auf der anderen Burg weg. Seitdem heißt die Burg Neidenfels.

Einer der vielen Doppeltunnel im Frankensteiner Tal

Das Tal wird nun bis über *Weidenthal* hinaus weniger schön. Wir können mit voller Muße unsere Aufmerksamkeit dem pfälzischen Titanenwerk der *Eisenbahn* widmen, die gerade hier ihre größten Wunder zeigt. Das Tal ist hier noch enger als das von Elmstein, und auf dieser Strecke bis nach Frankenstein bot das Terrain die größten Hindernisse, die der kühne praktische Geist der Pfälzer alle zu überwinden wußte. Dort läuft die Bahn hoch am Berg hin, hier über einen Damm quer über Tal, Landstraße und Fluß auf Viadukten und gewaltigen Brücken, dann verschwindet sie im Bauch der Bergriesen, tritt wieder ans Tageslicht, um schnell noch einmal zu verschwinden, und so weiter bis nach Frankenstein. Selbst wenn man auf der Landstraße zu Fuß wandelt, glaubt man oft vor den rings lagernden Felsbergen nicht weiter zu können, und der Himmel erscheint oben nur noch als ein blaues Band. Dazu ist das Tal immer noch mit Mühlen und Maschinenwerken aller Art angefüllt. Es war schon ein kühner Gedanke, hier eine Bahn anlegen zu wollen; aber noch kühner die Ausführung. Tunnel um Tunnel durchbricht die Felsen der Haardt, Berge wurden versetzt und geebnet. Das Zugroß sieht hier das raschere Dampfroß über seinen Rücken dahinschnauben; dann laufen wieder, in schönem Verein oft hart sich berührend, oft sich kreuzend, die drei Transportwege – Landstraße, Bach und Eisenbahn – durch das merkwürdige Tal. Am besten verdeutlichen folgende einfache Notizen die Wunder unserer Zeit in diesen Engpässen: an 21 Stellen kreuzt sich die Bahn mit der Staatsstraße, manchmal in gleicher Höhe, meistens durch *Viadukte;* der durch vielfache Korrekturen geregelte Bach wird 42mal überschritten. 12 Tunnels von verschiedenen Längen durchschneiden nebst vielen Einschnitten die Bergvorsprünge; am längsten ist der Tunnel der Wasserscheide selbst, der 1 300 Meter, das sind 4 000 Fuß, mißt und sechs Tagelöcher hat. 160 Kunstbauten, darunter viele schiefe Brücken, und 22 verschiedene Portale schmücken in solider und doch schöner Ausführung den Bahnkörper, der vielen Aufdämmungen und Mauern nicht zu gedenken, die das Terrain notwendig macht. Die Steigung der Bahnstrecke ist 1 zu 160; der Radius der kleinsten Kurve mißt 400 Meter. Die Bahnhäuschen stehen oft hoch am Bergabhang, oft im tiefen Tal, und überhaupt trägt alles den Charakter überraschender Kühnheit. Zweifelte man lange an der Möglichkeit der Ausführung des Bahnplanes, so bewies sich die *Energie der Pfälzer* im schönsten Licht, und das Resultat war das glänzendste: die Bahn rentiert sich überaus gut, und das ist nicht das schlechteste an diesem ewigen Werk des pfälzischen Volkes.

Eigentümlich nehmen sich auch die Dörfer, von der Bahn aus gesehen, in ihren tiefen Kesseln aus. So Neidenfels, wo auch eine hoch über das Tal geführte freie Wasserleitung zu bemerken ist. Wenn man nun die *Rußhütte* und Weidenthal im Rücken hat, durchsaust der Zug noch einige Tunnel blitzschnell; dann öffnet sich links das Waldleininger Tal, plötzlich erscheinen wilde Burgtrümmer auf einem Felsberg, in dessen Bauch wir nochmals verschwinden. Der Zug geht langsamer durch die finstere Tiefe, und wie wir wieder ans Tageslicht kommen, hält er in einem prächtigen, wilden Talkessel; es ist das eigentliche Frankensteiner Tal. Hier dürfen wir nicht vorüberfahren; wir steigen aus und lassen den Zug weiter in das Westrich hineinfahren nach dem alten Kaiserslautern.

Frankenstein und seine Umgebung ist einer der Glanzpunkte des pfälzischen Gebirges. Hoch oben auf gewaltigen Felsen liegt die Ruine der Burg Frankenstein in großartigen Trümmern, gegenüber ein wilder, treppenartiger Fels: die *Teufelsleiter.* Das Dorf unten dehnt sich in dem schönen Tal weit hin und schließt sich an den Schloßberg an, an dessen Fuß der Kirchhof mit der stillen Kapelle sich an den östlichen Abhang lehnt, gerade da, wo die Bahn unter der Burg in den Berg hineingeht. Ringsum hohe Berge, deren Abhänge bis zum Waldessaum mühsam bebaut sind, und auf drei einander gegenüberliegenden Bergen treten furchtbare Felsenmassen in mauerähnlich an der Halde hinablaufenden Graten hervor. Die bereits genannte Teufelsleiter, dann

Ein Tunnel, durch den manche Reisenden vor hundert Jahren klopfenden Herzens fuhren

noch der *Raben-* und *Heidenfelsen* sind die hervorragendsten dieser Felsbildungen, die in das Tal mit seinem tiefgrünen Wiesengrund, seinen niedlichen Häusern und seinem glänzenden Bach hinabstarren. Wohl findet man den Ausspruch jenes Briten: „Hier möchte ich meinen Wohnsitz aufschlagen!" gerechtfertigt, hat man nur einmal seinen Fuß in dieses Tal gesetzt. Die Besteigung der Burg ist nicht sehr schwierig. Ganz auf Felsen gebaut, ist sie von Westen her nicht bemerkbar, da die westliche Felswand sie verdeckt. Dagegen erscheint sie von Osten aus in großer Schönheit, wenn auch nur noch wenige Reste dieses *byzantinischen Baues* übrig sind, dessen kleine Mauerfenster jedoch gotische Elemente verraten. Ein hoher Spitzbogen springt kühn in die Luft empor, und ein schöner Turm der Ringmauer ist noch sichtbar. Das rote Gemäuer bildet einen malerischen Kontrast zu dem Tiefgrün des Waldes und des Wiesentales. Die Aussicht von der Burg ist nur beschränkt auf das Tal der Hochspeyer und das Bergjoch, über das die Straße aus dem Dürkheimer Tal zieht, die sich hier mit der von Neustadt nach Kaiserslautern vereinigt; aber dessenungeachtet ist sie schön genug. Und wenn die Glut des Abends über Tal und Berg liegt, und dann die Nacht auf die Häuser des Dorfes herabsinkt, dann wird der Blick von der Höhe dieser Ruine herab sogar unvergleichlich reizend.

Die Lage der Burg am Vereinigungspunkt zweier wichtiger Vogesenpässe und Gebirgsstraßen nach Lothringen war von jeher wichtig genug; sie war ebenso geeignet dieselben zu schützen, als in ihrer späteren Ausartung zu gefährden. Ihre Zerstörung fällt zum Teil schon in das 15. Jahrhundert. Unterdes diente sie noch später als Gefängnis, und im Dreißigjährigen und den folgenden Kriegen öfters als *militärischer Stützpunkt*. Ihre früheren Besitzer waren die Äbte von Limburg, später die Grafen von Leiningen und Nassau-Saarbrücken.

Wir wandern nun durch das Dorf, bis wir bei seinen letzten Häusern rechts in ein Seitentälchen einlenken, in das *Diemersteiner Tälchen*, das unscheinbar und anspruchslos genug aussieht bei seinem Eingang, der dem Stationsbahnhof fast gegenüberliegt. Auf sandigem Weg schreitet man durch diesen schattig kühlen, mit dem schönsten Wiesengrün bekleideten Fleck Landes. Enge Waldschluchten, durch die ihm die Nebenquellen des Talbaches zurieseln, von Moos und Brombeersträuchern umwobene Felsen, dann die Rinnsale ausgetrockneter Gießbäche, über denen sich herrliche Buchen wölben, und das solche Stellen liebende geheimnisvolle Farnkraut üppig emporschießt; das Rauschen einer nahen Talmühle und jetzt, nach wenigen Schritten bei einer Biegung des Tales, eine ganz wunderschöne Ruine auf kühn emporstrebenden roten Felsmassen, an deren Fuß sich einige weißgiebelige Häuschen lehnen; das ist der Charakter des stillen Tälchens, dessen kostbare Perle eben jene Ruine der Burg *Diemerstein* abgibt. Ein hoher, runder Turm ragt aus der Mitte des Gemäuers auf dem Felsen, der das Tal in das Glas- und eigentliche Diemersteiner Tälchen spaltet und teilt; ein anderer viereckiger Turm, den ein Baum wie ein Helmbusch ziert, ist nur noch zur Hälfte vorhanden und blickt aus dem tiefen Waldgrün des Tälchens, aus dem der rasche Bach herabrauscht. In neuester Zeit hat der jetzige Besitzer der schönen Ruine, *Herr*

Dorf Frankenstein mit der Burg gleichen Namens, die im 11. Jahrhundert von rheinfränkischen Herzögen erbaut und im Bauern- und Dreißigjährigen Krieg zerstört wurde

Burg Diemerstein, in der sich in den Herbstmonaten des Jahres 1521 Ulrich von Hutten verborgen hielt

von Denis (der berühmte Erbauer der Nürnberg-Fürther und der Pfälzer Eisenbahn), den Schloßberg in einen schönen Park umgeschaffen, in das Tal an den Hügel einen Landsitz gebaut, die Ruinenmauern, soweit es zu rechtfertigen war, wiederhergestellt und die Burg selbst durch eine Felsentreppe zugänglich gemacht. Herr von Denis ist nicht bloß seines berühmten Namens wegen, sondern auch um dieses lieblichen Besitztums willen zu beneiden; denn nicht leicht findet man in den gepriesensten Gebirgsgegenden am Rhein und in Mitteldeutschland einen Fleck Landes, der in so gedrängtem Raum soviel des Schönen, des Heimeligen und Schauerlichen, Idyllischen und Wildromantischen – zu bieten hätte als das Diemersteiner und das ganz nahe Frankensteiner Tal.
Indem wir, nach Frankenstein zurückkehrend, uns nochmals an dem großartigen und kühnen Charakter seiner Umgebung erfreuen und dann nur noch auf ein Häuschen aufmerksam machen, das eine weit und breit berühmte Wahrsagerin bewohnte, wenden wir uns weiter; jedoch nicht mit der Eisenbahn nach Hochspeyer und Kaiserslautern, sondern nordostwärts in das Tal, durch das die Dürkheimer Straße kommt, auf der wir wieder aus dem Gebirge an die vordere Haardt gelangen.

2. *Die untere Haardt*

Der Teil des Landes am Haardtgebirge von Neustadt nördlich bis gegen die Grenzen des Landes heißt „die untere Haardt" oder auch das *„Niederland"*. Der Strich an den östlichen Abhängen ist der reichste der Pfalz durch seinen herrlichen Wein, und mitten in diesem Weinparadies, am Eintritt des Isenachtales in die Ebene, liegt die Stadt Dürkheim, zu der wir entweder von Neustadt längs des Weinhügellandes oder schon von Ludwigshafen aus durch die Ebene oder von Frankenstein aus auf der Landstraße durch das Dürkheimer Tal gelangen können. Die unvergleichliche Lage der Stadt mitten in einer an landschaftlichen Schönheiten und historischen Erinnerungen, an schönen Überresten aus der Vergangenheit und an dem Segen der Gegenwart so reichen Gegend, werden wir unten näher ins Auge fassen; für jetzt aber einen Teil ihrer herrlichen Partien durchwandern, und zwar von Frankenstein nicht mit dem Postomnibus, sondern zu Fuß, denn die vierstündige Tour lohnt sich überreichlich. So schlagen wir die nordöstliche Landstraße ein, die sich hier von der nach Neustadt abzweigt und uns durch das schöne

Dürkheimer Tal

der Isenach führt, das sich von Frankenstein aus über vier Stunden durch die malerischen Haardtberge zieht und mit der Stadt Dürkheim abschließt. Die Straße läuft zuerst an einem Nebenbächlein der Hochspeyer hin, das aus dem Waldtal von Norden her kommt; dann steigt sie und überläuft an den Abhängen des Spitz- und Spechtkopfes ein Bergjoch, die *„Hohe Steige"* genannt, bis sie sich nach dem Weiler „Kirschtal" absenkt, der sich in der Tiefe des „Hirschtals" versteckt. Dort liegt auch, mitten in tiefen Wäldern, welche die ganze Gegend bedecken, das Forsthaus *„Alte Glashütte"* 1150 Fuß hoch über dem Meer, noch zu der Gemeinde Dürkheim gehörig, zwischen dem Pfaffen- und Hansenkopf. Dort vereinigt sich mit dem Bächlein des Hirschtales die nördlich aus der Wattenheimer Sohle kommende Isenach; sie begleitet nun die Straße weiter durch das arkadische Jägertal nach Hardenburg und Limburg bis Dürkheim. Wir verlassen die Straße jedoch schon vor der „Hohen Steige" und wenden uns ostwärts durch den Wald nach dem Forsthaus „Alte Glashütte", denn wir besteigen den *Drachenfels.*

Unter den Bergkuppen, die das Dreieck ausfüllen, dessen Basis die „vordere Haardt" von Neustadt bis Dürkheim bildet und dessen spitzer Winkel durch die beiden nach jenen Städten genannten Täler und Straßen bei Frankenstein ausläuft, ist der „Hohe Berg", wie man ihn in der Umgebung nennt, der höchste und imposanteste. Er erhebt sich in konischer Gestaltung zwischen dem Tal der Isenach und dem der Hochspeyer in gleicher Entfernung zu 1981 bayerische Fuß, 1700 Fuß über den Rhein bei Mannheim, und wird westlich vom „Dreibrunnentale", östlich vom „Lindentale" umfaßt, die an seinem nördlichen Abhang vereinigt unter dem Namen *„Stüttertal"* in das Jägertal einmünden. Seine Hänge sind mit den schönsten Buchenwäldern bepflanzt; seinen Scheitel bildet aber eine ungeheuere Felsenmasse, die sich eine Viertelstunde in die Länge und teilweise einige hundert Schritte in die Breite ausdehnt.

Auf der nordwestlichen Seite ist der Westerfelsen, auf der südöstlichen der Drachenfels selbst. Er ragt auf drei Seiten senkrecht aus dem „Hohen Berg" hervor als eine riesige Steinmasse, die oben eine Terrasse von etwa 100 Fuß Länge und 25 Fuß Breite bildet. Von hier aus hat man eine unbeschreibliche Aussicht über das ganze Waldgebirge der Haardt, durch deren vordere Bergschluchten hindurch man nur kleine Strecken des Rheintales in weiter, duftiger Ferne sieht. Sonst alles blauer Himmel, und tiefgrüner Wald, der sich mit seinen niedrigen Bergkuppen weit umher lagert, gleich einem starren Meer, dessen hochgehende Wellen man tief unten wohl rauschen und flüstern hört, die aber festgebannt sind mitten in der wallenden Bewegung.

Gegenüber nach Osten erhebt sich der *Bechertskopf* aus dem Deidesheimer Wald, an seinen Abhängen das „Lambertskreuz" und das Forsthaus „Rotsteig", jenseits der Eckkopf und zwischen beiden senkt sich das Silbertal gegen die ferne Rheinebene. In dieser Richtung erhebt sich hoch und gewaltig über die duftige Ebene im Osten der Kegel des Königsberges bei Gimmeldingen, südlich neben ihm der Weinbriet, dann die noch höhere Kalmit, der Steigerkopf, Erlenkopf, Bloskülb und Eschenkopf über die ungeheuren Wälder der inneren Haardt. Und zwischen ihnen niedrige Kuppen, bis fern im Westen jenseits der Wasserscheide über einem blauen Bergrücken des Westrichs der Potzberg sein Haupt am höchsten trägt, während von Norden der Donnersberg in erhabener Majestät herüberblickt über das wogende Waldmeer. Da ist nirgends eine Spur von Menschen zu entdecken, nur Vögel des Waldes unterbrechen das Rauschen des Forstes, und nur in weiter Ferne gegen Westen ein einsames Häuschen auf einer Bergwiese, als eine *Oase in der grünen Wüste.*

Diese einförmige, aber ungemein großartige Aussicht kann aber noch schöner genossen werden durch gewaltige Felsenrahmen. Kurz vor der linken Ecke der Terrasse steigt man auf einer von den Forstleuten in jüngster Zeit angebrachten Treppe in eine schauerliche Höhle, die wie eine Torhalle oder ein Brückenbogen durch den ganzen Felsen geht, nach Ost und West sich öffnet und so perspektivische Aussichten zuläßt, denen nichts anderes gleichzustellen ist. Abends, wenn die Sonne unter- und morgens, wenn sie aufgeht, die großen Waldmassen mit ihrem goldenen Licht übergießt und ihre Strahlen schräg durch die Halle wirft; oder wenn der Mond über der weiten, schauerlichen Waldnacht steht und sein Licht die erhabene Einsamkeit nur noch mehr hervorhebt; oder auch, wenn ein Gewitter am fernen Horizont aufsteigt und seine von Blitzen erleuchtete Wolkenpracht über die weite Waldpracht breitet: dann ist's hier oben erhaben schön und groß.

Diese Höhle heißt *„Drachenkammer"*. In sie versetzt die Sage der frühesten Zeit den fürchterlichen Lindwurm, den Siegfried, der gewaltige Held des Nibelungenliedes, erschlagen hat, und so schüttet auch die Poesie ihren vollen Zauber über diesen Ort aus. Noch lebt die Sage im Mund des Volkes, daß Jungsiegfried, allein aus dem Königreich Niederland ausziehend, in diese Berge gekommen war, dem neidischen

Schmied den Amboß in den Boden geschlagen hatte und von diesem zur Drachenhöhle gesandt wurde, um Kohlen zu holen. Der aufsteigende Dampf leitet ihn; aber es ist nicht der Rauch des Kohlenmeilers, sondern der Qualm aus des Lindwurms Rachen, der hier, in der Höhle verborgen, die Umgegend in Schrecken setzt. Der junge Held bekämpft den scheußlichen Wurm, badet sich in dessen Blut und geht als „hurnin Sievrit" nach Worms, um König Gunthers Schwester zu freien. Und wie wir uns so dem Eindruck der Sage hingeben, steigt die ganze Welt des alten Heldenliedes vor unseren Augen auf, in dieser einsamen Berggegend, in die Schlegel und andere ja auch die Jagd des Nibelungenliedes verlegen, auf der Siegfried von dem grimmigen Hagen getötet wird. Unsere *Keltomanen* führen die Sage auf den altkeltischen Kultus zurück und machen den einsam im Gebirge, fern von der bedrohten Ebene liegenden, rings von hohen Buchen umgebenen Drachenfelsen zum *Druidensitz,* die gewaltige Torhöhle zum Behälter der noch zu schlachtenden Menschenopfer, und überhaupt den Felsen zu einem heiligen Ort des belgo-gälischen Volksstamms der Mediomatriker. Daß die christliche Sage an solche Orte gern die mythischen Drachen verlegt und in den Drachenkämpfen ihrer Helden nur den Sieg des Christentums über das Heidentum versinnbildlichte, ist bekannt; aber sicher ist falsch, daß diese „Drachenkammer" von Menschenhänden gebrochen sei, wie Lehne meint, und mit ihm andere.

Von der erhabenen Stelle gelangt man durch den stillen Buchenwald entweder westlich in das Dreibrunnen- oder östlich in das Lindental hinab. Ein Pfad führt südwestlich nach Weidenthal und südöstlich nach Neidenfels in das Tal der Hochspeyer, durch das die Eisenbahn saust. Wir wenden uns jedoch mit den Bergquellen nördlich bis zum Hof *„Saupferch"*, wo sich die den Drachenfelsen umfassenden Täler vereinigen und uns weiterführen in das schöne Jägertal auf die Landstraße.

Das *Jägertal* ist eine der anmutigsten Partien in der Umgegend Dürkheims; es umfaßt die ganze hintere Strecke des Dürkheimer Tales von der Stelle an, wo die Isenach die Straße betritt bis gegen Hardenburg hin. Wenn wir uns einige hundert Schritte westwärts wenden bis dahin, wo die Isenach von Norden herrieselt, bemerken wir den durch einen kühnen Damm geschützten Weiher, der der Saline Dürkheim gehört, und hinter ihm einige Höfe. Ein einsames Forsthaus empfängt und bewirtet uns in jenem engen, kühlen und stillen Waldtälchen; wir gehen aber zurück und weiter nach der Landstraße ostwärts nach dem eigentlichen Jägertal. Es ist kühl und schattig, von Felsen- und Waldhängen anmutig eingeengt und stiller als die Partien im Frankensteiner oder Neustadter Tal. Früher hieß es der *„Picard"*, bis der auf der nahen Hardenburg und in Dürkheim residierende Fürst von Leiningen im vorigen Jahrhundert hier ein Jagdschloß erbaute, nebst einem noch bestehenden Forsthaus und einem Marstall, der jetzt eine Klenganstalt des Staates ist. Man sieht dem lieblichen Tal überall an, daß es einmal belebter war als jetzt und daß man sich einer der vielen kleineren Residenzstädte des vorigen Jahrhunderts nähert, deren fürstliche Bewohner sich in ihrer Umgegend, freilich auf Kosten seufzender Bauern, kleine abgeschlossene Paradiese anzulegen wußten.

Viele Namen in diesen der Diana geweihten Wäldern und Tälern: der *„Reiterpfad"*, die „Tränken und Salzlecken" für das Wild; im Stüttertal der „Saupferch"; nordwärts das „Wolfstal" und die häufigen, zum Teil ruinösen Jagdhäuser dieser Gegend zeugen von der Jägerlust des vorigen Jahrhunderts. Man kann sich aber auch an keiner geeigneteren Stelle das „Halloh Hallih!" der Jäger, das „Halali" der Hörner, das Gebell und Gekläff der Rüden und überhaupt die ganze Poesie des fröhlichen Jägerlebens denken. Dabei darf man sich freilich nicht der Not und der Verzweiflung der Talbewohner bei dem hohen Wildstand und den Jagdfronden erinnern. *Iffland* hat hier sein anmutiges Drama die „Jäger" geschrieben, wo er sich ganz und gar mitten in dem Treiben der Jägerwelt befunden hat. Er kam öfters von Mannheim herüber nach Bad Dürkheim, denn er war ein gern gesehener Hausfreund des Fürsten Leiningen. Seine im Jägertal gedichteten „Jäger“ sind seine beste Arbeit; sie zeichnet sich sehr durch Naturfrische und Wahrheit von seinen anderen empfindsamen Werken ab. Wir dürfen einen anderen Dichter des vorigen Jahrhunderts nicht vergessen, an den das Jägertal erinnert. Dem lieblichen *Geßner,* der mit seinen arkadischen Schäfereien die Zöpfe und Perücken seiner Zeit bis zur Narrheit entzückte, ist am Eingang des Wolfstales ein Tempelchen von dem kunstsinnigen Fürsten geweiht worden. Es erhöht die arkadische Stimmung dieses Tales, liegt aber gleich dem, von den Franzosen der neunziger Jahre zerstörten Jagdschlößchen darnieder; die Ohnehosen hatten das kleine Heiligtum verschont und richteten ihre Wut nur gegen die feudalistischen Bauten des Fürsten. Dem der Poesie geweihten Säulentempelchen brachten die Büberei und der frivole Mutwille unserer Zeit den Untergang.

Weiterwandernd, entzückt uns das Tal immer noch durch seinen wildanmutigen Charakter. An den Felshängen weiden hie und da Ziegen, einige Mühlen klappern und rauschen durch die Stille, und dort ladet die *„Alte Schmelz“* zur Einkehr ein und bietet uns Erfrischung. Wenn wir nun in ein südliches Seitentälchen einlenken, umfängt uns wieder herrlicher Wald. Die Gipfel und Wipfel sausen, durch das Gebüsch rauscht und rutscht es, so daß wir jeden Augenblick glauben, der wilde Jäger schwebe mit seiner hohen Feder auf grünem Hut überm Gebüsch und trete uns aus dem Dickicht entgegen. Da stehen wir plötzlich vor einem Forsthaus *Kehrdichannichts!* Über das Forsthaus hinaus bemerkt man die Ruine des Turmes *Murmelnichtviel.*

Das sind sonderbare Namen, denkst du, und glaubst der Versicherung der gelehrten Herrn, vielleicht der wie des Professors Lehne und anderer, die auf’s klarste beweisen, daß dieses uralte, auf den keltischen Mythus, der auf dem nahen Drachenfelsen gepflegt wurde, bezügliche Namen seien, und daß sie von der Wanderung Siegfrieds in diesen Tälern herrühren könnten. Ohnedies stand ja noch ein Forsthaus in der Nähe, das *„Schaudichnichtum“* hieß, und das sind wohl lauter Verwarnungen vor dem geheiligten Opferberg der gallischen Druiden oder vor dem Lindwurm im Drachenfelsen. Schade, daß dem anders ist. Alle diese Bauten verdanken Namen und Entstehung dem vorigen Jahrhundert und den Reibereien, Eifersüchteleien und Streitigkeiten der leiningischen Jäger mit ihren Nachbarn, den kurpfälzischen Jägern von Neidenfels. Das Volk weiß nämlich noch zu erzählen: Wenn der stolze „Jäger aus Kurpfalz“, aus dem Walde kommend, hier dem trotzigen Leininger begegnete, sagte er jedesmal: „Murmel nicht viel!“ und der mürrische Gegner erwiderte: „Ich kehr’ mich an nichts!“ Das drohende: „Schau dich nicht um!“ wurde dann auch oft gehört, und der Kampf zwischen den hitzigen, aufbrausenden Forstleuten fortgeführt, bis sich die Fürsten selbst der Sache annahmen. Der mächtige Pfälzer baute den Turm und nannte ihn, um den Leininger einzuschüchtern, eben echt pfälzisch „Murmelnichtviel!“, worauf der Leininger das Forsthaus „Kehrdichannichts!“ hierher setzte. Dieses trägt noch das Brustbild seines Erbauers, des *Grafen Friedrich Magnus,* der 1756 starb. So werden wir in diesen Wäldern überall an die Freuden der Jagd, an Jägerlust und Waldesduft erinnert, und nirgends möchte man so gern das pfälzische National- und Lieblingslied anstimmen wie hier:

„Ein Jäger aus Kurpfalz
Der reitet durch den grünen Wald
Und wenn er schießt, so knallt’s!
Ju, ja juh!
Ja lustig ist die Jägerei
Wohl hier auf grüner Heid’!“

Wir wenden uns wieder der Straße zu und kommen an einigen Mühlen vorüber und am Eingang der nach dem nördlichen gelegenen hohen „Runfels" führenden schattigkühlen Talschlucht, „Pfaffental" genannt, vorbei; gelangen bei einer Windung des mannigfach schönen Tales der Isenach an die Stelle, wo früher ein festes Vorwerk der nahen Hardenburg, das *„Schloßeck"* gestanden hat, und bei einer ferneren Talwindung beim Eingang eines nördlichen Tälchens zu dem merkwürdigen *Nonnenfelsen,* der der roten Hardenburg schräg gegenüberliegt. An seiner Vorderseite bemerkt man eine Felsenhalle mit einer Art von Altar. Da lebte einst die leiningische Grafentochter

Die Hardenburg am Eingang des Dürkheimer Tales ist das Anschauungsstück einer stark befestigten mittelalterlichen Dynastenburg

Adelinde; nachdem sie den Schleier genommen und mit einer treuen Klosterschwester sich dann hier niedergelassen hatte, übte sie die Kräuter- und Arzneikunde der väterlichen Burg gegenüber, unerkannt.
Einer unglücklichen Liebe wegen zu einem Knappen, der, um des gräflichen Vaters Zorn zu entgehen, das Kreuz nahm und im gelobten Land den Tod fand, wählte des harten Grafen Tochter dieses Einsiedlerleben. Einst nun stürzte der Graf auf der Jagd und lag schwer verwundet auf der Hardenburg. Das Leid ihres Herzens vergessend, eilte die Tochter dahin, und ihrem Gebet und ihrer Kunst gelang es, den Vater zu retten. Als der dankbare Graf seine so hart behandelte Tochter erkannte und gerührt seinen Fehler bereute, konnte er die Einsiedlerin nicht bewegen, wieder auf's Schloß zu kommen. Sie blieb und starb in ihrer Felsenklause, und noch heute zeigt man die Einschnitte, wo Tür und Riegel ihr hartes Lager schloß.
Wenden wir uns von dieser Sage aus der romantischen Zeit des Ritter- und Klosterlebens nun auf der Straße weiter, so stehen wir gerade vor zwei der schönsten architektonischen Überreste aus jener Zeit; denn von den jenseitigen Höhen blicken die düsteren roten Mauern der Hardenburg, und weiterhin gegen Dürkheim die herrlichen Trümmer der Limburg.

Die *Hardenburg* wollen wir gleich jetzt besteigen, den Gang auf die erhabene Limburg versparen wir auf später. Gar lieblich liegen die Häuser des Dörfchens Hardenburg um den Schloßberg herum, der sich nicht sehr hoch über das Dorf erhebt. Wir wenden uns rechts über die Isenach, an einigen Mühlen und dem „Viehhof" vorüber durch das Dörfchen, an dem pochenden *„Hammerwerk"* vorbei, das uns an die Schmiede erinnert, von der aus Jungsiegfried nach der Drachenhöhle im Wald geschickt wurde. An den Häusern, die sich im Halbkreis um den Felshügel gruppieren, bemerkt man oft genug Tür- und Fensterbögen, die von den Trümmern geholt und hier verwendet wurden. Mächtig steigen jetzt die gewaltigen Massen, die mit Efeu umschlungenen Mauern und Türme auf der Felsenstirn des Hügels, durch eine tiefe Felsenkluft von dem westlichen Berg getrennt, vor unseren Augen empor, und der Pulverturm blickt drohend herab. Über zwei Zugbrücken und durch das leider abgebrochene, besonders starke Burgtor und den gewölbten Torweg gelangt man in den Burghof mit seinem tiefen, verschütteten Brunnen. Dort sehen wir das hübsche, eckige Treppentürmchen, das oberhalb der Küche in den Rittersaal führte, daneben den gewaltigen Strebepfeiler des ältesten Teils der Burg, den dunklen Kellereingang und das *Marstallgebäude*, an das sich der dicke Turm anschließt, von dessen Zinnen wir einen schönen Blick auf das Tal haben. Unter der Burg wölbt sich, in Felsen gehauen, der Burgkeller, daneben führt ein Weg über die zerfallene Treppe zum gewölbten Gang und von da zur Höhe des gesprengten Pulverturms. Durch wild verwachsenes Strauchwerk tritt man in den Gefängnisturm, und hier sieht man in die übereinandergebauten grauenhaften Verliese, in die die Gefangenen von oben heruntergelassen wurden. Tief unten ist eine schauervolle Höhle, wo die armen Opfer bei scheußlichem Gewürm, des Tageslichts beraubt, saßen, so daß wir nirgends so wie hier an die grausigen Mord- und Rittergeschichten einer längstvergessenen Literaturepoche erinnert werden.

Im zweiten Stock des Hauptgebäudes bemerkt man die *Burgkapelle*, das Archiv, das „Totengewölbe", und im Pulverturm die Gänge und Kammern des heimlichen Gerichts. Im dritten Stockwerk finden wir die Wappen- und Rüstkammern, aus deren nördlichen Fenstern man den schönen Blick zum Nonnen-, Runen- und Heidenfelsen hat. Wenden wir uns nun zu dem südöstlichen Vorwerk, so finden wir den *Lindenplatz*, wo prachtvolle Linden und Kastanien den kühlsten Schatten und unter ihrem Schattendach hinaus die lieblichste Aussicht ins Tal und zur Limburg gewähren. Hierher gehen auch viele Partien von Naturfreunden von Dürkheim aus; denn in der Tat ist die Stille, Ruhe und Frische bei der äußerst romantischen Umgebung unter diesen uralten Linden eine höchst anmutende. Die blühende Linde, der so oft in unserer germanischen Sage und Mythe wiederkehrende heilige Baum, dessen Lieblichkeit selbst das schönste Sinnbild der fruchtbringenden Göttin, der *Frouwa Holda*, war; dieser Lieblingsbaum unserer Altvordern, der heute noch die Plätze und Kirchhöfe unserer Dörfer schmückt, war besonders den Leiningern ein heiliger Baum; bei allen ihren Burgen befand sich die altherkömmliche Lindenallee, und Lindenblätter bilden den Helmbusch der Grafen. Linde ist auch in den meisten altgermanischen Sprachen gleichbedeutend mit Schild, und daher vielleicht Lindwurm, von seinem natürlichen Schilderkleid.

Die Hardenburg war die *Stammburg* der jüngeren Linie des *leiningischen Grafenhauses* und über fünfhundert Jahre die Residenz derselben. Ihre Trümmer gehören zu den großartigsten und am meisten charakteristischen Burgruinen aus der Feudalzeit; sie erinnern nicht wenig an das Heidelberger Schloß. Zuerst Vasallen der Äbte auf der nahen Limburg, wurden die Besitzer bald deren gefährlichsten Feinde und zugleich die kühnsten und keckSten Sprossen des weitverzweigten Leininger Geschlechts. Später erlag die reiche Abtei gänzlich dem Groll ihres Nachbarn. Da erzählt

noch der am Treppentürmchen eingemauerte *Mönchskopf* eine eigene Geschichte. Einmal kam der Abt von Limburg, um langjährige Irrungen auszugleichen, auf freundliche Einladung nach der Hardenburg, und als er, während des heiteren Mahls auf die strittige Sache geleitet, nicht nachgeben wollte, ließ ihn der Burgherr ins tiefste Verlies werfen. Vergebens stürmten die Limburger Klosterknechte die feste Burg. Durch Kerker, Brot und Wasser mürbe gemacht, gab der gequälte Abt bald nach, wurde mit Hohn und Spott entlassen, und zum Zeichen dessen ließ der Graf noch an das gegen die Abtei zugekehrte Treppentürmchen den Mönchskopf einmauern.
Bedeutend wurde die Burg gegen Ende des 16. Jahrhunderts erweitert; sie erreichte damals ihren größten Glanz, als *Graf Emich IX.* sie zum würdigen Sitz seiner Gemahlin, einer Pfalzgräfin von Zweibrücken, umschuf. Aber auch ihre Zeit kam. Noch im Jahre 1674 mußten die französischen Horden Turennes hier schimpflich abziehen, bis die feste Hardenburg im Jahre 1689 unter der Brandfackel Melacs fiel. Die Feste, bald wiederhergestellt, diente später den Landleuten als Zufluchtsort vor den französischen Marodeurs, die einige Male derb heimgewiesen wurden. Ums Jahr 1725 verlegte man endlich die Residenz nach dem nahen und bequemer gelegenen Dürkheim, nur ein Oberförster wohnte hier, – wenn auch der zum Fürsten erhobene Karl Wilhelm von Leiningen die Burg ganz in ihrer altertümlichen Gestalt wiederherrichten ließ. Da fand sie ihren gänzlichen Untergang in der Französischen Revolution. Ein Dürkheimer Bürger hatte, nach dem Einzug Custines in Dürkheim, jetzt endlich einmal das Jagdvergnügen genießen wollen und erlegte einen gehegten Hirsch. Als nun die Preußen wieder vorrückten, wurde er in das Verlies der Hardenburg gesteckt. Rachebrütend erwartete er den Glücksumschlag des schwankenden Kriegs, die Preußen wichen wieder aus allen Stellungen, Hoche rückte in der Pfalz ein. Da führte der rachsüchtige Freischütz in der Morgenfrühe des 29. März 1794 berittene französische Jäger von Dürkheim durchs Tal, an der Limburg vorbei zu der alten Hardenburg, und bald sahen die Talbewohner und Dürkheimer den alten Sitz ihrer geflohenen Fürsten in Flammen und Rauch aufgehen. Nur durch einen Verein Dürkheimer Bürger wurden die Ruinen seither in gutem Stand gehalten. Sie erinnern nun in ihrer düsteren Schönheit an die Freuden und Schrecken der Vergangenheit.
Der Weg nach Dürkheim von hier aus ist, wenn wir im Hirsch zu Hardenburg uns erfrischt haben, nun bald durch das höchst belebte Tal zurückgelegt. Hoch oben zu unserer Rechten die Ruine der Abtei Limburg, zu ihren Füßen in einem schönen Talgrund der Weiler *Hausen*, gar lieblich und verborgen gelegen. Dann kommen wir im engen Tal am *Herzogsweiher* vorüber, den der Pfalzgraf Johann Casimir am Fuß des Klosterberges anlegen ließ, nach *St. Grethen* mit dem südwestlich sich hineinziehenden Tälchen des Dörfchens *Röhricht*. Diese Dörfchen umlagern malerisch den Berg der herrlichen Abtei. Mitten zwischen den unansehnlichen, durch das ganze Tal bis nach Dürkheim hin zerstreuten Häusern von Grethen liegt am Fuß des Klosterberges ein schönes neues Schulhaus. Über den Talhütten blicken nun schon die Türme der Stadt empor; wir kommen endlich aus dem Bergland an die sonnigen Abhänge desselben in die Ebene, aus den waldigen Tälern und Schluchten in das schönste Rebenland, nach

Dürkheim

dem vielgerühmten und herrlich gelegenen Bade- und Weinort von der Haardt, wo wir wieder so recht in den Mittelpunkt des deutschen Paradieses, des „Wonnegaues", gelangt sind. Denn selbst Neustadt kann hinsichtlich der mannigfaltigen Reize seiner Umgegend sich nicht mit dieser Schwesterstadt messen. Am Ausgang eines der schönsten und an wilden und anmutigen Stellen, an historischen Erinnerungen reichsten Täler der Pfalz, im Angesicht der *prachtvollsten Klosterruine Deutschlands*, vor der

großen Rheinebene zwischen den vorzüglichsten Rebhügeln, so recht mitten im besten und reichsten Weinland gelegen, hat diese Stadt von jeher die Aufmerksamkeit aller Naturfreunde und Touristen auf sich gezogen. Dürkheim ist eine der belebtesten Städte der Pfalz und zählt bereits 6 000 Einwohner.
Sie liegt in einem hügeligen Weingarten, der die edelsten Weine liefert und sich zu beiden Seiten an den Vorbergen und auf den Hügeln der Haardt in einer Länge von zehn Stunden hinzieht. Links hinab Ungstein, Kallstadt, Herxheim; rechts hinauf Wachenheim, Forst, Deidesheim, Ruppertsberg und andere Orte. Wer kennt sie nicht, die reichlich spendenden Quellen des feurigen und doch milden, des edlen Pfälzer Weines?! Und wem hätte der Dürkheimer nicht als einer der besten unter den guten gemundet?!

Dürkheim, das im Laufe der Zeit durch seine heilkräftigen Quellen weltbekannt wurde, wird urkundlich als Ortschaft schon im 8. Jahrhundert genannt

Wenn sich darum Dürkheim nach und nach zu einem der besuchtesten Solbäder und *bedeutendsten Kurorte* emporschwingen wird, wen will es noch wundern, da alle Bedingungen hierzu – mildes, südliches Klima, herrliche Umgegend, heitere Bewohnerschaft und ausgezeichnete Traubensorten – vollständig erfüllt sind! Die Straße von Mannheim, über die vor uns liegende reizende Ebene herüber, die Haardtstraße nach der Eisenbahn bei Neustadt und die Talstraße nach Frankenstein führen denn auch dem reichgesegneten Ort in den Sommer- und Herbstmonaten täglich zahlreiche Gäste zu, die dann sicher nur ungern scheiden, wenn sie einmal den ganzen Reiz eines Dürkheimer Aufenthaltes erkannt haben. Freilich, die Stadt an und für sich allein bietet außer ihren Gasthöfen und Badeanstalten, ihrem ganz besonders schönen *Kurgarten* und den Sammlungen des pfälzischen Naturforschervereins „Pollichia“ im Rathaus wenig. Die Umgebung allein macht den Aufenthalt hier so angenehm und das heitere Leben der Bewohner.
Dürkheim liegt an den alten Marken des Worms- und Speyergaues, da die Isenach, beide scheidend, durch die Stadt fließt. Zum Schutz der Abtei Limburg wurde hier eine Burg angelegt, von der sich eine adelige Familie schrieb, die noch heute in den Grafen von Dürkheim-Montmartin fortblüht. Sie kam bald an die mächtigen Grafen von Leiningen, die im Worms- und Speyergau ihre Besitzungen hatten, und Dürkheim

wurde im 14. Jahrhundert bereits von den Bürgern von Mainz, Worms und Speyer bestürmt. Zur Zeit Friedrichs des Siegreichen von der Pfalz, im 15. Jahrhundert, galt Dürkheim als der festeste Punkt an der Haardt. Der Leininger *Graf Emich* war einer der stolzesten und kühnsten Feinde des Pfälzer Löwen; er mußte auch die Klauen desselben fühlen. Er hatte den Titel „Landgraf" usurpiert, weswegen er nach einem demütigenden Rückzug vor dem Pfälzer spottweise der *„Sommerlandgraf"* genannt wurde. Der „böse Fritz" nahm eine leiningische Burg um die andere und bezog sein Lager oberhalb Dürkheim bei Seebach. Das Geschütz riß bald die Mauern nieder, die Pfälzer, mit ihrem siegreichen Kurfürsten an der Spitze, stürmten und drangen in Dürkheim ein. Einen inneren Graben hatten die Leininger mit spitzen Pfählen bespickt, mit vielen Pulverlagern versehen und mit Stroh und Gereis verdeckt. Die feurigkühnen Pfälzer stürzten im raschen Sturm auf die Pfähle und fanden ihren Tod, denn die Leininger schossen jetzt noch mit dem Geschütz in den Graben und das Pulver richtete grauenhafte Verwüstungen an. Der Kurfürst befahl dessenungeachtet den Sturm zu wiederholen. Da bat der Leininger um Frieden, und wurde nach gewohntem Gebrauch des Löwen begnadigt, nachdem er gelobt hatte, mit seinen Brüdern nie mehr sich gegen Kurpfalz zu erheben. Auch verlor er die *Kastenvogtei* über Limburg. In dem Dreißigjährigen, im Reunions- und Orleansschen Krieg litt Dürkheim, wie alle Städte und Dörfer der Pfalz, und lag als Schutthaufen, der die Franzosen anklagte, in der schönen Natur, welche die Mordbrenner nicht ganz vertilgen konnten.

Große Vorteile erlangte Dürkheim, als im vorigen Jahrhundert die nunmehrigen Fürsten von Leiningen ihre Residenz von der Hardenburg hierher verlegten. Ein schönes Schloß wurde gebaut, Lustgärten und neue Straßen angelegt, und unter dem kunstsinnigen *Erbprinzen Karl Wilhelm*, einem enthusiastischen Verehrer der neu aufblühenden deutschen Muse, sogar ein Theater errichtet, in dem der Hausfreund des Fürsten, Iffland von Mannheim, oft auftrat.

Über dieses heitere Leben einer kleinen deutschen Residenz zogen aus Südwesten drohende Gewitterwolken empor; *Prinz Condé* kam auf der Flucht aus Frankreich hierher, und mit ihm die Elite der französischen Emigranten: Sturmvögel des kommenden Unglücks. Schon einen Monat später rückte Custine, von Landau aus, hier ein auf seinem Zug nach Mainz, und als er zurückgedrängt wurde, drangen die Preußen vor; sie verlegten hierher ihr Hauptquartier und der König und Kronprinz hielten sich besonders gern hier auf. Aber General Hoche, der fünfundzwanzigjährige Held, schlug die Preußen und Österreicher wieder über den Rhein, die berüchtigte Commission de grippes waltete in ihrer bekannten Weise, und *General Malot* trug nichts dazu bei, das Los der Stadt zu erleichtern, die den Sansculotten 150 000 Livres, 4 000 Hemden, 4 000 Westen, 4 000 Hosen als Neujahrsgeschenk liefern mußte. Zum Dank verbrannten die Franzosen noch das Schloß, nahmen die Glocken der Kirchen mit und raubten, was habhaft war. Die Leininger Fürsten sahen ihre schöne Residenz, deren Umgebungen jetzt der Kurgarten einnimmt, nie wieder, und Dürkheim sank zur unbedeutenden Landstadt, die sich erst in neuerer Zeit rasch erhebt.

In der *Gruftkapelle der St. Johanniskirche,* hinterm Eisengitter, sieht man unter vielen Grabdenkmälern des leiningischen Hauses und einiger Edeln auch zwei Ritter in erhabener Arbeit, gerüstet und einander gegenüberliegend. Der eine ein Greis, der andere noch jung. Das sind Vater und Sohn. Der Vater war gegen die Liebe des Sohnes, das Mädchen starb; dem Vater fluchend, zog der Sohn in die Welt, trifft ihn, ohne ihn zu erkennen, später in der Schlacht, erschlägt ihn und tötet sich dann selbst, als er den Toten erkennt. Beide umschloß ein Sarg.

Wenden wir uns jedoch von den Brand- und Mordszenen der Geschichte den anmutenderen Bildern der Natur zu. Da gewährt schon der nächste Gang nach der Saline

Philippshalle eine Freude an der Lieblichkeit dieser Fluren. Sie liegt östlich von der Stadt nach der Ebene hin, die sich vor der Haardt weit über den Rhein hin ausdehnt, in einem schönen Wiesengrunde. Ein Nonnenklösterchen, das seinen Namen *Schönfeld* verdient, blühte einst allzu üppig, bis die Nönnchen Früchte trugen. Für den Abt von Limburg schien Erntezeit gekommen; er zog die Gefälle des Klösterchens ein, und später fiel Grund und Boden an Kurpfalz, das die Salzquellen auf der Brühlwiese bald durch eine Saline, die jährlich 4000 Zentner trug, benutzen ließ. Der Fürst von Leiningen ließ hier eine Fasanerie und einen Tiergarten herstellen. Unfern der Salinen, an den rebenumlaubten Höhen der Haardt, die sich nach Norden ziehen, liegt das Dörfchen *Pfefflingen*, das in alten Zeiten einer Grafschaft den Namen gab, und vor unseren Augen weiter hinab nach Norden Ungstein, der berühmte Weinort, und die anderen Weindörfer der untersten Haardt, während Wachenheim von Süden herüberwinkt. Da wir ohnedies später eine Wanderung durch dieses herrliche Weinland machen, bleiben wir für jetzt in der nächsten Umgebung Dürkheims, auf der Brühlwiese. Über den Brühlwiesen erhebt sich, voll der edelsten Rebsorten, der *Michelsberg*, der die Michelskapelle trug, an deren Kirchweih sich der lustige Michels- oder *Wurstmarkt* knüpft.

Er wird aus weitester Ferne besucht und stets noch auf den Brühlwiesen abgehalten. Wer die Pfälzer in ihrer lauten Heiterkeit und Jovialität, in ihrem Witzreichtum und ihrer Brüderlichkeit, ihrer Zungenfertigkeit und Kehlenkraft, in ihrem wirklich erstaunlichen Wurstappetit und noch erstaunlicheren Trinkvermögen kennenlernen will, der besuche den Wurstmarkt. Dazu der taumelnde Klang der Tanzmusiken, der betäubende Lärm der Orgelmänner, Bandjuden und der Schaubuden, der Jubel eines ohnedies stets lebhaften Volkes, den von Wein- und Wurstduft belebten Gesang der verschiedensten städtischen und ländlichen Gruppen, das Gewühl zwischen den Marktbuden und die ungemeine Herzlichkeit, die sich auch manchmal etwas derb auszudrücken pflegt. Wer nach lustigen Tagen verlangt, der findet sie hier gewiß.

Wir müssen hier noch einer alten, leider eingegangenen Volksbelustigung gedenken, eines herkömmlichen Brauches, der sich an die Weidberechtigung der umliegenden Dörfer auf dem Dürkheimer Bruch knüpfte. Dieses Bruch erstreckt sich von der Saline gegen das Städtchen Lambsheim hin durch die Rheinebene, und der Zins, der für das Weidrecht gezahlt wurde, bestand in lauter Käsen und wurde durch den *Käskönig* in feierlichem Umzug eingeholt.

Der aus den Bürgersöhnen von Dürkheim gewählte König hielt mit seinem Marschall und zwei Achtern nebst einem starken Gefolge jährlich in der Frühe des Pfingstmontags seinen Umritt in den zum Bruchweidgang berechtigten Dörfern und Höfen zur Empfangnahme des Weidzinses. Nachmittags hielt der Käskönig seinen Einzug in die Stadt, auf dem Haupt eine Krone aus blauen Kornblumen, in der Hand als Szepter einen Stab mit einem darauf steckenden gekrönten Käse. Auf dem oberen Markt harrte seiner eine „Königin“, aus Dürkheims Jungfrauen erwählt, sowie eine Gefährtin des Marschalls. Alsbald schloß die Bürgerwache einen Kreis um die holden Paare, die mit ihren beschenkten Gefährtinnen den Ehrentanz begannen, worauf die gaffende Menge nach dem „Königreich“ strömte. Das war ein Wirtshaus, das eigens hierzu bestimmt war, und im Tanz und Schmaus endigte das groteske Fest. Bis zur Französischen Revolution wurde es aufrechterhalten; diese nahm auch dem Käskönig Macht, Krone und Würde für immer, und nur die Weidbuben äffen noch in drolliger Weise die alte Sitte nach. Ihren Ursprung wollte man bis zu König Dagobert zurückführen.

Wenn wir an den Fuß des Michelsberges zurückkehren, kommen wir an einer Stelle vorüber, wo eine reichere Krone als die des Käskönigs vor grauer Zeit verloren und vor hundert Jahren wiedergefunden wurde. Als man nämlich die Straße über Pfefflingen nach Ungstein anlegte, machte man einen ebenso kostbaren wie rätselhaften Fund: mehrere große steinerne Särge, in denen viele Kostbarkeiten an Gold, Silber und edeln Steinen, eine silbern-vergoldete Strahlenkrone, kostbar mit Edelsteinen besetzt, nebst vielen Münzen. Kein Buchstabe, keine Rune ließ entziffern, aus welcher verflossenen Zeitperiode dieser Schatz stammte.

Ein ebenso großes Rätsel bietet die hoch über dem „Kästenberg“ in nächster Nähe gelegene *Heidenmauer*. Um die obere Fläche des Berges, die mit Kiefern bewachsen ist, zieht sich eine gewaltige Ringmauer mit einem Umfang von einer halben Stunde, zwölf Fuß hoch, an der Erde mehr als 100 Fuß breit, aus rohen aufeinandergehäuften Steinen großen Kalibers, und spitzt sich mit dem Berg selbst in südöstlicher Richtung zu. Sechs Eingänge führen in den umschlossenen Raum, auf dem sich eine Menge Steinhügel und Gruben befinden. Nordwestlich führt ein 14 Fuß breiter und 3 bis 4 Fuß tiefer Graben um die Ringmauer, auf der man schon öfters alte Münzen gefunden.

Der gemeinen Sage nach soll sie von den Römern herrühren, wie denn in der Pfalz diesen alles zugeschrieben wird, und Attila soll hier später sein Lager gehabt haben. Sie ist wahrscheinlich ein Werk der Kelten, die hier auf der Höhe, am Rand der tiefen Rheinebene, sich vor den über den Rhein stürmenden Germanen zu behaupten suchten; sie kann jedoch auch, wie man von dem Ring auf dem Altkönig behauptet, germanischen Ursprungs sein. Sonderbare Empfindungen über die Grenzen menschlichen Wissens, die Länge der Zeiten und über das Dunkel, das über diesen uralten Resten von untergegangenen Völkern waltet, überkommen uns auf diesem Boden. Die Heidenmauer bei Dürkheim steht jedoch in diesem Land nicht allein. Die ganze vordere Kette des Haardtgebirges und der Vogesen ist sozusagen überdeckt mit solchen Ringmauern und die pfälzischen Berge vor allen anderen durch sie ausgezeichnet. Wir finden sie noch auf dem Donnersberg im Norden und gerade in nächster Nähe gegen Süden bei Wachenheim, auf dem Märtenberge bei Deidesheim und weiter hinauf auf dem Orensberg bei Frankweiler, auf den Ausläufern des Treitelsberges bei Klingenmünster und besonders noch im Elsaß auf dem Odilienberge – immer auf den die Ebene am meisten beherrschenden Kuppen und Bergrücken der Vogesen.

Bedeutsam ist noch die Nähe des nordwestlich auf der kahlen Höhe liegenden *Teufelssteins*, eines Felsblocks, der frei und auffallend aus der kahlen Anhöhe hervorragt und die ganze Fläche der Heidenmauer beherrscht. Man bemerkt auf dem Felsen einige Höhlungen und an der Seite eine tiefe Rinne, so daß es nicht unwahrscheinlich ist, daß dies ein heidnischer Opferaltar war, dessen Flamme weit umher im Land gesehen werden konnte. Die Volkssage weiß es aber besser.

Vor unseren Augen über dem Tal sehen wir die Abtei Limburg in ihren prachtvollen Trümmern liegen. Als man sie vor alter Zeit aufbaute, da kam eines Tages ein Maurergeselle zu dem Abt und fragte nach dem Zweck des neuen Baues. Dieser, der den Handwerksburschen gleich erkannte, denn er roch den Teufel, sagte, es gäbe ein Wirtshaus. Das gefiel unserem Teufel gar sehr. Er bot sich an zur Mithilfe, und er allein, durch seine satanische Kraft, vermochte die mächtigen Säulen herbeizuschaffen, die, aus einem Stück gearbeitet, nicht Menschenwerk sein konnten und von denen heute noch eine das Erstaunen der Reisenden erregt, die die Limburg besuchen. Als aber der Bau fertig war und der Teufel sich getäuscht sah, da eilte er wütend auf diesen Berg herüber, riß den Felsen aus dem Boden, um ihn nach dem Kloster zu schleudern und es zu zertrümmern. Da läutete man drüben in der Abtei mit allen Glocken und erflehte des Himmels Schutz. Eine weiße Frau soll den Teufel auch beim Ärmel gezupft haben; da wurde der Stein weich wie Seife, entschlüpfte seinen Händen, und der Böse, sich daraufsetzend, stimmte ein Zetergeheul an, das Berg und Tal mit Grauen erfüllte, so daß sich in weitester Ferne die Leute die Ohren zuhielten. So blieb er sitzen, bis ihm noch etwas anderes begegnete. Das satanische Sitzfleisch hinterließ tiefe Eindrücke, und von da herab ist noch heute die Wasserrinne zu sehen. Das Kloster war gerettet, aber der Teufel ging im Land umher und gründete die vielen Wirtshäuser, die man in der Pfalz findet und die zu rechtem Verdruß der Kirche noch immer stark besucht werden. Ja, was würde der Teufel sagen, wenn er das Wirtshaus sähe, das man jetzt doch auf die Trümmer der Abtei gebaut hat?

Indem wir über den Sinn dieser Sage nachdenken, die ja auch den Triumph des Christentums andeutet, das seine Tempel damals den alten heidnischen Opferplätzen „des Teufels" unter die Nase rückte, wandern wir in die Waldgründe des nahen Peterskopfes, der mit seinem kahlen Haupt die ganze Gegend überragt, und suchen dort die Ruine des Hofes *Weilach* und das Forsthaus in ihrer trauten Stille heim, oder wir kehren auf die Ringmauer zurück, die unterhalb des Teufelssteines sich ausbreitet bis zum *Signalstein* an der Spitze des Berges. Er steht der Limburg gerade gegenüber, man übersieht ihre Trümmer in ihrer ganzen Schönheit; unten das Tal mit den Häusern von Grethen, den Herzogsweiher, die Hardenburg, Dürkheim und weit hinaus die herrliche Ebene der Vorderpfalz rheinauf, rheinab, und bis zu den überrheinischen Gebirgen.

Es ist ein schönes reiches Rundgemälde, reizend in allen seinen Richtungen. Stehen wir doch hier auf der Stelle, wo der berühmte Amerikaner *Fenimore Cooper* die Urwaldpoesie seiner freien Heimat vergaß und sich für das deutsche Mittelalter begeisterte, so daß er den Roman aus der Geschichte der Limburg und Hardenburg, „Die Heidenmauer oder die Benediktiner" schreiben konnte.

Wir müssen noch den sogenannten *krummholzigen Stuhl,* eine merkwürdige Felswand an der Südseite der Ringmauer, erwähnen, die sich über den Kastanienwäldern und Weinbergen erhebt. Dort belustigte sich vor wenigen Jahren die Dürkheimer Jugend jedesmal auf Fastnacht mit einem Freudenfeuer.

Es zieht uns nun unwiderstehlich nach dem Glanzpunkt der Gegend; wir wandern entweder von der Stadt aus auf dem Geisenweg längs der weit ins Tal sich streckenden Häuserreihe hin oder schlagen den Pfad durch die *„Rote Hohl"* ein, der durch die Felsspalten des Sandsteins über Grethen führt. Wir durchwandern das Dorf mit seinen ärmlichen Häusern, die nur die Stadt fortsetzen, und gelangen unmittelbar an den Fuß des das Tal spaltenden Berges, an den sich die trauten Dörfer lehnen und dessen erhabener Rücken gekrönt ist durch die prachtvollen Trümmer der berühmten Abtei.

Die Limburg

Ziemlich hoch erhebt sich der Klosterberg vor den Fenstern der Bewohner Grethens aus dem schönen Tal. Seine roten Halden sind bis hinauf bebaut, mit Reben und Getreideäckern, mit Kirsch- und Kastanienbäumen und mit Gemüsestücken der Talbewohner. Ein guter Weg führt um die Hänge herum; wir umgehen so die Trümmer von allen Seiten, wobei sich die schönsten Aussichten bieten. Indem wir nun rechts einen Fußpfad durch die Anlagen einschlagen, die das Plateau des Berges überlagern, gewinnen wir die westliche Ansicht des Hauptportals mit der Vorhalle oder dem *„Paradies";* rechts der herrliche Stumpf des Treppenturms, links der in noch wunderbarer Pracht emporstrebende gotische Turm, zwischen beiden hindurch ein Blick in die Trümmer der Kirche durch das Portal. Weiterhin überrascht die überaus prachtvolle Ansicht von der südwestlichen Seite: im Vordergrund der gotische Turm, von dem sich das verfallene Schiff der Kirche mit seinen Rundbogenfenstern bis zu den Resten des Chores perspektivisch nach Osten zieht. Bleibt man auf dem Fahrweg, so umwandelt man nördlich die *großartige Ruine,* und da, wo er in die Anlagen mündet, hat man eine vorzüglich schöne Ansicht des Chores und der eigentlichen Abteigebäude. Treten wir nun in das Innere der großen Abteikirche, so überrascht uns nach allen Seiten hin die Pracht und Zierlichkeit des Baues. Unsere Ansicht ist von dem Seitenchor zur Rechten des Hauptaltars genommen und bietet uns den Blick nach dem westlichen Hauptportal durch das Innere der Ruine und auf den gotischen Turm.

Ansicht der Abtei Limburg. Im Hintergrund das westliche Hauptportal (rechts) und der gotische Turm (links)

Man kann dem Eindruck, den diese Trümmer auf den Beschauer machen, kaum Ausdruck geben. Wissen doch die alten Chroniken nicht genug zu erzählen von der Herrlichkeit der Abtei, von ihrem Reichtum und ihrem Glanz; stimmen sie doch trübe Klagen, schmerzliche Jeremiaden über ihren Untergang an, und die *Chronik von Hirschau* verweilt mit Wehmut über der Beschreibung ihres Falles. Der hochgelehrte und berühmte Abt *Trithemius von Sponheim* weiß keine Worte zu finden für seine Bewunderung und nennt sie die größte und prächtigste Kirche des Benediktinerordens in Deutschland. Und heute noch erregt sie in ihrer verstümmelten Schönheit, in ihren prachtvollen und großartigen Trümmern das Staunen aller Reisenden, während sie, das reinste Werk deutscher Baukunst des 11. Jahrhunderts, als die schönste Ruine des romanischen Stiles den Kenner erfreut. Lagern wir uns jedoch auf den grünen Rasen der neueren Anlagen, mitten in den Ruinen, oder setzen wir uns auf einen der zahlreich umherliegenden behauenen Steine, um die berühmte Abtei vor uns aufstehen zu lassen in ihrem alten Glanz, von dem Tage an, wo der alte Kaiser den Grundstein legte, bis zu jenen traurigen Tagen, wo sie zusammensank in Rauch und Flammen unter der Macht der Zeiten.

Die *Gründungsgeschichte* der Abtei führt uns in die Zeiten zurück, wo die fränkischen Herzöge und Grafen als Nachkommen der fränkischen Könige die Rheinlande und somit die Hauptlande des Reiches beherrschten. Damals stand schon auf diesem isolierten Berg, wo sich der Speyergau und Wormsgau scheiden, beide weithin beherrschend, die Stammburg der salischen Frankenherzöge, die Pfalz *Lintburg,* von den Linden des Berges so genannt. Auf dem Wahlfeld zu Oppenheim wurde nun vom ganzen deutschen Volk Konrad II. zum Kaiser gewählt, der nach wie vor hier auf seiner Stammburg am liebsten verweilte. Da stürzte sein ältester Sohn auf der Jagd von einem Felsen, starb und wurde auf der Lintburg begraben; des Kaisers fromme Gemahlin *Gisela* bewog den Vater, die Todesstätte ihres Sohnes Gott zu weihen und über seinem Grab das Stammschloß in ein Kloster zu verwandeln.

An einem frühen Julimorgen des Jahres 1030, als kaum die Sonne über den jenseits gelegenen Bergen aufgegangen war, legte der Kaiser den Grundstein zu dem hehren Gotteshause, umgeben von einem glänzenden Gefolge seiner Vasallen, stieg dann zu Pferde, sprengte spornstreichs den Berg hinab durchs Tal über die weite Rheinebene nach Speyer, seiner geliebten Stadt, und legte noch an selbigem Morgen nach siebenstündigem Morgenritt nüchtern den Grundstein zum Kaiserdom und zu dem Stift auf dem Weidenberg. Die Stiftung zu Limburg auf der Haardt aber stattete der Kaiser ungemein reich aus, und nach und nach erhoben sich aus dem grünen Lindenwald des Berges die hohen Türme und die prachtvolle Kuppel der Abtei.

Die drei Altäre der Gruft unter dem Konventschor wurden von dem Erzbischof von Köln und den Bischöfen von Speyer und Worms eingeweiht, in Gegenwart des Kaisers und einer glänzenden Fürstenversammlung, und die Kirche selbst unter dem gewaltigen Sohne Konrads, Heinrich III., vollendet. Dem Benediktinerorden übergeben, führte das Kloster den Namen *„Stift zum heiligen Kreuz“*, der Abt den Titel „von Gottes Gnaden“; er übte das Münzrecht, das Lehnsrecht an zwanzig Grafen und Herren und bediente sich an hohen Festtagen der bischöflichen Inful. Reiche Schätze und Reliquien besaß die Abtei: das Stück vom heiligen Kreuz, das Heinrich III. aus Rom mitbrachte, eine goldene Königskrone, ein goldenes Szepter und eine ganze Reihe von Heiligtümern, bis sie der Kathedrale zu Speyer unrechtmäßig zugewendet wurden.

Eine schauerliche Chronikensage meldet aus jenen Zeiten, daß sich nach dem Hintritt des ersten Abtes von Limburg drei Mönche eigenmächtig zu Vorständen des Klosters aufgeworfen hätten, die alle drei hintereinander innerhalb zwei Jahren ihr Leben auf entsetzliche Art beendet haben. Mehrere der Äbte von Limburg bestiegen den Bischofsstuhl von Speyer; viele waren fromme, gelehrte Männer. Ihre Bibliothek enthielt eine reiche Sammlung seltener *Gelehrtenschätze,* von denen sich noch zwei pergamentene Decken erhalten haben, deren eine ein Bruchstück eines lateinischen Gedichtes, die andere ein Fragment eines Evangelienkodex nebst einem alten Gemälde enthielt. Auch die *„Limburger Rottel“* ist ein solcher übriggebliebener Schatz aus dem grauen Altertum, die auf 17 Folioseiten, als ein höchst merkwürdiges Aktenstück, manche sonderbare und wichtige Bestimmungen über die Gerechtsame der Abtei in der Umgegend, besonders in bezug auf die Gebräuche des Mittelalters, enthält.

Der Eindruck der *Stiftskirche* muß zur Zeit der Blüte des Klosters ein überwältigender gewesen sein. Zwei romanisch-byzantinische Türme schmücken die westliche Front, zwischen beiden erhob sich noch höher die mächtige Kuppel mit ihren sechs Glocken. Unter ihr zierten das Hauptportal ein hohes Kruzifix mit steinernen Figuren in der Höhe, und in den Nischen zwischen den Säulen die Statuen der rheinfränkischen Herzöge. Ein Gitter umschloß den Vorplatz, „Paradies" genannt. Ehrfurcht und heilige Schauer überkamen den Eintretenden in der Halle des gewaltigen Kirchenschiffes, das 350 Fuß lang und 140 Fuß breit ist. Zwanzig Säulen tragen die schöne Basilika der Haardt, jede, ohne die Gesimse, 20 Fuß hoch, 12 Fuß im Umfang und jede für sich aus einem einzigen Block gearbeitet, ebenso die kolossalen Kapitäle und Piedestale. An den Seitenwänden standen 19 Altäre. Mitten im Prachtbau des hohen Chores vor dem Konventschor nach Osten hin stand der *Hochaltar aus Marmor und Achat* und mit einer von vier Engeln getragenen Königskrone. Die Seitenchöre zu beiden Seiten des Hauptaltars bargen die Grüfte der leiningischen Grafen und der Äbte; unter dem Konventschor befand sich, von vier Säulen getragen, mit drei marmornen Altären die *Gruft der rheinfränkischen Herzöge,* wo man in unserer Zeit noch den Grabstein, den Kaiser Konrad seinem Sohn gesetzt, gefunden hat. Außerdem ruhten noch ein Söhnchen und ein Töchterlein des Kaisers hier.

Nördlich von der Kirche befanden sich die Mönchszellen und der Kreuzgang, die den Friedhof umgaben, die Abtswohnung in den heute noch so imposanten Abteigebäuden mit dem Speisesaal über dem noch vorhandenen Felsenkeller. Außerdem lagen noch innerhalb der Klostermauern die Dienstwohnungen und Ökonomiegebäude nebst vier Kapellen, alles im reinsten Baustil des 11. Jahrhunderts, d. h. im romanischen, aufgeführt.

Aber der Reichtum der Abtei führte ihren *Untergang* herbei. Stolz sahen die Türme nach der Hardenburg, und nur grollend hörten die Leininger Grafen jetzt noch das wunderbare Geläute der sechs Kuppelglocken zu ihrer Burg herüberklingen. Denn Emich von Leiningen hatte die Kastenvogtei über das Kloster verloren, das der siegreiche Friedrich von der Pfalz ihm nahm. Einst Vasallen, dann Schirmherren des Klosters, waren die gräflichen Nachbarn die bittersten Feinde desselben geworden. Schon 1471 überfielen ihre Leute das Kloster und plünderten es aus; dreiundzwanzig Jahre später zerstörten sie es ganz.

Damals war ein zehnjähriger Knabe, aus dem Geschlecht der Weißen von Feuerbach, in das Kloster getreten; er wurde ein gelehrter, ordnungsliebender Mann, stieg zum Prior empor und wurde nach dem Abtritt des unfähigen Abtes unter dem Namen *Maccarius* zum Abt gewählt. Als solcher stellte er die Klosterzucht wieder her, regelte den Schatz und den Gottesdienst. Aber eine trübe Ahnung ergriff ihn, als die *bayerische Erbfehde* ausbrach und alle Nachbarfürsten und der Kaiser selbst über den in die Reichsacht erklärten Schirmherrn der Abtei, den Nachfolger des siegreichen Fritz, den Kurfürsten Philipp von der Pfalz herfielen. Schnell schlossen sich die Erbfeinde der Pfälzer, die Veldenzer und Leininger dem Landgrafen von Hessen an, der die Reichsacht vollziehen und „die Pfalz vergiften" sollte, wie der Landmann sagte. Die *„Pfalzvergifter"* hausten nun auch in dem so oft verwüsteten Land auf schreckliche Art. Der bedrängte, edelherzige Kurfürst sah seine Lande verwüstet, aber dennoch wollte er die Abtei nicht ohne Schutz lassen und 400 Mann Pfälzer lagen innerhalb ihrer Mauern und hielten den Leininger auf Hardenburg im Zaum. Abt Maccarius aber mochte ahnen, wie lange der Schutz des Kurfürsten dauern konnte, der keine Hilfsgenossen hatte, und er nahm die Briefschaften, Kostbarkeiten, Kelche und Paramente mit nach Speyer, wo er jetzt hart krank lag. Ein Monat später, um elf Uhr des Nachts, am 20. August 1504, zog nun die pfälzische Besatzung in aller Stille aus den Klostertoren und den Berg hinab dahin, wo sie jetzt unumgänglich nötig erschien. Nur der *Kellermeister* hatte diesen Abzug bemerkt. Er weckte den Prior; dieser ratschlagte noch in der Mitternachtsstunde mit den erschrockenen Mönchen, und man beschloß, dem gewissen Sturm der lauernden

Leiniger auszuweichen. In der stillen Nacht traten die Mönche, 16 an der Zahl, zum Chor, knieten nieder vor dem Altar, das Bündelchen unter dem Arm, beteten das Reisegebet nach der Ordensregel, inbrünstiger als je, und sangen noch einmal die Metten. Dann sagten sie mit tränenden Augen dem hehren, trauten Gotteshause Lebewohl, und zogen, mit dem kleinen Reisebündel im Arm, um drei Uhr in der Frühe still und traurig nach Speyer, zu ihrem kranken Abt. Nur ein einziger, ein alter, gebrechlicher Laienbruder, Johannes der Schreiner, blieb, und konnte sich nicht trennen von den teuern Mauern; alle Bilder, alle von den Mönchen verfertigten Instrumente, alles Hausgerät und Bettwerk mußte zurückgelassen werden.

Da zogen auch schon die Leininger von der Hardenburg herüber, erstiegen den Berg, drangen in die Abtei, raubten, plünderten, rissen die Reliquien und den Kirchenschmuck heraus, erbrachen die Grabstätten der Äbte und der leinigischen Grafen, warfen die Leichen, und auch den Leichnam des Vaters ihres Grafen Emich VIII., heraus und schleuderten zuletzt auf des Grafen Befehl die Brandfackeln in die Mönchszellen und in die herrliche Kirche, nachdem die sechs Glocken der Kuppel nach Hardenburg gebracht waren. Weit hinein ins Gebirge und in die Ebene leuchtete der Brand, zwölf Tage und Nächte unterhalten von den Horden des Leiningers. Der Abt und die Mönche sahen weinend von Speyer aus den mächtigen Rauch aufsteigen von der Höhe des Klosterberges in der Haardt. Unter den Trümmern in der heute noch erhaltenen Sakristei auf der Südseite des Hauptchores und hinter der Gruft der Äbte fand man später den Leichnam des getreuen *Laienbruders Johannes*, der sich nicht von der heiligen, liebgewordenen Stätte trennen konnte und in den Flammen starb.

So sank die herrliche Abtei in Trümmer. Der Abt Maccarius überlebte ihren Untergang nicht lange; er starb in Kummer und liegt im Chor der Wachenheimer Kirche begraben; seine Mönche irrten heimatlos umher, bis vier Konventualen den *Münzhof* in Wachenheim bezogen und von hier aus ihre Beschwerden an den Kaiser richteten. Man dachte nach und nach an die Wiederherstellung des Klosters unter der Schirm- und Kastenvogtei von Kurpfalz, baute, las endlich wieder die erste Messe, aber die Zeit wurde dem Klosterleben ungünstig; die protestantischen Kurfürsten von der Pfalz erließen die *Verordnung*, „keine Mönche mehr aufzunehmen und die, welche nicht heiraten wollten, aussterben zu lassen“, zogen alle Rechte des Klosters ein, das nun von einem weltlichen Schaffner bezogen wurde. Nach und nach verfielen die verödeten Trümmer, im Dreißigjährigen Krieg versuchten die Benediktiner, sich wieder hier niederzulassen, aber nur auf kurze Zeit. In den folgenden französischen Kriegen wurde die Limburg oft als fester Haltpunkt zur Deckung des Dürkheimer Tales benutzt. Von rohen Händen und dem Wetter wurden seither die Trümmer stets härter mitgenommen, Eulen und Turmfalken allein belebten noch die öden Mauern, bis die Stadt Dürkheim die Ruine mit Anlagen umgeben ließ und auf die Erhaltung des herrlichsten Schmuckes der Gegend bedacht wurde.

Was nun die Überreste der Abtei betrifft, so sind einzelne Teile noch ziemlich gut erhalten, und zwar im romanischen Stil aus der Zeit vor dem großen Brand: die herrliche Stiftskirche, der Hauptchor, die Seitenchöre und das Langhaus, die Überreste des sogenannten Treppenturmes nebst allen anderen Bauten, die den Rundbogen tragen, der sich hier in seiner schönsten Entwicklung zeigt. Unter den Bauten nach dem großen Brand, im Spitzbogenstil, ragt vor allen der hohe *gotische Turm* hervor, der auf der Stelle des südwestlichen, früheren Turmes erbaut wurde und dem auf den Grundmauern des Treppenturms ein ähnlicher an die Seite gesetzt werden sollte. Man könnte diesen Turm für ein Werk der besten gotischen Epoche halten. Der untere Bau ist auch romanisch, der obere Teil strebt in den schönsten und kräftigsten und doch zugleich zierlichsten Verhältnissen empor, die dem gotischen Stil eigen sind. Die schlanken Ecksäulen, die *reizende Ornamentik* der Nischen dazwischen, die reich verzierten Spitzbögen der

Fenster, die fein ausgearbeiteten Knäufe und die in steinerne Blumen auslaufenden Mauerzinken kleiden den Turm überaus schön und machen ihn zu einem wahren Schatz für die Geschichte der Gotik, die in jener Zeit sonst nirgends wieder solche herrliche Blüten trieb. Eine Wendeltreppe führt hinauf. Ungefähr in der Hälfte seiner Höhe befindet sich auf der Südwestseite eine Galerie, die, einst mit einem vergoldeten Gitter geschlossen, die Statue des Kaisers Konrad und des heiligen Bernhard aus weißem Sandstein gearbeitet zeigt, freilich sehr beschädigt. Die Spitze des Turmes war mit den Steinbildern der vier Evangelisten geziert.

Die übrigen Reste – die des Chores und der eigentlichen Abtei im einfacheren, wenn auch gleich schönen Rundbogenstil, dann der mit Efeu umrankte *Kreuzgang* und andere mehr, – erwecken nicht minderes Interesse. Die Gruft unter dem Konventschor zeigt noch die vier Säulenstümpfe. Was unser Erstaunen aber mehr erregen wird, sind die zwei Überreste der gewaltigen Kirchensäulen aus einem Block, deren Herbeischaffung als ein für Menschenkräfte unmögliches Wunder galt, weswegen man sie dem Satan selbst zuschrieb, dessen Macht der Kirche gar oft nötig wird. Der *Klosterbrunnen*, hinter dem Konventschor in den Anlagen auf der Ostseite, ist 300 Fuß tief, oben ausgeschalt, im übrigen in den Felsen gehauen. Er enthält gutes Trinkwasser.

Die neueren Anlagen stören zum Teil, besonders im Inneren der Basilika, wo Baumreihen die früheren Säulenreihen andeuten sollen und ein blühendes Blumenbeet sich auf der Stelle des Hochaltars breitet. Auf dem Klosterfriedhof vor dem Kreuzgang ist der angelegte Blumengarten am Platz. Was die in der Klosterkirche hergerichtete *Restauration* anbetrifft, so ist es allerdings angenehm, hier an Ort und Stelle nach so vielen geistigen auch leibliche Genüsse feiern zu können. Den guten Dürkheimer und den „hiesigen Champagner" mag man sich schmecken lassen, dann aber werfe man einen Blick in die alte Beinkammer und den Felsenkeller, und man trete hinaus, um auch die Aussicht zu genießen. Jäh senkt sich der Berg, das Tal der Isenach spaltend, nach Osten in den Talgrund, wo sich die Hütten und Häuser von Grethen an die Berge schmiegen und bis zur Stadt hinziehen, deren Türme und Giebel die Mündung des Tales in die Ebene ausfüllen. Über die Stadt hinaus, in den schönsten Bergrahmen gefaßt, liegt die Rheinebene, vom Altkönig im Taunus bis zum Schwarzwald. Die Aussicht von der nördlichen Terrasse ins Tal hinab mit dem Herzogsweiher auf die Heidenmauer und den Teufelsstein, auf die kahle Spitze des Peterskopfes und auf den saftigen Wiesengrund tief unten, in dem sich der Weiler *Hausen* versteckt, und über diesen hinaus auf die roten Trümmer der Hardenburg selbst, ist mindestens ebenso schön, und es gehört nicht viel Einbildungskraft dazu, sich ganz in die Tage der Zerstörung des Klosters zurückzuversetzen, die Cooper in seinem Roman benützt hat, dessen Schauplatz die Abtei und das vor uns liegende Hardenburg mit der gegenüberliegenden Heidenmauer ist.

Wir dürfen nicht von Dürkheim, der Limburg und ihrer Schilderung scheiden ohne als Anhang der drei Nonnenklöster zu gedenken, die um die Limburg herum und unter Aufsicht des Abtes daselbst standen. Des *Klösterleins Schönfeld*, auf der Stelle der jetzigen Saline, haben wir schon bei Dürkheim gedacht. Unten im Wiesengrund erblicken wir den Weiler Hausen, wo noch wenige von Efeu umschlungene Reste, in die Häuser eingemauerte Kapitäle und Fenstergesimse an das Dasein des mit Benediktinerinnen bevölkerten Klosters Hausen erinnern.

Es ist so lieblich und still da unten, so unschuldig, heiter die nächste Umgebung, daß man ungern daran erinnert wird, wie unter den frommen Nönnchen schon im 13. Jahrhundert die Üppigkeit und *Zuchtlosigkeit* so sehr eingerissen war. Man mußte das Klösterlein eingehen lassen; der Bischof von Speyer verfuhr streng, denn er hatte von einem Gang gehört, der hier begann und unterirdisch zur Limburg führte. – Von der südwestlichen Seite der Ruine Limburg sieht man in das stille Tal des Dörfchens Röhrig, das sich an den Klosterberg schmiegt.

Steigt man hinunter und den jenseitigen Berg hinan, so erreicht man bald einen trauten, von Reben und Kastanien eingeschlossenen Talkessel, der auf den Bergen liegt. Mitten in demselben erhebt sich die noch wohlerhaltene, im schönsten romanischen Stil erbaute Kuppel des eingegangenen Nonnenklosters *Seebach.* Rings um die alte Klosterkirche her lagert sich ein Dörfchen, das zum Teil mitten in die schöne Ruine hineingebaut ist.

Seebach mit dem Turm der Kirche eines ehemaligen Frauenklosters, das der Ritter Siegfried von Seebach gestiftet hat

Von Dürkheim aus ist das einsame Seebach in einer halben Stunde erreicht; kein Reisender sollte es unbesucht lassen. Auch hier wohnten Benediktiner-Nonnen unter Aufsicht der Abtei Limburg, alle von adeligem Geschlecht, darunter die edle und gelehrte *Richmunde von der Horst,* Äbtissin, die mit dem berühmten Abt Trithemius einen lateinischen, gelehrten Briefwechsel unterhielt. Die Klosterzucht zerfiel, als Friedrich der Siegreiche zur Belagerung von Dürkheim hier sein Lager aufschlug. Die Trümmer und die wohlerhaltene Turmkuppel machen einen malerischen, lieblichen Effekt. In einem Seitenchor ist das protestantische Schulhaus eingerichtet. Blumen, Reben, Büsche und Bäume des Friedhofs ranken über die Mauern und durch die schöne Kirche, und auch die Sage breitet poetischen Duft über die ohnedies poetisch anregenden, lieblichen Überreste einer poetischen Zeit. Sie erzählt von einer Nonne, die hier den Schmerz um den in der Schlacht gefallenen Geliebten ausgeweint hat. Aber auch von dem Dörfchen selbst weiß das Volk die Sage vom *Seebacher Weberlein* zu erzählen.
Es kam auf der Wanderschaft nach der fernen Kaiserstadt, wo es sich gar fremd fühlte. Da ging es in den Dom, wo gerade Kaiser Ruprecht dem Hochamt beiwohnte, und das Weberlein sang so hell mit, daß alles aufhorchte und der Kaiser rief: „Ein Pfälzer ist's, ein Pfälzer!" Natürlich machte er seinen Landsmann mit allen Fürsten bekannt; es wurde auch ein Hoch auf die schöne Pfalz ausgebracht, und das Weberlein bekam so viel Geld, daß es nicht mehr zu fechten brauchte.

Ganz nahe liegt am Gebirge der *Mundhardter Hof*, wo unterm Kastanienschatten eine schöne Aussicht genossen wird. Wer sich eines Glases Wein und etwas derber ländlicher Witze und Kost erfreuen will, kehre beim alten „Käsmeier" in Seebach ein, wenn er noch lebt.

Dann kann man sich das Tälchen hinab durch den Wald nach dem nahen Wachenheim oder über die Weinberge nach Dürkheim wenden. Wer jedoch Seebach schon von Dürkheim aus besucht hat, dem raten wir, einstweilen die vordere Haardt zu vergessen und eine fernere Gebirgstour zu machen. Nämlich, wenn wir am „Nonnenfels" und „Schloßeck" vorbei noch einige Schritte in das Tal hinein machen, schlagen wir den Weg in ein Seitentälchen ein, das schattig und kühl an den Bergrändern des Peterskopfes von Norden her zieht. Es ist das *Pfaffental:* eine enge, hoch überwaldete Schlucht; die Buchen flüstern, die Vögel singen und es zieht uns hinein in diese grüne Waldpracht. Wir waten im Laub, das den Boden deckt, diese Schlucht hinan; es geht zuletzt steil einen Berg hinauf, und endlich stehen wir vor dem *Runenfels,* vom Volk auch Ranfels genannt, einer mächtigen überhängenden, schroffen eckigen Felsmasse. Wenn wir ihre groteske und pittoreske Gestalt genug bewundert haben, blicken wir umher auf die grünen Waldmassen, auf die hoch emporstarrenden Massen des *„Heidenfelsens"*, und auf die in blauem Duft schwimmende Rheinebene, die man streifenweise übersieht und die über den Bergen in der Ferne sich ausbreitet. Dann wandern wir weiter mit dem Nachgenuß all der Schönheiten und Reize, welche die Umgegend von Dürkheim in so vollem Maße bietet, und schreiten den nördlichen Berghang hinab, denn unser Ziel ist das *Leininger Tal.*

Auch dieses, kaum minder schön als das Dürkheimer Tal, zieht sich von der Hauptwasserscheide parallel mit dem Nachbartal durch die waldigen Berggründe der Haardt in die Rheinebene. Es beginnt hinten am *Schorlenberg,* über den die alte Kaiserslauterer Straße von Alsenborn herüber durch den Stumpfwald ins Leininger Tal nach Worms zieht, und endigt bei Neuleiningen mit dem Austritt in die Rheinebene. Die wenigen Reste zweier Klöster und die prachtvollen Trümmer der beiden Stammburgen des berühmten Leininger Geschlechtes schmücken es und machen es des Besuches besonders wert. Die es umgebenden Berge sind nicht mehr so hoch als im Neustadter und Dürkheimer Tal, und es vermittelt so den Übergang der Haardt in das Hügelland vor dem Donnersberg und durch dieses wieder den Übergang in den Talcharakter der Westricher Lande.

Während wir nun so vorwärts vom Ranfelsen herab wandern und einmal die grandiosen Trümmer von Altleiningen erschaut haben, gelangen wir endlich durch den Wald auf ein bebautes Feld und erblicken in einem länglichen, lieblichen und stillen Talkessel die großen Ruinen des ehemaligen *Klosters Höningen,* und rings um dieselben die Häuser eines winzigen Dörfleins, schön und friedlich gruppiert. Der abgelegene Ort ist wie zum Klosterleben geschaffen.

Von den Leininger Grafen gestiftet, blieb das Kloster stets unter dem Schutz der mächtigen Herren auf der nur eine halbe Stunde entfernten Burg Altleiningen; es erfreute sich bald großer Blüte. Es war von Augustinern besetzt; sie mußten, dem *„Atzrecht"* zufolge, die Grafen und ihre Dienerschaft bei allen häufigen Besuchen frei bewirten, und hatten darum auch reiche Privilegien. Es galt nämlich für eine Ehre, in Höningens Kirchhöfen begraben zu werden, deren nicht wenige innerhalb der Klostermauern bestanden, und die Leininger selbst hatten ihre Gruft daselbst, was den Mönchen viel Geld eintrug. Das bequeme Leben erschlaffte die Mönche, so daß bald eine strengere Klosterzucht eingeführt werden mußte. Bald darauf führten jedoch die Leininger Grafen hier die Reformation ein; das Kloster wurde in ein *Gymnasium* verwandelt, das merkwürdige Schicksale erlebte, mehrmals der Pest wegen geschlossen werden mußte, einmal von einem Leininger Grafen, der die Schüler heimschickte, mit Beschlag belegt und deswegen von einem anderen des Geschlechts ordentlich belagert wurde, bis es, unter beständigen Prozessen mit den Grafen, nach Grünstadt verlegt, dort sein wechselvolles Schicksal fortsetzte und jetzt unter dem Namen einer lateinischen Schule noch fortbesteht. Im nämlichen Jahr, wo die Reformation im Kloster Eingang fand (1569), brannte es aus unbekannten Ursachen ab.

Die schönen Überreste gehen leider immer mehr zugrunde; die einstige prachtvolle *Kirche* mit sechs Altären existiert nur noch in wenigen spitzen Fensterbögen. Ihr Eingang auf der westlichen Seite ist vermauert, der herrliche Taufstein nach Sausenheim in die Kirche gebracht, der Kreuzgang weist kaum mehr einen Bogen auf, die vielen herrlichen Grabmonumente sind verschwunden, drei derselben in der Grünstadter Jakobslust aufgestellt und nur eine kolossale Giebelmauer ragt noch über die ärmlichen, hier eingenisteten Hütten des Dörfchens hoch empor. Alles andere formloses Getrümmer, von einer Mauer eingefriedigt, deren im vorgotischen Stil gehaltenes, uraltes Hauptportal noch steht. Doch nein, ein schätzbarer Überrest ist noch vorhanden im Stumpf des gotischen Turms und des Chores, und im nördlichen Seitenchor bewundern wir eine *Reliefarbeit* der alten Zeit, sowie auch einen trefflichen, schönen Fries über der Tür eines Nachbarhauses, das an die Kirche angebaut ist. Dieses allein kann uns die Größe des Verlustes veranschaulichen, den die Kunst durch den Ruin des Klosters erlitten hat. Zu allen diesen immerhin noch interessanten Resten des schönen Baues, der in seiner Ruine noch einen erhabenen Gegensatz zu der ärmlichen Gegenwart, zu den Häusern des Dorfes bildet, kommt noch das *Kirchlein zu St. Jakob* auf dem Leichenhof, das älter sein soll als das Kloster selbst. Es macht in seiner ärmlichen Einfachheit, seinem dunklen Türmchen und seinen dem Verfall nahen Mauern einen eigentümlichen Eindruck; sein merkwürdiger Altar, hinter demselben eine schöne Fensterrose, nebst den Freskogemälden seiner sämtlichen Wände lassen seine Erhaltung für die Kunst recht sehr wünschen. In dem Chor ruht neben mehreren Grafen und Gräfinnen von Leiningen der bei dem spanischen Überfall 1621 ermordete Schaffner des Klosters, Dietrich, als Opfer seiner Berufstreue.

In neuerer Zeit wurden hier *interessante Funde* gemacht. So eine eiserne Kiste, die trocken in einem Behälter von Backsteinen lag, ein bleiernes Gefäß, dessen Inhalt in goldenen und silbernen Münzen aus der Römerzeit, einer Agraffe mit 24 geschliffenen Steinen und einem Buch mit silberbeschlagenem Deckel bestand, was alles wahrscheinlich von den Mönchen vor der Gefahr bewahrt wurde. Der Fund dieser von einem gelehrten Mönch herrührenden Antiquitäten wurde verborgen gehalten und die Gegenstände heimlich verschleudert. Besonders aufmerksam machen wir noch auf ein in der Nähe der Klosterbauten erschallendes *fünffaches Echo.*

Indem wir uns weiterwenden, gehen wir nicht nördlich über den mit Kiefern bepflanzten Hügel nach Altleiningen, wohin das Dörfchen gehört, sondern südwestlich durch den sogenannten „Ganerbenwald“ und den Wattenheimer Forst an einem Weiher mit einer Papiermühle und den Selighöfen vorüber in einer halben Stunde nach *Hertlingshausen,* wo in tiefer Einsamkeit Augustiner-Chorfrauen ein Klösterchen bewohnten. Die schmale Kirche des Klosters mit ihren verzierten Fenstergestellen wurde in neuerer Zeit als Steinbruch benutzt; nur die Grundmauern und einige Spitzbögen des Kreuzganges in einer danebenstehenden Scheune sind noch sichtbar. Ein Klosterhof ist jetzt auf die Stelle gebaut, wo das Nonnenkloster bestand, und ringsumher und in dem stillen Tal des Bächleins hinauf liegen wie zerstreut die Häuser und Hütten des Hertlingshauser Dorfes und die Höfe in „Kleinfrankreich“ bis zum Karlsberg hin. Vom Schorlenberg herab kommt der Bach, der das Dorf durchfließt und das Tal durchwindet.

Indem wir uns nun nordwärts wenden, an den einzelnen Häusern vorbei, besteigen wir den *„Karlsberg“*, und uns überrascht ein höchst eigentümlicher, malerischer Anblick, gleich von der Anhöhe oberhalb Hertlingshausen. Denn über den Bergrücken hin, der sich breit vor uns hinlagert und vor Zeiten mit dichtem Wald bedeckt war, liegen anderthalb Stunden weit lauter kleine einzelne Häuschen, von dem zu ihnen gehörigen Felde umgeben, so daß die Bewohner nur durch Sprachrohre miteinander reden können. Es ist dies das Dorf Karlsberg oder der *Matzenberg*, wie das Volk sagt: ein Dorf nach altgermanischer Bauart, aber erst im vorigen Jahrhundert entstanden, als der Graf von Leiningen einen Teil des großen Stumpfwaldes fällen ließ, da das Holz auf der Eisenschmelze im Kupfertal guten Absatz fand. Da verlieh er das ausgerodete, dürre Land fremden Kolonisten, dem Auswurf aller Nationen, und so entstand das weitschichtige Dorf. Die Häuser erscheinen bald auf einer Hebung, bald in einer Schlucht, da in Gruppen, dort vereinzelt; alle ärmlich, klein, oft nur mit einem einzigen Fenster, aber malerisch zwischen den Kirschbäumen, auf den Feldern und zwischen den Gärtchen gelegen. Unter dem von allen Winden hergewehten Gesindel befand sich auch eine *Zigeunerkolonie*, die sich jedoch mit den übrigen Bewohnern völlig gemischt hat. Das war alles

Matzenberger Moritatensänger auf dem Weg zu einer Dorfkirchweih. Die Burg Altleiningen über ihnen ist die älteste Stammburg der Grafen von Leiningen, deren Ritterhaus 365 Fenster besessen haben soll

verdächtiges Volk oder doch zum größten Teil; die ganze Umgegend wurde unsicher gemacht von den Freibeutern in jenem Winkel des Leininger Tales und aus den Schlupfwinkeln der Matzenberger Strolche. Es kostete der französischen Regierung viel Mühe, auf dem Matzenberg dem Gesetz Achtung zu verschaffen, und dem Namen „*Matzenberger*" klebt noch heute etwas Unglimpfliches an, obgleich sich jetzt die Leute ehrlich ernähren als Schnurranten, Musikanten, Komödianten und Hausierer. Sie ziehen mit ihren Orgeln und „Moritaten" durch alle Welt; man hört sie auf allen Märkten schreien und singen, man trifft sie in allen Dörfern der Pfalz als Knochensammler, Rötelverkäufer, als Händler mit irdenem Geschirr, Wagenschmiere, Stiefelwichse, Feuerzeug, Flechtwerk. Den ganzen Sommer über sind die Fensterläden daheim verschlossen und öffnen sich winters wieder bei der Heimkehr. Auf dem kleinen Feld um die Häuschen herum finden sie dann reife Ernte, die der Nachbar behütet hat. Wenn man die Anhöhe mitten unter diesen zerstreuten Hütten besteigt, die sogenannte *Hohe Schule,* so hat man, besonders am Morgen oder zur Zeit der Kirschenblüte, eine ganz unvergleichliche Aussicht über die weithin sich hinter den blühenden Bäumen versteckenden Höfe und Häuschen. Im Frühjahr sieht man auch die verschiedenen Familien in die Welt ausziehen, oft mit einem Esel oder schlechten Pferden am kleinen Karren, noch öfter aber sich selbst und ihre sämtliche Familie als Lasttiere benutzend, mit Weib und Kind fortwandern.

Wir begleiten eine solche Familie durch das Seitentälchen des Leininger Tales bis vor Wattenheim, dann wieder südlich, direkt ins Leininger Tal zurück. Dort überrascht bald eine großartige Burgruine, der wir uns zuwenden, während unserer Matzenberger Familie am Fuß des Schloßberges eine andere begegnet, die eben nach der nahen Heimat zurückkehrt.

Auf einem ziemlich steilen und kahlen Bergvorsprung, der das Tal teilt und sich malerisch über den grünen Wiesengrund zu seinen beiden Seiten erhebt, liegen hohe, mächtige Trümmer, gleichsam auf einem Vorgebirge, das in einem grünen See auszulaufen scheint, so still liegt unten das Tal. Das ist die uralte Stammburg der Beherrscher dieses Landstrichs: *Altleiningen.* Nicht leicht wird man mehr überrascht sein als in diesem abgelegenen Tal, in dieser idyllischen Einsamkeit so großartige Schloßbauten zu treffen. Denn drei Fensterreihen, hoch und regelmäßig übereinander an Front und Fassade der Gebäude, winken herab, und wir lassen uns die Mühe des Ersteigens nicht verdrießen. Die ganze Burg ruht in einem länglichen Dreieck, das seine Spitze, gleich dem Berg, nach Osten streckt, auf Felsen, in die Kellergewölbe gegraben sind; außer einem Stück Mauer aus dem 12. Jahrhundert verrät die Bauart das 17. Jahrhundert.

Die Grafen von Leiningen wurden Landvögte im Speyer- und Wormsgau; wohnten hier und auf Landeck bei Klingenmünster. Ihren größten Glanz hatte die Burg zur Zeit des reichen und mächtigen *Landgrafen Hesso,* der die Herzogin Elisabeth von Bayern geehelicht hatte. In dem darauffolgenden Bauernkrieg erstürmt und zerstört, wurde sie wieder aufgebaut. Während des Dreißigjährigen Krieges wollte die verwitwete Gräfin Martha, eine geborene Hohenlohe, nicht aus dem Schloß auf ihren Witwensitz Neuleiningen ziehen, weswegen von dem Grafen Philipp die Burg mit Gewalt in Besitz genommen wurde. Die Gräfin sandte Botschaft an ihren Bruder, den kaiserlichen General *Kraft von Hohenlohe,* der das Schloß überrumpelte, den Leininger zur Flucht zwang und die Burg plündern ließ. Die Grafen von Leiningen waren mit die ersten, welche die Reformation annahmen, und sahen zuletzt 1690 ihr altes Stammschloß von den Franzosen gesprengt und in Asche gelegt, weswegen sie ihre Residenz nach Grünstadt verlegten. Von da aus wurde der hehre Bau bis zur Französischen Revolution bewacht und erhalten, dann aber als Steinbruch für die Umgegend benutzt; er prangt jedoch noch immer als eine grandiose, höchst merkwürdige und malerische Ruine über der Einsamkeit des Tales.

Hochberühmt in der Geschichte des Landes steht der Name der Leininger Grafen, deren Besitzungen besonders hier an der unteren Haardt von Dürkheim über Grünstadt bis tief nach Rheinhessen hinein, dann über der Queich im Wasgau bei Landeck und Lindelbrunn, hinter den Vogesen im Westrich, in Lothringen und Elsaß und im pfälzischen Oberland, zwischen Bergzabern und Weißenburg, weithin zerstreut auf den Bergen und in den Tälern der Vogesenkette lagen. Als *Landvögte des Speyer- und Wormsgaues* hatten sie hohen Einfluß im Reich. Ein Friedrich von Leiningen war der treueste Ratgeber, der kühnste Held Kaiser Rudolphs; die kühnsten Bischöfe von Speyer gingen aus diesem Geschlecht hervor.

Ein anderer Friedrich von Leiningen glänzt zur Zeit der Hohenstaufen als Held und *Minnesänger.* Wir haben noch einige Lieder von ihm, die zu dem Zartesten und Schönsten gehören, was die Minnepoesie hervorbrachte. Aber das berühmte Geschlecht konnte trotz aller Tatkraft seiner Glieder nicht zu großer Macht gelangen, da man alle Ländereien immer wieder zerstückelte, sich immer wieder neue Linien bildeten, aus denen wohl die unternehmendsten Grafen des Landes hervorgingen, die aber doch nie mit ihrer Hausmacht etwas Entscheidendes leisten konnten. Die Französische Revolution machte der Herrschaft aller Linien am linken Rheinufer ein Ende; die Grafen flohen aus allen ihren Sitzen vor den Freiheitsmännern und sahen ihre schönen Länder an der pfälzischen Haardt nie wieder. Aber der Leininger Name ist noch heute ein populärer in der Pfalz und erhält sich, wenn auch nur durch die *„Leininger Chevaulegers"*. Viktoria, des welt- und meerbeherrschenden Englands Königin, ist die Tochter einer ehemaligen Fürstin von Leiningen. Die Engländer, die den Rhein besuchen, mögen darum nicht versäumen, die Stammburg der Ahnen ihrer Königin zu besuchen.

Aus den Fenstern der Burg sieht man nieder in das stille Leininger Tal, mit seinen lieblichen und wilden Partien, seinen pittoresk bebuschten Felsen und Wäldern im Gegensatz zu kahlen Berghöhen; nach Norden in ein einsames Tal mit einigen Meierhöfen; nach Osten steht der schroffe Schloßberg weit vorspringend im stillen Wiesengrund. Nach Süden erblickt man am Fuß des Schloßberges das Dorf *Altleiningen.* Über dasselbe hinaus dringt der Blick in die Waldgründe von Höningen, Hertlingshausen und noch weiter in die stillen Wälder des Schorlenberges und Stumpfwaldes. Im Dorf kehren wir beim „Ritter" ein und bewundern den großen Dorfbrunnen, den die Pfälzer für den wasserreichsten von Deutschland erklären. Er entströmt einem Felsenlager und hat seine Quelle bei der *republikanischen Linde,* die, in der Revolution als Freiheitsbaum gesetzt, zum stattlichen Baum erwuchs. Der Brunnen ist jetzt wieder schön hergestellt; aus zwanzig dicken Röhren strömt ein Wasser, das besonders klar und frisch ist, sich gleich als Bach sammelt, einige Schritte weiter schon eine Papiermühle treibt und das Bächlein von Hertlingshausen aufnimmt, um weiter das Tal hinauszuströmen. Der Tiergartenhof unten an der Burg und der „Neue Bau", ein ehemaliges Jagdschlößchen, nächst Höningen tief in einer Schlucht des früher mit Lusthäusern, Anlagen und 1000jährigen Eichen gekrönten „Zimmerbergs" sind Reste der einstigen Hofhaltung auf Altleiningen. Der „Neue Bau" ist ein gar stiller, lieblicher Aufenthalt, dessen mittlerer Pavillon noch vorhanden ist. Früher war bei Altleiningen ein Sauerbrunnen, wohin vor zweihundert Jahren viele Kurbedürftige zogen, mit dem sich jetzt wildes Wasser vermengt hat. Der Kupferbrunnen im *Kupfertal* mit seinen mineralischen Bestandteilen wäre geeignet, auf die Entdeckung der großen Kupferlager zu führen, die durch das eingegangene Kupferbergwerk nahe am Schloß vor Zeiten einmal innerhalb fünf Jahren 3 000 Zentner Kupfer förderten.

Am Bach durch das Tal nach Osten kommen wir zu der großen und kleinen Sägemühle mit der Hanfreibe und Mahlmühle am Fuß des Zimmerberges. Hier spukt nach der Volkssage der Geist des wilden *Eberhard von Randeck.* Er war ein Burg- und Dienstmann der Leininger und liebte des Grafen schönes Töchterlein Jolanthe, das nun bald dem Grafen von Egmont angetraut werden sollte. Eifer- und Rachsucht trieben ihn, den Tod der Geliebten zu suchen. Er beredete die junge Gräfin, die schnarrende Sägemühle im Tal zu besehen, wollte sie überreden auf ein Brett zu treten, was aber statt ihrer eine Freundin tat, die augenblicklich in der Tiefe von der Säge und dem Räderwerk zerquetscht wurde. Auf Altleiningen, nachts bei Fackelschein auf dem Burgplatz, wurde der adelige Mörder enthauptet.

Das knarrende Sägewerk, die rauschenden und klappernden Mühlen des Tales, das hohe Schloß auf seiner Höhe, freundliche und ernste Anhöhen begleiten uns durch das Tal bis zu dem sehenswerten Drahtzug des Herrn von Gienanth. Weiter finden wir den

Burg und Städtchen Neuleiningen auf einem gegen die Rheinebene hin vorgeschobenen Bergkegel der Haardt sind seit eh und je vielbesuchte Stätten motivsuchender Maler

„Maihof" im stillen Tal, bis wir nach einer Stunde durch die Talwindung nach Osten in das Wein- und Hügelland der Haardt und darüber hinaus auf die Ebene schauen, während diese Talmündung rechts und links auf ihren Höhen mit Burgen geschmückt ist, um die sich die Häuser von Battenberg und Neuleiningen in der malerischsten Weise gruppieren, indes unten mehrere Mühlen am Karlbach das Gemälde noch mehr beleben, dessen Hintergrund Dorf Karlbach bildet.
Wir besteigen die nördliche Höhe, Burg und Städtchen *Neuleiningen.* Äußerst malerisch ist der Anblick dieses Ortes auf dem Gipfel des weithin in der Ebene sichtbaren kegelförmigen Bergvorsprungs, der ziemlich steil in die Rheinebene abfällt und an seinen Halden mit Weinbergen bepflanzt ist. Die Ansicht des Städtchens auf dieser Höhe mit seiner Ringmauer, seinen Tortürmen, seinen am steilen Abhang hängenden Häusern, seiner hohen, gotischen Kirche und den weitläufigen Burgtrümmern innerhalb seiner Mauer überrascht im höchsten Grad. Durch einen alten Torturm auf der Westseite tritt man in die enge, winklige Gasse, an der Stiftskirche vorüber, zu der Burg, die, ein Viereck bildend, mit ihren vier Türmen in Trümmern liegt. Schon auf dem Vorplatz bei der Kirche hat man eine treffliche Aussicht, die auf dem südöstlichen Turm der Burg außerordentlich umfassend und reizend wird, da man die Haardt hinauf, bis weit über Grünstadt hinab, den ganzen Worms- und Speyergau, die uralten Städte und Dome des Rheines, selbst bis in die Frankfurter Gegend, die gegenüberliegende *Battenburg* mit ihrem Dörfchen, dann unter uns das Dorf Karlbach und das Leininger Tal übersieht. Der Schullehrer ist im Besitz der Ruinen; er hat den südöstlichen Turm zur Wohnung hergerichtet und Steinsitze an den Auglöchern angebracht, durch die man das herrliche Gemälde der Rebengefilde der Haardt und der mit Städten und Dörfern besäten Ebene genießt. Weinreben schlingen sich jetzt um die Mauern der Burg Neuleiningen, der Pflug geht im inneren Raum und ein schönes Fruchtgefilde mit blühenden Obstbäumen breitet sich zwischen den Türmen aus. Wenn wir vom Söller des Turmes, wo der Schullehrer das unbezahlbare Belvedere herstellen ließ, herabgestiegen sind, überschlagen wir die Geschichtsblätter von Neuleiningen, das die jüngere Stammburg des berühmten Geschlechtes bildete, im 15. Jahrhundert zur haltbarsten Festung der Gegend gemacht und 1690 gleich Altleiningen von den Franzosen gesprengt wurde, obgleich die ungeheuer massiven Mauern größtenteils widerstanden.

Der Zerstörung im Bauernkrieg entging es durch die *Gräfin Eva*, eine beherzte, wohltätige Frau, die nicht aus dem Schloß ihrer Väter weichen wollte, selbst dann nicht, als die Grafen von Alt- und Neuleiningen flohen. Die Nußdorfer Bauern kamen am Gebirge herab, und täglich sah man an den Haardthöhen ein Schloß in Rauch aufsteigen. Die Bockenheimer Bauern hausten in nächster Nähe; Dirmstein war gefallen, Altleiningen, die alte Stammburg, niedergebrannt, die Klöster rauchten. Da kamen auch Bauernhaufen stürmend von der Battenburg herüber, die sie ausgeplündert hatten, erstiegen Neuleiningen und stürmten durch die Säle und Keller der Burg. Als ihnen aber die Gräfin Eva freundlich entgegentrat, begnügten sie sich mit Braten und Wein und von einer Gräfin bedient zu werden. Sie zogen dankend ab ohne der Burg ein Leid anzutun.

Wir beschauen uns nun die Kirche mit ihren Grabmälern und schönen Glasgemälden, dem starken, am Abgrund stehenden Diebsturm, die mittelalterlichen Gassen; vergessen auch die Steinbrüche nicht, hinter denen die Felsmassen des *Hinkelsteins* die Ablösung vom lockeren Gebirge teils bereits bewerkstelligt teils noch droht, und diesem gegenüber schauen wir ins Silbertal mit seinem im Sonnenschein schimmernden Silberbrunnen, der im Bischofswald entspringt und mit Sitzen und schattigem Gebüsch umgeben ist. Dann erwähnen wir noch die alte Chronikensage von der *Geisterschlacht*.

Es war vor langen Jahren, da trat aus dem Berg bei Neuleiningen in gewissen Nächten der heiligen Zeit eine bewaffnete Geisterschar, um sich auf der nahen Ebene zu bekämpfen. Zu Fuß und zu Roß wurde gestritten; großes Getöse, Stöhnen und Wimmern der Verwundeten war zu hören, bis sie in den Berg zurückzogen. Drei Jahre lang dauerte dieses Wesen, viele Menschen bekamen es zu hören, aber keiner wagte sich näher hin als der Abt von Limburg, der eines Abends sie unter Gebet erwartete. Zur Schlacht gerüstet, kamen sie aus dem Berg, kämpften länger als je, und als sie zurückzogen, stellte sich ihnen der Abt gegenüber, gebot im Namen Christi Halt und ihm Rede zu stehen. Sie standen. „Wer seid ihr?“ fragte der Abt. – „Wir sind die armen Seelen derer, die vor Jahren im Kampf gegen ihren rechtmäßigen Fürsten gefallen sind und unbegraben an diesem Berg liegen blieben!“ – „Ist es möglich euch zu erlösen?“ – „O ja, durch Fasten, Beten, Almosengeben, Messelesen!“ sagte einer und alle schrien zusammen: „Betet für uns! Betet für uns!“ – wurden zu Feuer und Flammen und verschwanden im Berg. Dreißig Messen ließ der Abt in dreißig Tagen lesen, und als er wieder auf das Schlachtfeld der Geister trat, da tönten statt Kampf und Wehklagen Jubelgesang und Dankgebete in die Höhe.

Die Grünstadter Landschaft

Wenn man von Neuleiningen nördlich hinabschaut, trifft das Auge das Städtchen Grünstadt mitten in einer *blühenden Landschaft*. Es liegt an der Nordgrenze der Pfalz gegen Rheinhessen und gehört eigentlich nicht mehr zur engeren Haardt, die sich mit dem Battenberg, – Neuleiningen gegenüber – und mit dem Leininger Tal abschließt. Da aber die Grünstadter Gegend gewöhnlich noch zur unteren Haardt gerechnet wird, so tun wir's auch. Die niedrigen Berge, eigentlich nur ein aus einer Kette von Hügeln bestehender Wall, setzen sich fort bis zur Grenze; hinter ihnen, gegen den hoch emporragenden waldigen Rücken des Donnersberges hin, liegt ein wohlangebautes Bergland, – am östlichen Abhang blüht die Rebe und vor ihm liegt der etwas wellenförmige Gau gegen Worms und Frankenthal hin. Getreide- und Rebenfelder wechseln hier in anmutiger Weise mit fetten Wiesen in den flachen Talgründen des Leininger Baches, der auch Karlbach oder *„die Eck“* heißt, und des Eisbachs, der aus dem Stumpfwald kommend, parallel mit dem Leininger Bach zur Ebene fließt und ein waldiges, jedoch belebtes Tal durchläuft, ehe er etwas unterhalb Grünstadt in die rebenreiche Gaulandschaft tritt. Im ganzen vermittelt schon das Leininger Tal und das Hügelland um Grünstadt den Übergang zu der getreide- und kartoffelreichen Berglandschaft, die sich um den Donnersberg her breitet, und durch dieses hochwellenförmige Fruchtland den Übergang zum Westrich. Der Charakter der Umgegend von Grünstadt ist der der Anmut und Lieblichkeit, der der freundlichen Heimeligkeit, mit einem Wort: der Idylle. Die Bewohner des Hügellandes gegen den Donnersberg hin ernähren sich besonders auch vom Graben der *Porzellan-* und *Färbererde,* was diesen Strich charakterisiert, während die Leute gegen den Gau hin treffliche Landwirtschaft treiben. Die Gegend bildet den Hauptstrich der früheren leiningischen Lande.

Werfen wir noch einmal von Leiningen aus einen Blick in das von Mühlen und Einzelhöfen belebte Leininger Tal und dann einen auf die Dörfer, die westlich von hier, meistens hoch auf dem Bergrücken liegen, der vom Stumpfwald, vom Schorlenberg und hohen Bühl her sich zwischen dem Leininger Tal und dem des Eisbachs in der Breite einer kleinen Stunde bis nach Grünstadt herauszieht. Dort liegt, wenn wir mit dem westlichen Dorf beginnen, 1½ Stunden von hier, ganz in der Nähe des Matzenbergs, nur durch ein schmales Tälchen von ihm getrennt, das Dorf *Wattenheim,* das auf halber Höhe an einem ziemlich hohen, bis zum Gipfel angebauten Berg hängt und, als eine der größten Gemeinden der Umgegend, 1 200 Einwohner zählt. Hier wird ein schöner silbergrauer Sandstein gebrochen und eine Erde gegraben, die von den Einwohnern zu verschiedenerlei Töpferwaren, Pfeifen, steinernen Krügen, „Wasser- und Schlotterkrügen" und Brunnenröhren verwendet wird. Die Wattenheimer, aber noch mehr die nahen Matzenberger, gehen damit hausieren, und gar oft begegnet man in den Dörfern der Pfalz ihnen und ihrem Ruf: „Staanerne Krüg' oder Häf'!"

Die Aussicht vom Dorf ins Eistal hinab, in den Grund, wo Ramsen mit seinen Klosterresten und Eisenberg mit seinen Eisenwerken liegt, dann hinüber nach der Ruine *Stauf* und die Göllheimer Landschaft mit dem majestätischen, breiten Donnersberg dahinter, ist recht anmutend. Das Dörflein Stauf liegt eine Stunde entfernt nördlich auf der Höhe überm Eistal, und doch soll man dort bei stillem Wetter ein hier gesprochenes lautes Wort oder ein lebhaftes Gespräch deutlich vernehmen. An den Einzelhöfen des „Wäldchens" vorüber, kommt man über das wohlangebaute Bergland nach Leidelheim und Hettenheim, zwei nahe beisammen liegende Dörfer, die unter dem Namen *Hettenleidelheim* bekannt sind. Auch hier gräbt man eine Erde, die, mit dem Albsheimer Sand vermengt, in Mertesheim gemahlen und in Grünstadt zu Fayence verarbeitet wird. Bis nach Saargemünd und noch viel weiter ist diese Erde bekannt; in den Glasfabriken bedient man sich ihrer zum Flüssigmachen der Fritte. Auf dem *„Fliegenstein"* gegen Tiefenthal hin, steht der Mahlplatz für die neun Gemeinden, die in dem tiefen Stumpfwald berechtigt sind und deren Schultheißen noch vor unlanger Zeit hier ihr Forstgericht unter freiem Himmel abhielten. Im Kreis standen neun Steine. Von da gelangt man zu dem uns nächsten Dorf *Tiefenthal.*

Uns zu Füßen nordöstlich von Neuleiningen zeigt sich *Sausenheim,* wohin wir den Berg hinab durch die „Wingerte" (Weingärten) eilen, in denen das Dorf mit seinen beiden Kirchen hübsch an den Vorbergen liegt, die hier überall mit Reben bepflanzt sind. Beim Graben eines Kellers wurden hier unterirdische Wohnsitze mit schön bemalten Wänden und die Trümmer einer antiken Säule gefunden. Beim Umroden von Weinbergen entdeckte man ganze Gewölbe, alte Waffen, Urnen, Münzen und andere Zeugen uralter Kultur. Sogar an vielen Häusern des Ortes findet man Steine mit uralter, römischer Bildhauerarbeit eingemauert, die von den Sausenheimern in den Feldern gefunden worden sind. Von besonderem Interesse ist der *Taufstein* in der protestantischen Kirche, der aus dem Kloster Höningen hierher kam. Es ist ein prächtiger Rest altdeutscher Kunst; von vier Löwen getragen, hat er acht Figurenfelder und rings um seine Schale die Bildnisse der Apostel, bei der schönsten Ornamentik.

Den Sausenheimern möchte die Umgegend gern nachsagen, sie stammten von einer Kolonie Schilda- oder Lalenbürger oder auch von den sieben Schwaben ab. Man will Sausenheim zu dem *leiningischen Schilda* machen. Hier soll, unter anderem, die Gerechtigkeit so streng gehandhabt worden sein, daß der Flurschütz einst einen auf fremder Wiese weidenden Esel vor den Schulz führte, wo er im Schöffengericht zu 24 Stunden Gefängnis verurteilt wurde. Durchdrungen von der Gerechtigkeit der Strafe, soll der Esel kein Wort zu seiner Verteidigung erwidert, an Appellation gar nicht gedacht und ungesäumt seine Strafe abgesessen haben. Ob es wahr ist, weiß ich nicht, ich rate auch keinem, der nach Sausenheim kommt, danach zu fragen.

In einer Viertelstunde sind wir nun in dem heiteren *Grünstadt*, auf einem Weg durch Weinberge, die das Städtchen umschließen. Lieblich und freundlich ist die Landschaft, die in sanftem Wellenschlag sich gegen die Rheinebene hinbreitet. In einem dichten Obsthain, vor einem oben kahlen, an den Abhängen aber mit Reben besetzten Berg, reizend und in idyllischer Schönheit, liegt das angenehme, lebhafte Städtchen, dessen muntere, gemütliche Bewohner sich halb und halb noch immer als die *Residenzbürger* der umliegenden, früher leiningischen Lande betrachten. Hier saßen nämlich die Leininger Grafen in ihrer Residenz bis zur Französischen Revolution, und jene Zeiten sind noch sehr in der Erinnerung der Grünstadter, wo die jungen Grafen noch unter den Bürgerskindern ihre „Schätze" hatten und für die hübschen Mädchen schwärmten. Trotz der Abgelegenheit des Städtchens von den großen Weltstraßen herrscht doch noch immer ziemlich viel Verkehr, und die Landleute der Umgegend scheinen selbst Grünstadt noch immer für die Residenz zu halten, wo man verkauft und einkauft. Seine *alten Stadtmauern* stehen noch, die Tore sind abgebrochen. Die 4 000 Einwohner ernähren sich von Gewerben, Wein- und Getreidebau. Besonders bedeutend ist die Tabakfabrik, dann die große Fayencefabrik, die sich in dem „unteren Hof", der alten Residenz, befindet, während der „obere Hof", die neue Residenz, für die Schulen hergerichtet ist. Auch eine Baumwollendruckerei befindet sich hier. Berühmt war seiner Zeit das Gymnasium. Im Dreißigjährigen Krieg litt das Städtchen mit der Umgegend entsetzlich, und als 1690 die Franzosen kamen, befahl der damalige Graf, alle Häuser abzudecken, um die Zerstörer durch ein Scheinbild der Zerstörung zu täuschen. Aber es half nichts. Gleich der ganzen Pfalz wurden auch das Leininger Land und Grünstadt verbrannt und verderbt. Und hundert Jahre später verscheuchte die Revolution das uralte Grafenhaus aus seinen rheinischen Stammsitzen, wohin seine Glieder nie mehr zurückkehrten.

Grünstadt ist eine rechte *Malerstadt*. Nicht allein, weil seine Umgegend in ihrem mannigfachen Wechsel der Idylle sich zum Aufenthalt der Maler ganz besonders eignen würde, sondern auch, weil es der Geburtsort mehrerer Maler ist. Der große *Hanns Holbein* soll hier geboren sein. Von seinen Werken findet man hier freilich keine Spur. Auch der als Hofmaler in Darmstadt gestorbene *Seekatz* wurde hier geboren, was freilich keine so große Ehre ist, denn was der Mann in der Historienmalerei getan hat, ist völlig wertlos für heute; seine Genrebilder sind viel besser. Die beiden Maler Schlesinger, die den Ruf des alten Hanns auch nicht verdunkeln, dann der Landschafter Roos und mehrere jüngere Talente sind hier geboren. Der über Statistik und Volkswirtschaft schreibende, rühmlich bekannte Geheimrat von Reckum ist auch ein Grünstadter. Sujets im niederländischen Genre böten sich besonders bei dem hiesigen Jakobinermarkt, wo sich die Landleute und Honoratioren der ganzen Umgegend einfinden zu lustigem Treiben. Dann geht's besonders in der mit Denkmälern und schönen Anlagen geschmückten Jakobslust hoch her. Der „Grünstadter Berg" selbst gewährt einen reizenden Prospekt nach Osten in den reichen Gau mit seinen wogenden Getreidefeldern, seinen in Obsthainen versteckten Dörfern, seinen Rebenpflanzungen an den Hügelhängen und seinen üppigen Wiesengründen. Frankenthal und der hehre Wormser

Dom liegen dort nur drei Stunden entfernt in der grünen Ebene des Rheines. Der Blick nach Westen ist nicht weniger schön, in den Talgrund der Eis und über das Hügel- und Bergland von Göllheim, wo Adolf von Nassau im Kampf gegen den Gegenkaiser fiel. Den Hintergrund füllt ganz und gar der mächtige, dunkle Donnersberg aus, der in der Entfernung von vier Stunden gerade hier sich so recht in seiner erhabenen Wildheit darstellt. Wer jedoch einmal die Alpen gesehen hat, wird auch noch die Wildheit des Donnersberges für eine sanfte Anmut halten.

Ungefähr eine Stunde nördlich von hier, jenseits des Eisgrundes, an dem sich fortsetzenden Bergwall zunächst der hessischen Grenze liegen hintereinander an der Straße im Rebengefilde die Dörfer *Klein- und Großbockenheim,* die einen ziemlich guten roten Wein ziehen. Auf dem hinter Großbockenheim liegenden Berg steht noch die Ruine einer alten Kapelle, am Weg über den Gerstenberg nach Quirnheim und weiter nach Göllheim und in den Eisweg. Eine hübsche Aussicht von jener Höhe herab nach dem nahen, nördlich vorüberziehenden Zeller Tal, der Pfrimm und in die Gegend von Pfeddersheim, sowie nach Worms und den Odenwaldhöhen lohnt dort den Wanderer. In Kleinbockenheim, dem nördlichen zunächst der Grenze gelegenen Dorf, stehen die Reste der *Emichsburg,* die jener oft genannte Graf Emich von Leiningen erbauen ließ. Heute befindet sich in ihren Räumen eine treffliche Landwirtschaft.

Im 15. Jahrhundert hing vom Besitz der festen Bockenheimer Dörfer das Schicksal des Landes ab; darum verteidigten beide die Leininger auch so hartnäckig, besonders vom Kleinbockenheimer Kirchturm aus, gegen Friedrich den Siegreichen. Der Pfalzgraf ließ den Kirchturm niederschießen und lieferte den herbeieilenden Freunden der Leininger die blutige Pfeddersheimer Schlacht, worauf die Bockenheimer Besatzung vor Schrecken entfloh, 600 Pferde in den Gräben zurückließ und noch vor den Toren von Pfeddersheim von den Pfälzern eingeholt, in die Pfrimm getrieben oder niedergehauen wurde. Als Kuriosität mag angemerkt werden, daß die Leininger Grafen für das hiesige Patronatsrecht dem Abt von Schönau jährlich fünf Fuder Wein, nebst zwei Malter gehäufelter Mandeln oder zwei Gulden zahlten!! Das waren Zeiten!

Ehe man durch die Weinberge von Grünstadt aus nach Bockenheim gelangt, passiert man, eine Viertelstunde vom Städtchen, das aus dem Gebirge tretende *Tal der Eis* mit seinen vielen Dörfchen und Mühlen.

Gerade hier liegt *Asselheim* im Talgrund, lieblich von Weinbergen umgeben, wo kein schlechtes Gewächs erzielt wird. Das Dorf ist das bedeutendste des Tales; die Einwohner graben Fayence-Erde. Gehen wir westlich ins Tal hinein, so folgen uns die Weinberge rechts noch eine Zeitlang; die Pappeln, Erlen und Weiden säuseln, die Mühlenräder rauschen und klappern. Dann kommen wir, an einer Papiermühle vorüber, nach dem Dörfchen *Mertesheim,* in dem eine Mühle die in der Umgegend gebrochene Steingutmasse zubereitet. Der Talgrund der Eis ist auch noch weiterhin durch Papier- und Mahlmühlen belebt, die sich hinter dem Gebüsch verstecken; bei *Ebertsheim,* eine Viertelstunde weiter, bildet er einen schönen erweiterten Talkessel voll anmutiger Idylle, grünen Wiesen und angebauten Höhen, die sich noch tiefer hinein bis zu den Gründen und Hammerwerken von Eisenberg ziehen, hinter denen im stillen Waldtal Ramsen liegt. Das Tal wird dort ganz besonders interessant, und wollten wir von hier aus schon das Kloster Rosenthal, Göllheim und den Donnersberg besuchen, so wäre dies der nächste Weg. Da wir aber später vom Donnersberg aus noch einmal in diese Gegend kommen, verschieben wir die Schilderung des hinteren Eistals mit seiner Romantik auf später und bleiben in der idyllischen Umgebung von Grünstadt.

Schon von Mertesheim aus sieht man *Quirnheim* über dem Bach in einiger Entfernung auf der Höhe des Gerstenberges liegen. Ein hübscher Weg führt dahin, ein anderer von dem Talkessel bei Ebertsheim aus, nördlich an dem vom Kloster Rosenthal kommenden Rodenbächlein hinauf und dem niedlichen Dörfchen *Rodenbach* vorüber, nach dem Hof Boßweiler wo am Talhang äußerst lieblich die Pfarrkirche von Quirnheim steht, die die umliegenden Dörfer zu Filialen hat. Dieser Hof war früher ein Dorf; jetzt liegen die wenigen Häuser anmutig um die Kirche, wie die Küchlein um die Henne. Eine Quelle rieselt vorbei, von dem nahen Quirnheim her. Drüben gegen Göllheim hin liegt Lautersheim, wo die Pfeifenerde gegraben wird. Die Umgegend ist idyllisch schön, und Quirnheim liegt anmutig hinter seinen Zwetschgengärten auf der Höhe, daneben der Quirnheimer Hof, in dem auch ein im alten Stil gehaltenes, halb verfallenes Kirchlein mit schönen Formen und Verhältnissen steht, nebst dem Schlößchen der Herren von Merz, die im Ort verschiedene Rechte besaßen. Eigentümlich berührt das Schicksal der letzten Nachkommen dieses edlen Geschlechts, das, wie so viele andere, mit der Französischen Revolution herunterkam. Es sind kaum einige Jahre her, daß zwei junge *Herren von Merz,* um sich vor dem Hungertod zu schützen, einen Einbruch in das Haus ihrer Ahnen versuchten, das nun im Besitz von Leuten ist, die früher in Diensten der adeligen Familie gestanden haben sollen. Es ist das eine Geschichte, wie man sie in der Pfalz im letzten Jahrhundert in ähnlicher Weise öfters erlebte. Jene Revolution greift noch heute tief in die Familienverhältnisse ein und gestaltete auch in den kleinsten Dörfchen alles Leben völlig um.

Wir können von hier über den Gerstenberg nach Asselheim zurück, durch die Weinberge. Da verfolgen wir nun den Eisgrund östlich, wo er sich gegen die Ebene hin verflacht. An klappernden und rauschenden Mühlen vorüber kommen wir durch die ganz nahe beieinander liegenden Dörfchen Albsheim und Mühlheim. Einige Schritte weiter liegt am nördlichen Bachgestade Obrigheim an den Rebenhängen, noch näher, und ihm gegenüber, die Dörfchen *Colgenstein* und *Heidesheim* im lieblichen Wiesengrund an den Rebenhängen hinan. In Heidesheim residierte eine Nebenlinie der Leininger, die Grafen von Leiningen-Heidesheim; und in ihrem Schloß wurde dem bekannten *Dr. Bahrdt* „mit der eisernen Stirn“ ein Zufluchtsort gewährt. Er errichtete hier ein Philantropin, eine Lehranstalt von nicht langer Dauer. Seiner Freigeisterei und seines einfältig kecken Auftretens wegen von Goethe verhöhnt, ließ ihn sein unruhiger, eitler Sinn nicht eher ruhen, als bis er hinter Magdeburgs Wällen auf der Festung saß, beinahe zum Märtyrer geworden wäre, später aber vergessen, als Schenkenwirt bei Halle starb. Gegenwärtig befindet sich die schöne Anlage des Herrn Borngässer hier. Weiter erreicht die Eis bei der Neumühle die *hessische Grenze* und fällt bei Worms in den Rhein.

Von Heidesheim südlich über den Wirschberg mit seinen Getreide- und weit in die Ebene ziehenden Rebenfeldern, kommt man nach Obersülzen, wo viele Mennoniten wohnen, oder mehr östlich daran vorüber, durch die Weinberge hinab in den Grund des Floßbaches und wieder durch Rebenfelder in den Talgrund, der aus dem Leininger Tal herfließenden Eck, wo sich der Flecken *Dirmstein* stattlich vor uns ausbreitet. Teilweise noch mit Mauern und Gräben umgeben, zieht er sich längs des Baches, zwischen den niedrigen Höhen auf dem Wiesengrund, weit hinaus an der Straße in die Gegend von Worms; seine Lage ist so schön, wie sie im fruchtbaren Gau sein kann. Dirmstein soll seinen Namen von den vielen Türmen haben, die die Mauern und die Schlösser des hier wohnenden Adels im Mittelalter schmückten. Die Ruinen der sogenannten *Ritterstube* des wormsischen Adels sind noch vorhanden. Ebenso kam auch das Residenzschloß der Wormser Bischöfe, die von hier aus das Land regierten, auf unsere Zeiten; es ist jetzt Privateigentum und wird zur großartigen Meierei benützt. Neben diesem Schloß stand auch eine pfälzische Burg, deren Lehensmann *Erasmus von der Hauben* sich 1525 zu den Bauern schlug und mit diesen beide Burgen stürmte und schleifte. Besonders bemerkenswert ist die großartige, ausgezeichnete und in der Tat musterhafte Landwirtschaft des Herrn von Camuzzi. Eine Schweizerei, Brennerei, Essigsiederei und ein großer Garten sind mit ihr verbunden. Herr von Camuzzi hat sich bereits als musterhafter Landwirt einen Ruf erworben, der selbst den König von Bayern bestimmte, ihm den ehrenvollen Auftrag zu geben, Bayern und die Pfalz bei der großen landwirtschaftlichen Ausstellung in Paris zu repräsentieren. Das Auffinden von uralten Sarkophagen und eines Elefantengerippes in der hiesigen Mark hat Dirmstein mit dem nahen Heßheim gemein, wo auch antediluvianische Tierskelette gefunden wurden.

Wir wenden uns nun wieder im *Talgrund der Eck* hinauf den Bergen zu, die westlich den Horizont begrenzen, um so Grünstadt im östlichen Bogen zu umgehen. Der Talgrund der Eck oder des Karlbachs, wie das Flüßchen noch außerdem heißt, ist die Fortsetzung des Leininger Tales. Rechts und links ist er von Rebenhöhen begrenzt, während die Rücken der Hügelzüge, besonders des sogenannten Goldberges, der sich breit von Grünstadt herlagert, mit Getreide bepflanzt sind; der schöne Talgrund ist von Dörfern und Mühlen belebt.

Da liegt gleich hinter Dirmstein das Dorf *Laumersheim* mit einem Schlößchen der pfälzischen Grafen von Oberndorf, deren Ahnen einst kurpfälzische Minister und deren Enkel jetzt arme Leute geworden sind. Auf dem östlich von Gerolsheim herkommenden Palmberg steht die *Palmkapelle,* wohin, besonders am Palmsonntag, gewallfahrtet wird. Über die Heck- und Weidenmühle kommen wir nach *Großkarlbach* mit dem Schlößchen „Mühlental" in idyllischer Umgebung, und weiter im lieblichen Talgrund, zwischen den Weinbergen und Feldern hin, durch *Bissersheim,* das in der pfälzischen Fehde 1460 von dem Neustadter Faut mit dem Degen in der Hand gestürmt und erobert wurde, nach *Kirchheim* „an der Eck". In dem breiten Wiesengrund dieses beträchtlichen Dorfes stand einst das „Templerhaus zum See", das samt dem See, der heute eine blühende Wiese ist, verschwand. Nur die Geister jenes geheimnisvollen, so schrecklich und grausam schon im frühen Mittelalter ausgerotteten Ordens, umschweben die heimliche Stelle, wo das Ordenshaus stand. Wir befinden uns jetzt südlich von Grünstadt, wohin eine schöne Nußbaumallee führt. Vor uns bewachen die Burgen Battenberg und Neuleiningen den Eingang zum Leininger Tal, malerisch liegt die romantische Landschaft vor uns, und mitten drinnen am Fuß der hüben und drüben sich erhebenden Schloßberge liegt das Dorf *Kleinkarlbach,* im grünen Rebengefilde und Obsthainen versteckt, während die Häuser von Battenberg und Neuleiningen von der Höhe blicken. Über den „Hübel" hin erreichen wir das malerisch vor dem Leininger Tal liegende Dorf, zur Rechten Burg und Städtchen Neuleiningen und weiter nördlich Sausenheim und Grünstadt; zur Linken den Battenberg mit seinem Dörfchen und weiter hin, bis fern nach Süden, die prachtvolle Haardtkette. Dahin in das goldene Weinland der Pfalz wenden wir uns jetzt.

Das Weinland der unteren Haardt

Der eigentliche „Wonnegau" des Vaterlandes, der mildeste Landstrich diesseits der Alpen, breitet sich in seiner paradiesischen Pracht vor uns aus. Das berühmte und so reich gesegnete Weinland, das sich von der nördlichen bis zur südlichen Grenze der Pfalz, von den rheinhessischen Höhen bis ins Elsaß und von dort bis Basel fortsetzt, findet hier an der unteren Haardt seinen Glanz- und *Kulminationspunkt,* da hier weitaus die besten und wertvollsten Weine wachsen. An die überaus sonnige und sanfte Bergreihe der unteren Haardt hingelagert, blickt diese Gegend in die weite, vor ihr sich ausbreitende Ebene hinein und bietet dem Wanderer einen Anblick von solcher Freundlichkeit, Anmut und Schönheit, von solchem Reichtum und Segen, wie keine andere. Wo sich Gebirge und Ebene begegnen, ist es überall schön am Oberrhein, besonders in der Pfalz und an der Haardt. Gleich einer die Ebene als ihren Garten umschließenden Mauer, an welcher der Gärtner verschwenderisch seine Sonne erheischenden Früchte gesetzt hat, zieht sich die Haardt vor uns hin, unübersehbar weit an ihrer der Ebene zugekehrten Fläche mit Rebenfeldern bepflanzt. Nur von Obsthainen, Mandelbäumen und Kastanienbüschen unterbrochen, umgrünt dieser schönste und größte *Weingarten der Welt* die Wohnungen der glücklichen Pfälzer. Ort an Ort steht da in stattlichem Bau und darunter in dichter Reihe die berühmtesten pfälzischen Weinorte: Herxheim, Kallstadt, Ungstein, Dürkheim, Wachenheim, Forst, Deidesheim, Ruppertsberg, – Königsbach, Gimmeldingen, Mußbach und die Haardt bei Neustadt selbst. Und wie schauen diese Orte in die Ebene hinab! Gleich einer einzigen schönen, in einem grünen See ruhenden, weit sich dehnenden Stadt.

Wenn wir den *Battenberg* (der das eigentliche Haardtgebirge hier an der Südseite des Leininger Tals abschließt) von Kleinkarlbach aus besteigen, sehen wir in die Pracht dieser Gegend hinein. Das Dörfchen auf dem Berg hinter der Battenburg ist klein und erinnert noch an die Dörfer des Leininger Tales und des Göllheimer Hügellandes hinter Grünstadt; seine Bewohner graben auf ihrem Berg nach Färbererde wie dort. Die Burg gehörte den Leiningern; Neuleiningen liegt ihr gegenüber, überm Tal auf einem steilen Berg, und der Anblick dieses mittelalterlichen, mit Mauern umgebenen und von Türmen überragten Bergstädtchens ist frappant. An Neuleiningen vorbei sieht man über die ebene und wellenförmige Umgegend von Grünstadt. Es ist ein lieblicher, anmutiger Fleck Landes, aber der Blick an den Haardthöhen nach Süden in das reichgesegnete Weinland über Dürkheim hinaus, läßt uns eine noch reizendere Gegend sehen. Rückwärts ins waldreiche Leininger Tal und vorwärts in die weite Rheinebene mit ihren tausend Städten und Dörfern und ihren alten Domen am blitzenden Rhein, hinter dem sich die Berge des Odenwaldes, der Melibokus und der Kaiserstuhl noch höher wölben, trifft das Auge die herrlichsten Kontraste landschaftlicher Schönheiten. Der Blick ist hier noch umfassender als vom *Neuleininger Söller;* man übersieht hier alle die früheren leiningischen Lande der unteren Haardt, da wir so ziemlich im Mittelpunkt jener Besitzungen stehen. Dürkheim liegt nur eine Meile südlich, Grünstadt kaum eine Stunde nördlich, und drunten das Leininger Tal. Zu unseren Füßen liegen in nächster Nähe eine ganze Menge von Dörfern beisammen, und indem wir hinabschreitend *Bobenheim am Berg* berühren und *Dackenheim* mit seiner uralten, sehenswerten Kirche links liegen lassen, kommen wir zuerst nach Herxheim, zum Unterschied von Herxheim am Klingbach: „am Berg" genannt.

Herxheim am Berg, im Mittelalter auch „Hangenherxheim" genannt, liegt mitten im weiten Rebengelände reizend auf einer Vorhöhe des Haardtgebirges an der Dürkheimer Straße. Es hat mehrere schöne Landsitze, unter anderen auch einen im früheren Schloß der Bischöfe von Speyer, die gar gern ihren Krummstab über die weinreichen Orte an der Haardt ausstreckten. Man übersieht hier die Gegend auf 20 Stunden im Umkreis; hinter sich die mit Reben bepflanzte und mit Burgen gekrönte Haardt, vor sich die reiche Ebene bis weit über den Rhein an die blauen Berge. Es ist ein Rundblick von seltener Schönheit, und den Reiz dieser Gegend erhöhen besonders die Battenburg und Neuleiningen, die sich ganz in nächster Nähe erheben. Herxheim ist als *Weinort* berühmt, sein Riesling zählt zu den besten Sorten. Auch hier werden wir an jene harten Kämpfe Friedrichs des Siegreichen gegen die Leininger erinnert. Im Frühjahr 1460 schossen die Bauern mit Büchsen heraus, die Pfälzer schossen die Tore ein und nahmen es im Sturm, verbrannten das Dorf und schleiften die Bollwerke; nur ein einziges Haus blieb stehen, weil eine Wöchnerin darinnen lag.

Nach Westen zieht sich von hier eine von Rebengefilden und Obsthainen überdeckte Mulde bis zu den eigentlichen Höhen des nahen Haardtgebirges, an dessen Fuß das Nachbardorf *Weisenheim am Berg,* südlich von Bobenheim, im Reben- und Obstgelände liegt. Nach der entgegengesetzten Richtung hin, östlich über Freinsheim hinaus, liegt auf den Weinhügeln, die sich von hier in die Rheinebene ziehen, *Weisenheim am Sand,* ein großes Dorf von beinahe 2 000 Einwohnern, auf dem Wege nach dem Städtchen Lambsheim. Die Gegend trägt, wie dort, einen arkadisch lieblichen Charakter, da saftige Wiesengründe mit Pappel- und Weidengruppen, bewaldetes Hügel- und Heideland mit dunklen Kastanienbüschen an seinen Hängen, wallende Fruchtfelder und schöne Weinberge miteinander abwechseln. Eine Wanderung durch dieses idyllische Land mit dem Blick in die Ebene, auf den Rhein und die jenseitigen Berge, auf das nahe Haardtgebirge und das amphitheatralisch gelegene Herxheim, bringt manche Genüsse. Weisenheim selbst liegt in einem Kirschenhain zwischen Rebengelände, und im April, wenn die Blütezeit ist, da blickt es wie eine Insel aus einem weißen See von Kirschenblüten. Der Anblick dieser Gegend ist dann besonders reizvoll.

Zum Dorf, das seinen Beinamen von dem weißen Silbersand hat, den man hier gräbt, gehört auch der Hof und die Mühle *Eygersheim* an der von Dürkheim herkommenden Isenach, am Ostende des Dürkheimer Bruches. Hierher vor allem wendete sich der Zug des Käsekönigs von Dürkheim aus. Erlenumpflanzte Wiesen und ernste Tannenhaine erscheinen jenseits des Baches und auf der Heide, durch welche die Dürkheimer Straße über Maxdorf nach Oggersheim und an den Rhein zieht. Diesseits sind vorzügliche Traubenhügel, die sich von der Haardt her, lieblich gegen das Heideland kontrastierend, in die Ebene herabziehen.

Freinsheim, das alte sehenswürdige, heitere Landstädtchen, liegt nah und schon zwischen den Hügeln des aufsteigenden Gebirges im Weinland, hinter langen Reihen von Kirschbäumen, die wahre Haine bilden. Malerisch kleiden es auch die mittelalterlichen Ringmauern mit den dunklen Toren, das Schlößchen derer von Geispitzheim, (jetzt in bürgerlichem Besitz), das echt pfälzische pittoreske Rathaus mit der offenen Halle und die schöne Stiftskirche. Der große Stadtbrunnen steht mitten im Ort, der charakteristisch in seinem Wappen zwei Weintrauben hatte. Im Bauernkrieg hatten sich die Bürger auf die Seite der Bauern geschlagen; dafür kam nach der Schlacht bei Pfeddersheim der Kurfürst vor Freinsheim, ließ etlichen Bürgern die Köpfe abschlagen und nahm dem Städtchen alle früheren Freiheiten. Heutzutage wohnen einige reiche Leute in Freinsheim, die zum sogenannten „Gebirgsadel" gerechnet werden.

In dem von hier südlich an der Isenach und am Dürkheimer Bruch gelegenen Dorf *Erpolzheim* ist ein berühmter Gelehrter geboren: der Akademiker und Staatsrat *G. L. Maurer*, ehemaliges Regentschaftsmitglied in Griechenland und Verfasser des altgermanischen und altbayerischen Rechtsverfahrens, des deutschen Privatrechts und einer deutschen Rechts- und Territorialgeschichte.

Von Freinsheim wenden wir uns wieder den westlichen Bergen zu. Hoch herab schaut der erhabenste Gipfel dieser Gegend, der *Peterskopf*, 1 700 b. Fuß über dem Meer. An seinem Fuß liegen die Dörfer Leistadt, Kallstadt und Ungstein; das erstere auf der Vorhöhe des Peterskopfes mit äußerst malerischer Umgebung sich ins Tälchen des Fuchsbaches absenkend, uns näher *Kallstadt* mit seinem berühmten roten Wein, der selbst dem Burgunder vorgezogen wird. Das schöne Dorf lehnt sich an den Abhang der Vorhöhen etwas niedriger als Leistadt, schaut aber aus seinem prachtvollen Obsthain heraus über sein Weingelände noch immer hoch genug hinweg in das gesegnete Land hinein. Aus dem reichen Boden wurden bereits mehrmals alte Sarkophage und Urnen gegraben. Durch das kostbare Weingefilde und das anmutige Wiesental steigen wir empor in die Wälder des Peterskopfes bis zu seiner kahlen Spitze.

Mühevoll ist die Ersteigung, aber überreich findet man sich oben belohnt. Denn vom Kniebis im Schwarzwald bis zum Altkönig im Taunus liegt das reiche Land am Oberrhein vor uns ausgebreitet in seiner ganzen Schönheit. Mitten hindurch strömt Vater Rhein und blickt freundlich glänzend herüber nach den schönen Bergen der Pfalz. Der Blick rückwärts ins Gebirge ist nicht minder schön. Das Dürkheimer Tal und die Limburg auf ihrem Klosterberg in der Tiefe, über sie hin die großen Wälder, die den hoch-

emporragenden Drachenfels umlagern; rechts hinein sehen wir ins stille Leininger Tal, das vom Schorlenberg herunterzieht, auf die zerstreut liegenden Häuser des Matzenberges im Stumpfwald und über diesen hinaus bis zum riesenhaften Donnersberg. Am Fuße des Peterskopfes zieht westlich ein trautes Tälchen durch den Ganerbenwald ins Dürkheimer Tal, die leiningischen Burgruinen schauen von Norden herauf, der mächtige Königsberg von Süden herüber. Auf der kalten und rauhen Spitze des Peterskopfes bemerken wir noch Spuren einer Wohnung, die vielleicht einst ein *Eremitensitz* war, der hier erhabener als ein Königsthron stand; vielleicht aber stehen diese Rudera auch in Verwandtschaft mit der nahen Heidenmauer und dem Teufelsstein bei Dürkheim, mit deren Höhen der Peterskopf zusammenhängt. Am Fuß des Kegels in einem stillen Bergeinschnitt liegt an trauter Stelle die Ruine des alten Hofes *Weilach* und nahe dabei ein Forsthaus, wo man gern an lieblicher Stelle verweilen wird.
Wieder hinab ins Land steigend, kommen wir nach *Ungstein,* einem schönen, stattlichen Weinort vor der sich verflachenden Mündung des Dürkheimer Tales. Hier, wie in Dürkheim, wird der trefflichste Weinbau ausgeübt; sein Gewächs ist eines der besten unter den vorzüglichen. Ungstein bildet mit dem nahen Pfefflingen, wo wir ein schönes Landgut bemerken, eine Gemeinde. Von dem hier in der Nähe gefundenen römischen Denksteinen und alten Schätzen haben wir schon bei Dürkheim gesprochen, das in seiner ganzen Herrlichkeit jetzt vor uns liegt. Noch einmal einen Blick auf seine Umgebung und die Limburg werfend, durchwandern wir die Stadt und machen den kurzen Weg nach Wachenheim entweder über Seebach oder auf der Straße durch die Weinberge am Gebirgshang. Hier sind wir nun bereits so recht in den Mittelpunkt jenes reichen Weinlandes gekommen. Die Straße, die wir wandeln, ist eine *goldene,* denn sie führt durch ein Kalifornien anderer und schönerer Art. Die Trauben glühen hier lieblicher und feuriger über der Erde als dort die Goldader unter ihr; der Wein perlt glänzender und goldener als die dicken Goldbarren kalifornischer Glücklichen. Ja, ein Gold wird aus diesen Bergen gezogen, mit dem sich das Amerikas nicht vergleichen kann; ein Gold, perlend und glänzend, flüssig und feurig, das unser Herz nicht verhärtet, sondern weich macht und geneigt zu allen heiteren und edlen Empfindungen. Und wie reich sind diese Hügel gesegnet mit der herrlichen Gottesgabe, mit dem edlen Golde des Weines!

Wachenheim an der Mittelhaardt, das schon im Jahre 765 den Weinbau gepflegt hat. Über dem Städtchen die malerischen Überreste der frühmittelalterlichen Wachtenburg

Wachenheim, kaum eine halbe Stunde südlich von Dürkheim, frei und ziemlich hoch an der Straße nach Neustadt im weiten Rebengefilde, ist mit Dürkheim und den weiter südlich gelegenen Orten Forst, Deidesheim und Ruppertsberg der eigentliche Sitz des großartig betriebenen Weinbaues, wie denn auch in diesen Orten die Blume der Pfälzer Weine gewonnen wird. Die Hügel der Haardt gleichen einem mit Reben bepflanzten hohen Wall, über den sich nur südlich der hohe Königsberg erhebt; die Straße läuft ziemlich eben und hoch längs dieses Bergwalls hin, auf dessen unterer Böschung die herrlichen Orte mit ihren gewaltigen Rebenfeldern, die sich bis tief in die Ebene hinein neigen, gelegen sind.

Auf dem Bergabsatz hinter Wachenheim steht der hohe Turm der alten *Wachtenburg* mit sechs schönen Türmchen der Ringmauer. Sie verleiht dieser lustigen und heiteren Gegend auch romantischen Reiz. Wir durchwandeln das reiche, wohlhabende Städtchen, bewundern die stattlichen Wohnhäuser der Bürger, die Reinlichkeit der Straßen, die schöne, altertümliche Stiftskirche und *Bruder-Ludwigskapelle* mit ihren zahlreichen und sehr sehenswerten Denkmälern, und wenden uns dann, bevor wir die herrlichen Landhäuser betrachten, den Schloßberg hinauf zu der gebrochenen hohen Warte der Burg oder nach dem Pechsteinkopf mit seinen lieblichen Mandel-, Reben- und Kastanienpflanzungen und seinen schönen Landsitzen, um von da herab einen Blick in die Gegend zu werfen. Die Burg selbst mit ihren sechs Mauertürmchen und dem stolzen Hauptturm macht einen imponierenden Eindruck.

Von hier aus raubten die Leininger Bauern und Söldner Ludwigs des Schwarzen von Veldenz-Zweibrücken das Kloster Limburg (1470) aus, worauf im folgenden Jahr der pfälzische *Marschall Döring* von Eptingen Burg und Stadt erstürmte, die gefangenen Edelleute schätzen und die Bauern als Kirchenschänder sogleich schockweise im Stadtgraben ersäufen ließ, wie es uns *Michel Böhaimb,* der poeta Weinbergensis, in langen Reimen erzählt. In jenen grausamen Fehden, dann im Bauernkrieg, Dreißigjährigen und Orleansschen Krieg, wo sich hier ein pfälzischer Leutnant heldenmütig wehrte, auf's Schrecklichste verwüstet, erstand diese Gegend jedesmal wieder schöner aus der Asche, prangt heute als eine der reichsten Europas. Die berühmtesten, bedeutendsten und schönsten Weinorte liegen in nächster Nähe vor unserem Blick.

Über Dackenheim hinaus, gerade nach Osten, bemerkt man das Dorf Friedelsheim, dessen in der Französischen Revolution zerstörtes Schloß uns an einen der hervorragendsten Charaktere der Landsknechtszeiten erinnert. Es gehörte nämlich in der Reformationsepoche dem *Sebastian Vogelsberger* von Weißenburg im Elsaß, der sich vom gemeinen Stand zu einem der berühmtesten Landsknechtshäuptlinge emporschwang. Als Protestant war er trotz des kaiserlichen Verbots mit seinen zehn „Fähndlein" in die Dienste des Königs von Frankreich getreten, worauf ihn Karl V. durch den bekannten *Lazarus Schwendi,* einen Jugendfreund Vogelsbergers, nach Augsburg locken ließ, wo während des Reichstages von 1548 der schöne, beredte Mann mit einem alten Kriegskameraden auf dem Perlach enthauptet wurde. Die Geschichte des vom hohen Adel angefeindeten Mannes, machte damals durch ganz Deutschland Aufsehen, und der alte Sastrowe, als Gesandter von Stralsund, Augenzeuge der Enthauptung, widmete ihr ein eigenes Kapitel in seinem höchst anschaulichen Tagebuch.

Wachenheim selbst, das sich unten am Schloßberg ausbreitet, ist eines der schönsten, lebhaftesten Landstädtchen, die man treffen kann. Schon im Mittelalter hatten hier die umwohnenden Edelleute und der zahlreiche *pfälzische Adel* ihre adeligen Höfe und ihre Ritterstuben; eine große Anzahl dieser Höfe führt noch seine alten Namen und zum Teil noch seine alte Bauart. Schon längst gibt es nun keine Geburtsaristokratie mehr im Land; ihre Ritterhöfe sind in Besitz der neuen pfälzischen Aristokratie übergegangen, die sich in diesem ganz bürgerlichen Land aus den großen und reichen Weinhändlern und Gutsbesitzern an der Haardt gebildet hat. Keiner von den alten Höfen der Dalberge, Wartenberge, Wachenheimer usw. erreichte je den Glanz und die bequeme Pracht der neuerbauten Landsitze im Süden der Stadt, die selbst mit den Villen der Könige unserer Zeit rivalisieren können. Da steht unter andern das Wohnhaus des Herrn Wolf, das wir auf unserem Bild sehen. Es ist von dem berühmten *Architekten Eisenlohr* aus Karlsruhe und erhebt sich an der Südseite der Stadt, mitten aus den schönsten Gartenanlagen und Weinbergen, in aller Eleganz, in allem Reichtum und voller Schönheit eines Lustschlosses im modernen Geschmack. Mehrere andere der prächtigsten Wohnhäuser stehen ihm zur Seite; man glaubt sich wirklich einer reichen Residenz zu nähern, wenn man von dieser Seite das Städtchen betritt. Man wird nicht leicht wieder eine Gegend finden, wo der Bürger in jeder Hinsicht so prachtvoll wohnt als in diesem reichen Weinland.

Bis vor die Fenster der Häuser treten die unabsehbaren Rebenfelder. Unser Weg führt immer durch das üppige Weinlaub, aus dem im Herbst die goldene Traube winkt und uns im Lenz und Sommer der feinste der Blumendüfte, die herrliche Rebenblüte berauscht, da sie weit und breit die ganze Atmosphäre erfüllt. Man hat im übrigen Deutschland keinen Begriff von diesen Reizen und Genüssen, die ein Sommerabend zur Zeit der Rebenblüte über diese Landschaft gießt, oder vom Treiben und Leben zur Herbstzeit, vom Jubel der Winzer und Winzerinnen, wenn der feurige Most in den Bottichen gärt und Lust und Freude mit ihm in die Herzen einzieht; oder auch von den Wintergelagen in den Kellern und den Freuden einer pfälzischen Kirchweih im fröhlichen Weinland. Wohl schmückt die Rebe schon in den Römerzeiten, seit *Kaiser Probus* diese Höhen, und besonders darum wollten unsere altdeutschen Väter sich nicht durch den Rhein von der Haardt scheiden lassen und baten sich noch im Vertrag von Verdun dieses Weinland des Speyergaues aus, das ihren durstigen Seelen notwendig und unveräußerlich däuchte. Die Pfälzer bezeugten sich auch seit den ältesten Zeiten schon als echte Germanen, was das Trinken und den „Dorscht“ betrifft, und sie machen auch heute noch dem deutschen Namen darin volle Ehre. *Pfälzische Saufkämpfe* sind selbst ins Buch der Geschichte geschrieben, und ein Poet kam von jenseits des Ozeans, um einen solchen im Roman zu verherrlichen. Jener von Cooper auf die Hardenburg verlegte Saufkampf des Abtes von Limburg, fand geschichtlich gerade hier in Wachenheim statt, wo die Mönche der Abtei ihren Münzhof hatten. Da trank ein Bürger von Wachenheim den als trefflichen Säufer im ganzen römischen Reich hochberühmten Limburger Abt in einer Wette unter den Tisch und seinen „Wingert“ völlig zehentfrei. Überhaupt ließen sich Wunderdinge über den pfälzischen „Dorscht“ erzählen, und wenn jener Bürger seinen Wingert (Weingarten) frei von allen Lasten zu trinken verstand, wußten doch schon ungleich mehr Pfälzer sich selbst frei von der Last all' ihrer Wingerte zu trinken, die nach und nach hier an der unteren Haardt mehr und mehr in den Besitz einzelner reicher Leute gelangten. Jene scherzhafte pfälzische Redensart: „O wie schmeckt das Wasser so gut, hätt' ich nur noch mein Häuschen!“ findet nicht gar so selten ihre ernsthafte Anwendung, wenn auch heutzutage das Weintrinken am oberen Gebirge, viel mehr als hier an der unteren Haardt, bei den ärmeren Volksklassen in Schwung sein mag, da dort in den geringeren Weinlagen der Weinbergbesitz mehr gleichmäßig verteilt und der Trank selber wohlfeiler ist. Doch auch jetzt noch glaubt mancher zu ersticken, wenn ihm einmal „beim Görgeln“ ein Tropfen Wasser in den Hals kommt.

Auf die Veredelung des Weins war der große *Grundbesitz* an der unteren Haardt zweifelsohne von vorteilhaftestem Einfluß, da den reichen Weinhändlern alle Mittel zu Gebote stehen, um die Güte des Gewächses zu fördern. Doch hat das auch seine Schattenseite, da ein zahlreiches Winzerproletariat neben der Wein-Aristokratie sein Leben fristet, ohne sich so recht eines vollen Herbstes erfreuen zu können, dessen Segen am oberen Gebirge auch in die Keller und Herzen der Ärmeren dringt. Freilich, auch dort wartet der Winzer schon seit langen Jahren auf das Füllhorn des segnenden Bacchus, denn teure Weinjahre wie jetzt kommen auch zumeist nur den vollen Kellern der Reichen zugute, während die Ärmeren nach einem „vollen Herbst" seufzen. Und dieser volle Herbst ist heuer, 1857, gekommen; die Weinpfalz jauchzt, alle schlechten Jahrgänge sind vergessen und verschmerzt.

Unser Gang auf der Straße nach Süden läßt uns nicht so recht zu den betrübenderen *Weinräsonnements* kommen; denn wohin wir schauen, lacht uns ein herrlich gesegnetes Land entgegen, und in kurzer Zeit erreichen wir das reiche Dorf *Forst*, das den weltberühmten (und – wenn wir wollen – auch weltumsegelnden) Forster erzeugt. Große, palastähnliche Häuser zeugen vom Wohlstand der Bewohner, deren Rebenfelder den König der pfälzischen Weine tragen. Wer Gelegenheit hat, ihn hier in den gastlichen Kellern der reichen Privaten selbst kennenzulernen, der erst kann von dem Feuer, von der Stärke, Kühnheit und Milde dieses unvergleichlichen Weines reden, den man draußen in der Welt kaum wieder zu erkennen vermag in seiner Abschwächung durch hochverräterische Hände. Die Blume des hiesigen und aller pfälzischen Weine liefert das „Kirchenstück".

Aus der Struktur der Berge, mit ihrem schwarzblauen Gestein des zutage tretenden Basalts, will man auf einen ausgebrannten Vulkan schließen, aber nicht mit Unrecht meint der Verfasser von „Träume und Schäume" in launiger Weise, daß das Feuer noch fortglühe in diesen Bergen und die Erdgeister da unten das lautere Gold schmelzen zum würzigsten, feurigsten Trank. Woher auch sonst diese glühende *Goldfarbe* des Forsters im Glase! Wirklich außerordentlich ist der helle Goldglanz und der herrliche Duft dieser berühmten Weine, die besonders aus den edelsten Traubensorten, aus dem Riesling und dem gewürzigen Traminer, gewonnen werden, während am oberen Gebirge besonders die säftereicheren Österreicher und Gutedel gebaut werden. Welche Mühe und stete *Pflege* der *Weinstock* erfordert, von wie vielen Umständen der Witterung Ertrag und Güte abhängen, ist weltbekannt. Bange Hoffnungen und Befürchtungen begleiten die Rebe das ganze Jahr in ihrer Entwicklung, und es ist rührend, welche Sorgfalt und Pflege hier dem Weinstock der Mensch täglich angedeihen läßt. An glatten Stäben rankt die zarte Pflanze empor, oft mit Draht gebunden und selbst an Drahtlinien gezogen. Die erste Frühlingssonne sieht schon den Winzer mit seinem Rebmesser im Weinberg; der späteste Herbstnebel findet ihn noch dort in Sorge um den edlen Weinstock, an dessen Wachstum und Gedeihen sich der Wohlstand der Pfälzer knüpft. Zwischen die an Pfählen gezogenen Rebstöcke lassen die Besitzer, zum Unterschied vom Weinbau an der oberen Haardt, Kalksteine, Ziegelstücke und dergleichen wärmehaltende Mineralien fahren. Gar oft – und zwar meistens in der größten Sommerhitze – wird der Weinberg umgegraben, und wenn die Ernte beginnt, dann geht die Mühe der Arbeit in den Wingerten, an den Keltern und im Herbst erst recht an. Besonders in neuerer Zeit hat sich der Weinbau durch den Vorgang der reicheren Gutsbesitzer in dieser Gegend zu der Vollendung erhoben, die ihn heute auszeichnet.

Wenn die Pfälzer den feurigen Wein bauen und trinken, wen will es wundern, daß ihre Adern ein so feuriges Blut durchrollt und ihr Sinn stets lebhaft und erregt ist! Im *Bauernkrieg*, der mit einer Kirchweih begann, und wo die Pfälzer Bauern alle Klöster und Burgen an der Haardt zuerst in bacchanalischer Lust aussoffen, ehe sie dieselben den Flammen übergaben, kam Kurfürst Ludwig der Friedfertige hierher nach Forst, um mit den Häuptlingen der ringsumher im reichen Weinland sich lagernden Bauernhaufen um den Frieden zu tagen. Die Bockenheimer hielten Wachenheim besetzt und hatten die Limburg erstiegen, während sie mit den Nußdorfer Bauern, die in Neustadt lagen, in Eidgenossenschaft traten. Der Kurfürst ließ durch den Stadtrat von Neustadt beide Haufen dringend bitten, ihm freies Geleit für sich und seine Begleiter nach Forst zu geben, wo er von den Machtboten der Bauernsame empfangen wurde. Da erscholl

Trommelschlag und Trompetenklang vor den Fenstern, der Kurfürst mit seinen Räten sprang auf; draußen zogen die Bauern in völliger Schlachtordnung mit emporgehaltenen Bannern und drohenden Feldschlangen, stolz und trotzig, „als welche dem Pfalzgrafen gewachsen“ und der Freiheit wohl würdig wären. Achttausend Männer waren es, die trotzig zu dem Kurfürsten und seinen Rittern emporblickten. Darauf kam der *Vergleich* zustande, der einen allgemeinen pfälzischen Landtag, Abstellung der Klagen und Frieden für den Kurfürsten und seine Freunde bedingte. Die Bauern bezogen ihre Lager in Wachenheim und Winzingen, der Kurfürst aber und die Seinigen gingen, geschützt von den Neustadter Bürgern, nach Neustadt, wo er die Häuptlinge zum Imbiß einlud, in derselben Nacht aber noch in aller Stille nach Heidelberg floh. Er traute dem Frieden nicht. Und siehe, – die Bauern erstiegen die schöne Ruprechtsburg in dem nahen Ruppertsberg, und dann Deidesheim, wo sie viel Wein fanden – und der Tanz ging von neuem los, bis er bei Pfeddersheim ein so blutiges Ende nahm.

Kaum haben wir Forst mit seinen großartigen Häusern hinter uns, winkt uns schon ein anderer der berühmtesten Weinorte entgegen. *Deidesheim* blickt freundlich und heiter aus dem weiten Weingefilde herüber, gleich Wachenheim eine reizende Landschaft, und so lieblich und freundlich am Saume des anschwellenden Gebirges und der Ebene gelegen, daß selbst ein verwöhnter Reisender des vorigen Jahrhunderts, der geist- und gemütvolle *Ababte Bertola,* Geßners Freund, diese Gegend für eine der schönsten und anziehendsten erklärte, die er auf seinen Reisen gefunden hatte, und die ihn durch ihren besonderen Charakter an eine lombardische Landschaft erinnerte. Das nämliche sagte er auch von Neustadt und der Haardt; in der Tat: man wird durch keinen anderen Strich Deutschlands so sehr in die herrliche Lombardei versetzt als durch das prachtvolle, wellenförmige Gefilde zwischen der Rheinebene und dem Haardtgebirge. Zwar zeichnet diese Gegend nicht jene malerische, romantisch wilde Schönheit aus, die die Täler der inneren Haardt oder des Wasgaues so interessant macht, – es sind die Reize der üppigsten Fruchtbarkeit eines sonnigen Weinlandes, der mildesten Lüfte, der sanftesten Lieblichkeit, Heiterkeit und Freundlichkeit, die über diese Gegend ausgegossen sind. Kein Wunder, daß schon unsere Altvordern hier gern gewohnt haben, daß die Bischöfe von Speyer so sehr auf ihr Deidesheim hielten, und daß sich der zahlreiche Adel des Landes so gern hier niederließ in den alten Tagen vor der Französischen Revolution.

Nun gibt es schon lange keinen Adel der Geburt mehr in der Pfalz. Aber in der Rheinebene und den Rheinstädten, in Mannheim, wird von dem reichen sogenannten *Gebirgsadel* gesprochen, der heute seinen Sitz an der Haardt, vorzüglich aber in seinen reichsten Mitgliedern hier in Deidesheim, dann in Forst, Wachenheim und Dürkheim hat. Hier wohnt dieser Gebirgsadel, aus den reichsten, weinbauenden Bürgern bestehend, in stolzer Unabhängigkeit, und schöner als irgendwo die hohe Aristokratie der Geburt. Ihn adelt, im Bewußtsein des Volkes, der durch eigenen Verdienst erworbene, vernünftig erhaltene und gut angewandte Reichtum, und man muß es ihm lassen, daß er durch Humanität, edle Liberalität und freudige Opferbereitwilligkeit, wo es das Wohl des Vaterlandes und Volkes erfordert, vor der Mehrzahl der alten Aristokratie sich auszeichnet. Wir dürfen nur an den Namen *Jordan* erinnern, um einen von vielen zu nennen, der mit wahrhaft fürstlicher Hand zur Zeit der patriotischen Begeisterung für Schleswig-Holstein und die deutsche Flotte sogleich Beiträge von Tausenden gab. Wolf, Buhl und andere Namen reihen sich würdig an; haben guten Klang durch das ganze Vaterland.

Mannheim, die alte kurpfälzische Residenz, die im Volksbewußtsein noch heute für die pfälzische Hauptstadt gilt, weiß von diesem Gebirgsadel zu erzählen und hält große Stücke auf ihn. Mit einem gewissen Dankgefühl blickt man von dort drüben herüber an die Rebenhöhen der Haardt, von woher der Stadt Nahrung und Reichtum zuströmt. Denn an Sonn- und Feiertagen oder bei allen sonstigen Gelegenheiten, wo der „Gebirgsadel der Pfalz" nach Mannheim kommt, feiern die Kaufleute und Wirte reiche Ernte, da die Börsen stets gut gefüllt sind und jeder Wein-Pfälzer von Haus aus deren Inhalt gern durch die Hände schlüpfen läßt. Was die Pfälzer überhaupt vor den meisten übrigen Deutschen, besonders aber vor den Altbayern auszeichnet, jene altgermanische Tugend: die edle *Gastfreundschaft*, die auch die ärmste pfälzische Hütte noch ausübt, wird von dem „Gebirgsadel" an der Haardt natürlich in entsprechender Weise gepflogen. In keinem Land der Erde wird sich der Fremde, wenn er nur einigermaßen empfohlen ist oder sich selbst empfiehlt, so freudig und so freundlich aufgenommen, so gut aufgehoben und trefflich unterhalten fühlen, als in der schönen Pfalz am Rhein, und vor allem hier im Weinland am Abhang des Gebirges. Wie viele Mängel, die man mit Recht oder Unrecht – und letzteres geschieht nicht gar selten – den Pfälzern zum Vorwurf macht, werden durch diese eine, durch diese schönste der gesellschaftlichen Tugenden, völlig aufgewogen!

In dieses herrliche Weinland gehen nun auch die Ausflüge der Bewohner der Rheinufer im Herbst zur Zeit der *Weinlese*. Ein Jubel erwacht dann längs des Gebirges von der nördlichen bis zur südlichen Grenze der Pfalz, der so recht die Herzensgefühle eines biederen, offenen, fröhlichen und freiheitsliebenden Volkes ausspricht, das sich seines Landes und seines reichen Weinsegens freut. Auch der ärmere Westricher kommt dann aus dem Kartoffelland seiner Berge an die sonnige Haardt, um des „Herbstes" zu genießen, wie die Weinlese genannt wird. Und wenn „geherbstet" ist und die Freuden und Genüsse in den Wingerten, der Jubel der „Leser" und „Mosterer", das Flinten- und Pistolengeknall vorübergegangen sind, ziehen die Westricher mit Geld und Trauben zum Lohn von dannen in ihre ärmere Heimat und erzählen das ganze Jahr hindurch von den genossenen Freuden. Dann regt und bewegt es sich allenthalben vor der Haardt in Kellern und Keltern; die fremden Weinhändler kommen und kaufen den Most von den kleineren Weinbauern auf, Kastanien werden zum gärenden „Neuen" gegessen, und in den Fässern regt es sich in stillen Nächten und unruhige Geister beleben die dunklen Kellergewölbe.

Daß im Weinland genug *Weinsagen* und Märchen leben und blühen, versteht sich von selbst. Was ist auch geeigneter, diesen Trieb zur Sage zu nähren, als das geheimnisvolle Treiben des Weines im Faß, wo er sich in gewissen Adventnächten und in der Weihnacht ganz besonders regt, wo die Weinrose in der Mitternachtsstunde der heiligen Nacht aufblüht, *gespenstische Küfer* über den Fässern sitzen und die Keller durchstreichen, in denen sie bei Lebzeiten ihr Wesen mit der Weinverfälschung trieben, und wo zur Zeit der Rebenblüte „rühret sich der Wein im Faß", wie Goethe singt. Daß man an der Haardt aufgeklärter ist als anderswo, hindert nicht, daß Kinder und die Alten noch gern von den Mysterien der Weingeister reden, während die Männer im Wirtshaus ihnen herzhaft zu Leibe gehen, und daß jene ihre herbstlichen und adventlichen Stimmungen und Empfindungen gern ins Gewand der Sage hüllen und ihnen Gestaltung geben.

Der *Geist zu Deidesheim* läßt sich ja ohnedies nicht ableugnen; viele haben schon seine Gewalt gespürt und sind von ihm niedergeworfen worden. Und doch treibt es jeden, wieder dieses starken Geistes Erlösung zu versuchen, der so gewaltig braust und tobt in den dunklen Gewölben, wo er seiner Erlösung harrt. Wer an diesen Geist nicht glauben will, der mag nur kommen und sich an ihn wagen. Freilich, abgeschreckt wird er nicht werden von fernerem Kampf mit ihm, und wenn er auch völlig zu Boden geworfen würde; ein magisches Gelüste zieht und treibt ihn stets wieder zu neuem Kampf und Untergang, wie jener pfälzische Poet es besungen hat. In der Tat ist er ein starker Heldengeist, ein „siegreicher Pfälzer", der gleich jenem alten Kurfürsten alles vor sich niederwirft und zur Huldigung zwingt, was sich ihm entgegenstellt. Wir dürfen stolz sein auf seine Siege, wir politisch so unmächtigen Pfälzer, – er trägt den pfälzischen Namen in alle Länder, wo die Herrlichkeiten der alten Kurpfalz schon längst vergessen sind. Denn was der „böse Fritz" in blutigen Niederlagen seiner Feinde aufbaute, die Macht und Größe der alten Kurpfalz, ging im Laufe der Zeit, im Sturm der Französischen Revolution unter. Friedrichs des Siegreichen Heldengeist ist gebannt auf ewig, und nur die Erinnerung an seine Taten umschwebt die Höhen des pfälzischen Wonnegaues. Dein Geist aber, du anderer „siegreicher Pfälzer", wirkt fort und fort und schreitet von Triumph zu Triumph; dein Feuer, deine Kühnheit, deine Milde, du edler, goldner Wein, hält allein noch den Ruhm der alten Pfalz aufrecht in allen Landen, indem du siegst ohne ein anderes Blut zu vergießen als dein eigenes, wenn du in die Schranken trittst im gläsernen Turniergewand oder zur Schlacht gerüstet im hölzernen Panzer mit eisernen Reifen. – Jener arme Schlucker, der *poeta Weinbergensis*, dieser langweiligste unter den langweiligen deutschen Versmicheln, die je um Fürstengunst und Fürstenbrot sangen, hätte sicherlich den „Siegreichen" weniger langweilig besungen, würde er, anstatt den Belagerungen von Dürkheim, Wachenheim, Forst und anderen Orten dieser Gegend beizuwohnen, einer heutigen Belagerung von Keller und Faß beigewohnt haben.

Nicht leicht mag man sich gern dem, was den Namen der Jesuiten trägt, hingeben als dem edlen Wein des *Jesuitengartens* zu Deidesheim! Wenn das, was von den frommen Vätern ausgeht, eine nur halb so gute Wirkung äußert als das Gewächs des Jesuitengartens, wollen wir uns nicht über ihre Triumphe wundern und ärgern und uns mit dem Namen um so leichter versöhnen, als der Wein nichts mehr mit den Vätern Jesu gemein hat, denn das gewinnende, einnehmende und berauschende Wesen.

Man hat vor kurzem in den Zeitungen von den Weinversteigerungen des Herrn Buhl gelesen, 120 Fuder 1855er Weines für 120000 Gulden. Man mache sich einen Begriff von dem Reichtum der Weinkeller und dem Wert des Gewächses in diesem Land!

Doch für jetzt genug des Weines. *Deidesheim* selbst ist ein schönes Städtchen voll stattlicher Häuser. Es war früher ein Oberamt des Bistums Speyer und wurde im Bauernkrieg rein ausgeplündert. 1552 von dem wilden Markgrafen von Brandenburg, Albrecht Alcibiades, gebrandschatzt, im Dreißigjährigen Krieg mehrmals von Mansfeld, den Schweden und dem sachsen-weimarischen Korps erstürmt, bis es noch 1654 in der Fehde wegen des Geleitrechts von den Kurpfälzern erstiegen wurde. Der Reichtum der Stadt Deidesheim bekundet sich schon im Bau der Häuser, in dem großen Spitalvermögen und dem weiten Wald hinter den Weinhügeln, der tief in die innere Haardt zwischen dem Neustadter und Dürkheimer Tal bis zum Bechertskopf und Drachenfels ragt. Das romantische *Silbertal* durchbricht seine Einsamkeit und die hohen bewaldeten Berge; einige abgelegene Mühlen, Wappenschmiede und das Forsthaus „Rotsteig" verstecken sich dort bis zum „Lambertskreuz" hin im Gebirge, wo man sich plötzlich in einer anderen, wilderen und rauheren Welt befindet.

Etwas nordwestlich von Deidesheim auf dem *Mertenberg*, den die Pfälzer gern von Mons martis ableiten möchten, nehmen die sogenannten *Heidenlöcher* unsere Aufmerksamkeit in Anspruch. Sie führen uns in das tiefste unerforschte Altertum zurück, gleich der Heidenmauer bei Dürkheim, nehmen ungefähr 21000 Quadratmeter ein, bestehen aus einer Menge von Gruben von verschiedener Form und Größe und sind von einer Ringmauer und einem Graben umgeben gleich jener Anlage bei Dürkheim. Steine in Gestalt von Torbögen lassen vermuten, daß die Gruben einmal gedeckt waren, und noch vor vierzig Jahren sollen andere Steinblöcke hier einen rohen Altar gebildet haben. Nach der Ortssage hätten sich die Deidesheimer vor vielen Jahren während eines Krieges hierher geflüchtet. Daß diese Anlagen nicht von den Römern herrühren, beweist schon ihre Unregelmäßigkeit und das höchste Altertum verratende Roheit, sowie ihr Name „Heidenlöcher", da ja gerade die Römer unseren heidnischen Altvordern gegenüber in späterer Zeit stets als Christen erscheinen. Wenn hier römische Münzen gefunden wurden, so beweist das höchstens, daß die Römer später die Anlagen besuchten oder, was wahrscheinlicher ist, daß Kelten und Germanen (wie natürlich) im Besitz römischer Münzen waren.

Indem wir noch einen Blick auf die nahe, dem Weinpatron geweihte *Michaelskapelle* auf der Höhe werfen, setzen wir von der Stadt den Weg stets südlich durch das weite Rebengelände fort. Links sehen wir *Ruppertsberg* liegen, das den ausgezeichnetsten aller Traminerweine liefert und sich als ein schöner Weinort gegen die Rheinebene durch das Rebenland zieht. Seine „schöne Ruprechtsburg“, wie sie in den alten Chroniken heißt, wurde im Bauernkrieg erstiegen und in den Jahren der Französischen Revolution erst völlig zerstört von den freiheitsliebenden Weinbauern der Umgegend, die hier wie an manchen Orten Pariser Szenen im kleinen aufführten. Auch stand hier, kaum eine Viertelstunde südlich von den Heidenlöchern, die „Hohe Burg“ auf einer Anhöhe am „Reiterpfad“, deren regelmäßiges Viereck ein römisches Kastell vermuten lassen konnte. Bei ihr fand man Münzen, Vasen, Ölgefäße, 14 Särge mit Tränengläsern, Leichname und Streitäxte, die jedoch germanische Form verraten.

Ruppertsberg ist der südlichste der berühmten Weinorte der Pfalz, und wir kommen in das Gebiet der mittleren, der sogenannten „süffigen“ Weine. Ein Seitenweg führt durch die Weinhügel von der großen Landstraße ab nach dem äußerst lieblich am Fuß eines der höchsten Berge der Pfalz, des 2 240 Fuß hohen Königsberges, gelegenen Dorfes *Königsbach,* zwischen den anschwellenden Berghöhen stets weiter durch die Weinberge nach *Gimmeldingen,* das einen trefflichen roten Wein erzeugt. Gimmeldingen liegt am Fuß des mächtigen Königsberges, bildet mit *Lobloch,* einem östlich am nämlichen Bach gelegenen Ort, eine große und starke Gemeinde und breitet sich mit der ebenso reizenden Umgebung wie Königsbach vor dem tiefen Benjen- und Silbertal aus, die hier vereint aus dem Gebirge treten, dessen waldige Einsamkeit sie durchlaufen. Auf dem Hügel vor Gimmeldingen liegt eine alte Kapelle in Trümmern, droben am waldigen Hang des Königsberges steht die Klause oberhalb Königsbach, und die heutigen Höfe Willibertseck und *Hildebrandseck* erinnern an einstige Schlößchen des gleichen Namens, die hier auf den schönsten Weinhügeln standen.

Gimmeldingen ist auch der Geburtsort eines der berühmtesten Pfälzer der neueren Zeit, des *Erzbischof-Kardinals Geissel* von Köln, dessen Eltern in diesem wohlhabenden, meist von Protestanten bewohnten Ort schlichte Wingertsleute waren. Johannes Geissel war bekanntlich früher Bischof von Speyer; er steht noch im besten Andenken bei seinen Landsleuten. Es ist ein Mann vom Schlage der alten ghibellinischen Bischöfe; eine hohe, imponierende Gestalt, in der ein reicher Geist und ein von Patriotismus beseelter Sinn wohnt. Das zeigen besonders seine trefflichen Monographien über pfälzische Geschichte: „Der Kaiserdom zu Speyer“ und „Die Schlacht am Hasenbühl“, die wir geradezu in die erste Reihe von Schriften dieser Art stellen. Die Pfälzer dürfen auf ihren so hochgestellten Landsmann in vollem Maße stolz sein.

Der Weg führt von Gimmeldingen über das so herrlich am hohen Gebirge hin gelegene Dorf Haardt durch die Rebenfelder nach der nahen Neustadt. Wir wenden uns aber über Lobloch östlich längs des Bächleins nach der Hauptstraße zurück in den nahen, großen, 2 600 Einwohner zählenden Ort *Mußbach,* dessen schöne Gassen sich aus dem Rebengelände erheben. Der Ort ist uralt und kommt schon im Jahre 800 vor; drei große Straßen vereinigen sich hier und machen den Ort sehr belebt. Die Tempelherren waren hier vor ihrem schrecklichen Untergang begütert. Hier wurde auch der bekannte *Rust* geboren (früher Konsistorialrat in Speyer), zu gleicher Zeit als Geissel, sein spezieller Landsmann, allda Bischof war. Seine altlutherischen Grundsätze riefen bekanntlich in der Pfalz eine lebhafte Opposition unter den Protestanten hervor. Jetzt ist er Oberkonsistorial- und Ministerialrat in München. Eine sogenannte Römerstraße führt hier vorüber nach Landau am oberen Gebirge; sie gibt Zeugnis, wie diese prachtvolle Gegend schon in den frühesten Zeiten bevölkert und besucht war. Wir verfolgen die große Straße durch die Rebenfelder nach dem nahen Neustadt, das tief versteckt im Tal liegt, während das, weit auf den weinbepflanzten Abhängen des Weinbriet sich neben uns hinziehende, hochgelegene Dorf *Haardt* uns mit seiner hellen Häuserreihe freundlich begleitet. Droben schaut ernst das alte „Heidenschloß" ins lachende Land hinab, daneben umschließen die efeuumrankten Trümmer des „Haardter Schlößchens" einen herrlichen Landsitz. Wir aber lassen das alles rechts liegen und wandern an schönen Landsitzen vorüber hinunter in das lebhafte Neustadt, von dem wir vor einigen Tagen ausgegangen sind. Indem wir so das „Niederland", wie die untere Haardt im Volksmund heißt, durchwandert haben, wenden wir uns jetzt ins „Oberland" an der oberen Haardt, die vor uns über dem Neustadter Tal in voller Schönheit liegt. Die hohe Maxburg – das Hambacher Schloß – lockte schon lange von Süden her.

3. Die obere Haardt

Wenn man aus dem „Niederland" von der unteren Haardt her kommt, zeigt sich die obere Haardt jenseits des Speyerbachtales, das bei Neustadt aus dem Gebirge tritt, eben nur als Fortsetzung des gesegneten Weinlandes der Pfalz. Ernster und mächtiger erhebt sich hier der Bergkamm, überragt von dem höchsten Punkt des Haardtgebirges, der 2333 bayerische Fuß hohen Kalmit, deren Höhe jedoch auch die meisten anderen Kuppen dieser geschlossenen Gebirgsmauer nahe kommen. Hinter ihr breiten sich die tiefen, einsamen Wälder der „Haingeraiden" über die Berge und Täler der inneren Haardt zwischen dem Neustadter- und Elmsteiner Tale einerseits und dem Annweiler- und Wellbachtal andererseits aus, während vor ihr, an dem östlichen, der offenen Rheinebene zugewandten steilen Abfall, das *wellenförmige Weinland,* an die Berge sich lehnend, den lachendsten, heitersten Anblick bietet. Kastanienwälder, Wiesengründe, Obsthaine, Mandelpflanzungen und eine lange Reihe der stattlichsten Dörfer wechseln in dieser herrlichen Weinlandschaft miteinander ab, die hinsichtlich der Dichtigkeit der Bevölkerung das Weinland der unteren Haardt noch übertrifft. Wir betreten den bevölkertsten Strich Deutschlands, das Fabriktal von Barmen vielleicht ausgenommen; denn auf der zwei geographische Meilen langen und eine halbe Meile breiten Strecke, von Neustadt bis Landau, wohnen – beide Städte als Ausgangspunkte nicht miteingerechnet – in 21 Ortschaften 33000 Menschen, die sich, mit geringen Ausnahmen, ihre Nahrung aus dem goldenen Boden dieses Landes ziehen. Diese Gemeinden bildeten früher die *„Haingeraidegenossenschaften"*, ein altdeutsches Rechtsinstitut, das allein schon unser höchstes kulturgeschichtliches Interesse in Anspruch nehmen dürfte.
Auch an malerischen Reizen wird uns der Besuch der oberen Haardt hohe Befriedigung gewähren, denn hierin steht sie keiner anderen Landschaft nach. Alte Ritterburgen und die Villen heutiger Könige schmücken ihre Höhen, so daß wir nicht länger in der lustigen Neustadt sitzen bleiben. Nicht die Eisenbahn soll uns weiterbringen; zu rasch eilt sie dahin am östlichen Rand dieses Weinlandes, auf der Scheidelinie zwischen der fruchtreichen Ebene und den Rebenfeldern der Haardt, so daß uns jene zur Linken, diese in voller Pracht zur Rechten liegt. So bleibt es bis Landau, und nur zu oft rauben auch die tiefen Einschnitte der Bahn dem Blick rechts nach der schönen Gegend hin jede Aussicht. In wenigen Minuten brächte sie uns, an der hohen Maxburg vorüber, auf die Station zwischen Maikammer und Kirrweiler, dann nach Edenkoben, Edesheim, Knöringen und Landau. Wer eilt, bediene sich unserer Eisenbahnroute; wir anderen aber wandern guten Mutes von Neustadt aus zu Fuß, südlich am Gebirge hin; denn unser nächstes Ziel ist das

Hambacher Schloß

im Mittelalter „Kästenburg", heute „Maxburg" genannt. An der ganzen Haardt sichtbar, blickt sie gar stolz von dem weit hervortretenden Bergkegel in das reiche Land, das sich vor ihr in unbeschreiblicher Pracht und Ausdehnung breitet. Oft war sie die *Residenz der Fürstbischöfe* von Speyer, die von hier aus (östlich) die Kathedrale ihres Bistums vor sich sahen, und alle ihre Besitzungen diesseits und jenseits des Rheins überschauten. Seitdem war sie der Lieblingsausflug der Neustadter.

Das Hambacher Schloß, berühmt geworden durch das „Hambacher Fest" am 27. Mai 1832, als dreißigtausend Personen hier den Zusammenschluß der deutschen Stämme und eine „Wiedergeburt des deutschen Reiches" begehrten

An der Waldmannsburg vorüber, immer durch weite Rebenfelder und stets im Angesicht der Burg, kommen wir nach einer halben Stunde am Fuß des etwa 1 000 Fuß hohen „Kästenberges" an, um den sich die drei *Hambacher Dörfer* höchst malerisch gruppieren, mit einer offenen Aussicht nach der weiten, fruchtbaren Ebene; sie bilden eine große Gemeinde von etwa 2 400 Einwohnern. So hoch als Haardt auf der anderen Seite von Neustadt liegt das dreifache Dorf nicht, aber seine unmittelbare Umgebung ist wohl noch freundlicher und malerischer als bei jenem.

Mittelhambach nimmt insofern unsere Aufmerksamkeit in Anspruch, da hier sich noch mehrere altertümliche Höfe befinden und der reiche Dorfbrunnen ein fürstliches Wappen enthält. An der westlichen Seite des Ortes befand sich das Schlößchen *Geispitz*, das, dem Bischof von Speyer gehörig, im Jahre 1666 während der *„Wildfangfehde"* an drei Herbsttagen von den Kurpfälzern gestürmt und samt der Kirche erstiegen wurde; die Sakristei wurde erbrochen, die Bilder und der Taufstein zerschlagen, das Pfarrhaus zerstört und der Raub nach Neustadt geschleppt. Denn Kurfürst Karl Ludwig mochte eingesehen haben, daß er seiner Pfalz nur durch rasches Handeln ihre altherkömmlichen Rechte auf die „Wildfänge" der benachbarten Staaten wahren könne, indem damals die alten Feinde von Kurpfalz, unter ihnen der Bischof von Speyer, wieder kühner ihr

Haupt erhoben. Am 18. Oktober kamen die Pfälzer von Neustadt wieder, stürmten das Schloß, hieben die neun Mann bischöflicher Besatzung und zwei Bauern nieder und führten 19 Fuder Wein von dannen nach Neustadt. Acht Tage später rückte der Kurfürst selbst in das bischöfliche Amt Kirrweiler, zu dem Hambach gehörte, ein, um die Fehde kräftig durchzuführen. Kurpfalz beanspruchte die *Kastenvogtei* über das Bistum, was zu unzähligen Irrungen Veranlassung gab, und noch 1748 und 1753 kam es zu offenem Kampf, indem die Pfälzer – achthundert Grenadiere und hundert Dragoner – in die Ämter des Hochstifts fielen, die Dörfer an der Haardt brandschatzten und des Bischofs feine Weine von dannen führten, während selbst die pfälzischen und bischöflichen Bauern der Umgegend an der Fehde teilnahmen und wegen der Haingeraideberechtigungen sich blutige Köpfe schlugen.

Entweder steigen wir nun rasch den steilen Pfad von Mittelhambach nach der „Maxburg" hinauf oder kehren nach *Oberhambach* zurück, von wo ein schöner Fahrweg bis vor die prachtvolle Ruine führt. Ohne besondere Beschwerlichkeit leitet dieser Weg über anmutige Höhen im Schatten grüner Kastanien- oder „Kästenbäume", woher sich der alte Name der Burg – *„Kästenburg"* – schreibt. Je weiter wir emporkommen, desto mehr erfreut uns die sich eröffnende Aussicht in die pfälzischen Gaue und über die dichten, üppigen Kastanienwälder mit ihren wogenförmigen Gründen, bis wir auf dem Sattel anlangen, der den Schloßberg mit dem Haardtgebirge verbindet. In malerischer Schönheit gruppieren sich hier die großartigen, weitläufigen Trümmer der alten Burg vor uns auf noch mäßiger Höhe. Auf dem steilen Kegel ruhend, beherrschte sie das ganze Rheintal und den alten Speyergau auf und ab am Rhein. Sie war außerordentlich stark bewehrt; doppelte Ringmauern liefen an den Berghängen um den Hauptbau, der immer mehr überrascht durch seine kolossalen Mauern und seine erstaunliche Höhe.

Bekanntlich haben die Neustadter, und mit ihnen die Pfälzer insgesamt, im Jahre 1842 diese Ruine dem damaligen Kronprinzen und jetzigen König Max von Bayern bei seiner Vermählung mit Maria von Preußen samt dabeiliegenden Waldungen als *Hochzeitsangebinde* gereicht. Gleich Hohenschwangau sollte sie als hohe Königsburg und Pfalzgrafenschloß wieder erstehen aus dem Schutt, und die schöne Ruine sollte im reichsten mittelalterlichen Stil und fürstlicher Pracht vergangene Zeiten vergessen lassen. Aber die Tage von 1848 und 49 machten den herrlichen Bau stocken, der (wie ihn unsere Ansicht zeigt) von dem trefflichen Voit in München entworfen war. Und so steht das Schloß, eine alte und neue Ruine, ein Bild unserer Vergangenheit und unserer Gegenwart.

Fast scheint es, als ob hier wirklich eines der castra stativa, welche die Germania superior beherrschten, gestanden hätte, da an dem Bau noch hie und da mächtige Mauern zutage treten und die Gestalt der Burg noch jene der römischen Kastelle ist. Ohnedies war die ganze weite Gegend, den Rhein und die Haardt auf und ab, von Römern besetzt, die hier schon die Berge mit Reben bepflanzten, und von deren Bauten und sonstigen Überresten der Boden an der Haardt starrt. In nächster Nähe liegen östlich die pascua romanorum, im Volksmund noch die *„römischen Weiden"* geheißen. Erst unter den fränkischen Kaisern wird die Kästenburg genannt; ob sie von Grund auf neu oder auf den Fundamenten früherer Bauten errichtet ist, sagt die Geschichte nicht. Der unglückliche Kaiser Heinrich IV., von den Großen des Reiches verlassen, kam aus seiner getreuen und geliebten Stadt Speyer herüber nach der Kästenburg und soll von hier aus, um Weihnachten des Jahres 1076, bei strenger Kälte mit Frau und Kind jene demütige Wanderung nach *Canossa* barfuß angetreten haben, wie die Sage berichtet.

An die Bischöfe von Speyer gelangt, war die Burg stets der sichere Zufluchtsort der Oberhirten des Landes und der bischöflichen Kleinodien, wenn, wie es nur zu oft geschah, der Oberrhein mit Fehde und Verheerung überzogen wurde. Endlich aber erlag auch sie dem Schicksal der meisten Burgen der Umgegend im Bauernkrieg.

Drei Jahre nachdem Luther drunten zu Worms, dessen Dom aus der Ferne herüberragt, das freie Wort vor Kaiser und Reich gesprochen hatte, wollten die Bauern der Haingeraiden an der oberen Haardt auch „freie Schwitzer" sein. Die Nußdorfer und pfälzischen Landbewohner des Siebeldinger Tales kamen an der oberen Haardt herunter; zu ihnen gesellten sich des Bischofs Bauern aus den vor uns liegenden Weinorten und wagten sich an die hohe Bischofsburg, die *Zwingfeste der Haardt*. Es war in den schönen Maitagen des verhängnisvollen Jahres 1525. Man wußte, welch ungeheure Vorräte von Wein hier in des Bischofs Kellern lagen, und das feuerte den Mut der Angreifenden an, so daß sie die Burg im ersten Anlauf nahmen und ihrem pfälzischen „Dorscht" freien Lauf ließen. Ein ungeheures Faß, dem des Heidelberger Schlosses gleich, enthielt köstlichen Wein. Da waren nun die Bauern gar fröhlich, feierten in toller Lustbarkeit acht Tage lang auf der Kästenburg die „Maien" und ließen sich diesen mächtigen *„Maitrank"* trefflich munden. 100 Fuder, das sind etwa 100 000 Maß, träufelten da in die Bauernkehlen zur Atzung und Letzung ihrer freiheitsdurstigen Seelen. Was man nicht trinken konnte, wurde verschüttet, indem man die Faßböden einschlug, damit es den reichen Pfaffen zu Speyer zuleid geschehe. Dann wurden die festen Mauern gebrochen und die edle Bauernsame zog nach acht Tagen lustigen Lebens weiter nach Neustadt zu ferneren Heldentaten.

Als aber nach der Schlacht von Pfeddersheim all ihr Mut gebrochen war, mußten sie die hohe Kastanienburg auf eigene Kosten bauen. Nur in Spottliedern lebt noch das Andenken an ihre Großtaten, und ein Bauer des Hochstifts aus der Gegend drückte in derben Reimen, die uns durch *Simonis* erhalten blieben, jene Bauernstimmung aus:

„Einsmals, da ich ein Krieger was,
Mein's eignen Herrn und Eids vergaß,
Auch in guten Wohn und Ehren saß,
Da trank ich zu Kästenburg was
Guten Wein aus dem großen Faß;
Lieber rat, wie bekam mir das?
Gleich dem Hund, der da frißt das Gras,
Ein Ort und dreizehn Gulden die Irten (Zeche) was.
Der Teufel gesegn' mir das."

Die hohe Kästenburg stand wieder auf ihrer herrlichen Höhe und füllte ihre Keller wieder mit dem Produkt des reichen Weingaues. Da – im Jahre 1552 – brach der wilde Brandenburger *Markgraf Albrecht Alcibiades* auf seinen abenteuerlichen Zügen aus dem Innern Deutschlands über die *„Pfaffengasse des Reiches"* herein, um sie seiner Kriegs- und Beutelust und der Wut seiner verteufelten Landsknechte preiszugeben. Die Pfaffen flohen aus den Bischofssitzen am Rhein und aus Speyer samt dem greisen Bischof; die Stifte und die Ämter des Landes wurden gebrandschatzt, das Amt Kirrweiler, das reichste des Bistums, zu dem die Kästenburg gehörte, zahlte allein 30 000 Taler, so daß man mit Wagen das Geld davonführte, und als Landeck und Madenburg nichts zahlten, da fiel der wilde Reichsfürst über die Madenburg her, ließ auch die Kästenburg ersteigen und in Flammen aufgehen. Blitzwenig kümmerte er sich um des Kaisers und des Reiches *„Acht und Aberacht"*; als er aber hörte, daß der Kaiser mit einem großen Heer aus Schwaben gegen den Rhein rückte, sammelte er seine, auf der Rheinebene zerstreuten, plündernden Landsknechte, verbrannte die Rheinschiffe zu Speyer und zog dem Reichsfeind zu, über Neustadt an der Haardt durch den engen Gebirgspaß nach Trier und Metz – und der Speyergau seufzte erleichtert wieder auf.

Im Dreißigjährigen und den folgenden französischen Kriegen fand die Burg ihre völlige Zerstörung, und seitdem lag sie in Ruinen. Die Umgegend sah in den Resten des großartigen Bischofssitzes nur einen ergiebigen Steinbruch, bis sie im Jahr 1823 durch Neustadter Bürger angekauft und als reizender Ausflugspunkt dem Publikum erhalten wurde.

Nun blieb das „Hambacher Schloß" der beliebteste Vereinigungspunkt größerer Bergpartien, und besonders wurden die pfälzischen *Musikfeste,* wenn sie in Neustadt abgehalten wurden, hier gefeiert. Daß man da im Trinken hinter den Bauern des 16. Jahrhunderts nie zurückblieb, ist von den Pfälzern zu erwarten, die auch keinen Berg und keine Burg, und wenn sie die herrlichste Aussicht böte, ersteigen möchten, wenn sie oben nicht für ihre Mühe durch einen geistigen Genuß, den ein Pokal Wein gewährt, belohnt würden. Die Städter und reichen Dorfbewohner lassen sich Körbe voll Flaschen und kalte Speisen hinaufbringen, und selbst die Bauern oder die Schulkinder aus den Dörfern nehmen *„Schlotterkrüge"* voll des goldenen Weines, an Stöcke gehängt, mit zur Höhe, wenn sie einmal einen sonntäglichen Ausflug „aufs Schloß" oder in den Wald machen. Das ist echt pfälzisch und eine schöne und nützliche Gewohnheit, die den Fremden, der eine solche Partie mitmacht, nach dem Genuß der Aussicht und der historischen Erinnerungen nie unangenehm zu überraschen pflegt.

Die *Fernsicht* der Maxburg auf die weite oberrheinische Ebene ist ihres Rufes wert. Zwanzig Stunden aufwärts, zwanzig Stunden abwärts am Rhein und zehn Stunden breit dehnt sich dieses große Rheintal zu beiden Seiten des Stromes vor uns aus, umschlossen von den blauen Bergreihen des Schwarzwaldes und des Odenwaldes, von den duftig in der Ferne verschwimmenden Höhen des Taunus und diesseits begrenzt von den zu beiden Seiten der Burg sich weit hindehnenden, weinumkränzten Bergen der Haardt und der Vogesen. Unbeschreiblich ist der Eindruck dieser im Sonnenlicht glänzenden, von tausend Städten und Dörfern übersäten Ebene mit dem Silberband des Rheines, und noch schöner fast der Blick an der unteren Haardt hinab und an der oberen Haardt hinauf, sowie in die nächste Umgebung des Schlosses. Schade nur, daß der Rhein zu sehr entfernt ist, als daß er mit seiner Wasserflut die Herrlichkeit der Gegend noch erhöhen könnte. Wie das Heidelberger Schloß, das aus der Ferne herüberblickt, wäre auch die Maxburg in der Tat ein würdiger Fürstensitz, eine stolze Burg der „Pfalzgrafen bei Rhein", die von hier aus sich im Besitz eines solchen Landes glücklich fühlen müßten.

Wer will es den Pfälzern verdenken, wenn sie hier, im Anblick ihres Ländchens, dasselbe als eines der schönsten der Welt erklären! Verlegt doch der pfälzische Volkswitz jene Sage auf die Maxburg, nach der der Teufel dem Herrn Jesu, die Pracht des Landes zeigend, zumutete, vor ihm niederzufallen und ihn anzubeten, wenn er es ihm schenke. Daß der Herr gesagt habe „B'halt's"! wovon, wie wir bereits erzählten, der Name Pfalz herkomme, gibt freilich einen bitteren Beigeschmack; die Pfälzer müssen es selbst dem Heiland verübeln, daß er ihr schönes Land ausgeschlagen und dem Teufel überlassen habe, – und es bedarf freilich einer göttlichen Genügsamkeit um hier einem so verführerischen Anerbieten widerstehen zu können, besonders im Hinblick auf die ungeheuren Rebenfelder auf- und abwärts an der Haardt.

An die hohen Mauern gelehnt, im Licht und Duft eines Sommertages in das Land hinauszublicken und sich in die alten Tage zurückzuträumen, an die uns all die unzähligen Punkte erinnern, die wir unterscheiden, – wie reich ist die *Traumwelt der Geschichte,* die vor uns vorüberzieht! Kelten und Germanen prallen hier aneinander, Römer und Hunnen, Franken und Alemannen. Austrasiens König Dagobert flüchtet sich hier mitten unter seine Bauern an der Haardt vor den aufrührerischen Großen des Reiches, und die fränkischen Kaiser bauen hier ihre Pfalzen und Dome. Die Burg und der hohe Kaiserdom in östlicher Ferne rufen uns den großen Kampf der Kaiser und Päpste, der Gebieter der Christenheit, vor das Auge; und dann sehen wir das Land ringsum wieder in Brand aufgehen in den Tagen des siegreichen Pfalzgrafen. Der hehre Dom der alten

Nibelungenstadt erinnert uns an Luthers Wort von der Freiheit, das die Bauern der Gegend praktisch ausführen wollten, und des alten Speyers hohe Türme und Mauern im Osten an die Begründung und Festigung des deutschen Protestantismus. Und dann sehen wir uns fast wieder in die Zeiten der Völkerwanderung zurückversetzt, in denen das Land verödet liegt, zur Wüste gemacht wurde unter den Hufen der Rosse und durch die Brandfackel mörderischer Hände, – die schöne Pfalz liegt gleich einem Leichenfeld, in dem sich wie Hyänen nur noch die Kroaten und Panduren des Kaisers umhertreiben, nachdem die Enkel der alten Goten von den äußersten, entgegengesetzten Enden Europas – Schweden und Spanier – hier zusammenprallten und in wilder Lust sich gegenseitig vertilgten. Kaum wieder erblüht, raucht das ganze Land vor uns als eine einzige weite Brandstätte, als ob der Hunnenkönig wieder über den Rhein und durch die Vogesen zöge. Jedoch die Brandfackeln kommen aus dem Land der Zivilisation; Frankreichs stolzer Ludwig, die „Gottesgeißel“ des 17. Jahrhunderts, „will, daß die Pfalz zur Wüste werde“, und der alte Kaiserdom, die ehrwürdige Totenstadt des Reiches, und die greise Nibenlungenstadt sinken zusammen in ihren Schutt. Dann stürmen die nämlichen Franzosen durch diese Ebene zum Freiheitssieg, die kurz nachher die Waffen des korsischen Gewalthabers über den Rhein tragen zur Bezwingung Europas. Ihre Schatten kehren zurück, die Zeiten der Völkerwanderung wiederholen sich nochmals, der Nomade der Steppen Hochasiens tränkt sein Roß im Rheinstrom und der Kosak tummelt es auf der herrlichen Ebene der Pfalz.

Nach allen *Weltenstürmen* aus Norden, Osten und Südwesten ist zwar die Pfalz politisch untergegangen, aber ihr Grund und Boden prangt schöner als je, und vor uns liegt in der Tat ein deutsches Paradies. Und das Volk, das hier wohnt und den kostbaren Wein trinkt, fühlt sein Blut in den Adern lebhafter und flüchtiger rollen, begeistert sich leicht für die Schönheit des Landes und – für dessen einstige und zukünftige Größe. Hier, wo die Weltgeschichte von jeher ihre Bahnen tief eingegraben hat, zittern die politischen Bewegungen unseres Weltteils noch immer stärker nach als irgendwo anders, und die Bewohner geben sich leichter und lebhafter den Erschütterungen hin als die trägeren Volksmassen anderer deutscher Gaue. Unsere Zeit gibt ebensogut Belege dafür als die Tage des Bauernkrieges und der Französischen Revolution. Dies zeigt vor allem das große *Hambacher Fest* in den dreißiger Jahren.

Als im Jahre 1830 die Julirevolution in Paris, die belgische in den flandrischen Städten und die polnische nicht so glücklich auf den Feldern von Ostrolenka durchgekämpft wurde, regten sich die Sympathien für die Freiheitskämpfer nirgends so stark wie bei dem Volk der Pfalz. Man hatte schon für die Griechen geschwärmt und gesammelt und seinen Enthusiasmus in verschiedener Weise betätigt; und als nun die unglücklichen Polen, die ihr Vaterland verließen, auf ihrer Wanderung nach Frankreich an die Grenzen der Pfalz kamen, da wurden sie überall vom Volk festlich empfangen und die Polenlieder wurden auf allen Straßen und in allen Schenken gesungen. Dazu kamen die Kämpfe der pfälzischen Opposition in der Kammer zu München, die kühne Sprache der Presse: des „Westboten“, der Zeitschrift „Rheinbayern“ von *Dr. Siebenpfeiffer* und der „Deutschen Tribüne“ von Dr. Wirth, die in Homburg im Westrich erschienen. In der Pfalz fühlte man ohnedies das Bedürfnis nach der Einheit und Freiheit des deutschen Vaterlandes um so stärker, als man sich völlig ohnmächtig als verlorener Posten, in die Ecke gegen Frankreich hingeschoben, sah. Es gab besonders auch materielle Gründe; vor allem verlangten die Weinbauern Aufhebung der Zollschranken gegen das übrige Deutschland und freien Verkehr. Ja, es gab leider eine Partei in der Pfalz, die auf die Erinnerungen vieler Veteranen gestützt, geradezu einen Anschluß an Frankreich anstrebte, während andere für die Republik schwärmten und wieder andere für die Bildung eines *„burgundischen Reiches“* sprachen, das alle Rheinländer umfassen und gegen Frankreich und Deutschland gleich Front machen sollte.

Da erschien ein Aufruf der oppositionellen Deputierten zu einer Vereinigung auf dem Hambacher Schloß auf den Jahrestag der bayerischen Verfassung, um ihn hier am 26. Mai 1832 festlich zu begehen. Wenige Tage darauf erließ Dr. Siebenpfeiffer mit 34 Bürgern von Neustadt einen anderen Aufruf zu einem „großen Bürgerverein", der den *„Deutschen Mai"* feiern sollte, und hierzu alle deutschen Stämme, Männer, Frauen und Jungfrauen einlud. Friedliche Besprechung, innige Erkennung, entschlossene Verbrüderung für die großen Interessen, denen sie ihre Liebe und Kraft geweiht, waren als Zweck genannt. Wirth in seinem Aufruf stellte dagegen Deutschlands politische Einheit und Volkssouveränität als Hauptstreben klar und ohne Umschweife auf, und zu gleicher Zeit verteilte man in der Pfalz die *„Menschenrechte"* von 1793. Als die Regierung das Fest verbot, das nun auf den 27. Mai bestimmt worden war, protestierte der Stadtrat von Neustadt und mit ihm die Städte Frankenthal, Speyer, Landau und Zweibrücken gegen das Verbot; man lud alle Verantwortungen aus den Folgen auf die Schultern der Regierung und ließ trotz des Verbots alle Vorbereitungen zu dem Fest treffen, worauf das Verbot zurückgenommen wurde „wegen erhöhter Aufregung im Lande". In ganz Deutschland war man jetzt auf das angesagte Fest aufmerksam geworden, und nach langer politischer Ruhe gab sich besonders der pfälzische Volksgeist gern dieser Erregung hin. In allen rheinischen Gauen bildeten sich Gesellschaften zum Zug nach Hambach, und die schwarzrotgoldenen Kokarden und Schleifen sah man jetzt überall wieder zum erstenmal. Auf allen Straßen eilte man dem herrlichen Haardtgebirge entgegen: auf Wagen, mit Eichenlaub, Blumenkränzen und deutschen Fahnen geschmückt. Freudenfeuer brannten auf den höchsten Bergen der Haardt, Glockengeläut von allen Türmen Neustadts und der umliegenden Gegend erscholl in den Geschützdonner am Vorabend des Festes. Gegen 30 000 Menschen aus allen Ländern am Rhein, viele Franzosen, Elsässer, Schweizer, Polen und Studenten in altdeutscher Tracht fühlten sich wohl hier unter dem gastfreien, heiteren pfälzischen Volk.

Neustadt bot einen merkwürdigen Anblick dar; die enge Stadt in ihrem tiefen Tal war in jenen Tagen zur Herberge von so viel tausend Fremden geworden. Die ausgestellten Ehrengeschenke für Rotteck und Wirth wurden bewundert, Kokarden und deutsche Lieder überall verkauft, und das Treiben und Leben verstärkte sich von Stunde zu Stunde. Unter den anwesenden Fremden zog besonders einer die Aufmerksamkeit auf sich: ein kleiner Mann mit bleichem Gesicht, rabenschwarzem Backenbart, orientalischem Typus und etwas blasiertem Wesen. Es war *Börne.* In seiner Begleitung befand sich *Harro Harring,* der Friese, der damals jene Freiheitsliedlein vom Hambacher Schloß herab unter das pfälzische Volk schleuderte, die noch nach langen Jahren auf allen Dorfkirchweihen der Polizei zum Trotz gesungen, gespielt und als Walzer abgetanzt wurden. In der Nacht wurde Börne ein großartiger Fackelzug gebracht, bei dem seine aristokratische Art keinen günstigen Eindruck hinterließ, besonders als man sich erinnerte, daß er die Deutschen eine Nation von Stiefelwichsern und Bedienten genannt hatte. Am nämlichen Abend ging es im Schießhaus lebendig her, während die Knaben, kleine deutsche Fähnchen schwingend, mit dem Geschrei „Preßfreiheit hoch!" die Straßen Neustadts durchtobten.

Am 27. Mai zog man in Scharen hinauf zur Ruine, voran eine Abteilung Neustadter Bürgergarde, hierauf Frauen und Jungfrauen mit schwarzrotgoldenen Gürteln, die polnische Fahne in ihrer Mitte, deren Träger die weißrote Schärpe trug; dann die Festordner mit der großen deutschen Fahne, deren Inschrift „Deutschlands Wiedergeburt" lautete. Ihr folgte der pfälzische Landrat, hinter ihnen deutsche Abgeordnete und andere, nach den Stämmen geordnete Besucher mit vielen deutschen Fahnen. Jedoch sah man auch die französische Trikolore, die bayerischen Farben und unter anderen eine *schwarze Fahne* pfälzischer Landbewohner, mit der Inschrift: „Die Weinbauern müssen trauern!"

Auf den höchsten Zinnen der mit Kränzen geschmückten Ruinen steckte der Neustadter Bannerträger das deutsche Panier auf und: „Was ist des Deutschen Vaterland?" hallte in mächtigem Chor durch die Burgtrümmer in das pfälzische Land hinaus. Anderen deutschen Gesängen gesellten sich auch die Marseillaise und polnische Freiheitsgesänge bei, vom Landvolk wurde das „Freiheit unserm Land!" mit Enthusiasmus gesungen. Hepp aus Neustadt sprach zuerst von der Rednerbühne herab; dann Siebenpfeiffer und Wirth, die damals, und noch lange Jahre nachher, die populärsten Namen in der Pfalz waren. Siebenpfeiffer, ein äußerst hagerer Mann von cholerischem Temperament, scharfem, schneidendem Verstand, aber von leidenschaftlichem und herrischem Gemüt, las seine Rede in bitterem, vor Heftigkeit zitterndem Ton. *Vaterland, Freiheit!* war ihr Resümee. Wirth, dem ein Student in altdeutscher Tracht das Schwert überreichte, hauchte die ganze Glut seiner Freiheitsbegeisterung und Vaterlandsliebe in den donnernden Strom seiner Rede. Schon seine äußere Erscheinung zeigte den festen, edlen Charakter dieses Mannes, den selbst seine Feinde ehren mußten. Entschieden sprach er sich gegen jeden Anschluß an Frankreich aus, das er überhaupt hart tadelte, wodurch er den anwesenden Elsässern kein geringes Ärgernis gab.

Unterdessen war der Mittag herangekommen. Ein plötzlicher *Gewitterschauer*, der die Suppe des angereichten Mahles überflüssig vermehrte und dem Braten hinlänglich Sauce gab, brachte viel Belustigung und beschmutzte die weißen Kleider und deutschen Schleifen der Frauenwelt, die sich jedoch in ihrem Enthusiasmus nicht abkühlen ließ. Die pfälzischen Mädchen sind von Haus aus „Republikanerinnen" und dulden weder außer- noch innerhalb des Hauses die absolute Monarchie. Die Abonnierten der Tafel stillten ihren Appetit, alle übrigen zehrten, auf den Rasen hingelagert, nach echter pfälzischer Art bei Schloßpartien im Schein der lieben Sonne, die wieder hervortrat, an dem mitgebrachten Vorrat. Dann ließ sich noch ein Pole, der Deutschland für mündig zu erklären die Güte hatte, nebst einigen anderen blitzschleudernden Rednern hören, indes aus den fernen Punkten der weitläufigen Ruinen lustiger Gesang hallte. Während der Reden und der heiteren *Trinkgelage* hallten von der Südseite her mit einemmal Trommelschläge, – das konnten Truppen aus Landau sein. Zu gleicher Zeit fiel ein Stein von der Mauer und zerschmetterte einem Landmann das Bein; die Aristokraten mochten die Ruinen unterminiert haben. In panischem Schrecken stürzte die Menge den Berg hinunter; viele gerieten in Lebensgefahr, besonders fürchteten die Damen, erdrückt zu werden. Kurzum, es war eine allgemeine Flucht, bis sich aufklärte, daß nicht Soldaten, sondern harmlose pfälzische Bauern heranrückten, die die Freuden des Festes auch genießen wollten. Nun lachte man sich gegenseitig aus, und das Fest nahm lustiger als vorher seinen Fortgang bis in die tiefe Nacht hinein. Ohne alle Roheit, die dem Pfälzer überhaupt nicht eigen ist, brüderlich einig und heiter verlief es, und abends waren Bälle in der Stadt und am anderen Tag große Versammlung im *Schießhaus*, wo man sich über den ferneren Fortgang der Verbrüderung besprach. Das war die Revolution der Pfalz von 1832, bei der kein anderes Blut als Rebenblut vergossen wurde. Einen Vorteil aber hatte sie: sie hielt im Volk den Gedanken an das einige Vaterland aufrecht und sprach diesen zum erstenmal wieder aus.

Wenige Wochen nachher erschienen die bekannten *Bundestagsbeschlüsse;* Siebenpfeiffer, Wirth und andere wurden vor die pfälzischen Geschworenen gestellt, freigesprochen, von einem Spezialgericht dennoch verurteilt; sie entflohen ihrer Haft nach Frankreich und der Schweiz. Im folgenden Jahr wurde die Wiederholung des Festes unterdrückt, und zuletzt kam es in Neustadt selbst zum Kampf zwischen Militär und Bürgern.

Seitdem war die Pfalz ruhig, man erzählte sich noch lange von den dreißiger Jahren, von den aufgepflanzten Mai- und Freiheitsbäumen, von den in alle Dörfer eingerückten Truppen des Königs; man trug trotz polizeilichen Verbots *„Hambacher Bärte und Hüte"*, sang heimlich und öffentlich die Freiheitsliedlein jener Jahre, bis endlich der

Rheinkreis, zur großen Befriedigung der Pfälzer, wieder den alten stolzen Namen „Pfalz“ erhielt und der „Jäger aus Kurpfalz“ in der Begeisterung für den königlichen „Pfalzgrafen“ überall die politischen Klänge der dreißiger Jahre verstummen ließ. Da konnte man dem zukünftigen Pfalzgrafen an seinem Ehrentag schon diese Ruine, zur „Maxburg“ umgetauft, ohne Ärgernis zu erregen, bieten. „Bayern und Pfalz, Gott erhalt's!“ ersetzte jetzt alle anderen politischen Sinnsprüche, und man wollte nur noch das „Hambacher Schloß“ als würdigen Sitz der *„Pfalzgrafen bei Rhein“*, wie sich zur Freude der Pfälzer Bayerns Könige mit Stolz nennen, aufgebaut sehen.

Rüstig wurde an dieser Königspfalz gearbeitet; höher und höher hoben sich die mächtigen Zinnen und prächtigen Fassaden, das herrliche Land überschauend. Da unterbrachen die politischen Stürme, die nun wieder über das schöne Land stärker als anderswo zogen, den prächtigen Bau. Das Jahr 1849 sah die Pfalz tun, was sie anderen hätte überlassen sollen, – sie büßte wieder für das deutsche Volk. Seitdem rastet der Bau, dessen imposante Massigkeit alles überbietet, was die neuere Zeit hierin geleistet hat, und den wir, vollendet, mit seinen Terrassen und Balkonen, seinen hohen Zinnen und Türmen, als die *prächtigste Residenz in deutschen Gauen* erklären müßten. Ob der königliche Pfalzgraf je hier einziehen und von dem hohen Balkon über sein schönes Land schauen wird, um es liebzugewinnen, wissen wir nicht. In ihrem jetzigen Zustand bietet sie nur ein trauriges Bild unserer Gegenwart: halb mittelalterliche Ruine, halb moderner Königsbau, die bald zusammen in einen Schutthaufen sinken werden. Entweder sollte die Ruine in ihrer früheren malerischen Schönheit noch unangetastet stehen oder das Schloß ausgebaut werden.

In der prachtvollen Ebene vor der Burg liegen die großen und reichen Gaudörfer. In nächster Nähe *Speyerdorf* und *Lachen,* eine Gemeinde von 2300 Einwohnern (Protestanten). Sie liegen vor den Wäldern des Gaues am Speyerbach, im fruchtbarsten Land. Lachen ist besonders bekannt durch seinen „Doktor“, einen einfachen Landmann, der einen großen Ruf durch sein außerordentliches chirurgisches Talent hat.

Wenn wir von der Ruine aus nach Süden an der Haardt hinaufblicken, übersehen wir die ganze herrliche Umgebung von Edenkoben, uns zu Füßen die Villa König Ludwigs, die Kropsburg und näher zu unseren Füßen das Dorf *Unterhambach,* die andere Gasse genannt, im Weingelände schön gelegen; vor ihm *Diedesfeld,* ein Ort mit 1500 Einwohnern, ebenfalls im reizenden Rebenfeld sich ausdehnend, während weiterhin ein großer reicher Ort um den anderen aus dem grünen Weinland schaut.

Wir wandern den Pfad auf der Südseite des Schloßberges hinab nach den beiden genannten Orten und betreten somit die reizende

Umgebung von Edenkoben

Von dem hübschen und lieblich gelegenen Diedesfeld führt ein schöner Weg durch die großen Rebenfelder südlich nach dem nahen *Maikammer,* das mit dem nebenbei in den Weinbergen liegenden *Alsterweiler* eine Gemeinde von 2600 Einwohnern bildet. Die üppige Gegend umher mit ihrem frischen Rebengrün, im Angesicht der von den Kastanienhöhen herabblickenden Ruinen und der Villa Ludwigshöhe, ist ungemein reizvoll: eine rechte „Maikammer“, hinter der sich die leider nur zu oft Wetterschaden bringende *Kalmit* hoch über die Gegend erhebt. Auf einer ihrer Vorhöhen bemerkt man noch die vier Wetterkreuze für die Gemeinden St. Martin, Maikammer, Diedesfeld, Kirrweiler, die den Verband der V. Haingeraide bildeten und früher alljährlich Prozessionen dahin veranstalteten.

Die Umgegend liegt so unvergleichlich reizend vor dem Haardtgebirge, daß man gern die östlich am Ort vorübereilenden Züge der Eisenbahn unbenutzt vorbeisausen läßt.

Alles lacht einen an: der milde, heitere Himmel, die ringsum grünende und blühende Welt, die freundlichen, stattlichen Häuser, und auch der Wein im Glas, der das Herz ergötzt. Maikammer scheint in der Tat seinen Namen von der maienschönen Umgebung zu haben, wenn auch das *„Maifeld“* zwischen hier und Edenkoben sich nicht auf das campus Majae der Römer zurückführen lassen sollte. Übrigens wird noch heutzutage in dem großen schönen Ort der 1. Mai festlich begangen, der in dieser milden Gegend jedesmal schon die ganze Natur in ihrem Festgewand sieht.

Auf einen *Kunstschatz* in der Kirche des Ortes müssen wir um so mehr aufmerksam machen, als dieses so oft verheerte Land dergleichen nur äußerst selten aufzuweisen hat. Er stammt von der altdeutschen Schule, wenn nicht von *Albrecht Dürer* selbst, ist auf Goldgrund gemalt und besteht aus drei Feldern. Die mittlere Tafel enthält die Kreuzigung Christi, die zur Linken die Kreuztragung und die zur Rechten die Kreuzabnahme. Drei Kompositionen, die so ganz kindlich-fromme Einfachheit, den gemütreichen Sinn und die echt künstlerische Weihe der alten Zeit charakterisieren. Bei überraschendem Gedankenreichtum rühren diese milden, blassen Angesichter mit ihrem unaussprechlich leidvollen Ausdruck, besonders die Mutter Jesu, und bieten den reinsten Kunstgenuß. Leider wird diese vollkommene Befriedigung durch äußere Umstände beeinträchtigt. Dieses große Altarbild mit seinen zwei Flügeln, die sich öffnen und schließen lassen, hängt hoch zwischen zwei Fenstern, die den Beschauer blenden. Die Rückseiten der Flügel tragen die *Bildnisse der Dorfpatrone:* Damian und Kosmus, langweilige Gesichter und schlechte Produkte einer späteren, nüchternen Zeit.

Wenn wir vor das große, schöne Dorf treten, mit seinen reinlichen, trefflich gepflasterten Straßen, haben wir nach allen Seiten hin einen offenen Blick über die Weinlandschaft. In dem flachen Talgrund, östlich von dem Dorf, steht der Eisenbahnstationshof; über ihn hinaus, weiter gegen die Ebene zu, liegt *Kirrweiler.* Die Eisenbahn läuft etwa drei Viertelstunden östlich vom Gebirge durch diese Gegend; wir überschreiten sie und betreten den früheren bischöflich-speyerischen Oberamtsort, zu dem das reichste Oberamt des Bistums gehörte. Kirrweiler liegt ziemlich hoch im offenen Land, die Weinberge ragen noch über seine Gemarkung hinaus in die Ebene des Speyergaues, obgleich der Ort kaum mehr zu den eigentlichen Weinorten gehört und der Fruchtbau des Gaues schon überwiegt. Reizend ist aus seinen Feldern der Anblick der westlich vorüberziehenden Haardt mit ihren Burgen. Vor dem 1500 Einwohner starken, stadtähnlich geschlossenen Flecken stand die schöne und feste *Marienburg,* die von den Bauern 1525 erstiegen und niedergebrannt wurde.

In der pfälzischen Wildfangfehde kam der Kurfürst Karl Ludwig 1666 am 27. Oktober hierher mit seinen Pfälzern, stürmte den Flecken mit Verlust vieler Leute, die von der Besatzung des Schlosses niedergeschossen wurden, und versuchte vergebens, es selbst zu nehmen. Dafür drangen die erbitterten Soldaten des sonst so toleranten Fürsten in die Kirche, raubten die Turmglocken, schnitten dem Muttergottesbild die Nase ab, schlugen dem Christusbild das Haupt herunter, brachen den Opferstock los, warfen alle Dächer von den Häusern, trieben 100 Kühe fort, zertraten die Weinberge und zogen mit ihrem Raub von dannen, wie die „standhafte Aufklärung in Sachen des Bischofs von Speyer contra Kurpfalz“ mit Indignation berichtet.

Wenn wir jedoch Kirrweiler nicht besuchen wollen, so bleiben wir in Maikammer, wenden uns, im Angesicht von Edenkoben, westlich durch die Weinberge längs der Wiesenflur hin, nach dem nahen 1900 Einwohner starken Weinort *St. Martin,* das äußerst romantisch am Fuß der alten Kropsburg und zwischen den Weinbergen vor einem tiefen Tälchen liegt, durch das, über eine Wappenschmiede und den „Bildstock“, ein Steg in die Wälder hoch hinauf zur Kalmit führt. Die Kirche werden wir schon um ihres alten Turmes willen nicht übergehen dürfen. Die *Dalbergischen Grabdenkmäler* in ihr sind an und für sich schon interessant genug, da sie die Erinnerung an dieses berühmte Geschlecht, das auf der Kropsburg saß, erhalten. Eine Grablegung Christi in Haut-Relief ist eine gar treffliche Steinskulptur aus dem 15. Jahrhundert. Die drei Wächter mit ihren Hellebarden sind besonders schön durchgearbeitet, realistisch aufgefaßt, außerordentlich sauber und fein ausgeführt und trotz allen wirklichen Lebens doch voll künstlerischer Harmonie. – Besonders interessant ist auch das gotische *Sakramentshäuschen.*

Wenn wir aus der Kirche treten und den Weg nach der *Kropsburg* einschlagen, fällt uns wieder die ungemein malerische Lage des Dorfes auf, das sich am Vorhügel der Kalmit hinaufzieht. Die Anhöhe, auf der die Burg steht, erhebt sich unbedeutend über die umliegenden Rebenfelder. Vom Dorf aus stellt sich die Ruine gerade nicht sehr interessant dar, aber dadurch soll sich niemand abhalten lassen, sie zu besteigen. Der Pfad windet sich den Schloßhügel hinauf durch einen schattigen Kastanienhain. Da wir die ausgedehnte Ruine betreten, kommen uns spielende Kinder auf dem Grasplatz entgegen. Rauch steigt aus der Erde auf und wirbelt über dem Gemäuer; er kommt aus einer unterirdischen Wohnung. Wir bemerken verschiedene, an die Mauer geklebte Hütten, in der alten gebrochenen Burg regt es sich, an niederen Fenstern zeigen sich bleiche Gesichter; denn armes Volk bewohnt jetzt die alte Burg der reichsten und stolzesten *Barone des römischen Reiches,* – mehr als hundert geringe Leute hausen hier.

„Ist kein Dalberg da?" Kein Kaiser ruft es mehr bei seiner Krönung. Es würde auch unnütz sein. Denn das berühmte Geschlecht, das seinen Stammbaum bis zur heiligen

Die Kropsburg über dem Winzerdorf St. Martin bietet weite Fernsicht in die Rheinebene

Familie hinaufführte, ging unter mit dem Deutschen Reich, nachdem seine letzten Glieder, die höchsten Stufen des weltlichen Glanzes ersteigend, dem Zertrümmerer des alten Kaisertums huldigten. Sie wohnten gern hier, diese ersten Barone des Reiches; ihre Nachfolger auf der Burg sind Barone von Habenichts und Freiherren in Lumpen. Die Stelle ist in der Tat geeignet, Betrachtungen über den Wechsel der Zeiten anzustellen. Die *Geschichte der Burg* ist schnell erzählt. Unter den Hohenstaufen erbaut. wurde sie von den Freunden Ludwigs des Schwarzen, den Rittern von Erfenstein, dem Raugrafen Reinhard und dem Breitensteiner heftig bestürmt (1470); aber Friedrich der Siegreiche eilte ihr von Weißenburg am Gebirge herab zu Hilfe und verfolgte die kecken Belagerer längs der Haardt hinab stehenden Fußes bis in die Feste Ruppertseck am Donnersberg, wo sie von dem pfälzischen Löwen gezüchtigt wurden. Der Eingang auf das Schloß oberhalb der ersten Tür, das Zeughaus über dem „Hexenturm" und andere Bauten und Verschönerungen fallen in die zweite Hälfte des 16. Jahrhunderts, wie die Inschriften und Jahreszahlen beweisen. Noch während der Französischen Revolution in bewohnbarem Zustand, verkauften die Verwandten des edlen *Fürstprimas* diese alte Erbburg ihres Geschlechtes an einen Edenkobener Bürger, der nicht wußte, was er damit anfangen sollte. Zuletzt ließ er Turm um Turm abbrechen und das Material zum Festungsbau nach Germersheim gelangen, um des „Profitchens" willen.

Vieles ging so zugrunde, aber was noch übrig ist, macht einen höchst malerischen Eindruck und gibt uns eine Ahnung von der ehemaligen Pracht dieses Schlosses, dessen Konstruktionen besonders lebhaft an das Heidelberger Schloß erinnern. Hell umgrünt von den hohen Kastanien, Buchen und Nußbäumen, gewährt die Ruine, besonders von einem Standpunkt des nach der nahen Ludwigshöhe führenden Bergpfades aus, einen überraschenden Anblick, indem ihre noch immer mächtigen Türme über die sonnige Ebene der Pfalz ragen. Ein Gang durch die Trümmer gewährt wegen der noch ziemlich wohlerhaltenen unterirdischen Gänge, *mittelalterlichen Wohnzimmer* und Gemächer viel Interessantes. Da sind noch Türme, die ihr Dach haben, dort eine zerfallene Kapelle aus der neueren Zeit und daneben formloses, wüstes Getrümmer, zwischen dem sich der Rauch der Hütten, um die alten Zinnen wirbelnd, erhebt. Es sind Bilder des mannigfaltigsten Kontrastes, und wer dann einen Blick hinaus in das schöne Land tut, wo vor uns St. Martin, Alsterweiler, Maikammer, Edenkoben und Rhodt inmitten des Rebenmeeres liegen, während links hinab über den Hambacher Dörfern die Maxburg, rechts über dem Talgrund die Villa und hoch über ihr die Rietburg sich erheben, – wer da hineinsieht in die weite Ebene und das Gebirge auf und ab: der findet viel Schönes in der näheren und ferneren Landschaft.

Wir schreiten nun den Berg hinab, dem lachenden *Edenkoben* zu. Mitten in einem Kranz reicher Dörfer, im Angesicht der hohen Burgen und der neuen Villa, zwischen gewaltigen Rebenfeldern in einem trauten Wiesengrund gelegen, bietet die Stadt dem Fremden die mannigfaltigsten landschaftlichen Genüsse und den schönsten Aufenthalt. Die Eisenbahn bietet weitere Ausflüge.

Die Stadt liegt gleich weit von Neustadt und Landau entfernt und ist jetzt eine der besuchtesten der Pfalz. In dem vortrefflichen Gasthof *„Zum Schaf"* wird der Reisende allen Komfort des größten Hotels finden, ja noch mehr: er trifft hier einen Garten, dessen geschmackvolle Anlagen und Größe ihm allein schon einen Genuß gewähren werden, den er sonst nicht leicht hat. Eine Pappelallee führt zu dem großartigen neuen Bahnhof an der Ostseite der Stadt, schöne Spaziergänge nach den Fluren ringsum, eine neue Straße vom „Goldenen Schaf" aus zur Ludwigshöhe, wohin jederzeit Wagen und Omnibus bereitstehen; andere Wege führen durch Nußbaumalleen nach allen Seiten hin, so zur „angenehmen Gegend": einer Anlage an der Straße von Neustadt nach Landau; zu dem großen „Kurbrunnen": einer heilsamen Sulfuralquelle im Nordwesten der Stadt; und dann ins Tal des Triefenbachs mit seinen vielen Mühlen und *Wappenschmieden.* Wollte man dieses Tal, das westlich zwischen der Rietburg und der Kropsburg aus dem Gebirge tritt, weiter hinein auf dem „Edenkobener Steig" verfolgen, so würden wir durch seine stillen Waldgründe nach zweieinhalbstündiger Wanderung in der Einsamkeit stets bergauf zum Hauptkamm des Gebirges gelangen, wo das *„Schänzel"* mit dem Grabmal des Generals Pfau auf dem Steigerkopf liegt, dessen abgeflachte Kuppe weit ins Land hineinschaut.

Den alten massiven *Kirchturm* mit der vom Blitz getroffenen und wiederhergestellten Spitze lohnt es sich zu besteigen. Von seinem Belvedere übersieht man östlich die weite Rheinebene und den Rheinstrom und westlich die herrliche Bergkette der Haardt mit ihren grauen Ruinen. Von dem berühmten Nonnenkloster *Heilsbruck* in Edenkoben ist wenig mehr übrig. In der Französischen Revolution veräußert, kamen die zerfallenen Gebäude an einen Landauer Bürger, der hier einen freundlichen Landsitz schuf, in dem noch der Keller, sowie ein einziges, zum reizenden Belvedere umgeschaffenes Türmchen stehenblieben. Unter dem milden Szepter der Zisterziensternonnen kam das Dorf Edenkoben zu großem Wohlstand. Dafür hatten die guten Nönnchen viel Kummer mit ihren Bauern, die ihnen nicht gehorchen wollten. Im Bauernkrieg wurde ihnen das Kloster überm Kopf zusammengebrannt. In dem früher dem Pfalzgrafen von Birkenfeld gehörigen „*Herrenhaus*" westlich von Edenkoben befindet sich jetzt eine Damastgebildeweberei. Große Heiterkeit in das hiesige Leben bringt besonders der Jahrmarkt. Noch besuchter ist jedoch der im nahen Edesheim, wo sich aus der ganzen Umgegend die Bauern und Honoratioren sammeln, besonders aber die junge Welt, um zu tanzen.

Edenkoben war während der Belagerung von Landau in der Französischen Revolution öfters das Hauptquartier des Kronprinzen von Preußen; es sah nicht selten heftige Gefechte zwischen den ausfallenden Landauern und den Belagerern, und alte Leute erinnern sich noch solch blutiger Vorfälle. Liegt doch das „Schänzel" westlich von hier auf den Berghöhen, wo jener heftige Kampf stattfand, in dem *General Pfau* fiel. Blücher verweilte damals hier und gewann bereits den Ruf eines tapferen Führers, da er sich mit seinen Reitern auf die französische Avantgarde des *Generals Laboissière* warf, die gegen Edenkoben anrückte, und sie tüchtig die preußischen Säbel fühlen ließ.

An eine Revolutionsszene erinnert besonders der große Marktflecken *Edesheim*, eine Viertelstunde südlich an der Straße nach Landau und der Eisenbahn gelegen. Dieser heute 2 300 Einwohner zählende Ort sah mehrmals die Franzosen mit den Preußen kämpfen. Endlich ereilte ihn das Schicksal, 1794 niedergebrannt zu werden, und zwar auf den Befehl des berüchtigten Volksrepräsentanten Heinz, der die Bewohner beschuldigte, auf die Franzosen geschossen zu haben. Auf der Brandstätte stehen jetzt stattliche Häuser, unter denen besonders der Landsitz hervorragt, der mit seinen Gartenanlagen auf der Stelle eines vormals bischöflichen Schlößchens liegt. Daß der Ort schon unter Karl dem Großen als „*Otinsheim*" vorkommt, mag hier bemerkt werden, obgleich wir daraus noch nicht den Schluß ziehen, daß man hier eine Verehrungsstätte des Odin zu suchen hätte, weil der skandinavische Odin kein deutscher Gott und kein deutscher Name ist, wenn er auch dem Wodan oder Wuotan unserer Väter entspricht. Auch Edesheim hat einen Bahnhof und eine idyllische Lage auf dem Wiesengrund des Modenbaches, im Angesicht der blauen und hellumgrünten Haardt mit ihren Burgen und Villen, so recht auf der Scheide des Weinlandes der Haardt und des Fruchtlandes der Ebene.

Von Edenkoben aus, östlich nach der fruchtreichen Ebene zu, liegt das Dorf *Venningen*, das von einem berühmten pfälzischen Rittergeschlecht den Namen hatte, das wegen der im 14. Jahrhundert zwischen Bürgerschaft und Adel zu Speyer entstandenen Uneinigkeiten aus der Stadt wandern mußte und sich hier niederließ. Viele Glieder dieser Familie glänzen als kurpfälzische Hofmarschalle und Bischöfe von Speyer in der Landesgeschichte. Bei Venningen stand noch im Jahr 1828 der auf Säulen ruhende *Thingstuhl* der vierten Haingeraide. Der Blick auf die Haardt mit ihren blauen Bergen und grünen Weinhügeln, mit ihren alten und neuen Schlössern, ist äußerst reizend.

Den Hauptausflug von Edenkoben aus macht man über den südwestlichen Nachbarort *Rhodt* zur Ludwigshöhe. Nach Rhodt führt ein Pfad von breiten Pflastersteinen hinauf durch das Gelände von Reben, das diesen Weinort umgibt, stets im Angesicht der königlichen Villa, der hohen Rietburg über ihr und des hübschen Ortes selbst, dessen freundliche Straßen wir bald erreichen. Die Zahl seiner Einwohner beträgt 1 600, die, wie die Edenkobener, im Gegensatz zu den übrigen Bewohnern der Gegend, Protestanten sind und in ihren „Wingerten" ganz besonders guten „Traminer" ziehen, der allen anderen Oberländer Weinen vorgezogen wird. Jedoch scheint eben auch hier, wie überhaupt in der Gegend von Neustadt, nach und nach die *Gallisierungsmethode* eine Zeitlang allzusehr eingerissen gewesen zu sein. Nur ist die Geschichte nicht so schlimm, wie man es draußen macht, weil sich die Kosten dieser Methode der Weinbereitung, so hoch belaufen sollen, daß die meisten gern wieder von ihr ablassen und zum Weinbau in den Wingerten greifen. Daran tun sie wohl, und wir wollen ihnen bald einen vollen Herbst wünschen, der ohnedies allen Gallisierungen ein Ende machen müßte. Rhodt hat, wie viele andere dieser Weinorte der oberen Haardt, noch manche alten Häuser mit Erkern, und ein *Rathaus*, das die Pfalz besonders charakterisiert: nach altem Bau auf Säulen gestellt, mit offener Halle und einem Türmchen. In der Französischen Revolution litt der Ort vor allem durch die Raubsucht von Landauer Bürgern, die als Commissaires de grippes die umliegenden Dörfer ausleerten.

Bevor wir die auf der Stirn der westlichen Anhöhe stehende „Ludwigshöhe" betrachten, müssen wir noch einer *Sage von dem Wasserberg* gedenken. An der anderen Seite des Triefentales, der Rietburg hart gegenüber, steht der „Hoheberg" und senkt seine waldigen, dunklen Wände steil und tief herab in das enge Tal. Im Bauch dieses Berges braust es nun, besonders zur Winterzeit, oft ganz furchtbar; viele haben es schon gehört und wissen, daß es den bevorstehenden Witterungswechsel bedeutet. Da war nun einmal ein fremder Bergknappe aus dem Böhmerland, der hat behauptet, daß der ganze Berg voll Wasser sei, und wenn er einmal aufbreche, dann werde die ganze Gegend überschwemmt. Auch ist in Rhodt ein tiefer Brunnen; wenn man da hinabhorchen will, kann man die unterirdische Strömung des Wassers deutlich genug hören. Das ist eine oft wiederkehrende Sage; in ihr spricht sich die Abhängigkeit dieser ganzen Gegend von den Elementarmächten aus, da sie ganz auf den Ertrag des Bodens hingewiesen ist, der oft genug durch die finsteren Mächte der Natur gehemmt wird.

Die *Villa Ludwigshöhe* liegt am Fuß des steilen Berges der Rietburg, auf einer ziemlich bedeutenden Anhöhe mit freier Aussicht nach Norden, Osten und Süden. Von Edenkoben aus, und zwar direkt vom Gasthaus „Zum goldnen Schaf", führt eine Straße zu dieser Königspfalz, die sich in drei Gebäuden, die ihre Hauptfassade der Rheinebene zukehren, über dem Kastanienhain erhebt, durch den wir hinansteigen. Der höchst gelegene ist auch der Hauptbau; dieser *„Königsbau"* ist in dem edlen, einfachen italienischen Stil aufgeführt, den der verstorbene Direktor von Gärtner auch hier zu schöner Durchbildung zu bringen wußte. Er bildet ein Viereck, das einen nicht sehr weiten Hof umschließt, auf den die Fenster der Korridore gehen. Aus zwei Geschossen bestehend und einem Souterrain, enthält er 50 einzelne Gelasse. Nur die Frontseite zeigt einigen Schmuck an den Balkonen der Flügel und den übereinanderliegenden Kolonnaden von je sechs Säulen dorischer und jonischer Ordnung. Ebenso einfach ist das Innere, nur die oberen königlichen Gemächer nach Osten ziert der Mosaikboden aus einer pfälzischen Fabrik.

Noch einfacher ist der nördlich und tiefer stehende *„Prinzenbau"*, der auch das Hofmarschallamt, das Sekretariat, die Kavaliere und Hofdamen aufnimmt. Noch nördlicher steht das Stall- und Remisengebäude mit Stallungen für 60 Pferde und 22 Kammern und Wohnungen für die Dienerschaft. Es entbehrt auch die nächste Umgebung aller künstlichen Gartenanlagen, wenn auch Wege nach allen Seiten führen. Nirgends wollte man hier durch Künsteleien einer Natur zu Hilfe kommen, die, voll überschwenglicher Reize, selbst als der großartigste Garten vor dieser Villa ausgebreitet liegt. Welch herrliche *Rundsicht* schon von der Terrasse aus!

Über die grünen Kastanienhaine hinaus, aus denen sich die Villa erhebt, umschreibt der Blick in einem unermeßlichen Bogen das ganze blühende Rheinland der Pfalz, des Unterelsasses und Badens und gleitet über die unzähligen Türme und Dome, die sich aus der duftig grünen Rheinebene erheben, längs der dunklen Bergreihe des Schwarzwaldes und der blauen Kette des Odenwaldes, indes der Rheinstrom mitteninnen im Sonnenlicht blinkt. Wurde doch König Ludwig hier an eine italienische Lieblingslandschaft erinnert, und die milde Luft, der blaue Himmel mochten ihm den südlichen Aufenthalt noch mehr vergegenwärtigen. Links an der Haardt, hinab über den düsteren Grund des *Triefenbachtales* hin, auf lachenden Weinhügeln und Kastanienbergen die Ruinen der alten Kropsburg und der Maxburg, und zu ihren Füßen stadtähnliche Dörfer; rechts hinauf, über die schönen Weinorte hin, der *St. Annenberg* mit seiner weithin leuchtenden Kapelle; das Bad Gleisweiler, weiter hinauf am Wasgau das felsige *Neukastel*, die hohe Madenburg und die großartige Irrenheilanstalt von Klingenmünster; rückwärts die steile Berghöhe, auf der die Rietburg thront, und vorwärts, in nächster Nähe und weitester Ferne, die schönste harmonische Abwechslung: wer könnte die Reize dieses Landes schildern?

Villa Ludwigshöhe, herrschaftlicher Sommersitz des bayerischen Königshauses

Vor der Ostseite des Königsbaues fällt der Hügel jäh ab und bildet eine natürliche Terrasse, die in einen grünen Wiesengrund übergeht, von Reben und Obstbäumen eingefaßt. Gleich einer Zunge streckt sich dann der niedere, rebenbedeckte Hügelrücken hinaus bis zur Stadt Edenkoben, während das stattliche Rhodt noch näher und darüber hinaus Hainfeld und Edesheim im flachen Talgrund liegen, wie denn der Hügel seinen Fuß hüben und drüben in dunkle Wiesengründe taucht, aus denen jenseits wieder

Rebenhügel emporsteigen. Kein Park umgibt die Villa, nur Waldbäume und die in der Pfalz wild wachsenden Kastanien umrauschen den *Schloßhügel,* und so soll der Aufenthalt auf Ludwigshöhe nur auf den reinen Naturgenuß hinweisen. Zu jeder Jahreszeit ist der Blick über diese Landschaft schön aus den Fenstern der Villa. Wenn aber im beginnenden Frühling über den noch öden Weinbergen schon anfangs März die zarte Mandelblüte aufbricht und der gelbe Schmelz der Butterblumen über die Wiesen sich breitet; wenn dann im April die Fruchtbäume weit und breit in voller Blüte stehen und die Dörfer in weißen Seen zu ruhen scheinen; wenn das Rebenlaub in zartem Grün aufbricht, nachdem die Winzer schon in den ersten Frühlingstagen die Reben geschnitten und Lust und Leben in die Weinberge gebracht haben; und wenn zuletzt im hellbegrünten, weithin sich dehnenden Weinland vor uns die Rebenblüte aufspringt und einen süßen Duft über die weite Gegend breitet, den laue Winde vor die Fenster der Winzer wie vor die des Königsschlosses tragen: dann ist ein undenklicher *Zauber* und Reiz über diese Landschaft gebreitet. Wie schön ist schon der Blick auf den reichen Gau der Ebene, wenn im Lenz sich weit und breit feuergelbe Rapsfelder in Blüte durch die frühlingsgrüne Ebene gleich goldenen Seen ziehen! Aber wenn die Traube im grünen Laub hell und heller wird und zuletzt in goldenem Glanz glüht; wenn der Herbst gekommen ist mit seinen herrlichen Tagen und sich zwischen dem bunten Laub Scharen lustiger Pfälzer und Fremden bewegen, die Luft mit Liedern und Freudengeschrei, mit Böllerschüssen und Gejauchze erfüllt ist und Wagen mit Fässern ab und zu fahren, um den schäumenden Rebensaft einzukeltern, während zwischen dem Laub ein tolles, reges und fröhliches Leben herrscht: dann ist's nicht minder schön, auf dies Land niederzuschauen, die wallenden Nebel der Morgenfrühe zu verfolgen, wie sie sich nach und nach verteilen und öffnen und den Nebelvorhang wegziehen, damit wir den vollen Zauber dieses Schauspiels genießen, dessen Szene dann das ganze Land ist, von der nördlichen bis zur südlichen Grenze am Abhang der herrlichen Bergreihe der Pfalz.

König *Ludwig von Bayern* weiß die Schönheiten der Pfalz und dieses Aufenthaltes zu würdigen. Schon kurz nach der Vollendung des Baues bezog er mit der königlichen Gemahlin Therese und ihrer Tochter, der Großherzogin von Hessen (1852), die Villa, und faßte von der Zeit an eine Zuneigung zu der fröhlichen Pfalz und ihren heiteren Bewohnern, die ihm auch von allen Seiten zutrauensvoll sich näherten. Im Jahre 1854 hatte hier die Familie des königlichen Greises ihren Sommeraufenthalt genommen. Nach allen Seiten wurden Ausflüge gemacht. Und man ist in traulichen Verkehr mit dem Volk getreten. Seitdem ging die *Königin Therese* zu Grabe, und König Ludwig selbst stand diesem nahe.

Jedoch frisch und kräftig stand der alte Pfalzgraf, der sich so gern ein „Pfälzer Blut" nennt, wieder im Jahr 1856 auf der Ludwigshöhe und schaute vergnügt auf das reiche Stammland seiner Väter. Reicheres Leben als je entfaltete sich. Denn um den greisen König versammelten sich seine Töchter Alexandra und die Großherzogin von Hessen, seine Schwester, die Kaiserinwitwe von Österreich, und König Otto von Griechenland, um hier des Vaters 70. Geburtstag zu feiern, den am 25. August das ganze Land mitfeierte, besonders die Hauptstadt München, die er zur Kunstmetropole umgeschaffen und die ihm bei dieser Gelegenheit, zum ewigen Dankeszeugen, die Errichtung seines Denkmals bei der Gratulation anzukünden die Ehre hatte. Wo damals der König mit den Seinigen hingelangte im schönen Pfälzer Land, wurde er vom Jubel des Volkes empfangen, das sich der Milde, Freundlichkeit und Güte des alten Pfalzgrafen freute.

Gar manche *Anekdote* wird vom Aufenthalt des Königs hier erzählt, gar manche drollige Geschichte vom Zusammentreffen des unerkannten Fürsten mit Leuten aus dem Volk und holzholenden Buben, aus deren Mund er Urteile vernahm, die gewöhnlich nicht zu königlichen Ohren dringen. Da mochte ihm die natürliche Intelligenz und der freie, offene Charakter des pfälzischen Volkes so recht deutlich vor die Seele treten. Gar manches treffende Witzwort wird aber auch dem Mund des Königs selbst nacherzählt und bereicherte den reichen Anekdotenschatz, den man bereits aus seinem Leben, wenn auch noch nicht in Büchern gesammelt hat. Alle Gaue Bayerns tragen heute die Zeugen seines *Kunstsinnes* und Schöpfergeistes, und die Pfalz ist stolz geworden auf ihren Kaiserdom, der sich vor uns riesig über dem Rheinstrom aus der weiten Ebene erhebt, seit er durch den alten Pfalzgrafen zu neuer Würde erstieg und ein Wallfahrtsort für Tausende geworden ist, die die *„Heiltümer"* der heutigen deutschen Kunst und der vergangenen deutschen Geschichte beschauen wollen.

Einer der Lieblingsausflüge des greisen und doch noch so kräftig-frischen Königs war stets die hoch über die Villa sich erhebende *Rietburg*, die auf ungewöhnlich steilem und jäh in die Schlucht des Triefenbachtales abfallendem Berg mindestens um 1 000 Fuß höher als die Ludwigshöhe liegt. Um die Burg zu besteigen, geht man auf dem *„Königsweg"* bergan zur sogenannten *„Klause"* und dann einen Seitenweg rechts hinauf, der direkt zur Ruine führt. Diese, aus einem einzigen hohen Mauerstück bestehend, bedeutet an und für sich nicht viel; aber die Aussicht, die ihre hohe und hervortretende Lage gewährt, gehört zur umfassendsten des ganzen Gebirgssaumes und der Rheinlande überhaupt, da man bei heiterem Himmel die oberrheinische Ebene von Worms und Darmstadt bis zum Straßburger Münster verfolgen kann. Der Duft, der gewöhnlich über dem tief unten liegenden Land und den überrheinischen Bergen ruht, gewährt dieser unermeßlichen Fernsicht einen eigenen Zauber.

Die Sage will, daß, als der Frankenkönig Pharamund hier in der Ebene mit dem Gotenkönig Rodegast zusammenstieß, letzterer seinen Sitz auf dieser erhabenen Burg gehabt habe. Die Herren von Rietberg, die hier im Mittelalter hausten, treten in der Sage und Geschichte als gewalttätige, kecke Dynasten auf. So erzählt das Volk, daß einer von ihnen einem benachbarten Ritter ins Schloß brach und dessen Töchterlein nach der hohen Rietburg entführte. Der gekränkte Vater zog vor die festen Mauern und forderte sein Kind zurück, wozu sich auch endlich gegen ein hohes Lösegeld der Räuber verstand. Nachdem er die Summe erhalten hatte, trat er mit der Jungfrau auf die höchsten Burgzinnen und rief zu dem Vater hinab: „Hier hast du dein Kind nach meinem Wort!" – und schleuderte damit das Mägdlein von der Höhe, daß es zerschmettert unten ankam. Durch den ganzen Speyergau erscholl der Racheruf; alle Ritter sammelten sich, und die Burg wurde erstürmt, der Räuber erschlagen und sein Sitz vertilgt. Doch sein Geist hat nicht Ruhe. Oft irrt er als *Irrlicht* durch den Wald und im Modenbacher Tal, das tief und eng den Schloßberg südlich begrenzt. Und wenn dort aus dem Teufelsloch und vom Teufelsberg her das wütende Heer zieht und entsetzliches Geheul und Gejohl erschallt, so würde man auch den Rietberger unter den Geistern erkennen, wenn jemand sich hinwagen wollte.

Diese Sage scheint durch eine historische Begebenheit veranlaßt worden zu sein. Als nämlich im Jahr 1255 der König *Wilhelm von Holland* nach dem Untergang der hohenstaufischen Kaiser den nahen Trifels im Annweiler Tal gewonnen hatte, sollte in der Freude seines Herzens seine Gemahlin Elisabeth von Braunschweig das Weihnachtsfest auf der wichtigsten Reichsfeste mit ihm feiern. Sie kam mitten im Winter von Worms herübergeritten mit ihren Hofdamen und unter Begleitung des Hofmarschalls, des Grafen von Waldeck. Auf der Höhe bei Edesheim wurde sie plötzlich von dem Ritter *Hermann von Rietberg* überfallen, ihrer Kleinodien beraubt und samt ihrer Begleitung auf die hohe Rietburg geschleppt. Da kam jedoch der Pfalzgraf Ludwig mit den Grafen von Leiningen und Falkenstein nebst den Bürgern von Worms und Oppenheim vor die Burg, und der wilde Rietburger mußte sich ergeben; er starb im Elend.

Wir wenden uns wieder hinab zum Königsweg, der durch einen schönen Lärchenwald führt, um die Halden des Blätterberges bis zu den Brunnenkammern; dann entweder durch das Modenbacher Tal oder zurück ins Weinland hinab, über *Weyher* nach Burrweiler und Gleisweiler. Das Dorf Weyher liegt gegenüber, ungemein schön auf den hohen Weinhügeln am Haardtabhang, und seine Rebengefilde senken sich in das tiefe, stille und enge Modenbacher Tal, dessen Einsamkeit nur das Geräusch der Buschmühle unterbricht. Das Dorf ist uralt. Edler Wein wächst auf diesen Hügeln, und das Rebengelände erstreckt sich über das nahe Rhodt und weit hinaus in den pfälzischen Gau und bis herab zu dem Dorf *Hainfeld* im flachen Grund des Modenbaches. Wo man hinsieht: Reben und nichts als Reben, zwischen denen sich nur hier und da ein dunkles Wiesentälchen mit Weidenpflanzungen hinzieht, während an den Bergen hinauf sich die Kastanienbüsche anreihen.

Zwischen Hainfeld und Rhodt, an der Straße in ebener Rebenflur, steht die *Maxkapelle* an freundlicher Stelle. Drüben aber überm Tal, auf der südlichen Berghöhe, steht eine andere, hoch über dem Dorf Burrweiler, das auf der südlichen Seite des Modenbacher Tales, dem Dorfe Weyher gegenüber, schon zu der nächsten Umgebung des Bades Gleisweiler zählt.

Bad Gleisweiler und seine Umgebung

Indem wir das Modenbacher Tal bei der Mühle überschreiten, uns an den Weinbergen wieder hinaufwenden, die mit den Dörfern am hohen Hang des Teufelsberges herumliegen, dann Burrweiler, ohne uns für dieses Mal aufzuhalten, durchwandern, der hohen Annenkapelle nur einen Blick gönnen und wieder durch eine liebliche Talmulde gelangen, stehen wir bereits vor dem Dorf Gleisweiler auf seinen Rebenhöhen. Durch die Gassen schreitend, gehen wir einer hochgelegenen Talmulde entgegen, einer sich in die Wände des hohen Teufelsberges zwängenden Bucht, die sich nur südöstlich öffnet nach dem reichen Gau der Rheinebene. Prachtvolle Kastaniengruppen rauschen an den Wänden dieser Gebirgsschlucht, ein hoher Springbrunnen hebt zwischen ihnen seinen Kristallstrahl in die Luft, Schwäne schwimmen in dem kleinen, umblümten Weiher, und dahinter aus dem Talgrün stellt sich uns ein stattliches, modernes Gebäude dar. Es ist das *Bad Gleisweiler*, dessen nähere Umgebung den südlichen Teil der oberen Haardt bildet, indem kaum eine Stunde von hier das Tal der Queich aus dem Gebirge tritt und, von Annweiler nach Landau ziehend, den Wasgau von der Haardt scheidet. Was diese Lage betrifft, so teilt sie alle Vorteile der seither durchwanderten, gegen die Ebene gewandten Haardt; aber sie hat einen großen Vorteil vor allen anderen Stellen dieses reizenden Weinlandes voraus: die nächsten Berge gewähren schon einen Blick rückwärts in das Innere des alten Wasgaues, in das wunderbare Berg- und Felsengewirr der „Pfälzischen Schweiz“, – ein Anblick, der in seinem Kontrast zur Rheinebene außerordentlich ist.

Es war ein glücklicher Gedanke des Dr. Schneider von Landau, hierher seine großartige *Wasserheilanstalt* zu verlegen, in dieses kleine, halbkesselförmige Hochtälchen, das von dem schönbewaldeten Berg schützend umschlossen wird, so daß kein rauhes Lüftchen die erhöhte Milde des Klimas zu stören wagt. Stattlich erhebt sich der geschmackvolle Bau aus dem Dunkelgrün, eine offene Kolonnade und zwei vorspringende Flügel mit Altanen geben ihm ein schloßähnliches Aussehen. Zur Seite steht ihm ein hübsches Schweizerhaus mit Ställen für die Esel, Kühe, Ziegen: es ist die *Molkenanstalt* und Melkerei; sie liegt samt der Bereitung von Molken in den

Händen eines tüchtigen Schweizers aus dem Appenzeller Hochland. Diese Schweizerei ist ohnedies zur Aufnahme von Badegästen eingerichtet, und in ihren Oberstuben kann die Kuhstalluft eingeatmet werden. Im Hauptgebäude befinden sich die höchst zweckmäßigen und eleganten Vollbäder, Duschen verschiedener Art, Sprudel-Sitzbäder, ein

Bad Gleisweiler, das sich durch das mildeste Klima in ganz Deutschland auszeichnet

Brausebad, zwei Augenduschen, ein Dampfbad, eine Dampfdusche und Einrichtungen zu Kräuter-, Kiefernadeln-, Salz-, Schwefel- und Stahlbädern; dann zwei Vollbäder in einem benachbarten Haus des Dorfes, und eine halbe Stunde vom Kurhaus entfernt, im wildromantischen Heimbachtälchen, steht die als *„Walddusche"* bekannte Badehütte, durch die der ganze Heimbach fließt. Hierzu kommen noch die zwei heilsamen Trinkquellen und die vortrefflichen Vorrichtungen an den Brunnenkammern, durch die besonders den Duschebädern die kräftigende und heilsame Stärke gegeben werden kann. Überhaupt hat sich das öffentliche Urteil bereits auf die günstigste Art über diese Heilanstalt ausgesprochen.

Die Verbindung mit der Molkenkur und der Traubenkur gibt ihr ohnedies eine Vollständigkeit, die eine andere nicht leicht zu erreichen vermag. Dazu kommt noch das äußerst *günstige Klima*. Denn obgleich die Anstalt an tausend Fuß hoch über dem Meer liegt, gedeihen in dem, von allen Seiten geschützten Hochtal, doch Trauben, Mandeln, Kastanien noch hoch an den Berghängen über der Anstalt, bis mit 1 300 bis 1 400 Fuß Meereshöhe sie der duftigen Bergkiefer weichen. Die trockene Luft begünstigt ohnehin das Verweilen des Sommergrüns, so daß, während weiter unten im Land die Weinberge schon entlaubt sind, sie hier noch im Blätterschmuck stehen bis in den tiefen Spätherbst. Selbst der Feigenbaum, die italienische Zypresse, Fuchsien und andere südliche Gewächse überwintern im Freien bei leichter Bedeckung, und ohne alle Bedeckung die zartesten Teerosen, Rhododendren, pontische Azaleen, Hortensien, Mahonia, Magnolien und andere. Der Mandelbaum blüht schon Ende Februar, die Traube reift schon Mitte September und rankt üppig am Kurhaus empor, die Kastanie gibt zur nämlichen Zeit schon Früchte. Dadurch ist Gleisweiler besonders auch zum Winteraufenthalt geeignet, – zum Sommeraufenthalt aber vorzüglich für solche Kranken, die einer stärkeren und doch milden Bergluft bedürfen oder denen die Reise in den Süden Europas aus irgendwelchen Gründen nicht gestattet ist. Keiner der Nachteile der hochgelegenen, rauhen Alpenbäder stört den hiesigen Aufenthalt.

Hat die *Luftbeschaffenheit* hier an und für sich schon eine seltene Mischung milder und stärkender Elemente, so kommen noch ganz besonders angenehme Umstände hinzu, um ihre Wirkung noch zu erhöhen. Der Waldesduft der hoch und rings um dieses bevorzugte Tälchen ziehenden Kiefern, der Duft der hundertjährigen Kastanien, unter deren Schatten sich die Anstalt erhebt, vor allem aber der würzigste und feinste der Blumendüfte: der Blütenduft der Reben, füllt die Atmosphäre mit einer Fülle des angenehmsten und lieblichsten Aromas im späten Frühjahr. Eine besonders angenehme Kur ist die *Obstkur*. Schon Mitte Mai werden oft Kirschen reif, die man besonders gut und schmackhaft aus dem hinter Gleisweiler liegenden Ramberger Tal, dem eigentlichen Kirschenland der Pfalz, erhält. Heidelbeeren und Erdbeeren tragen die umliegenden Berge, und Johannisbeeren werden in den Gartenanlagen im großen kultiviert. Die bedeutendste dieser Kuren bildet jedoch die *Traubenkur* im Herbst. In Gleisweiler und der Umgegend herrscht, wie am ganzen oberen Gebirge und im Elsaß, der „Kammertbau“ in den Weinbergen, indem man die Rebe auf künstlichem Gebälk zieht, das, der Länge und der Breite nach gelegt, lauter Vierecke bildet. Diese Art des Weinbaues zielt mehr auf Quantität als auf Qualität, im Gegensatz zu dem Zeilen- und Pfahlbau der unteren Haardt. Auch wird hier der Traminer und Riesling viel weniger gebaut als der saftreiche „Gutedel“ oder „Junker“ und der „Östreicher“ oder „Silvaner“. Das sind nun die besten *Tafeltrauben* und zur Kur viel mehr geeignet als die feurigen, sättigenden Traminer-, Riesling- und Muskatellertrauben, die an der unteren Haardt den trefflichen Wein geben. Dr. Schneider hat nun neben seiner Badeanstalt große Weinberge, die alle Traubensorten tragen: den kühlenden Heinsch und Elbling, den säfteverdünnenden Silvaner und Gutedel, Klävner und Frühschwarzen, Burgunder und Ruländer, aber auch die schon genannten sättigenden Sorten, nebst dem Gewürztraminer und die unter allen am meisten Aroma enthaltende Isabelle oder Kaptraube. Der „Kammertbau“ ist in diesen Weinbergen beseitigt; die frühere Reife, die gewöhnlich Mitte September fällt, wird hier durch die niedrigen Stöcke bezweckt, da die Erfahrung lehrt, daß die dem Boden zunächst hängenden Trauben stets die wohlschmeckendsten sind. An Mauern gezogen, erhält man schon Mitte August Trauben. Ist die gehörige Reife eingetreten, so dürfen die Patienten selbst in die Weinberge gehen und die Trauben frisch vom Stock essen.

Zu dem Heilsamen gesellt sich auch das Angenehme und Unterhaltende. Hierher rechnen wir auch den Turnplatz der Anstalt, das Billard, die Kegelbahn, das Musikzimmer mit seiner Auswahl klassischer Werke, das Lesezimmer mit einer Unterhaltungsbibliothek, der Augsburger Allgemeinen und der Leipziger Illustrierten Zeitung, nebst anderen großen Blättern für die trüben und regnerischen Tage des Sommers oder jene des Winters. Jagdliebhaber mögen unentgeltlich nach Hasen und Rebhühnern im Felde, nach Füchsen und Rehen im Walde gehen. Die höchste Unterhaltung wird aber stets der *Naturgenuß* geben in dieser schönen Welt, und diesen hat man schon aus den Fenstern der Wohnungen, die an der hinteren Fassade die Aussicht talaufwärts in die stille Bergschlucht haben, mit dem schönen saftigen Grün der Kastanien und Nadelholzwälder, auf die Hänge des Teufelsberges, während die Fenster der vorderen Fassade und die Terrassen auf den Flügelbauten über den kleinen Weiher mit seinem Springbrunnen hinaus durch die Öffnung des Tales eine herrliche Aussicht auf die weinbepflanzten Vorhügel und die dahinter liegende rheinische Ebene gewähren.

Wie schön ist hier ein freundlicher Sommertag, wenn wir auch nicht aus unserem Zimmer weichen! Unten auf dem Rasen vor der Kolonnade des Baues: friedliche Badegesellschaft an verschiedenen Tischen oder in Gruppen. Vielleicht spielt heute gar die Regimentsmusik aus Landau in der Anlage, und eine große Anzahl von Dorf- und Stadthonoratioren hat sich aus der umliegenden reichen Gegend eingefunden, um hier den *Tag der Ruhe* zu feiern. Die 50 Fuß hohe Fontäne läßt ihren Strahl in der Sonne spielen und den silbernen und lichtdurchwebten Schleier in den Weiher niederrauschen, der tief zwischen den Blumenbeeten und Moosfelsen schimmert. Die Schwäne darauf ziehen durch die helle Flut; und durch die Öffnung dieser hochgelegenen Bergschlucht: welch' herrliches Landschaftsbild, im schönsten Rahmen! Dort blitzt der Rhein herauf, dort wirbeln die Wolken des Dampfrosses, das nach dem nahen Landau eilt, darüber hinaus winken die drei weißen *Türme von Karlsruhe,* und auf der dunklen Bergkette des Schwarzwaldes, die den Horizont schließt, ragt deutlich im Sonnenlicht der alte sagenreiche Turmberg hervor. Wir blicken wie von einem hochgelegenen Amphitheater hinaus auf die rheinische Welt und ihren reichen Farbenduft. Der ganze südöstliche Teil der Pfalz ist vor uns erschlossen.

Wenn es nun Abend wird und die Gäste scheiden, so daß nur noch die Badegesellschaft unten wandelt, zieht es uns selbst hinunter zur Kolonnade, vor der die kleinere Fontäne plätschert. Der kristallene Strahl der großen spielt nach und nach violette Farben, und draußen auf der Ebene wechseln die Lichter und Farben; die Goldglut verglimmt allmählich und die Schatten der Berge breiten sich weit hinüber bis zum fernen Rhein, den man rauschen zu hören meint durch die Stille des Abends. Nur an den überrheinischen Bergen liegt noch hell das Licht des untergehenden Tages; sie glühen röter und röter, bis der letzte Glanz über ihren First zum Himmel schwindet. Wie still und traulich ist es nun in dieser lieblichen *Bergwiege* geworden, wie schließt sie uns ein in die dunkelgrünen Arme, um uns in Schlummer zu wiegen! Die Schwachen und Kranken fliehen vor der sinkenden Nacht, wenn von allen Türmen der Ebene zum Abendgebet geläutet wird und der Nachtschleier sich draußen über das Land am Rhein breitet. Wir aber bleiben noch und wandeln zwischen den Alpenrosen und dem Jasmin an den Rasenhängen des Weihers, durch den die Schwäne ihre Kreise ziehen; wir lauschen dem Rauschen der alten Kastanien und des fallenden Wasserstrahls.

Wie ist dann die Nacht hier schön, die laue Frühlings- oder Sommernacht, beim prangendenen Sternenhimmel, der als ein unermeßliches Zeltdach die schlummernde Ebene überspannt; oder beim schwarzen Gewitterhimmel, der seine Blitze durch das tiefe Dunkel schleudert, daß das weite Land, hell erleuchtet wie in jähem Schreck, aufzuckt, um sich dann wieder durch die tiefe Nacht zu decken! Wie ist die Nacht schön, wenn die Wolken schwinden und über den fernen Schwarzwaldhöhen der rote Mond emporsteigt, dann erbleichend sein magisches Licht über das friedlich schlummernde Land breitet oder gleich einem Silbernachen über der dunklen Ebene schwebt!
Der Morgen bringt neue Lichter, neue Farben, neue Schönheiten, und der Tag sendet seine Wolkenstreifen und seine Sonnenschleier über das herrliche Land. Der Frühling, der Sommer und der Herbst schmücken es mit hellen und dunklen Gewändern, bis der Winter dann sein Leichengewand darüber wirft.

Es ist in der Tat ein *reizender Aufenthalt,* dieses Bad Gleisweiler in seiner grünen Bergwiege, für Kranke, Genesende, Gesunde, für Glückliche und Unglückliche. Es bietet alles in schönstem Verein, was Seele und Körper kräftigt und ergötzt. Sein Besuch wird immer zahlreicher, seitdem es durch die nahe Eisenbahn mit der großen Welt in Verbindung steht, ohne jedoch den Charakter eines stillen Gesundheitsbades zu verlieren. Wer es besuchen will, fährt am besten nach dem in einer Stunde von hier erreichten Landau, mit dem es in täglicher direkter Verbindung steht. Dem ankommenden Fremden lacht Gleisweiler von seinen Rebenhöhen vor den ernsten Bergen schon bei der Eisenbahnfahrt durch die Ebene entgegen. Auch wegen der *mäßigen Preise* eignet sich Bad Gleisweiler besonders zum Landaufenthalt für Familien und einzelne Personen. Zwischen 14 und 21 Gulden schwanken, je nach der Zimmerklasse, die wöchentlichen Kurpreise, in die vollständig möbliertes Logis, Kost, Bäder mit Badeleinwand, Ziegenmolken und drei Pfund Trauben bei der Traubenkur, sowie das ärztliche Honorar mitbegriffen sind. Im Winter und bei Nichtbemittelten treten ermäßtigte Preise ein. Verhältnismäßig ebenso billig sind die Preise für Nichtkurgäste, Table d'hôte 36 Kreuzer, Frühstück und Abendessen nach der Karte, Wohnung je nach der Zimmerklasse und Jahreszeit von 24 Kreuzern bis 1 Gulden 12 Kreuzer. Mit der Adresse „Bad Gleisweiler, poste restante Landau in der Pfalz" gelangen Briefe und Pakete jeden Tag durch einen Privatboten hierher.

Was nun die *Ausflüge* betrifft, so bietet Bad Gleisweiler deren eine Reihe von so großen Reizen und mannigfaltiger Abwechslung, wie man nicht leicht ein zweites Bad dieser Art, und zwar sowohl in nächster Nähe als in der näheren und weiteren Entfernung findet. Landau mit seinem militärischen und bürgerlichen Leben liegt unfern auf des „Landes Aue", Edenkoben mit seiner Umgebung auch nicht weiter, die Maxburg und die Kropsburg blicken aus der Nachbarschaft herüber, und auf der entgegengesetzten Seite das reizende Berggelände von Klingenmünster am Wasgau mit der Madenburg, der hohe Trifels samt der Felsen- und Wunderwelt der Pfälzischen Schweiz und des Annweiler Tales. Durch die östlich in der Entfernung einer Stunde vorüberziehende Eisenbahn, zu der man auf schönen Wegen nach Landau oder Edenkoben gelangt, ist Neustadt und die untere Haardt samt den Tälern der inneren Haardt in die Nachbarschaft gerückt, selbst Weißenburg im Elsaß, ja sogar Straßburg mit seinem Münsterturm, dann Karlsruhe, Mannheim, Heidelberg, Darmstadt und Mainz können nun als *Tagespartien* gelten, wieviel mehr Speyer mit seinem Kaiserdom und die alte Nibelungenstadt Worms, die alle im Duft der Ferne übersehen werden können. Der beliebteste Spaziergang der Gleisweiler Kurgäste ist der nach der Ruine *Scharfeneck* rückwärts im Gebirge, die man durch stille Waldgründe in einer Stunde erreicht. Wir werden sie später, bei einer größeren Bergwanderung durch die großen Haingeraidewälder der inneren Haardt, besteigen.

Den allernächsten Gang ins Dorf Gleisweiler unter den Kastanienbäumen hin werden wir am häufigsten machen. Wollen wir zu Fuß nicht weiter, so stehen in der Anstalt Wagen und Pferde bereit, ja sogar Esel, um die Höhen zu erklimmen. Wenn es auch zur Zeit der Sommersaison, wie der selige Dr. Goßmann sagt, viele Esel hier gibt, so entbehren wir dennoch gern ihre Gesellschaft bei unseren Ausflügen und überlassen sie den Launen des zarten Geschlechts. Die mit Kies bestreuten sandigen Bergpfade sind auch nach langem Regen noch gut zu besteigen, sie führen nach allen Seiten an den Hängen des waldigen *Teufelsberges* hinauf, der mit schützenden Bergarmen das Kesseltal der Badeanstalt umschließt. Der *Schützenmächer*, der nördliche dieser Berghöhen, ist in kurzer Zeit erstiegen; er gewährt, wie alle diese Höhen, die reizende Fernsicht des Rheintales vom Melibokus bis zum Kniebis. Zum Kurhaus zurückgekehrt, können wir auch die südliche Anhöhe durch duftigen Wald in kürzester Zeit besteigen, den *Kienberg*. Die Fernsicht ist noch schöner als die des Schützenmächers, mit dem der Kienberg Bad Gleisweiler so treulich schützt und behütet. Unten liegt das Dorf, lieblich von seiner Rebenhöhe hinaus ins offene Land blickend, hinter ihm blickt der Kirchturm von Burrweiler hervor, und von beiden Orten zieht sich das Rebengelände weithin in die Ebene. Der St. Annenberg, die Rietburg und die Maxburg auf schönem Vorberg treten perspektivisch hervor, während südlich sich der Ringelsberg erhebt, an dessen Fuß Frankweiler und im engen Heimbachtälchen die Papiermühlen und der *Steigerter Hof* liegen.

Nach Osten ein weiter Bogen herrlichen Landes mit den Städten und Dörfern der Pfalz, des Elsasses und des badischen Landes. Dort, am Rand des Waldes, auf unserem Weg, möge niemand versäumen, das schöne Echo wachzurufen, das sechs rasch ausgestoßene Worte kräftig und wie aus weitem Gewölbe kommend, zurückgibt. Ein

Pistolenschuß hallt hier donnerähnlich durch die westlichen Berg- und Waldschluchten, über die der hohe *Orensberg* seinen Felsenrücken hebt.

Zum Kurhause zurückgekehrt, besuchen wir jetzt die Dörfer im reichen Rebengelände, das sich um den östlichen Fuß des Teufelsberges breitet. Nach Gleisweiler, dem Dorf, sind nur wenige Schritte. Gleich im ersten Haus treffen wir ein herrliches Bier bei dem Herrn Männlein, der ein mit Ehren verabschiedeter Feldwebel und ein gar lustiges Männlein ist. Aus dem Dorf heben sich besonders das große *stattliche Pfarrhaus* durch seine schöne freie Lage und die Kirche mit ihrem stumpfen Turm hervor. Der Ort ist alt und liegt schön am hohen, weinbekränzten Berghang als eines der höchst gelegenen Dörfer der Pfalz; 600 Fuß über dem Spiegel des vier Stunden entfernten Rheinstromes, im Angesicht der weithin gebreiteten herrlichen Ebene und weit erschaut in seiner hellen Freundlichkeit von allen Punkten dieses unten blühenden Gaues. Freunde der Botanik finden hier im Hause des Herrn Jörg einen Stechpalmenbaum (ilex aquifolium) von ungewöhnlicher Größe, der alljährlich mit seinen roten Früchten reichlich besät ist. Der Stamm mißt 3 Fuß im Umfang, 27³/4 Fuß in der Höhe.

Indem wir nun durch das Dorf gekommen sind, nehmen wir stets unseren Weg durch die Weinberge am hohen Abhang, kommen durch ein trautes Tälchen und zuletzt nach dem stattlichen Dorf *Burrweiler* oder „Bur“, das ebenso schön, hoch und sonnig wie Gleisweiler am Abhang des Teufelsberges liegt, der von ihm auch in der Umgegend den Namen „Burer Berg“ führt. Nur eine Viertelstunde lang ist der Weg hierher und gewährt stets die Aussicht weit ins tiefer liegende Land hinab. Die Umgebung ist ungemein reizend und wird nicht wenig gehoben durch die hoch über dem Dorf ins reiche Land hinab leuchtende St. Annakapelle. Weyher, auf der anderen Seite des hier aus dem Gebirge tretenden Modenbacher Tälchens, blickt freundnachbarlich aus seinen hohen Rebenfeldern herüber, weiter hin schaut die Rietburg ernst auf die Villa bei Rhodt herab und das Land breitet sich offen in seiner Schönheit vor uns aus. Die *Kirche* liegt östlich vor dem Eingang des Ortes. Sie ist alt und interessant genug. Die Weinberge, die sie weithin überschaut, treten bis zu ihr hinan. Uns zieht es hinein in ihre Räume, die ein alter gotischer Turm überragt. Drinnen finden wir ein *Grabdenkmal* im Renaissancestil, das einem Herrn von Gaisberg gesetzt ist, mit den allegorischen Figuren der Hoffnung, Tapferkeit, des Glaubens und der Großmut; letztere, charakteristisch genug für den toleranten Sinn der Pfälzer schon im 16. Jahrhundert, ist durch einen Türken dargestellt. Außer diesem merkwürdigen Grabmal finden wir noch ein anderes Kunstwerk: ein wertvolles *Gemälde,* Christus am Kreuz, aus der schönsten Zeit der niederländischen Schule und voll Naturwahrheit. Verschiedene Gründe sprechen für Van Dyk als den Schöpfer dieses Kunstwerkes.

In dem früher Leyenschen Amtshaus wurde der berühmte *Dr. von Walther,* Professor und Leibarzt der Königin Therese von Bayern, geboren, der in München 1851 starb. Jene Herren von Gaisberg, an die wir bei dem Grabdenkmal erinnert werden, wohnten auf ihrer, nun bis auf geringe Spuren verschwundenen, Stammburg Gaisburg, auf der nördlichen, runden Anhöhe nächst dem Annenberge. Ihren Namen erhält noch der treffliche Gaisberger Wein, der zu den besten der oberen Haardt zählt, sowie der Scheffer und Altenforster, der das Andenken an das eingegangene Dörfchen *Altenforst* erhält und Burrweiler einen Namen unter den Weinorten der Pfalz gibt. Die sonnige Lage dieser Tonschieferhügel läßt die Trauben früh reifen.

Einen angenehmen Kontrast mit dem lachenden Weinland und der Ebene, die man von hier aus überschaut, bildet ein Gang in das tiefe, dunkelgrüne *Modenbacher Tälchen,* das hier mit dem sogenannten „Teufelsloch“ aus dem Gebirge tritt und sich zwischen dem hohen Blätterberg und der dunklen Wand des Teufelsberges herauszwängt. Die Sage weiß viel von diesem einsamen Waldtal und seinen dunklen Gründen zu erzählen, von dem feurigen Mann in seiner Tiefe und dem Zuge des wilden

Jägers durch seine Enge, den man in besonders stürmischen Nächten daherbrausen hört, daß einem Hören und Sehen vergeht. Im tiefen Talgrund liegt die *Buschmühle*, ein gar heimeliger Platz, und verfolgt man den sogenannten Modenbacher Steg weiter in seine Einsamkeit hinein, so kommt man zu dem einsamen Hofe Modenbach und *Schloß Modeneck*, und stets weiter hinauf, endlich zu dem hohen „Schänzel" auf dem Steigerkopf. Doch so weit wollen wir nicht; wir wenden uns aus seiner Waldwildnis mit dem murmelnden Bach wieder heraus ins offene Land nach dem Dorf, und wenn auch die Dörfer Böchingen, Flemlingen, Roschbach noch so freundlich aus dem zur Ebene sich absenkenden Rebengelände locken, winkt doch die St. Annakapelle auf einem Vorsprung des Teufelsberges noch freundlicher zu ihrer erhabenen Höhe hinauf. Auf anmutigem Weg durch die Weinberge und Kastanienhaine stehen wir endlich oben auf dem Kapellengut vor dem weit ins Land hinaus blickenden Kirchlein, das man auf seinem hohen Bergvorsprung von allen Höhen der vorderen Haardt, vom Wormser Dom und dem Heidelberger Schloß, vom Melibokus und Kaiserstuhl, vom Straßburger Münster und den Höhen des Breisgaues an der blauen Haardt in seinem weißen Anstrich leuchten sehen kann. Und alle diese und die zwischenliegenden Punkte, ja selbst die duftigen Höhen des Taunus, sind sichtbar dem bloßen Auge auf unserem erhabenen Standpunkt. Man blicke auf die Karte und bemesse die Grenzen der Aussicht von den Bergen jenseits des Mains bis zu denen des Breisgaues. Hagenau, Rastatt, Lauterburg, Karlsruhe, Bruchsal, Germersheim, Speyer, Mannheim, Frankenthal und unzählige andere Städte treten aus der Ebene hervor; da drüben versteckt sich Landau hinter seine hohen Wälle, und haardtauf, haardtab, welche Zahl der Burgen und der lachenden Dörfer des Weinlandes, welch' reiche Fruchtgefilde der Ebene und ihre unzähligen Orte und Türme!

Tief in das Altertum hinein reicht der Ursprung dieser Kapelle; man geht schwerlich fehl, wenn man annimmt, daß der Teufelsberg schon dem alten Wind- und Wettergott Wodan geheiligt und den alten Urbewohnern ein geweihter Berg war, später von den christlichen Mönchen wie gewöhnlich den Namen des Höllengötzen erhielt, während man dem Volk an dem einmal für heilig gehaltenen Ort hier oben eine Kapelle baute, wo es nun auf christliche Weise Gott verehren konnte. Wir finden ja gewöhnlich an früheren heidnischen Kultusstätten solche christliche Kirchen sich erheben, indem man die Vorliebe des Volkes für solche, aus alten Tagen her heiligen Orte kannte und benützte, während man die alten Götter zu den Mächten der Hölle stempelte. Wiedererbaut nach ihrem Verfall, wurde sie 1765, freilich nicht mehr so schön als der frühere Bau sein mochte, und bei dieser Gelegenheit erschien ein *poetisches Programm*, aus dem wir folgendes hervorheben, da es in der Tat die Stimmung auf dieser Höhe ausspricht:

„Hoch ist, o Herr, dein Haus. Bewölkter Berge Höhen
Noch nicht der Schemel sind, da deine Füße stehen:
Doch wo dein Heiligtum bei uns auf Erden wohnt
Da ist, o Herr, dein Haus, da deine Gottheit thront.
Ein solches Haus soll hier der Eck- und Grundstein tragen,
Wo bis in das Gewölk der Berge Gipfel ragen:
Des Berges, der vorlängst dir schon geheiligt hieß,
Den Anna, unsre Frau, zum Gnadenort verhieß."

Schön ist's hier oben immer, am schönsten aber, wenn in der Zeit der Rapsblüte, wo die Rheinebene unten golden heraufschimmert, hier am ersten Mai und in der Kreuzwoche die Vesperglocke in das Tal hinabhallt und die „Wingertsleute" zum Gottesdienst auf die erhabene Stelle ruft, den der Pfarrer von Burrweiler abhält. Am 26. Juli, dem Tag der Patronin, beginnen dann die Sommerwallfahrten nach dieser erhabenen

Höhe, und dauern die neun folgenden Dienstage an. Dann strömt das katholische Landvolk der Pfalz aus weitester Ferne und besonders aus den nahen, früher bischöflichen Weinorten der oberen Haardt nach diesem „*Heiligen Berg*". Die Eröffnung der Wallfahrt ist ein wahres Fest für die Gegend, und man fühlt sich dann mitten in erzkatholische Länder versetzt, was die Pfalz doch in keiner Weise ist, wenn auch an der oberen Haardt die Katholiken bei weitem die Mehrzahl bilden. Vom Heimbach südlich zum Siebeldinger Tal sind die Orte wieder protestantisch.

Gewiß hat es seine tiefe Poesie, dieses *Wallfahrtsleben*, und besonders auf so herrlich gelegenem Boden. Tausende und abermals Tausende versammeln sich dann hier oben in der Nachbarschaft des Himmels, freilich nicht alle um zu beten und die im Freien gehaltene Predigt zu hören, sondern auch, um sich an der Aussicht zu ergötzen und nach eigener Weise Gott zu verehren, oder sich an dem jahrmarktartigen Treiben des selbst beim Wallfahren noch heiteren pfälzischen Volkes zu erfreuen.

Doch wenden wir uns von dem lebhaften Bild, den frommen Betern und weithinschallenden Gesängen ab, indem wir den kurzen Weg einschlagen, der von hier über die *Fröhlichslust* direkt nach dem Kurhaus durch die Kastanien zurückführt, oder besser, unsere Wanderung hier oben fortsetzen, und zwar auf einem Weg nach Westen durch einen dunklen Föhrenwald, stets bergan, eine halbe Stunde lang. So gelangen wir auf die mächtige Kuppe in der blauen Höhe: einige Gruppen schlanker Föhren, dazwischen eine Unzahl kolossaler, mit weichem Moos umgrünter Felsblöcke, stehen vor uns auf dem freien Bergesraume. Wir sind dem höchsten Punkt des 2033 Fuß hohen Teufelsberges nahe und atmen die gewürzte Bergesluft, die uns in weitem blauem Bogen umfängt. Staunend und überrascht stehen wir vor diesem abenteuerlichen Gewirr und Geröll zahlloser, wild übereinander und durcheinander geworfener mächtiger Felsen, die sich ansehen wie das Getrümmer einer ungeheuren *Cyklopenstadt*. Die Geologen wissen, daß diese Felsen einst in geschlossenen Massen hoch über die Bergkuppen ragten, gleich so vielen anderen in der Pfalz, wo sich besonders im inneren Wasgau derartige Formen des Sandsteins finden. Von der Urflut umspült und nach und nach unterwühlt, mögen diese Felsburgen unter starken Erdbebenstößen zusammengestürzt sein. Aber die *Volkssage* weiß es anders.

Daß der Teufel schon viel durcheinander gemacht und doch noch nichts Ordentliches zuwege gebracht hat, zeigt eben auch der „Burer Berg", auf dem wir stehen, mit seinen kraus durcheinandergeworfenen Blöcken. Ob nun der Teufel hier eine Stadt zerstört, oder ob er seine Residenz aus diesen Felsen hier bauen wollte, darüber ist man eben auch noch nicht einig. So viel ist aber gewiß, daß er sein Wesen noch hier oben hat. Davon wissen die Leute von Weyher zu reden, wie es einem ums Herz wird, wenn vom Teufelsberg durch das *Teufelsloch* im Modenbacher Tal der Sturm bläst, das schwarze Nachtgewölk und unheimliche Gestalten vor sich hertreibt und sich wüste, grausige Stimmen vernehmen lassen. Das ist das wilde Heer und bei ihm der Gottseibeiuns selber, und das Flämmchen im tiefen Grund gehört auch dazu. Wenn es dann nur ohne Schaden abgeht und der Hagel, der am Teufelsberg gebraut wird, nicht die Reben und Weinstöcke verwettert und zerschmettert, wie das schon geschehen ist!

So blickt uns aus dieser Volkssage ja deutlich genug das Wesen des alten Wuotan, des Wind-, Wetter- und Schlachtengottes entgegen, der mit dem „wütenden Heere" daherbraust. Auf dem nahen Orensberg werden wir ihm wieder begegnen. Auf dem „Burer Berg" ist auch des *Teufels Kanzel*, dort, wo das fast 2000 Fuß lange Felsenriff senkrecht nach Norden abfällt. Südöstlich davon deutet ein trigonometrischer Stein die höchste Spitze des Teufelsberges an. Eine weit umfassende Fernsicht versagt hier oben der Wald.

Indem wir den Rückweg südlich über den breiten Rücken des *Leisbühls* einschlagen und so westlich die Bucht des Kurhauses umgehen, um zum Kienberg zu gelangen, haben wir von jenem Rücken eine wahrhaft überraschende Aussicht; nicht über das wilde Rheintal allein, sondern auch in den ganzen südöstlichen Teil der Rheinpfalz: in das wilde Gebirgsland des alten Wasgaues, wo der Trifels auf drei Bergen sich aus dem Annweiler Tal erhebt und mit ihm viele andere Burgen, daneben aber wunderbar gestaltete Felsentürme, einer hinter dem anderen, aus den Tälern von Dahn und Gossersweiler gleich einer Zauber- und Riesenwelt auf hundert Bergen und waldigen Höhen emporragen.

Besonders gewaltig ist der Anblick des ganz nahen Orensberges und des auf der anderen Seite des Queichtales ihm gegenüberliegenden Hohenberges, die wie durch ein ungeheures Tor zwischen ihren dunklen Wänden hindurch uns jenen Anblick des seltsam zerrissenen Wasgaugebirges gewähren und den herrlichen Trifels in dessen Vordergrund in mächtige Rahmen fassen. Südlich am Rand des Gebirges auf den in die Ebene hineinragenden Spitzen des Berggeländes von Klingenmünster, die hohe Madenburg und das Neukastel; nordwestlich, im stillen Waldgrund über dem Ramberger Tal, auf die Ruine Scharfeneck und dann nach Osten auf die ungeheuren Bogen der oberrheinischen Ebene, von den jenseitigen blauen Bergketten umschlossen. Tief unter uns, gegen die Ebene hin offen, sehen wir die traute Bergwiege, in der das Kurhaus so reizend liegt. Dahin eilen wir jetzt auf dem steil abschüssigen Pfad, durch das Föhrengehölz an der Wasserleitung im „Gehäu“ vorüber, und treffen bald hinter der Anstalt die weidenden Kühe und Ziegen, denen das duftige Berggras dieser Schlucht gar wohl behagt.

Wir wenden uns jetzt in die *Dörfer auf dem flachen Hügelland*, das sich vor uns in die Ebene hinabzieht und die so freundlich vor uns liegen. Da ist es überall lieblich und idyllisch; die Rebenpflanzungen wechseln mit trauten Wiesengründen und Ackerfeld, mit Obst- und Weidenhainen ab, hinter denen die Dörfer liegen. Die Weide wird im Weinland häufig angepflanzt, weil ihre biegsamen Zweige das wohlfeilste Material zum Binden der Rebstöcke abgeben, und ihr saftiges Grün mit dem weißlichen Silberschimmer wechselt gar anmutig mit dem tieferen der übrigen Obstbäume und dem Olivgrün der Walnußbäume, die sich mitten aus den Reben- und Fruchtfeldern längs der Wege erheben und lange Alleen bilden. Wir wandeln die schattigen Wege hinab ins Land; es liegt offen vor uns, und eine Anzahl von hohen Kirchtürmen ragt aus den Rebenpflanzungen und weiten Fruchtfeldern.

Auf dem Herrenweg, am „Frankenstein“ vorüber, sind wir nach einer halben Stunde schon in *Böchingen*, einem ansehnlichen, wohlhabenden Dorf, anmutig im flachen Grunde des Heimbachs gelegen. Während der Belagerung von Landau im Jahre 1793 war hier das Hauptquartier des Kronprinzen von Preußen, und von hier aus gingen die verschiedenen Aufforderungen an den General Laubadère, die Festung zu übergeben. Damals, sowie in den früheren Belagerungen der nahen Festung und denen von 1814 und 1815, litt diese ganze Gegend außerordentlich, da die Kosaken und Baschkiren, noch mehr aber die Preußen und Württemberger, das Land für Feindesland nahmen.

Wenn man von Böchingen weiter östlich wandelt, kommt man am ehemaligen Thingstuhl der zweiten Haingeraide vorüber nach *Walsheim* im Gau und seiner erlen- und weidenumgrünten Mühle auf der Straße nach Landau. Dieses Dorf hat einen uralten Kirchturm, der in seiner giebelförmigen Gestalt sonderbar genug absticht gegen die spitzen Türme der Umgegend. Hier soll nach der Sage der Apostel Petrus zum erstenmal auf deutschem Boden gepredigt haben und die Kirche – „St. Petersdom“ – von ihm gestiftet sein. Hinter einem Wald von Obstbäumen liegt das alte Dorf, das schon im 8. Jahrhundert genannt wird, auf dem stillen Wiesengrund. Über die Landauer Straße, die östlich vorüberzieht, blicken die zwei Kirchtürme von *Knöringen* aus dem grünen, flachen Talgrund des Heimbachs hervor. Dort ist eine Zwischenstation der vorüberziehenden Eisenbahn. Den Heimgrund verfolgend, kämen wir bald nach dem großen Gaudorf Essingen; wir wandern jedoch wieder westlich zurück, um die niedlichen Dörfer *Roschbach* und *Flemlingen* zu besuchen, wo wieder der Weinbau stärker wird. Hier war der Freihof der zweiten Haingeraide. Der Blick aus diesen Fluren nach den hoch am Gebirge auf Rebhügeln sich hindehnenden Orten und der St. Annakapelle darüber, dann hinüber zur Ludwigshöhe und zu der auf ihrem Vorberg scharf ins Land tretenden Maxburg, ist gar schön.

Nach Böchingen zurückgekehrt, von wo an sich die weiten Rebenfluren nach dem Gebirge hinziehen, können wir über die fruchtbaren Felder des Landrückens südöstlich nach dem nahen *Nußdorf*, das auf der Höhe vor Landau liegt, wandern. Den Ort kann man noch besser besuchen, wenn man mit dem Wagen von Gleisweiler nach Landau fährt. Er hat eine freie Lage und sieht südlich auf die Forts und Wälle von Landau hinab und ins Siebeldinger Tal, wie das Queichtal hinter Landau bis zum Gebirge genannt wird. Die stolzen Berggipfel des Wasgaues mit ihren pyramidenartigen Spitzen und ihren Burgen, der Trifels dahinter, die Madenburg und andere blicken von dort in schönem Kontrast zur Ebene und zur geschlossenen Haardtkette auf das Land im Gau herüber, und Gleisweiler von seinen rebenumkrönten Höhen, samt den anderen Weinorten, liegen freundlich winkend auf der Höhe vor uns. Der Name des Dorfes scheint von den vielen Walnußbäumen herzukommen.

Die Nußdorfer Bauern, denen noch heute etwas von dem unabhängigen, stolzen Sinn ihrer Vorfahren anhängt, haben auf ihrer Kirchweih im Jahre 1525 den *Bauernkrieg* in der Pfalz begonnen. Als Merkwürdigkeit mag angemerkt werden, daß sich an der alten Kirche des Ortes, am Eck des Kirchturmes, ein eingemauerter Stein findet, der mit den Figuren des Herkules und der Juno, wie sie unsere Archäologen deuten, als ein *römischer Altarstein* erkannt wird. Der uralte Turm, in dessen äußerst festes Gemäuer die Fenster wohl erst später gebrochen wurden, hat seinem Aussehen nach einst eine andere Bestimmung gehabt als jetzt. Auf dem Wege von hier nach Frankweiler liegt im Banne von Godramstein der „Affolder“ nächst dem „Stahlbühl“, wo eine Unzahl alter Götterbilder gefunden wurden, wie überhaupt die ganze Gegend reich an Altertümern ist. Nußdorf hat 1400 Einwohner und eine große Gemarkung, die sich, mit Weinbergen und Getreidefeldern bepflanzt, gegen Landau und Godramstein hin in das Siebeldinger Tal der Queich abdacht gleich dem übrigen Lande.

Indem wir dieses Tal links liegen lassen, wenden wir uns wieder aus der Nähe des Gaues nach den Weinhügeln der Haardt, entweder auf dem Firstweg hin direkt nach Frankweiler oder zurück zum Kurhaus. Bei diesen Touren werden wir Gelegenheit haben, ein fleißiges, kräftiges und gestähltes Volk kennenzulernen, dessen Kirchweihen den Kurgästen auch einen Begriff von der unbegrenzten Gastlichkeit und Lustigkeit dieses Volkes zu geben vermögen. Einen *„Herbst“* mitzumachen in den Weinbergen und nach den Freuden des Tages unter Jubel und Gesang heimzuziehen, um nachts an der Kelter im süßen Most oder an der „Kästenpfanne“ in duftigen gebratenen Kastanien zu schwelgen – das allein wäre wert, auf einige Zeit seinen Aufenthalt im Bad Gleisweiler zu nehmen.

Einer der beliebtesten und bequemsten Spaziergänge vom Bad aus ist der über das Heimtal nach *Frankweiler,* wohin wir kaum eine halbe Stunde brauchen. Der Weg führt vom südlichen Ende der Parkanlage stets südlich an der Berghalde hin und läßt den Blick in die gartenähnliche Ebene des alten Speyergaues frei, bis er nach einigen Minuten sich in das schmale, grüne *Heimtal* hinabsenkt. Östlich zwischen den Weinbergen im Talgrund liegt die Frankweiler Mühle, hinter der „Burgheide“ zwischen den Bergen die *Papiermühle* des Herrn Unger, mit 30 Fuß hohem Rad, mit ihren Beiwerken im Tal, ihrem Getriebe und ihrer Bereitung des endlosen Papiers immerhin sehenswert ist. Eine Turbine arbeitet dort mit 50 Fuß Gefälle. Weiter hinten im Tal kommen wir zur Waldduscne, wo wir inmitten des Waldesstille ein Bad nehmen können. Da wir jedoch an der Papiermühle hinabsteigen und das schmale Wiesentälchen durchschreiten, stehen wir vor dem Steigerter Hof, der sich an den Fuß des waldigen Ringelsberges lehnt. Wo aber ist die uralte *Frankenburg*, die starke Feste Alt-Scharfeneck, die der Sitz des Gaugrafen des Landes war? Der Steigerter Hof ist das letzte Überbleibsel derselben.

Hier stand sie an der nordöstlichsten Stirne des Ringelsberges, wahrscheinlich schon zur Römerzeit als ein Kastell, das mit dem Neukastel überm Queichtal diesen wichtigen Paß durch das Gebirge decken sollte. Schon unter Karl dem Dicken 880 von den wilden Normannen zerstört, die, den Rhein heraufdringend, in ihrer heidnischen Weise raubten und plünderten, stand die alten Frankenburg in ihren Überresten als ein Zeuge uralter Kraft bis zum Jahre 1834, wo die Eigentümer sie vollends ausbrachen und zum Festungsbau in Germersheim verwenden ließen, als ob die prächtigen Steinbrüche hier in nächster Nähe nicht Material genug hätten liefern können! Solche geringe Achtung vor dem Alten und Historischen und solche unzeitige *Gewinnsucht* wirft immerhin einen Schatten auf den Charakter des Pfälzers, der doch sonst der Lichtseiten genug bietet. Selbst der größte Teil des merkwürdigen Felsens, auf dem die Frankenburg ruhte, ist mit einem hier recht widerwärtigen Fleiß abgebrochen. Die zwei letzten Quader der Ruine ließ der Schullehrer Cullmann von Frankweiler durch seine Schulkinder als Gedenksteine ins Schulhaus bringen. Ein tiefer, von Schutt bedeckter Brunnen allein ist noch übrig von der alten Frankenburg.

Ehe wir das Dorf besuchen, steigen wir an den mächtigen Steinbrüchen des *Ringelsberges* empor, die weit in das Land hinein mit ihrer langen, hellgelben, rings um den Fuß des Berges ziehenden Steinreihe gesehen werden können und dem Rheinbewohner den Ringelsberg oder „Steigert“ bezeichnen.

Wenn wir die ruhige, horizontale Schichtung des hier aufgeschlossenen Vogesensandsteins mit den schönsten Wellenschlägen nach den einzelnen Fluten der Schöpfungsbildung betrachtet haben und die ungeheuren Steinbrüche zur Rechten lassen, führt uns der Pfad durch Kastanien- und Föhrengebüsch und duftendes Heidekraut bis zum höchsten Punkt – *„die Sackpfeife“* – auf der nordöstlichen Stirne. Mächtiges Felsengeröll umlagert diese Stelle, die 1500 Fuß überm Meere eine der umfassendsten Aussichten der vorderen Haardthöhe gewährt. Die Rheinebene in ihrer ganzen Ausdehnung liegt vor uns; ihre Beschreibung erläßt man mir. Da hinten ragt hoch empor der gewaltige Felsenrücken des Orensberges, mit dem der Ringelsberg das Haardtgebirge hier abschließt; nur das enge *Grostal*, eine waldige tiefe Schlucht, trennt uns von ihm. Da drüben aber, über dem tiefen Queichtal, aus dem Albersweilers Türme schauen, steht der vorderste der stolzen, hochgipfeligen Wasgauriesen: der jäh abfallende Kegel des Hohenberges, gleich hoch wie der Orensberg, und über das gar lieblich geformte *„Rehköpfchen“* hinweg trifft das Auge die zerrissene Felsenwelt der „Pfälzischen Schweiz“ hinter den Türmen des Trifels; dort in duftiger Ferne den hohen Lindenboln, hoch aus dem Gossersweiler Tale ragend, und alle die Felskuppen dieses im rechten Licht magisch wirkenden Gebirgslandes. Der Schwanfels und die Türme und Grate des Felsenlandes bei Dahn und Wilgartswiesen, dann der Adlerberg und ihm zu Füßen Annweiler im tiefen Tal; drüben überm Siebeldinger Tal die Madenburg und Neukastel und drinnen in der tiefen Haardt die Ruine Scharfeneck; hinter uns die waldigen Gründe des schöngeformten Teufelsberges und die düsteren Wälder des Roßberges und vor uns das Land rheinauf rheinab wie ein grüner See bis zu den fernen, blauen Bergufern: an alles dieses reicht keine der seither genossenen Fernsichten. Das ist eben die bevorzugte Lage der Umgebung von Gleisweiler, daß sich hier mit dem Queichtal das Innere des an der Haardt sonst geschlossenen Gebirges öffnet und uns diese herrlichen, unbeschreiblichen Blicke in das Feen- und Riesenland des alten Wasgaues tun läßt.

Von der Aussicht abgewendet, ruhen wir auf den Rasenbänken aus, die eine hoch auf der Bergkuppe sprudelnde *Quelle* umgeben. Sie speist den *Fischweiher* daneben und wir freuen uns der seltenen Erscheinung eines kleinen Sees auf solcher Höhe. Lärchen, Weimutskiefern, Seekiefern und Ahornbäume umgeben ihn und umfassen die Rasenbänke um den Tisch, den eine große Felsplatte bildet. Die südwestliche Ebene des Berges heißt *„Am steinigen Mann"*. Von diesem Platz erzählt die Volkssage, daß hier die Alten Spiele gehalten hätten, die in Steinwerfen bestanden. So sei hier das Frühlingsfest abgehalten worden, wobei der „steinige Mann" errichtet und wieder zerstört wurde.

Ein Pfad führt von hier aus nach dem hohen Orensberg und seinem altkeltischen oder germanischen Lagerplatz. Jedoch wollen wir zuerst das Dorf *Frankweiler* besuchen, indem wir den Berg hinabeilen. Zwischen dem Steigerthof und dem Dorf fand man heidnische Götterbilder und Grabhügel, erzene Lanzenspitzen und steinerne Streitäxte, zum Zeichen, daß die Volkssagen von dem außerordentlichen Alter dieser Orte nicht aus der Luft gegriffen sind. Frankweiler soll schon in den Kämpfen der Franken mit den Alemannen zerstört worden sein. Auf den Trümmern legten die Franken den Weiler an, der noch ihren Namen trägt. Jedenfalls hat das stattliche Dorf mit seinem gotischen Kirchturm durch die Wichtigkeit seiner geschichtlichen Stätten Interesse genug für uns, selbst wenn wir seine Lage am rohen rebenbekränzten Hang des Gebirges außer acht lassen wollten. Da ist vor allem der alte Stahlbühl *„Im Luitramsforst"*, der Thingstuhl der Grafen des Speyergaues, auf dem sie unter freiem Himmel zu Gericht saßen und mit ihren Schöffen Recht sprachen.

Östlich vor dem Dorf liegt dieser *„Stahlbühl"*, ein Hügel mit breitem Rücken und mit amphitheatralisch in einen stillen Grund sich senkenden Hängen. Früher mit herrlichen uralten Kastanienbäumen bepflanzt, trägt jetzt seine Oberfläche Ackerfeld und seine Abhänge sind mit Weinbergen besetzt. So blickt der Hügel auf der Banngrenze von Godramstein und Frankweiler in der Mitte des Speyergaues, in gleicher Höhe mit dem Dorf, 500 Fuß über dem Rheinspiegel gelegen, frei hinab in das einst reichsfreie Siebeldinger Tal und weit hinaus in den grünen Gau der alten Nemeter, deren heiligen Hain – *„Helygevorst"* – wir vielleicht hier zu suchen haben, auf heiliger und besonders bevorzugter Erde. Denn nur wenige Schritte entfernt liegt der Hügel „Affolder", wo man noch heutzutage immer und immer wieder Götterbilder und Heidengräber zutage fördert und wo dem donnernden Gott „Deo taranucno", nach dem keltischen Altarstein zu schließen, geopfert wurde. Dort erhebt sich die gigantische Masse des „Teufelsberges" mit dem „heiligen Annenberge", und hoch ragt hinter dem Ringelsberge der Orensberg hervor mit seinen Spuren uralter Bauten. Werden wir doch noch ganz in der Nähe die *heilige Dornhecke* der Haingeraidebauern finden. So mögen Zeiten und Völker gewechselt haben, die Verehrung dieser für heilig gehaltenen Gegend blieb durch alle Jahrhunderte bis in unsere Zeit, wie wir bei der „Königshecke" zeigen wollen. Wahrscheinlich hielten schon die alten Nemeter hier ihre öffentlichen Versammlungen ab. Alemannen teilten das Land in Gaue, und Franken behielten diese Einteilung und die heilige Gerichtsstätte bei, wo nun die großen Volksversammlungen abgehalten wurden und wo die Gaugrafen in des Kaisers und Reiches Namen Recht sprachen bis ins 14. Jahrhundert. Von solchen öffentlichen Gerichtssitzungen unter freiem Himmel auf dem „Stahlbühl zu Luitramsforst" weiß die Landesgeschichte des frühen Mittelalters viel zu erzählen. Viele Wege und Pfade gehen von dem Stahlbühl aus, die an die ehemalige Bestimmung dieses Hügels erinnern, so verschiedene „Diebspfade", der „Armensünderpfad" und dann die *„Heerwege"*, wovon einer nach Annweiler ins Gebirge, der andere längs des Wasgaues und der Haardt durch die Haingeraidegemeinden führt. Dann werden noch verschiedene Orte in der Nähe gezeigt, wo die peinliche Gerichtsstätte und das Gottesgericht der Ritter war; das Volk knüpft schauerliche Sagen an sie und weiß noch selbst aus seinen Überlieferungen zu bestätigen, daß hier ein mallum publicum der alten Deutschen war, indem es von großen Volksversammlungen spricht, die hier abgehalten wurden. – Noch 1819 hielt man in Frankweiler einen „Bauerntag“, obgleich das französische Gesetz ihn verboten hatte.

Südlich von Frankweiler, auf der Banngrenze von Siebeldingen und Godramstein, stand die *„Dagoberts-* oder *Königshecke“*, der heilige Baum der Haingeraidebauern auf dem „Chattenacker“. Das Land dacht sich dort rasch in das Siebeldinger Tal ab, zu dem auch früher Frankweiler und Gleisweiler gezählt wurden. Schöne Wege führen hinab nach Godramstein und Siebeldingen und nach dem prachtvoll gelegenen Albersweiler, während zwischen den Wingerten und Äckern dieses Abhangs vor uns der aus dem Bauernkrieg bekannte *Geilweiler Hof* liegt und rechts im tiefen Seitentälchen der Weiler *„Kannskirchen“* mit seinem Schlößchen. Alle diese Orte in nächster Nähe. Drüben aber über dem breiten Tal erhebt sich der Vorberg der Vogesen, der schöne Hohenberg, und dahinter Neukastel und Madenburg, während das Land vor den Wasgaubergen hoch aus dem Tal der Queich steigt und als Landrücken in den Gau hinabzieht. Die Ilbesheimer Kalmit schaut als höchster Punkt dieses Landrückens vor dem Gebirge, mit seiner Kapelle lockend, herüber. Wir haben aber noch einen weiten Gang in die westlichen Umgebungen Gleisweilers zu machen, und zwar in das

Bergland der Haingeraiden

Von dem Hauptgebirgsstock im Herzen der Pfalz, dem hohen Eschenkopf beim Johanniskreuz, zieht nordöstlich das menschenleere Waldtal des Helmbaches zum Elmsteiner Tal und mit diesem in gleicher Richtung fort zu dem nördlichen Neustadter Tal, dem Hauptal des Speyerbaches. Ebenso zieht in entgegengesetzter Richtung vom Eschenkopf aus das noch ödere Tal des Wellbaches südöstlich hinab zum Hauptal der Queich. Beide Haupttäler münden in östlicher Richtung in die Rheinebene, und zwischen dieser und den eben bezeichneten Tallinien breitet sich nun das tiefe Waldgebirge der oberen Haardt aus, indem es, in einem schmalen Arm vom Eschkopf ausgehend, östlich zwischen den Quellen jener Bäche sich durchwindet und dann in breiten Massen sich ausdehnt, um an seinem vorderen östlichen Rand als stattliche, festgeschlossene Bergreihe in die Ebene jäh abzustürzen. Hier stößt es an den bevölkertsten Strich Deutschlands und an eines der schönsten Weinländer, das wir seiner Länge nach bereits durchwandert haben. Das Innere dieses Gebirges ist dagegen ein einziger großer *Waldkomplex*, beinahe völlig menschenleer, so daß hier eine der bevölkertsten und eine der menschenleersten Gegenden im stärksten Kontrast unmittelbar nebeneinander liegen. Nur ein einziges Doppeltälchen mit drei ärmlichen Dörfchen zieht sich aus dem südlichen Queichtal herein, sonst auf den waldigen Berggründen nur noch zwei oder drei weit voneinander liegende Häuschen. Das ist alles von menschlicher Ansiedlung in diesem weiten Berggelände. Das Gebirge besteht aus dem den Vogesen eigentümlichen Sandstein und zeigt im Innern breite Kuppen und Hochflächen, daneben nur wenige tief eingeschnittene Täler, die vom Hauptkamm die dreifache Abdachung zum Queich- und Speyerbachtal und zur Rheinebene verfolgen. Der Waldkomplex ist über 50000 Morgen stark. An der östlichen Abdachung, dem Vorderwald, gedeiht vorzugsweise die Kiefer, die man überall an der oberen Haardt dort beginnen sieht, wo der Weinstock und die Kastanie aufhören. Ebenso eignen sich die trockenen südlichen Hänge für diesen genügsamen Waldbaum. Auf den nördlichen und westlichen Hängen kommt besonders die Eiche und Buche vor – im Hinterwald.

Die großen Wälder heißen nun schon seit undenklichen Zeiten *„die Haingeraiden“*; gehörten früher den Geraidegenossenschaften, sind jetzt aber unter die einzelnen Gemeinden verteilt, unter die Bewohner der Orte an der oberen Haardt und des vorderen Queichtals: die „Haingeraidebauern“. Die starke Bevölkerung und die vielen großen Dörfer an der oberen Haardt wären gar nicht möglich ohne diese Wälder. Ohnedies braucht eine weinbauende Gegend stets mehr Holz, wegen der Wingertsbalken, Pfähle und „Stiefeln“ und sie bedarf notwendig des Streuwerks der Wälder, weil nicht genug Stroh im Weinland erzielt wird und die Weinberge viel Dünger bedürfen. Seit den ältesten Zeiten war daher dieses Waldgebirge durch gute Wege, „*Geraidestraßen*“, zugängig gemacht, und schon seit den Römerzeiten führt die „Hochstraße“ ganz eben über den Kamm des Gebirges weg bis zum Johanniskreuz und weiter, sie bildet nicht allein die Schneelinie der Abdachungen, sondern auch größtenteils die Grenzlinie, die den Hinterwald von dem Vorderwald scheidet. Durch letzteren führen gute Fahrwege aus den Haingeraidegemeinden der oberen Haardt und des Queichtales in den engen Tälern zur Hochstraße hinan; sie werden „*Stege*“ genannt, und auf ihnen bringt man mit leichter Mühe das Holz hinab in die Ebene. Schwerer ist es im Hinterwald aus den nach den westlichen Tälern des Helm- und Wellbachs sich absenkenden Holzschlägen zur Hochstraße heraufzubringen. Dafür stößt dieser Hinterwald unten überall auf floßbare Bäche und ist ebenso geschickt zum Welthandel wie der Vorderwald, an die Gemarkungen der Gemeinden stoßend, zum eigenen Gebrauch gelegen. Die Wichtigkeit und Bedeutung der Haingeraidewälder wurde denn auch von jeher erkannt, und die Gemeinden der oberen Haardt waren auf nichts stolzer und eifersüchtiger als auf den Besitz dieses Waldlandes. Damit ging freilich allzuselten *rationelle Forstwirtschaft* Hand in Hand, und die Haingeraidewälder haben in diesem und dem vorigen Jahrhundert furchtbar gelitten.

Der entfernter gelegene Hinterwald behielt seinen schönen Holzbestand so ziemlich; dagegen war der Vorderwald den Heimsuchungen der Geraidegemeinden desto stärker ausgesetzt und zeigt an seinen Hängen jetzt nicht selten völlig leere und dürre Strekken, die nur mit äußerster Mühe besamt werden können. Die Forstwirte schütteln beim Anblick dieser waldleeren Hänge verzweifelt den Kopf und klagen den Weinbau als den Feind der Forstwirtschaft an, da besonders den Wäldern durch das Wegholen des Streuwerks alle Triebkraft genommen werde. Und Forstleute, wie sie hinten in den großen *Waldungen der Frankenweide* am Johanniskreuz und bei Elmstein gedeihen, hassen nichts so sehr wie die Weinbauern, die sie auch von ihren Wäldern abzuhalten wissen. Denn, „wo der Pfälzer Bauer seinen Fuß hinsetzt, steht der Wald ab“, sagen sie dort hinten in ihrem forstmännischen Stolz. Heutzutage freilich haben auch die Haingeraidebauern die Erhaltung und Anpflanzung ihrer Wälder im Auge, die von so hoher Wichtigkeit für die Gegend sind.

Die *Haingeraidegenossenschaften*, die bis zu der Verteilung dieser Wälder in den zwanziger Jahren seit Jahrtausenden bestanden haben, waren ein urgermanisches Rechtsinstitut, das auf unsere Zeiten kam. Geraide nennt man überhaupt unverteilte Gemeindewaldungen, und solcher Geraiden gibt es im Elsaß und der Pfalz sechzehn, die alle an der Vorderseite der Vogesen und der Haardt gelegen sind, und zwar von der Wanzenau im Unterelsaß an, bis Dürkheim an der Grenze des alten Wormsgaues. Dreizehn dieser Geraiden liegen in der heutigen Pfalz. Sie machten den wichtigsten Bestandteil des „*königlichen Forstes Vogesus*“ aus und sind ursprünglich nur unterbrochen von den Wäldern, die zu den alten Klöstern an der Vorderseite des Gebirges gehören, deren Begründung in die ersten Zeiten der Befestigung des Christentums fällt (Weißenburg, Klingenmünster). Jedoch nur in den „Haingeraiden“ zwischen der Queich und dem Speyerbach, die den Bewohnern der oberen Haardt von Landau bis Neustadt angehören, erhielt sich der alte Name, altes Recht und alter Brauch nach uralten Überlieferungen. Der Name Haingeraiden oder besser „Heimgeraiden“ bedeutet Dorfwälder, denn das altdeutsche „Heim“ ist unser „Dorf“.

Was nun die *Verfassung dieser Haingeraiden* betrifft, so waren sie in fünf Gemeindegenossenschaften geteilt, von denen die den Orten des Siebeldinger Tales gehörende

Oberhaingeraide, die größte, bis ins Herz der Pfalz reichte. Alle, mit Ausnahme der Mittelhaingeraide, ziehen bis in die Täler von Elmstein hinab. Zu dieser Mittelhaingeraide gehörten die Dörfer Gleisweiler, Burrweiler und die vor ihnen im Rebengefilde liegenden Orte, die wir durchwandert haben, sowie die Dörfer des Ramberger Tales. Die Dörfer vom Modenbacher Tal an abwärts bildeten die übrigen Haingeraiden. In einigen Genossenschaften gab es bevorrechtete Hauptorte, in anderen herrschten gleiche Rechte für alle Gemeinden. Jede Genossenschaft hatte aber ihren *Geraidestuhl,* wo Versammlungen der Gemeinden unter freiem Himmel und öffentlich Gericht abgehalten wurden. Es war ein auf Säulen stehendes Häuschen im freien Feld, in dessen oberen Raum sich bei stürmischen Versammlungen die Vorstände zurückzogen; unten war die steinerne Bank als Rednerbühne. Solche Geraidestühle standen in der „Tannenhard" zwischen Frankweiler und Siebeldingen, dann im Feld zwischen Böchingen und Walsheim; ferner am „alten Heidenweg" für die dritte Geraide, deren Rechtstage jedoch in Weyher abgehalten wurden, bei Venningen für die vierte und an der Neustadter Straße für die fünfte Haingeraidegenossenschaft. Peinliche Gerichtsstätten finden sich bei jedem Stuhl.

So verschiedenen Gebietern die Orte an der oberen Haardt auch angehörten, erkannten sie im Haingeraidegebiet und dessen Angelegenheiten keine andere *Oberherrlichkeit* an als Kaiser und Reich und wiesen jede Einmischung der Landesherren energisch zurück. Die Haingeraidebauern hielten das altgermanische Selfgovernment eifersüchtig und mit aller Kraft aufrecht. Aus ihrer Mitte wählten sie die Geraidevorstände, den Schultheiß, die Dorfmeister und Zugeordneten oder Geschworenen auf Lebenszeit; in ihren Händen lag die Regierungs- und Richtergewalt. Ein *Geraideschreiber* wurde beigegeben und jedes Jahr der Zentenberger (centenarius) gewählt, dem die exekutive Gewalt übertragen war und dem acht bis zwölf Knechte zur Seite standen. In einigen der unteren Geraiden hatte der Bischof von Speyer als Landesherr das Wildrecht und Fischrecht, aber sonst durfte er sich nicht in Haingeraidesachen mischen. Beschwerden gegen die Gemeinden mußten vor den Geraidestuhl gebracht werden, „denn der Geraiden Recht und Herkommen ist, daß sie nicht schuldig sein an keinem End' anders, dann uff der Geraiden Malstatt zur rechten Redt und Anwort zu geben". Appelliert wurde in früheren Zeiten nur an das *kaiserliche Gaugericht* auf dem Stahlbühl zu Luitramsforst. Jeder Geraidegenoß konnte in der Geraide sich so viel Holz nehmen wie ihm beliebte; nur durfte er es nicht außerhalb der Gemeinschaft verkaufen. Frevel aller Art wurde mit Geldbußen gerügt, am höchsten die Wegnahme von Pfändern aus den „Freihöfen" und Gewalttätigkeiten bei den öffentlichen Versammlungen. Nur auf den angelegten Waldbrand stand Todesstrafe, die in Darmausreißen und an den Baum binden bestand, „das weiset die Geraid' zu Recht!"

In dieser Weise bestanden die Haingeraiden bis in die zwanziger Jahre dieses Jahrhunderts. Ihr *Ursprung* reicht wohl in die Zeit zurück, wo die ersten germanischen Ansiedlungen am linken Rheinufer stattfanden, schon vor Christi Geburt oder doch in die Tage der Niederlassungen von Alemannen nach der Völkerwanderung. Daß die Nemeter, die Ureinwohner des Speyergaues, hier schon ihren heiligen Hain gehabt haben mögen, haben wir angeführt, und daß die freien deutschen Männer ihre Freude an diesen Waldbergen hatten, auf denen sich schon vor ihnen Völker wohnlich eingerichtet hatten, und daß sie dieselben nach deutschem Gebrauch in eroberten Ländern unter sich verteilten, darf wohl angenommen werden. Ohnedies leiten die Rechtsbestimmungen der Haingeraiden in die ältesten Zeiten zurück; sie gleichen denen aller germanischen Stämme, in denen sich ja das Rechtsgefühl am meisten ausprägte, und oft glauben wir in den alten Rechtsverordnungen der Skandinavier und Isländer zu lesen, wenn wir die *„Mundsatzungen"* der Haingeraiden durchblättern, die erst später die mündlichen Überlieferungen sammelten. Unter den fränkisch-austrasischen Königen war das Volk hier am Gebirge der Hauptstamm; frei und stolz stand es auf der Seite der Könige gegen die Großen, und *König Dagobert,* der die Abteien Weißenburg und Klingenmünster gegründet hat, soll auch den Bauern an der Haardt diese Geraiden geschenkt, wohl nur für ewig bestätigt haben. Auch unter den fränkischen Kaisern war dies Land noch die „Burg und Kraft des Reiches", seine Bewohner vor allen anderen bevorrechtet. Freie Bauern des Reiches, auch noch bis zur Errichtung der Pfalzgrafschaft, sanken sie erst später unter die Herrschaft der mächtigen Reichsfürsten. Aber sie erhielten sich den Schimmer ihrer alten Freiheit, Unabhängigkeit und Einheit in der Haingeraidegemeinschaft, die sie von dem „guten König Dagobert" ableiten.

Sehen wir vorderhand von dieser volkstümlichen Ableitung ab und verfolgen wir die *Geschichte der Haingeraiden.* Sie besteht in den Prozessen derselben. Im Jahre 1150 wurde das Kloster Eußerthal im Haingeraidegebiet gestiftet und den Mönchen Rechte in den umliegenden Wäldern gewährt, die den Haingeraidebauern mit ihren eigenen unverträglich schienen. Da gab es schon offene Fehde und die Klosterbrüder boten erschreckt die Hand zur Einigung, als sie ihr Eigentum teils geplündert, teils verbrannt sahen. Die Geraidebauern gestatteten ihnen in keiner Weise jene Rechte, bis die Sache vor König Heinrich, den pflichtvergessenen Sohn Kaiser Friedrichs II., kam, der die befreundeten Mönche im Vorteil ließ. Im Jahre 1256 war schon wieder eine große Versammlung von Fürsten, Grafen und Rittern, um auf dem öffentlichen Landgericht zu Luitramsforst bei Frankweiler auf dem Stahlbühl des Speyergaues die Sache zu vermitteln, und wieder erkannten der Bischof und Landvogt, Graf Emich von Leiningen, der auf Landeck zu Klingenmünster wohnte, mit allen edlen Geschworenen gegen die Haingeraidebauern. Kaiser und Papst bestätigten das *Urteil,* und in feierlicher Weise später eine große Versammlung der Edlen des Speyergaues auf dem Luitramsforst, wo auch die Gemeindsleute der Haingeraiden in Masse mitsprachen für Recht und Herkommen, wiewohl vergeblich. Jetzt aber hielten die Bauern trotz Papst, Kaiser und Gaugericht am alten Recht fest. Obgleich sich das Kloster jenes Urteil noch von mehreren Kaisern bestätigen ließ, mußte es sich doch zuletzt noch mit den Bauern vergleichen. Die Haingeraidegenossenschaft hatte gesiegt, aber hundert und einige Jahre nach jenem Vergleich erlag im Bauernkrieg Kloster Eußerthal vor allen anderen dem Haß der Haingeraidebauern. Das geschah in der Oberhaingeraide.

In der Mittelhaingeraide hatte man die nämlichen Streitigkeiten mit den Herren von Scharfeneck, einer im Herzen der Geraide gelegenen Burg, die im späteren Mittelalter die *Grafen von Löwenstein,* jene Sprößlinge der morganatischen Ehe des siegreichen Kurfürsten Friedrich besaßen. Sie konnten sich mit den Haingeraidebauern nicht vertragen und gleich jenem Kloster sank die Burg im Bauernkrieg in Schutt und Asche. In der dritten Haingeraide, wo Edesheim der Vorort war, brach schon drei Jahre vor dem Bauernkrieg Streit mit dem Bischof von Speyer aus wegen angemaßter Rechte; dieser entspann sich noch heftiger Mitte des vorigen Jahrhunderts, da die Haingeraidebauern auf dem „heiligen Boden Dagoberts" keine Einmischung irgendeines Landesfürsten duldeten; Strafen und Arrestationen erfolgten und zuletzt kam es zum großen *Prozeß vor dem Reichskammergericht* und drei Jahre vor dem Ausbruch der Französischen Revolution zum Rekurs an den Reichstag. – So hatte jede Geraide ihre äußeren Feinde, und wo diese fehlten, mangelte es nicht an innerer Zwietracht.

Wir übergehen diese Eifersüchteleien unter sich und berichten nur von dem tragischen *Dorfstreit* von 1748 in den Hambacher Geraidewaldungen. In diesen sprachen nämlich die pfälzischen Bauern von Lachen gleiches Holzungsrecht mit den bischöflichen Hambachern an, und als letztere eines Tages nach altem Herkommen mit Musik und lustigem Trinken und Schießen die Grenzen ihrer Geraide von Logstein zu Logstein umgingen, wurden sie von zweihundert Bauern aus den nahen pfälzischen Gemeinden überfallen und es kam zum blutigen Kampf. Zwanzig Hambacher Gemeindsleute wurden tödlich verwundet, aber auch zwei von Neustadt und zwei von Lachen blieben auf dem Platze. Jedoch waren die Hambacher in ihre Dörfer gewichen, und die von Lachen schlugen vierhundert Stämme nieder und schleppten sie heim. So war auch in der fünften Haingeraide Streit zwischen den pfälzischen und speyerischen Bewohnern der Gegend zur nämlichen Zeit ausgebrochen. In einer fabelmäßigen *Chronik von „Kleinfrankreich"*, die ein gewisser Beverlin verfaßte, ist auch das pfälzische Dorf Duttweiler, östlich von Kirrweiler in der Rheinebene gelegen, als zur Geraidegenossenschaft gehörig genannt, und darauf stützte Kurpfalz sein Verlangen, dieses Dorf in die Genossenschaft einzuführen. Einhundertfünfzig pfälzische Grenadiere rückten aus, drangen in die bischöflichen Geraidedörfer Maikammer, St. Martin und Diedesfeld ein, hoben die reichsten Bauern aus und schleppten sie nach Neustadt und brandschatzten dann noch weiter alle bischöflichen Dörfer an der Haardt.

So gab es eine Menge Irrungen in der Genossenschaft seit den ältesten Zeiten bis zur Französischen Revolution. Und jetzt, nach mehr als 1 000jährigem Bestand, war ihre Zeit gekommen, wo sie untergehen sollte, gleich so vielem Alten und Verachteten. Denn in ihr selbst entstand ihr ein Feind, der im Bunde mit der Zeit sie endlich nach hartem Widerstand überwältigte. In der zweiten Hälfte des 13. Jahrhunderts war nämlich durch den Grafen Emich von Leiningen Landau gegründet und bald vom Kaiser Rudolph von Habsburg zur freien Reichsstadt erhoben worden. Die Bürger der Stadt sprachen das Mitnutzrecht in den Haingeraiden an; unterstützt vom Kaiser wurden sie auch aufgenommen, obgleich die Geraidebauern sich die *Privilegienerteilungen* des Kaisers, deren sich die Stadt erfreute, in keiner Weise gefallen ließen. Aber erst im 18. Jahrhundert brachen die Zwistigkeiten der Oberhaingeraide mit der Stadt Landau ernstlich aus; dieselbe stand unter der Herrschaft Frankreichs, und diese Krone kam mit Kurpfalz und Zweibrücken nach langen Konferenzen in Versailles zu einem Statut für die Oberhaingeraide überein, das eine Konstitutionsurkunde für dieselbe wurde. Aber nicht auf lange Zeit. Die Französische Revolution kam und machte allen Herrschaften und verschiedenen Gerichtsbarkeiten in der Rheinpfalz ein Ende. Auch der Haingeraiden wurde nicht geschont. Reichsunmittelbarkeit und Steuerfreiheit, Gerichtsbarkeit und Administration gingen unter, und als die Geraidevorsteher, die damals ein schwelgerisches *Schlemmerleben* führten, ihre Herrlichkeit erhalten wollten, machte der öffentliche Ankläger diesem Versuch schnell ein Ende. Willkür und Verschwendung waren längst schon bei den Genossenschaften an die Stelle des alten Haushaltes getreten; aber dennoch wollten die Geraidegenossen keine Einmischung dulden, und im Jahre 1801 kam es zum Widerstand, so daß Militär in die Haingeraidedörfer einrückte. Jedoch sah die französische Regierung bald ein, daß ein so seltsames Institut, das in Frankreich kein Beispiel hatte, eigens behandelt werden müsse; aber ihre Verordnungen wurden durch einen Beschluß der Konsuln (1802) umgeworfen und das Selbstregiment der Gemeinden völlig vernichtet.

Allgemeine Entrüstung ergriff die Geraidegenossen, und in der dritten Geraide kam es zur *offenen Empörung*, die nur durch scharfe militärische Maßnahmen unterdrückt wurde. Da dachten die Präfekten der Departemente des Donnersbergs und Niederrheins an die Teilung der uralten Haingeraiden, die der französischen Regierung so viel Kopfzerbrechen machten. Während der langen Verhandlungen hatte man die Forstbeamten der Regierung eingeführt, auf die sich nun der ganze Haß der Geraidebauern warf. Traf man einen untergeordneten Förster im *„heiligen Walde Dagoberts"* in dem dunklen Gewälde der Haingeraiden, so wurde er oft gräßlich mißhandelt, ja einige fand man erschossen oder hoch oben an den Gipfeln der Tannen und Eichen als schreckliche Waldfrüchte hängen, so daß sich zuletzt niemand mehr in diesen weiten Wäldern anstellen lassen wollte als schlechte, verwegene Subjekte. – Auch die höheren Forstbeamten machten sich großartiger Unterschleife in den Haingeraidewäldern schuldig; – die Gemeinden klagten bitterlich. Die Regierung sandte einen General-Inspektor zur Untersuchung, und dieser schrieb: „Die Sache der Geraiden ist reif; es ist Zeit, daß sie ende! Ich werde damit fertig werden!“ – ohne daß er jedoch sein Vorhaben auch nur im geringsten erfüllen konnte.

Napoleon wurde gestürzt, die Pfalz kam unter das bayerische Szepter mit der Stadt Landau. Die Geraidevorstände erließen eine Proklamation zugunsten der alten Zustände; aber die Stadt Landau, die schon unter der französischen Regierung stets nach einer Teilung hingearbeitet hatte, um ihre großen Schulden bezahlen zu können, ruhte auch jetzt nicht. Der Stadtrat faßte 1818 den einstimmigen Beschluß, die Abteilung zu provozieren, und da einige benachbarte Geraiden das nämliche anstrebten und mehrere wirklich zur Teilung gelangten, unterstützte die Regierung diesen Antrag.

Es kam zum Prozeß zwischen der Stadt und den übrigen Gemeinden der Oberhaingeraide. Das Bezirksgericht sprach 1822 die Teilung aus, die Gemeinden appellierten, der Appellationshof in Zweibrücken aber bestätigte das Urteil der ersten Instanz; die Gemeinden riefen den *Kassationshof* an, während schon zur Teilung geschritten wurde, und als auch hier de Bestätigung erfolgte, ergriffen sie den allerhöchsten Rekurs gegen den Regierungsbeschluß in Sachen der Abteilung – vergebens! Und so erlosch 1825 eine Gemeinschaft, deren Ursprung vielleicht bis über die christliche Zeitrechnung hinaus fällt. Die Geraiden wurden geteilt; Landau erhielt vor allem den bedeutenden Hinterwald der Oberhaingeraide an den Quellen des Wellbachs, auf dem das Holz leicht in die Queich und zur Stadt geflößt wird, die sonst allzu entfernt für die Benutzung jener entlegenen Waldungen läge.

Und worauf hatten die Gemeinden vorzugsweise all ihren hartnäckigen Widerstand gestützt? Vor allem wollten sie sich ein Gebiet retten, wo sie ganz allein herrschen und reden durften ohne Einmischung der Regierung. Dieses Gebiet war in ihren Augen ein heiliges, das eigentliche *Reich König Dagoberts des Guten,* ihnen geschenkt zu ewigem Lohn und ewigem Besitz. Jeder Geraidebauer weiß noch heute vom „guten König Dagobert“ zu erzählen, und auch in alten Urkunden und Chroniken ist von ihm geschrieben. Zu Gamphoringen bei Klingenmünster, da wo heute das Dorf Göcklingen drüben hinter der kleinen Kalmit liegt, und auf dem alten Schloß Landeck oberhalb Klingenmünster wohnte der alte Dagobert und herrschte von da aus über *Austrasien* und das Königreich Kleinfrankreich, stiftete unterhalb der Burg das Kloster Blidenfeld und gegen das Elsaß hin das Kloster Weißenburg. Weil er so gut war, strebten ihm seine Vettern und die Großen des Reiches nach dem Leben; sie schlossen ihn auf seinem Schloß ein, und er wäre verloren gewesen, wenn nicht eine alte Frau, nach anderen ein Bauer, ihm den Ausweg zur Flucht gezeigt hätte. Da floh er über die kleine Kalmit ins Siebeldinger Tal und bis über den Geilweilerhof gegen Frankweiler hin. Dort stand neben dem Heerweg ein Busch, hinter dem er sich so lange versteckt hielt, bis sich seine getreuen Bauern gesammelt hatten, gegen seine Feinde zogen, sie schlugen und vernichteten und ihren König nach Gamphoringen zurückgeleiteten. Dort nun errichtete er sein *Testament* vor seinem Tode, worin er den Bauern die großen Wälder – die Geraiden – schenkte, die auf dem vorderen Rande der Vogesen lagen. Den Bauern an der oberen Haardt, wo er Zuflucht gefunden hatte, gab er die besten und fettesten: die Haingeraiden, ordnete und regelte auch den Haushalt und die Gerichtsbarkeit, gab ihnen Freiheit von Steuern und allen Herrschaften für ewige Zeiten. Dann starb er; sein Testament aber wurde in Weißenburg aufbewahrt, wo es sich noch heute befinden soll.

Alles dies und noch mehr wußte jedermann seit alter Zeit; der Vater erzählte es seinen Kindern und diese wieder ihren Kindern, bis der Herr *Jakob Beuerlin* oder Beverlin, kurpfälzischer Amtsschreiber zu Weingarten, alles, was über den guten König Dagobert im Volke geredet wurde und in Büchern geschrieben war, sammelte, zusammenschrieb und besonders noch aus des gelehrten *Sabellini* Bericht, der Konstabel bei Karl dem Großen war, exportierte zu einem hübschen Büchlein, darinnen zu lesen ist von Kleinfrankreichs Städten, Flecken und Dörfern, vorzüglich aber von den Haingeraiden, ihrem Ursprung, ihrem Bestehen und ihren Rechten. Verfasser dieses hatte das Manuskript, nebst noch einigen anderen aus dem 16. Jahrhundert, die von den Haingeraideorten handeln, in der Hand; es ist ziemlich selten geworden und ein *literarisches Kuriosum*, das bei einer Sammlung der pfälzischen Sagen die ersprießlichsten Dienste leisten wird. Heute so ziemlich vergessen, hatte es zu seiner Zeit die größte Wichtigkeit im Bauernleben der Pfalz. Galt es doch als die treueste Abschrift des alten Dagobertschen Testamentes, von dem Sabellini berichtet, und das zu Weißenburg in kostbaren und sicheren Behältern durch den Abt verwahrt blieb und dann ins Stadtarchiv kam. Noch im Jahre 1720 verschafften sich die Landauer Bürger eine Abschrift jenes Testamentes, und sie beklagten sich später bitter, daß der Geraidevorstand diese Kopie unterschlagen habe. Ende des vorigen Jahrhunderts nun war die *Beuerlinsche Chronik* in Händen vieler Geraidegenossen; sie spielte noch eine besonders große Rolle in den Prozessen mit der französischen Regierung, die jedoch keinen großen Respekt vor diesen Aktenstücken zeigte, obgleich sie sich Kopien des Dagobertschen Testamentes aus dem Karlsruher Archiv anfertigen ließ. Als Kurpfalz Duttweiler in die Haingeraidegenossenschaft einführen wollte, stützte es sich auf diese „Beschreibung Kleinfrankreichs", was Wunder, daß die Bauern ihr um so fester glaubten! Freilich hatte schon *Schöpflin* gegen die Glaubwürdigkeit des angeblichen Dagobertschen Testamentes geschrieben, und der alte Witter nannte die Beuerlinsche Chronik ein Gewebe von Lügen, Fabeln und Märchen, und die französische und bayerische Regierung sammelten sogar die Exemplare ein und unterließen es nicht, den Inhalt lächerlich zu machen. (In neuerer Zeit hörte ich einen Historiker, dessen Forschungen besonders der Stadt Weißenburg gewidmet sind, sich mir gegenüber viel glaubwürdiger über die Echtheit jenes Testamentes aussprechen.) Jedoch weisen mehrere Erlasse auf König Dagobert hin, dessen Wille es nicht gewesen war, daß die Haingeraiden durch die veralteten Gemeinschaften verödet werden, sondern daß diese kahlen Berge voll üppiger Wälder stehen, und dies sei nur ermöglicht durch die Teilung.

Aber nichts vermochte den Sinn der Haingeraidebauern zu ändern, nichts ihr Vertrauen auf den guten König Dagobert, seinen ausgesprochenen Willen und sein Testament zu schwächen. Denn noch stand die König-Dagoberts-Hecke, der *heilige Baum* der Haingeraiden, in voller Kraft und Schönheit. Dort, wo sich der gute König bei seiner Flucht vor den aufrührerischen Großen versteckt hatte, einige hundert Schritte von Frankweiler und dem „Stahlbühl" entfernt, gegen Süden nach dem Geilweiler Hof zu, bezeichnet im Distrikt „Chattenacker" auf der Banngrenze von Frankweiler, Siebeldingen und Godramstein ein frisch gesetzter Weißdorn oder Hagedorn die Stelle, wo die alte Königshecke als heiliger Baum stand Jahrtausende lang. Aus dem stillen Feldgrund, im Angesicht des uralten *Thingstuhles* des Speyergaues und der Berge der oberen Haardt und des Wasgaues, da wo sich der Boden schon dem Siebeldinger Tal rascher zuneigt, erhob sich dieser wunderschöne Dornbusch, der zu einem Baum von zwei Fuß im Durchmesser und sieben bis acht Fuß Stammhöhe angewachsen war. Die Krone war ganz dicht, kugelrund und hatte 15 Fuß im Durchmesser. Diese außerordentliche Größe bewährte schon das hohe Alter des Dornbusches; er blieb geheiligt bis in unsere Tage. Er war das *Symbol der Einheit* und Unteilbarkeit der Haingeraiden, und an seine Dauer knüpfte sich das Recht und die Freiheit der Geraidebauern: die gemeinschaftlichen Befugnisse zur Jagd, zum Fisch- und Vogelfang. Heilig und heilsam war die Luft, die ihn umwehte, heilsam der Tau seiner Blätter. Täglich wallfahrten Leidende zu ihm aus allen Dörfern der Haingeraidegenossenschaften, aus den katholischen und protestantischen, denn seine Heiligkeit und Heilkraft war allen gemeinsam. Von nah und fern führte man aber besonders Pferde hierher, leitete sie dreimal um den Baum – und geheilt kehrten sie zurück. Das war noch vor fünfunddreißig Jahren so. Der Baum stand unter der Obhut und Aufsicht des Schultheißen und Vorstehers des früher reichsfreien Siebeldinger Tales und des Vorstandes der Oberhaingeraide; er war heilig und unverletzlich und alte Überlieferungen sagten, daß, wer einen Ast abhaue, einen Arm verlieren müsse, wer aber den Baum ganz umhaue, der müsse sterben einen schrecklichen Tod. Solange die Dagobertshecke stehe und grüne, dauere die Genossenschaft der Haingeraiden.

So haben wir einen der *heiligen Götterbäume* unserer heidnischen Voreltern vor uns und ein Stück uralten deutschen Volksglaubens, der in der Bildung der germanischen Mythe und der Entwicklung jenes Naturkultes seinen Ursprung findet und bis in die früheste Kindheit unseres Volkes, ins graueste Altertum, hineinreicht. Hier ist nicht der Ort, den Stammbaum dieser Sage herzustellen, um Beweis zu führen, daß wir auf heiligem Boden unserer Voreltern stehen, wie schon die Umgegend andere Beweise hierfür geliefert hat. Nur auf die Ähnlichkeit der Königshecke bei Frankweiler mit anderen *Schicksalsbäumen*, mit der Linde im Aargau und dem Birnbaum auf dem Walserfeld, will ich aufmerksam machen. Die Verknüpfung des Schicksals der Haingeraiden mit dem der Königshecke ist allein schon ein Beweis für das hohe Alter des Bestandes der Geraiden; sie entstanden zur Zeit der Entwicklung und Bildung mythischer Begriffe in unserem Volk und gingen unter zur Zeit der Aufklärung, als „Napoleon alle Geister vertrieben hatte", wie das Volk sagt. Die Gestalten und Erscheinungen der mythischen Welt Germaniens schwächten sich nach und nach im Volk ab; die großen Gestalten und Erscheinungen der Geschichte traten an ihre Stelle und das Volk knüpfte die althergebrachten mythischen Begriffe an historische Namen. So bei Friedrich Barbarossa, so auch bei unserem Dagobert.

Merkwürdigerweise fand auch hier der *Volksglaube* seine Bestätigung, wie es denn dem Geschick manchmal gefällt, solchem alten Aberglauben sein Recht zu lassen. Der heilige Baum der Haingeraiden hatte die Revolution und die Dekrete der französischen Regierung, welche die Teilung der Geraiden erzielten, überdauert; die Haingeraiden standen noch in alter Kraft und Verfassung. Da – im *Unglücksjahr 1817* – kam ein furchtbares Gewitter aus den Schluchten des Wasgaues über die obere Haardt, ein Orkan, daß man meinte, alle Teufel wären los, zog daher und riß dem heiligen Baum der Haingeraiden einen der schönsten Äste von der Krone ab. Dieses Ereignis entmutigte die Geraidebauern sehr, wie mir mein alter Vetter, der Schullehrer Kullmann von Frankweiler, erzählte. Und unangenehmes Gefühl ergriff die meisten, der Glaube an Dagobert wankte und man verleugnete sich nicht, „daß der *Angriff auf die Einheit* und Unteilbarkeit unserer Gemeinschaften nicht mehr fern sein würde". Und noch im nämlichen, besonders aber im folgenden Jahr regten sich die Teilungsgelüste, die zum Prozeß führten. Einige Geraiden nahmen jetzt sogar von selbst die Teilung vor. Aber noch stand der Baum. In der Obergeraide lebte daher noch die Hoffnung auf Erhaltung der Gemeinschaft; es wurde appelliert. Da aber sank die letzte Hoffnung. Im Jahre 1823 hat ein entsetzlicher Sturm mit einem gewaltigem Donnerschlag, der noch lange im Gedächtnis der Geraidebauern nachhallte, den Rest der Krone vom Stumpf gerissen. Und im selbigen Jahr bestätigte das Appellationsgericht die Auflösung der Gemeinschaften, die auch bald erfolgte. Die abgerissene Krone kam nach Frankweiler, der Stamm wurde in der Kaisersmühle zu Albersweiler verwendet.

So ging die alte Königshecke unter. An ihrer Stelle ließ im Jahre 1852 durch seine Schuljugend unter Jubel und Gesang in feierlichem Zuge der Lehrer Kullmann einen jungen Hagedorn setzen, der unserer Nachwelt von der Hecke des Königs Dagobert erzählen soll. Gar viele sahen sie noch in ihrer früheren Herrlichkeit, und wie schon in den urältesten Zeiten die Haingeraidebauern unter ihr zusammentraten und sich Einigkeit, Festhalten an der Gemeinschaft und König Dagoberts Willen schwuren und sich gegen alle Gewalt der Edlen, Fürsten und Pfaffen Hilfe gelobten, so soll es noch heute Leute geben, die ähnliche Eide unter ihm geleistet haben. Als nämlich die französische Regierung die Jagdfreiheit in den Geraiden aufgehoben hatte, verbanden sich hier unter der Königshecke eine Rotte Bauern und *Wilderer*, die das Jagen trotz des Verbotes fortsetzen wollten. Ein heiliger Eid bekräftigte gegenseitige Treue, Zusammenhalten und Verschwiegenheit. Sie wußten keinen heiligeren Ort als diesen, und sie hielten ihren Eid auch unverbrüchlich, solange sie ihr Wesen trieben.

Hier wurde auch 1525 der *Bundschuh* geschworen. Es war Kirchweih in Nußdorf am Sonntag nach Ostern Anno 1525. Sie wurde gefeiert wie immer, lustig und guter Dinge. Gleich, wie man den Umgang um die Geraiden feierte; damit die Jugend deren Grenzen sich merke, so beging man auch das Gemark des Dorfes. Trommelschlag und Pfeifenklang, voraus das Gemeindefähnlein, hinterdrein die Burschen mit Hellebarden und Feuerbüchsen, so zog man fröhlich dahin. Der Abend fand die Landleute beim Weinglas, viele Kirchweihgäste aus den Geraideorten, auch Landauer Bürger, waren zugegen. Da gab es viel zu reden von den Zeitläuften, wie der Druck der Fürsten, des Adels und der Pfaffen immer stärker werde, wie es bald auch schlimm stehen könnte mit den Haingeraidegenossenschaften. Da wurde erzählt von den Schwaben und den bruhreinischen Bauern des Speyerer Bischofs, wie dieses Kloster verbrannt und jene Burg genommen wurde, und wenn es denen gelungen war, sich von Fürstensteuer, Adelsfronden und Pfaffenzehnten freizumachen, wär' es doch auch im Speyergau und bei den Geraidebauern möglich. Man erinnerte sich auch der früheren Zeiten: der Zeit der Reichsfreiheit und der entsetzlichen Nöte und Bedrängnisse vergangener Kriege, wo die Bauern Gut und Blut zu ihrer eigenen Sicherheit einsetzten und sich auf den Kirchhöfen der fürstlichen Söldner erwehrten.

Da zogen zweihundert junge Burschen noch in der Nacht von Nußdorf fort und schwuren, wie die Sage erzählt, im Mondschein unter der Königshecke bei dem Mönchshof Geilweiler, unter Schirm und Schutz König Dagoberts: „Sie wollten freie Schwitzer sein!" Der *Geilweiler Hof*, der den Eußerthaler Mönchen gehörte, wurde besetzt; dann zog man durch die benachbarten Geraidedörfer, rief die Bauern aus den Betten und zur Freiheit auf, so daß bei Tagesanbruch schon 500 beisammen waren und im Siebeldinger Tal standen. Aber noch in der Nacht war dem Faut von Germersheim, *Jakob von Flekkenstein*, Nachricht zugekommen, eiligst kam er herbei und rief die Talbauern in die Waffen gegen die Aufrührer; die gingen auseinander, und der Faut ritt im Namen des Kurfürsten von der Pfalz in den Dörfern umher, an Recht, Pflicht und Untertaneneid mahnend. Kaum war er aber wieder daheim in Germersheim, standen in allen Haingeraidedörfern und weiter hinauf gegen Klingenmünster hin, die Bauern auf, überliefen die Abtei Klingenmünster, das Kloster Hördt und andere, tranken den Wein aus und schleppten heim, was sie nicht verzehrten. Auch der *Wasgauer Kolbenhaufe* und die *„Rundköpfe"* im Westrich rührten sich hinten im Gebirge, brannten Klöster und Schlösser nieder; Stürzelbrunn, Lindelbrunn, Gräfenstein und Landeck fielen in Schutt, Ramberg war gefallen und Elmstein zusammengesunken. Jetzt lagen die „Rundköpfe" in Annweiler. – Da sammelten sich an der Königshecke die Geraidebauern aufs neue; jene des Zweibrückischen Amtes Neukastel und des Speyerischen Amtes Madenburg kamen durch das Siebeldinger Tal herüber zu ihnen, und so schien es, als ob die alten Zeiten König Dagoberts zurückgekehrt wären, wo auch die Bauern dieser Gegenden hier zusammenströmten, um den Übermut der Großen des Reiches zu züchtigen. Sie wollten die „Rundköpfe" zurücktreiben, sagten sie, bis ihre Zahl stark genug war, worauf sie ihre wahre Absicht zeigten, den Geilweiler Hof von Grund auf zerstörten, um dann die alten Erzfeindinnen, die Abtei Eußerthal im Gebirge und die Burg Scharfeneck ihre Macht fühlen zu lassen.

Dahin, in das Innere der Haingeraiden, wenden wir uns nun auch, und zwar vom Kurhaus Gleisweiler aus ins Heimtal an der Papiermühle und dem Steigerthof vorüber talauf, wo wir bald auf den schön beschatteten Ramberger Fahrweg gelangen. Das Heimbächlein rauscht an uns vorüber, wenn wir an den Hängen des Ringelsberges westlich wandern. Im *„Galgenteich"*, wo früher die Richtstätte der zweiten Haingeraide stand, führt uns der *„Schnapphahnenpfad"* links nach oben ab, und dann ein neuer Weg bequem nach dem Orensberg auf dem Bergrücken hin. Wir dürfen diesen Berg nicht beiseite liegen lassen; es ist ein mächtiger, abgestumpfter, länglicher Kegel oder besser, wie der gegenüberliegende Hohenberg, ein Bergwall, der mit seiner Felsenstirn steil in das Queichtal abfällt. Hier finden wir auch eine jener uralten Steinwälle oder Ringmauern, an denen die Ostkante der Haardt und der Vogesen so reich ist, und die uns von längst vergangenen dunklen Zeiten und verschwundenen Völkern erzählen. Das Dasein solcher *Ringmauern* auf diesem 2000 Fuß hohen Bergwall wird bedeutsam durch die Nähe des Teufelsberges, der Dagobertshecke und des Stahlbühls. Wollen doch einige Forscher solche Ringmauern auf den Bergen selbst als heilige Malstätten der alten Germanen gelten lassen. Aber wahrscheinlich waren es befestigte, den Göttern geweihte Verehrungsorte, wohin sich das Volk in der höchsten Gefahr zurückzog, wie schon Cäsar von den Galliern berichtet.

Rings um das Plateau des Berges zieht ein mächtiger Damm von Erde und großen Felsmassen, in den einzudringen nur an wenigen Stellen möglich ist. Diese gewaltige *Heidenmauer* auf dem hohen Bergkamm wird jetzt als Weg benutzt, der über sie hinläuft, während ein anderer sie durchschneidet und zur Südspitze des Berges führt, wo ungeheuere Felsmassen, die gleich einer Riesentreppe aufeinander geschichtet sind, scharfkantig auslaufen. Im Jahre 1852 haben hier die Kurgäste von Gleisweiler eine steinerne Stiege erbaut, auf der man jetzt bis zur obersten Platte des Felsens gelangt. Wir bemerken, daß der rings um den Berg ziehende Laufgraben meist noch sichtbar ist. An der Südseite findet sich ein Felsen, der, wie jener des Teufelsteins bei Dürkheim, Spuren einer rohen Bearbeitung durch den Meißel trägt. Runde schüsselförmige Vertiefungen von ein Fuß Durchmesser und fünf Zoll Tiefe, mit ablaufenden Rinnen, dürften auf einen *Opferstein* hinweisen. Weiterhin bemerkt man große Steinhaufen, vielleicht Grabhügel.

Wenn der nordische Odin in Deutschland nicht Wuodan hieße, könnte man fast den Orinsberg als Odinsberg gelten lassen und dem Namen auf diese Weise hohe Bedeutung geben. Denn im pfälzischen Dialekt am Wasgau und im Westrich werden die Buchstaben „d" und „t" in vielen Fällen wie ein leises „r" ausgesprochen. Auch die Volkssage hat sich an den Berg geheftet; sie erzählt, daß er mit der Frankenburg bei Frankweiler in Verbindung gestanden habe. Dann aber, in dunkler Erinnerung, daß hier eine heidnische Kultstätte gewesen sei und auch später noch die Heiden und Hexen ihr Wesen getrieben haben mögen. Das Volk erzählt: Die Zigeuner, die überall in der Pfalz nur „Heiden" genannt werden, kämen öfters von Eußerthal herauf und von Schwanheim herüber, wo sie wohnen, um hier oben nächtliche Feste zu feiern, besonders aber Verlobungen und Hochzeiten. Somit hätten wir hier eine Art *pfälzischen Blocksberg*, während der Teufelsberg in nächster Nähe sein starres Felsenhaupt erhebt.

Was eine Besteigung des Orensberges und seiner Felsenplatte besonders lohnend macht, ist die grandiose Aussicht in die Schluchten und Bergrisse des alten Wasgaues, vor denen sich in dreifacher Schönheit der stolze Trifels hingelagert hat. Von der Rheinebene sehen wir nur den oberen Teil gegen das Elsaß und wir sehen weit hinein in die oberrheinischen Gaue. Aber über die Berg- und Waldwellen der Haingeraiden trifft unser Auge in weiter Ferne den riesigen Donnersberg. Dort hinter dem Wald lieg die nahe Burg Scharfeneck versteckt, aber das grüne Tal von Eußerthal mit seiner grauen Klosterkirche und das von Ramberg mit seiner Burg tut sich vor uns auf. *Prinz Luit-*

pold, der im Sommer 1855 den Orensberg bestieg, äußerte sich so entzückt über diese Aussicht zu seinem königlichen Vater, daß Ludwig von Bayern, der jugendliche Greis, bei den mehrfachen Besuchen des Bades Gleisweiler im folgenden Jahr zweimal samt der Kaiserin von Österreich und den übrigen Familienmitgliedern den Orensberg bestieg, um sich an dieser Fernsicht zu weiden.

Wir gehen wieder hinab auf den Fahrweg, der als eine „*Geraidestraße*" das Heimtälchen mit seinen grünen Wiesen durchzieht und uns in gerader nordwestlicher Richtung zu einer schönen, trauten, ebenen Stelle hinaufführt, wo wir überrascht vor einer interessanten Ruine stehen. Das ist *Burg Scharfeneck,* das Lieblingsziel der Gleisweilerer Badegäste, und vom Kurhaus aus auf bequemem, schattigem Waldweg leicht in einer Stunde zu erreichen. Die ebene Stelle, wo wir jetzt stehen, heißt der Zimmerplatz; er war vor Zeiten der Schloßgarten mit einem Brunnen. Mehrere Wege gehen hier auseinander: einer südlich durch das Föhrengehölz um den ganzen Orensberg herum, ein anderer westlich ins Ramberger Tal hinab; wieder ein anderer nach dem Dorf Ramberg und der vierte nordwestlich auf dem Ausläufer des Roßberges hin, vor die schöne Ruine. Großartig angelegt, mit gewaltigen Mauern, weiten Höfen, düsteren Gewölben und vier ebenso schönen wie umfangreichen Türmen, gehört sie zu den bedeutenderen des Landes. Sie ist nicht der Rheinebene zugewendet, nur ein heller Streif des vorderpfälzischen Gaues von Karlsruhe her schaut durch die Bergrahmen herauf in diese grüne Wald- und Bergwelt. Über die frischgrünen Schloßplätze mit ihren Kastanien und Lärchen treten wir dann in die Burg und an eines der dem Ramberger Tal zugekehrten, gebrochenen Fenster. Der ganze Zauber einer sommergrünen, duftigen Bergwelt tut sich auf.

Zu unseren Füßen lagert sich der Roßberg hinab ins *Ramberger Tal,* das einzige bevölkerte in dieser Waldlandschaft der Haingeraide. Als prächtiger Wiesengrund zieht es aus dem Hauptal der Queich von Süden herein, zwischen den waldigen Bergen hin, und umfaßt die Dörfer Dernbach und Ramberg, um sich bei letzterem in den Waldgründen zu verlieren, vor denen auf schönem Kegel die *Ruine Ramberg* sich äußerst malerisch über dem Dorf uns gegenüber erhebt. Aber da hinaus nach Süden, woher dieses Ramberger Tal kommt, liegt das feenhafte Bergland der Pfälzischen Schweiz über das Annweiler Tal hinaus, vor allem der hohe, dreifach gewaltige Trifels auf seinen waldgrünen Pyramiden, vom Glanz der Geschichte und Sage umflossen wie keine andere Burg Deutschlands; und über ihn hinaus das Gewirr und Getrümmer der Wasgaufelsen, und dort links auf den Vorbergen dieser Felsenwelt die hohe Madenburg, vor der sich der Hohenberg mit seiner Felsenstirn lagert. Gar traut lehnen sich die Dörfer *Queichhambach* und *Wernersberg* gleich dem Städtchen Annweiler an die Talwände der Felshänge, während nach Norden und Nordwesten hin, über die Ruine Ramberg hinaus, nur tiefe, einsame Wälder rauschen. Scharfeneck selbst ist eine gar stille, waldumrauschte Burg, ihre Trümmer bilden schöne Kontraste mit dem Grün der Bäume. Einst war es lebendiger da; als der siegreiche Fritz von der Pfalz die schöne Augsburgerin *Klara von Detten* vom Augsburger Reichstag mitgebracht hatte in seine Pfalz, soll, nach der Sage, die holde Sängerin hier gewohnt und ihres Helden geharrt haben. Der edle Kurfürst schenkte später einem mit ihr erzeugten Sohne die Burg und Herrschaft Scharfeneck, und dieser Sohn der „schönen Sängerin", von Kaiser Max in den Reichsgrafenstand erhoben, ist der Stammvater des jetzt noch blühenden Grafen- und Fürstengeschlechts Löwenstein, dem bei etwaigem Aussterben der übrigen Wittelsbachischen Linien die Anwartschaft auf die bayerische Königskrone bleibt.

Wir haben schon erzählt, wie wenig sich diese Grafen von Löwenstein mit den Geraidebauern vertragen konnten, in deren Gebiet die Burg Scharfeneck lag. Die Streitigkeiten führten zur traurigen Katastrophe im Bauernkrieg. Damals wohnte in der Burg nur der *Schloßhauptmann Gibelin,* der eine natürliche Tochter des Grafen von Löwenstein zur

Ehe hatte und diesem die Burg hütete. Nun lagen die Bauernrotten der Geraide in ihrem Lager zu Frankweiler und forderten von dort aus die Übergabe des Schlosses. Da machte sich der Schloßhauptmann, aufgeschreckt, da schon Ramberg in hellem Brand untergegangen war, mit seiner Gemahlin auf den Weg nach Frankweiler ins Lager, versprach den Bauern friedlichen Einlaß, wenn sie ihn und seine Gemahlin mit allen ihren Gütern unangetastet von dannen ziehen lassen und das Schloß nicht brechen noch ausbrennen wollten. Das versprachen sie. Rottenweise zogen sie nun durch das Heimtal in die Geraide und auf das Schloß, erstürmten mit Ungestüm einen Turm, der auf einem Felsen das Tal bewachte. Als sie nun so über eine hölzerne Brücke liefen, stürzte einer von der schwindelnden Höhe herab in den Schloßhof, erhob sich aber sogleich wieder vom Boden und ging unversehrt von dannen; seine Kameraden schrien: „Mirakel! Das ist unserer guten Sache untrügliches Zeichen! Der Himmel selbst hat durch Gottesurteil gesprochen!“ Und um ihre gute Sache noch besser zu machen, warfen sie auch alsbald, ihres Versprechens uneingedenk, Feuer in die Burg und ließen sie dann bis auf die Grundmauern abbrennen, samt allem Getreide und vielen wichtigen Urkunden; den Wein hatten sie vorher noch getrunken. Dann erst zog man weiter gegen den Trifels. Völlig zerstört wurde jedoch Scharfeneck erst im Reunionskrieg durch Monclar von Landau aus. Die Löwensteiner verlegten nun den Herrschaftssitz nach St. Johann bei Albersweiler. Wir machen nur noch auf den ungemein tiefen *Schloßbrunnen* aufmerksam, der hineingeworfene Steine nur nach geraumer Zeit dumpf herauftönen läßt. Die Sage weiß manches von Scharfeneck zu erzählen, so besonders von dem großen Schatz im Gewölbe der Burg.

Auf Burg Scharfeneck soll die Augsburger Sängerin Klara von Detten gewohnt haben, nachdem sie Kurfürst Friedrich dem Siegreichen angetraut wurde

Von Scharfeneck zieht ein Weg an den waldigen Hängen des Roßberges hin bis zum Modenecker Schloß in der Tiefe der Haingeraidewälder, ein anderer hinab nach Ramberg; doch wir schlagen für diesmal den nach *Dernbach* in den Talgrund vor uns ein, der uns bald hinab durch den Kiefernwald in das stille Gebirgsdorf bringt, das stets zur Burg gehörte. Mit Ramberg zählte es zur Mittelhaingeraide, hatte seinen eigenen Geraidestuhl, aber bei weitem nicht die Rechte in der Geraide, wie jene stolzen Weinorte an der oberen Haardt. Ramberg mit seinen Kirschenhainen lassen wir einstweilen im Rücken liegen und wenden uns das stille Tal hinaus südlich, während wir den hohen

Bergwall des Orensberges stets links haben, bis zum Hof „*Vogelstock*“, wo unser Tälchen in das der Sülz mündet, die weiter hinaus in die Queich eilt. Wir könnten hier den schönen Weg ins Queichtal über Albersweiler, St. Johann und Frankweiler zurück nach Gleisweiler machen, wobei wir an dem nahen, in einer Schlucht des Orensberges liegenden *Langenscheider Hof* vorbeikämen, wo man ein herrliches Echo wachrufen kann. Jedoch bleiben wir beim „Vogelstock“ und blicken das „*Sülztal*“ hinauf, in ein nicht reiches, aber um so trauteres und heimlicheres Gemälde. Dort liegt nämlich das Dorf *Eußerthal* im schönsten Wiesengrund, von waldigen Bergen umgeben; vor ihm, fast die ganze Breite des Tales ausfüllend, der letzte Rest des alten und reichen Klosters Eußerthal, dessen Mönche einst die *Hüter der Reichskleinodien* waren, die in der Kapelle des nahen Trifels aufbewahrt wurden. Dieser Rest ist der byzantinische Chor und das Querschiff der einst so reichen und prachtvollen Kirche. Kuppel, Langhaus und Türme sind längst verschwunden, nur ein jämmerliches Holztürmchen steht auf der Mitte des hohen Kreuzchores.

Ein im Chor eingemauerter Denkstein setzt die Gründung der Abtei durch Ritter *Stephan von Mörlheim* ins Jahr 1148, in die Zeit, wo der heilige Bernhard das Signal zum zweiten Kreuzzug in den Rheinlanden gab. Schnell blühte das Kloster auf und gelangte zu außerordentlichem Reichtum auf Kosten der umliegenden Bauern, so daß viele Dörfer in der Umgegend ganz eingingen, andere zu bloßen Höfen herabsanken. Die Haingeraidebauern erwehrten sich kräftig der mönchischen Übergriffe, schlugen auch einige Male tüchtig drein. Jedoch blieb das Kloster den Kaisern eine Lieblingsabtei und sie überhäuften sie mit Privilegien und Schenkungen. Aber ihr Reichtum wurde auch ihr Verderben. Als der hohe Trifels an das Zweibrückische Haus gekommen war, erfreuten sich die Eußerthaler Mönche nicht länger mehr des besonderen Schutzes der Kaiser. In den Fehden Friedrichs des Siegreichen von der Pfalz plünderten hier die Wallonen des Herzogs Ludwig des Schwarzen von Veldenz-Zweibrücken; fünf Jahre später wurde die Abtei gänzlich niedergebrannt und, kaum wieder erstanden, nach zwei Jahren wieder ausgebrannt. Am schrecklichsten hausten jedoch in der bayerischen Erbfehde (1504) die Westricher und Hunsrücker Bauernhorden hier, mit denen Herzog Alexander von Veldenz-Zweibrücken die südöstliche Pfalz überzogen hatte, um auch als rechter „Pfalzvergifter“ zu gelten. Die Mönche erlitten unsägliche Drangsale für ihr üppiges Leben von früher, Feuer verzehrte die Kirche und die Paramente, und roh scherzten die verwilderten Bauern und Landsknechte mit den geweihten Gegenständen. Bald wieder aufgebaut, erlag das Kloster 1525 der *Rache der Geraidebauern*; die Abtei stand öde und wurde aufgehoben durch den Kurfürsten von der Pfalz.

Eine heimliche Sage von der *goldenen Orgel* umschwebt nun diese wenigen Überreste. Von purem geläutertem Gold waren die Pfeifen und Röhren. Aber einmal, zur Zeit der höchsten Not, als der Feind sich nahte, schafften die Mönche ihre goldene Orgel fort an den Sumpf im Tal und versenkten sie in stiller Nacht. Das Kloster wurde verbrannt, die Mönche mußten fliehen und starben in der Fremde. Kein Mensch erfuhr die Stelle, wo die Orgel begraben liegt; aber alle sieben Jahre in einer gewissen Nacht steigt sie aus der Tiefe, ein Mönch sitzt an ihr und spielt so herrlich um die Mitternachtsstunde, daß es wundersam durch Berg und Tal klingt wie helle Vogelstimmen und dumpfes Sturmgebraus, bis der Geisterschall sich dämpft und das Echo leise in den Bergwäldern nachhallt, um zuletzt ganz zu zerfließen. Das hat nun mancher schon gehört, der um die Mitternachtsstunde noch wacht; aber keiner traut sich in die Nähe, da er die Erlösungssprüche nicht weiß.

Auf der Geraidestraße, die sich vor dem Dorf scheidet, treten wir in die stillen Gassen, ob uns nicht vielleicht ein „Heide“ oder eine „Heidin“ begegne. Denn hier hat sich eine Kolonie *Zigeuner* angesiedelt, die man doch selten daheim antrifft, da sie beinahe das ganze Jahr hindurch das Land durchstreichen und nur die Winterwochen daheim bleiben. Alle sind jetzt getauft, werden aber immer noch vom Volk draußen „Heiden“ genannt, obgleich sie neben den aus Holz geschnitzten Kochlöffeln auch mit geschnitzten „Herrgöttchen“ handeln. Einige haben eine sitzende Lebensart angenommen und bebauen ihr Feld, andere streifen noch immer mit ihren dunklen Gesichtern unstet im Land umher. Hübsche Dirnen mit feurigen Augen und dunklen, runden Hindugesichtern finden sich nicht selten. Wir werden später andere Ansiedlungen im Wasgau treffen.

Von Eußerthal führt an der Sülz hinauf der *„Eußerthaler Steg“* als Geraidestraße in den tiefen Hinterwald, der jetzt der Stadt Landau gehört, bis zum Landauer Forsthaus am Taubensuhl und zu der Hochstraße, mit der sich der Steg vereinigt, um am Eschenkopf vorüber nach dem einsamen Forsthaus Johanniskreuz zu ziehen. Wenden wir uns von Eußerthal aus einige Schritte auf dem Stegberg einwärts, dann rechts ins Birkental an der Sülz hinauf, hierauf wieder rechts ab, nach einigen Schritten – östlich – auf dem Waldweg weiter über die Berghöhe, so daß wir in einer Stunde uns gegenüber die Ruine der Burg Ramberg sehen, dann durch den Kiefernwald ins Tal, so kommen wir in das große Dorf *Ramberg,* das sich mit seinen Häuserreihen malerisch um den Schloßberg lagert, während rechts droben Scharfeneck in Trümmern herabschaut, so daß wir uns wieder ganz in der Nähe dieser Burg, im Ramberger Tal, befinden. Ein weiter Kirschenwald umfängt das Dorf Ramberg, und im April, zur Zeit der Kirschblüte, ruht es inmitten der grünen Waldpracht des tiefen Tales in einem schneeweißen Blütensee. Wenn die Kirschen reif sind, darf man für einige Kreuzer auf einen Baum steigen und sich vollauf satt essen. Viel Nahrung findet das Dorf durch die Bereitung des *Kirschwassers,* das weit und breit berühmt ist und durch die Ramberger Hausierer überallhin verkauft wird. Einen anderen Nahrungszweig dieses Gebirgsdorfes bildet die Bürstenfabrikation. Die Ramberger *Bürstenbinder,* die im ganzen Rheinland bekannt sind, tragen die Ware fort in die Welt als arme Leute – und kommen als arme Leute zurück, denn sie rechtfertigen das Sprichwort: „Er säuft wie ein Bürstenbinder!“ Ja, die Pfälzer glauben, das Sprichwort rühre eigentlich von den Ramberger Bürstenbindern her. Natürlich wohnen auch ordentliche und brave Leute in Ramberg, die so gut hauszuhalten wissen wie andere Leute; aber daß viel Ramberger Ehrlichkeit und Sittlichkeit mit dem Kirschwasser und den Bürsten in die Welt hinauswandert und nicht mehr zurückkommt, muß zugestanden werden.

Eine ziemlich neue Kirche steht im Ort am Fuße des Schloßberges. Wenden wir uns nun hinauf zu der alten, gebrochenen Bergfeste über dem Ort. Sie hieß Ramberg, wie das Dorf, oder auch später *Schloß Dalberg,* weil sie im Besitz dieser berühmten Familie war. Der runde Schloßhügel ist bald erstiegen, und nun läßt sich von oben das malerische Landschaftsbild, das das Ramberger Tal gewährt, betrachten. Unten das Dorf, um den Berg sich ziehend, drüben Scharfeneck, und das Tal entlang der stolze Trifels im Hintergrund. Das ist alles, aber es ist genug, um eines der lieblichsten Gemälde zu bilden. Die Burg fiel im Bauernkrieg und im Reunionskrieg gleich allen anderen. Ein gewaltiger Turm, hohe, vielfach zerrissene Mauern und gebrochene Fenster starren nun verödet in die Höhe. Besonders interessant ist aber der tiefe, dunkle Felsenkeller der Burg, dessen geschwärzte Decke an den Aufenthalt einer Zigeunerbande erinnert, die hier längere Zeit hauste und so die düstere Romantik dieser Trümmer vervollständigte.

Auch die dunkle Sage vom *„Einaug“* knüpft sich an diese Burgfeste. Der kam mit seinem Mordknecht nach Ramberg ins Schloß, fand Herberge und wollte in der Nacht den Ramberger Burgherrn ermorden lassen. Der Knecht aber verfehlte das Zimmer und erstach in der Dunkelheit den eigenen Herrn im Bett. Eine andere Sage berichtet von dem Liebesverhältnis des Scharfeneckers mit der Frau des Ramberger Ritters, bis der böse Scharfenecker den Ramberger einst wegblies auf ein verabredetes Zeichen des schlimmen Weibes, das den Gemahl ans Fenster der Burg führte und dem tödlichen

Pfeil preisgab. Das wird aber auch von dem Modenecker Schloß behauptet. Dahin führt uns jetzt der Weg.

Hinter Ramberg steigt der Waldweg, wenn man über den Wiesengrund gekommen ist, zu der gegenüberliegenden Höhe nordostwärts jäh hinan: Es ist der *„Rotsteig“*, der uns stets den Blick rückwärts in die Anmut des stillen Ramberger Tals läßt, während

Ramberger Bürstenbinder und Kirschwasserhändler bringen die Schätze ihres Heimatdorfes in die pfälzischen Häuser

er über den Bergrücken führt, der den Roßberg mit dem Modenecker Schloßberg verbindet und das Ramberger Tal von jenem des Modenbaches scheidet. So gelangen wir zum „Viermärker“ auf dem Rotsteig, wo sich sechs Waldwege kreuzen. Einer von diesen führt direkt nach Norden zu den einsamen, düsteren Ruinen der Burg *Meisterseele* oder Modeneck, die in großem Verfall liegt und nur von Westen mit schwerer Mühe zugänglich ist, während sie ein tiefer, in die Felsen gehauener Graben von Osten gänzlich unzugänglich macht. Tiefe, düstere Wildnis ringsumher und in den Trümmern; man glaubt sich in der verzauberten Burg Dornröschens, so still, so einsam und verödet liegt alles wie im tiefsten Zauberschlaf. Nur der Uhu umkreist in der Dämmerung dieses verwunschene Schloß; nur der Marder haust in seinen Höhlen. Wald und Berg beschränken die Aussicht und lassen nur einen schmalen Blick ins Ramberger und Annweiler Tal bis zum Trifels zu, während nach Osten hin tief unten das einsam stille und waldige *Modenbacher Tal* sich zur Ebene hinauszieht, von der ein schmaler Streif in diese Waldeinsamkeit hereinschimmert. Die Burg war ursprünglich ein Lehen des Klosters Klingenmünster. Dann besaßen es die Ochsenstein, Stettenberg, Kalt, die von Battincourt und die Grafen von Leyen. Bauern und Franzosen brachten ihm den Untergang.

Würden wir uns wieder zum „Viermärker“ zurückwenden, könnten wir am großen Roßbrunnen vorüber südlich nach Scharfeneck gelangen. Wir wenden uns jedoch lieber

östlich etwas abwärts und gelangen da zu dem *Hof Modenbach* in tiefer Bergeinsamkeit, wo sich das Modenbacher Tal etwas erweitert. Wollten wir mit dem Forellenbach, der das Tal tief unten durcheilt, zur Ebene hinausziehen, so kämen wir zwischen den Wänden des Teufels- und Blätterberges zuerst zur Buschmühle und dann nach Burrweiler oder Weyher. Wir verweilen jedoch hier in der trauten Einsamkeit der Haingeraidewälder und stärken uns an der trefflichen Milch, die uns die Pächterin des Hofes reicht, während wir dem Flüstern und Rauschen der Wälder und dem Murmeln und Brausen des Modenbaches lauschen, der von der fernen Ebene träumt, der er zueilt. Der Hof mit seinen schönen, landwirtschaftlichen Anlagen gewährt durch seine feste, gegen plötzliche Überfälle gesicherte Bauart den Anblick einer kleinen Burg noch heute, was ihm in dieser einsamen Gegend das Ansehen der Sicherheit gibt. Ohnedies wird er in Urkunden öfters das *„Untere Schloß Modeneck"* genannt.
Unsere Bergwanderung fortsetzend, verfolgen wir nordnordwestlich den Modenbacher Steg, der die alte Geraidestraße durchs Modenbacher Tal weiterführt, in die tiefen, stillen Wälder bis zur Hochstraße. Links oben thront das Modenbacher Schloß in seiner Wildnis, unten rauscht zur Rechten der Forellenbach in seiner Waldesfrische. Wir aber steigen auf gutem Fahrwege stets bergan, bis wir nach drei Viertel Stunden zum *Edenkobener Forsthaus* gelangen, wo man sich erquicken kann an frischem Trunk. Das Tal läuft hier in eine Sackgasse aus; der 2 121 Fuß hohe *Steigerkopf* erhebt sich über die Waldespracht der umliegenden Berge mit seiner abgestumpften Spitze und zu ihm hinauf führt durch das dunkle Tal des Triefenbaches eine andere Geraidestraße: der Edenkobener Steg, und weiter nördlich: der St. Martiner Steg, die hier mit der Hochstraße zusammentreffen. Die Aussicht von der Bergplatte oben über die tiefen Wälder der Haingeraiden und der unteren Haardt, weit über das Elmsteiner und Annweiler Tal hinaus bis zu dem Vogesenkamm Lothringens und dem Riesenwall des Donnersberges; dann zur Rheinebene von Mainz bis Straßburg, wie sie in bläulichem Duft tief unten liegt, ist zu umfassend und ermüdend, um eigentlich malerisch schön zu sein, wenn sie auch die Ersteigung der Spitze mehr als hinlänglich belohnt. Drüben im Nordosten, nahe genug, starrt die Kalmit noch höher über die grüne Bergwelt empor. Was unsere Aufmerksamkeit jedoch, mehr noch als diese Aussicht, in Anspruch nimmt, ist das *Grabmal des Generals Pfau* auf dem Schänzel, wie der Steigerkopf in der Umgegend gewöhnlich genannt wird.
Hier an der Hochstraße, die über den Kamm des Gebirges führt, steht ein vier Fuß hoher weißer Sandstein mit den Worten:

„Als Held und Biedermann bekannt,
Starb Pfau fürs deutsche Vaterland;
Als Freund der edlen Tapferkeit
Ist dieses Denkmal ihm geweiht."

Feldmarschall-General Wurmser ließ dieses Denkmal dem preußischen Helden an der Stelle setzen, wo er fiel. In den Revolutionskriegen hatten die Feldherren die Wichtigkeit dieses Punktes in militärischer Hinsicht wohl erkannt, da er, durch die *Hochstraße* mit dem Eschenkopf und dem Schlüsselpunkt des Landes beim Johanniskreuz in Verbindung gesetzt, das dahinter liegende Land sicherte und eine sehr feste Position gab. Die Franzosen rückten 1794 im Juli mit furchtbarer Macht am Oberrhein und im Westrich vor. Das ganze tiefe, waldige Gebirgsland von hier aus bis über den Eschenkopf und die Wasserscheide sah eine Masse Einzelkämpfe und Angriffe der Franzosen auf die preußischen Linien, die sich längs der schon den Römern bekannten Hochstraße ausbreiteten. Fürchterlich hallte der Kanonendonner in diesen Bergwäldern, der Kampf dehnte sich bis nach Pirmasens und Zweibrücken aus. Die Franzosen drangen überall wie Rasende vor und warfen die preußischen Generäle aus ihren Stellungen. Johanniskreuz, der Saukopf und andere Punkte im Gebirge wurden erstürmt, in der Ebene mit wechselndem Erfolg gekämpft; General Pfau auf dem *Schänzel* und General Voß in den Redouten des Pfalzberges behaupteten sich noch siegreich. Die Angriffe der Franzosen unter Desgrandes wurden besonders durch die Elsässer Nationalgarden unterstützt. Die Stürmenden wurden abgeschlagen. Ein Pfarrerssohn aus der Umgegend von Edenkoben und ein Mann von Gräfenhausen bei Annweiler sollen nunmehr die Spione gemacht haben. Auf einem Umweg drangen die Franzosen vor, und es entstand eines der heftigsten und blutigsten Gefechte jenes Krieges auf diesen einsamen Berghöhen. Endlich siegte die feindliche Wut; die Franzosen drangen in die Verschanzungen ein, und einer rief dem sie mit dem Degen in der Hand erwartenden General Pfau zu: „Rendez-vous donc, Général!" – „Je ne me rends pas à voleurs!" rief Pfau – und von Kugeln und Bajonetten durchbohrt sank er im nächsten Augenblick nieder.

Die Hochstraße zieht nordöstlich weiter bis zur *Kalmit,* der höchsten Bergkuppe der Haardt, da sie 2 333 Fuß über den Meeresspiegel reicht. Von Calamitas (Wetterschaden) soll sich der Name der Kalmit herschreiben, und in der Tat bringen die an ihr weilenden Gewitter nicht selten verheerenden Hagelschlag für die Weingegend. Auf ihren Vorhöhen stehen vier Wetterkreuze für die Gemeinden Kirrweiler, Diedesfeld, Maikammer und St. Martin; auf der Spitze eine Pyramide, von den Gemeinden zur Jubiläumsfeier König Maximilians I. errichtet, ihr zur Seite der Strunk eines steinernen Turmes, zu Napoleons Zeit bestimmt für einen Telegraphen, der jedoch heute nur ein trigonometrisches Steinsignal trägt. Die Aussicht ist ungemein großartig und weit ausgedehnt über das waldige Bergland und die Rheinebene. Nur fehlen eben die eigentlichen pittoresken Momente. Mehrere Stege führen steil bergab in die Weinorte und zur Eisenbahn. Dem Gelüst nach Waldeinsamkeit frönt ein Gang auf der Hochstraße westlich in die Haingeraiden bis zum Sülzgrunderkopf, *„Toten Mann"* und zum Taubensuhl. Der Eußerthaler Steg leitet von dort südöstlich ins Sülztal hinab, von wo wir die Wege zum Queichtal und nach Landau kennen.

III. Der Wasgau

Die Queich mit ihrem Haupttal scheidet das Haardtgebirge vom Wasgaugebirge oder den *Vogesen*. Bekanntlich bilden sie eines der mächtigsten Gebirge. Der 40 Meilen lange Gebirgszug scheidet Lothringen vom Elsaß und dämmt westlich die große oberrheinische Ebene ein, scheidet die Vorderpfalz vom Westrich, setzt sich jenseits der Queich in der herrlichen Haardt fort und schließt mit dem Donnersberg würdig ab, während der Hochwald und Hunsrück Äste von ihm bilden. Es ist ein wald- und erzreiches Gebirge und erschien schon den Kelten als eine Gottheit. Bei ihnen hieß es „Wassichin", das ist Auerochsengebirge. Noch im 15. Jahrhundert gab es hier wilde Pferde, noch im vorigen besonders starke und gefährliche Bären. Seine Höhen und Täler tragen Kulturreste aller Jahrhunderte, von den urältesten Bewohnern bis heute. Die Römer nannten den „Wassichin" Vogesus oder Vosegus und verehrten ihn auch als mächtige Gottheit. Das Nibelungenlied nannte das Gebirge den *„Wasgenwald"* und so spielt es eine große Rolle im alten Heldenbuch. Bei den Franzosen heißt es „les Vosges", und die modernen Deutschen sagen auch „Die Vogesen", während man im Mittelalter „Das Wasgaugebirg" oder auch bloß „Der Wasgau" sagte. Im südlichen oberen Elsaß ist das Gebirge am höchsten, gegen 5 000 Fuß, an der nördlichen Grenze des Elsasses kaum mehr als 1 600 Fuß hoch. In der Pfalz steigt es wieder höher empor und in der Haardt oft über 2 000 Fuß Meereshöhe. Wenn dem Vogesus, wie dem Rhein, von den Alten göttliche Ehre erwiesen wurde, so ist er auch in historischer Beziehung von gleicher Wichtigkeit. Über ihn gingen alle die großen *Völkerzüge*, die das Weltreich stürmten; über ihn die Hunnen, Goten und Vandalen; über ihn wieder in neuerer Zeit die Stämme des Ostens, um ins schöne Gallien hinabzusteigen, vor das er sich als mächtiger Wall legt.
Von der mittelalterlichen Benennung des Landes zwischen Queich und Lauter erhielt das Gebirge auch den Namen „Wasgau". Dieser Was-Gau bildete ursprünglich keinen eigenen Gau, sondern erst später wurde dieser Name einem Teil des Speyergaues beigelegt; man sprach von einem oberen und einem niederen Wasgau, jener am und im Gebirge, dieser in der Rheinebene. Von der Queich und der Lauter umflossen, östlich an den Rhein, westlich ans Gebirge gelehnt, bildete der Wasgau in den letzten Jahrhunderten stets den *Hauptschauplatz* der Kriege mit Frankreich. Die Franzosen selbst, die das Elsaß bis zur Queich reichen ließen, machten den Wasgau zu einer einzigen großen, viereckigen Festung, indem sie von Landau am Gebirge bis Germersheim am Rhein die Queichlinien, von Weißenburg bis Lauterburg die Lauterlinien zogen, diese im Viereck liegenden Städte zu festen Bollwerken umschufen und so das Elsaß schützten. So lag der Wasgau zwischen den Bollwerken nach allen vier Seiten sicher, bis deutsche Kraft wieder dies „Karree" sprengte. Mit dem Siebeldinger Tal, wie das Queichtal bei seinem Austritt aus dem Gebirgsland heißt, berührten wir bereits das Gebiet, in das wir jetzt treten. Sein *Charakter* ist sehr ausgeprägt. Wenn man an der Haardt heraufkommt, macht das Tal der Queich einen ziemlich breiten und tiefen Einschnitt in das Land. Über demselben sehen wir die Bergreihe sich fortsetzen, aber in kühneren und

schärferen Formen. Sie bildet keine geschlossene Masse mehr, sondern ist zerrissener und geteilter; schöne pyramidenförmige Bergspitzen ragen statt der breiten Kuppen empor. Nicht selten treten diese so weit auseinander, daß sie einen Blick schon von der Ebene aus in die Felsenwelt des inneren Wasgaues tun lassen. Die vordere Bergreihe des Wasgaues dacht nämlich beinahe ebenso steil und tief nach Westen wie nach Osten ab, dabei ist sie schmal und von vielen Tälern und Schluchten durchschnitten. Hinter ihr zieht sich vom Quertal der Queich bis zu dem der Lauter durch den ganzen Strich ein schluchten- und felsenreiches Längental hin, eigentlich eine *Hochebene,* die von verschiedenen Tälern durchschnitten wird; auf der östlichen Seite von der vorderen Bergreihe des Wasgaues, auf der westlichen von einer Reihe sonderbar gestalteter Sandsteinfelsen eingeschlossen, die es nach allen Seiten durchziehen und hier mitten in den Feldern der Gebirgsbewohner bald als ungeheuere Riesentürme, bald als gewaltige Felsenmauern hervortreten. Das Land dort ist dürr und wenig fruchtbar, aber an malerischen Reizen reich.

Die *vordere Bergreihe* hat waldige Gipfel und Bergspitzen, die gleich hoch aus den hinter ihnen liegenden Bergtälern wie aus der vor ihnen liegenden Ebene aufsteigen, so daß sie sich, nach allen Seiten frei, stolz über das Land erheben und die herrlichsten Blicke sowohl rückwärts als vorwärts gewähren. Ihre östlichen Hänge tragen schattige *Kastanienhaine* bis zu bedeutender Höhe und die sonnigen Flächen Weinberge, so daß auch sie ihre schönere Seite der Rheinebene zuwenden. Von diesen Bergen ziehen sich ziemlich bedeutende Hügel als langhingestreckte Landrücken mit den Flüßchen, die aus dem Gebirge dem Rhein zueilen, durch die Rheinebene hin bis in die Nähe des Stromes, so daß die Täler ihren Talcharakter bis in nicht große Entfernung des Rheinstromes beibehalten, wo sich die Hügelrücken verflachen. Diese Hügel und Talgründe bilden äußerst *fruchtbares Acker-* und *Wiesenland,* ja der Strich von den Dörfern an der Queich bis zum Bienwald hin, dessen Mittelpunkt das Klingtal bildet, ist der üppigste und fruchtbarste des ganzen Landes und eine der einträglichsten Fruchtgegenden Europas. Die der Sonne zugekehrten Hänge sind oft noch weit hinab mit Weinstöcken bepflanzt, während die Kastanienwälder schon eine Viertelstunde östlich vom eigentlichen Gebirgsrand aufhören. Der schmale vordere Bergkamm scheidet im Volksmund die Pfalz vom Westrich, so daß das Annweiler, Gossersweiler und Dahner Tal schon zum Westrich gerechnet werden, wenn auch nicht mit Recht, da vorzüglich die Sprache sie zu Vorderpfälzern macht.

Der Strich längs dem östlichen Rand der Wasgauberge hat mehr landschaftliche Abwechslung als der längs der Haardt. Es ist nicht diese ewige Heiterkeit einer Weinlandschaft; jedes einzelne Tal, die Umgebung jedes Dorfes hat mehr einen für sich abgeschlossenen, eigenen Charakter. Hier treffen wir Stellen, die sich mit keiner an der Haardt messen können, aber auch solche, die alle dort überstrahlen, von dem unserem Wasgau eigentümlichen *Reiz seiner Felsenwelt* ganz abgesehen. Die Täler im inneren Wasgau sind alle bewohnt und die Berge bis an den Fuß der Felstürme angebaut.

Was der Wasgau der Hardt voraus hat, das ist ein ziemlich *ausgeprägtes Volksleben,* die Erhaltung alter Trachten und Gebräuche, von denen wir eine erkleckliche Anzahl zu beschreiben haben werden. Elsässische Elemente ragen stark über die Lauter herüber. Von der Queich durch das ganze Unterelsaß bis nach Schlettstadt hat sich noch viel Volkstümliches erhalten. In dem nach allen Seiten offenen Oberelsaß wieder viel weniger.

An Burgen ist der Wasgau reicher als irgendeine andere Gegend. Wir werden gegen vierzig solcher malerischer Ruinen besuchen müssen, darunter den Trifels und die Madenburg. Und welche Kontraste landschaftlicher Schönheiten bilden das Berggelände von Klingenmünster gegenüber der hart hinter ihm liegenden Felsenwelt der „Pfälzischen Schweiz!" Hier liegt das Schöne noch viel näher und dichter und die Kontraste auf kleinem Raum sind bei weitem von größerer Mannigfaltigkeit als an der Haardt. So wird uns ein bunter Wechsel landschaftlicher und volkssittlicher Gestaltungen gefangennehmen.

1. Landau und der Gau

Wenn man sich Landau nähert, verdeckt die üppige Vegetation des Queichtales die hohen Festungswälle ganz und gar; und der einzige hohe Stadtturm ragt aus dem Grün der Bäume, so daß Landau sich aus einiger Entfernung durch nichts von den großen, zahlreichen umliegenden Ortschaften unterscheidet. Es liegt mitten in der fruchtbarsten und in einer der wohlhabendsten Gegenden der Pfalz, in des *„Landes Aue"*, im herrlichen breiten Wiesengrunde der Queich, eine Stunde von dem westlich in schönen Formen aufsteigenden Gebirge, da, wo sich die vom Wasgau und der Haardt herziehenden Hügelrücken nach und nach in der Rheinebene verflachen. An allen Produkten der Pflanzenwelt reich – westlich im Siebeldinger Tal an herrlichen Weinbergen, Kastanienbüschen und Mandeln, östlich in den Niederungen an allen Fruchtgattungen des ergiebigsten Landbaues, – breitet sich der „Gau" um Landau her mit seinen großen städtischen Dörfern, die, besonders in der Ebene gegen den Rhein zu, eine Bevölkerung von 2 000, ja 3 000 Einwohnern nicht selten übersteigen. Der Ackerbau wird dort in der Tat musterhaft betrieben, und der Strich von der Queich und der Impflinger Höhe quer über den Talgrund des Klingbaches bis zum Bienwald ist der üppigste der Pfalz.

Schon die Alten hatten die Schönheit und *Fruchtbarkeit* dieser Gegend wohl erkannt, und der ehrliche Han in seiner Beschreibung des Elsasses meint: „Der Name Landau kommt von der Auen her, dieweil man aus dem dicken, waldigten Gebürg Wasgau hier heraus in eine schöne, lustige Auen, gleichsam in des ganzen Landes Aue kommt." Und *Sebastian Münster* in seiner Kosmographie sagt: „Das Land um diese Stadt ist gar fruchtbar, und liegen innerhalb zwo Meilen ringsherum auf vierthalb hundert Flecken und Dörfer, welche die Wochenmärkt zu Landau mit Kaufen und Verkaufen pfleglich besuchen."

Freilich, viele dieser Dörfer, und zwar mehrere in nächster Nähe der Stadt, sind im Laufe der Zeit verschwunden; aber noch immer sagt ein heutiger Landauer mit Stolz, daß soviel hundert Ortschaften ihre Bewohner auf den Markt nach Landau schicken, die am nämlichen Tage noch nach Hause können. Jedoch sehen die Bewohner der Umgegend, die Gaubauern, die Stadt nicht gerade mit günstigen Augen an, und sie haben guten Grund dazu. Die Stadt ist jünger als alle umliegenden Ortschaften, aber bald wurde sie allen furchtbar und entschied über das Schicksal und die Geschichte der Gegend in den letzten Jahrhunderten. Die Franzosen sehen bekanntlich erst die Queich als die Grenze des Elsasses und Landau für eine elsässische Stadt an. Darauf begründete sich ihre Besitzergreifung. Vauban machte die Stadt zur wichtigsten *Grenzfestung Frankreichs,* und nun konnte der rheinische Antiquarius sagen: „Weil nun aus dieser Festung die Franzosen in den Reichskriegen, sowohl der Kurpfalz als anderen Orten, mit Brandschatzungen und anderen Bedrückungen hart zusetzten, so wurde deutscherseits jederzeit große Mühe und Kosten angewendet, diesen Schlüssel und Hauptfestung, so dahero ein rechter *Zankapfel* geworden, den Feinden aus den Händen zu drehen, daß also nicht leicht ein Ort so oft den Belagerungen unterworfen gewesen ist, wie dieser." Was dabei die umliegende Gegend gelitten hat, läßt sich denken, weil auf ihr stets ebensowohl der Druck der belagernden Heere lag, wie sie den Ausfällen und Ausleerungen durch die Belagerten ausgesetzt war. So bestimmte Landau stets das Schicksal der umliegenden Gegend, und die Kriegsgeschichte des Landes knüpft sich fast ganz nur an diese Festung.

Stadt und Festung

Emich von Leiningen, Landvogt des Speyergaues (1254), der zu Landeck bei Klingenmünster residierte, gründete hier in dem fruchtbaren Grunde der Queich, innerhalb des Kreises zahlreicher älterer Dörfer, die Stadt Landau. Kaiser Rudolph gab ihr die *Reichsfreiheit*. In der strittigen Kaiserwahl von 1314 standen die Landauer zu Friedrich dem Schönen gegen Ludwig den Bayer, bis dieser siegte und zur Strafe Landau dem Speyerer Bischof verpfändete. Unter dem bischöflichen Druck gab es nur noch kleinliche Strittigkeiten. Anno 1508 besuchte Kaiser Maximilian die Stadt und löste die Pfandschaft ein, so daß sie wieder zu den elsässischen Reichsstädten zählte.

Schon 1522 predigte der Stadtpfarrer Bader das Evangelium im Sinne der Reformation, und Landau war eine der ersten Städte, die zu ihr übertraten. *Franz von Sickingen* berief darum hierher den rheinischen Adel, um „gegen die Tyrannei der Fürsten und die Wüterei der Pfaffen" den berühmten *Landauer Bund* zu schließen und „dem Evangelium ein Loch zu machen". Eine kräftige Rede von Sickingen, an die „Erlauchten, Edeln und Freien Deutschlands" gerichtet, eröffnete die Versammlung; auf die Bibel schwur jeder Ritter den Bundeseid. Franz, einstimmig zum Haupt des Bundes ernannt, bereitete den Krieg vor, in der Hoffnung, daß es die demokratischen Städte zum Beitritt und das Landvolk zur Mitwirkung reizen würde. Vierzehntausend Landsknechte und fünftausend Reiter standen schlagfertig. Der tragische Ausgang des Kampfes ist bekannt. Die Bauern hatten ruhig zugesehen, wie das „Sickinger Franzl" sich dabei verfing. In Nußdorf auf der Kirchweih und zu Geilweiler am „heiligen Baum der Haingeraide" schwuren sie zu spät den Bundeseid. Die Gelegenheit war versäumt. Als sie vor die Stadt Landau zogen, fanden sie die Tore geschlossen und das Bündnis verweigert; blutig, wie Sickingen selbst, endigten die Führer des Aufruhrs. Unruhen wegen der Juden, der Überfall des wilden Markgrafen Albrecht Alcibiades, Kaiser Karls V. Verweilen auf dem Zuge nach Metz und König Heinrichs II. von Frankreich Bedrängung der Stadt waren nur kleine Vorspiele künftiger Heimsuchungen, Der *Dreißigjährige Krieg* entlud seine Schrecken über Landau. Siebenmal wurde es von den verschiedenen Parteien erobert. Mansfeld, dann die Kaiserlichen, Kroaten und Kratzische Reiter, hierauf die Schweden, die einen Bürgermeister hängten, dann die Franzosen und drei Jahre später wieder die Österreicher bedrängten wechselweise Landau. Nachher stürmten es Bernhards von Weimar Soldaten, und Österreicher, Lothringer und Franzosen zogen abwechselnd ein.

Aber erst jetzt kam die Zeit der rechten Not. Im Westfälischen Frieden hatte man das Elsaß den Franzosen überlassen; die zehn Reichsstädte flehten das Reich und den Kaiser an, wurden aber zurückgewiesen. Landau blieb noch beim Reiche dem Namen nach, wurde aber in Wirklichkeit von Frankreich beherrscht. Bei dem Ansuchen um Schutz bei den Reichsständen höhnten sie noch der deutschen Sympathien dieser Stadt. Neunmal wurde im Krieg von 1672 bis 1679 die Stadt von den Franzosen und Deutschen weggenommen; sie blieb zuletzt in Frankreichs Räuberhänden. *General Monclar* zerstörte jetzt von Landau aus alle Schlösser und Burgen der Umgegend.

Nun aber sollte Landau eine Grenzfeste und *Zwingburg* gegen Deutschland werden. „Sie setzt uns in den Stand, bedeutende Unternehmungen in dem besten und am meisten zusagenden Teil Deutschlands auszuführen, indem dieser Platz über die Pfälzer, welche zu Kriegszeiten in seinem Bereiche liegen, ebenso verfügen könnte als über die eigenen Leute selbst." So schrieb der berühmte *Vauban*, als er den Platz besichtigte. Schon 1688 wurde durch den Minister Louvois selbst der Grundstein gelegt. Nur stand die alte Bauart der Stadt im Wege. Da verfuhr man französisch. Während Melac die ganze Pfalz verbrannte und zur Wüste machte, brannte man auch Landau nieder und baute nach Gefallen die Festung auf. Die damalige Stimmung spricht der *gereimte Stoßseufzer* des Stadtschreibers Schroth im Stadtprotokoll von 1690 aus:

> Das dreimal dreißigst Jahr wird nunmehr angetreten
> In diesem Seculo, ach Herr thu uns erretten,
> In dieser bösen Zeit, Du bist der starke Mann,
> Der da in aller Welt den Kriegen stewren kann."

Jetzt war *Melac*, der schreckliche Pfalzverwüster, Gouverneur der Stadt. Die Pfälzer erinnern sich noch gar wohl jenes herzlosen, grausamen Schlächters, der jedoch ein guter Soldat war. Im *Spanischen Erbfolgekrieg* wurde Landau 1702 durch Prinz Ludwig von Baden und den römischen König Josef belagert. Melac fragte damals mit kriegerischer Galanterie nach des Königs Hauptquartier, um ihn nicht mit Schießen zu beunruhigen. Die Antwort war: „Überall im Lager! Der General möge sich im Schießen nicht stören lassen!" Zugleich schickte Josef einen Hasen und frisches Wildbret dem General in die Stadt. In jener Belagerung soll Melac stets mit zwei bissigen Doggen ausgegangen sein und seine Freude daran gehabt haben, wenn die Tiere die Bürger anfielen und zerfleischten. Noch heute heißt man große Hunde in der Pfalz „Melac". Nach einer entsetzlichen Beschießung und hartnäckigen Gegenwehr zog Melac aus, unter höchst ehrenvollen Bedingungen.

Ein Jubelfest wegen der Wiedervereinigung mit Deutschland wurde gefeiert. Im folgenden Jahr kamen schon wieder die Franzosen unter Tallard und Vauban vor die Festung; letzterer mußte jetzt die Belagerung seines Werkes leiten, worüber er sich äußerte: „Ich konnte den Platz befestigen, aber nicht erobern." Die zum Entsatz herbeieilende deutsche Armee wurde von Tallard am Speyerbach geschlagen, *Graf Friese* aber rückte mit einer ebenso ehrenvollen Kapitulation wie früher Melac aus der Stadt. Nur ein Jahr lang blieben die Franzosen Meister, denn siegreich drang *Prinz Eugen* mit Marlborough über den Rhein in die Gegend zwischen Landau und Weißenburg und ließ die Laufgräben eröffnen. Laubanie, der feindliche Gouverneur in der Stadt, ein tapferer Mann, mußte sich endlich ergeben; er starb bald darauf nach einer bei der Belagerung zugezogenen Erblindung.

Landau war wieder eine deutsche Reichsstadt und sein Bürgermeister Schattemann vertrat die Stadt auf dem Reichstag. Da rückte 1713 der französische *Marschall Villars* vor die Festung und verhinderte den Rheinübergang des Prinzen Eugen. Tapfer wehrte sich der Festungsgouverneur, Prinz *Alexander von Württemberg*; doch er mußte endlich Chamade schlagen lassen und forderte die Melac und Laubanie gestattete Kapitulation, was ihm abgeschlagen wurde. Nochmals versuchte er verzweifelte Gegenwehr; ein mörderisches Kanonenfeuer begann, und erst jetzt ergab er sich als Kriegsgefangener, da kein Entsatz kommen konnte. Die Stadt behielt Frankreich mit den drei zu ihr gehörigen Dörfern: Queichheim, Nußdorf und Dammheim.

Eine lange Zeit der Ruhe kam, bis der polnische Wahlkrieg den Prinzen Eugen wieder an den Rhein führte und der österreichische Erbfolgekrieg die Panduren Trenks ins Land lockte, wie denn auch damals die *Queichlinien* zerstört wurden, die von Landau bis nach Germersheim an den Rhein führten. Die Ruhe, die nun folgte, wurde nur gestört durch die Bedrückung des protestantischen Lebens; noch heute erinnert man sich jener, durch die Kapuziner herbeigeführten *Verfolgungsszenen*, wie treue Lutheraner mit dem Strick um den Hals aus dem Weichbild der Stadt gestoßen wurden, und jener Geschichte von der armen „Nähermadel“ von Dammheim, die noch auf dem Schafott von einem Kapuziner betrogen wurde.

Während des amerikanischen Befreiungskrieges war Landau ohne Besatzung und die Bürger hüteten die Festung, während die Garnison in Amerika gegen die Engländer focht. Später hatte die Stadt wieder starke Besatzung als Grenzfeste. Da brach die *Französische Revolution* aus; sie wurde in Landau mit Jubel begrüßt. Damals befand sich der spätere Sieger von Valmy, *Kellermann,* hier in Garnison; die Bürger überreichten ihm eine Bürgerkrone. Seit dem Rückzug der Preußen aus der Champagne wurde nun die Pfalz der Kriegsschauplatz und Landau der Angelpunkt der Bewegungen. *Custine* zog von hier aus, mit ihm ein Teil der Bürgernationalgarde; Speyer wurde genommen, Mainz und Frankfurt erobert und alle eroberten Vorräte nach Landau geschickt. Bald aber wichen die Franzosen bis hinter Landau zurück und die Alliierten folgten; die Stadt wies jedoch jede Aufforderung zur Übergabe zurück, während *Beauharnais,* der erste Gemahl der Kaiserin Josefine, Festungskommandant war. Jetzt wurden die umliegenden Orte in Eile durch die Garnison beraubt, und vier Tage nachher die Stadt (1. August 1793) in *Belagerungszustand* erklärt. Die Bürger schwuren bei der „Bundessäule“, mit der Garnison auszuhalten und Stadt und Festung in den Tod zu verteidigen. So einig waren die Befehlshaber nicht. *General Laubadère* war damals Gouverneur und stand unter dem Einfluß einiger wilder militärischer Ratgeber, wütender *Jakobiner.* Ihnen gegenüber befand sich der Volksrepräsentant Denzel bei der Rheinarmee und in Landau, wo er als lutherischer Pfarrer verheiratet war. Aus Dürkheim an der Haardt gebürtig, hatte er den amerikanischen Feldzug als Feldprediger mitgemacht und war mit dem Regiment „Zweibrücken“ nach Landau in Garnison gekommen, wo er in den Nationalkonvent gewählt wurde. Zu *Denzel* stand die Bürgerschaft und der bessere Teil der Garnison. Es kam zwischen den Parteien sogar zum offenen Kampf.

Da unterbrach am 13. Oktober die heftigste *Beschießung* durch die Preußen diese inneren Unruhen. Es war der Tag der Erstürmung der Weißenburger Linien durch die Österreicher. Von Nußdorf her, von Dammheim und der Mörlheimer Mühle flogen an jenem Sonntag die Kugeln, Haubitzen und Feuerköpfe in die Stadt. Entsetzlich spielten die feindlichen Batterien am 28. Oktober, noch schrecklicher am folgenden Tag; von Mitternacht an bis abends gegen zehn Uhr erbebte die Erde von dem unaufhörlichen Krachen, während die feurigen Schweife von 30000 Haubitzen, Wachteln, Bomben und Kanonenkugeln die Nacht erhellten. Auch am 30. und 31. Oktober wurde das Bombardement fortgesetzt, und doch hielt die Bürgerschaft aus. Der Kronprinz von Preußen, der *General Knobelsdorf* und Prinz Hohenlohe versuchten durch Versprechungen, Drohungen und List die Stadt zu gewinnen; alles vergebens.

Mittlerweile waren die Augen der ganzen Nation auf Landau gerichtet, Frankreich war mehr bedroht als je, wenn Landau fiel. Da rief der Konvent zu Paris alle die auf, die die Kraft in sich fühlten, den Oberbefehl zu übernehmen und Landau zu entsetzen. Der Kopf stand auf dem Spiel. Es meldeten sich wenige, darunter Kleber, Desaix, Pichegru und Hoche. Die beiden letzteren stellten sich an die Spitze der Rhein- und Moselarmee, um die am Rande des Abgrunds stehende Republik zu retten. St. Juste und Lebas, die energischsten der Volksrepräsentanten Frankreichs, gingen zur Armee. *„Landau ou la mort!“* war das Losungswort des ganzen französischen Volkes, und mit diesem Rufe stürmte das Nationalheer gegen die Preußen im Westrich, dann, glücklicher, gegen die österreichischen Linien im Elsaß, eroberte in den Weihnachtstagen Weißenburg und drang unaufhaltsam gegen Landau vor. Als man am 28. Dezember auf den Wall kam, sah man die Preußen in vollem Rückzug, von den Franzosen verfolgt. Ein Dragoner sprengte als erster des befreundeten Heeres in die Stadt, betäubt von dem Jubel und dem dargereichten Wein sank er vom Pferde. Die einrückenden

Truppen und die Bürger eilten einander freudetrunken in die Arme. Der Nationalkonvent aber erklärte: „Die Garnison und die Bürger von Landau haben sich um das Vaterland verdient gemacht.“
Aber mit dem Nationalheer und den Sansculotten zog auch das *Schreckenssystem* in Landau ein. Trotz jenes Lobes wurde Denzel eingekerkert, 38 Bürger aus den Betten geholt und bei strengster Kälte nach der Bergfeste Pfalzburg geschleppt, andere nach Paris transportiert. Das *Blutgericht* organisierte sich alsbald. Der Bataillonschef Farge Bellegarde und ein junger Hauptmann, wegen scherzhafter Reden verurteilt, wurden vor dem Französischen Tor bei den Gärten, andere in der Stadt erschossen; die *Guillotine* wurde auf dem Paradeplatz aufgestellt, und täglich erwartete man Eulogius Schneider, den Würgengel des Elsasses. Die „temples re la raison“ nahmen die Stellen der Kirchen ein, die *Sansculotten* waren die frivolen Priester darin. Die „Commission de grippes“ organisierte sich, und die „Ausleerung der Pfalz“ begann auf empörende Weise; man überfiel die Dörfer und schleppte Geld und Gut nach Landau. Viele Landauer Bürger schändeten sich damals als Raubkommissäre und durch den Wahlspruch: „Il ne faut leur laisser, que les yeux pour pleurer!“
Entsetzlich wurde Landau durch die *Explosion des Zeughauses* (20. Dezember 1794) heimgesucht. Eine finstere Wolke verdunkelte das Tageslicht, und im Augenblick stritten sich schon Verheerung und Tod um die Beute. Das Zeughaus verschwand gänzlich. Die Traverse 151, die dichteste des Walles, wurde gewaltsam in die Höhe getrieben, das Rathaus sprang auf und seine Glocke wurde bis in die Gemarkung von Godramstein geschleudert. Drei Vierteile der Stadt wurden zertrümmert. Bald nachher kam ähnlicher Schrecken. An einem Herbstmorgen 1799 ertönte ein fürchterlicher Knall, die Erde zitterte, die Stadt wankte und der Horizont verfinsterte sich.. In der gräßlichen Verwirrung eilten die Weiber, um sich zu retten mit den Kindern durch das obere Tor. Der *Artilleriepark im Fort* war aufgeflogen. Die Büger drangen durch das untere Tor zum Löschen herbei, aber schon hatten sich die tapferen Soldaten, trotz der verbrannten Leiber ihrer Kameraden, auf die entzündeten Haubitzen und Bomben geworfen und – erstickten mit ihren Körpern das Feuer, das sich dem großen Pulvermagazin näherte.
Während der napoleonischen Kaiserzeit verlor Landau seine Wichtigkeit, denn Mainz war jetzt die Hauptgrenzfeste. Von Leipzig flohen Napoleons Heere über den Rhein, und im Anfang des Jahres 1814 wurde die Pfalz von den Kosaken und Kalmücken überschwemmt und Landau blockiert. Die bürgerliche Nationalgarde mußte den Dienst versehen. Als damals der *General Schramm* von Straßburg mit der weißen Kokarde und den Lilien kam, schwebte er bei der Wut des Volkes in Lebensgefahr. Im folgenden Jahr wichen bei Napoleons Rückkehr von Elba die Lilien wieder dem Adler; *General Rapp* kam nach Landau, um die Festung zu mustern, und dem General Geitert, einem Pfälzer, wurde ihre Verteidigung übergeben. So wurde im Sommer 1815 Landau von Preußen und Württembergern eingeschlossen und am 22. Juli in der Nacht heftig beschossen; jedoch brachte man aus den Cornichons das deutsche Feuer zum Schweigen. Im August wurde die Blockade aufgehoben; Österreich und dann Bayern kamen in Besitz des Landes zwischen der Queich und Lauter.

Als *deutsche Bundesfestung* ist Landau von Bayern besetzt. Die Stadt hatte lange Ruhe bis in unsere Zeit, wo das Jahr 1849 ihr nochmals eine Blockade durch das pfälzische Volksheer brachte. Oberst Blenker, der bekannte Freischarenführer, wagte sich schon am 20. Mai jenes Jahres mit etwa 1200 Mann Volkswehr gegen die Festung. Die Kopflosigkeit der Revolutionsmänner bewies sich bei dieser *„Landauer Affäre“* recht deutlich. Von der provisorischen Regierung beauftragt, tat Blenker das seinige, aber niemand wußte zu welchem Zweck; seine Regierung nicht und er selbst nicht. Man scheint sich mit Einverständnissen in der Festung und den Sympathien der

Garnison geschmeichelt zu haben. Mit 30 Schützen rückte Blenker vor das „Deutsche Tor“. Die *Avantgarde* überstieg ohne Hindernisse die erste Barriere; da wurde plötzlich ein rasches Kleingewehrfeuer hinter den Pallisaden eröffnet und das schwere Geschütz krachte von den Wällen. Nun zog sich Blenker mit den Seinigen zurück. Vom 24. Mai an wurde durch Willich Landau zerniert; kleine Scharmützel fielen vor und als es hieß, die Landauer seien ausgefallen, um die Dörfer auszurauben, stürmten die bewaffneten Bewohner der Umgegend auf die Höhen vor der Stadt, um dem Ausfall zu begegnen, wo sie von den schweren Geschützkugeln der Festung begrüßt wurden. Am 17. Juni wurde Landau durch die Preußen entsetzt.

Vauban meinte, daß Landau, die sicherste Stelle zur Wahrung des Elsasses, in der fruchtbarsten Gegend alle Bedürfnisse einer Armee biete und, an den Hauptpässen nach Lothringen und Elsaß, beide Provinzen sichere, somit eine Festung ersten Ranges werden müsse. Sie ist in einem ziemlich regelmäßigen Achteck mit hohen Bastionen, Ravelins, Blockhäusern, Poternen, Vorwerken, Minen, einer Inundationsschanze beim Einfallen der Queich und einer starken *Zitadelle* angelegt, wozu der Prinz Alexander von Württemberg anfangs des vorigen Jahrhunderts noch die Galgenschanze, jetzt die *Cornichons* genannt, fügte. Landau hat nur zwei Tore, das obere und das untere, jenes auch das Französische, dieses das Deutsche Tor genannt, so daß der Dichter Lenz, der im Jahre 1772 hier weilte, damals schreiben konnte: „Landau sei das rechte *Schlüsselloch Frankreichs,* indem es nur einen Eingang und einen Ausgang habe.“ Von Neustadt und der oberen Haardt durchschreitet man das „Deutsche Tor“. Rechts der Brücke, tief zwischen den Wällen, ist der Ort, wo *Graf Fugger,* der zu dem Revolutionsheer übergegangen war, füsiliert wurde. Über den mächtigen Festungstoren steht Ludwigs XIV. stolze und eitle Inschrift: „Nec pluribus impar!“ (Auch mehreren gewachsen oder: So stark wie mehrere!), darüber ein strahlendes, großes Sonnenhaupt. Die nämliche Devise krönt auch das „Französische Tor.“ Ein holländischer Offizier schrieb nach einer Eroberung der Festung darunter: „Unus sufficit!“ (Einer genügt.) Überall, wohin wir blicken, stehen Posten und Wachen auf den Wällen, und die blaue Uniform der Soldaten mit den schönen bayerischen Helmen versetzt uns so recht in das Soldatenleben unserer Zeit.

Die Stadt selbst ist ziemlich regelmäßig gebaut. Der *Paradeplatz,* rings von Akazien umpflanzt, macht einen heiteren Eindruck. Unter seinen Bauten zeichnet sich die Stadtkommandantenschaft und das neue, im gotischen Stil erbaute Stadthaus aus, in dem sich die Fruchthalle und das Theater befinden. Die Stadtkommandantschaft mit der Hauptwache steht auf der Stelle des 1794 aufgeflogenen Zeughauses. Das „Café Brück“ und der „Pfälzische Hof“ (früher „Goldenes Schaf“) haben hier jeden Mittag die Regimentsmusik vor den Fenstern. Ein anderer guter Gasthof ist bei Gerhard im „Schwanen“, mit dem großen Saal, wo man Siebenpfeiffer und Wirth freisprach. Im „Stift“ bietet eine Menge Volksspiele Unterhaltung. Bemerkenswert sind noch sechs Kasernen, drei Pulvermagazine und der große „Kugelgarten“.

Das vorzüglichste Gebäude der Stadt ist die *Stiftskirche,* für Katholiken und Protestanten gemeinschaftlich, einst das Münster der „Steigerherren“, 1349 erbaut. Die Vorhalle zeigt einige alte Bildwerke. In der Kirche selbst der *Ölberg,* aus dem Jahre 1441; der alte Taufstein, den während der Revolution der wilde General Delmas mit seinem eigenen Wasser verunreinigte; der *Grabstein des Generals Monclar,* einer herostratischen Berühmtheit. Von der Reformation an war die Kirche gemeinschaftlich zwischen Katholiken und Potestanten und oft der Schauplatz religiöser Streitigkeiten. Schon 1522, als Johannes Bader hier eine donnernde Rede gegen den Papst hielt, erregte Herr Nikolaus von Winden einen Aufruhr, indem er die Predigt mit Geschrei unterbrach, und auch später gab es oft noch ärgerlich komische Szenen. Der *Kirchturm* ruht kühn auf den vier Pfeilern der Vorhalle; oben wohnt die „höchste Person der Stadt“:

der Glöckner. Schon gar manches Ungemach durch Wetter und Belagerungen hat der Turm erlitten. Im Knopf fand man 1822 einen Zettel, der davon berichtete. Der obere Teil mußte 1706 repariert werden. Um ihn läuft eine eiserne Galerie, von der man eine prachtvolle Aussicht in diese historisch so merkwürdige Gegend, so recht mitten hinein in das alte austrasische Königreich des guten Dagobert genießt. Weit und herrlich breitet sich das üppige Land vor dem Wasgau und der Haardt aus. Besonders morgens ist der Blick nach der nahen Bergkette und ihren Burgen prächtig: links hinauf, von der Queich bis zum Elsaß, die grotesken Bergformen und Kegel der Vogesen; rechts die Kette der oberen Haardt mit der herrlichen Weinlandschaft. Während man so die Gegend bewundert, rührt es sich im Glockenhaus unten, die Glocken schlagen an und der Turm wankt zu unseren Füßen. Das hat schon manchen erschreckt, ist aber nur ein Zeichen der Festigkeit. Eine Sturmnacht hier oben müßte furchtbar schön sein. Der Glöckner kann davon erzählen.

Ein besonders sehenswertes Gebäude ist das *Zeughaus* in der Königstraße, früher eine Augustinerkirche, ein gotischer Bau mit einem wunderschönen *Kreuzgang*. Auch das äußerst zierliche Türmchen auf der Mitte des Daches ist ein schätzenswerter Rest der alten kunstsinnigen Zeit. Auf seiner Spitze hängt eine eiserne *Jakobinermütze*. Sie hat die rote Farbe völlig verloren und ist wettergrau geworden, wie die Kirche selbst. Die Jakobiner der 90er Jahre hängten sie auf. „Lasset sie hängen!“ rief König Ludwig von Bayern, als er Landau zum ersten Male besuchte und von ihrer Abnahme gesprochen wurde.

Die Jakobinermütze ist wohl geeignet, in uns die *Erinnerungen der Revolutionszeit* wachzurufen. Alte Leute wissen ja heute noch aus eigener Anschauung von jenen Jahren zu erzählen. Jenes: „Landau ou la mort!“ lebt im pfälzischen Volkssprichwort fort. „Tod oder Landau!“ ruft noch jeder Bauer, jeder kleine Bube, wenn er den festen Entschluß, etwas durchzusetzen, aussprechen will. Und noch wissen alte Leute jene Spottliedlein auf die deutschen Heerführer, – vom „Kronprinz von Preußen“ und andere mehr zu singen. Das Landvolk ringsumher gedenkt noch gar wohl jener Räuberzeit und der unsauberen „*Speckreiter*“, wie der pfälzische Volkswitz den Namen der Sansculotten übersetzte. Auch der Bundessäule erinnert man sich noch, der Göttin der Freiheit. In der einen Hand hielt sie die Lanze mit der Freiheitsmütze, aus der jedoch unter Napoleon ein Adler wurde. Sie stand bis 1814 auf dem Paradeplatz. Die Landauer hießen sie nur: „das Schaköbl“ oder „Jaköbchen“, das Landvolk aber kannte sie allgemein als „Bas Aplone“ (Base Appolonia).

Die *Kapelle* hinter dem Kauf- oder Stadthaus ist der letzte Rest eines Nonnenklosters, auf dessen Stelle das Gasthaus „Zur Blum“ steht. Es sind noch einige alte Grabsteine übrig. Hier mußten in den Belagerungen von 1702, 1703 und 1704 die Prostestanten ihren Gottesdienst halten, wobei einst während des Abendmahles einer Frau durch eine Kanonenkugel der Kopf abgeschlagen wurde. Im Gasthof „Zur Blum“ liest man noch den *Knittelvers* auf einer Tafel: „In der Belagerung der Stadt Landau, als man zählte Eintausend siebenhundert und zwei, gab man zwanzig Pfund Brod für ein Ei!“ Noch ein solcher Knittelvers ist bekannt: „Als in der Belagerung von 1814 Landau umzingelt war vom Kosak, gabe der Schmaucher gern 150 Pfund Brot für ein Päckchen Tabak.“

Um uns so recht in die Soldatenpoesie heutiger und vergangener Zeit zu versetzen, die die hoch auf den Wällen stehenden Posten und Wachen in uns erwecken, genügt ein kurzer Gang durch das obere oder Französische Tor nach Süden, wo Prinz Alexander von Württemberg 1713 die Cornichons gegen die Impflinger Höhe hin anlegen ließ. Rechts hin auf den Wällen bemerkt man eine Gruppe hoher Bäume auf der Grabstätte tapferer deutscher Soldaten, die wäherend einer früheren Belagerung fielen. Vor Landau soll ja auch jener Brandenburger Krieger auf der Wache das „Prinz Eugenius der edle Ritter" gedichtet haben. Wir müssen hier auch des *„verrufenen Postens"* gedenken, wo heute noch der Soldat nur mit Haarsträuben in der Nacht aufzieht. Dort wurde einst ein navaresischer Major der Garnison, ein grausamer, herzloser Geselle, von der Wache erschossen, da er auf das „qui vive!" keine Antwort gab. Nun spukt er heute noch dort, und gar manche Geschichte wird in den Kasernen von den Soldaten darüber erzählt. So spukt's auch an der Entrée des eaux bei der Inundationsschanze und bei dem „Galeerenturm", der allein von den alten Festungswerken noch übrig ist.

Am „Sommertag", dem ersten Sonntag im März, strömt das Landvolk nach Landau, wo leider schon längst die Frühlingsspiele aufgehört haben. Aber auch am „Maimarkt" ist Landau voller Menschen, wie denn die Stadt einen ganz außerordentlichen Verkehr mit dem Land unterhält, so daß die Straßen beständig belebt sind.

Vor dem oberen Tor liegen die „Gärten", vielbesuchte Gartenwirtschaften im Angesicht des Gebirges, und der *Friedhof*, einer der schönsten in seiner Art, ein wahrer Lusthain. (Die oft geschmacklosen Grabsteine sind allein hier störend, wenn auch Pfälzer Geschmack die beiden Statuen der Festungskommandanten Möltern und Pflummer von Hornberger bewundert.) Er bildet ein Ziel der Lieblingsspaziergänge der Landauer. Hier liegt auch Graf Fugger begraben, der hinter den Festungswällen in grauer Frühe erschossen wurde.

Wir wenden unsere Aufmerksamkeit nochmals der Stadt zu. Landau ist der Sitz des Bezirksgerichts, das den ganzen südöstlichen Teil der Pfalz umfaßt, und gilt für die reichste Stadt der Pfalz. Die starke Besatzung gibt viel Nahrung, Handel und Gewerbe blühen und viele Bürger treiben nebenbei noch äußerst starken Land- und Weinbau. Darum kann der alte Landauer wohl stolz auf seinen Geldsack pochen, und er versäumt das auch nicht, obgleich er es hinter einer oft zynischen Einfachheit, Nonchalance und Schlichtheit zu verbergen weiß. Die jüngere Bürgerschaft gehört der großen Welt an und spricht viel vom „Landauer Geld"; aber man hält hie und da die *„Landauer Gulden"* für etwas kleiner als die wirklichen.

Auf geistigen Reichtum halten die Landauer nicht allzuviel. Praktischer Verstand, der bekannte „pfälzische Witz" und eine gewisse Gewandtheit und Weltläufigkeit genügen meistens. Paris ist immer noch die hohe Schule für die Ausbildung der Landauer Bürgersöhne. Von den Frauen und Mädchen läßt sich, wie überhaupt von den Pfälzerinnen, sagen, daß sie vortreffliche Hausfrauen und von streng sittlichen Grundsätzen beseelt sind. Von den unteren Klassen gilt, was in Garnisonsstädten zu erwarten ist. Was man als rühmenswerte Eigenschaft auch an den Männern wahrnimmt, das ist die freie, selbständige Gesinnung, ein gewisser *Bürgerstolz*, der sich weder vor Titeln noch Orden, am wenigsten aber vor Ansprüchen beugt, die manchmal auf die Uniform gegründet werden. Obgleich zu wünschen wäre, daß der wahren Bildung, wenn sie auch uniformiert ist, etwas mehr Achtung gezollt würde. Ein gewisses freistädtisches Wesen ist in dem Landauer ein Überbleibsel aus den Jahren der Reichsfreiheit und der französischen Republik. Als Bonaparte sich die Kaiserkrone aufsetzte, stimmten die Landauer dagegen, weil sie die teuer erkaufte Freiheit nicht dem Ehrgeiz des einzelnen geopfert haben wollten. Napoleon der Große war nicht groß genug, um diesen Ausdruck freier Gesinnung wohl aufzunehmen; er grollte seitdem der Stadt, vernachlässigte die Festung und betrat aus kleinlicher Rachsucht nie ihre Mauern, obgleich er mehrmals vorüberkam.

Wenn nun in Landau immer noch einige Sympathien für Frankreich vorhanden sind, wie auch der Ton schon etwas Französisches hat, so sind sie doch in neuerer Zeit ziemlich erloschen. Mit der bayerischen Besatzung stand man sonst in gutem Vernehmen, das sich mit 1849 sehr getrübt hat. Merkwürdig, wie in dieser engen Stadt, mit den engen sozialen Verhältnissen, sich die Eifersucht der Beamten, des Militärs und der

Bürger so sehr entwickeln konnte. Dies dehnt sich bis in die Ballsäle aus, und selbst die Landauer Mädchen verleugnen größtenteils die sonst allgemeine Vorliebe des anderen Geschlechts für „zweierlei Tuch".
Im übrigen findet man das Leben hier angenehm, wenn auch die Werktage in keiner Weise dem Vergnügen gewidmet werden. An Sonntagen strömt das Stadtvolk zu den Toren hinaus und das Landvolk herein. Man eilt, um vor *Torschluß* wieder daheim zu sein. Vielleicht ist keine Festung in der Welt, wo der Torschluß so streng versehen wird wie eben in Landau, zum größten Leidwesen des Bürgers, der noch gern ein Schöppchen auf der Kirchweih trinken würde, aber mit ängstlich beschleunigtem Schritt, stets wieder die Uhr zu Rate ziehend, dem Tor entgegeneilt, während der Bauer in der Stadt fluchend vom Schoppenglas eilt, um nicht mit eingeschlossen zu werden. Jetzt ist der Torschluß je nach Länge der Tage im Sommer und Winter bestimmt; früher hatte der gestrenge Landauer Petrus die Befugnis, die Tore zu schließen, wenn er Geschriebenes im Freien nicht mehr lesen konnte. Da konnte man denn oft genug die Tore ungebührlich früh geschlossen finden, wenn irgendein Gewölk am Himmel oder der Nebel eines Bierrausches im Hirn des Torwächters gestanden hat. Die umliegenden Orte können nachts nicht einmal einen Arzt aus der Stadt holen, und winters ist Landau dreizehn und eine halbe Stunde von der Verbindung mit der Welt völlig abgeschlossen. Es sind nun beim Bundesstaat, wegen der außerordentlichen Hemmung des Verkehrs, Schritte eingeleitet, um eine günstige Änderung des Torschlusses zu erzielen.

Umgebung Landaus – Siebeldinger Tal – Landhöhe – Gau

Der Jugendfreund Goethes, der unglückliche *Dichter Lenz*, schreibt, nachdem er ein großes Lamento über den gänzlichen Mangel alles geistigen Lebens in der Stadt angeschlagen hat und er sich nun ganz an die Mutter Natur halten will: „In der Tat, ich finde in der Flur um Landau täglich neue Schönheiten und der kälteste Nordwind kann mich nicht von ihr zurückschrecken. Hätt' ich doch eines göttlichen Malers Pinsel, ich wollte Ihnen gleich einige Seiten von diesem vortrefflichen Amphitheater der Natur hinmalen, so lebhaft hat sich's in meiner Phantasie abgedrückt. Berge, die den Himmel tragen, Täler voll Dörfer zu ihren Füßen, die dort zu schlafen scheinen, wie Jakob am Fuße seiner Himmelsleiter."
Die westlichen Berge begleiten uns überall hin durch die Flur. Schöner als die wenig gegliederte Bergkette der Haardt gestalten sich die Vogesenkegel, einer neben und hinter dem anderen emporstrebend, dunkelbewaldet, mit Felsenhäuptern gleich mächtigen Pyramiden, während aus den Schluchten zwischen ihren Halden, magisch umflossen vom Glanz seiner großen Geschichte, der gewaltige Trifels blickt. Vor ihm der Felsen des Neukastels, und die Madenburg auf ihrer stolzen Höhe.
Vor allem gedenken wir bei unserer Wanderung durch die Flur der *eingegangenen Dörfer* in der Nähe von Landau. Gegen Godramstein, hinter dem „Fort", lag das Dorf *Mülhausen*, mit eigenem Wochenmarkt und einer Pfarrei, die noch am Ende des 15. Jahrhunderts vorkommt. Von der Kirche und dem Dorf ist jede Spur verschwunden. Am anderen Ufer der Queich, da wo die Heerstraße über den Kanal tritt, nach Godramstein einbiegt und der Weg von Arzheim herabkommt, stand das Dorf *Servelingen*, dessen Namen sich noch in den Feldgewannen erhalten hat. Der verstümmelte Grabstein eines Ritters von Vogelsang vom Jahre 1363 bezeichnet uns noch die Stätte, wo sich der Friedhof und die Kapelle des Ortes befanden. Das Dorf *Eutzingen* lag vor dem „Französischen Tor" hinter den Cornichons am Bierbach; der „Eutzinger

Brunnen" bezeichnet allein noch die Stätte. Vor dem „Deutschen Tor", rechts von der großen Heerstraße auf dem Horst, lag das Dorf *Oberbornheim,* dessen Platz im „Justin", wo die Kapelle St. Justus war, man noch erkennen kann.

Von dieser Stelle aus sieht man Nußdorf auf seiner Höhe hinter der Zitadelle ganz nahe liegen. Es ist eines der drei *Landauer Dörfer,* da es mit dem nahen Dammheim und Queichheim im Mittelalter bei dem Wachstum der jungen Stadt an diese kam und ihr gehörte bis zu der Französischen Revolution. Diese drei Untertanendörfer von Landau hatten noch die besondere Verpflichtung, die Deserteure der Stadt einzufangen, was man die „Hasenrache" nannte. Ein Kanonenschuß von den Wällen der Festung kündigte an, daß man „streifen" müsse. Nußdorf auf seiner weingekrönten Höhe kennen wir schon. Östlich, jenseits der Eisenbahn, liegt *Dammheim,* an der Straße nach Speyer. Hoch auf der Spitze des Kirchturms, dessen Kirche Anno 1649 den schwedischen Dragonern als Stall gedient hat, hängt eine eiserne Jakobinermütze aus der Revolution. Queichheim werden wir später besuchen. Über den „Horst", eine grüne Heide, die zum großen Teil der Garnison zum Exerzieren und zu Manövern dient, führt ein Fußpfad nach dem Gaudorf *Bornheim,* das sich lieblich in der reichen Flur zwischen Obstbäumen versteckt. Der Ziegelhof bietet ein angenehmes ländliches Gasthaus mit hübschem Garten, wo man bei einem Glas Wein unter Wein- und Jasminlauben sich so recht seinen idyllischen Stimmungen hingeben kann. Die Abgeschlossenheit und Stille, das reiche Land umher, die blauen Berge der Haardt und des Wasgaues, die spielenden Kinder im Garten: das alles gewährt uns eine innig heitere Empfindung der Idylle des Landlebens. Daß in diesen heimlichen Gauorten, in den Familien der Landhonoratioren und in den Pfarrhäusern sich mancher auf sittlichen Konflikten beruhender Roman abspielt, darf man versichert sein. Das Manschettenbauerntum hat auch seine Poesie, so gut wie das alte Bauerntum.

Von Bornheim nördlich über die Heerstraße kommen wir nach *Essingen,* durch den Hohlweg hinab in den trauten Talgrund des Heimbaches. Essingen ist ein reiches Gaudorf mit 1700 Einwohnern. Die Burg, die den Dalbergern gehörte, ging in der Französischen Revolution unter, das Rasthaus mit dem Dalbergischen Wappen steht noch. Heimelige Spaziergänge führen am Heimbach hinab durch die Frucht- und Rebenflur nach Knöringen und Nußdorf und am Bach hinab nach den Dörfern Ober- und Niederhochstadt, und durch den überaus reichen Gau ins Kraut- und Zwiebelland von Zeiskam. Ein Sträßchen nach Süden führt über den Hohlweg über die Heerstraße an den Wäldern der Queichniederung hin, zu den „Dreihöfen", dann durch den Wald bei der Narrenmühle über den Fluß nach Offenbach. Von Essingen nach Landau zurückgekehrt, wenden wir uns aber vor allem westlich ins Siebeldinger Tal.

Das *Siebeldinger Tal,* wie der fruchtbare Grund der Queich westlich von Landau bis zum Gebirge hin genannt wird, ist eine prächtige Partie und sie rechtfertigt am ehesten jene Äußerung des Dichters Lenz. Längs des von Vauban erbauten, nun verfallenen Queichkanals zieht die Heerstraße nach dem Gebirgstor bei Albersweiler, das der Hohenberg und der gegenüberliegende Orensberg bilden, und das der Eingang des wichtigen Vogesenpasses nach Lothringen durch das Annweiler Tal ist. Geschichtlich ist dieses, vorzugsweise protestantische Tal interessant, weil es einst reichsfrei und mit den Freiheiten der Stadt Speyer begabt war. Später kam es an Kurpfalz, behielt aber manche Privilegien, eigene Gerichtsbarkeit und den Reichsadler im Siegel bei. So hatte „das Tal" *freie Bauerntage* auf öffentlichen Thingstätten am „Tannenhardt" und andere Rechte bis zur Revolution, wo Schöffen und Gericht untergingen. 1525 versuchten die „Talbauern", ihre alte Reichsfreiheit wieder herzustellen und mit den Geraidegenossen bei der Dagobertshecke am Luitramsforst die „Eidgenossenschaft" zu beschwören. Der pfälzische Oberfaut von Germersheim konnte den Aufruhr nur vorübergehend stillen, bis nach der Schlacht von Pfeddersheim der Kurfürst strafend an der Haardt heraufzog nach Godramstein, wo er strenges Recht und Urteil sprach den „Geraidgenossen" und „*Talbauern*".

Von Landau aus kommen wir auf dem schönen Wiesenpfad an der Queich in einer kleinen Stunde nach *Godramstein.* Godramstein war der Hauptort des Siebeldinger Tales; er hat jetzt 1750 Einwohner. Der schöne Garten in einem der Gasthöfe bildet einen sehr besuchten Ausflug der Landauer. Das Dorf hat sicherlich schon zu Römerzeiten bestanden, wenn nicht gar schon im Bronzezeitalter der Kelten. Es ist einer der *Hauptfundorte römischer Altertümer*, die nach Mannheim und Speyer gebracht wurden; unter anderem wurden fünf Aren mit Inschriften und Bildern des Herkules, Merkur, der Juno und Minerva an der uralten Kirche gefunden; eine sechste Ara enthielt einen Genius samt dem Herkules, Merkur und der Viktoria. Dann fand man die sieben Gottheiten der Wochentage auf einem Stein und eine Tafel mit sechs Götterfiguren. Man wollte daher sogar den Namen des Ortes mit „Götter am Stein" erklären. Jedoch hieß das Dorf in grauer Zeit „*Godmarstein*". Noch in jüngster Zeit grub man auf dem Hofacker beim „Affolter" gegen den „Stahlbohl" hin steinerne Särge mit Waffen und Gebeinen aus, und überhaupt deutet alles darauf hin, daß hier und im nahen Frankweiler schon im tiefsten Altertum Kelten, Römer, Alemannen und Franken auf „heiliger Erde" ihre Götter verehrten. Auf ihren Kultusstätten erhoben sich die ersten christlichen, noch halb heidnischen Kirchen.

Am schönen Ziegelhof vorüber, aus dessen Wohngebäude man eine prächtige Aussicht auf das Tal und das nahe amphitheatralisch emporsteigende Gebirge hat, kommt man in kürzester Zeit nach *Siebeldingen*, das sich malerisch über den üppigen Talgrund legt, während sich an den beiderseitigen Hängen weite Rebengefilde lagern. Die Berge sind näher getreten; drüben auf dem felsigen Vorsprung der Vogesen bewacht das „Neukästel" den Eingang ins Gebirge, den wichtigen *Vogesenpaß* des Annweiler Tales. Imposant türmt sich uns zur Linken über die Weinhügel von Birkweiler der Felsenkegel des Hohenberges auf, rechts noch höher der Orensberg über dem schönen Rehköpfchen; sie bilden so ein mächtiges *Gebirgstor*, durch das die Queich kommt und die Straße zieht. Siebeldingen ist ein schönes Taldorf mit städtischem Charakter, wie alle diese Orte in der Weinpfalz und im Gau. Nördlich auf der weinbepflanzten Anhöhe gegen Frankweiler liegt der Geilweiler Hof zwischen Bäumen und Reben. Hier, und bei der dahinter liegenden Königshecke, versammelten sich die aufrührerischen Bauern zum Eidschwur ihres Bundes. Heute ist er oft der Sammelplatz fröhlicher Gesellschaften. Einst stand da ein Dörfchen, das durch die luxuriöse Wirtschaft der Eußerthaler Mönche zu einem Hofgut herabsank. Die Sage spricht von unterirdischen Gängen nach jenem Kloster und nach St. Johann.

Hinter Siebeldingen wird das Tal mit der belebten Straße noch schöner. Herrlicher Wiesengrund, Reben rechts und links, an den Berghängen und an dem zierlich geformten „Rehköpfchen" hinan bis zum Engpaß, vor dem *Albersweiler* liegt. Ungemein malerisch ist die Lage dieses 2400 Einwohner starken städtischen Dorfes. Besonders wird sie durch zwei neue Kirchen gehoben, die, auf den Anhöhen drüben und hüben gelegen, den Eingang ins Gebirge bewachen. Sie sind im byzantinischen Stil aus rotem Sandstein gebaut; Voit in München ist der Baumeister. Die Gemeinde hat den Bau aus ihren großen Wäldern bestritten, die ihr bei der Teilung der Haingeraiden zufielen. Der heute so blühende Ort litt Entsetzliches im Dreißigjährigen Krieg. 1622 flüchtete der damalige *Pfarrer Ginspach* mit dem größten Teil seiner Gemeinde auf den Trifels; am 7. August kamen die Kroaten, verbrannten den Ort, erschossen die Zurückgebliebenen und einen Bürger von Godramstein, dessen Leichnam die Hunde fraßen.

Viele Jahre lang war Albersweiler völlig unbewohnt und erst spät wuchs es wieder heran. Weinbau, Küfereien, treffliche Wirtschaften, Steinbrüche, Schmiedewerke, Bürsten- und Zündholzfabriken geben dem Ort Nahrung. Der *Kanal,* den Vauban erbauen ließ, ist jetzt beinahe völlig unbrauchbar geworden. Auf der Straße verfolgen wir den Ort in seiner Verlängerung durch den *Engpaß,* durch den sich der Fluß seine Bahn in die Ebene gebrochen hat. Rechts immer noch Weinberge auf mächtigen Felsenlagern und über dem Fluß dunkle Granitmassen, auf die sich Kohlensandstein lagert.

Wir stehen schon im Gebirgsland unmittelbar hinter Albersweiler; das Tal der Queich erweitert sich wieder etwas als *Annweiler Tal,* in das der driefältige stolze Trifels herunterschaut. Wie wir wissen, scheidet die *Queich* die Vogesen von der Haardt; mehrmals bildete sie die politische Grenze zwischen Deutschland und Frankreich. Die Queichlinien und die beiden Festungen ersten Ranges mögen schon die militärische und strategische Wichtigkeit des Flüßchens andeuten. In seinem oberen Lauf durchströmt es eines der großartigsten Gebirgstäler der Pfalz, in seinem unteren Lauf eine der schönsten und bevölkertsten Niederungen.

Von Albersweiler führt nördlich ein liebliches Tälchen an einem klaren Bächlein hinan nach dem Weiler St. Johann, auch „Kannskirchen" genannt, der sich idyllisch schön an den Ringelsberg lehnt. Aus diesem Talkessel windet sich der Weg durch die Weinberge empor nach dem hochgelegenen Frankweiler. St. Johann war einst ein Nonnenklösterchen der „Reuerinnen" und „Beguinen", das nach vielen Streitigkeiten unter die Obhut des Abtes von Eußerthal kam. In der Reformation wurde diese Beguinenklause in ein Schlößchen verwandelt, das die Grafen von Löwenstein besaßen. Heute ist es der angenehmste freundliche Landsitz eines Privaten.

Südlich von Albersweiler führt der Weg hinauf nach dem reizend auf herrlichen Weinhügeln, am Fuß und den Abhängen des Hohenberges gelegenen Weinort *Birkweiler.* Seine weiße Kirche blickt uns freundlich entgegen. Sein „Kästenbuscher" übertrifft alle „Oberländer Weine", weswegen man von Landau aus gern den schönen Weg dahin machen wird. Die Bewohner leben, der Würde ihres Weines gemäß, ganz auf städtischem Fuß. So lohnend auch die Aussicht vom „Hohenberg" (1 900 Fuß über dem Meer) ist, so ist die Besteigung dieses jähen Bergkegels doch zu beschwerlich. An seinem Fuß lagert sich der Jurakalk und kennzeichnet sich durch schöne Petrefakten, Ammoniten und Belemniten als Liasgebiet. Dagegen enthält die östlich gegen Arzheim ziehende Anhöhe Steinkohlen und Schwefelkies, wenn auch nicht in bauwürdigen Nestern. Der Fuß des Hohenberges steht auf Granit.

Auf dem kahlen Bergkegel in südlicher Nähe starrt der Fuß des Neukastels hoch empor über das Hügelland. Auf der Rebenhöhe vor ihm liegt gar lieblich das Dörfchen *Ransbach,* hart am Fuß des Wasgaues, aus dessen Schluchten der Trifels in voller Majestät schaut. Von hier würde man nach Leinsweiler, und stets über Tal und Hügel am Saum des Berggeländes hin, nach Eschbach und Klingenmünster gelangen. Wir wenden uns aber östlich durch die idyllischen Wiesen und Rebengründe der kleinen Kalmit zu und erreichen sie nach einer Viertelstunde.

Die *kleine Kalmit* ist nur ein Hügel, aber in mehr als einer Hinsicht beachtenswert. Sie erhebt sich zwischen dem steil abfallenden Rand des Gebirges und Landau als höchster Punkt des Landrückens, der das Tal der Queich südlich abgrenzt. Östlich dacht sie sich allmählich ab, westlich jedoch ziemlich schroff, und gewährt von ihrer frei nach allen Seiten sich bis zu 900 Fuß erhebenden Kuppe eine prächtige Rundsicht, besonders auf die schluchtenreiche Gebirgskette der Vogesen, vor der sie liegt. Die Franzosen nannten die kleine Kalmit „le rocher blanc". Sie besteht aus weißgrauem, dürrem Gestein, aus Tertiärkalk, der ausgezeichnete Conchilien enthält, und in zerklüfteten, großmassigen, steilen und zersplitterten Felsen in dem Gebrüch gegen die Stadt zutage tritt. Die schroffen westlichen Hänge, die unmittelbar im Dorf Ilbesheim fußen, sind mit trefflichen Weinbergen bepflanzt, ebenso die südlichen Halden und die nach Osten zu liegende Fläche; die Spitze ist dürr und kahl. Wie auf der großen Kalmit bei Edenkoben standen auch hier von jeher hohe *Wetterkreuze* gegen die aus den Klüften und Schluchten der Vogesen aufsteigenden Wetter. Zu ihnen veranstalteten die Arzheimer Katholiken von jeher Prozessionen. In den jüngsten Jahren hat ihr Pfarrer die Spitze mit einer *Kapelle* schmücken lassen, die mit etwas mehr Kunstsinn gebaut sein könnte. Das Volk dachte sich die Kalmit früher als besonderen Aufenthalt der *Wetterhexen;* eine Stelle auf der Höhe heißt jetzt noch der „Hexen*platz*"; es war ein den Wettergottheiten geweihter Berg. Hier sollen Hexen verbrannt worden sein, auch die letzte, eine Frau aus Siebeldingen, deren „Nebelkäppchen" unverbrannt in die Luft geflogen sein soll.

Die Aussicht von der Kalmit nach Osten über die Landhöhe, Landau und das Klingtal hinaus in den herrlichen Pfälzer Gau bis zum Schwarz- und Odenwald ist umfassend; nach Westen beschränken die nahen Vogesen die Fernsicht, aber in schönster Weise. Sie stellen sich hier ganz besonders in ihrer charakteristischen Form dar, und überhaupt scheint die Kalmit nur da zu sein, um als das herrlichste *Belvedere,* in rechter Entfernung vor das Gebirge hingepflanzt, uns die schönste Ansicht der Wasgauberge und der Haardt zu geben. Das Siebeldinger Tal öffnet sich in seiner ganzen Ausdehnung und daneben das herrliche Weinland der Haardt, links das ganze Berggelände von Klingenmünster, die Madenburg und die romantische Landeck. Vor uns, gegen Westen, in den Schluchten und Klüften hinter dem felsenstarren Neukastel: die drei Burgen des Trifels. Wegen dieser Rundsicht ist denn auch die Kalmit von Landau aus viel besucht, und ebenso sind es die Dörfer an ihren Abhängen, wegen der anmutvollen Idylle ihrer Umgebung.

Der Weinort *Ilbesheim* am Fuß der Kalmit, in seinem Rebental am Flurbächlein, hat ein altes, echt pfälzisches Rathaus mit Turm, offener Halle und großem Brunnen. In dem ihr gegenüberliegenden Gasthaus des Herrn Keller hatte während der Belagerungen von Landau 1702 und 1704 *König Josef* sein Hauptquartier. Eine Treppe führte vom Rathaus herüber, von der noch Spuren vorhanden sind. Das Zimmer existiert heute noch, wo der römische König schlief. Hier wurde auch jener Vertrag abgeschlossen, nach dem der Kurfürstin von Bayern und ihren Kindern bloß das Rentamt München als Apanage blieb. Durch Ilbesheim führt aus dem Siebeldinger Tal herauf jene Straße, auf der die Freischaren nach dem unglücklichen Treffen im Annweiler Tal ihren Rückzug gegen den Rhein über die Impflinger Höhe antraten.

Beinahe auf der Höhe der Kalmit, an ihrer östlichen Absenkung, liegt herrlich das schöne katholische Dorf *Arzheim* im Angesicht von Landau. Nach der Zerstörung der Madenburg war es der bischöfliche Amtssitz und der Sitz eines bedeutenden Landkapitels. Von Landau führt eine Straße an der Kalmit vorüber nach Eschbach, von wo aus die Madenburg gewöhnlich bestiegen wird; eine andere von Ilbesheim an den südlichen Halden durch die Weinberge oder auch im anmutigen Talgrund des Flurbaches nach *Wollmesheim,* in der Nähe von Landau. Hoch über dem Dorf, auf dem Kapellenberg neben der schluchtartigen Straße, steht die uralte Kirche zu St. Moritz, die älteste in der Umgegend, wie der Stein vom Jahre 1040 am Tor berichtet. Der ursprüngliche Turm steht noch; unter ihm Gewölbe und Gänge. In der vorläufigen Grenzbestimmung von 1814 wird dieser Turm erwähnt, indem es in den Akten des Pariser Friedens heißt, daß die Grenzlinie von dem Dorf Steinbach bei Schönau quer über das Gebirge bis zum „weißen Turm von Wollmesheim" laufen solle.

Südöstlich von der Kalmit breitet sich die *Landhöhe* zwischen dem Queich- und Klingtal aus, wobei sie an Landau vorüber bis in die Nähe des Rheins streicht und sich dort sanft verläuft. Eine halbe Stunde vom Gebirge ist sie auf der „Mörzheimer Höhe" hinter Göcklingen 820 Fuß, weiter abwärts auf der „Impflinger Höhe" noch

600 Fuß, auf dem Ölberg zwischen Herxheim und Offenbach 560 Fuß und noch bei Hördt am Altrhein 420 Fuß über dem Meer.

Diese Verhältnisse können überhaupt als Maßstab für die vom Gebirge zwischen den Bachtälern zum Rhein laufenden Hügelwellen des niederen Wasgaues dienen. So ist diese Landhöhe etwa vier Stunden lang und anderthalb Stunden breit; auf ihr liegen noch echte reiche Bauernorte. So *Mörzheim,* wohin von Ilbesheim und Wollmesheim aus kurze, angenehme Wege durch freundliche Gründe führen. Es soll, nach der Sage, keinen Teil an den Wäldern des Gebirges erhalten haben, weil seine Bauern die Jagdhunde des Königs Dagobert erschlugen. Hier wohnt Pfarrer Schmidt, der wegen der Gesangbuchfrage abgesetzt wurde. Auf der Mörzheimer Höhe hat man eine schöne Ansicht des Berggeländes und des Trifels.

Östlich auf der Heerstraße von Landau ins Elsaß verbirgt sich in idyllischen Gründen das Dorf *Impflingen,* von wo aus die Straße über die Reben- und Fruchthöhen südlich ins reichbevölkerte Klingtal führt. Hier fand man schon viele Kulturreste der ältesten Zeit, Särge und Waffen. Ebenso bei *Insheim,* als man die Eisenbahn vorüber baute. Die Eisenbahn durchschneidet hier das reichste und üppigste Ackerland der Pfalz, das sich von der Queich bis über den Klingbach zum Bienwald hin und bis in die Rheinniederung ausbreitet. Westlich, von der Eisenbahn bis zum Gebirge, zeigt die Landhöhe noch viele Weinberge, an den Hügelhängen, jenseits der Eisenbahn, gegen den Rhein hin, keine mehr. Dort ist nur blühendes, reiches Ackergefilde, nicht einmal mehr von Dörfern unterbrochen.

Das mehr flache Land östlich von der Eisenbahn hin heißt vorzüglich der *Gau,* einst ein Bestandteil des Speyergaues und im Mittelalter „Niederer Wasgau" genannt. Es ist voll großer und reicher, Landstädten ähnlichen Dörfer, die an den Niederungen der Queich und des Klingbaches liegen. So das 4800 Einwohner starke Dorf *Herxheim* am Klingbach. Es ist katholisch, wie größtenteils der Strich gegen den Rhein hin, und hat ein großes, palastähnliches Schulhaus und eine „Flurkapelle" nordwestlich im Ackergefilde der Höhe. Von Herxheim schrieb sich das reiche Rittergeschlecht der *„Holzapfel von Herxheim",* das anfangs des vorigen Jahrhunderts erlosch. Einer davon fing 1450 den Hanns von Helmstadt vor Landau auf und setzte ihn auf Lindenbrunn im inneren Wasgau hinter Klingenmünster gefangen. Das Haus „Zum Holzapfel" in Weißenburg rührt von ihm her. In der Revolution waren 1793 hier und bei Rülzheim auf der „Höhe" manche Kämpfe mit der Garnison Landau, und Pichegru hatte 1795 hier sein Hauptquartier. Südlich gegen Kandel und Rheinzabern bis zum Bienwald hin, über den fetten Gauwäldern des Klingbaches, liegen Hayna, Erlenbach und Hatzenbühl, wo viel Tabak gepflanzt wird. Am Klingbach hinab führt die Straße nach Herxheim-Weiher, Rülzheim und von da nach Germersheim, während der Klingbach bei Hördt in den Rhein fällt.

Versetzen wir uns wieder zurück nach Landau. Durch das „Französische Tor" kommt man östlich in kurzer Zeit nach *Queichheim,* einem der drei „Landauer Dörfer": prächtige Wiesengründe begleiten die Queich von den Wällen der Festung her. Die Franzosen nannten den Ort „le petit Landau". Das interessanteste unter den stattlichen Häusern ist das Gasthaus *„Zum Melac",* das jener entsetzliche Pfalzverderber des Franzosenkönigs erbaut und bewohnt hat. An dasselbe knüpft sich das geheimnisvolle Abenteuer des *letzten Scharfrichters* von Landau. In den achtziger Jahren des vorigen Jahrhunderts wurde dieser durch einen Fremden in den „Melac" nach Queichheim beschieden, dort mit verbundenen Augen in eine Kutsche gesetzt und davongefahren; so viel er sich erinnern konnte über zwei Flüsse, bis ihm in einem schwarzbehangenen Saal vor einer großen Versammlung die Augen geöffnet und ein Schlachtopfer vorgeführt wurde, an dem er sein Amt ausüben mußte. Nach der Exekution wurde er wieder mit verbundenen Augen heimgebracht; er gab zu Landau sein Erlebnis zu Akt, der heute noch vorhanden ist.

Eine halbe Stunde weiter liegt *Mörlheim* mit seinem Hofe, wo das Rittergeschlecht wohnte, welches das Kloster Eußerthal stiftete und wo die Bauern 1525 sich nochmals zum Sturm auf die Madenburg zusammenrotteten.

Nach einer Viertelstunde Wegs gelangt man nach dem schönen reichen Dorf *Offenbach* mit 2 200 Einwohnern. Die Samendörre des Herrn von Gerichten befindet sich hier. Offenbach war während der Belagerung Landaus 1849 das Hauptquartier. Willich leitete die Operationen gegen die Festung Landau und Germersheim, zwischen denen der Ort liegt. Damals bot er das lebendige Schauspiel eines Wallensteinischen Lagers; man glaubte die Zeiten des Bauernkrieges wiedergekehrt oder die Tage der englischen „Rundköpfe“. Nur waren die Freischaren noch phantastischere Gesellen, abenteuerlich aufgeputzt, mit Blusen und Federn auf den Heckerhüten. Dazu die reitenden Frauen der Führer, das Trinken, Singen und Patrouillieren.

Weiterhin an der Straße nach Germersheim, am Spiegelbach oder der „alten Queich“, liegen die wohlhabenden Gauorte *Ottersheim* und *Knittelsheim* hintereinander. Nur wenige Spuren der früheren Queichlinien, die Landau mit Germersheim am Rhein verbanden, sind noch übrig, seitdem sie 1735 im polnischen Erbfolgekrieg durch die Engländer und Reichsvölker zerstört wurden. Das Land ist hier völlig eben und flach. Links begleiten uns die Queichwälder und Wiesen.

Gaubewohner in Tracht, die je nach Konfession verschieden ist. Im Vordergrund protestantische Gaubauern, im Hintergrund einige Frauen aus den katholischen Gebirgs- und Grenzdörfern

Vor uns dagegen sehen wir *Bellheim,* eines der schönsten und reichsten Dörfer des Landes, mit nahezu 3 000 Einwohnern. Die Mühlen im nahen Wald und die Straßen des Dorfes waren 1849 Zeugen eines heftigen Gefechtes zwischen einer kleinen Abteilung Freischaren und den Germersheimer Chevaulegers und Infanteristen. Wir haben nicht mehr weit nach Germersheim; bevor wir dahin gehen, sehen wir uns etwas bei den Bewohnern des Gaues um.

Die *Gaubauern* um Landau können sich natürlich nicht des Einflusses entschlagen, den die Stadt auf Charakter und Sitte ausübt. Es ist so ziemlich alles nach Landauer Art zugeschnitten, die Landhonoratioren gebärden sich wie die Landauer Bürger oder gewöhnlich noch etwas stolzer, denn es steckt auch bei ihnen viel Geld. Wie sollte es auch anders im üppigsten Strich des fruchtbaren Landes sein? Sie leben wie *Landedelleute* in schönen, großen Häusern, oft mit eleganter oder doch immer solider und wohnlicher Einrichtung; sie lassen ihre Söhne in großen Städten und ihre Töchter in Instituten ausbilden, fahren in zweispännigen „Landauern" in die Stadt und wissen auch tüchtig Geld darin zu lassen. Städtische Trachten, Sitten und Denkungsart haben sich besonders in den Haardtdörfern im Siebeldinger Tal und im Queichtal unterhalb Landau Bahn gebrochen. Dort herrscht das „Manschettenbauerntum". Anders ist's noch von der Kalmit an auf der „Höhe" und weiter über's Klingtal hinaus. Die blaue Bluse und Wollkappe kommt da häufig bei der Arbeit vor, die Weiber und Mägde kennzeichnet die große Kammhaube, „Petze" oder „Bätze" genannt, die auch den lieblich poetischen Namen „Saumagen" führt. Sonntags herrscht in dieser Bauernlandschaft bis zum Bienwald hin noch ziemlich allgemein die alte, teuere, solide *„Ziehhaube"* in blendendem Weiß und mit dem schönen Dessin, und die *„Nebelkappe"* in ähnlicher Form. Ziehhauben und Nebelkappen sind überhaupt, wenn auch oft in modifizierter Form, überall die weibliche Kopfbedeckung, wo noch alte Sitte herrscht. Wir werden sie an der Blies und an der Grenze von Lothringen in ungeheurer Größe als mächtige Kugelhauben, an der Nahe und Alsenz in fast mittelalterlicher Form, und im Wasgau mehr rund am Kopf liegend finden, wie sie die alten Weiber im Oberland noch tragen. Die Bauernweiber näher der Queich auf der Höhe, im Klingtal bis oberhalb Bergzabern knüpfen die Bänder einfach und nicht auffallend unterm Kinn. Anders die des katholischen Striches im Gebirge und an der Grenze; dort haben die Hauben phantastischeren Schnitt, sie sitzen nicht so nüchtern auf dem Zopf; breite Bänderschlüpfe unterm Kinn, oft auch bunte Bänder hinten über den Rücken, vervollständigen ihre buntere Tracht. Die protestantischen Bauernfrauen auf der Höhe bis übers Klingtal hinaus und oben im Weinland am Wasgaufuß kleiden sich sonntags am liebsten schwarz oder dunkel, in Merino die vornehmeren, in Kattun die ärmeren. Beim Kirchgang breitet man ein weißseidenes Tüchlein über den Rücken in der Form eines Dreiecks, und zieht schillernde Seidenschürzen an.

Unter den Bauernmädchen um Landau herrscht jetzt leider viel Modetorheit. Sie sehen entsetzlich läppisch, unbeholfen und verdächtig aus in ihrer städtischen Frisur und ihren kattunenen, hellen, städtisch zugeschnittenen Kleidern. Wie hübsch kleidete sonst der dicke lose Zopf mit den „Löckchen" auf den Wangen, dann die blendend weißen Hemdärmel, die blauen Mieder mit Samtbesatz und die roten, gestreiften Röcke, in denen sie sich an Sommerabenden zeigten! Auch bei den Burschen kommt der städtische Spenzer und die fade Schirmmütze mehr in Schwung. Aber es gibt immer noch solche, welche die runde, kleidsame Tuchmütze mit Pelzbesatz vorziehen. Die kleidet ungemein gut. Auch die sogenannten *„Seelöwenkappen"* haben dieselbe Form. Städtische Spenzer und Mützen finden gerade bei der ärmeren Bevölkerung Eingang. Noch vor wenigen Jahren war einer in den Dörfern auf der Höhe und im Klingtal kein ganzer Bursch, wenn er nicht mit einer Kappe der oben beschriebenen Art, einem tuchenen Wams, mit Leder besetzter Hose, einer silbernen Hemdschnalle, roten Stauchen um die Handknöchel und einem „eingebändelten", mit Messingdraht umsponnenen Stock, auf die Kirchweih gehen konnte. Hie und da findet man noch solche Exemplare, und in der Tat, sie sehen stattlich genug aus. Die Kirchweihen selbst werden in dieser Gegend noch

im alten Glanz und dem ganzen Aufwand reicher Bauern gefeiert, die bei dieser Gelegenheit eine fast unbegrenzte Gastfreundschaft zeigen.
In den weißangestrichenen, mit braunen Balken durchzogenen Bauernhäusern wohnt viel praktischer Verstand und Tüchtigkeit im Landbau, aber auch viel bäuerlicher Dünkel und Trotz. In manchen Dörfern hat sich ein höchst unliebenswürdiger *Bauernstolz* ausgebildet, dessen Sinn nicht leicht über die Ackerschollen und den Geldsack hinausgeht. Auf der „Höhe“ fand man beim Bau der Eisenbahn heftigen Widerstand, keiner wollte auch gegen die höchsten Gebote eine Scholle Landes abtreten. Charakteristisch ist, daß ein Landmann aus der Gegend Entschädigung für die Zeit beanspruchte, die durch das Nachgaffen seiner Taglöhner auf dem Felde, beim Vorüberziehen der

Trachten im Gau, wie sie im Text ausführlicher beschrieben sind

Eisenbahn verlorengehe. Es wäre unbillig, wenn man nicht hinzufügte, daß sich auch hier intelligente, wackere Landwirte befinden, die an den Interessen der Zeit teilnehmen.

Den blühenden Zustand hat die Landschaft dem langen Frieden zu verdanken. Ein Krieg würde wieder die Umgegend von Landau heimsuchen und die Zeiten zurückrufen, wo Eugens und *Marlboroughs Grenadiere* und Reiter abwechselnd mit den Franzosen hier die Fluren niedertraten.

Daß die Gegend während der Revolution viel leiden mußte, ist natürlich. Die Ausfälle der Franzosen sowohl als die Einquartierungen der Belagerer waren den Dörfern gleich verderblich. Schon 1793 war z. B. Queichheim völlig zerstört. Die *„Commission de grippes"* von Landau setzte die ganze Umgegend in Schrecken durch ihr Raubsystem. Noch größer aber wurde die Not, als 1814 die Deutschen und Russen kamen und das Land überschwemmten, während ein verheerendes Fieber die Dörfer entvölkerte. Wilde Gesellen waren die *Kalmücken,* denen schon panischer Schrecken voranging. Sollten sie ja, nach der Sage, „Gänseaugen" haben gleich ihren Vorfahren, den Hunnen. Sie aßen am liebsten verrecktes Vieh, tote Pferde; die Gedärme samt dem Inhalt waren ihnen köstliche Leckerbissen und das Aas hingen sie an Eggen auf, für später. Sie aßen alles mit den Fingern. In Dammheim hatten sie eine Schwitzstube. Der in Walsheim kampierende russische General ließ damals den Nußdorfer Maire und seinen Schwiegersohn bis zu Tode knuten. Mörlheim wurde von den Kosaken ausgeraubt; am allerärgsten wüteten jedoch die Württemberger, die Queichheim überfielen, raubten, schossen, hieben, stachen, daß die Einwohner alle flohen. Während die Kanonenkugeln der Belagerten in den Dörfern große Verheerungen anrichteten, riefen die Schwaben ihre Verwandten über den Rhein, die mit Wagen kamen und den armen Landbewohnern alles Gut davonführten; lange Jahre waren die Schwaben auch so gehaßt, daß sich keiner in der Pfalz blicken lassen durfte. Gar viel wissen heute noch die Leute aus diesen Jahren zu erzählen, eine spätere Zeit wird von dem Jahre 1849 erzählen.

Germersheim und der Rheinstrich

Wenn wir die großen Gauorte, die etwa eine Stunde vom Rheinstrom landeinwärts liegen, abrechnen wollten, böte uns die Gegend von Germersheim und der engere Rheinstrich wenig Reizvolles; denn er ist öde und flach, voller stehender Gewässer, umbuschter Rheinauen, schilfreicher Sümpfe wie die friesländischen Ufer oder die an der unteren Donau oder Save. Die Fieberluft, die sich dort entwickelt, ist jedem Fremden gefährlich; die Rheinschnaken sind eine lästige Landplage, die Rheinüberschwemmungen alljährlich wiederkehrende, furchtbare Ereignisse; die Rheinnebel decken oft wochenlang das Ufer, und so ist der sonst so reiche segenspendende Strom hier beinahe nur ein gefährlicher Nachbar.

In der Nähe von Germersheim, nördlich von Bellheim im Walde, bezeichnet das *„Neuhaus"* den Ort, wo der Kurfürst Friedrich II. das *Jagdschloß Friedrichsbühl* baute, das im Dreißigjährigen Krieg zerstört wurde. Der Wald dehnt sich auf beiden Seiten der Queich bis an das Gartenland von Zeiskam und in die Nähe des Rheines aus. Dort an der Mündung der Queich, auf geringer Erhöhung des Rheinufers, liegt die neue *Festung Germersheim,* das römische Vicus Julius, einst Standquartier der Legion der Andernacher. Später erbaute Kaiser Konrad II. hier eine Burg, den Lieblingssitz des greisen Rudolphs von Habsburg; als dem hier der Wein nicht mehr schmeckte, ritt er zu Pferde gen Speyer, und starb auf dem Wege dahin. Neben der Burg blühte Germersheim als freie Reichsstadt auf, die nachher an die Pfalzgrafen kam, die der Jagd wegen gern hier weilten. Im Dreißigjährigen Krieg widerstand der tapfere Mansfeld hier seinen Feinden, während der geflüchtete „Winterkönig" seinen feierlichen Einzug hielt. Die Franzosen sahen jetzt lüstern nach dem wohlgelegenen festen Ort, Turenne kam 1674 und sprengte den Hexenturm und die übrigen Werke. Später wollte der schwache

Kurfürst Karl, durch den Pfarrer *Langhanns,* den „pfälzischen Struensee“, und einige vom Adel verleitet, den Franzosen Stadt und Oberamt überlassen. Der Geistliche wurde gerichtet, die anderen gingen frei aus. Nach des Kurfürsten Tod sprachen die Franzosen die Stadt und das reiche Amt an, das den pfälzischen oberen und niederen Wasgau begriff. 1688 nahmen sie das Land als Allodialstück der Herzogin von Orleans in Besitz, und darüber entstand der entsetzliche *„Orleanssche Krieg“,* der die ganze Pfalz, von der Queich abwärts an, unter den Brandfackeln Melacs verderben sah, weil das geraubte Land an der Grenze Frankreichs gegen Deutschland durch eine völlige Wüste gegen feindliche Einfälle geschützt werden sollte.

In dem geschonten Oberamt Germersheim begannen jetzt die Henkersknechte des „großen Ludwig“ ihr *Bekehrungswerk.* Die Dragonaten und Versprechungen wirkten. Ganze Gemeinden dieser Gegend fielen wieder dem Katholizismus zu. Frankreich machte die Stadt im Revolutionskrieg zur Festung, deren Werke 1815 von den Alliierten ausgebessert wurden. Von 1834 an begann dann der Bau der neuen, großartig angelegten Festung. Die Kosten wurden durch die französischen Kontributionsgelder gedeckt. Gewaltige Wälle, Kasematten, schöne neue Tore und Vorwerke umgeben den Platz. Mit dem vier Stunden entfernten Landau, das sich an das Gebirge lehnt, beherrscht Germersheim die ganze Rheinebene sowie durch den starken *Brückenkopf* jenseits des Rheines auf der badischen Seite den Strom selbst. Die sieben Forts und die übrigen Werke machen Germersheim zu einem Meisterwerk der Fortifikationskunst. Für den, den Festungswerke interessieren, bietet Germersheim viel Wichtiges und Neues; die Stadt an und für sich desto weniger. Die Altstadt ist ein unregelmäßiges, die Neustadt ein völlig regelmäßiges Gewinkel mit dem Paradeplatz und eleganten Häusern. Es ist hier bei weitem nicht der reiche Bürgerstand zu finden wie in Landau, und das Leben hat wenig Annehmlichkeiten.

In Germersheim lebt und wirkt jetzt als protestantischer Dekan *Dr. G. F. Blaul.* Nur der beständige Aufenthalt in der, aller höheren geistigen Tätigkeit fremden Pfalz, konnte den geist- und gehaltvollen Schriften dieses Mannes den Platz versperren, der ihnen in der Literatur Deutschlands gebührte. Bei ausgebreiteten Kenntnissen vereint sich in den Produkten Blaul's eine zarte, duftige Romantik, eine Eleganz und Gewähltheit des Ausdrucks und tiefe geistige Sinnigkeit, wie wir sie bei unseren heutigen Dichtern selten wiederfinden. Was die Pfalz sonst an poetischen und belletristischen Produkten hervorbrachte, steht samt und sonders ohne Vergleich tief unter dem, was man von Blaul kennt. Schon seit Jahren schweigt er, würde er doch in der Pfalz nur tauben Ohren singen. Nirgends möchte das Sprichwort vom *Propheten in seinem Vaterlande* mehr zutreffen als hier. Höchstens ein Witzgedicht oder eines im Dialekt sagt dem pfälzischen Geschmack zu; aber selten wird sich ein Pfälzer ein Werk kaufen, das etwas mehr als bloße Unterhaltung bietet. Ich habe Inhaber von bedeutenden Buchhandlungen gesprochen, die, nach dem Maßstab des Bücherabsatzes, die Pfalz für das ärmste Land Deutschlands erachteten. Dieser Indifferentismus, dem geistigen Leben des großen Vaterlandes gegenüber, ist ein häßlicher Fleck im Wappenschild der Pfalz.

Von Germersheim über die Rheinbrücke betritt man badisches Gebiet und eine kleine bayerische Enklave, auf der der Brückenkopf steht. Große *Rheindurchschnitte* fanden auf der ganzen Strecke statt; sie haben den Rheinlauf verkürzt, das Land aber nicht vor Überschwemmungen geschützt und die Sümpfe nur noch vermehrt. Die „Altrheine“ mit den Rheindurchstichen umschließen wald- und wiesenreiche „Rheinauen“, von denen man in Nachen das Futter holt. Germersheim gegenüber liegt *Rheinsheim,* ein badisches Dorf, und über es hinaus, auf eine Stunde Entfernung, die alte Feste *Philippsburg,* berühmt durch ihre unzähligen Belagerungen. Jetzt ist sie geschleift. Auf dem Weg zum Posthaus *Waghäusel* rückten die Preußen 1849 vor; die ganze Ebene jenseits des Rheines sah Kämpfe derselben mit den Pfälzern Willichs und den Badensern.

Von Germersheim auf der Heerstraße nach Speyer kommt man in einer kleinen Stunde nach *Lingenfeld* am „roten Hamm“. Westlich davon liegt das „Garten- und Krautland“ von Westheim, Lustadt und Zeiskam. Wenden wir uns nun südlich von Germersheim auf der *Rheinstraße* über die *„Hexenbrücke“* durch den Wald. Bei Kandel zweigt sich die Straße nach der Wörth-Knielinger Rheinbrücke und nach Karlsruhe ab und durchläuft in ihrer Hauptrichtung den großen Bienwald, nach Lauterburg und ins Elsaß. Diese Rheinstraße macht die Grenze zwischen den eigentlichen Gau- und den Rheindörfern.

Wir kommen zuerst nach *Rülzheim*, dem großen, mehr als 3 000 Seelen zählenden katholischen Dorf am Klingbach; hier stand die uralte „Dietrichskirche“, eine Waldkapelle, auf einem kleinen Hügel. An ihr entdeckte man Steine mit Götterfiguren. Die Kapelle, in der Revolutionszeit profaniert, diente später als Ruine Zigeunern, Kesselflickern und Orgelspielern zum augenblicklichen Aufenthalt; sie wurde dann abgerissen. Nun steht auf der Stelle, von wilden Kastanienbäumen umschattet, ein ziemlich schönes Kruzifix. Wer sich hier niedersetzt, wird mit Vergnügen in die reiche Gegend schauen. Vor uns der dunkle Buchenwald der Ebene, aus der die Kirchtürme der Dörfer ragen, westlich die blauen Vogesen. An einem Tag im Jahr fastet in Rülzheim Mensch und Vieh. Dumpf läuten die Glocken, und die Leute wallen barfuß mit brennenden Kerzen dreimal am Tag in die Kirche und flehen Gott um Verzeihung großer Missetat an, während das hungernde Vieh daheim brüllt. Es ist der Jahrestag einer großen Rinderpest und der Ermordung einer alten fremden, durch das Dorf reisenden Frau, die man für die *„Viehhexe“* hielt und zu Tode warf.

Dreiviertel Stunden südlich auf der Heerstraße kommt man nach *Rheinzabern*, an der nördlichsten Spitze des Bienwaldes, ein uraltes Städtchen mit 2 200 Einwohnern; einst befestigt, mit einer Burg und mehrmals die Residenz der aus Speyer vertriebenen Bischöfe, wurde es 1674 durch die Franzosen niedergebrannt. Aber schon lange vor dem Mittelalter standen hier die „Tabernae rhenanae“ der Römer. Vielgenannt bei römischen Schriftstellern, waren sie das Standquartier der 8. Legion der „Menappier“; sie sind heute noch die *reichste Fundgrube römischer Kulturreste*. In der Peutingerschen Karte kommt der Ort als „Tabernae“ auf der Rheinstraße vor, die heute noch den Bienwald durchzieht. Wo man nur gräbt, stößt man auf Töpfe, Urnen, Brennöfen, Herde, Münzen, Mauerwerk, Pfeiler, Säulen, Bildwerke, Götterfiguren, Leichname und unterirdische Gemächer. Das Städtchen steht auf dem Grab einer untergegangenen Welt. Von Rheinzabern führt die Heerstraße südöstlich am Rande des Bienwaldes hin nach dem großen Flecken Kandel. Das Bergland von Klingenmünster mit den schönen Vogesenkuppen schließt den westlichen Horizont. Gegen Jockgrim, auf den „Niederschweinheimer Feldern“, bezeichnen vier Pappelbäume das *Grab des französischen Generals Hiller* von Thann im Elsaß. Auf der Mitte des Ackers wurde er (1793) bei der Erstürmung der französischen Verschanzungen durch einen hessischen Jäger erschossen.

Jockgrim, ein uraltes Städtchen mit Mauern und Türmen, liegt malerisch auf einer schmalen Erdzunge auf dem alten Hochufer des Rheines; vom Schloß aus genossen die speyerischen Amtleute eine schöne Aussicht nach dem Rhein und den in der Ferne blauenden Bergen. Der Ort ist heute nichts weiter mehr als ein gewöhnliches Rheindorf. Südlich von Jockgrim, gegen das große Rheindorf Wörth hin, steht im Feld auf dem Hochufer eine Kapelle. An ihr vorüber, längs des fischreichen Altrheins, führt ein Sträßchen über den Rheindamm nach Wörth und weiterhin nach Pforz und Hagenbach in der Rheinniederung.

Wir wenden uns wieder nördlich gegen Germersheim, von einem Dorf zum anderen durch die von schleichenden Bächen, Sümpfen, Rheinwiesen und Waldstrichen durchschnittene, reizlose Gegend. Ein anderer Weg wäre der auf dem Rhein, von der Wörther Schiffbrücke abwärts; der durch die vielen Rheindurchschnitte geregelte Strom führt uns rasch nach Germersheim. Kein Dorf liegt auf dieser Strecke unmittelbar am Strom, kaum ein einziges Haus; die Wildnis könnte nicht größer sein und man glaubt eine Fahrt auf dem Missouri, auf der Theiß oder Save zu machen. Die Dörfer liegen meist eine halbe Stunde seitwärts an den fischreichen Altgewässern. Von der Wörther Rheinbrücke aus liegt uns links auf der Rheinebene der „Biebersgrund“ und die „Riederhecke“ bei Wörth, dann begleiten uns Wald und Gebüsch.

Rechts im Badischen sehen wir kaum das Dorf Eggenstein, dann *Schröck* oder Leopoldshafen an einem weit einbiegenden Rheinarm. Ihm gegenüber, auf der pfälzischen Seite, erscheint nach und nach der Kirchturm von *Leimersheim*, ein 1560 Seelen starkes Dorf am „Altrhein“ und am „Wehr“, mit reichem Fischfang. Diesseits des Rheindammes liegt am Ufer der „Schiffwirt“, von wo aus eine große Rheinüberfahrt nach Leopoldshafen stattfindet. Südwestlich von Leimersheim liegt das große Fischerdorf *Neupfotz*, einst hart am Strom. Der Rhein drohte nach und nach alle Dörfer zu verschlingen; durch die Rheindurchstiche wurden sie der Gewalt des Stromes entrückt. Gegen Rülzheim zu liegt *Kuhardt*. Das pfälzische Ufer beherrscht das badische, weswegen auch dort die Leinpfade bei „Bergfahrten“ gehen.

Nach einer weiteren Fahrt von einer Stunde sind wir in der Gegend, wo hinter dem Uferwald am Einfall des Klingbaches bei Rülzheim das große 1700 Einwohner starke Rheindorf *Hördt* liegt. Es schaut malerisch vom Hochufer auf das niedere Land am Strom; seine Häuser und Kirchen und das Gebüsch ringsum geben ein schönes, eigentümliches Landschaftsbild. „Terherdi“ heißt das Dorf im 8. Jahrhundert, vielleicht als ein vormals der germanischen Hertha geweihter Ort. Die „Heidengärten“ beim Ort erinnern an jene Zeiten, und die hier aufgefundenen Altertümer. Hier standen auch die zwei reichen *Klöster Hördt:* das berühmte Augustinerkloster auf dem nördlichen Hügelhang an der tiefen Ausmündung des Klingbaches, der sich hier sein Bett in den Boden gefressen hat; – ihm gegenüber, auf dem südlichen Hügel, das Nonnenkloster, auf dessen Rudera jetzt das katholische Pfarrhaus gar anmutig neben der alten Kirche steht. Von der prachtvollen Kirche des Männerklosters sind nur noch wenige Mauerreste übrig. Der Altrhein und der Rhein umschließen den schönen „Hochwald“ von Hördt; am Einfluß des Spiegelbaches nördlich gegen Sondernheim und Bellheim hin, stand die *Spiegelburg* der Grafen von Spiegelberg, die das Kloster gründeten. Die Stelle wird noch der „alte Turm“ genannt.

Nördlich von Hördt, näher am Rhein, liegt das Fischerdorf *Sondernheim*, mit reichem Fischfang in der „Tränke“. Das „Schleusenhaus“ mit der Rheindammschleuse liegt zunächst dem Rhein, ihm gegenüber liegt das badische Dorf *Rußheim*, dessen Kirche sich malerisch am Ufer erhebt. Über den großen Rheindurchschnitt führt die Germersheimer Schiffbrücke zu der ausgedehnten wiesen-, wald- und futtterreichen Rheinaue. Wer das schönste Weinland der Haardt gesehen hat, kann hier im ärgsten Kontrast sich wieder an wilderen Landschaften erfreuen und sich neue Sehnsucht nach den blau herabwinkenden Bergen holen. Den stolzen Kuppen der Vogesen südlich der Queich eilen wir jetzt zu, dem reizenden Berggelände von Klingenmünster, und zwar am besten stets im Angesichte desselben über die großen Orte der Niederung des Klingbachs, über Rülzheim und Herxheim durch den herrlichen Gau nach Rohrbach.

2. *Das Berggelände von Klingenmünster*

Die Umgegend von Klingenmünster ist eines der beliebtesten Ausflugsziele von Landau aus. Wer die Eisenbahn benutzt, durchschneidet die Höhe an Insheim vorüber mitten durch das fruchtbarste Land der Pfalz bis zur ersten Station Rohrbach, von wo man in anderthalb Stunden nach Klingenmünster gelangt, während man alle übrigen Wege dahin von Landau aus leicht in zwei Stunden geht. Das Berggelände von Klingenmünster umfaßt, gleichsam als Fortsetzung des Weinlandes der Haardt, die schöne Strecke vom Siebeldinger Tal bis über Bergzabern hinaus ins Ober- und Grenzland, den vorderen hohen und vielgespaltenen Bergkamm des Wasgaues mit seinen von Ruinen gekrönten Gipfeln und das unmittelbar vor ihm liegende reizende Hügelland. Es ist etwa zwei und eine halbe Stunde lang.

Das Klingtal

betreten wir mit der Eisenbahnstation Rohrbach, wo es sich bereits fast völlig verflacht hat. Es vereinigt sich hier mit dem Talgrund des Kaiserbaches, der in den *Klingbach* fällt. Beide Bäche kommen aus dem Gossersweiler Tal, das sich hinter dem Bergstock des Treitelsberges in seiner wilden Schönheit ausbreitet. Der Klingbach entspringt dem Narrenbrunnen bei Vorderweidenthal in der Gegend des Lindelbrunner Schlosses, fließt durch die Gebirgsdörfer Silz und Münchweiler, durchschneidet den vorderen Bergkamm, um bei Klingenmünster und der Ruine Landeck ins offene Land zu treten. Nun bewässert er wohl die schönste, fruchtbarste und bevölkertste Talmulde der Vorderpfalz, den üppigsten Boden des ganzen Landes, bis er bei Hördt in den Altrhein fällt. Nördlich von ihm entspringt der *Kaiserbach* bei Völkersweiler, bildet ein höchst pittoreskes Felsental und tritt am Fuß der hohen Madenburg bei der Kaiserbacher Mühle ins offene Land. Die Täler beider Bäche umfassen die schöne Berggruppe des Treitelsberges und den von ihm aus sich fortsetzenden Hügelrücken, der sie scheidet, bis sie sich unterhalb Billigheim vereinigen. Sie bilden einen äußerst üppigen, zwiefachen Talgrund, in dem die schönen Orte dicht beieinander liegen, so daß diese Ortschaften, von den Berghöhen bei Klingenmünster aus gesehen, nur als eine einzige vieltürmige und herrlich umgrünte Stadt erscheinen.

Westlich türmt sich das Gebirge, als Mittelpunkt die Berggruppe des Treitelsberges mit dem ins Tal des Kaiserbaches abstürzenden „*Heidenschuh*“ und der Ruine Landeck auf der südlichen Vorhöhe, hinter ihr, im tiefen Tal von Klingenmünster, der waldige Abtskopf, weiter links oben, hoch am Berghang, Gleiszellen mit seiner weißblinkenden Kirche; rechts im Einschnitt des Kaiserbachtales einige der Vorwächter jener Felsenwelt der „Pfälzischen Schweiz“, und über ihnen die waldige Pyramide des Rehberges; näher die Bergwand des Rotenberges, auf ihrer Stirn die stolze Madenburg, während daneben das Neukastel felsig emporstarrt. Sehen wir uns nun zuerst in dem überaus üppigen, wellenförmigen Fruchtlande des Klingtales um, das vor diesen Bergen ausgebreitet liegt als eine Landschaft, deren Boden in der höchsten Bonitätsklasse steht. Die großen Gaudörfer Herxheim, Rülzheim, die von der Bahn südlich am Klingbach liegen, kennen wir schon.

Vom Stationshof zu *Rohrbach* aus kann man die außerordentliche Fruchtbarkeit dieser Landschaft und ihren musterhaften Anbau bewundern. Herrlich breiten sich im Frühjahr die goldenen Ströme der blühenden Rapsfelder, daneben die blauen Seen der großen Flachsfelder aus, die um Rohrbach ganz besonders gebaut werden. Rohrbach ist ein rechtes „Gaudorf“, mit breiten, reinlichen, vortrefflich gepflasterten Gassen, freundlichen und großen Häusern. Darin wohnen echte Gaubauern, nicht selten mit all dem stolzen und oft nicht feinen Wesen. Das Dorf hat über 1 400 Einwohner. Eine Steingutfabrik befindet sich hier. Was wir von den Trachten der Gaubewohner sagten, gilt besonders von hier und anderen Orten des Klingtales. Die Kirche zu Rohrbach ist späteren gotischen Stils mit hübschen Spitzbogenfenstern am Chor.

Südlich von Rohrbach, an der Straße nach Kandel und Karlsruhe, liegt das große Dorf *Steinweiler,* wohin sich der Klingbach von hier aus wendet, so recht mitten im üppigsten und fruchtbarsten Lande der Pfalz. Es ist nicht weit dahin; die mit Pappeln besetzte Straße durchschneidet die Eisenbahn und führt durch einen breiten, prachtvollen Wiesengrund. Der Anblick der Erlen- und Weidengruppen und des saftigen Rasens dazwischen ist ungemein malerisch. Dahinter ragen die neuen, roten Kirchtürme von Steinweiler, und bald betreten wir die sauberen Gassen dieses reichen, 1 600 Einwohner zählenden Ortes. Es gibt manche städtische Häuser hier; lieber sind uns aber die großen Doppelhäuser der Bauern mit den hohen, hölzernen Hoftoren. Bei Steinweiler stand das Dörflein *Archenweiher*, an das noch eine Mühle erinnert. Es ging im Dreißigjährigen Krieg ein. Die Sage erzählt: Durch die Pest, die sich in Gestalt eines blauen Feuerleins in einem Gebäude einnistete, worauf man dieses verbaute und verschloß und das Dorf verließ. Das Land gegen Kandel und Rheinzabern hin wechselt mit Wiesen, Saatfeldern und fetten Gauwäldern. Im Wiesengrund des Erlenbaches liegt südlich von hier die Eisenbahnstation Winden im reichen Fruchtland, wo sich die Omnibusse von Bergzabern und Karlsruhe treffen. Ein Wiesenpfad führt über die „Woggartenmühle" am Klingbach hinauf, wo einst ein See war, von dessen Wassergeistern heute noch Sagen im Volke gehen, bis wir mit der Landstraße von Rohrbach zugleich vor dem Tore Billigheims stehen.

Billigheim ist ein in mancher Hinsicht interessantes Städtchen. Auf einem sich abrundenden, niedrigen Hügel erhebt es sich malerisch über den Wiesengrund des Klingbaches und des Kaiserbaches. Ein hoher Wall, tiefer Graben und mittelalterliche Mauern, über die nur die Firsten der Häuser und der alte Kirchturm emporragen, umgeben es. Der Anblick des *Untertores* mit dem Gebüsch des Gartens auf seiner Wallhöhe, der äußeren Torbogen, des Zwingers, der Brücken und tiefen Gräben, sowie der zu beiden Steiten auslaufenden hohen Wälle ist pittoresk. Das Innere entspricht diesem Eindruck nicht. Nur das alte *Rathaus* mit seiner offenen Halle und dem Glockentürmchen, seiner breiten Stiege und den altertümlichen Säulen, zwischen denen die Feuereimer hängen, interessiert, sowie die alte Kirche und ihr Turm. Durch das *Obertor* führt die Straße auf dem flachen Hügelrücken nach Klingenmünster in einer herrlichen Landschaft, zu der das alte Städtchen einen lieblichen Kontrast bildet.

Nach der Sage soll Julius Cäsar hier den Ariovist besiegt und auf dem Schlachtfeld ein Kastell errichtet haben, das den Namen belli campus erhielt, und darum werde Billigheim noch heute in der Umgegend „Billikam" genannt. Es ist jedoch nur die Manie zu etymologisieren nach dem Wortlaut, der fast immer trüglich ist. Freilich ist „Bullinkeim" uralt; es kommt schon im Jahre 693 vor, wo zwei Brüder es aus Dank, daß sie von den Weißenburger Mönchen in ihrer Jugend angenommen wurden, dem Kloster schenkten. Kaiser Friedrich III. erteilte dem Flecken Stadtrechte. Zu gleicher Zeit (1540) wurde ihm der Jahr- und Wochenmarkt erteilt, der noch heute als Purzelmarkt ein Fest für die ganze Umgegend ist. Der siegreiche Kurfürst versah Billigheim mit Toren und der noch stehende Turm des Obertores wurde durch seinen Faut von Germersheim, Hanns vom Gemmingen, erbaut. An ihm entdeckt man noch das Wappen jenes Fürsten und des von Gemmingen nebst einer Inschrift. In der bayerischen Erbfehde kam der Veldens-Zweibrücker Herzog Alexander mit der Hunsrücker Bauernhorde vor Billigheim, mußte aber auf schimpfliche Weise wieder abziehen. Im Bauernkrieg saßen in Billigheim die Hauptleute der Bauern. In jener Zeit wirkte für die Reformation der berühmte Marburger *Professor Billicanus*, der hier geboren ist.

Als 1552 König Heinrich von Frankreich in das Unter-Elsaß einfiel, angeblich um den deutschen Protestanten zu helfen, ließ Kurfürst Friedrich II., auf den Rat seines hier geborenen Geheimschreibers *Georg Weisbrod*, Billigheim mit Wall und Gräben befestigen, so daß das Landvolk einen sicheren Zufluchtsort fand, auch gegen die streifenden Landsknechte des Markgrafen Albrecht Alcibiades. Nach dem Dreißigjährigen Krieg rief Kurfürst Karl Ludwig fremde *Kolonisten* in die verwüstete Landschaft, und so kamen reformierte Wallonen aus der französischen Landschaft Callève in Flandern und aus der Gegend l'Allœuvre hier an, erhielten verschiedene Privilegien, und ihnen verdankt man vor allem den trefflichen Anbau der umliegenden Felder, wie denn noch heute eine Menge französischer Namen in Billigheim und der Umgegend an jene Ansiedlung erinnern. Der Wohlstand des Städtchens ist nicht mehr der frühere, wenn auch die bedeutenden *Viehmärkte,* die hier abgehalten werden, manche Vorteile bringen.

Was Billigheim auszeichnet, ist sein *Purzelmarkt.* Dienstags, am dritten Tag des Jahrmarktes im Oktober, wallen ganze Scharen schon in der Nebelfrühe des Morgens aus allen Dörfern der Landschaft zum Billigheimer Purzelmarkt, der seit vierhundert Jahren sich durch alle Drangsale der schlimmen Zeitläufte erhalten hat. Von dem Rathause aus zieht mit vorgetragenen fliegenden Fahnen, an der Spitze der Gemeinderat mit dem Bürgermeister und den Festordnern zu Pferde, vor die Wälle, wo auf den Wiesen am Kaiserbach eine hohe Stange den Festplatz ankündigt. Böller- und Flintenschüsse, rauschende Musik und der Jubel der nachdrängenden Menschenmenge zu Fuß und zu Wagen erfüllen die Luft. Um den hohen *Kletterbaum* sammelt sich das Kollegium der Preisrichter; hoch flattern an Stangen die Preise in der Luft: Tücher, Seidenzeug, Chamois- und Kattunstücke. Dann beginnen die Spiele. Auf jungen Landgäulen sitzen die Burschen und Knechte: dort ein Elsässer mit der turbanartigen Fuchspelzmütze, den runden Stahlknöpfen an Wams und Hosen und dem roten „Brusttuch", neben ihm ein Nachbar aus den bayerischen Grenzorten am Bienwald, mit der hohen Kosakenkappe von Wolle, den enganliegenden Kleidern mit breiten Stahlscheiben besetzt, ein schlanker Geselle auf breitrückigem Fuchs; dort der krumme Burkhardt von Ingenheim auf seinem hübschen Halbaraber, der jedesmal den Preis erringt, und hinter ihm ein ganzer Trupp Gauburschen und Bauernknechte der Umgegend in den verschiedensten Trachten. Alle reiten ohne Sattel, mit Gerten und Peitschen um sich schlagend, denn jeder „Vortel" gilt, während sie pfeilschnell in gerader Linie mitten unter die jauchzende Menge dem Ziel zujagen. Hierauf beginnt das Klettern nach dem Hahn auf der Spitze, wobei sich besonders die Waldbuben vom Gebirge und aus der Ebene auszeichnen. Dann folgt das *Wettrennen zu Fuß,* das der Männer und jenes der Mädchen aus den unteren Klassen. Einer der Festordner, gewöhnlich der Bürgermeister von Billigheim, sprengt zu Pferd vor der dahinsausenden mänaden- und furiengleichen Schar; die Dirnen sind entkleidet bis auf Hemd und kurze Röcke, das lose Haar flattert im Winde, die Röcke fliegen und das Volk jauchzt. Ich kann mich noch aus meiner Jugend erinnern, daß Zigeunermädchen, die mitliefen, um die vordersten zu sein, sich am Schweif des vorreitenden Pferdes zur großen Unterhaltung des jubelnden Volkes festhielten. Während nun die Burschen und Dirnen, ihre Preise schwingend, jubelnd auf der Wiese umherhüpfen, ordnet man das „Purzeln" der Kinder an, was sich drollig ansieht. *Sackrennen* und das Rennen mit vollen Wasserkübeln nebst anderen Belustigungen machten sonst den Schluß.

Leider hat dieses echte und einzige Volksfest der Pfalz in neuerer Zeit viel an Teilnahme und Interesse verloren, weil sich die sogenannten „Gebildeten" immer mehr von ihm abwenden. Hätte man seine Aufmerksamkeit dem Purzelmarkt zugewendet und die landwirtschaftlichen Ausstellungen für die ganze Pfalz oder doch des Bezirks Landau an ihn geknüpft, statt zu zersplittern und nomadisch zu feiern, so sähe man ein uraltes *pfälzisches Volksfest* in neuem Glanze erstehen, statt daß wahrscheinlich in nächster Zeit der alte Brauch aus Mangel an Teilnahme eingehen wird. Freilich bietet der Purzelmarkt nicht mehr jene bunte Trachtenschau, da auch in dieser Gegend die Kleidung immer mehr jenen charakterlosen Zuschnitt annimmt, der die Leute weder städtisch noch ländlich, sondern nur albern und fade erscheinen läßt. Zudem dürfen auch keine Elsässer mehr mitreiten, und das allein entzieht dem Feste eine

Fröhliches Treiben auf dem Billigheimer Purzelmarkt. Im Hintergund die südpfälzische Bergkette mit der Landeck, Madenburg und Neukastel

Menge malerischer Trachten. Doch auch jetzt noch, in seiner Abschwächung, ist der Purzelmarkt sehenswert.

Ein Pfad führt über den schönen Wiesengrund des Klingbaches zwischen zwei umbuschten Mühlen hin nach *Mühlhofen*. Es sind nur einige hundert Schritte hinüber, die neuerbaute Dorfkirche mit dem gelben Turme überragt die grünen Pappeln und Erlen des Baches. Dieser Wiesenpfad ist merkwürdig, denn wir schreiten über lauter Leichen- und Gedenksteine, auf denen uralte gotische und lateinische Inschriften und Skulpturarbeiten zu sehen sind, freilich oft schon verwischt, ausgetreten und abgeschliffen; selbst die Brücken- und Bachstege bestehen aus ihnen. Es scheint, daß der hochweise Rat von Billigheim dem Wanderer hiermit ein recht einleuchtendes Memento mori auf den Weg mitgeben wollte, als er diese Gedenksteine früherer Geschlechter in seiner Weisheit zu Pflastersteinen benützte. Der Pfad macht, wie lieblich heiter auch die Landschaft ist, einen grauenhaften Eindruck, nicht etwa wegen der Erinnerung an den Tod, dem wir ja auf jedem Weg entgegengehen und wär er mit Rosen statt mit Leichensteinen belegt, sondern wegen des Blickes, den die Benützung dieser uralten Denkmäler vergangener Geschlechter in die entsetzlich praktische Sinnesart unserer Zeit tun läßt.

Dicht liegen hier die Orte beisammen. Wir wandern von Billigheim aus auf dem Rücken des Hügels weiter, mit dem Blick in den zwiefachen Talgrund. Die Heerstraße von Landau, die über die Impflinger Höhe kommt, kreuzt unseren Weg. Rechts zieht sich das Dorf *Appenhofen,* eines der ältesten der Gegend, lieblich versteckt durch die Obstbäume, Fruchtfelder und Reben zum Kaiserbach hinunter. Auf dem hohen Rand der Straße liegt die Sommeranlage eines Bierbrauers aus dem nahen *Ingenheim,* das mit seinen 1700 Einwohnern, von den Böschungen des Hohlweges der Weißenburger Straße umrahmt, seine offenen Straßen zeigt. Im Klingtal wohnen ziemlich viele Juden, aber nirgends so viel wie in dem Dorf Ingenheim, das die *stärkste Judengemeinde der Pfalz* ist. Die Juden geben dem Ort erst seine rechte Bedeutung, Handel und Wandel, und einzelne haben sich großstädtische Häuser gebaut. Die Synagoge imponiert sogar mehr als die beiden Kirchen, obgleich sie eben nur ein großes, geschmackloses Gebäude ist, aus dem man nicht recht klug wird. Hier sind die Juden im Besitz aller bürgerlichen Rechte, indem sie sowohl in der Ortsschulkommission als im Gemeinderat sitzen, und man hat noch nicht gehört, daß dies der Gemeinde irgendwie geschadet hätte.

In Ingenheim wohnt auch der bekannte *Pfarrer Franz*. Die unierte Kirche der Pfalz hat seit 1817 die freieste Basis unter den in Deutschland bestehenden Konfessionen. Ihre Grundlehren wahren ihre innere Glaubensfreiheit. Auf dieses Bekenntnis hin waren auch die Pfälzer alle gute und freudige Christen, bis durch die jungen, in Erlangen gebildeten Theologen sich die orthodox-lutherische Richtung der „calvinistischen, zwinglischen und rationalistischen Ketzerei" gegenüber geltend zu machen suchte. Das Volk stand vollkommen auf der Seite der Verteidiger der pfälzischen Union und auf der des Pfarrers Franz von Ingenheim, dessen Schriften über die Gottheit Christi rationalistische Ansichten vertreten. Die Protestanten der Gegend bauten ihm ein Haus in Ingenheim, als er seines Amtes entsetzt wurde.

Auf dem Firstweg zu den Bergen haben wir zu unserer Linken im Wiesengrund des Klingbaches hinter den dunklen Erlen *Klingen,* wo es viele „Atzeln" (Elstern) und viele fromme Leute gibt. Die Kirche steht schön auf einer Anhöhe, von alten, festen Friedhofmauern umschlossen. Klingen gegenüber liegt *Heuchelheim* auf unserem Wege, wie alle Dörfer in dieser Gegend uralt. Am westlichen Ende des Dorfes schwellt der Hügel als ein Weinberg mit sanften Abhängen an, indem er sich westlich bis zu den, nur noch eine halbe Stunde entfernteren Bergen von Klingenmünster fortsetzt und eine ungemein liebliche Aussicht auf das in seinen Obstgärten versteckte Dorf und das üppig grüne Klingtal mit seinen stattlichen Gauorten bis zu der blauen Bergkette des Überrheins gewährt. Die Straße nach Klingenmünster ist mit hohen Nußbäumen besetzt, in deren Schatten man durch die ganze Vorderpfalz wandelt. Auf einem Umweg, den Talgrund des Kaiserbaches hinauf, kommen wir nach *Göcklingen,* das (1 400 Einwohner stark) im Angesicht der Madenburg zu beiden Seiten des Kaiserbaches an den schönen Weinhügel sich lehnt, mit dem hier die Mörzheimer Höhe in den Talgrund abfällt. Es ist ein in der sagenhaften Geschichte des Landes bedeutender Ort. Von ihm wissen die alten Chronisten viel Wunderbares zu erzählen, so schon Sabellinus, der Hausbedienstete Karls des Großen, der alte Beuerlin nach ihm, und andere mehr; Göcklingen soll schon zu der Römer Zeiten gestanden haben; es wurde von einem gewissen Gamphor erbaut und hieß „Gamphoringen", so daß Burgunder, Goten und Hunnen hier eine lustige Stadt vorfanden, die aber zerstört wurde.

Dann hat der junge König von Austrasien oder Kleinfrankreich, *Dagobert,* sich und seiner Schwester hier ein prachtvolles Schloß – „Beggelingen" – gebaut, mit einem Weiher und Wildpark. Von hier und der Burg Landeck aus hat er nun sein Königreich glücklich beherrscht, bis ihn seine Vettern überfielen, er der Sage nach aber von einem Weib gerettet wurde, indem sie ihm den Weg ins Siebeldinger Tal wies, wo sich die Geraidebauern um den König sammelten und die Feinde schlugen. In Göcklingen starb auch der König und machte sein für die Pfälzer Bauern so segensreiches Testament. Auch sein Herz wurde hier begraben, im Kloster zu Klingenmünster seine Eingeweide und im Weißenburger Kloster sein Leib. Im Volk ist das Andenken an den „guten König Dagobert" noch frisch und noch steht neben der katholischen Kirche der uralte *Freihof* in Göcklingen, der nach der Sage von König Dagobert gegründet wurde, wo im Mittelalter jeder Verbrecher, der sich hierher geflüchtet hatte, sicher war und wo die Pfänder der umliegenden Gemeinden aufbewahrt wurden. In ihm soll Dagobert sein Testament geschrieben haben.

Die Göcklinger sind ein handels- und wanderlustiges Völkchen. Die jungen, flotten Burschen laufen in ganz Deutschland herum; sie kommen bis nach Stockholm und Drontheim im höchsten Norden – als *Branntweinhändler* oder, wie sie sich lieber nennen hören: als „Likörfabrikanten". Mit einem Fläschchen Essenz wandern sie fort, mit einem Beutelchen Geld kommen sie zurück; wo sie aber einmal waren, da sollen sie gewohnheitshalber zum zweitenmal nicht wieder hingehen dürfen.

Der nächste Weg von Göcklingen nach Klingenmünster geht südwestlich über den breiten „Bühl". Bis zu dem sagenreichen alten *„Sperbenbaum"*, beim Kreuzweg auf der Höhe, hat man rechts stets die Ansicht der Landschaft, an der Ilbesheimer Kalmit vorüber auf das schöne Weinland der oberen Haardt bis zur Maxburg, näher das Neukastel und die Madenburg und vor uns das Tal des Kaiserbaches bis zum Rehberg. Am Rande der Anhöhe, wo schattige Kastanien und grüner Rasen zum Niedersitzen einladen, „am Staffelacker", sehen wir über Weinberge hin, an deren Saum wir stehen, plötzlich in ein schönes und reizvolles Landschaftsbild; vor uns im Talkessel am Fuß der Berge und am Austritt des Klingbaches aus dem Gebirge liegt Klingenmünster.

Klingenmünster und Landeck

Man mag sich dem Orte nähern von welcher Seite man will: seine Lage in der lieblichsten Landschaft am Fuß des Schloßberges, von Weinbergen, Kastanienwäldern, trauten Wiesengründen und Ackerfeld umgeben, ist immer gleich schön. Die Ruinen von Landeck, die Gleiszeller Kirche auf den südlichen Weinhügeln, nördlich im Rebengefilde die St. Niklaskapelle, dahinter die großartige Irrenanstalt, die Madenburg hoch darüber, und noch weiter hin das Neukastel heben das Bild. Die freundlichste Idylle, die anmutendste Romantik ist hier vereint geboten. Klingenmünster ist einer der *Glanzpunkte der Pfalz* in landschaftlicher Hinsicht – und dies spricht der

Verfasser, der hier geboren ist, nicht bloß aus natürlichem Gefallen an seiner Heimat aus.

Von Heuchelheim direkt nach Klingenmünster führt eine gute Straße im Klingbachgrund über eine alte steinerne Brücke; das Tal verengt sich etwas, zu den Füßen der Burg Landeck ragen mit den Pappeln im Wiesengrunde die Türme des Fleckens empor, bis wir unmittelbar vor dem Ort auf einer kleinen Anhöhe bei der *Ruhebank* stehen und wieder den reizenden Anblick dieses abgeschlossenen Landschaftsbildes haben. In einem Kranz von Obstwäldern breiten sich die Häuser über das Wiesental, an den Hügeln rechts und links Fruchtfelder, höher hinauf die hellgrünen Weinberge, noch höher die Kastanienbüsche, auf den Gipfeln der Berge die Ruinen und da drüben auf der Höhe die neuen Bauten der „Heilanstalt“ und die Kapelle. Solche Ruhebänke, die überall vor den Dörfern in der Vorderpfalz stehen, sind zum Ausruhen für Reisende, die steinernen Säulen zum Ausruhen für die Mägde und Weiber, die den Klee und anderes Futter in großen Trachten, hier „Locken“ genannt, auf dem Kopfe vom Felde heimholen, bestimmt.

Klingenmünster wird in der Umgegend gewöhnlich nur „Münster“ genannt. Gerade der uns zunächst liegende Teil des Ortes, der um die große katholische Kirche herumliegt, bildete einst das *Stift* und frühere *Kloster* Klingenmünster, das noch bis zur Französischen Revolution vom Ort durch eine hohe Ringmauer getrennt war, die wir zwischen den Bäumen hindurch gewahren. Es war mit Weißenburg das älteste Kloster im Land. Aber schon vorher hausten hier Kelten, Germanen und Römer. Die Abtei

Klingenmünster, der Geburtsort August Beckers, hat eine interessante geschichtliche und sagenreiche Vergangenheit

ist dem Erzengel Michael, der den Drachen besiegt hat, geweiht; dies deutet auf einen früheren Verehrungsort eines Götzen, da die ältesten christlichen Klöster und Kirchen am liebsten auf solchen, dem Volke ohnehin schon heiligen Orten erbaut und im Kampf St. Michaels mit dem Drachen die Triumphe des Christentums über das Heidentum versinnbildlicht wurden. In der noch halb heidnischen Zeit des austrasischen Frankreichs residierte König Dagobert auf Landeck. Er war in seiner Jugend ein leichtsinniger, gotteslästerlicher Prinz. Einmal setzte er sich auf der Jagd in diesem Tal nieder und schlummerte ein. Da wurde er vor den Richterstuhl Gottes geführt, wo ihn die Heiligen schwer verklagten, der heilige Michael mit flammendem Schwert auf ihn eindrang und ihn töten wollte. Dies wehrte St. Dionys, der besondere Schutzheilige des Königs, ab, erwirkte Aufschub – und der König besserte sich von Stund an, erbaute zu Ehren jener Heiligen Kirchen und Klöster, dem Erzengel Michael aber auf dieser Stelle eine große Benediktinerabtei. Die Kirche des heiligen Dionys schaut südlich herüber von den Gleiszeller Weinhügeln. So die Sage.

Heimkehr von der Weinlese in Klingenmünster.
Im Hintergrund die Stiftskirche, die der Sage nach auf einem schwarzen See stehen soll.
Links vom Rathausbrunnen die Stiftsschaffnerei

Das Kloster vor einem engen Tälchen der Vogesen hieß anfangs, wegen der freundlichen, schönen Gegend: *„Blidenfeld“*, was eben ein „heiteres, blühendes Feld“ bedeutet. Der erste Abt, Celebris, kommt schon im Jahre 655 vor. Anno 840 abgebrannt, wurde es prächtiger aus Quadersteinen und mehr ins Tal herab erbaut, während es früher entweder weiter oben am „Drachenbrunnen“ oder vor dem sogenannten „Schloßeck“, aber eher noch in der „Zell“ bei der Irrenanstalt gelegen war. Die Abtei hieß jetzt *Clinga monasterium* („Münster am Bach“), nicht Cluniacum monasterium (die heutige Stadt Clugni in der französischen Provinz Bourgogne), wie ein gewisser Subrektor, der Sohn eines berühmten Philologen, wissen wollte. Sie war ungemein reich; alle Dörfer bis über die Queich und an den Rhein gehörten ihr; die Schlösser Landeck, Drachenfels, Meisterseele standen zu ihrer Verteidigung, während die Madenburg, das Lindelbrunner Schloß und viele andere ursprüngliche Lehen der Abtei waren, die ihren eigenen Lehenhof hatte.

Meistens nur Adelige aus der Umgegend waren hier Mönche und das Kloster nur zu oft der lustige Sammelplatz der benachbarten Ritter. Darum litt auch die Klosterzucht; 1491 wurde das Kloster in ein weltliches *Chorherrenstift* umgewandelt. Die Äbte nannten sich jetzt Pröpste, und unter ihnen finden wir sogar einige Pfalzgrafen bei Rhein. Im Jahre 1504 wurde es von den Bauernhorden des Herzogs Alexander von Zweibrücken ausgeplündert; im Bauernkrieg sammelten sich, wie die Chronik sagt, „leichtfertige Knaben" bei Klingenmünster aus den Dörfern der Nachbarschaft, überfielen das Stift, raubten und plünderten es aus. Endlich wurde es von Kurpfalz 1567 in Beschlag genommen. Während der französischen Reunion wurde der Abbé de Cartigny Prälat von Klingenmünster, ein gewisser Baudouin Dekan, bis Kurpfalz sich wieder in Besitz des Stiftes setzte, das bis zur Revolution von nun an ein eigenes Schultheißenamt und eine Schaffnerei, zu der mehrere Dörfer gehörten, bildete.

Heute ist das *Stift,* wie der Bezirk noch immer heißt, mit dem Flecken zusammengebaut; sein früherer Umfang ist noch leicht erkenntlich, weil die Ringmauern noch stehen. Zwischen ihnen, hinter den Häusern, liegen nun schöne Gärten, Rosenstöcke und Aprikosenbäume ranken sich um die Fensterstöcke, Torbögen und Altarnischen; Efeu und Nelken sprießen aus den Ritzen der Mauern. Bei der Kaisermühle führt die Straße durch diese Mauern, die ein hübsches Gärtchen am Mühlbach mit einer großen Vogelhecke umfriedigen.

Einige Schritte weiter steht die *Stiftskirche,* groß und im Inneren freundlich, jedoch freilich kein alter, herrlicher Bau. Sie wurde 1735 an die Stelle der früheren Kirche gesetzt; der untere Teil des Turmes ist alt, wenigstens zeigt er einige dunkle Gewölbe und das schön gewölbte Glockenhaus. Alt ist auch die an ein Wirtshaus angebaute Sakristei. Nach der Sage steht die Kirche auf einem dunklen, schwarzen See, zu dem man hinter der großen Orgel hinabsteigen könne. Beim Rathaus-Brunnen an der Rathausbrücke war früher das Stift geschlossen; dort steht die *„Stiftsschaffnerei"*, ein großes unregelmäßiges Gebäude mit einem Erker, und daneben die eiserne „Wein-Eiche", die zum „Eichen" der Fässer bei fremden Weinkäufen dient. Das sogenannte „Sauerbrünnel", eine starke Schwefelquelle, quillt an einem Teil der Stiftsmauer als Röhrenbrunnen zutage.

Mehrere Wirtshäuser bieten hier den Fremden die Bequemlichkeiten kleinerer Gasthöfe. Bei beschränkter Zeit wandert man durch die Steingasse zur Burg, von dort durch den Kastanienwald am Berghang hin und durch den Weinberg zur St. Niklaskapelle und Irrenanstalt; von da zur Madenburg und über den Trifels nach Annweiler, was einen kurzen Nachmittag in Anspruch nimmt. Aber Klingenmünster ist es wohl wert, länger zu verweilen.

Durch das „Unterdorf" auf der neuen Straße nach Annweiler kommen wir in wenigen Minuten hügelan, an der St. Niklaskapelle vorbei, zur neuen *Irrenheilanstalt,* die im Angesicht der Madenburg und des Neukastels am Fuß einer schönen, im Herbst besonders farbenreichen Vorhöhe des Treitelsberges auf der First des Hügels steht, wo man vor einigen Jahren noch den verfallenen *Wörschweiler Hof* fand. Die geebnete Fläche des Hügels nimmt der großartige Neubau (lang 600, breit 300 Fuß) ein; konstruktiv und dem Zweck entsprechend im „neudeutschen Stile" (?) aufgeführt, verschönt er, trotz seiner stattlichen Front, die Landschaft keineswegs; aber er hat die Gegend, die ihn mehr schmückt als er sie, bekannter werden lassen. Der Bau ist aus den schönen, mannigfach gefärbten Steinen der Münsterer Steinbrüche größtenteils unter der Leitung des trefflichen Architekten und jetzigen *Kreisingenieurs Hatzel* aufgeführt, von dem in jüngster Zeit auch ein ausgezeichnetes Werk für Fachmänner erschien. Die Länge der Fronten ermüdet das Auge nicht, weil durch Vorsprünge durch mannigfache Gliederung, Kanten, Gesimse und Säulenhallen wohltuende Ruhepunkte erzielt wurden. Das Direktorialgebäude nimmt die Mitte dieser Frontseite ein. Eine Kolonnade aus weißem

Sandstein bildet eine hübsche Vorhalle, wie sich auch die Fensterreihen der langen Korridore und der ganze Bau mit seinen Anlagen imposant darstellen. Es ist jedenfalls einer der größten Bauten und einer der schönsten und entsprechendsten zugleich. Von der neuen Straße führt eine junge Allee durch die schönen Gartenanlagen zu ihm hin. Ein

Irrenanstalt bei Klingenmünster (heute: Pfälzische Nervenklinik Landeck)

Gang durch die langen Korridore und verschiedenen Säle, durch den Speisesaal, Ball- und Konzertsaal, das Billardzimmer, die Einzelgemächer und die unterirdischen Räume für die Tobsüchtigen ist interessant. Die Aussicht aus den Fenstern ist die lieblichste, die man sich denken kann. Nach Osten hin hemmt eine Anschwellung des Hügelzuges die Aussicht, aber auf seinen dunklen, schattigen Kastanien und auf dem Hellgrün seiner Weinberge an dem uns zugekehrten Hang, sowie auf dem frischen Wiesengrund des Federbächleins, das nach Münster hinunterrauscht, weilt das Auge um so lieber. Dann aber schweift es rechts in das üppige Klingtal und darüber hinaus ins „Oberland", zum Schwarzwald, zu den Türmen von Karlsruhe und den Schlössern Badens. Von den Weinbergen und Vorhügeln des Wasgaues blickt freundlich die nahe Gleiszeller Kirche, während unten im Tal die Münsterer Kirchtürme aus den Bäumen ragen. Fast noch schöner ist zur Linken der Blick ins Tal des Kaiserbaches, nach Göcklingen, der Ilbesheimer Kalmit und wo weiter links die Berge der oberen Haardt jenseits der Queich blauen. Diesseits beginnt das Grün der näheren Berge; das Neukastel, Eschbach in den Reben, die stolze Madenburg und das stille Tal mit der Mühle im Erlengrün liegen uns nahe. Nur einige Schritte von der Anstalt, bei der neuen Straße, hat man einen Blick westlich in das tiefe, von schroffen, waldigen Bergwänden eingeschlossene Tal des Kaiserbaches, das der Rehberg in seiner schönen Einzelpyramide mit einigen Felskolossen schließt, im schärfsten Kontrast zu der übrigen Landschaft.

Wir wenden uns südlich, am grünen „Mühltälchen" vorbei, zu der nahen *St. Niklaskapelle.* Ihre Lage ist nicht schöner und lieblicher als jene der Anstalt. Mitten in den Weinbergen, die sich zum Flecken hinabziehen, im Angesicht von Landeck und der Madenburg, liegt sie fast verhüllt von den Obstbäumen des Gartens und blickt traulich in das Klingtal nieder bis zur Schwarzwaldkette. Einige Tannen und Pappeln wetteifern mit dem wettergrauen Turm an Höhe, während eine prächtige Trauerweide ihre Zweige über Langhaus und Chor breitet. Wertvolle Reste des vorgotischen, romanischen

Stils, die ebenso einfachen wie schönen Gliederungen des Turmes, die schlanken Fenstersäulen und Knäufe, das hübsche Kreuzgewölbe im Inneren, der Kontrast dieses grauen Kirchleins zu der heiteren Umgebung machen den wohltuendsten Eindruck. Eine spätere Zeit hat einen verunstaltenden Helm auf den Turm gesetzt, während das Innere der Kirche als Heuspeicher und Remise benützt war. Der danebenstehende frühere Domdechanei-Hof bildet einen reizenden Landsitz. Außerdem stand noch die *Maria-Magdalena-Kirche* früher wenige Schritte gegen die Burg Landeck hin: ein Klösterlein der Reuerinnen oder Beguinen. Der Platz ist mit trefflichen Weinbergen bepflanzt.
Das *„Münsterer Schloß“*, wie die Burg vom Volk genannt wird, blickt vom Berg ganz nahe herüber. Ein Fahrweg, sanft am Hang des „Katzenköpfchens“ hinan, durch einen Kastanienbusch, führt an den offenen Berghang, der, in seiner ganzen Länge und Höhe mit Reben bepflanzt, schroff gegen das Tal abfällt. Man hat stets die reizendste Aussicht auf Burg, Flecken, Tal, elsässische Ebene und die Kette des Schwarzwaldes; eine steinerne Stiege von mehreren hundert Stufen führt steil durch die Weinberge hinab an den Platz, wo einst das Beguinenklösterlein stand. Zu unserer Rechten steigen noch die Rebenpflanzungen empor, bis zu 1 400 Fuß über der See. Der hiesige „Bergwein“, Traminer und Riesling, gehört zu den besten Oberländer Weinen. Einige *„Wingertshäuschen“* schmücken die Höhe über uns, eines, mit weißen Säulen, gleich einem griechischen Tempel. Mandelbäume stehen am Weg und noch hoch über uns, bis wir am „Schloßeck“ wieder unter den Schatten der Kastanien kommen.

Magdalenenhof mit St. Niklaskapelle bei Klingenmünster

Die *Burg Landeck*, vor uns in gleicher Höhe mit dem Weg, schaut ernst aus dem Kastanienwald, malerisch, imposant und noch scheinbar gut erhalten. In grüner Schlucht stehen die steinernen Pfeiler und das Tor, zu dem die Zugbrücke führte. Eine dreifache Mauer umschließt den gewaltigen viereckigen Quaderturm; die äußerste Ringmauer ist mit vielen kleineren Ringtürmchen besetzt. Ein zweites, ungemein massives Tor der gewaltigen inneren Mauer, deren Dicke, Höhe und Festigkeit noch heute Staunen erregt, führt in den Burghof. Davon stehen nur noch mächtige Mauerstücke zwischen Gebüsch und Steingeröll. Keller, Brunnen, Marstall, Rittersaal und Küche sind kaum noch erkennbar. Nur der *Hauptturm* ist noch fast bis zu den Zinnen erhalten. Er ist ganz aus Quadern aufgeführt, ungemein fest, hoch und imposant. Er hat von unten keinen Eingang, wer aber die hohe Ringmauer zu erklettern wagt, findet oben einen breiten Gang, der zur Pforte des Turmes auf halber Höhe führt. Die Aussicht ist reizend, ohne großartig zu sein, ungefähr die gleiche wie vom Wingertsberg aus, nur daß sie noch lieblichere Bilder in der Nähe bietet. Das volkreiche Klingtal kann man bis zum Rhein hin verfolgen. Im Frühjahr, wenn der Raps in Blüte steht, glänzt der ganze reiche Gau prächtig in goldenen Steifen, die durch das Grün der Fruchtfelder und Rheinwälder hinziehen. Durch die westlichen Fenster sehen wir in ein völlig anderes Bild hinein, nicht minder schön. Ein tiefes, stilles, einsames Tal, von den hohen waldigen Bergwänden des Hatzelberges, der „Hohen Tann", des Abtskopfes und Treitelsberges eingeengt, tut sich vor uns auf. Überraschend ist der Abschluß des Hintergrundes durch einen ganz kahlen, schroffen Felsberg, auf dessen Gipfel eine mächtige Felsplatte gleich einem ungeheueren Schiff emporragt, das man für die Arche Noah, die dort stehengeblieben war, halten könnte. Fällt das Abendrot auf diesen Felsen, dann leuchtet er magisch in die Stille des tiefen Waldtales zu unseren Füßen. Es ist der *Lindenboln* im Gossersweiler Tal mit dem Lindelbrunner Schloß. Von dort kommt der Klingbach, hier Finsterbach genannt, und schimmert silbern aus dem Wiesengrün herauf. Eine Sägemühle in der Tiefe des Tales rauscht durch die Stille. Treten wir nun hinaus auf eines der südlichen Ringtürmchen, ändert sich das Bild wieder; unten am Fuß des Schloßberges klappert die *Waagmühle*, klopft die Papiermühle, und am jenseitigen waldigen Berghang klafft ein mächtiger, belebter Steinbruch, während von der hoch in den Weinbergen gelegenen Gleiszeller Kirche herüber die Mittags- oder Abendglocke tönt.

Landeck ist, nach der Sage, das älteste Schloß im Lande. Auf den Grundmauern eines römischen Kastells soll es der fränkische *Statthalter Landfred* zur Zeit des Königs Chlodwig erbaut haben. König Dagobert von Austrasien aber wählte es zu seinem Sitz.

Zu Landeck auf der Feste saß König Dagobert,
Auf seinem Haupt die Krone, in seiner Hand das Schwert,
In seinem Aug' die Strenge, in seinem Mund das Recht:
So harret seinem Urteil das fränkische Geschlecht.

Und mitten in der Mannen stolz ritterlichem Kreis
Tritt da herein ein Bauer, mit Locken silberweiß;
Doch stark sind seine Arme und jung ist noch sein Herz
Und frisch noch seine Augen und frisch sein Weh und Schmerz.

„Du hast den Arm erhoben!" hub streng der König an,
„Gen meiner Ritter einen in Frevelmut und Wahn!
Das sollst du, Alter, büßen, was du dich unterstanden:
Die Edeln soll man ehren in allen meinen Landen!" –

„Ich hab' den Arm erhoben, Herr König, das ist wahr,
Weil ich des Kindes Ehre gesehen in Gefahr,
Weil mir der Herren einer die Tochter wollte rauben,
Und daß ich tat ein Übel, das möcht ich nimmer glauben!" –

Das sprach der greise Bauer. Die Herren blickten wild,
Der König aber neigte sich zu dem Alten mild:
„Und was du nicht willst glauben, das ist auch nimmer gut:
Geh heim, du treuer Vater, du wackeres Bauernblut!"

Zu Landeck auf dem Schlosse saß König Dagobert,
Auf seinem Haupt der Schlachthelm, in seiner Hand das Schwert;
Die Grafen und die Herren, die stürmen wild heran,
Den König heut zu beugen in ihrem stolzen Wahn.

Und um den alten Herrscher steht treu die Bauernschaft,
Den König zu beschirmen in alter deutscher Kraft.
Manch stolzer Herrenschädel ward da im Nu gespalten, –
Die Bauern, stark und edel, die starben für den Alten.

Das Tor ist eingebrochen, das Dach erglüht im Brand,
Es beben alle Mauern, es dröhnet jede Wand.
Da tritt hervor zum König derselbe Bauerngreis:
„Herr König, laßt Euch retten auf Wegen, die ich weiß!"

Er hat ihn wohl geführet durch Wälder hoch und dicht;
Und ob man ihm nachspüret – den König fand man nicht:
Er schlief gar wohl geborgen bei seinen Bauern dort.
Bald kam ein schöner Morgen, da zog der König fort.

Zu Landeck auf dem Throne saß König Dagobert,
Auf seinem Haupt die Krone, in seiner Hand das Schwert,
In seinem Blick die Milde, in seinem Mund das Recht, –
So harret seinem Urteil das fränkische Geschlecht.

„Ihr lieben, treuen Bauern! Ihr seid das beste Blut!
Zu allen meinen Ehren hob mich nur euer Mut.
Drum sollt ihr in mir sehen stets einen güt'gen Herrn,
Und was ich euch kann geben, geb' ich als Vater gern."

Der König sprach's, die Schreiber, die schrieben's treulich auf:
„Vom Donnersberg bis Straßburg, im Lande weit hinauf,
Sei euch und euern Erben für Ewigkeit geschenkt
Der Wald, wo ich geborgen, damit ihr mein gedenkt!"

Viel Fürsten sind gestorben am Rheine seit der Zeit,
Man hat ihr Grab mit Wasser, mit Tränen nicht geweiht.
Ein einz'ger bleibet ewig den Pfälzer Bauern wert:
Das ist der „gute König", der alte Dagobert.

(Aus „Jungfriedel der Spielmann" von August Becker)

Im Mittelalter gehörte die Burg den Leininger Grafen, und *Graf Emich*, Landvogt im Speyergau, beherrschte von hier als Schirmvogt der Abtei das umliegende Land. Er erbaute die Stadt Landau, deren Turm dort hinter der Ilbesheimer Kalmit hervorschaut; war einer der mächtigsten Herren am Rhein. Als in der Zeit des *Interregnums* 1255 die Städte Bündnisse gegen den wilden Adel schlossen und Mainz seine Städteboten (Arnold vom Turm und Friedrich von Waltersheim) mit denen von Worms (Wolfram von Pfeddersheim und Heinrich Richer) zum Städtetag nach Straßburg sandte, wurden sie beim Kloster Hördt am Rhein von dem Grafen Emich von Leiningen überfallen und gefangen auf Schloß Landeck geführt. Nachdem des Grafen Sohn in einem Treffen am Schwarzwald ohne Erben gefallen war, fiel das Schloß an die Ochsensteiner und Bitsch-Zweibrücker Grafen, und hierher zu seiner Mutter flüchtete sich (1447) jener Graf Friedrich, als Bitsch in der Nacht von den kühnen Lützelsteiner Grafen überfallen worden war. In der bayerischen Erbfehde war die Burg von dem Herzog

Alexander von Veldenz-Zweibrücken weggenommen und im Bauernkrieg von dem *„Wasgauer Kolbenhaufe“* ausgebrannt und zerstört. An Kurpfalz gefallen, bildete sie seitdem eine große pfälzische Fautei mit adeligen Amtleuten oder Fauten. Da das Schloß jedoch zweiherrisch mit Speyer gemeinschaftlich war und ohnedies, wahrscheinlich schon 1680, seinen Untergang fand, mögen schon früher die Amtleute unten am Schloßeck ein jüngeres Schloß gebaut haben; denn dort wurden altes Gemäuer, Fenster und Torbögen gefunden und zum Bau der Häuser im Tal benützt.
Seit den Zerstörungen des 17. Jahrhunderts blieb Landeck Ruine, ernst in die freundliche Landschaft hineinschauend, einsam und verödet, bis sie in unserer Zeit wieder einen Bewohner fand, wenn auch nur einen Ritter von der traurigen Gestalt, den *„Schloßmichel“*, von dem unten mehreres berichtet werden wird.
Etwas höher, auf dem nördlichen Bergabsatz hinter der Burg, liegt der *„Schloßgarten“*, zu dem man durch das Eichengestrüpp gelangt; jedoch bietet er, außer den Spuren früherer Gartenanlagen, nichts als eine weite Aussicht auf die Ebene. Ein hübsches Echo vom Hohlweg hinter dem Schloß gibt einige schnell hintereinander gegen den Turm der Burg gerufene Worte deutlich und laut zurück. Von der Burg führt ein Reitweg südlich um die Schloßberghalden, wo wir auf die verschiedenen, überall mit Türmchen gekrönten Seiten der Burg sehen; bei der Mühle im Tal und auf dem kurzen Weg in den Flecken, der in Hufeisenform sich über den herrlichen Wiesenplan auftut, haben wir auch von dieser westlichen Seite ein schönes Landschaftsbild. Über die Stadtwiesen, zwischen den Talhängen und den Häuserreihen des Fleckens, gelangen wir vor das *Amtshaus*, den einstigen Sitz der „Faute von Landecken“; damals wurde es mit Türmen versehen und von einem der letzten Amtleute umgebaut. Seit der Revolution ist es Privateigentum. Es ist ein stattlicher Bau, der sich mit tiefen Kellergewölben, langen Fensterreihen, großem Altan und mächtigem Dach hoch über den alten Dorfbach, die

Nach der Überlieferung soll Burg Landeck die Residenz des „guten Königs Dagobert“ gewesen sein

Wiesen und den Flecken erhebt. Von der Steingasse, wo er sich desto niedriger darstellt, führt das Hauptportal zwischen alten, hohen Mauern, die mit Efeu, wilden Reben und oben mit Nelken bewachsen sind, in den großen Amtshof. (Unsere später folgende Illustration Christkindel und Pelznickel gibt zum Teil eine Ansicht dieser Seite.) Unten am Bach stehen die Grundmauern und Pfeiler der „Kapelle", die nun, mit Erde ausgefüllt, ein schönes Gärtchen auf ihrer Höhe tragen. Lieblich ist die Aussicht vom Balkon und von dem über dem Wiesental auf den Mauern des Amtsgartens stehenden Gartenhäuschen. Die frischen Wiesen, auf drei Seiten vom Flecken umschlossen, mit den blendend weißen Linnen auf der Bleiche; drüben die Reben des Kirchbergs, auf dem Gleiszellen liegt; der große Hatzelberg mit seinen Kastanien und Steinbrüchen; die Mühlen hinter den Erlen im Tal; die schöne Schloßruine und vor uns der Flecken mit seinen Türmen: das alles liegt eng beisammen – Romantik und Idylle in freundlichster Weise.

Überhaupt ist das *Tälchen hinter Klingenmünster*, um das der Flecken gleichsam schützend seine Arme breitet, voll friedlicher und heimeliger Reize. Freundlich blicken die Häuser auf den Hügelhängen zu beiden Seiten durch die Obstbäume herab; drüben treibt der Klingbach, der brausend über die Räder herabstürzt, die *Bocksmühle*, die ihren Namen von Schatzgräbern erhielt, die, hier überrascht, einen großen schwarzen Bock im Stich ließen, mit dessen Hilfe sie den Schatz heben wollten. Rechts auf dem „Paxhof" ziehen sich die Hütten und Häuschen des „scharfen Ecks" gegen den Fuß des Schloßberges. Erlengebüsch, so recht ein heimlicher Aufenthalt für Elfen und Nixen, umfängt uns da, wo das Tal enger wird, wo rechts der Schloßberg mit der Ruine, links der Hatzelberg mit dem belebten Steinbruch emporsteigen und zu ihren Füßen die Mühlen am Eingang ins Gebirge liegen. Drüben, unterhalb der Burg, ist der *„Drachenbrunnen"*, wo einst ein Drache gehaust haben soll; höher oben, an den Halden im Schloßeck zwischen Kastanienbüschen und einer Bergwiese: der *„Schloßbrunnen"*, aus dem die kleinen Kinder kommen.

Hinter den Mühlen wird das Tal einsam und eng, rechts und links von hohen Bergwäldern, duftigen Föhren eingefaßt. Es heißt nun Münster- oder auch *Finstertal* und der Bach Finsterbach. Dort rauscht und schnarrt eine Sägemühle in der Talenge, wo der „Sauteich" als Bergschlucht links hereinzieht, die Felsenstirne des „hohen Tannenkopfes" und noch weit höher der „Abtskopf" über dem „Büffelstal" emporstrebt. Rechts öffnet sich der „Röxelgrund", majestätisch über ihm ragt der hohe Treitelskopf, während schon das Dörfchen *Mönchweiler* im Tal malerisch uns entgegenschaut und hinter ihm Silz, schön um seine Kirche gruppiert, am Hügel hinan in einem Obsthain erscheint. Die Dörfchen sehen ärmlich aus; die roten Bergfelder, der mächtige Fels des Lindenboln und die rauhere, breitere Sprache der Bewohner erinnern uns daran, daß wir uns schon im inneren Wasgau, im „Gossersweiler Tal", befinden. Durch dieses enge Waldtal von Münster führt in einer Stunde der Weg aus dem Weinland in das Felsenland der „Pfälzischen Schweiz". Der *Treitelskopf* rechts und der *Abtskopf* links heben hoch ihre Häupter empor; vom letzteren ist eine prächtige, pittoreske Rundsicht in die Schluchten des Gebirges und die Ebene gewährt. Er ist die höchste Spitze des bedeutenden, bis nach Birkenhördt und Lauterschwan reichenden Münsterer „Abtswaldes", der von König Dagobert der Abtei geschenkt worden war.

Hinter ihm, im tiefen Bergkessel, ganz abgeschlossen von der Welt, liegt das Dörfchen *Blankenborn* verborgen im Bereich des Abtswaldes. Um zu ihm zu gelangen, muß man den Weg an den Steinbrüchen und Halden des Hatzelberges hinansteigen bis zur „Finstern Buche" auf dem Bergsattel des „Sauteichs"; dann durch dichten Wald an den Bergwänden steil und tief hinab, denn ungesehen ruht das Dörfchen unten in der jähen Bergschlucht. Oben auf der Berghöhe könnte man auch von der „Finstern Buche" aus, hinter den romantischen Talschluchten, die sich vorn bei Gleishorbach und Pleisweiler öffnen, durch den prächtigsten Tannenwald bis zum „Hexenplatz“ bei Bergzabern eben fortwandern. Ein anderer Pfad führt auf den vom Abtskopf auslaufenden Felsenwall bis zu dessen weißgrauer, überhängender, von Weißtannen gekrönter Felsenspitze, die steil in das Tal des Klingbachs abstürzt. Dies ist die *„Hohe Tann“*; von ihr hat man eine schöne, eigentümliche und wechselvolle, malerische Aussicht auf das tiefe Mühlental und durch den Bergrahmen an Schloß Landeck vorüber auf Klingenmünster und in die Rheinebene, auf die still unten ruhenden Gebirgsdörfchen, den Trifels, auf die Wasgaufelsen und tief hinein ins Gossersweiler Tal, wo der Lindenboln mächtig emporstarrt. Voll originellen Reizes ist der Punkt an und für sich schon durch die überhängenden, moosigen Felsen und hohen Tannen. Schroff fällt die westliche Wand in eine dunkle Schlucht, das *„Büffelstal“*, ab, die vom Abtskopf aus in das Finstertal sich senkt. Die prächtigsten Buchenstämme, oft von grotesker Form, überwölben diese Schlucht, die uns durch die grüne, dämmernde Halle ins Haupttal führt. Wie den gegenüberliegenden Röxelgrund, bevölkerte der Aberglaube auch das dunkle Büffelstal mit Geistern aller Art; man hielt es früher für einen Lieblingsaufenthalt des Teufels.

Rechts am Rande des Röxelgrundes führt ein Weg zum *Treitelsberg*, der sich besonders gerade von hier aus als einer der gewaltigsten Berge des Wasgaues darstellt. Wählen wir jedoch lieber den von der Ruine Landeck aus. Völlig eben geht er von der Burg weg. Wer nun nicht über die hohen, breiten Bergrücken, die die höchste Spitze verdecken, wandern will, geht am bequemsten am *„Kuckucksbrünnlein“* vorüber, immer eben hoch überm Tal am Berghang hin. Einsam die würzige Bergesluft atmend, horchen wir den Klängen, die vom Steinbruch übers tiefe Tal herüberschweben und das Echo an den Halden hervorlocken. Plötzlich biegt der Weg um das Bergeck, eine waldfreie Halde fällt westlich ab; ein herrlicher Blick ins Gebirge tut sich auf, während rechts der Treitelskopf breit und steil emporstrebt. Wir sind an den „Weißen Felsen“, die als ein weißgraues Riff aus dem hohen Heidekraut starren. Rechts hemmt der Treitelskopf, links der Abtskopf die Aussicht, aber gerade hinein nach Westen, wo das grüne Tal des silberblinkenden Klingbaches mit seinen zwei stillen Dörfchen sich in die Felsenwelt des Wasgaues hineinzieht, wo der Lindenboln, der Rödelstein, die Felsen von Gossersweiler und Schwanheim aus den Bergfeldern starren, da öffnet sich, besonders wenn der Sommernebel magische Schleier um Tal und Felsen webt, eine wahrhaft zauberische Aussicht, ein *Blick in ein Feenland*; man steht in rechter Höhe, um den ganzen Reiz der grünen Täler im Kontrast zu den starren Felsen zu genießen.

Die Berghalden senken sich von den „Weißen Felsen“ in eine kesselartige, tiefe Schlucht hinab: in den dunklen, kühlen, überwölbten *„Röxelgrund“*. In diesem „Röxel“ ist es nach der Sage auch heute noch nicht geheuer; der „Wilde Jäger“ soll dort schon manchem im dunklen Gewand begegnet sein, ohne Kopf über's dichte Gebüsch dahinschwebend oder mit der roten Feder hinter den einzelnen Riesenföhren hervortretend. Da hinein bannte man früher alle Gespenster, und mancher Geisterbanner trug schon im Sack einen gefangenen Geist ins Röxel und ließ ihn im düsteren Grunde los.

Ein ebener Weg führt über dem dicht umbuschten Grund der Schlucht an den Röxelhalden des Treitelsberges hin; es ist ein prächtiger Waldweg. Da und dort steht eine riesige Föhre (Kiefer), dichtes Laubgehölz überdacht den Grasweg, Amseln und Drosseln schlagen im Geheg, der Kuckuck ruft das Echo aus den Halden, der Specht klopft an den Föhrenstämmen, die Bergquellen rieseln über den Weg in den düsteren Grund; unten ist es still in der umbuschten Tiefe, oben am Berg einsam feierlich, nur der Weih schwebt hoch über den Föhren im Kreise, wie der Geist der Waldeinsamkeit selber. So gehen wir um die südliche zur westlichen Halde, die wie eine „Alpe“ sich emporzieht. Dort starrt uns plötzlich ein ungeheuerer, schauerlicher Steinturm entgegen, der *„Hundsfelsen“*, der frei von seinem Waldhügel in die Lüfte ragt; auf dem Bergfeld mehrere andere, der Leberstein, Hahnenfels und Rehfels. Eine neue Welt liegt vor uns; wir stehen schon am Rande der „Pfälzischen Schweiz“. Das Tal des Kaiserbachs mit seinen roten Hängen öffnet sich, die Dörfchen in seinem tiefen Grunde, Waldrohrbach und Waldhambach, der Trifels und die nahe Madenburg liegen vor uns. So gelangen wir um die jähen Hänge des „Heidenschuh“, durch die Hammelsbach an den neuen Steinbrüchen vorüber, wieder bei der Irrenanstalt ins offene Land.

Haben wir den Treitelskopf nicht von den „Weißen Felsen“ aus bestiegen, so können wir von der Irrenanstalt aus im wasserreichen *„Mühltälchen“*, aus dem das „Federbächel“ durch das Gebüsch und die Bergwiese rauscht, hinaufwandern. Es zieht sich ein Waldweg allmählich bis auf den Bergsattel empor, zur Lärchenpflanzung, bei den „Weißen Felsen“. Der Treitelskopf erscheint als ein schöngeformter, zugespitzter Kegel hinter den hohen und breiten Vorbergen. Unmittelbar geht es nun den höchsten Gipfel hinan auf der Wildbahn, durch junges Föhrengehölz bis zur kahlen Spitze, wo die Felsblöcke zwischen hohem Farnkraut und Wacholder umherliegen. Wir stehen hier 2000 Fuß überm Meer, mit ungeheuerer, unermeßlicher Rundsicht nach allen Seiten. Nur die beiden nächsten Bergpyramiden, der Rehberg und der Abtskopf, streben fast ebenso hoch empor. Die Rundsicht ist eine der prächtigsten und großartigsten der Rheinlande, schöner als die vom Donnersberg, ausgedehnter als die von der Madenburg, mannigfaltiger als die vom Kaiserstuhl und malerischer als die vom Melibokus. Nur ihre Umrisse wollen wir geben. Das ganze Felsenland des inneren Wasgaues, die *„Pfälzische Schweiz“*, liegt unten in der Tiefe, gar lieblich klingen die Glocken aus den Dörfern des „Gossersweiler Tals“ herauf, das Annweiler Tal zeigt sich zur Hälfte drüben hinter dem Rehberg, und der stolze Trifels im grünen Bergrahmen: ein prächtiger Anblick, während der Lindenboln, Drachenfels, die nackten Felsenriesen von Dahn und aus weiter Ferne die Burgen von Schönau von hohen, dunklen Bergkegeln grüßen. Durch ihre Schluchten schauen die Lothringer Berge und weither vom Elsaß zieht der waldige *Vogesenkamm* bis zu dem ungeheuren Waldland am Johanniskreuz und bis zum Donnersberg, den ganzen Horizont begrenzend. Über die Madenburg dringt der Blick in das tiefe Waldland der Haardt, die Burgen des Ramberger Tales schauen geisterhaft herüber, aber herrlich prangt das goldene Weinland von den Bergen. Ganz besonders schön ist auch der Blick nach Süden, über das grüne Waldgebirge des *vorderen Wasgaues:* Kuppe an Kuppe, auf einer der Turm von Guttenberg, und weit ins Elsaß hinein schwarze, unabsehbare Wäldernacht; vor ihr die *oberrheinische Ebene,* von Freiburg im Breisgau bis nach Mainz, ein Paradies von 30 Meilen Länge, übersät von tausend Städten und Dörfern und überragt von den alten Münstertürmen der Rheinlande. Weit im Norden ragt der *Taunus* über den Horizont, der Feldberg und Altkönig winken aus nebelhafter Ferne. An sie anschließend, wölbt sich der *Odenwald* mit dem Melibokus, näher der Heidelberger Kaiserstuhl, dahinter der Katzenbuckel und bis weit hinauf in den Breisgau des *Schwarzwaldes* blaue Kette. Nach Osten blicken noch die Berge des Württemberger Landes über die niederen Höhen bei Bruchsal; dann steigt der Schwarzwald hoch und höher, der sagenreiche Turmberg, der Schwan und Dobel winken über den Bienwald der Rheinebene; daran reihen sich das Bergjoch hinterm Murgtal, die Burgen bei Baden, die dunklen Höhen der Hornisgrinde mit dem geisterhaften Mummelsee auf dem Seekopf, bis das Gebirge, mit dem Kniebis steil abfallend, sich noch weit nach Süden fortsetzt und endlich mit der oberrheinischen Ebene zusammenfließt. Aber sieh, dort in duftiger Ferne über dem Münster von Straßburg ragt mitten aus der Ebene ein ferneres Gebirge in grotesken Formen, es ist der vulkanische *Kaiserstuhl* mit seinen Basaltkegeln bei Breisach am Oberrhein. Und hinten, in geisterhafter Nebelweite, taucht und blitzt es hie und da auf über die Wölbung der Erde, wie Bergspitzen – ist es der Jura? Sind es die Alpen?

Vom Treitelskopf aus zieht nordöstlich hin ein mächtiger Berg und Felsenwall, der *„Heidenschuh“;* er stürzt, der Madenburg gegenüber, jäh in die Tiefe des Kaiserbach-

tales ab, in dem die einsame Mühle rauscht. Die Felsenstirn ist kühn ausgehöhlt, hoch und überragend. Gleich Runen und Hieroglyphen hat hier das Volk Buchstaben und die Linien von Schuhen eingegraben. Es sind auch noch Spuren früherer Befestigung rohester Art zu bemerken. Der Blick ins Tal und in die Gebirgswelt ist pittoresker als der vom höheren Treitelsberg, kühner und düsterer, er erinnert unwillkürlich an die vulkanischen und neptunischen Naturgewalten, die hier tätig waren. Und wenn unten die Abendnebel um den Fuß der Felsenkolosse wallen und die Talgründe mit den Dörfchen verdecken, fühlen wir uns ergriffen vom Schauer der uralten Sagen, die von dem gewaltigen See im Rheintal und seinen Nebentälern sprechen, der, alles Land überdeckend, von Schiffern und Seeräubern befahren worden sei. Drüben am Turmberg im Schwarzwald wohnten sie und auf vielen Wasgaubergen. An den steilen Rändern der höchsten Felsengipfel aber will man, wie am Männelstein im Elsaß, die eisernen Ringe, an die jene Schiffer der Urzeit ihre Schifftaue befestigten, heute noch sehen.
Östlich vor dem Heidenschuh und mit ihm verbunden, nördlich vom einsamen Mühltälchen hinter der neuen Irrenanstalt, wölbt sich ein runder Vorberg, unten mit Kastanien, an den steinigen Halden mit Birken bepflanzt. Die Oberfläche ist rings von einem Steinwall umgeben, dessen inneren Kreis man den „Vorhof" nennt. Westlich gegen den Heidenschuh hin umschließt der Wall einen künstlichen hohen Hügel, darauf Spuren starken Quadergemäuers. Der Ort heißt im Volksmund das „Schlößchen", sonst auch *Walstedter Schlößchen,* das alte „Walastede". Die Anlage ist nicht mittelalterlich, nicht römisch; sie deutet auf die Kelten oder Germanen, die zuerst dieses Land bewohnten. Der künstliche Hügel, mit hohen Föhren bewachsen, zeigt noch deutlich die ringsherum laufenden Wälle, einen über dem anderen. Seine Spitze ist unbewaldet; Kräuter verschiedener Art überwuchern den Schutt des geheimnisvollen, sagenreichen Ortes, wo die *„Weiße Frau"* umgehen soll. Walastede könnte auf eine geweihte, heilige Stätte, einen Tempel, auf den Wohnsitz einer Seherin oder ein Totenfeld deuten.
Von der neuen „Anstalt" aus versuchen wir nach der Bergwanderung einen Spaziergang im Felde. Wo im stillen Grunde das „Zellenbrünnlein" fließt, an den Weinbergen des „Blumengartens" bis zum Kastanienwald des „Högels", durch das Heidekraut und weiter kommen wir, stets mit der reizendsten Aussicht, am Saum von Kastanienbüschen und Weinbergen hin bis hinab in den „Lochacker", wo sich eine dürre, zur Hälfte mit Reben bepflanzte Schlucht absenkt. Das ist die verrufene, sagenreiche *„Mordhohl"*. Auf der Höhe neben dem Firstweg bemerkt man noch heute ein Heidengrab, in dem man zwei bronzene Ringe fand. Als man die Ränder der Schlucht zu Ackerfeld und Weinbergen umbaute, stieß man auf unterirdische, tiefe Gänge voll unzähliger Knochen. Die Aussicht vor dem Weinhügel östlich über Heuchelheim ins reiche, üppige, bevölkerte Klingtal ist reizend. Durch die „Mordhohl" kommt man zum Klingbach hinab an den Erlenwiesen, dem Horst und den hohlen Weiden an der Brücke mit ihren Gespenstersagen vorüber, von der Straße ab auf die südliche Hügelreihe zum *„Galgenacker"* und *„Rabenteich"* empor, wo hinter dem „Pfaffenkastanienstück" einst das Hochgericht stand, bis es 1712 bei der Belagerung von Landau zerstört wurde. Auch hier haben wir von der Höhe wunderliebliche Ansichten des Münsterer Tales und der Gleiszeller Weinberge. Ackerfeld bedeckt die Fläche und Hänge des Hügels, während auf dem „Bremenbuckel" eine kleine Heide mit gelben Pfriemen und schöne Kastanienbüsche die hinabziehenden Schluchten überwölben. Eine dieser Schluchten heißt *„Bubenstub"*; sie senkt sich steil neben dem Wege, von Eichengebüsch überwölbt, zum Gleiszeller Tälchen, über das der Feldweg nach Niederhorbach führt. Auch die „Bubenstub" ist ein verrufener und doch ein heimeliger Ort.
Auf der Höhe des fruchtbaren Hügels wandern wir mit der schönsten Rundsicht weiter bis zum Friedhof, der oben auf dem *„Kreuzstein"* in Gottes prächtiger Natur liegt. Nach allen Seiten ist der Blick von hier in die schöne Landschaft frei. Vom Flecken

geht's ziemlich steil, zuletzt auf einem schönen Grasweg unter dem Schatten zahmer Kastanien empor zur freien Gotteshöhe. Schade, daß die gotische Kreuzkapelle hier abgebrochen wurde. Über den Kreuzstein führt eine Straße durch die von Kastanien überwölbte Schlucht nach Bergzabern, eine andere durch die Weinberge hinauf nach dem Winzerdorf Gleiszellen, wohin auch von Klingenmünster aus ein steiler Fußpfad, am weinreichen Kirchberg hoch, emporführt. Wir selbst wandern von der Hauptstraße hinab, am Kastanienbusch und den gelbblühenden Pfriemenstauden des *„Heißbühls"* vorüber, zum „Oberdorf", vor dem sich eine der schönsten Ansichten der Landschaft von Klingenmünster bietet.

Geschichte eines pfälzischen Dorfes – Volksleben und Treiben

Wir erachten es für nötig, unseren Lesern einen klaren Blick in das Leben, Denken und Treiben des pfälzischen Volkes zu geben, als uns seither möglich war, da wir nun bei der Geschichte und den Zuständen eines einzigen Dorfes verweilen. In unserer Skizze wird jeder Leser das Spezielle, Lokale wohl vom Allgemeinen zu unterscheiden wissen.

Klingenmünster ist ein Flecken, von den Bewohnern selbst nur Dorf genannt, sind ja Dorfbewohner gleich den Städtern hierzulande allzumal „Bürger". Obgleich Kloster und Schloß die ältesten des Landes sind, ist doch der Ort jünger als die umliegenden Dörfer; er verdankt seine Entstehung dem Kloster. Damals waren die Häuser weithin verstreut über die Hänge der das Tal einschließenden Hügelreihen, was Riehls gegenteilige Meinung von der ursprünglichen Anlage pfälzischer Dörfer mindestens hier berichtigt. In der „Zell", beim „Zellenbrünnlein" und daneben auf der schönen Rebenhöhe „Im Blumengarten" lag ein Teil des Dorfes; auf der entgegengesetzten Seite des Tales, gegen den Kreuzstein und den Kirchhof hin, der andere Dorfteil. Verbunden waren beide durch Einzelhöfe, die am sogenannten „Totenweg", am Wörschweiler Hof vorüber, zur St. Niklaskapelle, durch die „Klosterei" bis zum „Paxhof", dann über das sumpfichte Wiesental des Klingbaches zur südlichen Anhöhe lagen. Unten im Tal, in dem sich das Dorf jetzt zusammendrängt, stand damals, außer dem „Stift", kaum ein oder das andere Haus; denn dort war es sumpficht und kein Weg drang durch den Morast. Die Ortskirche stand auf dem Kirchhof oder beim Kreuzstein, neben ihr das uralte Rathaus. Münster gehörte halb zum Stift, halb zur Burg und hat das Geschichtliche größtenteils mit ihnen gemeinsam.

Von früheren Jahrhunderten hat das Dorf keine Erinnerung mehr; Akten sind, außer einigen Dorfbüchern, keine vorhanden. Vom Bauernkrieg existieren nur noch Sagen. Dagegen ist der *Dreißigjährige Krieg* dem Volk tief ins Gedächtnis gebrannt. Er goß ja gerade in dieser Gegend alles Elend des Landes zwiefach herab: Pest, Hunger und das Schwert des Krieges würgten entsetzlich. Menschen, Raben, Hunde und Wölfe traf man oft über einem gefallenen Pferd bei gemeinschaftlichem Mahl. Dann aber, heißt es, flohen oft die Leute vor den vor Hunger wütenden Hunden, und ganze Rudel solcher Bestien verfolgten die Fliehenden am Saum des Gebirges hinab. Als sich nach und nach der Krieg selbst verzehrte, waren nur noch dreihundert Bauern im Lande übrig, aber desto mehr Räuber und Wölfe. Die Reben auf den Gleiszeller Bergen schnitt man damals nur noch bewaffnet. Als von 1640 an die Leute nach und nach wieder in die Dörfer zurückkehren konnten, wurde Niklas van der Schlichten, der, von dem speyerischen Keller Rebstein auf Madenburg aus seiner Pfarrei Ranschbach verjagt, im Elend umhergeirrt war, reformierter Pfarrer und Inspektor zu Klingenmünster. Anno 1641 holten die *„Hagenauischen Reiter"* den Schultheiß Veit Kuhn und den Gleiszeller Schultheiß. Damals flüchteten sich öfters die Leute in die Wälder und versteckten ihr

Eigentum in den heutigen „Schelmengärten" hinter der „Schelmengasse", wo seinerzeit das Haus des Scharfrichters und ringsum fast undurchdringliche, von Schlangen angefüllte Heckenwildnis war. Nur der Jud Feisel wollte nicht weg von seinem Krämchen; ihn peinigten dann auch die räuberischen Soldaten zu Tode.
Zu jener Zeit ging die *Übersiedlung* aus der „Zell" ins Tal vor sich, da Hunger und Pest die Leute von droben vertrieben. Die Tradition einer Familie in Münster sagt, daß ihre Urgroßmutter als kleines Kind an der Hand herab ins Tal geführt wurde. Nach dem Frieden hoben sich Dorf und Land schnell wieder, aber noch ein Jahrhundert lang hausten die Wölfe in den Wäldern. Die *„Wildfangfehde"*, die 1665 ausbrach, sah einen pfälzischen Kapitän auf der Burg. Wildfänge waren nämlich heimatlose Leute, die, wenn sie auch in den Nachbarstaaten wohnten, einem alten Recht gemäß der Kurpfalz angehörten. Die Zigeunerkompagnien, die der Kurfürst Karl Ludwig damals warb, liefen beim ersten Schuß davon.
Bald kam ein härterer Krieg, die Franzosen kämpften in der armen Pfalz den zweiten Hauptkrieg gegen Holland aus; schrecklich wurde gewütet, und das arme Volk fragte, „ob denn die Moskowiter oder Türken ins Land gebrochen seien?" Am 28. September 1676, morgens gegen 6 Uhr, kamen durchs Tal von Zweibrücken her 200 Franzosen nach Klingenmünster, trieben alles Vieh und alle „Mannsleut" ins Stift, brannten die Häuser und Scheunen oben im Dorf ab, verfuhren „mit dem Weibsvolk unmenschlich", banden dann den Schultheiß mit 15 Personen, alt und jung, zusammen und schleppten sie samt dem Raub fort. Damals scharte sich das verzweifelte Landvolk zusammen, bildete *Freibeuterrotten* und überfiel rächend einzelne französische Haufen, während die deutschen Fürsten sie nicht schützen konnten.
Kurfürst Karl Ludwig war tot, der schlimme Nachbar, Ludwig XIV., begann seine *Reunionen* und streckte bis zur Queich seine Räuberhände aus. Schon 1860 erschienen in Billigheim französische Kommissäre, riefen das erschrockene Landvolk zusammen und nahmen ihm den Eid auf den König ab. Die reformierten Pfarrer wurden verjagt, Kapuziner traten an ihre Stelle, während Monclar von Landau aus die alte Residenz König Dagoberts, gleich allen benachbarten Burgen, niederriß. Von da an begannen die gewaltsamen Bekehrungen und Dragonaden; auf den Königstag wurde der Stiftskeller geöffnet und jeder, der katholisch wurde, bekam freien Trunk, einen Louisdor und Steuerfreiheit. Damals wurde das Gossersweiler Tal wieder katholisch. Die „Münsterer" als *„Königsleute"* waren vor der schrecklichen Verheerung der Pfalz durch Melac und Genossen geschützt; von den Bergen sah man das ganze reiche Land jenseits der Queich als eine einzige, weite Brandstätte rauchen; denn 1 200 Städte und Dörfer mußten untergehen, um das geraubte Land diesseits der Queich durch eine Wüste zu schützen. So blieb das Amt und Dorf bis 1698 in der Gewalt der französischen Beamten. Die pfälzischen Faute zogen nach dem *Frieden von Ryswick* wieder auf Landeck ein, aber mit ihnen nicht Erlösung. Denn eine fremde Linie herrschte jetzt zu Heidelberg. Dazu kam noch der blutige spanische Erbfolgekrieg, und alles Land um Landau bis Weißenburg seufzte unter den Bedrängnissen der wechselnden Heere. Von 1701 bis 1712 lesen wir in den „Dorfbüchern" von Münster immer wieder: „Wegen Kriegsunruhe keinen Jahrmarkt abhalten können", oder: „Alles fouragiert", und: „Die Glocken salviert!"
Ende des 17. Jahrhunderts wurde die Stiftskirche den Reformierten genommen und dem katholischen Kultus eingeräumt; die Beamten lockten durch Versprechungen und Drohungen dem reformierten Presbyterium zu Münster alles Kirchenvermögen ab, wovon vieles der katholischen Kirchenfabrik in Gleiszellen zugesprochen wurde. Da, als der Gottesdienst eines Sonntagmorgens aus war und die Leute aus dem Kirchlein des Kreuzsteins traten, um ins Dorf hinab zu wandern, trat der Bürger *Nikolaus Weis* vor und rief: „Bleibt stehen, ihr Bürger!", wandte sich an die Presbyterialmitglieder, sprach von dem Gerücht ihrer Untreue und fragte: „Habt ihr das wirklich getan?" Und mit

Beschämung suchten sie sich zu entschuldigen. Er aber reckte den Arm aus und rief: „So soll Gott euch strafen und keiner soll von euch ruhig auf seinem Bett sterben, weil ihr am Gut des Herrn gefrevelt habt!“ Das hörte die ganze versammelte Gemeinde. Und der Fluch hat sich an allen erfüllt, wie die Überlieferung sagt.

Der kirchliche Druck wurde immer heftiger. Die *Holländer* nahmen sich eifrig ihrer reformierten Glaubensbrüder in der Pfalz an und unterstützten auch die Pfarrei Klingenmünster. Die Kreuzkirche auf dem Friedhof hatte man zur größeren Hälfte an die wenigen Katholiken des Dorfes abtreten müssen, obgleich diese bereits die große Stiftskirche hatten. Eines Tages fand der Pfarrer den reformierten Altartisch auf schamlose Art entweiht, und als man eine neue Kirche im Oberdorf baute, brannte sie ein Schieferdecker nieder, und zwar auf Johannistag 1765. Diese bedauerlichen Hergänge sind im Kirchenprotokoll erzählt; noch weiß man heute manches Nähere darüber, das wir hier als zu speziell übergehen müssen.

Auch die kleine lutherische Gemeinde hatte sich keiner Duldsamkeit zu erfreuen. Die katholischen Beamten und „Bußprediger“ nahmen den Eltern gewaltsam die Kinder weg, um sie zu taufen; erwachsene Mädchen wurden ins Stift gebracht und zum katholischen Glauben gezwungen. Kamen die lutherischen Pfarrer ins Gossersweiler Tal oder in die Gebirgsdörfer hinter Bergzabern, die alle nach Münster gepfarrt waren, um die einzelnen hier noch wohnenden Protestanten zu beerdigen, wurden sie wohl auch von den Leichen weggejagt. Einer der Pfarrer, *Martin Günther*, baute 1726 die erste lutherische Kirche im Oberdorf. Er war ein gelehrter, geist- und gemütvoller Mann und bekannt als Dichter geistlicher Lieder. Eines davon – „Die Freuden der Andacht in der Stille“ – findet sich in Wolff's „Poetischem Hausschatz“.

Das Kirchlein baute man 1781 wieder neu auf, obgleich die Gemeinde unbemittelt und der Pfarrer selbst nur von dem *Corpore Evangelicorum* zu Regensburg besoldet war. Drückende Schulden waren die Folgen des Neubaues. Da half Gott. In dem neueren lutherischen Kirchenbuch berichtet der damalige Pfarrer Schaum über „eine sehr seltene und wunderbare Fügung Gottes“. Ein Unbekannter trat zu ihm, am 7. September 1787, in den Pfarrgarten, gab an, daß ihm ein Gelübde gebiete, 1 000 Gulden zum Bau einer Kirche zu stiften; er zählte diese Summe sogleich hin und ohne auch nur das mindeste von seinem Aufenthalt oder Namen zu verraten, worauf er verschwand. Da zahlte man die Kirchenschulden und kaufte für das übrige Geld Kirchengüter, die dann auch heute noch das einzige Vermögen der vereinigten protestantischen Kirchengemeinde zu Klingenmünster bilden.

Nicht geringer als der kirchliche, war auch der politische Druck in dieser Zeit von Deutschlands bürgerlicher Erniedrigung, die dennoch nicht selten die Ideale für politische und soziale Theorien liefern muß. Mit dem Bauernkrieg war die Kraft des Volkes niedergeschlagen; unter den reformierten Kurfürsten hob sie sich reiner und edler aus der Asche, um im Dreißigjährigen Krieg ganz zu erlöschen. Nach Karl Ludwigs milder Regierung wurden die Pfälzer zur Verzweiflung gebracht und es ist verwunderlich, daß der Ausbruch des Volksunwillens bis zur Französischen Revolution wartete. Die alten *„Faute auf Landeck“* ehrten des Volkes Rechte; die Amtleute, die ihnen folgten, hatten kein Interesse am Wohl der reformierten Bauern. So hatte schon der Faut von Junkhen auf Landecken 1712 die Leute dermaßen zur Verzweiflung gebracht, daß sie es wagten, bei der Regierung zu Heidelberg *„Gravamina“* gegen ihn einzureichen. Seine Herde weidete die Gemeinde aus, die Bauern zwang er, ihm alle Feldarbeiten umsonst zu verrichten und noch bei Mondschein zu arbeiten; als dabei einst eine arme Bürgersfrau „so ein kleines Kind zu Hause hatte, nachts nach Hause begehrte, hat er sie mit Schlägen übel traktiert“. Sie mußten ihre Pferde von der Arbeit weg ihm vor die Kutsche spannen, und wer sich weigerte, wurde mit „Thurnwerfen dazur gezwungen“.

Eines jedoch hatte jene Zeit vor der unsrigen voraus und es wirft einen Lichtstrahl in ihre Nacht: die Beamten ließen dem Volk seine Feste, seine alten Gebräuche und Belustigungen unbekümmert. Nur in dieser Hinsicht hätte die Rede von der „alten fröhlichen Pfalz“ eine Berechtigung. Die Johannisfeuer wurden an jedem Sonnwendabend angezündet und alt und jung sprang jubelnd darüber; die Kirchweih wurde noch in vollen Ehren aufrechterhalten und der *Umzug um das Ortsgemark* alle sieben Jahre mit Flintenschüssen, Böllergekrach und Gesang begangen. Die Ohrfeigen, die die kleinen Buben dabei auf den Marktsteinen als fühlbare Gedächtnisstärkungen empfingen, wurden ihnen doch wieder versüßt durch die Schmausereien. Über solchen Festlichkeiten vergaß man so manche Ungemach; wer es nicht konnte, wanderte aus. Die jungen Burschen liefen unters Militär, in die vielen deutschen Regimenter Frankreichs oder unter die Kaiserlichen, seltener unter die pfälzischen Korps, da diese das feigste, verächtlichste Gesindel der Welt und das Gespött des Landvolks waren. Damals dienten Burschen aus Klingenmünster unter den Holländern in Ostindien und unter Lord Elliot bei der ruhmwürdigen Verteidigung von Gibraltar.

Noch immer durfte kein Protestant in dem fast ganz protestantischen Land irgendein Verwaltungsamt bekleiden; bis zum Schweinhirt herab mußte alles katholisch sein. Im ganzen Land war kein protestantischer Schultheiß, und oft war dieser der einzige Bettler im Dorfe, – oft ein Fremder, weil niemand im Ort katholisch war. Alle katholischen Feiertage mußten von den Protestanten mitgefeiert werden und das Konvertitenmachen nahm kein Ende. Dazu die stets wachsende Willkür der Beamten, die ihre Stellen kauften und sie so einträglich als möglich zu machen versuchten. Grenzenlose Verachtung und Erbitterung erfaßte das Volk gegen eine solche Regierung. In jenen Tagen konnte ein Stiftsbeamter zu Klingenmünster verlangen, daß vor seinem neuen Hause jeder Bürger die Mütze abziehen mußte. Dieser *bezopfte Geßler* ließ denn auch mehrere Einwohner in den Turm werfen, weil sie es zu tun vergaßen. Auch er fand seinen Tell in den Tagen des Aufruhrs.

Der damalige Amtmann von Landecken zu Klingenmünster, *Hofgerichtsrat Vornberg*, war jedoch ein einsichtsvoller Beamter, gütig und mild. Die Zwingfeste ließ er in das jetzige freundliche Amtshaus umbauen. Weinend sah man ihn scheiden, als er seinem Schwiegersohn die Nachfolge als Amtmann und seinem Sohn die Amtskellerei gab, um sich nach Mannheim zurückzuziehen. „Ich will die Bauern Gras fressen lehren!“ sagte der junge Amtmann, aber die Zeit dazu war vorüber; die Bauern hätten es fast ihn gelehrt. Von Paris aus wehte schon stark genug der *Revolutionssturm* gegen den Rhein. „Freiheit, Gleichheit, Aufhebung aller religiösen und politischen Fesseln!“ tönte donnernd dem Volk in die Ohren. War es ein Wunder, daß es freudig lauschte? In Landau und Weißenburg emigrierten die adeligen Offiziere, im Oberland hatte man bereits alle Beamten verjagt und die Tage des Bauernkrieges schienen furchtbar wieder erstanden. Da rührte es sich auch in Münster und im ganzen Amt. Wie Rasende stürmten die Gebirgsbauern des Gossersweiler Tales nach Münster, drangen jenem bezopften Geßler ins Haus (heute der „Pfälzer Hof“), schlugen einen Nagel in die Wand der Einfahrt, schlangen ihm den Strick um den Hals und hätten ihn ohne weiteres unter das Tor gehängt, wenn ihn nicht der alte Ochsenwirt Hoffmann gerettet hätte. Jetzt bekam das Oberamt von Germersheim die Beschwerden zu hören; es versprach Abhilfe. Zu spät! Nach acht Tagen ging es desto ärger los.

Ein Korps kurpfälzischer Chevaulegers und eine Kompagnie Infanterie wurde von Germersheim nach Klingenmünster beordert. Schon hatten die Bauern einen *„Freiheitsbaum“* mit Sang und Klang im Wald geholt, die Soldaten konnten nicht länger seine Aufstellung hindern. Mittlerweile war es dunkel geworden (es war am 28. November 1792) und noch immer standen sich Militär und Volk gegenüber; jenes überm Dorfbach im Stift, dieses, mit Äxten, Mistgabeln, Sensen und Flinten bewaffnet, diesseits im Dorf vor der offenen Rathaushalle. Ein betrunkener Bauer sprang über den Bach und drang ins Stift gegen den Munitionskarren, wo ihn die Wache erschoß. Darauf zog sich das Militär so eilig durch das Stift zurück, daß es alle Munition und Equipage im Stich ließ. Durch das Oberdorf aber rückten die Bürger und Bauern von Bergzabern und Barbelroth ins Dorf ein, mit lautem Getrommel, den Münsterern zu Hilfe. Die ganze Nacht ging es jetzt tumultuarisch zu; der Stiftskeller wurde erbrochen, Amtmann und Schulz flohen über den Rhein. Als aber im nächsten Jahr die Kaiserlichen und die Preußen ins Land kamen, wurden die „Patrioten" heftig verfolgt; sie verkrochen sich, bis in der letzten Woche des Jahres 1793 die Franzosen die österreichischen Linien im Elsaß durchbrachen und auch die Preußen sich eilig zurückzogen; damals kampierte der alte Herzog von Braunschweig in einer fürchterlichen Adventnacht vor Neujahr auf dem „Bühl" gegen Göcklingen hin, während nochmals die Beamten und Pfarrer bei schuhhohem Schnee flohen.

Jakobiner und Sansculotten (auf pfälzisch *„Speckreiter"*) hausten jetzt, die Kirchenglocken wurden geraubt, die Altäre niedergerissen, die Bilder verbrannt. In der reformierten Kirche wurde eine Glocke belassen, wofür man dem Commissaire von Freckenfeld etwas zahlte, der dann an die Kirche mit großen Buchstaben schrieb: „Temple de la raison!"

Es kam eine ruhige Zeit bis 1814. Wenn nicht jährlich die schönsten jungen Burschen des Ortes als Rekruten nach Straßburg abgezogen wären, um nicht mehr wiederzukommen, hätte man vom Krieg nichts mehr gemerkt. Zuletzt nahm man alle achtzehnjährigen, kaum halbgewachsene Bürschchen weg, – die Eltern und Geschwister weinten, aber der Kaiser wollte es. Nur wenige kehrten aus Rußland und den Feldzügen von Anno 13 und 14 wieder heim. Klingenmünster blieb im ersten *Pariser Frieden* bei Frankreich; die Grenzlinie lief zwischen dem St. Niklaskirchlein und dem Wörschweiler Hof hin, und der „Schmuggel" von diesem Hof ins Dorf hinab war in voller Blüte, als 1815 plötzlich wieder: „vive l'empereur!" erscholl und Freiheitsbäume errichtet wurden. Napoleon war von Elba entwichen, aber Waterloo stürzte ihn tiefer als je, und nun kamen alle Lande bis zur Lauter an Deutschland zurück. Österreich hielt die Gegend besetzt. Dann wurde sie bayerisch. Die beginnende Verwaltung sowie die Beibehaltung der französischen Gesetze befreundeten das Volk bald mit dem angestammten Regentenhaus.

1817 wurde in allen Gemeinden festlich die *protestantische Union* begangen, Reformierte und Lutheraner boten einander die Bruderhand und die Dorfjugend pflanzte Bäume zum ewigen Gedächtnis des Tages. Nur wenige Familienväter, Lutheraner, verweigerten den Anschluß. Das pfälzische Volk hat nun schon lange allen Unterschied zwischen Protestanten vergessen, und wenn neuere Bestrebungen wieder Zwietracht säten, so kennt das Volk die Anstifter und wendet sich trotz aller gegenteiligen Behauptungen von ihnen. Es verehrt seine alten, wackeren, humanen Pfarrer, die meistens zu Heidelberg oder Utrecht gebildet wurden, denn letztere Universität hat ein reichliches Stipendium für pfälzische (und ungarische) Kandidaten der Theologie.

Während der langen Friedenszeit gab es nur in den dreißiger Jahren einige unruhige Wochen. Da wurde in tiefer Maiennacht, während die Papiermühle im Tal brannte, ein Freiheitsbaum im Wald geholt und vor das neue Rathaus gestellt. Es ist des Verfassers früheste Erinnerung. Nach dem nächtlichen Tumult, dem Schießen, Singen und Schreien und dem Blitzen der Gewehre und Böller, stand in der Frühe, mit Bändern und Schnüren verziert, der Baum hoch vor dem Rathaus und die Buben kletterten zum Spaß daran empor. Aber eines Morgens war er spurlos verschwunden, und gleich darauf marschierten Soldaten ins Dorf.

Wieder war Ruhe, nur auf den Kirchweihen wurden noch die Freiheitsliedlein gespielt und gesungen, und dann erwachte wieder der alte, lustige „Jäger aus Kurpfalz" mit seinen fröhlichen Klängen, bis er vor dem Sturm der vierziger Jahre verstummte. Das

Jahr 1848 brachte einige tumultartige Auftritte, das Jahr 1849 seine lustige und doch so klägliche *Revolution.* Es wurde getrunken, exerziert, ausmarschiert, „gekrischen" und gewählt; man hatte Revolution und Konterrevolution. Im ganzen aber war das Landvolk durchaus nicht so revolutionär gestimmt wie in früheren Jahren. An einem Sonntag im Juni nahm dann die ganze Geschichte ein Ende; ein Teil der bei Rinnthal zurückgedrängten Freischaren nahm seinen Rückzug durch Münster; auf Bauernwagen flohen die Verwundeten, darunter Schimmelpfennig, während schon in der Nacht vorher einige Glieder der provisorischen Regierung auf der Flucht durchgekommen waren. Während über dem Rhein noch gekämpft wurde, zogen die Bauern in der Pfalz ein und die Entwaffnung ging vor sich.

Das wäre die Geschichte eines pfälzischen Dorfes. In ihr spiegelt sich, wenn auch in kleinem Rahmen, die Zeitgeschichte.

Anfang des vorigen Jahrhunderts hatte Klingenmünster 80 Häuser, Ende des Jahrhunderts 920 Einwohner. Jetzt beläuft sich die Anzahl der Häuser auf etwa 250 ohne die Nebengebäude, und die der Einwohner auf 1 840. Vor dreißig Jahren hatte das Dorf an 1 700 Einwohner; durch die starke Auswanderung verminderte sich die Zahl. Der größere Teil der Bewohner ist protestantisch, der kleinere katholisch und etwa 50 sind Juden. Man hat ziemlich viel Gewerbetreibende hier, jedoch überwiegt der Acker- und Weinbau. Jetzt befindet sich auch eine Zigarrenfabrik hier, deren Produkt nach Amerika geht. Der Obsthandel gibt mancher Familie Nahrung und die neue großartige Irrenanstalt hat manche Erwerbsquelle eröffnet. Die Gemeinde besitzt einen großen Wald auf dem Hatzelberg und die dortigen Steinbrüche.

Verfolgen wir nun das Tun und Treiben im Dorf im Verlaufe des Jahres, wodurch wir ein Bild vom Volksleben gewinnen. Dem Kenner der Wissenschaft vom Volke werden

Am Stephanstag wechselten in der Pfalz die Dienstboten ihre „Herrschaften" oder „Stellungen"

die folgenden Notizen willkommen sein, während sie dem Laien oft unbedeutend erscheinen mögen.
Mit der alten „Sunnwend“ des Winters, mit dem „Jul“ unserer germanischen Altvordern, beginnt das Arbeitsjahr. Der zweite Christfeiertag, der *St. Stephanstag*, ist derjenige, an dem der allgemeine Dienstbotenwechsel stattfindet. Der Knecht der neuen Herrschaft fährt vor, die Magd schafft ihre Kiste auf den Karren, dann steigt sie samt ihren Freundinnen auf, hält die „Bouteille Wein“ in der Hand, schenkt dem Knecht ein, dessen Peitsche, Pferd und Mütze mit Bändern geschmückt sind; und so geht es lustig und singend davon, nicht so lahm wie auf unserem Bildchen. – Die Mägde sagen nie anders als „Vetter“ und „Base“ zur Herrschaft, was charakteristisch genug ist. Diese Bezeichnungen bleiben auch nach Auflösung des Dienstverhältnisses.
Die Neujahrsnacht ist die belebteste des ganzen Jahres. Wenn das Wächterhorn die Mitternachtsstunde verkündet, beginnen die fünf Glocken des Ortes zu läuten, eine Stunde lang. Zu gleicher Zeit donnern Flinten- und Pistolenschüsse los: überall vor den Häusern schießen die Burschen das „Neujahr“ an, wenn sie nicht von den Gendarmen dabei abgefangen werden. Die kleineren Burschen wirken in der Nacht als *Neujahrssänger* mit. An allen Häusern singen sie in einzelnen Partien das „Neujahr“ an und sagen lange Sprüche und Wünsche her. In der Frühe holt man des Großvaters Husarensäbel herbei oder schnitzt auch einen aus Holz, schmückt ihn mit Kränzen und steckt oben auf die Spitze einen großen Apfel. So zieht man aus in die Häuser und empfängt überall die kleine Geldgabe. Auf Neujahr werden auch die „großen Brezeln“ gebacken, die in den Neujahrswünschen vorkommen, und der Bäcker am Brunnen hängt nach alter Sitte das echte Horn eines Steinbocks aus.
Um den *Dreikönigstag* erscheinen an den kalten Wintertagen drei in weiße Hemden gekleidete Knaben, mit papiernen Kappen und einem Stern. So stellen sie die drei Weisen aus dem Morgenland dar. Es sind die *Sternbuben* aus dem katholischen Gebirgsdörfchen des armen Gossersweiler Tals, die mit heiserer Stimme ihre Lieder von der Ankunft des Herrn singen, den Stern „erumgehen lassen“ und in das Bettelsäcklein Brot und Pfennige aus den Fenstern entgegennehmen.
„*Lichtmeß*, Spinnen vergeß“, heißt es bald, aber noch wird fleißig gesponnen und nur die „Kunkelstuben“ werden weniger häufig besucht. *Fastnacht* bringt auf dem Lande für jedes Haus die den Kindern so angenehmen „Fastnachtskücheln“ in großer Menge, und wer anderntags, auf Aschermittwoch, am frühesten die Schulstube betritt, ist die „Frühspitz“, wer am spätesten kommt, die „alt Fastnacht“.
Der erste Sonntag im März ist in der Pfalz der „*Sommertag*“. Sonst wurde er in vielen Dörfern festlich begangen, indem die Jugend den Wettkampf des Sommers mit dem Winter aufführte. Seit Jahren ist dieser uralte germanische Brauch aus Gott weiß welchen Gründen verboten. Nun kommt es noch vor, daß die Eltern am Sommertag ihre Kinder zum erstenmal mit nach Landau nehmen. Da, heißt es, müßten die Kleinen die großen Ketten am Tor durchbeißen; aber ein Biß in ein Milchbrötchen in der Stadt tut es auch. Der Sommertag sieht die ersten Lebenszeichen der erwachenden Natur. Schon blühen herrlich rot und weiß die Mandelbäume in den Weinbergen, oft schon Ende Februar, wenn die Schneeflocken noch auf die lieblichen Blüten sinken. Das lockt den Winzer hinaus, um die Reben zu schneiden; ein heiteres Leben erwacht bei den sonnigen Tagen des Vorfrühlings in den Weinbergen. Die Feldarbeit für die Mägde beginnt mit dem *Rebenlesen;* die abgeschnittenen Schößlinge werden als „Rebenhäsel“ heimgebracht und als Anzündholz benützt. Ein solches gestohlenes „Rebenhäsel“ trägt der „Mann im Mond“. Nun werden die Reben mit Weiden gebunden und die „Wingerte gekammert“.
Die *Osterzeit* ist herangekommen. Vom Gründonnerstag an schweigen die Glocken der katholischen Kirche, die Buben ziehen mit hölzernen „Klappern“ und „Rätschen“

im Dorf herum und rufen „in die Kirch“. Dann „kommen die Glocken wieder von Rom“. Schon acht Tage vorher ließen am *Palmsonntag* die katholischen Kinder in der Kirche ihre „Palmwische“ weihen; nun träumen alle Kinder, wie sie dem „Osterhas“ mit Blumen das schönste Nest bereiten. Ältere Buben, die Hang zum Geheimnisvollen

Sternbuben aus den katholischen Dörfern des Gossersweiler Tales besingen die Ankunft des Herrn

haben, gehen in aller Frühe hinaus auf irgendeine Anhöhe, um die Sonne aufgehen zu sehen; denn in der Sonne sieht man am Ostermorgen das *„Osterlämmlein“* tanzen. Die mürben Kuchen, die auf Ostern gebacken werden, heißen „Ostermotzen“.

Herrlich blüht bald das Land, das Dorf ruht in einem weißen Blütensee. Die Mägde gehen in die Flur Klee holen; sie binden große, schwere „Locken“ zusammen, wie man die Futterlasten heißt, lassen sie sich auf den Kopf stellen und tragen sie heim, wie sie so auch die vollen Wasserkübel, die Körbe voll Obst oder zerbrechlicher Waren tragen. Sie haben eine solche Übung darin, daß sie, ohne die Körbe zu halten, frei und schnell dahinlaufen.

Die *Walpurgisnacht* am ersten Mai bringt oft noch den alten Brauch, daß die Burschen von den Häusern der Mädchen nach denen ihrer Geliebten Kohlen, Spreu oder sonst was streuen. Ende Mai beginnt schon die Zeit der Frühkirschen, und bald rückt die Heuernte heran und erfüllt das ganze schöne Tal mit Lust, Leben und Arbeit. Der „*Kannstag*" (Johannistag) bezeichnet die „Sunnwend" des Sommers; er ist in der Erinnerung des Volkes noch immer ein heiliger Tag; die Leute sagen, man müsse sich an ihm vor Unglück in acht nehmen. Leider ist vom schönen altgermanischen „*Johannisfeuer*" keine Spur mehr vorhanden; auch hier trat die Polizei vernichtend ein ohne daran zu denken, welche ehrwürdige, ja heilige Sache und sinnige Sitte sie vertilgte. Daß dabei ein paar Holzscheite verbrannt wurden, wäre doch ein gar zu armseliger Grund. Das letzte Johannisfeuer wurde oben auf dem Schloßberg vor etwa 25 Jahren angezündet.

In den *Gängen der Dorfjugend* aufs Schloß spricht sich eine sinnige Hinneigung zum Leben der Natur, ein tief poetischer Sinn aus, wie überhaupt in allen Volkssitten. Am ersten sonnigen Sonntag des Jahres, wenn an den Berghalden noch hie und da Schnee liegt, kommen die Kinder herauf in den Schloßhof der Ruine; – oben, so recht im Angesichte der erwachenden Natur, wollen sie ihre ersten Sommerspiele beginnen, während andere an den Felsen und Schloßmauern Süßholz suchen und die Mädchen Efeukränze winden. Auch die größeren Burschen und Mädchen wallen Arm in Arm und singend nach dem Nachmittagsgottesdienst durch die Flur, die Weinberge und Kastanienbüsche herauf. So spielt und freut sich die frisch heranwachsende Jugend inmitten der Ruinen einer vergangenen Zeit.

Da plötzlich ruft eines der Kinder, wohl nur im Spaß: „Der Schloßmichel! Der Schloßmichel!" Alles erschreckt und läuft zusammen oder eilt davon. Und wer ist der Schloßmichel? Etwa ein Gebilde der gestaltenden Volkssage, ein Gespenst, wie es so viele gibt? Seit den ersten Jahren der Französischen Revolution wohnte ein großer, starker Mann mit langem Bart, breitem Hut und einem sogenannten „*Zwillichmutzen*", einem Rock aus grober Leinwand, bekleidet, in einer selbst verfertigten Hütte innerhalb der öden Ruinen. Er war äußerst sanftmütig, tat keiner Mücke etwas zuleide, wich jedem Würmchen aus. Seinen „Zwillichmutzen" hatte er sich mit Brombeersaft gefärbt, seinen Schnupftabak holte er sich aus den hohlen Bäumen; hinter der Ruine baute er sich Wingerte, die aber nie gediehen. Er hieb oft große Bäume ab, „um Brücken über die Hohlwege im Walde zu bauen", wie er sagte. Wenn fremde Leute auf das Schloß kamen und ihm Geld boten, sagte er: „Ihr könnt's ebbe selber brauchen!" Sonst brachte er den Leuten in den umliegenden Dörfern Besen, die er in seiner Einsamkeit fertigte, und nahm dafür sein Brot. Wenn er gern Wein getrunken hätte, fragte er auch wohl: „Ist kein Brunnen in der Nähe?" Auch sonst drückte er sich stets nur in der mildesten Form aus und Redensarten wie: „'s ist ebbe kühlicht, hat der Schloßmichel gesagt, wenn Stein und Bein zusammengefroren sind!" kann man noch heute in Münster eine Menge hören. Einst war der Schloßmichel ein anderer Mensch. Da zog er von Münster weg als flotter Küferbursch auf die Wanderschaft, und als er zurückkam, fand er seine Braut als Gattin eines anderen. Da ging er wieder aus der Heimat weg in die Welt hinaus und kam zuletzt in dem zerrütteten Seelenzustand heim, um auf der alten dach- und fachlosen Ruine ein langes, irres Leben hinzuträumen. In der Scheuer seines Bruders im Dorf starb er in einer Herbstnacht des Jahres 1827. Er wird eine Figur der Volkssage bleiben für lange Zeiten hinaus; denn sie muß sich des Stoffes bemächtigen, für welche die Geschichte keinen Raum hat.

Ein Maiensonntag, überhaupt ein Sonntag im Sommer auf dem Lande, ist ein Tag voll idyllischen Lebens. Man hat gesagt, der Poet müsse von nun an das Volk bei seiner Arbeit aufsuchen; aber poetisch ist das Volk selbst nur in der Zeit der Ruhe und der Muße. Das zeigt der alte Bauer, der in der stillen Sonntagfrühe, noch vor dem Gottesdienst, hinauswandert in die grüne, blühende Flur. Jetzt überschaut er mit freudigem Dank die Flur, wo er die Woche über im Schweiße seines Angesichts gearbeitet hat. Wer ihm begegnet, hört von ihm das Lob der Natur Gottes, während vom Dorf her die Störche klappern, die Kirchenglocken läuten und der Rauch still in blauen Wölkchen am Schloßberg emporwirbelt.

In aller Frühe sind aber die Kinder schon dort auf die waldige Spitze des sogenannten „Schlößchens" hinter der Irrenanstalt gezogen, wo auf den Trümmern einer heidnischen Urzeit die „Maiglöckchen" am duftigsten blühen. Halb schauernd denken sie an die „Weiße Frau", die sich dort oft sehen läßt. Im Dorfe selbst pflücken sich die Weiber und Mädchen vor dem Kirchgang noch im Hausgärtchen Sträuße von den „Nägelesbäumen", Gelbveigeln- und Grasrosenstöcken (Nelken), und dann duftet die ganze weite Kirchenhalle vom Frühlingsatem.

Wie lebhaft wird's dann erst abends zur Rosenzeit und zur *Zeit der Rebenblüte;* die feinsten Düfte wehen von den Weinbergen herüber und schweben um die Häuser, wo die Leute im Freien sitzen, während die Jugend singend und jubelnd durch die Flur und zum Schloß zieht. An der Ruhebank gegen Heuchelheim und auf der Kreuzstraße gegen Gleiszellen hin wallen lange Reihen von Burschen und Mädchen dahin, schäkern, lachen und singen. Die „Betglocke" läutet dann feierlich vom Dorf herauf in der Däm-

Im Sommer bevölkern Mädel, Buben und Frauen den Heidelbeerwald

merung; alle kleineren Buben und Mädchen eilen heim. Die anderen folgen mit hellklingenden alten Liedern, während die Eltern, vor den Häusern sitzend, sich daran freuen und an ihre eigenen Jugendtage denken.

Um diese Zeit, um Himmelfahrt und Pfingsten, beginnen auch die *Prozessionen* der Katholiken durch die Flur über Hügel und Tal, wo die Rebe grünt und der Raps blüht, nach der herrlich gelegenen Gleiszeller Kirche auf der Höhe. Laut schallt das „Großer Gott, wir loben dich!" über Feld und Au. Noch heute empfindet der Verfasser das Vergnügen nach, das er als Kind bei diesen „Himmelfahrten" empfand, wenn er, obgleich protestantisch, die kleinen „Muttergottesfähnlein" tragen durfte, die ihm hierbei seine katholischen Kamerädchen überließen. Überhaupt herrscht schon lange das schönste Verhältnis zwischen Protestanten und Katholiken im Dorf, und letztere sind

die duldsamsten und friedlichsten Bewohner. Dem Gottesdienst bei Leichenbegängnissen wohnen fast jedesmal gleichviel Protestanten und Katholiken bei und singen miteinander dem Toten ins Grab.
Der Sommer bringt auch die Freuden der *Heidelbeerenzeit* auf den Bergen. Alle Kinder ziehen truppweise aus, mit Häfen, Gießblechen und Bechern, die sie an den Leib binden. Dann hallt Tal und Berg wider vom Jubel und Jauchzen der Kinder. Wenn die Sonne hinter den Felsenbergen des Gossersweiler Tales zu sinken beginnt, tönt plötzlich von allen Halden und aus allen Büschen das Zeichen zur Heimkehr mit dem Liedchen:

„Heeme zu, die Zeit esch do,
Der Hellbeerewald esch gri' un blo, –
Gri' voll Läb,
Weiß voll Stäb,
Blo, blo, blo voll Hellbeere!"

Auch der Spitzname der Münsterer ist *„Heidelbeerenschnitzer"*. Früher hießen sie „Holzschlegel" wegen ihrer derben Art zuzuschlagen, wenn's „Händel" gab. Die Heuchelheimer heißen dagegen „Füchse", die von Klingen „Atzeln", die von Göcklingen „Guckummere", die Eschbacher „Esel" und die Gleiszeller wegen der dicken Hälse „Kröppert", die Gleishorbacher „Moosrupfer". Die stolzen Bauern zu Oberhofen heißt man „Spiegelgucker". Die Pleisweilerer werden wegen ihrer hochdeutschen Sprache geuzt, die von Mönchweiler und Silz, überhaupt die Leute aus dem Gossersweiler Tal, wegen ihrer „gehlen Krummbeeren", und heißen auch: „Westricher Dudelsäck". Und so gibt es der gegenseitigen Neckereien, besonders zur Kirchweih, so daß sie oft zu „Händeln" führen, gerade genug.
Die *Kirchweihzeit* beginnt Mitte August und endigt um Martini. Die Kirchweih in Klingenmünster bringt St. Barthel, der nach dem Sprichwort „den Most holt". Die alte Sitte, „Kirrwe ausgraben und begraben" ist fast verschollen und kommt selten mehr vor. Auf's Schloß zieht man noch mit Musik, um im Schloßhof zu tanzen. Die alten Tänze, der „Siebensprung", „Rutsch hin, rutsch her", der „Dreher" und andere haben den modernen Tänzen Platz gemacht. Doch lassen sich die Burschen noch „Leibstückchen" aufspielen.
Wie freut man sich das ganze Jahr auf die Kirchweih, das einzige Fest, das man auf dem Lande hat! Die *pfälzische Gastfreundlichkeit* zeigt sich dann in ihrem rechten Licht, und je mehr Verwandte und Freunde kommen, desto mehr Freude und Ehre ist im Haus. Ein Fest, dessen Freuden die Leute nach den Mühen eines ganzen Jahres in keiner Weise entbehren wollen, in irgendeiner Weise anzutasten und zu schmälern, wäre unklug; es riefe eine größere Erbitterung hervor als alles andere. Das konnte man jedesmal, wenn solche einschränkenden Verordnungen erschienen, beobachten. Die Leute fragten: „Will man uns denn überall hofmeistern? Sollen wir denn nichts mehr für uns in Ruhe haben? Warum fängt man nicht an zu verbieten, wo es not täte, in den Städten? Dort haben sie Theater, Konzerte, Bälle, zwei Monate Karneval und jeden Tag etwas anderes; wir Bauern haben nichts, als unsere Kirchweih, und da sollte man uns doch die drei lustigen Tage gönnen. Wenn uns're Kinder tanzen, so ist dieses Vergnügen unter unseren Augen besser, als wenn sie sich heimlich zusammenrotten, wie sie's getan haben, als die Kirchweihen ganz verboten wurden!" Solche Reden kann man öfters hören, und sie haben in der Tat ihre volle Berechtigung. Wenn man weiß, welches Interesse König Max von Bayern für alles Volkstümliche, für alte Trachten, Sitten und Gebräuche, Lieder und Feste an den Tag legte, so kann man den polizeilichen Eifer, alles das zu hemmen und zu dämmen, nicht begreifen, und besonders

dürfte es ungerechtfertigt erscheinen, wo im Volk ein so gesetzlicher Sinn herrscht, weil man da das Eingreifen in die persönliche Freiheit auch stärker fühlt.

Rasch rückt der *Weinherbst* heran. Der Wingertsgang ist, außer einigen Tagen in der Woche, verboten; ein bewegtes Leben herrscht im Dorfe: die Fässer und Bütten werden aufgestellt und ausgebessert, die „Herbstleute“ gesucht. Da kommen die „Westricher“ aus dem Gossersweiler Tal, die Mädchen und Buben, um als „*Herbstleser*“ einzutreten. Nun geht's am Tag der Weinlese, im Oktober, schon in grauer Nebelfrühe, wenn die Rathausglocke das Zeichen gibt, hinaus in die Wingerte. Wenn endlich die Sonne den Nebel „drückt“, dann hallt mit einmal lauter Jubel, fröhliches Jauchzen auf, Pistolen krachen, Lieder schallen und Scherz und Lust belebt das sonnige Weingefilde. Weithin blinken die weißen Schürzen der „*Hottenknechte*“, welche die Trauben mit den „*Mosterkolben*“ zerstoßen, in die große Bütte tragen und dann den Most in die „Lotte“ schöpfen helfen, die heimgefahren wird. Mittags wird in den Wingertsfurchen gespeist, nur kalte Küche, – dagegen gibts abends daheim Gesottenes und Gebratenes. In den Weinlauben äußert sich dann in diesen Tagen so recht der witzige, aufgeweckte Sinn des Volkes, – man wird „geuzt“ und „gehänselt“, „alles geht in den Herbst“, d. h. nichts darf übelgenommen werden. Kommt dann der Abend, so brechen die verschiedenen Parteien auf und ziehen truppweise ins Dorf, voran der Wagen mit der „Lotte“, dann die kleinen Weinleser, die Mädchen mit Kübeln und die Hottenknechte; alles singt, jeder Trupp ein anderes Lied. Nach dem Nachtessen ziehen die ledigen Leute in langen Reihen durchs Dorf und singen die althergebrachten *Volkslieder;* andere laufen umher und machen einander rußig und es heißt dann: „er hat die Kästenpfanne geholt“. Kastanien werden gebraten und schmecken zum süßen Most vortrefflich. Nach den Freuden des „Herbstes“ ziehen dann die Westricher heim und das stillere Leben an den Traubenkeltern beginnt, in den Kellern und Fässern fängt's an zu brausen und zu gären und wohl auch in den Köpfen, denn wenn „der Neue federweiß“ wird, schmeckt er ganz besonders.

Die *Kastanien* werden mit den Trauben reif, das „Abmachen“ ist meistens Sache der kleinen Buben. Rings um Klingenmünster sind Kastanienbüsche und Haine oft auf bebautem Land; sie wachsen meistenteils aber wild, wie der große Kastanienwald am Schloßberg. Die Früchte sind zwar etwas kleiner als auf bebautem Land, aber doch sehr schmackhaft. Besonders wegen des Laubstreuwerks und des Holzes für „Wingertsstiefel“ und „Wingertsbalken“ werden die Kastanien wild gezogen und alle Raine und Plätze, wo keine Reben- und Fruchtfelder sind, mit ihnen bepflanzt. Ein alter Kastanienbaum ist ein schöner, schattiger, malerischer und kräftiger Baum. Die Kinder machen sich Feuerlein unter den Bäumen, in denen sie einen guten Teil Früchte braten. Aber wenn es Betglocke läutet, da schauert's sie vor dem „Grauen Männlein“, das am „Schloßeck“ sich oft sehen läßt, oder vorm „Schloßmichel“; sie eilen heim. Auf den Wiesen weiden um diese Zeit andere Buben ihre Kühe, und auch hier werden an den Hirtenfeuern viele Kastanien gebraten oder gedörrt, und ein Gemüse von solchen gedörrten Kastanien mit „Dörrfleisch“ ist eine Delikatesse.

Zur nämlichen Zeit werden dann auch die *Nüsse* „gekernt“. Nüsse wachsen in der Gegend an allen Straßen. Die Pfälzer lassen sich ein köstliches Salatöl daraus pressen, das jede Hausfrau besitzt. Im Spätsommer und Herbst wird das „Nußspiel“ bei den Kindern mit Leidenschaft betrieben.

Der Spätherbst ist nun da, der *Advent* mit seinen sagenreichen, heimeligen Abenden und schauerlichen Nebelnächten, wo draußen die „Nachtwische“ tanzen und die „Gespenster widereinander rennen“, wie die Leute im Spaß sagen. Der Hanf wird „gedulpht“ bei den Hanflöchern in den Feldern, wo die Feuerlein oft noch tief in die Nacht hinein durch den Nebel leuchten und die „Schatzfeuer“ des Advents vorspiegeln.

Und nun rückt allmählich die heilige *Weihnachtszeit* heran; die „Kunkelstuben" beginnen. Der Großvater sitzt im Strohsessel und wärmt seinen „Krug Neuen" am Ofen, die Großmutter liest in der Bibel, die Töchter und Mägde spinnen, damit der „Garnklumpen", der oben am Nagel des Zimmerbalkens neben der Ofenstange und dem „Essigfässel" hängt, immer größer werde. Abends ist *„Kunkelstube"*; da wird gesungen

Wenn der Winterwind an den Fensterläden rüttelt, erzählt man sich in den Spinn- oder Kunkelstuben anheimelnde und gruselige Geschichten aus vergangenen Zeiten

und erzählt und um acht Uhr ist Ruhestunde, wo man auf die Gasse geht, um da mit andern zu singen und zu lachen. Unterdes wird ein kleines Mahl daheim gerüstet: Brot, Nüsse, Äpfel, Birnen, Trauben, Traubenmus und Wein oder gar Kaffee mit Kücheln usw. Das golden und silbern schimmernde seidene „Kunkelband“, auf das jede stolz ist, umspannt den Flachs oder Hanf der jungen Mädchen.

In diesen Wochen vor Weihnachten und Neujahr zieht der alte Spuk durch die Gassen des Dorfes; Holzschuhgeklapper der Nachlaufenden und Kettengerassel kündigen an, daß das *Christkindel* und der *Pelznickel* kommen. Da öffnet sich die Tür, eine weiße Gestalt mit bunten Bändern tritt ein, sie klingelt mit dem Schlüsselbund und teilt mit freigebiger Hand Obst unter die Kinder aus. Wer aber nicht brav ist, bekommt die Rute. Hinter dem Christkindel steht der „Pelznickel“, vermummt, ein alter breitkrempiger Hut hängt über sein Gesicht. So hat sich auch dieser urgermanische Brauch noch erhalten, der an die Umzüge Wuodans zur Julzeit erinnert und unserem Volk lange vor dem Christentum eigen war. Ist doch der christfestliche Tannenbaum (hier „Boßbaum“) selbst ein aus dem germanischen Heidentum mitgebrachtes uraltes, ehrwürdiges Bild der freuden- und segenspendenden Natur. Gebe Gott, daß diese Bräuche nicht der Polizei verfallen!

An den Abenden vor Weihnachten, wenn die Kinder auf dem Eis beim Schlittenfahren die Sonne untergehen und die Wolken rot gefärbt sehen, sagen sie: „Das Christkindel bäckt.“ In der Christnacht selbst erwartet man im traulichen Beisammensitzen die *„Mitternachtsmette“*. In dieser Zeit besonders, um die zwölfte Stunde, tut sich nach altem, freilich jetzt sehr abgeschwächtem Volksglauben die Geisterwelt auf, die Sterne am Himmel wenden sich, die Brunnen geben Wein, das Vieh im Stalle redet in der Sprache der Menschen und die Toten aus den Gräbern loben Gott ob der Geburt des Herrn. Die „Weinrose“, die vom heiligen Jordanstrand gekommen, blüht in dieser Nacht in voller Pracht auf und verkündet das kommende Weinjahr. – Dann läßt sich das „Dorftier“ sehen, der sogenannte „Bollhammel“, bald in Gestalt einer Gans, bald in der eines Kalbes, Rindes oder Hammels. Diese merkwürdige Sagengestalt ist dem Oberrhein, dem alemannischen Elsaß und der Schweiz eigentümlich. Jedes Dorf hat sein „Dorftier“. Am ersten „Christfeiertag“ wird das „Christkindel“ den kleinen Paten ins Haus getragen. Andern Tags, auf St. Stephan, ist der Umzug der Dienstboten, den wir schon kennen.

Von Festen, die sich an keine bestimmte Jahreszeit knüpfen, zeichnen sich noch die *Hochzeiten* durch manches Charakteristische aus. Die Ehen der ärmeren Klassen schließt die gegenseitige Zuneigung, und da in der Pfalz die Zivilehe durchgeführt ist und keine Ehehindernisse bestehen, heiratet auch jeder Bursche seinen Schatz, sobald er militärfrei ist. Die Heiraten werden sehr früh geschlossen; ein Bursche mit 26 bis 30 Jahren gehört schon zu den alten Junggesellen und hat Spott und Hohn zu ertragen. Daß es nur sehr wenig uneheliche Kinder gibt, und daß es noch eine große Schande ist, solche zu haben, auch für die Burschen selbst, das sind Vorteile, die von den Nachteilen nicht überwogen werden; Altbayern beweist, daß wilde Ehen ebenso fruchtbar sein können wie rechtmäßige. – Die Heiraten unter den wohlhabenden Familien sind meistens konventionell, wie beinahe überall, wo noch in patriarchalischer Weise der Wille der Eltern über die Hand des Kindes bestimmt. Weiß man kein Mädchen in der Nähe, das für den Sohn paßt, so geht er auswärts „auf die Freierei“ mit einigen seiner Kameraden. Vorher hat er wohl schon dem *„Koppeljud“* Auftrag gegeben, die Sache einzuleiten. Es werden in der Tat sehr viele Ehe durch solche Kuppler zustande gebracht. Zuletzt folgt der „Handschlag“, das ist die Verlobung; der Ehekontrakt wird aufgesetzt, und da kann oft ein Stück Acker, das nicht zugegeben wird, die ganze Sache rückgängig machen. Ist kein Hindernis mehr vorhanden, wird das Paar in der Kirche ausgerufen und „angeschlagen“, d. h. durch einen Akt des Bürgermeisters, der an die

Tür oder den Fensterladen des Rathauses gehängt wird, als verlobt bezeichnet, wobei jedermann, der etwas gegen diese Heirat einzuwenden hat, eingeladen wird, sich zu melden. Diesen Akt schmücken nun die Freundinnen des Brautpaares mit Blumenkränzen und Sträußen, und je mehr am Laden hängen, desto größer ist die Ehre. So

An den Vorweihnachtstagen wecken das Christkindel und der Pelznickel in den Kindern ein frohes oder auch ein ungutes Gefühl

bleibt der Akt zehn Tage lang hängen. Die Hochzeit folgt dann schnell. Gewisse Tage und Zeiten vermeidet man gern als unglückbedeutend; am liebsten hat man's, wenn's der Braut „auf's Kränzel regnet". Die Hochzeiten sind oft noch groß und die Gäste zahlreich, jedenfalls aber für die Dorfarmen ein Fest. Beim Gang auf's Rathaus (zur Zivilehe), dem meistens gleich der zur Kirche folgt, schießen die Freunde des Bräutigams mit Pistolen und Flinten, während die Mädchen die „Braut fangen". Pfälzische Ehen sind ungemein fruchtbar. Mit fünf Kindern hat man noch keine große Haushaltung. In neuerer Zeit nehmen die Heiraten unter der ärmeren Klasse sehr ab, besonders von 1849 an wurden wenig Ehen geschlossen. Oft kamen auf's Jahr zwei, wo sonst 15 bis 18 vorkamen. Ein Hauptgrund dieser Verminderung der Heiraten ist die *Auswanderung nach Amerika.* Die Auswanderung nach Amerika hat der Pfalz schon die Benennung des „deutschen Irlands" gebracht. Aber die Pfälzer sind keine Irländer und die trefflich angebaute Pfalz keine grüne Wüste, wie das arme Erin. So sehr der Pfälzer seine Heimat liebt, so stolz er auf sie ist, so ist doch sein Verlangen nach freiem, ungehemmtem Spielraum für seine Tätigkeit von jeher größer gewesen als seine Heimatliebe. Dazu gesellt sich ein kühner Unternehmungsgeist, der nicht so leicht sich durch die Gefahren abschrecken läßt. In der Schreckenszeit des Dreißigjährigen Krieges sind die ersten Spuren der pfälzischen *Auswanderungslust* zu suchen; damals gingen besonders viele nach Holland, wo man Schutz fand. Die Orleansschen Kriege und die religiösen Verfolgungen nährten jenen Trieb; während seither Wallonen und Waldenser, die ihres Glaubens wegen vertrieben wurden, in der Pfalz Schutz gefunden hatten, mußten jetzt die Pfälzer auswandern. Viele gingen nach Norddeutschland, nach Magdeburg und in die Mark. Damals erschien *Penn* in der Pfalz, pries das Glück und die Ruhe in den Urwäldern Amerikas, und als die religiösen und politischen Bedrükkungen nicht aufhörten, erinnerte man sich jener Worte des berühmten Quäkers und zog nach Amerika in großen Haufen, oft unter unsäglichem Elend. Hätten die deutschen Fürsten den Strom der Auswanderung damals in die Hand zu nehmen gewußt, würde ein neues Deutschland in Amerika erblüht sein. So aber liegt das pfälzischdeutsche *Pennsylvanien* als eine Oase mitten in Angloamerika, zwar blühend und ein Musterland für den Landbau, ein Landvolk alten, tüchtigen Bauernsinns, wo die besten Landwirte und die freigesinntesten Bürger Amerikas wohnen, – aber doch ohne nationale Bedeutung.

Die Französische Revolution verstopfte der pfälzischen Auswanderung die Quellen. Die Verwandten in Amerika wurden nach und nach völlig vergessen oder man erinnerte sich nur noch der schrecklichen Kämpfe mit den Indianern, der Überfälle und Schlächtereien, von denen sie geschrieben hatten. Von 1815 an begann auch die Auswanderung wieder, vorerst aber nach einer andern Richtung. Seinerzeit wandten sich mehrere Familien aus Klingenmünster nach *Südrußland* und in die Krim; andere folgten nach, aber es waren doch nur sporadische Fälle. Erst von 1832 an begann der Strom der Emigration sich über's Meer nach dem freien Amerika in voller Kraft zu wenden und wuchs von Jahr zu Jahr bis zu bedenklichen Dimensionen. New York, Philadelphia, Baltimore waren für jetzt noch die Hauptziele; erst nach und nach wurden es die Staaten von Ohio und an den Seen, jetzt sind es für junge Leute ganz besonders die Städte New-Orleans, Cincinnati und St. Louis, für Familien dagegen die nordwestlichen Ackerbaustaaten. In Kalifornien, häufig auch in *Australien* und *Algier* und dann auch hie und da Brasilien findet man pfälzische Kolonien. Nach Amerika brachte besonders das Jahr 1849 viele der reichsten Bürger und Söhne der Pfalz. Alle Mädchen, denen für den Mann bange ist, alle Burschen, die auf die Wanderschaft sollten, gehen über's Meer. So wohnt jetzt mehr „Münsterer Blut" in den Freistaaten als daheim, und es ist keine Familie, die nicht meherere Glieder in Amerika hätte. Darum wird auch von all den transatlantischen Städten mehr gesprochen als von irgendeiner in Deutschland und die amerikanischen Verhältnisse werden mit einem Interesse verfolgt, die man den deutschvaterländischen nicht abzugewinnen weiß. Der *Verkehr mit Amerika* ist ein außerordentlich starker; die drinnen schicken Geld für die Eltern und Geschwister, kommen auch wohl einmal wieder, um ihre schöne Heimat zu sehen. Die heimischen Volkslieder beleben in den großen Städten der Freistaaten alle öffentlichen Vergnügen.

Daß unter diesen Verhältnissen der Abschied nicht mehr so schwerfällt wie noch vor zwanzig Jahren, ist leicht zu erraten. Man trifft ja drüben überall Verwandte und

Bekannte. Aber doch geht hie und da noch ein junger Bursche oder ein junges Mädchen weinend im Dorf umher von Haus zu Haus, reicht jedem auf der Gasse die Hand und fühlt so recht das Herzeleid, scheiden zu müssen. Indes fährt ein Wagen voll junger Auswanderer und solcher, die sie begleiten, durch's Dorf auf der Straße gegen Weißenburg; sie sind guter Dinge und singen: „Das Schiff streicht durch die Wellen!" oder:

„Einstmals fuhr ich auf der See,
Fürcht' das Schiff möcht' untergeh'n!"

und dann das alte Auswandererlied, dessen Refrain „Bis wir wied'rum lustig singen in Amerika!" mir heute noch in den Ohren klingt. Einer aber schleicht einsam durch die Zwetschgengärten auf geheimen Pfaden gegen die französische Grenze; er entflieht der Konskriptionspflicht. Nimmer wieder darf er heimkommen, und dem mag's schwer ums Herz sein, wenn das Lied der anderen vom Dorf her klingt:

„O du Deutschland, ich muß scheiden,
O du Deutschland, ich muß fort!"

Ein bekanntes Lied der Auswanderer ist auch das:

„Nun ist die Zeit und Stunde da,
Jetzt ziehen wir nach Amerika",

und viele andere existieren noch.

So ist auch die Auswanderung eine Pflegerin des Volksliedes geworden. Noch immer ist es lebendig im pfälzischen Volk, wenn auch durch unbegreifliche polizeiliche Maßregeln hie und da gedämmt und gehemmt. Ich sprach darüber seinerzeit in der Beilage der „Allgemeinen Zeitung", und wurde amtlich berichtigt. Wir glauben recht gern, daß die oberen Behörden so viel richtigen Sinn besitzen, um dem Volkslied nicht feindlich gesinnt sein zu können; aber dem unzeitigen Amtseifer der Polizeidiener zu steuern, wäre dann ganz am Ort. Man stützt sich gewöhnlich darauf, daß unmoralische Lieder gesungen worden seien. Wo aber müßte man anfangen, wenn man puritanisch verfahren wollte? Die eigentlichen *„Lumpenstückchen"*, die unsauberen Gassenhauer sind im Volk selbst verpönt und wären leicht gänzlich zu vertilgen, wenn dem „alten Volkslied" sein volles Recht gelassen würde. Am Volkslied hat sich nun unser größter Dichter, Goethe, gebildet; es ist in seinen reinsten Blüten unmittelbare, echte Poesie. Wer sich dabei noch an der „Ungelenkigkeit der Form" stoßen kann, beweist nur, daß er hinsichtlich seines Geschmackes noch lange der Eierschale nicht entschlüpft ist. Überhaupt ist vom Feind der Volksfreuden und Volkslieder immer vorauszusetzen, daß er entweder ein Heuchler, ein herzloser Mensch oder ein bornierter Kopf sei. Wenigstens habe ich es immer so gefunden.

Noch eine große Anzahl alter herrlicher Lieder ist hier im Volksmund, die zum Teil bis jetzt noch unbekannt und nicht veröffentlicht sind. Die meisten sind *Jägerlieder* oder *Soldatenlieder,* letztere meist von melancholischem Charakter. Das „Straßburg, o Straßburg, du wunderschöne Stadt!" klingt überall durch und immer wieder der Schmerz um Vater und Mutter. Gar viele dieser Lieder entstanden während der napoleonischen Kriege. Nur wenige *Veteranen* aus jener Zeit sind in Klingenmünster übrig, kaum mehr zwei oder drei, deren Erinnerung einzig und allein nur der große Napoleon einnimmt. Sie träumten lange von seiner Rückkunft, denn daß er gestorben ist, wollte mancher nicht glauben. Mit der Bibel (und es gibt kein bibelfesteres Volk als die Pfälzer Bauern) suchten sie an den langen Winterabenden die Vorhersagungen der drei Wehe, die den Kaiser treffen sollten, aus der Apokalypse und den großen Propheten herauszudeuten, und in den Wirtshäusern sangen sie zuweilen auch das alte: „Zu Austerlitz, da hat's geblitzt!" Oder auch: „Als wir aus Rußland sind retiriert!" und

„Napoleon, der große Mann, sprach: Wir sind verloren!
Unsre schönsten Grenadier' sind im Schnee erfroren!"

Auf die „Bayern", wie unsere jetzigen Soldaten genannt werden, sehen die Alten insgesamt herab. Nur die gelten noch etwas, die mit der *Fremdenlegion* in Afrika oder in Spanien kämpften, wie denn nicht wenige Burschen aus Münster dort und im mexikanischen Feldzug ihrem Tatendrang freien Lauf ließen, während sie daheim der Kaserne entliefen.

Das Leben auf den Dörfern wird nach und nach ein anderes, mehr modernes, aber wohl auch weniger schönes und eigentümliches werden. Mit allen Händen wird ja daran gearbeitet, dem Volksleben allen Charakter zu nehmen und alles auf das Niveau moderner Blasiertheit, Fadheit und Nichtigkeit hinzuführen. Dank den Bemühungen, die von der Halbbildung und Verbildung ausgehen, ist das in der Pfalz schon bis zu einem hohen Grade gelungen. Diese Wirksamkeit ist eine viel demoralisierendere als aller *Jesuitismus*. Man hat dem Volk schon viele seiner alten, sinnigen Bräuche und Sitten geraubt, und man hat damit bezweckt, daß sich seine Feste und Vergnügungen stets mehr auf rohen, materialistischen Genuß beschränken, und daß diese materialistische Richtung alles Geistigere verdrängt. Den Freunden des Volkes bleibt nur noch übrig, auf das, was noch Eigentümliches vom alten Leben, Sinnen und Denken sich erhalten hat, aufmerksam zu machen und es wenigstens der Literatur zu gewinnen. Die deutsche Wissenschaft hat sich der Reste einer schwindenden Kultur, der *Überbleibsel* eines ausgeprägten, *poetischen Volkslebens* bereits zu bemächtigen angefangen. Die „Wissenschaft vom Volke" gewinnt immer größere Dimensionen. Man hat jene Sagen, Märchen, Lieder, Sprüche und alten Bräuche, über die der sogenannte Gebildete lachen zu dürfen glaubt, weil er ihren Wert nicht kennt, bereits als die wertvollsten Quellen für die Kenntnis unserer deutschen Vorzeit erkannt; denn sie allein leiten das Denken und Glauben des geistig hochbegabten germanischen Stammes auf uns. Mit ihnen, und den literarischen Resten alter germanischer Kultur, erblühte die deutsche Philologie erst zu vollem, rechtem Leben und die schlechten, widersinnigen Systeme sogenannter „deutscher Sprachlehren" müssen ihr früher oder später zum Opfer fallen. Aus ihnen erstand allein die Wissenschaft von deutscher Mythe, deutschem Glauben in der Urzeit, indem *Altvater Grimm* sie als Bausteine zu dem Tempel benutzte, den er uns in seiner „Mythologie der Deutschen" aufbaute, wenn auch nicht ganz ausbaute.

Freilich hat man in unserer schönen Pfalz noch keine Ahnung von alledem. Man sieht das den Büchern, die unter dem Titel „Sagen aus der Pfalz" erschienen sind, in der Tat an. Da werden immer wieder mit Vorliebe die alten romantischen, an Spieß und Konsorten erinnernden *Ritter-* und *Klostergeschichten* zum hundertsten Male wiedergekäut, Anekdoten ohne allen mythischen Wert erzählt, höchstens einmal von einer Legende berichtet, die eben auch nur auf sentimentale Naturen berechnet ist. Im Schöppnerschen Sagenbuch sind einige wirkliche Volkssagen aus der Pfalz erzählt, aber Schöppner hat auch seine Aufgabe nur halb begriffen; er bringt eine solche Menge elender Reimsudeleien in seinem Buch, daß es einem verleidet, hineinzuschauen. Daß die „aller Volkseigentümlichkeiten bare Pfalz" auch keine Sagen von mythischem Wert haben könne, wäre eines von den vielen Vorurteilen, die man so lange zu unterhalten wußte. Freilich ist es ein Wunder, daß in diesem, von den Zeitstürmen so oft durchsausten Lande sich überhaupt noch etwas von altem Denken und Leben erhalten konnte; und freilich sind viele Pfälzer stolz darauf, „aufgeklärte“ Leute zu heißen; aber der Kindheit und dem Greisenalter sind auch hier jene Zeugen alten Glaubens geblieben, und der Verfasser allein weiß sich einer Menge Sagen zu erinnern, die, seiner Heimat eigentümlich, mitunter ein ganz neues Licht auf manche Bildungen der *deutschen Mythe* werfen müßte. Wie sollte es auch anders sein auf der Grenzscheide germanischen, romanischen und gällischen Wesens, wo heute noch alte Namen, Mauern und Felsen an den Druidendienst der keltischen Stämme, an die Götter Roms und an den reineren Kult der Germanen erinnern; wo sich die mythischen Elemente vermischen und dabei eigentümlich gestalten und verklären mußten! (Doch davon ein andermal, vielleicht in einem eigenen Buch.) Die Pfalz ist ja ihren Tribut nach dieser Richtung hin noch schuldig, sie würde damit erst ihren poetischen Fond argumentieren. – Es ist ein ewiger Einwurf, daß im Volk von Poesie überhaupt keine Rede sein könne, weil man noch nicht gelernt hat, sich von den *Geßnerschen Idyllen* loszusagen und die wirkliche Poesie des Volkslebens mitzuempfinden. Die ist nun, wie das Volkslied, sich ihrer selbst unbewußt, in ihrer ungeschminkten Natürlichkeit oft unserem gebildeten, ästhetischen Gefühl im einzelnen widerstrebend und doch in ihrer Gesamtwirkung so überaus wohltuend und eindringlich. Aber zu dieser Wahrnehmung kommen die wenigsten, denn unsere halbgebildeten oder verbildeten Städter wissen entweder nur von bäuerischer Roheit oder bringen die eigentümlichen Begriffe aufs Land wie der Berliner auf die Alpen.

Wir haben schon einmal anderswo gesagt, daß in der Pfalz, wo von jeher die Weltgeschichte mit blutiger und brennender Schrift auf den Boden des Landes selbst geschrieben wurde, das Schicksal der einzelnen Familien inniger mit dem der Völker verwoben ist, deutlicher die Weltereignisse zurückspiegelt als anderswo. Die Französische Revolution hat auch einen völligen Umschwung im sozialen Leben der pfälzischen Dörfer geäußert; vornehme, reiche Familien sind gestürzt worden, andere aufgekommen. Wir glauben unseren Bericht über die Verhältnisse und das Leben in einem pfälzischen Dorf nicht besser schließen zu können, als durch einige kurze „Familiengeschichten“.

Die Frau des letzten pfälzischen Amtmannes, die Tochter des alten Hofgerichtsrats Vornberg, lebte noch vor einigen Jahren auf einem Jagdschlößchen, das ihr Vater auf dem Wörschweiler Hof gebaut hatte, und ernährte sich kümmerlich als 88jährige Matrone mit ihrer Tochter durch Waschen und Bügeln für dieselben Bauern, die ihr Mann „das Grasfressen“ lehren wollte. Im Amtshaus wohnten seitdem Private: Herr Landkommissär Petersen von Landau, einer der trefflichsten Pfälzer, Ritter der Ehrenlegion und ehemaliger französischer Offizier, hatte es zu einem schönen Landsitz seiner Familie umgeschaffen und jetzt ist es im Besitz eines „Amerikaners“, d. h. eines Münsterer Bürgerkindes, das den in Amerika erworbenen Reichtum hier in Ruhe genießt. Indes bewohnte auf dem Wörschweiler Hof der alte kurpfälzische Amtkeller Vornberg in ärmlichen Verhältnissen, gleich seiner Schwester, der „Amtmännin“, eine Ruine aus den Jahren vor der Revolution. Kam man in die Wohnstube der armen, alten Frau, so sah man sich plötzlich um ein Jahrhundert zurückversetzt; im offenen Kamin prasselte das Feuer, die Wände waren ringsum noch mit pfälzischen Jagdszenen tapeziert, die Matrone selbst mit den feinen, geisterhaft bleichen Zügen und der noch immer erhaltenen elegant französischen Hofturnüre; alles vergegenwärtigte die Blütezeit des Zopfes, die ja auch ihren poetischen Hauch hat. Dann kramte die Alte ihre Erinnerungen aus, ihre abgehärmten, greisen Wangen färbten sich und ihre Augen glänzten in der Erinnerung an die „gute alte Zeit“ der schönen, fröhlichen Kurpfalz, wo ihr Vater, der Hofgerichtsrat, Faut zu Landecken war. Nach ihrem Tode 1846 kaufte man den Wörschweiler Hof, riß ihn ab und baute auf seinem Platz die „Irrenanstalt der Pfalz“.

Eine andere Familie aus jener Zeit hatte noch ein traurigeres Schicksal. Im vorigen Jahrhundert lebte in Klingenmünster der alte, ungemein reiche *Oberstleutnant Quardan,* dessen Vater Stiftsbeamter war. Während des Siebenjährigen Krieges warb er ein Husarenfreikorps für Frankreich; viele junge Burschen aus Klingenmünster zogen mit gegen den großen Fritz. Aus dieser Zeit sollte sein Reichtum stammen, weil er, wie man sagte, einen Edelmann erschlagen hatte und all sein Gut nach Münster führen ließ. Bald gingen hier die meisten Stiftsgüter in seine Hand über. Er hatte nur eine einzige Tochter, um welche die Edelleute der Umgegend freiten; aber sie fand am meisten Gefallen am Knecht ihres Vaters. Es kam so weit, daß der Vater, trotz Fluch und Donner, sein reiches, einziges Töchterlein dem Knecht gab. Der wurde katholisch und mit einmal ein reicher, vornehmer Mann, später sogar Schulz im Ort. Seine zahlreichen Söhne dienten als französische Offiziere in Landau, sein Vermögen bildete selbst ein reiches Fideikommiß. Da brach alles Glück mit der Revolution zusammen; der Schulz emigrierte, seine Söhne gingen zu *Prinz Condé* und das Fideikommiß wurde als Nationalgut erklärt. Die Söhne fochten in allen vier Weltteilen gegen Napoleon unter englischen Fahnen; zuletzt kam einer im Jahre 1814 als Rittmeister bei einem österreichischen Husarenregiment wieder nach Klingenmünster und gerade noch recht, um seine Heimat vor Plünderung und einem Kampf mit dem Militär zu bewahren. Später einmal wiederkommend, traf er hier einen Waffengefährten von der Insel Jamaica, der als junger Offizier eine Fürstin K . . . entführt hatte und als Gemeindeförster mit seiner Gemahlin in Münster lebte. Die alte Schulzin starb arm im „Schulzenhaus"; einer ihrer Söhne geht jetzt, als Greis, mit dem Bettelsack herum.
Sehen wir nun ein anderes Familiengeschick sich entfalten. Es sind nun bald zweihundert Jahre her, als die Franzosen das Gossersweiler Tal katholisch machten. Da fiel *Michel Hoffmann* von Mönchweiler mit Frau und Söhnen vom reformierten Glauben ab, nur einer der Buben sagte: „Ich werde nicht katholisch!" lief fort in die Welt und kam bis zum Hof Hermersberg im düsteren Walde der Haardt, jenseits der Queich. Dort nahm eine Wiedertäuferfamilie den braven „Diether" auf; später wurde er „Armeemetzger" und verdiente viel Geld beim Festungsbau von Landau. Zuletzt zog er nach Münster und baute den „Roten Ochsen", wo heute noch ein später Enkel von ihm wohnt. Nun kamen die Seinen öfters zu ihm, aber er selbst ging nie mehr ins Gossersweiler Tal; heute noch nennen sich die „Hoffmänner" im Tal und die in Münster Vettern. Ein Urenkel jenes Diether Hoffmann war der *„Caesar von Klingenmünster"*. Schon im Jahre 1805 war er hier französischer Maire und starb 1846 als Bürgermeister, indem er eine blühende Familie hinterließ. In dieser langen, an Ereignissen so reichen Zeit hatte er vieles erlebt und gewirkt und galt als einer der angesehensten Männer des Landes. Man kannte ihn nur unter dem Namen „Michel Münster." Lange Jahre wirkte er als Mitglied des Landrates und der pfälzischen Synode. Er war und blieb ein echter Volksmann, ein rechter Repräsentant pfälzischen Wesens, energisch, praktisch, kühn und ausdauernd. Für die Gemeinde tat er besonders viel; er umgab den Ort nach allen Seiten hin mit trefflichen Straßen. Sein an interessanten Vorfällen äußerst reiches Leben wäre ein schöner Vorwurf für ein echtes Volksbuch.
Und nun wieder zu unseren landschaftlichen Bildern.

Bergzabern und seine Umgebung

In einer Stunde des schönsten Wegs hügelauf, hügelab ist Bergzabern zu Fuß von Klingenmünster aus erreicht. Von der französischen Grenzstadt Weißenburg herüber in zwei Stunden, von der Eisenbahnstation Winden aus mit dem Omnibus in noch kürzerer Zeit.

Bergzabern liegt sehr schön am Fuß der Vogesen in einem breiten Wiesengrund, da wo der Erlenbach aus dem Gebirge tritt, zwischen Weinbergen, Kastaniengebüsch und fruchtbaren Hügelrücken, – im Hintergrund prächtig umwaldete hohe Bergkuppen; so ähnelt die Lage Bergzaberns der von Heidelberg. Das Städtchen hat noch Reste seiner Ringmauern und an den vier Enden starke, runde Türme. An einem ist das protestantische Pfarrhaus angebaut. Bergzabern war, wie Rheinzabern und Elsaßzabern, ein *römischer Etappenort;* daher auch sein Name: „Tabernae montanae". Vor zweihundert Jahren fand man hier einen marmornen Denkstein mit der Inschrift „Vosego Maximinus V.S.B.L.", der beweist, daß auch die Römer dem mächtigen Vogesus göttliche Ehre erwiesen.

Erst im späteren Mittelalter erhielt Bergzabern wieder Wichtigkeit, als ihm Kaiser Rudolph Stadtrechte erteilte. Es kam an die Herzöge von Zweibrücken. Schon 1455 schritt Friedrich der Siegreiche zur Belagerung der *festen Stadt.* Dreihundert Reisige und die tapfere Bürgerschaft verteidigten sie. Herzog Ludwig der Schwarze eilte auch mit 4 000 Pikarden und Wallonen herbei, die ihm sein Schwager, der Graf von Croie, zugesandt hatte. Als er aber aus dem Gebirge heraus auf die Höhe oberhalb Bergzabern kam, da bangte es den welschen Söldnern vor des siegreichen Pfalzgrafen Kriegern: „Wir wollen nicht gegen sie, wir kennen die Deutschen gar wohl!" – und vor des Herzogs Augen mußte sich die ausgehungerte Stadt dem Kurfürsten ergeben.

Später, im *„Weißenburger Krieg"* warfen vor den Toren der Stadt pfälzische Reisige einen Haufen zweibrückischer Reiter nieder. Im Bauernkrieg überrumpelte der Wasgauer Kolbenhaufe Bergzabern und verschmauste darin die reiche Beute. Pest, Hunger, das Schwert der Krieger – alle Würgengel Gottes wanderten durch die Stadt und Umgegend im Dreißigjährigen Krieg. Die Straßen waren leer und mit Rasen bedeckt. Kaum hatte sich Bergzabern wieder erholt, als die Franzosen 1676 in den Weihnachtstagen die Bürger zwangen, ihre Mauern niederzureißen, worauf sie mitten im Winter die Stadt samt dem Schloß abbrannten. Als im Oktober 1793 die Weißenburger Linien gestürmt wurden, stand hier Prinz Condé auf dem „Weitfeld" den Franzosen gegenüber mit 7 000 Mann. In der Frühe des 13. Oktober ließ er die Stadttore von Bergzabern einschließen und rückte dann den Republikanern nach, die gegen die Dörrenbacher Schanzen zurückwichen. In unserer Zeit ging 1849 von Bergzabern aus jener bekannte *„Steinfelder Zug"*, der zu einem langwierigen Hochverratsprozeß führte. Leider büßen heute noch manche dafür im Kerker und in der Verbannung.

Vor dem Städtchen steht das *Schloß,* ein großes, weitläufiges Gebäude innerhalb schöner Gärten. Die beiden Türme der Hauptfassade bilden jetzt schöne Wohnungen. Ein Portal wird von zwei unförmigen *Riesen* getragen, von denen die Volkssage erzählt, daß sie das Schloß erbaut hätten oder hierher gebannt worden seien. Der innere Schloßhof ist von wettergrauen, hohen Gebäuden umgeben und heute meistens von Küfern und anderen Gewerbetreibenden benützt. Beim Schloßbrunnen bemerkt man zwei überweißte, eingemauerte Figuren an der Wand, die römischen Ursprungs scheinen. Das Schloß hat auch eine Kapelle, in der ein silbernes Glöcklein gehangen hat. Hier wohnte jener unglückliche Prinz aus dem zweibrückisch-wittelsbachischen Hause, Herzog Kaspar, der erstgeborene Sohn des Herzogs Ludwig des Schwarzen.

Des Markgrafen von Brandenburg ihm angetraute Tochter Amalie hatte keine Liebe für ihn und starb bald. Der Prinz sollte hier in der Regierung der Ämter Bergzabern, Neukastel, Annweiler und Falkenburg sich zur Regierung der Gesamtlande befähigen; er zeigte jedoch Sympathien für den Kurfürsten Friedrich von der Pfalz, seines Vaters siegreichen Feind, verfiel später in Geistesverwirrung – man sagte es doch wenigstens aus –; seine Mutter und sein Bruder Alexander der Lahme nahmen ihn jetzt gefangen und setzten ihn in einen Turm des Schlosses Nohfelden auf dem Hunsrück, wo der „arme Pfalzgraf" noch 30 Jahre nachher 1525 gelebt haben soll.

Später war das Schloß zu Bergzabern der *Witwensitz* der geist- und gemütvollen *Herzogin Karoline,* von 1735 bis 1774. Es war eine schöne, gesegnete Friedenszeit für das Städtchen; die Prinzessinnen waren liebenswürdige Mädchen und besonders die älteste, Karoline Henriette, war ein geistreiches, treffliches Kind; sie wurde später unter dem Namen „Große Landgräfin", den ihr Goethe gegeben hat, in ganz Deutschland verehrt. Umgeben von einer prachtvollen Natur, entwickelte sich in ihr jener tiefe Natursinn, der sich noch in der Wahl ihrer Ruhestätte aussprach. Im Sommer 1741 freite der junge Landgraf, Ludwig IX., der „Pirmasenser", um sie. Während er seiner Soldatenliebhaberei in einem Winkel der Erde nachging, regierte sie in Darmstadt, verehrt und besungen von allen großen Geistern ihrer Zeit. Ihre Tochter wurde Kaiserin von Rußland, Gemahlin des später ermordeten Vaters der Zare Alexander und

Das Wirtshaus „Zum Engel" in Bergzabern soll ein betuchter Holländer erbaut haben

Nikolaus. Die „Landgräfin" starb am 30. März 1774 in Darmstadt in den Armen ihrer greisen Mutter, die ihr schnell nachfolgte; ihr Freund Friedrich der Große setzte ihr ein Denkmal, Wieland schrieb ihr ein Epitaphium.

Nahe beim Schloß steht das Wirtshaus *„Zum Engel“*, ein merkwürdiger, dunkler, abenteuerlicher Bau, der auch noch im schönen alten Nürnberg hervorstechen würde. Der „Engel“ ist im bereits halbzopfigen Renaissancestil gebaut, mit Erkern, Türmen, malerischen Giebeln reichlich versehen. Der altersgraue phantastische Bau ist mit hübscher Ornamentik verziert; über dem Eingang steht ein vergoldeter Engel. Es geht die Sage, ein reicher Holländer habe ihn gebaut. Mynheers Haus sollte Schiffsgestalt haben, um an jene mächtigen Segler zu erinnern, auf denen der damalige Glanz und Reichtum seines Vaterlandes beruhte. In Bergzabern wurde der berühmte Tabernae Montanus geboren, der die Stahlquellen in Schwalbach bekanntmachte und als Leibmedikus des Kurfürsten zu Heidelberg 1590 starb.

Nach dem Jahr 1849 gingen hier die *Wundersagen vom Klopfgeist*, die selbst die nüchternsten Köpfe in gläubiges Staunen versetzten; eine Zeitlang war es sogar gefährlich, Zweifel zu äußern, wie der Verfasser selbst erfuhr, bis man den Klopfgeist bannte, hinter Schloß und Riegel eines Gefängnisses. Seitdem ist es still, recht still in Bergzabern; nur die Wochenmärkte und Jahrmärkte bringen einiges Leben in das Gerichtsstädtchen; sie sind interessant durch die nicht selten noch charakteristischen Trachten der „Oberländerinnen“.

Nordwestlich über dem Städtchen, am Abhang des „Frauenbergs“ zwischen Weinbergen und Kastanien, liegt das Lustschlößchen „Zickzack“, das mit einigen Resten früherer Ausschmückung einen schönen Blick über die Stadt und weithin über das Oberland bis zu den überrheinischen Gebirgen gewährt. Von da führt ein Waldweg über den Rücken des Berges zum hochgelegenen *Frauenberger Hof*, vom Volk „Hexenplatz“ genannt, der sich zwischen Kirschbäumen und Kastanien mit seinem Fluchtgelände auf dem breiten Rücken des ringsumwaldeten Berges verbirgt. Er ist zu einer Schweizerei hergerichtet. Die Bezeichnung „Frauenberg“ deutet auf eine altgermanische, heilige Stätte hin. Unsere „Frau“ ist das altdeutsche „Frowa“; so hieß die oberste Göttin, die Gemahlin Wuodans, welche die Skandinavier „Freija“ oder „Frigga“ nannten. War der Berg ihr geweiht (Frauen- oder Frowenberg), so läßt sich die heutige Benennung *„Hexenplatz“* leicht erklären, denn man weiß, wie der Hexendienst sich auf die Verehrung der altgermanischen Naturgötter stützt und wie die wenigen, die noch später heimlich die heiligen Stätten besuchten, in den Augen des christlichen Volkes zu Teufelsverbündeten, eben zu „Hexen“ gemacht wurden, die der „alten Zauberei“ noch anhingen.

Unser nächsten Gang ist auf dem Vogesenpaß der Dahner Straße ins *Tal des Erlenbachs*, in das die Stadt sich zieht, ein ganz prachtvolles Wald- und Wiesental, wie man in der vorderen Bergreihe der Pfalz kaum ein zweites wieder finden wird: rechts und links üppig umwaldete, schöne Kuppen und Berghalden. Besonders reizend ist der Wiesengrund; das saftigste, frischeste Grün, der glänzendste Blumenschmelz schmücken ihn; hie und da treten auch Felsenstellen zutage, wie beim Felsenkeller. Malerisch gruppieren sich an den Berghalden und in den Talsohlen hinterm Buschwerk die Mühlen. Aus ihm schaut uns ein besonders schön geformter Bergkegel entgegen, der, von prächtigen Weißtannen umwaldet, das Tal in zwei Arme scheidet. Sein Name ist *„Petronell“*; an ihn knüpfen sich eine ganze Reihe von Sagen, die unter den Bewohnern Bergzaberns gehen. Da soll auf der Tannenkuppe oben über mächtigem Felsenlager eine stolze Burg gestanden haben, die von einer geheimnisvollen Dame, Petronella geheißen, bewohnt worden sei. Sie soll der Stadt den großen Wald geschenkt und sonst viel Gutes getan haben. Die Geschichte weiß nichts von dieser geheimnisvollen Dame. Auf dem Gipfel will man noch viele Spuren ihres ehemaligen Schlosses gefunden haben. Das Böllenborner Tälchen links und die Waldschlucht vom Frauenberg rechts lassend, verfolgen wir das Haupttal mit der Straße. In die Gründe des Abtswaldes führt rechts ein Seitentälchen, wo das Dörfchen *Blankenborn* still, friedlich und verborgen liegt. Früher stand unter dem Namen des Jägerhauses ein kleines Schlößchen da, das Dörfchen selbst zählte zu dem Stift Klingenmünster.

Im Haupttal über der Gehlmühle fortwandernd, sehen wir bald das Dorf *Birkenhördt;* dort steigt die Straße einen Felsenberg hinan, der durchbrochen ist. Jenseits des Felsentores sieht man in ein weites Land hinab, wo das winzige Dörfchen *Lauterschwan* liegt, über das die Straße zwischen Erlenbach und Vorderweidenthal, an der Burg Berwartstein und dem Drachenfels vorüber, durch eine großartige, phantastische Felsenwelt nach Dahn zieht.

Besuchen wir nun auch das *Böllenborner Tälchen.* Von der „Petronell" aus haben wir eine halbe Stunde des schönsten Weges, durch duftigen Tannenwald an den saftigen Wiesengründen hin, nach *Böllenborn.* Vor der Kirche lag noch vor wenigen Jahren ein runder Stein, der Ähnlichkeit mit einem Trog und bei sechs Fuß Öffnung im Durchmesser eine ausgehauene Tiefe von drei bis vier Schuh hat. Derselbe wird *„Taufkessel der Heiden"* genannt. Ob er noch da liegt, weiß ich nicht. Dreiviertel Stunden weiter über die Waldhöhen führt der Weg nach dem winzigen „Reißdörfl" in der Tiefe der großen Mundatforste, hinter dem hohen Dörstenberg; ein Weiler mit kleiner Ackerzahl, einsam und verborgen im Waldgebirge, wo das Reißbächlein entspringt, das durch ein tiefes, einsames Tal südwärts zur Lauter an der französischen Grenze fließt. Es gibt hier prachtvolle Waldpartien. So der Weg bergan bis zur *Waldhütte,* einen freien, ebenen Platz, den einzelne riesige Buchen bekränzen; still ist es hier wie in den heiligen Hainen der alten Germanen. Dann am „Glasbächlein" hinunter, das anfangs nur schwach, dann lauter und zuletzt in ganz tiefem Bett, von undurchdringlichem Gehölz überwölbt, den Abgrund neben dem von Buchen überdachten Weg durchrauscht, bis man zwischen Bobental und Niederschlettenbach im Lautertal aus dem Walde tritt. – Die kleinen Gebirgsorte in den Tälern hinter Bergzabern sind, wie das nahe Gossersweiler Tal, im französischen Reunionskrieg wieder katholisch geworden. Die stillen Bewohner unterscheiden sich schon sehr von den reichen, protestantischen Bauern im Fruchtland durch den breiteren Dialekt und die bunteren Farben der Frauentrachten.

Oberhalb Bergzabern im *pfälzischen Oberland* werden elsässische Elemente völlig vorherrschend. Es ist das „Grenzland", dem wir eine eigene Abteilung unseres Buches widmen. Auf dem Weg nach dem französischen Weißenburg im Elsaß wandert man auf der Poststraße bergauf und bergab am hügeligen Saum des Wasgaugebirges durch Oberotterbach, Rechtenbach und den Grenzort Schweigen, und von dessen Höhe ins *„Weißenburger Loch".* An der Otterbacher Ruhbank auf der Höhe gewahrt man rechts oben an den Berghalden im Wald eine Kapelle und unter ihr, in einem umwaldeten Hochtal, ein Dorf. Das ist *Dörrenbach* und der Kolmerberg. Das große, wohlhabende Dorf ruht reizend schön in einem hochgelegenen Bergkessel, der sich nur nach Osten öffnet. An den unteren Halden der Bergwälder liegen Äcker und Weinberge, besonders aber große Kastanienhaine und Kirschbäume. Was die Kastanien betrifft, gilt Dörrenbach für sie als eine der vorzüglichsten Pflanzstätten.

Es herrscht unter der größtenteils protestantischen Bevölkerung noch viel altes Volkstum in Sitten und Trachten. Man sieht hier sonntags beim Kirchgang noch die alten, langen, blautuchenen Röcke, die zierlichen Nebelspalter, die den Pilgerhüten ähnlich sehen, während die Weiber ihre Nebelkäppchen in altmodischer Form und ihre engen Leibchen und Mützen nach oberländischem, elsässischem Schnitt tragen. Man bürdet aber auch den Dörrenbachern manchen albernen Streich auf und man spöttelt: „Der Nebel reicht nur bis Dörrenbach, dort fängt der Nabel an!" Die Oberländer sprechen nämlich das e breit wie ein halbes a aus. Der alte feste *Kirchhof* ist geschichtlich merkwürdig. Mitten aus den engen, unebenen Gassen erheben sich im Viereck seine starken

Mauern, die Kirche und ihren Turm umschließend. Einst stand an jedem Eck ein Turm; jetzt stehen nur noch die zwei *südlichen Türme*, samt den Schießscharten der Ringmauer. Seit der Zerstörung des Schlosses Guttenberg war dieser Kirchhof die Hauptfeste der leiningischen und später zweibrückischen Herrschaft Guttenberg. In der pfälzischen Fehde 1460 wurde er mehrmals, aber vergeblich, von den Kurpfälzern, Weißenburgern, Hagenauern und den Schweizern des Kurfürsten, die bei Billigheim standen, gestürmt. Viele Wagen brachten sie mit, um den in Dörrenbach aufbewahrten Wein mitzunehmen; sie stürmten fünfmal – vergeblich. Die Bergzaberner wollten Dörrenbach zu Hilfe eilen, stießen aber unterwegs auf das pfälzische Fußvolk, das sich gereizt über sie herwarf und sie bös heimschickte. Der Sage nach soll hier das Femgericht seinen Sitz gehabt haben. Geschichtlich bestand hier bis zur Revolution das Blutgericht. Die Spuren der Armesünder- und Folterkammer sind noch am Eingang des Kirchhofes zu sehen. Das Halseisen dagegen befand sich am *Rathaus*, das mit dem zweibrückischen Wappen und dem der Winzerzunft geschmückt ist.

Hoch über dem Ort ragt die Wallfahrtskapelle Kohlbrunnberg oder *Kolmerbeg* aus dem Wald. Früher hieß sie Celborn. Man hat ein prächtige Aussicht über das Oberland, ins schöne Elsaß hinein bis zum Breisgau gegen den blauen Schwarzwald. Im Sommer kommen viele Wallfahrer aus den katholischen Orten im Oberland und Wasgau. Die Kapelle ist mit Freskobildern und mit sogenannten „Stationen" versehen, dem Ölberg und sonst mehr. Man fühlt hier oben, dem Himmel näher, die Poesie und Erhebung des Wallfahrerlebens so recht mit. Bei der einsamen Kapelle wohnt der *„Waldbruder vom Kolmerberg"*, der „Einsiedel": ein großer, stattlicher Mann in Oberländer Bauerntracht, – durchaus kein Askete. Man erzählte, er hätte in einer Krankheit das Gelübde getan, keinen Wein mehr zu trinken. Als er wieder gesund wurde, aß er den Wein mit dem Löffel.

Auf der Berghöhe hinter dem Kolmerberg steht ein prächtiger Buchenwald, der schöne Forst der „oberen Mundat", wo wir plötzlich auf einer Lichtung stehen und gegenüber auf einem steilen, dichtumwaldeten Bergkegel die *Ruine Guttenberg* erscheint. Sie liegt bereits im Schmugglerbereich. Hinter dem hohen Derstenberg senkt sich das Böllenborner Tälchen und das des Reißbaches ein. In diesen herrlichen Wäldern „am Guttenberger Schloß", in den Bergforsten der „oberen Mundat" hinter Bergzabern, erwacht im Winter oft ein eigentümliches Leben in stiller Nacht, daß es den einsamen Wanderer, der zufällig vorüberkommt, dünken mag, er sei mitten unter das wilde Heer geraten. Schmuggler, die diese einsamen Wege am Guttenberger Schloß vorüber gern einschlagen, können es nicht sein, denn sie gehen nicht mit weithinleuchtendem Fackelschein auf ihren verborgenen Pfaden. Es sind vielmehr Bürger von Bergzabern auf der Böhämmerjagd.

Es kann nichts Romantischeres, nichts Abenteuerlicheres und Phantastischeres geben, als diese *Böhämmerjagd*. In besonders harten Wintern, wenn die „Bucheln" (Buchecker) geraten sind, kommen ungeheuere Scharen von Strichvögeln in die Wälder und Schluchten des Vogesus hinter Bergzabern, deren Geschrei, wo sie sich niederlassen, Berg und Tal mit furchtbarem Lärm erfüllt. Es ist der *Bergfink* (Fringilla montifringilla), ein Vogel in der Größe eines Goldammers und wahrscheinlich auch für eine Ammergattung gehalten, da uns der hier gewöhnliche Name „Böhämmer" das verdorbene „Buchammer" scheint. Einige schreiben „Böheimer" und lassen die Vögel aus Böhmen kommen. In gelinderen Wintern kommt der Vogel auch einzeln mit den Goldammern in die Bauernhöfe, um vor den Scheuern die Körner aufzufressen. Dann wird er zuweilen mit dem „Siebe" gefangen, und einige auf diese Art gefangene Böhämmer kann der Fremde bei Herrn Keyser auf der Stiftsmühle in Klingenmünster sehen. Es ist ein ziemlich hübscher, schön gefärbter Vogel in der Größe einer Ammer, mit bräunlich-gelber Brust und Schulter und im Winter mit wachsgelbem Schnabel.

Er nistet im höchsten Norden Europas auf den Kiölen Skandinaviens und in den schneeigen Birkenwäldern Lapplands; er kommt in harten Wintern in ungeheueren Zügen zu uns in die Buchen- und Tannenwälder der Vogesen, hie und da auch in schwächeren Scharen nach der Schweiz, wo er „Gägler" heißt und im Emmental sogar brüten soll. Am Tage weiden die Vögel, gehen aber zur Nachtruhe in die hohen Baumgipfel der Wälder. Dann erwacht in Bergzabern ein eigenes Leben. Die langen, hölzernen Blasrohre, die oft mit Maulwurfpelz auswattiert werden, damit die Kugeln ja luftdicht liegen, werden jetzt hervorgeholt, Tausende lehmener Kugeln angefertigt, die *Glutpfannen* ausgebessert und die wärmsten Winterkleider angezogen. Dann zieht man bei Anbruch der Nacht partienweise hinaus in die Wildnis des Gebirges bei strengster Kälte, lustig und fröhlich und voll freudiger Erwartung.

Die Berg- und Waldklüfte und Schluchten überdeckt die düstere Nacht, aber in ihren Gründen leuchten wandelnde Feuer. Das sind die Kienspanflammen in den Glutpfannen, während andere mit Rückkörben (Köitzen) und die Schützen mit den Blasrohren folgen. Endlich hat man den Schlummerplatz der Vögel entdeckt; alle Äste der Bäume biegen sich von den dicht nebeneinander sitzenden Böhämmern. Die Kienspanflammen beleuchten eine reiche Ernte, denn es erinnert in der Tat an die Züge der Wandertauben in Amerika. Der Schütze schleicht sich unter die Bäume und richtet das „Blasrohr" nach dem nächsten Vogel, pustet hinein – und lautlos sinkt der Vogel tot zur Erde. Fühlen die Vögel im Schlaf eine Lücke, so rücken sie dumpf und leise zwitschernd, wie im Traum, zusammen. Man sagt, der Fackelschein im Wald blende sie. So schießt jeder *Blasrohrschütze* mit den irdenen Kugeln in einer Nacht oft sechzig bis hundert Böhämmer. Die Vögel sind so fett, daß, wenn man sie rupfen will, man oft die Haut mitreißt, und daß die irdenen Kugeln gewöhnlich in ihrem Fleisch steckenbleiben. Es gehört ein sicherer Blick und eine kräftige Lunge dazu, denn ein einziger Fehlschuß kann die ganze Jagd verderben. Ist nämlich ein Vogel nicht so getroffen, daß er gleich tot niedersinkt, so schreit er auf in durchdringender Weise, und dieser Alarmruf ist dann auch das Zeichen zum Erwachen und Aufbruch für die Vögel. Weithin im Walde, so weit man sieht und hört, braust, rauscht, schreit und lärmt es aus den hohen Gipfeln der Bäume, daß man glauben möchte, der wilde Jäger, der Gott des Sturmes und Wetters sei mit im Anzug. So durchwandern die Bergzaberner oft wochenlang das vogesische Gebiet und dringen bis in die einsamen Waldschluchten und Gebirgstäler von Ramberg, Elmstein und Johanniskreuz, indem sie am Tag schlafen und in den Nächten jagen. Es ist begreiflich, daß diese Jagd viele Liebhaber hat und oft eine wahre Böhämmermanie in der Stadt und der Umgegend einreißt. Das Fleisch des Böhämmers ist bitter wie das des Krammetsvogels, aber noch zarter und gilt als Leckerbissen. In guten Jahrgängen wird sogar noch Handel mit den erbeuteten Vögeln getrieben und sie weithin verschickt. Sie haben auch den Bergzabernern weit und breit in der Pfalz den Spitznamen *„Böhämmer"* verschafft, wahrscheinlich, weil man die Erzählungen von den Böhämmern anfangs für Märlein hielt.

Besehen wir uns nun die protestantische *Bauernlandschaft* im Osten der Stadt. Wald finden wir dort keinen mehr, nur reiches, weithingedehntes Ackerland. Über dem fruchtbaren Hügelrücken im Wiesengrund, der von Dörrenbach ins ebene Land zieht, sehen wir zwei schöne Meiereien, den *Deutschhof* und *Kaplaneihof* einsam in der Vertiefung der großen Fruchtfelder, bewohnt von Mennoniten, tüchtigen Landwirten. Östlich kommt man nach dem abgelegenen reichen Dorf *Dierbach*; wenden wir uns aber auf der Straße von Bergzabern zurück, so stehen wir bei *Oberhausen* auf halbem Weg zur Eisenbahnstation *Winden*. Dahin liegt *Hergersweiler*, überm Bach *Barbelroth*, nördlich von da durch das Wäldchen führt ein Weg über ein weites, fruchtbares Hügelland nach *Mühlhofen*, nächst Billigheim im Klingtal; näher liegt Niederhorbach in einem Tälchen, das von dem nahen *Oberhofen* herabzieht. Eine halbe Stunde östlich

Die Böhämmerjagd in den Winterwäldern bei Bergzabern ist ein phantastisches Unternehmen. Im Hintergrund das Guttenberger Schloß von Bergzabern, an der Straße zur Eisenbahn und am Erlenbach, einander gegenüber, sehen wir *Kapellen und Drusweiler*, wo das idyllische Pfarrhaus mit Garten steht, das in den neunziger Jahren überfallen und ausgeraubt wurde, indes man den Pfarrer mit seiner Familie knebelte. Drusweiler soll das Drusi villa der Römer, ein Landhaus des Drusus, sein, das er sich bei dem Etappenort Tabernae montanae erbaute. Auf dem Weg nach Barbelroth findet man ein *Römergrab*; auch zieht die *Römerstraße* von Speyer ins Elsaß vorbei, und man entdeckte hier römische Münzen von Vespasian und Antonin.

Die ganze Landschaft hat einen idyllischen Chrakter. Es ist das frühere zweibrückische Amt Barbelroth, das unter dem Oberamt Bergzabern stand, ein echter protestantischer Bauernstrich voll vortrefflich angebauter Felder. Die Eisenbahn, das Klingtal und der reben- und kastanienreiche Gebirgssaum schließen diese reiche, wellenförmige Ackerlandschaft ein, die südlich an die katholischen Grenzdörfer am Bienwald stößt. Die Orte sind nicht groß, oft sogar sehr klein, alle aber wohlhabend, ja reich und Bauern, die, einer neben dem anderen, in Dierbach, Winden, Niederhorbach und Oberhofen wohnen, gehören zu den reichsten des Landes. Es ist auch noch viel echtes, *patriarchalisches Bauerntum* hier. Man heiratet das Vermögen gern wieder in die Familie. Dabei hat sich freilich der Bauernstolz in besonders hohem Grad entwickelt; aber man findet auch jene gediegenen Landwirte, die in der Tat die Kraft des Landes bilden. Im ganzen wohnt hier ein tüchtiger, ehrenwerter Schlag Menschen, voll Fleiß und Ausdauer. Dies Dörfer finden wir in alter Zeit beitragspflichtig zur Unterhaltung der Kerzen in der Kaisergruft zu Speyer. So waren sie also Eigentum des Reiches, bis sie später an Pfalz-Zweibrücken gelangten und im 15. Jahrhundert mehrmals verbrannt und verheert wurden. Besonders hart lag aber gerade auf dieser Gegend der Dreißigjährige Krieg. Die Einwohner flüchteten ins vogesische Gebirge, vergruben sich hinter den Wäldern und Felsen und führten hier ein unsäglich jammervolles Leben. Wie die wilden Tiere wurden sie hier von Landsknechten und Reitern, besonders aber von den Kroaten gejagt und grauenvollen Martern hingegeben. Damals (1622) wurde das Dorf *Weiher* oder Weiler zwischen Niederhorbach und Oberhofen abgebrannt, und erstand nicht wieder. Über seine Gassen geht jetzt der Pflug, aber es lebt heute noch im Gedächtnis der Leute. (Siehe die Erzählung „Die Pestjungfer“ in den Novellen von Aug. Becker, Pesth, bei Heckenast.)

Damals versank auch, nach der Sage, eine schwedische Batterie auf der Flucht im „Bruch“ zwischen Niederhorbach und Klingen. Auf den heute so idyllisch freundlichen und fruchtbaren Fluren lag Verwüstung. Nur Dorn und Distel wuchsen, während droben an den Bergen die Weinberge ohne Pflege verkamen. Die Pest und der Hunger würgten noch vollends, was das Schwert der Krieger verschont hatte; zuletzt standen alle Häuser leer, waren nur noch Schlupfwinkel für Wölfe, denen sie die Kroaten streitig machten. Damals kam es in einem dieser Dörfer vor, daß ein elfjähriges Mädchen, um seinen quälenden Hunger zu stillen, mit seinem Haarband einen fünfjährigen Knaben erdrosselte, dessen Fleisch kochte und aus den Gedärmen sich Würste machte. Nach dem Krieg rief man die Bewohner zurück, aber es blieben die meisten Dörfer leer. In Barbelroth waren noch einige wenige, die nicht einmal ihren Schulmeister vom Hungertod retten konnten. In Winden lebte noch ein einziger Mann, und in anderen Dörfern niemand mehr.

Damals kamen wieder viele *Wallonen* und *Hugenotten* aus Frankreich und siedelten sich hier an. Besonders hat sich in Winden aus den französischen Reformierten ein eifriges protestantisches Bauerntum entwickelt, mit patriarchalischen Sitten und eigenen Kirchenverhältnisse. Auch in späteren Kriegen sind diese Dörfer nicht verschont worden; Panduren, Kroaten und Franzosen taten auch im 18. Jahrhundert und während der Französischen Revolution das ihrige, um das Volk zu ängstigen; Räubereien und Plündereien aller Art kamen vor. Heute ist aber diese Landschaft wieder eine der blühendsten der Pfalz. Hier findet man noch jene *stattlichen Bauernhäuser*, wie sie dem Strich zwischen der Queich und Lauter eigentümlich sind. Auf einem Gesims aus Quadern, unter ihm der Keller, steht der eigentliche Bau, zweistöckig mit der Giebelfront gegen die Straße gekehrt, weiß angestrichen, nur die Balken, die Fenstergestelle und Dachgesimse in ihrer natürlichen braunen Farbe. Daneben, durch das Hoftor verbunden, steht oft ein Nebengebäude, schmaler als der Hauptbau. Beide schließen mit der Scheune den Hofraum ein, der durch das große Hoftor, das neben seinen steinern Pfeilern noch einen Eingang hat, geschlossen ist. Im Hofraum überraschen Ordnung und Reinlichkeit. Ein mit steinernen Platten belegter Gang führt gewöhnlich an den Gebäuden hin um den ganzen Hof. Neben den übrigen Ökonomiegebäuden steht im Weinland noch ein Brenn- und Kelterhaus. Die Dörfer sind wenig von Fremden besucht. Ein idyllische Touren liebender Spaziergänger würde hier sicher manchen Genuß finden, dort am „Deutschhof" und von Niederhorbach aus gegen Klingenmünster, wo man, durch die Hohlwege oder über die Anhöhen wandelnd, immer abwechselnde Bilder gewinnt: wenn der Schäfer mit seiner Herde über die Flur zieht, die Mädchen im Felde grasen, der Bauer pflügt und droben von den Weinhügeln Burgen, Kapellen, Kirchen und Dörfer schauen.

Wir wandern von Bergzabern aus, durch die Weinghügel am Saum der Berge hin wieder nach Klingenmünster zurück. Die Strecke von der Lauter bis zur Queich bergauf bergab ist besonders abwechselnd; am schönsten auf der Stunde Weges durch das *Weinhügelland* von Bergzabern nach Klingenmünster. Man überschreitet mit der Straße auf dieser kurzen Strecke vier weinbepflanzte Hügel, zwischen ihnen die lieblichsten Wiesentäler und berührt vier Dörfer, alle reizend in diesen Tälern hinter den Bäumen halb versteckt gelegen. Im ersten Tal von Bergzabern aus liegt *Pleisweiler*, schön am Ausgang eines Gebirgstales. Hinter dem Pfarrhaus sind noch Spuren der Burg zu entdecken, die zum Stift in Münster gehörte. Nur noch wenige Schritte und rechts von der Straße zeigt sich das Dorf Oberhofen, einer der reichsten protestantischen Bauernorte, die wir erwähnten. Weingärten und Fruchtbäume begleiten uns auf der Straße über den nächsten Hügel. Ein schönes Landschaftsbild öffnet sich uns, wenn wir durch die umbuschte „Hohl" gekommen sind und uns etwa dreißig Schritte links auf dem Grasweg wenden.

Unten am Hang des Hügels liegt das Winzerdorf *Gleishorbach*, vor dem sich ein Weidenhain über das Wiesental breitet, im Hintergrund tief bewaldete, tannengrüne Berge. Die Weinberge wölben sich jenseits des Tales, und auf einem vorspringenden, rebenumpflanzten Hügel steht die *Gleiszeller Kirche*, blendend weiß wie ein Schwan oder eine Möwe auf grüner Meereswelle. Hinter ihr blicken noch einige Häuser des hochgelegenen Winzerdorfes *Gleiszellen* aus dem Weinberg und Kastanienwald; dann folgt wieder ein lang sich hinausstreckender Rebenhügel, hinter dem die Burg Landeck, der Münsterer Wingertsberg, die Madenburg und das Neukastel erscheinen, während die Berge der Haardt mit der Rietburg in blauem Duft verschwimmen: ein wunderschönes, liebliches Landschaftsbild, das sich perspektivisch am Saum des Berggeländes hin gestaltet. Besonders schön ist es dort oben, mit herrlicher Aussicht auf die pfälzische und elsässische Ebene bis zum Schwarzwald.

Die *Tracht* der Bewohner ist jener im Klingtal und in der Gegend von Bergzabern überhaupt gleich; „Bätzen" für werktags, Ziehhauben und Nebelkappen für sonntags bei den Weibern, und oft noch die hohe, graue Wollkappe des Oberlandes und der Nebelspalter bei den Männern. Der graue „Zwillichmutzen", ein langer, leinener Rock, ist im Aussterben begriffen.

Die Bauern sind tüchtige Winzer, die einen guten Wein auf ihrem Kalkboden erzielen. Dieser Kalkboden, der die Vorhöhen des Gebirges von Bergzabern bis Klingenmünster überlagert, ist aber schuld an einer auffallenden Erscheinung, die an Steiermark erinnert. Es sind die häufigen *Kröpfe*, die besonders in Bergzabern und Gleiszellen zu Hause sind. Der Mangel an Jodgehalt der Quellen im Kalkboden ist die

Trachten und Landschaft zwischen Bergzabern und Klingenmünster. Im Tal das Dorf Gleishorbach, auf der Höhe die ersten Häuser von Gleiszellen mit der Dionysius-Kapelle

Ursache dieser krankhaften Auswüchse. In Bergzabern besonders, dann auch in Pleisweiler, Gleishorbach und Gleiszellen gibt es leider auch *Kretins* mit allen Erscheinungen dieser unglücklichen Geschöpfe, wie man sie im Walliser Land beobachtet. So fehlt auch diesem schönen Strich die Erinnerung an menschliches Elend nicht.

Wir schreiten unter den großen Nußbäumen hin, durch das anmutige Tal weiter über den Hügel, der die Kirche trägt. Gleiszellen, das saubere Winzerdorf mit seinen abschüssigen Gassen, seinen rebenumlaubten Häusern, liegt hoch oben in einer Bucht, rings von Reben, Obstbäumen und Kastanienbüschen bekränzt. Besonders die zerstreuten Häuser „auf dem Berg" liegen sehr hoch an der Halde des Hatzelbergs; sie gewähren die prächtigste Aussicht nach dem Rheintal. Sie sind wohl die höchsten Wohnungen der ganzen Vorderpfalz, noch höher als die nahe Burg Landeck, die drüben thront. Von Gleiszellen führt ein Weg über die Rebenfelder des Kirchbergs, stets im Angesicht der prächtigen Ebene, steil hinab nach Münster, das nun in seiner vollen landschaftlichen Schönheit wieder vor uns tief unten im Tal des Klingbachs liegt.

Madenburg und Neukastel

Wir halten uns nicht länger in Klingenmünster auf; durch Weinberge führt unser Weg nördlich den Hügel hinan, am St. Niklaskapellchen vorbei zur „Anstalt", dann bergab in einer kleinen halben Stunde von Klingenmünster aus, bei den Steinbrüchen der *„Hammelsbach"* vorüber, zum Fuß des Rothenbergs, auf dessen Stirn die Madenburg thront. Da wird es uns wohl nicht lange unten halten, und durch den Föhrenwald des Pfaffenbergs hinan, versuchen wir den hohen, steilen Berg zu erklimmen. Weil wir dann aber kaum mehr Zeit haben um der nächsten Umgebung der Burg unsere Aufmerksamkeit zu schenken, übersehen wir sie jetzt.

Bei der Mühle am Kaiserbach stehen wir am südöstlichen Fuß des *Rothenberges*. Er trägt die Form eines ungeheuren Bergwalles, dessen Böschungen nach allen Seiten steil abfallen, während tief eingeschnittene Schluchten ihn mehrfach gliedern. Auf dem Vorsprung nach Südosten steht die Madenburg. Ganz besonders schroff und jäh fällt der Rothenberg in die Täler ab und schließt mit hohen Wänden die Schlucht ein, an deren Ausgang zur Ebene das Dorf Eschbach liegt; westlich hängt er durch ein Loch mit dem Sonnenberg zusammen, auf dem die drei Burgen des Trifels stehen, ebenso mit dem Rehberg, dem Neukastler- und Hohenberg. Diese Berggipfel bilden dadurch eigentlich nur einen einzigen, schluchtenreichen, vielgliederigen und gesprengten, besonders aber durch die Burgen, die seine Felsenspitzen krönen, interessanten Gebirgsstock. Mit ihm schließt sich der Vogesenzug an der Queich in seiner charakteristischen Gestaltung ab, denn jenseits beginnt die zusammenhängende Bergreihe der Haardt. Wir wissen bereits, daß der nördlich auslaufende Hohenberg im Queichtal bei Albersweiler Granit zeigt. Geologisches und mineralogisches Interesse bietet der Rothenberg selbst. In den roten Steinbrüchen kann man die Gewalt und den Druck erkennen, den aus der Tiefe aufgestiegene Diorite zersplitternd auf den Vogesensandstein ausgeübt haben. Gleichsam wie gebrannt erscheint die Natur dieser Felsen. Das tritt besonders an den südwestlichen Halden gegen das Tal des Kaiserbachs und bei Waldhambach hervor. In diesen Dioritmassen findet man schöne Achatkugeln und im lockeren Gestein an den hohen Talrändern besonders Amethystkristalle, von schönstem veilchenblauem Glanz und von einer Größe, wie man sie selten sieht.

Hinter Eschbach, auf dem Weg zur Burg und auf dieser selbst, bieten Kinder *„versteinerte Vogelzungen“* als Merkwürdigkeiten an; diese Vogelzungen werden jedoch als Zähne eines Haifisches erkannt. Der auf jenem Weg sich vorfindende Kalkstein enthält schöne Austernschalen, damit wir ja auf einer Tour zur Madenburg so recht an jene großen Erdrevolutionen erinnert werden, wo Feuer- und Wassergewalten den Erhöhungen unseres Planeten jene Formen gaben, die besonders wunderbar sich auf der Madenburg darstellen. Der „Rothenberg“ hat seinen Namen von seinem dunkelroten Gestein und Sand. Er ist stark überwaldet, meistens mit Föhren. Seine gegen die Rheinebene gekehrten Hänge tragen auch Kastanienhaine und schöne Weinberge. Der „Eschbacher Rote“ hat sogar einen Namen unter den Pfälzer „Oberländern“. Wenn man auf dem Weg zur Burg von Klingenmünster her den Föhrenwald des „Pfaffenbergs“, eines Vorsprunges des Rothenbergs, steil bergan durchwandert hat, gelangt man auf halber Höhe nochmals zu steinigen Fruchtfeldern, von denen aus man wieder durch den Wald die schroffe Bergspitze vollends zu erklimmen hat. Dieser Wald gehört heute Privaten und bildete sonst die „Rothenburger Geraide“. Das *Geraideschloß Rothenburg*, von dem sich ein bekanntes, edles Geschlecht, die „Streif“ und „Blicker“ von Rothenburg, geschrieben, stand einst hier. Ebenso das eingegangene *Kaltenbrunn* mit einer Kapelle auf der Ostseite des Berges, die „Kaplanei des roten Berges“, – rubri montis.

Das Weinorf *Eschbach*, von dem aus die Madenburg, die auch den Namen „Eschbacher Schloß“ führt, gewöhnlich besucht wird, liegt am östlichen Fuß des Rothenbergs und schaut aus seinen Weinbergen freundlich herüber. Außer dem guten roten Wein bietet es nichts. Über den nördlichen Weinhügel kommt man, das Auge stets nach dem hohen, felsenstarren Neukastel gerichtet, in kurzer Zeit nach *Leinsweiler*, das sich zu beiden Seiten des Flurbächleins, malerisch um seine alte Kirche gruppiert, tief unten am Fuß des Neukastels sich in sein grünes Versteck hüllt. Das Dorf ist klein und ist, im Gegensatz zu Eschbach, von lauter Protestanten bewohnt, die meistens wohlhabende Leute sind.

Über dem nächsten Hügel liegt das katholische Dörfchen *Ransbach*, und von dort einige Schritte hinab gegen das Siebeldinger Tal das protestantische *Birkweiler*; lauter Weinorte von geringer Größe, bis im Siebeldinger Tal wieder die großen Orte beginnen. Das „Flurbächlein“ fließt von Leinsweiler nach dem nahen *Ilbesheim* und *Wollmesheim* an der Kalmit vorüber zur Rheinebene, indem es von Leinsweiler an abwärts ein höchst liebliches, rebenumkränztes Wiesentälchen, ein desto wilderes und groteskeres aber vom Dorf aufwärts ins Gebirge bildet, das zwischen den schroffen Hängen des Rothenberges und des Neukastler Berges als eine tiefe, waldige Schlucht erscheint, aus deren Hintergrund die hohe „Münze“ des Trifels von ihrer Felsenhöhe blickt. Ein Felsenweg führt durch dieses Tal auf jenes Bergjoch hin, das eine Brücke zwischen den obengenannten verschiedenen Berghöhen bildet, und auf diesem Weg hat man bei den verschiedenen Krümmungen die besten Ansichten des Trifels, der unvergleichlich schön den Hintergrund dieser Berg- und Waldschlucht schließt und von Leinsweiler aus in drei Viertelstunden zu erreichen wäre. Überhaupt ist dieser Strich von Eschbach über Leinsweiler und Ransbach hinüber zum Siebeldinger Tal reich an schönsten landschaftlichen Kontrasten, die noch das *Neukastel* auf der kahlen Stirnhöhe eines dieser Berge erhöht. Aus dem Dörfchen unten führt ein Weg zu dieser Felsenburg. An der halben Höhe des Berges steht, weit über das Land schauend, an erhabener Stelle ein *Meierhof*, auch „Neukastel“ genannt, mit einer guten Wirtschaft. Weithin im ebenen Land, von den Höhen des Schwarzwaldes und vom Hügelland des Elsasses herüber, sieht man ihn am südöstlichen Hang der Vogesen wie ein zweites Bergschloß das Land beherrschen, während über ihm der Felsen des Neukastels starr und öde in die Luft ragt. Wo die Weinberge schon aufgehört haben, beginnt an den Halden des Berges um den Meierhof her das Ackerland, das seinen steinigen, roten Grund zeigt und hier auf solcher Höhe allen Wettern und Winden aus der Ebene und den Vogesenklüften ausgesetzt ist. Die Aussicht, bei der man hier sein Glas Wein trinkt, läßt einen jedoch das vergessen.

Höher oben auf der Burg findet man nur noch wenige Spuren eines in den Felsen gehauenen Saales und anderer Gewölbe, die allein noch die Stelle des alten, römischen Castells und der späteren Reichsfeste andeuten. Gleich dem nahen Trifels war es freie Feste des Reiches, zuletzt eine zweibrückische Besitzung, so daß sie völlig das Schicksal des nahen Trifels teilte. Jener unglückliche Prinz, *Herzog Caspar*, residierte hier in seinen besseren Jahren. Später bezog Herzog Johann Casimir, der Vater und Großvater der heldenmütigen schwedischen Könige, Karl Gustavs und Karls XII., das Neukastel. Im Bauernkrieg war dieser Apanagesitz der zweibrückischen Wittelsbacher schon ausgebrannt worden, blieb aber der Sitz des großen Oberamts am vorderen Wasgau, bis dieser 1680 nach Bergzabern verlegt wurde, als Monclar von Landau aus auch das feste Neukastel schleifte. So sieht die einstige Reichsfeste nur noch als starrer, kahler Fels auf das romantisch versteckte Leinsweiler und die übrigen Dörfer der reichen Ebene herab. Die Aussicht ist ebenso ausgedehnt und entzückend über die Rheinebene wie wild und bizarr in die nahen Gebirgsschluchten, und ohne die Nähe des Trifels und der Madenburg wäre das Neukastel einer der berühmtesten Punkte dieser Vogesenkette, während es jetzt, von den Nachbarburgen verdunkelt, kaum genannt wird, obgleich seine Lage und Gestalt die auffallendste an der ganzen vorderen Bergreihe ist.

Wir versetzen uns wieder von Leinsweiler über Eschbach, am Fuß des Rothenbergs hin, eine starke halbe Stunde rückwärts in das *Tal des Kaiserbachs*, bei der „Kaiserbacher Mühle“, die in der engeren Talöffnung malerisch am Fuß des „Heidenschuh“ und des Pfaffenbergs in Pappeln, Erlen und Weiden verhüllt liegt. Die Mühle ist uralt; sie kommt schon im Jahre 1238 vor. Das Tal heißt *„Hambacher Tal“*, wegen des Dörfchens Waldhambach in seinen Gründen. Es trägt anderen Charakter als das des Kling- oder Erlenbachs, ist zwar auch eng auf der Talsohle, aber oben treten die Berge weiter auseinander und steigen zu besonderer Höhe empor. Rechts oben thront die Madenburg und die Hänge des Rothenbergs ziehen sich in weitem Bogen herum. Im Hintergrund steht breit und majestätisch die frei von allen Seiten emporragende, dunkle Pyramide des Rehbergs, ihm zur Seite stehen die Vorwächter der Pfälzischen Schweiz: die Felsenkegel und Steintürme des Rehfelsens, Lebersteins, Hahnen- und Hundsfelsens, links zeigt sich der Koloß des Treitelsberges. Das Wiesengrün des Tales kontrastiert auf die lieblichste Weise mit den verbrannten, zerrissenen, schwarzbraunen und dunkelrot gefärbten Dioritmassen, die als umbuschte Brüche links und rechts die Talränder begrenzen. Hoch oben auf den Rändern dieser Brüche werden jene schönen Amethyste und Achate gefunden; der Diorit wird als Material für die Straße benutzt, die wir wandeln und die Klingenmünster mit Annweiler verbinden soll. Es lag früher hier noch das Dörflein *„Frauenhausen“* im Tal versteckt. Nach der Sage sollen die Kaiser, wenn sie auf dem Trifels weilten, öfter an diesem Bach gefischt haben, woher er auch den Namen Kaiserbach erhalten hat. Damals soll des Müllers Töchterlein an den kaiserlichen Hof gekommen, Haushälterin oder gar Kaiserin geworden sein; das weiß man so genau nicht mehr.

Bei der Wanderung durch das Tal zeigt sich die *Madenburg* rechts oben auf der Bergkuppe gleich einer lang hingestreckten morgenländischen Burgstadt, so sehr sind ihre Ruinen ausgedehnt. Auch auf der Nordost- und Südostseite von der Ebene aus erscheinen die Trümmer besonders groß und weit ausgedehnt; klein aber von der Südseite, weil sie hier ihre schmal auf den Felsen auslaufende Stirnseite zeigt. Die Besteigung von Eschbach oder der Kaiserbacher Mühle aus ist gleich beschwerlich, denn der Berg ist

Ansicht der Madenburg, im Volksmund „Eschbacher Schloß“, aus dem Wiesental südlich von Waldrohrbach. Rechts der Leberstein, links der kleine Rehfels

hoch und sehr steil. Aber alle Mühe findet man oben reichlich belohnt. Die Madenburg ist eines der größten und sehenswertesten Bergschlösser und gewährt vor allen Burgen am Rhein die großartigste, schönste und wechselvollste Fernsicht.

Wir finden oben *Bauten aus verschiedenen Jahrhunderten,* manche noch wohlerhalten mit geschlossenen Gemächern und Gewölben, andere wieder verfallen und in arger Zerstörung. Weithin gedehnte Ringmauern umgeben die Burg. Von Südwesten und Nordwesten führen Zugänge hinein; jener vom Tal des Kaiserbachs aus geleitet durch das äußere Tor in den Zwinger bis zu dem starken, halbverschütteten Bogen, dem gegenüber sich der Haupteingang öffnet. Hier ist einer der besten Punkte für die Aussicht ins Gebirge. Das *Portal* zeigt die Jahreszahl 1549 mit Wappen und Inschrift. Ein geräumiger *Schloßhof* umfängt uns, rund umschlossen von Mauern und Gebäuden und nur nach Nordosten offen, so daß der Blick gleich hinaus irrt in endlose Weiten auf ein herrliches, blühendes, kaum mit dem Blick zu ermessendes Land. Rechts vom Hauptportal führt eine Felsenstiege auf eine breite Felsenplatte mit einigen Gebäuden. Der Burghof zeigt in seiner Verlängerung nach Südost die selten besuchten *Räume des älteren Schlosses*, die ursprüngliche Madenburg, Maidenburg oder Madelburg; die Räume sind mit wildem Getrümmer und Gesträuch erfüllt; ein großes Kellergewölbe findet sich im Felsen. Am Hauptgebäude und an den *neueren Schloßbauten*, deren breite Front sich uns links darstellt, fallen uns wieder Inschriften und Wappen auf, bis uns dunkle Gemächer umfangen. Eine Treppe führt in den oberen Stock, wo sich noch wohlerhaltene Säle zeigen. An diesem Bau, zu dem, über eine hohe Treppe am runden Turm der Vorwerke vorüber, der schroffe Fußweg von Eschbach heraufführt, fällt uns der zierliche Stil auf. Zwei Türme mit Wendeltreppen erinnern an die Zeit der Renaissance, ja selbst Übergänge zum Zopf sind schon bemerklich. Unter den mannigfachen Verzierungen, dem Ornamentalschmuck und den seltsamsten Launen der Baumeister, sehen wir auch manches Wappen der speyerischen Bischöfe, die diese Burg mit der fürstlichen Pracht des 16. Jahrhunderts ausstatteten. So erzählt eine *Inschrift:*

„Maydenburg bin ich genannt,
Pfalzgraf Jörg hob mich oss der von Würtemberg Hand,
1516 nahm er mich ein, hat mich Maria zu eigen gegeben,
Gott der Herr geb ihm das ewig' Leben."

Unter diesen Gebäuden des jüngeren Schlosses befindet sich eine Reihe von großen Gewölben und Kellern, die durch ihre Ausdehnung und kühne Spannung unsere Aufmerksamkeit erregen. Prächtige Lärchenbäume ragen aus der schwindelnden Tiefe, in die hier der Rand der Schloßhöhe abstürzt; auf dem schönen, freien, erhabenen Grasplatz hinter der Ruine befand sich einst der *Schloßgarten.*

Die Madenburg galt von jeher als eines der prächtigsten und festesten Bergschlösser am Rhein. Ursprünglich, als Lehen der Abtei Klingenmünster, besaßen sie die Grafen von Leiningen, von denen sie an den tapferen Friedrich von Fleckenstein, später an die Edeln von Landeck und Heideck und von diesen an Württemberg, dann an Bischof Georg von Speyer aus dem pfalzgräflichen Hause, wie jene Inschrift sagt, kam. Im Weißenburger Krieg erstieg 1470 der pfälzische Vasall Friedrich von Rosenberg zur Nachtzeit die Madenburg und gewann sie dem Fleckensteiner ab. Im Bauernkrieg wurde die Burg vom Nußdorfer Haufe gewonnen. Der Bischof hatte den Hauptmann *Niklas Wynstall* mit einer Bauernrotte aus dem Lauterburger Oberamt auf das Schloß gelegt, um es zu schirmen; als aber jetzt die anderen vor den Toren erschienen, ließ man sie herein, machte gemeinschaftliche Sache mit ihnen und der Haufe ergoß sich in Keller und Gemächer, jubelte, soff und warf zuletzt die Brandfackeln in das reiche Schloß. Aber bald saßen auch die Rädelsführer hier in den Felsentürmen, und die speyerischen Bauern der Umgegend mußten die Madenburg auf eigene Kosten wieder aufführen. Anno 1552 fiel der wild *Markgraf Albrecht Alcibiades* in die „Pfaffengasse des Reichs" ein. Seine schwarzen Reiter streiften im offenen Land, um es zu brandschatzen. Aber die bischöflichen Ämter Madenburg, Landeck und die Propstei Weißenburg zahlten nichts; in wildem Sturm wurde die Madenburg erstiegen, und wiederum leuchteten die Flammen derselben weithin über das Land. 1622 stürmte sie Graf von Löwenstein, Mansfelds Obrist, dann eroberten Franzosen, Schweden und Kaiserliche abwechselnd die

Burg, während sie in der Zwischenzeit der Schrecken der reformierten Dörfer der Umgegend war, denn der speyerische Faut auf Madenburg, ein *Fust von Stromberg*, und der Amtkeller Christoph Rebstein zogen mit Bewaffneten umher, zwangen die Protestanten mit Gewalt in die katholischen Kirchen, nahmen ihnen die eigenen Kirchen weg und verjagten die Pfarrer. Anno 1680 wurde die Burg von General Monclar von Landau aus geschleift. Seitdem liegt sie in Trümmer. Hierher will man Uhlands Romanze: „Drei Fräulein sah'n vom Schlosse" verlegen.

Den Landauern ist die Madenburg ein Lieblingsausflug, und oft kommen aus weiter Ferne, besonders aus dem Elsaß, große Partien hierher. Im Jahre 1843, als in Landau das große Musikfest war, wollte man auf der Madenburg am 6. August den *Vertrag von Verdun*, den tausendjährigen Bestand des Deutschen Reiches, feiern. Am heiteren Morgen strömte eine unzählbare Menschenmenge von allen Seiten nach dem „Eschbacher Schloß". Es schien die zweite verbesserte Auflage des Hambacher Festes werden zu wollen. Die Hälfte des Publikums bestand aus Damen. Da begann der Himmel einen Angriff auf die Burg und ihre überstarke Besatzung. Über die Felsentäler des Vogesus stiegen Sturmwolken herauf, und nun entlud sich ein wahrhaft sintflutliches Wetter, da sie sich mit ihrem ganzen Wassersegen um die Burg legten. Anfangs hielt man tapfer aus, flüchtete dann in die Gewölbe und Gemächer, die nur zu schnell angefüllt waren. Endlich aber begann der Rückzug den steilen, schlüpfrigen Berg hinab durch die unten lagernden Wolkenmassen, voll tragikomischer Szenen, bei denen besonders die Damen in ihren weißen Kleidern auf den rotschmutzigen Pfaden des hohen Berges in große Not kamen. Das war die „große Retirade", die *„Eschbacher Rutschpartie"*, von der man noch lange nachher lachend erzählte; und so war die Feier des tausendjährigen Bestandes des Deutschen Reiches ominös genug zu Wasser, bei vielen aber zu Wein geworden.

Auch für eine spätere politische Schloßpartie wurde die Madenburg gewählt, als im Sommer 1848 die Häupter der Linken des deutschen Parlaments von Frankreich aus die Pfalz besuchten. *Robert Blum, Simon, Vogts* etc. machten unter großem Zudrang des pfälzischen Volkes eine Partie auf das „Eschbacher Schloß", wo offene Tafel gehalten, Trinksprüche gebracht und in aller Fröhlichkeit und Heiterkeit geplaudert, geredet, gesungen, gegessen und getrunken wurde. Nach Robert Blums Tod setzte man ihm ein einfaches Denkmal auf der Burg; es wurde bei dem Umschlag der Dinge zerstört.

Und nun zu der berühmten *Rundsicht* der Burg, die sich neben die schönsten Fernsichten stellt und in ihrer Art einzig ist. Sie läßt sich natürlich nicht mit denen der Alpenländer vergleichen; wer schneebedeckte, himmelhohe Berghäupter, blaue Seen und weite Gletscher sehen will, mag den Weißenstein, den Rigi, Peißenberg oder Schaafberg besteigen. Aber wenn er unmittelbar von dort hierher träte, würde er doch gefesselt stehen von dem Anblick, der sich ihm hier bietet; denn die Ferne und Nähe tut sich gleich schön auf und die Kontraste sind so groß, wie sie irgendwo sein können. Nach Nordosten, Osten und Südosten, wo der Berg sich schroff in die Tiefe senkt, breitet sich die ganze oberrheinische Ebene vom Melibokus bis hinauf in die Schwarzwaldberge des Breisgaues vor uns aus. Ein herrlicheres Gemälde eine reichen, schönen Landes kann man nicht wieder schauen. Hundert und abermals hundert Dörfer und Städte tauchen aus dem Grün des weiten Landes, am fernsten Horizont recken noch über die Wölbung der Erde der Dom zu Worms und das Münster zu Straßburg ihre Riesentürme zum Himmel empor. Hessen, Baden, das Elsaß und die Pfalz zeigen ihre schönsten Gaue und Landschaften, weithin umschlossen von der Schwarzwald- und Odenwaldkette und durchflossen vom silberblinkenden Rhein, der leider nur etwas zu entfernt ist, um dieses Land und diesen Blick zu einem der schönsten der Erde zu machen.

Gleich einem ungeheueren, mit allen Farben der Natur geschmückten Teppich liegt die Ebene zu unseren Füßen, am nächsten die *Umgegend von Landau* mit den Hunderten von großen Dörfern. Wenn im Herbst der Nebel teilweise das weite Land deckt und uns täuschend einen großen, wogenden See vor Augen führt, dann wähnen wir uns an weiter, prächtiger Meeresbucht. Der Blick längs der Vogesen und der Haardt hinauf und hinab auf das goldene Weinland und seine burggekrönten Bergkuppen ist immer gleich schön und bezaubernd. Nur gegen Süden, über die waldigen, tiefgrünen Kuppen der Berge in der Mundat, läßt die Kuppel des Treitelsberges keine Aussicht zu, und ebenso verdeckt nach Nordwesten den Blick auf den Trifels der waldige Bergwall des Rothenberges und die über ihn emporragende Pyramide des Rehberges. Aber wenn

Die Madenburg gewährt einen herrlichen Blick in die „Pfälzische Schweiz" und den tiefen Wasgau

auch die Aussicht hierin hinter der vom höheren Treitelsberg zurücksteht, so dient doch gerade diese Beschränkung dazu, um den Blick gegen Südwesten zu einem unvergleichlich schönen zu machen, da das steinerne Feen- und Riesenland, in das wir jetzt schauen, durch die höheren Berge in die prachtvollsten Rahmen gefaßt ist. So sehr uns die Aussicht auf die weite Ebene fesselte, der Blick in das Innere des Wasgaues überbietet sie noch. Vom Platz beim Bogen vor dem Hauptportal oder von einer Stelle im inneren Schloßhof oder auch vom früheren Schloßgarten auf dem Rasenhügel hinter der Burg, ist der Blick gefesselt durch dies Wunderland der „Pfälzischen Schweiz", am bezauberndsten aber vor dem Fenster an der Mauer der westlichen Vorwerke.
Vor uns im tiefen Tal liegt reizend schön das Dörfchen *Waldhambach* im Vordergrund. Hinter ihm erheben sich die Vorwächter der „Pfälzischen Schweiz" zwischen dem offenen Tor, dessen Pfeiler jene zur Seite stehenden hohen Berge bilden; in einer Reihe stehen da der Hundsfelsen, Hahnenstein, Rehfelsen und Leberstein. Über ihre Felsenhäupter dringt nun der Blick und weiß nicht, wo er haften soll; denn neben- und hintereinander stehen hier die Felskolosse, da einzeln, dort in Gruppen: abenteuerlich, phantastisch, oft; alten Burgtrümmern gleich, und zwischen ihnen hin zieht in arkadischer Ruhe das Gossersweiler Tal mit seinen Dörfern.
Wenn man auf dem Treitelsberg zu hoch steht, um den rechten Genuß beim Anblick dieser Felsenwelt zu haben, so stellt sie sich von der Madenburg aus in der schönsten Perspektion dar, daß man wie ein Träumender das Auge umherirren läßt in dieser *steinernen Riesenwelt,* deren gekrönter König, der hohe Lindenboln, das Lindenbrunner Schloß auf seiner Stirn trägt. In weiter Ferne öffnet das Tal von Dahn seine Wunder, und diese ganze Landschaft, der auch selten die rechte Beleuchtung fehlt, schließt

ein dunkler Bogen waldiger Bergreihen ein, hinter denen die sinkende Sonne ihr Licht hervorschimmern läßt, um einen Glanz und einen Duft über sie zu verbreiten, der sie als ein *Feenland* in voller magischer Herrlichkeit erscheinen läßt. Einen Blick von so romantisch-phantastischer Schönheit hat man nirgends wieder. Was die gewaltigen plutonischen und vulkanischen Geister im Kampf mit den neptunischen Wunderbares schufen, liegt hier vor unseren Augen. Und wenn die Nebel über die Täler wallen und die Wolken die Bergkuppen streifen, dann scheint dieser Kampf von neuem zu erwachen; in beginnender Dämmerung rücken die Felsenriesen unheimlich einander näher und die hohen, plumpen Kolosse rühren und regen sich. Aber die Täuschung wechselt und wie ein gewaltig wogendes, erstarrtes Meer, aus dem hohe, nackte Klippen ragen, liegen die Vogesen wieder vor uns. In dies Felsenland geht jetzt unser Weg.

3. *Die Pfälzische Schweiz*

Wenn wir sagten, daß der Wasgau dem Reisenden noch mehr bieten wird als die schöne, heitere Haardt, so wird sich das nach und nach beweisen. So dicht wie hier liegt das Interessante selbst dort nicht beisammen, und das „Berggelände von Klingenmünster" mit seinen mannigfaltigen idyllischen und romantischen Reizen und mit der glänzendsten Fernsicht der Pfalz auf der Madenburg legt sich nur wie ein schöner prächtiger Vorhang vor den inneren Wasgau, so daß wir oft genug gleichsam durch seine Falten einen Blick in jene Felsenwelt gewinnen. Hier zeigen sich die Vogesen in so seltsamen und originellen Gestaltungen, in so phantastischen Formen des bunten Sandsteins, wie er ihm sonst nicht zukommt und nur vulkanische Massen zeigen ähnliche Erscheinungen, wie z. B. die Basaltfelsen von le Pui in Velay, einzelne Partien in der Eifel, und nur in der sogenannten „Sächsischen Schweiz" nimmt der Sandstein annähernd ebenso seltsame Formen an.

Was nun den Namen „Pfälzische Schweiz" betrifft, so ist er so viel oder so wenig gerechtfertigt wie bei der „sächsischen", „fränkischen" oder gar „märkischen" Schweiz. Denn die Erhabenheit der Alpen wird man hier vergebens suchen; aber das Wilde, das Wildromantische in der Natur, das Groteske, Phantastische und Schauerliche wird uns auf jedem Schritte geboten; überhaupt ist der ganze Charakter des Gebirges ein anderer als in den Alpenländern; keine Wasserfälle, keine Gletscher, keine grünen Almen und Matten finden wir hier, aber wohl grüne, von klaren Flüßchen durchschlängelte Täler zwischen bewaldeten, kegelförmigen Bergen oder Hügel, deren untere Halden rundherum rotes Ackerfeld umgibt, während sich oben der Kiefernwald lagert und auf der Spitze ein hoher Felsturm emporragt, von dessen Haupt Tannen und Birken wie Helmbüsche nicken. Dann ragen solche Türme wieder an den Halden der höherer Berge in die Luft oder die Felsen bilden zackige, fortlaufende Bergkämme, überhängende rotbraune oder moosgraue Platten, zerbröckelt, verwittert, gleich Ruinen einer zertrümmerten Welt und noch für Ewigkeiten fest. Oft zaubern sich uns menschliche Figuren vor Augen, eine Riesenwelt, oft eine Reihe von Felsenburgen und dann treffen wir eine mittelalterliche Ruine hinterm Gestein versteckt, wo wir es gar nicht vermuteten.

So ist dieser Strich zwischen der Queich und der Lauter im „inneren Wasgau" der *merkwürdigste der Pfalz*; hier zeigen sich die Vogesen in ihrer originellsten Form. Mögen plutonische und neptunische Kräfte hier gewirkt haben, Luft und Wetter wirken noch heute und der Wassertropfen bildet Jahr für Jahr an diesen Wunderbauten der Natur. Schaffend und zerstörend äußern sich so die Kräfte der Natur, und selbst in den Sinn und die Hand des Menschen fährt ein Teil dieser Kraft, wie denn ihre Schöpfungen auf diesen Felsen das Gepräge des Kühnen und Gewaltigen tragen. Wollte man nun hier ein weites, wüstes Felsenmeer suchen, so würde man sich getäuscht sehen; denn in

schönstem Kontrast durchbrechen liebliche, frische, grüne Tälchen, Kessel und Schluchten diese starre Welt nach allen Seiten. Darin liegen zahlreiche friedliche Gebirgsorte und die Kultur hat sich eingenistet, wo nur Wald und Felsen Raum boten. Das sehen wir schon auf dem Weg von der Madenburg hoch an den Südhalden des Rothenbergs zum Trifels, der auch von Leinsweiler und Ranschbach aus bestiegen wird.
Durch tiefen Wald führt unser Weg von der Madenburg weg an den steilen Halden hin, während er hie und da herrliche Perspektiven in die „Pfälzische Schweiz" zuläßt, wenn er sich um die Vorsprünge des Rothenberges windet. Tief uns zur Seite senkt sich das Tal des Kaiserbachs, drüben vom Heidenschuh und Treitelsberg eingeengt, in seinem Grunde das Dörfchen Waldhambach, malerisch um seine Kirche gruppiert. Wir sind an die weitvorspringende Halde gelangt und sehen das Dörfchen tief unter uns liegen. Seine Bewohner sind wie die des Gossersweiler Tales meistens arme Katholiken; viele nähren sich als *Hausierer*, manche als vagierende Scherenschleifer, Buchbinder, Haftenhändler etc. Jenseits über dem Dörfchen, uns gegenüber, starrt auf dem schönen Pyramidalkegel der kleine *Rehfels* und daneben der Hahnenstein, weit hinauf angebaut, oben von Wald umgeben, dahinter ragt der burgartige Doppelfels des Lebersteins, von Falken und Raben umschwebt, aus dem Bergfelde südlich von Waldrohrbach gegen Sülz hin und dem Treitelsberg näher gegen Mönchweiler der hohe imposante *Hundsfelsen*. Über ihre Häupter hin schweift der Blick in die Wunderwelt des Gosserweiler Tales. Uns gegenüber, hoch über alle anderen Berge, strebt gleich dem Treitelsberg die tiefbewaldete dunkle Pyramide des schroffen *Rehberges:* Auf seiner Spitze ragt ein gewaltes Felsenlager aus dem Wald. Der Sage nach trug es einst eine Burg und die Edeln von Rehberg kommen wirklich in der Geschichte des Landes vor. Großartig, weit und eigentümlich schön ist die Rundsicht von dieser Spitze. Der hohe Trifels und die Madenburg liegen tief unten und das ganze Gebirgsland der Pfalz und die weite Rheinebene öffnen sich. An seinen Halden hinauf führt ein Weg von Waldhambach her durch dunklen Buchenwald auf das Bergjoch, das ihn mit dem Rothenberg verbindet. Wir treten jetzt plötzlich aus dem Walde des Rothenberges auf jenem Bergjoch zur freien Halde aus den duftigen Fichten, Tannen und Buchen – und wir stehen überrascht, staunend und bewundernd still. Denn vor uns liegt, wie vom Himmel gefallen, der

Trifels

in seiner ruinösen Herrlichkeit auf drei hintereinander liegenden, dunkelbewaldeten Felspyramiden, zu seinen Füßen eine tiefe Talschlucht, in der sich das Dörflein *Bindersbach* versteckt, und weiter hinaus ein von der Sonne und dem Sandstein rot gefärbtes Stück des Annweiler Tales mit den Häusern des Städtchens Annweiler. Die Bergmasse des Rehberges, hinter ihm der *Asenstein* und drüben der Adlersberg fassen das prachtvolle Bild ein, so recht ein „historisches Landschaftsbild" sondergleichen. Obgleich wir den Trifels schon mehrmals aus der Ferne gesehen haben, ist doch der Eindruck seiner großartigen Erscheinung an dieser Stelle ein überwältigender, der von den historischen Erinnerungen, die sich an die alte Kaiserburg knüpfen, nur noch geheiligt und gehoben wird. Hochberühmt war er von altersher und schon *Rudolf von Ems*, ein Zeitgenosse der letzten hohenstaufischen Kaiser, singt in seiner Weltchronik:

„Och, sollt ir vil wol wissen daz,
Da zwischen Strasburg, als ich las,
Un Spire lit drilic berc,
Als uns seit der warheit werc;
Davon er drivels ist genant,
An allen landen wol bekant."

Der Trifels ist die Perle in der Krone von all den Burgen des Mittelalters, die Deutschlands und Europas Berge krönen. Die Wartburg nicht ausgenommen, hat kein anderes Bergschloß diese große Geschichte; es ist ja die Geschichte des deutschen Reiches selber, der untergegangenen Größe und Macht unseres Volkes, das wenig mehr von seiner

Die Burgdreifaltigkeit: Trifels, Anebos, Scharfenberg

einstigen Herrlichkeit hat wie der Trifels, der in Trümmern liegt. Doch es sind gewaltige Trümmer und Ehrfurcht erweckend noch in ihrem Fall, und aus dem Schutt erhebt sich die Poesie und der Geist der alten Zeit und wir lullen uns ein in die Träume von der großen Vergangenheit und von der schönen Zukunft, die kommen wird, wenn der alte *Barbarossa* im unterirdischen Gewölbe der Burg erwacht aus seinem langen Zauberschlaf. Dann wird sein Volk wieder einig und stark werden vor den Völkern der Erde und das Reich wird mächtig sein, wie damals, als der Kaiser hier auf seiner Lieblingsburg wohnte und Europa sich vor ihm beugte. Aber wann wird das sein? Wann kommt die rechte Stunde des Erwachens?

Lage, Geschichte und Sage vereinigen sich, um für den Trifels das Interesse zu erregen, das er vor allen anderen Burgen der Pfalz für sich in Anspruch nimmt. Kühn streben diese Bergkegel aus dem Tal der Queich empor, der schönste Buchenwald umfaßt ihre Hänge und die Spitzen krönen die gewaltigen Türme und festen Mauern auf noch gewaltigeren Felsenlagern. Die uns zunächst liegende der drei Burgen heißt im Volksmund „Die Münz", in den Chroniken jedoch *Scharfenberg*. Sie steht in gewissen Beziehungen zu dem nahen Schloß Scharfeneck, das aus den Tiefen des Haardtgebirges herüberblickt. Wer sie besteigen mag, kommt nur mit einiger Mühe durch die große Wildnis, die sich über die Ruine und den Berg lagert. Beständig rollen Trümmer und Gestein herab, als suchten die Burggeister oben ihren einsamen, gebannten Aufenthalt zu schützen.

Man kommt beim Hinanklimmen an einer Felsenreihe vorüber; zwölf Schuh hoch vom Boden ist eine Türöffnung, zu der eine Felsentreppe führt. Der Eingang des sonst 150, jetzt nur noch 80 Fuß hohen massiven Turms führt zu einem dunklen Gewölbe, das von einem Felsstück geschlossen ist. Ein tief in den Fels gehauener, mit Quadern ausgemauerter Graben läuft um ihn. Die Aussicht von der Höhe ist außerordentlich lohnend und erstreckt sich über die beiden anderen Burgen in das groteske Tal der Queich, über den Asenstein in das noch wildere Gossersweiler und Dahner Tal und durch die östlichen Bergschluchten in die weite Rheinebene.

Ein schöner Waldweg führt von dem Standpunkte aus, wo wir die Ansicht der drei Berge zuerst hatten, am Abhang des Berges hin, von dem der hohe Turm der *„Münze"* finster herunterblickt, und weiter am zweiten Burgweg hin, der die noch mehr zerfallene Mittelburg *Anebo*s trägt; ihre Trümmer bieten noch mehr ein Bild des Zerfalls und wilder Verwüstung. Nur hohe Felsengrate ragen aus dem Wald über den wilden Bergrücken; die Spuren einer Ringmauer, sowie die in einen breiten Felsspalt eingehauene Treppe, die in ein tiefes Gewölbe führte, lohnen nicht die Mühe des Ersteigens.

Wir haben jetzt den Kegel, auf dem die *Hauptburg*, der eigentliche Trifels, thront, erreicht. Eine Talschlucht trennt ihn von den beiden anderen Bergspitzen und alle drei ruhen auf der gewaltigen Masse des *Sonnenberges* oder des Haags, wie der dreifältige Berg auch genannt wird. Ein freier, geebneter Rasenplatz breitet sich hier in beschränkter Runde aus, der *Tanzplatz*. Über ihm steigt ein ungeheuerer, überhängender Felsen empor, der sich düster über den Buchenwald neigt und uns jetzt die ganze Burg mit ihren Türmen verdeckt. Schon dieser Anblick macht einen gewaltigen Eindruck und wir staunen über die große Vergangenheit, die auf diesen Felsen ihre Paläste gebaut hat.

Der Weg fängt an zu steigen, windet sich rund um den Berg durch den tiefen Schatten des Buchenwaldes. Endlich stehen wir vor Quadermauern, zur Rechten ein hoher, massiver Brunnenturm, von dem ein kühn gesprengter Bogen sich zu gegenüberstehenden Mauern wölbt. Unter diesem Bogen hindurch gelangen wir zur Burgtreppe, die uns zum Hauptturm und auf den *Burghof* führt, der die ganze obere Fläche des mächtig sich senkenden Berges einnimmt. Dieser freie Platz scheint wie eine Scheibe in der Luft zu schweben und wenn wir an den Rand hintreten, erfaßt uns Schauder und Schwindel. Wir blicken über die Felsenplatte hinunter; tief unten rauscht und flüstert es in den Wipfeln der hohen Buchen, und dort am südöstlichsten Rand gegen die beiden *Nebenburgen* hin klafft ein fürchterlicher Riß, über dem wir einen mächtigen, losgerissenen Felsenturm gewahren. Ein tollkühner Sprung würde auf seine Stirn führen.

Der Fernblick ist freilich beschränkter als auf der Madenburg, aber dessenungeachtet immer noch schön und weit genug. Die starre, abenteuerliche Felsenwelt der „Pfälzischen Schweiz", dazwischen die Dörfer des Gossersweiler Tales, das Annweiler Tal, das sich vor unserem Auge ins Innere des alten Vogesus zieht, tief unten das Städtchen selbst, der Blick in die tiefe Waldespracht der inneren Haardt, aus der die grauen Mauern von Ramberg, Scharfeneck und Meisterseele schauen, und dann über Anebos und Scharfenberg hinaus durch die Schluchten des Hohenbergs und Rothenbergs und die Öffnung des Queichtales, einige herrliche Perspektiven auf die Ebene: dies Rundgemälde hat so wechselnde und mannigfaltige Reize, daß schon ihretwegen der Trifels sich den sehenswertesten Burgen anreihen würde. Über den Asenstein hinüber bleibt uns das wild-schöne Bild des hohen Lindenboln und ein Blick in die Felsenwelt des alten Wasgaues bis nach Dahn und Schönau.

Jedoch nun vollends die Treppe hinauf nach dem schönen *Hauptturm*, der heute noch eine Höhe von 50 Fuß erreicht und jetzt, um ihn vor dem zerstörenden Wetter zu schützen, wieder überdacht ist. Die Festigkeit des Turmes, seine schönen Formen in romanischem Stil, die Durchführung der Altanfenster und Pforten, des Sockels und der Gesimse, sowie die Gewölbe im Inneren selber geben dem Turm Interesse für den Kunstfreund. Aus dem unteren Saal führen zwei verschiedene Treppen in die *Burgkapelle* hinauf, deren Kreuzgewölbe und Nischen zu den schönsten Überresten der romanischen Baukunst gehören. Hier wurden die *Insignien* des Reiches verwahrt, deren Besitz das Anrecht des ersten Thrones der Christenheit gewährte: Krone, Szepter, Reichsapfel, Mantel, Gürtel, goldener Rock, das dalmatische Kleid Karls des Großen, die mit Edelsteinen geschmückten goldenen Handschuhe, das Schwert des großen Karl,

In den unterirdischen Gewölben der Reichsfeste Trifels soll sich, wie die „Elsässer Chronik“ berichtet, Kaiser Friedrich Barbarossa allnächtlich sein „Bett machen“

die Albe von weißem Samt, die heilige Lanze und Dornenkrone des Herrn und andere Kleinodien und Reliquien, die einige hier wohnende Mönche des nahen Klosters Eußerthal alljährlich dem zuströmenden Volk zeigten. Hier war auch die Schatzkammer der Kaiser, wo der energische Heinrich VI. die sizilianische Erbschaft nach Tankreds Tod niederlegte.

Über der Burgkapelle befand sich der prachtvolle *Marmorsaal*, den der alte Barbarossa erbauen ließ und bewohnte. Er ist im Verlauf der Zeiten eingestürzt, und die von den späteren Herzögen von Zweibrücken aus dem Schutt genommenen Marmorplatten und Säulen wurden teils nach Annweiler, teils weiter geschleppt. Daneben befindet sich der tiefe, feste Brunnenturm am Burgtor. Sonst ist wenig mehr übrig, als das hinter dem Turm sich in die Felsen senkende *Burgverlies*, in das man durch viereckige Öffnungen von oben hinunterschaut. Es erhält sein Licht einzig von oben, durch vier mit Quadern ausgemauerte Löcher, – ein schauerlicher Aufenthalt. Mehr als dieses Kerkers bedarf es auch nicht, um die Geschichte dieser Kaiserburg in ihrem vollen Glanz vor uns erstehen und die Poesie der alten Zeit sich über sie breiten zu sehen.

Kaiser und Könige haben hier in ihrer Herrlichkeit gethront, Kaiser und Könige ihr Elend beweint und im finsteren Kerker geschmachtet. Der alte *Heinrich IV.* saß auf der festen Burg seiner Väter, als der Bannfluch auf ihm lastete, die Fürsten des Reichs von ihm abfielen und der eigene Sohn sich gegen ihn erhob. Niemand war ihm treu geblieben, niemand erbarmte sich des greisen Herrschers, nur die Felsen und Mauern des Trifels, die ihn vor der Wut seiner Feinde schützten; denn sie war „eine sehr starke Veste", sagt schon der alte sächsische Chronist. Adalbert von Saarbrücken, *Erzbischof von Mainz*, büßte hier den Verrat gegen Kaiser und Reich, und als der Kaiser zu Mainz, von den Bürgern bestürmt, ihn entließ, entstieg er, einem Gespenst gleich, wie er selbst sagt, hager und abgezehrt bis auf die Knochen, mit langem, grauem Bart dem dunklen Verlies, um zu neuem Verrat zu eilen an dem Kaiser, der selbst keine Treue gegen den eigenen Vater kannte. Auch der Markgraf von der Lausitz, *Wiprecht von Groitz*, der tapfere Waffengefährte des aufrührerischen Pfalzgrafen von Orlamünde, fühlte hier Kaiser Heinrichs V. Zorn.

Besonders aber bevölkerte des alten Rotbarts Sohn, der energische Heinrich VI., die Verliese des Trifels. *König Richard Löwenherz* von England wurde von Leopold von Österreich (wegen Beschimpfung seiner Flagge auf den Wällen von Ptolemais) auf der Heimreise vom Kreuzzug gefangen und nach Dürrenstein an der Donau gebracht. Doch „nur ein Kaiser darf einen König gefangen halten", sprach Heinrich VI. und führte den Gefangenen auf den Trifels. Zehn Monate lang saß hier der löwenherzige Held, fern seiner Liebe und seinem Volk. Vor eine Reichsversammlung gebracht, verteidigte er sich gegen die Beschuldigungen seiner Feinde in einer Weise, die einen tiefen Eindruck auf den Kaiser machte, der ihn umarmte, aber – dennoch den König nur gegen 150 000 Mark Silber und gegen Stellung von 60 Geiseln losließ. Manche Sage weiß noch heute im Volksmund von dieser Gefangenschaft des Löwenherz zu erzählen. Einst klang durch des Turmes Mauern Harfenklang und ein Lied, das nur ihm und dem treuen *Blondel*, seinem Sänger, bekannt sein konnte. Er sang dazu die zweite Strophe und draußen rief es: „O Richard, o mein König!" Es war Blondel, der an allen Burgen nach seinem geliebten Herrn gespäht und nun mit 50 Gefährten den Trifels gestürmt haben soll.

Das Lösegeld Richards setzte Heinrich VI. in Stand, seine Ansprüche auf Sizilien durchzusetzen. Mit 24 Fürsten, Grafen und Edeln seines Reiches zog der Kaiser am 9. Mai 1194 hier ein, um den Angriff auf Italien zu beraten. Konstanzens Erbe wurde gewonnen, fürchterliches Strafgericht über die sizilianischen Großen gehalten, viele von ihnen auf den Trifels geschleppt, darunter der kühne Seeheld *Margaritone* und Graf Richard, der Kaiserin eigener Vetter, nachdem beide vorher geblendet worden waren.

Der Ausspruch des englischen Chronisten, „daß keiner diesem Kerker mehr entstiegen, der einmal hinabgestiegen", rechtfertigte sich jetzt nur zu sehr unter der Regierung eines Herrschers, dessen Leichnam noch nach fünfhundert Jahren den finsteren Ernst und Trotz zeigte, der sich in seinem Leben so gewaltsam aussprach.
Unter Philipp von Schwaben seufzte der *Erzbischof Bruno* von Köln in den Kerkern des Trifels, und als Friedrich II. das Reich zu altem Glanz zu bringen versuchte, ließ er seinen Sohn Heinrich als römischen König auf dem Trifels zurück, wo er in der Burgkapelle dem Vater die Treue schwor, da dieser in den Kampf gegen die Ungläubigen zog. Doch der irregeleitete Jüngling vergaß die Treue, empörte sich, und als der erzürnte Vater in seine Staaten zurückeilte, floh der Sohn auf den Trifels, der jedoch dem Kaiser die Tore öffnete. Im Gefängnis büßte der Sohn seine Untreue, bis er starb. Des Kaisers jüngerer Sohn erhielt die Feste, deren Besitz über das Schicksal der Krone und des Reiches entschied. So war sie stets die *Lieblingsburg* und die Hauptstütze des großen hohenstaufischen Herrscherhauses gewesen, und der romantische Duft, der sich um die Heldengestalten dieses Geschlechts breitet, weht um die einsamen Mauern und die verfallenen Türme des hohen Trifels mehr als um alle anderen Burgen Europas:

„Der alte Barbarossa,
Der Kaiser Friederich,
Im unterirdischen Schlosse
Hält er verzaubert sich!"

Aber nicht sein Geist allein ist gebannt an die Trümmer; alle die lieder- und sangreichen, alle die heldenmütigen, unglücklichen Stammgenossen dieses Geschlechts wandeln vor dem träumenden Blick durch die hohen, zerfallenen Hallen; und er vor allen, der so gern hier weilte, des großen Rotbarts großer Enkel, der schöne Sohn der holden Constanzia, *Friedrich der Zweite*, der über sein Jahrhundert emporragt, einsam wie der Trifels über den dunklen Wald, – strahlend und übergossen vom ganzen Zauberlicht Italiens, Europas – prangend, gleich der Sonne selber. Aber diese Sonne am hohenstaufischen Sternenhimmel ging unter hinter Firenzuolas Mauern in den welschen Apenninen und der letzte Stern sank blutigen Glanzes auf dem Markt Neapels; einsam trauerten Deutschlands und des Reiches Feste wie die verlassene Braut.
Wilhelm von Holland „erreichte jetzt das Ziel aller seiner Wünsche, den Trifels samt seinen Heiligtümern", wie er hocherfreut seinem Kanzler, dem Bischof von Speyer, schreibt. Im Triumph zog er ein, seine Gemahlin sollte nachkommen, wurde aber von dem Rietberger samt ihrem Gefolge aufgehoben. „Die Besitznahme von Trivellis ist eine der ersten Maßnahmen, die ein römischer Kaiser zu ergreifen hat", schreibt der Papst an *Richard von Kornwallis* nach dessen Wahl. Und dies nahm sich der Engländer zur Lehre; er setzte sich nicht allein in Besitz der Burg und ihrer Kleinodien, sondern auch in den eines noch edleren Kleinodes, indem er des Burgvogts und Reichskämmerers Philipp von Falkenstein schönes Töchterlein *Beatrix* zur Gemahlin begehrte und in Kaiserslautern ein glänzendes Beilager feierte.
So blieb der Trifels die erste Feste des Reiches, und seit Kaiser Heinrichs V. Tod wurden hier die Reichsinsignien nach dessen, noch auf dem Totenbett gemachten Verordnungen verwahrt, bis sie Rudolph von Habsburg nach Kyburg in der Schweiz brachte. Jedoch Adolf von Nassau brachte sie wieder hierher. *Ludwig der Bayer* pflanzte die Reichsfahne hier auf, aber er verpfändete die Burg auch samt dem freien Reichsstädtchen Annweiler an das pfälzische Haus, wodurch beide zuletzt an die Herzöge von Zweibrücken kamen. Da verblich die Herrlichkeit des Trifels mit der Herrlichkeit des Reiches, als die Fürsten des Reiches sich über die Würde des Kaisers erhoben – die Bauern konnten bereits die Kaiserburg plündern –: einsam stand der

Trifels und gebeugt unter die Gewalt kleiner Herrscher. Da traf ihn der Himmel noch mit seinem Blitzstrahl, wodurch der größte Teil der Burg abbrannte. Notdürftig ausgebessert, sah die einst so herrliche Burg, die Kaiser und Könige beherbergt hatte, arme flüchtige Landleute im Dreißigjährigen Krieg in ihren Mauern und wilde Horden aus Spanien, Schweden und Ungarn, bis die Pest alle ihre Einwohner vertrieb. Als die Franzosen im Reunionskrieg auf den Trifels kamen, fanden sie nichts als Ruinen; sie zogen ärgerlich und die Überreste vollends zerstörend wieder ab.

So ruht nun der Trifels auf seinen gewaltigen Felsen in Schutt und Trümmern, immer noch ein großer, wenn auch trauernder Zeuge einer großen Vergangenheit. Nur die Erinnerung, die Poesie und Sage beleben noch die Ruinen, und der träumende Volksgeist knüpft an seine Wiedererstehung auch die Neugeburt des zerfallenen Reiches. Alle Wunder des Kyffhäusers und Untersberges, alle die heimlichen Kunden und Reden von des alten Kaisers Zauberschlaf im unterirdischen Schloß wiederholen sich auch hier; und wahrlich, wir wüßten nicht, wo die Märchen und Sagen sich uns zu lebendigerer Wahrheit gestalten könnten als auf dem Trifels. Noch stehen die Trümmer des alten Barbarossasaales, der mächtige Fels erheblich über der Waldnacht, als berge er das unterirdische Schloß in seinen Räumen, und die Wipfel der Buchen, die ihr Haupt leise an der Felswand wiegen, flüstern von heimlichem Geisterleben im Inneren des Berges. Jeden Augenblick glauben wir den Zwerg zu sehen, wie er den Kopf aus dem Gebüsch oder der Felsspalte reckt, um uns hineinzulocken, wo der alte Barbarossa am Tisch sitzt, um ihn seine Helden. Aber dort fliegen noch die schwarzen Raben um den Sonnenberg, die Zeit ist noch nicht erfüllt, die den Zauberbann löst und wo die große Entscheidungsschlacht geschlagen werden soll zu Straßburg, in der Ebene, „daß die Gäule bis an die Knie im Blut stehen werden".

Als im Jahre 1847 der *Birnbaum auf dem Walserfeld* bei Salzburg wieder ausschlug, da glaubte das Volk nach der alten Prophezeiung an die Wiederherstellung Deutschlands. Die Pfälzer glaubten es auch. Rinnthal unten im Tal gibt Zeugnis davon; da knatterten um Johanni des 49er Jahres die Flinten und riefen lauten Widerhall aus den Bergschluchten des Annweiler Tales und des Trifels. Aber der alte Barbarossa wollte nicht erwachen; er schlief weiter im Berg, die Raben flogen noch um den Felsen – die Zeit war noch nicht erfüllt.

Lange Zeit glaubte das Volk, wie der alte Bernhard Herzog in seiner „*Edelsasser Chronik*" berichtet, man müsse dem Kaiser Friedrich Barbarossa allnächtlich ein Bett auf dem Trifels machen, „denn er sei zu Hagenau auf der Burg lebendig verzucket worden" und komme jede Woche über den Trifels nach Kaiserslautern. Bis zur Französischen Revolution war diese Sage im Volk lebendig; seitdem sind viele Erinnerungen an die alten Kaiser erloschen und knüpften sich zum Teil an Napoleon. Aber nun, wo das Gefühl für deutsche Größe, Einheit und Macht längst in der Pfalz wieder mächtig geworden ist, kehrt man auch hier wieder gern zu den alten Hoffnungen und Ahnungen einer künftigen glorreichen Zeit zurück, die sich an die Wiedererstehung der alten Kaiser knüpft. Möge sich der Glaube an die Wiedergeburt Deutschlands erfüllen! – Möge ein kaiserlicher Barbarossa bald erwachen!

Das Annweiler Tal

Der Trifels schließt den eigentlichen Vogesus ab; zu seinen Füßen schlängelt sich die Queich durch das Annweiler Tal, die das Gebirge scheidet, denn jenseits des Tales beginnt die Haardt. Vom Trifels führen mehrere Wege nach dem Städtchen Annweiler; ein schmaler Fußsteg geht den 1580 bayerische Fuß hohen Berg an dessen steiler, westlicher Stirnseite hinunter in die jähe Tiefe. Ein anderer, der *Eselspfad*, ist schon viel bequemer; der schönste und bequemste aber ist der Fahr- und Reitweg um die südlichen Halden des Berges durch den herrlichsten Buchenwald sanft abwärts bis zum Städtchen, das einem der großartigsten Täler der Pfalz den Namen gibt.

Der wichtigste Vogesenpaß mit der großen Heerstraße aus Lothringen nach Landau bestimmt von der „Kaltenbach“ an den Namen des Annweiler Tales, das sich über die Höhen hinter Wilgartswiesen bis zum Austritt der Queich in das Weinland und die Ebene erstreckt und so ungefähr sechs Stunden lang ist. Unmittelbar vor dem Austritt ins offene Land bei Albersweiler verengt es sich sehr, indem es sich zwischen die granitenen unteren Halden des Orens- und Hohenberges zwängt und sich dann, ins schöne Weinland und die Rheinebene ausmündend, plötzlich zu einem herrlichen Fruchttal erweitert, das den Namen „Siebeldinger Tal“ annimmt. Wer von Landau aus in die „Pfälzische Schweiz“ will, durchfährt das Siebeldinger Tal bis *Albersweiler*, wo die großen neuen Kirchen gleich geistlichen Wächtern den engen Eingang zum Annweiler Tal bewachen, während links und rechts die jäh herabstürzenden Bergkegel des Orensberges und Hohenberges ein Gebirgstor bilden, das den Eingang in den inneren Vogesus nicht schöner eröffnen könnte. Hinter uns schließt sich jetzt die Schlucht; wir stehen schon im Gebirgsland; das Tal erweitert sich und rechts zieht ein Seitental in die waldigen Haardtberge bis Ramberg und Eußerthal. Der Schränken- und Rothenhof rechts an den Berghalden, prächtiger Wiesengrund in der Talsohle, links der Trifels, an seinem Fuß das Dörfchen *Queichhambach*, während sich rechts hinein über den Hof Mettenbach ein Tälchen nach dem versteckten Dörfchen *Gräfenhausen* zieht, das einen der besten Pfälzer Weine erzeugt, den „Gräfenhauser Roten.“ Einige Dörfer, die früher hier an der Queich standen, sind jetzt eingegangen. Vor uns, hoch überragt vom Trifels und nördlich vom waldigen Adlersberg, liegt Annweiler an der frequenten Straße nach Pirmasens und Zweibrücken.

Annweiler bietet trotz seiner Lebhaftigkeit wenig mehr als seine schöne Lage, die es zum geeignetsten Quartier für Touristen macht, die sich etwas länger aufhalten wollen. Seinen Namen soll es von Anna, der Gemahlin Barbarossas, haben. Damals war es eine freie Reichsstadt unter dem Schutz der Hohenstaufen, mit Ringmauern umgeben, die im engen Tal kaum Raum hatten. Nur eine enge Pforte soll das Städtchen gehabt haben, gleich einem *Bockstall*, und daher haben die Annweilerer ihren Namen: „Bockstaller“. Eine Variation erzählt, bei einer Belagerung hätten sich die Schneider der Stadt in Bockshäute gekleidet und auf den Mauern herumgetrieben, daß der feindliche Hauptmann über die vielen Böcke mit den Worten abgezogen sei: „Dieses Nest ist ja ein wahrer Bockstall!“

Die dritte Sage ist die von den „*Samtärmeln*“. Mit dem Trifels sank auch das Städtchen und verarmte immer mehr. Der Magistrat hatte in den goldenen Tagen der Hohenstaufenzeit lange Sammettalare, die aber eben auch alt und fadenscheinig wurden und endlich ganz zerrissen. Da beschloß der hochweise Rat, daß je einer von ihnen den letzten übriggebliebenen Samtrock anziehe und damit sich ans Fenster setze, auf daß alle Vorübergehenden der Meinung seien, der ganze Rat sitze noch im Samtstaat oben. Aber auch dieser ging den Weg aller Röcke, und da ließ man einen Ärmel ausbessern, mit dem sich einer so ans Fenster setzen mußte, daß man nur diesen Ärmel sah. Das tröstete die Bewohner der Stadt in den schlechten Zeiten, daß der ehrwürdige Rat noch im Samtstaat saß. Die Erinnerung an die „Samtärmel“ ist fast erloschen.

Annweiler kam mit dem Trifels an das Pfalz-Zweibrückische Haus. Im 15. Jahrhundert fand in der Stadt ein gewaltiger Aufruhr statt, als die Herzöge die Privilegien der Bürger nicht respektieren wollten. Später sank Annweiler unten den Geißeln des Krieges immer mehr, und noch im französischen Revolutionskrieg war das Annweiler Tal Zeuge blutiger Kämpfe, wie denn auch das Jahr 1849 der Stadt manche Wunde schlug. Wir machen auf das neue massige *Rathaus* und die renovierte Kirche aufmerksam. In ersterem werden noch ein Schrank und ein Tisch aufbewahrt, die bei der Zerstörung des Trifels nach Annweiler gebracht wurden. In letzterer dagegen befinden sich viele Marmorplatten und Säulen aus der Burgkapelle und dem Kaisersaal des Trifels. Annweiler ist ein gewerbereiches Städtchen, besonders Gerbereien befinden sich hier, sowie die Dielsche Brauerei, deren Bock dem „Bockstall" alle Ehre macht. Die Stadt besitzt einen großen Wald, der nördlich von der Queich sich weit hinein ins Innere des Gebirges zieht. Hinter Annweiler wird das Tal eng, aber belebt durch viele Mühlen und eine bedeutende Papierfabrik. Rechts stürzt der hohe, waldige *Adlersberg* jäh, schroff, mit vielen Schluchten ins Tal herab. Seine bei Annweiler noch mit Reben bepflanzten Halden werden jetzt immer rauher und felsiger.

Das Dörfchen *Sarnstall* ist bald erreicht. Links fällt hier der Rinnbach aus dem Felsentälchen hinterm Höllenberg herab in die Queich. Eine Viertelstunde weiter stehen wir vor *Rinnthal*, wo uns die Front eines grünlich gestrichenen griechischen Tempels mit kolossalen Säulen überrascht. Der sonderbare Bau ragt hoch über die Häuschen, die an den roten, angebauten Berghalden und im Tal umherliegen, und hat einen miserablen Turm. Es ist die *protestantische Kirche*, und das Schönste an ihr, daß sie sich ihres Baumeisters zu schämen scheint, indem sie sich in den Berg zur Hälfte verkriecht. Das Tal ist dafür desto schöner. Hinter Rinnthal kommt rechts aus den großen Wäldern auf der Schneeschmelze der *Wellbach* hereingestürzt, indem er ein vier Stunden langes, tief einsames Waldtal durchrauscht. Der Rinnthaler Steg führt durch jene, an Waldromantik und Bergeinsamkeit reiche, aber menschenleere Gegend am Wellbach hinauf zum Eschenkopf, Johanniskreuz und nach Kaiserslautern. Auf dem ganzen Weg trifft man auf kein Dorf, nur einzelne Hütten und Einöden liegen verborgen in den großen Forsten. Prächtige Wald- und Wiesentäler bieten Spaziergänge am brausenden Wellbach und dessen Seitenbächen hinauf, so rechts das „Langental", links das tiefe Wald-, Felsen- und Wiesental des Freischbaches, das nur zur Zeit der Heuernten belebt ist; dann des Kaltenbachs wilde Talgründe, in denen nur eine einsame Waldmühle rauscht.

Auf den Anhöhen hinter Rinnthal, da, wo der Wellbach sich mit der Queich vereinigt, stießen im Sommer 1849 die pfälzischen Freischaren mit den Preußen zusammen. Ludwigshafen, Speyer, Kaiserslautern, Zweibrücken und Neustadt waren bereits von den Preußen besetzt, als an jenem verhängnisvollen Sonntag am 17. Juni die Preußen durch das Gebirge im Annweiler Tal gegen Landau vordrangen. Willich eilte ihnen mit Schimmelpfennig und einem Teil des Volksheeres über Albersweiler und Annweiler entgegen, während die provisorische Regierung entfloh. Die Preußen hatten schon die Anhöhen bei Rinnthal besetzt; vergebens ließ *Willich* seine Leute die Berge hinaufstürmen, – sie wurden zurückgedrängt, viele verwundet und getötet und auch mehrere junge Leute aus der Umgegend lagen erschossen an den Berghalden, als der Rückzug begann. Andere Freischarenhaufen eilten dem Kampfplatz zu, in Annweiler begegneten ihnen die Zurückgedrängten; es gab eine heillose Verwirrung; die Haufen wollten zum Kampf geführt sein, die Führer geboten den Rückzug, der dann auch über Albersweiler vor sich ging.

Hinter Rinnthal wird das Tal der Queich immer grotesker. Die Berge treten mehr zusammen und gewaltige rotgraue Steinmassen ragen über die Wälder empor. Dort aber auf angebautem Hügel steht eine Kirche aus rotem Sandstein mit zwei Türmen, so daß die Landschaft, dadurch noch mehr gehoben, ein malerisches Bild abgibt. Es ist die Kirche von *Wilgartswiesen*, einem bedeutenden Gebirgsort, der in seiner schönen Gruppierung um den Kirchberg dem ansprechenden, überraschenden Gemälde neuen Reiz verleiht und diese Stelle zu einem der Glanzpunkte des Tales macht. Von Voit in München im *byzantinischen Stil* erbaut, ist die Kirche an ihrem erhabenen

Standpunkt mit der imposanten Fassade eine wahre Zierde des Tales, und gleich denen in Albersweiler, Rinnthal und dem Rathaus in Annweiler wird sie aus den großen Wäldern dieser protestantischen Gemeinden bestritten. Der prächtigen Giebelfront entspricht nicht das kleine, eingeschrumpfte Langhaus dahinter.

Wilgartswiesen ist die ausgedehnteste Gemeinde der Pfalz; sie umfaßt eine Menge Mühlen, Höfe, Einöden und Hütten, die in den großen Wäldern auf der Wasserscheide, nördlich der Queich in wilder Umgebung, Bergschluchten, Felsklüften und dichten Forsten, auf den höchsten Höhen und in den tiefsten Tälern, an rauschenden, hellen Forellenbächen und einsamen, unbesuchten Bergpfaden liegen –, in einer Ausdehnung von mehr als zwei Stunden Breite und vier Stunden Länge. Der Wilgartswieser Steg zur Hochstraße empor führt mitten in dieses stille, tiefe und einsame Gewälde der *„Frankenweide“* bis zum Johanniskreuz. Das Tal des Freischbaches mit seinen einsamen Wiesengründen, seinen Fels- und Waldschluchten, möchte uns auf dem „Wilgartswieser Steg“ nördlich über die Berge locken und dann zum Hermersberg empor, von dieser Meierei wir dann südwestlich ins düstere Waldtal hinabsteigen könnten, das uns am munteren Forellenbach hin bei dem Horbacher Hof wieder auf die Straße geleitet.

Südlich liegt an einem Seitenbächlein der Queich in lieblicher, arkadischer Umgebung das Dörfchen *Spirkelbach,* nicht weit vom St. Pirmansborn im „Höllenberg“. Hier schied das Bächlein den *„Pirmansbezirk“* vom östlichen Land; er gehörte einst dem Kloster Hornbach und war die Schenkung einer berühmten Dame aus hohem fränkischem Adel, Wilgartha genannt, die im 8. Jahrhundert an der Queich wohnte, wo jetzt noch jenes Dorf ihren Namen trägt. Am St. Pirmansborn und dem *„Schwanenhof“* vorüber, am Fuß des *„Höllenberges“* hin, führt südlich nach Lug und weiter in das merkwürdige Felsental von Gossersweiler ein schöner Weg.

Hinter Wilgartswiesen wandern wir auf der Straße weiter an der nahen „Falkenau“ vorüber. Auf einer bis dicht an die Straße vorspringenden und schroff abstürzenden Felsenhöhe stehen die wilden Trümmer der *Falkenburg,* in großem Verfall. Aus den Schluchten und Gründen hinter ihr, „im Tiergarten“, am Fuß des „Rauhberges“, rieselt ein Bächlein aus dem Tiefenborn hervor; da, wo es in die Queich tritt, stehen der Falkenburger Hof und die Falkenburger Mühle. Ihr Klappern und Rauschen und der Fuhrmann auf der Straße unterbrechen allein die ernste Ruhe der Landschaft. Die Falkenburg war einst eine berühmte Feste, die später Pfalz-Zweibrücken und die leiningischen Grafen gemeinschaftlich besaßen. Ihr Gebiet mit den umliegenden Dörfern und Weilern hieß die *„Pflege Falkenburg“* und eine leiningische Linie schrieb sich nach der Burg, die jedoch ein kurpfälzisches Lehen blieb. Zu ihr gehörten jene ungeheueren Wälder auf der Wasichenfirst, die „Frankenweiden“. Im Dreißigjährigen Krieg sahen die Schweden unbesorgt vom Wachtturm herab auf den Feind, der das tiefe Tal durchschwärmte. Da knüpften die leiningischen Bedienten auf der Burg Verbindungen mit den Kaiserlichen an und führten sie in der Nacht zum Burgtor herein. Die Wache wurde ermordet und die vor Schläfrigkeit taumelnden Schweden in die Pfanne gehauen. – Als im Jahre 1679 während der französischen Reunionen General Monclar die Mauern der Burg beschoß, ließ sich der hier liegende pfälzische Leutnant schrecken, übergab die Burg, und Kurfürst Karl Ludwig ließ ihm dafür den Kopf herunterschlagen.

Monclar schleifte die Falkenburg, worauf unten am Berg das *Schloß Neufalkenburg* erbaut wurde, das die Leininger Grafen bewohnten. Die republikanischen Franzosen des vorigen Jahrhunderts vollendeten das Zerstörungswerk durch das Niederbrennen des Schlosses, das später abgetragen wurde und nur noch wenige Spuren früheren Glanzes zeigt.

Südlich vom Falkenburger Hof, an der Queich hinauf, kommen wir in kurzer Zeit über eine Mühle nach dem Gebirgsdörfchen *Hauenstein* im stillen Talgrund zwischen den wohlbebauten Anhöhen und felsgekrönten Bergen und Hügeln. Durch die Felsen und waldigen Anhöhen zieht sich das „Hauensteiner Tälchen“, an der Queich noch eine halbe Stunde hinan bis an den Fuß des Winterberges an der östlichen Halde, der *„Himmelspforte“*, wo die Queich im stillen Wiesengrund entspringt. Über diese Berge führt ein Weg nach Erfweiler und Dahn mitten in jene grandiose Felsenwelt hinein, deren kleineres Abbild wir bereits hier haben, an „s'Jobbe Galgen“ vorüber. Hauenstein heißt in lateinischen Urkunden „Petra pertusa“ – „durchbrochener Fels“. Durch das Felsentor, das dem Dorf den Namen gab, führte der Weg.

Über dem Ort, auf einer Anhöhe, erhebt sich malerisch die *„Schmerzhafte Kapelle“*, von der man einen schönen Blick auf die arkadische Landschaft hat. Sie wurde 1512 erbaut. Auf dem Schloß Falkenburg tummelten sich eines Tages die Kinder des leiningischen Grafen, bis eines aus dem Saalfenster über Schloß und Felsen in den schwindelnden Abgrund stürzte. Die Mutter im anstoßenden Gemach eilte in stummem Schrecken in den Hof, um den zerschmetterten Liebling zu suchen; da saß er wohlbehalten auf einem Baum, wo sich zwei Äste kreuzten. Nun ließ die Mutter in Hauenstein jenes Kirchlein bauen. Ein aus Holz geschnitztes Bild, Maria zu Füßen des Gekreuzigten, stammt noch aus jener Zeit.

Wir kehren auf die Heerstraße zurück, die von der Falkenburg aus bergan, an Felsschluchten und Klüften vorüber, zur Höhe führt, rechts die Frankenweide, links die fels- und schluchtenreichen Dahner Waldungen am Gleiskopf lassend, senkt sie sich in ein schönes Wiesental bis zum Hof „Horbach“ an der Mündung einer dunklen Waldschlucht, die von den mächtigen Forsten am „Großen Boll“ herabzieht und in ihren tiefsten Gründen die *„Granitzenhütte“* birgt. Kühne Felsenformen treten hervor; dann erweitert sich das Tal plötzlich zu einem schönen Kessel, in dem ein stattlicher Hof am Vereinigungspunkt von fünf prächtigen Tälern und vier rauschenden Forellenbächen liegt.

Das ist die „Kaltenbach“, eine Poststation. Schon längst ist die „Kaltenbach“ den Reisenden wohlbekannt, wegen der trefflichen Forellen, die die vielen Gebirgsbäche hierher liefern. Zwei Gasthöfe nehmen die Wanderer auf. Es bieten sich lohnende Partien genug in die dichten Tannen-, Föhren- und Buchenforste zu abenteuerlichen, grotesken Felsmassen empor und lustig rauschende Waldbäche entlang – tief in die stillen, unbekannten und unbesuchten Gründe, Schluchten und Klüfte des waldigen Vogesus, wo noch der König der Wälder, der phantastische Uhu, gleich einem Geisterfürsten horstet; ins *Ziegeltal,* durch das die Wieslauter vom Otterfelsen her rauscht, bis über die Vogelshütte zur Burg Gräfenstein, ins wilde Tal des Salzbachs und des Mühlenbachs, und wie sie alle heißen, die einsamen Schluchten des Gebirges. Die Straße führt westlich den Berg hinan über Ruppertsweiler nach Pirmasens. Durch das Lautertal von Dahn herauf kommt die vereinigte Straße von Bergzabern und Weißenburg, um sich hier an der „Kaltenbach“ mit dem Hauptvogesenpaß zu vereinigen. Folgen wir der Dahner Straße, haben wir rechts prächtige Buchenwälder, links duftigen Föhrenwald, der die Cyklopenmauern des rauhen Gebirges krönt. Der „Kaltenbach“ gegenüber liegt, auf der einen Seite von der Lauter, auf der anderen von einer Bergwand des Mühlbergs eingeengt, das schöne, reiche, protestantische Gebirgsdorf *Hinterweidenthal.*

Die größte Merkwürdigkeit an der „Kaltenbach“ ist jedoch der *Teufelstisch.* Zwischen zwei höheren Bergen erhebt sich ein kleinerer, auf ihm zwei mächtige, aufrecht stehende Felsenpfeiler, über die horizontal eine gewaltige Steinplatte gelegt ist. Das Volk erzählt, der Teufel habe sich aus Felsblöcken einen Tisch gezimmert, um seine Mahlzeiten darauf zu halten. Das klingt an alte Mythen und könnte fast den Schluß ziehen lassen, daß wir hier vor einer heidnischen Kult- und Opferstätte stehen. Ohnedies trägt dieser Teil des Vogesus Spuren von keltischen Niederlassungen. Wollten nun einige bereits den Teufelstisch für ein *keltisches Denkmal* erklären, so überzeugt uns eine genauere Betrachtung, daß er ein Werk der Natur ist. Jene Völker verehrten freilich den Geist der Natur dort am liebsten, wo er sich am gewaltigsten und wunderbarsten offenbart. Sie konnten diese Felsen als einen von ihren Göttern selbst errichteten Altar betrachten, als geeignete Stelle für den Druidendienst, wie er sich auch anderwärts solcher Naturspiele bedient, bis die Naturgötter mit dem beginnenden Christentum zu Dämonen der Unterwelt herabsanken und die leidige Rolle des Höllenfürsten übernehmen mußten.

Das Gossersweiler und Schlettenbacher Tal

So oft uns auch im Annweiler Tal bis zur Kaltenbach die seltsamen Felsbildungen in Erstaunen setzen, die Landschaft, in die wir uns jetzt wenden, tut das in noch höherem Grad. Sie ist das Vorland des grandiosen Dahner Tales, ein *felsiges Wunderland*, das uns auf jedem Schritt Rätsel aufgibt, Fragen nach den Ursachen solcher merkwürdigen Erscheinungen aufdrängt, das Staunen, Schauder und Bewunderung erregt. Wir versetzen uns wieder nach Annweiler zurück, wo die nördlichen Ausläufer des Gossersweiler Tales in das der Queich münden.

Von hier gelangt man über Wernersberg, *Lug*, *Schwanheim* und *Erfweiler* durch die herrlichsten Felsentäler in drei Stunden nach Dahn. Der Wanderer jedoch wird sich gern in die Felsenwelt des Gossersweiler Tales verlieren, Kreuz- und Quergänge machen. Er kann sich in diesem Labyrinth wilder Schönheiten, grotesker Steinmassen und pittoresker Talschluchten verlieren; aber er kann sich nicht verirren, denn jeder Fußweg, jeder Pfad wird ihm als der rechte gelten, da jeder zu Großem, Gewaltigem und ebenso wieder zu Anmutigem und Lieblichem führt. Und überall wird er auf friedliche Gebirgsdörfer stoßen, die hier dicht beisammen auf den Hügeln und in den Talschluchten hinter den Felsen versteckt liegen. Wer sich kein Nachtlager in diesen Dörfern suchen will (was jedoch Gossersweiler, Dimbach und Vorderweidenthal bieten), der wandert hinaus nach Klingenmünster, Bergzabern oder Annweiler oder gleich nach Dahn.

Die in geologischer und landschaftlicher Hinsicht so überaus merkwürdige Strecke, die jetzt unser Reiseziel ist, bildet eigentlich kein Tal, obgleich sie im Volksmund das Gossersweiler Tal genannt wird, sondern vielmehr eine, östlich von der vorderen, hohen Vogesenreihe („dem Berggelände von Klingenmünster") und westlich von dem Dahner Felsengebirge umschlossene *Hochebene*, die von verschiedenen kleinen Tälern und Schluchten durchschnitten und von einzeln emporstrebenden Felskegeln oder Kämmen unterbrochen wird. Das Dorf *Gossersweiler* ist der Mittelpunkt der Landschaft; es liegt fünf Viertelstunden südlich von Annweiler, zwei kleine Stunden westlich von Klingenmünster und zwei und eine halbe Stunde östlich von Dahn.

Der kürzeste Weg dahin führt vom Städtchen aus südlich über den Klingelberg, wo hinter uns der gewaltige Trifels von seinen drei Pyramidalkegeln auf das tief unten im Tal versteckte Dörfchen *Bindersbach* schaut. Rechts unten senkt sich die „Nachtweide" dem Queichtal zu, vor uns erhebt sich ein Fels, der *Asselstein*, von einigen auch Asenstein genannt, an dessen Fuß sich der Weg emporzieht. Es ist einer der gewaltigsten Felskegel dieser Gegend, auf einem niedrigen Berg, zwischen dem Ebersberg und Rehberg, denen er kaum bis an den Gürtel reicht. Dieser mächtige Felskoloß ruht auf so schmaler Basis, daß man glaubt, der Wind könne ihn umwehen. Von einer Seite her gesehen sieht er einem riesigen Altar nicht unähnlich, weswegen man ihn auch mit dem altheidnischen Kult in Verbindung gebracht hat und seinen Namen von den hohen Göttern, den Asen, ableiten wollte.

Von diesem Felsen zieht ein anmutiges Tälchen hinab in das des Kaiserbachs, das Asental, bis gegen *Waldrohrbach*, einem schmucken Dörfchen, links, tief unten am südlichen Fuß des Rehberges. Wir sind hier wie von aller Welt abgeschlossen, mitten im Gebirgsland. Jenseits des Tales ragt mit breiten, bauchigen Halden der Treitelsberg hoch über die ihm zu Füßen liegende Felsenwelt, während ihre Vorwächter, der kleine Rehfels, der Hahnenstein, Leberstein und Hundsfels, eine Kette bilden, die uns von der reichen Ebene draußen abschließt. Über sie herüber blickt uns noch die Madenburg nach, während wir weiter über die Hochebene wallen und das schöne Echo aus den Bergen und Felsschluchten locken. Völkersweiler und dann Gossersweiler sind nun bald erreicht und ringsum starren abenteuerliche und gigantische Stein- und Bergformen.

Der Umweg nach Gossersweiler über Schwanheim enthüllt uns noch mehr die schauerlichen Schönheiten dieser Landschaft. Von Annweiler südwestlich über den „Leinsbügel" in das Tal des Eberbachs und dann schräg über den schönen Wiesengrund am „Galgenberg" hinan, kommen wir nach *Wernersberg*, einem malerisch zwischen den Felsen in Obstbäumen versteckten Gebirgsdörfchen, auf dessen Höhe besonders schön noch der Rückblick ins Annweiler Tal und auf die gebrochene Herrlichkeit des Trifels ist. Mächtige Felsengrate schauen über die Halden der umwaldeten Berge, wenn wir ins Tal des Rinnbachs wandeln.

Vor uns liegt in wilder, malerischer Umgebung eine Waldmühle. Rechts sendet der *Höllenberg* seine grotesken Steinmassen bis hart an den Bach, links recken sich die Felsen von *Lug* empor, und dieses Dörfchen erscheint jetzt in seiner Ärmlichkeit, aber wild-romantisch gelegen, da von vier Seiten her die Felsenstirnen der Berge herantreten. Wir wandern am Bach hinan immer weiter in die Wildnis hinein, und mitten in ihr, tief in der Talschlucht, zeigt sich uns *Schwanheim*. Man wähnt in ein Feenland gekommen zu sein, denn ringsum auf den Bergen ragen mächtige Felsen gleich Schlössern empor, die in magischem Abendlicht ins Tal herabschauen, wenn die Sonne ihre Strahlen schräger über sie wirft. Hoch oben auf den gigantischen Steinmassen stehen Tannen und Föhren im grünen Gewand, dort in Gruppen, hier einzeln. Im Glanz des Abends wähnen wir in ihnen die feenhaften Bewohner dieser Felsenburgen zu sehen, wenn sie ihr Häupter gegeneinander nicken und miteinander flüstern von den geheimen Freuden, den seligen Träumen ihres ungestörten Naturlebens. Bei manchen dieser mächtigen Felsenkämme hat die Natur Fenster gebildet, durch die der Himmel hereinschaut, so daß, wer oben hinzuschreiten wagte, oft über natürliche Brücken ginge.

In Schwanheim treffen wir auch *Zigeuner*. Sie sind getauft und schnitzen aus Holz Küchengeräte, manchmal aber auch „Herrgötter", d. h. Kruzifixe, mit denen sie hausierend die reichen Orte draußen auf dem Land heimsuchen. Andere sind Musikanten, wandernde Komödianten, und die alten Weiber mit ihren Kindern auf dem Rücken streifen noch immer, bettelnd und „die Wahrheit sagend", im Land umher. Viele sind vor einigen Jahren nach Süden gezogen in das Land Preziosas, nach Spanien, während zur nämlichen Zeit verschollene Individuen plötzlich ihre alte Heimat in diesen Tälern wieder aufsuchten. Es war in den auf 1849 folgenden Jahren, wo die Polizei dem regellosen Vagabundenleben ein Ende zu machen versuchte. Da tauchten in diesen abgeschlossenen Felsentälern und in den Dörfchen des Gossersweiler Tales gegen Klingenmünster hin abenteuerliche Figuren auf, Gestalten, wie man sie als niedrige Romanstaffage braucht. Sie sind seitdem verschwunden und auseinander gestoben in die Welt, kein Mensch weiß wohin.

Von den Schwanheim umgebenden Felsen ist der interessanteste der *Schwanfelsen*. Abenteuerlich, gigantisch, grotesk ragt er über den waldigen Berg und das tief unten ruhende Dorf, dessen Rauchsäulen an seinen Wänden emporsteigen und im Duft der

Abendsonne einen zarten blauen und violetten Schleier über das Tal breiten. Die feenhafte Stimmung dieser Landschaft wird noch durch die Sage erhöht. Der *Ritter von Huneberg* soll von einem Waldgeist nach einem schönen, einsamen Gebirgstal geführt worden sein, wo ihm ein in der Bergschlucht aufbewahrter Schatz zuteil werden sollte. Da traf er hier an einem mit Schwänen besegelten Weiher das Schloß Schwanau, das ein Ritterfräulein von großer Schönheit bewohnte, – und da fand natürlich bald eine Hochzeit statt. Von hier führt der Weg durch prächtige Felsenpartien nach Dahn.

Wenn wir uns jedoch östlich Gossersweiler zuwenden, schreiten wir über den Bach an Felsgründen und Wald vorüber den Berg hinan, an dessen Halde uns ein Felsturm erwartet. Es ist der *Wachtfelsen.* Wir müssen hart unter ihm vorüber. Der Pfad führt jetzt bergunter; drunten, ungemein reizend und friedlich, liegt das Dörfchen *Dimbach.* Nachdem wir in dem Wirtshaus uns erfrischt haben, geht es wieder östlich steil bergan auf der angebauten Berghalde, wo uns gewaltige Felsmassen entgegenstarren, durch die kein Ausweg erscheint. Gleich Giganten und Zyklopen stehen die Blöcke und Pfeiler des Sandsteins rechts und links. Aber diese Riesen weichen nach und nach auseinander, und wenn wir oben an den Halden des *Dimbergs* angelangt sind, lassen sie ein hohes, natürliches Felsentor frei, durch das wir hinschreiten. – Eine ziemlich breite Hochebene dehnt sich vor uns aus, bis zu der vordersten Kette der Vogesen hin. Der waldige Rehberg, der schöne Treitelsberg und der dunkle Abtskopf schauen uns entgegen; drüben ragen der Trifels und die Madenburg, und ringsum stehen auf den niedrigeren Bergen mächtige Felsentürme und Mauern. Wir sind im Gossersweiler Tal angelangt.

Gossersweiler ist nun bald erreicht. Es liegt auf der Hochebene im sandigen Feld, um seine Häuser ein grüner Kranz von Obstbäumen. Es war früher der Hauptort des kurpfälzischen, zur Fautei Landeck zählenden Gerichtes: „das Gossersweiler Tal" und heute noch dessen Pfarrort.

Das Gossersweiler Tal mit seinen originellen Felsgestalten

Nördlich, in geringer Entfernung, liegt das Dörfchen *Völkersweiler* malerisch um sein Kirchlein in einer Vertiefung am Ursprung des Kaiserbachs, der dem Dorfbrunnen entfließt; Pappelbäume folgen dem Lauf des Bächleins. In der Mitte zwischen beiden Dörfern auf einer Anhöhe steht die *Jergenkapelle,* ein hübsches Flurkirchlein. Südlich von Gossersweiler in nächster Nähe bilden zwei Berge ein Joch, durch das man den Lindenboln mit seinem Schloß gewahrt; rechts an der Berghalde unförmliche, mächtige Felsen, links am Anhang des anderen Berges eine seltsame Gruppe von drei Figuren: der *Dreikönigsfelsen,* hohe Pfeiler, die Ähnlichkeit mit menschlichen Gestalten haben. Besonders von einer Seite her sehen sie den „Sternbuben" ähnlich, wie sie aus dem Gossersweiler Tal oft hinaus nach Münster gehen.

Am östlichen, gegen das Dörfchen Stein gekehrten Hang des waldigen Berges steht eine kühne, riesige Felsennadel, der „*Käshafen*" genannt. Es ist nicht weit dahin, auf dem Weg nach Stein. Da erhebt sich aber, links frei aus dem Feld vor Gossersweiler, ein mit kleinem Gestrüpp und niedrigen Föhren bepflanzter runder Hügel, auf dessen Spitze ein gewaltiger überhängender, dicker Felsenturm steht. Das ist der Engelmann oder *Engelsfelsen.* Oben an seiner Basis ist ein Lieblingsplätzchen der Dorfjugend von Gossersweiler und Stein, und hier haben die Geißbuben auch Spuren ihrer kleinen Hirtenfeuer hinterlassen. An Sonntagen kommen hier die Burschen und Mädchen des Tales zusammen. Man hat hier einen freien Blick nach allen Seiten. Da sind noch andere Sandsteinformen: der *Adelstein, Mieselmannsfels,* das *Teufelshorn,* die *Schreckensteeg* und der *Riesenkopf.* Hinter den Dörfern Gossersweiler und Völkersweiler sehen wir westlich lange, seltsam gestaltete Kämme aufsteigen und sich wie Kartenblätter hintereinanderschieben. Durch die Felstore gelangen wir durch die engen Schluchten von Dimbach, Schwanheim und Lug hinab – und wir blicken hinaus in die angebauten Täler von Spirkelbach und Hauenstein.
Einen wahren Genuß bietet es, sich in dieser wunderbaren Felsenwelt des Wasgaues herumzutreiben. Besonders auf dem Weg von Schwanheim herüber, fühlen wir so recht die Schauer der Sage, nach der in uralter Zeit der „Wasgenwald" mit Riesen bevölkert war, die in den Felsenschlössern wohnten und oft über das Gebirge wanderten, um die Drachen zu erschlagen. Da fanden einmal zwei solcher Riesen einen Menschen. „Was ist das für ein Erdwurm?" fragte der eine, und der andere sagte: „Diese Erdwürmer werden uns noch auffressen!"
Riesenschlösser wähnen wir überall zu schauen, und wenn in einer trüben Mondnacht die Wolken treiben und abwechselnd Licht und Schatten auf diese Landschaft fallen, glauben wir plötzlich wieder jene alte Riesenwelt erstanden: die Felsenmassen scheinen Leben und Bewegung zu bekommen, ringsum starren uns die gewaltigen Kolosse drohend an, als ob sie uns im nächsten Augenblick erdrücken wollten. In diesen Sagen von den Riesen des Wasgauwaldes spricht sich die dunkle Ahnung von den einst hier wohnenden Urstämmen aus, die durch nachfolgende Völker verdrängt wurden, oder auch von den starken Naturgewalten, die hier gewirkt und den Sandstein in so grotesker, abenteuerlicher Weise geformt haben.
Planlos wollen wir nun auf dem Hochfeld östlich von Gossersweiler umherirren. Unten am „Käshafen" versteckt sich malerisch das Dorf *Stein* mit seiner neuen, roten, byzantinischen Kirche. Rückwärts, gegen das Tal von Waldhambach, recken der Hahnenfels und der Doppelfels des *Lebersteins* ihr burgartiges Haupt empor. Zwischen beiden senkt sich ein einsames, abgeschlossenes Wiesental von der Hochebene abwärts zum tiefen Tal des Kaiserbachs, und rechts und links von den Felsen eingerahmt, stellt sich das schöne Bild der Madenburg von der Westseite dar, hoch auf der Stirn des Rothenberges. Nun können wir bis zum *Hundsfelsen* vordringen, wenn wir ihn nicht von Klingenmünster aus besuchten.

Südlich kommen wir über die angebauten, steilen, rotsteinigen Berghalden hinab ins hintere Klingtal, von Stein auf einem Felsenweg nach *Silz.* Das Dorf liegt reizend am Abhang der Hochebene in einem Obstwald. Seine Kirche erhebt sich aus den Bäumen mitten im Dorf auf einer Anhöhe. Wandern wir östlich mit dem Bach vor das Dorf, so kommen wir an dem neuen *katholischen Rettungshaus* vorüber, und hier ist der Rückblick, den der gewaltige Lindenboln abschließt, besonders schön. Östlich vor uns, im grünen Wiesental, liegt *Mönchweiler* zwischen dem hohen Abtskopf und dem Treitelsberg; rechts drüben am Bach die malerische alte Mühle. Das Tal selbst trägt nicht mehr den wilden Charakter; mit Silz sind wir in ein sanfteres Bergland eingetreten. Das Tal des Klingbachs zwängt sich in schönen Windungen durch die

Berge hinaus nach „Münster" und zur Ebene, wohin wir kaum mehr als eine Stunde haben.
Wir müssen nun doch auch etwas über die Bewohner des ganzen Striches sagen. Das

Leute aus dem Gossersweiler Tal beten an einem der vielen Wegkreuze

Gossersweiler Tal wird von den „Münsterern draußen" schon völlig zum Westrich gerechnet, die Bewohner sind schon Westricher „Dudelsäck" und „Grundbeerenwamben!" Es bildete einst ein Gericht, das zu der Fautei Landeck zählte. In den Jahren der französischen Reunion wurde das damals reformierte Tal von den Franzosen in Besitz genommen. Die Kapuziner kamen und predigten, die Dragoner standen mit blanken Säbeln hinter den Armen, vor ihnen große Fässer Wein aus dem *Stiftskeller von Münster;* ebenso wurden Gelder verteilt und auf längere Zeit Steuerfreiheit versprochen. Da versoffen dann viele ihren Protestantismus in Stiftswein, und seitdem ist das Gossersweiler Tal wieder katholisch.

Die Leute im Tal sind etwas düsterer Natur, meistens arm, die Dörfer arg heruntergekommen; manchmal trifft man große Ackerfelder, die nicht mehr bebaut werden. Es ist eine Art verzweifelter Resignation unter die Leute in den schlechten vierziger Jahren gekommen, wo die Kartoffeln gar nicht mehr geraten wollten, die den Reichtum dieser Landschaft ausmachen. – „Hopsa Bruder, wie leb ich! Sind denn die Gehlen bald mehlig?" ist ein gewöhnlicher Zuruf der „Münsterer", wenn sie einem „Westricher" begegnen. („Die Gehlen" sind die gelben Kartoffeln.) Man singt draußen aber auch: „Westricher Dudelsäck' tanzen im Kücheneck!" – und ruft, die Westricher Manier nachahmend: „Hansjärg, do tanz har, do bollerts racht!" Das alles sind Anspielungen auf das ärmliche Leben „im Tal" und auf die ungeschlachte Art der Belustigungen.

Die Sprache ist heiser, rauher und breiter als draußen, die Gurgellaute herrschen vor und dem „Münsterer" klingt es wie das Schweizerische unseren Ohren. Die Tracht ist noch volkstümlich, ähnlich der im Grenzland. Oft sieht man noch die Fuchspelzkappen; die Nebelspalter sind noch allgemein. Die Frauen tragen sich viel bunter als die „draußen"; breite, lange Bänder flattern um die zierlicheren Nebelkäppchen. Überhaupt tritt hier „im Tal" das *alemannische Element* besonders stark hervor. Das Volk ist gutmütig und genügsam; aber der Branntwein wird gern getrunken, und schon das macht einen großen Unterschied zwischen ihm und dem Weinländer draußen. Die Besenbinder und Holzschuhhändler des Tales kommen bei Busenberg zur Sprache.

Wir versetzen uns noch einmal auf das Hochfeld gegen das Dorf Stein hin, denn der Blick von dort westlich gegen den hohen Lindenboln ist schön und imposant. Da starrt am Abhang eines waldigen Berges der kühne Felsenturm empor, den das Volk den „Käshafen" nennt. Er ist unten bei weitem schmäler als oben und reckt sich so verwegen über das Gebüsch des Waldes, daß man jeden Augenblick den Umsturz gewärtigen könnte. Der grandiose, seltsam gestaltete *„Rödelstein"* und hinter ihm der ebenso groteske *„Buhlstein"* ragen über das ganz besonders rauhe, steinige Bergfeld, in der Mitte der mächtige Lindenboln, ein kahler, wilder Felsberg, auf dem sich das Lindenbrunner Schloß so versteckt, daß man es kaum von den anderen Steinbildungen umher unterscheidet. Dahin geht jetzt unser Weg über Brachäcker, Heide, Waldpflanzungen und Ackerraine, oder von Silz im Klingtal den Steinberg hinan.

Haben wir einmal mühsam die rauhe, kalte und dürre Hochplatte bestiegen, auf der der Lindenboln mit seinen überhängenden Felsmassen ruht, so stehen wir vor dem *Lindenbrunner Hof*, einem Forsthaus, neben dem ein ungemein tiefer Brunnen sich in den Berg senkt. Ohne Wald und Rasen, dürr und felsig, da Wind und Sturm das ganze Jahr um den Berg peitschen, erhebt sich der Burgberg schroff über die rauhe, waldlose Hochplatte. Aber ein guter Weg zieht sich an den jähen Halden herum zur Burg durch das Felsentor. Das Schloß *Lindelbrunn* ist kühn und fest auf den gewaltigen, überhängenden Felsmassen gelegen; der innere Schloßhof besteht nur aus Felsenlagern, auf denen wenige Mauern mit hübschen Rundbogenfenstern und Gesimsen stehen. In dem am Hang des Berges hervorragenden Felsengrat sind Gewölbe eingehauen. Einst war der „Lindenboln" – oder „Lindenbohl" – wie die Landeck eine den Leininger Grafen zustehende Burg. Die Linde, ein Lieblingsbaum der Leininger und überhaupt der eigentlich geheiligte, deutsche Baum, der in Blüte unseren Voreltern das Bild der guten Mutter Natur, der Frouwa holda, vergegenwärtigte, gab Berg und Burg ihren Namen.

Da geht denn auch die *Sage vom Lindenmütterchen,* die in Franken wiederkehrt. Als die Burg erbaut wurde, kam ein steinaltes Mütterchen herauf. Sie hatte einen Lindenzweig als Stab in der Hand, den stieß sie mitten im Schloßhof an den Brunnen und sagte: „Wachse und falle mit diesem edlen Haus!" Und der Baum wuchs und wurde stattlich, und die Vögel wohnten in seiner Krone. Da waren einmal zwei Brüder Herren in der Burg; der eine, ein hartherziger Rotkopf, trieb den anderen aus dem Schloß, daß er nicht wußte, wo er sein Haupt hinlegen sollte. Da traf er im Wald

Im Gossersweiler Tal

ein Mütterchen, das war ganz altfränkisch gekleidet und spann und nickte vor sich hin. Sie fragte ihn nach seiner Not und er klagte ihr. Da ging sie mit ins Schloß. Der Rotkopf schwur, er wolle seinen Bruder an die Brunnenlinde hängen, daß die Raben sein Fleisch fräßen, der Alten aber schrie er zu: „Du Teufelsgroßmutter! Fort, oder ich reiß dir den alten wackligen Kopf von der Achsel!" Da aber reckte sich die Alte hoch empor, hob ihre Kunkel und stieß sie in den Stamm der Schloßlinde, daß der Saft herausspritzte und die Vögel schreiend nach allen Seiten aus der Krone stoben. Der Baum zitterte und schwankte von der Wurzel bis zum Gipfel, die Blätter vergilbten und fielen ab, denn aus Ast und Stamm floß der Lebenssaft des Baumes herab in den Brunnen, daß der zur Stunde versiegte. Die Alte aber riß einen Zweig ab, ging mit dem Bruder an den Fuß des Berges auf die Hochplatte, stieß den Lindenzweig in den Boden und sagte: „Hier baue dich an!" Am nämlichen Tag aber kam noch ein Wetter über den Lindenbohl hergesaust, warf Turm und Mauern um, daß die Steine den Berg hinabrollten und der Herr sich in Angst und Verzweiflung an die dürre Linde hing. Sein Bruder aber las die herabrollenden Steine auf und baute sich den Bauernhof, der heute noch steht.

Die Burg wurde 1441 vom Bischof von Speyer belagert und geschleift, aber schon vorher von dem Kurfürst Ludwig von der Pfalz belagert, wobei der *„Pfälzische Tell"*,

Punker von Rohrbach, der Hexenmeister, zugegen war. Anno 1450 mußten die Grafen von Leiningen und Bitsch ihre eigene Burg belagern, da sich Simon Mauchenheimer und Heinrich Holzapfel von Herxheim darin festgesetzt hatten und niemand einlassen wollten. Da schlich sich einer der Belagerer ganz allein als ein Verfolgter vor die Burg, und er erhielt Einlaß. In der Nacht öffnete er seinen Herren die Pforte, wie es in Herzogs Chronik des Elsasses beschrieben ist.

Der genannte *Heinrich Holzapfel* hatte den Ritter Hanns von Helmstädt vor den Toren der Stadt Landau niedergeworfen und gefangen auf den Lindenbohl geschleppt, bis der Vetter des Gefangenen, der Bischof von Speyer, vor die Burg zog, worauf gegen ein bedungenes Lösegeld der Helmstädter freigelassen wurde. Dieser aber wurde von dem Markgrafen von Baden aufgehoben, konnte sich somit weder auf dem Lindenbohl stellen noch zahlen, so daß der Kurfürst von der Pfalz unter den Bäumen des Klosterhofs zu Weißenburg durch ein aus Herzögen, Bischöfen, Grafen, dem Deutschmeister und vielen Rittern bestehendes Schiedsgericht die Sache schlichten lassen wollte. Ritter Holzapfel aber schlug in allen Städten, Zunft- und Ritterstuben den Namen des Helmstädters „als eines Mannes ohne Brief und Siegel“ an, bis zuletzt der ritterliche Span doch noch vertragen wurde. Die Burg, seither ein *Ganerben-Schloß*, besaßen die Leininger zuletzt wieder allein, und bis zur Französischen Revolution gehörten zu ihr die Dörfer des oberen Schlettenbacher Tales: Vorderweidenthal, Darstein, Dimbach und Oberschlettenbach.

Die Burg erhebt sich hoch über die merkwürdige Landschaft, in unserer nächsten Nähe südlich der Rödelstein, eine groteske Felsenmasse, deren Türme und Mauern mit Tannen und Föhren geschmückt sind. Wie ein Riesen- oder Feenschloß steht er da drüben; viele haben ihn schon für eine Burg gehalten und als solche ist er sogar auf den Landkarten bezeichnet. Weiter rechts steht der gewaltige *Buhlstein,* der womöglich noch phantastischer und abenteuerlicher in die Lüfte starrt und auf Landkarten auch als Burg bezeichnet ist, obgleich es nur die Felsenburg von Geiern und Raben oder das Schloß von Geschöpfen der Phantasie ist.

Weiter rechts erscheinen die Wände der *Langenwalder Felsen,* die als mächtige Zyklopenmauern die Talschluchten eindämmen, und tiefer hinein am wilden Felsgewirr des *Prangertsecks* starrt uns eine ganz weite Stadt gewaltiger „Riesen des Wasgauwaldes“ entgegen, wo sie im Glanz des Abends, wie aus feuergoldenen Blöcken erbaut, feenhaft herüberleuchtet. Und dort und da und näher und ferner mächtige Felsenzinnen, einzelne Türme, riesige Figuren, Feenbrücken und steinerne Gestalten: alles rotgrauer, moosiger Sandstein und nackter, toter Fels. Man muß sich mit Gewalt dem Schauer entwinden, der diese Blöcke und ungefüge, rauhe Pfeiler in Bewegung setzt und ihnen Leben verleiht.

Nach Osten irrt der Blick nicht so unstet mehr; dort wölben sich hoch die schönen Bergkuppen der vorderen Vogesenkette, der Trifels, die Madenburg und neben ihr hin ein Streif der Rheinebene. Und über die Dörfchen am Klingbach hinaus rahmen gerade vor uns der Treitelsberg und der Abtskopf ein reizendes Landschaftsbildchen ein. Dort erhebt sich in schönster Perspektive Schloß Landeck über dem prächtigen Stück der fernen Rheinebene, die wie ein grünblauer See durch diese Öffnung der Berge hereinschaut in das Felsenland des Wasgaues.

Die Dörfchen des *oberen Schlettenbacher Tales* verstecken sich in den Talschluchten hinter der Burg, zu der sie gehörten. Als eine protestantische Oase liegen sie mitten in dem katholischen Gebirgsland. Außer Vorderweidenthal sind sie nur klein, ihr Aussehen jedoch viel freundlicher als das der Nachbardörfer. Hübsche, ja oft stattliche Häuser deuten auf Wohlstand, Tätigkeit und Ordnungsliebe. Der Fleiß der Bewohner ringt den rauhen Bergfeldern eine mehr als hinreichende Ernte ab. Darum gibt es keine Bettler, während aus den Dörfern des Gossersweiler Tales ganze Scharen hinaus aufs Land strömen; auch keine hausierenden Besenbinder, Holzschuhschnitzer, Bilderhändler, Lumpensammler, Scherenschleifer und Haftelmacher wie im Gossersweiler Tal und in Waldhambach. Alles nährt sich vom Ackerbau. Selbst der Tabakbau ist schon in das Schlettenbacher Tal gedrungen; er scheint auf den roten, sandigen Berghalden gut zu gedeihen.

Dimbach, nördlich zwischen der Öffnung der Felsberge, kennen wir schon. Näher bei der Burg, nordwestlich, versteckt sich *Darstein.* Es könnte nicht friedlicher in seinem Obsthain an und hinter den Felsen liegen. Südlich auf einem hochgelegenen Bergfeld steht ein ganz kahler, mühsam zur Hälfte bebauter Hügel, von dessen Spitze, gleich einem versteinerten Ungeheuer, die groteske Masse des Darsteins schaut. Im Mittelalter scheint eine Burg hier gestanden zu haben, da die Edlen von Darstein mehrmals in der Geschichte des Landes vorkommen. Auf Landkarten ist der Darstein dann auch hie und da als Burgruine eingezeichnet, obgleich die Spuren von Gemäuer verschwunden sind. An seinem westlichen Fuße vorüber führt der Weg wieder bergab in das tiefe Tal des Schlettenbächleins, das aus den Felsenschluchten von Schwanheim kommt und in südlicher Richtung hinter dem Lindenboln die Wiesengründe bewässert. Der *Hasenfels* steigt aus dem Bergwald dicht am Weg in kühnen, hohen Massen empor, rechts eine Reihe dunkelbewaldeter Felsberge.

Bald erreichen wir das anmutige, wohlhabende Dörfchen *Oberschlettenbach* tief in der Schlucht hinter dem Lindenboln. Das Tal entlang, auf anmutigem Wiesenpfad, gelangt man zwischen dem Rödel- und Buhlstein hin endlich vor die malerische Mühle bei *Vorderweidenthal,* dem früheren leiningischen Amtssitz. Die alte Kirche besitzt einen gotischen Turm. Hier sind bedeutende Viehmärkte, und der runde Westricher Schlapphut ist schon allgemeine Tracht.

Südlich vor dem Dorf am Schlettenbächlein steht eine Sägemühle, vor der wir mit dem Bächlein nach einigen Schritten die Straße von Bergzabern nach Dahn kreuzen. Links an der Straße versteckt sich Lauterschwan, rechts gegen Dahn im rauhen Sand- und Felsenland, das hier die Straße übersteigt, Busenberg und Drachenfels. Dem Buhlstein gegenüber, vor uns aber in nächster Nähe im Tal des Schlettenbachs, liegt das Dorf Erlenbach reizend schön, und über ihm auf dem Hügel die merkwürdigen, schönen Ruinen des Berwartsteins. Wenn wir uns von hier aus nach Dahn wenden, können wir den Berwartstein und Drachenfels besteigen; sie sind es wohl wert.

Das Felsenland von Dahn

Wir haben schon mehrere Wege nach Dahn erwähnt, doch wissen wir noch einen anderen: von Klingenmünster aus durchs Klingtal zum Lindelbrunner Hof empor und dann hinab nach Oberschlettenbach in gerader Richtung. Aus der tiefen Schlucht, in der sich das Dörfchen verbirgt, windet sich der Weg durch Felsen und den Wald empor in westlicher Richtung und dann hinab in einen Felsengrund, wo einsam in der Wildnis in pittoresker Umgebung der *Hof Bärenbrunn* mit dem Försterhaus steht. Der Weiler war einst ein Dorf. In den Wald- und Wiesengründen zwischen den Felsen entwickelt sich ein Bächlein, das, westlich abfließend, nicht weit davon die *Bärenbrunner Mühle* treibt, die die malerische Wald- und Felsenwüste ringsum allein belebt. Birken, Tannen und Föhren begleiten uns nach dem nahezu winzigen Dörflein *Schindhardt* im Tälchen von Bärenbrunn. Busenberg liegt südlich über einem Birkenwald, dessen weiße Stämme wie schlanke Mädchenfiguren sich um die Felsen wiegen und biegen. Bald stehen wir, dem hellen Bächlein entlang, im herrlichen *Lautertal,* da wo die Straße von Busenberg her sich mit der von Weißenburg vereint und das wilde Erfweiler Tal mit einem rauschenden Bach mündet. Hier ist es grandios, alles viel großartiger als im Gossersweiler Tal: rechts und links ungeheuerliche Steinmassen, im grünen, vom klaren Flüßchen durchschlängelten Talkessel ein schöner Flecken, hoch über ihm ein ungeheuerer Felsenwall – das ist Dahn.

Dahn und sein Felsental sind nun schon seit Jahren keine bloß pfälzischen Namen mehr; spricht man von grotesken und romantischen Felsenpartien, so muß die Umgebung von Dahn mitgenannt werden. In gar mancher Hinsicht steht diese Umgebung einzig da; nirgends sind die Formen und Gestaltungen des Sandsteins kühner, phantastischer und abenteuerlicher, nirgends diese seltsamen Felsenbildungen so dicht beisammen, und nirgends der Kontrast schauerlicher Felsenpartien zu den lieblichsten und anmutigsten Fluß- und Wiesentälern, die diesen Bereich des hier so recht in seiner charakteristischen Wildheit sich zeigenden Vogesus durchziehen und seine Rauheit mildern, größer als bei Dahn. Der Ort selbst ist ein schöner, freundlicher, offener Flecken im frischen Wiesengrund der Lauter. Freilich schauert's den Pfälzer Bauern, wenn er nur an diese Gegend denkt; er hält sie für eine öde, unfruchtbare und arme Felsenwüste; nirgends finden wir die Milde, Freundlichkeit und Fruchtbarkeit der vorderen Pfalz; statt der Weinreben nur wilde Brombeersträucher, statt der Kastanienwälder nur Tannen, Föhren und Buchenhaine; statt des üppigen Fruchtfeldes nur kahle Felsenhänge, denen man mit äußerster Mühe im Sand die genügsame Kartoffel abgewinnt. Da blüht keine Mandel, kein Pfirsich mehr auf den Höhen, nur noch der Holunderbaum und der Schlehdorn nicken mit weißen Blüten von den Felsen im Frühlingswind. Und doch ist es schön, prächtig bei Dahn; es ist die wildromantische, schauerliche, furchterregende Schönheit der Natur, die hier ihren vollen Zauberbecher ausgegossen hat. Der Flecken ist, nach Art von Schweizerdörfern, beinahe rund um seine Kirche und die hohe und feste Kirchhofsmauer gebaut; er gehörte sonst den *Freiherren von Waldenburg* und dem Bistum Speyer, das einen Amtssitz hier hatte. Die Bewohner sind, wie die des umliegenden Felsenlandes, katholisch. So recht charakteristisch für dieses Gebirgs- und Felsenland ist besonders die Zucht von Eseln und Ziegen. An trefflichen Wirts- und Gasthäusern fehlt's hier nicht. Ringsum ist der Flecken eingeschlossen von mächtigen Felskuppen und Türmen; zahllos sind die seltsamen Felsbildungen in nächster Nähe.

Da fällt uns denn gleich die Felsenwand nordwestlich über dem Flecken auf: der *Jungfernsprung*. Ein mächtiger, lang sich hindehnender Berg mit ungeheurem, zutage stehendem Felsenkamm und scharfen Graten, zieht sich aus der Wildnis von Erfweiler her bis dicht an den Ort; seine vorderste Stirn, auf der ein Kreuz steht, überhängt in drohenden Massen Straße, Fluß, Tal und Flecken. Einige ärmliche Hütten stehen unter dem Felsen an den Steinwall geklebt und schwärzen mit ihrem Rauch die drohende Wand. Die Sage erzählt den Namen des Felsens. Vor alters wurde einmal ein Mädchen dort oben im Wald von einem Mann verfolgt, und da sie auf dem Kamm des Berges, von Fels zu Fels geflohen, sich nicht mehr zu retten wußte, stürzte sie sich von der vorspringenden Bergstirn hinab in den Abgrund. Wunderbar erhalten kam sie auf den Wiesengrund, wo alsbald eine Quelle aufsprudelte, die heute noch lebendig ist. Eine andere Variation der Sage erzählt, daß ein Mädchen zum Zeichen ihrer Unschuld hier herabgesprungen sei und sich dabei nur den kleinen Finger „verstaucht" habe, woraus man den Schluß ziehen will, daß überhaupt der Platz zu Ordalien oder Gottesgerichten gedient habe. Jenes Kreuz auf der hohen Felsstirn erinnert an die Sage. Um zu ihm zu gelangen, klettert man auf dem scharfen Kamm von Grat zu Grat; gleich Säulen und Pfeilern ragt einer hinter dem anderen über die Schneide des Berges, bis man sich dem Kreuz gegenüber befindet. Es zu erreichen, mag Tollkühnheit wagen. Die Sage spricht auch von manchem Sturz in den Abgrund. Von oben hat man die völlige Vogelperspektive auf den schönen Flecken, dessen Straßen im Kreise die alte Kirche mit ihrem nadelscharfen Kirchturm umziehen.

Auf der entgegengesetzten südöstlichen Seite des Fleckens haben wir nur wenige hundert Schritte zu einem nicht weniger interessanten Felsen, dem Hochstein auf dem Schützenberg. Ein Felsenriff ist durch eine tiefe Kluft gespalten, so daß frei und hoch der mächtige *Hochstein* emporstarrt, der aus einiger Entfernung gesehen, einem riesigen Dom ohne Turm nicht unähnlich sieht. Klein und winzig an diese erhabene Wand gelehnt steht die alte hölzerne *St. Michaelskapelle.* Diese Stelle ist ausgezeichnet durch das wahrhaft prächtige und schauerliche Panorama, das der Rundblick gewährt. Jenseits der Lauter und des herrlichen Wiesengrundes starrt ein seltsam verwitterter Felsenkamm ins Tal, der uns eine Reihe gewaltiger Burgtrümmer mit Türmen, Toren, Fenstern und Zinnen vorspiegelt. Und ringsum sehen wir ähnliche Bildungen. Nach Nordosten hinein, am jenseitigen Lauterufer, zieht sich eine Reihe tiefbewaldeter Berge, aus deren Buchendämmerung eine wirkliche Burg ihre zerfallenen Zinnen reckt:

Der 65 Meter hohe Jungfernsprung, von dem sich eine verfolgte Jungfrau gestürzt haben und unten unversehrt angekommen sein soll

Neudahn. All das, verklärt und erhöht im Licht des Morgens oder im magischen Glanz einer Mondnacht zu sehen, zaubert uns ein Reich der Fata Morgana vor Augen. Hier ist die Natur selbst die mächtigste Fee, die zauberkräftigste und geheimnisvollste Fata Morgana. Ihre Macht durchschauert und schreckt uns, aber sie entzückt und erhebt uns auch.

Uns im Rücken, in nächster Nähe, erwarten uns andere Merkwürdigkeiten. Dort in der Wildnis, gegen Erfweiler hinein, ragen über das hohe Riff des Berges kühne, ge-

Altdahn und Grafendahn sind mit ihren Kellern und Gängen, Verliesen und Kammern die Urbilder einer Felsenburg

waltige Trümmer einer Doppelburg hart nebeneinander, so daß sie nur eine einzige große Ruine zu sein scheinen. Es sind die Felsennester *Altdahn* und *Grafendahn,* einst die Sitze der berühmten Rittergeschlechter „von Than", der stolzesten, kecksten und gewalttätigsten Junker des Wasgaues, Bürger von Landau und Bundes- und Fehdegenossen des Franz von Sickingen. Nach des „letzten Ritters" Fall sahen sie auch ihre Burgen sinken unter den Brandfackeln der verbündeten Fürsten und nochmals untergehen durch den General Monclar von Landau aus. Seitdem ist es stiller hier im stillen Wasichen als damals, wo das bewegte mittelalterliche Ritterleben so recht zu voller Blüte gedieh und die Junker im Anblick einer gewaltigen rauhen Natur jenen gewalttätigen, eisernen Sinn sich aneigneten, der ihre Taten kennzeichnet. In das harte Gestein, auf dem die Burgen stehen, sind Treppen, Gänge, Hallen, Gemächer, Verliese und Keller geschrotet. Über ihnen stehen starke Mauern, Reste gewaltiger Türme, und so beherrschten diese Burgen auf ihrer bedeutenden Höhe weithin das Land. Nur durch einen Felsengraben getrennt, richteten sie jedoch ihre Befestigungen auch gegeneinander. Grauenhaft ist der Anblick eines Verlieses der schrecklichsten Art, das man erst in jüngerer Zeit entdeckte, als ein Felsblock entzweiborst und zur Hälfte herabstürzte. Es ist ein Gemach im Felsen in der Gestalt eines *umgekehrten Trichters,* mit einem engen Eingang oben. Kein Entrinnen war möglich in diesem ewig dunklen Kerker, wo der Gefangene im Bauch des Felsens lebendig begraben lag.

In den düsteren Hallen von Altdahn ist ein *Echo,* das jeden Klang donnerähnlich zurückgibt. Ein Pistolenschuß, auf diesen Höhen abgefeuert, läßt uns eine starke Kanonade von überraschender Wirkung hören. Leer und öde steht jetzt das wilde Getrümmer dieser Doppelburg; auf den Zinnen stehen nur noch im Wind nickende Bäume, statt der Ritter und Knappen.

Wir sehen von dem hohen Felsenstandpunkt hinein in das abenteuerliche Land und das Gewirr der Berge und Steinkolosse weit und breit. Tief da drinnen in der Talschlucht, die das klare Bächlein durchrieselt, liegen der *Fischwoger Hof* und die einsame Mühle, weiterhin, gegen den starren Drachenfels, das Dörfchen Schindhardt in seiner Schlucht, am Bach in der Talschlucht aufwärts das Dorf Erfweiler in wilder Umgebung, von kühnen, pittoresken Felsbergen, Riffen und Klüften umrahmt. Weiter hinein, nördlich gegen die Himmelspforte und den Geißkopf, scharfe, rissige Kuppen, Kämme, Klippen im düsteren Tannen- und Föhrenwald hintereinander.

Wo man sich hinwenden mag, stößt man auf überraschende Gebirgsformen. So, wenn man südwestlich von Dahn in die weiten, dichten Laubwälder gegen das Elsaß und Lothringen hin dringt, die sich an die Wasichenfirst anlehnen. Durch sie führt ein prächtiger Wald- und Bergweg in grünen Urwäldern, an Schluchten und Klüften vorüber in das Tal der Sur an der französischen Grenze nach *Schlickenfischbach*. Auf diesem Weg werden den Wanderer zwischen den dunklen Wäldern und starren Felsen hier und da auch klare Waldbäche und herrliche Wiesengründe erfreuen. Gehen wir mit der Straße nordwestlich an der Lauter hinauf, liegt dieses Wald- und Felsenland links; herrlicher Buchen- und Eichenwald deckt alle Berge und Schluchten bis nach Pirmasens und noch über die westlich vorüberziehende Wasserscheide hinaus. Rechts dagegen, auf den dürreren, scharfen Schluchten und Bergen gegen das Annweiler und Gossersweiler Tal, krönen Tannen und Föhren die Gipfel und Hänge der Klippen und Riffe, so daß die Lauter mit ihrem Tal die strenge Scheidelinie zwischen Laub- und Nadelwäldern macht. So bis hinauf nach Hinterweidenthal und zur „Kaltenbach".

Rechts und links rauschen frische Waldbäche aus den wilden Seiten- und Nebentälern, der *Mühlenbach* vom Vogtenberg und Geißkopf herab, der *Salzbach* aus dem tiefen Berggewälde südwestlich an der Wasserscheide, von der Lemberger Glashütte und dem „Hohen Kopf" herab, und der *Moosbach* aus den Gründen und Schlüften des großen „Muckenkopfs" und „Langentals", des „Viehbergs" und „Hanachteichs". In diesen Klüften, Schlüften und Gründen der Gebirgswälder horstet auch der phantastische Waldphilosoph, der Uhu, das Reh weidet an den Wiesen der Bergquellen und das Wildschwein durchstreicht grunzend die großen Forsten zu beiden Seiten der Lauter.

Wenn man der sandigen Straße von Dahn bergeinwärts folgt, entdecken wir links, jenseits der Lauter, auf einem vorspringenden, dicht umlaubten Berg die *Ruine Neudahn*. Die Sägemühle im Tal am Moosbach, der hier in die Lauter stürzt, belebt allein die Stille. Durch dichten Wald steigen wir empor zu der in den Buchen versteckten Felsenburg, die, so unscheinbar sie von unten aussieht, dennoch unser volles Interesse in Anspruch nimmt. Ihre Lage könnte nicht romantischer sein und man steht nach der Waldwanderung plötzlich überrascht, wenn sie in dem Buchenforst gleich dem einsamen Sitz eines Geächteten emporsteigt. Nicht leicht entspricht eine andere Ruine so sehr dem Bild eines noch im Verfall von Räubern bewohnten Waldschlosses. Sie ist denn auch öfters schon von Zigeunerbanden, die in dieser Gebirgslandschaft besonders häufig sind, heimgesucht und zur augenblicklichen Heimat gewählt worden.

Hier stand vermutlich der schauerliche Tannstein des wilden *Räubers Stophes*, des Schwiegervaters jenes oft in der Geschichte der Pfalz und des Elsasses genannten Walters von Dahn. Stophes war der Schrecken des ganzen Landes, bis die Bürger von Speyer vor den Tannstein zogen und ihn zerstörten. Bei dieser Gelegenheit fand man viele Gefangene und verweste Leichname in den Verliesen. Nochmals wurde die Burg von Sickingens Feinden zerstört, aber wiederhergestellt beherbergte sie 1552 König Heinrich von Frankreich auf seinem Zuge gegen den Kaiser an den Rhein, gerade als die Hausfrau des Schloßherrn Christoph von Dahn im Wochenbett lag.

Wir wenden uns wieder zu dem Flecken zurück, um die Wand des Jungfernsprungs herum und dann im gar lieblich frischen Wiesengrund des Lautertals südwärts am Flüßchen entlang. Auf dieser Seite erhalten wir eine Erinnerung an gewaltige Naturszenen des bayerischen Hochgebirges, der Salzburger und Tiroler Alpen, bei der nahen

In der Burg Neudahn hat 1552 König Heinrich II. von Frankreich auf seinem Zug gegen Kaiser Karl V. genächtigt

„Klamm". Es ist ein förmliches Felsentor, von Mutter Natur hierher gestellt. Doch mußte Menschenhand nachhelfen, um von der Südseite her einen Zugang zu dem Flekken zu öffnen. Dann könnten wir auch den *„Kurfürsten"* aufsuchen; das Volk hat einen hohen Felsturm, der einer menschlichen Figur nicht unähnlich ist, so getauft.

Außer den schon länger bekannten Wundern und abenteuerlichen Felsenbildungen des Dahner Tales sind erst in jüngster Zeit wieder neue entdeckt und mit Namen, die bereits volkstümlich geworden sind, bezeichnet worden. So der „Metzger", eine dem Jungfernsprung gegenüberstehende Felsenfigur; dann die „Steinerne Hexe" auf dem Hügel beim Fischbacher Tor, die auch „Riesenweib" oder „Felsenfrau" genannt wird. Sie trägt die pfälzische Bätze und hat die Hände im Schoß liegen. Gegen Schindhardt stehen „Eisele und Beisele" auf der Höhe und schauen starr in das felsige Märchenland und nach dem „Napoleon", dem „Kaiser und Kurfürst" hinüber, die besonders im Mondlicht täuschend ähnlich sind. Da ist auch das „Münster" und die „Eisenbahn" mit Lokomotive und Wagen. Durch die Fischbacher Klamm kommt man in das *„Tal der Ewigkeit"*; hier ist es still zwischen den öden Felsen, ein gesprochenes Wort aber hallt unzähligemal, langsam und deutlich, dem Sprecher entgegen, so als riefen ihm die Felsengeister spottend zu. Man wähle zu einer Reise nach Dahn die Zeit des Vollmondes, dessen Licht hier feenhafte Wunder schafft. Noch ist zu erwähnen, daß die

Dahner den Jungfernsprung, den man sonst nur mit größter Gefahr bestieg, zugänglich gemacht haben, selbst für Damen. Bänke und Tische sind jetzt oben, während Burg Neudahn oft Tanz und Schmausereien in ihren Trümmern sieht. Auch Alt- und Grävendahn werden unterhalten und vor gänzlichem Verfall behütet.

Verfolgen wir die Lauter am grotesken „Viehberg" und am wilden „Rauhberg" vorüber in ihrem südlichen Lauf, am „Rechelstein" hin durch Bruchweiler und Bärenbach, um vor Bundenthal rechts ins Rumbacher Tälchen abzulenken, wohin der Weg nach Schönau führt, so kommen wir am „*Napoleon*" vorüber; als hätte die Natur in ihren seltsamen Launen dem gewaltigsten Helden der Zeit hier ein Denkmal setzen wollen, so steht der Fels da.

Doch nicht nach Schönau führt uns vorderhand der Plan unseres Werkes, sondern auf der Straße, die sich links von der nach Weißenburg und Schönau durch die Vogesen nach Bergzabern abzweigt und zwar da, wo die Täler von Erfweiler und von Schindhardt her mit ihren stillen Mühlen aus der Wildnis ins Lautertal treten; wir kommen östlich durch ein furchtbar rauhes Felsen- und Sandland in einer Stunde nach *Busenberg*. Auf diesem Weg haben wir erst so recht diese grauenhaften Sandsteinformen der merkwürdigen Landschaft zu bewundern; drohend treten sie uns nahe von rechts und links. Dann macht die sandige Straße eine Biegung um ein Felsenriff, unser Gebirgsdorf mit seinen grauen Giebeln, die des Wetters wegen verschindelt sind, erscheint; hinter ihm reckt hoch der Buhlstein sein burgartiges Haupt, während der Drachenfels, der eine wirkliche Burg ist, eben nur als wilde Felsenmasse aus dem rauhen Lande emporsteigt. Busenberg ist ein katholisches Pfarrdorf. Doch wohnen auch viele Juden hier, wie in dem benachbarten Vorderweidenthal. Die Bewohner, echte Gebirgsbauern, düster und einsilbig, wie die des ganzen Felsenlandes im Wasgau, tragen den runden „*Westricher Hut*", sie nähren sich als Besenhändler und Holzschuhschnitzer wie ihre Nachbarn in diesen Tälern, da die rauhen Bergfelder nicht den hinreichenden Bedarf geben.

In den waldigen Felsenschluchten um Busenberg finden sich besonders viele Birken, deren zartes Reisig sich ganz vorzüglich zu Besen eignet, die dann auch in dieser Gebirgslandschaft besonders häufig verfertigt werden. Ebenso ist die Holzschuhschnitzerei im Gossersweiler, Schlettenbacher und Dahner Tal ein Erwerbszweig der armen Bevölkerung. Mit einem „Gebund Besen" oder einer Tracht Holzschuhe wandern Knaben und Männer nach Klingenmünster und Bergzabern hinaus aufs Land, wo ihr wehmütiger, eintöniger Ruf: „Besen!" oder „Holzschuh!" die Weiber der Wein- und Gaubauern vor die Türen lockt, um ihnen ein Paar abzufeilschen. Holzschuhe werden in jenen Gegenden den Winter über fast allgemein getragen. Jedoch kommen die eleganteren schwarz angestrichenen, französischen oder Weißenburger Holzschuhe immer mehr in Aufnahme.

Die *Burg Drachenfels* bei Busenberg findet in ihrer wilden kühnen Bauart nicht leicht ihresgleichen wieder. Von unten besehen, ist sie eben nur ein unförmlicher, mächtiger Felsblock, und haben uns die Wunder dieser Felsenwelt schon oft täuschend alte Ritterburgen vorgeführt, so finden wir hier eine wirkliche Burg, da, wo wir sie vielleicht am wenigsten vermuteten. Besteigt man die kahlen, sandigen Halden der rauhen Höhe, so zeigen sich bald wilde Mauertrümmer und rollende Steine, dann Felsentreppen und Eingänge des gewaltigen Steinblocks. Wie ein nagender Wurm hat der Mensch den Felsen ausgehöhlt, nach den verschiedensten Richtungen hin Gänge hindurchgeschrotet und Gemächer gebohrt. So eisern kräftig, so kühn und wild tritt uns nirgends mehr der mittelalterliche Rittergeist vor Augen. – Schon früh besuchten die Herren des Drachenfelsens die Turniere zu Worms und trotzten als kecke *Stegreifritter* den gereizten Bürgern von Straßburg. Aber 1335 wurde der Drachenfels von den Straßburgern überrumpelt. Später war er ein Ganerbenschloß, das mehrere Besitzer zugleich hatte, die zum Landauer Bund gehörten und unter denen Franz von Sickingen glänzt. Ein Landsknechtslied singt von Sickingens Fall:

„Die Fürsten zugend weiter dann
gen Trackenfels, also genannt,
das haben sie verprennet;
Got tröst den Franzen lobesan!
sein Land wird gar zertrennet, zertrennet!"

Durch die dunklen Gänge im Bauch des Felsens gelangt man empor bis zu der schwindelnden Höhe, von wo sich eine so abenteuerliche, schauerliche und wilde Aussicht auftut, wie man sie bisher noch nicht gesehen hat. Da liegen sie in öder, stiller, wenig bewohnter Natur, die gespensterhaften Erscheinungen von *Riesenburgen* und *Felsenschlössern* ringsumher; da liegen und stehen versteinerte, gigantische Figuren, gleich Ungeheuern der Vorwelt, über die der düstere Geist des Gebirges einherschreitet. Man fühlt sich in der Tat in eine andere Welt versetzt, besonders wenn der Morgen- oder Abendnebel über der Gegend ruht, in eine vorweltliche Periode, in der diese nackten Felsenmassen, von den plutonischen Naturgewalten emporgehoben, sich über die Gebilde der neptunischen Mächte einsam und starr aufreckten, oder in eine Periode nach dem Jüngsten Tag, wo öde und erstarrt über die Trümmer der zermalmten Erde sich nur die Pfeiler des Stuhles Gottes, die Säulen der Ewigkeit erheben.

Busenberger Besen- und Holzschuhhändler legen am Fuß der am 10. Mai 1523 durch Brand zerstörten Felsenburg Drachenfels eine Verschnaufpause ein

Diesen Empfindungen entsprechen die Sagen von den Burggewölben nicht, wenn sie von den seltsamen nächtlichen Klängen reden, die die Totenstille der Felsengemächer unterbrechen, den Klängen des *goldenen Kegelspiels* der Burggeister, welche die Sehnsucht der einsam dahinwandelnden Talbewohner rege machen.

Der Drachenfels ist jedenfalls mit dem nahen Berwartstein eine der merkwürdigsten Burgen Deutschlands und darf in keiner Weise übergangen werden. Er bildet den würdigsten Schluß des „Felsenlandes von Dahn“, aus dem wir nach und nach heraustreten, wenn wir über das sandige Bergfeld östlich weiterschreiten und in kurzer Zeit wieder dahin kommen, wo die Landstraße nach Bergzabern das von Vorderweidenthal herkommende Schlettenbächlein kreuzt und wo wir bei der Sägemühle wieder im Angesicht von Erlenbach und dem Berwartstein stehen.

4. *Das Grenzland*

Wenn auch die natürlichen Grenzlinien Deutschlands und Frankreichs nicht am Rhein, nicht an der Lauter liegen, sondern wohl noch eine gute Strecke näher gegen Paris hin, auf den Firsten der Argonnen und Ardennen, und wenn das Elsaß nicht, wie die Franzosen meinen, bis zur Queich, sondern der alte Speyergau und pfälzisches und rheinfränkisches Wesen noch einige Meilen über die Lauter reicht und erst an der Motter das alemannische Element den Sieg erringt, so ist doch die heutige politische Grenzbestimmung durch die *Lauter* in mancher Hinsicht eine den Verhältnissen entsprechende. Gleichsam vermittelnd tritt die Lauter ein, teilt das strittige Land in zwei völlig gleiche Teile, wenn sie zwischen Queich und Motter, gleich weit von beiden entfernt, die rechte Mitte bis zum Rhein hält und den Ansprüchen Frankreichs und den Rechten Deutschlands zwei gleiche Hälften zuteilt. Beinahe im Herzen der Pfalz, am hohen Eschenkopf entspringend, bildet sie mit südlichem Lauf ein durch seine Felsenwunder ausgezeichnetes Längental bis zur jetzigen französischen Grenze, wo sie sich mit einmal östlich wendet und nun, ein Quertal bildend, die Vogesenkette durchbricht, bei der Grenzstadt Weißenburg ins offene Land tritt und bis zum Rhein hin mit den Spuren der einst berühmten Weißenburger Linie Deutschland und die Pfalz von Frankreich und dem Elsaß scheidet. Die Lauter hat darum eine hohe, politische und militärische Wichtigkeit von jeher behauptet. An ihren Ufern liegt das Grenzland, zum allergrößten Teil mit Wäldern bedeckt, sowohl in der Ebene als auch im Gebirge. Die elsässische Stadt *Weißenburg* kann als Mittelpunkt dieses Grenzlandes gelten. Vor ihr öffnet sich die Rheinebene mit dem großen Bienwald, hinter ihr türmen sich die Wasgauberge mit dem schönen Forst der Mundat. Nur ihre nächste Umgebung am Saum der Ebenen und des Gebirges ist waldfrei, schönes Acker- und Weinland.

Unter der Rubrik Deutsch-Lothringen werden wir das südwestliche Grenzland im Westrich näher anschauen, fürs erste haben wir bloß den Strich an den Ufern der Lauter bis zur Hauptwasserscheide der Vogesen im Auge. In der Kriegsgeschichte spielt dieser Strich eine besonders große Rolle; seit zweihundert Jahren bekämpften sich in ihm Franzosen und Deutsche. Diesseits wie jenseits der Lauter sind die Bewohner ihrer Abkunft nach gute Deutsche und die deutsche Sprache, das rheinfränkische Idiom, mit alemannischen Elementen vermischt, hält sich tapfer und siegreich gegen das „Wälsch“ der Franzosen. Was die politischen Sympathien betrifft, so verhält sich dies leider anders. *Grenzländer* haben immer etwas Eigentümliches, besonders im Charakter ihrer Bewohner, und wir werden namentlich hier dem kühnen und oft gewalttätigen Sinne begegnen, der den Grenzbewohnern eigen ist, freilich im Gebirge bei weitem nicht in dem Grad wie im Bienwald der Ebene. Dort zeichnen sich die Leute durch besonders hohen und kräftigen Wuchs und durch Beharren bei alten Sitten und Trachten aus. Der *Verkehr an der Grenze* ist ein lebhafter und bringt die Leute in mannigfache Berührung mit den Nachbarn. Daß sich bei der eigentümlichen Beschaffenheit dieses Grenzstrichs der Schleichhandel ganz besonders entwickeln konnte, ist leicht einzusehen, da die Gebirgsschluchten hinter Weißenburg und der Bienwald vor der Stadt gegen den Rhein hin geheime Wege und Gelegenheit genug bieten.

Schloß Berwartstein

Der Berwartstein war die Hauptfeste der Gebirgsgegend am linken Lauterufer; von ihm hing die *„Fautei des Schlettenbacher Tales“* ab, die als ein zur Propstei gehöriges Gericht dem Bischof von Speyer bis zur Revolution gehorchte, alle Dörfer von Dahn an der Lauter abwärts bis gegen Weißenburg umfaßte und im Bereich der „Mundat“ lag. Die Dörfchen sind heute noch alle katholisch und von stillen, genügsamen Bauern bewohnt.

Auch Schloß Berwartstein lag noch innerhalb der Grenzen der *Weißenburger Mundat*. Dies sind große Wälder, die dem Stift und der Bürgerschaft der einstigen freien Reichsstadt angehörten und, in weitem Umkreis um die Stadt über das Gebirge und die Ebene sich breitend, viele Dörfer und Höfe umfaßten. Wie die Haingeraiden und der Münsterer Abtswald, so ist auch die Mundat (Emunitas) ein Geschenk König Dagoberts, früher ein Teil des großen „königlichen Forstes Vogesus“ und noch heute voll prächtiger Buchen- und Tannenforste, kühler Täler und einsamer Gründe. Größtenteils auf pfälzischem Gebiet liegend, erstreckt er sich nördlich bis zur Straße von Bergzabern

Vom Berwartstein aus unternahm der händelsüchtige kurpfälzische Ritter und Hofmarschall des Kurfürsten Philipp I., Hanns von Tratt, seine Raubzüge

durchs Gebirge, die bei Birkenhördt und Lauterschwan ihn von dem Münsterer Abtswald scheidet. Seine Grenze war durch eine Reihe *„Mundatsäulen“* oder „Lagersteine“ bezeichnet, die über Berg und Tal liefen. Wir haben ihn schon von Bergzabern aus betreten, wo wir bis zur Waldhütte beim Reisdörfchen, das eine Stunde vom Berwartstein östlich in der Mitte des Forstes liegt, vorgedrungen sind.

Stehen wir bei der Vorderweidenthaler Sägemühle, so liegt jenseits der Straße, die das Schlettenbächlein kreuzt, im lieblichen Tälchen vor uns das Dorf *Erlenbach*, das sich malerisch um den schönen, sanften Schloßhügel breitet, der den Berwartstein trägt. Das Gebirge hat hier plötzlich sanftere Formen angenommen, die Berge sind alle tiefbewaldet. Rechts vom rauhen Bergland bei Busenberg rinnt ein Bächlein in den Schlettenbach, dort steht in stillem Wiesengrund neben der Straße der Hof „St. Gertraud“.

Burg Berwartstein ist eine der schönsten und merkwürdigsten mittelalterlichen Schloßruinen. Das Volk nennt sie auch „Bärbelstein“ oder „Sperberstein“. Sie ruht auf einem gewaltigen Felsen, der einen Teil der Burg durch seine Gemächer und Gänge bildet.

In Felsen gehauene Stiegen geleiten zum Eingang in das hoch auf den Steinmassen thronende Schloß. Rechts ist der in den Felsen gehauene *Waffenplatz* mit Schießscharten, von wo sich ein Gang bis zur Ostseite der Burg durch die Felsen windet. Dort führte ein viereckiges Felsenloch die Wendeltreppe in die Felsengemächer aufwärts. Unter dem Hauptbau ist ein geräumiger Felsensaal, mit einem natürlichen Pfeiler in der Mitte. Seltsam klirrt und dröhnt der Schritt in diesen dunklen Gemächern, als ginge man in einer metallenen Höhle. Das ungemein feste Schloß wurde schon 1315 durch die Hagenauer und Straßburger den Raubrittern abgewonnen und zerstört, worauf es an die Abtei Weißenburg als Reichslehen kam. Pfälzische Vasallen nahmen später die Burg weg und Kurfürst Philipp verlieh sie 1485 seinem Hofmarschall *Hanns von Tratt*, einem ränkesüchtigen, gewalttätigen Mann, der nun von hier aus den Weißenburger Äbten das ganze Schlettenbacher Tal und die Mundat abzwang, bis er mit seinem Herrn in Acht und Bann kam, als „Ächter" starb und in der Kapelle zu Niederschlettenbach begraben wurde.

Eine Sage meldet von der *Burgfrau auf Berwartstein.* Bei einer Erstürmung des Schlosses wollte sie sich mit ihrem Kind nicht den Feinden ergeben und stürzte sich vom Felsen in die flammende Burg. Nun hat sie keine Ruhe im Grab, wie der pfälzische Marschall auch. In stillen Nächten rollt ihr Wagen durch das Dorf den Schloßberg hinan, dann besteigt sie die Trümmer und stürzt sich wieder wehklagend über den Felsen; mancher hat schon ihr weißes Kleid oben schimmern sehen.

Dem Berwartstein gegenüber auf bewaldetem Bergkegel steht ein einsamer, verfallener Turm, vom Volk *Kleinfrankreich,* von dem Marschall Hanns von Tratt in einer Handschrift *„Turm Frankreich"* genannt. Lage und Aussehen deuten auf eines jener Raubnester, wie sie in dieser Gegend häufig sind. Seine Geschichte ist dunkel; nur schauerliche Sagen gehen von vermoderten Gefangenen und gespenstischen Begegnungen. Der Hanns von Tratt soll dort die gefangenen Leute eingesperrt haben. Die engen Räume betritt fast nie eines Menschen Fuß, nur Füchse, Steinmarder, Habichte und Eulen leben hier. Hinter dem Turm und dem Berwartstein öffnet sich ein gar freundliches Wald- und Wiesental, in dessen Grund man hinabsieht. Einige große Weiher zeigen dort ihre hellen, ruhigen Spiegel zwischen den Bergen, die ihre Abflüsse dem Porzbach zusenden, der von Lauterschwan her südlich durch die Wälder der Mundat fließt.

Dieses *Lauterschwaner Tälchen* zeigt an seinen dunkelbewaldeten Halden einige Häuser, die vor reichhaltigen Eisenerzgruben liegen, mit ihren Poch- und Schlemmwerken, ihren Wasch- und Schmelzherden. Die *Bleigruben* des Grafen Loupopia aus Paris liegen auch da. Überhaupt ist dieser Teil der Mundatwälder reich an Grubenwerken, und das Grenzland zeigt eine Menge großer Eisenhämmer.

In dem guten Wirtshaus zu Erlenbach erfrischen wir uns, dann wandern wir wohlgemut am hellen Schlettenbach hinab südlich durch das stille Waldtal der Lauter zu. Die Berghalden mit ihren Forsten umschließen uns bald, wenn wir hinter dem Dorf an dem Bärbelsteiner Hof und den beiden Ruinen vorübergekommen sind. Drei Viertelstunden in süßer Einsamkeit vorüberwandelnd, während neben uns der Bach plätschert, stoßen wir auf ein friedliches Dörfchen, dessen Kirchturm aus dem Wiesengrund ragt, gerade da, wo das Tälchen in das der Lauter einmündet und der Bach sich mit dem klaren Flüßchen vereinigt. Das Dörfchen heißt *Niederschlettenbach;* war früher der Amtssitz der Fautei des Schlettenbacher Tales, nachdem die Burg Berwartstein 1680 durch Monclar von Landau aus zerstört wurde. Hier hatte der Kurfürst von der Pfalz 1523 sein Hauptquartier, als seine Marschälle die Burgen Sickingens und seiner Freunde in dieser Gegend zerstörten. Das Lautertal hat hier einen völlig anderen Charakter als bei Dahn; wir sind aus dem Bereich der Wasgauriesen herausgekommen, die Berge tragen statt der Felsen tiefe Wälder. Geht man über die Lauterbrücke, so führt ein Weg bald links am Bärenbühl durch ein enges Tal nach Nothweiler und Schönau. Diesseits, einige hundert Schritte hinter dem Dörfchen an der Straße, schaut die *St. Annakapelle* von dem „Bremelberg" auf die Lauter herab. Der gotische alte Bau ist halb Ruine; er hebt die Landschaft sehr. In ihr liegt der ränkesüchtige Bedränger des Schlettenbacher Tales und der Weißenburger Mönche, Hanns von Tratt, begraben, der 1503 in Reichsacht und Kirchenbann starb. Der Grabstein steht zur rechten Seite der Kanzel; der Marschall ist in voller Rüstung, von seinem Haupte fallen dicke Locken bis zur Schulter, seine Rechte hält das Schwert, die Linke die Scheide, und die Inschrift lautet: „Anno domini 1503 uff den Tag vor Simon und Judä der Aposteln, starb der streng Her Hanns von Drot, Ritter, dem Gott genedig sye. Amen." – In der Volkserinnerung ist der Marschall noch lebendig als *„Hanns Trapp"*, heute noch im ganzen unteren Elsaß bei Weißenburg und im Schlettenbacher Tal das Schreckbild der Kinder, und als solches begleitet er in den adventlichen Schauernächten das Christkindel, auch unseren Pelznickel, Knecht Ruprecht, Nikolaus oder Klaubauf.

Hinter der Kapelle stoßen wir auf das *„Erzhäusel"*, wo die bedeutenden Schlettenbacher Erzgruben beginnen, die ihr Eisen nach Schönau liefern. Die Schächte gehen tief in die Berge; eine Einfahrt in das dunkle Bereich der Kobolde, Zwerge und Berggeister könnte, nachdem wir den mächtigen Riesen des Wasgaues entronnen sind, einen angenehmen Kontrast der Stimmungen erwecken. Nun müssen wir den Wanderer am Flüßchen hinauf wieder ins Bereich jener riesigen Steinwelt führen, die, je weiter wir nach Dahn auf dieser Straße vordringen, stets grotesker und gigantischer wird. Fürs erste liegt jedoch malerisch über dem Flüßchen vor uns, nach einer Krümmung im fast geschlossenen Talkessel, das Gebirgsdorf *Bundenthal* mit dem Weiler Finsternheim. Am Fuße der Talränder steht die sehenswerte alte Kirche im altgotischen Stil; sie ist den heiligen Aposteln Peter und Paul gewidmet. Hinter dem Dorf, gegen Dahn hin, wird das Tal der Lauter wieder grotesker; kühne Felsbildungen treten vor, rechts versucht uns der „Fladenstein" eine Burgruine vorzuspiegeln; der „Knurren" erhebt sein ungefüges Felsenhaupt, weiterhin vom rechten Lauterufer springen die Felsengrade des „Dörndel" kühn in die Luft und schauen über die Bergfelder herüber, indes hinter seinen Gründen aus dem „verdammten Loch" das Strengbächlein hereinrinnt und der abenteuerliche *Rechelstein* wild über das Bergland ragt. Dort versteckt sich eine Stunde südlich von Dahn das kleine Dörfchen *Bruchweiler* und ihm gegenüber *Bärenbach* im Talgrund des Flüßchens, und der Rauhberg mit seinen ungeheuerlichen Felsenmassen schaut aus der Ferne.

Hinter Bundenthal biegt auch die Straße von Dahn nach Schönau in das Rumbacher Tälchen ein. Neben ihr erhebt sich ein Fels, der unsere Aufmerksamkeit verdient; der *Napoleonsfels.* Mit etwas Phantasie findet man die Ähnlichkeit einer kolossalen Felsenbüste des gewaltigen Frankenkaisers wohl heraus. Und so stellt das Volk seinen Helden auf die Grenzberge der großen Reiche, deren eines er so tief erniedrigt, während er das andere so hoch erhoben hat. Napoleon ist, wie Friedrich der Große in Norddeutschland, hier in den Rheinlanden (leider) ein volkstümlicher Held. Die Erlösung aus der Knechtschaft des Mittelalters, die Freiheit und Selbständigkeit und alle Wohltaten der neueren Zeit glaubt das Volk ihm danken zu müssen; es vergißt darüber, daß seine Söhne für des Korsikaners Ehrgeiz auf die Schlachtbank geliefert wurden. Napoleon hat ja auch die Geister und Gespenster aus der Welt getrieben, wie das Volk im Sprichwort sagt; er steht im Volksbewußtsein als Halbgott. Wie Friedrich Barbarossa, dessen Stelle er in der rheinfränkischen Volkssage eingenommen hat, hielt man ihn für unsterblich und wartete auf seine Wiederkunft. Seine Gestalt hat sich dem Volkssinn getreulich eingeprägt: der kleine Mann im dreieckigen Hut, im grauen Rock, mit der Adlernase und den auf der Brust gekreuzten Armen, wie er zwischen den Pyramiden Ägyptens, auf der Brandstätte Moskaus und auf der Felseneinöde im Meer, zu St. He-

lena, stand, so steht er vor den Augen des Volkes versteinert als gewaltiger Fels, an dessen Brust die Stürme und Wetter zerschellen, am Rande des Lautertales im pfälzischen Wasgau, unfern der französischen Grenze. Um das starre Haupt kreist ein Falke, um an den Adler zu erinnern, der seine Schwingen über drei Weltteile breitete und den gewaltigen Flug im einsamen Weltmeer endigte.
So sehen wir hier wieder die merkwürdigen Bildungen des Sandsteins im inneren Wasgau, durch den sich in der Urzeit die kleine Lauter ihren Felsenweg gebrochen hat. Eine Urzeit ahnend, wo hier die Gewalten und Kräfte der Natur im Kampf lagen, verkörperte die poetische Fiktion des Volkes diese Gestalten und bevölkerte den Wasgau mit dem Volk der Zwerge und der Riesen. *Schrat* war ein solcher „Riese des Wasgenwaldes"; ihm waren einst Haine und Tempel geweiht, bis das Menschengeschlecht stärker als der riesige Halbgott wurde. „Schrate" hießen überhaupt die Riesen und Geister des Wasgenwaldes; an sie erinnert das Heldenbuch im Liede von *Walther* und *Hildegunde*, das vom Kampf am Wasgenstein (in der Wildnis des Grenzgebirges, kaum anderthalb Stunden seitwärts von hier) singt. Der Sachse Eckefried ruft dem jungen Walther zu:

„Bist du kein leiblich Wesen, das man berühren kann?
Ein eitel Luftgebilde, das jedem Hieb entschlüpft?
Ein Schrat willst du mir scheinen, der in den Wildnissen hüpft."

Darauf ihm Walther entgegnet:

„Kommst du jemals wieder nach Sachsenland zurück,
So melde den Listphalen, was für ein prächtig Stück
Von einem Schrat erwittert du hast im Wasgenwald."

Wir versetzen uns wieder zurück aus dem steinernen Riesenland des Wasgaues in die sanftere Berglandschaft des Lautertales bei Niederschlettenbach und durchwandern von da an der Lauter hinab das Tal hinter Weißenburg oder das *„Weißenburger Loch"*, aus dem für die Bewohner des offenen Landes draußen bei Klingenmünster und Landau die Gewitter und Wetter aufsteigen. Gibt's doch immer Regen, wenn der Wind aus dem „Weißenburger Loch" weht. Links aus den Mundatforsten gegen Lauterschwan und von der Waldhütte herab rinnen und rauschen das Porz- und Glasbächlein durch tiefe, einsame, kühle Waldtäler.
Vor uns, zwischen dem Bobenthaler Kopf und dem Hasenkopf, da wo die Lauter einige große Krümmungen macht, erscheint plötzlich das Dörfchen *Bobenthal*. Seine Einwohner sind eben auch für die Bauern draußen: „Westricher" und nähren sich kümmerlich in den Wäldern, als Fuhrleute, Holzschuhschnitzer, Besenbinder, Kohlenbrenner, durch Arbeit in den Eisenwerken. Die Weißenburger Stadtherren, die zum Spaß die hiesige Kerwe besuchen, singen in Erinnerung an die genossenen Freuden wohl auch: „Dort hinten in dem Bobenthal, ist das Elend überall."
Drei Viertelstunden unterhalb Bobenthal wird das Tal wieder eng und felsig; da, wo von Süden her zwei Waldbäche und von Norden her das Reisbächlein aus dem kühlen Waldtal hinter dem Dorstenberg vom Reisdörflein herabrinnt, betritt die Lauter die französische Grenze nach einer großen Krümmung und verläßt sie nicht wieder. Auf dem diesseitigen bayerischen Ufer liegt vor uns der *Hof St. German* an den Berghalden, wo aus dunklen Wäldern Basaltfelsen zutage treten. Es war eine der vier Festen von Weißenburg, die *Abt Samuel* 1040 erbaute. Nur noch wenige Reste der Burg sind übrig. So steht nun der Hof, rings von den Bergwäldern der Mundat umgeben, im tiefen Tal, eine kleine Stunde hinter Weißenburg auf dem prachtvollen Wiesengrund der Lauter. Er ist eine bayerische Zollstation, Mautbeamten und Grenzjäger

wohnen hier. In diesen friedlichen Tälern und einsamen Bergwäldern entfaltet der *Schleichhandel* sein geheimes Leben. Da schleichen auf dunklen Pfaden und düsteren Waldgründen die Grenzbewohner über den Fluß, und die Grenzjäger durchstreichen die Gegend oder harren hinter einer hohen Eiche des Menschenwildes, das sie abfangen wollen. Welche Sujets für einen neuen Salvator Rosa in diesem gebirgigen Grenzstrich mit seinen schauerlichen Felsen und stillen Wäldern und den Schleichhändlern und Wildschützen darin! Welche Vorwürfe könnten sich in diesen Tälern und Schluchten an der Lauter die neuen Swaneveldte und Ruysdaele holen! Aber der pfälzische Wasgau liegt noch der Künstlerwelt unerschlossen auf der Grenze des deutschen Reiches und Frankreichs.

Hat man die schmucken, grünen Grenzjäger Bayerns hinter sich, so zeigen sich bald die weithosigen Franzosen. Die Grenzlinie überläuft nämlich hier den Fluß und umzieht diesseits der Lauter noch das Gebiet der Stadt Weißenburg, das als der letzte Zipfel Frankreichs bis auf die Höhe von Schweigen ragt.

Setzen wir unseren Fuß auf französischen Boden bei der *französischen Kapelle* auf der Anhöhe neben der Lauter. Der Weg führt hart an ihr vorbei. Sie wurde durch den König von Polen, Stanislaus Lescynsky erbaut, während er in Weißenburg residierte. Der Geschmack jenes philosophischen Königs läßt sich auch im Bau dieser Kapelle nicht verkennen.

Hinter ihr kommt der Buchbach durch ein prächtiges Wald- und Wiesental vom Guttenberger Schloß aus den dichten Mundatwäldern herab. Jenseits des Baches auf schöner Anhöhe blickt der freundliche *Langenberger Hof* in das Tal und das französische Dorf „Weiler“ zeigt sich unseren Blicken. Über der Lauter erhebt sich der höchste Berg der Gegend, die Scherrhohl. Das Dorf selbst liegt reizend im Tal hinter Weißenburg. Ein Franzose hat sich hier einen schönen Landsitz geschaffen, mit Anlagen, Weihern, Wasserfällen, Felsenpartien und Hainen, der von Weißenburg aus jedenfalls eines Besuches wert ist, wie überhaupt Weiler ein Lieblingsausflug der Weißenburger Stadtherren ist.

Auf französischem Boden, immer noch am linken Lauterufer, wandern wir östlich mit dem Flüßchen. Nach und nach verschwinden die hohen Waldberge zu beiden Seiten; wir stehen im Begriff, aus dem rauhen Gebirgsland des Wasgaues hinauszutreten in die Region der Reben und Kastanien. Dunkelrote und blaue Felsenhänge, Schiefergebilde, Molasse, Nagelfluh treten hie und da zutage, Weinpflanzungen verdrängen die roten Kartoffelfelder und grünen Wälder, und da, wo die Lauter vollends sich aus den Umarmungen des Gebirges losringt und sich in den Schoß der üppigen Rheinebene flüchtet, blicken uns die Türme Weißenburgs, vor allem seine Stiftskirche, entgegen. Durch das *Bitscher Tor* und die Vorstadt Bruch mit ihren altertümlichen, aus Holz gebauten und fast baufälligen Häusern, treten wir ein in das alte *„Kronweißenburg“;* die rührigen, flotten Rothosen mit den kecken Käppis und den Pfeifenstummeln im Mund erinnern uns daran, daß wir nicht in deutscher, freier Reichsstadt, sondern in der französischen Grenzfeste „Wissembourg“ einziehen.

Wir wären nun wieder nach einer herrlichen lohnenden Gebirgswanderung durch die Felsenwelt der „Pfälzischen Schweiz“ im weinreichen Vorland des Wasgaues angekommen. Ehe wir uns aber hier umsehen, versetzen wir uns wieder rückwärts in den Wasichen um einige Stunden; in das frische, romantische Wald- und Bergland des alten Vogesus, in das

Burgenland von Schönau

Es liegt rechts der Lauter auf der pfälzischen, elsässischen und lothringischen Grenze, ein rechtes, prächtiges Gebirgsland, von wenigen friedlichen Dörfchen und Höfen unterbrochen, aber desto öfter von pittoresken Ruinen alter Burgen geschmückt. Nirgends wacht das mittelalterliche Rittertum in seinem Glanz und seiner Härte so mächtig vor uns auf, nirgends liegen in der Welt wieder so viele Burgruinen in nächster Nähe beisammen, als auf jenem wenig gekannten, reizvollen Grenzland. Es liegen hier bei Schönau die Ruinen kaum einen Büchsenschuß weit voneinander und zwanzig solcher Burgen krönen im Umkreis von ein paar Stunden die waldigen Kegel und Felsenspitzen an der Grenzlinie, die hier quer über das Gebirge läuft. Schöne Wege nach *Schönau* gibt es mehrere: von Dahn durch die Felsenwildnis, von Bergzabern durch die schönen Mundatforste, von Weißenburg an der Lauter herauf und aus dem Gossersweiler Tal der Weg am Schlettenbach herab, die sich fast alle bei Niederschlettenbach treffen. Von Weißenburg führt auch die steil bergan steigende Straße über die Scherrhohl als *Vogesenpaß nach Bitsch* durch dieses Burgenland. Der Strich dieser Straße war bis 1826 noch pfalz-bayerisch und wurde in der Grenzberichtigung jenes Jahres, damit der Paß als französische Militärstraße benutzt werden könne, an Frankreich abgegeben; so läuft dieselbe stets hart an der bayerischen Grenze hin nach Lothringen.

Die *Sur* oder *Sauer* bildet das Haupttal in diesem Teil der Vogesen. Sie entwickelt sich in der Wildnis südwestlich von Dahn an der elsässisch-lothringischen Grenze in tiefen Buchenwäldern. Mit südlichem Lauf durchwindet sie die, durch die Eisenwerke berühmte, wilde Landschaft, tritt nach kurzer Zeit bei Hirschtal ins Elsaß ein über die Grenze, südlich über Lembach bis Wörth, um nun, mit östlichem Lauf aus den Bergen tretend, den großen Hagenauer Forst zu bewässern, ehe sie in den Rhein fällt. Das Tal ist zumeist protestantisch; es war früher pfalz-zweibrückisch und hessen-darmstädtisch. Die westlicheren Täler gehörten den Grafen des Westrichs, den Lichtenbergern, Lützelsteinern und denen von Bitsch.

Entweder geht man von Niederschlettenbach über das protestantische Pfarrdorf *Rumbach* am Bächlein mit der Falkenmühle hinan und dann durch das Rumbacher Tal in den Talkessel des Surbachs nach Schönau oder von Bundenthal südlich den Waldweg nach *Nothweiler*, oder noch besser nächst dem Erzhäusel bei den Erzgruben quer das Lautertal durchschneidend über die Brücke.

Der St. Annakapelle gegenüber tut sich ein enges Wiesental auf, in das sich der Weg zieht, der bis Nothweiler nicht mehr zu verfehlen ist. Wir kommen an der neuen, reichen *Blei- und Silbergrube* vorüber, bis an den sanften Halden zwischen Obstbäumen das Dörflein erscheint, auf das von hohen Bergen zwei Ruinen blicken. Das sehr bedeutende Eisenbergwerk liefert seinen Ertrag nach Schönau. Am 11. September 1793 wurde der verschanzte Ort durch Überläufer unter General d'Arlandes erstürmt.

Die rechts auf dem prächtigen *Kulmenfels* stehenden Burgtrümmer sind, obgleich ihrer Lage nach mit die schönsten, dennoch aber die unbekanntesten des Landes. Man weiß nichts von der Geschichte der Burg; keine Chronik, keine Sage meldet von ihr, und so liegen ihre Reste rätselhaft und geheimnisvoll hoch auf dem stolzen Felsen, der über den waldigen Bergrücken emporstarrt. Schloß Kaldenfels, wie man vermutete, ist es nicht; dieses liegt auf dem Hunsrück. Nach Schönau geht man in westlicher Richtung steil den Berg hinauf, wo weiterhin auf der Höhe unter prächtigen Buchenstämmen eine alte Eiche den rechten Weg bergab bezeichnet. Die dunklen Gründe des nach dem Tal der Sur vom Kulmenfels sich absenkenden und tief bewaldeten *Schwobtals* begleiten uns bis Schönau.

Links auf dem schönsten und höchsten Bergkegel der Gegend ruht in Trümmern die alte *Reichsfeste Wegelnburg* hart an der französischen Grenze, die herrliche, waldige Pyramide des steilen Berges krönend. Schon im 13. Jahrhundert war die Burg von den Straßburgern zerstört worden, weil *Qualbert von Geroldseck* daraus den Landfrieden störte. Später kam sie vom Reich an Pfalz-Zweibrücken und gab dem Amt Wegelnburg den Namen. Im Dreißigjährigen Krieg flüchteten sich die Landleute des Oberamtes Bergzabern auf die feste Wegelnburg mit ihrer Habe. Aber auch hier wurden sie überfallen; doch konnten sich die meisten durch unterirdische Gänge retten. 1680 wurde auch die Wegelnburg zerstört.

Die Ersteigung der Ruine ist außerordentlich mühsam, der Berg steil abschüssig und gegen 2 000 Fuß hoch. Man stößt endlich auf die starre Felsenspitze, die den Weiterweg hemmt; dichtes Gestrüpp, undurchdringliches Dornengeäst umwinden ringsum den Fuß der geisterhaft herabstarrenden, unersteiglichen Felsenhöhe und läßt uns glauben, die Geister der Burg hätten uns verstrickt und irregeführt, bis der rechte Pfad uns im Zickzack hinauf durch einen Torbogen vor einen finsteren Eingang führt, der uns wie eine Zauberhöhle entgegengähnt. Wer sich hindurchwagt, gelangt in einen düsteren Felsensaal und die Schauer der Sage überkommen ihn: die *gebannte Prinzessin* möchte hier im tiefen Schlaf liegen. Aber nur Kohlen liegen in den Ecken, von einer Zigeunerbande oder Schmugglern herrührend.

Nur ganz weniges Gemäuer ist noch übrig. Die Stimmung eines verzauberten Schlosses, zu dem es die Volkssage macht, übergießt magisch die einsame Felsenhöhe. An einem Freitag kann hier ein Sonntagskind die verwünschte Prinzessin sehen; dann findet man dort auf dem „*Krötenstuhl*", wie ein Fels bei der Burg heißt, eine Muschel mit einer Schlangenschuppe, einer Krötenhaut und einer gelben Haarlocke. Wer diese Dinge mit zur Burg nimmt, dem kommt die Verzauberte zuerst als Schlange, dann als Kröte und zuletzt, wenn er sie zweimal geküßt hat, als schöne Jungfrau entgegen. Das hat nun schon mancher zu unternehmen gewagt, aber jedesmal ergriff Entsetzen im halben Tun die Mutigsten. Das Fräulein ist wegen ihrer Hartherzigkeit gegen ihre unglücklichen Liebhaber auf den Krötenstuhl gebannt. Die Sage, die schon Grimm bringt, lebt noch im Volke, und gar manche Geschichte wird erzählt von solchen, die wegen der Schätze oben die Erlösung der Jungfrau versuchten.

Die Aussicht von der prächtigen Höhe nach allen Seiten hin ist eine der großartigsten und schönsten der Vogesen und wetteifert mit jener auf der Madenburg. Da drüben nördlich über dem Dörflein im tiefen Tal der schöne Kulmenfels und über ihn hinaus die Schauer der Felsenwelt von Dahn in schönster Perspektive, das Gossersweiler Tal, die Madenburg und der Trifels. Aber noch weiter gegen Norden das weite Waldgebirge der Haardt bis zum fern aufsteigenden Donnersberg. Westlich ruht die Berg- und Waldwildnis des alten Vogesus und über dem dunklen Forst der Bitscher Grenzmark Lothringens Berge und Getreidehügel im sonnigen Licht. Südwestlich liegen die Berge und Schluchten der weiten Vogesen, deren First Elsaß und Lothringen scheidet; ein herrliches, dunkel uns entgegenstarrendes Gebirgsland, bis dahin, wo Frankreichs kleine Bergfesten Lichtenberg, Lützelstein, Pfalzburg usw. an deutsche Grafengeschlechter des Mittelalters mahnen. Fern aber prangt die *elsässische Ebene*, das Münster von Straßburg steigt riesenhaft aus ihr empor und weit dahinter tauchen an hellen Sommertagen in geisterhafter Ferne die weißen Häupter der Alpenwelt empor: die freie Schweiz grüßt über das verlorene Elsaß herüber die schöne Pfalz am Rhein. Die Fernsicht ist überwältigend, ebenso genußreich der Blick in die herrliche, malerische nächste Umgebung: in die stillen Täler zu Füßen der zahlreichen Burgen, auf die ganz nahe, nur durch eine tiefe Bergschlucht von uns getrennte Hohenburg und den tiefer dahinter liegenden grotesken Fleckenstein.

Dahin geht unser Weg auf steilem Moos- und Felsenpfad am südlichen Hang des Berges hinab durch prächtigen Eichenwald, oft an überhängenden Felsen vorüber. Das Echo des Tales ruft uns unsere Jubelrufe über die Herrlichkeit dieser Gebirgswelt entgegen. Unten auf dem Bergjoch, von dem nach einigen Schritten der Kegel der Hohenburg emporsteigt, steht der *Markstein*, der hier die Grenze zwischen Frankreich und Deutschland bezeichnet. Sie läuft von Nothweiler her um die abschüssigen Halden der Wegelnburg und über das Bergjoch zwischen ihr und der Hohenburg. Welche Ströme von Blut haben diese Grenzlinie gezeichnet! Der waldige ebene Platz auf dieser Anhöhe wird vom Volk *„Stöckelgarten“* genannt. Das war vor Zeiten ein prächtiger Garten, wo die Ritter sich mit Kegelspielen vergnügten. Sie gebrauchten dazu ein goldenes Kegelspiel, das nach der Sage noch jetzt in dem tiefen Brunnen dort begraben liegt.

Die *Hohenburg* liegt schon in Frankreich auf ebenso stolzer Höhe vor uns wie die Wegelnburg hinter uns. Prächtiger Wald deckt den Berg vom Fuß an den Halden bis zum Gipfel, auf dem die Ruine thront und von Deutschlands „letztem Ritter“, dem Franz von Sickingen, erzählt, der durch seine Mutter von dieser Burg stammte. Margaretha, eine Tochter der reichen und mächtigen *Puller von Hohenburg* heiratete den edlen Schweickard von Sickingen, Franzens Vater, der wegen seiner Anhänglichkeit an das pfalzgräfliche Haus und den Kurfürsten Philipp bei Rhein auf Befehl des Kaisers Max hingerichtet wurde. Der letzte Ritter von Hohenburg, Richard, wurde wegen eines schändlichen Verbrechens von den Straßburgern in den Stadtbann getan und nachher, trotz des Beistandes der Schweizer, vor den Stadttoren verbrannt. So fiel die Burg an die Sickinger und gab einer Linie dieses Geschlechts den Namen: Hohenburg-Sickingen. Durch Sickingens mächtige Feinde, die Kurfürsten von der Pfalz, von Trier und den Landgrafen von Hessen zerstört, erlitt sie durch den General Monclar 1680 völlige Vernichtung. Beim Meierhof unten quillt eine Quelle, bei der die „Weiße Jungfrau“ von der Hohenburg ihre langen, schönen Haare wäscht und wieder weinend zur Burg emporsteigt. Der Quell heißt der *„Maidebrunn“*.

Will man die Hohenburg nicht besteigen, so wendet man sich von dem Bergjoch und dem Markstein rechts und schreitet an der westlichen Halde des Bergrückens hin, dessen Spitzen die Hohenburg und Wegelnburg tragen, bis zum *Werghof*. Wenn man aus dem Wald tritt, steht man vor einem nicht sehr hohen Hügel, von dem ein hoher und dicker, säulenartiger Fels aufragt, der die *Burgruine Fleckenstein* trägt. Der Anblick ist äußerst pittoresk und imposant; in älteren Zeiten wurde das Schloß für unüberwindlich gehalten. Die Herren von Fleckenstein gehörten zu den berühmtesten Geschlechtern des Elsasses und der Pfalz und zu den mächtigsten, ritterlichsten und kühnsten Kämpen des Mittelalters. Sie machten durch manchen kecken Streich von sich reden. So hob Wolfram von Fleckenstein 1275 den Bischof Friedrich von Bolanden zu Speyer auf und hielt ihn auf dem Fleckenstein gefangen. Da zog Kaiser Rudolph vor das Schloß und zwang den Ritter, jenen Bischof herauszugeben, der später vor des alten Kaisers Groll flüchten mußte, dieweil er sich nicht enthalten konnt', dessen junge Gemahlin, Agnes von Burgund, bei deren Einritt zu Speyer auf den holdseligen Mund zu küssen, worauf ihm der Kaiser sagte: „Er möge sich ein anderes Pacem zum Küssen suchen; das da sei allein für ihn, den Kaiser selbst, bestimmt!“

Später stieg das Geschlecht der Fleckensteiner zu immer höherem Glanz, sie zählten zu den *„vier Landrittern“* des Elsasses und wurden von den Pfalzgrafen zu Unterlandvögten ernannt, wie sie denn auch pfälzische Marschälle und oft Oberfaute zu Germersheim waren. Als das Schloß im Jahre 1674 nur mit 14 Bauern und dem Schaffner besetzt war, eroberte es der französische General Vabrun, und Monclar zerstörte es völlig. Seitdem verfällt diese schöne Ruine immer mehr, ganze Mauern sind kürzlich in den Weg heruntergestürzt und werden nun als Baumaterial in den Höfen und Dörfern der Umgegend benutzt. Gleich vor dem Eingang bemerkt man zwei noch gut erhaltene Wappen. Ein Gang auf Felsentreppen führt zur Zinne empor durch mehrere noch wohl erhaltene Säle, an einem tiefen Felsenbrunnen vorüber bis zur Spitze, die ganz mit Gesträuch bewachsen ist. Rings um den Felsen stehen *halbverfallene Türme*, die man von oben jedoch nicht gewahrt. Nördlich steht eine Mauer mit ganz besonders schön und fein ausgeführten Fenstern. Merkwürdig ist der Gang, durch den man von der Höhe aus im Bauch des Felsens sich bis zum unteren Gemäuer ins Freie durchwinden kann. Auf der westlichen Seite des Schlosses, gegen das Dörfchen Hirschthal, ragt ein Felsen frei empor, auf dessen Spitze man Gemäuer entdeckt. Es war ein mit dem Fleckenstein verbundenes Felsennest, zu dem im Inneren des Steinblocks eine Wendeltreppe emporführt bis zu der altanartigen Fläche, die die Aussicht auf die nächste waldige Umgegend gewährt.

Noch eine fünfte Burg liegt ganz in der Nähe, auch nur einen Büchsenschuß weit entfernt. Es ist der *Löwenstein* oder „Lawenstein", vom Volk „Lindenschmidt" genannt. Die düstere und verfallene Ruine ist für den Wasgau, was der Rodenstein für den Odenwald ist.

„Es ist nicht lange, daß es geschah,
Daß man den Lindenschmidt reiten sah
Auf einem hohen Rosse,
Er ritt den Rheinstrom auf und ab,
Hat sein gar wohl genossen, ja genossen!"

Er war der gefürchtetste Raubritter im Lande. Da stellte ihm der Markgraf von Baden den *Junker Caspar von Freundsberg*, seinen erbitterten Nachbar, als Häscher auf, der ein kluges Bäuerlein voranschickt, um dem *Lindenschmidt* auf die Spur zu kommen. Im Wirtshaus bei Frankenthal kehrt das Bäuerlein ein und der Wirt erzählt:

„Im Stall da stehn drei Rosse,
Die sind des edeln Lindenschmidts,
Er nährt sich auf freier Straßen."

Das hinterbringt das Bäuerlein dem Junker Caspar, er kommt und Lindenschmidts Sohn ruft:

„Steh' auf, herzliebster Vater mein!
Dein Verräter ist schon gekommen."

Junker Caspar tritt ein und fordert den Feind auf, sich zu ergeben, doch:

„Der Lindenschmidt der war ein freier Reitersmann,
Wie bald er zu der Klinge sprang:
Wir wollen erst ritterlich fechten!
Es waren der Bluthund allzu viel,
Sie schlugen ihn zu der Erden."

Da bittet er um seinen Sohn und Reitersjungen:

„Und haben sie jemand Leids getan
Darzu hab ich sie gezwungen."
Junker Caspar, der sprach nein dazu:
„Das Kalb muß entgelten der Kuh."

Und allen wurden zu Baden die Köpfe heruntergeschlagen. So singt das Volkslied, und das Volk zeigt noch heute auf der Burg das verschüttete Felsentor, aus dem er zu seinen Streifereien auszureiten pflegte. Aber noch immer reitet er aus auf „hohem Rosse" an der Spitze des wilden Heeres am Rheinstrom auf und ab und mit wildem Lärm über den Wasgau hin. Dann gibt's Krieg und böse Zeiten. Kehrt er aber in die wüste Felsenburg durch die Wälder der Vogesen zurück, so wird's wieder Frieden. So wird er ganz mit dem wilden Jäger und dem Rodensteiner identisch gedacht; die Lage der Burg ist auch ganz geeignet, uns in die schauerlich-romantische Stimmung jener Sagen, den Reminiszenzen von „*Wuotans gejaid*“, zu versetzen.

Die Geschichte nennt den Lindenschmidt Hanns Alb, Herrn zu Niedermodern und Löwenstein, und gibt ihm als Genossen den Heinz Streiff von Landenberg. Ihr zufolge wären die Straßburger mit dem Grafen von Lichtenberg 1386 vor die Burg gezogen, hätten den Berg und den gewaltigen Felsen untergraben, die Raubritter gefangengenommen und zu Straßburg gerichtet.

Dem Fleckenstein nahe, auf der anderen Seite der Sur, thront die Freundsburg. Wir lassen sie jedoch für jetzt liegen, eilen den Fleckensteiner Schloßberg hinab, querfeldein über Kartoffel- und Stoppelfelder in den Talgrund der Sur und nach *Hirschthal*. Es liegt da, wo der ziemlich starke Surbach die bayerische Grenze verläßt und ins Französische tritt, ein kleines pfälzisches Grenz- und Gebirgsdorf. Eine Zollstation befindet sich hier an dem schönen Sträßchen, das von dem Vogesenpaß aus an der Sur herauf nach Schönau führt. Kirschbäume begleiten das Sträßchen zu beiden Seiten durch das Wiesental, das, in gewölbte Bette eingeteilt, hier ziemlich eng zwischen den Höhen hinzieht.

Schönau mit seiner schönen Lage im reizenden Tal ist in kürzester Zeit erreicht. Es ist besonders interessant wegen seiner großartigen Eisenwerke. Durch gute Wirtshäuser eignet sich der Ort besonders zum Quartier für Freunde der Natur, und wem es um heitere Gesellschaft zu tun ist, der findet sie an den zahlreichen Forst-, Grenz- und Hüttenbeamten des freundlichen gewerbereichen Ortes. Die *Eisenwerke* sollen schon seit 1592 im Gange sein. Sie gingen mit der Zeit an die *Familie Gienanth* über, die beinahe alle Eisenbergwerke und Hütten der Pfalz besitzt und vom König von Bayern in den Freiherrnstand erhoben wurde. Der Besuch des großen Schmelzofens, wo das gewaltige, eiserne Rad den Blasbalg treibt, und die darin Beschäftigten rußig und beinahe nackt gleich Höllengeistern umherstehen, ist besonders interessant:

„Hier nähren früh und spät den Brand
Die Knechte mit geschäftiger Hand;
Der Funke sprüht, die Bälge blasen,
Als gält es Felsen zu verglasen.“

Man will sogar den *Gang nach dem Eisenhammer* hierher verlegen und manche meinen in allem Ernst, daß der Graf von Sawern (Bergzabern) hierher den frommen Knecht Fridolin gesandt habe. Der Besitzer dieser reichen und ergiebigen Eisenwerke, Herr von Gienanth (jetzt jedoch dessen Schwiegersohn, Freiherr von Gemmingen) wohnt in dem einfachen Schlößchen nördlich vom Dörfchen. Der Familie Gienanth hat dieses Gebirgsland besonders viel zu danken. Wir erwähnen nur die vortrefflichen Straßen, die durch sie nach allen Seiten gebaut wurden, dann die schönen Kirchen beiderlei Konfessionen und die gut dotierten Pfarreien und Schulen in Schönau.

An der Sur hinauf gelangt man durch das wasser-, weiher- und wiesenreiche Tal nach *Fischbach* oder „Schlickefischbach“. Es ist ein beträchtliches Gebirgsdorf mit Kirche und Kapelle. Viele Bäche rinnen dort aus den Bergwäldern an der Grenze herab ins sumpfige Tal der Sur, während kühne Felsenberge sich hüben und drüben erheben. Beim *Saarbacher Hammer* geht das Tal gabelförmig in drei tief umwaldete breite Felsen- und Wiesentäler auseinander. Rechts kommt von Norden aus den Waldschluchten an der Wolfssäge und dem Riesenberg der Mutterbach über den Faunerhof und die Einöde Dielbach, von Westen aus den Wildnissen an der Schneeschmelze die Sur vom Grünbacher und Reislerhof her, wo sie die einsame Mühle treibt. Links von Südwesten her kommt der Bach, der unweit der Grenze am „Rösselsbrunn“ in den Gründen des

Adlerberges entspringt, durch ein breites, sumpfiges Tal, in dem der Ludwigswinkel liegt. Prächtige Buchen machen den dunklen „Faunwald“ an der Grenze der Pfalz, des Elsasses und Lothringens zu einem der schönsten, stillsten Forste, voll schauerlicher Dämmerung und völliger, tiefer Waldeinsamkeit, die nur selten von einem Gehöft oder Jägerhaus unterbrochen ist. Die Lage des *Ludwigswinkels* im sumpfigen Tal zwischen den waldigen Felsenbergen könnte nicht wilder sein. Das Dörfchen liegt zwei kleine Stunden hinter Schönau, und nach dieser Richtung hin, diesseits und jenseits der Grenze an der Bitscher Straße, ruhen mehrere alte Burgen in Ruinen inmitten düsterer Wildnis.

Wer dahin nicht durch das Fischbacher Tal will, geht direkt von Schönau weg durch das westliche Seitentälchen in diese ehemalige *„Bitscher Grenzmark“* durch den Faunwald. In einer Viertelstunde steht hart an der Grenze, noch auf pfälzischem Gebiet, der Blumenstein vor uns auf steilem Felsenhügel. Es ist eine niedliche Ruine in wilder Umgebung, ganz auf den Felsen hinaufgestellt, den man umgehen und von Westen her auf einigen Felsentreppen besteigen muß. Der Blumenstein gehörte den Herren von Fleckenstein und war schon im 16. Jahrhundert Ruine.

Blumenstein bei Schönau, die Burg der Herren von Fleckenstein
Im Vordergrund jagt ein Schleichhändler einen Hund mit Schmuggelware über die Grenze

Im Tal steht der Bieler Hof und das „Gebüg“, eine kleine Häusergruppe am Weg nach dem nahen Weiler *Petersbächel,* im Faunwald. In der Nähe liegt auch noch das von der Grafschaft Hanau-Lichtenberg her so genannte „Hanauische Haus“, dann die Einöden Linthal, Wengelsbach und Hichtenbach zum Teil jenseits der Grenze, an klaren Wald- und Bergquellen und frischen Wiesengründen.

So friedlich und still diese einzelnen Hütten im Gebirge liegen, so lockt doch die nahe Grenze gar manchen ihrer Bewohner in die Versuchung und Gefahren des *Schleichhandels* oder Schmuggels. Man treibt in dieser waldigen Gebirgsgegend den Schmuggel, besonders durch Hunde. Ihnen bindet man die „Contrebande“ um den Leib und läßt sie durch Dorn und Dickicht über die Grenze. Die Hunde werden in den Scheunen der einsamen Waldhöfe und Gebirgsdörfchen bepackt; dann tritt einer der Schmuggler mit der Hundspeitsche hinein und haut unbarmherzig zu, so daß die armen Kläffer, den Ausgang suchend, schnurstracks durch die düsteren Wälder über die Grenze eilen und dort von ihren Herren aufgefangen werden. Manchmal geschieht diese Art des heimlichen Handels auch mit einzelnen Hunden in den Wäldern.

Vom Blumenstein könnte man nun südlich über die Grenze, und zwar durch dunklen Wald, über den stattlichen, hohen *„Maimond"* zum nahen Wasgenstein wandern, und das wäre ein herzerfreuender Gang. Aber eine starke halbe Stunde hinter dem Blumenstein, westlich, ruht noch eine andere Burg auf der Grenzmark des Bitscher Landes, wo sich die Pfalz, das Elsaß und Lothringen die Hände reichen. Dort, gegen die Vogesenfirne hin, unfern des Hofes „Rösselsbrunn", ruht auf hohem Bergkegel des Faunwaldes die *Ruine Lützelhardt.* An ihrem südlichen Fuß, tief unter ihr, führt die Bitscher Straße, schon auf französischem Gebiet, vorüber. Die Burg ist eine der unbekanntesten in diesem Grenzland; wie eine gebannte, unnahbare Zauberburg steht sie dort hoch über der Straße auf dem abschüssigen Kegel, vielleicht in Jahr und Tag von keinem menschlichen Fuß betreten. Der Lothringer Fuhrmann, der unten vorüberfährt, trägt wohl wenig Lust dazu. Auf sie muß man jene *Chroniksage* beziehen, nach der ein Herr von Lützelhardt seinen Verwandten, den Ritter von Geroldseck, auf der Jagd aufhob und hier nach langem Irreführen in einen Felsenkeller warf, wo er, des Tageslichts beraubt, zwei Jahre lang schmachtete. Der Fels, auf dem das Schloß steht, erschien im vorigen Jahrhundert dem alten Silbermann von Straßburg allzu zerbröckelt, als daß er gewagt hätte, es zu besteigen. Unten am Burgberg, auf dessen westlicher Seite, stehen schon im Lothringischen der einsame „Lützelhof" und der Brendelhof in der tiefen Einsamkeit der Vogesenfirne.

Der *Vogesenpaß,* der Weißenburg mit Bitsch verbindet, zieht unten weiter durch die ungeheueren, einsamen Waldungen, die den Rücken des Wasgaues decken, in einer Stunde von hier nach der alten, im Bauernkrieg zerstörten Abtei Stürzelbrunn im Lothringer Land und von dort in dritthalb Stunden über die Wasichenfirst durch die Felsenwildnis nach Bitsch. Wir jedoch wenden uns auf dieser Straße durch wenig bekannte Gegenden wieder ostwärts und bleiben mit ihr auf französischem Gebiet. Das ist ein herrlicher Gang durch die romantische Wildnis. Dunkle Wälder, starre Felsen rechts und links, und auf diesen Felsen verfallene Burgen, die diesen Paß bewachen sollten, ihn aber häufig nur als beste Gelegenheit ansahen, reiche Raubernten darauf zu halten.

Da liegt gleich vor uns das Gebirgsdörflein *Obersteinbach,* einst zur hanauischen und später zur hessen-darmstädtischen Grafschaft Lichtenberg gehörig. Über ihm thront auf dem Schloßberg die gebrochene Feste *Kleinarnsburg.* Mit der jetzt auch in Ruinen liegenden *Großarnsburg,* die sich, über eine Meile entfernt, südlich an der elsässisch-lothringischen Grenze überm Bärental erhebt, bildete sie den Stammsitz der *Fäßler von Arnsberg.* Sie liebten den edlen Rebensaft, führten auf dem Helm ein gelbes Faß mit roten Reifen, darauf einen Pfauenschwanz als Helmstrauß. Darum sollen nach der Volkssage im Keller zu Arnsberg schon seit Jahrhunderten große Weinfässer liegen, welche die wackeren Kumpane hier hinterließen. Aber niemand konnte in diese Gewölbe gelangen. Gibt es aber ein gutes Weinjahr, dringt süßer Rebenduft aus dem Felsenboden und verbreitet sich rings um das Schloß aus den verborgenen Felsenkellern. In stillen Sommernächten sahen Köhler und Waldhüter oft einen Lichtschein um Kleinarnsburg und hörten Reden und klirrenden Lärm; hinzutretend aber schauten sie viele Ritter auf dem Schloßplan versammelt, die mit goldenen Kugeln nach silbernen Kegeln schoben. Vielleicht waren es aber auch nur Schleichhändler, die dort zusammenkamen. Die beiden Schlösser Arnsburg waren in den zwanziger Jahren der Schauplatz von Schatzgräbereien.

In einer halben Stunde erreichen wir in diesem Teil des „Katzentales" das Dörfchen *Niedersteinbach* an der Straße, die den Bach entlang östlich läuft. Wir müssen hier jener unglücklichen *„Liese von Steinbach"* gedenken, die in ihrer Zeit viel von sich reden machte. Ein Graf von Lichtenberg hatte Anno 1352 seine fromme Gemahlin Maria von Leiningen verstoßen und hing sich an die schöne Liese, seine Leibeigene, zeugte mit ihr Bastarde, die er vor seinen ehelichen Kindern begünstigte, ja sie zuletzt zu Erben einsetzte. Da stürmten sein Schwager und sein rechtmäßiger Sohn mit ihren Freunden Schloß Lichtenberg, nahmen den ungerechten Gatten und Vater gefangen und warfen die Liese von Steinbach zum Fenster hinaus über den Felsen, daß sie zerschmetterte.

Merkwürdigerweise kam in der Familie der reichen und mächtigen Grafen von Lichtenberg hundert Jahre später ein ganz ähnlicher Fall vor, als der Graf Jakob der Bärtige eine Bauerntochter, die schöne *Bärbel von Ottenheim,* zu seiner Beischläferin nahm, die hochmütig die armen Leute drückte, bis sich die Weiber von Buchsweiler empörten, den Bruder des Grafen, Ludwig, zu Hilfe riefen und den Grafen Jakob zwangen, die „schöne Bärbel" von sich zu tun, die später, nach seinem Tod, in Hagenau als Hexe verbrannt wurde. Graf Jakobs und seiner Liebsten Büsten werden heute noch im Stadtarchiv zu Straßburg gezeigt. Die beiden *Lichtenberger Grafen* aber waren die kühnsten und glücklichsten Kämpfer gegen die Freunde des siegreichen Fritz von der Pfalz. Die weit im Elsaß sich ausbreitende und bis über Pirmasens hinausreichende, große und schöne Grafschaft besaß später die Linie Hanau und dann Hessen-Darmstadt bis zur Revolution. Das Stammschloß *Lichtenberg* liegt etwa vier Stunden von der pfälzischen Grenze über Großarnsburg hinaus auf einer Wasgauspitze; es ist heute eine jener kleinen französischen Bergfesten in den Vogesen, die die Pässe nach Lothringen hüten. Den Namen soll es davon haben, daß noch bis heutigen Tages bei Wetterveränderungen kleine blaue Lichte (St. Elmsfeuer) um die Giebel und Türme des Schlosses schweben.

Nördlich von Niedersteinbach, ein kleines Stündchen von Schönau, ruht die Burg *Wasgenstein,* der „Wasichenstein" des Nibelungenliedes, wofür man diese Stelle schon um des Namens willen mit mehr Recht gelten lassen muß, als, wie es einige Forscher tun, jenen Engpaß bei der hohen Donne im Breuschtal hinter Straßburg. Auf der ehemaligen Bitscher Grenzmark stehend, war die Burg im Mittelalter ein Ganerbenschloß, bis die Fleckensteiner und die Ochsensteiner Grafen ihren Gemeinsmann, den von Ramberg, im Schloß fingen und zur Abtretung seiner Rechte zwangen. Doch nicht das spätere Mittelalter, – die Tage der Völkerwanderung sind es, die hier unsere Erinnerung beleben.

> „Nu wer was, der uff sin schilte vor dem Waschensteine saz,
> do im von Spanie Walther so vil der vriunde sluog?"

rief der alte Hiltebrand dem finsteren Hagen vorwurfsvoll zu, als der noch allein von den burgundischen Helden übrig war und den Hunnen und Etzels Mannen gegenüberstand. Diese Stelle des Nibelungenliedes bezieht sich auf den *Kampf des jungen gotischen Königssohnes,* Walther, gegen die Helden des Königs Gunther von Worms, von dem das kleine Heldenbuch erzählt. Es liegt uns leider nur die Simrock'sche Übersetzung dieses Liedes von „Walther und Hildegunde" vor, die nur schwach den Geist jener Heldensage wiedergibt. Walther hatte mit Hagen dem Hunnenkönig Etzel als siegreicher Held gedient, floh aber endlich mit der geliebten Fürstentochter Hildegunde und mit reichen Schätzen beladen westwärts gegen den Rhein, um in seine Heimat zu gelangen. Durch den Fischer, der das Paar übersetzt, erfährt *König Gunther* in Worms von der heimlichen Flucht, und nach Braut und Schätzen lüstern, setzte er mit zwölf seiner burgundischen Helden dem fliehenden Paar nach. Walther war indes landeinwärts geflohen.

„Da fand er eine Wildnis, der Wasgau genannt,
Der fehlt es nicht an Tieren, es ist ein tiefer Wald,
Von Hunden und von Hörnern wird sie schaurig durchhallt.

Da ragen in der Öde zwei Berge einander nah
Und eine enge Höhle liegt zwischen ihnen da.
Von zweier Felsen Gipfel ist überwölbt die Schlucht,
Anmutig grasbewachsen, doch oft von Räubern besucht."

Hier am Wasgenstein, am Paß nach Gallien, ruhte Walther mit der Geliebten aus, als schon die Burgunden unten erschienen. Aber Walther stellte sich an das Felsentor und erschlug im Einzelkampf die rheinischen Helden. Nur Hagen wollte nicht gegen den Jugendfreund kämpfen und saß traurig am Wasgenstein, bis Gunther in ihn drang. Jetzt wurde im Kampf dem König der Schenkel weggehauen, dem grimmen Hagen die rechte Schläfe und das Auge durchschnitten, während Walther die rechte Hand verlor. Da wurde Friede, der Bruderbund geschlossen und Walther zog fort ins Land der Wasken nach Langres, wo er den Gotenthron bestieg und die Braut sich antrauen ließ.

Am Weiler „*Katzental*" vorüber, der an der Straße romantisch schön unter der Freundsburg liegt, erreichen wir in einer halben Stunde die Sur und ihren Wiesengrund, an der der Paß bis *Lembach* hinab durch das „Schwarztal" zieht. Hoch oben über dem „Katzental" thront die *Freundsburg*, eine halbe Stunde südlich von Schönau, hart auf der Grenzlinie, jedoch noch auf französischem Gebiet, ihr zu Füßen das „Welchtal" und der Freundsberger Hof, gegenüber, jenseits der Sur, der Fleckenstein. Der Anblick dieser beiden Felsenburgen, wenn man von Lembach den Paß heraufkommt, ist ungemein imposant. Auch die Freundsburg steht auf einem isolierten Kegelberg, der die Gestalt einer Herkuleskeule hat. Nach der Volkssage war einst in der Urzeit ein ungeheuerer Riese als Wächter des Katzentales aufgestellt, der mit gespreizten Beinen auf den zwei gegenüberliegenden Bergen stand. Mit der Rechten stützte er sich auf eine Keule, und diese Keule war der Freundsberger Fels. Er ließ sich pflegen und atzen von einer Jungfrau, die auf einer Brücke, so groß und schön wie ein Regenbogen, zu ihm kam.

Wir könnten nun in wenigen Minuten wieder über die Grenze zurück nach Schönau gelangen. Wer aber den Charakter dieses prächtigen Gebirgslandes, durch das die Grenze zweier der größten Kulturstaaten zieht, näher kennenlernen will, versäume nicht, eine höchst lohnende Tagespartie in das Jägertal und nach Niederbronn von Schönau aus zu machen. Das Tal ist eines der schönsten, das Bad Niederbronn eines der besuchtesten der Vogesen, beide im Elsaß an den Pässen nach Lothringen von Schönau in zwei bis drei Stunden zu erreichen.

Von der Heerstraße bei Obersteinbach ab, über die Berge des „Wörther Forstes", führen mehrere Wege, die wir jedoch nicht ohne Führer machen wollen. So einer in das nahe, anmutige *Sulztal* mit seinen Weilern oder auch über den Hof „Trautbronn" und den „Schweinsfels", der abenteuerlich über die Hütten des Tales und die Wälder ragt. Vom Sulztal hat man nur ein Viertelstündchen ins Jägertal zu den Winsteiner Schlössern. Wenn wir uns jedoch von Obersteinbach aus auf dem Waldpfad südlich halten, haben wir in einer halben Stunde mitten im Forst die alte *Wittburg* erreicht. Sie ist auch eine fast völlig unbekannte Ruine, ein recht romantisches Felsennest. Geisterhafte Stille und Einsamkeit ruhen über den Mauern, Turmresten, verödeten Hallen und düsteren Gemächern. Von der Wittburg zieht sich ein einsames Waldtälchen mit einem Bächlein südwärts, das Windecker Tal, ins Jägertal hinab. Es hat seinen Namen von der *Burg Windeck,* die ebenfalls in großem Verfall ist, so daß kaum mehr einige Mauern von dem alten Rittergeschlecht der Windecker erzählen.

Rechts kommt aus dem „Fischacker" ein Bächlein hereingehüpft; dort schaut uns in trauter Einsamkeit und Heimeligkeit ein Gehöft entgegen, aus den Bäumen und Wiesen des Tales. Es ist der „Schönecker Hof", über dem sich *Schloß Schöneck erhebt,* das den Herren Eckbrecht von Dürkheim gehörte, wie die Schlösser Winstein. Ritter Kuno wurde um die Mitte des 16. Jahrhunderts in die Fehde verwickelt und zog sich von den Winsteiner Schlössern auf die Schöneck zurück. Als er eines Abends auf dem Söller der Schöneck stand, sah er zwei Ritter ins Schloß treten, deren einer zu ihm sagte: „Mein Sohn, eile mit Hilfe nach Winstein, morgen ist es zu spät!" Als die Ritter verschwunden waren, schwang sich Kuno aufs Roß und ritt mit seinen Knappen vor Neuwinstein, das schon hart bedrängt war, und trieb die Feinde in die Flucht. Noch jetzt sollen jene fremden Ritter um die Burg wandeln und deren Schätze hüten.

Über den Buchwalder Hof, das Windecker Tälchen entlang, kommt man bald ins Jägertal hinab. Das *Jägertal* ist eine äußerst lohnende Partie. Es führt seinen Namen von dem Weiler Jägertal, der sich äußerst anmutig mit seinen zerstreuten Häusern an der Straße nach Reichshofen hinab vor die Mündung des Windecker Tälchens legt. Der starke Eberbach kommt nordwestlich von der ehemaligen Abtei Stürzelbronn auf der „Bitscher Grenzmark", bildet dann einen Gebirgssee, den „Grafenweiher", fließt über *Dambach* und Neuenhofen herab ins Jägertal und südlich weiter nach Reichshofen und der Ebene von Hagenau zu. Das Tal, dessen Berge auf Granit fußen, ist noch bei weitem mehr eine Musterkarte für den Geologen als etwa das benachbarte Katzental und Schwarztal bei Lembach. Erzgruben und Eisenhämmer finden sich hier wie bei Schönau und große Gehöfte liegen zerstreut im grünen Talgrund.

Wollte man vom Weiler Jägertal bachaufwärts über die Dörfer Dambach und Neuenhofen wandern, so käme man in einer Stunde an den romantischen *Grafenweiher,* in dessen Flut sich Forsthäuser, ein winziges Schlößchen, dunkle stille Wälder und Felsen und ein Gehöft spiegeln, während die Fische die kühlen Wellen beleben. Der See liegt schon in Lothringen. Westlich gegen Bitsch, auf den ungeheueren Forsten der Wasichenfirst, liegen einsam die *Ruine Rodenbrunn* und der Turm von Waldeck. Südlich in der Nähe, auf hoher, fast unersteigbarer Felsenspitze über einem Tälchen, das südlich in das Philippsburger Tal mündet, die *Ruine Falkenstein,* die einst den kühnen Lützelsteiner Grafen gehörte, die von dem siegreichen Pfälzer Kurfürsten ins Elend gejagt wurden. Eine Vertiefung im Felsen heißt das *„Küferkämmerlein"*, in das der Schloßküfer gebannt ist; dessen Gehämmer mit dem Küferschlegel hört man bis zum Weiher und im Schlangental, und das bedeutet dann ein gutes Weinjahr.
Östlich ruht die einsame *Ruine Hohenfels*; jenseits des Schlangentales, überm Bärental, starren die stolzen Reste von Ramstein und Großarnsburg über die Wälder, und noch weiterhin die Bergfeste Lichtenberg von den Vogesenspitzen. Durch das Schlangental käme man hinab nach Niederbrunn.

Doch wir gehen zurück zum Jägertal, wo die Ruinen der Burgen *Alt-* und *Neuwinstein* nicht weit voneinander auf den Höhen des Talrandes liegen. Sie wurden beide schon im 14. Jahrhundert, im 16. aber noch einmal zerstört und gehörten denen von Dürkheim. Altwinstein ist eine der merkwürdigsten Ruinen der Vogesen und des Mittelalters überhaupt. Auf einem nicht sehr hohen Berg liegt ein vier bis fünf Stockwerke hoher Felsenblock; auf ihm stehen noch zwei über fünfzig Schuh hohe Felsensäulen wie Türme, und in diese beiden Säulen ist das ganze Schloß hineingeschrotet; finstere Gräben, Tore, Türen, Treppen, Kamine, zahlreiche Gemächer —, alles dunkel und schauerlich. Zwei unterirdische Gänge führen nach Neuwinstein, ins Jägertal hinab und zu der Schöneck.

Nur ein großes gemauertes Gebäude, von dem noch Spuren vorhanden sind, war unten an die Felsenwand gelehnt; es scheint das eigentliche Wohnhaus gewesen zu sein. In der Entfernung sieht das Schloß einem zerbröckelten Felsen gleich. Daß der Aberglaube bei diesen schauervollen Resten der Vorzeit mehr als bei jedem anderen Schloß von verborgenen Schätzen redet, die von Geistern und schwarzen Hunden bewacht werden, ist leicht zu denken. Auch hört man oft zur Dämmerstunde wehmütige Saitentöne erklingen aus den alten Felsenmauern. Die Burgfrau wandelt dann durch die düsteren Felsenhallen. Auch Neuwinstein ist eine äußerst pittoreske Ruine und schon seit langem verfallen und zerstört. Doch ragen noch gewaltig hohe Mauern und ein ungemein starker, finsterer Turm von der Felsenhöhe über das friedliche Tal.

Von hier führt über den Weiler Reißacker die Straße am Bach entlang nach Reichshofen, rechts aber ein Weg ab in einer kleinen Stunde nach *Niederbrunn* an der großen Heerstraße nach Lothringen. Wegen seiner Heilquellen, wildschönen Umgebung und des milden Klimas viel besucht, gewährt es in seinen freundlichen Straßen und Häusern nach der Wanderung durch das wilde Felsen- und Waldland eine eigentümliche Überraschung, da hier auch schon wieder Reben und Kastanien die Berghänge umgrünen. Auf der Spitze des Berges, am Eingang des Tales, durch das der Vogesenpaß zieht, steht die uralte *Wasenburg*, nicht groß, aber ungemein fest aus Quadern erbaut, mit sehr hohem Turm und einer von den Römern herstammenden Inschrift. Wir fahren entweder mit der Post die Heerstraße an der Motter hinab nach Hagenau oder über Wörth nach Sulz, von wo wir schnell mit der Eisenbahn in Weißenburg sind. Oder auch wir wandern nach dem Flecken *Lembach* und steigen nach kurzer Erfrischung östlich auf dem Paß nach Weißenburg zur Gebirgshöhe empor, an den Dörfern *Wingen* und *Klimbach* vorüber. Bei Roth kommt die Straße hoch auf der „Scherrhohl" aus dem Gebirge, und plötzlich übersieht man mit einem Blick von dieser Höhe die ganze reiche Ebene des Elsasses und der Pfalz; unten liegt Weißenburg im tiefen sich öffnenden Tal der Lauter, in der Nähe die weinreichen Dörfer des Oberlandes auf den rebenumpflanzten Hügeln des hohen Landrückens rechts der Lauter, während jenseits die pfälzische Höhe von Schweigen her gegen den dunklen Bienwald zieht. Nun geht es rasch abwärts über den Geißberg durch das Hagenauer Tor in die Stadt.

Weißenburg – Oberland und Blick ins Elsaß

Weißenburg, zum Unterschied von anderen Städten dieses Namens auch „Kronweißenburg" oder Weißenburg im Elsaß, von den Franzosen Wissembourg genannt, ist eine lebhafte französische Grenzstadt von etwa 6 000 Einwohnern zu beiden Seiten der Lauter bei deren Austritt aus den Vogesen. Ihre Entstehung dankt die Stadt der von König Dagobert gestifteten hochberühmten *Benediktinerabtei Weißenburg* oder Wizzenburg, deren Äbte und spätere Pröpste deutsche Reichsfürsten waren und besonders oft den Bischofsstuhl von Speyer bestiegen, in dessen Diözese das Kloster lag. Diese Abtei hat für uns Deutsche eine ganz besonders hohe kulturgeschichtliche Bedeutung, denn das erste bekannte Werk in deutscher Sprache fand hier seinen Ursprung. Der *Mönch Otfried* verfaßte hier seine „Evangelienharmonie", eine poetische Umschreibung der evangelischen Geschichte in kurzen Reimpaaren und in der alten fränkisch-deutschen Mundart. Mit edlem Stolz preist er darin auch die Vorzüge seiner Nation, und kein Glied derselben sollte heute, nach mehr als tausend Jahren, Weißenburg betreten ohne des edlen Otfrieds zu gedenken, der zuerst der deutschen Sprache die Anwartschaft gab, eine der wichtigsten Bildungssprachen der Welt zu werden.

Weißenburg wurde eine der zehn Reichsstädte des Elsasses und stand unter dem Schutz und Schirm der Pfalzgrafen als kaiserlichen Landvögten des Elsasses. Das Verhältnis blieb ein freundliches, bis Friedrich der Siegreiche eine Reformation in der Abtei einführen wollte und den fürstlichen Abt verjagte. Dessen nahmen sich die Bürger an, verjagten die „neuen Mönche“ und der Pfalzgraf zog zürnend vor die Reichsstadt, um sie zu belagern. Der *Weißenburger Krieg* entstand, Kaiser und Papst taten den „bösen Fritz“ in Acht und Bann, doch Straßburg und alle elsässischen Reichsstädte hielten zu dem siegreichen Pfalzgrafen. Nur Weißenburg hielt sich tapfer gegen ihn, so daß der saumselige Kaiser Friedrich III. schmerzlich sprach: „So hab' ich doch noch eine Stadt am Rhein, die mir gehorsam ist.“ Die pfälzischen Bauern der Umgegend schnitten den Weißenburgern „Kästenbäume“ ab, die pfälzischen Kugeln taten aber der Stadt nicht viel Schaden, wie der Zeitgenosse *Eickhardt Arzt*, ein Weißenburger Bürger, als Augenzeuge so anschaulich und humoristisch in seiner Zeitchronik beschreibt. Es ist das erst in neuerer Zeit bekannte Manuskript eine höchst treffliche und wichtige Quelle für jene Zeit. Schon von Mone veröffentlicht, gibt es (nebst anderen auf die pfälzische Geschichte bezüglichen Quellen) neuerdings mit Textberichtigung unser Freund Konrad Hoffmann, königlicher Universitätsprofessor in München und gründlicher Kenner der germanischen und romanischen Sprachen, heraus, worauf wir die Pfälzer Historiker aufmerksam machen.

Auch unter dem nachfolgenden Kurfürsten Philipp dauerten die Drangsale an; viele Weißenburger wanderten damals nach Polen, wo sie zu hohen Ehren und Ämtern bei Hof stiegen. Wenn nun in der Reformation Weißenburg tätigen Anteil am *Bauernkrieg* nahm und sich besonders die Weinküfer und Winzerzunft und der kühne Bach stark beteiligten, so gab dies dem Kurfürsten Ludwig nach der Schlacht bei Pfeddersheim Gelegenheit, gegen Weißenburg zu marschieren, um hier das blutige Drama blutig auszuspielen. Fürchterlich donnerten die Kanonen, die Stadt wurde genommen und eine große Anzahl der Bürger durch Henkershand gerichtet.

Die „gefürchtete Propstei Weißenburg“ kam an die Bischöfe von Speyer, während die Bürgerschaft lutherisch blieb. In den folgenden Kriegen erlitt die Stadt Unsägliches, wurde mit dem Elsaß von Frankreich geraubt und dann auch hauptsächlich der Schauplatz des österreichischen Erbfolgekrieges, dessen im Elsaß unter dem Namen des *„Pandurenlärms“* noch heute gedacht wird. Im Jahre 1744 brachen die österreichischen Feldherren Bärenklau, Nadasti und der berüchtigte Trenk mit den Panduren und Kroaten über das Elsaß herein, indem sie die „Weißenburger Linien“ eroberten. Schrekken ging vor ihnen her; denn man erinnerte sich der „Rotmäntel“, „Krawatten“ und „Razen“ noch aus den früheren Kriegen her. Die Stadt ergab sich. Jetzt marschierten die Bayern und Franzosen heran, plünderten in Schweigen und Rechtenbach und stürmten betrunken von Schweighofen und Altstadt her die Mauern der Vorstadt *Bannacker*. Auf der Steig und Bienwaldmühle und am Schlößchen St. Remig im Osten der Stadt wurde heftig gekämpft; wieder drangen die Österreicher ein, nochmals die Franzosen und Bayern, und wieder mußten sie den Panduren und Österreichern weichen, die damals im Elsaß raubten und plünderten.

Der schönste Bau der Stadt ist das alte Münster der Abtei, das *Stift:* eine herrliche gotische Kirche, deren Turm leider durch einen geschmacklosen Helm verunstaltet ist. Von der Chorkuppel hing eine *goldene Krone*, der Sage nach die König Dagoberts, in das Schiff der Kirche herab. Von ihr erhielt Weißenburg seinen Beinamen: „Kronweißenburg“. Wunderschöne *Bildhauerarbeit* zeigt der Ölberg und das Grab Christi, die Figuren wurden leider durch die „Ohnehosen“ der Revolution verstümmelt. Vor der Kirche steht noch ein *uralter Turm*, von dem man sonst glaubte, König Dagobert habe ihn gebaut. Er wurde jedoch, wie die Inschrift zeigt, durch Abt Samuel gleich den vier Festungen *(St. Remig, St. Panteleon, St. German* und *St. Paul)*, die nach den vier Himmelsrichtungen lagen, im 11. Jahrhundert errichtet. Ihm gegenüber liegt die *Residenz Stanislaus Lescynskys*, des Königs von Polen, der, von seinen Feinden vertrieben, unter Frankreichs Schutz von Zweibrücken hierher zog und hier wohnte, bis Ludwig XV. seine Tochter Maria zur Königin von Frankreich erhob (1725).

Besonders schön ist der Kreuzgang des ehemaligen *Augustinerstiftes* in der Sterngasse, dann noch interessant das ehemalige Deutsche Haus der Deutschherren, das *Dominikanerkloster*, heute Kaserne, die St. Johanniskirche und die Weißkirche, „wo man den Bumpernickel singt", wie es im Sprichwort heißt. Diese ist jetzt zum Stadttheater umgewandelt und eine Bierbrauerei „Zur Weißkirche" in ihr hergerichtet. Dort wird das Weißenburger Stadtwahrzeichen, der *„Bumpernickel"*, gezeigt, das Steinbild eines Stallknechts mit närrischen Knittelversen und der Jahreszahl 1717. Derselbe soll einst die Klosterherren vor Raubmord gerettet haben. Die Stadt ist noch mit Toren, Wällen und Mauern umgeben.

Wir machen einen Ausflug durch das *Landauer Tor*. Der Lauter entlang haben wir in einer Viertelstunde das Dorf *Altstadt* im weiten Wiesengrund zu beiden Seiten des Flüßchens erreicht. Es liegt hart auf der pfälzischen Grenze innerhalb der berühmten Weißenburger Linien, die an der Lauter hin bis zum Rhein reichten, und ist älter als die nahe Stadt. Es war das Concordia der Römer. Standquartier der 22. Legion; die Römerstraßen, die von hier ausgingen, erinnern daran. Auf der nördlichen Anhöhe liegt der Windhof schon auf bayerischem Gebiet, mit einer Zollstation und reicher Aussicht auf die Stadt und den Bienwald. Östlich von Altstadt erinnert die Mühle „Der Trimich" an das einstige feste *Schloß St. Remig*, dessen Schlußstein eine unverstandene altgotische Inschrift trug, die nach der Sage König Dagobert als Erbauer des starken Turmes angab. Es war bei der Anlage der „Weißenburger Linien" als festes Bollwerk und als Brückenkopf benützt, war mit Wassergräben umgeben und wurde erst 1830 abgebrochen. Hier beginnt mit der „Unteren Mundat" der Bienwald zwischen der Lauter und dem Rhein. Zwischen St. Remig und Altstadt führt die Eisenbahn über die Linien am Rand des Waldes hin durch das pfälzische Gebiet nach Landau.
Längs der Eisenbahn bis zur ersten pfälzischen Station Schaidt liegen die katholischen Grenzorte im reichen Wiesen- und Fruchtgefilde: *Schweighofen*, dann das große Dorf *Kapsweiher* im Krautland und an dasselbe fast anschließend das noch größere *Steinfeld* mit 1 800 Einwohnern, der Hauptort dieser einst bischöflich-speyerischen Dörfer, wo der Stiftsschultheiß von Weißenburg auf dem „Zinsstein" oder „Dingstein", der am Kirchhof steht, die Bauern „auf den Stein zinsen" ließ, indem er mit Hammerschlägen seinen Aufruf hierzu ergehen ließ. Das Dorf erlangte in neuerer Zeit eine gewisse Berühmtheit durch den *„Steinfelder Zug"*, den die Volkswehr von Bergzabern in diese Grenzdörfer unternahm, um sie zur Teilnahme an der Revolution zu zwingen. Die Bauern setzten sich jedoch zur Wehr und es kam zum hitzigen Plänklergefecht. Bekanntlich führte es zu einem großen und berühmten Hochverratsprozeß. Weiterhin an der großen Eisenbahn liegt *Schaidt*, das seinerzeit mit Toren, Mauern und Wällen bewehrt war und eine reiche Erzgrube hat.

Von dort an abwärts beginnen die großen protestantischen Ortschaften am Bienwald, während hinter Steinfeld, *Niederotterbach* gegenüber, Kleinsteinfeld im Otterbachgrund liegt. Daß diese Orte noch ein ausgeprägtes Volkstum haben, zeigen die malerischen Trachten.

Die oberländischen Weinorte auf der Straße von Weißenburg nach Bergzabern sind größtenteils protestantisch. Sie liegen westlich droben am Saum des Gebirges, teils hoch an den Bergen, teils in den schönen Talgründen versteckt und bieten von Weißenburg aus hübsche kurze Spaziergänge, indem man bei Schweigen in die Pfalz eintritt. Sind wir in Steinfeld, so wandern wir entweder durch den Otterbachgrund oder über den Haftelhof hinauf ins Weinland. So würden wir in einer Stunde das große 1 800 Einwohner starke Dorf *Oberotterbach* erreichen, das in dem anmutigen Talgrund vor dem

Waldgebirge in den Reben liegt, und zwar in der Mitte zwischen Bergzabern und Weißenburg, von jedem eine Stunde entfernt.

Ostwärts liegt der *„Heidenkirchhof"*, wo man steinerne Särge und Opferschalen gefunden hat. Der Heidenweg führt über den Otterbach zum Heidenbrunnen. Das in den pfälzischen Fehden eingegangene Dorf „Haarwerden" scheint im hiesigen Gemark an der Brücke südlich vom „Deutschhof" gelegen zu haben. Otterbach selbst kommt schon 993 vor. Sein Kirchturm ist alt, der Turmchor zeigt vier schöne Spitzbogen und viele Jahreszahlen. Im 15. Jahrhundert erstach in demselben nach der Erstürmung des nahen Schlosses Guttenberg hier ein Herr von Fleckenstein den „krummen Jäckel".

Über der nächsten Anhöhe, südlich gegen Weißenburg, liegt reizend schön im Rebental vor den Vogesen das Dorf *Rechtenbach* und östlich vor ihm auf der schönen Anhöhe im Fruchtgefilde der „Haftelhof", der schönste Hof in der Rheinpfalz, dessen man weithin im Lande ansichtig wird, während das Dorf *Schweigen,* einige Schritte südwärts von Rechtenbach, hoch oben auf dem Berg liegt, als letztes Dorf auf pfälzischem Gebiet; denn gerade tief unten im „Weißenburger Loch" ragen die Türme der französischen Grenzstadt empor aus dem Grün des Talgrundes der Lauter.

In die dunklen Tannen-, Buchen- und Föhrenwälder der Mundat zieht sich von den genannten Winzerdörfern westlich hinein das *Otterbacher Tälchen* zwischen felsigen, dunklen Hängen bis zum „Otterspring" oder Rotenbrunnen, wo noch vor fünfzig Jahren am Fuß des Guttenbergs ein Dörfchen, „Nauerth" genannt, gestanden hat. Hoch über dieser Stelle, auf dunkelbewaldeter Bergpyramide, thront die *Ruine Guttenberg* mit Turm und Mauern, von Gebüsch umrankt, einsam über die tiefen Bergwälder schauend, deren Einsamkeit nur hier und da durch die Schmugglerbanden oder die Böhämmerjagd unterbrochen wird. Die Burg war kaiserliches Lehen der Grafen von Leiningen, bis Schaffried von Leiningen bei Reichshofen von den verbündeten kühnen Grafenbrüdern von Lichtenberg und Lützelstein gefangen wurde und 1463 die Burg zur Hälfte an Lichtenberg und Zweibrücken abtreten mußte. Auch die Weißenburger wagten sich in den pfälzischen Fehden mehrmals an das Schloß, sowie die Fleckensteiner, während man alle Dörfer der Leininger, die zur Burg gehörten, verbrannte. Im Bauernkrieg wurde die Burg völlig zerstört, ihre Besitzungen bildeten bis zur Revolution ein zweibrückisches Amt unter französischer Oberhoheit. Die hohe Felsenspitze bietet eine herrliche, weite Rundsicht über das Waldgebirge und einen Teil der Ebene.

Hinter der Ruine erhebt sich der 1920 Fuß hohe Rücken des tiefüberwaldeten *Dörstenbergs,* der noch vor wenigen Jahren einen hölzernen Telegraphenturm trug, aus dessen oberster Kammer der Verfasser sich noch der herrlichsten Aussicht über die Vogesen und das offene Land erfreute. Nun ist der Turm zusammengestürzt. Tief unten, hinter dem Berg, liegt das uns schon bekannte „Reisdörfl" und überm frischen Waldtal des Reisbachs, der zur Lauter hüpft, die „Waldhütte". Vom Guttenberger Schloß rinnt das Bächlein durch ein tiefes, enges und romantisches Waldtälchen südlich zur Lauter hin. Wir wenden uns südöstlich aus dem Bereich des Bergforstes, entweder nach Rechtenbach oder Schweigen.

Dieses *Schweigen* liegt prachtvoll auf der letzten Berg- und Rebenhöhe der Pfalz; rückwärts im Tal das idyllische Rechtenbach, vorwärts im „Weißenburger Loch" die Stadt und weithin bis zu den Schwarzwaldbergen das schöne Elsaß. Hinter Schweigen grünen prächtige Weinberge, die jedoch den Weißenburger Stadtherren gehören, die sie von den Winzern aus Schweigen bauen lassen. In diesem Rebengefilde, an der schönsten Stelle, steht das *„Pauliner Schlößchen"*, einst die Feste St. Paul, eine von jenen vier Burgen, die Weißenburg schützen sollten. Es ist jetzt ein gar lieblicher Privatsitz und Lieblingsspaziergang der Weißenburger, an den sich die meisten Sagen der Gegend knüpfen. So steht dort ein Lindenbäumchen, wo man öfters ein weißgekleidetes Mädchen knien und bitterlich weinen sieht. Die Winzer sehen dann auch wohl noch die *weiße Frau mit dem Schlüsselbund,* die das Gedeihen des Weines anzeigt, wenn sie durch die Reben schwebt. Man sieht auch öfter Wäsche im Schlößchen hängen, die niemand gehört. So werden denn viele Abenteuer von heute noch Lebenden, die zur rechten Stunde hierherkamen, erzählt.

Das Dorf Schweigen selbst hat als Grenzort Handel und Wandel. Hier ist ein Zollamt. Hinter dem blauweißen Schlagbaum, nur wenige Schritte von der Höhe hinab, steht der *„Grenzbrunnen"*. Sein nördlicher Wasserstrahl fällt ins deutsche, der südliche ins französische Gebiet. Zwischen den Gärten und Fruchtfeldern hin kommen wir dann wieder vor die *französische Douane* und die Mauern und Tore der Stadt.

Die französische Douane an der pfälzischen Grenze fällt dem Fremden bei weitem nicht so lästig wie jene an der Schweizer Grenze. Die Douaniers verstehen meist deutsch, und wer mit dem Stab in der Hand über die Grenze will, wird hier nie angeredet und kann ungehindert passieren. Kommt man mit der Reisetasche, so genügt auf die Anfrage: „Nichts Mautbares?" oder: „Keine Contrebande?" eine einfache Erklärung; selten wird durchsucht, nur Fremde in Wagen müssen sich das gefallen lassen. Nach dem Paß wird gar nicht gefragt, und darum ist der Verkehr hier ein völlig ungehemmter. Weißenburg hat als Grenzstadt manches gewonnen; es ist z. B. der Sammelort der Auswanderer nach Amerika aus der südöstlichen Pfalz. Aber es hat auch manches verloren. Sein Arrondissement ist um die drei reichen Kantone: Kandel, Bergzabern und Landau, somit um das ganze schöne Land zwischen der Lauter und Queich, durch den letzten Friedensschluß geschmälert worden; es ist jetzt das kleinste Departements vom Nieder-Rhein. Da hört man denn auch unter den Einwohnern nicht selten sagen: „Frankreich sollte bis an die Queich oder Deutschland bis hinauf zur Sur reichen!" Der Dialekt ist der rheinpfälzische, die Beimischung des Alemannischen ist sehr gering. Die Bauern diesseits und jenseits der Lauter sprechen den breiteren oberländischen Dialekt, wie er noch im Gossersweiler Tal durchklingt; erst oberhalb Bischweiler und Hagenau, von der Motter an, die sonst den Speyergau vom Elsaß schied, ringt sich das Alemannische völlig durch.

Es überkommen einen überhaupt eigentümliche Gefühle, wenn man die elsässischen Städte betritt; der Charakter der Häuser, die Menschen, die Sprache: Alles noch deutsch – und doch die französische Trikolore an den öffentlichen Gebäuden und die flotten, munteren Rothosen in den Straßen. Die eilen unbekümmert um unsere Stimmung mit ihren Stummeln im Mund dahin, während es uns trüb überkommt, daß in der Stadt Otfrieds, wo die deutsche Sprache sozusagen erst ihre Taufe erhielt, die Soldaten Frankreichs sich als völlig heimisch gebärden. Die kleinen südländischen Infanteristen nennt der Weißenburger *„Wusslich"*, was so viel wie kleine, niedliche, flinke, bewegliche Kerlchen heißen will. Die Lanciers, Chasseurs à Cheval, Cuirassiers sehen schon stattlicher aus. Das Elsaß liefert den Franzosen das stattlichste Militär, und leider sind die Elsässer schon lange politisch gute Franzosen geworden.

Einstmals war es anders; da litten die Elsässer Bürger und Bauern für ihren *„deutschen Patriotismus"* noch viel mehr als heute die Schleswig-Holsteiner leiden. Schmerzlich berührt es, wenn man ein wenig tiefer in die Geschichtsakten seit dem Westfälischen Frieden schaut, wie schmählich das Elsaß von Deutschland verlassen wurde, wie es sich krümmte und bäumte unter den Geierkrallen des mächtigen Frankreichs; wie laut sein sehnsüchtiger Notschrei nach dem deutschen Vaterlande klang; wie es sich anklammerte an jeden Strohhalm, der es noch mit Deutschland verband, und wie die deutschen Fürsten feige die flehenden Reichsstädte dem Erzfeind überwiesen, ihm in die Hände stießen, bis sie in verzweifelter Resignation ohne Hilfe und Beistand sich dem Dränger hingeben mußten. Diese Seite der deutschen Geschichte muß erst noch ins rechte Licht gestellt werden. Damals und schon früher äußerte sich die Volksstimmung in den Versen:

„Wanns Colmar, Landau und Weißenburg übel geht,
So seh zu Hagenau, wie es um dich steht,
O! Rat zu Straßburg siehe zu,
Und hüt' dich, mach deine Tür wohl zu;
O! Römisch Reich, sieh wohl für dich,
Damit der Bund nicht von dir wich."

Und eine andere Rede ging: „Des Königs von Frankreich Mantel, des Pfalzgrafen Hosen, des Kurfürsten von Cöllen Rock und des Bayerfürsten Bruch sind all gemacht von einem Tuch." Man kannte seine Leute. Und das Land, das gerade deutsche Sitte, Kunst und Wissenschaft am meisten aufrechterhielt; wo der Mönch Otfried, Gottfried von Straßburg, Tauler, Geyler von Kaiserberg, Sebastian Brandt, Murner, Fischart, Wimpheling und hundert andere als ewige Säulen deutscher Literatur erstanden sind; wo das deutsche Volkslied noch heute in unverminderter Kraft fortblüht, wurde feig dem Reichsfeind geopfert. Wenn auch heute noch der *Volkswitz* die „Wälschen" trifft, wenn heute noch die Kinder rufen: „Wälscher Hannickel, Guckummersalat!" und deutsche Sprache und Sitte fortdauert, so will doch die große Mehrzahl im Elsaß von ihrem Mutterland nichts mehr wissen und die „Dütschen" verfallen noch mehr ihrem Spott und Hohn als die „Wälschen". Die große Revolution hat eben die Elsässer zu Franzosen gemacht und sie halten sich für ebenso gute Söhne Frankreichs als die echten Vollblutfranzosen. Und leider nimmt man wahr, daß besonders in der letzten Zeit das französische Wesen immer mehr zum Durchbruch kam und daß bereits in den größeren Städten das Deutsche nur noch als „Dialekt" behandelt, nur noch mit den Dienstboten gesprochen wird. Besonders in der Fabrikstadt Mülhausen läuft das Deutsche die höchste Gefahr.

Das Elsaß ist eines der schönsten und reichsten Länder Europas. Wie die östliche Pfalz, so ist das Elsaß durchgängig bis zum Sundgau hinauf, und besonders das obere Elsaß, ein *paradiesisches Weinland* mit herrlichen Berghöhen und prächtigen Tälern. Dort hat das Mittelalter oft auf eine Bergspitze drei Schlösser gebaut, jedes Städtchen hat ein herrliches gotisches oder romanisches Münster und deutsche Kunst erblühte ja hier am herrlichsten und gewaltigsten in Erwins Münster. Ein Sprichwort geht:

„Drei Schlösser auf einem Berg,
„Drei Kirchen auf einem Kirchhof,
Drei Städt' in einem Tal,
So ist das Elsaß überall!"

Und wer einen Blick in das obere Land und seine herrlichen Täler geworfen hat, findet das Sprüchlein nicht unbescheiden. Wem ein flüchtiger Blick genügt, durchfliege mit der Eisenbahn das Land bis *Mülhausen*; wer aber bloß einen, für uns Deutsche klassischen Ort auf einer Eisenbahnfahrt nach Straßburg besuchen möchte, der steigt unterhalb Hagenau auf der Station „Bischweiler" aus, nimmt sich einen Wagen oder wandert in etwa zwei Stunden über ebene Felder und Wälder gegen den Rhein nach *Sesenheim*, das in der Nähe von „Fort Louis" liegt. Das Pfarrhaus steht noch, in dem unser größter Dichter, Goethe, die glücklichste Zeit seines Lebens feierte und die holde Pfarrerstochter *Friederike von Sesenheim* sein großes Herz mit aller Wonne erfüllte. Der treffliche Vorkämpfer deutscher Literatur im Elsaß, unter Freund August Stöber in Mülhausen, hat in seiner Schrift „Der Dichter Lenz“ manches neue Licht über das Verhältnis Goethes zu der holden Elsässerin gebreitet.

Wir kommen nicht so weit ins Land, für jetzt. Ein Gang durch's Hagenauer Tor in die elsässischen Dörfer auf der *Landhöhe* rechts der Lauter, die von der Scherrhohl bis in die Nähe des Rheines läuft, muß uns genügen. Eine große Heerstraße führt, ziemlich steil, südlich auf den *Geißberg*, der berühmt ist in der Kriegsgeschichte und oft blutig gefärbt von Deutschen und Franzosen. Er trägt, wie die Scherrhohl, noch die Spuren von den berühmten Weißenburger Linien. Die Eisenbahn windet sich um ihn. Auf seiner Anhöhe liegt ein weitgesehener schöner Hof, bei dem prächtige Pappeln stehen, der *„Schafbusch“* neben der Straße, die durch den hübschen Flecken *Rietselz* stets über die Anhöhen des wellenförmigen, hochgelegenen Landes an Weinbergen und Ackergefilden vorüber nach Sulz „unterm Walde“ und von da über Surburg durch den „Hagenauer Forst“ nach der alten Residenz Barbarossas: nach Hagenau führt. Auf der Höhe des Geißbergs, noch vor dem Schafbusch, geht der Vogesenpaß über die *„Scherrhohl“* mit ihrer unermeßlichen Aussicht nach Bitsch ab. Die Scherrhohl, französisch „Pigeonnier“, ist eine Lieblingspartie der Weißenburger und die letzte französische Bergkuppe der Vogesen, weil ihre nördlichen Hänge hinter Weißenburg in das tiefe Lautertal abfallen. Sie erhebt sich 1 100 Fuß über Weißenburg, das 600 Fuß über dem Meer liegt. Von der Scherrhohl liegen südlich der Wolfskopf, Klimberg, Probstberg und Sulzerkopf; dann weicht mit dem Liebfrauenberg bei Wörth das Gebirge plötzlich westlich um etwa zwei Meilen zurück, indem es einen großen Bogen macht, so daß die wellenförmige Ebene des Elsasses zwischen dem Rhein und den Vogesen bei Hagenau und Zabern um ebensoviel Meilen breiter, das Gebirge aber um so viel schmäler wird.

Auf der Landhöhe liegen, meistens hoch oben zwischen den Reben, Dörfer, deren Bewohner man die *„Schwedenbauern“* heißt. Es sind lutherische Orte, die vor der Revolution das zweibrückische Amt „Kleeburg“ bildeten und deren Bauern, meist kräftige, lebhafte Winzer, im Bauernkrieg den *Kleeburger Kolbenhaufe* aufstellten, der sich, mit dem Bürger Bach vereinigt, nach Weißenburg warf, nachdem die Elsässer Bauern bei Elsaßzabern durch den Herzog von Lothringen eine entsetzliche Niederlage erlitten hatten. Die wittelsbachisch-zweibrückische Linie setzte in dem Pfalzgrafen Johann Casimir, der das Amt Kleeburg erhielt, einen kräftigen Zweig ab. Er heiratete 1615 die schwedische Prinzessin Katharina, baute ihr zu Ehren in Kleeburg das *Schloß Katharinenburg* und sah seinen Sohn Karl Gustav den ruhmvollen Schwedenthron besteigen und den ganzen Norden mit seinen Heldentaten erfüllen. Noch unter seinem heldenmütigen Enkel Karl XII. saßen schwedische Amtleute in Kleeburg, denn die großen Schwedenkönige blieben auch deutsche Pfalzgrafen.

Dreiviertel Stunden oberhalb Weißenburg auf den Weinbergen liegen die Orte Rott, Oberhofen und Steinselz; eine halbe Stunde weiter das Dorf *Kleeburg* am Fuß des Probstberges; dahinter die Dörfchen Drachenbronn, Birlenbach und Bremmelbach, tiefer in den Bergen der Weiler Marienbronn, von wo man nach Gersdorf mit der herrlich gelegenen Wallfahrt *„Liebfrauenberg“*, 1 600 Fuß hoch, und von da ins Schwarztal bei Wörth gelangen kann. Dort jedoch sind keine Schwedenbauern mehr. An der Straße nach Sulz und an der Eisenbahn liegen noch die Dörfer Ingolsheim, Schönenburg, Hunspach und weiter oben auf den Bergen Keffenach. Östlich von der Eisenbahn, auf der rechten Seite der Lauter, in der flachen Abdachung gegen den Rhein finden wir die großen katholischen, früher bischöflich-speyerischen Orte Schleithal, Salmbach, Lauterbach und Seebach am Saum des Bienwaldes.

Es ist nun Zeit, daß wir zu den Grenzbewohnern übergehen. Es ist durchgängig ein hochgeschossener, kräftiger Schlag Menschen diesseits und jenseits der Lauter, in der Pfalz und im Elsaß, und noch von ziemlich stark ausgeprägtem rheinfränkischem

Wesen in der Sprache, die nur eben breit und oberländisch klingt, denn der Nebel wird schon oberhalb Bergzabern zum „Nabel". Freilich mischt sich das alemannische Element immer stärker bei, je weiter man landaufwärts kommt.
Es herrscht rings um Weißenburg noch altes Volkstum in Sitten und Trachten. Da tanzt auf der Kirchweih noch der Bräutigam mit seiner Braut ganz allein und schleudert sie an die Decke des Zimmers; da herrscht auch noch mancher Aberglaube und geheime Brauch. Die *Trachten* sind noch echt und malerisch. Höchstens verhüllt jetzt

Grenzbewohner in ihrer urdeutschen Tracht

die beliebte blaue Bluse das enge kurze Wams bei den Männern. Bei den Alten herrscht diesseits und jenseits der Lauter noch der *Nebelspalter*. Bei den Schwedenbauern in den Gebirgsorten und über die ganze Landhöhe bis nach Bischweiler hinauf und bis nach Seebach, sowie in den Gebirgstälern bei Lembach ist noch die pittoreske, ungewöhnlich kleidsame turbanartige *Fuchspelzmütze* allgemein, wie sie auch noch im Schwarzwald getragen wird. Wämser und Hosen sind mit kleinen runden Stahlknöpfen, „Kosseln" genannt, besetzt, das „Brusttuch" meistens rot. Bei den früher bischöflichen Bauern von Seebach, Schleithal und weiter hinab im Land werden diese Knöpfe breit und heißen „Plattersch"; auch die Steinfelder Bauern gegen Bergzabern und Kandel hin tragen noch Wams und Hose mit solchen breiten, dicht aneinander gereihten Stahlknöpfen und die hohe *Kosakenkappe* von grauer Wolle, die ebenfalls ungemein gut kleidet und noch hie und da bis zur Queich hin gesehen wird, ist hier einheimisch. Dazu kommt ein ganz enganliegendes, blautuchenes Wams mit gestelltem Kragen und grauen Hosen, so daß die hohen Figuren sehr hervorgehoben werden. Das Halstuch ist eng geknöpft, ohne daß der Hemdkragen hervorschaut.

Die *Frauentrachten* sind noch schön und malerisch und werden es stets mehr landaufwärts, bis sie am „Kochersberg" vor allen anderen Volkstrachten glänzen. Aber auch im pfälzischen Grenzland sind die niedlichen gebläuten *Nebelkäppchen* der jungen Weiber mit den langen Schleifen, die rund am Kopf anliegenden und schwarzgetüpfelten der alten Weiber, die hohen mit Bändern geschmückten Kämme der Mädchen noch sehr malerisch. Ähnlich gehen die Mädchen von Steinselz mit bunten Leibchen und Röcken und bloßen Hemdärmeln, mit hohen Zöpfen und noch höheren, blinkenden Kämmen.

Was wir so von den Sitten und Trachten der Grenzbewohner sagten, gilt auch größtenteils von dem ebenen Grenzstrich an der Lauter gegen den Rhein hin, den wir von Weißenburg aus besuchen müssen und wo sich das Grenzerleben erst recht entfaltet.

Grenzstrich am Bienwald und an den Weißenburger Linien

Etwa drei Viertelstunden östlich von Weißenburg, unterhalb der Altstadt beim „St. Remig", beginnt der größte Waldkomplex der Rheinebene: der *Bienwald*, von den Römern Silva apiatica, vom Volk „Bewald" genannt. Er liegt fast ganz am linken Lauterufer auf der pfälzischen Seite; nur kleinere, unbedeutende Parzellen reichen über das Flüßchen ins Elsaß. Seine gegen Weißenburg hingestreckte westliche Spitze heißt auch die *„Untere Mundat"*. Der mächtige Forst nimmt die ganze südöstliche Ecke der Pfalz ein, die die in den Rhein fließende Lauter mit dem Strom bildet, so daß der Wald völlig die Gestalt eines rechtwinkeligen Dreiecks hat. Die Grundlinie längs der Lauter bis Lauterburg beträgt zweieinhalb deutsche Meilen, die Höhenlinie von da längs des Rheins bis zur nördlichen Spitze bei Rheinzabern gleich viel und die Diagonale von Rheinzabern bis zur Westspitze des Waldes vor Weißenburg über drei Meilen. So dehnt er sich zwischen den einstigen römischen Standquartieren Concordia (Altstadt), Tribunci (Lauterburg) und Tabernae rhenanae (Rheinzabern), die die Spitzen des Dreiecks bilden, schon seit Jahrtausenden aus und die alten *Römerstraßen* von Lauterburg nach Rheinzabern und von Altstadt nach beiden Orten umsäumen den Bienwald noch heute. Der Forst ist von Menschen gar nicht bewohnt, ein einziges Dorf, und zwar eine jüngere Kolonie, liegt mitten in ihm, während ringsum nur hohe, mächtige Waldbäume, Eichen, Föhren und Buchen die einsamen Waldwege begleiten, ohne daß jedoch die hochschüssigen, erlenartig emporgeschossenen Buchen das herrliche Laubdach, die geschlossene Decke gewährten, wie im Gebirge.

Das deutet auf sumpfigen, wässerigen Boden, und wahrscheinlich stand hier einst ein mit dem Rhein zusammenhängender Sumpf oder See, in den sich die Lauter und der Otterbach verloren, die jetzt mit den vielen Bächlein, die heute sich im feuchten Wald sammeln, diesen durchschleichen. Den Saum des Bienwaldes sehen wir mit alten großen und reichen Dörfern umkränzt, deren Bauart und Anlage auf *Uferdörfer* hindeuten. An den beiden Straßen am Waldsaum strecken sich alle diese Orte lang hinaus in schmalen Häuserreihen, oft eine Stunde lang, so daß sie, wie „Langen-Kandel", „Langen-Schleithal", davon ihre Nebenbezeichnung haben. Die Umwohner des Bienwaldes halten noch sehr auf alte Sitte und Denkungsart. Es ist ein kühner Schlag Menschen und die Tracht so, wie wir sie oben schilderten.

Vor allem nehmen nun die *Weißenburger Linien* unsere Aufmerksamkeit in Anspruch. Nur ihre Reste sind noch vorhanden. Sie waren längs der Lauter bis zum Rhein angelegt, um das Elsaß vor den Deutschen zu schützen, und verbanden Weißenburg und das Gebirge mit Lauterburg und dem Rhein. Aber die Linien schützten nicht; nachdem die Deutschen schon Mitte des vorigen Jahrhunderts die Queichlinien zerstört hatten, stürmten sie auch gegen Ende des Jahrhunderts die Lauterlinien mit Erfolg.

Die Befestigungen der Lauterlinien begannen auf der hohen „Scherrhohl", mit einem kleinen Fort auf dem Geißberg, schlossen Weißenburg in ihren Bereich ein und liefen dann mit der Lauter längs des Bienwaldsaumes über die Altstadt, den „St. Remig", weiter nach der *„Bienwaldmühle"*. Diese etwa in der Mitte zwischen Weißenburg und Lauterburg einsam am Waldsaum und im flachen Wiesengrund gelegene Mühle, an einer Brücke über die Lauter, war ein befestigter Punkt innerhalb der Linien. Ihre Bewohner sind reiche Gutsbesitzer. In ihrer Nähe stehen zwei Ziegelhütten am Fluß und ein bayerisches Forsthaus. Hinter dem schmalen Waldstrich auf der rechten Lauterseite liegt das über eine Stunde lange, große elsässische Dorf *Schleithal*, auch Langen-Schleithal genannt, mit 3 000 Einwohnern. Dann die großen langen Dörfer Salmbach und Lauterbach. Von der Bienwaldmühle abwärts kommen wir wieder, so recht im Schmugglerbereich, mit den „Linien" an einem Forsthaus vorüber nach *Scheibenhardt*, dessen Kirche wohl auf der französischen, der größere Teil des Dorfes aber auf der bayerischen Seite liegt. Die Linien führten sonst mitten durchs Dorf und weiter nach der kleinen Grenzfeste Lauterburg, deren Werke sie einschlossen und dann sich bis an den nahen Rhein erstreckten. Den fortwährenden Wallaufwürfen auf dieser ganzen Strecke kamen die 16 Schleußendämme und Querdeiche zu Hilfe, durch die der ganze Wiesengrund unter Wasser gesetzt werden konnte, indem die Lauter, aus ihren Ufern tretend, dann einen sechs Stunden langen See bildete. Dazu kamen Verhaue im Bienwald auf der ganzen Linie. Die Linien wurden 1704 während des spanischen Erbfolgekrieges auf Befehl des Marschall Villars errichtet.

Als nun Custine von Mainz (1793) bis hinter Landau weichen mußte, folgten ihm die Deutschen auf dem Fuß nach und setzten sich bald in den nördlichen Ausläufern des Bienwaldes fest. Die Preußen schlossen Landau ein, eroberten die republikanischen Lager im Westrich, und als so die linke Flanke der Franzosen entblößt und ein Angriff von der Ebene aus gesichert war, beschloß der kaiserliche *Feldmarschall Wurmser*, den vielen blutigen Kämpfen am Nordrande des Bienwaldes ein Ende zu machen und den Hauptschlag zu tun: Die *Erstürmung der Linien.* Bei Freckenfeld, Minfeld und Kandel waren die Franzosen tief in den Bienwald zurückgedrängt. Die Rheindörfer lagen in den Händen der Deutschen und man hatte bereits im Angesicht von Lauterburg Schanzen aufgeworfen. Die Kaiserlichen standen vor Berg und Hagenbach am Rhein mitten durch den weiten Forst über Dierbach und Drusweiler bis vor Bergzabern auf den Vorhöhen des Gebirges und im Weitfelde bei Niederhorbach und Oberhofen. Vom Rhein bis zu den Vogesen waren Schanzen aufgeworfen. Das Zentrum war Freckenfeld.

Hinter den Aufwürfen der Linie stand unter dem *Reitergeneral Carlin*, der dem geköpften Custine folgte, die französische Armee, fünfzigtausend Mann stark. Die Straßen von Kandel und Bergzabern nach Weißenburg wurden mit Redouten bei Steinfeld und Schweigen gesperrt. Die Verschanzungen liefen bis Oberotterbach und den Haftelhof, der Geißberg hinter Weißenburg war befestigt. So standen die Franzosen vor den Dörrenbacher Höhen über Bergzabern, den Kaplaneihof und Niederotterbach bis zu den Verhauen des Bienwaldes bei Steinfeld, dann längs der Lauter bis an den Rhein den Kaiserlichen gegenüber, während die Preußen von der Pirmasenser Höhe her durchs Westrich drangen, die Pässe nach Bitsch gewannen und sich im Lautertal und am Surbach bei Lembach festsetzten.

Es war nun in der Nebelnacht auf den 13. Oktober, als sich schon um halb drei Uhr in der Frühe alle Abteilungen der sieben österreichischen Kolonnen still bei den Vedetten versammelten. Um halb fünf Uhr krachten drei Haubitzenschüsse durch Nacht und Nebel: das Angriffszeichen aller sieben Kolonnen. Das Feldgeschrei „Maria Theresia!" und das feindliche „Vive la nation!" scholl durch die Finsternis aus neunzigtausend Kehlen; der Donner der Kanonen aus 300 Schlünden verkündete die Schlacht. Schon hatte der Sturm auf der äußersten Flanke begonnen; Prinz Waldeck war von der badischen Seite aus über den Rhein gegangen, trotz des verderblichen Feuers der Franzosen, hatte Selz oberhalb Lauterburg genommen und die Höhen von Mothern besetzt, wo er heftig vom Feind bestürmt wurde. Indes hatte *General Fellachich* von Neuburg aus die Redoute am Rhein bestürmt, Lauterburg mit Sturm genommen und die Wurmser Husaren verfolgten den Feind über Siegen und Ködeburg, während General Hotze die dritte Kolonne, worunter pfälzische Chevaulegers waren, den Verhau bei Scheibenhardt durchbrechen und den Feind bei der Bienwaldmühle angreifen ließ. Waldeck-Dragoner und die kühnen hessischen Husaren sprengten durch das Sumpfterrain über die Lauter und jagten den Feind als die ersten jenseits des Flusses; ihre Kampfgenossen schlugen Laufbrücken und überstiegen die Linien. In Langen-Schleithal aber drangen die Feinde von allen Seiten tapfer ein, und erst als Oberst Spindler wieder mit den Waldeck-Dragonern und hessischen Husaren über die Feinde herstürmte, wichen sie in wilder Flucht.

Die vierte Kolonne unter *General Meszaros* rückte über Schaidt gegen den Verhau, als zwei verdeckte Batterien Tod und Verderben aus dem Wald unter die Stürmenden schleuderten. Die Hälfte der Mannschaft fiel, Verwirrung riß ein, Nebel und Nacht hinderten das Erkennen, hessische Jäger und Österreicher feuerten aufeinander, erkannten sich dann am Schlachtruf: „Maria Theresia!" und stürmten vereinigt die Schanzen im Wald und die Steinfelder Redouten. Sechzehn Kanonen, sieben Fahnen und 5 000 Gefangene wurden die Beute der Sieger, während *Feldmarschalleutnant Kavanagh* die heftig verteidigten Fleschen vor Niederotterbach stürmte und General Kospoth die Schanzen am Haftelhof beschoß, sie nahm, und dann, gegen die Weinberge von Oberotterbach marschierend, mit der vierten und fünften Kolonne vereinigt, die Feinde aus allen Schanzen gegen Weißenburg hin warf. Unterdes hatte auch das Korps des Prinzen Condé (7. Kolonne) seine Pflicht getan, die Tore von Bergzabern eingeschossen, die Dörrenbacher Schanzen genommen und war dann durch das Gebirge gegen den Geißberg vorgerückt. Wurmser selbst führte drei vereinigte Korps unter steten Schanzenstürmungen und Kavallerieattacken im anhaltenden Kanonenfeuer von Otterbach über Rechtenbach und Schweigen vor Weißenburg. Die Stadt wurde aufgefordert, sich zu ergeben. „Die Waffen entscheiden!" antworteten die Franzosen. Eine heftige Kanonade machte jetzt die Redouten des Geißbergs verstummen, das Stadttor wurde eingeschossen und ein Bataillon Preiß, Mak-Kürassiere und Erdödy-Husaren nahmen abends um fünf Uhr die Stadt mit Sturm. Die Franzosen zogen über den Geißberg. 31 Kanonen, 12 Fahnen und 8 000 Mann ließen sie in der Gewalt des Siegers. Am 14. Oktober rückte Wurmser bis nach Sulz, und das Elsaß lag in seinen Händen.

Aber nicht lange. „Landau ou la mort!" donnerte von Paris her, der junge Hoche stürmte im Westrich gegen den alten Herzog von Braunschweig an und dann, glücklicher, im Elsaß gegen Wurmser. Noch in der letzten Woche des Jahres 1793 durchbrachen die Sansculotten die österreichischen Linien, die elsässischen „Speckreiter" stürmten den Geißberg, wo General Hotze stand, und schlugen sich todesverachtend mit den „*Kostbeuteln*". Nochmal wurde heftig vor den Weißenburger Linien gekämpft; am zweiten Weihnachtsfeiertag drangen Hoche, Ferino und Taponnier in die Stadt, den fliehenden Österreichern nach, während Desaix Lauterburg eroberte. Und dann ging es unaufhaltsam vor auf den Straßen gegen Landau, das am 28. Dezember jauchzend die Retter empfing.

Auf dem Schauplatz dieser blutigen und entscheidenden Kämpfe setzen wir nun unsere Wanderung fort, und zwar entweder mit der Eisenbahn und dann zu Fuß am Nordsaum des Bienwaldes durch die katholischen und protestantischen Grenzorte oder mit dem Omnibus von Weißenburg aus stets an den Linien der Lauter fort über die „Bienwaldmühle" und Scheibenhardt nach Lauterburg.

Lauterburg ist eine kleine französische Grenzstadt, nicht weit vom Rhein; einst stark befestigt, hat es heute noch hohe Wälle und eine französische Garnison. Mansfeld leitete von hier aus seine Werbungen und seine Unternehmungen im Dreißigjährigen Krieg. Das Lutra castellum oder Tribunci der Römer lag hier. Bis zur Revolution war Lauterburg der Sitz eines großen bischöflich-speyerischen Oberamtes. An der nördlichen Seite der Stadt steht hoch über den Stadtwällen die *alte Burg,* der Palast der Bischöfe von Speyer und die Wohnung des Oberamtmanns. Über dem Portal steht:

„Die Zeit ist kurz und ungewiß,
Der letzten Stund' ja nit vergiß!"

Heute ist Lauterburg nur noch der Sitz eines zum Arrondissement Weißenburg gehörigen Kantons. Als *Julian* der „große Apostel", zur Rettung des Weltreiches ins Elsaß zog und Dreizabern (Elsaßzabern, Bergzabern und Rheinzabern) wiederherstellte, hatte der kühne Chnodomar, Fürst der vereinigten germanischen Stämme, sein Lager zwischen Weißenburg und Lauterburg am Bienwald. Bei Sulz kam es 356 zur Schlacht; Chnodomars gewaltige Lanze konnte nicht den Sieg über die Kriegskunst und das Genie des römischen Imperators erringen. Vergebens leuchteten sein glänzender Harnisch und sein roter wehender Helmstrauß mitten im Gewühl; sein Hengst mußte sich zur Flucht in sein Lager zurückwenden, wo er von den Römern umringt und gefangen wurde.

Anderthalb Stunden oberhalb Lauterburg am Rhein liegt das einst pfälzische Städtchen *Selz,* berühmt in der Kriegsgeschichte des Landes, wie überhaupt alle diese Orte. Es ist das Saletio der Römer, und einst stand hier die Pfalz der fränkischen Könige, wo sie oft verweilten und große Reichsversammlungen abgehalten wurden. Zu König Childebert II. wollte Bischof Theodat von Mastricht wandern, wegen des Raubes seiner Länder, als er im 7. Jahrhundert im düsteren Bienwald von seinen Feinden ermordet wurde. Die *Theodorskapelle* bei Rülzheim und Theodorskirche in Pforz wurden dem Heiligen geweiht. Von Selz an beginnt mit dem Asbruchwald der große Hagenauer Forst, der mit dem Bienwald die reiche hügelige Bauernlandschaft einschließt, wo große Dörfer wie Seebach, Hatten, Rödern und Rittershofen sich bergen. Weiter hinauf mitten im Rhein liegt das feste wenn auch kleine Fort Louis, von Sümpfen und Gewässern umgeben, den einstigen „Stollhofer Linien" in Baden gegenüber. Dem Städtchen Selz selber gegenüber mündet die Murg, die 1849 blutiggefärbt ihre Wellen von dem nahen Rastatt hertrug, wo der letzte Kampf der Badenser und Freischaren gegen preußische Heere und Standrichter ausgekämpft wurde. So erinnert uns jeder Schritt hier an blutige Szenen der Weltgeschichte. Vom badischen Ufer herüber hallten vor acht Jahren gewaltig die Kanonen der tapferen Kanoniere auf Rastatts Wällen. Drüben an der Murg zeigte ja das Volksheer, wie es kämpfen konnte, indem es die Preußen nach Ettlingen zurücktrieb, wenn es auch gleich darauf weichen mußte. Damals war dieses ganze Rheinufer gar belebt. Scharen von Flüchtigen retteten sich auf Nachen vor den preußischen Spitzkugeln, und Gefangene entwischten dem Standgericht. Von französischen Kommissärs empfangen, wurden sie nach Lauterburg oder Weißenburg geleitet, wo damals Tausende von flüchtigen Pfälzern, hart an den Grenzen ihrer

Heimat, ihres Schicksals und der Wendung der Dinge harrten, bis sie, hoffnungslos, sich nach Amerika wandten.

Die Gegend um Lauterburg und Selz ist völlig eben, der Rhein umfließt in hundert Armen Hunderte von grünen, buschigen Rheinauen. Der Strich ist dem bei Germersheim ähnlich.

Lauterburg unmittelbar gegenüber, auf bayerischem Gebiet, liegt das junge Dorf *Neulauterburg*. Über die Brücke des Grenzflüßchens tretend, beginnen wir mit ihm die Reihe der pfälzischen Rheinorte am Saum des Bienwaldes. Das Dorf enstand aus Niederlassungen von Wirten und Handelsleuten, die hier, der Grenzstadt gegenüber, gute Geschäfte zu machen hofften. Ehe wir die große Heerstraße von hier durch den Bienwald nach Kandel verfolgen, wandern wir östlich nach dem nahen großen Dorf *Berg* am Hochufer des Rheinstroms. Auf dem Weg dahin lag am Hochufer das Schlößchen, das eine herrliche Aussicht nach Lauterburg und auf den Rhein gewährte. Bei der Erstürmung der Linien 1793 wurde es niedergeschossen. Unterhalb Berg fließt die Lauter durch buschige Niederungen und schöne Wiesengründe mit einer großen Krümmung dem stattlichen Dorf *Neuburg* zu, dessen 1 800 Einwohner sich meist von Fischfang im Rhein und den ringsum stehenden Altgewässern nähren, sowie vom Holzhandel und dem Bau ihrer in der Gewalt des Stromes liegenden Hanffelder. Einst lag der große Ort jenseits des Rheines; damals hieß er „Stadt und Schloß Neuburg am Rhein". Das Schloß liegt jetzt in der Tiefe des Stromes, der hier breit und mächtig (3 000 Fuß breit) einherströmt und besonders im Frühjahr, wenn die Eisdecke mit gewaltigem Krachen, gleich dem Donner einer Schlacht zerspringt, oder wenn die Flut im Sommer verheerend über die Ufer tritt, seine furchtbare Macht zeigt.

Neuburg zeigt heute noch in Sitte, Tracht und Sprache der Bewohner, die sich sehr von denen der Umgegend unterscheiden, daß es einst auf der badischen Seite lag. Es ist eine Rheinüberfahrt hier nach Neuburgweier und Mörsch auf der badischen Seite.

Zwischen dem Bienwald und dem Rhein, etwa dreiviertel Stunden nördlich von Neuburg, liegt das ehemalige Reichsstädtchen *Hagenbach* mit 1 980 katholischen Einwohnern. Als sich in seiner Burg freche Räuber sammelten, verfiel das Städtchen der Rache der Nachbarfürsten. Es hat bei der alten Kirche einen öffentlichen Platz und noch ein altes Schloß.

Nordöstlich liegt das große Fischerdorf *Pforz* am Rhein, das nur dem Rheindurchschnitt seine Erhaltung dankt, ebenso wie Wörth am Altrhein, der hier weit ins Land einbiegt. Der alte Weg, der östlich an den genannten Orten vorüber von Lauterburg nach Rheinzabern durch den hohen Forst zieht und den Bienwald vom Hagenbacher Gemeindewald scheidet, ist die alte *Römerstraße*, die große Rheinstraße der Peutingerischen Karte, ein Meter hoch, von Gebüsch überwachsen und wird vom Landvolk „Dümel" genannt. Auf der Heerstraße nach Kandel kreuzt man sie im Wald.

Der Name „Wörth" bedeutet eine Insel, und wirklich läuft das alte Hochufer des Rheines westlich um den Ort herum, da wo der Wald beginnt. Später, bis zum Jahre 1817, wogte der Rhein hart an dem Ort vorüber; er hätte ihn in kürzester Zeit verschlungen, wenn nicht ein Durchstich jenseits der „Ritterhecke" eingeleitet worden wäre. Der Altrhein bespült jedoch noch die Gärten des großen Dorfes und gewährt den 1 900 Einwohnern reichlichen Fischfang.

Am Altrhein hin wandern wir auf der Straße der großen *Wörth-Knielinger Schiffbrücke*, die seit mehreren Jahren über jenen Rheindurchstich nach Baden führt. Einige neue Häuser, Wirtschaften und dergleichen stehen am Ufer, im Rhein selbst einige Schiffmühlen, rechts auf der buschigen, vom Altrhein umflossenen Aue die „Rittershecke" und „Bibershecke". In seiner herrlichen grünen Farbe strömt der Alpensohn durch die Fluren der Pfalz unter unseren Füßen, wenn wir hinüberwandern ins „badische Ländchen". Wir betreten es mit der „Maximiliansau", auf der mehrere Häuser stehen; dann müssen wir noch einmal über einen Rheinarm und erreichen nun auf der Straße nach dem nahen, langweiligen Karlsruhe, mit seinen fächerartigen Straßen, das große badische Dorf *Knielingen.* Die Leute hier mögen geradeso wohlhabend oder noch wohlhabender als die Pfälzer Bauern sein, aber man findet bei weitem nicht das muntere, heitere, saubere Aussehen von Menschen und Häusern wie in der Pfalz. Auch die Speisen werden nicht so gut zubereitet wie „drüben", und die „Schoppen" sind gar um vieles kleiner. Darum wandern die Badenser gern hinüber ins Land, „wo die großen Schoppengläser sein". Aber auch die Pfälzer kommen aus der Berggegend in der Erntezeit herüber, um bei den „Schwaben" in Arbeit zu treten, und der Obst- und Traubenhandel des ganzen Strichs zwischen Queich und Lauter geht über die „Wörther Rheinbrück" nach Karlsruhe. Der Verkehr ist stark, und es wird die Eisenbahn, die Karlsruhe mit dem Überrhein verbinden und sich bei Winden an die Maxbahn anschließen soll, sicher noch zustande kommen. Ein Omnibus geht von Karlsruhe über die Brücke und über Kandel zur Station Winden. Auf dieser Straße durch den Bienwald wälzte sich am 17. Juni 1849 der *Rückzug des pfälzischen Volksheeres* Baden zu. Die Preußen vermochten den Rheinübergang nicht zu hemmen; erst als die Brücke abgeworfen war, erschienen sie am pfälzischen Ufer und wurden von drüben mit Kugeln begrüßt, während bei Knielingen gelagert wurde. Es begann eine ziemlich heftige Kanonade.

Nach Wörth zurückgekehrt, erfreut uns das wohlgehäbige Aussehen der Häuser und Bewohner. Wir können nun durch den Bienwald auf der langweilig geraden Straße nach Kandel zu fahren, aber etwa mitten im Wald auf der Heerstraße nach Lauterburg werden wir zu Fuß ablenken, um auf den Langenberg zu kommen. Das konnten wir auch von Lauterburg aus, wenn wir mitten durch den einsamen Forst die drei Stunden lange Straße nach Kandel am Büchelberg und am Langenberg vorüber wanderten.

Im inneren Bienwald überkommt uns so recht die Poesie der Waldeinsamkeit zwischen den mächtigen Föhren, Eichen und Buchen, die hier zu gewaltiger Höhe emporschießen. Der Wald ist dicht und weit, wenn auch die völlige Decke fehlt. Eine Unzahl von Vögeln singt und hüpft auf den Bäumen, die Elster umschreit die geheimen Rasenplätze an den schleichenden Bächen, das Reh hüpft über die Wildbahn, vielleicht grunzt auch ein Wildschwein, das über den Rhein geschwommen war, im Dickicht; sonst ist alles still und Einsamkeit begleitet die Waldpfade. So führen stille Waldpfade nach allen Richtungen durch den Forst, die oft drei bis vier Stunden lang an keine menschliche Wohnung, keine Spur von Menschen führen. Nur da und dort tritt eine dunkle Gestalt aus dem Dickicht; es ist nicht der wilde Jäger, wohl aber ein Wildschütz und weiterhin schleichen drei oder vier auf verborgenem Pfade – keine Räuber, aber Schmuggler. An diesen Gestalten ist der Bienwald reich, und wenn sie auch den friedlichen Wanderer ruhig gehen lassen, ist es doch für den Forstmann oder Grenzjäger gefährlich, den kühnen Freibeutern des Bienwaldes zu begegnen. Die dunklen Gründe des Forstes wissen von mancher entsetzlichen Tat zu berichten.

Die Jakobs- und Kerners-Hütte und der *Langenberg* mit dem Dorf Büchelberg beleben allein diese Waldstille, die sich über beinahe 40 000 Tagewerke erstreckt. Südlich von Kandel im Bienwald sieht man auf der Lauterburger Straße den Langenberg als freundliche Oase aus dem Forst auftauchen. Dies ist eine echte Forstmannskolonie. Freundliche Jägerhäuser stehen da inmitten des Waldes auf berastem Boden, die Jagdhunde bellen den Willkomm und Jägerpoesie weht uns an. Auf dem Langenberg wohnen der Forstmeister des Bienwaldes, zwei Revierförster, mehrere Forstwarte, untergeordnetes Personal und ein Triftmeister. Daß es hier oft sehr lebhaft zugeht, wenn alle Förster des Bienwaldes zur großen Saujagd geladen sind, kann man sich denken. Auch bei den großen Holzversteigerungen ist hier ein bewegtes Leben.

Vom Langenberg südlich, etwa in der Mitte des großen Forstes, gleich weit von Kandel und Lauterburg, kommt man auf der Heerstraße an eine Oase von Ackerfeld in der grünen Waldwüste, in ihrer Mitte ein Dorf, das auf einer Anhöhe sich malerisch um seine Kirche gruppiert. Das ist *Büchelberg*, dessen Name wahrscheinlich von den Buchen kommt, die ringsum die gelichtete Gemarkung des Ortes begrenzen, ein merkwürdiges Walddorf der Ebene. Als unter Ludwig XIV. das obengenannte „Fort Louis" auf einer wüsten Rheininsel errichtet wurde, bestand hier im Innern des Bienwaldes eine große Ziegelbrennerei und eine Holzhauerkolonie für die Festung, meistens aus Picarden bestehend. Diese blieben, man hieb ihnen einen kleinen Ortsbann im Wald aus und so bauten sie nach und nach das Dorf am „Gute- und Heilebrunnen" auf. Schon früher fand man hierbei an dem „Thümel" im Wald auf einem Sandbuckel *römische Altertümer,* und weitere Funde bewiesen, wie der Bienwald schon von den Römern gekannt und wie vielleicht Kelten und Germanen hier im düsteren Hain schon ihre Götter verehrten. An der jetzigen Heerstraße fand man in einem Eichen-

Schmuggler sind von Grenzjägern und Forstleuten gestellt: Der Kampf entbrennt auf Biegen und Brechen

stamm einen uralten „Kommandostab", dann an anderen Orten mitten im Walde Münzen, Vasen aus roter samischer Erde, Torsteine und den Denkstein einer Göttin, den ein Bürger als Ofenstein benützte. Es ist möglich, daß hier auf einer trockenen Insel des sumpfigen Bienwaldes Chnodomars festes Lager stand, in dem er nach verlorener Schlacht durch Julian gefangen wurde.

Die Büchelberger sind ein interessantes Völkchen, ganz von den offenen Orten des Gaues abgeschlossen, eine Bevölkerung von fast lauter Holzhauern, Wilddieben und Wildschützen und von den Bewohnern der Umgegend leicht zu unterscheiden, wie denn auch heute noch der französische Akzent im Dialekt durchklingt und eine Menge undeutscher Namen existieren. Die Büchelberger sind ein armes, aber ein kühnes, verschlagenes und zu Zeiten auch gefährliches Völkchen. Die Langenberger Förster und Grenzjäger können davon erzählen und wissen wohl, wie auch sonst der Bienwald auf die Leute, die um seinen Saum wohnen, eine verwildernde Einwirkung ausübt. Den *Wildschützen* des Bienwaldes ist nicht gut zu begegnen. Da fand man schon manchen Grenzjäger erschossen im Waldgrund, manchen Forstgehilfen an den Baumästen, manchen Gendarmen zerhackt oder mit dem Kopf in einen Ameisenhaufen gehängt. Der Bienwald zieht oft gar schreckliche Menschen und kein Forstmann, der je hier Dienst versah, verließ ihn ohne ein Abenteuer gehabt zu haben, das ihn dem Tode nahe brachte. Jede Eiche kann den Mörder verbergen. Selten ist Erbarmen in der Seele dieser Menschen, – selten ertönt der warnende Ruf: „Halt!" oder „Zurück!" Grauenvolle Dinge werden hiervon erzählt. Begegnisse zwischen Forstleuten und Wildschützen führen fast jedesmal zu improvisierten schaudervollen Duellen auf Büchsen. Wer auf den Langenberg kommt oder überhaupt in die Gegend des Bienwaldes, mag sich solche Geschichten erzählen lassen; auch die Annalen der pfälzischen Schwurgerichte wissen davon zu berichten.

Es gibt hier so kühne *Schmuggler* wie Wildschützen. Auf den einsamen Waldwegen schleicht der bewaffnete Trupp der Grenze zu an die Lauter, entschlossen, jedem Angriff zu begegnen. Oft überschreiten verschiedene Trupps die Lauter an verschiedenen Stellen, um die Mautmannschaft zu zersplittern; oft sucht man die Aufmerksamkeit durch falsche Gerüchte oder scheinbare Schmugglerübergänge abzuleiten, während der Haupttrupp die „Contrebande" sicher über die Grenze bringt. Die ganze Strecke der Lauter von Bundenthal im Gebirge bis an den Rhein ist der eigentliche Bereich der Schmuggler. Manchmal wird, sobald man die Contrebande ausgewittert hat, von den Grenzjägern auch das ganze Forstpersonal des Bienwaldes zu Hilfe gezogen, denn nur in großer Anzahl kann man den Kampf mit den Verwegenen aufnehmen. Am „St. Remig", an der „Bienwaldmühle", bei Scheibenhardt und Berg kommen solche Schmugglerübergänge an der Lauter vor; soweit das Flüßchen am Saum des Bienwaldes hinfließt, kann es von solchen Kämpfen und Abenteuern erzählen. So führt uns dieses Grenzland Deutschlands gegen Frankreich, besonders aber der einsame Bienwald, die düstere Romantik vor Augen, mit der die Novellisten wirksam die Lesewelt zu fesseln wissen.

Aus der Tiefe des Bienwaldes kommen wir von Büchelberg südlich auf der Heerstraße wieder nach Lauterburg, aber wir wenden uns nördlich über den Langenberg zurück nach *Kandel und seiner Umgebung* am nördlichen Saum des Bienwaldes. Hier treffen wir wieder die reichen, stolzen Bauern des Strichs, der von Landau herüber gegen den Bienwald zieht. Eine Stunde nördlich zieht ja der Klingbachgrund zum Rhein, westlich hinauf der Erlenbachgrund mit der protestantischen Bauernlandschaft vor Bergzabern. Steinweiler und Winden mit den reichen Landwirten sind Nachbarorte. Kandel und mit ihm Minfeld und Freckenfeld gehören zu den reichsten Orten des Landes. Besonders ist Kandel ein stolzer Gauort mit 3 900 Einwohnern. Er gilt als Marktflekken und ist Gerichtssitz für die ganze Landschaft an den Säumen des Bienwaldes; seine wohlhabenden Bewohner wohnen in stattlichen Häusern, die über eine Stunde lang sich auf den Straßen nach Rheinzabern und Weißenburg hinziehen. Darum heißt der Flecken auch *Langen-Kandel.* Die Weiler „Minderslachen" und „Höfen", nördlich im Fruchtfeld gegen Steinweiler und Winden, gehören zu der Gemeinde.

Mit Minfeld und Freckenfeld und der ganzen, gegen Bergzabern westlich hinliegenden Landschaft gehörte Kandel früher den Zweibrückern. Ein höchst sehenswerter Bau ist das hiesige *Schulhaus,* ein wahrer Palast an Größe. Es steht vor einem großen Platz, auf dem sich die restaurierte gotische Kirche erhebt. Vom alten Turm hat man einen herrlichen Blick auf die grüne Ebene und hinauf auf das blaue Berggelände von Klingenmünster, dessen Höhen sich weit ins Elsaß und an der Haardt hinab fortsetzen. Auch erzählt er eine Schauderszene aus der Zeit der pfälzischen Fehden. Anno 1460 zogen hier die Schweizer des siegreichen Pfalzgrafen vorüber. Die Einwohner hatten sich auf dem Kirchhof verschanzt und schossen auf die pfälzischen Truppen. daß sie erbittert den Kirchhof stürmten, sechzig Bauern erstachen und den Ort plündernd verbrannten. Wie die Nachbarorte Minfeld und Freckenfeld war Kandel in den späteren französischen Kriegen oft das Hauptquartier der Feldherren, so das Montecuccolis, Eugens, Marlboroughs, Turennes, Villars, Luxembourgs usw. In Kandel soll auch jener edle Volksrepräsentant *Adam Lux* geboren sein, der allein den Mut hatte, für Charlotte Corday das Wort zu erheben und dafür von Robespierre auf das Blutgerüst geschleppt wurde. An der Landstraße nach Landau, eine halbe Stunde nördlich gegen Erlenbach und Steinweiler bei der Brücke, ist eine alte Malstatt, der „*Wählerplatz*", durch vier Steine auf einem Hügel bezeichnet.

Der Omnibus von Karlsruhe brächte uns in kurzer Zeit hinüber nach der Eisenbahnstation Winden. Doch wir wandern auf der *Weißenburger Straße* südlich am Saum des Bienwaldes hin weiter, noch lange von der Häuserreihe Langen-Kandels begleitet, durch das üppige Fruchtfeld. Haben wir das letzte Haus Oberkandels hinter uns, so liegt vor uns auf der Anhöhe ungemein lieblich in den Obstbäumen *Minfeld* mit 1 300 Einwohnern und zwei Kirchen. Auf den Hügeln, die westlich von Bergzabern hinziehen, stand noch vor kurzem im Ort die alte Burg, die 1460 von den Pfälzern niedergebrannt wurde, 1525 dem Kurfürsten Ludwig wieder zum Hauptquartier diente, als er zur Demütigung Weißenburgs mit Heeresmacht gegen die Stadt zog, die gemeinsame Sache mit den Bauern machte. Im Revolutionskrieg ging die Burg zugrunde und wurde in unserer Zeit ganz abgebrochen.

Uns von dem schön gelegenen Dorf westlich wendend, stehen wir schon vor der langen Gasse der 1 450 Einwohner starken, echten Bauerndorfes *Freckenfeld;* es war 1793 das Hauptquartier Wurmsers und auch 1814 und 1815 noch Zeuge heftiger Kämpfe, da auf dieser Weißenburger Straße die Kosaken, Kroaten und preußischen Husaren die flüchtigen Franzosen verfolgten. Die Einwohner sind eifrige Protestanten und echte Bauern, die noch die alten Grenztrachten in Ehren halten. Weiter westlich auf der Straße beginnen die katholischen Grenzorte mit Schaidt, wo wir die Eisenbahn benützen und in einem Zug, nochmals den pfälzischen Wasgau durcheilend, nach Landau und an der Haardt hin nach Neustadt fahren.

IV. Das Westrich

Wir kommen nun in der Darstellung der pfälzischen Landschaften zu dem Westrich. Der Name „Westrich" wurde früher besonders dem Gebiet der Saar und also auch dem Bliesgau beigelegt und das Westrich bildete einen bedeutenden Teil des Königsreichs *Austrasien.* Jetzt begreift man darunter das ganze Land auf der Westseite der Vogesen. Die westliche Abdachung mit ihren mehr oder minder schroffen und oben abgeflachten, wohlbebauten, wenn auch weniger fruchtbaren Hügeln und Bergen, mit ihren wiesenreichen Tälern, ihren kleineren Dörfern, ihrem rauheren Klima und ihren stilleren Menschen: das ist das Westrich, dessen Mundart in ihrer Grenze genau die Linie der Wasserscheide einhält.

Die Westricher kennen nur diese Gegend ihrer Heimat, und die Gebirgsbauern zwischen dem Weinland und der Wasserscheide werden weder von ihnen als spezielle Landsleute angesehen noch wollen sie Westricher sein. In dem Westricher Hügelland, in den heimlichen Flußtälern steckt noch viel *altes Volkstum* und das Hereinspielen Lothringer und Hunsrücker Elemente gibt dem Volkswesen wieder eine mannigfache Schattierung.

An den dürren Felsenhöhen an der Wasserscheide sowohl als an dem großen Bruch bei Landstuhl, in den grünen Talgründen der Blies, des Glans und der Lauter und auf den Hügeln am Potzberg, wo stille Leute heute ihre Kartoffeln und ihr Heu ernten, ihre schönen Herden weiden oder nach den Schätzen der Berge in der Tiefe graben, starrt der Boden von Resten einer uralten *untergegangenen Kultur;* wir begegnen germanischen, keltischen und römischen Altertümern in den unbekanntesten, ödesten Winkeln. Auf den Trümmern dieser heidnischen Welt sehen wir aber auch die Ruinen der christlichen; die Klöster des heiligen Remigius, des heiligen Dissibod bewachen von stolzer Höhe das Glantal und die des heiligen Pirmin die Wildnisse in den Vogesen und die Täler der Blies. Die große Kaiserstraße, das Annweiler und Neustadter Tal mit der Eisenbahn sind die Hauptpässe ins Westrich.

1. Das Hochland

Wenn wir unter „Hochland" nicht bloß Alpenland, sondern eben ein durch vorherrschende Höhenlage sich auszeichnendes, auf den Bergen gelegenes Land verstehen, so können wir von einem pfälzischen Hochland reden. Auf der Wasserscheide und auf ihren Ausläufern breitet sich das pfälzische Hochland aus als der rauheste Strich, voll dichter Wälder, wasserreicher Gründe, Moore, Teiche, mit der geringen Bevölkerung und nur auf der Sickinger Höhe voll schöner Felder. Rasch trägt uns die Eisenbahn von Neustadt her durch die Vogesenfelsen. Nur noch einen Blick auf die interessante Umgebung von Frankenstein dann, im wildromantischen, engen Felsental durch einen dunklen Tunnel am „Franzosenwoog" nach der Station Hochspeyer, von da mitten durch das Herz des alten Vogesus mit dem Heiligenberger Tunnel; wenn man wieder ans Tageslicht gelangt, liegt das Westrich vor uns; rechts die Burgruine Beilstein, weiterhin einige Höfe und Mühlen, und im flachen Hochtal, nördlich vom Kaiserberg begrenzt, die alte Lieblingsstadt Barbarossas:

Kaiserslautern

Kaiserslautern ist eine der wichtigsten Städte der Pfalz, im Herzen des Landes, am Vereinigungspunkt der wichtigsten Straßen und Pässe, an der Eisenbahn und Kaiserstraße gelegen. Die günstige Lage bringt denn auch viel Leben in die gewerbsame Stadt. Sie ist die *erste Bierstadt* der Pfalz, und diesseits des Rheines überhaupt, da das „Lauterer Bier" bereits ein Handelsartikel geworden ist. Die Fabriktätigkeit ist außerordentlich und wird von Jahr zu Jahr großartiger. Die hiesige Landwirtschaft- und Gewerbeschule ist eine der besten in Deutschland. Das protestantische Schullehrerseminar bildet seit einer langen Reihe von Jahren die Volksschullehrer der Pfalz.

Die Stadt ist sehr alt und kam vom Reich an die Pfalz. Schrecklich duldete sie im Dreißigjährigen Krieg; 1621 drangen die Spanier in die Stadt und hingen einige Bürger auf. Zehn Jahre später kamen die Schweden, vier Jahre später wurde der Platz von den Kaiserlichen unter dem Grafen Hatzfeld erstürmt, Besatzung und Einwohner niedergehauen und die Stadt von 7000 wilden Kroaten und Wallonen drei Tage lang geplündert. Die Franzosen eroberten die Stadt 1688. Anno 1702 sprengten sie den alten Kaiserpalast, 1713 erstiegen sie die Stadt wieder zur Nachtzeit und der kurpfälzische Obrist Wolf wurde im Schloß gefangen. Der französische Revolutionskrieg sah hier mehrere seiner Hauptschlachten schlagen.

Unter den älteren Gebäuden der engen, finsteren Stadt ragt die große gotische *Stiftskirche* hervor mit ihren drei Türmen. Ihren Ursprung leitet man bis zu Friedrich Barbarossa zurück. Sie ist die Mutterkirche der pfälzischen Union. Die *Fruchthalle* ist der größte und schönste Bau. Nach Voits Entwürfen 1846 vollendet, enthält sie einen mächtigen Saal für Bälle, Konzerte und Theater. Hier residierte die *provisorische Regierung* der Pfalz im Revolutionsjahr 1849 und hier fanden die bekannten großen Volksversammlungen statt. Im Rathaus finden wir die von Ludwig Schwanthaler geschenkten *Statuetten* der Kurfürsten.

Das *Zentralgefängnis* (Landeszuchthaus) ist ein großes, halbrundes Gebäude aus roten Quadern, dessen Bewohner mit Ketten belastete Arme, Weiber und Mädchen mit geschorenen Häuptern sind. Heute noch wird das Zimmer gezeigt, wo Dr. Wirth zwei Jahre lang gesessen, Strümpfe gestrickt und seine Fragmente zur Kulturgeschichte der Menschheit geschrieben hat. Wie mag dem armen gefangenen Mann die Herrlichkeit des alten Reiches in seine Träume geleuchtet haben, wenn unter ihm sich der Boden auftat und die versunkene Burg sich zeigte, wo der alte Barbarossa verzaubert sitzt bis zur rechten Stunde! Eine eigentümliche Ironie des Schicksals ist es immerhin, daß auf der Stelle und aus den Steinen der prächtigen Kaiserburg das Landesgefängnis erbaut ist.

Noch in den 1790er Jahren erhob sich auf diesem Platz *Barbarossas Kaiserburg* aus roten Sandsteinquadern. In ihr weilte der Kaiser besonders gern wegen der Jagd und Fischerei. Er hat der Stadt den großen Wald geschenkt, der ihr jährlich 30000 Gulden einträgt. Auch seine Nachfolger betrachteten Kaiserslautern als Lieblingssitz und Friedrich II. und Richard von England feierten hier ihre Hochzeiten. Schon 1702 sprengten die Franzosen den Palast; der Rest wurde in der Revolution von ihnen um eine Kleinigkeit verkauft und später von unserer furchtbar praktischen Zeit in das Landesgefängnis umgewandelt. Aber das Andenken des alten Barbarossa lebt noch fort im Volk und wird nimmermehr erlöschen, solang die Klage geht um das verlorene Reich.

An die Keller und Gewölbe der Burg knüpfen sich die *Kaiser-Barbarossa-Sagen.* Der alte Rotbart soll aus der Gefangenschaft der Türken nach Kaiserslautern gekommen sein, da gewohnt und einen Fisch mit einem Ring in den Kaiserwoog gesetzt haben, der ungefangen bleiben sollte bis zur rechten Stunde. – Tief in den Gemächern des Schlosses hing an vier Ketten des Kaisers *eisernes Bett*, das alle Abend für ihn gebettet werden mußte. Wer sich in die Felsenhöhle im Kaiserberg wagt, kommt endlich zum unterirdischen Schloß Kaiser Friedrichs, wo er im güldnen Sessel sitzt mit großem Bart und die Ritter und Knappen um ihn. Zu jenem Müller, der mit seinem Schimmel dahin kam und fragte, wann es zum Fechten gehe, sagte der Zwerg:

„Wenn es an der rechten Zeit
Wacht er auf und sein Geleit,
Auf wohl zu den Waffen!
All' die Ross' in diesen Höhlen,
Viele tuen uns noch fehlen,
Laufen dann in weiter Welt,
Wo der Herr die Fahne hält,
Unser römischer König!"

In der Stadt hört man hie und da um Mitternacht ein seltsames Leben. Da erhebt sich die versunkene Burg und leuchtet in altem Glanz; die Knappen und Ritter steigen aus ihren Gräbern, kommen vom Rittersberg herab zum Schloß und ein feierlicher Zug bewegt sich durch die Stadt, bis mit dem beginnenden Morgen die Burg und die Ritter wieder verschwinden und das Leben in den Straßen der gewerbsamen Stadt erwacht.

Als *Napoleon* in Kaiserslautern war, soll er im Schloß eine Nacht geschlafen haben, den anderen Tag aber bleich und verstört gewesen sein, daß seine Generäle gar besorgt waren. Es wird wohl der alte Barbarossa ihm eine Lektion gegeben haben. – Im Jahr 1849 meinten auch viele, der Kaiser Friedrich müsse jetzt erwachen und die große Schlacht schlagen, daß „die Pferde bis an die Knie im Blut stehen". Aber die Raben flogen noch um den Berg.

Das *Wahrzeichen* der Stadt ist ein Hufeisen auf dem Dach eines Hauses, das nach der ergötzlichen Sage ein Husar, der als Bote zum Kaiser ritt und über einen Heuwagen auf der Straße sprengte, verloren hat.

In der Erinnerung des Volkes und seiner Sage haben sich die Gestalt Barbarossas und die seines Enkels *Friedrich II.* miteinander vermischt. Letzterer, der kühnste und aufgeklärteste Feind des Papst- und Priestertums, war besonders des Volkes Hoffnung und Stolz. Noch einmal, zur Zeit Rudolphs von Habsburg entstand am Rhein eine große Bewegung, als Tile Kolup von Neuß sich für Kaiser Friedrich II. ausgab; nur mit Mühe unterdrückte Rudolph den Aufstand und verbrannte den Betrüger vor Wetzlar. Aber durch das ganze Mittelalter hielt sich die Sage und das Volk harrte der Wiederkunft der gewaltigen Kaiser, die an die Stelle seiner alten Götter getreten waren. Für Friedrich II. sollen, nach der Sage, in Kaiserslautern gegen die Anhänger des Papstes 500 Bürger im Kampf gestorben sein.

Der *„Hecht im Kaiserwoog"* wurde 19 Schuh lang und hatte einen dehnbaren goldenen Ring um mit der griechischen Inschrift: „Ich bin unter allen Fischen der erste, der durch die Hände Kaiser Friedrichs des Zweiten in diesen Fischteich ist gesetzt worden, den 5. Oktober 1230." Der Fisch wurde auf die Tafel des Kurfürsten Philipp nach Heidelberg gebracht, der ihn abbilden und im hiesigen Schloß aufbewahren ließ mit der Aufschrift: „Dies ist die Größe des Hechts, so Kaiser Friedrich der Andere, mit seiner Hand zum Ersten in den Wog von Lautern gesetzt und mit solchem Ring bezeichnet hat, Anno 1230, ward gen Heidelberg gebracht den 6. Novembris 1497 als er darin gewesen 267 Jahr.“ – Der „Kaiserwoog“ ist jetzt ausgetrocknet.

Die Stadt liegt in unschöner Gegend an der Waldlauter; die Straßen sind nicht mehr mit Äpfel-, Birn- und Nußbäumen, sondern mit steifen Pappeln bepflanzt. Den Horizont begrenzen düstere Föhrenhügel, aus denen nordwestlich der Stadt der sagenreiche *Kaiserberg*, wo Barbarossa im Felsen schläft, hervorragt. Er wird von der Lauter umflossen, trägt jetzt schöne Landhäuser und Anlagen. Der Hauptbelustigungsort von Lautern ist der *Tannengarten* südlich von der Stadt, eine schöne Anlage mit weiter Fernsicht nächst dem Bremerhof auf dem großen Humberg, hinter dem sich die Kirchenruine von Aschbach verbirgt. Der Tannengarten kann auf dem Weg nach Trippstadt besucht werden. Ebenso besucht ist das *Tierhäuschen* am Saum des Reichswaldes. Nicht weit davon liegt die „Galgenschanze“ und an der Kaiserstraße der Hof „Vogelwehe“, beide aus den Schlachten der Revolutionszeit bekannt.

Das *Veteranendenkmal* für alte napoleonische Krieger steht auf dem Kirchhof der Stadt. Hinter den dunklen Föhrenhügeln, die die Stadt umgeben, liegen noch einige anmutige, interessante Punkte, wenn auch der Glanzpunkt der Gegend, das Karlstal, noch immer zwei Stunden südlich liegt. Das von dem bei Dahn wohl zu unterscheidende *Lautertal*, nordwestlich von der Stadt, mit seinen niedrigen Anhöhen wird einzig nur durch die vielen Mühlen belebt, worunter die „Galappmühle“ hinter dem „Kaiserberg“, wo der Blechhammer im schönen Tälchen an großen hellen Weihern links liegt und der gar anmutige *„Hagelgrund“* vom Forsthaus, Rettighäuschen und dem Gersweiler Hof, an dem Walddorf Moorlautern vorüber, mit dem Eselsbächlein rechts einmündet. Zwischen buschreichen Höhen, Wiesengründen und Waldhalden liegt nördlich davon Erlenbach gegen Otterberg hin, von wo der „Otterbacher Grund“ über das Dorf Otterbach bei der *Lampertsmühle*, die 1793 in Grund geschossen wurde, zum Lautertal kommt.

Auf den Hügeln und in den lieblichen Wiesengründen dieser Landschaft um die Stadt her wüteten die blutigen *Revolutionsschlachten* von 1793 und 1794 vor allen die dreitägige Schlacht von Moorlautern. Hier, auf dem Kaiserberg, Osterberg und an der Galgenschanze erwartete der greise Herzog von Braunschweig mit 20 000 Preußen die 40 000 aus dem Blieskessel heranstürmenden Franzosen des jungen feurigen Hoche.

Es waren kalte Herbsttage und noch kältere Nächte, als am 27. November 1793 der Feind über Landstuhl und Ramstein kam. Drei Nächte brachten die Preußen jetzt unterm Gewehr zu. Schon am 28. warf sich Tamponnier stürmend auf Szekulis Reiter am Vogelwehe, die unter dem Namen *„Schwefelbande“* die Schrecken des pfälzischen Landmannes waren. Sie retirierten eilig hinter die Redouten der Galgenschanze. Dort begann eine schauerliche Kanonade bis zum Abend. Der Herzog von Weimar scheuchte zuletzt den Feind wieder in den Reichswald zurück. Indes hatte Hoche vom Potzberg her die Lauter überschritten und bei Schallodenbach alle Vorposten verdrängt. Die Heere standen drohend einander gegenüber. Am 29. mit Tagesanbruch postierte sich eine starke französische Batterie dem Osterberg gegenüber, jenseits der Lauter. Drei französische Kolonnen rückten von Katzweiler und Schallodenbach gegen Otterbach, den Erlenbacher Grund und Otterberg. Eine entsetzliche Kanonade begann die Schlacht, in allen Gründen hallte der Donner. Die Lampertsmühle wurde in den Grund geschossen, die Franzosen drangen über den Otterbach, während 29 Kanonen hier und 16 jenseits der Lauter mit Sechzehn- und Vierundzwanzigpfündern den Osterberg beschossen. Um ein Uhr mittags stürmte eine französische Division über die Lauter gegen die Redouten von Moorlautern, in dicken Haufen zu zwanzig bis

dreißig Mann. Aber Kartätschenschlag und ein von Kavallerie unterstützter Bajonettangriff warf sie zurück in das Lautertal. Ganze Reihen stürmender Franzosen lagen niedergeschmettert an den Halden des Osterbergs.
Indes drang die zweite französische Kolonne durch den Otterbacher Grund auf Erlenbach los und verjagte die preußischen Schützen aus dem Dorf. Da sprengten ihnen die preußischen Karabiniere und *Voßdragoner* entgegen, hieben ein, so daß die französische Kavallerie und Infanterie bunt durcheinander durch den Grund floh. Nur die Nacht unterbrach den Kampf. Die Wachtfeuer der beiden Heere brannten dicht einander gegenüber. Mit Tagesanbruch feuerte der Feind gegen Moorlautern und drang gegen den Buchberg bei Erlenbach vor. *General Kalkreuth* warf ihn in den Erlenbacher Grund zurück. Dies entschied. Die feindliche Armee retirierte. Jetzt stürzten die Leibkarabiniere in das von steilen Höhen umgebene Tal bei Moorlautern und trieben den Feind vor sich her durch den Grund bis Erlenbach. Hier bildete dieser hinter den Palisaden eines Gartens ein Karree; die Reiter steigen ab, reißen unter schrecklichem Bataillonsfeuer die Palisaden nieder, sitzen wieder auf, sprengen todesmutig das Karree und hauen alles in die Pfanne. Der Feind floh; nicht wenige fanden ihren Tod in der morastigen Lauter. Aber zwei Stunden nachher suchte Hoche auf der Südwestseite der Stadt die Schlacht wiederherzustellen und warf sich auf den Herzog von Weimar an der Galgenschanze. Zweimal schlugen die sächsischen Grenadiere den Angriff ab, aber zuletzt wurden sie bis an die Mauern der Stadt geworfen und die Galgenschanze gestürmt. Da eilte Braunschweig mit Verstärkung vom Osterberg herbei, das *Regiment Prinz Heinrich* griff mit klingendem Spiel den Feind an und warf ihn, sein Feuer verstummte gegen Abend. Als die Preußen am 1. Dezember vorrückten, zogen die Franzosen ab bis gegen die Saar; ein herrlicher Sieg war gewonnen, das Schlachtfeld aber bot einen grauenhaften Anblick von den 5 000 Leichen der Franzosen, worunter nicht wenige Amazonen, die hier an der Seite ihrer Geliebten verbluteten. Die Lauter war voll von Leichen.
Die Preußen beherrschten jetzt das Gebirgsland bis ins Elsaß, aber dort wurden die Österreicher von den Franzosen geworfen, Landau entsetzt und am Schluß des Jahres stand kein Preuße oder Österreicher mehr diesseits des Rheines. Am 23. Mai griff der preußische *Feldmarschall Möllendorf* hier den linken Flügel der französischen Moselarmee an, warf und schlug ihn, worauf die Preußen das Terrain von Trippstadt besetzten. Die furchtbaren Angriffe der Franzosen lieferten ihnen wieder alles in die Hände. Einige Monate später, am 17. September, schlug hier Prinz Hohenlohe den General Meunier, wobei pfälzisch-bayerische Chevaulegers mitfochten. Bald war jedoch das ganze linke Rheinufer in den Händen der Republikaner. Als Napoleon 1804 mit seinen Marschällen das Schlachtfeld besuchte, erkannte er mit einem Blick die falschen und die richtigen Operationen Hoches.

Das Lautringer Land

Das frühere kurpfälzische Fürstentum und Oberland Lautern heißt heute noch Lautringer Land, die Bewohner „Lautringer". Über das Schlachtfeld nördlich kommen wir nach *Otterberg*, durch Moorlautern und Erlenbach auf buschreichen Höhen und in traulichen Talgründen. Das ummauerte Städtchen liegt ohne Vergleich reizender als Kaiserslautern in einem schönen Talgrund, in den verschiedene Seitentäler münden und der im Hintergrund von tiefdunklen Tannenwäldern geschlossen ist. Obsthaine reihen sich an die Häuser an, die von einer prachtvollen Kirche hoch überragt werden. Es ist das Münster der *Abtei Otterberg*. Unter dem Pfalzgrafen Johann Casimir wurden hier französische und niederländische Kolonisten aufgenommen, die die Stadt gründeten, die durch ihre Fabriken und Gewerke in Flor kam. Das Langhaus der Klosterkirche gehört nun den Protestanten, der Chor den Katholiken. Sie ist groß und im Rundbogenstil prächtig gehalten. Die weißgelben Sandsteinquader, aus deren Fugen Gras, Moos und Stachelbeersträucher wachsen, sind mit der Zeit wetterbraun geworden. Das Münster hat Kreuzesform. Zwanzig viereckige Pfeiler zu zehn Schuh Durchmesser tragen die Gewölbe. Die Länge der Kirche ist 263, der Kreuzchor 121 Fuß lang, die Höhe 100 Fuß, die Mauern $8^1/_2$ Schuh dick. So strebt diese große, herrliche Kirche empor, leider ohne den alten Kuppelturm und verunstaltet durch zwei in neuerer Zeit aufgesetzte, zwerghafte Türmchen. Besonders schön ist die Hauptfassade; über dem Portal prangt eine prächtige *Fensterrose*. Von den fünf Portalen sind drei vermauert, über dem Hauptportal steht „Memento Cunradi!" Unter der Kirche zieht der Otterbach hin. Im Chor sieht man die *Grabdenkmäler* der wild-, rhein- und raugräflichen Häuser und des Falkensteiner Grafengeschlechts. Das alte *Rathaus* zeigt die kolossalen Attribute des Ackerbaues. Die alte Burg auf dem Schloßberg ist schon lange verschwunden. Man hat von oben eine reizende Aussicht in die umliegenden grünen Täler. Besonders anmutig sind das Knabenbrunnental, Dreibrunnental und jenes beim *Ottersprung*, das Lautertal, Grafental, Drehertal, Reichenbachertal, der „Erlenbacher" und der „Otterbacher Grund". Wir finden düstere Tannenhalden, hellgrüne Wiesentäler mit klaren Forellenbächen, schöne Meierhöfe und Fruchtfelder und wieder stille Fischteiche in abgeschlossenen Gründen. Der Steinbruch in nächster Nähe des Städtchens ist eine besonders malerische Partie.

Durch das sich nordwestlich hinziehende Tälchen kommt man, an stillen Dörfchen vorüber, in anderthalb Stunden nach *Schallodenbach*, wo noch Spuren eines mächtigen Turmes nächst der Ortskirche die Stelle des Schlosses Odenbach bezeichnen. Am Reiserberg vorüber führt der Weg nach *Heiligenmoschel*, wo der Rheingraf Otto mit den Schweden die Spanier schlug. Auf dem Rückweg über die waldigen Höhen gelangt man zu der „großen Buche" auf einsamer Stelle. Es ist ein prächtiger, stolzer Baum. Von Otterberg über den Münchschwander Hof und *Baalborn* östlich zur Kaiserstraße bemerkt man alte Heiden- und Hünengräber.

An der ins Alsenztal führenden Kaiserstraße, bei den Dörfchen Rohrbach und Wartenberg, rechts auf der Anhöhe, steht die *Schloßruine Wartenberg*, in die Kunz von Ulnbach 200 pfälzische Bauern schleppte (1459) und dadurch die verheerende pfälzische Fehde hervorrief. Die „Kolbe von Wartenberg" wurden 1699 in den Reichsgrafenstand erhoben; sie sind berühmt in der preußischen Geschichte. Eine Sage heftet sich an einen des Geschlechts. Zu Worms auf dem Turnier höhnte ein Schwabe die rheinische Ritterschaft, bis *Kolb von Wartenberg* mit ihm die Lanze brach und ihn vom Pferd stürzte, was einen Zweikampf mit scharfen Lanzen hervorrief. Der Tag des Kampfes kam, aber kein Wartenberg. Höhnisch fragte der Schwabe, wo der tapfere Kolb bleibe. Da kam ein Ritter auf schwarzem Roß und mit geschlossenem Visier und schwarzer Rüstung vor die Schranken; er trug Kolbs Wappen: drei rote Kugeln auf weißem Schild. Der Kampf begann, der Schwabe stürzte und der schwarze Ritter sprengte davon. Als man den Schwaben aufheben und verbinden wollte, sprach er sterbend: „Laßt ab, Wartenberg gab mir den verdienten Lohn. Meine Knappen haben ihn gestern im Wald überfallen und getötet."

Einige Minuten südlich liegt *Sembach* an der Kaiserstraße mit einer Poststation, früher wartenbergischer Amtssitz und Geburtsort des preußischen *Generals Kall*, der im Siebenjährigen Krieg sich als Führer der leichten Kavallerie auszeichnete.

Weiterhin berührt die Straße Mehlingen und Neukirchen, durchschneidet den Fröhnerhof und hinterm waldigen Kolbenberg den anmutigen „Hagelgrund" beim Hof und Forsthaus *„Eselsfürth"*, das von Kaiserslautern aus oft besucht wird. Barbarossa soll seine Ritter zur Strafe hierher mit einem Esel gesandt haben, woher der Name, der jedoch wohl nur „Furt über den Eselsbach" bedeutet. Auf mittelalterliche Strafen scheint jedoch das oft gehörte Sprichwort „Den Hund tragen bis Enkenbach!“ Bezug zu haben.

Am Bach hinan über den *Egerswoog* erreichen wir auf der rauhen, kahlen und sandigen Hochfläche der Wasserscheide das große Dorf *Enkenbach*, in dessen Nähe wir besonders viele „Heidenhügel“ oder Hünengräber finden. Schon am Hof „Taubenhorn“ beim Egerswoog sehen wir sechs solcher künstlichen Hügel mit Fichten bewachsen, dann meistens drei beisammen auf Scheidwegen oder Anhöhen am Fischbacher Weg, beim Neuwoog, am Mühlberg, nach dem Weg zur Hetschmühle an der Alsenz und bei Alsenborn. Im Dorf steht die merkwürdige ruinöse Kreuzkirche des einstigen *Nonnenklosters Enkenbach*, ein rauh gearbeiteter düsterer romanischer Bau, den der Flugsand umweht und stets niederer werden läßt. Dagegen prangt das Portal durch herrliches Blätterwerk und feinste Bildnerei. So prächtig sollte der ganze Bau durchgeführt werden (1265), doch die Nönnchen waren arm und die Kollekte der Diözese Mainz fiel spärlich aus. Auf dem Kirchhof liegt ein 1794 im Revolutionskrieg gefallener Bruder des Türkenbändigers *Diebitsch* begraben.

Eine Viertelstunde östlich, am Ursprung der Alsenz, liegt *Alsenborn,* wo beim Alsenbrunnen auf dem Hügel „Dieburg“ sich das Fundament einer Rotunde zeigt. In der Nähe bezeichneten Steine auf einem Berg wahrscheinlich die *alte Malstatt* des Stumpfwaldes auf dem „Stole“ oder „Stampe“. Der dunkle, dichte Stumpfwald lagert sich östlich über die Quellen der Pfrimm, Eis, Isenach und des Leiningerbaches. Durch tiefen, weiten Forst ziehen Straßen auf der Höhe nach Göllheim und über den Eiswoog nach Ramsen, über den Schorlenberg die alte Straße nach Worms ins Leininger Tal, durch die „Suppenschüssel“ ins Dürkheimer Tal und durchs Glantal ins Frankensteiner Tal. Viele Waldwege kreuzen sich dort auf dem dunkelbewaldeten Gebirgsstock des *Schorlenberges*, wo ein Forsthaus und der Hof Langenthal stehen in prächtiger Waldeinsamkeit.

Südlich senkt sich ein einsames, weiherreiches Tälchen nach *Klosterfischbach*, wo Augustinerinnen einen vielbesuchten Wallfahrtsort hüteten. Das Dörfchen ist ein rechter Ruheplatz. Mit dem Fischbächlein gelangen wir bald in das Tal der Hochspeyer vor die Eisenbahn. Die Station Hochspeyer (1 760 Einwohner) liegt nach Westen hin vor uns, hinter uns das wildromantische Felsental von Frankenstein, aus dem die Bahn hinaufsteigt.

Wir besehen uns vor allem den großen Heiligenberger Tunnel, der eine halbe Stunde (1 360 Meter oder 4 473 Fuß) lang ist. Er durchschneidet die Wasigenfirst. Ein Portal liegt in der östlichen, das andere in der westlichen Abdachung der Vogesen. Er hat sechs Tagelöcher; dessenungeachtet aber müssen die Lichter während der Durchfahrt angezündet werden. Über dem Portal ist der Name des Erbauers dieser Bahn, *Paul Denis*, zu lesen. Es ist ein eigentümlicher Anblick, die Lokomotive herankeuchen zu sehen, wie sie dann im Bauche des alten Vogesus mit dumpfem Donnergeroll verschwindet, bis mit einem Male eine halbe Stunde weiter im Wald eine dicke Rauchsäule emporsteigt und der Zug ins trauliche Hügelland des Westrichs hineineilt. Man glaubt sich für einen Augenblick in ein Märchenland versetzt, beim Anblick dieser Wunder und Märchen der Industrie, der mächtigen Zauberin, die die elementarische Geisterwelt beherrscht.

Aus dem Tunnel durcheilt der Zug das waldige *Heiligental*, und rechts oben auf der düsteren Firnspitze des Wasgaues bemerkt man eine gebrochene Feste: den einsamen sagen- und gespensterreichen *Beilstein*, auch Bilenstein und Beutelstein genannt, ein morscher Zeuge des „eisernen Mittelalters“ neben den Zeugen unserer eben auch „eisernen Gegenwart“. Die Sage träumt von den Schätzen des Schlosses, die durch ein Schlüsselblümchen gehoben werden könnten. Andere aber träumen jetzt nur noch von den Schätzen Amerikas, und diese Bahn trägt Tausende unten vorüber nach dem

Land ihrer Sehnsucht. Nach den Schlüsselblumen, die die Schätze des eigenen Herzens öffnen, hat man vergessen zu suchen.
Unten, am Ursprung der Waldlauter, liegt in poetischer Waldeinsamkeit der Hof *Lauterspring* mitten im „Stiftswald". Ein schöner Weg führt von Kaiserslautern hierher. Der Hof spiegelt sich in einem „Woog", an dem noch ein Forsthaus, eine Mühle und der Entersweiler Hof stehen, den schon ein rheinfränkischer Herzog dem Kloster

Der Heiligenberger Tunnel

Münsterdreisen schenkte. Der Lauterspring hat seinen Namen von den Quellen der Waldlauter, die in fünf eingefaßten, äußerst starken Strahlen aus dem Felsen stürzen und sogleich den Bach und Weiher bilden. Der geringe Zufluß der Waldlauter bewirkt, daß sie nach achtstündigem Lauf bei ihrer Mündung in den Glan nicht stärker ist als hier an ihrem Ursprung. Nördlich vom Beilstein, bei der Heerstraße, steht am Abhang des Wallenberges ein halbzerbrochenes gotisches Kreuz von schöner Arbeit.

Es soll das *Grabmal Torstensons* sein, der in dieser Gegend gefallen sein soll, während die Geschichte meint, der lahme und doch so blitzschnelle Schwede sei drei Jahre, nachdem er den Dreißigjährigen Krieg geendigt, in seinem nordischen Vaterland gestorben. Am Saupferch und Harzofen vorüber erreichen wir nun bald die Stadt.

Wenden wir uns nun in den *Reichswald* westlich von Lautern. Es ist der letzte Überrest des durch Verschenkungen, besonders unter den fränkischen Königen, geschwächten „königlichen Forstes Vogesus". Die Eisenbahn und Kaiserstraße durchschneiden ihn. Erzgruben finden sich in ihm und stille Wooge und Fischteiche. Am Tierhäuschen und der Galgenschanze vorüber führt die Straße südlich übers Gebirge. Links oben auf einem Berg in einer Waldoase liegt ungesehen das im vorigen Jahrhundert von Holzhauern gegründete Walddörfchen *Dansenberg*, dessen Ortssiegel einen nach einem Baum fliegenden Vogel zeigt. Unten trifft die Straße beim Hof *Espensteig* das melancholische Moosalbtal; ein anderes Walddörfchen, *Stelzenberg*, liegt links oben hinterm Forst, wo ein nun versunkenes Schloß stand. Wenn wir rechts aus dem Tal auf dem steilen Waldpfad über den Berg wandern, stehen wir bald im weiherreichen Tälchen von Hohenecken zwischen waldigen Höhen im friedlichen Grunde.

Über dem Dörfchen und seiner Kirche erhebt sich hoch und majestätisch die *Schloßruine Hohenecken*, eine der schönsten des Landes, in ihren kühnen Umrissen so recht im

Die Ritter auf Burg Hohenecken waren nicht nur kaiserliche Reichsbeamte, sondern im Mittelalter auch Inhaber kirchlicher Ämter

Kontrast zu den sanften Linien der Berg- und Waldlandschaft. Ein prächtiger Laubwald deckt die unteren Schloßberghalden, die weiter oben kahl und wild sind. Man stößt auf heruntergerolltes massenhaftes Getrümmer, das oft feine Steinhauerarbeit zeigt, während oben ein schlanker Turm bis nach Kaiserslautern über den Forst hinschaut. Es ist ein prächtiger romantischer Schloßbau mit feingegliederten Tor- und Fensterbogen. Als 1665 die Herren von Hohenecken wider das pfälzische Lehenrecht die Burg dem Herzog von Lothringen verkauften, nahm Kurfürst Karl Ludwig die Burg, die nun mit einigen Dörfchen im Reichswald eine pfälzische Kellerei bildete. Die *Sage vom Fräulein von Hohenecken* erzählt, sie habe am liebsten mit Pfeil und Bogen den Forst durchstreift, bis ihr ein altes Mütterchen den Tod ihres Geliebten durch einen ihrer Pfeile prophezeite. Ein Nebenbuhler fand einen der Pfeile, der mit einem durchbohrten Reiher ins Gebüsch fiel und erschoß damit wirklich des Fräuleins Liebsten. Das stille Tal erinnert an den Roman Lafontaines, wo Clara du Plessis, mit ihrem Geliebten aus Frankreich fliehend, hier ein Asyl gefunden hat. Feenhaft leuchtet die Ruine über der Waldlandschaft im Abendrot.

Nordwestlich über die Waldhöhen der Sickinger Berge kommt man bald zum Hof Lichtenbruch an der Kaiserstraße und Eisenbahn, die am Hof *Einsiedel* vorüber durchs Bruch nach Landstuhl ziehen. Die *Deutschordenskomturei* Einsiedel zeigt nur noch wenige Reste. Den großen Jagdpark, den ein Komtur 1551 anlegen ließ, riß der Sickinger Nachbar nieder.

Über den Harzofen käme man in die Dörfer am nördlichen Saum des Reichswaldes nach Siegelbach, zu den *Musikantendörfern* Rodenbach, Erzenhausen und nach Weilerbach (1500 Einwohner), dem bedeutendsten dieser Dörfer. Das Hirntälchen zieht von hier nach Hirschhorn oder Hühnerscharre zur Lauter. Südlich liegt der Hof Schellenberg, ein Besitztum des Dichters der Amaranth, Oskars von Redwitz, der hier seine glücklichste Zeit als Bräutigam verlebte und viele seiner Lieder dichtete. Zwischen dem Schellenberg und Rodenbach kommt man an Hünengräbern vorüber, zwanzig „Heidenhügeln", mehrere von bedeutender Höhe. In einem Tal bei Weilerbach zwangen im Bauernkrieg die treuen Bauern der Gerichte Weilerbach, Ramstein und Steinwenden die Aufrührerischen zum Gehorsam gegen den Kurfürsten.

Westlich von hier liegen die *Dörfer am Bruch* am nördlichen Hügelsaum des großen Moores hin bis zum Glan, vor allem das große, wohlhabende *Ramstein,* dessen Bezirk einst das fruchtreichste Gericht des Oberamtes Lautern ausmachte; Kirche und Schulhaus, malerisch auf einer Anhöhe gelegen, schauen über das grüne Moor nach Landstuhl und gegen die Sickinger Berge, auf die Torfwiesen und den Reichswald, der das Jagdhaus und Forsthaus birgt, während an seinem Saum die Höfe Schernau sich in einem großen Weiher spiegeln. Hinter dem Dorf, im gar anmutigen und idyllischen *Moortälchen,* das mit seinem Bach, seinen niedlichen Dörfchen und seiner einsamen alten Kirche „Kirchmoor" westlich zum Glan sich senkt, liegt *Steinwenden,* weiter gegen Hütschenhausen und den Glan das Dorf *Spesbach,* dessen Bauern 1698, mit Äxten und Heugabeln bewaffnet, den Komtur von Einsiedel und sein Gefolge verjagten, als er ihnen einen katholischen Pfarrer einsetzen wollte. Die Altertümer dieser Orte „überm Bruch" kommen im folgenden Kapitel zur Sprache.

Landstuhl und die Sickinger Höhe

Die *Sickinger Berge,* die vom Hauptgebirgsknoten beim Johanniskreuz westlich ziehen, fallen südlich sanfter und als breite Hochfläche gegen Schwarzbach und Blies, nördlich desto schroffer gegen das Bruch und Glangebiet ab. Sie geben dem Westrich zwei Abdachungen und scheiden das Bliesgebiet von der Nahe.

Fährt man nun mit der Eisenbahn von Kaiserslautern weg weiter ins Westrich hinein, am Vogelwehe, Lichtenbruch, Einsiedel und Kindsbach vorüber nach Landstuhl und bis Homburg, so begleitet uns links der schroffe Föhrenhang der Sickinger Höhe als ein wenig abwechselnder Bergwall mit stets gleicher Kammhöhe, rechts das große *Landstuhler Bruch,* welches sich in einer Breite von einer halben Stunde und einer

Länge von mehr als vier Stunden am Fuß der Sickinger Berge hinzieht und sich wie eine Zunge zwischen diese und das Kohlengebiet am Glan hinausreckt. Wohl war dieses Bruch vor Zeiten ein großer See und sowohl die Lage der Dörfer nördlich überm Bruch, die auf sanft anschwellenden Hügeln gleichsam in einem Kranz am Ufer herumliegen, als die großen Weiher, die heute noch überall als stillstehende Gewässer im Bruch liegen, bezeugen, daß jener See erst in historischer Zeit sich in Moorland verwandelte. Dieser See sandte seine Abflüsse nördlich durch das Hügelland dem Glan und der Lauter zu. Die Quellen, die von den Sickinger Bergen herabfallen, verlieren sich fast gänzlich oder sickern unbemerkt durch das Moor, um jenseits sich wieder zu sammeln und abzufließen. Der Glan bleibt an seinem Saum stehen und wendet sich nordwärts den Bergen zu. So ist dieses Bruch eine *merkwürdige wassergleiche Hochebene*, von der aus sich die Bäche ihre Täler durch das nördlich sich anschließende Hügel- und Bergland bahnen. Um einige hundert Fuß tiefer als die Sickinger Höhe liegt sie noch um 400 Fuß höher als der Rhein und seine Ebene und setzt sich mit der Kaiserstraße östlich über Lautern und am Donnersberg vorüber, westlich über Homburg bis St. Ingbert fort. Das Bruch enthält die trefflichsten Torfwiesen und der Stich dieses Brennmaterials wird großartig betrieben.

Was sowohl den nördlichen als den südlichen Saum des Bruches auszeichnet, sind die zahlreichen *Reste alter Kultur* an den Ufern dieses einstigen Sees: Spuren früherer Ansiedlungen. Wie im Reichswald am östlichen Rande, so finden wir auch am westlichen Ende bei der Siebenbauernmühle am Glan *Heidenhügel* und alte Gräber. Bei Ramstein am Nordsaum des Bruches entdeckte man ein großes Römerlager, in der Tiefe des Reichswaldes mehrere ähnliche, am Hofe Unterschernau Münzen von Hadrian und Vespasian. In Steinwenden aber grub man auf den Wiesen vor dem Kirchplatz bis zum Bach die Rudera einer *römischen Stadt*, Säulen von schneckenförmiger Windung, unterirdische gemalte Stuben und viele Münzen aus. Von dort, gegen den Potzberg und Königsberg hin, starrt die Erde von solchen Resten einer verschwundenen Welt, über der, ohne Ahnung davon zu haben, das Landvolk seine Hütten baute und seine Felder pflügt. Aber auch am südlichen Saum des Bruches finden wir bei *Kindsbach* an den Föhrenbergen der Sickinger Höhe solche Altertümer. Oben im dichten Wald gegen Landstuhl hin am steilen Felsenhang, wo eine helle Quelle aus dem *Heidenfelsen* sprudelt, sind sechs Figuren, drei sitzend, drei stehend, eingehauen. Das Volk knüpft sie an seinen Helden Sickingen, wenn es sie für die im Kriegsrat sitzenden feindlichen Fürsten hält. An der Mühle bei Landstuhl ist ein *Priesterbild* mit der Opferschale eingemauert; auf der Sickinger Höhe, gegen Bann hin, stehen zwei römische Denksteine im Feld und im Wald, und längs der alten Heerstraße über die Höhe südlich bei Weselberg, Zeselberg, Hermersberg fand man römische Münzen und Grabhügel, bei Höheinöd am „*Schloßberg*" Hügel und alte Mauerreste, die sich in der Gegend von Pirmasens wiederholen. Das bekannteste dieser Altertümer liegt aber neben der Kaiserstraße vor Landstuhl: „Die Sickinger Würfel", wie sie das Volk nennt und von ihnen erzählt, daß Sickingen, als sie ihm Unglück prophezeiten, sie von der Burg herabgeworfen habe. Es sind kolossale Quadersteine, zum Teil aufeinandergetürmt, und zeigen noch Spuren von Reliefs. Der oberste enthält eine alte Inschrift, die noch niemand entzifferte.

Landstuhl, mit der Eisenbahn von Kaiserslautern aus in kurzer Zeit erreicht, ist zwar nur ein kleines, aber wohlhabendes, lebhaftes und im Talkessel unter der Burg Sickingens schöngelegenes Städtchen. Es sollen hier viele reiche Leute wohnen; wenigstens hat das kleine, kaum 2 000 Einwohner zählende Städtchen den Ruf, daß seine Einwohner gern „dépenses machen". Die Damen sollen in ihrer Kleidung die elegantesten des Landes sein und ihre Garderobe meistens aus Mannheim, Paris und Frankfurt beziehen, – wie man sagt. Gewiß aber ist, daß die Landstuhler vor allen anderen Pfälzern Sinn für das Geistige haben, daß sie die historischen Erinnerungen an ihren Sickingen mit rechter Pietät wahren und pflegen. – Vor dem Städtchen an der Eisenbahn, der Burg gegenüber, steht das *katholische Waisenhaus*, ein großes, neues, schloßähnliches Gebäude. Der Bergwall ist hier von einem Wässerchen durchbrochen, das die „Felsenmühle" treibt. Nach der Zerstörung der Bergfeste erbauten

„Wunderlieblich ist Landstuhl", sagte 1521 Ulrich von Hutten. Im Kellergewölbe der Burg Nanstein über der Stadt starb am 7. Mai 1523 Franz von Sickingen an einer Verwundung

sich die Grafen von Sickingen ein Schloß im Städtchen, das in der Französischen Revolution unterging. In der *Andreaskirche* unter dem Hochaltar ist die Ruhestätte Franzens von Sickingen. Dort ließen ihn seine fürstlichen Feinde beisetzen und seine Söhne errichteten ihm ein Grabmal hinter dem Altar, worauf er mit voller Rüstung lebensgroß dargestellt war. Eine *Inschrift* bezeichnet die Ruhestätte:

„Hier liegt der edel und ehrenfest Franziskus von Sickingen, der in Zeit seines Lebens Kaiser Carolen des Fünften Rath, Kammerer und Hauptmann gewesen und in Belägerung seines Schlosses Nanstein durch das Geschütz tödtlich verwundet, vollens uff Donnerstag, den siebenten Mai, Anno MDXXIII. um Mittag, in Gott christentlich von dieser Welt seliglich verschiede."

Unten im Turm steht jetzt die verstümmelte Ritterstatue, der ein Sansculotte 1793 Hände und Kopf abgeschlagen hat. – Nicht weit von der Straße vor Landstuhl steht zwischen den Gärten ein kleines gotisches Kirchlein auf dem Friedhof.

Sickinger Schloß (Landstuhl, Landstall, Nannstall und Nannstein) heißt die Burg. Mächtige Mauerreste starren noch heute an den Schloßhalden herab, die Reste der Ringmauern, die einst das Städtchen mit dem Schloß verbanden. Der Torturm war 170 Fuß hoch, ein starker, gewölbter Torbogen führte in das Innere des Schloßbaues. Die gewaltigen Mauern sind größtenteils 24 Fuß dick. Nach einer alten Abbildung in Merians Beschreibung der Pfalz war es eine gewaltige, stolze Feste. In Felsen gehauene düstere Gänge und weite, dunkle Felsengewölbe breiten sich unter dem Schloßbau aus und noch in Trümmern steht die Burg wie für die Ewigkeit.

Franz von Sickingens Heldengeist umschwebt diese Trümmer. Eine großartige Tragödie spielte sich in diesen Mauern ab. „Der letzte deutsche Ritter" starb hier den Heldentod, und noch wird dort im tiefen Felsengemach die Stelle gezeigt, wo er, umgeben von seinen Feinden, den Geist aufgab. Franz von Sickingen ist der größte und glänzendste *Repräsentant des deutschen Rittertums,* das mit ihm zu Grabe getragen wurde. Er hatte zuletzt kühn den Kampf für das Evangelium mit dem Schwert auszukämpfen versucht, den Kampf des erwachenden Volksbewußtseins gegen die Römlinge und die Fürstenmacht. Doch die Verbündeten blieben aus, und bald sah er sich selbst auf seine Feste eingeschlossen von den Heeren des Kurfürsten von der Pfalz, des Landgrafen von Hessen und des Erzbischofs von Trier. Ein gewaltiges Feuer begann von beiden Seiten; der höchste Turm brach zusammen und mit ihm das Hauptbollwerk des Schlosses. Der kranke Held ließ sich an eine durchschossene Bresche führen. Da fiel ein Schuß aus einer Notschlange und traf einen Balken, ein Splitter in Sickingens Seite, daß man durch die Wunde „Lunge und Leber im Leib sah". Besinnungslos lag der Held, als ihn der Burgkaplan fand. Noch einige Tage hielt sich der Verwundete. Erst kurz vor seinem Tod ergab er sich und brach in die Klage aus: „Wo sind nun meine Herren und Freunde, der von Arnberg, der von Fürstenberg, der von Horn, die Schweizer, die von Straßburg und die in der Brüderschaft, die mir viel zugesagt und wenig gehalten. Darum Lieben, verlasse sich keiner auf groß' Gut und der Menschen Vertröstung."

Die Fürsten traten jetzt ins Gemach, zuerst der junge Landgraf Philipp von Hessen, der „Großmütige" genannt. Er machte dem Sterbenden bittere Vorwürfe, die dieser gelassen erwiderte: „Meine Zeit will's jetzt nicht leiden, viel davon zu berichten!" – Ein Diener sagte, daß der „Pfalzgraf und Kurfürst" hier sei. – „Wo steht er?" fragte der Held, mit verdunkeltem Auge sich nach der Seite wendend; er hob das Barett und wollte sich aufrichten. „Franz, bleib liegen und setz' wieder auf!" sagte der Kurfürst, der wohl erschüttert am Sterbebett seines früheren Freundes stehen mochte. Seine einstige Drohung: „Ich hab dich zum Franz gemacht, ich kann dich auch wieder zum Fränzchen machen!" schien erfüllt in dieser Stunde. Der dritte Quäler kam, Erzbischof Richard von Trier, Sickingens Hauptfeind. Der Sterbende nahm stolz das Barett nicht ab und auf des Erzbischofs Vorwürfe sagte er mit Heftigkeit: „Da wär' viel davon zu reden, ein andermal wollten wir davon reden. Nicht ohn' Ursach', hab' jetzt mit einem größeren Herrn zu reden!"

Noch quälte ihn der Landgraf mit Nachfragen um seine Schätze, was der Held „eine unziemliche Frage" nannte. Dann tat er noch seine Beichte und verschied. Es war am 7. Mai 1523. „Wie er in Zeit seines Lebens ein männlich und trotzig Gemüt hatte, das behielt er bis in seinen Tod." Auf des Helden nicht würdige Weise wurde der Leichnam fast wie der eines Verbrechers zur Stadt gebracht und in einer Kapelle beigesetzt.

Franz von Sickingen war tot, aber herrlichen Glanzes steht sein Name in der Geschichte, den seiner Feinde weit überstrahlend. Die Nachricht von dem Tode des *„deutschen Brutus"* wurde vom Volk und allen Patrioten in tiefer Erschütterung aufgenommen. Es war ein großes Nationalunglück. *Luther* rief tiefbewegt: „Der Herr ist gerecht, aber wunderbar. Er will dem Evangelium nicht mit dem Schwert helfen!" Noch ein Jahr, und auch *Ulrich von Hutten* war tot; das deutsche Recht stürzte mit seinen herrlichsten Vorkämpfern zusammen. Wie strömt Hutten über im Lob Sickingen, des edelsten Mannes des Vaterlandes! Viele Lieder sangen von ihm und klangen durch ganz Deutschland:

„Franz von Sickingen, das edle Blut,
Der hat viel der Landsknecht gut!"

und jenes Landsknechtslied von der Belagerung Landstuhls:

„Als nun die Red' in ende nam
Da starb von stund der werde Man,
Das müßt' doch Gott erbarmen!
Kain besser krieger in's land nie kam,
Er hat' gar viel erfaren."

Die Münzen mit seinem Denkspruch: „Allein Gott die Ehr! Lieb' den gemeinen Nutz', schirm' die Gerechtigkeit!" wurden wie Heiligtümer aufbewahrt zum ewigen Gedenken des großen Mannes. Das Volk aber hing sich mit treuer Verehrung an das Andenken seines Helden, den es als den Würdigsten, gern als Kaiser gesehen hätte. Legt es ihm doch den Spruch in den Mund:

„Franz heiß ich,
Franz bin ich
Franz bleib ich.
pfalzgraf, vertreib mich!
landgraf von Hessen, meid mich!
Bischof von Trier, du must nur halten,
Bischof von Mentz! must auch herbei:
nun lugend, welcher biß jar Kaiser sei!"

Aber die Hoffnung des Volkes, die Zukunft Deutschlands, erlosch in dem gebrochenen Felsengemach Landstuhls und die Macht der Fürsten hob sich triumphierend über die geheimen Wünsche der Nation.
Sickingens Andenken ist heute noch frisch und lebendig im Volk und wird es bleiben. Von ihm erzählt der Sickinger Bauer noch immer mit Vorliebe, auf ihn bezieht er manches Alte, Wunderbare und ihm Unerklärliche. Das zeigen die Sickinger Würfel, die Bildergruppen am Felsen, und das zeigt die Sage, wie Sickingen, gleich dem Rodensteiner und Lindenschmidt, bei herannahendem Kriege ausreite aus seiner Burg mit seinen Knappen und Knechten im nächtlichen Sturm, womit auch auf ihn die Mythe von „Wuotans gejaid" überging.
Sickingen hatte in Landstuhl die erste protestantische Pfarrei des Landes errichtet. Seine späteren Nachkommen vergaßen ihren großen Urahn und wurden wieder katholisch. Erst im Jahre 1857 wurde in Landstuhl wieder eine protestantische Pfarrei errichtet, während auf der Sickinger Höhe mehrere Orte protestantisch sind.
Der *letzte Sickingen* hieß Franz, wie sein Urahn, ein Mann von jener Genialität, die den „Lump" macht. Gutmütig, leichtsinnig, verschwenderisch und nur zu häufig mißbraucht, hat der „Graf" zuletzt noch alle Waldungen verschleudert, nachdem er in der Französischen Revolution seine Souveränitätsrechte verloren hatte. Trunksucht brachte ihn vollends herab, bis er als Bettler von den Gaben früherer Freunde kümmerlich sein Leben fristete oder als Landstreicher, mit Pergament handelnd, die Sickinger Höhe durchstreifte, wobei er mit Prozeßdrohungen den Bauern Geld abzupressen suchte. Endlich, ich glaube 1834, starb er, der letzte Enkel des großen Sickingen, in Wiesbaden als Vagabund und Bettler.
Von Landstuhl aus betreten wir nun die *Sickinger Höhe,* wenn wir in die Schlucht an der „Felsenmühle" hinauf durch den Breitenwald kommen. Auf dem Rücken der Berge

breitet sich nun diese merkwürdige Landschaft aus: eine kleine Welt für sich, mehrere hundert Fuß höher als das dicht danebenliegende Bruch, ein Höhenplateau, von unzähligen schluchtenartigen, tiefeingeschnittenen und engen Bachtälern durchschnitten. Dürr und von Natur aus unfruchtbar, hat doch der Fleiß der Bewohner diese Landschaft in ein berühmtes Fruchtland umgeschaffen. Die Äcker liegen auf den Bergen, größtenteils auch die Dörfer, an den Halden abwärts Wald und Gebüsch, im Tal die Wiesen und Mühlen. Die *„Sickinger Bauern"*, die das übrige Westrich als stolz und grob verschreit, zeichnen sich durch Intelligenz und Bildung, durch Wohlstand, rationellen Feldbau und eigentümliche Sitten aus. Nicht etwa, daß man hier altes Bauerntum in Tracht und Gebräuchen fände, – der Sickinger Bauer ist so sehr wie der Vorderpfälzer Halbstädter, „Manschettenbauer" im besseren Sinn. Die wohlhabenden Leute in den schönen, steinernen Häusern lesen viel, ja, Sickinger Bauern haben sich als landwirtschaftliche Schriftsteller einen Namen gemacht.

Vor der Französischen Revolution war die Grafschaft Sickingen mit etwa 20 Dörfern in das *„Großgericht"* und das *„Kleingericht"* geteilt. Jeder Ortsbann war in Lose eingeteilt, von denen eines im westlichen Kleingericht 100 Morgen, im östlichen Großgericht, wegen der vielen Felsberge, 200 Morgen enthielt. Darein teilten sich nun die Ortsbauern. Es war der Stolz der Grafen, reiche Bauern zu besitzen. Die Lose durften nicht zerstückelt werden. 35 bis 70 Morgen lagen gewöhnlich unterm Pflug, das übrige brach. Das Großgericht, von der Walalb östlich bis zur Moosalb, heißt heute noch die große Höhe. Der Boden ist rauher, felsiger, waldiger und unwirtbarer. Um ihren Nordsaum legen sich die Beethmannschen Waldungen gegen Hohenecken. Dort steht der *„Hausberg"*, 1626 Fuß hoch, bis auf seinen Rücken angebaut, und ebenso zeigen von da an alle anderen Berge schöne Weizen- und Rapsfluren und gewähren herrliche Fernsichten das *Tal der Steinalb* entlang bis zu den fernen Spitzen des vorderen Wasgaues. Das reiche Dorf Bann liegt malerisch am Fuß des Hausberges, wo die Steinalb entspringt, weiter abwärts Queidersbach, lang hingedehnt, und andere im engen, felsig gewordenen Tal. Links, auf den waldigen Felsenhöhen, versteckt sich Krickenbach, rechts, auf angebauten Bergfeldern jene Dörfer an der alten Römerstraße und Herschberg, auf rauhem Rande des *Walalber Tales.* Dieses scheidet die große von der kleinen Höhe und war früher leiningisch. Malerische Mühlen und Dörfchen, grüne Wälder, stattliche Viehherden beleben es, bis es bei der Faustermühle in das Tal des Schwarzbaches mündet. Westlich der Walalb bis zu den Homburger Bergen hin dehnt sich die kleine Höhe als eine für die Landwirtschaft günstigere Gegend aus. Dort liegen in den Quellentälern der Walalb, dann hoch über den Talrändern auf den breiten Hochflächen reiche Orte, an der Eisenbahn hinter den Bergen die Station Mühlbach zwischen Landstuhl und Homburg.

Der merkwürdigste Ort auf der Sickinger Höhe ist *Gerhardsbrunn*, etwa zwei Stunden südlich von Landstuhl, auf einem von drei Seiten durch tiefe Talschluchten umschlossenen Vorsprung der Höhe. Es ist ein kleines Dorf von etwa 240 protestantischen Einwohnern. Der Weg dahin über Berg und Tal bietet prächtige Fernsichten über das Bruch nach dem amphitheatralischen Hügelland und seinen weißen Dörfern, gegen den Königsberg, Potzberg und Höcherberg hin, gegen die Berge der Blies und nach Osten auf die Spitze der Vogesen. Als ich die Sickinger Höhe zum erstenmal durchstreifte, war es schon Abend geworden, als ich das *Bethlehem unserer modernen Kulturhistoriker* im Glanz des Abendhimmels jenseits einer tiefen Schlucht auf hohem Bergrücken vor mir liegen sah. Hinab in die buschige und wiesenreiche Tiefe und dann wieder am angebauten steilen Berghang empor führt der sandige Weg in das schmucke Dörfchen mit seinen soliden steinernen Häusern. Ich hatte so viel gehört und gelesen von Gerhardsbrunn, daß ich es mit eigentümlichen Empfindungen betrat. Da erzählt man, daß, während im ganzen Land keine Spur der Feudalzeit übriggeblieben ist, in Gerhardsbrunn noch völliges *Majorat* herrscht; die jüngeren Söhne wandern, mit Geld ausgestattet, nach Amerika aus, und so existieren bloß siebzehn Familien im Ort, deren Zahl sich nie vermehren wird. Auch heiratet kein Bursche ein Mädchen aus einem anderen Dorf, weswegen die Rasse immer mehr degeneriert wird, so daß man kein hübsches Gesicht hier findet. Die Leute halten fest zusammen, alle Streitigkeiten werden im Dorf selbst geschlichtet; einer steht für den anderen ein, kein Gerichtsbote läßt sich im Dorf sehen und bei abendlichen Zusammenkünften spielt man nicht, sondern liest Zeitungen, bespricht sich über festzustellende Preise der Feldfrüchte oder rationelle landwirtschaftliche Neuerungen usw. Die Burschen kommen auch zusammen und musizieren, denn in keinem Haus fehlt das Klavier oder die Geige. So haben die Gerhardsbrunner unter Leitung ihres Lehrers schon Konzerte gegeben. Sie fühlen sich aber auch, und unter den im Westrich verschrieenen „groben Sickinger Bauern“ sollen die Gerhardsbrunner die stolzesten sein.

Das alles machte mich begierig, die Leute selbst kennenzulernen. Ich fand gemütliche, freundliche Leute, die entschieden dem Fortschritt huldigen und dies besonders durch den trefflichen, verbesserten Anbau ihrer Felder beweisen. Wohnt doch *Adam Müller*, der berühmte literarisch tätige Landwirt, unter ihnen. Was festes Zusammenhalten, abendliche Besprechungen und den Dorffrieden betrifft, so ist es noch wie vordem, nur die Knechte haben auf Kirchweih hie und da Streit. Die Söhne musizieren noch immer. Aber das Majorat hat aufgehört und heute kann man nun die Gerhardsbrunner als echte Pfälzer sagen hören: „Es wäre ein schreiendes Unrecht, einem Kind auf Kosten der anderen alles zu geben, wenn man auch gern das Vermögen zusammenhält, falls es gerade geht. Man redet uns Gerhardsbrunnern eben viel nach aus Neid; das einzige, was wir voraus haben, ist: Einigkeit, festes Zusammenhalten!“

Nördlich, südlich und östlich fällt der Berg, auf dem das Dörfchen steht, steil in die Schluchten des Tales ab und Halden sind mit Fruchtfeldern bebaut, die leider oft genug bei starken Regengüssen ins Tal geschwemmt werden. Nach Westen hängt der Berg mit der „Höhe“ zusammen. Dort steht die kleine *protestantische Kirche* an der Straße, von wo man über die Schlucht hin eine schöne Aussicht hat. Rückwärts schauen über die Talschluchten Knopp, Krähenberg von noch höheren Bergen. Die Kirche ist 1824 in Plan und Bau ganz allein von der Gemeinde ausgeführt, nicht gerade besonders schön. Über ihrer Pforte liest man:

„Dem Allmächtigen zu Ehren
Wanderer, hier schau' um dich.
Dieses Haus soll lehren:
Wahrheit, Tugend, Liebe, Licht!“

Somit ein ziemlich rationalistisches Bekenntnis. – Östlich über den Talmühlen, dem Dorf gegenüber, liegt der reiche *Scharrhof*, südlich in der engen Talschlucht gegen Knopp verbergen sich die Mühle und der Weiler *Labach* mit der Pfarrkirche und dem Pfarrhof für die Gegend, ein heimeliges Plätzchen.

Die Straße führt eben über die Höhe durch das Fruchtgefilde nach *Martinshöhe*. Am letzten Hause dieses Dorfes gegen Rosenkopf hin an der Straße steht ein mächtiger Stein, den man für einen alemannischen Grenzstein hält, der aber vielleicht ein keltischer Menhir war. Solche Steine finden sich gewöhnlich in der Nähe uralter, geheimnisvoller Bauten und die Rudera eines solchen Baues finden sich in südlicher Nähe gegen Rosenkopf rechts der Straße im „*Hermannsgrund*“ oder „Hermesgrund“. Von Martinshöhe können wir nach Homburg oder durch die Waldschlucht zur Eisenbahnstation *Mühlbach* wandern, von wo wir nach Kaiserslautern zurückkehren.

Das Waldland der Frankenweide

Die Mitte der Pfalz, auf dem Hauptknoten der Wasserscheide, von dem die Gebirgsäste, Täler und Flüßchen ausgehen, ist überlagert von ungemein großen, herrlichen Wäldern, die von der Vogesenfirne bis an den Rand der weinreichen Haardt ragen. Es ist das einsame, fast unbewohnte Waldland der Frankenweide, an das sich der große Elmsteiner Staatsforst und die Haingeraiden östlich und die Grävensteiner Forste westlich anschließen. Die Frankenweide reicht von der Queich bis zur Hochspeyer, von dem Annweiler bis zum Frankensteiner Tal; sie machte den Kern des königlichen Forstes Vogesus aus und war später an den Besitz der Falkenburg bei Wilgartswiesen geknüpft.

Mitten in diesem grünen Herzen der Pfalz, hoch auf der Wasichenfirst der „Riesenberge", liegt zweieinhalb Stunden südlich von Kaiserslautern über den „Hirschsprung" hin das einsame Forsthaus *Johanniskreuz* auf einer Lichtung des Gebirgskammes, wo sich alle Waldstraßen mit der Hochstraße treffen, auf der Wasserscheide der Mosel und des Rheines. Die Familie des Revierförsters Weissenauer hält hier ein treffliches Gasthaus, wo man sein gutes Glas Wein trinkt, ein ausgezeichnetes Wildbret ißt, das aus der Jagdtasche des Hausherrn selbst kommt, und wo man um so mehr die müden Glieder ausruhen kann, da nichts die hehre Bergeinsamkeit und Waldesstille stört. Es ist ein ganz herrlicher Sommeraufenthalt hier oben, von der lärmenden Welt draußen so fern. Noch schöner ist es hier im Herbst, wenn die Wälder das bunte Gewand anlegen und nach und nach abschütteln, da die Winde kühler vom „Winterhauch" und „Hunsrück" wehen. Dann knattert's und knallt's in den Wäldern von fröhlichen *Jagdpartien;* gar mancher findet sich hier ein, der nach den Uhus drüben an der Kaltenbach, nach den Auerhähnen am „Speckheinrich" fahndet oder nach einem selbst erbeuteten Rehbraten lüstern ist. Der Herr des Hauses ist ein vollkommener Jäger, ein Forstmann des alten, tüchtigen Schlages, den Wind und Wetter hart und eisern gemacht haben gegen jegliche Art von Strapazen, und der mit seinem Wald und seiner Flinte lebt und stirbt. Ein Jagdzimmer mit Geweihsammlung und ausgestopften Vögeln und die Wohnzimmer mit ihren alten Jagdbildern erinnern immer und immer wieder an die Freuden der Jagd: Wie gesagt: der Herbst, der noch im November die sonnigsten Tage bringt, während der Rheinnebel die Vorderpfalz deckt, ist hier die schönste Jahreszeit. Aber der Winter bringt dann schauerlich einsame Tage und Nächte, besonders im Gedanken an das Elend in den überschneiten Einödhütten des Gebirges.

Der Name „Johanniskreuz" rührt von einem alten *steinernen Kreuz* her, das hinter dem Forsthaus auf der Straße nach Kaiserslautern steht. Vielleicht ist es ein bloßes Wetterkreuz, hier auf der Schneeschmelze des Wasichen, nach der Sage aber soll es das Grabmal eines schwedischen Generals sein, der hier im Dreißigjährigen Krieg gefallen ist. Hier führt der einstige *Königsweg* vorüber, von Hagenau im Elsaß und dem Trifels durch die tiefen Wälder des Vogesenkammes empor mit der Hochstraße nach Kaiserslautern.

Die Hochstraße führt uns in südlicher Richtung innerhalb einer Stunde an die höchste Spitze des „pfälzischen Gotthards", zum *Eschenkopf*, der bis 2 100 Fuß Meereshöhe noch 500 Fuß über die Firne des Gebirges emporragt. Durch den grünen Baldachin der Buchen, Eichen und Eschen steigt man empor zum Gipfel des Berges, den ein hölzerner Turm von erstaunlicher Höhe krönt, der *„Dillegraf"* genannt. Aus gewaltigen Balken gezimmert, trägt er in schwindelnder Höhe ein Bretterhäuschen, eine Art Taubenschlag. Er wurde von Napoleon als Telegraphenturm errichtet, um Paris mit Mainz in Verbindung zu setzen. Eine Bretterstiege führt hinauf, und eine *unermeßliche Aussicht* nach allen Seiten tut sich oben auf, vielleicht einzig in ihrer Art. Oben blauer Himmel, unten ein grüner Ozean von Wäldern. So ergreift diese weite Rundsicht durch die majestätische Einsamkeit und die imponierende Ruhe, in welcher der alte Vogesus sich unter uns ausbreitet. Da hinaus nach Osten ziehen die hohen Forste der Haardt, nach Westen der Gebirgszug der Sickinger Höhe und hier schauen wie Inseln einige Dörfer von angebauten Bergen herüber; jenseits davon erheben der Potzberg und Königsberg ihre Häupter, während aus fernem Norden der riesige Donnersberg über das Waldmeer schaut und südlich waldige Kuppen und Felsberge den Gebirgskamm bis nach Lothringen und Elsaß begleiten. Das ganze Gebirgsland der Pfalz mit vielen hundert grünen Kuppen und Bergrücken spiegelt uns das Wogen des Meeres im Sturm vor. Von den 40 Quadratmeilen Wald der Pfalz lagert sich bei weitem der größte Teil um das Johanniskreuz. Hier stoßen zusammen die Frankenweiden, Haingeraiden, der Elmsteiner Staatsforst, die Wälder des Holzlandes, der Grävensteiner und Merzalber Forst, der Lauber-, Reichs- und Stiftswald.

In der Einsamkeit der Waldnacht kann man sich leicht verirren. Man geht am besten mit den Forstleuten aus und nimmt sich dann Proviant mit. Verirrte folgen am besten den Bergquellen, sie führen zu Menschen. Heute darf man sich nur auf den chaussierten Straßen halten, die nun überall über den Kamm des Gebirges führen und sich am Johanniskreuz kreuzen. Die älteste dieser Straßen ist die *Hochstraße,* die schon den Römern bekannt war. Sie führt auf der Höhe des Haardtzuges vom Schänzel und der Kalmit durch die Haingeraiden zum Eschenkopf, Johanniskreuz und nach Kaiserslautern, während sie Äste nach allen Seiten auf den Gebirgshöhen aussendet. Im Sommer 1794 wurde heftig in diesem menschenleeren Waldgebirge gekämpft. Von Trippstadt bis zum Schänzel standen über das weite Gebirge hin die preußischen Linien an der Hochstraße. Mitte Juli kamen die Franzosen wieder. Renaud führte von der Sikkinger Höhe herab einen Scheinangriff auf Kaiserslautern aus, Desaix einen andern in der Rheinebene gegen die österreichischen Linien; unterdes geschah der Hauptangriff vom Annweiler Tal und Pirmasens her durch die Bergwälder gegen die Hochstraße. Das Schänzel und der *Pfalzberg* wurden gestürmt, Kanonendonner, Kampfgeschrei durchbrüllte die Einsamkeit des alten Wasgenwaldes und scheu floh das Wild vor dem sich mordenden Menschentum. Zwei französische Divisionen drangen gegen Johanniskreuz und den Saukopf vor und nahmen diese und die Trippstadter Höhen; blutig wurde am Eschenkopf gestritten und endlich, trotz der totschleudernden Batterien auf den Bergen, waren die preußischen Linien durchbrochen und die Hochstraße genommen. Still ist's heute rings um den hohen Eschenkopf, „unter allen Wipfeln ist Ruh'!“ Kein Laut als der Ruf eines Buchfinks oder Waldraben, selten der Schall einer Holzaxt oder ein Peitschenknall, der das Echo aus den Gründen lockt, stören die Waldeinsamkeit. Hie und da steigt Rauch zwischen den Bäumen auf; es ist ein einsamer Kohlenmeiler, ein Waldfeuer oder ein einsames Haus in tiefer, dunkelgrüner Schlucht. Und um den Fuß des Eschenkopfes rieseln die Quellen aus ihrer stillen Berg- und Waldwiege unten hinaus zu den Menschen, die einen ins Westrich der Mosel entgegen, die anderen nach Süden und Osten zum Rhein, wo sie sich alle wieder treffen.

Hie und da tritt uns eine dunkle Gestalt im Wald entgegen, den breitkrämpigen Filzhut tief im Gesicht, ein Köhler, Harzbrenner oder Holzhauer; oder man begegnet wohl auch einsamen Wanderern, die aus den Wasgautälern der südöstlichen Pfalz übers Gebirge nach Kaiserslautern reisen.

Sogenannte *Stege* (alte Wald- und Geraidestraßen) führen aus dem Annweiler Tal und der Rheinebene an den Gebirgsbächen hinan durch einsame Waldtäler zur Hochstraße empor. Der Wilgartswieser Steg würde uns vom Eschenkopf weg am Mosesberg vorüber über den Schwarzbachursprung südlich fort im dunklen Wald der *„oberen Frankenweide“* zum Hof Hermersberg, der zwei Stunden nördlich von Wilgartswiesen, mehr als drei Stunden südlich vom Johanniskreuz liegt, führen. Westlich steht der Otterfels mit einer starken Quelle der Wieslauter und noch weiterhin die felsige Kuppe des großen Boll, der 1760 Fuß hoch das Waldgebirge überschaut. An seinem Fuß versteckt sich die „Granitzenhütte". Diese Partie trägt schon den grotesken, wilderen Charakter des eigentlichen Wasgaues. Schwarze Tannen krönen die Berge und unten in dunklen, frischen Wiesentälern rauschen laute Forellenbäche. Beim Hermersberg im düsteren Tal des Kaltenbachs steht ganz einsam die „Wüstenmühle".

Nun folgen wir vom Eschenkopf aus dem *Rinntaler Steg,* so kommen wir am Fuß des Berges in das Tal des Wellbaches. Tief unten zwischen dem Eschenkopf und dem „Mosesberg" liegt in kühler Schlucht das Häuschen *Mosestal.* Von Bäumen und Gebüsch überwölbt, setzt der junge Wellbach über die Felsen und rauscht vier Stunden lang durch die Einsamkeit des Gebirges zur Queich hinab. Auf diesem ganzen Weg ist uns der Bach ein treuer, wenn auch neckender Führer. Er murmelt, als ob er uns was zu erzählen hätte, springt dann mutwillig über die Felsblöcke, um sich in tiefer Schlucht zu verlieren, aus der die höchsten Buchen kaum zu unseren Fußsohlen reichen, bis er wieder laut murmelnd erscheint. Rechts braust ein Bach herein vom Mosesbruch und seiner Hütte, weiter unten am „Häuschen" stürzt rauschend ein anderer über umbuschte Felsen in das Bett unseres Führers, und so gehts stets bergab, während rechts

Das „Holzschlitteln" der Hochstädter Waldarbeiter ist eine gefahrvolle Arbeit

und links Zuflüsse einströmen: der *Ederbach* vom Forsthaus am Ederkopf her, der starke *Kaltenbach* mit dem *Modenbach* aus wildem, einsamem Waldtal und der *Freischbach,* der ein prächtiges Wiesen- und Felsental hinter der Falkenburg durchfließt. Links rauschen mehrere Bäche herein, der stärkste aus dem Langental.

Von der Höhe des Gebirges bis zum Queichtal scheinen die häufigen Krümmungen des Weges uns manchmal völlig zwischen hohe Berge zu schließen. Über dem „Häuschen" liegt hoch auf dem steilen Talrand, auf der Gebirgsfirne, das kleinste, abgelegenste, einsamste und höchste Dorf der Pfalz: *Hofstädten* oder „Hochstedten", zu dem ein Steg emporführt. Es war vor Zeiten ein Pfarrdorf und große Melkerei; 1635 zerstört, fristet es nun seine armselige Existenz durch den Erwerb in den Wäldern. Die Gemeinde Wilgartswiesen, zu der es gehört, liegt an drei Stunden südwärts über den Bergen; Hofstädten liegt in gleicher Höhe mit dem Trifels, 1580 bayerische Fuß über dem Meer. Holzhauen und Flößerei nährt die Bewohner.

Eine besonders gefahrvolle Erwerbsquelle ist das *Holzschlitteln,* wodurch das gefällte Holz an die floßbaren Bäche hinuntergebracht wird. An den Berghalden legt man eine Holzbahn an, indem man die Scheite quer hintereinander legt. Auf diesem abschüssigen Knüppeldamm geht es nun mit dem beladenen Schlitten, einer hinter dem anderen, den Berg hinab, pfeilgeschwind auf der rauhen Bahn. Ein falscher Tritt – und der arme Holzschlittler ist verloren; denn entweder zerquetschen ihn die nachfolgenden Schlitten oder er wird an einen Baum geschleudert und zerdrückt. Besonders bei der Ankunft im Tal ist große Vorsicht nötig. Das Holzschlitteln ist auch jenseits der Wasigenfirst in den Forsten von Merzalben gebräuchlich.

Aus dem Waldland südlich vom Eschenkopf wenden wir uns nach Osten, in den *Elmsteiner Staatsforst* an den Quellen des Speyerbaches. Vom Eschenkopf geht ein Waldweg nordöstlich über den Blattberg und Bloskülb durch dichten Laubwald nach Elmstein. Links, in kühler Waldschlucht, rieselt am Hof *Erlenbach* vorüber die gleichnamige Quelle zum Speyerbrunn, rechts rauscht der Miedersbach zum Helmbach hinab, der sich aus dem „Blattberger Wog" bildet, nicht weit vom Walddörfchen *Iggelbach,* das von armen Holzhauern und Flößern bewohnt ist; der Hof Röthertal liegt halbwegs Elmstein.

Der *Helmbach* ist ein floßbarer, frischer, brausender Gebirgsbach, ein rechtes Forellengewässer. Vom Hof Geißwiese bildet er einen großen Woog, und rechts aus dem wilden Teufelstal, das von der Hochstraße herunterzieht, nimmt er ein rauschendes Bergwasser auf. Hoch oben auf der Waldhöhe steht der *Geißkopfer Hof.* Hie und da brüllt eine Kuh und ruft ein Hirtenbube durch die Einsamkeit oder hallt eine Axt von den Waldhalden, sonst ist es still und friedlich in dieser alpenartigen Landschaft. Weiter abwärts rauschen aus der Waldschlucht der „Hornissenwiesen" und aus den Gründen der Haingeraiden von der Hochstraße herab helle Forellenbäche, so bei der „Kobellshütte"; dann stürzt der starke Helmbach tosend über die Felsenbänke an der Sägemühle ins Elmsteiner Tal hinaus, um sich mit dem stilleren Speyerbach zu vereinigen.

Vom Johanniskreuz geht es rasch von der First des Gebirges auf neuer Straße hinab, neben ihr erscheint eine tiefe, dunkle Waldschlucht, in der sich der Hof *Schwarzbach* so versteckt, daß man ihn in der Waldesdämmerung kaum gewahrt. Nur das Schwarzbächlein hört man rauschen, und so geht es bis zum Weiler *Speyerbrunn,* wo die Speyer entsteht. Einige bleiche, kränkliche Gesichter erscheinen an den Fenstern; bald erreichen wir dann in einem reizenden Hochtälchen den Weiler *Mückenwies.* Die wenigen Häuschen liegen malerisch auf den Bergwiesen, auf der Höhe und im Tal und über dem ganzen friedlichen Bild erhebt der 1980 Fuß hohe Bloskülb sein von herrlichem Laubwald geschmücktes Haupt. Ich kam vorigen Spätherbst aus den schönsten Alpengegenden von Salzburg und Berchtesgaden und aus dem Elsaß in Begleitung eines befreundeten Forstbeamten von Elmstein hierher, und das verwöhnte Auge war entzückt über die friedliche Schönheit dieser ungekannten Stelle.

Stets bergab mit dem Speyerbach auf der neuen Straße kommen wir an der „Leichelbacher Mühle" und der „Alten Schmelz" vorüber; endlich schließt sich das Tal, eine rote Felsenwand mit einem hohen Schloßturm scheint Bach und Straße abzusperren, wir kommen jedoch durch einen Felsenriß hinaus und stehen schon mitten im Dorf *Elmstein,* von dem wir schon berichteten. Es ist der Sitz eines der bedeutendsten Forstämter, echte Wald- und Weidgesellen wohnen hier, denen die Einsamkeit des Waldes der rechte Gottestempel ist. Wie lustig bellt und knallt es in diesen Wäldern, wenn im

Herbst alle Forstleute auf der Wasichenfirst zur Jagd eingeladen sind. Hier lebt uns die Jägerpoesie so recht auf, wo einst die zwei Jagdhäuser *„Breitschied“* und der *„Speckheinrich“*, zur kurfürstlichen Auerhahnbalz bestimmt, aufgebaut wurden, und wir werden in den Sagenkreis vom „wilden Jäger“ versetzt, wenn wir in der Dämmerung des Waldes an den rieselnden Waldbächen auf und ab wandern.

Die *untere Frankenweide* liegt nördlich von Elmstein zwischen dem Elmsteiner und Frankensteiner Tal. In düsterer Waldgegend verstecken sich da die Reste des „Breitschied“, die „Harzhütten“, die „Wolfsgrube“ mit ihren Häusern und der Hof *Schwabenbach*, wo der Breitenbach durch sein Felsental zur Speyer hinabrauscht; jenseits des Breitenbaches das Dorf *Esthal*, und noch weiterhin die Dreihöfe Morsbach, von wo man bald ins Frankensteiner Tal gelangt. Nordwestlich auf der waldigen Bergfläche steht das *Forsthaus Schwarzensohl* am „Steinernen Kreuz“, wo sich viele Waldwege kreuzen. Westlich von da versteckt sich im tiefsten Tal das Dorf *Waldleiningen*. Ein starker Bach bahnte sich von da ein malerisches Tal hinaus ins Frankensteiner Tal. Nördlich auf der Waldhöhe findet man an der Hochstraße das Forsthaus „Am Sohl“ und von da aus südlich über den Hilsberg den *Stüterhof;* Mölschbach bleibt rechts liegen und man erreicht am ehemaligen Trippstadter Forsthaus vorüber das Johanniskreuz.

Trippstadt und das „Holzland“

Hat man aus dem Elmsteiner Tal herauf mühsam den Gebirgskamm beim Johanniskreuz erstiegen, so wandert man nur einige Schritte über ihn – und eine schöne Straße führt uns in einer Talmulde sanft abwärts ins Westrich hinein, dessen Sprache nun schon ausgeprägt uns entgegenströmt, an den Quellen der Moosalb, dem Amönenhof, Guttenbrunn und *Lauberhof* vorüber, wo einst die alte „Loybetenburg“ als Schutzfeste des Lauberwaldes stand. Die Moosalbquellen rieseln neben uns her, dann ein Bächlein vom Holzland herab links aus dem *Meisertal,* in dessen stillen Gründen der „Meiserspring“ liegt. Da wo sich unser Bach mit dem des werk- und häuserreichen *Kottelbacher Tales* vereinigt, bildet er den schwarzen Woog, in dessen tintenartigem Wasser sich scharf die Pappeln und Häuser spiegeln, die zu den Trippstadter Eisenwerken gehören.

Wir sind in das Gebiet der *Gienanthschen Werke* gekommen; schwarze Straßen führen nach Trippstadt hinauf, doch wir bleiben unten und steigen bei dem oberen Eisenhammer am Westende des Weihers tiefer ins Tal hinab. Es hat einen anderen Charakter angenommen, ist eng und felsig geworden und wir stehen überrascht, während der Bach als das hellste, lauterste und lustigste Forellenwasser von Fels zu Fels unter den überhängenden Eichen und Buchen weiterhüpft. Wir sind nämlich ins *Karlstal* gelangt, ganz unvermutet zum Glanzpunkt dieses Teiles des Hochlandes. Sonntags trifft man denn da auch „Lauterer“ genug, die sich die Erfrischungen mit aus der Stadt nehmen, um hier, auf moosige Felsen gelagert, beim lustigen Geplauder des Baches ihr Mahl zu verzehren. An den Felsen hinauf und über den brausenden Bach sind Stege angelegt, hie und da Sitze angebracht; dort ist auf einer kleinen Felseninsel, wo die geteilten Wasser über moosige Felsen hinab zusammenrauschen, ein kleiner hölzerner *Tempel* angelegt; schlanke Buchen überwölben die enge Talschlucht, so daß kein Sonnenstrahl hereinzudringen vermag. Oben befindet sich ein Belvedere, das eine hübsche Aussicht gewährt. Unter einen drohenden Felsen hineingebaut, kühn und abenteuerlich wie ein Geierhorst, stand lange Zeit die Hütte eines alten Mütterchens, des *„Felsenweibs“*. Der Bach verschwindet manchmal unter den Buchen und Felsen, so daß wir nur noch sein Rauschen vernehmen, sammelt sich dann wieder, bildet einen neuen kleinen Wasserfall und murmelt dann ruhiger über das Gestein zwischen dem grasigen Rasen. Man sieht hier jenes seltsame Naturschauspiel, die „Öfen der Salzach", am Paß Lueg zwischen Golling und Werfen, im kleinen Maßstab.

Wenn man eine Viertelstunde lang in diesem reizenden Versteck der Natur dahingewandelt ist, bildet der Bach einen Weiher; ringsum steht ein herrlicher Kranz von Buchen, durch deren Zweige man in das Wasser hinabsieht, einzelne stehen auf den im

Burg Wilenstein auf steilem Felsvorsprung über dem Karlstal trotzte lange Zeit allen Kriegen, bis sie Anfang des 18. Jahrhunderts verfiel

Wasser liegenden moosigen Felsblöcken. Man glaubt hier in das Elfenreich gekommen zu sein. Einige Häuser und eine wilde Burgruine spiegeln sich im Weiher und der Schloßberg scheint das Tal völlig abzuschließen, während aus hohen Schloten zu seinen Füßen Rauch aufsteigt. Da klappert's und hämmert's, die Wilensteiner Mühle rauscht im Grund und weiterhin im Tal pocht ein Eisenhammer am Ende eines noch größeren Weihers. Prächtige Wiesengründe begleiten den schönen Bach über die *Eisenschmelze* an der Straße entlang zum Walzwerk, wo am langen Talweiher der Bach sich mit der nördlichen Moosalbquelle vereinigt.

Wir werden jedoch kaum so weit vordringen. Die *Burg Wilenstein* lockt uns mit ihren malerischen Ruinen. Sie steht auf einem Vorsprung des Trippstadter Hochlandes, durch welches das Karlstal seine Sohle tief einschneidet. Vom Karlstal aus gesehen, steht die Ruine hoch oben, während sie doch tiefer liegt als Trippstadt. Wie an ihrem Fuß, so liegen auch auf ihrer Höhe dicht neben ihr mehrere Häuser auf der Bergzunge. Es ist der von Mennoniten bewohnte *Wilensteiner Hof* mit seinem Friedhof neben der Ruine. Die wettergrauen Mauern, Torbogen und Gewölbe sind von den schönsten, schlanksten, weißstämmigen Birken und Eschen umbreitet, die Ruine mit einem grünen Baldachin überdacht. Durch die Mauerspalten rankt sich mit dem Efeu die Sage: Da soll auf der moosigen Ruine an sonniger Stelle sich Sonntagskindern die Schlangenkönigin mit der goldenen Krone auf dem Haupt zeigen. Auf den Schätzen der unterirdischen

Kellergewölbe sitzt ein schwarzer Hund mit feurig glänzenden Glotzaugen auf einer eisernen Kiste und bewacht das Geld darinnen. Die Sage von fremden Hirten und vom Fräulein von Flörsheim, die aus Liebe starben, knüpft sich an die Burg. Schloß Wilenstein war eine Doppelburg, die vordere besaßen falkensteinische Lehenträger, die hintere die Herren von Flörsheim, aus deren Geschlecht die edle Gattin Sickingens stammte.

Am Hang des Berges führt eine kohlschwarze Straße, von Freiherrn von Gienanth angelegt, zur rauhen Hochfläche, auf der das große 1 800 Einwohner zählende Dorf *Trippstadt* lang sich hinzieht. Kahle, dürre Felder liegen zwischen den Waldrändern. Das ganze Dorf hat ein wettergraues Aussehen, denn die Häuser sind des Wetters wegen meistens mit Brettern beschlagen. Durch die Hüttenwerke des Freiherrn von Gienanth, deren Betriebsbeamte hier wohnen, erhält das Dorf größtenteils seine Nahrung.

Der Dichter Hahn, Mitglied des Göttinger Hainbundes, war ein Trippstadter. Das Schloß gehörte als pfälzisches Lehen den Freiherren von Haacke; 1794 wurde ein Flügel in den Grund geschossen, als am 13. Juli die Division Taponnier die Trippstadter Höhen angriff und die Brigade Argout mit gefälltem Bajonett die preußische Redoute und 18 Kanonen nahm.

Auf dem Weg nach Kaiserslautern, hinter dem Forst des Wittgenberges, liegt am Talrand der *Aschbacher Hof* auf einem Hügel. Ein gebrochener romanischer Turm und geringe Mauerreste der ehemaligen Pfarrkirche ragen über den Meierhof, Gras und Gebüsch decken den alten Friedhof. Die Landschaft ist ernst melancholisch. Der Schäfer dort mit seiner Herde erinnert uns an den fremden Hirten und das Fräulein von Flörs-

Der Aschbacher Hof bei Trippstadt stammt wahrscheinlich aus Karolingischer Zeit

heim, die einander unbewußt liebten und aus Gram starben, so daß der betrübte Vater zu ihrem Gedächtnis diese Kirche baute und der Liebenden Bildnis im Stein anbringen ließ. Die traurige Geschichte aus der Siegwartsperiode ist Volkssage geworden; heute noch will man des Hirten „Schäferschippche" sehen.

Wir verfolgen nach Westen hin das moosige, melancholische *Wald- und Wiesental der Moosalb,* während uns der Turm von Aschbach ernst nachschaut. Bald haben wir das verfallene „Jagdhaus" und die „Alte Schmelz" erreicht, dann den „Espensteig", einen stattlichen Meierhof im breiten Talkessel. Das Tal wendet sich nun mit der Straße südlich zur *„Breitenau"*, wo ein langer Weiher am „Walzwerk" endigt, das am Eingang ins Karlstal liegt. Die Moosalb trennt das „Holzland" von der Sickinger Höhe. Das Tal, stets von waldigen Bergen eingeschlossen, wird wilder, enger und tiefer. Das Dörfchen *Schopp* lehnt sich malerisch auf den steil abfallenden Rand und die Straße verläßt jetzt das Tal, um auf der Höhe fortzuziehen. Tief in der kühlen Schlucht, aus der die Moosalb heraufrauscht, liegt der Hof „Salzdiel", zwischen dem „Weiherhof" und Neuhof kommt vom „Holzland" herab die Hirschalb durch die „Klamm" hereingerauscht; weiterhin klappern die Schwanen- und Geiselberger Mühle, das Dörfchen *Steinalben* erscheint unten in der Tiefe zwischen den steilen Rändern des hochliegenden Landes, gerade da, wo die Steinalb von der Sickinger Höhe herab sich mit der Moosalb vereinigt und den Namen Fischbach annimmt.

Das *Fischbacher Tal* ist nur die Fortsetzung des Moosalbtales. Je weiter wir in es eindringen, desto wilder wird es, desto höher, felsiger werden die Berge, desto dichter die Wälder, bis wir nach einer Stunde Wanderung, am heimeligen, romantischen „Nesseltälchen" vorüber, in das Dorf *Waldfischbach* kommen. Es hieß sonst Abtsfischbach und erhielt seinen jetzigen Namen von den großen Wäldern der Umgegend, die einst den Klöstern Hornbach und Wadgassen gehörten. Wie es jetzt Kantonsort ist, war es auch der Hauptort des alten pfälzischen „Holzlandes". Die zwischen die Berge eingekeilten schmalen Häuserreihen gehen nach drei Seiten in die engen Talschluchten. Hinter dem letzten Haus steht man vor *Burgalben,* wo der Fischbach in den Schwarzbach fällt. Hoch oben steht die Wallfahrtskapelle *Rosenberg,* mit schöner Aussicht auf diese ernste Landschaft, auf die Felsenfirnen und Eichenforste des Queerberges und Galgenberges.

Dort zieht das einsamste und menschenleerste Tal der Pfalz, das *Schwarzbachtal,* durch die weiten Forste von der Vogesenfirst herab. Auf vier Stunden Weges unterbricht keine menschliche Wohnung seine Einsamkeit. Nur an der wilden Stelle, wo der Dinkelsberg, Hundsberg und Hesselskopf einander gegenübertreten und helle Forellenbäche herabsausen, liegt am „Hundsweiher" eine Sägemühle und vor Burgalben eine Waffenschmiede. Die Holzflößerei auf dem Schwarzbach und seinen Nebenbächen nach Zweibrücken ist schwunghaft. Von Burgalben an ist das Tal viel weniger wild. Der Fluß heißt bis Zweibrücken auch Erbach.

Schwarzbach und Moosalb umfangen das sogenannte *Holzland,* ein kleines Höhenplateau, das an seinen Rändern steil abfällt. Es ist ein trautes, heimeliges Wald- und Bergländchen, so recht abgeschlossen für sich; nur drei protestantische Dörfer ruhen hinter den schönen Buchen- und Eichenwäldern auf seinen Höhen und zwischen ihnen hindurch zieht sich das romantische *„Rubental"* und die *„Klamm"* der Hirschalb durch die Landschaft zur Moosalb. Das ganze Ländchen trägt einen arkadischen Charakter und es erweckt eigene Stimmungen, wenn man sonntags ihm entgegenwandelt und von den Höhen aus der Ferne helle Morgenglocken tönen, wie vom Himmel herunter oder wie aus dem Grunde der Wälder als Glocken der versunkenen Kirche, von der Uhland singt.

Aus der romantischen „Klamm" von der Hirschalber Mühle führt ein Weg die Höhe hinan nach *Schmalenberg,* dem Pfarrort für das Holzland, und südlich über die Bergwiesen nach Geiselberg, dessen Mutterdorf „Tiefenthal" unten im Tal im Dreißigjährigen Krieg einging. Südöstlich dehnt sich *Heltersberg* lang hin über die Höhen am Rande einer Waldschlucht, durch die der Felsensteg von Waldfischbach heraufführt. Auf dem nahen Schloß- oder Heidelberg stehen Reste einer unbekannten, vergessenen Burg. Der „Goldbrunnen" auch „Schloßbrunnen" genannt, entspringt da und rieselt gleich als starker Bach durch die Waldschlucht. Von Heltersberg durch den Maiserwald auf der Hochstraße zum Johanniskreuz sind es zwei Stunden.

Nun bleibt uns noch der *Gang auf der Wasichenfirst* südlich vom Johanniskreuz zwischen den Quellen des Wellbaches, der Lauter und des Schwarzbaches hin. Rechts ab, an einem einsamen Forsthaus vorüber, käme man nach dem Walddorf Leimen auf guter chaussierter Straße. Die Schneeschmelze der Vogesen scheidet hier eine schmale First das Flußgebiet des Rheines von dem der Mosel. Von der Südgrenze des Landes beim Erlenkopfer Hof kann man auf der Höhe des Gebirges mitten durch die Pfalz sechzehn Stunden weit bis nach Standenbühl am Donnersberg gehen, ohne aus dem Wald hinauszukommen, ohne ein Dorf zu berühren und ohne einen Fluß zu überschreiten. Alle Bäche, die ihr Wasser mit der Schwarzbach vereinigen, heißen „Alb"; wie die schwedischen Flüsse „Elf" und wie die Elbe heute noch diesen Gemeinnamen als Eigennamen führt.

Wir sind hier so recht in der *Elfenwelt* eingedrungen; wir hören sie unten in den grünen Talschluchten murmeln und plaudern, singen und lachen in ihrer ungestörten Seligkeit, wenn wir dem Plätschern der Bäche in der Tiefe lauschen. Schwarzer Tannenwald hat die Buchenforste hier meistens verdrängt. Da stehen wir plötzlich vor einer Bergspitze der Vogesenfirne, auf der sich wie eine Geisterwohnung eine Ruine aus den Gipfeln der Bäume erhebt: die alte, verfallene *Burg Grävenstein*. Sie zeigt noch schöne Rundbögen

Die Burg Grävenstein bei Merzalben ging 1635 in Flammen auf

an Fenstern und Toren. Das Innere füllt wildes Getrümmer an. Die Burg gehörte einst den Sponheimer Grafen, nachher den Leiningern, welche die Feste in den Kriegen mit Friedrich dem Siegreichen durch die Neustadter stürmen und ausbrennen sahen. Der Wasgauer Kolbenhaufe legte sie im Bauernkrieg neuerdings in Asche. Zuletzt kam Grävenstein an das Haus Baden. Zur Burg gehörten die großen Grävensteiner Wälder, die bis über die Wieslauter und an den Fuß des Eschenkopfes reichen und mit Rodalben, Leimen, Merzalben und Münchweiler die katholische Herrschaft Grävenstein bildeten.

Am Fuß der Burg liegt im tiefen, grotesken Tal *Merzalben.* Von da geht's mit der Merzalb nach Rodalben, ein großes Dorf, wo sich Abkömmlinge von Zigeunern finden und wo der berühmte Wiener Arzt *Peter Frank* geboren ist. Durch das wilde Tal der Rodalb gelangen wir nach Pirmasens, besser aber noch von der Ruine Grävenstein südlich in eine Talschlucht, zur Vogelshütte und durch das Ziegeltal an der Wieslauter hinab zur Kaltenbach, von dort mit dem Eilwagen nach Pirmasens.

Die Pirmasenser Höhe

Die rauhe, unfruchtbare Landschaft auf den Vogesen jenseits des Schwarzbaches gegen die französische Grenze hin, ist die verrufenste und *ärmste Gegend der Pfalz,* zumeist auch ein reizloses, hohes Felsenplateau, wenn auch oft von tiefeingeschnittenen, grotesken und anmutigen Tälern durchschnitten. Armselige Dörfchen voll Häuserruinen auf den Felsenrücken und in den Gebirgsschluchten einsame Waldgehöfte; ein düsterer, proletarischer Menschenschlag charakterisiert die wilde Landschaft. Der schwarze breitrandige Westricher Filzhut sitzt tief im bleichen Gesicht, bei den Weibern gegen die französische Grenze die große lothringische Kugelhaube. In dem rauhen Waldstrich auf der Gebirgsfirst gegen Lothringen ist der Bewohner eben Waldmensch, der dunkle Forst nährt dort kümmerlich die Köhler, Harz- und Teerbrenner, Flößer, Holzhauer, Holzschuhschnitzer und Besenbinder. Westlich von Pirmasens gegen Zweibrücken ist die Höhe waldlos, dürr und der größte Fleiß ringt dem felsigen Boden nicht viel ab. Dort finden wir nur wenige wohlhabende Höhendörfer, wie das protestantische *Nünschweiler,* rechts der Straße nach Zweibrücken; auch die Geschichte des Dorfes weiß aus dem Dreißigjährigen Krieg nur von entsetzlichen Hungerszenen zu reden, als die Kroaten hier den gelehrten Pfarrer Exter erschossen. Reisende fanden einen Knaben, der das Fleisch seines Schwesterchens am Feuer briet, um es zu essen, und die Bauern des Dorfes erschlugen einen fremden Bettler, um sein Fleisch zu verzehren.

Besser stehen die Taldörfer im Wiesengrund des Schwarzbaches. So das bedeutende Thaleischweiler, das malerisch am Nordsaum dieser Landschaft liegt. Besonders arm ist die Landschaft links der Straße, die den Vogesenpaß des Annweiler Tales über die Schneeschmelze und die Höhe fortsetzt. Dieser Winkel gegen die lothringische Grenze hin heißt die *Hackmesserseite,* weil die verzweifelten Gebirgsleute in der Französischen Revolution gleich von Anfang die Guillotine aufgestellt wissen wollten. Auf der Hackmesserseite liegen alle Dörfer, die wir ferner berühren werden.

Wir finden vielen Genuß auch in der rauhen *Wald-* und *Felsenlandschaft* auf dem Vogesenkamm östlich von Pirmasens. Mit der Heerstraße von der Kaltenbach weg steigen wir über die Schneeschmelze in einer Stunde ins *„Guttenbacher Tal"* hinab, das mit der Rodalb aus den dunklen Laubwäldern vom *„Rodalberhof"* herabkommt. Da liegt das Dörfchen Rupertsweiler am Talhang, von wo die Straße zum einsamen Beckenhof empor über die „Ruhbank" mit ihrem Wirtshaus nach Pirmasens führt, während eine andere Straße durch das wilde „Lamsbacher Tal" mit seinen versteckten Höfen im Nesseltal und in der Finsterbachschlucht auch zur Stadt führt. Über Rupertsweiler steht der wilde, groteske *Rupertsfelsen,* der nur mittels einer Leiter bestiegen werden kann. Spuren eines Räuberschlupfwinkels finden sich oben. Einst hauste hier der wilde Ritter Ruprecht, der mit seinem Pferd durch gewaltigen Sprung vom Felsen den Verfolgern entging. Er blieb der Schrecken des Gebirges, bis ihn die Bürger einer Reichsstadt mit Kanonenkugeln vom Felsen schossen. Vielleicht läßt sich diese Sage, gleich der von Robert dem Teufel, auf mythische Elemente zurückführen, denn hruodperaht (unser Ruprecht), der ruhmglänzende, heißt der Kriegsgott und Gott des Wetters, Wuotan. Wir stehen hier im düsteren Waldgebirge ohnehin auf dem Schauplatz der wilden Jagd – wuotans gejaid.

Von der Straße ab, am Guttenbacher Tal aufwärts, liegt das 1 500 Einwohner zählende Dorf *Lemberg* mit seinen berühmten und höchst rentablen Glashütten im tiefen Wald am Blümmelbach. Über dem Dorf auf wilder Höhe zeigt sich der „Rappenfels“ und auf der Vogesenfirne die schöne Ruine der *Lemburg*, von der einst die Herrschaft Lemberg abhing, deren Hauptstadt Pirmasens wurde. Herrlich ist der Blick auf die Eichen- und Buchenwälder des düsteren Felsgebirges, durch die Zacken der Vogesen auf die Rheinflur. Sieht man doch mit bewaffnetem Auge den Turm des Melibokus im Odenwald und mit freiem Blick über das nahe Dorf *Erlenbrunn* und Pirmasens hin nach Westen tief in den Bliesgau, über die burgenreiche Wildnis von Dahn und Schönau, den Gebirgskamm entlang tief ins Elsaß und Lothringer Land bis nach Bitsch, dessen Grafen einst die Lemburg besaßen. Die Umgebung mit ihren weiten, stillen Wäldern hat einen großartigen Charakter; Lemberg ist der Glanzpunkt dieses Gebirges und von Pirmasens aus in einer Stunde erreicht.

Nicht weit von der einsamen Glashütte, westlich vom Stephanshof auf der Vogesenfirne, liegt der Hof *Ketterich*, 1 582 Fuß hoch auf der Schneeschmelze; andere einsame Höfe in den dichten Eichen- und Buchenwäldern ringsum, so das *Jägerhaus auf der hohen List* in tiefer Waldesstille, die nur von heulenden Uhus, lauernden wilden Katzen und scheuem Wild belebt ist oder von schleichenden Schmugglern, die in der Einsamkeit des Gebirges der nahen Grenze zuschleichen. Dort will schon mancher die wilde Jagd im Wettersturm gehört haben, um die Felsen und über die Wälder des Vogesus brausend, und der wilde Jäger selbst kann sich hinter knorrigen Eichen in der Waldesdämmerung zeigen, denn hier ist sein Bereich. Früher hausten in diesen unwirtsamen Wäldern lange Zeit nur Räuber.

Von der hohen List geht ein Waldweg auf dem Gebirgskamm über die „Eichelfirst“ zum Hof *Erlenkopf*, hoch oben auf der Gebirgsspitze unmittelbar auf der französischen Grenze, eine Mautstation, wo der Hauptvogesenzug auf der Scheide von Lothringen und Elsaß in die Pfalz eintritt. In einer halben Stunde wäre man unten in *Stürzelbronn* in Lothringen, wo die Reste einer berühmten Abtei am Weißenburg-Bitscher Vogesenpaß liegen. Rückwärts führt ein wildes Tal mit einsamen Waldteichen nach dem einsamen Wirtshaus „An der Studenbach“ in tiefer Waldschlucht, wo man allen Komfort trifft, obgleich es nicht selten der Sammelplatz der Schmuggler ist, und nach dem Dorf *Eppenbrunn* hinab, das sich in einem kleinen Gebirgssee spiegelt. Verfolgt man das enge Felsental, so sehen wir von dem romantischen Weiler Imsbach her eine Schlucht und bald eine zweite bei Receveursmühle, in deren Tiefe *Trulben* am Ursprung der Trualb liegt. Viele Schlüfte laufen bei diesem Dorf zusammen, vom „Felsenbrunn“, Hochstel und der Kapelle her.

Links oben auf wilden Felsrücken, hart an der französischen Grenze gegen Lothringen hingedrängt, liegen die zwei armseligen Dörfer *Schweix* und *Hilst* einander gegenüber, nur durch eine Felsenschlucht geschieden. Besonders Hilst hat eine wilde Lage; nach allen Seiten fällt der Felsrücken schroff ab und die Häuschen liegen zerstreut darauf, vielleicht auf der Struktion eines Römerlagers. In dieser unwirtlichen Welt auf dem Weg von Hilst über die Felsen ins Tal nach Eppenbrunn kommt man an der Tiefe *„Eisenklump“* vorüber, wo an senkrechter Felsenwand ein Felsbild der Diana eingehauen ist, die Göttin der Jagd mit ihren Hunden und Apoll und Herkules als Begleiter, – ein Beweis, wie schon die Römer die Jagd im wildreichen Felsengebirge des Vogesus zu schätzen wußten. Hier führte denn auch die alte Römerstraße von Landstuhl nach dem nahen Bitsch und Elsaßzabern vorüber; längs der Straße, nach Norden hin auf der Pirmasenser Höhe, beim Stausteiner Hof, zu Windsberg, im Adelbösch bei Nünschweiler, zu Fehrbach, Höheischweiler, fand man Münzen und man sieht noch heute Grabhügel und die Rudera alter Bauten. Im wilden Tal der *Felsalb* bei Dusenbrücken soll auch der Königshof Arnulfs I. Felishalba gestanden haben. Das merkwürdigste und älteste Denkmal ist jedoch das *keltische Felsenbild* bei Gersbach westlich von Pirmasens, im Tal bei der Eichelsbacher Mühle gegen Winzeln und Simten hin; eine rätselhaft rohe Figur an steiler Felsenwand, erst 1830 entdeckt. Wir erwähnen nur noch die Kapelle und Pfarrkirche *Luthersbrunn* über einem guten Brunnen zwischen Vinningen und Kröppen.

Die Stadt *Pirmasens*, 1240 Fuß über dem Meer, am Abhang des Berges „Horeb", gewährt von der Westseite einen malerischen Anblick. Es verdankt der Ort dem heiligen Pirminius, der von Irland herübergekommen war, die Namen Pirminii sedes, Pirminii Husna und Birmesesse. Tausend Jahre stand nun hier ein ärmliches Köhlerdörfchen, bis der letzte Graf von Hanau-Lichtenberg im vorigen Jahrhundert ein *Jagdschloß* erbaute. Sein Enkel weiblicherseits, Ludwig IX., Landgraf von Hessen-Darmstadt, beschloß, seine Residenz in diese abgelegene Wildnis zu verlegen, wo nur Räuberhorden und arme Leute zu hausen pflegten. Als Oberst des französischen *Regiments Royal-Allemand* machte er den Feldzug nach Böhmen, als Generalmajor im preußischen Dienst den Siebenjährigen Krieg mit, mußte aber auf den Willen des Vaters hin den preußischen Kriegsdienst verlassen und zog sich grollend nach Pirmasens zurück.

Jetzt begann die *Glanzzeit von Pirmasens*, es wurde die Residenz der Landgrafenschaft; der Wildjagden wegen kam der Landgraf zum erstenmal hierher, es wurden jetzt hier auch Menschenjagden gemacht, Jagden auf riesige Männer, gleich wie unter Friedrich Wilhelm I. von Preußen, dem der Landgraf überhaupt in seinem Wesen glich. Aus allen Nationen wurden Exemplare hierher gezogen, ja sogar Zigeuner. Pirmasens wurde mit Mauern umgeben, zur Stadt erhoben und eine völlige *Militärkolonie*, eine Pflanzstätte für riesige Grenadiere. Es zählt unter 9000 Einwohnern 6850 Seelen, die dem Soldatenstand angehörten. Kapitulationszeit war keine, wohl aber jedem das Heiraten gestattet und dann gab es keine freie Wahl mehr; der Landgraf hatte für jede der Bürgerstöchter einen Soldaten bereit. Da gab es der geheimen Tränen und Seufzer genug. Wer einmal den Soldateneid freiwillig oder gezwungen geschworen hatte, der war sein Leben lang an den Landgrafen und die Stadt gefesselt. Das *Spießrutenlaufen* war ein Radikalmittel gegen das Heimweh. Es war fast unmöglich aus der Stadt zu kommen. Die vier Stadttore wurden stark bewacht, um die Stadt stand alle 30 Schritt eine Schildwache und jede Stunde umritten sie die Husaren. Selbst die Bürger durften nicht ohne Paß vor die Mauern. Der Landgraf kannte kein Glück als Exerzieren, keine andere Lust als Manövrieren. Er hatte es so weit gebracht, daß man öfters ein Regiment im Finstern exerzierte und keinen einzigen Fehler in den Tempos bemerkte. Auf den Namenstag des Landgrafen war jährlich Hauptrevue und dann wimmelte es in Pirmasens von auswärtigen Offizieren.

Nicht weit vom Schloß lag das berühmte *Exerzierhaus*, nach dem von Petersburg das größte in Europa: vier Mauern mit langer Fensterreihe und einem Dach, doppelt so hoch als die Mauer. Es hatte ein künstliches Hängewerk und sonst weder Säulen noch Wände. Hier exerzierte im Winter der Landgraf sein ganzes Heer. Dann wurde es durch 22 Öfen geheizt. Heute ist der Bau zum Teil zur katholischen Kirche hergerichtet. Auch der *Exerzierplatz* ist einer der größten in Deutschland. Wenn der Landgraf hier seine Soldaten tüchtig in Atem gehalten hatte, begab er sich ins Schloß und vergnügte sich an geschnitzten Soldaten, mit denen er auf einer großen Tafel die Manöver fortsetzte. So lächerlich diese Soldatenmanie erscheint, so soldatisch einfach lebte der Landgraf, während seine Gemahlin, die *„große Landgräfin"*, in Darmstadt regierte. Sein Schloß zeigte keinerlei Pracht. Hier hauste er wie ein kampierender General im Feld, sparsam, aber nicht knickerig, und er lebt noch im besten Andenken der Pirmasenser. Besonders liebte er freimütige Äußerungen und war Feind aller Kriecherei, wie unter anderen die Anekdote von der weißen Frau beweist. Mit richtigem Blick beurteilte er die Vorgänge im benachbarten Frankreich. „Da kochen sie in Frankreich jetzt eine Suppe, die ich nicht mitessen möchte!" Und er brauchte sie auch nicht mitzuessen, sie hätte ihm wohl den Mund verbrannt. Er starb 1790 hoch bejahrt und wurde in der von ihm erbauten protestantischen Stadtkirche unter einem kleinen Gewölbe begraben, wo ihm auch ein einfaches Denkmal gesetzt wurde.

Aber die guten Pirmasenser mußten die heiße Revolutionssuppe mitessen und mancher bekam sein Lebtag genug davon. Der Sturm der Zeit tobte gegen die junge Schöpfung einer fürstlichen Laune. Mehrmalige Plünderung und Kontributionen stürzten die Stadt in große Schuldenlast. Da blieben der Siebenhügel- und Bergstadt auf der Höhe des Wasgaues von fürstlichem Glanz nichts als leere, breite Straßen und große Plätze. Das *Hungerjahr* 1817 vollendete das Elend auf jenen rauhen Hochebenen. Pirmasens kam durch die vielen Bettler und Vagabunden, die es über die Pfalz ausströmte, in üblen Ruf. „Pirmasenser" und „Matzenberger" waren gleich übelberüchtigte Namen. Man begegnete manchem Pirmasenser ungern im Wald. Denn zur Verzweiflung des Elends kamen ohnehin noch die gewaltigen Körper dieser zurückgebliebenen *Riesen des Landgrafen* und ihrer langbeinigen Nachkommenschaft. Das Experiment, einen Nachwuchs für Regimenter mit riesigen Grenadieren heranzuziehen, war dem Landgrafen wohl gelungen und noch heute, wo sich die Riesenrasse allmählich degeneriert, gilt in der Vorderpfalz für schlanke, hochaufgeschossene Mädchen die Bezeichnung: „lange Pirmasenserin!" Was der Korporalstock des Landgrafen zusammengehalten hatte, stob nach allen Seiten auseinander. Not lehrt Tugend und hat sie auch den Pirmasensern gelehrt. Ohne die Hilfsmittel des reichen Bodens und leichter Kommunikation anderer Städte auf sich selbst angewiesen, haben sie sich ganz eigene, neue Hilfsquellen eröffnet. Ein so rühriges, originelles Völkchen wie die Pirmasenser findet sich nicht leicht; es sind „gewürfelte Leute", wie man in der Pfalz sagt. Die Welt bildet auf jede Art. Gewiß sind unter dem wandernden Proletariat, das die Welt mit frischem Mut, leichtem Sinn und noch leichterer Tasche durchzieht, die Pirmasenser die bravsten und ehrlichsten, aber an manchem mag doch so etwas Weltschmutz hängenbleiben. Unter den Jüngern der „brotlosen Künste" ragen die *Orgelmänner* hervor, die Herren Schartenmaier nebst Gemahlin und Sohn. Ist diese Erwerbsquelle auch noch so niedrig, der Pirmasenser ergreift sie lieber, als daß er der Gemeinde zur Last fällt und singt mit seinen „Moritaten" sich für einige Heller heiser. Sie gehen in der ganzen Welt herum und gewiß war der Orgelmann ein Pirmasenser, den Gerstäcker in Chile traf.

Der *Bilderhandel* erstreckt sich besonders über Altbayern. Auch mit „Panoramas", Wachsfigurenkabinetten, Karussells usw. reisen die Pirmasenser. Die *Glasfabrikation* ist in letzter Zeit gestiegen und hat sich einen großen Ruf erworben; ausgezeichnete Uhrengläser werden geschliffen, die in der Pariser Ausstellung als preiswürdig erkannt worden sind. Instrumenten- und Strohfabriken blühen ebenfalls, am ausgedehntesten jedoch der *Schuhhandel.* Gründer desselben ist der Schuhmacher Joß, der später nach Straßburg übersiedelte. Er schickte um 1809 seine Frau in die benachbarten heutigen preußischen Provinzen mit einer Partie Schuhe; bald griffen einige andere Schuhmacher die Sache auf, bezogen die Messen der Rheinstädte, an arbeitenden Kräften fehlte es nicht, die Arbeit war leicht und bald erlernt und Anfang der zwanziger Jahre gab es schon eine Menge Schuhmacher. Jetzt kamen auch die Gerbereien in Aufschwung. Bei der schnell erfolgten Konkurrenz sank der Schuhpreis bald herab. Gegen Ende der zwanziger Jahre hatten die Schuhmacher schon ihren Markt über die deutsche und welsche Schweiz und über Altbayern ausgedehnt. Jeder Schritt weiter wurde gleichsam als neue Eroberung betrachtet. Dabei verdarben sich bei aller Konkurrenz die Handelsleute den Markt nicht; jeder blieb von vornherein auf seinem Terrain und jeder, der neu auf den Schauplatz trat, mußte sich seinen Markt in weiterer Ferne suchen. Als in den dreißiger Jahren der *Zollverein* den Handel erleichterte, wuchs die Konkurrenz immer mehr und die neuen Unternehmer okkupierten jetzt Österreich, Italien, dann auch Norddeutschland.

Der neue Stramin gab der Schuhfabrikation großen Aufschwung. Das jährliche Verkehrskapital zu einer Million angeschlagen, dürfte nicht reichen. Die Wohlfeilheit der Schuhe ist erklärlich, da ein Arbeiter täglich sechs bis acht Paar verfertigt, weil ihm in die Hand gearbeitet wird. Draußen leben die Pirmasenser sparsam, haben ihre eige-

Pirmasenser Schuhhändlerinnen haben sich Neuigkeiten vom Handel zu erzählen

nen Herbergen und eigene Menage. Gewiß ist jedem der Leser auf irgendeiner Messe, gewöhnlich am Schluß der Budenreihen, eine Gruppe von munter dreinblickenden, sonnverbrannten, einfach gekleideten Mädchen mit Schuhläden aufgefallen; das sind Pirmasenserinnen. Das ganze Jahr liegen sie nun draußen eifrig dem Handel ob, sparen und „halten ihr Geld zusammen", kommen sie aber heim, dann leben sie flott. Im Laufe dieses Jahrzehnts sind auch Verbindungen über die See nach Amerika angeknüpft worden, wohin jährlich ansehnliche Sendungen abgehen, jetzt gewöhnlich 1 000 Dutzend per Sendung.

Auch tüchtige Gelehrte und Künstler hat Pirmasens in der neuesten Zeit hervorgebracht. Die tätige Bergstadt hat, trotz Riehl, eine Zukunft; sie hat sich bereits schon viel Wohlstand errungen, so daß sich die pfälzischen Städte ihrer Schwesterstadt auf der Vogesenhöhe nicht zu schämen brauchen.

Die hochgelegene, rauhe Gegend ist auch nicht arm an interessanten Punkten. Da nennen wir vor allem den *Horeb*, den Berg, an dem Pirmasens sich hinlagert und der ein Vergnügungsort der Städter ist. Die Aussicht von oben herab ist zwar östlich durch die stets höher sich türmenden Bergkuppen des Vogesenkammes gehemmt, wird aber nach allen anderen Seiten hin über das Westricher Hochland geradezu schön. Besonders der Blick über die nahe französische Grenze, weit in die Fluren, Täler und Berghöhen Lothringens hinein, ist herrlich. *„Die Kanzel"* ist ein gigantischer, grotesker Felskoloß, der von grünem Gebüsch überwölbt ist. Besonders interessant ist der Kugelfels, eine schöne, malerische Felsbildung von hoch aufeinander gelagerten Steinmassen. Seinen Namen verdankt er der Eigentümlichkeit einer niedrigen Höhle, von deren Decke, besonders im Frühjahr, größere und kleinere Kugeln herabfallen. Oben, auf den hoch übereinanderliegenden Felsmassen, findet man eine andere, von der Natur gebildete Felsenhalle. Ein halb versunkener, großer Stein liegt ihr zur Seite mit einer italienischen Inschrift. Dieselbe ist jetzt unvollständig und nur noch die Worte: „che Dio zrotegge!" („Daß Gott behüte!") sind zu lesen. Um den Vermutungen gelehrter Reisender zuvorzukommen sei bemerkt, daß zur Zeit Napoleons in Pirmasens ein Regiment Korsen einige Zeit im Quartier lag. Ohne Zweifel hat hier einer der kühnen Landsleute Napoleons sich an seine wilde Heimat auf der felsigen Insel erinnert gefühlt und grub die schönen Worte ein. Eine ebenso merkwürdige Partie bildet der *Bärenfelsen.* An der Seite des Berges, von prächtigen Buchen überwölbt, klaffen die Schlünde zweier großer Höhlen, von denen die eine über der anderen liegt und sich beträchtlich tief in den Berg hineinzieht. Schauerliches Dunkel füllt den Hintergrund und aus ihm hervor bricht eine klare, starke Quelle.

Westlich von der Stadt senkt sich das romantische *Blümelstal* in die Hochebene ein, das besonders in der Schlacht von 1793 eine schauerliche Rolle spielte, da hier drei Bataillone Franzosen mit den Munitionswagen, von den Preußen bedrängt, über die Felsen in die Tiefe stürzten. Durch den sogenannten Schacht kommt man an den buschigen Felsen hinab in das an allen Seiten steil abschüssige Tal mit seinen Schluchten und Klüften. Eine Menge Quellen rieseln da zusammen, wo damals das Blut der Flüchtigen unter den einschlagenden Kugeln der Preußen zur Felsalb floß.

Die *Schlacht bei Pirmasens* war eine der blutigsten des ganzen Revolutionskrieges. Auf dem Horeb und der „Husterhöhe" vor der Stadt nahm der Herzog von Braunschweig ein verdecktes Lager und warf im August 1793 die Franzosen vom Felsenbrunn und Ketterich bis Bitsch zurück. Die Höfe der Wasigenfirst und Schloß Lemberg wurden als militärische Stützpunkte besetzt und gegen die Angriffe der Franzosen behauptet. Nach verschiedenen Plänkeleien marschierten die Franzosen am 14. September von Bitsch nordwärts über die Felsalb auf die Zweibrücker Straßen und formierten nun ihre Angriffskolonnen von der Bärenhütte bei Nünschweiler gegen Pirmasens und die „Husterhöhe". Braunschweig beschoß die Straße gegen Fehrbach, und die Schlacht begann. Die Franzosen stürmten über die „Husterhöhe" gegen die Stadt an, wurden aber ins Blümelstal gedrängt, wo eben ihre Kavallerie aus dem „Schacht" hervorbrechen wollte. Die Verwirrung löste sich, die Reiter formierten ihren Angriff auf dem Schachberg, westlich vor der Stadt, und warfen, auf dem „kleinen Hübel" vorsprengend, die preußischen Husaren und Dragoner hart gegen die Stadtmauer. Jetzt aber manövrierten die Preußen rechts und links in die Flanken des Feindes; heftig beschossen, wichen die Franzosen bald in *wilder Flucht* und von den Husaren bedrängt, stürzten sie sich ins Blümelstal, wohin auch ihre Haubitzenbatterie von Fehrbach retiriert war. Die

Wagen stürzten über die Felsen hinab, das Pulver entzündete sich und furchtbare Explosionen vermehrten den Schrecken, indes die preußischen Geschützkugeln in die enge Schlucht einschlugen und die preußische Kavallerie zum Einzelgefecht in sie sprengte, um Tod und Entsetzen unter die Fliehenden zu bringen. Es war ein greuliches Gemetzel in der anmutigen Schlucht. Auf der Höhe über Winzeln, Gersbach und Dusenbrücken verfolgte der Prinz von Baden die Flüchtigen mit Kanonenfeuer, indes die preußischen Reiter kräftig einhieben. Die Franzosen verloren 4 000 Mann und viele Kanonen, die Preußen in allem 200 Mann.
Von Pirmasens über die Husterhöhe, Fehrbach, Höheischweiler, Nünschweiler führt die Straße westlich ins Schwarzbachtal, nach dem fünfeinhalb Stunden entfernten Zweibrücken.

2. *Die Bliesgegend*

Die südwestliche Ecke der Pfalz, gegen die Saar hin, bildete sonst den *Bliesgau*, der als nördlicher Abschluß Lothringens zur Diözese Metz gehörte. Das Gebiet der Saar und der Blies ist das eigentliche Westrich, dem man seit den ältesten Zeiten diesen Namen beigelegt hat. Es bildete einen großen Teil des einstigen Frankenreiches Austrasien, dessen Hauptstadt Metz an der Mosel war. Im Mittelalter sprach man von den „Edeln und Grafen des Westrichs", die oft vereinigt auftraten und dann eine große Rolle spielten. Sie erscheinen als gewaltige, rauhe Dynastien. Heute haben sich Bayern, Preußen und Frankreich, die sich am Zusammenschluß der Saar und Blies die Hände reichen, in dieses Gebiet geteilt, in dem vor der Revolution die Herzöge von Zweibrücken, dann die Fürsten von Nassau-Zweibrücken und Leyen ihre Hauptbesitzungen hatten. Man spricht wohl auch in geologischer Beziehung vom „*Blieskessel*" oder dem „Becken von Zweibrücken". Die Blies kommt vom Hochwald mit südlicher Richtung aus dem preußischen Gebiet in das bayerische. Der Mittelpunkt des Kessels ist da, wo sich die von allen Seiten herströmenden Bäche vereinigen, in dem herrlichen Wiesental von Zweibrücken bis Blieskastel. Das Merkwürdige dabei ist, daß, während der Hornbach von Süden aus dem Innern Lothringens nach Norden fließt, um bei Zweibrücken den Schwarzbach zu erreichen, die Blies eine Stunde westlich parallel mit dem Hornbach, nur in entgegengesetzter Richtung, von Norden nach Süden zur Saar sich wendet, die die gesammelten Gewässer zur Mosel trägt. Umschlossen wird der Blieskessel östlich vom Hauptzug der Vogesen, nördlich von der Sickinger Höhe und deren Fortsetzung bei Homburg und südlich von dem Bitscher Waldgebirge. Westlich umschließen den Kessel die Ausläufer des Winterhauchs und Hochwalds, das Kohlengebirge von St. Ingbert und Saarbrücken. Wenn die umschließenden Berge meistens den bunten Sandstein und den Kohlenstandstein zeigen, so zeigt der Boden im Innern des Gebietes und gegen die Saar hin besonders Kalk, der zum Teil die fruchtbarsten Weizenfelder, zum anderen Teil aber auch die dürrsten und unfruchtbarsten Höhen bildet. Im ganzen ist das Land viel milder und angenehmer als das „Hochland".
Die Neigung des Hauptflusses gegen Lothringen bestimmt auch den *Landes-* und *Volkscharakter*. Der Blieskessel ist nur der nördliche Abschluß Lothringens.

Homburg und Umgegend

Wir nähern uns dem Blieskessel, wenn wir aus dem Herzen des Landes mit der Eisenbahn von Kaiserslautern her über das Bruch an den Sickinger Bergen entlangfahren. Hinter Hauptstuhl berühren wir das Gebiet des Glans, wo einige Mühlen und der *Eichelscheidter Hof* im flachen Wiesengrunde stehen. Der Charakter des Hochlandes, rauhe Einförmigkeit, macht nach und nach größerer Abwechslung Platz, obgleich die Strecke der Kaiserstraße von Lautern nach Homburg überhaupt die unschönste der ganzen Pfalz ist, denn außer Landstuhl, das schnell in seinem Bergkessel verschwindet, ist kein einziger interessanter oder nur malerischer Punkt auf dieser ganzen Fläche. Von Vogelbach bis Homburg, auf einer Strecke von zwei Stunden, berühren Straße und Bahn nicht einmal ein einziges Dorf. – Eine Stunde vor Homburg gewinnt die Gegend einen anziehenderen Charakter; rechts gegen den Glan dunkle Laubwälder, links an den Höhen ein schöner Birkenhain, der Hof im *Königsbruch*, der Weiler Sanddorf an den Höhen, dabei der einstige Park mit den Resten des Karlsberges und von da an ein roter Bergrücken, der plötzlich jäh abstürzt und das Städtchen Homburg am Saume einer größeren Fläche zeigt.

Homburg liegt schön an seinem Schloßberg, der als der äußerste Vorsprung der Sickinger Höhe weit in das grüne Wiesenland sich ausstreckt. Es ragt besonders stattlich hervor die 1840 erbaute katholische Kirche in ihrem massiven Gestein. Ehemals war hier ein *Franziskanerkloster*, dessen Gebäude in eine Bierbrauerei umgewandelt ist. Das Städtchen hat Fabriken, große Gewerbstätigkeit und ist vorteilhaft für den Verkehr gelegen, an der wichtigen Kaiserstraße und den Straßen nach Zweibrücken, ins Bliestal und nach St. Wendel. Der Ludwigshafen-Bexbacher-Bahn, die über Neunkirchen den Umweg nach Saarbrücken macht, werden sich hier die Zweigbahnen von Zweibrücken und St. Ingbert anschließen. Der Gasthof „Zum Karlsberg" ist einer der vorzüglichsten der Pfalz.

Der Schloßberg zeigt auf seiner Spitze nur noch wenige Reste des alten „*Schlosses Homburg*" oder „Hohenburg", das schon im 11. Jahrhundert eine starke Feste war; 1679 wurde sie von den Franzosen erobert, stark befestigt und bei ihr die jetzige Stadt angelegt. Nun hieß sie „Hombourg la forteresse" und blieb eine *Hauptfeste*, auf der der Gouverneur und Intendant über alles eroberte Land zwischen dem Rhein, der Saar und der Mosel wohnte. Einigemal war Homburg auch im Besitz der lothringischen Herzöge und wurde im vorigen Jahrhundert eine pfalz-zweibrückische Stadt. Die Festungswerke der Franzosen waren schon früher geschleift worden.

In Homburg erschienen jene Journale und Flugschriften Wirths und Siebenpfeiffers, welche die Bewegung von 1832 vorbereiteten. Siebenpfeiffer war hier früher Landkommissär. Als Dr. Wirth am 22. April 1833 von Zweibrücken nach Kaiserslautern von der Gendarmerie abgeführt wurde, wurde in der Nähe von Homburg der Wagen vergebens von Bewaffneten überfallen, um den Gefangenen zu befreien.

Nordöstlich von Homburg liegen die Ruinen des berühmten Schlosses *Karlsberg*. Der letzte Herzog von Zweibrücken, ein Bruder des späteren Königs Max Josef von Bayern, ließ hier auf einem wüsten Berg diese Residenz erbauen, die selbst von Kaiser Joseph II. als ein Wunder angestaunt wurde. Die Tränen der unglücklichen Untertanen klebten an diesem Sitz der ausgesuchtesten Pracht und der wollüstigen Üppigkeit. Ungeheuere, lange Schloßgebäude, kostbare Kasernen und Marställe, Hundeställe und Wildbahnen bedeckten Berg und Umgegend. 1 500 Pferde, 800 Hunde, mehr als 1 000 Katzen aller Gattungen, Tausende ausländischer Vögel und Tiere, sechs Bären im Schloßzwinger wurden hier mit der größten Sorgfalt ernährt, während das Volk hungerte. Ganze Menschenfamilien aus den verschiedensten und fernsten Zonen hatte man im Park untergebracht, wo sie unter dem nämlichen Gesträuch, umgeben von denselben Tieren und den gleichen Wohnungen wie in ihrer Heimat wohnten. Eichbäume waren umflochten und in den Riesenbauern schrien Hunderte von Kanarienvögeln. Maitressen, Kämmerlinge, Jäger, Hundejungen und ein ganzer Troß von Taugenichtsen zehrten das Mark des Ländchens auf. Die Kosten der Herstellung des Karlsberges schätzte man auf 14 000 000 Gulden. Der Druck auf das Volk war unerträglich. Wer, von einem Hund angefallen, diesen unsanft zurückwies oder sich am Wild vergriff, das die Saaten zerstörte, wurde als der ärgste Verbrecher bestraft. Bei den alljährlichen, vierzehn Tage langen Jagden mußten die Töchter des Landes mittreiben, und waren sie nicht den Wollüstlingen des Hofes zu Willen, wurden sie mit Peitschen von den Hundejungen schrecklich mißhandelt.

Da rief Gott sein *Strafgericht* über diese fürstliche Wirtschaft des vorigen Jahrhunderts herauf. In der Nacht des 9. Februar 1793 stürmten die Franzosen auf der Kaiserstraße gegen Homburg, überfielen den Karlsberg, und kaum kam der Herzog noch aus dem Bett in den Wagen. Die kräftigen Grauschimmel brachten ihn bald aus dem Bereich der Republikaner, die ihn auf der Kaiserstraße gegen Landstuhl hin verfolgten, aber nur noch die Laternen des Wagens aus dem Wald schimmern sahen. Der Herzog entkam nach Mannheim, die Franzosen aber warfen Pechkränze in diesen feenhaften Fürstensitz; ein mächtiges Opferfeuer beleuchtete das ganze Land – und das Volk jubelte. Nur noch wenige Mauersteine sind noch vom Karlsberg übrig.

Aus den Wiesengründen und mächtigen Bäumen des Karlsberges erheben sich die Häuser des stattlichen *Karlsberger Hofes,* wo sich jetzt eine bedeutende Landwirtschaft befindet. Weiterhin dehnt sich der frühere Park und unfern steht die *Karlslust* im reizenden Buchenwald, jetzt ein Vergnügungsort für Homburg und Zweibrücken. Von der schönen Fasanerie der Herzogin ist nichts mehr übrig als Hag und Wald.

Wenn man von diesen Höhen über die Straße und Eisenbahn hinsieht, fliegt der Blick über das Königsbruch in den Wiesengrund des Erbaches, der aus den Waldgründen des Höcherberges herabkommt, über die Dörfer Erbach und Reiskirchen nach *Jägersburg,* wo einst zwei herzogliche Jagdschlösser gestanden waren, von denen das eine eine Ruine, das andere noch heute die Wohnung des Revierförsters ist. Weiter links zieht sich ins preußische Gebiet die Eisenbahn nach den drei Bexbacher Dörfern mit ihren Steinkohlengruben am Höcherberg. Bei *Limbach* führt eine schöne Brücke über die Blies und in der Nähe des großen Weihers fanden sich oft schon römische Münzen. Dort berührt die Eisenbahn den Lapretschen Hof, den der einstmalige Gouverneur von Homburg, Marquis de la Breteche, baute, um hier mit seinem hölzernen Bein auszuruhen.

Durch die Ausläufer der Sickinger Höhe zieht das sehr sumpfige *Käshofer Tal* zwischen waldigen und öden Höhen hinter dem Karlsberg nach Süden. In ihm zwischen Kirrberg und der Karlslust, sieht man des *„Reiterbrunnens“* bodenlose Vertiefung, in die einst ein von den Kroaten verfolgter herzoglicher Reiter stürzte und verschwand. Weiße Gestalten, Nixen, die ihm gewinkt hatten, sieht man, nach der Sage, noch öfters dort. *Kirrberg* liegt malerisch im moosigen Grunde zwischen felsigen Talrändern, in die Kartoffelkeller eingegraben sind. Östlich über die „Käshofer Höhe“ führt vom „Rosenkopf“ her die Sickinger Landstraße nach Zweibrücken. Jenseits derselben senken sich die schluchtartigen Seitentäler des *Wiesbacher Tales* mit ihren malerischen Dörfern in das Höhenland. Die Gegend trägt hier noch den Charakter der Sickinger Höhe.

Wie heimelig, traut und hübsch diese Täler sein können, zeigt das *Schauertal,* trotz seines schauerlichen Namens ist es ein stiller Grund mit einem Bächlein zwischen Busch und Felsen und übergrasten Talhängen. Hoch auf dem Talrand gewahrt man den Großbundenbacher alten gotischen Kirchturm; tiefer am rasigen Talhang die wenigen Trümmer der *Burg Bundenbach,* deren Mauern von Obstbäumen umgrünt sind, indes terrassenartige Anlagen den Abhang schmücken. Die kleine Feste gehörte einst den Grafen von Saarwerden, fiel dann an Zweibrücken und später an die Pfalz. Man kommt bald zu den ruinösen Hütten im „Ochsengrund“, worauf das Dorf *Morsbach* erscheint, das sich malerisch bis zur Straße der Käshofer Höhe emporzieht, von wo man über den *Kreuzberg* nach Zweibrücken hinunter oder in einer öden Schlucht nach Kirrberg und Homburg zurückgelangt.

Kaum werden wir die Eisenbahn von hier nach Zweibrücken benutzen. Der Weg ist eine Fußpartie wert. Die Straße steigt etwas bergan; rechts drüben auf einer öden Anhöhe erscheinen die weithin zerstreuten armseligen Hütten des Dörfchens *Beeden*, über ihnen ein verwitterter Turm; dann überrascht uns ein herrlicher Anblick, da wo der prächtige Wiesengrund des Blieskessels sich vor uns auftut. Hier liegt das Dorf Schwarzbach, hinter ihm liegen herrliche Wiesen, zahlreiche Meierhöfe und hoch über dem Tal die alte Klosterruine von Wörschweiler auf waldigem Berg. Wir sind in eine mildere und schönere Landschaft gekommen und man merkt, daß man sich einer ehemaligen Residenz nähert.

Zweibrücken

Rechts bleibt der Hof Gutenbrunn, unten im Wiestal, wo Schwarzbach und Blies sich treffen, Ingweiler und die „Bierbacher Aue" liegen, indem wir uns im Tal hinanwenden, aus dem der Schwarzbach kommt, an herrlichen Landsitzen vorüber nach Ernstweiler: wir stehen vor Zweibrücken, dessen Anblick nichts Überraschendes hat, während seine Lage im breiten Wiesengrund des Schwarzbaches rings von sanften, wohlangebauten Höhen umgeben, freundlich und ansprechend ist.

Zweibrücken (Bipontum), von den Franzosen Deux-ponts genannt, ist eine offene, hübsche Stadt; früher die Haupt- und Residenzstadt der Pfalz. Es garnisoniert ein Regiment Chevaulegers hier. Das früher so berühmte *Zweibrücker Gymnasium* existiert zwar noch, aber die Zeiten sind vorüber, wo die Editiones Bipontinae der griechischen und römischen Klassiker, welche die hiesigen Gelehrten Exter und Embser besorgten, der Stadt einen großen Namen in der philologischen Welt erwirkten. Damals wirkte noch Crollius in der vaterländischen Geschichte und Gelehrte wie Faber, Tremillius und andere mehr. Die Zweibrücker Juristen haben seitdem sich ebenso große Namen erworben wie jene Gelehrten im vorigen Jahrhundert; hat doch Zweibrücken dem Mutterland den Justizminister Heinz geliefert, in der Zeit, wo es galt, das Eisen frisch zu schmieden. Bayern hat ihm das Schwurgericht zu verdanken. So ist Zweibrücken in mancher Hinsicht die hervorragendste Stadt der Pfalz und deren zweite Hauptstadt. Bei französischem Recht herrscht hier in vielem auch *französischer Ton*, und das soziale Leben ist nirgends in der Pfalz so ausgebildet und so angenehm als hier. Dafür heißt die Stadt wohl auch das „Pfälzische Klein-Paris".

Zweibrücken ist die *Wiege des bayerischen Königshauses* und brachte manchen kräftigen Sproß hervor. Schon Ludwig der Schwarze war der einzige würdige Gegner seines siegreichen Vetters, des „bösen Fritz" von der Pfalz. Ein anderer Ludwig kämpfte vor allen deutschen Fürsten tapfer für Kaiser Karl V. gegen Frankreich und war der erste Reichsfürst, der die Reformation in seinem Lande einführte. Sein Sohn Wolfgang durchzog mit einem Heer Frankreich von einem Ende bis zum anderen, um dessen König die Duldung seiner protestantischen Untertanen mit dem Schwert abzuzwingen. Auf diesem Zug starb er; er hinterließ in seinen Söhnen die Stifter aller späteren wittelsbachisch-pfalzgräflichen Linien. Wurden doch später zweibrückische Herzöge Könige von Schweden und *Karl Gustav* und *Karl XII.* machten den ganzen Norden erzittern. Als der letzte Zweibrücker Herzog in der Fremde starb, war auch Prinz Max, dessen Bruder, als französischer Offizier emigriert; er erbte ein Herzogtum, wohin er nicht zurück konnte. Vier Jahre später aber wurde er Kurfürst von Pfalzbayern und bald ein König, dem zuletzt auch noch sein zweibrückisches Stammland wieder zufiel. Was das pfälzische Blut durch „Max den Guten" in Bayern wirkte, ist bekannt.

Die Residenz der Herzöge, das Schloß am großen Platz mit seinen Roßkastanien-, Linden- und Akazien-Alleen, ist aus seiner Zerstörung durch die Franzosen (1793) teilweise wieder hergestellt, ein Flügel zur katholischen Kirche hergerichtet, ein anderer

Sitzungslokal des Appellationsgerichtes und Absteigequartier des Königs. Beim Schloß nennt man eine Stelle die „*Rosentreppe*“, von der man die Sage von „Elisabeths Rosen“ wiederholt. Auf der Rückseite, im ehemaligen Schloßgarten mit seinem „Napoleonskanal“, der die Stadt vor Überschwemmungen schützen soll, ist jetzt der Exerzierplatz, nahe dabei in einem Schloßgebäude das berühmte Landesgestüt oder der *Harras*, wo die prächtigsten Hengste aus allen Ländern gepflegt werden.

Dem Schloß fast gegenüber steht die *Alexanderkirche* im späteren gotischen Stil, eben kein imposanter Bau. Herzog Alexander der Lahme ließ sie 1496, nach seiner Rückkehr aus Palästina, erbauen. Die Kirche erzählt von den früheren Leiden der Stadt, die sich im Dreißigjährigen Krieg lange gegen die Kaiserlichen verteidigen mußte, bis sie beim zweiten Angriff durch Gallas der Barbarei der Kroaten anheimfiel. 1675 ließ Louis XIV. das Schloß demolieren und den Turm der Alexanderkirche in die Luft sprengen, so daß er im Niederfallen die Kirche zerschmetterte. Nach dem Frieden wieder aufgebaut, zeigt die Kirche, wie damals der architektonische Schönheitssinn schon erloschen war. Die Karlskirche ließ Karl XII. von Schweden den Lutheranern erbauen. Wenn wir nun noch die berühmte Dinglersche Maschinenfabrik und Lindemanns Glockengießerei besehen haben, so sind wir mit den Merkwürdigkeiten der Stadt zu Ende.

An Spaziergängen ist die Stadt reich; der *Kreuzberg* mit den Gärten und Weinstöcken seiner Halden beweist, wie mild hier schon das Klima ist. Ein lieblicher, heimeliger Grund ist das „*Judental*“ oder „Gutental“. Östlich der Stadt steht das ehemalige Beguinenklösterlein *Marienstein*, dessen Gebäude in neuerer Zeit in ein Bürgerspital verwandelt wurde.

Für den schönsten Punkt in der Nähe Zweibrückens gilt die Anlage „*Tschifflick*“. Man gelangt dahin auf der Straße am Schwarzbach hinan, der von Osten her die Landschaft durchfließt. Bei der „Tschifflicker Mühle“ zieht rechts in den Galgenberg ein angenehmer Grund voll grüner Wiesen, stiller Haine und mit den Ruinen von Pavillons, „Prinzenhäuser“ genannt. Einst erhoben sich hier Gebäude im orientalischen Geschmack, Terrassen, die zu tiefgelegenen Weihern führten; und auf dem Wasser schwammen Schwäne. Der kleine Wiesenbach stürzte damals inmitten der Anlagen von den Höhen herab. Alle diese hingeschwundenen Herrlichkeiten waren das Werk des „philosophischen Königs“, wie ihn seine Zeit nannte, *Stanislaus Leszynskys von Polen*, dem der bärenkühne Karl XII. von Schweden in Zweibrücken Schutz gewährte, ja sogar das Herzogtum als Apanage gab. In der Stadt baute er nach orientalischem Geschmack die Maximilianstraße; hier aber schuf er sich dies Asyl, das er nach seinem Lieblingsaufenthalt bei Bender „Tschifflick“ nannte. Er griff mit den Seinigen selbst mit an beim Aufbau dieser Anlagen und wohnte nun hier in philosophischer Ruhe. Nur jener meuterische Anfall einiger junger sächsischer Offiziere störte auf kurze Zeit dieses beschauliche Familien- und Regentenleben. Seine Tochter Maria pflanzte damals in diesen Gärten ein Kirschbäumchen, das zusehends wuchs; später, als Königin von Frankreich, ließ sie sich jedes Jahr von den Früchten des Kirschbaumes im Tschifflick nach Versailles schicken und gedachte dabei wohl der glücklichen Jugendzeit. Bei den Ruinen steht jetzt ein Fohlenhof, wo junge Pferde im Freien gezogen werden.

Bei der „Tschifflicker Mühle“ erreichen wir wieder das Tal des Schwarzbachs oder Erbachs, der von Osten herkommt. Gegenüber, am „Brudertelgen“, mündet der Wiesbach von der Sickinger Höhe her bei Niederauerbach. Weiter nach Osten käme man mit der Straße nach *Contwig*, einem 1500 Einwohner starken Dorf, wo 1635 der Pfarrer Gelan beim Austreten aus der Kirche von den Kroaten ermordet wurde. Das berühmte Stahlhammerwerk ist, wie die Mineralquelle „Guttenbrunn“, eingegangen, letztere durch einen Bergsturz verschüttet.

Mehr als diese Dörfer sind jene westlich von der Stadt die Belustigungs- und Vergnügungsorte der Zweibrücker, wo die Kirchweihzeit bis zur Neige genossen werden muß.

Da geht man auf der Bitscher Straße hinüber nach *Ixheim,* das in der Mündung des Hornbacher Tales liegt. Hier grub man eine Römerstraße, eine Wasserleitung und ein Laboratorium nebst vielen Münzen aus. Der verwitterte alte Turm der Pfarrkirche überragt noch das heitere, schöne Dorf. Ehe man nach Ixheim einlenkt, reizt das freundliche *Bubenhausen* zur Einkehr, das sich jenseits des üppigen Wiesengrundes malerisch um den Fuß der Höhen gruppiert. Es ist der Lieblingsort der Zweibrücker. In seinem Steinbruch findet man im bunten Sandstein, der hier das Gebirge bildet, ausgezeichnete, wahrhaft klassische Petrefakten. Durch die schöne Vorstadt wandern wir jetzt *Ernstweiler* zu, das, diesseits des Tales an die Felsenhöhen sich lehnend, da beginnt, wo das letzte Haus der Vorstadt aufhört. Diese Vorstadt mit ihren sich völlig ähnlichen Häusern wurde im vorigen Jahrhundert von Herzog Christian gebaut und verlost. Jeder Beamte mußte sich ein Los nehmen und kam so, mochte er wollen oder nicht, zu einem Haus. Das „Ernstweiler Tälchen", das mit felsigen Rändern in den Kreuzberg zieht, ist ungemein reizend und malerisch. Wir kommen am *Kaplaneihof* vorüber, einem prächtigen Landsitz mit Parkanlagen. Jenseits erscheint auf der Höhe der Rosenhof, mit wundervoller Lage und Rundsicht. So kommen wir nach *Einöd.* Unten, im weit sich öffnenden, prangenden Wiesengrund, fließen Blies und Schwarzbach zusammen und wenden in das Tal nach Süden. Das Dörflein Ingweiler duckt sich in den Wiesengrund. Dort unten im Tal bei Einöd ist der „Teufelsbrunnen", ein unergründlich tiefes Wasserloch, in dem einst der Teufel mit einem Mädchen auf dessen Hochzeitstag verschwand. Das Fenster des Hauses, durch das der Tanz geschah, wurde zugemauert, und es ist noch zu bis auf den heutigen Tag.

Mittleres Bliestal oder Blieskessel

Hier, wo sich Schwarzbach, Hornbach und Blies treffen, zwischen Zweibrücken und Blieskastel, ist der eigentliche Blieskessel. Die breite Wiesenau, die wir hier überschauen und die wie ein dreistrahliger Stern nach drei Seiten hin sich öffnet, ist ein Prachtstück in seiner Art, die Berge weder hoch noch grotesk, aber die Landschaft gar reizend, freundlich und belebt durch schöne Dörfer und Höfe, die aus dem blumigen Wiesenplan und von den waldigen Halden schauen. Der breite Plan scheint nach allen Seiten geschlossen, da die waldigen Anhöhen vorspringen und eine grüne Mauer ringsum bilden.

Die Ruinen der *Abtei Wörschweiler* in der Mitte zwischen Homburg, Blieskastel und Zweibrücken und von jeder Stadt eine Stunde entfernt, krönen die Spitze eines ziemlich hohen, waldigen Bergvorsprungs, der sich schroff gegen das Dorf Schwarzenbach absenkt. Unten ruht der Hof Schwarzenacker am Saum des Bliesgrundes, ein schöner Landsitz des Grafen Saporta, und ihm gegenüber, am Fuße des Klosterberges, *Ober-* und *Unterwörschweiler.* Das Kloster steht auf den Resten altrömischer Bauten; hier machte wohl ein heidnischer Tempel einem christlichen Platz. Ein Graf von Saarwerden gründete die Abtei zur Zeit der Kreuzzüge. Als sich die Mönche „auf die lüderliche Seite legten", erhielten die Zisterzienser das reiche Kloster, legten sich aber bald auch selbst auf die Seite. Da stürmten 1525 die „Westricher Rundköpfe" die reiche Abtei und ließen sich's wohl sein, bis Herzog Ludwig II. von Zweibrücken als Schirmvogt herbeieilte und sie mit eigener Faust austrieb. Der Herzog aber schaffte der Reformation Eingang, und als der *Abt Seidenschwanz* 1538 mit den Kostbarkeiten des Klosters nach Kaiserslautern fliehen wollte, wurde er verhaftet und auf die nahe Feste Kirkel gebracht. Nun kam es zwischen Zweibrücken und den Grafen von Saarwerden zu einem langwierigen Prozeß, den zuletzt der Zufall schlichtete. Im März 1614 ließ der damalige Schaffner Rothfuchs das Gebüsch am Abhang des Berges anzünden, um die hier hausenden vielen Schlangen zu vertilgen. Ein Windstoß trieb die Flamme über die Klostermauern und die herrliche Abtei lag bald in Schutt und Asche. Der ursprünglich romanische Bau zeigt noch heute eine schöne Fensterrose an der Abteikirche. Das stolze Kapitelhaus überragt ein gebrochener Turm. Einzelheiten zeigen auch den gotischen Stil. An die Ruinen lehnen sich jetzt friedliche Häuser eines Meierhofes und das idyl-

Die Überreste der Abtei Wörschweiler weisen gotische, romanische und auch Formen des Übergangsstiles auf

lische, friedliche Leben der Gegenwart hat sich in die Trümmer der romantischen Zeit eingenistet. Die Aussicht von der Höhe ins friedliche Bliestal ist wahrhaft schön. Westwärts überblickt man den St. Pirmanswald gegen Kirkel.

An der Südseite führt von der „Glashütte" eine anmutige Waldschlucht ins Bliestal herab, die von einer Quelle durchrieselt wird: *„Guten Brunn"*. Im 17. Jahrhundert waren oft 500 Kurgäste hier. Anlagen und Badehäuser wurden errichtet; Herzog Gustav Samuel baute hier 1723 eine schöne Kapelle und ein Schlößchen, das er seiner geliebten Louise Hoffmann von Zweibrücken zu Ehren *Louisental* nannte. Aber alle Herrlichkeiten gingen unter in der Französischen Revolution. Nur die Kapelle steht heute noch, und in neuerer Zeit errichtete man an diesem reizenden Punkt ein neues Badehaus.

Wenn man den Weg südlich am Saum der Wiesen des Bliestales und der waldigen Anhöhen, an der Mündung des Schwarzbaches vorüber, einschlägt, ist man bald in *Bierbach*. Die Lage im blumigen Wiesenplan, vor einem Seitental des St. Pirmanswaldes, könnte nicht reizender sein und nicht umsonst gilt die „Bierbacher Aue" für den schönsten Wiesengrund der Pfalz. Zur Zeit der Überschwemmungen, wenn die zusammenströmenden Fluten der Täler in fürchterlicher Gewalt miteinander streiten, liegt Bierbach wie eine Insel in einem wogenden See. Bierbach ist auf zertrümmerten Römerkolonien erbaut. Das nahe *Lautzkirchen* vor Blieskastel liegt mit seinen altertümlichen Erkerhäusern da, wo die Flüßchen des Alschbacher- und Würzbacher Tales in die Blies münden und ein dritter Bach aus dem Weiher bei Kirkel durch den St. Pirmanswald herabrieselt.

Blieskastel, das römische castrum ad Blesam, hat eine wirklich reizende Lage. Um das so ganz zu empfinden, sollten wir eigentlich auf der Zweibrücker Straße, jenseits der Blies, dem Städtchen entgegenwandern, nach dem großen und reichen Dorf *Webenheim*, das mit vorzüglichem Acker- und Wiesenbau in der Nähe von Zweibrücken und Blieskastel viel Verdienst hat, gleich dem südlicher gelegenen Dorf *Mimbach.* Beide liegen Blieskastel gegenüber, durch die Bliesbrücke mit dem Städtchen verbunden, das sich von hier ungemein reizend und malerisch ausnimmt. Die Häuser liegen im Tal und am Berg, auf dem sich die ausgedehnten Ruinen des ehemaligen Schlosses und hohe Kirchtürme zeigen. Blieskastel ist einer der schönsten Punkte des Westrichs und ein sehenswertes, altes Städtchen. Die Französische Revolution griff störend in das Gedeihen des Städtchens ein, denn bis dahin war es die *Residenz der Grafen von der Leyen* und die Hauptstadt eines reichen Ländchens im schönen Bliesgau.

Auf den Trümmern römischer und keltischer Kultur erstand unter den fränkischen Königen hier die *Burg der Grafen des Bliesgaues.* Lothringen und Metz stritten sich später um den Besitz, bis Trier es erhielt und Kastel zuletzt an die Herren von der Leyen verlieh. Damian Hartmann von der Leyen, Kurfürst von Mainz, baute die oft zerstörte alte Burg zu einem herrlichen Residenzschloß um. Im Revolutionskrieg floh die letztregierende Gräfin Anna Maria von der Leyen, eine geborene Dalberg (1793), und das Schloß sank unter den Brandfackeln der Franzosen in Asche, so daß nur noch wenige ausgedehnte Ruinen sich über das Städtchen erheben. Die Grafen, nun Fürsten von der Leyen, gehören jetzt zu dem höchsten Adel Bayerns. Hinter der Schloßruine befindet sich auch die Ruine des Franziskanerklosters. Sehenswert ist die Pfarrkirche, sowie die Kapelle, die von ihrer stolzen Höhe herab eine reizende Aussicht auf die schöne Umgebung und ins grüne Tal gewährt.

Südlich von Blieskastel, gegen Blickweiler hin, bemerkt man am Abhang des Berges eine Gartenanlage, sehenswert wegen ihrer römischen Altertümer, die in der Gegend gefunden wurden. In ihrem ganzen Lauf, vom Ursprung im Hochwald an bis zur Saar, bespült die Blies die Rudera uralter Ansiedlungen, keltischen und römischen Ursprungs. Auf der Alschbacher Höhe, an die sich das Städtchen anlehnt, finden sich heute noch die *Grundmauern eines römischen Tempels;* da fand man schon oft Merkur-Altäre, Denksteine und Götterfiguren. Nicht weit davon, bei Lautzkirchen, fand man auf dem sogenannten Breid einen *Jupiter* en bas-relief in Lebensgröße. Die reichlichste Ausbeute lieferte jedoch Bierbach, wo man auf Fundamente und Bruchstücke von Schnecken, *Sphinxen,* Säulen und Kapitälen von der reichsten Verzierung stieß. Steinskulpturen, die kämpfende Gladiatoren und andere Szenen darstellten, brachte man von dort hierher, dann den „Kampf des Herkules mit dem nemäischen Löwen", dessen „Bändigung des Cerberus"; andere Bildwerke, wie die „Erkennung des Achill durch Ulysses", „Diana im Bade und Actäon", „Andromeda mit dem Kopf des Meerdrachen" nebst vielen Säulen und Gesimsen umgaben einen eingefaßten Brunnen bei Bierbach und über demselben mochte die *Rhea* gestanden haben, deren ausgezeichnet schönen Kopf man ebenfalls gefunden hat. So stand aller Mutmaßung nach dort ein prächtiges römisches Bad. Vorzüglich lieferte auch der Klosterberg von Wörschweiler viele Altertümer und am „Gutenbrunnen" fand man in einer Urne 600 römische Münzen. *Schwarzenacker* am Fuß des Berges lieferte Münzen, „genio populi romani" gewidmet, dann manche Fibula, einen Imperator triumphator, einen Jupiter von Bronze (die nämliche Figur, wie sie die herculanische Sammlung enthält) und viele andere Gegenstände. Schon Schöpflin in der Alsatia illustrata beschreibt ein hier entdecktes *Römerbad.* Auch in Wolfersheim, Blickweiler, Breitfurth, Mimbach wurden Altertümer entdeckt. Wie vieles mag aber die Erde noch decken?

Aber auch Altertümer, die aus der Kulturepoche vor oder nach den Römern stammen, zeigt die Umgegend; so bei Blieskastel eine jener rätselhaften Steinsäulen, die das Volk „Teufelssteine", „Kunkeln", „Spillen" und „Spindelsteine" nannte. Es ist der *Gollenstein* oder „Goldenstein" auf der Höhe gegen Alschbach. Er ist 21½ Fuß hoch über der Erde, 4 Fuß breit und steckt noch tief im Boden. Die Masse ist roter Sandstein. Der Gollenstein ist der höchste unter den bekannten Säulen dieser Art auf den Vogesen.

Viele halten ihn für einen alemannischen Grenzstein, andere für einen altkeltischen Menhir, dem Druidenkult geweiht, wie viele ähnliche in Wales und in der Bretagne. Solche Steine stehen immer in der Nähe von Trümmern uralter heidnischer Bauten. Die oft wiederkehrende Benennung „Spille“ oder „Spilstein“ könnte auch auf altdeutsche Gerichtsplätze, „Spilorte“, „Spilplätze“ deuten. Manche unheimliche Sage geht von dem Stein.

Das frühere Gebiet der Grafschaft Leyen heißt heute noch *„Im Leyenschen“*; sie nahm die ganze südwestliche Ecke der Pfalz zwischen Lothringen und Rheinpreußen ein. Das „Leyensche“ ist heute noch ausschließlich katholisch. Die Blies macht die konfessionelle Grenze, jenseits derselben liegen die früher zweibrückischen protestantischen Orte. Das Leyensche ist nördlich vom Waldgebirge bedeckt, im südlichen Teil gegen die Saar hin viel flacher und auf dem treibkräftigen Kalkboden voll der herrlichsten Weizenfelder. Dort liegen wohlhabende Bauernorte nahe beisammen in den grünen Mulden des wellenförmigen Landes. Ist doch dieser Teil des Westrich so stark bevölkert wie die vorderpfälzischen Gaue, da 8 000 Einwohner auf die Quadratmeile kommen.

Von Blieskastel aus führt die Straße bergan nach *Biesingen*, um von da über die fruchtreiche Hochfläche nach der lothringischen Grenzstadt Saargemünd zu ziehen. Die „Biesinger Höhe“ ist etwa 1 100 Fuß hoch und birgt Altertümer wie die ganze Umgegend. Auf diesen Hochfeldern fand am 17. November 1793 das entscheidende Treffen statt, das den Herzog von Braunschweig zum Rückzug nach Lautern nötigte. Die Franzosen stürmten unter dem feurigen Hoche von Saargemünd her gegen die „Biesinger Höhe“; ein Viereck ums andere, das die Preußen bildeten, wurde durchbrochen, mit dem Bajonett wurden die Redouten im fürchterlichen Kanonenfeuer erstürmt und 25 Kanonen erobert. Die Preußen zogen sich nach Blieskastel hinab, verteidigten noch einmal den Paß an der Blies, und der Kanonendonner widerhallte fürchterlich im Tal; dann zogen sie über die Zweibrücker und Homburger Höhe gegen Lautern.

Über Wittersheim und Bebelsheim, an der *Ormersheimer Flurkapelle* vorüber, zieht die Straße durchs reiche Gefilde und rechts und links in Obstgärten versteckt, auf den Höhen oder in stillen Gründen, liegen friedliche Dörfchen, so das heimelige Selbach, wo ein alter Bischof von Metz begraben liegt. In diesen Orten ist *lothringisches Wesen* schon ziemlich vorherrschend und der Dialekt zeigt besonders alemannische Elemente. Das ei ist schon ein bloßes i, Wein Wi‘, Rhein Rhi‘, usf.

In dem Tälchen von Ballweiler liegt der Hof *Wecklingen*, die alte Burg der Junker „Elz von Wecklingen“; er zeigt noch heute schöngewölbte Keller und einen von schönen Säulen getragenen Torbogen. Das Geschlecht erlosch erst im vorigen Jahrhundert und zwar, wie das Volk erzählt, auf folgende tragische Art: Der letzte Junker war mit seiner Familie protestantisch und besuchte die Kirche zu Mimbach, jenseits der Blies. Da fuhr einmal der Kutscher die Herrschaft über Blickweiler zur Kirche, als gerade der Fluß sehr angeschwollen und die Furt nicht mehr zu passieren war. Der Kutscher weigerte sich, der Junker Elz befahl, überzufahren. „Nun denn in Gottes Namen!“ sagte der Kutscher. – „In Teufels Namen, fahr zu!“ herrschte der Junker – und die Pferde sprangen in die Flut. Da schlug aber die Kutsche um, die ganze herrschaftliche Familie ging unter und nur der Kutscher rettete sich.

Im anmutigen Grund, am Bächlein entlang, ist *Blickweiler* bald erreicht; an seinem alten Kirchturm finden sich altheidnische Figuren. Es steht am Fuß des „Heidenbühls“, auf einer Anhöhe am Rande des Bliestales. Unterirdische Gänge ziehen unter dem Dorf weg, in denen man viele Urnen findet, Steinhügel und Heidengräber stehen im Feld und auf der Biesinger Höhe. Blickweiler gegenüber, am Fuß der waldigen Anhöhen von Mimbach, Breitfurth und Bliesdalheim, jenseits der Blies, fand sich ein Heidenhügel mit dem *„Grab der Heidenprinzessin“*. Die ganze Gegend ist reich an archäologischem Interesse. Im Bliestal gelangen wir ins Städtchen zurück.

Nun führt uns die Straße nach St. Ingbert, über Lautzkirchen in eine von der seither durchwanderten ganz verschiedene Landschaft, am Würzbach hinan, westlich durch ein breites Waldtal nach dem romantischen *Niederwürzbacher See.* Waldige Berge schließen ihn ein und spiegeln sich mit den Landsitzen, Höfen und Mühlen in dem von Erlen und Weiden umbuschten Wasser. Da wo der Würzbach aus dem See über das Wehr braust, klappert eine Mühle; weiterhin stehen Höfe, Ökonomiegebäude, die einst zu den Anlagen und Bauten gehörten, welche die Grafen von der Leyen hier errichteten. Da stand vor einigen Jahren noch links auf dem Bergvorsprung die schöne *Ruine Philippsburg,* noch ziemlich wohl erhalten, mit spitzen Türmen und stolzen Fensterreihen. Bis zu unseren Tagen bildete sie den Lieblingsausflug der Zweibrücker und Blieskasteler; an Sonntagen wurde hier geschmaust und getanzt und die Knappschaft von St. Ingbert spielte häufig an dem schönen Ort. Am Fuß der Ruine sehen wir die in Meiereien umgewandelten einstigen Lustschlösser „Mon plaisir" und „Bonvoisin", diesen gegenüber den Hof *St. Anna,* weiterhin andere Höfe und Ruinen. Um die Südseite des Weihers führt die Straße von St. Ingbert, ein Weg über die „Rittersmühle" am „Glashüttenhof" vorüber nach Oberwürzbach, rechts die

Die Ruine der Burg Kirkel bietet vielen Bettlern Unterschlupf

Straße in eine Schlucht, an deren Eingang der *Rittershof* gleich einer Festung auf der Höhe steht, bekannt durch seinen Eigentümer, Herrn Villeroi, der sich durch seine landwirtschaftlichen Schriften einen Namen gemacht hat. Weiter im rauhen Gebirgsland liegt *Hassel,* ein elendes Dorf, wo Berthold von Bucheck, Bischof von Straßburg, 1337 gefangengenommen und nach Kirkel geschleppt wurde. Wer nicht nach St. Ingbert will, der wendet sich nordöstlich durch den Wald beim Hof „Geiskirch" östlich von *Rohrbach* zur Kaiserstraße, die von St. Ingbert über Neuhäusel an der Ruine Kirkel vorüber nach Homburg führt.

Die *Burg Kirkel* liegt am Saum des „Pirmanswaldes" an der Kaiserstraße bei Neuhäusel, auf einem abgerundeten Hügel, um den sich die zerstreuten Hütten des Dörfchens Kirkel gruppieren, als mächtige Ruine mit hohen Türmen auf einem Vorsprung des Giegels- oder Hirschberges. Ihr Name („Circella") soll von den Römern stammen, die hier ein Kastell hatten. Der Herzog von Zweibrücken, Alexander der Lahme, nahm hier seinen älteren Bruder Kaspar gefangen und ließ ihn in einer Burg auf dem Hunsrück bis zu seinem Tode schmachten. Im Dreißigjährigen Krieg wurde Kirkel durch die Schweden hartnäckig gegen Gallas verteidigt, 1677 stürmten sie abwechselnd Franzosen und Deutsche, bis sie 1689 unterging. Ihre schönen Ruinen schmücken die Landschaft, indem sie sich in dem kleinen See spiegeln, der der Gegend einen besonderen Reiz verleiht. Von der Burg ist ein schöner Blick in die Wildnis des Pirmanswaldes gewährt, sowie nach dem umliegenden Gebirge. Prächtige, frische Laubwälder ringsum. In den mächtigen Gewölben haben sich Scharen von Bettlerfamilien eingenistet. Es sieht schauerlich da unten aus. – Das pfälzische Wappen und die *Inschrift über dem Burgtor* ließ Herzog Johann I. anbringen. Letztere heißt:

„Hilderich, der Frankenkönig war
vor mehr denn dreizehnhundert Jar,
Der aus Rath ein's der Hildegast hieß,
Die drey Frösch in seynem Schild verlies.
Dafür in's Panier den Lewen gut
Nam, des Hinterteil sich krummen thut,
Gleichwie ein Schlang, um des Adlers Hals,
Darmit anzuzeigen gleiches falls,
Daß der Franken Lewenhertzen frey,
Manheyt und rechte Klugheit darbey,
Nach Gottes Wille mit Krieges Macht
Sollten bezwingen der Römer Pracht,
Wie dann hernach geschehen ist.
Nachdem der Adler entflogen ist,
Frankreich Lilien zum Wappen nam,
Der gekrönte Lew blieb den Pfalz Stamm.
Gott erhalt die Pfalz beim Lewen gut
und dieß Hauß allzeit in seiner Hut.

Anno Christi MDXCVII."

Man meinte damals, im Wappen der Franken seien ursprünglich drei Frösche oder Kröten gewesen, bis der Priester und Wahrsager *Hildegast* seinem König Anno 224 vor einer Schlacht den Löwen anriet, dessen Schweif sich um einen Adler schlingt. Nach Vertreibung der Römer soll aber Chlodwig dieses Wappen, sowie die für urheidnisch gehaltenen Kröten gegen drei goldene Lilien vertauscht haben, während den Pfalzgrafen, den Nachkommen der sicambrischen Frankenkönige, der Löwe geblieben sei. Da nun mancher Besucher der Feste Kirkel sich besonders lange über diesen Schmuck des Burgtores aufhielt, deuchte es dem jetzigen Eigentümer der Feste das klügste, den Stein mit Wappen und Inschrift herauszubrechen und herabzuwerfen, damit er den Besuchern nicht länger Aufenthalt mache, und so liegt jetzt das ehrwürdige Denkmal zerbrochen im Grase.

Durch den prächtigen Laubwald des *St. Pirmanswaldes*, unter dem Baldachin herrlicher Buchen, wandert man nun östlich den Hirschberg hinan auf die Höhe und stets im dunklen Forst weiter zur „Glashütte" bei Guttenbrunn ins Bliestal und nach Zweibrücken.

Deutsch-Lothringen

Lothringische Sitten, Trachten und mundartliche Elemente reichen bis gegen Zweibrücken und Pirmasens herein. Eine sehr frequente Straße führt von Zweibrücken am Hornbach hinauf nach Bitsch, besonders von Kohlenfuhren aus Lothringen benützt. Das *Hornbachtal* ist voll schöner, fetter Wiesengründe und von fruchtreichen, oft aber auch steinigen Höhen eingeschlossen. Über das freundliche Ixheim gelangen wir noch an einigen gewerblichen Etablissements und der Mündung des idyllischen Tales der Bickenalb mit dem nahen Dorf Mittelbach und am Hammerwerk, das im Dreißigjährigen Krieg eine Pulvermühle war, vorüber. Einige Dorfbilder voll anheimelnder Ruhe, wie Rimschweiler und Althornbach, lachen uns an, bis wir im schönen Talkessel Hornbach erreichen.

Neuhornbach, jetzt bloß Hornbach genannt, liegt hart an der französischen Grenze, wo die Trualb und Sualb sich vereinigen, auf der Anhöhe zwischen beiden Bächen, in wahrhaft anmutiger Umgebung, die den Anblick des Städtchens, das einen malerischen, mittelalterlichen Eindruck macht, sehr hervorhebt. Da stehen Trümmer von Ringmauern, altertümliche und ruinöse Häusergiebel, über dem Städtchen die Reste des alten Klosters mit hohem Kirchturm, gleich einer mittelalterlichen Zitadelle. Dies war *St. Pirmins Abtei,* die der Bischof des Westrichs, der Freund und Zeitgenosse des großen Bonifazius, hier in den Wäldern des Vogesus stiftete. Der Heilige starb hier. 1540 traten die Mönche zur Reformation über und Herzog Wolfgang von Zweibrücken schuf das Kloster in eine berühmte Schule um, welche die Mutter des später so ausgezeichneten Zweibrücker Gymnasiums wurde. Im Dreißigjährigen Krieg wurde die herrliche Klosterkirche als Stall, die kostbare Bibliothek als Pferdestreu von den Kaiserlichen benützt. Die Drangsale des Krieges töteten hier damals den *Pfarrer Candidus,* der aus einer in der zweibrückischen Kirchengeschichte berühmten Familie stammte. Noch heute blühen die Candidus als „Pfarrersfamilie“ in der Pfalz. Ein Candidus, Pfarrer der reformierten Gemeinde in Nancy, hat einen Namen als Dichter.

Nikolaus Götz, „der beste anakreontische Dichter der Deutschen“, wie Ramler meinte, lebte 1750 als Pfarrer hier. Vor dem Städtchen liegt die Kapelle St. Johann an freundlicher Stelle.

Die Sualb und Trualb kommen aus den dunklen Wäldern des Bitscher Felsengebirges. Das *Tal der Trualb* öffnet sich in seiner Wiesenpracht nach Osten längs der Grenze hin. Dort liegt die Zollstation Mauschbach und weiterhin *Dietrichingen,* wo das zerstörte Lustschloß „Monbijou“ des Herzogs Karl von Zweibrücken stand. Die Felsalb kommt dort von Osten herein aus den Felsenhöhen von Pirmasens, während die Trualb, die Grenze von Lothringen bildend, ein romantisches Tal durchfließt, wo auf der bayerischen Seite auf rauher Höhe das Dörfchen Riedelberg, auf französischer im Tal die malerischen Häusergruppen und zahlreichen Höfe von Opperdingen und Rollwingen erscheinen.

Ehe wir von Hornbach aus auf der den „Scheidwald“ übersteigenden Straße die Grenze überschreiten, wandern wir westlich längs derselben hin über die Berghöhe, beim Hof Rinkweiler ins *Tal der Bickenalb.* Durch abgelegene, malerische Dörfchen und flache, idyllische Gründe kommen wir auf guter Straße nach *Medelsheim,* dem vornehmsten Ort dort an der Grenze. Seine Lage auf der Anhöhe im reichen Felde ist äußerst anmutig und seine stattlichen Häuser deuten auf großen Wohlstand. Hier stand die *Villa König Arnulfs,* die er 888 bewohnte. Ein großer Denkstein im Dorf erzählt auch, daß hier die „Burg Meldis“ des heiligen Pirmin gestanden habe, von der nur noch wenige Grundmauern zu sehen sind.

Die Gegend von Medelsheim war früher Besitztum der Fürsten von der Leyen, ist gut katholisch und heißt ihrer frommen Bewohner wegen „Die Kirch" oder im Dialekt „Die Kärch". Aber die Leute „in der Kirch" versäumen die Arbeit nicht und gehören zu den wohlhabendsten Bauern und rationellsten Landwirten des Landes. Der Kalkboden gibt prächtige Weizenfluren. Ebenso floriert die Viehzucht. Unten im lieblichen Bickenalbgrund liegt das Dörfchen Pepekum, auf dem nahen Grenzberg *„Burg Riesweiler"*, wie man den zu einem Dörfchen heranwachsenden Edelhof noch nennt, während die Bickenalb aus dem Weizenstrich Lothringens von Bitschrohrbach und Rerchingen herkommt, wo ein Bauer auf seinem Acker im Jahre 1822 in einem Topf über 2000 römische Silbermünzen und zwei Götzen von Kupfer fand. Bei Medelsheim auf der Anhöhe steht die *Kreuzkapelle* auf anmutiger Stelle, die eine weite, überraschende Aussicht nach Lothringen und gegen die sich hoch wölbenden Waldberge des Wasgaues und der Haardt gewährt.

An dieser Kapelle vorüber kommen wir durch den Wald über das bergige Land hinab ins *untere Bliestal*, indem wir zuerst Gailbach erreichen, in einer zur Blies sich absenkenden Schlucht. Die Kirche und die Häuser stehen auf Kalkfelsen. Der Talgrund der Blies hat hier einen etwas anderen Charakter als bei Blieskastel; die Kalkhöhen sind meistens kahl, aber in der Tiefe des Tales ist die üppigste Vegetation. Bei Reinheim erreichen wir die Blies, die träge in großen Krümmungen über Breitfurth, Bliesdahlheim, Herbitzheim und Gersheim kommt.

Von allen Dörfern im unteren Bliestal ist das interessanteste *Reinheim*, einer der bedeutendsten Fundorte merkwürdiger Altertümer. Schon früher grub man gegen Bliesbrücken hin, im „Allermannsland", einen verschütteten *Venustempel* aus, nebst einem Bronzebild der Göttin. Nahe dabei stehen die noch sichtbaren Rudera einer alten Stadt, bei der eine Menge von Münzen gefunden wurde, darunter eine prächtige goldene, mit dem Brustbild Neros und der Devise: „Audaces fortuna juvat!" Ein Wolkenbruch spülte am Abhang eines Berges 30 hier vergrabene, mit fettigen Substanzen gefüllte Urnen aus. Auf den Wiesen hinter den Häusern entdeckte man am Ufer der Blies ein *Römerbad*, auf dem sogenannten „Heidenkopf" stand ein Römerlager. Auf dem Hügel „Humarich" fand man 1827 ein altes merkwürdiges Grabmal aus Sandstein, der sich in diesem Kalkgebirge nicht findet. Schwert, Speer, Ring, Knöpfe und Nägel lagen in dem Innern. Einer Menge anderer Entdeckungen nicht zu gedenken, wenden wir uns zur *Dorfkirche*. Noch hat niemand von ihr etwas veröffentlicht und doch ist sie eine der merkwürdigsten und sehenswertesten, obgleich das moderne Langhaus ein geschmackloses Gebäude ist. Aber im Innern finden wir Kunstschätze, die wir in dieser abgelegenen Dorfkirche nicht erwartet hätten. Da ist vor allem die *„Simsonskanzel"* ein so kunstvolles und prächtiges Kunstwerk der Holzschnitzerei, wie wir sie in den größten Kathedralen nicht trafen; ein herrliches Zeugnis altdeutschen Kunstsinns. Held Simson trägt die Kanzel auf Rücken und Armen. Auf den Feldern sind eine Menge Figuren, die Propheten und Apostel, und auch der Baldachin ist herrlich ausgeschmückt und geziert durch prächtige Schnitzereien und Bilder. Es ist die alte Klosterkanzel der Wilhelmiten von Gräfinthal. Der Vater des jetzigen Adjunkten von Reinheim kaufte sie in der Französischen Revolution um einige Franc, während jetzt schon von den Metzern und Speyerern Tausende geboten werden. Die Beichtstühle sind ebenso kunstreich und nämlichen Ursprungs.

Doch die größte Merkwürdigkeit dieses abgelegenen Dorfes ist der *Heidenturm*, der wie ein Riese über Dorf und Tal ragt. Man las hie und da etwas von dem merkwürdigen Turm, der weder Tür noch Fensteröffnungen habe, auch von einem spitz zulaufenden, massiven Steingewölbe überdacht, ungemein dauerhaft und fest und wahrscheinlich ein Werk der Römer oder Kelten sei. Der Turm ist eine imponierend hohe Rotunde, jetzt aber überweißt und mit einem weniger massiven Kirchturmhelm gedeckt. Ich fand Fenster an ihm, aber freilich zugemauerte. Sie zeigen altgotische Form mit maurischen Elementen. Diese Fenster mögen später eingesetzt worden sein. Man hat von der nun angebauten Kirche aus einen Eingang in die Turmhalle gebrochen, die altertümlich gesprengte Bögen und kurze, stämmige Säulen zeigt. Fratzenhafte *steinerne Köpfe,* koboldartige Gesichter starren uns von den Säulenknäufen an, tierähnliche Gestalten, leider durch die Dorfbuben schon vielfach beschädigt. Alles macht den Eindruck des Uralten, Heidnischen. Über diesem Gewölbe befindet sich noch ein zweites, und unten noch ein drittes mit ähnlichen Verzierungen.

Deutsch-Lothringer Ehepaar vor den Überresten des Klosters Gräfinthal, in dem die am 20. März 1717 verstorbene Prinzessin Anna, die Tochter des Polenkönigs Lescynsky, beigesetzt wurde

Wir verlassen Reinheim und schneiden den großen Umweg ab, den die Blies macht, indem wir über den Berg wandern, der nicht rauher sein könnte; nur Unkraut sprießt spärlich aus dem Kalksteingetrümmer. Eine Menge alter steinerner Kreuze begleiten uns über die wilde Höhe, bis das Bliestal wieder lachend und freundlich vor uns liegt.

Drüben von den lothringischen Bergen, hüben von schönen sonnigen Weinhügeln, die den „Blieswein" liefern, geschlossen. Unten im Tal liegt *Habkirchen* auf dem pfälzischen Flußufer, ein lebhaftes Grenzdorf mit Mautbehörden. Seine zwei Kirchtürme ragen aus der üppigen Vegetation des Talgrundes, jenseits der Blies der Turm von Eberschingen, sowie das Dorf Frauenberg, Habkirchen gegenüber. Die weißgraue *Ruine Frauenberg,* mit ihrem hohen Turm, ihren gebrochenen Mauern, ihren weitklaffenden, imposanten Fensterreihen, schaut in das freundliche, friedliche Tal und gewährt ihm auch romantischen Reiz. Auf den lothringischen Bergreihen dunkle Wälder, diesseits sonnige, gutgepflegte Weinberge an den warmen Kalkhängen. Die Straße von Blieskastel tritt hier über die Blies ins Lothringische nach Saargemünd, wo die Blies in die Saar fällt. In den Krümmungen des Tales am Fuß der Weinberge liegen gar freundlich die bayerischen Dörfer *Bliesmengen* und *Bliesbolgen,* jenseits des Flusses das große französische Dorf Bliesschweigen und im Hintergrund das bedeutende preußische Dorf Bliesransbach, so daß hier die letzten Winkel dreier Reiche (bei der „Uhrigsmühle") zusammenstoßen. Am Rande des Flußufers in Bliesmengen sind die Ruinen eines *Römerkastells,* auf dem später das Schloß der „Edeln von Mengen" erstand.

Wenn man eine Viertelstunde weit von hier durch ein trautes, von Norden herkommendes Tälchen zwischen den Weinbergen hingewandelt ist, liegt da im einsamen Talkessel, rings von Weinbergen umgeben, ein Kirchlein und ein schöner Hof innerhalb ruinöser Mauern. Es ist das einst reiche Wilhelmiter *Kloster Gräfinthal,* in der Metzer Diözese, das jetzt einem Privaten von Saargemünd gehört. Elisabeth, die fromme Gräfin von Blieskastel, gründete das Kloster im 13. Jahrhundert, wie noch ein hoher Torbogen berichtet. 1714 wurde es unter französischer Herrschaft neuerbaut. Schöne Gärten umgeben die *Wallfahrtskapelle,* die aus dem Chor der Klosterkirche wiederhergestellt wurde. In ihr thront die wundertätige „Muttergottes von Gräfinthal", die an den Marientagen viele Gläubige hierher lockt. In der Kirche liegt die bemalte Figur eines jungen Mädchens. Es ist das Grabmal einer Tochter des Königs Stanislaus von Polen. Auf den Hügeln wächst die beste Sorte des Biesweines, der *„Muttergotteswein"*.

So haben wir nun den pfälzischen Teil von Deutsch-Lothringen durchwandert; ehe wir nun den französischen Anteil betrachten, fassen wir die Bewohner des Landes näher ins Auge. Die *Lothringer* sind Alemannen; Land und Leute erinnern an Schwaben. Rauhe Waldgegenden und steinige Kalkböden wechseln mit üppigen Weizenstrichen und milden Weingegenden. Wenn auch das untere Bliestal fast ganz katholisch ist, finden sich doch besonders im französischen Anteil von Deutsch-Lothringen viele Lutheraner wie im Elsaß. Dort sind auch noch alte, malerische Volkstrachten und die schlanken „Lothringer Mädchen" mit ihren schmucken, bunten Trachten und frischen Gesichtern kommen über die Grenze, um auf den Kirchweihen der pfälzischen Dörfer zu tanzen, weil sie es daheim nicht dürfen. Dafür schauen aber die alten Weiber mit ihren gewaltigen Kugelhauben desto unheimlicher aus und wenn sie einem auf den dürren, steinigen Bergen bei Reinheim oder Gräfinthal an den Bergkreuzen begegnen, wird man unwillkürlich an *hexenartige Erscheinungen* erinnert. Die Kugelhaube ist von feiner, weißer Leinwand, sie wird an der ganzen Grenze bis gegen Pirmasens getragen. In Reinheim und in den benachbarten Dörfern des Bliestals sitzen noch echte alte Bauern mit der weißen Zipfelkappe, den kurzen Wämsern und Lederhosen, den weißen Wadenstrümpfen und Schnallenschuhen. Die „Dütschen" des „Deutschen Gerichts" von Lothringen sind viel intelligenter als die „Wälsch-Lothringer"; man heißt die Wälschen „dumme Duivel" und sieht mit Verachtung auf sie herab. Das Arrondissement Saargemünd und die zum Niederrhein-Departement rechnenden Kantone sind deutsch.

Von Hornbach aus überschreitet man mit der Bitscher Straße die Grenze über den Scheidwald und passiert fünf lothringische Orte, um nach der merkwürdigen Berg- und Grenzfestung *Bitsch* zu kommen. Von Carmontaigne zu einem der festesten Punkte Frankreichs gemacht, zum größten Teil in Felsen gehauen, liegt sie mitten in der Wildnis des Wasgaues auf einem Gebirgsknoten, wo sich die Vogesenpässe kreu-

Deutsch-Lothringer Landleute in Tracht

zen, zwischen Morästen, ungeheuren Wäldern auf hohem Fels, um den sich das Städtchen und ein kleiner Gebirgssee ziehen. Nur zwei wohlverwahrte steile Wege führen von der Stadt hinauf, ein Felsenpfad und ein Fahrweg durch lange Gewölbe und über *Felsenbrücken.* Einst war Bitsch Stammsitz der reichen Grafen von Bitsch-Zweibrücken, von denen einer, 1447 in einer stürmischen Märznacht, von den kühnen Lützelsteiner Grafenbrüdern überfallen, sich im Hemd über den Felsen auf der nämlichen Strickleiter rettete, auf der der Feind gekommen war. Einen unglücklichen Überfall versuchten 1793 die Preußen im November. „Das ist eine Morgensuppe für uns!" sollen die Kühnen gesagt haben, aber die Suppe ist ihnen versalzen worden.

Durch Einverständnis mit einem Ingenieur der Feste, gelangte *General Wartenslebens* bis vor das Eisentor, als ein Offizier den Lärm hörte, die Tür zuschlug und nun die Felsenblöcke und Baumstämme, die stets bereithingen, auf die Giganten geschleudert wurden, so daß die Hälfte der Stürmenden zugrunde ging.

Über die Abteiruine Stürzelbronn, durchs Jägertal, Philippsburger Tal und Bärental, führen Pässe aus dem Elsaß durch ungeheure Wälder über die Vogesenfirne östlich her nach Bitsch. Zahllose Eisenhämmer und Hütten in den Tälern bei Bellerstein und Mutterhausen liegen gegen die Bergfeste Lichtenberg hin. Südlich führt ein einsamer Weg auf der Wasichenfirst durch unbekannte dunkle Wälder nach der *Bergfeste Lützelstein,* heute „La petite pierre“, gleich Lichtenburg und Bitsch einst ein stolzer Sitz deutscher Reichsgrafen, jetzt Hüterin der Pässe nach Frankreich, gegen Deutschland gerichtet. Die letzten Brüder von Lützelstein waren die kühnsten Feinde des siegreichen Pfalzgrafen Friedrich; nach dem Überfall von Bitsch mußten sie seinem Zorn weichen und starben im Elend; Lützelstein fiel an die Pfalz mit dem nahen Einartshausen, das nun *Pfalzburg* heißt und ebenfalls, eine starke französische Bergfeste gegen Deutschland, an einem Wasgaupaß liegt. Franz von Sickingen begann seinen Krieg gegen die Fürsten mit dem Überfall von Lützelstein. Schon war er an die Tore gelangt, die Besatzung zechte innen, bis es einem einfiel, daß in ähnlicher Nacht einst die Burg überfallen worden sei, – er machte die Runde, entdeckte den Feind, und Sickingens Plan war vereitelt. Von der erwähnten Wegnahme dieses „Schlüssels in das Westrich“ durch den siegreichen Fritz von der Pfalz führt *Sebastian Münster* das Lied an:

„Man hört die Büchsen sausen, zu Lützelstein an der Mawr.“

Zwischen Lützelstein und Bitsch, in den Wäldern der Vogesenfirst, findet man viele heidnische Altertümer, meist keltischen Ursprungs. Dort liegt auch der Flecken *Lemberg* mit großen Fabriken in Tuch, Fayence, Tontabakspfeifen und Kristallgläsern; dann Götzenbrück mit seinen berühmten großartigen Glasfabriken und Glasmalereien. In jener Waldgegend, bei dem Dörfchen Althorn, steht der *Breitenstein,* ein altkeltischer Menhir, einst für den Druidendienst errichtet, jetzt mit dem Kruzifix und den plumpen Bildern der 12 Apostel geschmückt, und zwar seit 1787, da einige Holzhändler der Gegend eines Gelübdes wegen den heidnischen Stein für den christlichen Kult gewinnen wollten.

Auf der Hochstraße bei Roßsteig steht die Spille oder der Spindelstein, obeliskenartig, auch ein Menhir, bis man eine Nische einhieb und mit dem Marienbild schmückte. Nicht weit davon, westlich bei Volksberg im Walde des *Eicheltales,* steht ein hoher Erdwall. Wenn Pferde über die Heide traben, tönt es dumpf und hohl und oft sollen Kühe auf der Weide dort in unterirdische Höhlen fallen. Die Sage spricht von einer *versunkenen Stadt.* Dort steht auch die „Heidenkapelle“ und der „steinerne Mannsberg“, wo ein hohes Basrelief den Merkur zeigt. Noch viel häufiger werden aber diese Altertümer südlicher im *Dagsburger Land,* das einst leiningisch war, besucht, ein Gebirgsländchen voll wilden Reizes. Die drei Ochsensteiner Schlösser stehen dort auf ihren Felsen, in den dichten Wäldern die „Feenkunkel“, Tempelreste, Grabhügel, die „Druidenkanzel“, „Frokanzel“, das „Heidenschloß“, das „Wudental“ und der „Lottelfelsen“, den selbst ein Kind in Bewegung setzen kann. Weiterhin bei der hohen „Donne“ würden wir den „Feengarten“, einen Druidenkreis oder Kromlech, – die „Feenbrücke“, von Felsen gebildet, und anderes mehr finden, um überzeugt zu werden, wie die Vogesen, und besonders ihr Westhang, wohl eines der unbekanntesten, aber eines der merkwürdigsten und interessantesten Gebirge Europas sind.

Bei dem alten Schloß der Wildgrafen, *Salm*, entspringt die Saar und bildet, den eigentlichen Westrich durchströmend, das schöne Saartal. Dort liegt *Saarburg* in reizenden Landschaften im Rücken der Vogesen und bildet die Sprachscheide, da in der oberen Stadt schon französisch gesprochen wird. Weiter abwärts sehen wir *Finstingen*, französisch „Fénétrange", dessen Grafengeschlecht eines der mächtigsten im Westrich war; dann liegen sich Alt- und Neu-Saarwenden mit Bouquenom einander gegenüber, um Saarunion zu bilden; rechts im Seitental das salzreiche Diemeringen, weiter abwärts, Saaralben im reizenden Tal mit Salzquellen, und *Herbitzheim*, die alte Abtei, deren Äbtissin die prächtige Saarbrücke herstellte. Den Schluß dieser hübschen Städtchen und Fleckchen macht *Saargemünd* an der pfälzischen Grenze, wo die Blies einmündet, von Weinhöhen umgeben und von einer Felsenburg überragt, voll Handel und Wandel und mit einer berühmten Fayencewarenfabrik.

Der Industrie- und Kohlenbezirk

Vom Hochwald her zieht ein Zweig des Winterhauchs bis zur Saar, ein rauhes Kohlengebirge, das diesen Winkel Deutschlands, wo Bayern und Preußens Ländergebiete an das mächtige Frankreich anstoßen, zu einem *schwarzen Kalifornien* macht. Preußen besitzt den größten Teil dieses Kohlengebirges, das nur die äußersten Ränder seiner Lager über die pfälzische Grenze erstreckt. Man ist in Bayern gewohnt, den Verlust des Salzkammergutes im Innenviertel durch den Wiener Kongreß zu beklagen. Man ließ sich auch an der westlichen Grenze die mächtigsten und reichsten Kohlenlager Deutschlands entgehen. Den ungeheuren Einfluß, den diese schwarzen Steine einst auf die Zeit und den Wohlstand der Völker ausüben würden, ahnte man damals noch kaum.

Bevor wir von Saargemünd aus, stets im Saartal auf der Grenze Frankreichs und Deutschlands, Saarbrücken erreichen, kommen wir durch den Flecken *St. Arnouald*. Die prächtige Stiftskirche im besten gotischen Stil enthält einen der schönsten Taufsteine, einen der wertvollsten Schätze der kirchlichen Kunst. Bemerkenswert sind auch die alten Gruftdenkmäler. Die Kirche gehört jetzt den Protestanten. Das Tal der Saar behält seine malerische und heitere Schönheit auch hier noch bei.

Saarbrücken ist eine ziemlich bedeutende Stadt und zum Handel trefflich gelegen an der schiffbaren Saar, der großen Eisenbahn nach Paris und im Bereich des Kohlenbezirks. Malerisch liegt die Stadt im tiefen Tal, durch eine 500 Fuß lange Steinbrücke mit der Vorstadt St. Johann verbunden. Die fünf hohen Türme der Stadt geben ihr ein impossantes Aussehen. Ringsum auf den Hügeln stehen die Landhäuser der Bürger und in einem von ihnen wohnte seinerzeit le Vaillant, der berühmte Reisende und Erforscher Afrikas. Das Schloß, das in der Revolution abbrannte, ist jetzt zur schönen Privatwohnung hergerichtet. Der letzte Fürst von Saarbrücken war einer der mildesten und edelsten Fürsten seines Jahrhunderts; er floh ins Elend vor den Franzosen, die an der Saar lange Zeit den Preußen gegenüberstanden und ihnen täglich Gefechte lieferten. Damals donnerte eine preußische Batterie vom *Hallberg* aus gegen die Franzosen jenseits des Flusses. Ehemals hieß er „der heilige Berg" und eine Höhle in ihm die *„Druidenhöhle"* oder „Heidenkapelle". Der Hallberg trug seinerzeit das Lustschloß „Mon plaisir". Als die Franzosen den fürstlichen Prunk zerstörten, verschonten sie bloß den Speisesaal, der die Inschrift trug: „Je veux, que mon plaisir soit le plaisir des autres!"

Herrlich ist die Aussicht von hier auf das Lothringer Land. Unten liegt das Dorf *Breebach* an der Mündung eines Baches, der, von St. Ingbert herabkommend, am Fuß des Hallberges einen Weiher bildet, an dem mehrere bedeutende Eisenwerke stehen. Eine besonders hübsche Partie von der Stadt aus ist das „Deutsche Haus", jetzt ein

Meierhof, mit der Ruine einer schönen Kirche auf einem Hügel, der den schönsten Prospekt auf die Stadt und das Saartal gewährt. Am Fuß des Hügels, in einem romantischen Tälchen versteckt sich die *„Deutsche Mühle“* im grünen Eichenwald und spiegelt sich in einem großen Weiher. Das Saartal bis zur Mosel nach *Trier* ist reich an pittoresken Partien. Die Städtchen Saarlouis, Saarburg und Merzig, viele industrielle Etablissements und kleine, zum Teil noch mit Stroh gedeckte Dörfchen liegen am Ufer des Flusses an den Felsenbergen. Wer über die reichen französischen Flecken Forbach und St. Avold das alte *Metz*, die reiche Hauptstadt des einstigen Königreichs Austrasien, besuchen will, der erreicht es in zweieinhalb Stunden mit der Eisenbahn.

Wir selbst fahren mit der Eisenbahn nördlich der Pfalz zu mitten durch das „schwarze Kalifornien“, das sich hier an den südöstlichen Ausläufern des *Hochwaldes* gegen die Saar hin ausbreitet. Der Hochwald ist ein ungemein rauher Strich voll düsterer, unheimlicher Wälder, unwirtbarer Höhen und steiler Hochflächen. Schon im Oktober liegt das Land dort voll Schnee und die republikanischen Franzosen, die im Herbst 1792 von Saarbrücken auszogen, um Trier zu erobern, erfuhren hier ein *Vorspiel des russischen Feldzuges,* in dem sie zu Tausenden erfroren. Die Eisenbahn führt durch das Fabrikgebiet nach Dudweiler, Sulzbach, Friedrichsthal, Neunkirchen und zur pfälzischen Station *Bexbach.* Bis dahin umgeht die Bahn das pfälzische Gebiet wie absichtlich und das wichtige St. Ingbert blieb unverantwortlicherweise seitwärts liegen.

St. Ingbert ist der wichtigste Fabrikort der Pfalz geworden. Vor wenigen Jahren noch ein Dorf, ist es jetzt eine Stadt von 6000 Einwohnern. Es liegt in der westlichsten Ecke der Pfalz. Die Landschaft ist rauh und wenig freundlich, aber belebt durch zahllose Gruben, Hütten und Eisenwerke, durch Fabriken und Manufakturen. Es hat sich ein Leben und Treiben hier entwickelt, an das man in der Vorderpfalz noch immer nicht gern glauben möchte, und doch ist es geselliger, fröhlicher, heiterer und anziehender als in den meisten vorderpfälzischen Städten. Eine Menge junger, gebildeter Techniker, Bergpraktikanten und Kaufleute geben der Gesellschaft geistiges Streben in dieser doch auf den Materialismus so sehr angewiesenen Fabrikstadt; der Fremde, der in St. Ingbert den „Onkel“ kennenlernt, wird da unvergeßlich heitere Tage verleben, besonders wenn es gerade Kirchweih ist.

Um einen Begriff von der *Gewerks-* und *Fabriktätigkeit* in St. Ingbert zu geben, erwähnen wir, daß sich hier die ergiebigsten Steinkohlengruben der Pfalz, dann Alaun-, Bittersalz- und Eisengruben, mehrere große Glashütten, drei Rußhütten, Eisenschmelzen und Hammerwerke, die Maschinen- und Dampfkesselfabriken von Lamarche und Schwarz, die Koksfabrik von Dürr und besonders noch die ungemein großartigen Eisengießereien, Walzwerke und Maschinenwerkstätten von Krämer befinden, anderer großartiger Etablissements nicht zu gedenken. Jährlich entstehen neue derartige Institute und die alten vergrößern und erweitern sich. Nun erhält St. Ingbert auch eine Eisenbahn, die sich an die große pfälzische bei Homburg anschließen soll. Wer genug technologisches Interesse mit sich bringt, wird in St. Ingbert reiche Nahrung für seine Neugierde und Wißbegierde finden.

Das *Tal von St. Ingbert* senkt sich von Spiesen bei Neunkirchen her nach Süden zur Saar ab, von einem kleinen Bach bewässert und von der Kaiserstraße durchlaufen. Nördlich von dem Straßen- und Fuhrmannsdorf Rohrbach an der Kaiserstraße im Waldtal, auf der preußischen Grenzscheide, liegt unweit der „Spieser Mühle“ und des Forsthauses der *„Hungerpfuhl“*, ein großer Waldteich, der Hungerjahre andeuten soll. Von St. Ingbert mit der Kaiserstraße, südwestlich das Tal abwärts, gelangt man über die „Eisenschmelze“ und die großen Hüttenwerke der Herren Krämer direkt über die Grenze nach den Höfen von *Rentrisch;* im Tal steht der merkwürdige Spilstein, eine vierkantige, 15 Fuß hohe und 14 Fuß im Umfang fassende, aus einem Stein bestehende Spitzsäule. Es ist eine jener uralten Säulen, die man für alemannische Grenzsteine erklärt hat, die aber eher dem keltischen Druiden-Kult gewidmete Menhire sind, da sie immer in der Nähe alter, rätselhafter Mauerreste stehen, die man für heilige Orte, Tempel oder Gerichtsstätten der Kelten halten dürfte. Der Stein geht tief in die Erde am Fuß des höchsten Berges in der Gegend des *„großen Stiefels"*; dieser tief überwaldete Kegel überragt die Berglandschaft und bildet den Lieblingsausflug der St. Ingberter Noblesse, da er eine bedeutende Aussicht über das Westrich gewährt. Nach der Volkssage hätte da oben ein *Riese „Heim"* gewohnt, der alle die umliegenden, auf „heim" sich endenden Orte erbaut und auf dem „großen Stiefel" sein Grab habe. Der Volkssage ist natürlich nicht bewußt, daß diese Endsilbe „heim" eben nur Dorf bedeutet. Übrigens zeigt der Gipfel Spuren uralter Befestigungen, wahrscheinlich von den ältesten Germanen oder den Kelten stammend. Man sieht noch Steinhaufen und eine Art von Heidenmauer. Ebenso findet man tiefe Höhlen, die unergründlich in den Bauch des Berges gehen und möglicherweise *„Druidenhöhlen"* waren. Die Volkssage macht aus den Druiden, in Erinnerung an die Wadgasser Wilhemiten, „rote Pfaffen", die sich hier noch manchmal sehen lassen sollen, indem sie durch diese Höhlen unterirdisch bis nach Kirkel und bis nach *Ensheim,* wo sie viele Güter und eine Propstei hatten, wandern. Ensheim ist ein großes Dorf von etwa 1400 Einwohnern, eine Stunde südlich vom „großen Stiefel". Es sind am Ort noch Überreste der Propstei des Klosters „Wadgassen". Jetzt ist allda die berühmte Fabrik von Dosen aus Papiermaché, die ihre Fabrikate durch ganz Europa sendet.

Nach St. Ingbert zurückgekehrt, wenden wir uns jetzt auf der Straße nordwestlich durch den Wald in das *Kohlengebiet,* an den Hüttenwerken, der Kapelle und dem Schlößchen mit seinen Parkanlagen vorüber. Rechts und links vom Weg bemerkt man Einsenkungen des Bodens und ziemlich tiefe Löcher, da wir bereits über den mächtigen Kohlenschachten wandern, die jene Einbrüche bei feuchtem Wetter veranlassen. Bald haben wir, unmittelbar auf der preußischen Grenze, die St. Ingberter *Bergwerksgebäude* erreicht, die in langhingedehnten Gruppen im Tal liegen. Die hiesigen Gruben sind die ergiebigsten und besten des Landes. Ein Obersteiger steht dem Betrieb vor und das königliche Bergamt hat hier seinen Sitz. Eine Einfahrt in den Bereich des schwarzen Gesteins ist interessant genug, besonders auch für den Geologen, da oft verkohlte Palmbäume und Abdrücke unbekannter Pflanzen in dem Kohlenstein gefunden werden. Weiterhin liegen die „Rußhütten". Ein reges unterirdisches Leben herrscht im Innern dieser schwarzen Berge; jährlich werden mehr als 300000 Zentner Kohlen gewonnen.

Das *schwarze Tal,* das dort die Grenze bildet, ist das schmutzigste und kotigste, das man treffen kann, aber auch eines der gewerbsamsten. Da liegen mehrere große Glashütten nebeneinander; darunter die Hütte *„Marienthal"* teils auf bayerischem, teils auf preußischem Gebiet, da der durch ihre Gebäude fließende Bach die Grenze bildet.

Durch den schwarzen, fußhohen Kot watet man an zahllosen Fabrikgebäuden, Arbeiterwohnungen und Wirtshäusern vorüber bis nach dem preußischen Ort *Sulzbach,* wo die Industrie an allen Ecken und Enden ihren Wohnsitz aufgeschlagen hat. Der Ort ist bei unverstopfter Nase leicht zu finden, denn es befindet sich hier eine Salmiak- und Berlinerblau-Fabrik und faulende Tierleichname und Äser füllen die Luft mit giftigen Dünsten. Den Bach entlang kommt man nach *Dudweiler,* einem preußischen Flecken, wo der modernen Göttin Industrie aus den Alaunfabriken stinkende Opferdünste aufsteigen. Der Alaun wird aus den Schieferbrüchen gewonnen. Der Talbach zerstört die Leinwand, was 1793 die Preußen erfuhren, denn das Wasser führt eine Menge Alaunbestandteile zur Saar.

Das Tal hat auch seine Romantik. Seine Linien an und für sich sind oft schön und lieblich. Kommt aber die Nacht herbei, so gewinnt es einen märchenhaften und abenteuerlichen Charakter: die *Romantik der Hölle* breitet sich über es und infernalische Wunder beginnen es zu durchleuchten, die das Tageslicht nicht zur Erscheinung kommen ließ. Gewaltige Feuer erhellen die Nacht, feenhaft, furchtbar schön ist der Anblick

St. Ingberter Bergleute im „Sonntagsstaat"

dieser langen Reihen von aufqualmender Feuerströmen über den *Koksöfen.* Zwischen diesen höllenartigen Feuergluten hin trägt die Eisenbahn, die an den Berghalden des Tales hart an der bayerischen Grenze dahinläuft, ihre Passagiere.
Menschenwerk und Natur vereinigen sich, um dieser Gegend den infernalischen Anstrich zu verleihen. Zwischen Dudweiler und St. Ingbert finden wir den *brennenden Berg.* Die Anhöhe ist mit Wald begrenzt, dann öffnet sich eine jähe kraterähnliche Felsenschlucht, in die man durch Gestrüpp hinabsteigen kann. Aus den rotbraunen Felsenwänden und aus dem Boden, auf dem man steht, drängt sich zischend heißer

Dampf in weißen Wölkchen, Rauch steigt zwischen dem Gebüsch auf. Die Umgebung ist nicht grandios, wild und grotesk, aber der Anblick immerhin neu und überraschend. Nach Regen und bei trüben Tagen braust und zischt es stärker aus den Felsenspalten. Besucher machen sich das Vergnügen, Eier am Boden zu sieden. Alle Felsen fühlen sich warm an, und an den dampfsprudelnden Spalten kann man wohl auch die Hände und auch die Nase noch heutzutage verbrennen. Den Pflanzenwuchs beeinträchtigt der Brand jedoch nicht; im Gegenteil rankt besonders üppiger Farn um die Felsen. Über den Ursprung und Charakter des Feuers wurden schon viele Vermutungen ausgesprochen. Ein Blitzstrahl oder ein Hirtenfeuer soll das mächtige Steinkohlenflötz im Innern des Berges entzündet haben und zwar im Jahre 1700. Als die Arbeiter hier nach Alaun gruben, schlug ihnen plötzlich die Flamme entgegen, so daß sie entsetzt flohen, und erst mit großer Mühe konnte der Bergbrand durch Überschütten mit Erde geschwächt werden. Doch sprechen viele Gründe gegen brennende Steinkohle, da diese ohne Luftzugang schon längst hätte erlöschen müssen.

Die prächtig grüne westliche Berghalde hinab kommen wir nach Sulzbach zurück, nehmen Abschied von den schönen, schloßähnlichen Gebäuden und ihrer stinkenden Umgebung und fahren mit der Eisenbahn nach *Friedrichsthal;* Glashütten, Bergwerke, Eisenhütten, Hämmer und Fabriken findet man auch hier. Die Bahn dringt in vielen tiefen Einschnitten durch das felsige Waldgebirge, das seine Steinkohlenlager bloßlegt. Der Anblick, wie sie übereinandergeschichtet sich neigen und mannigfachen Störungen unterworfen sich darstellen, ist eigentümlich und belehrend. Nirgends aber erscheinen die *Sigillarien,* versteinerte, aufrecht stehende Stämme urweltlicher Pflanzen, so häufig, wie hier in den zwischenliegenden Schichten von Sandstein und Schiefer. Mancher Einschnitt zeigt 40 bis 50 solcher Stämme von verschiedenem Durchmesser und so hat dieser Strich ganz besonders geognostisches Interesse.

Hinter Friedrichsthal durchdringt der Zug den 1 500 Fuß langen *„Bildstocker Tunnel"*, während rechts und links die königlich preußischen Kohlenschächte unmittelbar an der Bahn oder durch kurze Zweigbahnen verbunden liegen. So kommen wir nach *Neunkirchen,* auch ein Hauptsitz des Fabrikfleißes und Bergbaues, mit angenehmer Lage auf den Hügeln neben der Blies. Auf der Höhe, von der man eine prächtige Fernsicht hat, stand einst ein fürstliches Schloß. Großartig ist das *Hüttenwerk* der Gebrüder Stumm, das über 800 Menschen beschäftigt, mit stattlichen, schloßähnlichen Bauten. Verarbeitet dieses Hüttenwerk jährlich doch an 10 Millionen Pfund Eisen. Neben der Bahn fällt uns die kleine *gotische Kapelle* als Grabdenkmal eines Herrn Stumm auf.

Die Blies kommt von Norden aus dem Hochwald und Winterhauch hergeschlängelt. Ein Gang in ihrem Tal flußaufwärts würde uns bald nach *Wibelskirchen* bringen, einer starken Gemeinde mit Eisen- und Kohlengruben. Das friedliche, abgelegene Ostertal bringt hier den Osterbach aus der fast unbekannten und doch so heimeligen Landschaft hinter dem Höcherberg, vom sogenannten „Oberland" herab. Unter seinen friedlichen Dörfchen nennen wir nur Niederkirchen, das alte „Osternaha". Von hier aus, im oberen Bliestal, liegt *Ottweiler,* ein gewerbereiches Städtchen mit bedeutenden Viehmärkten, und St. Wendel, eine preußische Kreisstadt mit sehenswertem Schloß, herrlicher gotischer Kirche und Wallfahrtskapelle. Weiter oben im Hochwald liegt die einstige Abtei und der Flecken Tholey mit der alten Abteikirche; hoch über ihr zeigt einer der höchsten Berge des Hochwaldes, die hohe *Schauenburg,* die Reste eines Römerkastells und die Spuren einer Römerstraße nach dem nahen *„Varuswald"*, in dem die Blies entspringt und wo feste Mauern, über die sich jetzt feste Buchenwälder breiten, römische Lagerbauten vermuten lassen. Die Schauenburg gewährt eine prächtige Aussicht über den Hochwald bis nach Saarlouis und Bitsch in Lothringen.

Von Neunkirchen mit der Eisenbahn geht es östlich an der zur Pfalz sich wendenden Blies hin. Bei Wellesweiler erreichen wir die Grenze und in *Mittelbexbach* die erste pfälzische Station; es ist ein großes, nahrungsreiches Dorf, da die ärarialischen Steinkohlengruben am Höcherberg viel Verdienst geben. Wir fahren mit der Eisenbahn nach Homburg, um von da aus nördlich ins Glantal zu wandern.

3. Das Land am Glan

Die Glangegend ist der südliche Teil des alten *„Nahegaues"*, der am „Scheidenburger See" auf dem Höcherberg mit dem Wormsgau und Bliesgau zusammenstieß. Heute ist sie der nordwestliche Teil der Pfalz mit der Neigung zur Nahe. Dort läuft nach Norden der *Glan* als Grenzfluß, da er ein etwa achtzehn Stunden langes Längental bildet, das den „Winterhauch" vom erzreichen Bergland des Westrichs scheidet. Der Fluß nimmt seinen Ursprung in den Gründen des Höcherberges aus dem „Scheidenburger See", rinnt in die Ebene des Landstuhler Bruchs und dann dem Bergland am Potzberg zu und zum Felsental der Nahe. Sein Tal ist das schönste des Westrichs, anfangs ziemlich flach und reizlos, dann tiefer und voller Idylle und nur einigemal wird es eng, felsig und fast wild; es bietet bei jeder Krümmung ein anmutendes Landschaftsbild, da zahlreiche friedliche Dörfchen dicht nebeneinander im prächtigen Wiesengrund liegen.

Seine meisten und bedeutendsten Zuflüsse sammelt der Glan von der rechten Seite aus dem Hügelland des pfälzischen Westrichs, das von den Tälern mit nordwestlicher Absenkung durchzogen wird. Alles Land am Glan ist hochwellenförmiges Hügelland, nur einzelne hohe Kuppen ragen über es empor. In den Tälern aber gedeihen herrliche Wiesen, welche die *Viehzucht* außerordentlich fördern. Eine „Glankuh" ist der Stolz der Meiereien des Landes. Im unteren Glantal wird auch Wein gepflanzt, der jedoch nur in guten Jahrgängen trinkbar ist. Er wächst ohne Pflege und unaufgebunden um den Berg kriechend, wie in Spanien.

Für den fröhlichen Weinherbst hat man den *Kartoffelherbst,* und auch der hat seine Reize auf diesen friedlichen Höhen. Freilich geben die Kartoffeln nur Branntwein, den alt und jung trinkt und oft im Übermaß. Er gibt nicht den lustigen Gesang in den Mund, wie der Wein dem Pfälzer. Nur das Gebrüll der stattlichen Kuhherden belebt die Landschaft, die freilich im Glantal selbst viel heiterer, reicher und auch überall belebter und anmutender ist als auf den Seitenhöhen. Da sieht man in den kleinen Dörfchen noch gar oft das Strohdach über der ärmlichen Hütte und den alten unfreundlichen, aber malerischen, treppenartigen Giebel. Nirgends findet man denn auch die großen volkreichen Ortschaften der Vorderpfalz. In der Glangegend ist noch altes echtes Volkstum und viel Hang zur Verschönerung des Lebens durch Musik. Die Landschaft wird interessant durch die von stattlichen Herden belebten Idylle, durch das Bergmannsleben und den Reichtum an Kulturresten der ältesten Zeit, über die zum Teil der Pflug des Westricher Bauern geht.

Das obere Glantal und Remigsland

Bei *Waldmohr* erreichen wir den Glan in seiner Kindheit. Niedrige Hügel, mit Gehölz oder mit Kartoffeln bebaut, begleiten ihn hier. Waldmohr selbst, ein nicht gerade schönes Pfarrdorf, ist der Sitz des Landgerichts für die Gegend. Beim Ausgraben eines Baumstammes fand man im nahen Wald die Grundmauern eines Dianentempels und an der Ecke eines Hauses im Dorf ist ein Stein eingemauert mit einem halb erhabenen *Götzenbild.* Die Gottheit bewahrt strenges Inkognito; sie steht umgekehrt, hält sich die Hände vors Gesicht und läßt nicht einmal ihr Geschlecht erraten. Das kostete den Zweibrücker Gelehrten des vorigen Jahrhunderts viel Kopfzerbrechen; sie untersuchten und enträtselten, aber der unartige Götze zeigte ihnen bloß den Unaussprechlichen hin. Das schreckte die wackeren Männer jedoch nicht ab. Endlich hatte es einer heraus, daß dies, wie schon seine unhöfliche Stellung beweise, kein anderer sein könne, als der altdeutsche Gott „Ars um“, der nämliche, den die Griechen den „unbekannten Gott“ nannten. Für diesen Scharfsinn mag sich Vater Grimm bedanken, der ungeschlachte Gott bereichert die deutsche Mythologie um eine kaum erwartete Gestalt.

Von Waldmohr ostwärts treibt der Glan einige Mühlen, darunter die *„Siebenbauernmühle“* nahe der Eisenbahn. Auch die fetten Wiesengründe am Hofe Eichelscheid bewässert er, wo das Landgestüt eine schöne Rasse Füllen im Freien aufzieht.

Nördlich kommen wir schnell in den anmutigen *„Paulengrund“* des Kohlbaches, wo an den Straßen nach St. Wendel die lebhaften Orte Kübelberg, Schönenberg, auf der Höhe „Sand“ und „Gries“, letzteres jenseits des Ohmbach, liegen. Im dörferreichen *Ohmbacher Tal,* durch das die Straße nach Kusel führt, ist Brücken der bedeutendste Ort. Am Hügel „Rennweiler“ finden sich Reste alten Gemäuers und an der Ohmbacher Kirche sind zwei „Heidenköpfe“ eingemauert. Gegen St. Wendel hin, am Höcherberg, liegt zunächst der preußischen Grenze das sogenannte *Oberland* mit vielen Höfen und armen, mit Stroh und Ginster gedeckten Dörfchen. Die beträchtlichen Orte Altenkirchen und Breitenbach graben nach Kohlen. Am Schluß eines engen Tälchens, in den Gründen des Höcherberges, liegt Dunzweiler ganz abgeschlossen und ebenfalls mit römischen Gottheiten an der Kirchenmauer. Die Oberländer sprechen einen breiteren, schwerfälligeren Dialekt und werden für knorrig, unbeholfen und altfränkisch gehalten. Der Höcherberg, der höchste in der Gegend, gewährt eine großartige Rundschau über das Gebiet des Glans und der Blies, bis weit hinein auf die Bergzüge des Winterhauchs und Hochwaldes, während nördlich das „Ostertal“ sich öffnet. An den östlichen Hängen liegt das Dörfchen „Höchen“ in den Waldgründen, wo der Glan aus dem *„Scheidenburger See“* tritt. Hier schieden sich der alte Bliesgau und Nahegau sowie der Wormsgau, der, in einem schmalen Streifen über die wassergleiche Ebene des Bruchs die beiden anderen Gaue trennend, heranreichte. Der Höcherberg ist tief bewaldet und enthält reiche Kohlenschätze.

Nördlicher, schon im alten *„Remigsland“*, mitten in der herde- und dörferreichen Hügellandschaft, in einem Seitentälchen am linken Glanufer, liegt *Quirnbach,* wo wöchentlich großartige Viehmärkte sind, die von den Tal- und Remigsleuten, den Sickinger Bauern, Oberländern, Pfälzern und Rheinpreußen besucht werden. Bildnisse des Merkur und der Juno fand man hier und im Wäldchen „Brandenbösch“, gegen Rehweiler und Liebstal hin, Inschriften und Münzen zwischen Resten alter Bauten.

Ein Viertelstündchen anmutigen Weges durch den Wiesenplan führt nach *Glan-Münchweiler,* das, lieblich am vorspringenden Talhang liegend, einen Blick ins Glantal, Moortälchen und auf ihre friedlichen Dörfchen gewährt. Folgen wir dem raschen Fluß, so haben wir mit jeder Krümmung ein anderes Dörfchen, ein freundliches Landschaftsbild. Plötzlich aber blicken wir in eine völlig veränderte romantisch-schöne Szene.

Im verengten Tal liegen malerische Häusergruppen mit einer Mühle und einer Brücke über den Fluß: *Theisbergstegen* am Fuße des Potzberges. Diesem gegenüber starrt eine hohe, steile, fast senkrechte, verwitterte Felsenwand empor, die ihren Fuß in ihr eigenes Felsengeröll setzt, auf ihrer Stirn ein altes hölzernes Kreuz, eine alte Kirche mit Klosterruinen und eine zerstörte Burg: das ist der Remigiusberg. Hinter den umbuschten Häusern des Dorfes zieht sich das Tal noch eine Stunde lang zwischen den Halden der beiden hohen Berge hin. Während sich das Dörfchen *Rutzweiler* drüben an die sanfteren Potzberghänge lehnt, steht die „Streitmühle“ unmittelbar am steilen Felsenrand diesseits; weiterhin, wieder jenseits vor einer Schlucht des Potzberges, das Bergmannsdorf *Mühlbach* und gleich dahinter öffnet sich das Tal zu einem breiten Kessel voll anmutiger Schönheit, wo von entgegengesetzten Seiten die Täler des Staufenbaches und des Kuselbaches einfallen und zwischen den Gewässern auf einer Anhöhe malerisch das Dorf *Altenglan* am nördlichen Ende des Remigiusberges erscheint. Schöne Herden weiden im Tal und an den Halden.

Der Remigiusberg mit den Überbleibseln einer mittelalterlichen Benediktiner-Abtei und der Michaelsburg

Der *Remigiusberg* ist wohl der Glanzpunkt des ganzen Tales. Steil hebt er den verwitterten Felsenrücken aus dem Tal, während er westwärts seine Halden sanft ins Hügelland von Kusel absenkt. Gesträuche und Bergwiesen decken das Gestein. In einem Felsen fanden einige viehweidende Hirten drei Höhlen und in ihnen Urnen aus uralter Zeit, Auf schmalem, steilem Pfad klimmt man hinan zum hohen Kreuz, das talauf und talab ins „uralte Remigsland“ hineinwinkt. Ihm zur Rechten trauern die Ruinen des *Klosters St. Remigii,* das schon im 10. Jahrhundert von einem Grafen von Luneville erbaut wurde und lange Zeiten hindurch so blühend war, daß die Pfalzgrafen von Veldenz und Zweibrücken sich um die Würde des Propstes bewarben. Von den Zweibrücker Herzögen nach der Reformation eingezogen, kamen Propstei und Gefälle später an die Kurpfalz. Heute ist die Kirche zum Gottesdienst wiederhergestellt, den der katholische Pfarrer von Kusel versieht. Ein *Eremit* wohnt hier an herrlicher Stelle.

In der herzoglichen Familiengruft ist unter anderem die Grabstätte einer Tochter Gustav Wasas, die an einen Pfalzgraf vermählt war. Die Kirche und die Ruinen sind ein Gemisch des gotischen und romanischen Stils. Zum Schutz des Klosters bauten die Schirmherren die *St. Michaelsburg,* zur Linken des Kreuzes, die bei dem zweibrückischen Hause bis zu ihrem allmählichen Verfall blieb. Ein hoher Giebel und die Reste eines zerbrochenen Turmes stehen noch.

Weit und breit lagert sich um den Fuß des Remigiusberges, der alles Land am oberen Glan beherrscht, das arkadische Remigsland. Nach dem Sieg über die heidnischen Alemannen bei Zülpich ließ sich Chlodwig der Frankenkönig in Reims durch den heiligen Remigius taufen. Der König schenkte dem Heiligen den Hof Perna und die Dörfer Cosla und Gleni (d. i. Kusel und Altenglan) samt der ganzen Umgegend, und diese Landschaft wurde nun „Remigsland" geheißen und die Bewohner *„Remigsleute"* bis heute. Alle Katholiken der idyllischen Landschaft sind auf den Remigiusberg gepfarrt. Ein Sonntags- oder Feiertagsmorgen im Lenz und Sommer gewährt hier oben feierliche, poetische Stimmungen. Während unten in der Landschaft die Glocken der protestantischen Kirchen zum Gottesdienst rufen und vom nahen Städtchen Kusel herüber feierlich emporklingen, tönt auch jene des Remigiusberges mit ihrem wunderbar hellen Klang über das Remigsland hin, und von allen Seiten ziehen dann die „Remigsleute" sonntäglich geschmückt den Berg heran. Feierlich hallt dann der Kirchengesang über Tal und Hügel, bis die Scharen heimwallen. Wie schlafende Kinder in der Flur liegen tief unter uns die Dörfchen; dort Kusel, das alte Städtchen im freundlichsten Tal, Lichtenberg, im Hintergrund die Höhen des Winterhauchs und darüber der blaueste, heiterste Himmel.

Über Haschbach eilen wir westlich hinab in das Tal von *Kusel* mit seinem herrlichen Wiesengrund. Das Städtchen liegt vor uns im freundlichen Talgrund und in perspektivischer Verlängerung auf hohem Berg Schloß Lichtenberg, um der reizenden Landschaft den schönsten Abschluß zu geben. Das gute Städtchen wurde innerhalb zweier Jahrhunderte dreimal von Grund aus zerstört; Anno 1635 durch die Kroaten, die alles mordeten, Anno 1677 durch die Franzosen und abermals 1794. In Kusel waren falsche Assignate gefertigt oder doch da ausgegeben worden, die dreimalige Warnung wurde durch eine beteiligte Magistratsperson unterschlagen und nun diktierte der *Volksrepräsentant Henz* bei der Moselarmee: „In Erwägung der falschen Assignate und daß Kusel von keinem Nutzen für die Armee ist, werde es niedergebrannt!" Und so geschah es. Heute ist jedoch das Städtchen noch so rußig, winklig und eckig wie vordem. Übrigens herrscht viel gewerbliches Leben hier. Spaziergänge führen in die Umgegend, so nach *Konken* im schönen Tal nach Süden hin.

Der schönste Spaziergang von Kusel aus ist jedoch der über die Walkmühle nach *Diedelkopf,* einem Belustigungsort. Hinter dem Dorf überschreiten wir die preußische Grenze, immer das Auge nach dem Schloß und Städtchen Lichtenberg auf der Berghöhe gewandt. Durch Ruthweiler gelangen wir empor zu diesem Prachtstück der Landschaft. Heute ist das Schloß Schulhaus. Nach ihm benannte sich einst das zweibrückische Oberamt *Lichtenberg,* das nach dem Pariser Frieden an Koburg fiel und jetzt preußisch ist.

Weit über die Höhen des Winterhauchs schweift der Blick vom Erkerfenster aus, nach dem Remigiusberg und Potzberg und in das enge Felsental des Pfeffelbaches. Tief in diesem Tal verbirgt sich das Dörfchen *Schwarzerd,* wo ein Mithrasbild auf einem der Felsen, die das Tal umgeben, sich findet. Schon Schöpflin beschreibt es und bringt eine Abbildung von ihm. Ein Basrelief zeigt den *Sonnengott Mithras,* auf dem Weltstier sitzend, den er schlachtet. Ihn ziert die persische Clamys und Mütze. Gleichgekleidete Knaben stehen daneben, jeder auf einem Ochsenkopf, der eine mit der brennenden, der andere mit der umgekehrten Fackel und letzterer hat auch die Mütze verkehrt auf. Die Sonne steht oben, ein Hund beißt dem Stier in den Leib, ein Skorpion nagt an ihm und eine Schlange kriecht unten vorüber. Die Spuren eines hiergestandenen kleinen Tempels sind noch vorhanden. Dieser glich jedoch mehr einer Höhle. Das ganze Bild nennt das Landvolk seit uralter Zeit das *Grab Noä* und die Bewohner von Schwarzerd schützten es durch ein Strohdach vor Verwitterung.

Über Lichtenberg und das Tal des Pfeffelbaches hinaus breitet sich der rauhe Gebirgsstrich des *Winterhauchs* aus, der, die Landschaft zwischen dem Glan und der Nahe ausfüllend, das „Meisenheimer Ländchen", das Fürstentum Lichtenberg und das Land an der Blies hinab bis zur Saar mit steinigen und felsigen Höhen bedeckt. Sonst führte nur der rauhe Wald von Oberstein diesen Namen. Die großen, 500 bis 600 Fuß tiefen *Achatgruben* bei Fraisen und Oberkirchen, unfern der pfälzischen Grenze, existieren schon seit Jahrhunderten und liefern die schönsten Steine.
Von Lichtenberg führt nördlich eine Straße auf den Winterhauch in einer Stunde nach dem preußischen Städtchen *Baumholder.* Auf halbem Weg dahin, hart an der pfälzischen Grenze, steht im Wald der Breitsester Hof in einsamer Umgebung. Er war am Anfang unseres Jahrhunderts der Schlupfwinkel der Birkenfelder Bande, eines Zweiges der großen Bande des Schinderhannes. In dem nahen *Dennweiler* wohnten Glieder und Hehler derselben. Dieses Dorf liegt eine halbe Stunde östlich, auf pfälzischem Gebiet und in einer Seitenschlucht des Erzweiler Tales. Die Bande verbreitete Schrekken in der ganzen Umgebung von Kusel und weithin über den Winterhauch. Auf offener Straße mußte sich der Receveur von Kusel mit ihnen herumhauen, nachdem seine Gendarmen geflohen waren; die Streitmühle am Glan zwischen dem Remigius- und Potzberg, die Walkmühle bei Diedelkopf, der Wickenhof und der Schönborner Hof gegen Grumbach hin, dann aber auch die volkreichen Orte Ulmet und Offenbach am Glan sind Zeugen ihrer kühnen Räubereien gewesen. Schinderhannes selbst kehrte öfters auf dem Breitsester Hof ein und von hier aus zog er an der Spitze der Räuber weit über den Winterhauch in die Tiefen des Hochwaldes nach Sötern, zu dem schrecklichen Raubzug, wobei der Jude Mendel Moyses erschossen wurde. Von hier aus unternahm auch die vierundzwanzig Mann starke Bande jenen tollkühnen Sturm auf das Schloß zu Birkenfeld, das über der Nahe weit nach Westen hin liegt. Hier und in Dennweiler wurden auch endlich die Hauptglieder der Bande überwältigt und gefangen.
Auf den waldigen Anhöhen führt ein Weg östlich an den „hohen Buchen" vorüber ins *Erzweiler Tal,* das in tiefen Schluchten vom Winterhauch herab zum Glan sich windet. Es wird durch die Totenalb und Steinalb gebildet.
Von dem schön gelegenen Altenglan bis zu dem noch reizenderen *Ulmet* sind am Glan entlang, durch einige Dörfchen, drei kurzweilige Viertelstunden. Ulmet ist ein ansehnlicher Ort und lieblich gruppieren sich die Häuser zu beiden Seiten des Glans um die alte gotische Prioratskirche. Oben auf der Anhöhe hinter dem Ort steht – auf dem Flursberg, um den der Glan sich windet, – die uralte *Flurkapelle* eines verschwundenen Dorfes und schaut freundlich ins anmutige Tal, wo stolze Viehherden weiden. Bei Ulmet holte der Rheingraf Otto im Dreißigjährigen Krieg die gejagten Spanier ein und schlug sie nieder. Weiter, an der Mündung des Erzweiler Tales vorüber, durch die gar anmutig hintereinander gelegenen Dörfchen, an der alten *Hirschauer Kirche* vorbei, die einsam auf der Höhe im Feld als Rest eines eingegangenen Dorfes steht, durch eine liebliche Landschaft voll wechselnder idyllischer Bilder, kommen wir endlich nach dem malerischen *Offenbach* im preußischen Gebiet. In diesem alten Flecken ist der herrliche Chor einer alten Klosterkirche, mit ruinösem Kreuzgewölbe und einem prächtigen achteckigen Turm, eines der schönsten Reste des Kunstsinns unserer Altvordern und einer der beredtesten Zeugen von dem Mangel desselben in unserer Zeit. Auf preußischem Gebiet, und bald wieder auf pfälzischem längs des Flusses hin weitereilend erreichen wir endlich vor der Mündung der Waldlauter Lauterecken.

Das Land am Potzberg und das Lautertal

Von Kusel aus, das Tälchen entlang nach Altenglan wandernd, dann ein Viertelstündchen glanaufwärts nach dem Bergmannsdorf Mühlbach, kommen wir von da aus auf den *Potzberg.* Hoch trägt er seine waldige Kuppe als einer der mächtigsten pfälzischen Berge über die idyllische Glangegend, ein Beherrscher des Westrichs. Sein Haupt ragt 1 940 bayerische Fuß übers Meer; das Glantal und Staufenbacher Tal umschließen seinen Fuß. Er ist herrlich überwaldet bis zur hohen Kuppe, die eine schöne Bergwiese bildet und nun frische Anlagen und ein Belvedere zeigt. Volksfeste und Liederfeierlichkeiten sollen von jetzt an hier oben abgehalten werden. Die unteren Halden tragen die Bergfelder der Dörfer, die an seinen hohen Abhängen liegen, sein Inneres birgt große *Quecksilbergruben.* Von Mühlbach aus führt ein Weg an den Halden hinauf, am „Waldschütz“ und „Erbstollen“ vorüber, zum „Dreikönigszug“, von dem die Quelle der Schlucht zum Glan hinabrauscht. Nordöstlich führt eine Schlucht mit einem Wässerchen zum Werk „Hutschbach“ und weiter östlich zum „Elisabethenstollen“. Höher oben, auf dem westlichen Hang, finden wir die „Davidskron“. Außerdem treffen wir auf dem Potzberg noch die zum Teil verlassenen Werke „Hülfe Gottes“, schon 1774 eröffnet, „Freiwillen“ und „Kellerspülchen“, Namen die uns an heimelige Bergmannssagen erinnern, die so recht den Potzberg umschweben und seine dunklen Schachte durchweben. Das heimliche Gerede von den Zwergen und Kobolden in den kühlen Gängen, von den Erdgeistern und dem Bergkönig in der Tiefe des Schachts kommt uns zu Sinnen. Hoch am Osthang des Berges, fast auf der Höhe desselben, zeigt sich das Bergmannsdorf *Föckelberg.* In den düsteren Stollen aber schimmern die Grubenlichter und der eintönige Hammerschlag hallt durch den dunklen Gang; dort, wo das kleine Licht zittert, sucht eine arme Menschenseele nach den Schätzen der Erde, während Frau und Kinder daheim oft in Sorgen warten. Aber der Bergmann arbeitet ruhig weiter und eintönig klingen die kleinen Hämmer der Bergmannsknaben, die aus dem zutage geförderten Gestein die Quecksilberstufen herausschlagen.

Der *Dreikönigszug* ist das Hauptwerk des Potzberges, das bedeutendste der Pfalz; es liefert jährlich 20 000 Pfund Quecksilber und ist schon seit 1776 eröffnet. Eine Fahrt in die tiefen Schachte wird hier besonders belehrend, wenn man Gelegenheit hat, sie mit dem Verwalter, Herrn Günther, zu machen. Dann interessiert wohl auch das Laboratorium dieses Koryphäen im Bergfach, dessen kostbare Mineraliensammlung und treffliche mineralogische Karte des pfälzischen Gebirges.

Die Aussicht von der Kuppe des Berges ist wohl um vieles großartiger, aber malerischer und schöner die hier von halber Höhe. Dort unten, gegen Nordwesten, tritt Altenglan hervor und andere Dörfchen schauen aus den Gründen, über die Felsen des Remigiusberges Schloß und Städtchen Lichtenberg, indes der dunkle Kamm des Winterhauchs den Horizont schließt. Unaussprechlich schön wird dieser Blick am Abend, wenn die Sonne glühend untergeht, und dann eine stille Sternen- oder Mondnacht das Westrich einhüllt. Heimliche Klänge tönen herauf aus den Tälern, die Abendglocken des Remigiusberges und das Nachtwächterhorn in tiefem, gezogenem und gedämpftem Schall durch den Frieden der Nacht.

Auf dem Weg nach *Neunkirchen,* das hoch an den Südhalden des Berges liegt, übersehen wir das umliegende Land gegen Süden bis zu dem Moortälchen am Landstuhler Bruch. Nur die stattlichen Kuhherden beleben die zum Teil dürren Höhen; die Menschen sind hier ganz besonders still. Mit bleichen Gesichtern gehen sie „mayen“ oder an ihre Arbeit; nur der Branntwein ist ihr Tröster und Sorgenstiller. Sie haben auch bei weitem nicht den stattlichen Wuchs der Pfälzer, ja, die unvorteilhafte Statur der Leute am Potzberg ist fast sprichwörtlich geworden. Über das Gehügel und Getal schauen als erhabene Kuppen allein der Potzberg, Hermans-, Sell- und Königsberg.

Diese friedliche Landschaft zeigt zahlreiche *Überreste einer untergegangenen Kulturepoche,* die wir von den Sickinger Bergen an, am Bruch, am Glan, an der Lauter und auf allem Land um den Potzberg finden. Schon an den Südhalden des Potzberges, bei dem Dörflein Gimsbach, das in der Schlucht des Gimsbächleins liegt, grub man gewaltige Kastellmauern aus. Dem Potzberg gegenüber, östlich, steht eine Heidenburg. Von Föckelberg und Neunkirchen auf den Potzberg geht es rasch abwärts ins *Staufenbacher Tal*, das, den Potzberg umziehend, die Straßen vom Landstuhler Bruch und vom Reichswald her ins Glantal führt. Reichenbach-Stegen und Oberstaufenbach liegen im trauten Talgrund, unterhalb dieses Dorfes die Mühle, an der wir römische Votivsteine mit Inschriften und hoch oben am Giebel ein Steinbild eingemauert sehen, das einen Streiter mit einer Kugel darstellt. Es stammt von der *Heidenburg*, die auf einem schönen, abgerundeten, hohen Hügel steht, an dessen Fuß Dorf und Mühle liegen. Der Hügel ist mit Gemeindewald bewachsen, heißt das „Gerömel" und das ungeheure, feste, gewaltige Mauerwerk auf seiner Spitze wohl auch die „Herrenburg". Viele Sagen gehen über den Platz, die weiße Frau läßt sich oft droben sehen und ein Schlüsselblümchen öffnet goldene Schätze. Über Niederstaufenbach und Friedelhausen auf der Nordseite des Potzberges führt uns das Tal bei Altenglan in den Glangrund selbst. Zwischen beiden letzteren Dörfern zeigen uralte Mauern im *„Tälchen Godersbach"* ein Steinbild, dem am Giebel der Oberstaufenbacher Mühle vollkommen ähnlich.

Zwischen Niederstaufenbach und Friedelhausen kommt man auf der Wolfsteiner Straße links in das *Tälchen von Bosenbach;* es ist eng, tief, voll Wald und Wiesen, gar schön und friedlich; der kleine Bosenbach rinnt leise murmelnd vom Dorf herab dem Staufenbach zu. Da steht ein Kirchhof mit einem alten Turm, ganz einsam, die *Wolfskirche*. In der Kirchhofmauer ist das Brustbild eines Römers eingemauert. Hinter dem Tor der Mauer aber liegt, von hohem Gras und Nesseln überwachsen, ein Löwe, der auf einem ähnlichen Tier ruht. Das wahrscheinlich römische Werk ist sehr verstümmelt. Die Volkssage hat sich an dieses Bildwerk geheftet und gibt ihm neueren Ursprung.

An der Straße über das Hügelland ins Lautertal und nach Wolfstein liegen die Orte Bosenbach, Jettenbach, und Rothselberg, deren Bewohner vielen Rübsamen ziehen und damit handeln gehen. Von der Staufenbacher Heidenburg läuft gegen Kollweiler hin, über den Spannagel und Galgenberg, die uralte *Hochstraße* zur Heidenburg im Lautertal. Längs dieser Linie findet man alte Grabhügel, Beile, Opfermesser und Lanzen von Bronze, Urnen und Münzen bei Bosenbach, auf dem Eisenstein bei Jettenbach, auf dem Horesberg bei Rothselberg.

Aber auch links von der Straße nach Wolfstein sind zahlreiche Altertümer am *Hermesberg* oder Hermansberg mit seiner waldigen hohen Kuppe und dem „steinernen Mann". Um den einst heiligen Hermesberg, wo das steinerne Bild des Heidengottes stand, windet sich schluchtenartig das *Elzweiler Tälchen* mit dem Horschbach zum Glan, während niedliche Dörfchen in traulichem Grund liegen. Bei Horschbach fand man ein prächtiges Kapitäl einer korinthischen Säule und eine Badewanne mit Liebesgöttern. Am Fuß des Hermansberges gruben die Bauern noch mehrere solcher Säulen römischer und toskanischer Ordnung aus, nebst einer Menge Bildsäulen aus feinem weißem Sandstein, Götterstatuen von großem Wert, die zum Teil von der Dorfjugend, die mit den schönen Gliedern spielte, zertrümmert wurden. Bei weiterem Nachgraben stieß man auf ausgemalte Gemächer und Bleiplatten, dann deckten die Bauern wieder alles mit Schutt zu.

Etwas nördlich zieht das *Eßweiler Tal* von Jettenbach und Rothselberg her zwischen dem Hermansberg und Königsberg zum Glan. Es ist lieblich, anmutig, voll friedlichen Lebens und heimeliger Dörfchen. Seiner Zeit bildete es ein eigenes, zweibrückisches Gericht, dessen Sitz zu *Eßweiler* war; hier bestand eine blühende Studienschule, die jedoch im Dreißigjährigen Krieg einging. Wenn man dem Talbach folgt, kommt man an der nun fast verschwundenen *Ruine Sprenelberg* vorüber, durch die malerischen Taldörfchen. Seitwärts versteckt sich Aschbach in einem Tälchen, wo man ein Römerbad und eine kleine, auf einer Kugel sitzende Figur ausgrub. In dem Jungenwald gegen die Lauter bemerkt man Heidenhügel.

Das *Lautertal* zieht von Kaiserslautern her aus dem Herzen der Pfalz zum Glan, dessen bedeutendster Nebenfluß die „Waldlauter" ist. Niedere rote Hügel begleiten Fluß und Straße, bis wir Olsbrücken erreichen. Von da an gewinnt das Tal zusehends an Reiz; wirklich schön wird es aber bei *Kaulbach* und *Kreimbach,* die einander gegenüberliegen. Links schaut die Ortskirche mit ihrem alten, stumpfen Turm ganz frei von ihrem Hügel; rechts erhebt sich ein höherer Berg und auf ihm steht die uralte, geheimnisvolle Heidenburg von Kreimbach, die eine freie Aussicht gegen Landstuhl, den Potzberg und nördlich gegen den Donnersberg gewährt. Dieses Kastell war wohl zur Sicherung des Lautertals und der Hochstraße, die von Landstuhl nördlich über den Roßberg gegen die Nahe hinzog, erbaut. Steinbilder, Inschriften, Münzen und andere Antiquitäten wurden von hier nach Mannheim, Speyer und anderen Orten gebracht oder liegen noch zerstreut in den umliegenden Ortschaften und am Burgberg, wo sich noch ein verschütteter Brunnen, Torbögen und Scherben römischer Gefäße finden. Jeder Regenguß spült römische Münzen hervor und am Abhang liegen Steine, die Bildwerke, römische Ritter und dergleichen zeigen. Mitten im Dorf Kreimbach dient ein *Centaur* mit einer Lotosblume als Unterlage eines Bachstegs. Solche Bildwerke findet man auch in *Roßbach* an einer Gartenmauer, wohin man mit der Lauter in weiter Windung kommt. Roßbach zeigt großen Wohlstand. Hinter dem Dorf stehen wir vor dem Glanzpunkt des Tales und vor einer der schönsten Landschaften des Westrichs. Das Städtchen Wolfstein liegt vor uns, noch näher die einsame Kirche neben der Straße, die den Standort des eingegangenen Dorfes *Zweikirchen* bezeichnet. Dann steigt die Straße etwas, macht eine leichte Krümmung und drunten im malerischen Talkessel, hinter Bäumen versteckt, erscheint das kleine Kantonsstädtchen, düster überragt vom dunkelwaldigen Königsberg, während an seinem Hang die Burgen *Neuwolfstein* und *Altwolfstein* stehen. Des Städtchens Mauerspuren laufen noch am Schloßberg hinan. Neuwolfstein, unmittelbar über den Häusern, zeigt den Burgstil des 15. Jahrhunderts. Schon früh war Altwolfstein Ruine. Düster schaut diese kleine Feste ins Tal herab von ihrer schroffen, abschüssigen Felswand, die in dunkelgrauen, zackigen Massen aus dem Laubwald ragt. Die Doppelaussicht von oben ist gar schön. Die Burg war Reichsfeste, diente zur Dekkung des Passes in den Nahegau und kam mit dem Städtchen unten an Kurpfalz.

In mehreren Spitzen und Kuppen erheben sich die Porphyrmassen des Königsbergs am linken Lauterufer, tief überwaldet und von etwa 1 800 Fuß Meereshöhe. Der *Königsberg* ist wichtig durch seine Quecksilberbergwerke. Da finden wir die Werke „Pfälzer Mut", „Christians Glück", „Herren Pitz" und das Werk „Theodors Lust" im Laufhauser Tal. Jenseits der Schlucht erhebt sich ein schöner, waldiger, hoher Bergkegel, der Sellberg oder *Seelberg,* frei nach allen Seiten über das Land schauend.

Um den Reichtum dieser Gegend an mineralogischen Gegenständen recht kennenzulernen, machen wir von Wolfstein aus einen Seitenausflug nordöstlich über die Höhen ins *Odenbacher Tal,* das mit dem Lautertal parallel von Schallodenbach aus der Gegend von Otterberg herkommt. Bei *Niederkirchen* findet man prächtige Gänge körnigen Kalks an den malerischen Talwänden, während bei dem nahen Heimkirchen besonders versteinerte Fische vorkommen. In den Dörfchen am Odenbach abwärts gräbt man Urnen, Ringe und Münzen. Eine kleine Figur von Bronze wurde für König David mit der Harfe gehalten und an einen herumziehenden Uhrenhändler verkauft. Das arkadische Tälchen von Nußbach mit seinen friedlichen Dörfern kommt rechts herein. *Reipoldskirchen* im engen Talgrund war der einstige Stammsitz der raugräflichen Herren von Hohenfels-Reipoldskirchen. Ein malerischer Weg führt den Odenbach entlang durch stille Dörfer zum Glan.

Nach Wolfstein zurückgekehrt, wandern wir nun mit der Lauter an einigen Dörfern, wie an dem malerisch hoch oben auf dem Talrand liegenden *Hohenöllen,* an Höfen, Weinpflanzungen und Sägemühlen vorüber nach Lauterecken.

Das untere Glantal

Wie mild das Glantal hier am Zusammenfluß des Glans und der Lauter geworden ist, zeigt der Weinbau bei dem Städtchen *Lauterecken,* das im malerischen Grund rings von Bergen umschlossen an der Lautermündung liegt. Das alte Städtchen war die Residenz der Pfalzgrafen von Veldenz, einer wittelsbachischen Linie, deren Schloß, mitten im Städtchen, später kurpfälzisches Oberamtshaus wurde und nun Privatbesitz ist. Der Schloßzwinger ist in einen Garten verwandelt. Der merkwürdigste Teil des Schlosses ist der alte, viereckige *Schloßturm.* An ihn knüpft sich eine tragische Geschichte. Von 1634 bis 1694 residierte hier Pfalzgraf Leopold Ludwig, als Vater einer zahlreichen Familie. Da kam sein ältester Sohn, Gustav Philipp, von seinen Reisen zurück, katholisch. Alsbald ließ ihn der streng lutherische Vater gefangennehmen, in den erwähnten Schloßturm legen und durch den roten Wachtmeister Jeremias Berto am 24. August 1679 um Mitternacht im Bett erschießen. Das lutherische Pfarrbuch sagt, der Prinz sei gefangen gewesen wegen Rebellion, „Apostasierung" und sonstiger Untaten und der Wachtmeister hätte bloß einen gewaltsamen Befreiungsversuch verhindert, wobei der Jüngling sein Leben einbüßte. Pfalzgraf Leopold Ludwig überlebte noch alle seine Kinder; nach traurigem, einsamem Alter starb er ohne Erben und sein Land fiel an Kurpfalz. Die Dörfchen umher zeigen bei ärmlichen Strohdächern noch den alten, treppenartigen Giebel.

Westlich von Lauterecken zieht sich über die preußische Grenze ein Hochtälchen in den rauhen Winterhauch mit einer Straße hinein, dort liegt gar schön und romantisch in der Nähe das preußische Städtchen *Grumbach,* einst Hauptsitz der „Wildgrafen" von Grumbach, eines berühmten ritterlichen und reichen Geschlechts. Die Enge des Tales bewirkt, daß die Häuser zur Hälfte in den Berg gebaut sind. Von hier führt die Straße über den Winterhauch westlich in die Gegend von Oberstein und Baumholder. Über St. Medart und *Odenbach* kommen wir am Glan abwärts nach dem Städtchen Meisenheim; in Odenbach fand man einen bronzenen Merkur von großer Schönheit und andere Altertümer. Herzog Ludwig II. von Zweibrücken wählte Odenbach zum Stammsitz der „Freiherrn von Fürstenwärter", die er in morganatischer Ehe mit Elisabetha Hepp erzeugte. Das Odenbacher Tal mündet hier in das des Glans, das von einem weiten Rebenkranz umfaßt ist.

Meisenheim ist eins der hübschesten, saubersten alten Städtchen, seine Lage im schönen Glantal ungemein freundlich und sein Anblick durch die wohlerhaltenen Ringmauern, um die der Glan in weitem Bogen rauscht, durch den durchbrochenen Turm der Stadtkirche und die anderen Türme sogar imposant. Felder, Wiesen, waldige Höhen und Weinberge ringsum vervollständigen das schöne, abgerundete Landschaftsbild. Die *gotische Stadtkirche* ist ein Freiburger Münster en miniature, freilich aus einer späteren Zeit, da sie 1479 erbaut wurde. An dem schönen, hohen Turm hat das Wetter schon vielfach genagt. Das Innere der Kirche entspricht dem äußeren Eindruck nicht, die Renaissance hat hier schon der Gotik Eintrag getan. Eine Kapelle enthält die *Fürstengruft,* mit zierlichen sauberen Grabmalen, die zum Stil der Kirche nicht passen. Das Schloß ist jetzt die gelegentliche Residenz des Landgrafen von Hessen-Homburg. Wie das Städtchen, so sind auch die Bewohner ein angenehmes, liebenswürdiges und gastfreundliches Völkchen.

Das *Meisenheimer Ländchen* umfaßt außer seiner Hauptstadt kaum noch 24 Orte. Es nimmt den Winkel zwischen dem Glan und der Nahe ein, die sich an seiner nordöstlichen Ecke vereinigen, war früher größtenteils zweibrückisch und kam erst 1815 an den Landgrafen von Hessen-Homburg.

Einige Schritte südlich von Meisenheim tritt man in das Jeckenbacher Tal ein. In einem Seitental auf dem Winterhauch liegt *Schweinschied* mit seinen Felsenbilder und seiner

Höhle „Wildfrauenloch"; der Felsen heißt *Wildfrauentempel* und enthält Siegfrieds oder St. Georgs Kampf mit dem Drachen als Relief. Heute ist die Höhle nur noch der Aufenthalt von Füchsen und Dachsen. Bemerkenswert ist, daß sich Sagen von Wildfrauen, (Holzweibchen, Moosjungfern, Heidefrauen) gewöhnlich an „Freisteine" und altdeutsche Malstätten knüpfen.

Von Schweinschied westlich liegt Sien auf der *„Königsheide"*, wo einst die Freischöffen des „Heidengerichts" auf dem Winterhauch ihre öffentlichen Maltage hielten. Bei Oberstein liegt im dunklen Wald des Winterhauchs der *Malberg*, in der Nähe die alte Römerstraße am „Kriegersgrab" unter dunklen Buchen und Eichen. Auf dem Volksberg befinden sich großartige, uralte Anlagen. Nicht weit von der Grenze des Meisenheimer Ländchens, bei Mittelreidenbach auf hoher Bergspitze, steht der *„Hollen-* oder *Bellenstein"*, der mit dem „Langen Stein" bei Bärweiler, einem hohen Felsstück, das, von weitem gesehen, einem Mann mit einem großen Hut täuschend ähnlich sieht, die Grenze des „Heidengerichts" bildete.

Unterhalb Meisenheim kommt von der pfälzischen Seite das *„Glastal"* vom kohlenreichen Galgenberg und vom weiter entfernten Roßberg her, auf dessen Gipfel, der Maja gewidmet, römische Denksteine gefunden wurden. Unsere Wanderung im Glantal fortsetzend, wandern wir über Raumbach nach dem pfälzischen *Rehborn*, wo Melanchthon, als er auf der Ebernburg weilte, den Heilbrunnen trank. Weinberge erscheinen, links waldige Hänge und dann im Talkessel an der Mündung des Heimelsbaches das Städtchen *Odernheim*, am Fuß schöner rebenbepflanzter Berge. Die Lage am felsigen Dissibodenberg, im wiesenreichen Talkessel des Glans ist ganz besonders anmutend und freundlich. Das Städtchen hieß früher „Dreckodernheim", ein Beiname, den es heute nicht mehr verdient, war Zeuge der siegreichen Waffen des „bösen Fritz" von der Pfalz und wurde 1689 von den Franzosen niedergebrannt.

Da, wo sich Nahe und Glan umarmen, steht der *Dissibodenberg*, noch auf pfälzischem Boden, und bildet einen kühnen Bergvorsprung im Winkel der beiden Flußtäler. Als ein majestätischer Felsenkopf stürzt er gegen Nahe und Glan steil ab und erhebt sich frei aus dem Land, so daß er mit seinen Klosterruinen auf der Spitze ein prächtiges Landschaftsbild abgibt, das die Felsen der Nahe im Hintergrund schließen.

Wir sind aus der Idylle des Glantales in die Romantik des Nahetales getreten. Die uralte *Abtei des heiligen Dissibod* steht nur in wenigen Resten hoch oben auf der Felsenplatte der Bergspitze. Im 6. Jahrhundert kam der heilige Dissibod aus Irland. Mit drei Genossen baute er sich auf der Ostseite des Berges an der Quelle an, die ein weißes Reh aufscharrte. Erst später erhob sich die Kirche auf dem hohen Felsengipfel und winkte weit ins Tal der Nahe und des Glans hinein und daneben erstand die Benediktinerabtei, die sich schon im 9. Jahrhundert der Normannen erwehren mußte. Nachher wurde die Abtei mit Zisterziensern besetzt und ging in der Reformation an die Zweibrücker Herzöge über und zuletzt an die Pfalz. Viel mußte die Abtei indes erdulden, oft erlag sie, trotz ihrer Schutzmauern, den Kriegshorden und oft diente sie diesen selbst als fester Ort. Am Abhang des Berges erbaute im 12. Jahrhundert die *heilige Hildegard*, die später auf den Rochusberg bei Bingen übersiedelte, ein Benediktinernonnenkloster, das bald einging. Die Heilige war aus dem nahen Schloß Böckelnheim, eine hochgebildete, tiefgelehrte Frau, das Orakel ihrer Zeit, eine christliche Velleda.

Die *Rundsicht*, ein Prachtstück, entschädigt für die geringe Ausbeute an Trümmern, die zum Teil in Parkanlagen umgewandelt sind. Unten rauschen Glan und Nahe laut jauchzend zusammen, rechts erscheint Odernheim in seinem Kessel, links nach Westen senkt sich der Berg nach Staudernheim hinab und über dasselbe hin öffnet sich das lachende Tal der mittleren Nahe; jenseits winkt das Städtchen Sobernheim, weiterhin schwimmt Monzingen in seinen Reben und aus dem tiefen Hintergrund schaut in düsterer Romantik das alte Wild- und Rheingrafenschloß Dhaun. Nach Osten hin verschwindet die brausende Nahe in den Felsen. Die *Sage* weiß manches von dem Dissibodenberg zu erzählen, von seinen Schätzen und dem Juden von Odernheim, der sie heben wollte, und wie die Kirchenglocke von Staudernheim zu früh eins geschlagen. An der sanften westlichen Halde hinunter erreichen wir in einigen hundert Schritten Staudernheim. Zuvor werfen wir jedoch noch einen Blick auf die *Glanleute*. Besonders am oberen Glan ist noch die rechte „alte Welt" und auch am unteren Glan herrscht noch, besonders auf dem Plateau bei Obermoschel gegen die Alsenz, viel ursprüngliches Bauerntum, das seinen Wohlstand und Reichtum überall vor allem auf die treffliche Viehzucht stützt. Am Glan treffen wir wieder bei den Bauern jene kleidsamen turbanartigen Fuchspelzmützen und bei den Frauen die bunten, mit Nesteln verbundenen Mieder, während noch alte Exemplare mit den mittelalterlichen Nebelkappen, die fächerartig aufgebaut sind, vorkommen. Es ist ein sinniges Völkchen und beim „Mayen" auf den Märkten und daheim in den niederen Stuben herrscht noch viel echtes Volksleben.

Ein Hürdlträger aus der Glangegend im Gespräch mit seiner Nachbarin

V. Der Nahegau und Donnersberg

Der alte Nahegau umfaßt nicht bloß den Donnersberg, sondern auch das Land am Glan bis zum Reichswald und Landstuhler Bruch und bis zum Höcherberg, wo er mit dem Wormsgau und Bliesgau zusammenstieß, somit den ganzen Nordwesten der Pfalz. Seine nördlichen Grenzen liefen über den Hunsrück und den Rhein entlang bis Mainz. Im späteren Mittelalter kam für das rauhe Land links der Nahe der Name „*Hundesruche*" auf, auch wohl schon früher „Hunnegau" – tractus Hunnorum, pagus Hunnorum – weil man glaubte, die Hunnen seien in das wilde Gebirgsland des heutigen „Hunsrück" gedrängt worden. Der schöne frucht- und weinreiche Strich rechts der unteren Nahe im heutigen Rheinhessen und um den Donnersberg her heißt dagegen noch heute vorzugsweise der „Gau" und viele Orte nennen sich zu ihrer näheren Bezeichnung nach ihm.

Am Nahegau saß jenes berühmte Grafengeschlecht, das sich schon durch die bezeichnenden Beinamen der einzelnen Linien vor allen anderen unterschied, das Geschlecht der „Rau-, Wild- und Rheingrafen". Um den mächtigen Donnersberg her standen die kühnen Burgen der Raugrafen (Rugegrafen), auf den Felsen des Nahetals die Schlösser der Rheingrafen und auf dem unwirtbaren Hunsrück die der Wildgrafen, alle drei Geschlechter gemeinsamer Abstammung und oft später wieder verschmolzen. Sie waren kaiserliche Gaugrafen an der Nahe und Landgrafen des Hunsrücks und hatten von den Pfalzgrafen noch die „pfälzische Landgrafschaft" auf dem Winterhauch und im Idarwald zu Lehen.

Es gibt nicht leicht wieder einen größeren Landstrich, wo die Kontraste wilder und heiterer Romantik, grotesker und idyllischer Schönheiten, rauhen, öden Gebirgslandes und üppiger, reichster Fruchtbarkeit so nahe beisammen liegen und so mannigfach wechseln als im Nahegau, – nicht leicht einen Strich, der dem reisenden Publikum so mannigfachen Genuß böte als dieser. Prachtszenen der Natur der verschiedensten Art überraschen hier auf allen Wegen. Das Gebirge gehört nicht mehr zum Gebiet des Vogesensandsteins. Links der Nahe zählt der Hunsrück schon völlig zum mittelrheinischen Schiefergebirge; rechts der Nahe bildet der Porphyr des Donnersberges mächtige, dunkelbewaldete Kuppen und nackte Felsennadeln, die bis nach Kreuznach vortreten, während durch Rheinhessen gegen den Rhein hin sanftes frucht- und weinreiches Hügelland den Donnersberg umlagert, – die alte „Getreidekammer der Pfalz".

1. Nahe und Hunsrück

Wir stehen vor einem der interessantesten Striche Deutschlands. Er lagert sich um die nördlichste Spitze der Pfalz mit der *Nahe*, die den Hunsrück abgrenzt. Schon Ausonius spricht in seiner „Mosella" von der Nava raschem Strom. Sie entspringt auf dem Hochwald unfern des Bliesursprungs. Aus dem mehr offenen Hochland bricht sie sich ein wildes, tiefes, schauerliches Felsental bei Oberstein und wendet sich bei Kirn ostwärts durch ein herrliches Rebental. Am Dissibodenberg durch den Glan erstarkt, bricht sie sich nochmals Bahn durch die sich ihr entgegenstellenden Felsberge, wendet sich dann bei Kreuznach in eine offene, lachende *Weinlandschaft* und erreicht bei Bingen nach einem 16 Meilen langen Lauf den Vater Rhein. Dabei bildet sie immer und immer wieder die Grenzlinie zwischen deutschen Provinzen, die von den Mutterländern getrennt liegen und zeigt abwechselnd die wildesten und die freundlichsten landschaftlichen Bilder. Überall ist aber ihr Ufer mit dem Reiz der Romantik übergossen, dort von ihrer düsteren, hier von ihrer heiteren Seite.

Die Höhen ihres linken Ufers bilden überall den steil abfallenden Rand des rauhen *Hunsrücks.* Unter diesem Namen begreift man das ganze rauhe Bergland zwischen der Nahe, Mosel und dem Rhein, das gegen all diese Flüsse als Tafelland steil abfällt und jene wunderbaren rebenreichen, romantischen Täler bildet, die das Ziel von Tausenden von Naturfreunden sind. Hochwald, Idarwald und Soonwald bilden dunkle Bergforste, um die sich das wenige urbare Land auf dem hochwellenförmigen Boden gruppiert. Einige stattlich hohe Kuppen ragen über das Gehügel. Nur Köhler- und Holzhauerhütten beleben jene dunklen Wälder, aber unzählige Eisenwerke, Mühlen und die hier einheimischen Achatschleifen beleben die engen, tiefen Felsentäler der Bäche. Die Viehzucht ist auf dem Hunsrück viel bedeutender als der Ackerbau, der auf diesem rauhen, kalten Gebirge nicht gut gedeiht, aber auch das Vieh ist klein und die „Hunsrücker Rasse“ als ein Zwergengeschlecht bekannt. Der *„Hunsrücker Wind“* ist in der ganzen Pfalz berüchtigt, und dieser Strich gilt hier für das deutsche Sibirien.

Das Volk ist ein frommes, treuherziges, fleißiges, kühnes und noch an altem Volkstum reiches Geschlecht, dessen Sprache sich von der des Westrichs wenig unterscheidet. In den kleinen Dörfchen mit ihren armseligen Moosdächern, auf den einsamen Höfen der mächtigen, dunklen Wälder zogen die Kriegsunruhen der neunziger Jahre auf dem nämlichen Boden, wo die kühnen Wild-, Rau- und Rheingrafen des Mittelalters ihre Felsenburgen bauten, verwegene Räuberbanden. Indem wir von ihnen berichten, folgen wir authentischen, aktenmäßigen Berichten; sie werfen ein grelles Licht auf damalige Zustände. Am Hunsrück und in den Nahegegenden hatten Kurpfalz und die pfälzischen Nebenlinien den größten Anteil, das übrige gehörte Trier und den verschiedenen Linien der Wild-, Rhein- und Raugrafen. Kreuznach, die bedeutendste Stadt dieser Gegend, war pfälzisch. Von ihr aus werden auch gewöhnlich die Ausflüge in diese Landschaft unternommen.

Wir setzen unsere Wanderung fort und kommen zuerst in

das mittlere Nahetal.

Staudernheim, am Fuß des Dissibodenberges und am Zusammenfluß von Nahe und Glan, ist in seiner reizenden Lage dazu geeignet, das Quartier und der Ausgangspunkt der Ausflüge für Naturfreunde zu sein, besonders für solche, denen das teuere und geräuschvolle Badeleben Kreuznachs zuwider ist. Die Gasthöfe von Wild und Ott sind so recht dafür geschaffen, Naturreisende aufzunehmen; ländlich, freundlich, anständig, gut und billig. Bei allem ländlichen Komfort ist es idyllisch gemütlich hier und die Aussicht aus den oberen Zimmern auf Fluß, Tal, Felsen und Wälder sehr schön.

Die Familie Wild gehört zu jenem Landhonoratiorentum, das sein Ansehen und seinen Wohlstand durch langjähriges, vom Vater auf den Sohn ererbtes Verdienst erworben hat. Schon in den Tagen der französischen Republik waren die Wilds Maire von Staudernheim und blieben auch nachher „Oberschulzen“ des schönen Ortes.

Wer sich *Geschichten vom Schinderhannes* erzählen lassen will, sitzt hier so recht an der Quelle. In einer Herbstnacht der 90er Jahre, in der Mitternachtsstunde, kam des

Schinderhannes Bande von Lettweiler herüber in das Haus eines Juden zu Staudernheim. Als der damalige Maire Wild den Lärm vernahm, sprang er, nur halb angekleidet, auf die Straße, alarmierte die Bürger, obgleich die Räuber nach ihm schossen, und brachte den ganzen Ort in Aufruhr. Die Räuber schrien: „Zurück, Schinderhannes ist da!" Aber die Bürger griffen mit Todesverachtung an, ein tüchtiges Gewehrfeuer begann von beiden Seiten; die Räuber mußten über eine hohe Gartenmauer springen. Heinrich Wild, der Sohn des Maires, führte die Bürger an und man verfolgte die Bande durch die Wälder, leider ohne glücklichen Erfolg. Ein Förster des Ortes und ein anderer aus dem nahen Abtweiler gehörten zur Bande.
Es war damals gewagt sich den Räubern zu widersetzen. Gewöhnlich rührte sich bei ihren „Sträußen auf die Juden" der Gegend nicht der mindeste Widerstand bei den Ortsbewohnern. Viele der gefährlichsten Glieder der Bande waren aus der nächsten Umgegend, so der berüchtigte Schuster Leydendecker und der Holzhacker Reidenbach von Lauschied und andere von Merxheim, Meddersheim, Hundsbach usw. Schinderhannes selbst verlebte seine Jugendzeit als Schinderbube in Bärenbach und Sobernheim an der Nahe. Als er als zwanzigjähriger Bursche schon den Ruf eines großen Hauptmanns erworben hatte, kam er in die Gegend zurück, um zu zeigen, was aus ihm geworden war. Zu Meddersheim, einem großen Dorf eine Stunde westlich von Staudernheim, gab damals Schinderhannes *öffentliche Audienz* und die Juden der Gegend schickten Gesandtschaften an ihn, um sich Sicherheiten zu verschaffen oder er entbot sie zu sich, um sich vor ihm zu verantworten, wenn sie es wagten, Gendarmen auf ihren Marktreisen mitzunehmen. Auch besuchte er oft die reichen Judenhäuser, so das des Handelsmannes Bär in Merxheim, wo er sich dann mit seinem Julchen festlich bewirten ließ. Das pfälzische Dorf *Lettweiler* wurde der Hauptsitz der Bande, und von dort aus wurden auch die Einwohner der Krazmühle bei Merxheim so entsetzlich mißhandelt. Zu jener Zeit ging Schinderhannes in den Städtchen Sobernheim, Meisenheim, Odernheim aus und ein, jedes Kind kannte ihn, er kaufte sich seine Bedürfnisse in den Städtchen und besuchte die Kirchweihen der Gegend. Der berühmte Hauptmann schien es auch nicht gut aufzunehmen, wenn man ihn nicht kennen wollte, das erfuhr ein Bauer in Raumbach und ein anderer zu Rehborn. Der Sohn des Welchrother Hofmanns liebte ein Mädchen von Otzweiler; doch deren Vater gab sie einem anderen. Das mußte Schinderhannes rächen, und bei einem Raubzug wurde jener Vater durch die Räuber erschossen.
Bei Staudernheim führt die *Landgrafenbrücke* auf's linke Naheufer ins Preußische, östlich von dem freundlich herwinkenden Städtchen Sobernheim. Flußabwärts nach Kreuznach ziehen wir eine Wasserfahrt im Felsental auf der Nahe vor; bald sind wir in die Felsen hineingeraten. Die pfälzischen Berghänge rechts tragen Reben, links erscheint das preußische Dörfchen *Boos*. Das Tal ist wild und abenteuerlich geworden, still und einsam; nur vor uns klappert eine Mühle und über ihr, auf jäher Felswand, steht das alte *Schloß Böckelnheim*. Hier saß der alte Kaiser Heinrich IV., von seinem eigenen Sohn gefangengehalten, auf Weihnachten des Jahres 1105. Die Nahe braust unten an den Felsen, als wolle sie die Stätte untergraben, die an eine Schmach unserer Geschichte erinnert. An der Westseite des Schloßberges, in einer tiefen, engen Felsenschlucht, erscheinen die Häuser des Dörfchens *Thalböckelheim*, oben die Kirche und die Häuser des Dörfchens Schloßböckelheim.
Die Nahe läßt hier kaum einen schmalen Weg an den Felsen frei. Es ist ein *„Zwangsweg" des Schinderhannes*. Bei Jahrmärkten pflegte er an solchen Engpässen auf hohen Felsspitzen die zu Markt ziehenden Juden zu erwarten. So auch hier auf den Kreuznacher Markt, als gerade die Nahe sehr angeschwollen war. Mit dem Fernrohr sah er an fünfzig Juden daherkommen. In Gesellschaft zweier Kameraden gebot er dem großen Haufen Halt und schnitt ihnen den Rückzug ab. Die Hebräer lieferten ihre Bör-

sen ab, und während Schinderhannes ihre Taschen durchsuchte, durfte ihm ein alter Jude aus Meisenheim das geladene Gewehr halten. Die Geängstigten mußten Schuhe und Stiefel ausziehen, die durchsucht und auf einen Haufen geworfen wurden. Die Beraubten gerieten in heftigen Streit, als sie wieder gehen durften; wer schlechte Schuhe hatte behauptete gute Stiefel gehabt zu haben. Noch im Gefängnis vor seinem Tode lachte Schinderhannes in Erinnerung an diesen Raub.

Am Niederthaler Hof vorüber, im tiefen engen Felsental, auf dem reißenden Fluß, fahren wir rasch dahin; rechts auf der pfälzischen Seite öffnet sich Raum zwischen den Bergen und dem Fluß und da, wo der Reitersbach von der Ruine Montfort herabkommt, liegt das Dorf *Oberhausen* mit seiner Kirchenruine. Hoch über dem Tal erhebt der höchste Berg der Gegend, der *Lemberg*, sein abgerundetes Haupt; links erscheinen steile Bergwände; „an der Fähre" vorüber geht es weiter im wildromantischen, herrlichen Tal. Mit jeder Krümmung des Flusses eine neue Schönheit; dort eine tiefe, enge Schlucht, hier steile Wände und zuletzt auf der preußischen Seite niedere, von Weinbergen übergrünte Hänge, das Dorf Niederhausen, dann Norheim und seine Mühlen. Neben uns steigt eine himmelhohe Felsenwand aus der Nahe, der *Rotenfels*. Ihm gegenüber, auf sanfterer Höhe, Sickingens „Herberge der Gerechtigkeit", zu ihren Füßen das Dörfchen Ebernburg, gerade vor uns, auf gewaltigen Felsennadeln, die Ruine des Rheingrafensteins, höher noch über ihm der Felsrücken der „Gans", zu ihren Füßen die schäumende, brandende Nahe; mitteninnen ein herrlicher Talkessel, mit den langen Salinengebäuden von Münster am Stein vor der Mündung des Alsenztales. Alles das ist so eigentümlich schön im ganzen, wie im einzelnen, daß wir durch das Felsentor nach Kreuznach hinaus, in das prangende, lachende Gefilde, nur mit dem Gedanken fahren, recht bald hierher zurückzukehren.

Mit dem Totaleindruck, den die Umgebung Kreuznachs in ihren herrlichen Kontrasten macht, kehren wir nach Staudernheim zurück und zwar in zweieinhalb Stunden auf der Landstraße übers Gebirge. Die Straße wendet sich in das Tal der Eller; dies spaltet sich gleich hinter der Stadt mehrmals. Wir kommen bald nach *Weinsheim* mit seinem reichen Rebengefilde. Rechts blieben im Fischbachtal Burg und Abtei Sponheim liegen, die Straße erreicht *Waldböckelnheim*, nördlich von Schloß Böckelnheim. Rechts im Wald liegen zwei Meiereien: der Hof Marienpforte, wo noch die Ruinen eines ehemaligen Wilhelmitenklosters zu sehen sind und der *Steinerter Hof* etwas südlicher gegen Sobernheim hin, wo man den Erbsenstein findet. Schinderhannes hauste hier mit der Familie des „Schwarzen Peters" ganze Wochen lang. Um ganz sicher zu sein, nahm der Steinerter Hofmann den Räuber Reidenbach sogar in seinen Dienst und der Pächter und Schäfer in Marienpforte gehörten zur Bande. Hier wurde auch der berüchtigte Räuber Karl Benzel gefangen. Unterhalb Waldböckelnheim teilt sich die Straße; ein Weg geht über Oberstreit und die Landgrafenbrücke nach Staudernheim zurück, die Poststraße jedoch direkt nach Sobernheim hinab.

Sobernheim liegt nur ein halbes Stündchen westlich von Staudernheim links der Nahe. Das Tal hat hier sein freundlichstes Gewand angenommen, Weinberge begrenzen die sanften Höhen des lachenden Grundes. Das Städtchen gewährt viel kulturgeschichtliches Interesse durch seine alte Kirche, durch das aus dem 14. Jahrhundert stammende Rathaus und die alten Häuser, die bei der Pfalzverwüstung 1689 verschont blieben. Darunter ist eines mit *Inschriften aus dem „Freidank"*, jenem herrlichen altdeutschen Gedicht, das so recht aus dem tiefen Brunnen germanischer Volksweisheit geschöpft hat. In Sobernheim wohnt als evangelischer Pfarrer der Darsteller des Volkslebens auf dem Hunsrück, Wilhelm Örtel, bekannter unter dem pseudonymen Namen *W. O. von Horn*. In der Nähe stehen die malerischen Ruinen der alten Raubfeste Rohrfels. Jenseits liegt der hessen-homburgische Weinort Meddersheim, wo Schinderhannes öffentliche Audienzen gab, das Dorf Nußbaum, weiterhin das Städtchen *Monzingen*, im weiten Reben-

gefilde des Nahetales und im blumigen Wiesengrund. Hier wächst der beste Nahewein, der sogar ohne Gefahr des Verderbens die Linie passieren kann.
Oberhalb Monzingen wird das Nahetal enger. Überm Fluß liegt der große Weinort Merxheim. Durch Weiler nach *Martinstein* kommend, sehen wir auf steilen Felsen über dem Dorf die Burg in wenigen Ruinen. Nun öffnet sich wieder ein prächtiger Talkessel vor der Mündung des Simmertales, drüben schaut die Johanniskirche von ihrer hohen Felsenkuppe und im Hintergrund das großartige *Schloß Dhaun*, eines der prächtigsten Deutschlands, über dem wilden Tal des Simmerbaches. Noch 1729 erneuert und von dem berühmten Geschlecht der Wild- und Rheingrafen bewohnt, von der französischen Regierung 1804 auf Abbruch versteigert, kam die Ruine glücklicherweise später in die Hände des Dr. Wallendorf von Trier, der sie erhalten läßt und mit Anlagen und Spaziergängen in Verbindung brachte. Über dem Schloßtor sieht man noch im Relief den *Affen von Dhaun*, der einem Kind einen Apfel reicht, um an den Raub eines jungen Rheingrafen durch den Schloßaffen zu erinnern. Die Aussicht wird in ihrer Art kaum übertroffen. Weit nach Osten über das reizende Nahetal bis Sobernheim zum Disibodenberg und Lemberg reicht der Blick; dann aber auch nordwärts in das schluchtenvolle Simmertal mit den nahen Burgruinen, und in die Klüfte und Schlüfte des dunklen Soonwaldes. Es gab kein ritterlicheres und kühneres Geschlecht als diese *Wild- und Rheingrafen*, die einst Grafen und Landvögte des Nahegaues und Hunsrücks waren und diese Landgrafschaft von der Pfalz zu Lehen hatten. In den Kriegen Friedrichs des Siegreichen und im schmalkaldischen Krieg glänzt schon der rheingräfliche Name und Otto war der kühnste schwedische Reiterführer im Dreißigjährigen Krieg. Ein anderer starb in Rheinfelden mit dem Ruf: „Nichts Quartier! Im Himmel ist Quartier!“ unter den Schwertern und Kugeln der Feinde.
Auf der Höhe des Gebirges, vorn gegen die Nahe, steht als Schmuck und Zierde der Gegend die *Kirche Johannisberg* auf hoher Felsenkuppe. Sie ist alt, im schönen deutschen Stil und enthält alte Grabsteine des wild- und rheingräflichen Hauses. Der schönste ist der des Rheingrafen Johann Christoph aus dem 15. Jahrhundert. Ein anderer birgt die Reste des trefflichen jungen Rheingrafen Friedrich Philipp, der in der „Wildfangfehde“ hier vor den lothringischen Reitern, als er auf das „Wer da“ seinen Namen und Stand nannte, erschossen wurde. Unterhalb des Dorfes Johannisberg öffnet sich eine *wilde Talschlucht* voll düsterer Romantik. Die Nahe braust rauschend durch dieselbe und die Poststraße führt durch nach dem Städtchen Kirn.

Das obere Nahetal

Wir sind nun in eine Landschaft gekommen, die das rauhe, wilde Gepräge des Hunsrücks an sich trägt, obgleich das Nahetal von Kirn aufwärts bis gegen Oberstein noch einmal sich ausweitet und einen lieblicheren Charakter annimmt. Die Gegend von Kirn mit Einschluß Dhauns und des Simmertales und die von Oberstein gehören zu den merkwürdigsten und interessantesten Deutschlands; besonders letztere läßt alle Erwartungen hinter sich zurück.
Kirn ist malerisch an der Nahe gelegen, an der Grenze gegen Meisenheim und Birkenfeld und vom Hahnebach durchflossen. Weinpflanzungen schmücken die Schiefer- und Porphyrfelsen ringsum und auch jene Höhe, welche die alte Kyrburg trägt. Die Ruinen dieses Stammschlosses der Wildgrafen und späteren Fürsten von Salm-Kyrburg überragen das Städtchen und verleihen der Gegend hohen romantischen Reiz. Der letzte Fürst, *Friedrich von Salm-Kyrburg*, fiel 1794 in Paris unter der Guillotine. Das Tal des Hahnebaches, tief und eng und an anmutigen Wiesengründen und düsteren Naturschönheiten reich, zieht parallel mit dem Simmertal von Norden herab zur Nahe. Einige Achatschleifmühlen liegen am rauschenden Bach am Eingang des Tales, unmittel-

bar dahinter die Burgen Stein- und Kallenfels, wie Schwalbennester an den Fels geklebt, im Hintergrund auf waldiger Anhöhe das weiße Schloß „Wartenstein“ mit seinen vielen Fenstern. Noch tiefer im Tal steht die alte „Schmidburg“ auf wilder Felsenhöhe, während geringe Orte sich in den Waldschluchten verstecken. Hier sind wir so recht in das Bereich der Bande des Schinderhannes gelangt. Das Tal in seinem düsteren, wilden Charakter entspricht denn auch ganz dem romantischen Begriff von Räuberaufenthalten.

Der *Stein-Kallenfels* war eine Doppelburg tapferer Mitgenossen Sickingens und nach dem Fall dieses Helden zerstört worden. Auf dem steilen Felsen steht nun der *„Kallenfelser Hof“*. Da saß Schinderhannes wochenlang, drei Schneider arbeiteten für ihn und seine Frau und die jungen Burschen der Taldörfer kamen herauf und spielten mit ihm Karten. Damals stellte er in dem nahen Dörfchen *Griebelscheid* einen offenen Ball an und lustig tanzten die Talmädchen und schönen Hunsrückerinnen mit den flotten, jungen Räubern.

Auch in *Wartenstein*, dem Schloß hinter dem Stein-Kallenfels, war Schinderhannes öfter. Es gehört jetzt als Warsbergisches Erbe dem Herrn von Dorth. Hier wurde der Räuber Franz Riep aus dem Kamin herabgeschossen. Das weiße Schloß mit seinen Fensterreihen sieht stattlich über das tiefe Tal hin und ist heute noch bewohnt. Unten liegen am Hahnebach die *„Birkenmühle“*, ebenfalls einst ein Hauptschlupfwinkel der Räuber; weiter oben im Tal Hahnebach, ein geringes Dorf, wo im Haus eines alten Weibes Schinderhannes sein Beilager mit seiner früheren Geliebten „Elise Werner“ hielt und diese etablierte; jenseits des Baches das winzige *Sonnenschied*, wo der kühne Räuber Dallheimer geboren wurde, der auf der Guillotine starb. Drei andere Einwohner kamen auf die Galeeren.

Rechts, in einer Seitenschlucht, liegt *Schneppenbach*, wo die schöne, junge „Buzliese-Amie“ wohnte, derentwegen Schinderhannes den wüsten Räuber Plackenkloos erschlug. Bei der schönen Amie wurde Schinderhannes auch einmal gefangen. Hoch oben im Tal gegen Kirchberg, in einem der rauhesten Striche des Hunsrücks, liegt *Lindenschied*, der Vereinigungspunkt der Räuber vom Winterhauch und jener des eigentlichen Hunsrücks. Hier wurde Schinderhannes zuerst durch den Roten Fink eingeführt; hier gaben die Räuber Bälle, hier erschlug der Trautsberger Jäger den Schnallenpeter aus Eifersucht und hier wurde auch der Hunsrücker Hannes erschlagen.

Die alte *Schmidburg*, zwischen Hahnebach und Boudenbach, wird jedoch unser äußerstes Ziel sein. Die Gegend ist wild, einsam, äußerst malerisch und voll düsterer Romantik. Der Schieferfelsen, auf dem die Ruine steht, ist ungemein steil und hoch und auf drei Seiten vom Hahnebach umflossen, der durch den anmutigen Wiesengrund rauscht. Bis zur Revolution wohnten hier trierische Amtleute, später nur Eulen, arme Tagelöhner und bei ihnen gar oft die Bande des Schinderhannes, die, als einmal die Kirner Gendarmerie vorbeiritt, in Schlachtordnung ins Tal den Feinden entgegenmarschierte. In den Schluchten und Tälern bei diesem Schloß wurde der Raub gewöhnlich verteilt. – Damals hielt alles Landvolk zu den fröhlichen Räubern, die nur die Reichen und Juden ängstigten. Schinderhannes gab sich für einen Feind der Franzosen aus und wußte sich sogar als politischer Parteigänger in Ansehen zu setzen, wie jener schottische Freibeuter „Robin der Rote“. Entspricht doch die Stimmung des Landes hier herum der des schottischen Hochlandes.

Vom Tal des Hahnebaches bis zu dem des Simmerbaches der *Lützel-Soonwald*, ein herrlicher, dunkler Forst. Da, wo er östlich in das untere Simmertal, gegen Schloß Dhaun hin, abfällt, stehen dicht beisammen von den Wild- und Rheingrafen und Kurfürsten von Trier als Trutz- und Zwingfesten im 14. Jahrhundert errichtete Burgen; so der *„Brunkenstein“*, der damals von Trierer Lehnsleuten in der Nacht erstiegen wurde und zwischen Burg Rodenberg und Dhaun auf hoher Felsenkuppe lag; so die

„Geyersleye“, die der kriegerische Erzbischof Balduin gegen den Brunkenstein auf einem Felsen bei Dhaun erbaut hatte. Dort liegt auch *Schloß Heinzenberg*, wo der Simmersbach brausend unten rauscht. Unfern des Schlosses ist der „Eigener Hof“ unmittelbar am Ende des Soonwaldes, zu einem Schlupfwinkel äußerst günstig gelegen. Da pflegten die Räuber öfters einzukehren. Einst trat hier der Gendarm Adam von Kirn, ein herkulischer Mann, ein. Da lag der Schinderhannes mit einer weißen Schlafkappe hinterm Tisch, sein Kamerad, Karl Benzel, saß am Tisch und las in der Bibel. Zwei Maitressen drehten das Spinnrad. Adam packte Schinderhannes, Benzel suchte seinen Hauptmann zu retten. Schinderhannes entsprang, aber Benzel wurde festgehalten. Später brach Benzel mit dem Schwarzen Peter wieder aus. Auf dem Eigener Hof fing die *Kirner Brigade* auch einmal den Räuber Franz Riep, nachdem er sich lange mit einem Gendarmen herumgehauen hatte, während sein Hauptmann mit Zunderpflücken beschäftigt in der Nähe auf einem Baum saß.

Von Kirn nach Oberstein führt die Straße am rechten Naheufer talaufwärts. Das schöne, fruchtbare Tal wird wieder weiter, Weinberge grünen an den Höhen, herrliche Wiesengründe im Tal. Eine Stunde oberhalb Kirn erscheint im anmutigen, malerischen Tal die Ruine der alten *Naumburg* links auf den Höhen. Sie gehörte den Wild- und Rheingrafen; am Ende des vorigen Jahrhunderts bewohnte sie ein Mitglied der Bande des Schinderhannes, ein österreichischer Deserteur aus Slavonien. Weiterhin erstreckt sich ein hoher, steiler Fels als Bergvorsprung in das Bett der brausenden Nahe, der *„Hackenfels“*, wo auch ein „Zwangsweg“ des Schinderhannes war und mancher Straßenraub ausgeführt wurde. Auf diesem Felsen stand einst eine Burg.

Rechts öffnet sich das *Fischbacher Tal* mit großem Hammerwerk und gegen 30 Achatschleifmühlen in seiner Ausdehnung bis in die Schluchten des Idarwaldes. Zwischen Kirn und Oberstein liegen zwei im Leben des Schinderhannes wichtige Orte auf unserem Weg. In *Bärenbach*, unfern der Naumburg, war Schinderhannes Lehrbub bei einem Scharfrichter, bestahl diesen, entlief nach Kirn, wurde aber da von seinem Meister gefunden und erhielt öffentlich 25 Prügel. Sein Schamgefühl war hin, sein künftiges Schicksal entschieden, wie er selbst gestand. Wegen Diebstahls zum zweitenmal in Kirn gefangen, entwischte er, kam zu Fink dem Rotkopf, der ihn nach Lindenschied führte und mit den älteren Räubern bekannt machte. Noch nicht zwanzig Jahre alt, war er das Haupt einer kühnen Bande geworden. Damals schickte er öfters seinem jüngeren Bruder Geld nach Göttschied bei Oberstein, wo dieser diente, mit der Warnung vor Diebstahl.

Eine Stunde von Bärenbach aufwärts an der Nahe kommen wir durch das Dorf *Weiherbach*, den Geburtsort von Julie Blasius, der Frau des Schinderhannes. Er hatte sie auf Kirchweihen und Märkten kennengelernt, wo sie als Bänkelsängerin Aufsehen machte, denn sie verstand die Geige vortrefflich zu spielen. Schinderhannes dichtete in seiner glücklichsten Zeit ein Liedchen auf Julchen, das auf Kirchweihen und Märkten gespielt und bald in ganz Deutschland gesungen wurde. Julie kehrte nach dem Tode ihres Mannes und abgebüßter zweijähriger Zuchthausstrafe in ihre Heimat zurück, heiratete später einen Polizeidiener und starb erst vor wenigen Jahren als altes Mütterchen bei Trier.

Da, wo die Nahebrücke uns in das *oldenburgische Fürstentum Birkenfeld* hinüberführt, gewinnt die Gegend plötzlich einen anderen, wilderen Charakter; das Gebirge schließt sich näher zusammen, mächtige Porphyrfelsen engen das Bett der Nahe ein und kaum findet die Straße noch Platz neben dem Fluß, der nicht selten austritt und die Passage gefährdet. An den Felsen des Winterhauchs, jenseits der Nahe, zieht sich der herrliche Eichenwald „Schwellendell“ hin, diesseits krönt die Felsen der „Pfaffenwald“, in dem der „Hof Göttschied“ liegt. Da wo die „Wackenmühle“ rauscht und klappert, kommt man an den „gefallenen Felsen“ vorbei. Sie liegen vor Oberstein rechts am Weg, der durch eine starke Mauer vor den drohenden Massen geschützt ist. Es ist eine Breccienmasse des „roten Totliegenden“, die sich von dem steilen Gehänge losgerissen hat und nun schauerlich über das Tal hereinhängt. Ungeheure Blöcke starren uns an. Unter einem von ihnen, der sich an einen anderen lehnt, hat sich eine Familie angesiedelt und ihre *Felsenhütte* gebaut, ein Aufenthalt, wie er sonst nur in Märchen und Sagen vorkommt. Die Porphyr- und Schieferberge stellen nur noch mächtige Felsenblöcke dar, und mitten hindurch rollt die Nahe als reißender Waldstrom in die Tiefe.

Jetzt erscheint *Oberstein*, der Glanzpunkt des Nahetales, eines der prächtigsten Stücke der Natur und an pittoresken Partien auf engstem Raum reicher als die meisten gerühmten Punkte Deutschlands. Vierhundert Fuß hohe, groteske, abenteuerliche Felsenmassen umschließen das Tal von allen Seiten und lassen kaum den Häusern Platz. Rauschend und brausend rollt die Nahe mitten durch das enge Städtchen. Der gewaltige *„Homersfels“*, der pittoreske *„Wasenfels“*, der *„Kirchfels“* und *„Schloßfels“*, der *„Pfaffen“*- und *„Klotzberg“* und andere senkrecht abfallende ungeheure Felsenblöcke stürzen jählings ab und umrahmen das wilde, abenteuerliche Tal. Hoch über dem Städtchen ragen zwei imposante Burgruinen. Das *neue Schloß* auf hohem Felsvorsprung war die Residenz der Wild- und Rheingrafen und ihrer Amtleute. Es ist heute noch bewohnt. In der Französischen Revolution ersteigerte die Burg ein Landmann, dessen zahlreiche Nachkommenschaft hier haust, obgleich 1855 das Dach abbrannte und mehrere Mauern einstürzten. Gegenüber dieser Ruine steht auf gewaltigem Felsenkamm das *alte Schloß*, „der obere Stein“ der Wild- und Rheingrafen. Ein hoher Turm steht allein noch von dieser Burg, die niemals gebrochen wurde und nur unter dem Zahn der Zeit unterging. Schauerlich ist die Aussicht von oben herab auf das enge Städtchen und seine wenigen Obstgärten. Die größte Merkwürdigkeit von Oberstein ist unstreitig seine alte *Felsenkirche*, die den Lutherischen gehört. Sie findet sich an der Höhe des Kirchfelsens, den das alte Schloß krönt, etwa 200 Schuh über der Nahe an der steilen Porphyrwand. Ein durch eine Mauer gestützter Kirchhof umfriedigt sie. Halb aufgemauert, halb in den Felsen gegraben, hat ihre Front einen malerischen altertümlichen Anstrich und ist gotischen Stils. Eine Angabe will sie schon im 12., eine andere erst im 15. Jahrhundert erbaut wissen. In der Kirche steht ein *Ritterbild auf Tierköpfen*, das den Erbauer der Kirche darstellen soll. Sie faßt etwa 600 Menschen. Das von den Felsen rinnende Wasser sammelt sich in einem natürlichen Becken, dem Kirchenbrunnen.

Hinter der Kirche ist die Felsenhöhle noch etwas erweitert, so daß man um sie herumgehen und das tief unten liegende Städtchen betrachten kann. Von den obengenannten Felsen und Bergen, von der roten Hohl, der leeren Stelle am Winterhauch und dem Wüsten-Lauterbach-Felsen bieten sich schauerliche Ansichten des Tales. Wer talaufwärts zum *Hof Hommerich* wandert, findet dort ebenfalls abenteuerliche Felspartien. Oberstein ist in ganz Europa seiner Achatschleifereien wegen bekannt. Seit alten Zeiten blüht dieser Erwerbszweig hier und im Idartal und wird schon in einer Urkunde des 15. Jahrhunderts erwähnt. Bis in die neuere Zeit herab blieb dies Gewerbe, Achat zu schleifen und zu schneiden und zu Schmucksachen zu verarbeiten, in den Händen einzelner Familien. Doch haben sich in neuester Zeit die Schleifen bis auf 110 vermehrt, die einer Arbeiterzahl von 880 Mann bedürfen, ohne die Lehrlinge und Gesellen. Dann finden sich mehr als 70 Bohrer ohne die Gesellen.

Alle diese Schleifmühlen stehen an den wilden Gebirgsbächen, die vom Idarwald herab zur Nahe rauschen, in den Felsentälern zwischen den Porphyrwänden, wo sonst die Achate gefunden wurden. An der Nahe finden sich zwölf *Schleifmühlen*, zwei am Siesbach, vier am Schwollbach, fünf am Brombach, drei am Hambach, eine am Traunbach, drei am Hahnebach bei Kirn und 28 am Fisch- und Wörresbach und in neuerer Zeit noch weitere bei Dhaun und Kirn. Bei weitem die meisten aber (mehr als 50) am Idarbach, der oberhalb Oberstein in die Nahe stürzt. In neuester Zeit hat man ein Verfahren entdeckt, durch färbende Stoffe die unscheinbarsten Steine in prächtige Karneole, Onyxe, Sardonyxe, Amethyste zu verwandeln. Oberstein und Idar zählen über 100 sogenannte Goldschmiede, die den Achat einfassen. Besonders geschmackvollen Schmuck bieten die milchweißen Armreife.

Das *Idartal* ist der Mittelpunkt und Hauptsitz der Achatschleifereien. Es steigt bis in die düsteren Gründe des „Katzenlochs" im Walde Idar hinan, durchrauscht vom Idarbach, der bei Oberstein in die Nahe fällt. Nach kurzem Lauf bricht er in einer tiefen Schlucht mitten durch den vordersten Parallelzug des felsigen Idarwaldes und bildet nun südöstlich gegen Oberstein hinab das gewerbetätige Felsental. Gleich vor Oberstein wendet sich die Straße nach Birkenfeld in das Idartal, Mühle an Mühle steht am Bach bis hinauf nach dem Flecken *Idar*, wo beinahe lauter Steinschleifer und Goldschmiede wohnen. Idar liegt höchst anmutig zwischen den Felsbergen. Der Galgenberg ist überall von Achatgruben angebohrt. Das Tal zeichnet sich durch einen schönen Menschenschlag und dessen Kunstfleiß aus. Auch die Ortschaften weiter aufwärts, wo nur ein schmaler Weg am Bach emporführt, haben bessere Bauart als die Bauerndörfchen des Gebirges, so Hettstein und Tiefenthal. Weiter oben, vor dem *„Katzenloch"*, liegt Kirschweiler, wo des Schinderhannes Vater zuletzt wohnte, und rechts auf der rauhen Höhe Veitsrode, wo der Räuber einen Teil seiner Jugend verbrachte. Im „Katzenloch" selbst hielt sich der Schinderhannes gern auf.

Hoch über den düsteren Wald des Felsenkammes ragt die alte *Feste Wildenburg*. Sich selbst zum Schutz, dem kriegerischen Erzbischof Balduin zum Trutz, erbaute sie der Wildgraf Friedrich der „Unglückliche" 1328 auf dem alten Burgberg, in dessen Nähe früher ein römisches Bad gestanden hat. Der Wildgraf mußte zu seinem großen Schmerz bald Triers Lehensherrlichkeit über seine schöne und feste Burg anerkennen. Bis zur Französischen Revolution wohnten hier rhein- und wildgräfliche Amtleute. Die Wildenburg beherrscht die Gegend: den alten „Idarbann", die dunklen Wälder, Schlüfte und Klüfte des Idarwaldes und „Katzenlochs" bis zum Erbsenkopf, ja fast das ganze rauhe Gebirgs- und Waldland zwischen Mosel und Nahe. Es steht jetzt ein einsamer Hof hier.

Die Straße nach Birkenfeld geht bei Idar aus dem Tal über das Gebirge. Das Nahetal aufwärts, von Oberstein bis *Nohfelden*, ist fast unzugänglich. Zwischen überhängenden Felsmassen rollt die Nahe daher, oft über Felsen, die heruntergestürzt sind, und der beste Kletterer kann nicht weiter, wenn er nicht den Felsenhang ersteigen will, um gleich darauf wieder ins Tal zu klimmen. Einige winzige Dörfer sind in den Klüften eingenistet, und darüber wie Geierhorste thronen einige ruinöse Raubnester des Mittelalters. So liegen Ensweiler und Hammerstein einander gegenüber, weiterhin Sonnenberg und die *Frauenburg*, die von jener mutigen Gräfin Lauretta von Sponheim-Starkenburg aus dem Lösegeld erbaut wurde, das ihr der gefangenen Erzbischof Balduin von Trier in der „Hunsrücker Fehde" des 14. Jahrhunderts zahlen mußte.

Weiter aufwärts wo der Brombach hereinstürzt, liegt *Nohen* auf dem Punkt, wo die Straße über den Winterhauch von Baumholder her das Tal durchschneidet und westlich nach Birkenfeld hinaufzieht. Auf der Straße gegen Baumholder hin, seitwärts auf den Höhen, liegt das Dorf *Reichenbach*, der Geburtsort zweier gefährlicher Räuber: des Johann Welsch, der mit Schinderhannes in Mainz unter der Guillotine starb, und des *Karl Benzel*. Beide waren Bänkelspieler und Musikanten, wie sie der Hunsrück und der Winterhauch in den abgelegenen Dörfern zu Tausenden erzeugten. Nebst umherziehenden Krämern bildeten die Musikanten des Hunsrücks das größte Kontingent bei der Bande des Schinderhannes. Die Liebe zu einem braven Mädchen hielt Benzel früher zurück, Räuber zu werden. Als aber der Vater sie einem anderen gab, ging der junge Musikant zum Schinderhannes auf's „Katzenloch" und noch in nämlicher Nacht auf den Raubmord von Otzweiler. Benzel führte auf allen seinen Raubzügen Bibel und Gesangbuch mit sich; es war sein Trost, daß David, der ja auch ein Räuber gewesen sei, dennoch Gott wohlgefällig war und noch zu großen Ehren gelangte.

Von Nohen aufwärts weitet sich das Land etwas aus bis nach *Neubrück*, wo Schinderhannes und Karl Benzel mit der Birkenfelder Bande auf der Anhöhe beim Ausgang eines Hohlweges eine Gesellschaft von Juden und Christen ausraubten. Wir kommen nun nach Nohfelden auf der Straße von Wolfersweiler und St. Wendel nach Birkenfeld, einem ehemals zweibrückischen Flecken. Auf dem hiesigen Schloß hielt Alexander der Lahme seinen älteren Bruder, den Herzog Kaspar von Zweibrücken, gefangen, bis ihn nach langer Gefangenschaft der Tod erlöste. Hier laufen die Quellen und Bäche der Nahe zusammen, die vom Winterhauch und Hochwald bergabrauschen, und hier endigt auch unsere Wanderung im Nahetal.

Auf dem Hunsrück

Von Nohfelden kommen wir auf der Poststraße in anderthalb Stunden nördlich übers Gebirge nach *Birkenfeld,* das auf dem Hochwald liegt. Die Gegend ist hier eine freundlichere, als man erwartet, besonders, wenn man von Trier durch den unwirtbaren Hochwald über Hermeskeil gekommen ist. Birkenfeld gibt dem oldenburgischen Ländchen an der Nahe den Namen. Es ist ein nahrhaftes Städtchen auf den großen Pässen, die sich hier kreuzen, der Stapelplatz für den rauhen Strich zwischen Nahe und Mosel. Nahe liegt *Schloß Birkenfeld,* einst Residenz der wittelsbachischen Seitenlinie Zweibrücken-Birkenfeld und somit Stammburg der Könige von Bayern. Westlich im Trauntal liegen die großen Eisenwerke Abentheuer in den Gründen des Hochwaldes und das große Dorf *Sötern,* wo bei einem Überfall durch Schinderhannes der reiche Handelsjude Mendel Löw erschossen wurde.

Wem nun wilde Gebirgsgegenden, einsame, dunkle Eichen- und Buchenwälder, düstere Schluchten und Klüfte, mit einem Wort: die rauhen Reize eines eigentümlichen Gebirgslandes Freude machen, begleite uns in weitem Bogen über den unwirtlichen Hunsrück. Über Feckweiler und Ellenberg führt die Poststraße nördlich, wo rechts im dunklen Talgrund, bei Hombach und Schwollen, sich *Sauerbrunnen* finden, die in neuester Zeit wieder von sich reden machten. In zwei Stunden sind wir von Birkenfeld aus hoch oben im finsteren Wald auf dem *„Hüttcheswasen"* angelangt, einem Weiler, von Köhlern und Holzhauern bewohnt, 2 200 Fuß über dem Meer, wo aus den dunklen Laubforsten der *Erbsenkopf* (2 800 Fuß), die höchste Spitze im Hauptzug des Hochwaldes, sich erhebt. Hier wohnte der „Schwarze Peter" mit seiner Räuberfamilie als Kohlenbrenner, der Schrecken des Hunsrücks. Hoher Wuchs, schwarzes Haar, der verwegenste Mut zeichneten ihn vor allen anderen aus. Nüchtern war er der beste Mensch, vom Branntwein aufgeregt aber ein blutlechzender Tiger. Auch er fing mit dem Pferdediebstahl an. Aus den Lagern der Franzosen während des Krieges und auf deren Rückzügen über dieses Felsenland stahl man die Pferde oder schlug auch einzelne Reiter in den düsteren Wäldern tot. Als der Krieg sich in andere Länder zog, war man das abenteuerliche Leben gewohnt, aus den Pferdedieben wurden Räuber. So hatte auch der *„Schwarze Peter"* manchen kühnen Zug ins Franzosenlager unternommen. Mehrere Male gefangen, brach er immer wieder durch und einmal sprang er inmitten starker militärischer Bedeckung über eine Brücke ins Wasser und entkam. Seine Kinder bildete er zu tüchtigen Räubern heran und bereits war sein ältester Sohn einer der verwegensten Gesellen des Schinderhannes, als der Vater nach langer Abwesenheit wieder auf dem Hunsrück erschien. Als die Bande des Schinderhannes aufgelöst wurde, war der „Schwarze Peter" völlig verschollen. Die abenteuerlichsten Gerüchte gingen über ihn. Erst zehn

Jahre nachher, als man eine Räuberbande im Odenwald und in Heidelberg hinrichtete, fand man den „Schwarzen Peter“ und seinen Sohn darunter.
Der Hüttcheswasen und Erbsenkopf sind Knotenpunkte des Gebirges; links gegen Süden zieht der Hauptzug des Hochwaldes, rechts gegen Nordost der finstere Felsenrücken des *Idarwaldes.* Er bildet zum Teil die Wasserscheide zwischen Mosel und Nahe und ist von herrlichen dunklen Eichen- und Buchenforsten überlagert. Keine menschliche Wohnung unterbricht die düstere Einsamkeit seiner First und seiner Abhänge. Nur die Täler, die seinen Fuß umrahmen, sind bewohnt. Auf dem langgedehnten Rücken des Gebirges, tief im Wald, von der Straße aus rechts, steht das *„Graue Kreuz“*. Hier wurde nach dem Raubmord zu Sötern die Beute geteilt. Auf der östlichen Seite des Idarwaldes ist eine muldenförmige Hochplatte mit tief eingeschnittenen Flußtälern gegen das Katzenloch und die Wildenburg. In ihren Gründen hat die *Industrie* ihren Wohnsitz aufgeschlagen. So finden sich bedeutende Eisenwerke, Kupfer- und Bleischmelzen in Allenbach, am Fuß des Hornesselskopfes, in Schauren und Kempfeld hinter der schönen Wildenburg und Hüttenwerke am Weiler Birkenfeld. Noch näher liegen die großen Eisenwerke der Gebrüder Stumm von Asbach. Eines Sommerabends 1799 wurde an die Tür des Wohnhauses ein Brief vom Schinderhannes geheftet, der mit „Gruß und Bruderliebe“ begann und zwölf Karolin verlangte, weil man „jetzt gerad in Not stecke und nicht gerad wisse, es zu greifen“. Stumm schrieb an Schinderhannes zurück, und nach dessen Antwort wurde das Geld bezahlt. Zum Dank gab ihm Schinderhannes sechs *Sicherheitskarten* für ihn und seine Leute. Ein Vierteljahr später kam wieder ein Brief, der etwas barscher nochmals zwölf Karolin verlangte, die auch bezahlt werden mußten.
Der Idarwald steigt in seiner nordöstlichen Spitze mit dem *Idarkopf* bis zu 2 500 Fuß über das Meer. Auf seiner nordwestlichen Seite liegt rechts von der Straße, hinter Bischofsthron, das *Schloß Baldeneck* in Ruinen und der „Baldenauer Hof“, wo Schinderhannes, der „Schwarze Peter“, der „Rote Fink“ und „Seibert von Lipshausen“ einen Kameraden, den wüsten „Plackenkloos“, erschlugen.
Durch diese dunklen Hochwälder führt die Straße bei Bischofsthron westlich ab nach Bernkastel ins Moseltal, von dem wir hier nur etwa drei Stunden entfernt sind. Ein Zweig der Straße zieht nördlich am „Stumpfen Turm“ vorbei weiter über die Hochscheid, wo eine Glashütte besteht, zu der Straße, die von Trabach, aus dem Moseltal kommend, das rauhe Hochland in östlicher Richtung durchschneidet und über die Poststation Buchenbeuren nach Sohren, über die Schlucht des oberen Hahnebaches nach *Kirchberg* auf den rauhesten, kältesten und wildesten Strich des Hunsrücks zieht. Flachsbau und Leinenweberei gewähren die meiste Nahrung des durch ein altes Schloß und zwei Kirchen geschmückten Städtchens. Auf dem eigentlichen Hunsrück, dessen rauher Charakter uns hier so recht entgegentritt, geht es fort durch unwirtsame Hochfelder nach *Simmern.* Hier wird die Landschaft wieder weniger wüst und rauh; im Tal des Simmerbaches auf- und abwärts sogar anmutig und anheimelnd. Simmern ist ein angenehmes, belebtes Städtchen, hat drei Kirchen, wovon zwei protestantisch sind, und eine Synagoge. Es war die Wiege einer wittelsbachisch-pfälzischen Linie, die nach der Reformation der Pfalz ihre Kurfürsten gab, jene treffliche Regentenreihe, die einen Johann Casimir und Karl Ludwig erzeugte. In einem der Mauertürme von Simmern saßen alle Räuber der Reihe nach – und brachen wieder aus. Wir müssen das *obere Simmertal,* nachdem wir das untere schon früher kennenlernten, etwas näher ins Auge fassen. Seine Seitenhöhen sind rauh, kalt und dem Ackerbau ungünstig. Von *Alterkülz* herab, wo Kupfer- und Bleiminen sind, kommt der Külzbach durch ein dörferreiches Tal in den Simmerbach. Hinter Alterkülz, auf rauhen Höhen, steht das Städtchen *Castellaun,* das alte castellum Hunnorum, mit einem zerstörten Schloß. An der Simmer selbst wandern wir hinauf bis nach Pleitzenhausen mit der *Burg Schmidthausen* in der

Nähe, während seitwärts die Ruinen des Klosters Cumd liegen. Weiter hinauf bei Horn überrascht uns die frappante *Ruine Koppenstein,* und andere Burgen stehen in jener rauhen Gegend. Rechts der Simmer, auf der rauhen Höhe gegen Bacharach am Rhein, liegt das armselige Dörfchen *Liebs-* oder *Lipshausen.* So klein es ist, so berüchtigt ist es in den Annalen des Räuberwesens. Seit undenklichen Zeiten waren hier schon Diebesherbergen und der Ortsschultheiß selbst stand im vorigen Jahrhundert vor Gericht wegen Pferdediebstahls und wurde verurteilt. Denn auf den dunklen Waldgebirgen rechts und links der Mosel vererbte sich das Räuberhandwerk vom Vater auf den Sohn. Lipshausen ist die *Wiege aller Räuberbanden* von der Mosel und auf dem Hunsrück; denn hier wohnte der entsetzliche Seibert, der grausame, verwegene Zughetto, der Trautlberger Jäger, der Hunsrücker Hannes und vor allem *Mosebach,* der Lehrmeister des Schinderhannes, und Fink der Rotkopf. Mosebach ist jedenfalls der hervorragendste Charakter dieser Banden. Das Schicksal haßte ihn von Kind an. Er war Sohn eines Oberpfarrers in der Grafschaft Solms. Ein paar tolle Streiche brachten ihn um die Liebe des Vaters. Da lernte er die Jägerei und ging dann unter das holländische Militär. Später führte ihn der Zufall nach Lipshausen, wo er sich an ein Mädchen hing, das ziemlich gut aussah, aber einer Räuberfamilie angehörte. Sie wurde sein Weib – und er ein Räuber, der den Bund mit den obengenannten schloß. Liederliche Bauern, vagierende Krämer, Korbmacher, Scherenschleifer, Musikanten, Holzhauer und Kohlenbrenner, besonders aber auch alles, was die deutschen Armeen an Marodeuren und Deserteuren zurückließen, verstärkte die Bande. Während der schauderhafte *Räuber Müller,* ein Zögling der Jesuiten von Münstereifel, die ganze Eifel mit Schrecken erfüllte, andere bis nach Luxemburg hin hausten, hielt Mosebach die Bande auf dem Hunsrück zusammen und zog den jungen Schinderhannes, den ihm der Rote Fink zugebracht hatte, zu seinem Nachfolger heran. Bildung und Verstand retteten ihn nicht vor seinem traurigen Schicksal, ließen ihn aber dem verdienten Tod mutig entgegensehen. Er verriet keinen seiner Kameraden, marschierte nach dem Takt einer Trommel und nobel gekleidet zur Guillotine, besah mit unbegreiflicher Kälte das Messer – und starb. Während Schinderhannes schon auf das rechte Naheufer gegangen war, behaupteten Seibert und Zughetto noch immer den Hunsrück. Jener grauenhafte Überfall auf die Mayenmühle im Stromberger Tal, wo beide den armen Müller alle erdenkliche Marter fühlen ließen, zeigte, welche Ungeheuer der Hunsrück hegte. Die Räuber führten immer frechere Stückchen aus, bis bei einer Streiferei der Wiebelsheimer Bürger Seibert im Lipshauser Wald erschossen wurde, worüber der Moniteur abenteuerliche Berichte brachte. Ganz ähnlich endete Zughetto, der über die Mosel floh und von den Streifenden im Wald bei Conzel erschossen wurde.

Von Simmern aus, im Tal abwärts, kommt man nach *Ohlweiler,* wo die lustige Kirchweih den Städtern viel Vergnügen bietet, und dann nach *Ravengiersburg* und Sargenroth. Das Tal ist bei Simmern wild, schön und voll romantischer Partien; es bleibt auch von nun an so in seinem ganzen Verlauf. Auf einem Berg liegt in dieser Landschaft das Kirchlein *Neukirchen* mit einem alten Glockenturm, die Zierde und der Schmuck der Gegend, deren schönste Ansicht hier gewährt ist. Diese Kirche hat noch heute als Überrest des alten „Huntgedinges" einen großen Jahrmarkt, der die Bewohner des Hunsrücks von weither lockt und bei dem Lärm der Marktjuden, der Bänkelspieler und Sängerinnen uns so recht ins Hunsrücker Volksleben blicken läßt. Es ist heute so lustig da wie damals, als Schinderhannes und seine Gesellen noch hier sich vergnügten und mit den schönen Hunsrücker Mädchen tanzten. Weiter unten im Tal liegt *Gemünden,* ein schöner Flecken vor dem dunklen Soonwald, den der brausende Simmerbach durchbricht und nach Dhaun hinunterrauscht.

Östlich von Simmern zieht sich von Gemünden her in zwei langen und breitrückigen Parallelzügen der „Große Soonwald" bis nach Stromberg gegen das Tal des Goldenbachs hin. Es ist einer der dunkelsten, dichtesten Gebirgsforste Deutschlands, voll düsterer Einsamkeit und finsteren, unheimlichen Stellen heute noch: so recht der geeignete Aufenthalt für Räuberbanden, wie er es anfangs dieses Jahrhunderts in vollem Maße war, der unbestrittene Bereich der Banditen – und, Schinderhannes selbst ein junger König. Hier galt kein anderes Recht als *Banditenrecht,* kein anderes Gesetz als das des Hauptmannes. Die Einsamkeit seines herrlichen Forstes unterbricht auch heute noch kein Dorf, nur hie und da eine Holzhauerhütte oder ein Forsthaus und auf dem hohen Felsenkamm, umgeben von uralten Hainen, ragen noch gewaltige Mauern aus der germanischen Heidenzeit.

Wenn man von Gemünden aus den direkten Weg nach Sobernheim einschlüge, würde man in südöstlicher Richtung den südlichen Teil des Soonwaldes durchschneiden, wo am Fuße der hohen Altenburg tief im Walde einige Hütten liegen, und südlich davon das Musikantendorf *Seesbach* an dem Bach der nach Monzingen hinunterrauscht. Seesbacher Musikanten mußten den Räubern nach dem großen Raub von Ulmet am Glan hier im Soonwald bei der „Waldhanneser-Hütte" aufspielen – und erhielten einen Dukaten dafür. Es war im Sommer 1800. Die Räuber schossen im Wald nach einem Ziel und waren lustig, als ein Gendarm von Sobernheim daherritt und vom Pferd geschossen wurde.

Wenn man von Simmern weiter östlich auf der Poststraße wandert, kommt man nach *Argenthal,* einem bedeutenden Dorf vor dem Soonwald, in dessen südlicher Nähe sich Kupferminen finden. Indes die Poststraße nordöstlich nach Rheinböllen weiter und von da im Tal des Goldenbachs nach Stromberg hinabzieht, führt ein kürzerer Weg dahin von Argenthal durch den nördlichen Teil des Soonwaldes über Dörrenbach an *Seibersbach* vorüber. Auf der Höhe des Soonwaldes berührt der Weg den „Tiergarten", eine der nördlichsten Kuppen dieses Waldgebirges von etwa 1900 Fuß Meereshöhe. Südlich von ihm, im tiefen Wald, liegt die „Glashütte". Hier hielt einst der „Schwarze Peter" Kindtaufe, und als man lustig durch den Wald zog, blieb Peter mit der Frau des Trautberger Jägers etwas zurück, was ein Jude von Seibersbach verriet. Wie ein angeschossener Eber lief der Jäger zurück und erwürgte sein ungetreues Weib auf der Stelle; er beichtete die Tat und fühlte sich wieder rein. Aber bei dem „Schwarzen Peter" grollte es fort. Einst saß er mit Schinderhannes wieder auf der „Tiergartenhütte". Eine jüdische Musikbande von Gemünden mußte ihnen vorspielen. Der „Schwarze Peter" hatte im Schnapsrausch, mit einem Messer zwischen den Zähnen, den Banditentanz um die geängstigten Juden herumgetanzt. Indes führte jener Jude von Seibersbach, der ihn damals verraten hatte, eine Kuh vorüber, gerade als der Räuber ans Fenster trat, – er mußte sterben. Solche Stücklein sahen der Soonwald und der Hunsrück noch mehr. Heute wandert man so sicher hier wie irgendwo in Deutschland.

Das *Stromberger Tal* oder das Tal des Goldenbaches erreichen wir von Simmern aus bei Rheinböllen, einem großen Ort am Goldenbach. Ein Zweig der Straße geht in nordöstlicher Richtung über die Hochebene weiter nach Bacharach am Rhein, die Poststraße aber läuft südöstlich talabwärts durch Waldung bis zur Rheinböller „Hütte", wo ein guter Gasthof und die großen Eisenhütten von Puricelli sich finden. Hütten- und Hammerwerke begleiten uns nun im schauerlichen Felsental, das ins Hochland eingeschnitten ist und prächtige Partien zeigt, bis man an der neuen *Karlsburg* vorüber Stromberg erreicht. Das alte Städtchen liegt so recht romantisch im engen Felsental eingekeilt, überragt von seinen alten Burgen. Stromberg war bei Simmern vor der Revolution ein pfälzisches Oberamt. Hier wurde der *„Deutsche Michel"* geboren, nämlich Michel Oberntraut, der Sohn des pfälzischen Amtmannes, einer der kühnsten Reiterobriste des Dreißigjährigen Krieges. Er allein rettete die Ehre der pfälzischen Waffen nach der Prager Schlacht, stritt in der Unterpfalz gegen Tilly und zuletzt unter den Fahnen des Dänenkönigs. Die Dänen nannten den braven Pfälzer den „Deutschen Michel", als

solcher war er im ganzen Heer bekannt, geachtet und gefürchtet. Er starb den Tod in der Schlacht noch vor der Ankunft der Schweden. Der Ehrennamen wurde nach und nach zum Schimpfnamen, während bei anderen Völkern politische Schimpfnamen zu Ehrennamen wurden, und das ist auch charakteristisch.
Hoch über Stromberg erscheint die alte *Faustenburg*, die Stammfeste der berühmten „Fust von Stromberg"; die schönen, umfangreichen Ruinen erhöhen den Reiz dieses Tales. Die benachbarte *Burg Goldenfels* schaut rechts von einem jähen Kalkspatfelsen, durch den sich der Dörrenbach ein unterirdisches Bett gewühlt hat, bevor er in den Goldenbach fällt. Neben dem viereckigen Turm stehen moderne Wohngebäude. Im Jahre 1793 fiel hier der 18jährige preußische Leutnant Gauvain bei der Verteidigung des Schlosses mit 35 Mann gegen 600 Franzosen. Das Stromberger Tal, bis hierher wild und romantisch wie nur eines und des Besuches ganz besonders wert, wird jetzt weiter abwärts sanfter und zeigt treffliche Obstkultur und schöne Dörfer. An vielen Mühlen vorüber kommt man nach *Schweppenhausen* mit seinem ausgebrannten Vulkan in der Nähe, nach Windesheim, Waldhilbersheim und Heddersheim, an der „Eremitage" im Felsen vorüber, wo vor einigen Jahren noch ein Anachoret auf Federbetten vom Almosen der Umgegend lebte. Bei Brezenheim unterhalb Kreuznach erreichen wir das prächtige, fruchtreiche Nahetal. Will man von Stromberg nach Bingen, so kommt man an der Burg Leyen, dem Stammsitz des fürstlichen Geschlechts von der Leyen, vorüber.
Gedenken wir auch der beiden anderen Täler, die vom Hunsrück und Soonwald herabziehen. Das *Ellertal* kommt aus den Forsten am Tiergarten über Argenschwang und Spabrücken, wo sich Eisenbergwerke, Schmelzhütten und eine Pfeffermühle befinden. Weiter abwärts steht die Stammburg der Dalberge und die *Ruine Guttenberg*, so daß auch das Ellertal ein schöner Ausflug von Kreuznach aus ist. Hinter Kreuznach vereinigt sich das Ellertal mit dem Tal des Fischbaches, das auch aus dem Soonwald von der „Landschaft" herabzieht. Dort im engen Felsengrund liegt Winterburg mit der Pfarrwohnung des Dichters Nikolaus Götz. Die alte Burg schaut in Ruinen auf das romantische Tal herab. Weiter unten, Kreuznach näher, überraschen uns die schönen Ruinen des alten *Schlosses Sponheim*, wo eines der ritterlichsten und mächtigsten Grafengeschlechter am Rhein saß, das selbst über Kreuznach gebot. Dabei finden wir auch die schönen Trümmer der *Abtei Sponheim*, wo der gelehrte Trithemius, der die Hirschauer Chronik schrieb, Abt war. Über Weinsheim kommen wir nun auf der Sobernheimer Poststraße nach Kreuznach.

Kreuznach und das untere Nahetal

Kaum ist ein anderes deutsches Bad von der Natur so reichlich mit landschaftlichen Schönheiten in seiner nächsten und ferneren Umgebung ausgestattet als Kreuznach; kaum liegen sich irgendwo die herrlichsten Kontraste so nahe und bieten sich solche abwechselnde Partien als hier. Daß man, vom rauhen Hunsrück kommend, über die reiche Pracht dieser Landschaft staunt, ist am Ende nicht zu verwundern. „Zu Kreuznach auf der Brück, wendet der Hunsrück", ist ein altes Sprichwort und die ganze mannigfaltige Schönheit der alten, reichen Kurpfalz beginnt. Aber man ist selbst dann noch überrascht, wenn man aus dem Rheintal von Bingen herkommt. Steht man auf dem Niederwald, der Nahemündung gegenüber bei Bingen, so sieht man den raschen Fluß hinan bis Kreuznach und sein Lauf erscheint wie eine ungeheure, natürliche Kaskade, was einen zauberhaften Anblick gewährt.
Von Bingen her wandert man aus der Herrlichkeit des Rheintales am rechten Naheufer aufwärts an *Trutzbingen* vorüber, einer alten pfälzischen Feste, die dem Mainzer Kurfürst zum Trotz 1494 gebaut wurde. Büdesheim und Dietersheim bleiben jenseits des

Flusses in Rheinhessen liegen, diesseits kommen wir durch Münster, Sarmsheim und *Laubenheim,* das trefflichen Nahewein erzielt, aber bei weitem nicht so freundlich ist wie die anderen Dörfer. Die Düsterkeit des Dorfes erhöht noch der durch den Blitz zerschmetterte Kirchturm, von dem nur noch eine Hälfte steht. An den schönen Weinbergen hin, die hier die Abhänge des Hunsrücks so freundlich gestalten, erreichen wir bald das große, freundliche und wohlhabende *Langenlonsheim,* wo die Straße eine Anhöhe überläuft, von der man jenseits der Nahe unter anderem auch das Dorf *Gensingen* sieht, bei dem 1669 die Pfälzer von den wohlberittenen Lothringern geschlagen wurden. Immer herrlicher breitet sich nun die „alte fröhliche Pfalz" vor uns aus. Über die schlottrige Brücke des Godenbachs kommt man nach *Bretzenheim,* das vor der Revolution einem pfälzischen Fürstentum den Namen gab, welches der letzte Kurfürst, Karl Theodor, seinem mit einem Mannheimer Bäckermädchen erzeugten Sohn schenkte. Das Fürstenschloß steht noch an der Nahe als Privateigentum. Ippesheim, Planing und Bosenheim liegen jenseits der Nahe im reichen „Gau". Nur noch eine Stunde des schönsten Weges – und Kreuznach ist erreicht.

Kreuznach, die einstige kurpfälzische Oberamtsstadt wo die fränkischen Könige eine Pfalz hatten, war seinerzeit der Hauptort der vorderen Grafschaft Sponheim. So herrlich die Lage zu beiden Seiten der Nahe, so unansehnlich, ja häßlich ist das Innere der Stadt. Erst in neuerer Zeit ist Kreuznach einer der bedeutendsten Badeorte geworden; so daß jährlich sich über 3 000 Kurgäste einfinden; außer den Solquellen ist die wichtigste die „Elisenquelle", erst 1834 entdeckt, auf der „Bade-Insel", die seitdem zum Mittelpunkt des Badelebens geworden ist und stattliche Häuserreihen, ein neues Kurhaus mit dem Konversationssaal und viele Bäder zeigt. Die „Elisenquelle" ist brom- und jodhaltig und springt aus Porphyrfels. Hier sammelt sich morgens und abends die Badewelt in den Anlagen. Die Inselkirche ist geschmacklos auf die gotischen Ruinen der alten Kirche erbaut, die 1689 zerstört wurde und nun in ihrem Chor zur englischen Kirche hergerichtet ist. Schöne Anlagen finden sich noch auf dem „Kiskyschen Wörth". Auf dem Schloßberg prangt die alte *Kauzenburg* über herrlichen Weinbergen. Der jetzige Besitzer hat Gärten und Parkanlagen geschaffen. In gewundenen Laubgängen kommen wir hinan zur Burg, wo uns ein seinerner Löwe erwartet: das alte Denkmal, das die Sponheimer dem treuen Michel Mort von Kreuznach setzten. Die Aussicht ist entzückend; sie ist es aber nicht weniger vom „Hungrigen Wolf", der Burg gegenüber, jenseits der Eller, einer Anhöhe, von der man plötzlich die ganze Herrlichkeit der Umgebung von Kreuznach bis zum Rheingrafenstein hin übersieht, wenn man auf der Poststraße vom rauhen Hunsrück kommt. Südlich vom Schloßberg liegt die dunkle Hart, der höchste Berg der Gegend; er hängt mit dem Rotenfels zusammen und fällt in waldigen Halden gegen die Nahe ab. Der Blick talaufwärts zu den Porphyrwänden der „Gans" und des Rotenfels, zum Rheingrafenstein und zur Ebernburg, woher sich die Nahe wälzt, ist immer gleich schön.

Besuchen wir nun im Osten der Stadt auch einige Gaudörfer im hügeligen Frucht- und Weinland bis in das Münstertal der Appel, wo der Ibener Hof, Neubamberg und Wöllstein schöne, nur zu wenig besuchte Partien bieten. Östlich von der Altstadt stoßen uns im Feld vor allem die beiden Steine gegen Hakenheim hin auf. Die Gegend dort auf dem Galgenberg heißt *„Pfalzsprung"*, weil Kurfürst Friedrich IV. 1603 hier zum Erstaunen aller Zuschauer mit seinem Pferd über einen 27 Schuh breiten Graben setzte. Die beiden Steine mit dem pfälzischen Wappen und einem springenden Pferd wurden zum Andenken gesetzt. Die Heidenmauer vor der Stadt gegen Planig hin soll ein römisches Kastell gewesen sein, das im 9. Jahrhundert von den Normannen zerstört wurde. Auf dem Weg nach Wöllstein kommt man über *Volxheim,* dem Schilda des Gaues. Nördlich davon, an der Appel, liegen die Dörfer Badenheim, wo der Ackersmann Isaak Maus sich als Naturdichter berühmt machte, und *Sprendlingen* mit dem Denkmal des Kreuznacher Metzgers Michel Mort. Es gab Fehde zwischen dem Grafen Johann von Sponheim und dem Erzbischof Werner von Mainz. „Wir lassen nicht von Sponheims Recht!“ schwuren die Freunde des Grafen. Auf der Ebene bei der Nahe kam es 1279 zur Schlacht; schon hieb sich der Graf durch und schleppte den Erzbischof fort, da warf ihn ein Lanzenstoß vom Pferd und er wurde gebunden. Nun hieb sich *Michel Mort* mit fünf Kreuznachern Bahn durch den Feind, um den Herrn zu retten; alle erliegen. Mort schleppt den teuren Herrn davon und kämpft nun kniend gegen die ganze Schar. Fünf Pfeile durchbohren ihn. Da ruft es: „Mort, halt aus!“ Leiningen und Vehingen sind's, die Freunde seines Herrn. Noch stößt er einen Mainzer nieder, und sterbend deckt er den Grafen, der gerettet ist. Wir wenden uns südlich von Kreuznach, dem grotesken Hintergrund entgegen. Herrlich ist der Weg und Blick dahin. Die Felsenzacken des Rheingrafensteins und hoch darüber der Rücken der „Gans“ fesseln den Blick. So geht es an den Salinen der *Karls-* und *Theodorshalle* vorüber, die ihren Namen von dem letzten pfälzischen Kurfürsten erhielten, auf preußischem Gebiet liegen, aber dem Großherzog von Hessen angehören. Bald erreichen wir *Münster am Stein*, vor der Mündung der Alsenz, wo lange Salinengebäude an der Nahe hin stehen. Wir sind wieder in einer ganz anderen, grandiosen, wilden Welt. Auch hier sind Solbäder hergerichtet. Es ist hier entzückend schön; hinter uns der zackige Rotenfels, Weinberge und blühende Gefilde im Talkessel, der rollende Fluß; jenseits die Burg Sickingens und drüben, wo die Nahe am wildesten braust, steigt senkrecht aus dem Fluß der *Rheingrafenstein,* hoch wie das Straßburger Münster, und auf seinen Zacken die Ruinen des alten Rheingrafensitzes. Ihn müssen wir besteigen. Schwindelfrei muß man freilich dabei sein, denn während man an den Felsenriffen hängt, gähnt senkrecht unten der Abgrund, in dem die Nahe braust, und ebenso blickt man auch von oben senkrecht in den schäumenden Fluß, der sich eben erst durch die Alsenz erstarkt hat. Als die Feste erbaut wurde, senkte man zuerst die größten Quader zwischen das Geklüft der Felsennadeln, um ebenen Grund zu erhalten. Kühner steht nicht leicht eine Burg auf Erden, als der Rheingrafenstein an der nördlichen Spitze der heutigen Pfalz. Die Franzosen schleppten 1689 den alten, kranken Rheingrafen auf einem Sessel aus der Burg und sprengten dann das Schloß in die Luft. Jetzt gehört es wieder den Nachkommen der berühmten Rheingrafen, den Fürsten von Salm-Horstmar, die auch den *Rheingrafensteiner Hof* und die umliegenden Weinberge besitzen. Etwas tiefer als die Burg, lotrecht über der Nahe, liegt die „Harfnershöhle“, fast unzugänglich. Hier hielt sich ein alter Harfner auf und sang in das wilde Felsental über die brausende Nahe hin. Über der Burg, auf der höchsten Spitze des Felsens, liegt die *„Kegelbahn“*, wohin jedoch wenige zu steigen wagen.

Die Aussicht vom Rheingrafenstein ist wild und herrlich, schöner aber noch die von der *„Gans“*. Ein zackiger Porphyrkamm, über 1 000 Fuß hoch, führt diesen Namen. Auch die „Gans“ ist einer der Glanzpunkte dieser Landschaft. Ins tiefe wilde Tal der Nahe dringt der Blick über den dunklen Lemberg hin, Norheim in der Tiefe erscheint und Münster, die Ebernburg und der Donnersberg und nach Norden hin der reiche Gau, der Rhein und Taunus dahinter, Johannisberg, Bingen und der ganze Rheingau. Gewaltig ist aber der Blick auf den gegenüberliegenden Rotenfels und dessen senkrecht emporsteigenden zackigen, roten Wände.

2. *Das Alsenztal und seine Seitenhöhen*

Über die Nahe schreitend, stehen wir eine kleine Stunde südlich von Kreuznach wieder auf pfalz-bayerischem Boden im ernsten Alsenztal. Die *Alsenz* kommt aus dem Herzen der Pfalz, von dem Plateau bei Enkenbach, durchfließt in gerader nördlicher Richtung ein pittoreskes Längental und mündet bei Ebernburg in die Nahe. Parallel mit ihr, eine Stunde östlicher, bildet die *Appel*, vom Donnersberg kommend, das hübsche Münstertal bis gegen das Flachland der Nahe hin. Die Landschaft ist größtenteils beherrscht vom Donnersberg und gehört zum Teil noch zum Gebiet desselben, während der Winkel zwischen dem Glan, der Nahe und der Alsenz, die Landschaft von Obermoschel, noch beinahe ganz das Gepräge des Hunsrücks trägt.

Die Ebernburg

Es kann kaum eine an landschaftlichen Reizen und Kontrasten und historischen Erinnerungen reichere Landschaft geben, als das „Kreuznacher Land" und insbesondere den Punkt, wo die Alsenz, aus dem Herzen der Pfalz kommend, in die Nahe mündet und Hessen, Preußen und Bayern sich die Hände reichen.

Münster am Stein gegenüber liegt das bayerische *Grenzdorf Ebernburg*, die nördlichste Gemeinde der heutigen Pfalz. Von dem späteren Schloß im Dorf, das 1794 durch die Franzosen verbrannt wurde, sind nur noch wenige Reste übrig. Am Tor, das zur Ruine emporführt, prangt noch das alte Wahrzeichen, der *Eberkopf*, der seinerzeit die Burg schmückte. Früher gehörte die „Burg an der Alsenz" dem Rau-

Ebernburg, die „Herberge der Gerechtigkeit", sah viele Großen der deutschen Geschichte in ihren Gelassen

grafen von Altenbaumberg. Einst auf der Jagd soll dieser durch den Rheingrafen, seinen Todfeind, vor dem tödlichen Stoß eines Ebers gerettet worden sein; nun wurde er dem Rheingrafen ein treuer Freund und ließ zu ewigem Gedächtnis überm Burgtor den Eberkopf in Stein hauen.

Die Burg kam später an Baden und nach dem Sieg von Seckenheim an den siegreichen Fritz von der Pfalz, dessen Nachfolger sie 1482 seinem treuen Oberhofmeister und Amtmann zu Kreuznach, *Schweickard von Sickingen*, gab, dessen Gemahlin, Margaretha von Hohenburg, auf diesem Schloß einen Sohn, Franz von Sickingen, gebar.

Den Vater, der im bayerischen Erbfolgekrieg Gut und Blut für das geächtete und gebannte pfälzische Kurhaus einsetzte, ließ Kaiser Maximilian enthaupten.

Franz von Sickingen, die glänzendste Erscheinung des deutschen Rittertums, wuchs hier zu dem Helden der Zeit heran, der die Augen von ganz Deutschland auf sich richtete. Wunderbare Ahnungen von des Söhnleins einstiger Größe und dessen Fall gingen schon bei Franzens Geburt durch die Seele des Vaters. Damals hieß Sickingen beim Volk nur „das Fränzchen“ und viele Sagen sind an seine Jugendzeit geknüpft. – Früh begann Sickingen, der Ideen des erwachenden Reformationszeitalters bewußt zu werden. Waren doch der berühmte Straßburger Prediger *Geiler von Kaisersberg* und der große Reuchlin seine Lehrer und Erzieher. Später stand er, dem allgemeinen Trieb der Zeit folgend, sogar mit dem *Doktor Faust* in Verbindung, so daß sich dieser berüchtigte Zauberer auf der Ebernburg und zu Kreuznach längere Zeit aufhielt, bis sich der sittenstrenge Ritter von dem liederlichen Magier verächtlich abwandte. An dem edlen Frauenherzen seiner Gattin, *Hedwig von Flörsheim,* bildete er sich zu dem reinen Charakter heran, als der er durch sein ganzes Leben erscheint, und als sie früh starb, konnte er sich, trotz allen Zuredens seiner eigenen Schwäger und trotz seines geringen Alters von 35 Jahren, nicht entschließen, wieder zu heiraten. Nun widmete er sich ganz seinen großen Ideen und suchte im Kampf für sie den Schmerz um die Gattin zu vergessen. „Lieb den gemeinen Nutz’, schirm’ die Gerechtigkeit!“ war der Wahlspruch seines Lebens. Sein Fehdeleben und wie er, von der Nation als „Deutscher Brutus“ betrachtet, für die nationale und kirchliche Freiheit in die Schranken trat, um sich für Deutschlands Größe zu opfern, ist bekannt genug.

„Herberge der Gerechtigkeit“, wie sie Hutten genannt hatte, hieß die Ebernburg in ganz Deutschland, als Sickingen die Feste zum Asyl und zur ersten Burg aller machte, die für die Freiheit kämpften und litten. Eine Buchdruckerei auf der Burg stand den reformatorischen Geistern zu Gebote. *Ulrich von Hutten,* der „gelehrteste Ritter und der ritterlichste Gelehrte“, der glänzendste Verfechter des Deutschtums gegen das Römertum fand hier auf der Burg seines Freundes Schutz vor der Legion seiner Feinde, und von hier aus schleuderte er jene freiheitszündenden Schriften unter die Nation, die noch heute ein herrliches Zeugnis von der Geistesgröße jener Männer ablegen. Der geniale Hutten spricht in seinen Briefen an Erasmus und andere von Sickingen mit einem Enthusiasmus und einer Bewunderung, wie sie nur ein großer Charakter rege machen konnte. Mit Reuchlin und Sickingen schrieb Hutten hier vor allem die berühmten epistolae virorum obscurorum. Als Sickingen gefallen und die Ebernburg in Feindeshänden war, starb Hutten als Verbannter, seinem Wahlspruch: „Es sei gewagt!“ (jacta alea esto) getreu, auf schweizerischer Erde als Märtyrer deutscher Freiheit.

Mit Hutten und Reuchlin fanden hier die edlen Reformatoren Aquila und Schwebel, der hochbegabte Oecolompadius und der berühmte Bucer Schutz, vor allen aber *Philipp Melanchthon.* Nach der Ebernburg waren damals aller deutschen Patrioten Augen gerichtet; sie war unter Sickingens Schutz die „veste Burg Gottes“, von der Luther so begeistert sang. Luther selbst war hierher eingeladen, und Sickingen schloß den Bund mit den pfälzischen Rittern und mit dem edlen Hartmuth von Kronberg auf Altenbaumberg, um den Mönch von Wittenberg während des Reichstages zu Worms vor jeder Gefahr zu schützen. Das ganze Volk erwartete von Sickingen den Neubau Deutschlands. Doch Luther dachte anders. Die Reformation sollte nur im fürstlichen Interesse ausgedeutet werden, und Deutschland war nun bald schwach und der Spott der Völker. So freudige und so betrübende Betrachtungen knüpften sich an die Trümmer der Ebernburg, in der schon vor dreihundert Jahren die edelsten und kräftigsten Geister die nationale Ideen zu realisieren versuchten.

Nachdem Sickingen zu Landstuhl gefallen war, zogen die verbündeten Fürsten vor die Ebernburg, wo der Schenk *Ernst von Tautenberg* die für unüberwindlich gehaltene Feste verteidigte. Sickingens Söhne befanden sich hier und wehrten sich mannhaft, bis der Schenk von Tautenberg, weniger mutig, die Feste den Fürsten übergab. Die Burg wurde geplündert und durch Feuer zerstört. Erst nach 20 Jahren erhielten Sickingens Söhne ihr väterliches Erbe zurück und es enstand eine nach der Ebernburg genannte neue sickingische Linie. Während der französischen Regierung (1801) wurde die Burgruine, die Sickingens Geist umschwebt, versteigert an einen Gendarmen (!!) um acht Franc (!!); der Kauf jedoch reute ihn, weil er nicht wußte, was er mit den großartigen Trümmern beginnen sollte. Aber noch mehr! Unserer aufgeklärten Zeit (?) blieb es vorbehalten, die „Herberge der Gerechtigkeit in ein *Wirtshaus* umzuwandeln. Der Besitzer der Burg gab vor, den patriotischen Plan der Wiederherstellung der Burg zu hegen, baute ein mächtiges, seltsames, langes Gebäude mitten in den ehrwürdigen Ruinen, schmückte die Säle mit den Bildnissen Sickingens, seiner Gattin, Huttens und anderer, häufte die beim Ausräumen eines 300 Fuß tiefen Brunnens aufgefundenen Waffen mit manchem altem *Steinbildwerk* im Hof auf und eröffnete nun seine Wirtschaft mit der Spekulation auf die Taschen derjenigen, die hier sich den großen Erinnerungen der Geschichte und der Schönheit der Landschaft hingeben wollen. Die „Herberge der Gerechtigkeit“ war gewiß nicht so praktisch und einträglich wie dieser Gasthof!

Vor einigen Jahren ging man auch mit dem glücklichen patriotischen Gedanken um, hier einen grünen Tisch, eine *Spielhölle* zu etablieren!! Doch Freiligraths zürnende Dichterworte und König Ludwigs Einsprache taten dem „patriotischen Projekt“ Einhalt. Wer den „neuen Zeitgeist“, wie er jetzt allenthalben gepredigt wird, in seiner wahren Gestalt sehen will, der trete vor ihn auf der Ebernburg – und er wird ihm erscheinen, im Kontrast zu der herrlichen Natur und zu der großen Vergangenheit.

Der Blick von der Burg herab ist unaussprechlich schön. Das Dorf, der Rotenfels, der gegenüber thronende Rheingrafenstein, der mächtige Porphyrwall der „Gans“, unten an der brausenden Nahe Dorf und Saline Münster, und durch das *Felsentor,* das der Rotenfels und die „Gans“ bilden, Kreuznach mit seinen Türmen: das ist ein Bild von größtem Reiz. Und wie schön wird es erst durch den Kontrast zum Alsenztal, das sich nach Süden hin öffnet! Von hohem Waldberg blickt die großartige Altenbaumburg aus den Gründen und prangende blumige Wiesen begleiten die Alsenz tief unten. Der Rotenfels wird noch der benachbarten „Gans“ vorgezogen. 900 Fuß hoch, senkrecht, steigen seine langen zerklüfteten Wände vor uns empor. Das ernste Rot des Felsens bildet den schönsten Gegensatz zu dem Grün des Tales. In der Abendsonne aber leuchtet der Rotenfels wie ein Karfunkel, wie ein Rubinenberg im Märchenreich und magische, feenhafte Lichter im Tal lassen uns die Sage vom *Geist des Rotenfelsen* träumen, wenn der Mond seinen bleichen Schimmer über Tal und Fluß breitet und Nebelschleier den Felsen umwallen. Drinnen wohnt der Geist in der Tiefe des Gesteins im kristallenen Haus; er war dem Sickinger Fränzchen, das die Wand des Rotenfelsen nach dem Falkennest erkletterte, wohlgeneigt und dessen Schutz, bis Franz gegen Trier zog und zu Landstuhl fiel. Seitdem trauert der Geist und zieht in trübem Nebelgewand vom Berg her, und die Tautropfen im Tal bezeugen, wie auch er weint um den letzten Ritter und „Deutschlands Brutus“.

Landschaft von Obermoschel und das Appeltal

Altes, echtes Bauerntum sitzt noch auf den Höhen zwischen der Alsenz, der Nahe und dem Glan: Bauern von *eigentümlichen Sitten* und origineller Art. Noch mancher uralte Brauch bei der Ernte, Hochzeit und Kirchweih existiert hier fort in einer Landschaft, die mit dem Hunsrück und seinen rauhen Hochplateaus das meiste gemein hat. Wir wenden uns von der Ebernburg westlich über die steinigen Weinberge am Hochufer der Nahe, wo unten im Talkessel der „Birkenhof“ erscheint und dann der Hof *Trombach* im Walde des Lemberg die Stelle des einstigen Beguinenklösterchens bezeichnet. Schweickard von Sickingen, der Vater des berühmten Helden, stiftete es und Franz selbst erneuerte die Stiftung. Die Kapelle besteht noch. Über die Berghütte im Wald könnte man von hier den Lemberg besteigen, jedoch geschieht dies am gewöhnlichsten von dem Dorf Bingert aus, das eine Viertelstunde südlich von hier in einer Schlucht liegt, an deren Höhe hinan eine Straße nach dem nahen Dorf Feil führt. Beide bilden die starke Gemeinde *Feilbingert.*

Der *Lemberg*, an dessen östlichen Halden die beiden Orte liegen, erhebt sich am rechten Ufer der Nahe 1 415 Fuß hoch als der höchste Berg der Gegend. Während seine östlichen Hänge allmählich sich gegen die genannten Dörfer absenken, stürzt er, steiler, westlich gegen die Talschlucht des Reiterbaches und nördlich gegen die Nahe ab. Sein Rücken ist eine schön abgerundete Kuppe und üppig überwaldet. Ungemein schön ist die Aussicht von seiner Höhe in das Tal der unten brausenden Nahe, auf die Hunsrückhöhen bis zum Winterhauch, auf den Rotenfels und das Alsenztal und bis zum Donnersberg hin, der gegen Südost seinen riesigen dunklen Rücken emporhebt. Der Berg enthält die ältesten Quecksilbergruben der Pfalz. Sie waren eine Zeitlang verschüttet, werden jetzt aber wieder durch englische Kapitalisten betrieben. Zunächst dem Dorfe Bingert liegen die „Drei Züge“. Von ihrem Ursprung erzählt eine *Bergmannssage*, daß hier ein heruntergekommener Ritter von Ebernburg mit dem Teufel um seine Seele Hälmchen gezogen habe, wenn er ihm eine Quecksilberader entdecken wolle. Nahe dabei liegt das Werk „Ernesti Glück“, wo ein Berggeist einem armen Burschen die reichste Ader anzeigte, und die *„Gaiskammer“*, wo ein armes Mädchen durch den Berggeist eine reiche Mine entdeckte und dadurch den Sohn des reichen Schulzen von Bingert zum Mann erhielt.

Die Schlucht des Reitersbaches, die südlich und westlich den Lemberg umzieht, mündet bei *Oberhausen* in das Felsental der Nahe. Das Dorf hat eine Fähre über den Fluß, eine merkwürdige Ruine einer altgotischen Kirche und in der Nähe eine Räuberhöhle, in der sich der Schinderhannes mit seiner Bande aufhielt. Dem Lemberg gegenüber auf der Höhe liegt das Dorf *Duchroth*, das mit Oberhausen eine Gemeinde bildet, am Rande des dichten Bauwaldes der Dimrother und Heddarter Hof.

Die Talschlucht des Reitersbaches zieht zwischen dem Lemberg und dem Bauwald empor bis über den „Montforter Hof“ zum Dorf *Hallgarten* und eine Quelle des rauschenden, wilden Baches kommt von den „Drei Weihern“ am Saum des Hinterwaldes. Auch dieser Hof beherbergte Schinderhannes mehrmals und diente öfters als Stelldichein der Räuber. Wurde doch hier einmal der „Schwarze Peter“ gefangen. Wenn man von Feil über Hallgarten geht, kommt man bald in westlicher Richtung in die einsame, rauhe und waldige Gegend am Reitersbach zwischen dem Lemberg und Bauwald und erblickt plötzlich auf wilder Waldhöhe schwarzes, zackiges Gemäuer. Es ist die *Ruine Montfort*, mitten in dunklen Bäumen auf grauen Felsen, einst ein prächtiges Raubschloß, bis sie Kurfürst Friedrich der Siegreiche mit dem Erzbischof von Mainz zerstörte und ausbrannte (1456). Die Einsamkeit und Wildheit der Gegend könnte nicht größer sein. Nur der alte *Montforter Hof*, am Fuß des Burgberges tief in Bäumen versteckt, erinnert an Kultur und menschliche Wohnungen. Der lange Bergrücken ist mit düsterem Wald bedeckt und nur das rauschende Wasser des brausenden Reitersbaches, der vom Berg herabstürzt, unterbricht die Totenstille. Von der Burg gehen viele romantische Sagen: Wie die Montforter sich ihre Bräute raubten, und einer wegen des Raubes einer Monstranz heute noch als Gespenst von den Hofbauern gesehen wird.

Von Hallgarten und den „Drei Weihern" führt ein Weg in gerader südwestlicher Richtung über die Bergfelder und durch den Wald nach dem Meierhof *Neudorf* am Waldessaum und von dort in das Tälchen des nordwestlich nach Odernheim zum Glan abrinnenden Heimelsbaches. Auf der „Lettweiler Höhe" liegt das heute so friedliche und doch in den Räuberannalen so berüchtigt gewesene Dörfchen Lettweiler. Von dessen Einwohnern standen sechs als Mitglieder der Bande des Schinderhannes vor den Geschworenen in Mainz. Einer wurde guillotiniert mit seinem Hauptmann, zwei andere zu lebenslänglicher Kettenstrafe verurteilt.

Das *Moscheltal*, ein Seitental der Alsenz, hat recht liebliche Partien. Es durchschneidet die kohlen- und bergwerkreichen, aber ziemlich dürren Bergfelder zwischen der Alsenz und dem Glan. So anmutig seine Dörfchen auch liegen und so idyllische Bilder das Tal auch bieten mag, kann uns doch nichts weiter dahin locken. Wie das abgelegene Tälchen, friedlich, heimelig und der Welt unbekannt, so sind auch die Dorfbewohner, die noch der „alten Welt" angehören.

Wir besuchen nur das Städtchen *Obermoschel* und seine nähere Umgebung. Es liegt da, wo sich mehrere Schluchten mit dem Tal vereinigen, und zwar so recht in arkadischer Freundlichkeit am Fuß des kegelförmigen sich auftürmenden Landsberges, auf

Südlich von Obermoschel thront 160 Meter über der Talsohle die trutzige Moschellandsburg

dem die Ruinen von Moschellandsburg stehen. Fünf Tälchen stoßen hier zusammen. Die nordöstlichen Anhöhen krönen Reben. Der *Moschellandsberg* erhebt sich stolz bis 1 100 Fuß. Seine Halden sind bis zur halben Höhe angebaut mit Fruchtfeldern und Obstbäumen, sein Gipfel ist überwaldet und die höchste Spitze trägt auf abgerundeter Felskuppe das Schloß. Die ehedem besonders ergiebigen *Quecksilbergruben* des Berges werden jetzt wieder durch eine englische Kompagnie betrieben und erzielen noch immer gegen 20 000 Pfund Quecksilber jährlich. Auch besteht hier ein Laboratorium mit zwei Öfen und 48 Retorten zur Ausscheidung des Quecksilbers. Die weit ausgedehnte Ruine der *Landsburg* ist der Schmuck dieser freundlichen Gegend. Einst war sie eines der schönsten und festesten Schlösser des Mittelalters und die Residenz einer Seitenlinie der wittelsbachischen Zweibrücker. Des großen Oranien Tochter, an einen zweibrückischen Herzog vermählt, residierte hier. Es wurde 1689 durch die Franzosen gänzlich zerstört.

Wenden wir uns nun längs des Moschelbaches dem Alsenztal zu, an den Mühlen vorüber nach *Niedermoschel,* das in einer Viertelstunde erreicht ist. Auf dem Weg dahin kommen wir am Seelberg vorüber, wo ein schöner Marmor zutage tritt, bläulich mit weißen Adern. Die Silberbergwerke des Seelbergers hatten einst einen großen Namen und aus seinem Silber geschlagene eigene Taler, die noch unter dem Namen „Seelberger Taler" existieren. Nördlich von Niedermoschel öffnet sich ein anmutiger Bergkessel, aus dem sich ein Hügel erhebt, der die wenigen malerischen Reste der *Burg Löwenstein* trägt. Die graue Ruine gehörte den Rittern von Randeck. Sie schaut uns noch kurze Zeit nach, während wir vollends mit der Moschel durch das Tälchen eilen und bei der Daubhausmühle das romantische Alsenztal betreten.

Quer durch das Tal wandern wir östlich über die Bergfelder, um ins Tal der Appel, *Münstertal* genannt, zu kommen. Der riesige Donnersberg schaut von Süden her. Über Marienthal, Würzweiler und Gerbach mit ihrer trefflichen Rindvieh- und Schafzucht fließt die Appel im tiefen Tal nach St. Alban. Rechts und links auf den Anhöhen gegen den Wald von Kirchheimbolanden liegen viele Meiereien, so der Hof *Schneeberg,* einst eine Burg der Grafen von Wartenberg, die auf dem Hochland lag, das vom Donnersberg her, tief überwaldet, nach Rheinhessen zieht. Noch sieht man einen zierlich gearbeiteten Torbogen und andere Reste. Das stille, abgelegene Tal umfaßt nun das einstige Städtchen *Gaugrehweiler,* wo die Wild- und Rheingrafen ein schönes Residenzschloß hatten, das nach dem tollen Verschwenderleben des letzten Wildgrafen im Revolutionskrieg zerstört wurde. Weiter abwärts über Oberhausen kommen wir nach *Münsterappel,* das dem Tal den Namen „Münstertal" gab. Mühlsteinbrüche und Bergharz, aus dem Steinöl erzeugt wurde, trifft man hier. Links auf der Höhe liegen die Dörfer Kalkofen und Winterborn, die treffliche Landwirtschaft und Viehzucht betreiben. Von Münsterappel gelangt man auf dem anmutigsten Weg in kurzer Zeit nach *Niederhausen,* und bald darauf über die rheinhessische Grenze nach Tiefenthal, längs des Weiden- und Erlenbaches. Links, drüben gegen die Wälder von Altenbamberg hin, in denen sich der einsame Hof „Brückenloch" und der Steigerhof bergen, liegt der Flecken *Fürfelden* am hohen Eichelberg. Dort vereinigen sich die Straßen, die von Obermoschel her aus dem Alsenztal und von Kreuznach her über *Freilaubersheim,* das in der bekannten Volksspruchweise bekannte „Kappesschlomerschem", kommen und bei dem Weiler *Iben* das Tal betreten. Eine schöne alte Kapelle und andere Mauerreste stehen hier zwischen friedlichen Pächterwohnungen im anmutigen Tal. Die Straße steigt von hier über die östliche Höhe nach Steinbockenheim, Wonsheim, über das fruchtbare Hügelland des reichen Gaues, durch Erbesbüdesheim in die reiche „Kornkammer der Pfalz" und nach Alzey. Wenn man den ungemein reichen Gau, die Weizenfluren und sanften Weinhügel des Alzeyer Landes in ihrer idyllischen Heiterkeit nach Osten her durchwandern wollte, so sieht man sich im Westen des Gaues an der Appel plötzlich überrascht in einem einsamen, grotesken Gebirgstal. Der Bach fließt dort von Iben nach *Neubamberg* mit den Ruinen der jüngeren „Boymeburg" und weiter durch ein romantisches, mühlenreiches Tal nach dem Städtchen Wölstein, mit den schönen Ruinen der *Osterburg* und einer gotischen Kirche. Weinberge begleiten uns von da an die Appel über Badenheim, Pfaffenschwabenheim und Planig, wo sie unterhalb Kreuznach in die Nahe einmündet.

Das *Ende des Räuberdramas* vom Schinderhannes fand Ort und Szene in der Landschaft zu beiden Seiten des Alsenztales. In Mainz wurde es 1803 blutig ausgespielt. Unter den damals Hingerichteten waren zwei von Iben, zwei von Tiefenthal, einer von Lettweiler und viele andere aus der Gegend kamen auf die Galeeren. Als der Hunsrück teils ausgeraubt, teils zu sehr alarmiert war, ging Schinderhannes mit den kühnsten seiner Bande über die Nahe in die Gegend von Obermoschel im Norden der Pfalz. Der Räuber Leyendecker hatte hier früher als Schuster gearbeitet; alle seine früheren Bekannten dienten nun als Spione und gingen selbst zur Bande. Lettweiler war jetzt der Hauptschlupfwinkel und der Weiler Iben. Hier hatte Schinderhannes einen Teil seiner Jugendzeit verlebt, hier fand er nun die besten Freunde und im Hause eines damaligen Pächters wurden alle Raubpläne ausgeheckt, die in Lettweiler unausgebrütet blieben. Mitglieder der Bande waren hier Angesessene, Pächter, Bauern aus dem Münster- und Alsenztal, besonders einige Holzhacker und Tagelöhner von Iben und Tiefenthal. In Lettweiler war eine alte Frau, eine Zunderkrämerin, die sich damit abgab, von den Bauern Almosen zu erpressen, indem sie mit dem Schinderhannes drohte. Hier ging Schinderhannes mit seinen Gesellen auf alle Kirchweihen; er wurde zu allen Hochzeiten und Kindtaufen, zu allen Metzelsuppen geladen und tanzte mit den schönen Bauerntöchtern. Damals nannte sich Schinderhannes *„Johannes durch den Wald"*. Die Bauern von Waldgrehweiler im Moscheltal schlugen einen Anfall der Räuber tapfer zurück und verfolgten sie gegen Lettweiler und die „Drei Weiher" hin. Nun wurde der Pächter auf dem Neudorfer Hof überfallen und beraubt, und nach einiger Zeit schickte ihm Schinderhannes durch einen Mann von Duchroth zwei *Brandbriefe,* von denen als Probe der zweite lautet: „Mene Frei. Hier übergebe ich Ihnen meine letzten Paar Zeilen, um Euer Versprechen zu uns empfangen, und ich hoffe, es wird mir kein Aufenthalt gemacht werden, und es braucht auch keinen Umschweif machen. Denn wir haben keine Menschenfurcht. Johann durch den Wald." Der Pächter gab hundert Taler, bat aber, dem Schinderhannes zu sagen, er möge ihn jetzt verschonen, sonst könne er nicht auf dem Hof bleiben. Der Räuberhauptmann, der damals in der Höhle bei Oberhausen weilte, erpreßte dann durch solche Briefe den Pächter Schowalter auf dem Montforter Hof, indem er ihn „bester Freund!" anredete, 20 Karolin; auch Jakob Schweizer von Rehborn mußte die nämliche Summe an die Glanbrücke tragen. Nach jedem vollbrachten Raub eilten die Räuber auf das rechte Rheinufer, verschwendeten ihr Geld und kehrten nach Lettweiler zurück, um neue Pläne zu schmieden. Auch hier waren die Juden ihr Opfer. So raubte man eine ganze Rotte Handelsjuden von Odernheim auf der Höhe von Duchroth aus, brach in Obermoschel einem reichen Juden ins Haus und plünderte es, bis die Bürger heranstürmten und die fremden Räuber mutig verfolgten. Schon früher waren zwei Juden von Münsterappel bei Niederhausen ausgeraubt worden.

Einst zog nun Schinderhannes, bewaffnet mit seiner Doppelbüchse, einer Axt, langem Messer und zwei Pistolen und begleitet von seinen Gesellen, bei Pechfackelschein in das Städtchen *Erbesbüdesheim,* überrumpelte die Nachtwache und plünderte ein reiches Judenhaus. Sein letzter Raub war der mit entsetzlichen Gewalttaten verbundene auf der Kratzmühle in Merxheim an der Nahe. Schinderhannes geriet nach und nach immer mehr in die Klemme; die kühnen, heimatlosen Gesellen, die auf dem Hunsrück seine Bande gebildet hatten, waren zerstreut, die ansässigen Glieder der Bande in der Gegend von Obermoschel zum Teil schon eingefangen. Jetzt nährte er die Hoffnung durch den damaligen Inspektor der Salinen in Münster am Stein, namens Lichtenberger, in die menschliche Gesellschaft zurückkehren zu können. Lichtenberger war einst auf der Jagd im Wald bei Altenbamberg mitten unter die Bande geraten, aber Schinderhannes unterhielt sich freundlich mit ihm in Gegenwart mehrerer Bauern von Altenbamberg und entließ ihn ungefährdet. Der Inspektor tat Schritte bei der Regierung, wie er selbst in einem interessanten Bericht erzählt. Der Pächter einer einsamen Waldhütte bei Altenbamberg übernahm die Vermittlung, Schinderhannes aber erklärte: „Es wird Frühjahr, die Wälder belauben sich und da sind wir vor der Polizei sicher."

Vier Wochen später kam er zu jener Hütte, von den Gendarmen hart bedrängt; aber nun hieß es, der Staat könne einen Räuberhauptmann nicht begnadigen. Da nahm der Räuber rührenden Abschied von dem Pächter, versprach vom Räuberleben zu lassen und floh über den Rhein, um sich unter die Kaiserlichen werben zu lassen. Dort wurde er durch einen Zufall verhaftet und den Franzosen ausgeliefert. Bei seiner Verhaftung trug er ein Gebetbuch in der Tasche. Wie er an der Spitze von 68 Gliedern seiner Bande in Mainz im Gerichtssaal stand und besonders die Teilnahme des weiblichen Geschlechts erregte, und wie er, 24 Jahre alt, mutig an der Spitze von 20 Spießgesellen das Schafott bestieg und zuletzt noch äußerte: „Ich habe den Tod verdient, doch zehn meiner Kameraden nicht!“ – das ist alles hinlänglich bekannt. Die Reichen und die Juden im Nahetal atmeten erleichtert auf. Das Volk bedauerte seinen Helden, der schon heute, nach fünfzig Jahren, völlig der Sage anheimgefallen ist. Einundzwanzig Glieder seiner Bande, darunter der berüchtigte Leyendecker, der Schwarze Peter, der Backenbarts-Michel aus dem Stumpfwald, der Zigeunerhannes, der Judenpeter, Fink der Rotkopf, dann ein Schulmeister von Oberhausen bei Obermoschel, Fayence- und Krugkrämer, Müllersburschen, Bänkelspieler, Scherenschleifer, Korbmacher und ähnliches Volk, das zu seiner Bande gehörte, entrann damals und verschwand in der Welt, bis den einen oder anderen noch später der rächende Arm des Gesetzes traf und die übrigen in der Verborgenheit ihr früheres Räuberleben vergessen zu machen suchten.

Das Alsenztal

Wir können nun ohne weiteren Aufenthalt von Münster am Stein aus zwischen dem Rheingrafenstein und der Ebernburg in das Tal der Alsenz treten, aus dessen dunklen Waldgründen uns die Altenboymeburg entgegenschaut. Rechts begleiten uns die Ebernburger Weinberge, links waldige Berge bis zur Ebernburger Mühle. Das Gebirge zeigt sich nicht mehr so nackt in seinen Felsenwänden wie das Nahetal, die mehr abgerundeten Anhöhen sind tief überwaldet. Und doch ist das Tal nicht weniger wild und ernst, nur in anderer Art. Es verdient wohl eine gemächliche Fußwanderung in seiner wundervollen, tiefgrünen Frische.

In einer halben Stunde ist das Dörfchen Altenbamberg von der Ebernburg aus erreicht und majestätisch wie die Madenburg einer großen Bergstadt ähnlich, schaut die Boymeburg oder *Altenbaumburg* von einer hohen Kuppe des ernsten Waldgebirges als großartige Ruine; eine tiefe Schlucht trennt sie vom Gebirge. Als Sitz der stolzen *Raugrafen von Boymeburg* waren es früher drei Burgen. Da einer der Raugrafen die Burg zu Neubamberg im Appeltal baute, erhielt die Boymeburg den Beinamen Altenbaumburg. Raugraf Otto trat dem siegreichen pfälzischen Kurfürsten 1475 die Feste ab und nun erhielten sie unter anderen die *Herren von Kronberg*, woher sie wohl auch die Kronenburg heißt. Hier weilte dann der edle Freund Sickingens, Huttens und Luthers: *Hartmuth von Kronenberg*, der würdige Mitkämpfer für Licht und Freiheit, der kühn, wie kein anderer, mit Schwert und Feder gegen die Feinde des Deutschtums und der Reformation focht. Kurfürst Karl Ludwig erneuerte den alten Titel der Raugrafen, indem er den Kindern seiner geliebten Louise von Degenfeld und ihr selbst, der „Raugräfin“, denselben erteilte. Die Feste ging durch die Brandfackel des Franzosen Ludwigs XIV. unter und ist seitdem die Krone des ernsten Gebirgstales. Noch gar manches erkennt man an den Trümmern von der alten Einrichtung. Die Aussicht in das Tal und dunkle, wild-romantische Gebirgsland, dann die Alsenz entlang, in das Felsental der Nahe, auf die Ebernburg und den Rotenfels ist eigentlich schön. Der Revierförster von Altenbaumberg hat an der Südseite der Burg einige kleine Gemächer als Ruheplätze und Erfrischungsorte hergerichtet.

Die Burgsage von dem Fräulein mit dem *„steinernen Herzen“* wiederholt nur die bekannte Geschichte von den „Sieben Welfen“, die in die „Drei Weiher“ getragen werden sollten und gerettet wurden. Eine andere Sage erzählt, daß ein Raugraf aus Eifersucht sein unschuldiges Weib ermordet und im Schloßhof eingescharrt habe. Eine *Lilie* schoß aus dem Grab und immer wieder eine andere, so oft er sie auch ausrupfte. Jetzt kamen Reue und Gram und mehrere hundert Jahre trieb sich der Mörder auf dem Schloß herum; er konnte nicht leben und sterben, bis ein frommes Ehepaar des Geschlechts die Knochen der gemordeten Raugräfin in heiliger Erde begrub und den Alten erlöste.

Oberhalb des Dorfes Altenbamberg liegt die Altenbaumburg
und das Bernhards-Schlößchen, eine Vorburg

Das „Bernhards-Schlößchen“ steht auf der Südseite der Burg. *Burg Treuenfels* heißt auch die Ruine auf einer der Altenbaumburg gegenüberliegenden Anhöhe. Ihre Geschichte ist völlig unbekannt und ging im Sturm der Zeiten unter. Wechselnde Gruppen von weißgrünen, alten Weiden, dunkelgrünen Erlen und hellen, schlanken Pappeln begleiten das Flüßchen durch den prächtigen, saftigen Wiesengrund über Hochstedten hin, wo das Lagerbächlein links aus den Waldhöhen von Winterborn herabrauscht; hier bezeichnet der *Vallbrücker Hof* die Stelle des einstigen Beguinenklosters „Vallbrücken“. Düstere Waldberge engen nun das Tal ein, bis die Landschaft wieder heiterer wird, das Tal der Moschel sich öffnet und die Moschellandsburg aus dem Tal grüßt.
Der Flecken *Alsenz* liegt jetzt vor uns, an der Alsenzstraße, mit etwa 1 600 Einwohnern, Protestanten, wie überhaupt die ganze Gegend protestantisch ist. Weinberge begleiten uns nach Oberndorf, wo die „Elisabethengrube“ sich findet. Wo das Tal Raum läßt, liegt bei jeder Biegung ein Dörfchen, von Oberndorf aus sechs im Verlauf einer Stunde, so daß man beinahe aus dem einen heraus in das andere tritt. So erscheint das Tal ganz besonders belebt und entbehrt dennoch nichts von seiner malerischen Schönheit. Rauschende Mühlen erscheinen zwischen dem Weidengebüsch. So die „Felsenmühle“ und „Untermühle“ vor *Mannweiler,* das wir nun erreichen. Rechts auf den Bergen winden sich die Reben am Steinboden hin; dann aber erscheint auf stolzer,

waldiger Höhe die Ruine der *Burg Randeck*, Stammsitz eines kühnen Rittergeschlechtes. Wo die handfesten Randecker als Kampfhähne hausten, hat sich jetzt ein Landwirt eingerichtet. In der Sage erscheinen die Randecker als kecke, wilde Gesellen, als Schnapphähne und Wegelagerer, die das Alsenztal unsicher machten. So nahm einst einer von Randeck die Kirchenschätze der Mönche von Eußerstal weg, als sie von Mainz her nach jenem Kloster gebracht wurden. Der Bischof von Speyer zog vor Randeck und der Ritter schwor mit aufgehobener Hand, er sei der Räuber nicht; doch als er starb, brach, wie die Sage berichtet, durch den Grabstein die Hand des Toten, zum Zeichen des Meineids, bis der Erbe jene Schätze dem Kloster zurückgab.

Hinter der „Weinkaufsmühle" erscheint schon die Kirche des Dörfchens *Kölln*, auf dem hohen Talrand der Hof Stolzenberg, auf der Stelle der Stolzenburg, die einst zu Sikkingen hielt und von den Fürsten zerstört wurde; unten liegen Bayerfeld, Steckweiler und Steingruben, lauter niedliche Dörfchen, mit malerischer Umgebung im Tal; rechts oben im Wald der „Hof Seelbach", am nördlichen Fuß des Stahlberges, auf dessen waldigen Halden sich das Bergmannsdörfchen *Stahlberg* eingenistet hat. Noch weit höher auf dem Berg liegt die Hütte „St. Peter" und hoch darüber wölbt sich die tiefüberwaldete Kuppe des an 1 500 Fuß hohen Berges, deren höchste Spitze *„Königsstuhl"* heißt und eine besonders schöne Aussicht gegen den Donnersberg und ins Alsenztal zuläßt. Der Berg gehört zum Steinkohlengebirge des Westrichs, hat aber auch Quecksilberbergwerke, und zwar die ältesten der Gegend, da sie schon seit dem 15. Jahrhundert bearbeitet werden. Von den sechs Gruben ist manche 125 Klafter tief und belebt vom Geist der Bergmannssage. Am Fuß des Berges fließen auch Erdharz und Steinöl und es stehen hinter den alten Quecksilbergruben beim Dorf *Katzenbach* eine Reihe von Ruinen, die von Kapellen des Berges herrühren sollen.

Im Alsenztal weiter erreicht man bald *Dielkirchen,* wo man bei „Hoster", einem guten und billigen Wirtshaus, mittagmachen oder übernachten kann, wenn man von hier aus nach dem anderthalb Stunden entfernten Donnersberg wandern wollte. An der Kirchhofmauer in Dielkirchen entdeckte man eine Ara mit den Bildern der Venus und des Jupiter. Vor *Rockenhausen* zweigt sich von der Alsenzstraße eine Seitenstraße links ab, die in romantischen Talgründen nach Marienthal und an den Fuß des Donnersberges führt. Das Städtchen Rockenhausen hat eine gar angenehme Lage im Gebirgstal der Alsenz. Es ist alt und wird schon 897 als königliche Domäne genannt. Heute ist das Städtchen Kantonsort der Umgegend. Nahe bei Rockenhausen entspringt ein Heilbrunnen. An verschiedenen Häusern fand man schon römische Denksteine mit Inschriften, die dem Antiquarium in Speyer einverleibt wurden.

Von Rockenhausen an ist das Alsenztal weniger belebt. Über eine Stunde weit schreitet man flußaufwärts, bis man *Imsweiler* erreicht, das als stattliches Dorf recht anmutig zwischen den Bergen in der Talkrümmung auf dem üppigen, saftigen Wiesengrün liegt. Noch vor dem Ort, bei der Schleifmühle, rauscht von Dörrenbach her ein lauter Bach, während der anmutige Moschelgrund vom Süden einen Bach über Gehrweiler und das schön gelegene *Gundersweiler* bringt. Dort, gegen Heiligenmoschel und das Odenbacher Tal hin, liegen auf unbesuchten Höhen der Hof Messersbach und das Forsthaus auf der schönen „Karlshöhe", im Mönchswald das Gütchen „Himmelreich". Alle Dörfchen dieses lieblichen, malerischen und abgelegenen Tales waren Bestandteile des *raugräflichen Besitztums Imsweiler*. Die Burg der Raugrafen stand auf der östlichen Anhöhe bei Imsweiler, hoch über dem Tal der Alsenz, der Mündung des schönen Moscheltälchens gegenüber. Ein anderes Schlößchen, drei Viertelstunden westlich von Imsweiler, besteht noch in dem Hofe Felsberg auf der Höhe fort.

Von Imsweiler aus führt die Straße an der Alsenz hinan in südöstlicher Richtung durch eine enge Waldschlucht am Schloßberg hin, bis sich das einst falkensteinische Dorf *Schweisweiler* zeigt. Hinter dem Dorf wird das Tal allmählich noch wilder, Felsen türmen sich auf und bei der Gienanth'schen Eisenschmelze, wo links am Donnersberg her ein anderes Tal sich auftut und weiterhin bei Hochstein nimmt es einen wildromantischen Charakter an. Dieser Teil wird schon zum Falkensteiner Tal am Donnersberg gerechnet; wir sind in das romantische und an Naturschönheiten reiche Gebiet dieses Riesenberges eingetreten und eilen flußaufwärts nach dem nahen Städtchen Winnweiler, von wo wir in das Bereich des Donnersberges eindringen.

3. Das Land am Donnersberg

Wie der schöne Bergriese würdig die lange Kette der Vogesen abschließt, so soll er mit seiner Umgebung unsere Darstellung der Pfalz abschließen. Der Donnersberg ist einer der bekanntesten Berge. In gewaltiger Masse ragt er über das niedrige Hügelland, nach allen Seiten hin sichtbar im Lande bis über Mainz und Frankfurt und Bruchsal, während er den ganzen Alzeyer Gau, die *„Getreidekammer der Kurpfalz"*, beherrscht und der weiten Umgegend als sicherer Wetterprophet dient, gleich dem „brauenden Blocksberg".

Er gab zur Zeit Napoleons einem der schönsten und reichsten Departements des Kaiserreiches den Namen, dessen Hauptstadt das „goldene Mainz" war. Dem Anscheine nach hat er die Gestalt einer nach allen Seiten steil abfallenden Hochfläche. Porphyr und Basalt bilden die Felsmassen des Donnersberges, von Grünstein, Jaspis und Kalkspat untermischt; an *Eisen* und anderen *Erzen* ist er mit seinen Vorbergen ganz besonders reich, weswegen wir das Bergmannsleben in seinen Tälern und auf seinen Höhen wiederfinden.

Das unmittelbar sich anreihende Land bildet zum Teil ein wildromantisches Gebirgsland mit stillen, tiefen Tälern, von mächtigen Felsen umschlossen, mit lieblichen Gründen und dunklen Wäldern; es ist ein poetisches Land und der Geist der Sage wandelt durch die dunklen Bergschachte, durch die wüsten Trümmer stolzer Schlösser, die malerisch seinen Gürtel schmücken, und durch die stillen Täler. Weiterhin breitet sich ein *fruchtbares Hügelland* um seinen Fuß, voll wogender Getreidefelder und schöner Wiesentäler, wo fette Viehherden um die einsamen Höfe und stillen Dörfer weiden und außerordentlich viele malerische Ruinen alter Klöster die Talmulden schmücken, während andere Hügel und Flächen uns gewaltige Schlacht- und Kaiserbilder ins Gedächtnis zurückrufen. Hie und da rankt auch die Rebe an den sonnigen Vorhöhen und uralte riesige Kastanienbäume umrauschen die Halden des Donnersberges, während prachtvolle Wälder bis zum felsigen Gipfel ragen. Er wäre es wohl wert, daß man ihm mehrere Tage widmete. Winnweiler und Kirchheimbolanden würden für diese Touren die besten Ausgangspunkte sein oder auch Dannenfels, das hoch am Abhang unmittelbar am Donnersberg liegt.

Das Falkensteiner Tal

Das Städtchen *Winnweiler* in seiner reizenden Umgebung war der Hauptort der einstigen österreichischen Grafschaft Falkenstein. Dieses Teil des Alsenztales wird noch zum Falkensteiner Tal gerechnet, das unstreitig das schönste seiner Art ist. Wenn man von Kaiserslautern und seiner einförmigen Hochfläche herkommt, wird man durch die idyllische Schönheit der Lage von Winnweiler überrascht sein. Da liegen an der Alsenz und an ihren klaren Seitenbächen hübsche Dörfer im Umkreis; weiterhin, umfaßt von dem mächtigen Stumpfwald, *Neuhemsbach* mit dem Randecker Hof, dem romantischen „Hainzental", wo einige Hammerwerke in einem Weiher sich spiegeln, und dem Schlößchen, dem Sitz einer beträchtlichen Herrschaft, die denen von Flörsheim gehörte und dann an zehn verschiedene Herren kam, darunter ein französischer Edelmann, ein spanischer Kapitän und ein englischer Obrist.

Bei Lohnsfeld finden wir den Hof „Kaltfisch" und in einem gar anmutigen Flußtälchen das Dörfchen Heringen. Das gräflich-falkensteinische Schloß in Winnweiler verbrannten die Franzosen 1793 bei ihrem Zug nach Mainz. Der *Leisbühl,* eine kegelförmige Höhe mit einem Pavillon auf der Spitze, gewährt eine Rundsicht in die reizende Landschaft. In der Nähe über dem Städtchen steht eine freundliche Kapelle und ein Kreuz, das ein Ritter errichtet haben soll, der durch das Stillstehen seines Pferdes in der Nacht hier vor einem Sturz in den Abgrund errettet wurde.

Nun machen wir einen herrlichen Ausflug, nördlich mit der Alsenz wandelnd, eine Strecke des nämlichen Weges, den wir gestern gekommen, nach dem Dorf *Hochstein,* an der „Kupferschmelze" vorüber und stets weiter auf der schönen Alsenzstraße nach der nahen Eisenschmelze am Einfluß des Wambaches in die Alsenz, wo die Hüttenwerke des Freiherrn von Gienanth liegen. Die Familie Gienanth ist wohl die reichste in der Pfalz; alle Eisenwerke im Lande gehören beinahe ausschließlich ihr. Der „alte Herr" wurde von König Ludwig in den Freiherrstand erhoben, ohne daß dies der Familie den schlicht bürgerlichen Anstrich nehmen konnte. Die Pfälzer sind stolz auf sie und das Volk sagt: „Der Gienanth ist so reich, daß er eine Straße mit lauter Goldstücken platten könnte; er ist reicher als der König, aber er schreibt sich um einen Pfennig ärmer, als der Landesfürst." Die Familie hat viel getan, Straßen angelegt und den abgelegenen Gebirgstälern großen Verdienst durch Berg- und Hüttenwerke gebracht; die Armenanstalten der Gemeinden, Schulhäuser und Kirchen haben an ihr großmütige Beschenker und die verunglückten Arbeiter und deren Witwen erhalten Pensionen. Kein Wunder, daß die Familie hoch verehrt ist.

An der schönsten Stelle des Tales, da wo der Wambach aus seinen Felstälern herauskommt und in die Alsenz fällt, stehen die Werke und neben ihnen das Wohnhaus des „Herrn" mit hübschen Gartenanlagen. Die Natur selbst hat dem stillen Tal den schönsten Schmuck gegeben. Ein angenehmer Wasserfall ergießt sich der Anlage gegenüber. Eine Bergwand scheint das Tal völlig von der Welt abzuschließen; an ihr treten mächtige, schroffe Felsmassen hervor; aber sie sind zugänglich gemacht, mit Gebäuden und Ruhebänken versehen und bilden zusammen eine höchst angenehme Partie. Und drinnen in den großen, halb unterirdischen Hütten, da ächzen die Blasebälge, das Erz schmilzt und schwarze Gestalten beleben diese dunklen Räume, gleich Kobolden und Erdgeistern.

Nach einem Gang durch das Werk wenden wir uns vom Alsenztal weg östlich in das frische, heitere *Wambachtal,* dessen Wiesen und Buchenhalden das Auge erfreuen und das Herz ergötzen. Über den Langhecker Hof, stets nach Osten hin, zieht sich das anmutige Tal weiter bis über Imsbach hinaus mit dem Langental in die Felsschluchten des Donnersberges; wir aber wenden schon vor dem Langhecker Hof, beim *Wambacherhof* links ab nach Norden, und stehen staunend vor dem Eingang einer dunklen, engen Talschlucht, die mit der frischen Heiterkeit und Anmut des seither durchwanderten Tales im grellsten Gegensatz steht.

Dies ist die *„Hölle"*, der Eingang in das eigentliche Falkensteiner Tal. Turmhohe Porphyrmassen streben rechts und links empor und treten hier eng zusammen, so daß kaum noch der Weg und ein Bächlein Platz haben, um herauszudringen. Prächtig kleiden diese „Höllenpforte" die überhängenden Sträucher und Bäume, die oben ihre grünen Häupter gegeneinander nicken und traut verschlungen einen herrlichen Baldachin bilden, durch den wir freudig erstaunt eintreten. Rings tiefe Stille in dieser „himmlischen Hölle"; mächtige überhängende Felsen zu beiden Seiten, darüber das Dach der Buchen, das die Sonne golden färbt, während weiches Moos zwischen herabgestürzten

Felsblöcken im kühlsten Schatten zum Verweilen einlädt. Nur das Murmeln des Forellenbaches, nur das Säuseln der Blätter oder ein lustiger Buchfink unterbrechen die Stille in dieser wildschönen Natur.

Auf einem Pfad an den mächtigen Felsen empor gelangt man zu der *Räuberhöhle,* einer düsteren Felsengrotte, die sieben Fuß hoch und breit tief in die innere Welt dieser Felsen führt. Geheimnisvolles Dunkel umfängt uns, wenn wir über die Schlucht zu ihrem Eingang gelangt sind.

Die Kriegs- und Wetterstürme haben von der Geschlechterburg Falkenstein nicht viel übriggelassen

Allmählich aufwärts, an einer moosigen Felswand hin, die als Breccienmasse besonders für den Mineralogen interessant ist, zieht sich das Tal gegen den Donnersberg zu; es gibt seinen ursprünglichen Charakter auf, die Wälder verlieren sich zur Linken, aber unschön wird das Tal nicht. Im Gegenteil, es nimmt Formen an, mit denen sich kaum die schönsten Rheingegenden messen können. Es gewinnt den Alpencharakter, man wähnt sich in eines der Seitentäler des bayerischen Hochlandes versetzt oder in die Vortäler der Schweiz. Still und von aller Welt abgeschlossen liegt das Tal vor uns. Plötzlich gewahren wir auf hohen, zerrissenen Felsen zwischen noch höheren Bergen malerische Burgtrümmer, die ganz mit dem Felsen verwachsen scheinen. Das ist die *Ruine Falkenstein,* der Grafensitz des alten hochberühmten Falkensteiner Geschlechts. Auf einer Vorhöhe des Donnersberges schließt die Ruine ungemein malerisch das Tal, in das der Schloßberg steil abfällt. Unten am Fuß der Burg, unter prächtigen Nußbäumen und Buchen, gruppieren sich die ärmlichen Häuser des Dörfleins *Falkenstein* um die kleine Kirche, zum Teil aus den Steinen der zertrümmerten Burg erbaut. So findet man jetzt noch über einem Haus einen Stein, der einst über dem Burgtor eingemauert war, mit der Inschrift: „Melchior, wie du willst!“ an die sich eine schöne Sage knüpft. Einer der letzten Grafen von Falkenstein hatte einen Bruder, Melchior, der auf seinen Schlössern im Rheingau saß und dem Bruder zu Falkenstein grollte. Mit seinen Reisigen erschien er eines Morgens vor der Burg, forderte unter Schimpfen und Schelten den Bruder zum Kampf, der vom Burgfenster aus den Zorn des Kampfgerüsteten zu besänftigen suchte. Als aber dieser die Burg zu stürmen drohte, verließ der Gehöhnte das Fenster und sagte: „Melchior, wie du willst!“ Das Bruderwort fiel besänftigend in das Herz Melchiors; er begehrte friedlich Einlaß, und bei festlichem Schmause wurde die Versöhnung gefeiert.

Einst war das Dörflein mit der Burg durch eine Ringmauer verbunden. An ihren Spuren hinan ersteigen wir die stolze Feste der *Falkensteiner Grafen,* von denen einer einst als Hüter der Reichsinsignien auf dem kaiserlichen Trifels saß und sein schönes Töchterlein in Kaiserslautern dem deutschen König Richard von Cornwallis anvermählen sah. Auch jener heldenmütige, kühne und prachtliebende Kurverweser des „alten Bursmanns“ von Mainz, Erzbischof Kuno, Kurfürst zu Trier, der alle rheinischen Fürsten und auch den Kaiser zittern machte, war ein Falkensteiner. An Lothringen gefallen, kam die Burg zuletzt an das Kaiserhaus von Österreich. Mutig erhoben sich die Bewohner des Falkensteiner Tales in der Französischen Revolution gegen die republikanischen Tyrannen.

Die *Rundsicht* von der Burg mit ihren kühn auf dem Felsenriff emporspringenden Türmen und Mauern ist gehemmt durch den breiten Rücken des Donnersberges mit seinen dunklen Wäldern; die nächste Umgebung bietet das Schönste. Bettler bewohnen hie und da noch den gebrochenen Grafensitz und der Falke horstet hier, von dem die Burg den Namen führt.

Die Burg verschwindet, wenn man hoch am Abhang des Bergecks auf dem Waldweg weiterschreitet. Tief im Talkessel liegt der *„Schacht“*, eine Erzhütte über einem Stollen. Von da führt der Weg weiter zur „Mordkammer“ am Fuß des Donnersberges. Wir müssen aber zuvor die *Imsbacher Berge* näher ins Auge fassen, mit ihren reichen Erzschätzen. Sie lagern sich südwestlich an den Donnersberg an und bilden das schöne Falkensteiner und das wilde Langental. Vom „Schacht“ führt ein Weg über die Felsenhöhe in das *Langental;* eine herrliche, tiefe, enge Waldschlucht, still und einsam wie die Ewigkeit. Hier treffen wir bald ein murmelndes Felsenbächlein in der Tiefe des Waldes und die *„Erzgrube“* mit den Hütten der Bergleute und ihrem Bethaus. Die verschiedenen Gruben liefern jährlich 33 000 Zentner Eisen von vorzüglicher Güte. Vor Jahren war das tiefe, waldige Langental noch still und öde und die Berggeister hatten gute Ruhe im Innern der Berge. Da fuhr einmal das wütende Heer durch die Schluchten des Donnersberges und raste, wie oft heute noch, um die wenigen Trümmer der untergegangenen Burg Hohenfels, die auf steilem, wildem Felsen sich über dem südlichen Abhang des Donnersberges erhebt. Der Wald im Langental sah am anderen Morgen übel zugerichtet aus und auch eine uralte, mächtige Eiche lag niedergeworfen. An ihren Wurzeln aber fand man Erz. Alsbald schlug man an der Stelle einen Schacht hinunter, und noch heute liefert die Grube des Freiherrn von Gienanth viel treffliches Eisen.

Das *Schloß Hohenfels* in seiner düsteren, verborgenen Einsamkeit, drei Viertelstunden von Imsbach nördlich, am sogenannten „Welsterdell“, eine Viertelstunde westlich vom *Beutelfels* hoch auf einem steilen Felsen gelegen, spielt die bedeutendste Rolle in den gespensterhaften Geschichten von Kobolden und Geistern, von Schätzen und gefundenen Gruben. Es ist von dem gespenstischen Schloß kaum mehr eine Spur, weniges Gemäuer und der Rest eines Turmes zu sehen. Vor Zeiten aber haben *silberne Treppen* zu ihm hinaufgeführt, und heute noch hüten in seinen düsteren Gewölben die Berggeister goldene Schätze, und im tiefen Keller soll der uralte Wein in seiner eigenen Kruste, seiner Haut von lauter Weinstein, liegen, nachdem die Fässer vermodert sind. Freilich ist es gar unheimlich in seiner Nähe, sonst möchte mancher den Schatz heben; es sind auch schon viele hingegangen und haben aus lauter Furcht nichts ausgerichtet. Ein kaiserlicher

Hauptmann, der von Falkenstein aus sich hier in der Nähe der Burg, wo die Geister nicht gern gestört werden, auf der Jagd umhertrieb, wurde in einen Rehbock verwandelt und irrte lange in der Wildnis am Donnersberg umher, bis er mit einer silbernen Kugel erschossen wurde. Einstmals wagte sich eine kleine Gesellschaft in tiefer Nacht daran, den *Hohenfelser Schatz* zu heben; sie sahen auch einen Haufen Geld, den ein Berggeist hütete, der einen von ihnen forderte, und, als sie ihm einen Juden überlassen wollten, mit Geheul verschwand. Im Jahre 1820 hat man auf dem Hohenfels 28 römische Münzen gefunden.

Im „*Wolferstal*" das vom Donnersberg herabkommt, nicht weit von der Geisterburg Hohenfels, ist eine alte, verlassene Grube, die *Kobolds*- oder auch die *weiße* und *Silbergrube* genannt. Vor hundert Jahren grub man dort nach Kobalt. Da saßen einmal zur Zeit der Schicht die Bergknappen in einer „Strecke" beisammen um ein helles Feuer. Hu, da kam eine mächtige Kröte zum Feuer gekrochen und hüpfte in ein nahes „Gesenk", wo ein greuliches Tosen und Heulen losging, daß die Bergleute schaudernd zu Tage fuhren. Niemand wollte in das Gesenk hinabfahren, bis der Steiger mit einigen Knappen Mut faßte, einfuhr und dort nicht nur eine große Menge Kobalt, sondern auch eine reiche Silberader fand. – Ein andermal saßen die Knappen wieder zur Ruhezeit in der Tiefe, als sie plötzlich in der Ferne arbeiten hörten. Das war der *Berggeist*, das Erdmännchen, das eine reiche Ader anzeigte, die man auch bald durch eine neue Grube in Angriff nahm. Später wurde die Grube unversehens unter Wasser gesetzt; sie steht seitdem verlassen.

So durchädert diese wilden Berge die Sage wie das Erz; sie spricht die Stimmungen des Bergmannslebens und der Landschaft aus, und uns überkommt es beim Wandern durch diese wilde Gegend, als müsse uns jeden Augenblick der Berggeist entgegentreten.

In den dunklen Gruben pocht es fort unter unseren Füßen, und wenn wir in einen Stollen fahren, scheint die Sage von den Kobolden unter der Erde Wirklichkeit zu werden, denn tief unten beim einsamen Grubenlicht hämmert's und klopft's an der Bergwand wie das Herz einer armen und geängstigten Seele. Außen aber ist's schön grün, lustig und frisch im Walde, und fröhlich wandeln wir dahin, in der tiefen Einsamkeit von Berg und Tal, mit der Natur selbst zu träumen über ihr geheimes Leben. Das Bächlein des Langentales eilt hinaus aus den waldigen, sagenreichen Schluchten nach dem Dorf Imsbach.

Nach Osten hin, am Rand des Donnersberges, steht der Wildenstein auf steilem Fels. Der Weg dahin über die „Dellen" ist beschwerlich. Wir erreichen ihn besser von Dannenfels aus und wenden uns wieder dem nahen „Schacht" hinter Falkenstein zu, woher wir kamen. Dort führt uns der Weg stets am Fuß des *Donnersberges* nördlich weiter durch tiefen Wald. Der Donnersberg ist süd- und nordwestlich an seinem Fuß von zwei Quellen umfaßt, die im stillen Wiesentälchen am Fuß der westlichen Halde bei Marienthal zusammenfließen und die Appel bilden, die nordwärts fließt. Nur eine Viertelstunde Weges von Falkenstein und dem bereits genannten Schacht aus durch den Wald in nördlicher Richtung, und wir stehen in der *Mordkammer*. Mag der Name noch so gräßlich klingen, der Platz ist dagegen um so heimeliger und lieblicher. Ein von prächtigen Buchenwäldern umschlossener Wiesengrund, der sich schluchtenartig am Fuß des Donnersberges hinzieht und an seiner südlichen Halde hinanläuft, von den rieselnden Bergquellen der Appel durchwässert, einsam, still und abgelegen: das ist die Mordkammer. Das Volk meint, der Schinderhannes möge hier gehaust haben; andere sagen, der Schwed hätte ein großes Blutbad angerichtet unter den Spaniern, die hier der Rheingraf Otto bei Standenbühl aufscheuchte, und wieder andere erzählen, der Herzog von Lothringen habe hier einen Bauernhaufen in die Pfanne gehauen. Eher aber haben die Falkensteiner Bauern dem einsamen Platz diesen grauenhaften Namen gegeben, nachdem sie hier die vom Falkenstein verjagte Lothringer Besatzung zusammengehauen hatten. Mag dem sein, wie ihm wolle, das Rauschen und Wispern in den Waldbäumen, das Rieseln und Regen aus der blumigen Wiese will uns eher liebliche Elfen- und Nixenbilder, wie sie im Mondschein ihren Reigen tanzen, vor die Seele rufen, als jene blutigen Geister der Erschlagenen. Im Verfolg des Weges kommen wir am *Mordkammerhof* vorüber, der im Angesicht des Donnersberges, an dessen in stille Einsamkeit sich senkenden Halden steht. Stets weiter im lieblichen Tal gelangen wir dann nach Marienthal, wo die Appelquellen sich treffen.

Marienthal, am Zusammenstoß mehrerer Wiesentälchen reizend am westlichen Fuß des Donnersberges gelegen, der hier steil und in seiner höchsten Höhe aufsteigt, ist ein interessanter Ort. Einst befand sich ein Prämonstratenser-Nonnenkloster hier, von dem noch einige Trümmer und eine ehrwürdige, nach einer Inschrift im Chor 1478 erbaute, Klosterkirche übrig sind. Sie wurde kürzlich wieder im gotischen Stil restauriert und enthält schöne, alte Grabdenkmäler der Grafen von Falkenstein in Sandstein. Auch der treffliche Grabstein des *Johann von Dhaun* zu Falkenstein, der die lutherische Lehre in der Grafschaft einführte, ist noch wohlerhalten. Besonders merkwürdig ist der abgesonderte Sarkophag mit der Abbildung von sieben frühzeitig verstorbenen Kindern eines Falkensteiner Grafen und der Inschrift: „Lasset die Kindlein zu mir kommen und wehret ihnen nicht, denn solcher ist das Himmelreich!" Die sieben kleinen Grafen sehen einen recht wie kleine Engel an.

Ein anderer Geist spricht uns aus einigen überbrachten Notizen über das damalige patriarchalische Leben in gräflichen Häusern an. Da wird erzählt: „Als die beiden Grafen anfingen, bengelhaft zu werden, hat sie ihr Herr Vater zu den Rauen (Raugrafen) von Grumbach gesandt, um Mores zu lernen und hat ihnen ein gräfliches Reisegeld mitgegeben, einem jeden 30 Albus!" Dann noch die Erzählung von einem Kirchweihfest in Marienthal, wo die jungen Grafen sich gräflich aufgeführt haben, so daß sie die gewaltige Summe von neun Albus verpaßten. Die gute alte Zeit!

Nur ein Viertelstündchen von hier, auf einer Vorhöhe des Donnersberges, liegt die *Ruine Rupertseck* über dem Dörflein gleichen Namens. Sie ist merkwürdig durch ihren Fall. Der Rheingraf Reinhard mit zwölf anderen Edeln und seinen Reisigen flohen vor dem herbeieilenden siegreichen Fritz von der Pfalz, von der Belagerung der Kropsburg weg, stehenden Fußes verfolgt, an der Haardt hinab in diese Feste; sie mußten sich aber dem gereizten pfälzischen Löwen alsbald samt dem Hanns von Landeck und seinen Genossen ergeben. Das Schloß wurde geschleift. Wir verfolgen das Appeltal nicht weiter, sondern besteigen den Bergriesen, der sich hinter uns auftürmt.

Der Donnersberg

Verschiedene Wege führen auf die Kuppe des Berges. Von der Ostseite aus, wenn man von Bolanden oder der Kaiserstraße herkommt, die am östlichen Fuß des Bergstocks durch eine weite Gebirgsmulde führt und die Schluchten des Stumpfwaldes von denen des Donnersberges trennt, gelangt man am leichtesten auf dem sanft emporsteigenden Weg nach dem Dorf Dannenfels, das malerisch und hoch an seiner Halde liegt, und von da bequem zur mächtigen, abgeflachten Kuppe. Von Kirchheimbolanden aus führt eine Straße durch tiefen Wald, am nördlichen Fuß, nach Marienthal und in das Tal der Alsenz. Auf halbem Weg dahin liegt in tiefer Einsamkeit am nördlichen Fuß des Berges das *Bastenhaus* mit einem niedlichen Wirtshaus, das wir von Marienthal aus in einer halben Stunde erreichen. Von da geht's links ab auf dem schlechten Fahrweg, der durch eine „Delle" ansteigt und von einer Quelle der Appel überflossen wird. Bei einem folgenden Scheideweg schlägt man den links ein und gelangt aus dem tiefen Wald auf eine lichte Stelle, wo man die Hochfläche, den Gipfel des Berges, vor sich sieht. Gleichwohl hält man sich doch immer links und gelangt, in einem Halbkreis um die Burghalden herum, endlich hinauf. Der Fahrweg vom Bastenhaus aus korrespondiert mit einem anderen, der von Süden aus dem Dorf Steinbach durch die waldigen Schluchten zum Gipfel führt. Ein sehr schöner Pfad ist jener von Westen her aus der Mordkammer. Der *prächtige Wald* umfängt da den Wanderer. Hohe, schlanke, glatte Buchen wölben ein dichtes, grünes Dach, unter dem kein Strauch den Blick hindert, der zwischen den natürlichen Säulen dieses Walddomes hindurchirrt und oft in dämmernder Nähe die Elfen und Geister des Waldes oder den wilden Jäger zu sehen wähnt, wenn ein helleres Streiflicht einmal die Dämmerung durchbricht. So kommt man zum Gipfel, und das erste, was einem in die Augen fällt, ist der alte Königsstuhl selbst.

Der Donnersberg überragt als gewaltige Porphyrmasse das Land weithin, 2 360 bayerische Fuß hoch überm Meer, bei einer Länge von anderthalb, einer Breite von fünfviertel Stunden, 350 Klafter über dem Spiegel des Rheines, 223 Klafter über den höchsten Kuppen des umliegenden Gebirges. Er bildet einen *selbständigen Gebirgsstock*, durch die Talmulde, durch welche die Kaiserstraße mit der Pfrimm läuft, von dem Haardtgebirge getrennt. Dem länglichen Oval des Berges geben die tiefeingeschnittenen Schluchten, „Delle" genannt, deren fünf es sind, ein eigentümliches Gepräge. In den tiefen Rinnsalen dieser „Delle" brausen bei heftigen Gewittern gewaltige Bergströme und Wildwasser. Dann erscheint der Berg in der Tat als Sitz des „Jupiter tonans pluviusque". Der Gipfel ist eine Ebene, die gegen Westen hin etwas ansteigt, eine Viertelstunde lang und halb so breit. Wie beim Altkönig findet man auch auf dem Donnersberg eine uralte *Ringmauer,* einen mächtigen Steinwall, der im Umkreis von 12 300 Fuß die Hochfläche umzieht. Der Fels des Königsstuhls liegt am Haupteingang des Walles.

Wohl war der Donnersberg vor allen anderen ein heiliger Berg der alten Völker, schon den Kelten geheiligt und dann die geweihte Sammelstätte der germanischen Vangionen. Dem rotbärtigen, gewaltigen *Donar* (Thor) geweiht, erhielt er auch von diesem starken Gott den Namen und hier, hoch über allem Lande erhaben, dachte sich das umliegende Volk den blitzenden Donnergott in Wolken gehüllt, der die feurigen Keile aus der Gewitternacht grollend ins Land hineinschleudert. Wir sagten schon, daß noch heute der Donnersberg im ganzen Lande als Wetterberg gilt. Er zieht die Wetter an, deren Nacht ihn besonders gern umhüllt, und die Wetter weilen sympathetisch noch immer am längsten über seiner Kuppe.

„Am Donnersberg steigt ein Gewitter auf!" heißt es unten im Land. Oben aber steht man oft über den zuckenden Blitzen, welche die Schluchten der Halden furchtbar erbeben machen und reißende Bergwasser durch die „Delle" hinabsenden. Als die Römer kamen, nannten sie den Donnersberg mons Jovis und Tacitus spricht von dem „Jupiter dem höchsten Gotte" geweihten Berg. Von Jupiter tonans oder nach keltischer Benennung Jupiter tarannius, Taranucnus wurden schon viele Altarsteine im Land gefunden. Auf einem Felsen liest man die alte Inschrift: J. O. M. (Jovi optimo maximo). Ein viereckiger Raum innerhalb des Ringwalles führt noch den Namen *„Heidengräber"*, während man eine Menge uralter Geräte und Waffen hier gefunden hat.

Wo die alten Germanen ihre starken Naturgötter verehrten, bauten ihre späteren Enkel den christlichen Heiligen Tempel, und so entstand innerhalb der uralten Ringmauer auf der Höhe des Donnersberges das *Paulinerkloster*. Dem heiligen Apostel Jakob war schon früh eine Eremitenkapelle hier oben auf erhabener Stätte erbaut, wohin starke Wallfahrt fortgesetzt wurde. Noch im 16. Jahrhundert stellten die Mönche das Gotteshaus neu her, aber es unterlag der Zeit und dem Zeitgeist. Auf seiner Stätte wurde ein großer Meierhof erbaut, der *Donnersberger Hof*, den Mennoniten bewohnten. Eine gotische Nische in einem Zimmer blieb der einzige Überrest von dem verschwundenen Kloster. Wenn aber der Wanderer nach langem Steigen endlich aus dem Walde auf die unbewaldete Hochfläche des Berges trat, überraschte es ihn freudig, hier auf der erhabensten Stätte des Landes, von dem uralten heidnischen Steinwall umschlossen, Fruchtfelder und Weideplätze, belebt von brüllenden Herden und fleißigen Menschen, zu treffen. Ein schöner Meierhof umfing den Wanderer in seinen gastlichen Mauern, und war der Wein auch etwas sauer und gab es auch keine Braten, so bekam man doch einen Eierkuchen und die labendste, frischeste Milch oder Butter. Es war ein pfälzisches Spiegelbild des Alpen- und Sennerlebens. Wer frisches Wasser wollte, bekam es aus der lebendigen Quelle auf der Spitze des Berges, die sogar einen kleinen See bildete.

Vor zwei Jahren ließ nun die Regierung den *Mennonitenhof* auf der Spitze des Berges niederreißen, wegen Holz- und Weidberechtigungsstreitigkeiten. Nun hat man auch die Fläche der Kuppe mit jungem Wald bepflanzen lassen, damit ja nichts mehr von den Trümmern und Spuren uralter Zeiten zu bemerken ist. So zerstörte unsere Zeit eine Anstalt, die, einzig im Lande, an ähnliche Bauten auf dem Brocken, Rigi usw. erinnerte, während man überall im gebildeten Europa derlei zu pflegen weiß. Es gibt viele kahle Bergrücken im Lande, die man aufbauen dürfte. Auf der Kuppe des Donnersberges macht die forstmännische Fürsorge den widerlichsten Eindruck. Als der Hof noch bestand, wanderte man vor allem hinauf, um da zu übernachten und morgens beim frühen Aufstehen das Schauspiel des Sonnenaufganges zu genießen. Diesem unnötigen Vergnügen hat man nun weislich gesteuert; der Donnersberg ist durch väterliche Fürsorge in einen ungastlichen und unwirtbaren Berg verwandelt, dessen Einsamkeit nicht leicht wieder lustige Gesellschaftslieder durchtönen. Hoffen wir jedoch das beste, daß nämlich eine projektierte Meierei oben wieder zur Ausführung komme.

Wir wenden uns westlich zur höchsten Stelle des Berges, zum *Königsstuhl,* einem hohen Porphyrfelsen. Hier sprachen einst, nach der Sage, die Könige Recht unter freiem Himmel vor versammeltem Volk, und später saßen hier die Gaugrafen zu Gericht. Vor der Französischen Revolution stand auf diesem mächtigen Felsen ein zeltartiges Häuschen auf Säulen. Der Königsstuhl ist die westliche Stirn des Donnersberges. Die Aussicht von hier, westlich auf das Hügel- und Bergland des Westrichs und Hunsrücks, nördlich über das Alzeyer Getreideland und den hügeligen Gau hin zum Taunus, ist einförmig. Sie erstreckt sich über dunkle Waldgebirge, während die Täler und Dörfer meistens hinter denselben versteckt bleiben. Die östliche Stirn des Donnersberges bildet der *Hirtenfels.* Es ist ein gar schattiger, erhabener Felsensitz, der eine ungleich schönere Rundsicht gewährt. Der Lauf des Rheines von Bingen und Mainz bis unterhalb Speyer, selbst der Main und Neckar sind zu erkennen. Weit ausgedehnte Bergreihen schließen alles Land umher ein. Vor uns liegt der Hunsrück, die weinreichen Gefilde des Rheingaues, der Niederwald und Taunus, die Ebene von Frankfurt und südlich aus ihr emporsteigend der Odenwald mit dem Melibokus bis zum Kaiserstuhl, vor dem sich die paradiesische Ebene der Pfalz breitet; rechts, und näher zur Seite, der mächtige Stumpfwald, die dunklen Bergkuppen der Haardt bis in den Wasgau. Über das fruchtbare Hügelland der nächsten Umgebung hinaus trifft der Blick den Dom von Worms und um ihn her das reiche Land mit hundert im Duft der Ferne verschwimmenden Orten. Von den Tälern der näheren Umgebung liegt jedoch nur das Zeller Tal der Pfrimm mit seinen Dörfern offen vor uns da.

Von hier, an der Ostseite des Berges, auf hübschem gebahntem Weg, stets im Schatten prächtiger Buchen, Eschen und Ahornbäume, wandern wir abwärts, wo wir herrliche Ruhepunkte zur Umsicht im Land gewinnen, das jetzt mehr und mehr eigentliche landschaftliche Bilder entwickelt. Die lachenden Täler, die oben verborgen waren, tun sich mehr und mehr unter uns auf, während unser Auge noch immer alle Weiten der Ferne überfliegen kann. So kommen wir nach dem schönen, prachtvoll gelegenen Dorf *Dannenfels,* wo wir bei Gümbel einkehren. Einen weiten Ruf der Gastfreundschaft hat sich das hiesige Pfarrhaus erworben, das schon Tausende von Besuchern des Donnersberges mit der herzlichen pfälzischen Gastfreundschaft empfangen hat, die in den Pfarrhäusern und gerade hier in Dannenfels ihren Gipfelpunkt findet. Um das so recht patriarchalisch-idyllische Haus breitet sich ein besonders sehenswerter Blumengarten. Auf halber Höhe des Donnersberges, unvergleichlich schön, ist dieses Dorf an der sonnigen Morgenhalde im Schatten eines prächtigen Kastanienhaines gelegen. Weit hinaus ins Land, über Täler und Hügel schweift der Blick. Verschiedene Obstpflanzungen umgeben den schönen Ort, besonders aber ein *großer Kastanienwald.* Bis zu 1580 bayerische Fuß überm Meer reifen die Kastanien am Donnersberg. Diese Südfrucht, mit ihren herrlichen, malerischen und vorzüglichen schattigen Bäumen, die sich in der Pfalz völlig einheimisch gemacht hat, so daß sie an der ganzen Haardt und an den Vogesen wild wächst und Haine und Wälder an den Berghalden bildet, zeigt sich gerade hier am Donnersberg in ihrer schönsten Ausbildung. Gewaltige, ungemein malerische Kastanienbäume schmücken das Dorf. Einer davon mißt 28 Ellen im Umfang bei nur 32 Ellen Höhe, ein ganz ungeheurer Stamm, der an die sizilianischen Bäume des Aetna erinnert. Er gehört zu den Riesen seines Geschlechts und ist jedenfalls der mächtigste Kastanienbaum diesseits der Alpen; der Gott des Berges hat ihm den Wipfel mit seinen Blitzen abgeschlagen. Ehrwürdig steht er unter seinen jüngeren Genossen, die selbst mächtige Bäume geworden sind.

In nördlicher Nähe stehen die Trümmer der alten *Burg Dannenfels,* eine von den fünf Festen, die die Vorhöhen des Donnersberges krönen und den Berg einst bewachten. Ein anderes Schloß in Trümmern auf den Vorhöhen des Berges ist der romantische *Wildenstein,* südlich am steilen Abhang auf beinahe senkrecht aufsteigender Felswand, über dem grotesken *Wildensteiner Tal* gelegen, das sich südöstlich mit dem Wildensteiner Bächlein nach dem Dorf Steinbach absenkt, als eine der tiefsten Schluchten des Donnersberges. Dunkle Wälder umschließen seinen Grund, aus ihnen ragen pittoreske, schroffe Felswände empor, und an diesen schauerlichen Klüften vorüber kommt man zu dem Wildenstein, der hoch auf einer dieser Klippen thront. Der in den Felsen gehauene Brunnen dieser Nachbarburg der gespenstischen Ruine Hohenfels ist über 100 Fuß tief.

Wir sind wieder in der Nähe der erzreichen Imsbacher Berge. Die verschüttete „Katharinengrube“, von der schauerliche Sagen im Umlauf sind, und wo einst ein reiches Silberbergwerk betrieben wurde, erinnert uns ohnedies daran. Überhaupt ist diese Felsen- und Waldwildnis auf der Südseite des Berges wenig bekannt. Ungeheuere, groteske Porphyrfelsen, dunkle Basaltmassen, tiefe, waldesdunkle, schauerlich einsame Schluchten, wie die „Wüsten“- und „Welsterdell“, zerreißen hier die Halden des gewaltigen Berges, manche kaum von dem Fuß eines Fremden betreten.

An der Osthalde liegt auch das weinreiche Dörfchen Jakobsweiler oder *„Jacksweiler“*, dessen Gewächs gewöhnlich sauer ist, 1834, 1846 und 1857 aber vorzüglich war. Von hier über Weitersweiler oder über das Hügelfeld nach Dreisen, oder auch durch das einsame, malerische Wildensteiner Tal hinab, erreichen wir über Steinbach die *Kaiserstraße,* die in gerader Richtung von Langmeil bei Winnweiler her die Talmulde, die den Donnersberg vom Haardtgebirge trennt, bis Standenbühl an der Pfrimm durchstreift.

Hügelland von Kirchheim –Göllheim–Zeller Tal

Nördlich und östlich um den Berg, von der Appel bis zur Pfrimm und Eis, lagert sich die Landschaft an der Nordgrenze der Pfalz, die wir jetzt besuchen. Vom Donnersberg aus begleitet ein mit Berg und Tal wechselnder Gebirgsast die Appel zur Nahe und bildet das schöne „Münstertal“, das wir schon kennen. Östlich von diesem Tal, bis nach Kirchheimbolanden hin, zieht sich zum größten Teil mit herrlichen Laubwäldern übergrüntes Hochland, in dem die hier entspringenden Flüßchen – Wiesbach und Selz – romantische Tälchen bilden, ehe sie in Rheinhessen eintreten. Über die Pfrimm hin bis zur Eis ist fruchtreiches Hügelland. Die trefflichste Landwirtschaft zeichnet dieses „Land vor dem Donnersberg“ aus. Auf den Höhen von *Kriegsfeld* hinter dem Forst des Windhübels, umgrenzt vom Wald des Spitzenberges, wo alte Quecksilbergruben und Zinnobererz-, Pech- und Schwefelkiesspuren sich finden, auf dem mindestens 1 100 Fuß hohen Bergfeld, nördlich vom Donnersberg, gedeiht ganz besonders die Viehzucht und ebenso auf dem ganzen Strich bis an die Eis hin. Der *Donnersberger Schlag* hat den besten Ruf unter den rheinhessischen Rassen; gewaltige, fette Kühe und Ochsen stehen in vielen Meiereien und Mennonitenhöfen dieser Landschaft. In *Kerzenheim* bei Göllheim, zwischen der Pfrimm und der Eis, wurden vor Jahren noch eigene Viehpredigten gehalten. Das schöne „Zeller Tal“ erzeugt einen trefflichen Wein; herrliche Weizenfluren wogen östlich und westlich weithin auf den Hügeln um den Donnersberg. In den grünen, stillen Talgründen aber überraschen uns die vielen *Klosterruinen*, die diese Landschaft vor dem Donnersberg auszeichnen. Das Land ist heute protestantisch, Mennoniten haben Heuspeicher und Ställe aus den stillen Zellen und ausgebrochenen Kirchen gemacht. Nicht weniger denn zehn solcher Klosterreste stehen auf pfälzischem Boden im Halbkreis um den hohen Donnersberg.

So liegt bei *Mörsfeld*, über Kriegsfeld hin, ganz in einem von rheinhessischem Gebiet umschlossenen Winkel, in der Nähe vom „Grubenhaus“, wo alte Quecksilbergruben wieder bebaut werden, der Weiler Deimbach als Rest des einstigen *Zisterzienser-Nonnenklosters Deimbach*. Um den alten Friedhof, in lieblicher, von Waldhöhen umschlossener Talmulde, liegen die zerstreuten Häuser malerisch gruppiert. Aber nur das Stück eines zierlichen Fensterbogens an einer Scheuer ist noch übrig von der schönen Kirche. Nahe dabei, im Wald am Kriegsfelder Bach, trauert auch die *Burgruine Wissenstein* über der Weissensteiner Mühle, einst denen von Standeck gehörend, nun aber vergessen und einsam in ihren Trümmern des völligen Verfalls harrend.

Über den Spitzbergen erreichen wir das *„Wiesbachtal“* mit den prächtigen Klosterruinen von Rothenkirchen, die wir von Kirchheimbolanden aus besuchen, und wenn man stets an der rheinischen Grenze östlich über das wohlhabende Dorf Orbis und den Kobelberg wandert, liegt *Morschheim* in der reichen Flur des Selztales an der Kaiserstraße vor uns. Die Selz entspringt hier und fließt durch den anmutigsten Wiesengrund nördlich nach dem nahen *Mauchenheim* und von da über die Grenze nach Alzey, dessen Burg und Türme aus der Ferne winken. In Mauchenheim stand einst das Nonnenkloster „Zum Paradies“, von dem jedoch keine Reste mehr übrig sind. Dagegen stehen am Saum des reizenden Tales, beim Syoner Hof, die Ruinen des *Nonnenklosters Syon*, gegen Norden von sanften Feldhügeln gedeckt, während die alten Bauten den reizenden idyllisch-anmutigen Wiesengrund beherrschen, indem sowohl über Mauchenheim hinaus der Blick das Selztal entlang nach den Türmen Alzeys streift, als südlich über Morschheim und Kirchheimbolanden über Flur und Wald zum mächtigen Donnersberg. Das weite Viereck der Klosterbauten, in die noch zwei Tore führen, beweisen den Reichtum der einstigen Stiftung, in die nur adelige Nonnen aufgenommen wurden. Und nun wandern wir von der heimelig trauten Stelle weg auf der von Napoleon erbauten großen Kaiserstraße, auf der Frankreichs Armeen nach Deutschland und Rußland zogen, über das fruchtbare Plateau südlich, links bleiben im reichen Gau die Orte Ilbesheim und Stetten liegen, während bald das Städtchen vor uns erscheint.

Kirchheimbolanden liegt anderthalb Stunden nordöstlich vom Donnersberg im fruchtreichen Hoch- und Hügelland der Kaiserstraße. Kirchheim ist eines der lebhaftesten, freundlichsten und hübschesten Städtchen der Pfalz; seine 4 500 Bewohner ein munteres, tätiges Völkchen. Es liegt malerisch teils im Tal, teils auf einer Anhöhe, in einer mit dichten Wäldern, fruchtreichen Feldern, Obsthainen, Wiesengründen und braunen

Heiden abwechselnden Flur. Am Eingang der Stadt grünt eine schöne Allee von Roßkastanien. In dem fürstlichen *Residenzschloß* der Linie Nassau-Weilburg, die heute das Herzogtum Nassau regiert, weilten die Nassauer gern wegen der Nähe des wild- und forstreichen Donnersberges, bis mit der Französischen Revolution das Hofleben erlosch. Die Franzosen brannten einen Teil des Schlosses ab; ein anderer Flügel ist jetzt zu einem schönen Wohnhaus mit großem Garten und Anlagen umgeschaffen und im Besitz des pfälzischen Abgeordneten Brunck.

Unter den Kirchen des Städtchens ist die vormalige *Hofkirche* mit der fürstlichen Gruft und einer schönen Orgel sehenswert. In Kirchheimbolanden fand in der letzten pfälzischen Revolution am 13. Juni 1849 ein Treffen zwischen den in die Pfalz von Norden her einrückenden Preußen und der Volkswehr statt. Viele jungen Leute fanden hier ihren Tod im Sturm der Preußen auf die Stellung der kleinen Schar.

An dem „Wartturm" vorüber, nordwestlich über malerisches Heideland und durch den großen „Leithof", von da durch den Wald, kommen wir ins schöne *Wiestal*, mit seinen wald- und erzreichen Höhen und seinen fetten Gründen; wo gegen Oberwiesen hin die „Hessenhütten" liegen, finden wir auch Schiefersteinbrüche. In dem einsamen, abgelegenen, wildschönen, nur vom Klappern der Mühlen belebten Talkessel des Wiesbaches, umschlossen von waldigen Bergen, dem Brunnen- und Mühlberg und dem Albertskreuz, liegt in tiefer Stille der Rothenkircher Hof mit den prächtigen Ruinen der *Prämonstratenser-Abtei Rothenkirchen.* Die Pächterwohnungen lagern sich rings um die herrliche Kirche, die, zum Kuhstall und Heuspeicher erniedrigt, durch gewaltige Quadermauern und starke, von reichverzierten Säulen getragene Kreuzgewölbe ihre ehemalige Pracht und Würde verkündigt. Es ist eine ganz herrliche Säulenbasilika, der Säulengang noch wohl erhalten; die Decken der Seitenhallen wölbten sich in vierfeldigem Halbzirkel. Diese Basilika wurde 1258 bis 1270 neu erbaut; schon vorher hatten Werner II. von Bolanden und seine Gemahlin die Konventsgebäude in Rothenkirchen größer und prächtiger aufgeführt, wie eine Inschrift über dem Eingang der Konventsgebäude erzählt: „Hanc domum fecerunt Wernerus et Guda." Unter der Kirche befindet sich eine verschüttete Krypta.

Die Ruine in der Einsamkeit ihres romantischen Waldtales ist von Touristenwegen abgelegen, aber des Besuches wohl wert. Über Wald, Wiesen und Heideland kehren wir nach Kirchheimbolanden zurück, während wir aus der Geschichte des Klosters nur den seltsamen Aufruhr, den die Mönche im 16. Jahrhundert gegen den für aussätzig gehaltenen Abt Johann Busch richteten, erwähnen. Im vorigen Jahrhundert sah die Hofbäuerin, so oft sie im Garten arbeitete, einen geisterhaften Mönch, der auf einem alten Gewölbe stand. Als sie von diesem Gesicht in Kirchheimbolanden Anzeige machte, ließ der Fürst durch einen Italiener nachsuchen, der dort im Gewölbe einen reichen Schatz, ganze Töpfe voll Goldstücke, gefunden hat, zu nicht geringem Ärger der Hofräte.

Von Kirchheimbolanden, südöstlich in der Nähe, finden wir das beträchtliche Dorf *Bolanden*, hübsch gelegen und überragt von einer Schloßruine. Vor dem Dorf, in einer von fruchtbaren Hügeln umschlossenen Vertiefung, durch die ein Bach der Pfrimm zueilt, zwischen dem vorderen und hinteren Mennonitenhof, sehen wir die Reste des *Nonnenklosters Hane*, mit der alten, nun entweihten und halbverfallenen Klosterkirche und den Konventsgebäuden links und rechts, gleich den Rothenkirchener Ruinen heute zu Ökonomiegebäuden benutzt, und von alten Ringmauern und dem Viereck des Klosterhofs umschlossen. Die praktische Gegenwart, ohne Sinn und Gefühl für die Schönheit dieser alten Bauten, hat die schönen Reste in Mistgruben und Heuspeicher verwandelt. Die *Burgruine*, die östlich über dem Ort thront, war der Stammsitz der im Mittelalter berühmten „Truchsesse von Bolanden und Donnersberg". Auf dem nahen „Bolander Hof" stand die ältere Burg. Die Aussicht von dem Hügelvorsprung der

Burg auf das liebliche Tal und die Landschaft ist gar anmutend. Südlich von hier, am Fuß des Donnersberges, liegen in dem stillen Tälchen, abseits der Kaiserstraße, die Dörfchen Bennhausen und Weitersweiler, wo viele Mennoniten wohnen. Über letzteres hin führt der Weg nach der Poststation *Standenbühl* an der Kaiserstraße, wo einst der Rheingraf Otto die Spanier aufjagte und von wo die Straße mit der Pfrimm am Hof „Holida" vorüber nach dem Dörfchen *Dreisen* zieht.

„Holida" gegenüber, am erhöhten Saum des schönen Wiesentales, das mit der Pfrimm aus dem dichten Stumpfwald zieht, steht der *Münsterhof*, in die Trümmer der berühmten Abtei Münster-Dreisen gebaut. Auch hier sind die Reste der mittelalterlichen Kunst profaniert. Von einem rheinfränkischen Herzog wurde hier 892 ein Nonnenkloster mit Benediktinerinnen gegründet, das jedoch von den bis über den Rhein vordringenden Ungarn zerstört wurde. Später wurde es wiederhergestellt und mit Prämonstratensermönchen bevölkert. Reich und mächtig, wurde das Kloster jedoch später in tiefe Schulden gestürzt, als Erzbischof Gerlach von Mainz, der zuerst seinen Vetter Adolf von Nassau und dann Albrecht von Österreich zum Kaiser erhoben hat, jener intrigante *„Königsmacher"*, bei Gelegenheit der Schlacht am Hasenbühl bei Göllheim hier weilte.

Von Dreisen führt ein Weg rechts ab von der Kaiserstraße über angebaute Hügel, Wiesengründe und Heiden in dreiviertel Stunden nach Göllheim und zum Hasenbühl. Wir wollen jedoch zuerst den Eisgrund besuchen. Von Standenbühl aus führt etwas südöstlich ein einsamer Fußpfad durch den dunklen Stumpfwald bergauf, bergab nach dem *„Häuschen"* auf der Göllheimer Hochstraße nach Alsenborn und Enkenbach, an der sogenannten „Pfrimmer Steege", auf einer lichten Oase mitten im tiefen, weiten Wald; es war lange Zeit in großem Verruf und es gehen von ihm schauerliche Sagen, die leider durch die noch vorhandenen Gerichtsakten bestätigt werden. Eine Mörderfamilie hielt hier anfangs unseres Jahrhunderts ein Wirtshaus, viele Reisende verschwanden; in dem tiefen Brunnen daneben fand man ihre Leichname. Jetzt ist es sicher hier im dunklen Stumpfwald, wie überall im Land. Auf einem Waldweg in östlicher Richtung kommen wir in einem Viertelstündchen in einen Talgrund, wo uns ein schönes Bild überrascht.

Da unten steht die *Klosterruine Rosenthal,* der schönste Rest der gotischen Baukunst im Land. In einem stillen, einsamen Grund, in dessen Mitte ein kleiner Weiher das Rotenbächlein durch das Hügelland zur Eis sendet, von Wiesen und angebauten Anhöhen umgeben, weiterhin vom Wald umfaßt, liegt der *Rosenthaler Hof,* überragt von einem äußerst schlanken und zierlichen gotischen Turm. Die Ökonomiegebäude bestehen zum Teil aus dem Konventshaus des Nonnenklosters. Bald ist auf den Rest einer uralten Mauer ein Stück neuer Art gesetzt, bald ein schöner Fensterbogen vermauert, dort ersetzt ein rohes Holz einen fehlenden Stein und weiterhin ist ein alter Torbogen über neue schlechte Bauten gesetzt. Die Gewölbe und Pfeiler des Konventsgebäudes dienen der Landwirtschaft; nur die Kirche steht frei, umgeben von buschigem Getrümmer und selbst eingestürzt bis auf die Mauern. Das Prachtstück des Ganzen ist der gebrochene Turm, der, ganz von Sandsteinen aufgeführt, mit einem spitzen, kunstvoll durchbrochenen Steinhelm und einem Kreuz von steinernen Rosen endigt. Die gotischen Bogen der acht Fenster mit ihren schlanken, dünnen und äußerst fein ausgeführten Säulchen geben dem Turm einen überaus leichten und ätherischen Charakter. Man besteigt ihn auf einer gedeckten hölzernen Brücke, die vom Speicher eines benachbarten Hauses hinüberführt. Eine Wendeltreppe läuft dann weiter hinan. Die Aussicht ist beschränkt von oben, aber anmutend; nach Westen herrliche Buchenhalden, nach Osten in der Ferne einige Dörfer, wohin das enge Tälchen sich zieht.

Graf Eberstein von der nahen Burg Stauf gründete Mitte des 13. Jahrhunderts das Kloster und nannte es Rosenthal, von den Rosen seines Wappens. Die Nonnen zu

Rosenthal aber hielten an der Sage fest, daß der Name ihres Gotteshauses von dem mitten im Winter hier gefundenen blühenden Rosenstrauch herrührt. Die Äbtissinnen waren meistens aus den adeligen Geschlechtern der Umgegend. Als *Adolf von Nassau* mit seinem Heer gegen den Gegenkaiser zog, hatte er hier sein Hauptquartier, wo ihn die Äbtissin Klementina vor der Schlacht beherbergte. Nachdem der Held gefallen war, kam seine blutige Leiche nach Rosenthal und blieb hier elf Jahre lang, um dann mit

Das ehemalige Zisterzienser-Kloster Rosenthal war während der Kaiserschlacht am Hasenbühl das Hauptquartier Adolfs von Nassau

dem Leichnam des Todfeindes in Speyer im Kaiserdom begraben zu werden. Eine Sage hat sich an diese Tatsache geknüpft: von der *Nonne Imagina.* Als Adolf in die Schlacht zog, folgte sie ihm und betete im Kloster Rosenthal für den Sieg, während der Kampf in der Nähe drüben bei Göllheim wogte. Da rannten Adolfs Schlachtroß und seine Hunde vor die Klosterpforte mit Winseln; Imagina folgte ihnen auf's Schlachtfeld, fand des Königs Leiche und starb über deren Gruft in Rosenthal mit den treuen Hunden. In einem Stündchen führt uns der Weg über den Hof Kerzweiler zum Roßsteig über den Kriegsberg nach Göllheim.

Ein Viertelstündchen über die südliche Höhe bringt uns jedoch an den Saum des Eisgrundes, auf die Bergfelder von Stauf, nachdem das malerische Klosterbild im Talkessel hinter uns verschwunden ist. Die Ruinen der ehemaligen *Burg Stauf* erheben sich vor uns auf dem runden, von Menschenhänden gebildeten Hügel; um sie her, teilweise auf ihren Trümmern, die Häuschen des Dorfes, das hoch genug hier oben liegt, während jenseits des weiten Eisgrundes, über eine Stunde weit gegenüber, das uns schon bekannte Dorf Wattenheim auf dem Berghang liegt. Wird dort bei stillem Wetter ein lautes Wort gesprochen, soll man es hier in Stauf deutlich vernehmen. Rechts, tief im fruchtbaren Grund, weitet sich der Talkessel von Ramsen aus, gegen Nordosten erscheint der Donnersberg in seiner Majestät, nordöstlich das Göllheimer Hügelland mit dem Dorf Kerzenheim. So ist der Blick von da schön und lohnend genug.

Wir steigen nun unmittelbar ins Tal der Eis hinab nach *Ramsen*, wo dem Dorf gegenüber die Reste des ehemaligen Nonnenklosters Ramsen oder Ramosa auf dem Hügel im friedlich stillen, wie zum Klosterleben geschaffenen Talgrund sich erheben. Nur wenige Reste, Ringmauern, Bogen und ein hoher Flügel der Konventsgebäude, in dem nun verschiedene Leute wohnen, stehen noch. Die Eis, die diesen stillen Grund bewässert, kommt aus der Tiefe des dunklen Stumpfwaldes, vom Schorlenberg und hohen Bühl herab und bildet hinter Ramsen im kühlen Waldtal einen kleinen See, den *„Eiswoog“*, in dessen Nähe ein Forsthaus steht. Auf dem Wege dahin passiert man den einsamen „Kleehof“. Der mächtige Stumpfwald lagert sich hier weithin, die waldige Haardt nördlich abschließend.

Südlich über die Waldhöhen würden wir in weniger als einer Stunde zum Matzenberg und ins Leininger Tal kommen. Folgen wir jedoch der Eis im anmutigen Talgrund östlich an Hammerwerken, Mühlen, grünumbuschten Weihern vorüber zum Dorf *Eisenberg*, das in einem Wald von Zwetschgenbäumen liegt, deren Früchte ein gesuchter Handelsartikel sind. Bevor man das Dorf erreicht, erregen die großen Eisenwerke des Freiherrn von Gienanth, der Hochofen und die Walzwerke unsere Aufmerksamkeit. Die einfachen Schloßgebäude haben in dem romantischen Tal eine gar schöne Lage. Hier fand man schon viele römische Altertümer, auf der Anhöhe, neben dem Leichenacker: Münzen, Urnen, Schwerter, Dolche, geharnischte Skelette und Altarsteine. 1764 grub man da sogar einen *Jupitertempel* aus, dessen Grundmauern unzerstörbar sind, nebst Aren mit Inschriften und Götterbildern, von denen eine mit den Bildnissen des Merkur, der Diana und Fortuna im Pfarrgarten aufgestellt ist. In der Kirche wird die *unverwesliche Hand* eines Meineidigen gezeigt.

Nun wenden wir uns nördlich über das an großem, stattlichem Vieh reiche Hügelland durch das große Dorf Kerzenheim.

Göllheim ist ein geringes, altes Städtchen in anmutiger Gegend am Ende des Tales, das vom Hasenbühl begrenzt ist. Einst befand sich ein fränkischer Königshof hier, wo Ludwig der Fromme mehrere Urkunden ausfertigte, daneben ein altgermanisches Heidenschloß, von dem keine Spur mehr vorhanden ist. Das Städtchen hat nur Wichtigkeit für uns durch das *Königskreuz*, das vor Göllheim auf dem Wege nach Dreisen und Rosenthal steht. Unter einer uralten Rüster, die der Blitz teilweise zerschmettert hat, steht ein Christusbild von rotem Sandstein, das die Kaiserin Imagina 1298 ihrem Gemahl, dem hier gefallenen Kaiser Adolf von Nassau, gesetzt hat. Die alte Inschrift ist kaum mehr zu entziffern, vielleicht „Adolphus a Nassau Rex interficitur ad Gellinheim – Con. – Julii.“ Eine Restauration von 1611 durch einen Grafen von Nassau setzt bei: „Anno milleno trecentis bis minus annis in Julio mense Rex Adolphus cadit ense.“ Nunmehr ist eine durch Voit in München entworfene Kapelle zum Schutz über das ehrwürdige Denkmal gebaut. Wir stehen an bedeutungsvoller Stelle, am *Schauplatz einer deutschen Tragödie* von größter Tragweite. Hier starb ein deutscher Kaiser durch die Hand seines Gegenkaisers, hier erkämpfte sich das Haus Habsburg die Sicherung des deutschen Kaiserthrones und seiner künftigen Weltstellung. Ein einziger Schwertschlag entschied über das Schicksal Deutschlands.

Der ritterliche Adolf von Nassau, durch den ränkevollen Erzbischof Gerlach von Mainz zum deutschen Kaiser erhoben, sah durch eben diesen sich acht Jahre später einen Gegenkaiser in dem kalten, finsteren Albrecht von Österreich gegenübergestellt. Es kam zum Krieg. An den Ufern der Pfrimm, im Norden der Pfalz, auf den Hügeln Göllheims, im Angesicht des Donnersberges, traten sich die Heere gegenüber um die denkwürdige *Kaiserschlacht am Hasenbühl* zu schlagen. Nördlich der Pfrimm, auf den Höhen des Zeller Tales, standen Adolfs Truppen bis Bolanden und im Grunde bei Marnheim. Pfälzer und Bayern bildeten das erste Treffen. Adolf glänzte in kaiserlicher Pracht, während sein kluger Gegner mehreren Rittern königliche Waffenröcke anlegte, sich selbst aber in einfachen Ritterharnisch steckte. Hinter dem Hasenbühl, südlich von Göllheim, auf der alten Hochstraße am „Roßsteig" und auf dem Kriegsberg standen Albrechts Truppen. Beide Könige feuerten ihre Truppen mit kräftigen Worten an; dann rückte Albrecht über den Wiesengrund, während Adolf über Marnheim her längs der Pfrimm gegen das Tal von Dreisen rückte. Albrecht verbrannte seine Zelte zwischen dem Kloster Dreisen und dem Kriegsberg und zog sich listig gegen den Roßsteig zurück; rasch ließ Adolf, ohne die *Straßburger Hilfstruppen* abzuwarten, angreifen, ihren Pfälzern und Bayern voran sprengten die Herzöge über den Wiesengrund die Höhe hinan zum Fuße des Hasenbühls. Es war acht Uhr morgens, Staub und Sonne lag den Truppen Adolfs im Gesicht. Die Pfälzer jagten festen Mutes den Berg empor und warfen die Österreicher, wurden aber selbst von den Kärntnern geworfen und diese wieder von den Bayern auf die Höhe zurückgejagt. Albrecht sandte frische Scharen, die Lanzen wurden weggeworfen, die Schwerter gezogen, das wildeste Kampfgewühl entbrannte am Hügelhang, und vor Staub erstickten viele Herren und Grafen in ihrem Harnisch. Adolf hörte seinen Sohn Rudolf rufen: „Lieber sterben, als Euch, Vater, verlassen!" sprengte über die Wiesen, stürzte, und wie er aus der Ohnmacht erwachte, hatten die Österreicher, unritterlich, den Pferden die Fußsehnen durchschnitten und gegen die unberittenen Ritter Adolfs dadurch bedeutende Vorteile errungen. Da sprengte Adolf, den Helm am Sattelknopf hängend, mit dem zweiten Treffen in die Schlacht; Mann gegen Mann kämpfte. Zwei „falsche Könige" hieb er nieder; vom Kriegsberg und aus dem „Rittertal" fielen die Feinde in die linke Flanke, die Nassauer flohen. Doch ihr König nicht. Noch wogte ringsum in den Gründen und auf den Hügelwellen die Schlacht. Da traf Adolf den verhaßten Gegenkaiser. *„Allhie sollst Du mir Reich und Leben lassen!"* – „Das steht in Gottes Hand!" Albrecht rief entgegen, während er, Adolfs mächtigen Schwertstreich parierend, diesem ins Gesicht traf. Das Heldenblut spritzte auf, der Wild- und Raugraf hieb ihm über den Kopf, ein anderer dem Pferd die Vorderfüße durch, der Kaiser stürzte, – und ein Knecht lüftete ihm den Ringkragen und schnitt ihm die Gurgel durch. Es war in der heißen Mittagsstunde, in Göllheim und in den nahen Klöstern Dreisen, Bolanden und Rosenthal läutete es eben zwölf, als der kaiserliche Held ausatmete. Da nun vergoß der ränkevolle Erzbischof von Mainz Tränen der Reue über der blutigen Leiche seines Verwandten: „Hie liegt das tapferste Herz Deutschlands erschlagen!" seufzte er; als aber Albrecht murrte, sprach er drohend: „Ich hab' noch mehr Könige in der Tasche!" Unter der uralten Rüster zeigt uns das Königskreuz die Stätte, wo ein deutscher Kaiser fiel. *Ottokar von Horneck* in seiner Reimchronik und die prächtige Monographie der Schlacht von dem jetzigen Erzbischof Kardinal Geissel in Köln erzählen uns von Adolfs Heldentod.

Eine halbe Stunde Weges führt uns nördlich wieder in das Tal der Pfrimm bei dem schönen und reichen Orte Marnheim, wo die Kaiserstraße das Tal verläßt und über den Bolander Hof nach Kirchheim zieht. Wir aber bleiben im *Zeller Tal,* wie der schöne, lachende Grund der Pfrimm von hier aus heißt. An den Weinbergen des Hungerberges hin wandern wir in dem schönsten Tal dieses Teils der Pfalz und freuen uns des großartigen Weinbaues, der jetzt hier eingezogen ist. Die Höhen erinnern außerordentlich an die Hochheimer Weinberge. So erreichen wir bald *Albisheim,* das malerisch an der Pfrimm liegt. Noch stehen Tore und Wälle dieses Fleckens, wo einst die königliche Pfalz Albulfi Villa, allda Ludwig der Fromme viele Urkunden ausfertigte, stand. Ein alljährliches Volksfest auf Montag nach St. Gallustag erhält das Andenken an glänzendere Zeiten des Dorfes.
Hinter dem Orte kommt links aus dem Hügelland von Kirchheimbolanden her das *Tal des Gutleutbaches* herein; wohlhabende Dörfer, malerische Mühlen und Höfe liegen in seinem Grunde. Vor uns liegt der üppige Grund des Zeller Tales, von mehreren Mühlen belebt; links auf den Höhen das Dorf Einseltum, rechts das kleine Immesheim auf dem fruchtreichen Hügelland, im Tal erscheint Harxheim, wo rechts aus den getreidereichen Hügeln das Tal des *Ammelsbaches* in idyllischer Schönheit hereinzieht, während ganz nahe im Grund die Kirche von Niefernheim aus den Pappeln und Weiden der Pfrimm schaut. Doch näher liegt auf den Weinhügeln links das Dorf, das dem Tal den Namen gibt: Zell, reizend schön auf der Anhöhe, überragt von der alten merkwürdigen Stiftskirche des berühmten und reichen *Stiftes Zell,* die nun den Protestanten gehört. Einst, als das Tal noch eine Wildnis war, kam der *heilige Philipp* aus England unter Pippin hierher, baute sich seine Zelle und lebte als Eremit. Seine sich sammelnden Jünger schufen bald die Wildnis in die schönste und fruchtbarste Landschaft um. Später wurde das Stift von Kurpfalz eingezogen und seine Gefälle und Güter wurden der Universität Heidelberg geschenkt.
Zell auf seiner Anhöhe ist der schönste Punkt des lachenden Tales. Aus allen Fenstern, besonders aus denen des evangelischen Pfarrhofs, hat man einen überraschenden Blick auf das unten ruhende Dorf Harxheim und das Ammeltälchen, über Einseltum und Albisheim talaufwärts auf das schöne Hügelland, dessen majestätischen Hintergrund die Masse des Donnersberges bildet; und dann auch talabwärts nach Osten über Niefernheim, wo die Pfrimm in Rheinhessen eintritt und das Tal sich allmählich verflacht, und weithin über die herrliche Rheinebene gegen den blauen Odenwald hin. Da hinaus liegen die *Schlachtfelder von Pfeddersheim* an der Pfrimm in nächster Nähe und Worms nur drei Stunden entfernt am alten Rhein.
Und so haben wir die Rundreise durch ein herrliches Land vollendet und stehen wieder an dem Punkt, wo wir die schöne Pfalz betraten.

PFALZBAYERN
HESSEN
BADEN
FRANKREICH
PREUSSEN
OLDENBURG
Darmstadt
Kreuznach
Oppenheim
Worms
Mannheim
Heidelberg
Speier
Neustadt
Kaiserslautern
Landau
Pirmasenz
Zweibrücken
Saarbruck
Saarlouis
Homburg
Meissenheim
Birkenfeld
Weissenburg
Carlsruhe
Bruchsal
Lauterburg
Deutsche Meil.

ALPHABETISCHES ORTS-, NAMEN- UND SACHREGISTER

Alphabetisches Orts-, Namen- und Sachregister

Inhaltsverzeichnis

Seitennachweis der Abbildungen